教育部哲学社会科学研究后期资助项目（19JHQ009）成果

国家社科基金重大项目"新时代中国特色政治学基本理论问题研究"

（18VXK003）阶段性成果

汉译主编：王浦劬

THE OXFORD HANDBOOK OF
POLITICAL METHODOLOGY

牛津政治学研究方法手册
修订版
（上）

[美] 珍妮特·M.博克斯-史蒂芬斯迈埃尔
[美] 亨利·E.布雷迪　[美] 大卫·科利尔　编

臧雷振　傅琼　译　臧雷振　校

人民出版社

目　录

（上）

第一部分

导　论

第二部分

社会科学方法论

概念与测量

第四部分

社会科学中的因果关系和解释

第五部分

实验、类实验与自然实验

第六部分

描述与因果推断的定量工具：一般方法

撰 稿 人

约翰・H.奥德里奇(John H.Aldrich),杜克大学政治学讲席教授。

詹姆斯・E.艾尔特(James E.Alt),哈佛大学政府管理讲席教授(Frank G.Thomson)。

R.迈克尔・阿尔瓦雷斯(R.Michael Alvarez),加州理工学院人文与社会科学部政治学教授。

纳撒尼尔・贝克(Nathaniel Beck),纽约大学威尔夫政治学系教授兼主任。

安德鲁・本尼特(Andrew Bennett),乔治城大学政府管理学系教授。

马克・贝维尔(Mark Bevir),加州大学伯克利分校查尔斯和路易丝・特拉弗斯政治学系教授。

肯尼斯・A.博伦(Kenneth A.Bollen),英国北卡罗来纳大学(教堂山)社会学杰出教授(Henry Rudolph Immerwahr Distinguished Professor)、奥德姆(Odum)社会学研究所所长。

珍妮特・M.博克斯-史蒂芬斯迈埃尔(Janet M.Box-Steffensmeier),俄亥俄州立大学政治学及社会学讲席教授(Vernal Riffe)、统计学方法项目主任。

亨利・E.布雷迪(Henry E.Brady),1941年加州大学伯克利分校查尔斯和路易丝・特拉弗斯政治学系讲座教授(Monroe Deutsch)、高盛公共政策学院讲席教授、加州大学数据调查研究中心及加州人口普查研究数据中心主任。

杰森・D.布罗泽克(Jason D.Brozek),劳伦斯大学政府管理学院国际事务专业讲座助理教授(Stephen E.Scarff Professor)。

温迪・K.谭卓(Wendy K.Tam Cho),美国伊利诺伊大学香槟分校政治学和统计学副教授,国家超级计算应用中心研究员。

大卫・科利尔(David Collier),加州大学伯克利分校查尔斯和路易丝・特拉弗斯政治学系讲座教授(Robson)。

斯科特・德・马尔奇(Scott de Marchi),杜克大学政治学副教授。

柯林・阿勒曼(Colin Elman),美国雪城大学麦克斯韦学院政治学副教授。

詹姆斯・D.费隆(James D.Fearon),斯坦福大学政治学讲席教授(Theodore and Frances Geballe Professor)。

查尔斯·H.富兰克林(Charles H.Franklin),威斯康星大学麦迪逊分校政治学教授。

罗伯特·J.弗兰泽兹(Robert J.Franzese),美国密歇根大学(安娜堡)政治学与政治研究副教授、政治研究中心副教授。

大卫·A.弗里德曼(David A.Freedman),加州大学伯克利分校统计与数学教授。

艾伦·S.格柏(Alan S.Gerber),美国耶鲁大学政治学教授、美国政治研究中心主任。

约翰·格林(John Gerring),波士顿大学政治学教授。

加勒特·格拉斯哥(Garrett Glasgow),加州大学圣巴巴拉分校政治学副教授。

加里·格尔茨(Gary Goertz),亚利桑那大学政治学教授。

乔纳森·戈卢布(Jonathan Golub),雷丁大学政治与国际关系讲师。

唐纳德·P.格林(Donald P.Green),耶鲁大学政治学讲席教授(A. Whitney Griswold)、社会与政策研究所所长。

拉塞尔·哈丁(Russell Hardin),纽约大学威尔夫政治学系教授。

裘德·C.海斯(Jude C.Hays),美国伊利诺伊大学香槟分校政治学助理教授。

彼得·海德史莱姆(Peter Hedström),牛津大学纽菲尔德学院社会学教授。

西蒙·杰克曼(Simon Jackman),斯坦福大学政治学教授。

约翰·E.杰克森(John E.Jackson),密歇根大学(安娜堡)政治学大学教授(M.Kent Jennings Collegiate Professor)。

布拉德福德·S.琼斯(Bradford S.Jones),加州大学戴维斯分校政治学副教授。

理查德·约翰斯顿(Richard Johnston),宾夕法尼亚大学政治学教授、国家安纳伯格选举研究所(National Annenberg Election Study)所长。

大卫·D.莱廷(David D.Laitin),斯坦福大学政治学讲席教授(James T.Watkins IV and Elise V.Watkins Professor)。

乔迪·拉波特(Jody LaPorte),加州大学伯克利分校查尔斯和路易丝·特拉弗斯政治学系博士。

杰克·S.利维(Jack S.Levy),罗格斯大学政治学教授。

迈克尔·S.刘易斯-贝克(Michael S.Lewis-Beck),爱荷华大学政治学杰出教授(F. Wendell Miller Distinguished Professor)。

亚瑟·卢皮亚(Arthur Lupia),密歇根大学政治学大学教授(Hal R.Varian Collegiate Professor)。

詹姆斯·马哈尼(James Mahoney),西北大学政治学与社会学教授。

查尔斯·F.曼斯基(Charles F.Manski),西北大学校聘教授、经济讲席教授。

安德鲁·D.马丁(Andrew D.Martin),华盛顿大学圣路易斯分校法学教授、政治学教授兼系主任。

丽贝卡·B.莫尔顿(Rebecca B.Morton),纽约大学威尔夫政治学系教授。

斯科特·E.佩奇(Scott E.Page),美国密歇根大学(安娜堡)政治学教授、政治研究中心研究员、复杂系统研究中心副主任。

乔恩·C.佩夫豪斯(Jon C.Pevehouse),芝加哥大学欧文·哈里斯公共政策学院副教授。

基斯·T.普尔(Keith T.Poole),加州大学圣地亚哥分校政治学教授。

索菲亚·拉贝-赫斯基(Sophia Rabe-Hesketh),加州大学伯克利分校教育统计学教授、生物统计学教授,伦敦大学教育研究所社会统计主任。

查尔斯·C.拉金(Charles C.Ragin),亚利桑那大学政治学与社会学教授。

布莱恩· C.拉斯本(Brian C.Rathbun),南加州大学政治学助理教授。

贝努亚·瑞郝克思(Benoît Rihoux),鲁汶天主教大学政治学教授。

杰森·西赖特(Jason Seawright),西北大学政治学助理教授。

贾斯吉特·S.萨康(Jasjeet S.Sekhon),加州大学伯克利分校政治学系副教授。

安德斯·斯科隆多(Anders Skrondal),伦敦经济学院统计学教授、方法论研究所所长。

P.拉金·泰利(P.Larkin Terrie),西北大学政治学博士。

肯尼斯·C.威廉姆斯(Kenneth C.Williams),密歇根州立大学政治学教授。

第一部分

导　论

第一章　政治学方法论

珍妮特·M.博克斯-史蒂芬斯迈埃尔（Janet M.Box-Steffensmeier），
亨利·E.布雷迪（Henry E.Brady），大卫·科利尔（David Collier）

你说你要发动革命

可是，你知道

我们都希望改变世界。

——披头士乐队

　　身处20世纪60年代的人们不会与披头士乐队有过多的争论，因为大家都全神贯注地聆听他们的音乐。但他们是正确的吗？他们所谓的革命是什么？我们都想要改变世界吗？将世界改变成什么？改变的结果是好还是坏？

　　政治学方法论给务实的政治学研究者提供了解决上述问题的工具，尽管它把最终结果的好坏这一问题留给了规范的政治学理论。方法论为阐明诸如"革命"等概念的理论意义，以及为拓展"革命"的定义指明了方向。方法论也为比较革命变迁的范围提供了描述性指标，为衡量革命支持的程度贡献了抽样调查方法。同时，方法论还涉及一整套关于因果推断的方法，有助于推断因果关系，深入洞察革命的原因和结果。所有这些研究都十分重要且紧密相关。虽然因果推断是政治学的根本，但好的推断完全取决于对研究对象充分的概念化以及对其科学的测量，这也是本书重点关注的研究对象。【4】然而我们仍需回归到如何构建合理的因果推断这一问题，无论此推断使用了定量或定性数据、小样本或大样本数据，还是深度访谈或抽样调查、历史叙述或实证数据等。

　　尽管并非所有现代政治学都是关于因果推断的，但从1995年至1999年，《美国政治学评论》（*American Political Science Review*，*APSR*）中所刊发的文章中有33%提及了上述议题，美国过刊全文数据库（JSTOR）则有19%的论文涉及此议题。若在搜索词条中添加"单一原因"(Cause)或"多重原因"(Causes),在美国过刊全文数据库(JSTOR)中,相关文献上述比例上升至 60%,在《美国政治学评论》中上升至 67%。然而,这些词汇并不具有"因果性"(Causal)、"因果关系或因果机制"(Causality)等学术含义,因此,即使有可能低估因果思维的使用范围,我们仍坚持在狭义层面测量上述概念。① 图 1.1 显示,学术界对因果关系的关注持续增加。最初,从 1910 年至 1950 年,论及相关主题的论文少于 2%,但 1950 年后数量迅速增长,其中《美国政治学评论》一路领先。

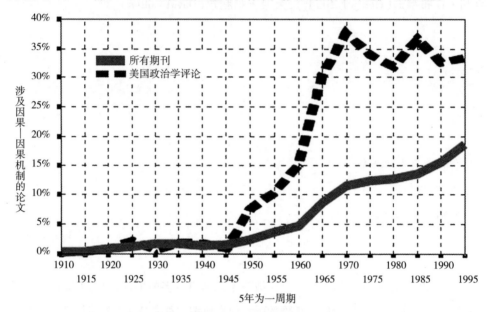

图 1.1　1910 年至 1999 年美国过刊全文数据库(JSTOR)中涉及
"因果思维"的文章增长趋势

有关"因果性"或"因果关系"的研究急剧增长,这表明什么? 它对 20 世纪政治学
【5】具有何种意义? 我们的美国过刊全文数据库的检索是否测量了有用的概念(例如,政治学因果思维)? 我们是否准确描述 20 世纪因果思想的发展? 我们能否解释这一增长? 本手册中囊括的各类方法均是专门用来回答此类社会科学问题。我们对于因果关系问题的讨论可能仅是一个"小例子"(toy example),但其价值在于它对政治学家来说是熟悉的,也可能是有趣的。它的另一个价值在于说明了对"因果思维"等政治学新视角越来越多的关注,是理解政治学中"革命"性视角兴起的一个缩影或简化版本。这些

_____

① 　如果在所有的政治学论文中仅检索"单一原因"(cause)或"多重原因"(causes),我们发现这些词语在 1995—1999 年间出现的比例为 55%,相对于 1910—1919 年间的 50% 来说并非急剧增长。这表明"单一原因"、"多重原因"与"因果关系"(causality)、"因果性"(causal)代表了不同含义。众所周知,政治学方法论通常解决此类有关建构效度的问题。

"革命性"视角包括 18 世纪兴起的自由主义、19 世纪兴起的社会主义、20 世纪中叶早期兴起的新政自由主义、20 世纪晚期兴起的新自由主义，以及当代环境保护运动。如果我们能够理解诠释政治学中"因果思维"兴起的难度（即使仅仅描述因果思维在 20 世纪是否确有发展就很困难），那么在此我们不仅将概览全书，也将深入了解方法论研究者对政治学研究所做的诸多贡献。如果在这一过程中，读者对我们的某些研究方法感到不解，我们希望这能够激发读者思考这些方法所能解决和不能解决的问题。也许这会帮助我们秉承谦逊的态度，了解我们的能力局限之所在。

1. 社会科学方法论：理论和方法

如何解释政治学因果思维的兴起？我们可以从社会理论入手，考察研究对象的本体论和认识论问题。本体论涉及的是我们认为世间存在的事物，认知论则关乎我们如何认知这些事物。哈丁（Hardin，第 2 章）认为我们应从个体入手探索社会科学，如研究人们的动机以及人们彼此承担的各类事务。他首先强调了自利（尽管他迅即表明人类还存在其他动机），这为理解政治学界对因果思维的持续增长提供了实用的出发点。如自利表明研究者为促进其事业发展而发表文章，为实现目标而做任何必要准备，但却引发出这样的疑问：为何因果思维是政治学家的普遍目标？

哈丁描述了社会理论的四个基本流派：冲突、共享价值、交换和合作理论。其中的某些理论可能有助于解释：为何政治学研究者采用因果思维作为其事业追求的目标。政治学家可能遵循同样一种"科学的"价值观，即通过探索因果关系来理解世界。这种科学价 【6】值观允许人类基于自身利益控制自己的世界并定义之，所以在 20 世纪它对科学就极为重要。按照这一解释，社会科学采用这一价值观是因为它极有价值。此外还存在另一种可能，那就是政治学研究者们互相交流因果思维知识，借此从更大的学术圈获取资源。或者他们可能在研究因果关系问题时，相互合作以形成评价研究的统一标准，尽管这给他们为何采取这一方法进行合作留下了想象空间。一种答案可能是：在为政治学者的研究提供便捷工具的同时，这类研究方法的成果创造了引人注目的学术焦点。20 世纪早期存在两种显而易见的方法论工具，分别是相关性分析（Pearson 1909）和回归分析（Pearson 1896；Yule 1907）。尽管正如我们所见，只有回归分析为因果推断提供了支持，至少是口头支持。

贝维尔（Bevir，第 3 章）提供了一些因果思维兴起的解释，将其视作对 19 世纪关于历史目的论的叙述（发展历史相对论），以及 20 世纪对于分类、相关性、系统性的强调（现代经验主义）的"行为主义革命"的反应。行为主义革命采取了某种不同的方向强调通用理论以及对因果假设的检验。贝维尔的章节表明：因果思维的兴起可能是这一发展的相关产物。但是他告诫人们,哲学中产生了行为主义之外的新趋势。

德·马尔奇和佩奇(De Marchi and Page,第4章)探索了一种数学模型——基于(多智能)主体(Agent)的建模,这在政治学中已经逐渐普及。本书也许包含基于其他理论视角的建模分析(理性选择、社会网络建模、历史叙事等),但这一章节与其尤为契合。原因在于基于主体建模不仅仅是建模的一种研究路径,也可以刺激模型生成可证伪假设,甚至可以生成可供分析的数据。基于行为者的模型表明我们应将政治学家视为具备特定目标,并根据某些规则进行互动的主体——包括改变规则的规则。这些"改变规则的规则"包括价值观的变化以及合作方式的变化——如强调因果思维而非其他调查类型的变化。

接下来讨论因果关系备受瞩目的三个可能原因。其中,两种原因均有赖于新工具的发展:回归分析或相关分析。这使因果关系研究更容易,也就吸引更多学者关注这一问题。第三种原因是指伴随行为主义兴起所发生的价值变迁。也许存在其他可能的解释,但前述三种原因为我们的解释提供了三种可能性。的确,这类解释范畴——新发明和新价值观——在社会科学时不时突然出现。比如,资本主义的兴起被解释为一系列发明的结果,如市场、企业、工业化进程等,这些发明使得个体资本积累成为可能。这也被解释为强调特殊价值观的结果,如崇尚积累和成就的新教主义价值观。

【7】
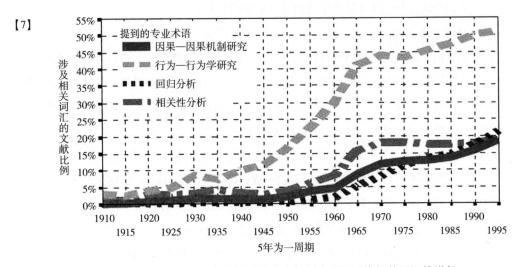

图1.2 1910—1999年美国过刊全文数据库因果思维相关词汇的增长

2. 概念和测量方法

为继续对因果思维的兴起进行分析,我们必须阐明概念并提出测量方法。我们的概念是:"政治学中因果关系的研究"、"回归分析"或"相关分析"工具的使用和因"行为主义革命"产生的价值观变化。延续先前的研究,我们运用 JSTOR 数据库中词汇搜索来测量它们。以回归和相关为例,我们搜索关键词"回归"或"相关"。① 当然这种做法存在一种以非统计学意义的方式使用这些术语的风险(如"回归至他的童年"或"力量的相关性"),我们暂时假设这些概念的使用在特定时间内保持相对稳定。

为判定这一方法的效用,我们关注"行为主义革命"的定义。但是如果有足够的空间,我们就可以增加与测量"政治学中因果关系的研究"相似的讨论(事实上我们并未对此进行讨论)。为了测定行为革命的程度,我们搜索词语"行为"或"行为的"。我们将 90 年代使用这类术语的文献进行统计并获得图 1.2。

格尔茨(Goertz,第 5 章)为如何看待我们的概念提供了指导。他告诉我们,首先必须思考嵌入概念的理论,同时思考综合概念中各项指标的可行方法。为了测定"行为【8】主义革命"的发展程度,我们想要测量调查的习惯和视角,以区分关注普通行为理论的研究者和已经做了更深入研究的研究者。仅仅通过统计术语进行测量是一种极差的方法——乍一看似乎应该使用一种更复杂的方法对文章进行编码,这种方法基于它们是否提出一般假设,收集数据去验证,并展开测试去实现这一过程。至少,我们查找词语"行为主义"(behavioralism)或"(心理学)行为主义"确保学者赞成这项运动。从 1910 年至 1999 年,"行为主义"在总数为 78046 篇文章中,仅有 338 篇文章有所提及(0.4%)。而"(心理学)行为主义"的提及频率更低,这并不令人十分惊讶,原因在于政治学研究者比心理学家更倾向于使用术语"行为主义"。

通过标准测试和聚合效度判断,"行为的"或"行为"等词汇被证实是更好的测量方式(Jackman,第 6 章)。包含词汇"行为的"在 8.9% 的文章有所提及,而词汇"行为"则在 31.3% 的文章中被提到。当标准词汇"行为主义"(behavioralism 或 behaviorism)出现(占据当时的 95%)时,上述两个词汇(behavior and behavioral)则几乎总会出现。而且,在聚合效度测试中,知名的行为主义运动领袖们使用这些术语的频率要远高于普通学者。1930 年至 1990 年间,我们发现普通文章提到这四个术语中一个或多个的仅占 33%,但知名的行为主义研究者提及上述术语的文章占这一时期的 66%。② 因此,这类词汇似乎与行为主义运动紧密相关,并且我们经常将这些词汇视

---

　　① "我们也搜索了"最小二乘法"这一术语,但只要该术语出现,"回归"这一术语也伴随出现,所以查找"最小二乘法"没有太大意义。"

　　② 借助美国政治学学会主席名单,我们对 1950 年至 1980 年间被看作"行为主义者"的人进行编码——我们以此种方式对 31 位主席中的 16 位进行编码(Odegard、Herring、Lasswell、Schattschneider、Key、Truman、Almond)。不同的时间周期产生了相同结果(例如 1950—1980 年期间,普通文章提及上述术语的比例为 35%,而在著名的行为主义者的文章中比例为 78%)。

为"行为主义"的指标。同样地,我们也通常将"因果性"和"因果关系"作为"因果思维"的指标。

在本书示例中,我们使用美国过刊全文数据库范畴描述科学学科分支(政治学、社会学等),并根据这些范畴对期刊和条款进行分类(如文章、书评或社论)。科利尔(Collier)、拉波特(LaPorte)和西赖特(Seawright,第 7 章)以及拉金(Ragin,第 8 章)提醒我们,这些是对概念化和校准具有重大意义的决定。

科利尔、拉波特和西赖特(第 7 章)认为范畴和类型是认识概念建构和测量方法的关键。类型学不仅对概念创造和改进极其重要,也促进了分类变量的建构,如名义变量、偏序变量和定序变量。尽管类型学可能被看作定性研究传统的一部分,实际上它们
【9】 也时常被用于定量研究,并且本章提供了沟通两种方法的桥梁,这对本手册中的研究方法极其重要。

拉金(第 8 章)区分了"测量"和"校准",认为研究者通过校准实现测量方法和理论更加紧密的融合。例如,关于"发达国家"的政治学理论可能与关于"发展中国家"的理论不尽相同,因此,必须认真考虑相应的范畴是如何被概念化的,以及这些国家如何置于各概念之下。在我们的示例中,政治学论文可能与其他学科不同,因此,必须审慎定义学科范围。然而,我们使用美国过刊全文数据库来宽松定义学科,因而根据过刊全文数据库的范畴,政治学涵盖了《社会科学史》(*Social Science History*)、《比较法杂志》(*Journal of Comparative Law*)以及《亚洲研究》(*Asian Studies*)等期刊。当过刊全文数据库中的这些文章中至少提及一次"因果性"或"因果关系"等术语时,我们将其视为"因果思维"的范例,即使仅提及一次术语的文章和多次论及上述术语的文章可能存在实质性差异。另一方面,校准做法也确有可能。也许只有在标题中带有"政治的"、"政治学"或相似词汇的期刊才应该被视为政治学期刊。但在确定一篇文章为涉及"因果思维"的文章前,应该设定一个阈值。或许,我们应重新审视是否应该使用"单因"和"多因"测量"因果思维"。拉金为这些判断提供了"模糊集合"框架,因此,为校准提供了直接和间接的方法。

杰克曼(第 6 章)也关注测量方法,以经典检验理论模型作为起点,在这种模型中指标等于潜变量加上少许误差。他提醒我们,好的测量需兼具效度和信度,并认真定义这些标准。他表明了无信度的危险性,并讨论了使用贝叶斯方法对于各种测量模型的评估。杰克曼的观点提醒了我们:统计涉及具体词汇的文章在何种程度上能够代表潜在概念。另外,他构建了一幅多重指标的测量图画,通过典型地叠加——使潜在概念获得更好的测量效果。格尔茨的论述章节则表明存在一种可替代的研究路径:指标应根据某些逻辑规则予以整合。因其要求"行为"或"行为的"等词出现在文章之中,我们测

量行为主义的路径与格尔茨的研究路径存在更多相似之处。但当假设相关论文比例的时间序列有效，且对行为主义如何渗入本学科的测量方法相对可信，我们与杰克曼的研究路径则拥有更多共同点。

　　普尔（Poole，第 9 章）、杰克曼（第 6 章）、博伦（Bollen）等（第 18 章）则考察概念是否为多维度。任何测量方法都应考虑这一可能性，但政治学研究者应该尤其注意这一问题，原因在于政治维度会对政治主张的理解产生巨大影响。在此仅举一典型案例，多议题投票空间衍生了投票系统的投票循环（Arrow 1963）和混沌定理（McKelvey 1979；【10】Schofield 1983；Saari 1999）。普尔借助心理计量学（测量、因子分析和延展分析）以及其他政治学理论（投票空间理论及理想点）回顾了政治议题测量空间在过去 80 年间的发展，遇到了诸如政治调查、唱票以及利益集团评估数据等特殊问题。而博伦等人展示了决定维度性的因子分析法如何与结构方程模型相结合（SEM）。

　　我们的数据似乎不需要考虑维度问题，但若要探究政治学话语是否存在不同维度以拓展调查，则需要考虑这一点。根据对"美国政治学"相对详细的定性了解，我们选择基于拥有两个维度结构的五个词来查找 1970—1999 年所有的文章，这些词分别是："叙事"、"阐释"、"因果或因果机制"、"假设"和"解释"。分析文章的相关性之后①，我们使用主成分分析法以及杰克曼描述的最小斜交法进行分析（第 6 章）。我们发现两组特征值，其数值大于 1，表明了表 1.1 中维度的两个主要成分。其中"因果维度"适用于大概 1/3 的文章，而"阐释"维度适用 6% 的文章。② 尽管期待二维结构，我们仍然惊讶于发现"解释"这一词语几乎与"因果性或因果关系"和"假设"完全相关。并且我们惊奇地发现这两个维度是完全不同的，因为它们实际上的不相关性达到 0.077。而且，在一项独立分析中，我们发现政治学中"因果思维"的增长出现于大约 1960 年【11】前后，甚至可能在 1950 年（见表 1.1），而"叙述"和"解释"术语使用的增加出现于 1980 年。③

----

　　① 我们建构的变量如下：如果一个词语在文章中未出现，则每一个词语值为 0；如果提及至少一次，那么值为 1。由此，我们获得了五对变量和文章之间的十个相关值，并将其作为分析单位。

　　② 每个词语在许多不同的文章中出现，但是"叙述"和"解释"中一个或两个词语同时出现的文章比例为 5.9%，词语"假设"或"因果性"或"因果关系"中一个或两个词语同时出现的文章比例为三分之一（31.3%），单独出现"解释"的文章比例为 35.4%。

　　③ 在 1980—1984 年，词语"叙述的"和"阐释的"在这一时期政治学期刊中被提及的比例仅占 4.1%；在接下来的 1995—1999 年的五年间，这些词语的使用率增加到 6.1%，再到 8.1%，最终到 10.1%。

表 1.1　政治学话语的双重维度：1970—1999 年

	组成比例	
	因果	阐释
叙事	.018	.759
诠释	.103	.738
因果性/因果关系	.700	.105
假设	.750	-.073
解释	.701	.131

提取方法：主成分分析；旋转法：斜交旋转和 Kaiser 正态化。

　　该结果提醒我们，"因果思维"并非政治学研究的唯一路径，因而，本手册包含历史叙述章节（Mahoney and Terrie，第 32 章）以及直接访谈（Rathbun，第 28 章）等研究方法，其姊妹篇《牛津情景政治分析手册》(the Oxford Handbook of Contextual Political Analysis)中也存在大量相关研究方法章节，感兴趣的读者可参阅该书。

　　这一讨论引发我们更多关于"因果思维"测量的思考。"概念和测量方法"这一章表明我们对概念的定义已经有一些修正。也许还应思考测量"科学思维"而不仅仅是"因果思维"。究竟该如何做到呢？实际上，像许多研究者一样，我们以一项有趣的经验事实为起点（即在政治学文章中提及"因果性"和"因果关系"），并且以其作为出发点展开研究。有关概念和研究的认真思考（大多数是定性的）将会是有益的。通过考察关于自然科学和社会科学的哲学著作，回顾部分著名的社会科学研究杰作，我们将完成如下工作。

　　基于我们对科学思维本质的反思（前述因子分析），我们认为词语"假设"、"解释"以及"因果性或因果关系"可能被视为"科学的"思维框架的指标。[1] 考虑到 1990—1999 年间美国过刊全文数据库中不同学科的论文中上述词语出现的频率，表 1.2 对术语频率最高的文章予以分类。通过这些测定方法，生态学和进化生物学、社会学以及经济学是最"科学的"，而历史、影视研究以及表演艺术则最"不科学"。仍需注意的是每行数字最高的数据（除了最后一栏）。注意"科学"被加注了引号，因为我们想强调这一术语特殊而有限的定义。

　　相较于其他注重"解释"的学科，生态学和进化生物学更大程度上强调"假设"。但

---

　　[1]　至少另外两个词语是相关的："法律"和"理论"。"法律"抓住了定律性叙述的概念需求，但是在外文全文期刊中查找它显然会导致主动错误信息——存在对大众法律、法律规则、法律研究、法律运用的提及。同样地，"理论"抓住了假设背后潜藏的理论，但是"政治理论"的分支会在不同的意义层面上使用理论一词。

值得注意的是政治学(17.2%)和社会学(25.2%)更倾向于提及"因果性"或"因果关系"。相反,"表演艺术"则仅有3.6%的论文提及"因果性"或"因果关系",影视研究提及"因果性"或"因果关系"频率则为5.8%。

作为研究者,我们可能需要重新考虑这些因变量,但将继续讨论"因果性"或"因果关系",因为:第一,这些词语最接近测量本书中许多学者关注的对象。第二,狭义的定 【12】义(就提及术语的文章数量),而使其可能更容易解释。但先前的分析(包括我们对叙事和诠释方法的讨论)可以作为对政治学狭义定义的警醒。

表 1.2　1990—1999 年不同学科论及"科学"术语的比例　　　　(%)

	因果性/ 因果关系	假设	解释	上述词汇中 的任一项
生态生物学/ 进化生物学	7.9	50.0	31.7	62.3
社会学	25.1	37.3	40.6	61.7
经济学	10.0	44.6	36.1	61.2
政治学	17.2	27.3	38.0	52.2
人类学	12.5	22.8	39.1	52.0
历史	8.1	14.3	36.4	44.6
影视研究	5.8	5.3	19.3	25.4
表演艺术	3.6	4.8	18.5	23.8

来源:美国过刊全文数据库资料索引。

3. 社会研究中的因果关系和诠释

布雷迪(Brady,第10章)概览了因果推断的四种研究路径。休谟定律关注"似定律(Lawlike)"的恒常连接(constant conjunction)和因果的时间次序(temporal antecedence),以及许多统计方法——主要是回归分析——仅被设计用来满足休谟主义所需的信息。回归分析可用来分析判定(当其他自变量保持不变时)因变量是否始终与特定自变量相关;时间序列回归分析则通过因变量对自变量的滞后回归来发现当前变量时序相继的关系。

在本书案例中,如果回归分析的产生导致了政治学对因果关系的强调,那么我们将期待两种发现:第一,在因果思维(也就是,提及"因果性"或"因果关系")与提及"回归"、"相关"和"行为主义"的回归分析中,我们期望看到回归变量中的回归系数是显著

【13】 的。第二,我们期待回归方法的提出及其在政治学中的引入会产生于政治学中因果思维之前。除此之外,在因果思维与涉及"回归"、"相关"、"行为主义"这些滞后值的时间序列回归分析中,我们期望得到滞后回归变量的显著系数。后文会详细讨论这种方法。

因果关系的反事实路径则会提出这样的问题:在最相似条件下,推定原因不出现将对事物产生何种影响。它要求找到不出现原因的相似情况,或是想象出这样的情况将会是什么样子。案例表明,如果我们想得知回归分析的引进是否导致了因果思维在政治学中的绽放,我们不得不想象如果皮尔逊(Pearson)和尤尔(Yule)没有发明回归分析会产生怎样的结果。在这个假想的世界,我们不会期望因果思维发展到和现实世界中一样的程度。换句话说,我们必须找到一个"相似"的世界(例如法国等欧洲国家的政治学研究),这里回归分析的引入要比美国晚很多。在最相似的世界,同样直到许久之后,我们才可能看到因果思维的政治学文献。

控制方法则追问我们积极操作原因的后果:它会对假定存在影响吗?案例中,我们会考虑当回归被引入学术场所又会发生什么。当毕业设计引入回归分析时,我们是否发现这些博士在他们论文中关注因果性问题。通过教授回归分析来控制课程是否会促进"因果思维"?

最后,如下所示,机制和能力路径涉及由因到果的影响。在我们的本书示例中,它涉及在学科中引入回归分析到对因果关系关注的确切步骤。

布雷迪讨论了 INUS 模型(即充分非必要条件中的一个非充分但亦非多余因素模型),考虑了因果因子的复杂性。通过讨论存在不同的因果关系充分条件(但是不存在严格必要的条件)——每个条件由产生结果的充分非必要条件中的一个非充分但亦非多余的因素条件构成,这个模型效应超出了产生结果的简单必要条件或充分条件。

萨康(Sekhon,第 11 章)则详细讨论了在因果推断中将实验设计为反事实思维与控制条件相结合的内曼—鲁宾模型。这个模型为因果关系提供了基本概率性测试:原因出现时,产生影响的可能性是否会上升。① 萨康展示了具有弱假设(但如下所示)的这
【14】 一方法如何导出有效的因果推断。他还讨论了在何种情况下"匹配"方法能够导出有效推断,以及在普适性方面(外部效应),我们需要做出什么样的妥协从而保证有效的因果推断(内部效度)。

弗里德曼(Freedman,第 12 章)认为,"实质性的研究进展源于非正式推理和定性分

---

① 因此,如果 C 是原因,E 是结果,因果关系的必要条件是 $Prob(E|C) > Prob(E|非 C)$。当然这也意味着期望值上升,$E(E|C) > E(E|非 C)$。

析"。尽管他基于内曼—鲁宾框架写了很多文章,并认为它创建了因果推断的黄金标准,所以应该被广泛应用,但是弗里德曼明白在现实世界中,有时必须回归到观察数据。那么我们应该做什么?对巨大的观察数据进行分析是一种方法,但他认为另一种依靠"因果过程观测"(CPOs)的方法可能对于他们来说是有益的互补。"因果过程观测"依靠的是对条件的仔细观察,以寻找另一个因果过程发生作用的线索或指示。有时这些案例研究控制假定原因,正如詹纳的接种疫苗案例。或者他们排除了其他可能的解释,如泽梅尔魏斯反对"大气层、宇宙、地球变化"是导致产后热的原因。他们利用案例研究,例如泽梅尔魏斯同事因"尸体微粒"而死;弗莱明对实验室中细菌环境下一个反常事物的观察导致了盘尼西林(青霉素)的发现;在伦敦穷人死后,其房间随即被新来的染上霍乱的海员占用;或者是一位妇人死于霍乱,但却被斯诺(Snow)认为感染来自"宽街的水泵",虽然她生活在距离水泵很远的地方,但是,结果被证实了。

彼得·海德史莱姆(Hedström,第 13 章)认为解释因果关系需要理解机制,它们是隐藏的"齿轮和螺丝",连接原因和结果。例如,可以解释疫苗是如何使人们远离疾病的机制,其就是以较弱形式的细菌与给人体提供长期免疫力的免疫系统的交互作用。在社会学中,一位候选人在发布公告后受欢迎程度的上升可能被一个心理过程解释为在认知和情感层面加工广告中的信息作用的结果。彼得·海德史莱姆总结了"机制"的不同定义,并提供示例以解释它们是如何工作的,从而提出了一个隐藏于个体行动背后的"机制"的框架。

在本书所列案例中,了解到回归工具或许会成为可能出现的因果关系的工具,这是十分有益的。下面将介绍一些研究机制。回归本来就是不对称的,因此能够识别带有结果的自变量和带有原因的自变量。对回归系数的解释意味着自变量中 1 单位的变化会导致因变量的相应变化 1 单位的变化程度,这强有力地表明了回归系数可以被看作因果影响,它提供简单且有力的方式以描述定量化因果影响。回归分析技术在 1966 年之后开始产生影响,在接下来的二十五年中描述"因果模型"或"因果模式"的文章呈现 【15】
稳定增长的趋势①,尽管一些学者会认为这些名字具有严重误导性——甚至等同于"行骗"(Leamer 1983;Freedman 2005)。回归带来的相对便利会被教学和使用(由于计算机的出现),这也许可以解释为何其被政治学研究者采用。

---

① 直到 20 世纪 60 年代才出现使用"回归"或"因果模式"和"因果模型"等术语的文章。其数量从 20 世纪 60 年代的 25 篇上升到 20 世纪 70 年代的 124 篇,后又上升到 20 世纪 80 年代的 129 篇,在 20 世纪 90 年代跌至 103 篇。

4. 实验、准实验及自然实验

实验是建立因果关系的黄金标准。只要所有假设都成立,将费希尔(R. A. Fisher)的随机实验(1925)与内曼—鲁宾(NR)模型相结合(Neyman 1923;Rubin 1974;1978;Holland 1986),给合理的因果推断提供了一种方法。在稳定单位干预值假设(SUTVA)中,至少有一个是很重要的①,但是其他的一些是相对无关紧要的,因此,当一个实验被控制时,得出良好推断的压力在于能否合理进行实验。莫尔顿和威廉姆斯(Morton 和Williams,第14章)提及在过去的三十五年,随着研究者们因果推断的能力提高,政治学实验研究的数量急剧增加。② 与此同时,也遭遇了实验的薄弱环节——外部效度问题。他们认为如果结果能够通过各种各样的数据群和条件被复制,则外部效度就能实现。某些情况下这意味着通过实地调查、问卷调查或互联网进行实验;但他们也认为与实地实验相比,实验室实验的可控性可能会引发更大范围的差异——从而增加了外部效度。他们展示如何设计实验以测试这些模型,从而将模型与实验相连。

在格伯和格林(Gerber 和 Green,第15章)看来,田野实地实验和自然实验,是克服实验室实验外部效度局限性的方法。他们表示,尽管早期对实验能做什么这一问题存在怀疑,社会科学家们仍坚持不懈地在刑事司法、社会福利供给、教育甚至政治研究领域寻找实验方法。但是他们承认"政治学中存在某些重要的研究领域是随机实验所不能及的"。格伯和格林回顾了内曼—鲁宾框架,讨论了SUTVA,并比较了实验推断和观察推断。他们还讨论了实验的"不服从"和"耗损"问题。如不服从,会发生医疗主体不按照安排服药或者公民不接听鼓励他们参与政治的电话的情境。耗损对许多实验来说都是一个问题,因为相比于其他条件,人们更可能"迷失"在一种条件下,不过也不总是这样。他们以对自然实验的讨论作为结束,其中一些自然发生的过程,例如彩票抽奖,会产生随机的或相对随机的结果。

基于上述文章中所提出的建议,我们可以回到本书示例中。我们受到鼓励更认真地思考如何进行实验以发现新技术(回归或相关)的影响或是因果思维上的价值观的变化(行为革命)。例如,我们可以将学生随机安排到20世纪70年代风格的课程中,让

① SUTVA 意味着一个主体的反应取决于这个主体的任务,而不是其他主体的任务。如果处理的单元数量违背影响结果的主导地位(例如在一般均衡条件下,相比于仅仅几个人获得教育,许多人获得更多教育的待遇才能影响整个教育价值),或者是否存在更多的控制方法是取决于任务完成方式的,那么这就违反了 SUTVA。

② 善于观察的读者将会发现这些作者做了一个因果论断,这强化了实验方法在进一步探讨因果关系论文中的重要性。

他们学习回归分析等"因果模式"方法,或20世纪30年代风格的课程,这里不能学习上述方法。接下来我们就可以观察他们写出什么样的论文。尽管我们怀疑人类实验对象委员会(更不要说毕业的学生)会对这些科学的努力表示不满,但观察哪组学生会获得更好的工作这将会很有趣。而且,由于两组之间的交流取决于他们的任务,SUTVA极有可能被违反。总而言之,很难想象可以在这个领域做实验。这个例子提醒我们,对重大研究问题来说,实验可能没有作用或存在严重局限性。

5. 因果推断和描述推断的定量工具:一般性方法

本书对政治学中因果思维兴起的讨论充分运用了美国过刊全文数据库。政治学越来越多地利用网络上可用的数据库。科学调查给政治学家提供了收集基于人们态度、信仰和行为微观数据的第一个机会,而调查仍然是数据收集极为重要的方法。其他书籍提供了有关上述数据收集方法的信息,但是对于调查方法的讨论,其只提供了一个思考数据收集问题的模板。约翰斯顿(Johnston,第16章)考虑了数据收集的三个维度:模式、空间和时间。就样本调查而言,其模式包括邮件、电话和面对面调查以及互联网调 【17】 查。空间和时间涉及数据收集方法(集中样本和完全随机样本)和调查设计(跨部分或组别的)。除模式、空间、时间之外,约翰斯顿还通过设计高质量的问题,以确保高回应率并可靠有效地测量这些意见,从而确定充分考虑代表个人的问题。

在本书示例中,数据来源于电脑处理的文献数据库,但是我们能想象从其他模式中得到非常有用的数据,例如调查、深度访谈或老牌大学课程目录和阅读书单。外文全文数据库数据提供了存在于不同地点、任何时间的现存期刊相对广泛的截面数据,并且他们亦提供相对长期的数据,甚至可以延展到期刊刚发行时。我们可以将这些数据看作一系列面板数据,或者如果考虑诸多期刊的话,则被视为每个期刊重复观察后所得的面板数据。至于数据的质量,我们能够问及,如约翰斯顿在调查中描述的那样,这些文章和编码方法是否如实地反映了人们的信仰和态度。

本手册中这一单元的剩余部分和下部分讨论类回归统计法及其延伸。这些方法可以用于两个完全不同的目的,有时会被严重混淆并使人困惑。这些方法能够被用于现象的描述推断,或者被用作因果推断(King, Keohane, and Verba 1994)。当人们使用这些方法时,建立恒常连接和时序优先的条件和类回归法通常令人骄傲,但他们也可以被认为是描述复杂数据群的方式,通过评估参数来告诉我们关于数据重要情况的参数。例如,自回归移动平均模型(ARIMA)能够通过标准"p, d, q"参数快速告诉我们时间序列,这是自回归的命令(p)、差分水平(d)要求平稳以及移动平均成分的顺序(q)。来自事件史模型、随时间变化的风险率图表乍一看,显示出关于战争结束或联邦政府解体的重要事实。描述推断通常在社会学中被看轻(尽管搞调查的方法论研究者极为关注这个问题),但是更令人忧虑的是,社会学家们倾向于利用统计技术错误地描述有效的因果推断。例如,社会科学中更多的回归分析可能是各种变量之间关系的实用描述,但是由于它们忽略变量,无法应对选择性偏差和内生选择性,而且缺乏理论基础,因此通常不适合用于因果推断。

让我们用本书示例来说明。因果关系的经典回归方法建议估算一个简单回归方程,如 1970 年至 1979 年间美国过刊全文数据库中所有政治学文章截面数据。在每一篇文章中,我们将提及“因果性或因果关系”的记为 1,没有提及这些术语的记为 0。当【18】我们将“自变量”0—1 值回归到“非自变量”0—1 值来测量这个文章是否提及“回归”、“相关”或“行为主义”,这样会得到图 1.3 中的第 1 栏结果。

表 1.3　1970—1979 年间美国过刊全文数据库所有政治学期刊论文中
潜在解释因子中是否提及“因果思维”的回归结果

自变量	回归系数(标准误差)	
	1	2
行为	.122(.006) ***	.110(.006) ***
回归	.169(.010) ***	.061(.021) **
相关	.157(.008) ***	.150(.015) ***
行为×回归		.135(.022) ***
行为×相关		.004(.017)
回归×相关		.027(.021)
常量	.022(.008) ***	.028(.004) ***
R^2/N	.149/12,305	.152/12,305

注: * $p < 0.05$, ** $p < 0.01$, *** $p < 0.001$。

如果我们使用回归分析中的因果解释来诠释这些结果,那么可以得出这样的结论:所有这三个因素都导致了对政治学中“因果思维”的强调,因为回归系数数值均较大,且具有较高的统计显著性。但是,这种解释却忽视了问题的复杂性。

考虑到强调因果关系的充要条件复杂性的 INUS 因果关系模型,我们怀疑这些变量之间可能有一定的相互作用,所以应该考虑包含每对变量之间的相互作用。这些相互作用都要求两种概念要同时出现在文章中,所以在“回归×相关”的交互作用中,需要同时提回归关系与相关关系。评估这一模型的结果呈现在表 1.3 中的第 2 栏。有趣的是,只有“行为×回归”交互作用的结果显著,这说明行为革命和回归分析发展的结合

"解释"了政治科学中因果思维盛行的原因(三方交互影响不显著,没有反映在报告中)。此结果的描述无疑是正确的——它似乎只提到行为主义本身会增加一篇文章约11%的"因果思维"概率,提到相关则增加了约6%的可能性,同时提到行为主义和回归会进一步增加"因果思维"的概率,约达13.5%。

但这些是因果效应吗? 当这些分析被用来推断因果关系时,立即受到回归研究方法的标准批评:可能是其他因素(或者说诸多因素)导致这些(尤其是"行为的"、"回归"和"因果关系")测量标准在此期间保持一致。也可能这些都是表面显著实则虚假的关系,因为真正的原因在等式中被省略了。或者说因果机制可能是双向的,而且所有 【19】这些变量都是内生的。抑或是"因果思维"导致了"行为的"或"行为"、"回归"和"相关"这些词汇被提及。

尽管虚假因果关系问题从开始就使回归方法论备受质疑(Yule 1907),许多人(包括尤尔(Yule)在内)认为,只要通过简单地加入足够的变量来覆盖所有潜在因素,这种质疑就可以被打消。但是只有身处20世纪70年代的政治学研究者们才熟知内生性问题是一个更大的挑战。倘若所有的变量都是内生的,那么截面数据就面临甄别问题的大难题,这是无论收集多少数据都无法克服的。例如,在双变量的前提下,"因果思维"会影响"行为主义",而"行为主义"也会影响"因果思维",但如果研究者只观察到一个单一的相关关系,这种单一关系是无法产生两个鲜明的系数来阐释"行为主义"对"因果思维"的影响以及"因果思维"对"行为主义"的影响的。

这一问题的技术解决得益于"工具变量","工具变量"以其外生性及其与计入的内生变量相关性而著称。但事实证明在许多情况下,工具变量本身就难以探寻。杰克森(Jackson,第17章)就"外生性问题和结构方程评估"的当前形势予以总结,并对以选民支持及国会投票记录建立的联立方程模型提出相关分析。杰克森合理清晰地论述了一个基本问题,尤其重点讨论了"实践中的工具变量"和内生性问题检验。他对这些问题的观察视角极其恰当,因为他本人便是促成1973年古德伯格和邓肯所主导的《社会科学领域结构方程模型》(Structural Equation Models in the Social Sciences)的小组成员之一,该模型为几十年来探讨因果关系的工作构建了方法平台。

这一成果最显著的成就便是因子分析和因果建模相结合造就的LISREL(线性结构关系模式)、协方差结构、路径分析,或者说是结构方程建模等方法。博伦、拉贝-赫斯基(Rabe-Hesketh)和斯克隆多(Skrondal,第18章)总结了这些常用的因子分析模型,提出潜概念和隐含概念与因果模型相结合的一般方法。这些技术在两方面举足轻重。一方面,他们提供能同时计入因果问题和测量问题的更复杂统计模型的评估方法;另一方面,在某种程度上,通过制备"路径图"(path diagrams)的生动过程,他们提出了有助于理解概念和概念测量之间关系的比喻、潜在变量和因果关系,以及从理论到实际的评估。不幸的是,这类模型有时也有变成巴洛克式建模的风险,并依赖于线性和可加性,从而导致事情过简或过繁。也许最大的问题其实在于过于依赖经常需要对工具进行大胆假设的"识别"条件。

摆脱工具变量问题的方法之一便是使用时间序列数据。时间序列至少使我们有机[20]会去发现假定的原因是否"跳"到了假定结果之前。我们也能考虑到发生在更早时间前被"预想的"变量的价值——不要过于外生性,但也不要过于内生性。佩夫豪斯(Pevehouse)和布罗泽克(Brozek,第 19 章)把时间序列法分为简单的时间序列回归、自回归和移动平均模型、向量自回归模型(VAR)、单位根和误差修正模型(ECM)。这一著述中有两个棘手的问题,一是复杂而困难的自相关问题,这一问题通常意味着时间序列在每个观察到的数据上比起截面数据所获信息更少,也表明规格中的某些变量已被遗漏(Beck and Katz 1996;Beck 2003)。二是单位根和常用的绘制(协整的)问题,它能导致产生"错觉",这一点更为危险。实际上,在时间序列数据中,时间几乎从来都是一个被"省略"的变量,这可能会导致虚假关系的产生,这种情况单单通过叠加时间来回归,也难以轻易地(或者说巧妙地)解除虚假相关性。因而,我们给这些数据设计了特殊的适用方法。

在本书示例中,我们将 1910 年至 1999 年整个时间序列分为 18 个 5 年周期,并评估了一个时间序列自回归模型。该回归模型分析了已发表的文章中相对偏后的部分提到"行为的或行为"、"回归"或者"相关性"以及"因果思维"的比例。表 1.4 说明提及"相关性"的部分无关痛痒(相关系数为负且标准差大于该系数),但是提及"回归"或者"行为主义"的数值较大,且具有较高的统计显著性(同时要注意自回归模型参数并不显著)。这些结果进一步证明,可能是行为主义和回归的结合导致了政治学中因果思维的兴起。

表 1.4　1910—1999 年期间"因果思维"对"行为的或行为"、"回归"
或者"相关性"等概念数据的五年期回归结果

滞后自变量	回归系数(标准差)
行为	.283(.065) ***
回归	.372(.098) **
相关	−.159(.174)
AR(1)	.276(.342)
常量	−.002(.005)
N	17

注: * p < 0.05, ** p < 0.01, *** p < 0.001。

一个时间序列往往会抛出许多有助于做出推断的截面数据。时间序列截面数据分析法(TSCS)尝试通过同时采纳两种信息的方法以解决这个问题。贝克(Beck,第20章)很好地总结了相关文献。但不出意料,TSCS 也遭遇了所有困扰着截面数据和时间【21】序列数据的问题。贝克开始考虑时间序列特性问题,包括非平稳性问题。接着他转向截面分析问题,包括异方差性和空间自相关性。他尤为注重 TSCS 中通过固定效应和随机系数模型来处理异质性单元的方法。他以对于二进制变量及它们与事件史模型之间关系的讨论作为结束,这一点在戈卢布(Golub)的章节(第23章)中有更为详细的阐释。

马丁(Martin,第21章)对现代贝叶斯法评估统计模型展开了调查。早在20世纪90年代以前,许多研究人员就根据他们所研究的东西写下一个合理模型和似然函数,但是该模型也提出了无法逾越的评估问题。贝叶斯法的评估方法往往更加令人生畏,因为它要求的不仅仅是对于可能性的评估,也需要评估结合可能性和事前分布的事后分布。在20世纪90年代,贝叶斯统计法、马尔科夫链蒙特卡洛法(MCMC)与强大的计算机系统的结合,为克服这些困难提供了技术支持。这些方法可以模拟非常复杂的分布并获得对以前难以处理的模型的评估。

利用本章所提及的方法,可以准确评估一个带有隐含变量指标的复杂时间序列截面数据模型,用以研究社会科学领域中因果思维的兴起。比如,我们从1940年起就存在的六本不同的政治学类期刊中收集了符合各项指标所需的年度数据。① 我们可以为每个能代表一种概念的隐含变量采集年度指标(例如,"因果思维"中的"因果性"或者"因果关系",以及"行为主义"中的"行为"或者"行为上的")。对于每种期刊的固定效应和解释变量的滞后效应,我们还可以通过假定一些时间序列截面数据模型来提供数据。我们也想控制不同期刊中的解释变量系数使其相似,或者允许它们在某些方面有差异。但是我们将把这一任务留给其他人去完成。

6. 因果推论和描述推断的定量分析工具

这类研究往往要求我们使用更特殊的、明确的方式来回答所研究的问题。在本书示例中,我们忽略了一个事实,那就是这些因变量有时是一个二分变量(正如图 1.3 所

---

① 《美国政治学评论,1906》(*American Political Science Review*,1906)、《美国政治与社会学年报,1890》(*Annals of the American Academy of Political and Social Science*,1890)、《政治学刊,1939》(*Journal of Politics*,1939)、《政治学季刊,1886》(*Political Science Quarterly*,1886)、《舆论季刊,1937》(*Public Opinion Quarterly*,1937),以及《政治学评论,1939》(*Review of Politics*,1939)。

【22】 示），但是我们也有足够的理由相信应该将此考虑在内。格拉斯哥（Glasgow）与阿尔瓦雷斯（Alvarez）所提出的选择模型（第 22 章）为我们研究分类变量以及规则或是不规则变量提供了方法。这些方法可能尤为重要，因为我们所编码的每一篇期刊论文中都代表了其作者为了清晰建模而做的系列选择。阿尔瓦雷斯和格拉斯哥讨论了如何将异质性纳入这些模型，以此方式将读者带入这一方法论研究领域的中心。

戈卢布对于生存分析（第 23 章）的讨论为我们展示出了另一种方法。通过这种方法，我们也能够将时间信息纳入研究之中。这种方法和通过时间序列进行研究的方法较为相似，能够为我们的分析提供一定的优势。在本书示例中可以看到，各大期刊开始竞相发表一些带有"因果性"、"因果关系"等标志性字眼的文章，以明晰这些事件与期刊（比如其编委或者编辑）以及文章（比如回归或者是行为语言的使用）之间的关系。生存分析是能够模拟出事件发生的一种有效途径。除此之外，生存分析，也称作事件史分析，能够反映出定量研究与定性研究之间紧密的联系与相互作用。比如说，埃利奥特（Elliott 2005）在其方法论著作中，就将其叙述手法与事件史分析结合到了一起。

卓（Cho）和曼斯基（Manski，第 24 章）解决了一项一百多年以来学者们一直在关注的统计问题。学者们想要研究个体行为，但是现有的数据表示的却是在一定辖区范围内的整体数据。每当这时候，学者们就会面临"跨层次推理"的问题。卓和曼斯基的研究向我们展示出了应对此种问题的主要方法。首先，他们针对这一问题建立起了一种直觉。而这一研究的成功，主要归功于两个方面：其一是该章通过将生态推断纳入政党认同的背景文献中予以阐述；其二是对于近期的研究进行概述，主要概括的内容是为了提出具有一定"区域性的"解决办法。研究者使用了逻辑范围这一方法，而不是对参数进行点估计。

弗兰泽兹（Franzese）和海斯（Hayes）提出的空间分析（第 25 章）以及琼斯（Jones）提出的分层建模，为更好地了解数据的空间和逻辑结构提供了有效的途径。在本书示例中，最小的数据单元就是文章中的"因果关系"词语的使用。但是后来，这些文章分布在不同期刊、不同年代，甚至在一些分析和不同学科之中。想要完全了解因果思维在自然科学中的发展，当然需要了解年代、期刊以及学科各自产生的影响，同时也需要了解三者之间的相互联系。

弗兰泽兹和海斯通过观察得出了一些分析单位，在这些单位之中的元素可以反映出单位 i 与单位 j 之间的相互联系。而将这些单元制成对称的加权矩阵，便可以得出空间依赖性在我们的研究中所扮演的角色。我们在时间序列中引入过自变量的滞后值这一概念，以同样的方式，在进行评估之时引入矩阵这一方法，可以发现不同形式的依赖性所产生的影响。比如说，如果期刊有各自单独的时间序列，那么就可以把相互有交集

的成员们或者是重复的训练地点作为基础,研究学科之中各编委之间的"亲密关系"所
产生的影响。这些依赖性可以在一种"空间"加权矩阵中有所显示,而矩阵的入口处则 【23】
表现出了期刊之间的联系度。矩阵的内部反映出了一些较难的统计问题,但是弗兰泽
兹和海斯对于这些问题给出了很好的概述以及解决办法。

琼斯提出了多层次模型。在这种模型中,各单位相互嵌套在一起。对于多层次模
型,传统的用法便是应用于教育研究之中。多层次模型在教育研究中的经典应用体现
如下:班级中的学生、学校中的班级、学区中的学校和不同州中的学区。在各个层次中,
我们都可以收集数据,如学生的考试成绩、教师的教育素养与培养训练、学校学生结构
比例构成情况、学区的纳税和支出等。多层次的方法为我们提供了一种途径,通过这种
途径我们可以将这些数据结合起来,以此来确定它们各自对于结果变量的影响。

目前,空间和多层次信息还不能简单地应用于所有形式的统计模型之中。但是这
两章的内容表明:我们已经取得了进步,同时也将取得更进一步的成就。

7. 因果推断的定性工具

在这一章之中,我们利用对于美国政治学定性知识的了解并结合定量分析来得出
结论。我们利用这一知识选择要分析的时间段、确定要分析的期刊、定义概念,将从美
国过刊全文数据库论文数据库中搜集到的词进行筛选,考虑模型的规范性,并解释调查
结果。现在,我们可以更加直接地使用定性思维来剖析研究的问题。

利维(Levy,第 27 章)认为,反事实可以与个案分析一起使用,以此来做出推论,尽
管这样的做法需要很强的理论作为支撑。他主张博弈论可以作为此种理论之一(但不
是唯一)。因为在一场博弈之中,所有参与者的选择包括那些最终没有被选择的选项,
都可以被明确地塑造出来。博弈论认为,理性人会在博弈过程中出现的各种路径中,选
择一条平稳而均衡的路。因而其他所有的路径都会被认作"非均衡途径"——即未被
选中的反事实途径。利维认为,任何反事实说法都需要对其替代行为(比如说反事实
研究设计中没有出现的原因)进行详尽而明确的描述,这些替代行为不仅看似有理,而
且在最低程度上改写了历史。他提出:博弈论的优点之一就是其替代品的显著性。利
维同样认为:任何反事实说法都需要证据来证明替代行为将会导致与实际观察相异的
结果。

由于缺少相应的博弈论模型来理解政治学史,利维认为,至少应该尝试对于一些反 【24】
事实进行详尽而明确的说明,以此来确定它们可能需要什么。我们认为,因果思维的兴
起是因为回归的出现,那么由此而产生的一个反事实就是:回归分析没有出现过,因而

也未曾被引入政治学的研究之中。在这种情况下因果关系就显得不那么重要了吗？似乎是的。早期调查显示，相对于相关性分析而言，回归分析为因果关系的研究提供了更加卓越而有力的技术。它的不对称性，即一个因变量对应着许许多多的自变量，可以帮助其讨论原因（自变量）和结果（因变量）之间的关系。而相关性（甚至部分相关）分析基本上是对称的。事实上，路径分析运用图解进行分析，而这种分析就类似于变量之间的因果关系。计量经济学家与统计学家为我们提供了一定的定理，这些定理显示，如果回归模型能够满足特定的条件，那么回归系数则代表了一场准确无误、不偏不倚的评估，评估的内容则是自变量对因变量的影响。回归分析也为我们提供了一定的推测能力，也就是说，在自变量中，如果有一个单元发生改变，那么相应的因变量也会发生改变，而这种改变与自变量的回归系数的值是相对应的。简而言之，回归分析所传递的内容要远远多于相关性分析。

但是，回归分析的应用并不会像想象中的那么顺利，除非使用者能够从原则上重视因果关系所产生的影响。而这种重视的产生，则需要依靠政治学中的行为主义。行为主义与回归分析似乎是互补的关系。事实上，如果我们进行一项反事实思想试验，而该试验之中没有行为主义的身影，我们就可以推测，仅凭回归本身是不能够用以强调因果式思维的。因此，情况似乎是这样的：行为主义为因果关系的思考提供了一片沃土，回归分析则借用这片沃土提出了"因果关系模型"这一研究议程。①

更进一步的证明将有益于这一说法。美国过刊全文数据库投稿文章数量颇多，如果不去阅读一些文章似乎是不够明智的。但是我们又无法把从 1910 年到 1999 年所发表的 78046 篇文章都读完，那么应该怎样选择案例呢？格林（Gerring，第 28 章）为我们提供了些许指导。他记载了 9 项案例选取的技巧，分别是具有代表性的、多种多样的、极端的、离经叛道的、有影响力的、关键性的、过渡性的、最大相似及最大差异案例。而我们所寻找的是那些有影响力的、关键性的以及过渡性的案例。具有影响力的案例，指
【25】 的就是那些自变量的布局影响颇广的案例。格林认为，如果研究者将一个定量数据库作为研究的起点，那么就可以设法探寻（对研究结果）存在影响的异常值。关键性的案

---

① 在某种程度上，时间序列分析支持了这一观点。如果我们将行为主义研究文章的比例对提到"回归""相关""因果"等字眼文章的比例的滞后值进行回归分析，（我们会发现）只有行为主义的滞后值可以得出一个有意义的系数，而因果关系和相关性都有错误的地方。行为主义似乎仅仅可以通过其滞后值进行推断。如果再做一次相同的试验，试图将因果关系研究文章的比例对提及"回归""相关""行为主义"等字眼文章的比例的滞后值进行回归分析，可以发现只有行为主义的滞后值是有意义的，而相关性有错误的迹象。如果忽略相关性的话，因果关系也还是有错误的迹象。如果进而忽略因果关系的话，那么就只剩下行为主义以及回归留下了有意义的系数。这也就证明，因果关系的出现来源于这两个方面。

例指的就是那些最有可能或者最不可能得出已知结论的案例。过渡性的案例则可以帮助我们阐释因果机制。

为探究行为主义的作用，我们选择了 4 篇例文（通过根据美国过刊全文数据库中的相关原则进行的分类）。这些例文作于 1950—1969 年间，其标题或摘要中都出现了"行为主义"或者"行为"的字眼。之所以选择它们，是因为它们可能是与行为主义的过渡性相关的案例。第一篇文章由约翰·伊斯特（John P East 1968）所作。这篇文章批评了行为主义，但其中讲道，行为主义者"对于经验主义以及因果理论的诉求要超过价值理论"（第 601 页）。同时也说道，行为主义"最重要的是采用实证法、定量法、数学法和统计法"（第 597 页）。第二篇文章由诺曼·鲁贝格（Norman Luttbeg）和梅尔文·卡恩（Melvin Kahn 1968）所作，主要讲的是一项有关政治学博士培养的调查。数据由采用行为主义教学方式的院系和采用传统教学方式的院系进行交叉列表，前者更倾向于讲述"行为主义"研究课程主要科学方法的应用和局限（60% 至 20%），"经验导向的政治理论"（60% 到 24%）抑或是实证研究方法（84% 至 48%）等方面的内容，更有可能提供"行为上的"方针议程。同时也可能更加需要"统计能力"（43% 到 4%）。第三篇文章《行为科学在高校医疗中心的作用》（The Role for Behavioral Science in a University Medical Center）与本文话题无关。第四篇文章《行为科学数据档案网》（A Network of Data Archives for the Behavioral Sciences）由菲利普·康弗斯（Philip Converse 1964）所作，作者提到了回归分析。其论点主要是：随着相关调查日益丰富，数据的形式日益增长，而且计算机的能力越来越强，我们理应拥有一个集中的数据库。这篇文章中所描述的尝试与成就促使了 ICPSR（美国校际社会科学数据共享联盟）的产生，而在本书后面的章节中，我们会再讲它的兴起与发展。在看完这 4 篇例文之后，我们似乎更加确信：行为主义在先，而回归居于其次。在 20 世纪 70 年代期间，也许会有更多的读本在其他的领域（比如因果模型或者是回归分析）提供帮助。

拉斯本（Rathbun，第 29 章）为理解这一现象提供了另一种方法。他做了更为集中的深度访谈，这些访谈可以帮助我们建立动机诱因以及参数的选择，但是他们必须解决战略重构所带来的风险。当然，生活在 20 世纪 50 年代至 20 世纪 70 年代关键时期的人们，在对其进行调查时似乎更能表现出政治学中的因果式思维。由于这些调查缺少足够的时间，所以本书只选取了两位作者分别给出各自的观点，而他们对这一时代至少拥有部分记忆。我们都记得在 20 世纪 70 年代，统计回归方法渗透到各学科的时候所展现出来的影响力。显而易见，统计方法能够揭示出重要的因果事实。而且，他们能够为政治学研究者理解现象提供真正的帮助。本书作者中有一位认为因果式思维可以揭示因果机制并解释政治现象。

安德鲁·本尼特(Andrew Bennett,第30章)概览了过程追踪,这可以理解为一项分析程序。通过这一程序,学者们可以仔细观察检验因果机制与因果序列。安德鲁认为,
【26】过程追踪有许多重要的逻辑特征,这与贝叶斯分析法是相通的。它要求调查中与理论相关的明确预期,探究与这些预期极为相关的证据,或是就观察到的证据对理论进行适当修正。通过过程追踪,理论预期到证据之间的运动呈现多种形式。本尼特回顾了这些选择并用诸多例子进行阐释。

贝努亚·瑞郝克思(Benoît Rihoux,第31章)分析了以案例为导向的结构研究传统,尤其关注作为因果推断工具的定性比较分析(QCA)。这个方法论兼用传统集合理论和模糊集分析,因此寻求捕捉一个被许多学者遵循的、更凭直觉的系统框架,因为他们试图"使他们的个案更具有意义"。利豪克斯探索了定性比较分析(QCA)和基于相关的方法之间的比较,回顾了定性比较分析的多种形式,并且这些不同形式中存在一个有价值的讨论,将其视为"最佳实践"。

本章示例的大部分是试图彻底了解历史——尽管存在较小部分政治学相关内容。比较历史分析提供了传统方法来理解复杂持久的事件。马哈尼和泰利(第32章)认为比较历史分析与统计分析互补,因为它处理的是"产生结果的原因"而非"原因造成的结果"。相反,统计分析以处理方法或假设原因入手,并问及它是否产生影响,而比较历史分析倾向于从革命、战争,或与因果相关的一门学科入手,并问及是什么导致这样的结果,如同医生询问是何种原因导致了某人的疾病。在一些案例中,这都是独立事件并给医生、病人和政治学研究者抛出了极大难题。

对历史研究独特的特征进行审视之后,马哈尼和泰利提供了一些有关如何应对参与比较史调查所产生的问题的建议。案例中,似乎一些美国和欧洲政治学的比较史产生了对行为主义和回归分析的洞察。另一种比较方法是对不同编辑委员会的期刊文章进行比较。图1.3表明1940年至1949年间,《美国政治学评论》、《政治学刊》和《政治学评论》中对"因果思维"提及的增长存在实质差异。比较这些期刊的发展历史是有帮助的。

费隆和莱廷(Fearon and Laitin,第33章)讨论了定性和定量工具如何被结合使用来加强因果推断。大样本相关分析提供了探究实证关系的有价值的切入点,但是如果未与完全阐明的统计模型和对机制的洞察结合使用,那么它对因果推断的贡献是微乎其微的。虽然案例研究并未对确定整个实证关系的存在产生作用,但如果实证关系能够从因果关系的角度被解释,那么它们对构建(这种关系)是有价值的。费隆和莱廷认为
【27】如果案例是随机选择的,案例研究的使用会更有价值。本文示例表明,我们应该随机选择美国过刊全文数据库中的许多文章并仔细阅读。我们甚至会对样本进行分层从而最

大限度地覆盖某些类别文章。

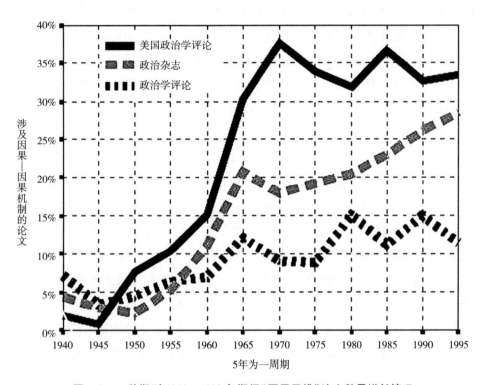

图 1.3　三种期刊 1940—1999 年期间"因果思维"论文数量增长情况

8. 方法论领域中的组织、机构和运动

　　如果不继续论述,前述内容可能会使大部分人相信政治学中组织、机构、运动起着重要作用。它们对行为主义者而言很关键,对政治学方法论研究者也同样很关键。本书最后一章回顾了其中的一些运动——其中一些直接涉及当代学者。①

　　本学科有一条清晰的轨迹,即越来越注重方法论准则,这一论断有充足的证据。美【28】国政治学学会的两个方法论部门是 38 个部门中最大的两个部门,因此对方法论培训的需求急剧上升。该学科能力扩大到可以培训自己的毕业生(而不是送他们学习经济学

────────────────

　　①　布雷迪(Brady)是政治学方法论分会的创始人之一,也是该协会的早期主席。他是多重调查研究的副首席科学家(还包括 PI Paul Sniderman and Phil Tetlock)。该研究支持在调查中利用实验,并为 TESS 项目提供了基础。他在美国参加了吉姆·格拉纳托组织的会议,该会议孕育了理论模型的经验意涵(EITM)的想法,他也是 EITM 两项暑期项目的共同负责人。珍妮特·博克斯-史蒂芬斯迈埃尔(Janet Box-Steffensmeier)是政治学方法论分会的早期毕业成员,目前是该分会的一位主席。大卫·科利尔(David Collier)是美国政治科学协会定量方法分会的创始主席和 CQRM 学术委员会主席。

或其他学科),在方法论上更好地培训学生的能力也急剧上升。培训可通过历史悠久的校际社会科学研究联盟(ICPSR)暑期方法论培训、将规范模型和理论检验结合的理论模型的经验意涵(EITM)暑期项目,以及针对定性研究的定性研究方法论的冬季联盟培训(CQRM)进行。政治学研究者们将方法论不断传承并发现了其与理论之间越来越多的联系。贝克(2000)对统计学家和政治方法论研究者进行了比较,得出"统计学家努力使数据开口说话,而政治学研究者对检验理论更感兴趣"的结论。对理论的关注使定量研究和定性研究的政治学研究者们都关注政治的实质,这帮助政治方法论研究者与政治学协会联系得更加紧密。

科利尔和阿勒曼(Collier and Elman,第34章)讨论了过去十年间定性方法研究机构的快速发展。该学科容纳对这些机构的各种反馈,反映出他们被压抑的需求以及政治学的多样文化,这促进了定性研究方法联盟和美国政治学学会定性方法分会的发展,后者近期更名为定性及多元方法研究分会。

富兰克林(Flanklin,第35章)追溯了定量研究方法论机构的历史,校际社会科学研究联盟(ICPSR)和美国政治学学会政治学研究方法分会。校际社会科学研究联盟成立于20世纪60年代,拥有最悠久的历史,为了满足对在统计技术方面缺乏传统的新兴定量研究的需求而成立。直到1984年政治学方法论部门成立,推动这一领域发展的学术关注才得到了回应。

刘易斯-贝克(Lewis-Beck,第36章)讨论了定量研究政治学方法论40年的出版历史。他表示如今的研究范围与40年前的方法范围形成鲜明对比。

最后,奥德里奇(Aldrich)、艾尔特(Alt)和卢皮亚(Lupia,第37章)讨论了国家科学基金尝试缩小理论和方法之间的鸿沟的倡议。理论模型的经验意涵(EITM)这一项目的最初目标是创造新一代学者,使其了解形式理论和方法并创建可检验的理论以及可以检验理论的方法。奥德里奇、艾尔特和卢皮亚谈论理论模型的经验意涵(EITM),目
【29】 前被理解为一种服务于因果推断的思维方式。他们认为实际工具包含统计方法、实验和定性方法。

正如富兰克林明确指出的,学术机构的持续发展是因为它们服务于学术和职业需要,并且这些机构很关键。我们像政治学研究者一样了解,并在我们的方法论领域发展中对其进行观察。基于机构的活跃,政治学方法论的未来的确看起来十分光明。

9. 我们学到了什么?

政治学方法论领域在过去30年发生了巨大改变,不仅提出了新方法和新技术,而

且成立了美国政治学学会的"政治学研究方法分会"(Political Methodology Society)以及"定性及多元方法研究分会"(Qualitative and Multi-Method Research Section)等新组织，他们分别参与到当前促进定性和定量方法研究和培训的项目中。本手册反映了这些发展。像其他手册一样，它综述了具体方法，但是强调以下三个问题。

理解政治的作用——研究方法应该服务于改善数据收集、测量、概念化，以及更好地理解政治研究对象的意义，并加强了对因果关系的识别。本手册介绍了一些方法，旨在显示其如何对上述任务起作用，而重点在于发展好的研究设计。对强大研究设计的需求促使定量和定性研究方法相结合，为高质量研究提供基础。稳固的研究设计"……确保结果同时兼有内部、外部和生态效度"(教育心理学)。

方法的多元主义——在社会学中，通过描述和模型，这些任务可以通过许多不同的路径完成，如案例研究、大样本设计、定量和定性研究。

跨越障碍——方法的运用能够并应该跨越障碍，帮助不同的研究者。例如，在本手册中，描述大样本统计方法的研究者提供例子说明他们的方法是如何展开的，甚至是如何被个案研究和阐释工作采用的。同样，作者解释了如何开展比较历史工作或过程追踪，以说明如何启发进行时间序列研究的学者。

尽管本手册篇幅较长、内容较多，但并未囊括所有方法论。正如前文所述，姊妹集《牛津情景政治分析手册》中也包含了诸多的章节。该手册讨论了诠释和构建主义的【30】方法，以及在更宽泛议题上理解文化的分析工具。马克·贝维尔所著章节极具洞见地提出了元方法论问题，这在讨论认知、本体、逻辑实证主义和后现代主义的第二卷手册中有更广泛的研究。第二卷手册中的另一个重点是叙事分析法，这是一个兼具描述和解释性的工具。最后，如本册介绍的研究传统，文本在实现测量效度和建立因果一致性方面极具重要性。但是根据它的标题——情景政治分析——姊妹卷提供了更多关于背景和情景化比较的讨论，可以看作本手册的补充。

希望本书中提及的美国政治学研究案例已经表明，至少一些研究问题(也许全部研究问题)可得益于定量和定性方法的使用。我们发现定量研究方法对现象的大小、范围和揭示变量联系提供了重要见解，但定量研究法在揭示变量作用机制时往往语焉不详。虽然定性方法弥补了定量研究方法的不足之处，但其同样会使我们轻易陷入因果方向不明的境地。我们发现研究者经常徘徊于这些方法之间，试图发现彼方法的见解能否被此方法证实和解释，但总体上二者当然均有益处。

关于我们提及的案例，尽管分析的全面性不足，但我们仍可得出价值观和创造力都能够解释政治学中"因果思维"兴起的结论。行为主义运动深化了和因果思维相同的"科学价值观"，且回归分析降低了政治学研究者对因果效应评估的困惑。正如本手册显示,回归分析并非哲学家能将观察研究转化为黄金标准实验研究的工具。即使实验研究存在局限,我们也因而被迫开发出如手册所示的一套完备方法,来揭示因果效应的本质并解释政治现象。

参考文献

Arrow, K. J. 1963. *Social Choice and Individual Values*, 2nd edn. New Haven, Cann.: Yale University Press.

Beck, N. 2000. Political methodology: a welcoming discipline. *Journal of the American Statistical Association*, 95: 651-4.

——2003. Time-series cross-section data: what have we learned in the past few years? *Annual Review of Political Science*, 4: 271-93.

——and Katz, J. N. 1996. Nuisance vs. substance: specifying and estimating time-series cross-section models. *Political Analysis*, 89: 634-47.

Converse, P. 1964. A network of data archives for the behavioral sciences. *Public Opinion Quarterly*, 28: 273-86.

East, J.P. 1968. Pragmatism and behavioralism. *Western Political Science Quarterly*, 21, : 597-605.

Elliott, J. 2005. *Using Narrative in Social Research: Qualitative and Quantitative Approaches*. London: Sage.

Fisher, R.A. 1925. *Statistical Methods for Research Workers*. Edinburgh: Oliver and Boyd.

Freedman, D.A. 2005. *Statistical Models: Theory and Practice*. Cambridge: Cambridge University Press.

Goldberger, A., and Duncan, O.D. 1973. *Structural Equation Models in the Social Sciences*. New York: Seminar Press.

Holland, P.W. 1986. Statistics and causal inference. *Journal of the American Statistical Association*, 81: 945-60.

King, G., Keohane, R.O., and Verba, S. 1994. *Designing Social Inquiry: Scientific Inference in Qualitative Research*. Princeton, NJ: Princeton University Press.

Leamer, E.E. 1983. Let's take the con out of econometrics. *American Economic Review*, 73: 31-43.

Luttbeg, N.R., and Kahn, M.A. 1968. Ph.D.training in political science. *Midwest Journal of Political Science*, 12: 303-29.

McKelvey, R.D. 1979. General conditions for global intransitivities in formal voting models. *Econometrica*, 47: 1085-112.

Neyman, J. 1923. On the application of probability theory to agricultural experiments: essay on principles, section 9; trans. 1990. *Statistical Science*, 5: 465-80.

Pearson, K. 1896. Mathematical contributions to the theory of evolution: III.regression, heredity, and panmixia. *Philosophical Transactions of the Royal Society of London*, 187: 253-318.

——1909. Determination of the coefficient of correlation.*Science*,30:23-5.

Rubin,D.B. 1974. Estimating causal effects of treatments in randomized and nonrandomized studies.*Journal of Educational Psychology*,66:688-701.

——1978. Bayesian inference for causal effects:the role of randomization.*Annals of Statistics*,6:34-58.

Saari,D.G. 1999. Chaos,but in voting and apportionments? *Proceedings of the National Academy of Sciences of the United States of America*,96:10568-71.

Schofield,N.J. 1983. Generic instability of majority rule.*Review of Economic Studies*,50:695-705.

Yule,G.U. 1907. On the theory of correlation for any number of variables,treated by a new system of notation.*Proceedings of the Royal Society of London*,79:182-93.

第二部分

社会科学方法论

第二章　规范性方法

拉塞尔·哈丁（Russell Hardin）

托马斯·霍布斯（Thomas Hobbes）、大卫·休谟（David Hume）与其他关注个体及个体间相互作用的学者最初提出了现代政治哲学。在他们看来，政治的目的是规范个体的行为，使之和平相处，提高工作效率。然而，他们探讨行为，却几乎忽视了信仰。他们感兴趣的是社会秩序及其维持，但并不关注灵魂的救赎，对美好城市与理想社会的建设置之不理。霍布斯的两本政治理论著作：《论公民》（De Cive）和《利维坦》（Leviathan）分别发表于英国内战的第一年（1642）与最后一年（1651），这正是英国历史上最可怕的一段时期。在此背景下，他认为政治理论的作用就是解释社会秩序，从而维持社会秩序。这一观点得到洛克（Locke）与休谟的延续，尽管两人越来越关注政府工作与政治性质。但只要这三位理论家中有一位关心"美好社会"，他们所指的是一个有利于个人的社会。在某种重要意义上，他们是标准的行为主义者。也就是说，他们并没有为政治制度与行为辩护，而是试图加以解释。同时，他们也是现代社会思想中自利与理性选择学派的先锋人物。只有在解释何以营造更好的事态（states of affairs），以及就我们的立场而言，该事态事实上于我们有利时，他们才算是标准的理论家。当代主要的诠释方法就起源于这一设想。在当代标准社会理论中，存在三个主要流派——冲突学派、共享价值学派以及社会理论学派，这三种学派分别以利益、共享价值与协议为基础（如契约论者所提出的具有解释与辩护的理论）。

在众多规范社会科学中，尤其是规范政治理论，第一大举措是建立自利动机与行为的背景。事实上，休谟在其著作《人性论》（Treatise of Human Nature）中对政治理论的转换以规范性问题为基础，该规范性问题不是特指这类问题的某个理论与我们的处理方式，而是对我们对规范问题的看法以及其原因的描述（Hume 2000［第 1739—1740 页］；Hardin 2007，第 5 章）。从本质上讲，他的叙述是心理学上的。我们看待规范性问题的方式是使其符合我们的利益,按照与他们理念相一致的方案去解释,而非自圆其说,由此看来霍布斯与休谟可以说是自然主义者。他们的解释是基于一种假定,即从本质上讲,人们都是自利的,于此,他们的行为也就得到了解释。在此之前,规范社会科学的发展在很大程度上依赖于个体都是相对自利的这一假定。

1. 利己主义

不需要假设人们完全是利己的,但是利己的优势或某种重要因素使得人类的行为可以用相当一致的术语来解释。个体动机的一致性是对行为作出一般解释的核心。许多规范或道德理论会对行为作出解释,但有特定的解释对象。因此我们可以解释自己的大部分行为与承诺,却不能解释周围人的。与自利的普遍适用性相接近且能够作为大多数人动机的规范道德理论是不存在的。

并不是只有霍布斯和休谟持这种观点,伯纳德·曼德维尔(Bernard Mandeville)①、亚当·斯密(Adam Smith)、托克维尔(Alexis de Tocqueville)以及其他学者都认为在某种非常重要且普遍的情境下,自利行为在某种意义上促进社会中的良好现象,同时促进个体的良好发展。考虑到托克维尔(Tocqueville 1996[1835 和 1840,第 8 章])在关于"正确理解个体主义与自利主义"的章节中,以其特有的明晰语言解释了以利益为基础的规范程序。他表示,正确理解自利主义是我们这个时代最好的道德理论。他在法国天主教的熏陶下成长,在这一教派中,德性论是道德评判的主要依据。他表示,他作为民族志学者曾去过的一片乐土——美国,在那里没有人谈论美德。很显然,他论证了这一事实。他表示,在美德理论中,不自利的人就是好人。美国将利益与慈善相结合,因【37】为这关乎每个人的利益,尽管许多人对此并不知情,或不是有意而为之,但我们要为所有人的福祉而努力。这是斯密"看不见的手"所阐述的论点,这将引领我们下定决心,众志成城造福全人类。你我彼此都有利可寻,合在一起,我们将造福全人类。全体的快乐来自每个人的无私(ii.第 376 页)。回想斯密最常被引用的格言"我们每天所期望的食物,不是出自屠夫、酿酒师或面包师的仁慈,而是出于他们自利的打算"(Smith 1976[1776],1.2.2,第 26—27 页)。与亚当·斯密不同,托克维尔的中心思想是,如果给民主人士提供教育,给他们自由,之后放任不管,他们会攫取世界上最好的东西(Tocqueville 1966[1835 和 1840],ii.第 543 页)。当然,这就是建立在个体动机行为基础上的集体成就。

---

① 曼德维尔的副标题是"个人恶习,公众美德"。

这一观点并不仅仅是一个现代观点。亚里士多德(Aristotle)在称赞退耕农户是民主国家的好公民时提到:"对许多人而言,追求利益胜于追求荣耀"(*Politics*,1318b 第16—17 页),这一观点是上文观点的部分表达。他支持上述观点。如果他陈述的不是事实,那么他猜想社会是分散的,因为社会是由具有普遍而稳定动力的农民建立起来的,那些农民的生产力对社会全体成员的福祉至关重要。在欧洲,农民对社会福祉的贡献从亚里士多德时期就相对延续下来了,直到大约两三个世纪以前,工业产量作为雇佣的重点取代了农民生产力。现今,发达国家 2%—3% 的劳动力就能满足农业生产。所有的主流政治理论起源于社会结构极端不同的早期时代,这个事实太不可思议了。

约翰·R.罗尔斯(John R.Rawls)提出了正义论,该理论的基础假设与亚里士多德、霍布斯和休谟关于社会秩序中利益角色的观点稍有不同。罗尔斯(1999,第 112 页[1971,第 128 页];另参见 Hardin 2003,第 3—8 页)认为公民之间是不存在利害关系的。他这样说意味着,我从社会秩序出发对自身利益的评定并不取决于该秩序下你的利益,而这种社会秩序是在其正义理论基础之上建立起来的。例如,我们互不嫉妒。我们的社会秩序公平正义,且没有与之相似的其他选择,这样就可以谋求更大的利益。[①]如果双方互不关心,那么也不会关心集体成果,除非我们参与其中或在集体成果中占有份额。这在罗尔斯的理论中是一个相当重要的假定。没有这一假定,此理论就没有意义,但是很多关于此理论的研究文献很少提及这一假定。即使在非农业国家中提出这一理论也依赖于该社会的早期预想。

2. 社会理论的三个学派 【38】

人们可以不从理性选择原则出发进行规范的政治分析,诚然,对于理性选择理论而言,这样的分析是另一种选择。但是这些分析是建立在基本原则的基础上,倘若对基本原则没有清晰的描述,那么人们也就不可能做出非常系统、一致的政治分析。例如,有三种有关社会秩序的重要理论——或者说理论流派,每一种理论都基于一套系统的理论假定。第一个是*冲突论*,其代表人物是色拉叙马霍斯(Thrasymachus)(柏拉图的《理想国》中有提到)、卡尔·马克思(Karl Marx)以及雷利·达伦多夫(Ralf Dahrendorf 1968;另参见 Wrong 1994)。严格意义上讲,人们也把霍布斯视为一名冲突论者,但我认为这种看法是错的,如下所述,他在很大程度上是一位协调主义者。冲突理论通常讲求

---

① 可能存在两种同样合适的司法体系,其中一种体系的生活优于另一种。致力于司法的社会人不会将生活较好的体系置于首位,因为其他人在该体系中会愈加贫穷。因此,不存在会使双方都生活富裕的双赢举措。

高压政治或通过高压政治解决问题。因此,从根本上说,在各种政治文本中,他们几乎会引导我们针对维护高压政治进行规范的讨论(Hardin 1990)。他们也会引导关于马基雅维利(Machiavelli)、马克思(Marx)、葛兰西(Gramsci)、尼采(Nietzsche)以及福柯(Foucault)有关权力与协调的实质性讨论。

第二个是共享价值理论,代表人物有约翰·洛克(John Locke)、伊本·赫勒敦(Ibn Khaldun)以及塔尔科特·帕森斯(Talcott Parsons 1968 [1937],第89—94页)。正如托克维尔(Tocqueville)指出,社会秩序的宗教性展望通常是共享价值理论,而宗教主要利用利益来引导人们。宗教与神学理论以及辩护曾经在西方社会学中占统治地位,但是现在已无足轻重。现今宗教承诺与信念只不过是需要解释的社会事实。西方社会学中,许多当代共享价值论者是帕森斯的追随者。这些追随者通常都是社会学家与人类学家——在帕森斯阵营中几乎没有经济学家,只有极少数是政治科学家。从20世纪50年代到20世纪70年代的一段时间,政治学圈有一场盛大的帕森斯运动。这场运动中最著名又最具创新性的例子就是加布里埃尔·阿尔蒙德(Gabriel Almond)和西德尼·韦巴(Sidney Verba 1963)以及其他人的公民文化。尽管政治学中没有关于规范的综合的观点,甚至在社会学中都不存在这样的观点,但仍然存在着特殊的规范理论。例如,政治学家通常将选举解释为公民受到意志、无私以及责任驱使而采取的行为。如今,政治学家的呼声高涨,他们在价值一致方面多多少少占有特殊立场,代表人物是与信仰、家庭价值观和社区(例如Putnam 2000)的衰落相关的人。

社会理论中的契约论者是典型的共享价值论者。这听起来或许奇怪,因为法律契约通常规定交换机制。但是社会契约理论要求履行契约安排的动机,而社会契约在这方面与法律契约并不相同。因为没有执行者,所以人们通常认为社会契约需要规范性的承诺——从本质上讲,社会中人人都需要相同的规范性承诺(参见Hardin 1999,第3章)。例如,托马斯·斯坎伦(Thomas Scanlon 1982, 115n.; 1999;另参见Barry 1995和【39】 Hardin 1998)认为,保持社会契约的动机是希望在合作安排上达成合理的协议。这蕴含着需求存在的直接实际问题。这种需求普遍吗? 由于难以定义合理协议,似乎不大可能。展示这种需求普遍的方法论任务似乎很简单,但是合理的同意论者并没有费心去检验这一假说。有这种需求似乎是不太可能的事,因此斯坎伦的契约论不能加强社会合作,或者说,也就因此不能加强社会理论。日常交换的契约受到各种各样动机的支持,尤其是法律执行的威胁以及参与各方在维护未来交易、保持名誉等方面的利益。当然,社会契约中不存在这些支持动机。

第三个是交易论。相比较而言,交易论比其他两个学派更为现代,首批重要人物有伯纳德·曼德维尔(Bernard Mandeville)和亚当·斯密。当代,乔治·霍曼斯(George

Homans)和许多社会选择论者以及经济学家都是交易论的代表人物。① 交易理论的核心是个人主义。托克维尔(1966[1835 和 1840],卷 ii.第 506—508 页)在 19 世纪 30 年代的写作中提到"个人主义"是一个新的术语。它使个人归于平静,远离集体,与家人和朋友生活在一起,个人主义使我们与过去及同时代的人疏远,严格坚定地关注个体是霍布斯的卓越贡献。这一贡献使我们步入现代政治哲学,也使霍布斯至少在某种程度上成为一位交易论者。对他来说,个人主义的假设事实上是一种将注意力集中在社会秩序中心的方法。当然,同时也描述了他所分析的社会的事实。两个世纪以后,其成为托克维尔分析美国社会的假定,同时也是他批判自己所处的法国社会之基础。他表示,任何事业都有领军人物,在法国是政府,在英国是地方巨头,而在美国则是联盟(第 513页)。这些联盟由自发承担责任的个体组成;没人指定他们承担责任,这些责任不属于任何官方等级制度。托克维尔的有效办法就是加入任一活动中心解释成功与失败的形式。19 世纪 30 年代,在美国采取这样的办法时,我们发现个体受到了自身利益的驱使。而在法国采取这样的办法时,我们发现政府成为代理进行管理。任何曾生活在美国和法国的人或许都可以得出合理的结论,即两个社会在这一方面已经相互转移,但是与近两个世纪以前托克维尔的发现仍有差异。

请注意,这三组假设——个人主义、自利以及利己行为中的集体利益——既是实证理论假定,又是规范性理论假定。这并不稀奇,因为我们希望规范评判的世界与我们希望实证解释的世界其实是同一个世界。不仅如此,我们可能发表的所有规范性理论都可能含有实证因素,我们可以从有关实证理论的角度分析这些因素。例如,若要有说服 【40】力地论证共享价值理论,我们必须能够证明存在共享价值。通常这种证明不会很成功,甚至并不成功,但是即使结果很明显,人们也很少这样认为。因此,一个充分适用的规范性理论必须既符合实证的假设,又符合规范的假设,而且还要以实证规范的方法论为基础。通常情况下,这一定意味着相较于类似的实证叙述的方法论要求,规范叙述的方法论要求更为严格。因为规范叙述必须既符合实证的方法论标准,又符合规范的方法论标准。

鉴于当代社会政治理论中共享价值理论的普遍性,我们应该考虑是否存在相关的共享价值观和力量。这又是一个实证问题,处理起来应该不会很棘手。一旦确定是否存在相关的共享价值,我们可以继续讨论他们是如何建构的,以及他们对社会理论、实际情况以及政治行为的影响。

---

① 另外存在许多理论与假说,例如结构理论,其代表人物是马克思,并由当代的许多结构主义社会学家明确地表达,但是不论在实证还是在规范方面,这些理论的适用范围都不够广泛。

3. 共享价值

假设我们确实要共享一系列重要的政治价值,如 X、Y 和 Z。接下来要做什么呢? 我们的共享价值并不能直接导致任何特定行为,因为遵照这些价值行事可能会与我们在其他方面的利益冲突,而遵照共享价值行事有可能会付出沉重的代价,从而阻碍以我们共同的利益行事。表面上看,利益,如资源,似乎仅仅是另一种价值,或是可以与 X、Y 和 Z 相比较的价值。但是通常情况下,这是错误的。举一个重要的政治例子,假设我们全部或几乎全部是爱国者。爱国主义如果在某些方面促使你行事,该事有益于我,但是以那些方法行事你很有可能要付出沉重的代价,所以尽管共享爱国主义价值,我们也可能不会具有使彼此受益的行事动机。鉴于我们与特定民族共享爱国主义价值,我们可能会问这样的价值承诺以什么为基础。它可以建立在利益、身份或仅仅是我们民族的承诺之上,可能是正确的,也可能是错误的。如果这些任意一种都会起作用,那么建立共享价值可能并不容易。托克维尔认为建立在利益之上的爱国主义一定不堪一击,因为利益可以改变(Tocqueville 1966〔1835,1840〕,i.第 373 页)。我们也可以认为爱国主义中的利益可能会损害到其他利益。

也许我们的承诺会如人们普遍声称的民族主义承诺一样,改变我们的民族认同。通常情况下,种族划分不存在妥协,因此人们可能会在很大程度上忽视抵抗种族划分的【41】代价。你不能用一半你的种族承诺来换取一半我的种族承诺。当然下一代人可能确实会那样做。他们可能会包容我们民族分离,加入集体共同的活动中,跨越民族结交朋友。不幸的是,这些行为,甚至仅仅是其可能性,都有可能是不同种族之间深切冲突的根源。在经济方面,通常存在一些妥协的可能性使各方消除差异,从而使相互牵连的各方都有所收获,甚至在许多基础又重要的活动中相互合作,相互协调而有所得。对斯密和许多其他的政治经济学家来说,这是在市场交易中意想不到的获利。

契约理论或同意理论表明有必要或至少要解释我们同意的原因,答案通常就一些特定的社会安排达成一致是符合我们的利益的,或者我们可以在即将达成的契约中共享价值。因此,同意理论有可能存在被化约为简单利益、共享价值理论或解释的危险。但是即使那样,同意理论仍然具有共享价值理论所缺少的效力。一旦你的利益明确,无论赞成或反对,可能就不再需要解释为什么以相应的方式行事。如果人们完全定义动机和利益,他们便会趋向彼此瓦解。除非有人对一些价值的承诺以标准形式转换为利益(因此,奇怪的方式"可能被视为特定利益"),否则我们仍然要面对价值承诺如何激励行为这一任务。总而言之,利益既是一种价值,也是一种动机。共享价值理论首先一定要确定什么样的价值是共享的,其次要叙述对共享价值而言,承诺如何激励行为。这两者可能会很困难。事实上,在建立社会及哲学事实方面,每一步都可能挑战我们的标准方法论。

共享价值理论的一个重要子学科是规范体系,规定我们在社会相互作用中的行为。规范的种类比社会秩序的种类范围更广,但正是这些规范的种类在政治理论中起着非常重要的作用。我们可以从很多方面解析规范的范畴。最常见的举措是列出许多规范,并将它们运用于特定问题中,与投票中的假设规范一样。埃德娜·乌尔曼-玛格利特(Edna Ullmann-Margalit 1977)用一种更系统的方法提出几个类别,由于建立于潜在问题的博弈论结构之上,这些规范能够帮助解决或者至少处理这些潜在问题。她的深入见解是如果规范能够使人们团结在一起,那么它一定能够处理人们面临的动机战略结构。她的战略类别模式包括囚徒困境、协调与不公的协调以及冲突。乌尔曼-玛格利特的一些规范在这些情境中帮助我们协调、合作以及控制冲突。

令人震惊的是,乌尔曼-玛格利特这本四十年前的书是第一本认真努力、系统性地做出战略分析、对规范理论及问题产生影响的书籍。确实,我们可以走在社会理论中谈论战略变化。这种变化深受博弈论的影响,甚至由博弈论引导,而博弈论大约在第二次世界大战期间被提出(Neumann and Morgenstern 1953〔1944〕)。这一变化既影响了实证理论,又影响了规范性理论。一些标准规范涉及乌尔曼-玛格利特的所有战略类别,而这些规范在日常的生活环境中有本土特色。但是乌尔曼-玛格利特表明,许多规范【42】在战略上是相关的,从而说明这些规范是如何以动机为基础的。在政治理论中,最能引起我们兴趣的规范就是规定社会秩序的规范(Hardin 1995,第4章和第5章)。

4. 第四学派理论:调和

一般来讲,由于任何较大的社会中都存在冲突,高压政治对于社会秩序是必要条件,但也只是一个必要条件。另外两个条件是交易和协调。这三者缺一不可,因为潜在相互作用的战略结构非常多样,如果想要稳定的秩序和繁荣的社会,我们就需要策略以合理地解决这一问题。在自给自足的农业社会中,高压政治可能是政府唯一的必要条件。但是在复杂的社会中,尽管高压政治比我们想象的更能促使我们采取行动,但其在多数人的实际生活中似乎并不是很重要的因素。在这样的社会中,交易和协调出现的概率更大,甚至大于自给自足经济出现的概率。

这三种宏大、广泛建立的政治思想学派——冲突、共享价值以及协议或交易都是社会秩序的特定方面。但是这三种学派在复杂的当代社会都缺少社会秩序的核心模式,即调和(Lindblom 1977;Schelling 1960)。我们没有必要共享价值,但是我们可以调和,从而使彼此无须破坏性的交流或交易而追求自我价值。在复杂的社会中需要简化社会秩序问题,在考虑维持交通秩序这样相对微小的问题时,有两种调和方式至关重要。第一种很明显,是让所有司机在道路的同一侧行驶——要么都在左边,要么都在右边。这样做的目的是防止多发事故,同时避免出现协商谁先通行的难题。第二种是控制十字路口交通堵塞问题,交通拥挤的时候,交通信号和交通标志就是这样使用的。司机有两类显著性问题,一种是在冲突发生的时候,他们不真诚,另一种是他们无须特地共享任何一般的社会价值,从而使协调顺利进行。除此之外,他们不能做任何交易解决互动中出现的问题。我有我的目的,你有你的意图,我们想要的只是在做自己的事的时候不阻碍对方。看似不可思议的事情通常是我们自发的行为。例如,依赖提出特定方案或制度处理调和,这样可以明确决心。让每个人都正确行驶是第一个策略的实例,而管理十字路口的交通流则是第二个策略的实例。

【43】　　和冲突理论一样,调和论也是一种利益理论。或许霍布斯是第一位主要的协调理论者。① 但是大卫·休谟(2000 [1739—1740])、亚当·斯密(1976 [1776])和查尔斯·爱德华·林德布洛姆(C.E.Lindblom 1977)都把社会秩序的很大一部分视作调和许多人的不同利益。本质上来讲,如果价值刺激协调行为,那么共享价值理论也算是调和理论。但是调和并不需要广泛共享的价值。这也就是调和在现代社会政治理论中相当重要的原因。在政治权利中,共享价值理论通常会使相关价值观念符合超越自身利益的问题,而在投入政治权力时,会超越许多公民的利益。例如,无论存在何种风险,我都维护我的社区,在集体利益面前舍弃小我(不论这意味着什么),或者是我不管这样做将背负着怎样的压力,不考虑自身利益投票。但是针对帕森斯令人费解又不切实际的观点,许多观点不同的多元论者可以为社会协调秩序,他们在社会中寻求不同价值。总之,调和互动对政治学和政治理论而言尤其重要,或许对社会学来说也是如此,尽管交易关系可能大多涉及经济学,或至少也是古典经济学。帕森斯学派认为冲突关系并不是政治秩序的全部,在某种程度上,这样的表述是正确的,即使并不是因为他们可能意识到了这一问题。因为社会秩序的核心和模型特征是协调,所以再一次说明他们的观点是正确的。

　　从一般水平来讲,理解调和问题并不十分困难。在社会学或政治哲学中,其一般意义及突出本质并不是中心意思。在霍布斯关于单一政权对协调的预想中,有一项初期

---

　　① 并不是所有的霍布斯学者都同意这一评定,关于如何理解他作为调和论者的论点,参见Hardin(1991)。

调和理论(Hardin 1991)。如果他的观点更协调,他有可能意识到英国可怕的内战问题其实是各方在尖锐冲突中多重协调的问题。不存在全部兵戎相向的战争,只有不同派别角色之间的规则之争,每一种派别都可以协调一致,对其他派别或是无辜的旁观者发起破坏性战争。在理解协调问题上,休谟做出了卓越的贡献,但是他的作品问世长达两个世纪甚至更长的时间里,其见解一直受到忽视,还普遍遭受误解。① 托马斯·C.谢林(Thomas C.Schelling 1960,第54—58页)做了第一个关于协调问题以及战略动机结构的博弈论报告,见解深刻。但是他们在社会生活中的普遍重要性仍然不足以成为社会科学及哲学理解的标准部分。

在社会生活中,协调以两种不同的形式出现:自发与制度。与交通中的两部分协调一样,我们可以协调事务,同时也可以被协调。1787年在费城,一小部分人自发协调建立框架,从制度上组织新的美国民族。一旦他们起草了宪法,使用宪法将在政治上有益 【44】于13个州的重要组织,这样一来,对他们来说,双方都会从中获益(Hardin 1999)。因此,他们可以在宪法方面自发协调,从而受到制度的协调。这是许多管理社会生活的制度结构,其越在多个领域出现,我们就越能期盼其在其他领域普遍实施,期盼其组织我们的机构、惯例,甚至偏好、品位及价值。正如现在这样,我们可以期待制度结构驱赶或是主导其他的方式来创造和证明我们的社会组织。

5. 结语

霍布斯写于英国内战期间的著作、政治理论,其首要的关注点是社会秩序,在这样的社会中,个体才可能生存、取得成功。成功地管理秩序已经使人们不再将对社会秩序的忧虑放在首位,甚至已经不是许多政治理论家所担心的事情。为迎合发展,正义的意义已经改变。从休谟的著作中,我们可以看到正义通常被视为"正义的秩序",而在亨利·西奇威克(Henry Sidgwick 1907,第440页)的作品中,正义被视为可笑的术语。这或多或少是法律机构与法院需要在契约和财产关系中的刑法管理及民法管理上达到的正义。到西奇威克(Sidgwick)时代,正义开始被视为或至少包括分配正义,如约翰·R.罗尔斯(John R.Rawls)理论中提到的那样(1999[1971])。休谟和约翰·斯图尔特·密尔(Hume and John Stuart Mill 1977[1861])也将关注点转向了政府机构,在大型现代社会中,这些政府机构需要代议制政府。这一举措回归了古典和文艺复兴时期的政治

---

① 休谟的观点可能受到忽视,因为他们主要是在休谟一系列脚注中出现(2000[1739—1740],3.2.3.4 n–11 n)。

思想,同时需要因果理解,因此,也需要实证的理论和方法论。这种举措也再次利用简单的描述将规范性理论与实证理论紧密结合在一起。罗尔斯的理论也需要大量的实证注解,他表示现在的任务是构思能够提供分配正义的机构,他把这一任务留给了其他人,目前来说,这些人在任务完成方面一般都失败了。罗尔斯与霍布斯的理论是相对整体和普遍的,休谟与密尔的理论比较零碎具体。也许没有方法论可以提供如霍布斯与罗尔斯要求的那些办法一样,解决全面的社会及政治理论。因此,最终我们必须分解罗尔斯理论中蕴含的制度举措,使之零碎化,易于掌控。

【45】 在过去的几十年,规范性方法论发生了实质性的变化,这是一个有趣的事实。社会理论与解释说明中,许多领域的方法论在那段时间都发生了较大的改进,尤其是受到理性选择与博弈论的影响,但是被舍弃或是重新发展的很少。现今,三种领军规范方法在那段时间已经形成了自己的特点。以至于很难想象如果没有那些方法推动它们的表达和改进,规范性理论如今会是怎样。这三种方法的发展并不显著。学术道德论者希望减少其中两个方法,即共享价值与契约论者观点的使用,这一做法并没有引起多少共鸣。任何与当代道德理论一样复杂的方法,都像不相关的问题一样被绝大部分社会理论学家所忽视,甚至遗弃。把规范与实证理论分离开来将是巨大的不幸,是社会理论历史中最糟糕的分离,比一个世纪以前乔治·爱德华·摩尔(G.E.Moore 1903,第 84 页)所提出的把经济与效用价值理论分开更糟糕,他只是考虑了外部空间空洞的效用。

相比于详尽描述甚至理解,研究规范的理论家似乎更追求新奇。一般而言,对我们来说,在社会理论中,巨大的新奇并不是一个有价值的目标。在偶然的情况下,重大新奇理论的提出,如霍布斯的权力政权以制度的形式强制协调,休谟的传统以自发性强制协调的形式,斯密的古典经济学、帕累托(Vilfredo Pareto 1971〔1927〕)的价值理论,诺依曼(John Von Neumann)以及奥斯卡·摩根斯坦(Oskar Morgenstern 1953〔1944〕)的博弈论,或是谢林(Schelling)的调和理论,都花费了很长一段时间才融入社会制度与惯例的主流理论和解释说明中。人们很容易忽视预想的新奇贡献或是公然将他们丢弃。除了相对较少的偶然情况下,社会理论中的创新不可能依赖于这些重大创新。我们看到的大多数创新都跨越多个领域,运用于已完好建立的创新中。

过去的四五十年来,当代规范方法论的第三个分支,即理性选择的规范理论已经成为一个重大的项目,在范围及绝对的工作量方面已经日渐把其他两个重要的分支甩在身后。博弈论与博弈论理性选择的明晰以及系统结构使这种发展更具可能性。博弈论与理性选择发展良好,并且很容易投入使用。也许部分基于这样的事实,理性选择方法接收了规范理论。沿着这条看似有征服力的道路前进的包括理查德·B.布雷思韦特(Richard B.Braithwaite 1955),其在道德理性中使用博弈论;大卫·K.刘易斯(David K.

Lewis 1969），其本着休谟精神对传统进行分析；乌尔曼-玛格利特（1977）的规范理论以及从 20 世纪 80 年代起的一系列其他著作。

　　在此计划中，方法和理论趋于融合。人们可能想知道相对发达的理论与方法，是否呈现一种将它们成功地联系在一起的典型趋势。在我们这个时代，相比于理性选择，共享价值理论可能会成为最常见的替代方案。面临背后契约的挑战，而相信人们会真正思考并会有意识地赞同他们的政治秩序是存在困难的，因此契约论者理性地退出中心舞台，正如休谟（1985[1748]）早前提到的那样。但是与理性选择规范理论相比，它面【46】临着一项更艰巨的任务。因为它仅仅始于一系列明确的共享价值之上，而非自身福祉。当然，自身福祉是共享价值论者最想要拒绝的共享价值，尽管在社会理论中，人们会想知道有多少激烈的竞争对手会在我们日常的生活中拒绝这样一个作为普遍引导原则的价值。

参考文献

Almond, G., and Verba, S. 1963. *The Civic Culture: Political Attitudes and Democracy in Five Nations.* Boston: Little, Brown.

Aristotle 1958 [4th century BC]. *Politics*, trans. E. Barker. New York: Oxford University Press.

Barry, B. 1995. *Justice as Impartiality.* Oxford: Oxford University Press.

Braithwaite, R. 1955. *Theory of Games as a Tool for the Moral Philosopher.* Oxford: Oxford University Press.

Dahrendorf, R. 1968. In praise of Thrasymachus. Pp. 129-50 in Dahrendorf, *Essays in the Theory of Society.* Stanford, Calif.: Stanford University Press.

Hardin, R. 1990. Rationally justifying political coercion. *Journal of Philosophical Research*, 15: 79-91.

——1991. Hobbesian political order. *Political Theory*, 19: 156-80.

——1995. *One for All: The Logic of Group Conflict.* Princeton, NJ: Princeton University Press.

——1998. Reasonable agreement: political not normative. Pp. 137-53 in *Impartiality, Neutrality and Justice: Re-Reading Brian Barry's Justice as Impartiality*, ed. P. J. Kelly. Edinburgh: Edinburgh University Press.

——1999. *Liberalism, Constitutionalism, and Democracy.* Oxford: Oxford University Press.

——2003. *Indeterminacy and Society.* Princeton, NJ: Princeton, University Press.

——2007. *David Hume: Moral and Political Theorist.* Oxford: Oxford University Press.

Hobbes, T. 1983 [1642]. *De Cive*, ed. H. Warrender, trans. from the Latin. Oxford: Oxford University Press.

——1994 [1651]. *Leviathan*, ed. E. Curley. Indianapolis: Hackett.

Hume, D. 2000 [1739-40]. *A Treatise of Human Nature*, ed. D. F. Norton and M. J. Norton Oxford: Oxford

University Press.

——1985〔1748〕.Of the original contract.Pp. 465-87 in *David Hume：Essays Moral，Political，and Literary*，ed.E.F.Miller.Indianapolis：Liberty Classics.

Lewis，D.K. 1969. *Convention.*Cambridge，Mass.：Harvard University Press.

Lindblom，C.E. 1977. *Politics and Markets：The World's Political-Economic Systems.* New York：Basic Books.

Mill，J.S. 1977〔1861〕.*Considerations on Representative Government.*Pp. 376-613 in Mill，*Essays on Politics and Society*，vol.xix of *Collected Works of John Stuart Mill*，ed.J.M.Robson.Toronto：University of Toronto Press.

Moore，G.E. 1903. *Principia Ethica.*Cambridge：Cambridge University Press.

Neumann，J.von，and Morgenstern，O. 1953〔1944〕.*Theory of Games and Economic Behavior*，3rd edn. Princeton，NJ：Princeton University Press.

Pareto，V. 1971〔1927〕.*Manual of Political Economy*，trans.from French edition.New York：Kelley.

Parsons，T. 1968〔1937〕.*The Structure of Social Action.*New York：Free Press.

Putnam，R.D. 2000. *Bowling Alone：The Collapse and Revival of American Community.* New York：Simon and Schuster.

Rawls，J. 1999〔1971〕.*A Theory of Justice.Cambridge*，Mass.：Harvard University Press.

Scanlon，T.M. 1982. Contractualism and utilitarianism.Pp. 103-28 in *Utilitarianism and Beyond*，ed.A. Sen and B.Williams.Cambridge：Cambridge University Press.

——1999. *What We Owe to Each Other.*Cambridge，Mass.：Harvard University Press.

Schelling，T.C. 1960. *The Strategy of Conflict.*Cambridge，Mass.：Harvard University Press.

Sidgwick，H. 1907. The Methods of Ethics，7th edn.London：Macmillan.

Smith，A. 1976〔1776〕.*An Inquiry into the Nature and Causes of the Wealth of Nations.*Oxford：Oxford University Press.

Tocqueville，A.de 1966〔1835 and 1840〕.*Democracy in America*，trans.G.Lawrence.New York：Harper and Row.

Ullmann-Margalit，E. 1977. *The Emergence of Norms.*Oxford：Oxford University Press.

Wrong，D. 1994. *The Problem of Order：What Unites and Divides Society.*New York：Free Press.

第三章　元方法论（Meta-Methodology）：清除障碍

马克·贝维尔（Mark Bevir）

在许多方面，元方法论只是哲学的另一个称谓。政治学的元方法论就是社会科学的哲学。更确切地说，元方法论是试图从理论上反思方法在何种政治学领域或在何种条件下比较适合使用。它也试图阐明何种知识以及何种解释适合政治科学所关注的各类对象。

如今，元方法论的重要性应该很清晰。只有在我们知道何种知识以及何种解释适合政治学的情况下，我们才能做出明智的决定，选择最适合的方法进行发展。在任何既定事件中，该方法是否恰当通常取决于潜在的哲学问题。我们不应该让方法论严密的重要性掩盖了先前有关承诺是否适当的哲学问题，即某一特定方法就是了解有关既定研究对象知识的合理手段。

在本章节中，笔者探讨对有关任何既定方法论作用分析时均必不可少的哲学问题。虽然笔者有时会表达特定立场，如显著的整体主义、建构主义以及历史主义的观点。但分析重点很简单，即政治方法论学者的疏离很危险。哲学思想已发生了巨大的改变，以致许多政治学家的元方法论假设出现严重问题。由于缺少关于认识论、本体论以及说 明性假定的思考，学界对方法及其效用的讨论陷入极度的贫乏。

1. 元方法论概念

一般意义上，这里讲的核心概念是关乎传统、子领域或学科学说。领会这三种概念的差异将有助于我们理解本章的结构。一些元方法论概念涉及传统，比如行为主义、理性选择以及制度主义。虽然传统往往得到政治学家的认可，但是以这些术语表达元方法论也会有一些误解。因为讨论时需要使用传统术语，所以这些传统必须要包含一致、稳定的哲学思想。但是一般而言,传统所包含的哲学思想不需要很强的逻辑性。不仅如此,传统的内容会随着时间的流逝而发生巨大的变化。因此元方法论通常会涉及清除困惑,这些困惑源于人们以类似传统术语思考方法。它打破了政治学传统,将其与具体的哲学学说联系起来。在本章中,关于"政治学传统"的下一部分将讨论与现代论者的经验主义、行为主义、制度主义以及理性选择相关联的哲学学说。

其他元方法论概念牵涉哲学子领域。突出例证包括探究知识理论的认识论和关于各类事物存在理论的本体论。任何政治方法论、任何方法的运用以及任何事物的研究都需要哲学规范。然而政治学者通常隐晦地描述规范而拙于深思。相反,元方法论要求明确思考这些哲学问题及其对政治科学的影响。一般来说,对于相关的哲学问题,人们可以采取多种立场。除此之外,我们大多数人都相信政治学应该是一个多元主义的世界,人们可以采取不同的认识论和本体论立场。但是,认为同行应该有自己的观点是一件事,而认为任何一个政治学家可以持有不兼容的哲学观点则是另一回事。如果某个人针对一个问题采取一种哲学立场,而针对另一个问题则采取另一种立场,他们不但无法表明他们自己是多元主义者,反而只能说明其智识不清。因此,元方法论也试图改进特定的哲学思想。任何元方法论都试图在相关的哲学子领域制定清晰、正当又一致的思想。在本章节中,有关政治学传统后每一部分都会关注一个特定的哲学子领域——认识论、本体论和解释。

【50】 此外,其他元方法论概念还涉及具体的各类学说。我们掌握的特定理论,不论晦涩还是清晰,都构成了元方法论。大量元方法论的争论都是有关各种学说的完备性以及这些学说是否表明政治学方法与路径的完备性。本章探讨了每个子领域的主要学说,包括认识论下证伪主义与贝叶斯主义,本体论部分的现实主义与建构主义、解释部分的通则法与历史主义。

最后,需要着重说明的是,完全不同的元方法论学说时常会汇聚在特定哲学传统的共同标签之下。实证主义就是一个很好的例子。如果我们要定义实证主义,我们必须要确保提出包含实证主义与自然主义的理论(即相信科学的统一性)。这些统一的哲学概念非常有用,帮助才华横溢的历史学家考察元方法论历史与哲学思想;帮助哲学家争论各种哲学优点;同时,如果我们想要明确规定与之相联系的思想,它们会在政治学中发挥作用。然而,我们应该记住这些糅合在一起的哲学概念与我们上述提到的政治学传统一样,它们的内容也会随着时间的流逝而发生巨大的改变,它们经常汇集逻辑联系松散的立场。确切地说,20世纪的逻辑实证主义与19世纪晚期的革命实证主义几乎没有共同点,更不用说奥古斯德·孔德(Auguste Comte)的宗教与伦理观念。在本章中,笔者一般会使用这些糅合在一起的哲学概念指代广泛的思潮。确实,下一小节的目标之一便是将相似路径与政治学联系起来,例如将制度主义与行为主义和更广泛的思潮联系起来,将现代论者的经验主义与实证主义联系起来。

2. 政治学的传统

政治学家通常会将各种学科传统作很多区分——如行为主义、理性选择以及制度主义。而本节则旨在消除差异。当然在行为主义与理性选择之间也存在哲学差异,其中一些差异还与我们有关。然而,除了理性选择的部分例外,主流的政治学方法依赖于经验主义认识论、现实主义的本体论以及解释的形式化模式。为理解这些哲学思想的主导地位,我们需要简短回顾现代政治学的起源。①

2.1 现代派的经验主义

【51】

政治学中现代派经验主义在发展历史主义的背景下出现。19 世纪,政治学家借助历史经验来解释世界。他们致力于经验主义与归纳法,认为有效的叙述取决于系统、公正地收集和筛选事实。然而他们利用以渐进发展原理为核心的目的论叙事厘清事实,如国家与自由均遵循相对固定的轨迹。在他们看来,国家是以伦理与文化为纽带的有机体。政治学家厘清事实的关键在于如何使上述事实符合国家这一有机组织的发展历程。如爱德华·奥古特斯·弗里曼(E.A.Freeman)的著名言论指出,政治学也被称为"当今的历史"。

20 世纪早期,现代派经验主义的风头盖过发展历史主义。第一次世界大战或多或少破坏了发展进步的观念。政治学家日渐用现代派认知模型取代历史叙事。他们仍旧致力于归纳法:知识来源于积累的事实。但是他们日渐以与历史无关的分类、关联性以及系统而非通过历史叙述来理解这些事实。

20 世纪初以来,现代派经验主义就已成为政治学的主导方向。现代派经验主义具有原子式和分析式的取向。其打破了早期叙事的连续性与逐渐变化,使世界分崩离析,成为不连续的部分。现代派经验主义也通过诸如计算、类型学、功能等规范、无关历史的解释理解分崩离析的部分。举一个显著的例子:1921 年,赫尔曼·芬纳(Herman Finer)在一项比较政府的研究中引入多主题的比较分析指标,使读者能够比较不同国

---

① 接下来所引内容的历史范围很广泛,包括艾德考克(Adcock)、贝维尔(Bevir)以及斯廷森(Stimson)等研究成果。

家相似的制度。1932年,他关于现代政府的新研究从一个分析主题转向了另一分析主题,依据制度与其他国家制度的联系对制度予以分类,他并没有把制度置于其国家的特定历史中(Finer 1921;1932)。更普遍来说,这一从历史主义到解释取向的形式化模型之转换带来了新的理论与客体。以日渐形式化的心理学理论解释行为,以结构与体系解释过程。

现代派经验主义的元方法论方向继续支配很多政治学分支学科。本章节随后将探讨每一个哲学子领域。在认识论(知识理论)中,现代派经验主义参考以往经历中积累的事实证实了他们关于知识归纳的论断。在本体论(存在理论)中,现代派经验主义把实际存在以及因果性质归因于形式客体,如结构与体系。最终,在解释方面,现代派经验主义不赞成历史主义而支持诸如分类与关联性这样的形式化路径;他们将历史视为数据源而非解释数据的方法。

【52】 2.2 行为主义

随着现代派经验主义的传播,一些政治学家开始担忧"超现实主义"(例如 Easton 1953,第66—78页)。正是政治学家放弃了发展历史学家控制和组织实施的叙事,超现实主义才得以兴起。具有讽刺意味的是,正是否定了发展历史主义,才为行为主义者快速发展他们的一般理论创造了空间。

到20世纪50年代,行为主义者才提出了一些相对新的实证科学概念。现代派经验主义者把科学看作严格收集和筛选的事实:即理论来源于积累的事实。相比之下,20世纪的实证主义者通常强调一般理论所起的作用,这些一般理论作为假说的来源,之后再由真实调查证实或驳斥。

值得强调的是,这种新的科学观念是所谓"行为革命"真正的新颖之处。与行为主义有关的技术与议题都不是新奇的:长时间以来,现代派经验主义一直使用一系列统计技术来研究诸如政策网络、政党以及投票行为等话题。伊斯顿(David Easton)认为人们错误地将政治科学融入"对事实客观收集和分类的科学观点,以及将它们与一般化的概括相联系"(Easton 1953,第65—66页)。行为主义进步之处在于一种科学观念,这种观念认为特别的一般理论是可证明假说的源泉。正如伊斯顿(第25页)再次提出的"科学的程序规则,其目的是使发现高度概括的理论成为可能"。

行为主义者在提倡一般理论发展的同时,很少会偏离现代派经验主义。尽管它们的经验论稍微从归纳经验转换成所谓的实验方向,但是经验论仍然属于经验主义。他们认为,一般理论并不会建立知识,而只是产生假设。所有的理论都是通过实验和其他事实经验的方式进行确认或驳斥。同样,行为主义者的本体论仍然是现实主义的。如果一些行为主义者不认真考虑而只引用可观察到的现象,那么大多数都会很乐意将数据作为真实证据;如果引用不可观察到的现象,那么大多数都会很乐意把结构与体系加入一般理论中,仿佛这些是具有因果性质的真实对象。最后,行为主义者支持形式化的、无关乎历史的解释。结构功能主义以及体系分析等理论要旨在于他们可以跨越时空应用。

2.3　制度主义

行为主义的兴起使一些现代派经验主义者结合发展的历史主义,完全反对与他们的前辈观点不同的人。与行为主义者的一般理论相对,随着现代派经验主义者把他们的方法解释为对比法和基于史实的方法,历史制度主义出现了。讽刺的是,历史制度主义者因此忘记了他们曾反对现代派经验主义者的发展历史主义,而支持正式的相关性与分类。 【53】

历史制度主义者对一般理论作为假说的源泉持怀疑态度,其中一些人甚至对大样本统计分析产生敌意。然而,他们并没有重回历史主义,只是重申现代派经验主义。历史制度主义者宣扬“分析归纳”的过程。在这一过程中,小样本比较与案例研究产生了中层理论(Skocpol 1985,第3—43页)。不仅如此,他们希望在分析背景时选择案例研究,并希望将中层理论作为正式概念和理论的相关性和分类。他们只是把历史视为一系列原子化节点,这些事件可以为数据提供更多永恒变量、机制以及过程。

鉴于历史制度主义重申了现代派经验主义,对于其体现了相似的元方法论这一事件,我们不应该感到惊奇。制度主义者相信归纳经验主义,他们认为,知识是建立在证明或驳斥理论的案例上。与之相似,与早期的现代派经验主义者的做法一样,制度主义者也采取了同样的本体论。他们将真正的存在与因果权力归纳于像制度与结构一样的对象:诸如像市场、网络和民主等拥有可以解释结果和事件的内在属性。最终,虽然制度主义者有时会给提出一般理论的人贴上“历史”的标签,但仍然保持形式的、非历史的分类、相关性和机制。

2.4　理性选择

因为现代经验主义者开始重申制度主义的方法取代行为主义,所以理性选择理论也开始研究制度。因此,一个较小的学派现在开始在学术上区分各种新制度主义的差异(例如 Hall and Taylor 1996；Pierson and Skocpol 2002；Thelen and Steinmo 1992)。这个学派的紧要问题与把行为主义和现代派经验主义分开的问题一样：作为假设来源的一般理论其作用是什么？一方面，理性选择制度主义者回应了此前对于超现实主义的担忧：他们抱怨"案例研究的囤积"(Levi 1988，第 197 页)。另一方面，历史制度主义者在某种程度上哀叹缺少比较和历史敏感性的理想选择，从而再次忽视了他们自身对形式化解释的偏好而非历史叙事。

行为主义与理性选择在一般理论中起着相似的作用，我们不应该把理性选择与激发行为主义的实证主义科学概念联系在一起。相反，相较于理性选择，行为主义的元方【54】法论与制度主义有更多相似点。理性选择扩展了与新古典主义经济学有关联的知识模式，而新古典主义经济学本身又是与 19 世纪相背离的现代派的一部分(参见 Schabas 1990)。然而，由于理性选择在解析和形式模型方面与历史相背，又算得上现代派，与其说它是经验主义，不如说它是理性主义。相比于我们考虑到的其他政治学传统，理性主义与现代派经验主义的联系更少。

我们先来谈谈认识论。人们正确地把理性选择描述为一种演绎法：它用公理将模型推导为推论(Elster 1986；Monroe 1991)。然而，认识论与程序一样，和有效知识的性质及正当性有关，模型或其说明就是依靠这些构建起来的。因此，我们应该考虑理性选择论者是如何证明他们的公理，以及他们如何证明将一种模型运用于任何一种特殊案例中是正当的。公理通常是由经验证明的，即这些公理或者更通常是他们提出的模型，与世界事实相对应。同样地，应用模型对特定案例的解释取决于相互联系的研究者对于信念和偏好的经验主张。

接下来谈谈本体论。理性选择的公理是对个人行为的微观层面假定。理性选择论者通常认为这些假定不仅能解释个人行为，还能解释这些行为之外的制度。他们的微观层面理论在某种程度上提出信念与偏好，这表明他们对存在归因于不可观察的物体没有任何疑虑。然而，他们强调的微观层面通常表明他们不想把一个独立存在或是因果性质归因于诸如制度和结构之类的客体。

最后，谈一谈解释的理性选择视角。很明显，大多数理性选择与现代派经验主义之间的方法论差异更容易被视为解释形式之间的差异。在现代派经验主义支持归纳关联与分类的同时，理性选择支持演绎模型。然而，同样地，我们不应该让这一差异掩盖理性选择曾背离历史叙述而支持跨越时间与空间的形式化解释这一事实。

2.5　当今的政治学

也许我们应该再次确保已了解到现代政治学的许多内容结合了经验主义认识论、

现实主义本体论以及形式化解释。一切尘埃落定之前，我们可能会停下来想：自现代派经验主义兴起以来，哲学思维是不是几乎没有发生变化？可悲的是，答案为"不是"。哲学历时很长。早在 20 世纪 70 年代，哲学家调查在过去的 20 年，各种语言学的转向已深刻转变科学哲学以及政治理论方面的不同方式（例如 Bernstein 1976）。20 年过去了，截至 20 世纪 90 年代，一些在社会科学哲学方面的教材在着重给大学生介绍时代兴【55】起的新兴观点与问题之前，均在前言部分简短说明现代派经验主义与实证主义的消亡（例如 Fay 1996）。我们所传承的元方法论已经过时，几乎很少出现在本科教科书中，确实是时候重新考虑我们的主张了吗？

本章的其余部分探讨最近关于认识论、本体论以及解释的讨论。笔者概述了哲学的大方向，而且谈论了意义整体论的兴起以及其对政治学的影响。意义整体论破坏了元方法论者长期以来根深蒂固的归纳或实验经验主义、现实主义以及形式化解释。①

3. 认识论

政治学家一般都是经验主义者，人们把经验主义定义为相信知识源于经验的信念。虽然经验主义有明显的吸引力，但却经常沦为怀疑主义。一些怀疑论者会问我们如何知道自己的经验是一个独立世界的经验。我们也许并不会将注意力过多地放在怀疑主义的争论上。②而其他怀疑论者想知道我们如何假定建立在过去经历之上的模式将在未来存留。这种怀疑论提出了所谓的归纳问题。假定未来事件会与过去的事件有相似模式的理由是什么呢？归纳问题同样适用于试图诉诸观察来证明理论。有什么理由认为建立在先前观察的概括将适用于其他情况呢？我们怎么能以偏概全呢？

难以解决的归纳问题让科学哲学家将他们的注意力从归纳证明转向事实如何支持理论的问题。③确实，作为评价论点的归纳逻辑与 19 世纪的知识模型冲突出现于 20 世纪早期，之后衍生了证明理论。

---

① 笔者的论述与哲学思想方面的广泛转换相一致。但是哲学全部是关于合理的争论，还有许多关于意义整体论的有效性及其隐含意义的争论。有想探讨更多细节的读者也许可以探讨介绍性哲学文本为开端，笔者会在接下来的脚注中提到这些介绍性哲学文本。如果还有读者对观点的细节感兴趣，可以查询贝维尔的作品（Bevir 1999）。

② 一般对于认识论的介绍通常包括对于知觉、记忆、原因以及怀疑论的探讨。另参见奥迪（Audi 2003）。

③ 对科学哲学进行了完美介绍的是戈弗雷—史密斯（Godfrey-Smith 2003）。

【56】   3.1　证实理论

证实理论与逻辑实证主义者有所关联。① 与人们普遍的误解相反,几乎没有逻辑实证主义者认为基本的事实可以证明一般命题。他们反而希望提供一种逻辑理论,这种理论要求证据确认科学理论。在这种情况下,逻辑理论是一个抽象陈述以解释特定论点具有强制性且不能驳回的原因。演绎逻辑就是一个典型的例证,其涉及前项都为真的情况下,结论一定为真的论点。逻辑实证论者旨在为归纳提供一种类似演绎基础的逻辑基础。这个目标有三个组成部分。首先,归纳逻辑是对演绎逻辑的一种概括:演绎会成为一个大型归纳范围的极端案例,其中包括部分限制性案例以及部分反驳性案例。其次,概率为发展这一较大范围论点的适当分析提供了一个概念基础。最后,在归纳论证中,结论范围会为上述前项及结论之间的关系提供一个客观的逻辑基础。因此,对于逻辑实证主义者,归纳知识依赖于命题之间纯粹形式化的逻辑关系。正如鲁道夫·卡尔纳普(Rudolf Carnap)所说的,证实是经验证据描述的命题与假说描述的命题之间的逻辑关系。

到 20 世纪 60 年代中期,没有多少逻辑实证主义了。可以说,其消亡的大多数重要原因是我们随后讨论的整体主义的兴起。对于目前来说,我们可以提到其他原因。寻求一种形式化、合乎逻辑的归纳导致了逻辑实证论者忽视科学的哲学、社会科学、历史学惯例;他们的逻辑研究并没有反映出科学家实际做的事情。除此之外,逻辑实证论者试图发展归纳逻辑时遇到了难以克服的障碍。这些障碍——尤其是纳尔逊·古德曼(Nelson Goodman)的"归纳之谜"——让许多哲学家都认为可能不存在形式化的、逻辑清晰的证明理论。②

3.2　证伪主义

逻辑实证主义面临的困境成为卡尔·波普尔(Karl Popper)爵士从证实转向证伪(Popper 1959)的部分转变背景。起初,波普尔对困扰逻辑实证论者的更广泛的语言、意义等问题并不感兴趣。他寻求一种将其从伪科学中分离的方法描述科学。不仅如

---

① 社会科学家也许对学习凯恩斯(Keynes 1921)提出的归纳逻辑的基本思想感兴趣,但提出主流证实理论观点的是卡尔纳普(Carnap1950)。

② 古德曼(Goodman 1995)作为这种论点的持有者,甚至当代教科书使用"归纳逻辑"这一术语时,他们通常并不表明可能性与归纳都是确确实实的逻辑。有关包含涉及决定理论重要问题的有趣讨论的例子以及理性选择内容参见哈金(Hacking 2000)。

此,波普尔认为归纳逻辑是一个神话。他认为观察与证据从来都不会证实一个理论。论点所隐含的内容值得反复讨论,正如许多政治学家似乎认为波普尔支持他们的归纳 【57】使用。波普尔(Popper)认为,某种程度上,无论观察了多少次,或无论成功预测了多少次观察,都不可能毫无疑问地证实一个理论。他也认为,不论我们使用什么方法,我们都不能创建数据或是相关性,这些数据或是相关性使我们有正当理由来提高我们对某一理论的相信程度。

在很大程度上,许多人都会担心科学知识受到那些认为归纳和证实缺乏效度建议的影响。波普尔通过论证科学并不取决于证实,而是取决于驳斥这一观点来克服这种忧虑。他还通过科学对证伪主义的承诺把其与伪科学区别开来。在这个观点中,有且只有观察(或可能一系列观察)证明命题是假的时候,这种命题才是科学的。科学都是关于假说检验。科学家提出理论,从理论中演绎观察,然后用结果检验预测是否正确。如果我们的观察与预测不一致,那么这一假说就是错的。如果我们的观察与预测一致,我们也不能说这一假说是正确的,或很有可能正确,我们只能说还不能推翻这一假说。

3.3　意义整体论

到目前为止,我们的哲学故事没有对一直以来传承的政治学元方法论规范的许多问题提出异议。波普尔坚决反对归纳法,这表明制度主义者与其方法存在怪异之处,因为他的观点实际上更适合行为主义的政治学家在统计和其他实验中使用。① 然而,这并不能清晰表明逻辑实证主义提供了更适合制度主义者的归纳经验主义,而波普尔则提供了与行为主义者实验经验主义松散相符的反驳描述。

许多政治学传承的元方法论问题源于我们哲学的其余部分。科学的认识论和哲学已经与逻辑实证主义者和波普尔的观点大相径庭。可以说,最重要的转向是朝向整体论,这是受托马斯·库恩(Thomas S.Kuhn 1962)、奎因(W.V.O.Quine 1961a)以及路德维希·维特根斯坦(Ludwig Wittgenstein 1972)等哲学家作品的影响。② 意义整体论认为一个命题的意义取决于范式、观念网络或其存在的语言游戏。因此,使一个命题真(或假)的情况取决于我们视之为真的其他命题。

意义整体论决定性地破坏了先前的证实和反驳的概念。它表明没有一系列观察可以孤立地证实或推翻一个命题。只有我们对所持有的其他命题做出适当的改变,我们 【58】

---

① 参见在坎贝尔(Campbell)对波普尔的频繁引用(前者将后者视为启发实验主义 1988)。
② 对各类型整体论的完全主导所做的一个比较质疑性调查,参见 Fodor and Lepore(1992)。

面对任何证据才可以拒绝或保留任何命题,但没有任何一项命题可以独立存在。我们只可以评估大量事实、理论以及假定。我们可以只对首要的研究项目或观念网提供证据。之后这些证据会作为相关观念网或研究计划的一部分。

意义整体论使许多政治学中隐晦的归纳与实验经验主义变得不合情理。然而拒绝这些经验主义方式不必然要提出彻底的相对主义。当代哲学家提供了许多证据和合理的知识。但讨论所有方法超出了本章的范围,因此本章只针对两个最重要的方法:贝叶斯理论以及理论选择的比较方法。

3.4 贝叶斯主义

逻辑实证主义的结束,使得可以给科学提供证据支持的新理论出现。贝叶斯主义成为使用概率论探讨证据所起作用的主要例证。[①] 贝叶斯主义是本章技术性最强的哲学理论,笔者尽量使之通俗易懂。对于有专业知识的人来讲,贝叶斯定理陈述的是:p$(h/e)=$p(e/h)p$(h)/$p(e)。这个公式为假设 h 的概率提供了计算证明 e 产生差异的方法。当证据增加假设的概率时,这个方法为我们提供证明:如果 p$(h/e)>$p(h),那么 e 就能证明 h。对于没有太多专业知识的人来说,这里的关键创新在于假说的真假不再由统计相关的既定证据来证实;相反,根据贝叶斯定理,人们用一系列转换定义假说成真的可能。这种创意引出了贝叶斯主义的两个重要特征。第一,一个理论的概率调整,更广泛的网络中其他理论的概率也可以调整。第二,证实或辩护,作为既定证明的单一命题出现得更少一些,而作为理想信念出现得更多一些。如果我们不断地加以适当调整的话,那么这种理想信念是可以达到的。宣扬贝叶斯主义的人们认为,理论的这些特征克服了先验理论主观概率的相关问题。他们认为主观差异通过不断的调整而消失:不论我们从哪儿开始,都会在同一个目的论结束。

贝叶斯主义一直受到各种批评,其中绝大多数都超出了我们的范围。也许对我们来说,最重要的一点是贝叶斯主义的局限。如果贝叶斯主义起作用,它会证明归纳过程【59】以及信念是合法的。但是,很明显,主观主义概率使我们无法明确应该给特定理论何种概率。同样,这是一个严重的哲学问题——贝叶斯主义似乎并未告诉我们在评估竞争理论时,如何给特定证据赋予权重的方法。

---

① 戈弗雷-史密斯(Godfrey-Smith,2003,第 14 章)做了简短介绍,以及哈金(Hacking 2000,第 21 章),也可以参见 Earman(1992)。

3.5 比较理论

证伪主义的终结导向新的理论选择。人们意识到理论只能作为观念网进行检验,这激发人们尝试思考理论领域,以及在竞争对手的观念之间进行标准选择。① 人们可能会把这些理论与标准看作替代贝叶斯主义或者用可行的理论选择补充贝叶斯归纳证明的方法。

在科学哲学中,库恩强调研究范式时提出了整体论。库恩坚持认为普通科学在毋庸置疑的范式中出现。大多数哲学家接受了与范式概念相联系的整体论,但是并没有接受库恩提出的单一统一范式在任何既定的科学领域中都占主导地位的观点。在他们看来,科学是竞争研究项目或竞争传统之间的竞争。因此,理论选择的问题归根结底是如何比较竞争传统的问题。

当然,诀窍在于找到有效的哲学方法来产生一个领域和比较的标准。似乎领域和标准的有效性要求他们不具有一个特定的框架。但是,在某种程度上,意义整体论表明了这样的中立性并不可能。因此,领域和标准的有效性取决于他们与整体性的适当关系,而这促进了其作为一种理论选择的方法向比较的转变。一个非常普遍的观点是在特定的传统中叙述自身及其竞争理论之中定位比较领域。笔者认为,我们也可能尽力从整体论本身提出与演绎法相似的比较标准(Bevir 1999,第96—106页)。

3.6 政治学议题

为什么政治学担心从归纳和实验经验主义向理论选择的比较方法的转变?这里笔者只需列举一个明显的原因。比较法表明:如果政治学家认为方法、模型、回归分析等可以证明因果陈述或它们得出的数据,那么他们就错了。方法只是创造数据,数据的有效性仍有待讨论。数据的有效性以及任何相关的因果陈述都取决于竞争性的事实、理【60】论以及假定之间的比较。除此之外,与方法论的严苛相比,这些比较更多地取决于哲学连贯、理论想象、广度或成效性以及带有其他思维的协同效应。

4. 本体论

既然我们已经讨论过意义整体论的兴起,我们会很快把视线转向本体论与解释方

① 主要的科学哲学家文集涉及哈金(Hacking 1981)。其中最显著的例子,也是与波普尔最相近的是拉卡托斯(Lakatos 1978)。

面所存在的问题。目前的问题是,意义整体论激发了建构主义与历史主义立场,而这些立场在很多政治学中与隐含的元方法论主义的假定之间存在张力。

本体论寻求问题的答案即什么存在?从更广泛意义上来讲,其寻求描述存在的基本种类以及关系,因此说明存在事物的种类以及事物的存在形式(或模式)。因此本体论包含一系列哲学讨论。① 首先,进行了关于我们是否应该将存在归因于种类、属性、关系、精神状态甚至命题的讨论。这些讨论包括一个众所周知的讨论,即唯名论者与唯实论者之间关于普遍性状况的讨论。抽象名词指的是事物存在本身或仅仅指特定的例子或事物的集合?社会本身存在吗?还是仅仅指诸如人与事物之间的相互作用等事物?不仅如此,还有关于存在方式的讨论,包括时间性、必要性以及可能性。物体是否随时间变化而保持不变?当所有成员都改变时,立法机关仍然是同一个对象吗?

4.1 朴素现实主义

大多数人都发现了现实主义的魅力。我们相信,科学揭示了世界,向我们展示了我们生活在一个包含电子、原子、光波以及基因的世界中。大多数人也认为即使人们不再拥有知识,因而不了解世界运行的原理,我们的世界依然会包含这些事物。尽管通过类比,如我们看到的一样,本体论并不很合理——许多政治学家认为社会现实有一个独立于我们信念的结构。在他们看来,制度与社会阶级这样的对象是存在的,即使我们没有文字与概念来指代它们,这些事物依然会存在。朴素现实主义否认社会现实是由概念建构而成的。

正如朴素现实主义者与政治学家声称的那样,在这之外还存在一个世界。或许是
【61】有的。但是对于怎么阐述这一言论,我们需要谨慎。毕竟,我们的概念是世界的一部分,当我们采取行动改变世界时,只有我们以特定概念采取行动,世界才会像这样发生改变。因此,我们无法简单地宣称,社会独立于我们信念或概念之外而存在。我们可能会说,除非现实本身在因果上依赖于我们的信念,世界才独立存在于信念之外。然而用这种方法重写现实主义会使许多政治学科的本体论更加有争议。朴素现实主义表明,制度独立于,或至少具有某些属性独立于我们的概念与观念。

20世纪上半叶的环境不利于形而上学,而这种环境可能会使科学家们能够根据自己的意愿来处理本体论问题,甚至认为它们毫无意义而将其舍弃。

逻辑实证主义者更多地把实证作为一个意义理论,而不是把它当做认识论。他们

---

① 对于形而上学的一般介绍通常包含这些讨论。参见 Loux(2002)。

认为本体论的命题毫无意义,因为其无法得到证实。正如我们之前看到的,卡尔纳普(Carnap)希望哲学家们发展形式化语言,从而确立经验与科学理论之间的明确关系。所以他区分了哲学家可能提出本体论问题的两种方式(Carnap 1947)。一方面,哲学家可能会问正式语言的内生问题。但是这些内生问题太微不足道。如果我们有介绍数字的正式语言,那么其是否包含数字的问题已经是解决了的。另一方面,哲学家可能会问正式语言的外生问题。他们可能会问:数字是在现实中发现的吗?但是卡尔纳普又说外生问题的话语毫无意义,因为只有在正式语言的背景下,我们才能够把假说、理论或问题与证明联系起来。为了简化他的观点,我们可以说:没有正式语言,我们就不会知道需要什么样的证明证实本体论命题;而且如果我们不知道用什么证据来证明一个命题,那么这一命题也就毫无意义。

4.2　本体论的承诺

以逻辑实证主义结束的哲学故事会很少触及政治学一直传承的元方法论承诺问题。由于没有意义而被丢弃的本体论问题可能造成忽视对象和存在模式等问题。然而,我们要再次说明,意义整体论可能会证明更多问题,以此改变哲学领域。

经验主义教条的整体论批判削弱了逻辑实证主义者对无意义本体的批判,后者认为本体论是毫无意义又微小的内部问题。想想奎因(Quine)使用整体论攻击卡尔纳普对内生问题与外生问题所做的区分就明白。对奎因而言,科学理论构成了一个网络,没有经验证据可以强制拒绝某一部分网络,而且在这个网络中,任何一部分都属于经验证明。因为网络的任何部分都属于经验证明,简单地说,不可能有纯粹的内生问题。相【62】反,正如奎因的看法,内生问题与外生问题的区别一定与分析事实与综合事实之间的区别一样。

奎因在逻辑实证主义者的攻击下拯救了本体论,他不相信我们可以解决超出知识范围或与知识不一致的本体论问题。因此他把本体论作为与最好理论相关的承诺研究重新介绍了一遍。更确切地说,奎因(Quine 1961b)提出了口号:存在就是要成为约束变量的值。这一口号认为,在有且只有我们说"有 F(约束变量)就有……"的情况下,我们承诺存在 F 的想法。然而,我们必须知道如何致力于一个本体论这一件事,而知道我们应该致力于什么本体论则是另外一件事。奎因认为我们可以通过检验句子的逻辑方式决定本体论问题,句子的逻辑方式组成了世界。如果那些句子的逻辑方式是我们要量化的,那么 F 是存在的。也就是说,如果 F 是一件事物的一部分或与之有关联,那么 F 是存在的。

奎因的论点认为,如果有且只有在最好的理论中存在 F,那么我们假定 Fs 是存在的。值得一提的是,在这种观点中,我们完全有理由把存在归因于像观念一样不可观察到的事物。值得一提的还有政治家们仍然可以提出,句子的逻辑形式把存在不仅仅归因于观念、人物、行为以及事件,还要归因于社会阶级、制度以及类似的事物。① 关于我们应该采取哪个本体论,奎因则毫不在乎。然而,这提出了一个问题:最好的理论包含什么本体论? 笔者认为,作为一个最好的理论,意义整体论表明社会阶级、制度以及相似的事物是真实的,同时它们一定具有语言结构。

4.3 建构主义

我们简短回顾一下意义整体论对本体论的一般启示。整体论表明,这个世界如我们认识的一样,由我们可以观察和讨论的事情构成,仅仅因为我们构建了特定观念网络。例如,我们观察和讨论由身体内疟原虫类原生寄生虫引起的类似于发烧的疟疾,我们依靠的是关于寄生虫与疾病的观念。因此整体论表明,任何既定的事物或事件都不可能是世界的一部分,除非我们有正确的观念。如果我们对寄生虫不了解,我们就不能讨论疟疾:我们可能使用"疟疾"这个词来描述特定的症状,但是我们不能讨论由某种寄生虫引起的类似于发烧的疟疾。因此,整体论再次表明只有在特定情况下,事情才能【63】被构建为真实的。我们仅仅从对寄生虫的了解而把疟疾当做是真实的。因此,我们可以更普遍地说,事物 F 在时间 T 中不存在。为了呼应奎因的观点,我们可以说,在时间 T 之前,没有与 F 结合的变量。

一般的启示可能是整体论包含建构主义本体论,根据建构主义本体论,我们可以通过概念创造世界。然而,这并不是正确的方法。② 但是,整体论在"我们的世界中"(our world)引导我们从建构主义视角看待事物。但是对于"世界"本身,也有关于对我们"世界"关系的哲学讨论。一些哲学家不愿意唤起一个与我们世界不同的新世界,因此,我们不能通过定义而了解一些事物。同样,其他人也不愿意放弃他们的现实主义直觉。他们想要声明,在我们的世界中,即使事物 F 只在时间 T 才存在,它也只是有可能存在,也有可能不存在。因此,他们想要假定"这个世界"(the world)是独立于我们而存在,通过分类而建立的世界。

---

① 戴维森(Davidson)发现,通过对相关句子的逻辑分析,最为熟知的是试图解决行为本体论 (1980a)。在存在模式的逻辑方法中也有重大发展,参见 Chellas(1980)。但是,笔者不理解具有逻辑的量化模型中更先进的方面评定与本章的相关性。

② 对由整体论引起的建构主义本体论复杂本质的反思,参见哈金(Hacking 1999;2002)。

　　幸运的是，我们不需要解决关于"世界"的哲学争论，从而把握社会事物深刻构造的本质。相反，我们可以根据观念采取行为而回到我们建构社会世界的事实。即使我们假定"这个世界"，它所依赖的社会事物取决于信仰，整体论表明这些信念作为广泛信念的一部分，是社会构成的本身。因此，整体论指向一种语言学建构主义，根据语言学建构主义，我们不仅可以通过行为创建社会世界，还可以通过行为创建信念与概念。我们的概念、行为以及惯例是特定传统或话语的产物。社会概念以及事物，如"工人阶级"或"民主"并没有固有的属性或客观的界限。他们是人类发明的特定语言和社会。它们的内容取决于更广泛的意义网。

4.4　政治学议题

　　为什么政治学家应该担心社会本体论向建构主义的转向的问题？建构主义表明，如果政治学家把制度与结构设想为固定或自然种类，那么他们通常都是错误的。因为这种看法挑战了社会事物具化的普遍趋势，而这种趋势广为传播，而且把它们归因于决定其他事物或结果的本质。立法机构、民主、战争和其他社会事物都是有意义且视情况而定的。除非我们关注相关行为者可能存在的多样性和变化的信念，否则我们不能将它们识别，更不用说计算、关联或使他们模型化。但暂时结束对本体论的研究，因为笔者开始继续研究整体论推翻形式化且与历史无关的解释。

5. 诠释的形式 【64】

　　一般情况下，政治学家通常以制度与结构，仿佛它们是给定的客体以解释政治现象。一些像阶级、立法机构以及民主运用于纯粹描述时，他们通常可以作为社会建构物：我们可以把它们视为基于主观意义网为基础的简化行为模式术语。相反，这些概念运用于解释行为或结果的时候，他们通常呈现为一种更为正式或特定的内容：他们被视作因果关系，所以被具体化，这种因果关系要么独立运行行为者的观念，要么支持他们的观念。有时，政治学家的目的仅仅是描述这个世界，但是他们更经常期望提供说明，这种期望鼓励他们把各种各样的社会概念具体化。

　　当然，说明的期望在科学家以及普通人中广泛传播。我们大多数人认为我们的观念不仅仅是提供"围绕什么的问题"（什么存在？发生了什么？）的答案，而且给"'为什么'等这类的问题"（为什么是这样？为什么发生？）提供答案。相比之下，哲学家经常发现说明问题的想法，或至少是迷惑的源头。例如，解释的期望与许多政治学家公认的经验主义之间的紧张关系,经验主义者通常怀疑超出或在我们经历之后的陈述,旨在发现隐含原因。他们怀疑关于世界陈述的说明,因为这更像是我们的经验事实。

5.1 通则律

辩证地讲,如果我们捍卫一个薄弱的解释概念,就会更有可能使经验主义与解释的愿望相一致。逻辑实证主义者仅仅相信这一解释概念,而这一概念与休谟的常规继位经历观点相比,提出的内容更多。根据逻辑实证主义解释是提出普遍经验定律的一种论点(Hempel and Oppenheim 1948;Hempel 1942)。因此,引用 A、B、C 解释 X 就提出了把同类关联起来的通则律(一个普遍命题),正如把 X 像 A、B、C 一样把同类事物联系起来。因此,解释只是一个论点,其前提不仅包括事实上的要求,还包括自然规律。如果相关论点提出一个普遍经验定律,那么有关论据可能是演绎或归纳的。所以逻辑实证主义解释在很大程度上回避了实证主义者因果关系的实质性问题。这表明一个待解释的事物就只是有解释要素论点的结论,在结论中,特定解释的好与坏都取决于包含相关普遍经验定律的陈述真理。关于因果关系本质的问题就放在一边,因为有像"自然法"这样的概念分析。

【65】 通则律理论不再与哲学竞争。它着重探究不对称问题(Bromberger 1966)。在某种程度上,解释是不对称的,而通则律理论是对称的。标准例子已经成为实实在在的标杆。想象我们想要解释阴影长度。普遍经验定律理论表明我们将其解释为从极值点的高度、太阳的位置以及一些基本的三角学和自然规律(光学)。然而,我们也可以反驳说明,用以解释旗杆的长度。普遍经验定律理论表明我们可以从阴影的长度、太阳的位置、三角法以及光学法演绎为解释旗杆的长度。这两种说明中没有逻辑的差异,因为他们在特定的普遍经验定律理论中出现。旗杆高度的说明与阴影长度的说明一样,从上述各项中演绎而来,包含一个自然法。旗杆的例子清楚地表明,说明在某种程度上是有方向的,只是普遍经验定律理论没有找到而已。现今哲学家完全反对普遍经验定律理论。

5.2 推理与因果

解释的方向性表明其概念不能简单地从因果关系中分离出来:我们朝向一个方向时,可以解释为 X 引起 Y;反之,我们不能这样解释,因为 Y 并不是由 X 引起的。通则律理论的消亡因此引起了对因果关系问题的重新关注。有些问题是非常普遍的,其中一些问题是关于决定论、条件性与因果关系的。其他的是对人类生活更具体的研究。我们应该如何思考行为的因果关系以及我们的行为又会产生怎样的惯例与制度?

对行为原因的讨论通常从意向识别开始。正如我们之前看到的那样,意向概念认为我们的行为取决于我们是否有意识的相信。所以人类生活在某种程度上是有意义的,而纯粹的物理事件是没有意义的。人类生活的意向识别提出有关心理因果关系的问题:在物质世界(原子、桌子、基因以及人类身体等)中,大脑(或者说意向)如何产生不同?

一般来说,有两种方法回应心理因果关系问题,意义整体论用了其中一种方法,这两种方法分别由维特根斯坦(Wittgenstein)与唐纳德·戴维森(Donald Davidson)提出。受到维特根斯坦思想鼓舞的哲学家不认为行为是有原因的(例如 Anscombe 1957;Winch 1958)。在他们看来,因果说明展示了像法律常规的事件,行为解释展示了行为怎样适合于更大模式的信念与意向。即使戴维森的论点使之与他的观点相背离,他仍然强调这一点(Davidson 1980b;另参见 Heil and Mele 1995)。他也提出我们从意向性的角度解释行为:我们引用包含行为者信念与赞成态度(或愿望)的"首要原因"解释行为。他也接受了这样的观点:我们在更大模式的信念与理性中会做出更明智的行为。但是对于戴维森而言,行为的主要理由也是其原因。戴维森把首要原因与行为看作不同的事件。之后,他调整了维特根斯坦的建议,且认为行为在一种情况下(如我想要一杯饮料)是有目的,在其他情况下(如我把杯子打碎了)是没有目的。认为这两种事件之间的联系可以用不同的方式描述。在一种描述下,联系是理性的,我们不能把它们等同于似律性规则。

【66】

戴维森为我们提供了结合常识心理学与物理主义的方法:我们可以使用像观念与需求这样的大众术语理性地解释行为,将世界看成物理事物以及它们相互作用的组成。对于哲学家来说,这一观点提出的主要问题是关于心理语言与物理语言之间的关系。戴维森本人根据"不规则的一元论"提出争论,根据这一争论,心理学取代了物理学,但是没有与它们相关的法则。这样看来,任何心理事件,例如"我想游泳",在原则上都能与一个物理事件相关联,但是没有严格的法则把"我想游泳"与一个特定的大脑活动联系起来(Davidson 1980c)。其他哲学家因为各种原因拒绝了这一论点。一些哲学家抱怨道,没有真正的因果关系能够使精神层面发生变化。常识心理学将被神经系统科学语言取代或至少被翻译为神经系统科学语言时,其他人仍坚持物理主义。然而,为了我们的目的,似乎是能够接受我们不能将常识心理学降低到物理语言的,所以目前,政治学家一定要展开与意向、观念及愿望等术语相关的理性说明。

5.3 历史主义

一些读者可能并没有意识到意义整体论如何挑战在政治学中占主导地位的形式化解释。理性选择论者可能会认为他们已经通过展示出一系列信念与期望的理性来解释行为。其他政治学家也许会认为,他们可以很轻松地将社会分类方法运用于信念与欲望等研究中:假如他们没有将社会分类具体化,他们可以提出如"一般而言,工人为社会民主党投票"的陈述视为一系列陈述中的一个,这些陈述是关于工人拥有哪种信念与欲望以及投票模式的种类,而投票模式的种类是由他们的信念与渴望衍生的。

在理性说明作品中,整体论对形式说明的挑战又一次出现,这种挑战从更大的观念网络与理由行为中得出。整体论把我们从形式以及与历史无关的说明推向特定语境以及历史主义中。

【67】 首先,整体论采用语境解释推动我们。它意味着只有把说明置于更广泛的语境中,我们才能正确地解释人类信念(也可以解释由人们行为引起的惯例与制度)。所以整体论通过展示信念之间如何联系,而不是试图将它们简化为社会阶级或制度问题,从而指出阐明信念的重要性。我们不是通过把观念、行为和惯例视为变量,而应通过拆解观念网中的概念联系解释它们。

其次,整体论使我们采用历史主义说明。这意味着人们可以掌握自己的经验,只能在遗传信念网络的背景下采纳新信念。所以我们不能解释为什么人们仅仅引用他们的经验、兴趣以及社会位置坚持他们的信念。相反,甚至他们关于经验、兴趣以及社会位置的信念都会取决于他们以前的理论。所以我们只有参照他们继承的知识传统才可解释他们的观念。换句话说,整体论表明社会说明包含本质上是历史性的方面。即使是对我们来说最自然的概念、行为以及惯例,都应解释为多变历史的产物。

也许,笔者应该指出,大多数意义整体论者本身并非倾向于历史主义。他们讨论社会说明时经常强调,应将行为置于一个更广却宽松的理性的观念网络之中考察其重要性,但这并不意味着通过将它们放在继承传统的背景下来解释这些信念的重要性。然而,我自己的哲学研究,已经尝试了不仅仅使意义整体论与历史探究联系在一起,而且表明意义整体论如何引导历史主义。笔者现在重复的是之后会提出的建议(Bevir 1999,第187—218页)。

5.4 政治学问题

为什么政治学家应该担心解释形式向背景及历史的转向?严格地说,答案是这种转向表明他们的关联性、分类以及模型根本不能恰当地解释。相反,它们是一种类型的数据,我们可以使用背景化的历史叙事来解释。关联性和分类只有在我们将它们理解为叙事的简短解释下才能成为说明,而这些叙述是关于特定信念如何在某种程度上与其他信念相适应,使其成为可能的特定行为和惯例。同样,尽管模型引起信念与愿望,但他们仅仅是无稽之谈,只有在我们视之为关于信念与愿望的精确描述时,它们才能成为说明,而这种说明是人们在特殊案例中所持有的(参见 Rubinstein 2006；1995)。最终,即使在我们把关联性、分类以及模型视为叙述说明的简短解释之后,我们也应该为这些信念提供一种历史变换的传统。就世界、社会建构或是普遍理性的主观事实而言,【68】我们不能把观念看作关于世界的客观事实。

6. 结语

在本章结束之际,笔者希望这一个章节已经传达了原本要说的内容。可以很确定地说,本章清除了困惑障碍,而这种障碍不是出现于哲学子学科与学说中,而是出现于反映政治学传统的方法中。除此之外,本章尝试着手清除政治学家依靠哲学教义所产生的困惑,意义整体论的出现使这一开端愈加难懂。其说明政治学常常致力于越来越缺乏哲学合理性的经验主义、现实主义以及形式化解释。其表明我们需要重新思考政治学及其方法以期拓展理论选择、建构主义以及历史主义的范围。我们可以继续坚守经验主义,但是我们应该意识到知识的正当性取决于对整个观念网络的比较。我们也可以继续捍卫现实主义,但是要意识到,许多社会现实是语言构造的。我们也可以继续维护自然主义,但是必须意识到人类社会需要历史主义形式的解释。①

说得更清晰一点,这个问题不是整体论为创建数据否定任何特定方法;其并没有否定。问题是整体论破坏了主导的元方法论规范,政治学家在元方法论规范约束下思考他们的数据。整体论提出了一个棘手的问题,即政治科学家应该如何使用及解释由多元方法产生的数据,这些问题很奇怪。严格来讲,真正的问题在于政治学家甚至还没有开始思考这些问题。更不用说回应问题并相应地提出修改方案。

确实,批判性和建构主义的政治学方法有时会强调这些问题。然而,不幸的是,由于缺少方法论的严谨,其他政治学家倾向于丢弃这些方法——仿佛方法论严谨性的本质与重要性是既定而无须费心思考相关的哲学问题。因此,更严格地说,政治学家会变

① 笔者的个人观点是,历史主义蕴含一种社会说明的反自然主义观念,而不是一种反自然主义本体论。对于反自由主义的说明,参见 Bevir and Kedar。

成沉闷的技术人员,能够利用其从数学家和经济学家身上学到的技巧,但是缺少应对哲学问题的方法,这些哲学问题常出现于我们何时应该运用这些技巧,方法应用的严密程度以及我们应该怎样解释随之产生的数据等决定之中。

【69】　　长期以来,许多政治学家一直担心超现实主义,即缺乏合理理论反思下进行盲目搜集数据。如今,我们可能也会担心超方法论主义——缺乏合理哲学反思之下的方法论技术滥用。

参考文献

Adcock, R., Bevir, M., and Stimson, S. (eds.) 2007. *Modern Political Science: Anglo-American Exchanges since 1880.* Princeton, NJ: Princeton University Press.

Anscombe, G. 1957. *Intention.* Oxford: Basil Blackwell.

Audi, R. 2003. *Epistemology: A Contemporary Introduction.* London: Routledge.

Bernstein, R. 1976. *The Restructuring of Social and Political Theory.* Philadelphia: University of Pennsylvania Press.

Bevir, M. 1999. *The Logic of the History of Ideas.* Cambridge: Cambridge University Press.

——and Kedar, A. forthcoming. Concept formation in political science: an anti-naturalist critique of qualitative methodology. *Perspectives on Politics.*

Bromberger, S. 1966. Why-questions. In *Mind and Cosmos*, ed. R. Colodny. Pittsburgh, Pa.: University of Pittsburgh Press.

Campbell, D. 1988. *Methodology and Epistemology for Social Science: Selected Papers.* Chicago: University of Chicago Press.

Carnap, R. 1947. Empiricism, semantics, and ontology. In *Meaning and Necessity: A Study in Semantics and Modal Logic.* Chicago: University of Chicago Press.

——1950. *Logical Foundations of Probability.* Chicago: University of Chicago Press.

Chellas, B. 1980. *Modal Logic: An Introduction.* Cambridge: Cambridge University Press.

Davidson, D. 1980a. The logical form of action sentences. In *Essays on Actions and Events.* Oxford: Clarendon Press.

——1980b. Actions, reasons and causes. In *Essays on Actions and Events.* Oxford: Clarendon Press.

——1980c. Mental events. In *Essays on Actions and Events.* Oxford: Clarendon Press.

Earman, J. 1992. *Bayes or Bust? A Critical Examination of Bayesian Confirmation Theory.* Cambridge, Mass.: MIT Press.

Easton, D. 1953. *The Political System.* Chicago: University of Chicago Press.

Elster, J. (ed.) 1986. *Rational Choice.* New York: New York University Press.

Fay, B. 1996. *Contemporary Philosophy of Social Science.* Oxford: Blackwell.

Finer, H. 1921. *Foreign Governments at Work: An Introductory Study.* New York: Oxford University Press.

——1932. *Theory and Practice of Modern Government.* London: Methuen.

Fodor, J., and LePore, E. 1992. *Holism: A Shopper's Guide.* Oxford: Blackwell.

Godfrey-Smith, P. 2003. *Theory and Reality: An Introduction to the Philosophy of Science.* Chicago: University of Chicago Press.

Goodman, N. 1955. *Fact, Fiction, and Forecast.* Cambridge, Mass.: Harvard University Press.

Hacking, I. 1981. *Scientific Revolutions.* Oxford: Oxford University Press.

——1999. *The Social Construction of What?* Cambridge, Mass.: Harvard University Press.

——2000. *An Introduction to Probability and Inductive Logic.* Cambridge: Cambridge University Press.

Hacking, I. 2002. Making up people. In *Historical Ontology.* Cambridge, Mass.: Harvard University Press.

Hall, P., and Taylor, R. 1996. Political science and the three institutionalisms. *Political Studies,* 44: 936–57.

Heil J., and Mele, A. (eds.) 1995. *Mental Causation.* Oxford: Oxford University Press.

Hempel, C. 1942. The function of general laws in history. *Journal of Philosophy,* 39: 35–48.

——and Oppenheim, P. 1948. Studies in the logic of explanation. *Philosophy of Science,* 15: 135–75.

Keynes, J. 1921. *Treatise on Probability.* London: Macmillan.

Kuhn, T. 1962. *The Structure of Scientific Revolutions.* Chicago: University of Chicago Press.

Lakatos, I. 1978. *Philosophical Writings,* vol. i: *The Methodology of Scientific-Research Programmes.* Cambridge: Cambridge University Press.

Levi, M. 1988. *Of Rule and Revenue.* Berkeley: University of California Press.

Loux, M. 2002. Metaphysics: A Contemporary Introduction. London: Routledge.

Monroe, K. (ed.) 1991. *The Economic Approach to Politics.* New York: Harper Collins.

Pierson, P., and Skocpol, T. 2002. Historical institutionalism in contemporary political science. In *Political Science: The State of the Discipline,* ed. I. Katznelson and H. Miller. New York: Norton.

Popper, K. 1959. *The Logic of Scientific Discovery.* New York: Basic Books.

Quine, W. 1961a. Two dogmas of empiricism. Pp. 20–46 in *From a Logical Point of View.* Cambridge, Mass.: MIT Press.

——1961b. On what there is. In *From a Logical Point of View.* Cambridge, Mass.: MIT Press.

Rubinstein, A. 1995. Microeconomic theory: wonders or miracles. Address to the Israeli Academy of Sciences, 19 December.

——2006. Dilemmas of an economic theorist. *Econometrica,* 74: 865–83.

Schabas, M. 1990. *A World Ruled by Number: William Stanley Jevons and the Rise of Mathematical Economics.* Princeton, NJ: Princeton University Press.

Skocpol, T. 1985. Bringing the state back in: strategies of analysis in current research. In *Bringing the State Back In,* ed. P. Evans, D. Rueschemeyer, and T. Skocpol. New York: Cambridge University Press.

Sosa, E., and Tooley, M. (eds.) 1993. *Causation.* Oxford: Oxford University Press.

Thelen, K., and Steinmo, S. 1992. Historical institutionalism in comparative politics. Pp. 1–32 in S. Steinmo, K. Thelen, and F. Longstreth, *Structuring Politics: Historical Institutionalism in Comparative Analysis*. New York: Cambridge University Press.

Winch, P. 1958. *The Idea of a Social Science*. London: Routledge and Kegan Paul.

Wittgenstein, L. 1972. *Philosophical Investigations*. Oxford: Basil Blackwell.

第四章　基于 agent 建模

斯科特·德·马尔奇（Scott De Marchi），斯科特·E.佩奇（Scott E.Page）

1. 作为数理方法的计算模型

近年来，在数学、工程、物理以及生物学中，各类计算方法激增，这部分是由于研究中可用到的计算途径增多。作为演绎结果的基础，计算方法对演绎结果的依赖程度扩大了研究人员可分析问题的范围。因此，几乎在社会科学以外的每一个领域，计算已经成为科学家使用的主要方法，这一点人们可以从教科书以及校园中各种计算法的激增中看到。同样，计算模型的增多部分是由需求引起。各种各样的问题，如全球问题（气候变化）、社会问题（疾病传播）和微观问题（蛋白质折叠分析〈参见 http://folding.stanford.edu〉），已经超出了现今数学专家可解决的范围。由于问题的复杂性，现在前沿专家主要通过计算机模拟这些问题，避免繁杂的分析。对于更难懂的问题，学术界寻求解决不同的方程式（Strogatz 2001），进行统计测量（Gentle 2002），得出最佳方案（Judd 1998 and Ballard 1997），总之，使用计算方法已经成为主流。

之后，社会学研究的问题不再是计算方法是否能够帮助扩展现有结果，而是计算方法如何帮助扩展现有结果。对于统计工作，答案显而易见。我们学科的贝叶斯统计法①以及先前的诸如普尔（Poole）与罗斯塔尔（Rosenthal）关于国会的研究（参见 Poole 2006 综述）等项目，揭示了计算方法的效用。然而，关于形式模型，上述问题的答案在我们的学科中有待讨论。有些人相信（尤其是形式理论家；参见 Tesfatsion 1997；Leombruni and Richiardi 2005），非合作博弈理论与其他合作建模（modeling enterprises）是有区别的；对非均衡动态或核心等其他方案概念的调查是没有价值的。例如，巴伦

---

① 高级法庭的应用，参见 Martin and Quinn（2002）。

（Baron）与费里约翰（Ferejohn 1989）认为,非合作交易理论"严肃"看待制度并（与之前的非合作模型不同）提供了"关于立法过程的明确预测"。迪尔迈耶（Diermeier）与克雷比尔（Krehbiel 2003）断言:行为规则应该是固定的（即基于理性选择假定）,而且,相比于其他方法而言,其"足够概括以建模范围更广的制度与制度选择的均衡概念（也就是说纳什及其扩展）,且更倾向于非合作博弈理论",因此,他们扩展了巴伦等的观点。

分析案例取决于普遍性以及揭示因果关系的性能。一些分析结果适用于课程,例如函数的值域或极值。其他的仅适用于函数的参数,例如科布—道格拉斯（Cobb-Douglass）效用函数。计算结果仅适用于检验的值,或者说,在最佳情况下,适用于效用函数的参数统计。因此,一个例子是:分析结果更具普遍性（例如,特别有名的阿罗结果既是普遍的又实际探索了有趣的假定）。其次,得出的结果通常揭示因果关系。这展现了假定如何以及为什么产生影响。相比之下,不同的计算模型则可能是不同的暗箱操作。

这些批判的价值是有限的。很显然,如果能够显示一般的分析结果,那么应该尽一切办法展示。但是普遍结果很少存在,所以标准途径是简化模型,而不是放弃方法论。有批判者认为,数学比较明确,而计算模型较为模糊,但现实与该批判恰恰是相反的。计算模型通常说得更明晰,因为它们可以揭示任何变量或变量组合的值。

冒着被挑衅的危险,我们认为,有些人为了其他的方法反对基于 agent（多智能体）建模①并认为计算方法是缺少科学依据的。一些人不喜欢方法论,因为它使得模型简化,任何人都可以用一台电脑建构一个模型,但许多模型都没有实用价值。计算模型更灵活,我们认为这是一件好事,但是该批判缺失的是:由于这些模型是程序化的,所以在逻辑上也是一致的。其他人对计算方法提出质疑,因为这些方法相当于分析技术能力而非现实,如纳什均衡（Nash Equilibrium）以及有意识行为分析。事实上,后两者并没有得到显示,也不需要数学。的确,用数学可以得到均衡,但是它们也可以在计算法中出现。

【73】

目前为止,数学建模者与计算建模者之间的联系不多,所以外部观察者可能会得出结论:计算方法与形式方法是不兼容的。鉴于数学或物理学中这一假定的方法并不存在不兼容性,我们可以得出:这并不是社会科学中的必要特征,而很有可能是短暂的学科方法选择。计算模型使学者能够探索更广阔的空间（例如,参见 Fowler and Smirnov 2005）;他们可以超越纳什均衡来包含结合偏差（参见即将讲到的内容）,而且他们可以

① Agent 建模,即特定环境下的计算机建模方法,亦被称之为多智能体建模,本书在翻译中涉及模型名称时,直接使用"Agent 建模",涉及对模型的解释时,agent 被翻译为"代理或多智能体"。——译者注

吸收更多的现实行为假定(Bendor,Diermeier,and Ting 2003)。因此,人们应该把计算模型视为扩展问题领域的工具。在我们看来,不管采用什么方法调查模型,模型就是模型。

下文提供两个例子揭示这一点,这两个例子凸显了扩展博弈理论结果的计算方法能力。下面第一个例子非常简单,因此可以提供一般想法。第二个是更为复杂的模型,更好地展示了深化思想的计算模型能力。

1.1　货币博弈:用于扩展和补充演绎结果的计算模型

考虑杨(Young 2001)所举的下列例子,杨把它作为一个模型来研究路径依赖。社会中的 N 个行为体决定了两种可能的货币:金或银。起初,会以相等的概率随机分配黄金或白银给 N 个行为体。在 t 时代,使 P_t 成为持有金子的人,而使 $(1-P_t)$ 成为持有银子的人。在之后的每一段时间,从总体中均匀抽取一个行为体,这个行为体会根据以下规则作出一个新的决定。

在概率为 $(1-\epsilon)$ 的情况下,这个行为体会选择更常见的货币。形式上,如果 $P_t >$ 0.5(也就是说,金子是主要货币),这个行为体会选择金子,或如果已经是金子持有者会仍然保持该身份;此外,如果银子占主导地位,这个行为体也会这样做。如果 $P_t =$ 0.5,确切来说,这个行为体依然会拿着他之前所使用的货币。如果概率 $\epsilon > 0$,分歧出现,这个行为体就会随机选择任意一种货币,因此,他或她有50%的可能性去选择不占主导的货币,也就是说,会犯错。在该模型中,自然因变量会成为体制变化的平均量,人们会在任何既定的时间段 t 中看到这一现象。例如,如果这个游戏继续重复100次,货币从一种标准向另一种标准改变多少次? 这一结果变量是一个从 $[0\cdots t]$ 范围的整数。【74】假设更多的变化具有较高的突变率、较少的群体变化,这两种主要的解释变量是 ϵ(突变率)以及 N(总体规模)很有可能会发生更大的变化。

正如德·马尔奇(de Marchi 2005)所述,人们可以用两种不同的方法解决这一问题。第一种方法使用的是博弈理论。使用这种方法,货币博弈产生了相对长时间的聚合,这种聚合具有向替代货币突然转变的特征。① 杨证明了这一定理,此定理陈述的

---

① 这一定理的形式陈述如下:"使 G 成为一个 2×2 对称协调游戏,这一游戏有严格的风险主导均衡,使Q_N以及 ϵ 作为游戏中适应性学习,总体数量的领域模型[N],完整的取样以及误差[变异]率 ϵ,$0 < \epsilon < 1$。对于每一个 $\epsilon' > \epsilon$,概率变得相当高,当[N]足够大的时候,至少有 $1-\frac{\epsilon'}{2}$ 的总体正在经历冒险显著风险主导均衡"(Young 2001,第76页)。

是:如果你有一个相对大的总体,大量的代理人都会选择同样的货币。除此之外,ϵ 较小时,代理人达到最大值。这为货币游戏提供了思想,但是许多读者可能并不确定:对于不同价值的 N 和 ϵ,货币博弈的性质是什么。"相当大的"总体是有多大? 相当小是有多小? 因此,即便这在演绎上是正确的,即便这一游戏只有两个参数,但解释这一定理仍然可能比较困难。例如,杨声称,在研究诸如竞争技术(参见 Arthur 1989)类的路径依赖过程时货币博弈是有用的。

经过初步的扭转过程向一种情况聚拢得非常快,在这种情况下,大多数人都持有同一种货币,也就是金子。这种规范很可能保持很长一段时间。然而,最终,随机冲击增多就会导致银币使用规范。与这一时间段中一个规范或其他规范相比,这些推翻事件并不频繁(假定 ϵ 很小)。除此之外,一旦一个推翻事件发生,过程会倾向于快速适应新的规范。这种模式——长期停滞被政体更迭间断——在生物中被称为间断均衡效应(Young 2001,第 11—12 页)。

为补充数学结果,杨提供了说明多重政权变化的数值实验图。关于这项实验,他在文本中有详细说明,他依赖小型总体($N = 10$)以及非常高的变异率($\epsilon = .5$)而产生关于这一博弈性质的想法。第一次尝试这一博弈时,这一模型他重复了 30,000 次,并将他初期的参数空间的一小部分考虑在游戏的建模中。当 $N = 10$,$\epsilon = .5$ 且 $E(\cdot) = 0.015$ 时,重复 1000 次这项游戏,人们可以期待看到 15 次政体更迭。如果考虑到更大的总体和更小的突变率——这更能反映杨使用货币博弈所调查的现实世界问题①——人们可以很快发现政体更迭永远也不会发生。如果 $N = 100,000$(也是一个小人口),$\epsilon = .05$(一个相当高的变异率)且 E(体制改变)$= 6.89E$——1534——多数为 0。

【75】 杨所做的是:构建一个简单的计算模型,在这种情况下,这一计算模型是一个将游戏动态转换为编程的直接过程,这些编程包括 C 语言、python 以及 Perl 等语言,在许多方面,这比建构复杂的博弈定理模型简单多了。诸如特定计算机语言的选择是个人偏好的问题,计算模型一定遵循下列限制。

1.编码游戏规则尽可能准确;

2.通过广泛的参数值迭代计算模型;

3.提供一组统计结果,解释模型参数与利益因变量之间的关系。

---

① 例如,采用竞争技术,如微软电脑与苹果电脑竞争技术的采用。

表 4.1　货币博弈的结果

泊松回归 对数似然值 = −2244.3969			观察值 = 1600　LR chi2(2) = 19492.69　**概率**> chi2=0.0000 伪 R_2 = 0.8128			
Nub_reg	系数	标准差	Z	P>│z│	95% Conf.	interval
N_pop	−.0351948	.0007884	−44.64	0.000	−.03674	−.0336496
Mutat_rate	15.4024	.9942932	15.49	0.000	13.45362	17.35118
常数	−4.148296	.4970227	−8.35	0.000	−5.122443	−3.17415

如果这一过程完成了,计算模型的结果就会产生社会学家熟悉的数据格式。每一种观察都是使用不同参数选择 N 和 ϵ 从而运行模型的产物,调查 N 和 ϵ 在预测政体更迭的平均值的作用时,能用到这些数据。

在任何统计工作中,我们必定面临着选择合理的经验规格这一问题,尽管在计算模型的情况下,这种能力可以抵消生成新数据以测试各种规模的能力。然后,人们可以使用样本外的数据集,进行多次尝试找到一个好的匹配。杨提出的货币博弈的情况下,一个好的模型就是泊松回归(Poisson Regressive),对许多观察者来说,这一模型跨越了很大的由 N 和 ϵ 描述的参数空间(表 4.1)。

对泊松回归而言,预测值由 e^{xb} 给出。通过检验代表性价值,我们可以了解得更全面。输出表显示,当 N 增加的时候,采用单一货币变得非常有可能,因为政体更迭的可能性降低,体制改变几乎永远也不会发生。

比较杨的演绎法与计算模型,我们可以看到,演绎结果使我们基本了解在均衡中货币博弈是怎样的,但是它并没有告诉我们系统的动态,甚至没有告诉我们在不同的参数值中系统是怎样的。计算模型扩展并加深了我们对于演绎结果的理解,产生了经验模型——这一模型不仅是社会学家所熟悉的(由于统计学训练的普遍性),而且有助于激 【76】发科学家关于不同参数值的想法。从这一方面看,演绎法与计算法是互补的。

1.2 巴伦-费里约翰(Baron-Ferejohn)交易模型:用计算模型解决难题,寻找参数空间,调查等价类别

交易模型在政治学与经济学研究文献中占有非常重要的地位。这一重要地位得益于两个因素。第一,这些模型可以应用于各种情况,包括比例代制中的内阁形成,立法机构中的联盟行为和国际体系中的联盟结构。第二,交易模型产生可检验的假说,既可以通过实验(Fréchette, Kagel, and Morelli 2005)探讨该假说,也可以使用宏观政治数

据探讨该假说(Warwick and Druckman 2006)。

在此,我们要讨论巴伦—费里约翰交易模型。把它称为单一模型是不正确的。在最初的 1989 年《美国政治学评论》(*American Political Science Review*)中,它们代表一系列定性不同的博弈(qualitatively distinct games)。此外,其他学者也对这些模型进行了扩展。例如,他们宽阔的视野,非公开的准则模型已经在文献中受到最多的关注。最近,斯奈德(Snyder)、丁(Ting)以及安索拉比赫(Ansolabehere 2005)主张使用最小整数权重代替议价能力,而不是原始投票得分。① 关于权重、时间、参数假定的微妙变化已经创造了一部分可能的模型。这些模型的本质特征表明他们必须包含:

- 时间值的贴现率;
- 交易发生的周期数;
- 最小整数或原始投票权重;
- 最小获胜概率与最小权重联盟;
- 协议变更的开放与封闭规则;
- 识别规则(即在每个时间段内提出联盟的人);
- 交易失败时的逆转点;
- 平稳性(与不平稳性),这样代理人可以用他们的战略决定融合历史(或不融合历史)。

巴伦—费里约翰研究文献衍生的形式结果的核心观点是:提议者在政府联合中有优势,即组阁者优势,但是该观点本身并不明确。理想情况下,我们可以更准确地说明我们期望组阁者带来多少优势。

【77】 有必要指出:当人们希望将这些结果扩展到三位以上的玩家时,这些交易博弈会产生不合理组合。例如,尽管使用计算模型计算最小整数权重是困难的,但却是非常必要的(Strauss 2003)。因此,我们的计算工作为形式模型结果服务,但仍有更大的问题存在。考虑到更大的参数空间,研究文献中的形式理论成果是否产生了共识?

答案是"没有"。例如,迪尔迈耶(Diermeier)与莫尔顿(Morton)使用实验测试:受试者是否遵守与巴伦—费里约翰交易模型相匹配的行为。在这一模型中,均衡发挥(equilibrium play)决定了提议者将占据不成比例的份额;相反,无论是不是提议人,受试者都有可能在与投票权重的结合中占有一定比例。他们的设计依赖于三个"不同的"交易博弈,用以下投票总数(所有加到99),每组分别是:{34,33,32} ,{49,33,17} 以

---

① 非正式地,最小整数权重是生成给定组合的最小整数权重。例如三人立法机关 {1,1,1} 、{2,2,1} 以及 {99,99,1} 产生了相同的获胜联合;{1,1,1} 是最小整数权重代表。

及{46,44,9}；在有效的提议时间段使用比例规则进行识别。鉴于这些假定，每个博弈都有一个不同的均衡。当然，问题是：这三种投票属于不同的博弈，但这并不明显。他们的最小整数权重代表（minimum integer weight representations）都是{1,1,1}，因此预期的延拓值（每一个玩家期望获得的值）也将是相同的：尽管每个玩家的投票总数不同，但他们都会得到三分之一。

其他参数选择，如无限视野、选择提议者的不同识别规则或不同的贴现率，将会定性地改变他们的期望。所以，我们会发现我们处于对自己不便的环境中，在这一环境中，较小参数选择会产生一系列不同的结果，这使得很难将巴伦—费里约翰交易描述为一个单一模型。

很大程度上，与巴伦—费里约翰模型相关的文献晦涩难懂，这是由于：很多情况下，研究者使用简单例证，而且不过于考虑参数选择。个别建模者会挑选一系列参数、证明结果，这为黑暗的空间燃起一束光。正如前述的路径依赖和货币使用的例子一样，由这一模型方法产生的想法很有可能质量低下，计算模型只是填补该空白的一个方法。

如莱弗（Laver），德·马尔奇（de Marchi）与穆特鲁（Mutlu 2007）所示，计算模型通过检测不同的参数来扩展现有演绎结果。问题如：

·较多的选票总会有助于一个党派获得内阁席位吗？

·如果我们假定：相比于最小获胜伙伴，政党更喜欢与最小权重的合作伙伴联盟，那么会发生什么？

·异质与同质博弈一样吗？

·如果逆转点是零矢量，那么会发生什么？

用现存的形式模型很难回答这些问题。人们需要跨越更多的参数空间解决这些问题，用证明来验证证明通常都是低效的。

此外，如果人们打算测试一个形式模型，计算模型是使之成功的关键。[1] 除非人们 【78】对以特定方式选择的参数点值完全满意，否则要想把形式模型与经验工作相联系，尽可能地跨越参数空间是很有必要的。简单地讲，测量有误差项，人们需要了解所提出的模型是否可免受这些扰乱的影响。

---

[1] 针对这一问题，最显著的思想学派是构建理论模型的实证意蕴（EITM）。正如 2002 年刚开始在国家科学基金会（National Science Foundation）报告提出的，EITM 的目标是重整学科，这样一来形式模型建构者与经验主义研究者之间就有了沟通的桥梁，他们希望这一综合能够引导更好的模型，而那种模型具有可检验的经验主义假说，清晰可见。

2. 基于 agent 建模的计算模型

与前面的例子不同,计算模型被描述为扩展演绎法的系统有效的计算方法,但计算模型也可以用于调查演绎法中棘手的问题。对于纯粹的演绎法来说,社会科学所面临的许多问题很快会变得非常困难,正是这种复杂性开创了数学和物理科学的计算时代。在构建简单(虽然可以解决)博弈并和我们感兴趣的现实世界困惑做类比,以及构建一个更为现实的计算模型(我们只可以用统计调查)之间进行选择时,许多研究者可能会遵循后者。并不是每种合作形式都由囚徒困境所描述,并不是每种交易都是鲁宾斯坦(Rubinstein)博弈。而且,并不是每个政治或经济代理人都能在任何情况下进行逆向归纳。

解决这些复杂问题的主要方法是基于 agent 建模。这种方法包括各类代理——这些代理根据计算算法实例化的一组规则进行交互。通常情况下,代理从一组异质性类型中抽取,并且位于采用网络形式的地理或社会结构中。代理之间进行交互,这些交互作用以及代理信息集受网络限制。在博弈定理模型中,理论家以建模模型为结果,建立了一个实现平衡的终点模型,基于 agent 建模与这些模型不同,其从管理行为的规则和环境开始,并且检查这些假设产生的动态。这种社会科学自下而上发展,而且强调通过计算模型的假定来实现真实(Palmer 等人 1994;Epstein and Axtell 1996;Arthur 等人
【79】 1997;Epstein 2006;Miller and Page 2007)。

多数情况下,理解这些动态模型很重要,在这些动态模型中,代理人有目的地行动,但不一定遵循最佳回应战略,也不一定选择阶段博弈均衡战略。这些基于 agent 建模可能会产生路径依赖相关结果、临界点、自组织临界或混乱,但在所有情况下,如何(或者说是否)达到一种均衡动态是关乎实质利益的。可以用这种方法来研究模型如何达到均衡或者均衡对于模型中的小扰乱有多敏感等问题。

因此,基于 agent 建模提供了多种可能性,而这既可能是好事,也可能是坏事。一方面,基于 agent 建模允许研究者捕获任何在计算算法中显示的情况或问题。因此,他们提供叙述报告具有灵活性,分析方法具有逻辑一致性(Holland and Miller 1991)。使用更现实的假定并构建动态模型使得人们能够调查更广泛的现象。最近的一个例子是洛奇(Lodge)、金(Kim)以及泰伯(Taber 2004),他们使用最先进的认知模型以及密歇根大学安娜堡数据(Annenberg data)预测选民对政党会议等选举事件的反应。在这种情况下,模型的逻辑一致性使得洛奇、金以及泰伯使用比规范研究更有趣的(可行的)决策制定模型,这样我们就能更清楚选民使用他们的方式回应新信息的原因。

如之前提到的,风险是计算模型可能包含太多的移动部件(moving parts)。这种可能性甚至存在于"操纵结果"中,其中,模型建构者会添加假定,直到生成一个首选结果。当然,博弈定理模型也会遇到同样的批判。用"正确的"假定,一种模型几乎会产生任何结果(纳什均衡、特定动态等)。这两种模型的不同之处在于:与博弈定理模型不同,计算模型在编程语言中会具现化,而且计算模型虽然看起来像证明,但通常它们大多包含无数个陈述,对大多数研究者来说,评估它们是很困难的。证明一个计算结果的稳健性是一项困难的任务,找到有助于完成这一任务的可靠方法是该领域的研究重点(Axelrod 1997;Miller 1998;de Marchi 2005;Laver and Sergenti 2007)。

与使用其他方法论一样,恰当地使用基于 agent 建模需要细心谨慎。使用恰当的话,基于 agent 建模会提供大量潜力,否则便会存在方法论问题。下面,我们讨论三个核心问题:代理建模、代理交互作用建模以及分析系统行为。我们描述基于 agent 建模与数学模型有何不同以及如何相互补充,并总结如何充分利用基于 agent 建模的优势,进而促进政治学发展。而且,我们可以使用选举的计算模型例子(遵从 Kollman, Miller, and Page 1992;de Marchi 1999;and Laver 2005)使我们的观点清晰。

2.1 选举作为最优化问题:用于描述候选人和选民行为的计算模型 【80】

考曼(Kollman)、米勒(Miller)以及佩奇(Page)率先关注选举问题,如今,选举已经成为计算模型领域中一个非常重要的研究议题。在选举的分析模型中,候选人与选民使用最好的响应函数并战略性地回应,而选举的计算模型与之不同,其把该问题视为一个选民与候选人的非战略性优化问题。选民对纲领有偏好,但是没有完整的信息,候选人很难知道哪些纲领是首选。不仅如此,大部分与群众选民相关的研究表明,政策空间至少是二维的,也许还有其他复杂性,诸如不可分割或不相关的单峰偏好。候选人依赖于民调、焦点小组以及政治顾问,这一事实说明了该问题在现实世界中的直接性,所以如何构建候选人的行为呢?

阿罗(Arrow)、麦凯维(McKelvey)、普洛特(Plott)、斯科菲尔德(Schofield)和其他学者得出的相互矛盾混乱结果(chaos results)表明,一般来说,不存在均衡,大多数为解决问题所做的努力都是有争议的。选举的计算模型从不同的角度观察候选人的行为。如果具备有限的计算能力、资源以及不完整信息的理性候选人不得不寻找一个纲领,他们会如何做呢? 人们会看到什么选举结果呢?

建构这种模型的第一步是将群众偏好作为选举环境。一般来讲,这意味着政策空间表现为 n 维,另外一个维度则捕获每一个纲领的选民效用总和。表面上来看,这个选举环境形成了一个地理位置,高点代表有利的纲领,低点代表不利的纲领。候选人利用从优化研究文献中获得的启发并利用他们的有限资源详细研究这种情况,选择他们能"看到的"最佳纲领。

一种这样的优化技术是爬山赛。爬山赛竞争者查看他们现有纲领周围的最小领域,然后把纲领改到自己能找到的最佳位置。迭代算法使候选人能找到最佳位置,增加他们在选举中获胜的机会,但重要的是,要意识到局部最优可能使该算法陷入困境。这些算法在博弈定理中不算战略,因为对于其他候选人的行为没有终止优化功能。

德·马尔奇(de Marchi 1999;2003)从扎勒(Zaller)的 RAS 模型中获得灵感,将具有有限注意力和复杂的选民纳入该框架。莱弗(Laver 2005)加入了有更加现实的优化策略的政党,并将计算模型中的结果映射到爱尔兰选举的数据。然而,广泛来讲,这类模型已经证明了现任者候选人的真正优势(这与博弈定理相反)——与阿尔奇安的企业竞争进化理论一样,现任者候选人显然已经至少成功了一次。不论是出于幸运还是由【81】于他们都有一个坚实的基础算法,对于候选人来说罢免席位是困难的,因为寻找复杂的选区存在问题。恩斯利(Ensley)、托菲亚斯(Tofias)以及马尔奇(2007)使用从美国大选中获得的数据为这一陈述提供实证支持。因此,我们有代理(在这种情况下,是候选人)、规则(他们的优化/搜索算法)和产生任职优势等行为的系统(被视为选区)。由于这一例子,我们现在可以更详细地研究基于 agent 建模的每一方面。

2.2 基于规则研究对象的 agent 建模

一个基于 agent 建模包含很多计算研究对象。状态变量的矢量与一系列规则定义了代理,方便起见,我们可以将状态和规则称为属性。区分那些其他代理看到的状态变量与那些只有代理能够看到的状态变量是很重要的。我们把前者称为外生状态,把后者称为内生状态。使用这种命名法,代理的行为以及地理位置属于其外生状态,而代理的偏好属于其内生状态。内生状态变量与外生状态变量的区别并不是特别明显。代理的私人信息可以是内生的,但是之后可以被其他代理人学习。

代理(agent)机构还包含三种类型的规则:外生规则、内生规则以及规律变化的规则。外生规则描述一个代理如何更改其外生状态变量。这些规则取决于环境变量、其他代理的外生状态以及本代理的外生和内生状态。例如,如果我们使用上述 n 党派的空间竞争作为例子,那么,代理(政党)的外生状态将是其纲领的空间位置。其外生规则将会成为改变纲领的规则,作为其偏好(其内生状态)、其现有位置(其外生状态)、其他党派的位置(其他代理的外生变量)以及选民对纲领的偏好(其他代理的外生状态)。

代理也有内生规则。这些规则改变了代理的内生状态变量,通常使用与外生状态规则相同的观点(arguments)。在我们政治竞争的模型中,一个选民的内生状态可能包括从政策到结果的映射。这种映射决定选民的偏好,如果我们假定获胜的政党实施首选政策,那么选民将会了解政策如何映射到成果中。这是内生规则的例子。所以,随着时间的推移,该模型可能会使选民改变它们的政策(Cohen and Axelrod 1984)。

最终,代理也有规律变化的规则。这些元规则允许代理改变它们的内生和外生变量,从而使系统改变(Vriend 2000)。例如,在 K 群体的模型中,每个社区包含 N 个代理,他们面临一个集体行为问题。在每个社区中,代理有许多外生规则,这些规则告诉他们按照其他代理贡献的标准作贡献。选择可能发生在代理级别,在这种情况下,会出现更多成功的代理。或者选择发生在社区级别,在这种情况下,更成功的社区会取代不太成功的社区。在后一种情况下,一种社区代理的外生规则会被另一社区代理的外生规则所取代。因此,选择改变了总体中的规则分配。【82】

2.3　遵循规则与最大化效用

在基于 agent 建模中,管理代理行为的规则是这一模型的焦点(Riolo, Axelrod, and Cohen 2001;Miller and Page 2007)。大多数基于 agent 建模没有明确提及收益函数。这些模型包含谢林(Schelling)的倾斜模型(Tipping Model 1978)、生活博弈、阿克塞尔罗德(Axelrod)的文化模型(1997)、拉斯提克(Lustick)的身份模型(lustick and Miodownik 2000)、爱泼斯坦(Joshua M.Epstein)以及阿克斯特尔(Axtell)的 Sugarscape 模型的某些变化形式(1996)。真正区分 agent 建模与博弈理论模型的是什么?表面来看,二者区别并不大。例如,我们可以在基于 agent 建模中嵌入使用最佳响应函数的代理。因此,每个均衡博弈理论模型都能被写为基于 agent 建模。然而,基于 agent 建模并不很有趣。如果我们在均衡中建立模型,那么它就会保持均衡。如果我们不在均衡中建立模型,最佳响应动态通常会超越均衡。因此,为了比较理性选择的模型与基于 agent 建模,我们不应该使用均衡模型而应该考虑学习模型。

那有什么区别吗?我们重新考虑在多维问题空间中竞争的政党,比较两种可能的行为规则——现任者在最后一次改变纲领时可能运用这些行为规则。第一个规则选取了一些投票人,计算他们理想点的中位数,并把候选人的位置沿该中位数的方向移动。第二个规则通过在现存纲领附近征求选民的意见来测试新的纲领,并使用该信息来适应新的纲领。从经验上来看,两个规则似乎都是合理的,但是只有第二个规则与收益函数相一致。为什么？因为即使是好的规则有时也会犯愚蠢的错误。假想候选人的收益功能是把在选举中获胜的概率最大化（或者说将投票总数最大化）。在选举前最后一次改变纲领时，现任者应该选择一种基于其信息的政策，从而增加在选举中获胜的概率。获胜概率可观，第一个规则会让候选人选择一个基于之前民调的纲领，将会比目前的纲领更糟。这一政策可能比较确定，或者其希望这种结果成真。这可能是因为候选人没有考虑到之前的教训。因此，在某些情况下，第一个规则会导致现任者采取与效用函数不一致的行为。第二个规则并不会优化或寻求对挑战者的最好响应，但在所有情况下，这都会增加期望效用。

【83】 我们的观点很简单：*遵循有目的规则的行为者有时可能采取不合理的行为。*因此，真正遵循博弈理论原则的话，可能会认为任何特定、基于规则的行为都是特别的行为。我们不这样认为，在很多情况下，我们可能知道人们遵循的规则。并且，我们可以补充一点，如果其他玩家遵循规则，而不是遵循基于效用函数的行为，那么就无法确定遵循基于效用函数的规则是否起作用。

我们关于这一点的讨论与蜈蚣博弈（centipede game）中关于不均衡游戏（off-equilibrium play）的详细讨论有一些相似之处（参见 Binmore 1996）。在这个博弈中，想象你的对手先移动，并没有采用结束这个游戏的次级均衡，你会做什么？大多数博弈论者会建议你遵循均衡战略，结束这个游戏，但按照这个战略可能会花费大量的钱。

人们如何把博弈论运用于问题，这值得总结一下。首先，人们需要代理面临的典型问题，在理想情况下，这个编码代表着玩家知道游戏中不同的点。在博弈论中，这个案例通常是广泛的形式博弈，信息集创新为理解知识如何影响比赛提供了载体。第二，人们需要用明确的效用函数来表示玩家如何评估游戏的结果。最后，人们需要一个"解决"既定问题的方案概念和算法。博弈论通常采用纳什均衡（或细化）作为方案概念，而且鉴于广泛的形式和效用函数，人们可以运用逆向归纳法来测试纳什均衡的存在。

比起逆演绎的经济人，人类在许多方面受到限制或者并不擅长，也是在这种情况下，人类通常运用有限的信息在困难的环境中做出选择。卡尼曼（Kahneman）和特沃斯基（Tversky）的实验指出了我们的观点在相对简单的任务中存在明显缺陷；但是通过向人们提供更复杂的博弈，表格变化相当明显。例如，荷兰国际集团把一百多万美元的棋盘游戏奖颁给了第一个打败人类高手的电脑玩家，然而，当这一奖项在 2000 年不再颁发后，最好的电脑玩家打败八岁的玩家都有困难（尽管这些八岁的玩家技术很好）。我们"优于"理性选择玩家，没有理由怀疑博弈论模型对于人类博弈与决定环境的某些（复杂的）阶级有很多看法。因此，近年来理性选择玩家享受巨大成功之后，电脑玩家兴起了,这些成功在双人游戏以及零和博弈中体现得最明显。①

但是,如果建模的对象是人、政党、组织或民族,那么,询问博弈定理方法是否在所有情况下都是有必要的。很少有心理学家认为,效用函数只在某些情况下支持行为规则。对于潜在的收益函数而言,一个组织的行为可能不会被描述为最佳行为,而是被描述为可靠真实的惯例和规则,人们认为这种表达可以产生与广泛目标一致的结果。我们并不是指效用函数最大化的博弈定理假定无法应用,只是想表达在很多情况下,人们、组织以及民族会遵循规则,这些规则不需要把一个特定效用函数最大化。【84】

我们可以补充说:代理代表个体集合时,效用函数或目标函数的存在可能是有问题的。多种偏好不必汇总成一个集合偏好。总之,前提是我们可能学到一些事情,我们说"这是我们认为民族所要做的,我们设定那些规则,看看它们如何整合在一起"与说"这是他们的回报,我们均衡解决吧"这样的话似乎是有道理的。

总之,博弈论与基于 agent 建模之间最大的差异在于如何描述代理以及采用什么解决概念。博弈论者使用演绎数学。构建基于 agent 建模者使用计算机科学与统计学。还有一些建模者同时使用这两种技术(Bendor,Diermeier 和 Ting 2003)。但是这两种方法的方法论之间没有必然的区别。之所以认为两种方法之间的差异是巨大的,通常情况下是因为文化造成的。

例如,博弈论者与基于 agent 模型的建模者都使用复制方程进行选择,复制方程假定:相对于群体的平均适应性,一个特定类型代理的生存概率随着其适应性的增加而增加。博弈论者用这个解决进化上的稳定战略,均衡修正。基于 agent 模型的建模者使用模仿者动态创建有趣的动态模式。根据这个复制方程,一个战略在时间 $(t+1)$ 和 p_{t+1} 出现的概率与在时间 t 与 p_t 出现的概率成比例,一个战略的概率是相对适应性的几倍。公式如下:

$$p_{t+1} = p_t(f_t/a_t)$$

这个公式中,f_t 相当于战略的适应性,a_t 相当于群体的平均适应性。

在以上基于计算的模型研究领域,我们可以概括为一般的数学证明。如果这些模型是一样的,我们能够做到,但是他们不能。基于 agent 建模有很多灵活的部分,包含的事物更具现实性,其结果包含系统的动态(如果存在均衡,就不仅仅有一个)。

2.4 网络、空间、类型与运动

基于 agent 建模也使人们与组织可以位于社会结构或地理中。塞德曼(Cederman

---

① 例如,参见 2007 年扑克锦标赛"人机大战"(http://poker.cs.ualberta.ca)。人类专家几乎打败了由亚伯达大学团队设计的纳什均衡计算机算法,但对游戏施加了显著的限制。游戏是双人的,有固定限注的扑克玩法;没有限注的有 n 个人,或者诸如奥马哈一样更复杂、更具挑战性。

2005)把这些称为社会形式。社会形式是参与者与规则交互作用及它们所处的结构（可能是多重的）的外在表现。这些社会形式可以包括社交网络以及地理位置,它们通常是使用图表理论构建的。根据正在建模的内容,代理人可能只与属于其社交网络或与其地理位置相近的代理人进行交互,或与既属于其社交网络又与其地理位置相近的其他代理人进行互动。不然,建模者可能会假定:代理分类型,他们的交互联系是因类型而异的。

【85】

我们从类型或标签中得出一个惊人发现:*有存在于网络或地理空间的代理的模型等同于代理分类型而且代理的交互联系因类型而异的模型*。这一发现是从下列事实中得出的:一个代理类型可能包括其在关系网中的位置。例如,在阿克塞尔罗德（Axelrod）的文化模型（1997）中,邻近的代理人不太可能与类型不同的代理交互联系。如果我们把代理类型纳入欧几里得（Euclidean）空间,那么这一假定就与相距太远的代理互相不联系这一说法等同。类型空间变成了地理空间。

如果地理空间能被改写成一组类型,那么在空间中移动的代理可以被重新考虑为更改其类型的代理。因此,地理位置与类型成为一个代理联系结构的因素。基于 agent 建模包含因情况而异的联系结构,这是它们的一个重要优势。举两个例子。市场上的大多数数学模型假定:所有经济活动都面临众多困境,然而,对于多数市场而言,这缺少真实性。即使在真实市场中,并不是每个人在任何时候都在电脑终端。并且,在市场中,距离很重要。例如,距离能影响租金（Kirman 1997）。与此相似,关于疾病的数学模型通常会做随机结合的假定。实际上,这些模型假定:一些随机样本中的人们飞去奥黑尔国际机场。这些人们交互联系:一些人生病,一些人没有生病——然后他们飞回家。接下来的一周重复这一过程。相比之下,基于 agent 的疾病传播模型可以包括地理以及社会网,同时也受到网络相互作用的制约（例如航班时间表）,会比之前的模型做出更精确的预测（Epstein 等人,2006）。

这些联系结构或社会形式不需要固定到这一模型中;相反,他们可以在微观层次的代理交互联系中出现（Lazer 2001）。塞德曼（Cederman 1997）的民族国家研究中的模型,拉斯提克（Lustick）、茅都尼克（Miodownik）以及埃德尔森（Eidelson 2004）的身份形式模型,巴纳尼（Bhavnani 2003）的种族冲突模型,还有阿克塞尔罗德（Axelrod 1995）的联盟模型,都是新的联系结构的例子。

这些网络通常具有经验相关性。例如,福勒（Fowler 2006）检验了普尔（Poole）以及罗斯塔尔（Rosenthal）模型,并且询问共同赞助网络是否对预测成员唱名表决没有重要意义。零假设是:共同赞助网络对预测成员唱名表决没有重要意义;很明显提名分数可以解释所有的系统差异。福勒基于共同赞助给出了衡量联系的度量（参见总览 Newman,

Barabasi，and Watts）。使用计算模型，他还创建了一个可视的立法行为代表。图 4.1 展示了 108 届议会的 20 个联系最紧密与联系最不紧密的成员。图表胜于千言万语。

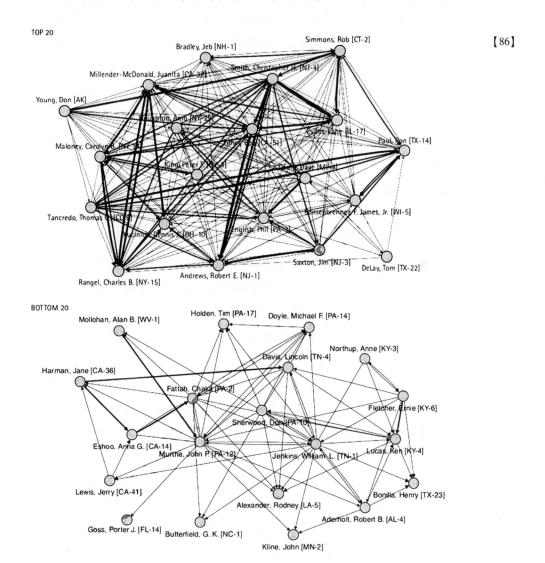

图 4.1　第 108 届议会中联系最紧密与联系最不紧密的立法者名单

此图来源于福勒（2006）。

　　这些图展示了第 108 届议会中 20 个联系最紧密与 20 个联系最不紧密的成员之间的关系。而这两组人与其他立法者之间的联系并没有得到显示。福勒的实证分析揭示：联系确实很重要，超越了提名数所包含的信息。事实上，"改变由 2 个社会民主党支持（例如，从 95% 到 50%——从高到平均水平）的联系将改变最终的众议院投票结果的 16% 和参议院投票的 20%。"

【87】 ## 2.5 系统输出：复杂性和均衡性

正如我们前面提到的，基于 agent 建模是迭代的。建模者定义了一组代理、规则、代理所处的框架或环境，并允许其运行。在谢林看来，这些微观层面的相互作用产生宏观层面的行为。宏观行为反过来又改变了微观交互作用，而微观交互作用反过来又产生新的宏观行为。这些微观向宏观转换的顺序是基于 agent 建模输出的，因此，可以通过统计工作对其进行研究（统计工作通过时间将参数设置与计算模型的结果相联系）。

然而，这些输出可能均衡，也可能不均衡。鉴于现实世界的复杂性，我们会期望社会学家抓住机会，利用可以解释或理解这种复杂性的工具。但是，纯粹的演绎，基于均衡的建模有很深的依据。社会科学家对博弈论模型中均衡的推测依赖于强大的逻辑基础：比如，布劳威尔（Brouwer）与角谷（Kakutani）的定点定理，人们可以使用这一定理表明纳什均衡存在于广泛的环境中。这些定理表明，一张漂亮的地图（在布劳威尔定理中是连续函数，在角谷定理中是上半连续的对应关系）从一个漂亮的集合（有界和拓扑的凸起）到其本身具有一个固定的点：映射到其自身的一点。因此，如果用木棍旋转咖啡，动作停止的时候，至少一个咖啡分子在最终与其开始的时候完全相同。

经过代理行为作为代理行动的功能这一思考，这些定理可以用来证明均衡的存在。因此，我们从代理人行动空间映射到代理行为空间。形式上，我们有一个从 X 到 X 的映射。假如集合与映射表现良好，则系统具有一个固定的点：考虑到其他代理的行为，一系列行为中每个代理的行为都是最佳的。这些固定点不必是唯一的。一个系统能产生多种均衡。因此，许多分析依靠均衡，通常不会像博弈理论的其他内容一样严格。

证明均衡的存在是第一步，但是仅证明均衡的存在还不足以理解问题。均衡应该是稳定、可实现的。在铅笔的顶端保持平衡就是均衡，但是并不稳定，而且在任何情况下都难以实现。在橡皮擦上保持铅笔平衡更简单一点，在侧面保持方形铅笔平衡更容易。稳定性可以是局部的或全局的。如果代理行为的微小扰动可恢复均衡，那么均衡是局部稳定。局部稳定当然适用于方形铅笔在侧面保持平衡；也适用于下面这个情况：尽管铅笔受到小的扰动，但仍可以在橡皮擦上而不是铅笔尖上保持平衡。如果任何扰动下都能恢复均衡，那么均衡就是全局稳定。对于均衡而言，要想全局稳定，它必须是独一无二的，因此铅笔不具有全局稳定。

在社会科学中，稳定性必须相对于行为规则来定义。通过创造一个表示"恢复均衡"的行为规则而使任何局部或全局均衡稳定——在许多模型中添加摩擦项仅为达到
【88】 这一目的，但是这种规则假定均衡是稳定的。严格遵循行为者自我服务这一观点并不会表明行为者应该反映最佳，而会表明行为体采取行动最大化他们的利益，使每个人的

行为固定。但是这一规则通常超越均衡。如上所述,超越的普遍性是如此广泛,以至于大多数基于 agent 建模依赖模仿者动态或低调的最佳响应。

如果一个系统有多种均衡,那么鉴于行为规则,每一种均衡都有一个关注点(a basin of attraction)。例如,对于一个在橡皮上保持平衡的铅笔,这个关注点很小,在小的扰动下它仍会保持平衡,但是对于在一侧保持平衡的方形铅笔,则可以有更大的扰动。关注点的大小给我们带来可实现的问题。即使存在均衡,即使其很稳定,也可能不容易实现。在具有 N 个代理的系统中,每个代理可以采取 A 个行为中的任何一个,就会有 A^N 种可能的情况,即忽略代理影响他们交互的类型。如果我们在其中假设每个代理可以有 T 种类型的一种,那么系统有 $A^N T^N$ 种可能的情况。即使系统很稳定,我们也不应该假定其汇聚成一个特定的均衡。因此,如果我们把 1000 支两端削尖的铅笔放在没有摩擦的表面,我们不应期望它们达到均衡——尤其在顶端的时候不会,而在两端也有可能不会。它们只会一直滚一直滚。

作为一个思想实验,假定我们用一个博弈定理模型建构一个基于 agent 实现,其中代理将适应规则以达到最佳响应函数。这些代理有可能达到均衡。如果是这样,我们能从基于 agent 建模中学到关于均衡选择的内容。然而,结果可能是一个模式或一个长期的瞬态。这是否意味着基于 agent 建模的失败?不是。均衡不一定是吸引代理的旋涡。行为规则创造的动态能够创造经过长时间才能稳定的复杂动态。如果系统不稳定,一些代理就不能很好地工作,或代理之间可能存在复杂的交互模式。争论的关键在于:如果这一系统处于不平衡状态,那么一些代理可以通过改变其行为来提高收益。但收益的提高是相对于现状而言的。如果很多代理同时适应,那么并不是所有适应都需要改进。

因此,均衡的存在可能并不足以提供足够的信息。我们可能希望构建的模型是:基于可以详细描述代理行为的可信规则,从而产生均衡。爱泼斯坦(2006)将此视为生成性社会科学:如果你不发展,你就不会展示。来自不同方程或动态系统研究文献的概念是有用的,包括李雅普诺夫(Lyaponuv)函数等技术。许多有固定规则的基于 agent 建模有一个关联的李雅普诺夫函数。例如,在某些假定下,谢林的分离模型就是这样,大多数规则元胞自动机模型也是如此(Page 1997)。因此,我们可以证明关于这些基于 agent 建模均衡聚合的定理。即使不能证明定理,但基于 agent 建模也是非常有用的(或者两个或三个;参见 Bednar and Page 2006),因为它可以提供均衡并让人们相信均衡是可以实现的。

3. 结语

【89】

大多数博弈论模型的数学分析没有探索其均衡的稳定性与可实现性,而基于 agent

建模对其进行了探索,因此,基于 agent 建模是对博弈论模型的数学分析的补充和丰富。这样做会识别那些对称均衡较小且不稳定的模型。我们也可以用大的关注领域识别新的均衡,而这些大的关注点可以经过分析得到解决。例如,佩奇(Page)与泰西尔(Tassier 2004)用计算模型证明格罗夫斯-勒雅机制(Groves Ledyard mechanism)有将近亿万个无效边界均衡,在某些假定条件下,这些均衡具有巨大的关注点。如他们的文章所示,建构计算模型时,我们不得不面对涉及边界、对称、时机与信息的隐藏假定。

基于 agent 建模还使更丰富的实证检验成为可能。在任何情况下,我们期望根据数据测试我们的模型,期望在我们模型的参数空间中有等价类(de Marchi 2005)。例如,在我们的模型中,任何参数或假定的微小动荡会定性地改变这一模型的结果,那么很难想象我们能够对这些结果进行有意义的实证检验。所有社会科学数据都是用噪音(noise)来测量的,很大程度上,我们必须要依靠这种噪音模型(model subject)的结果。随着模型中参数或假定数量的增加,我们犯错的几率(也就是说,在此模型的参数空间中没有等价类)也在增加——越来越大的参数空间组合使得对结果的统计检验越来越困难。这一令人沮丧的现象被称为维度瓶颈(the curse of dimensionality),这一称谓很恰当,它平等地运用于所有模型,不论是计算模型、博弈理论模型,还是统计模型。

数学定理揭示了假定的逻辑意蕴。如果 A 和 B 是正确的,那么 C 也是正确的。通常情况下,社会学家采用的假定是不切实际的,因此,定理可能是符合逻辑的,但我们不能假定他们具有实质意义。通常情况下,我们选择假定来产生最终结果。例如,我们观察到战争或罢工,所以我们写一个交易模型,在这一模型中,不对称或不完美的信息会导致这些行为。不幸的是,产生任何既定结果的演绎模型空间都是无限的;若要验证特定模型是有意义的,我们还需要做些其他工作。因此,数学模型揭示了数学研究对象的基本真理,而不是现实世界的。那现在的问题就不是普遍真理和系列例证了,而是我们要怎样做? 这些模型——数学或计算模型——如何发挥作用呢? 要回答这些问题,我们必须回到最初的为什么要建立这一模型这个问题。

【90】建构良好模型的实质是省略不必要的细节。然而,忽视现实世界现象的重要特征不是普遍的,比如现实世界现象包括时机、地理空间或大多数冲突并不是能简单忽略的。通常情况下,如果忽略这些,得到的结果只是泛泛的。通常情况下都是这样。因此,我们应该关注结果的质量以及一般性,而不是关注所采用的方法。

现在回到实用性这一问题,之前有些人说,我们构建这些模型的一个原因是经验性地对它们进行测试。数学定理可能会做以下表达,如果 A 是正确的,那么 B 比 C 大,那么 D 的系数有正负值,或者可以说相互作用项 E * F 有一个与零明显不同的系数。无论模型产生怎样的经验假说,我们都可以把结果作为实证证据。

把它与基于 agent 建模中的一个发现相比较。假设我们的基于 agent 建模总能产生既定现象。我们没有形式证据证明这种现象发生，但这并不意味着我们不能对这种现象进行经验测试（Laver 2005），也并不意味着基于 agent 建模没有推广性（Page 2006a）。大多数选举政治的数学模型包含单一维度的问题空间。相比一个维度的均衡结果，我们更喜欢在高维度的空间中进行更多例证。所以，即使一个定理适用于许多参数或是函数形式，基于 agent 建模可以在有限数量的情况下显示出一些事实，但这些情形在可能的假定空间中跨越大量实质。总之，如果我们的标准是经验有效性，那么我们相信数学模型的唯一原因就是可能存在基于 agent 建模的反面例子。或许模型的未来运行不会与我们所说的相吻合。如果发生这种情况，我们可能会问自己，如果大多数时候模型产生的现象恰好也发生在现实世界中，这是否会使模型缺乏有效性。

比较基于 agent 建模以及数学模型的另一个标准是：它们是否有利于使大众了解社会进程。在这一点上，存在性定理很不清晰，而基于 agent 建模就要清楚得多。相反，基于 agent 建模可能会提供想法。我们可以证明并检验这一模型，看看其结果所产生的原因。在博弈定理模型下，这些努力更显得有价值，因为它依赖广博理性，而基于 agent 建模对规则的假定或有限理性的假定做出了更多的限定。如果博弈论模型不能解释这一现象，那么我们可以猜测（以及测试）：假定人们在这种情况下更可能使用简单规则而不是复杂的理性计算，这是否有意义，或者我们是否真的可以假定对称。我们可能使用的第三个标准是这些模型如何完美地帮助我们设计制度。我们再次看到这两种方法的互补性。数学模型可能产生普遍结果，但我们必须清楚这些是数学事实，而不是社会真理。假如出最高价的投标人赢得投标物，数学定理确定：拍卖产生的收入并不依赖于拍卖规则。因此，价格上升的投标拍卖、第一价位拍卖以及第二价位拍卖都为政府创造了 【91】 同样的收益。以人类为受试对象的实验和实地测试表明，拍卖规则很重要（Andreoni and Miller 1995；Hossain and Morgan 2006）。收益不同取决于拍卖设计。经验规律不一定符合数学真理。

我们把计算模型加入工具装备的唯一原因是其具有检验形式结果的稳定性。但是限制使用他们作为分析性证明的扩展，则忽略了它们潜在探索动态、空间模型与类型、或然性交互和多样性的含义。博弈定理模型一定要易于分析，这样才会简单。我们假定有一个或两个代理或很多个代理时，数学是最有力的。在前一种情况下，数学起作用，因为问题很简单。而在后者，我们可以依赖有限分配以及缺失的边际效应。但是当成百上千个异质代理在一个复杂网中交互作用时，数学分析便困于细节。两个代理以及很多代理之间的空间正好是大多数社会科学存在的空间（Anderson, Arrow, and Pines 1988；Arthur, Durlauf, and Lane 1997；Miller and Page 2007）。

例如,允许联合玩家脱离的模型通常在数学上是易于驾驭的。这些模型存在于两个至无限多个区域。如果看一下关于谈判、州际冲突或议会行为的正式研究文献,可以得出结论:所有的相互作用本质上都是二元的。在某种程度上,没有任何子集的代理可以通过偏离核心结果而集体改进,其原因通常是超过两人以上的交互联系是无效的。为什么无效的想法来源于各组的结合呢?五十个人可以形成超过一百亿种的结合。核心尽可能对待每一种结合,在计算模型中,联盟可以出现,但是鉴于看似合理的行为规则与社会网或地理的约束,联盟出现的可能性很小。这些模型不一定总是把重点放在国会议员等精英身上。他们也可以关注可能发动暴乱或犯种族灭绝罪的民族成员(Backer and Bhavnani 2000;Kuran 1989)。

总之,如果我们着眼于世界,询问自己是处于均衡之中还是复杂之中,那么我们的答案一定是处在复杂之中(Jervis 1997)。但是这一学科崇尚简单模型,这些简单模型不可能产生有趣、复杂的行为(Page 2006b)。由于现实世界的复杂性以及我们想要理解其复杂性,我们所需要的方法论应该能使我们构建可以产生复杂性的模型。一种方法论包含科学和艺术。作为一种方法论,基于 agent 建模应该被视为起步阶段,其巨大的潜力受到科学和开创者才能的限制。

【92】 参考文献

Anderson, P., Arrow, K., and Pines, D. (eds.) 1988. *The Economy as an Evolving Complex System.* Redwood City, Calif.: Addison-Wesley.

Andreoni, J., and Miller, J. 1995. Auctions with adaptive artificial agents. *Games and Economic Behavior*, 10:39-64.

Arthur, B. 1989. Competing technologies, increasing returns, and lock-in by historical events. *Economic Journal*, 99:116-31.

Arthur, W.B., Durlauf, S., and Lane, D. 1997. *The Economy as an Evolving Complex System II.* Reading, Mass.: Addison-Wesley.

——Holland, J.H., LeBaron, B., Palmer, R.G., and Taylor, P.J. 1997. Asset pricing under endogenous expectations in an artificial stock market. In *The Economy as an Evolving Complex System II*, ed. W.B. Arthur, S. Durlauf, and D. Lane. Redwood City, Calif.: Addison-Wesley.

Axelrod, R. 1997. The dissemination of culture: a model with local convergence and global polarization. *Journal of Conflict Resolution*, 41:203-26.

——Mitchell, W., Thomas, R.E., Bennett, D.S., and Bruderer, E. 1995. Coalition formation in standard-setting alliances. *Management Science*, 41:1493-508.

Backer, D., and Bhavnani, R. 2000. Localized ethnic conflict and genocide: accounting for differences in

Rwanda and Burundi.*Journal of Conflict Resolution*,44:283-307.

Ballard,D. 1997. *An Introduction to Natural Computation*.Cambridge,Mass.:MIT Press.

Baron, D., and Ferejohn, J. 1989. Bargaining in legislatures. *American Political Science Review*, 83: 1182-202.

Bednar,J.,and Page,S. 2006. Can game(s)theory explain culture? The emergence of cultural behavior within multiple games.*Rationality and Society*,19:65-97.

Bendor,J.,Diermeier,D.,and Ting,M. 2003. A behavioral model of turnout.*American Political Science Review*,97:261-80.

Bhavnani,R. 2003. Adaptive agents,political institutions,and civic traditions in modern Italy.*Journal of Artificial Societies and Social Simulation*,6.

Binmore,K. 1996. A note on backward induction.*Games and Economic Behavior*,17:135-7.

Cederman,L.E. 1997. *Emergent Actors in World Politics*.Princeton,NJ:Princeton University Press.

——2005. Computational models of social forms:advancing generative process theory.*American Journal of Sociology*,110:864-93.

Cohen,M.,and Axelrod,R. 1984. Coping with complexity:the adaptive value of changing utility.*American Economic Review*,74:30-42.

DE Marchi, S. 1999. Adaptive models and electoral instability. *Journal of Theoretical Politics*, 11: 393-419.

——2003. A computational model of voter sophistication,ideology and candidate position taking.In *Computational Models in Political Economy*,ed.K.Kollman,J.Miller,and S.Page.Cambridge,Mass.:MIT Press.

——2005. *Computational and Mathematical Modeling in the Social Sciences*.Cambridge:Cambridge University Press.

Diermeier,D.,and Krehbiel,K. 2003. Institutionalism as a methodology.*Journal of Theoretical Politics*, 15:123-44.

——and Morton,R. 2004. Proportionality versus perfectness:experiments in majoritarian bargaining.In *Social Choice and Strategic Behavior:Essays in the Honor of Jeffrey S.Banks*,ed.D.Austen-Smith and J.Duggan.Berlin:Springer.

Durlauf,S. 2001. A framework for the study of individual behavior and social interactions.*Sociological Methodology*,31:47-87.

Ensley,M.,Tofias,M.,and de Marchi,S. 2007. Electoral selection and the congressional incumbency advantage:an assessment of district complexity.Presented at the American Political Science Association meetings.

Epstein,J. 2006. *Generative Social Science*.Princeton,NJ:Princeton University Press.

——and Axtell, R. 1996. *Growing Artificial Societies: Social Science from the Bottom Up*. Cambridge, Mass.:MIT Press.

——Goedecke,D. M.,Yu,F.,Morris,R. J.,Wagener,D. K.,and Bobashev,G. V. 2006. Pandemic influenza and the value of international travel restrictions.CSED Working Paper No. 46.

Fowler, J. 2006. Connecting the Congress: a study of cosponsorship networks. *Political Analysis*, 14: 456-87.

——and Smirnov, O. 2005. Dynamic parties and social turnout: an agent-based model. *American Journal of Sociology*, 110: 1070-94.

Fréchette, G., Kagel, J. H., and Morelli, M. 2005. Gamson's law versus non-cooperative bargaining theory. *Games and Economic Behavior*, 51: 365-90.

Gentle, J. 2002. *Elements of Computational Statistics*. New York: Springer-Verlag.

Holland, J., and Miller, J. 1991. Artificial agents in economic theory. *American Economic Review Papers and Proceedings*, 81: 365-70.

Hossain, T., and Morgan, J. 2006. ...Plus shipping and handling: revenue (non) equivalence in field experiments on eBay. *Advances in Economic Analysis and Policy*, 6.

Jervis, R. 1997 *System Effects: Complexity in Political and Social Life*. Princeton, NJ: Princeton University Press.

Judd, K. 1997. Computational economics and economic theory: complements or substitutes? *Journal of Economic Dynamics and Control*, 21: 907-42.

——1998. *Numerical Methods in Economics*. Cambridge, Mass.: MIT Press.

Kirman, A. 1997. The economy as an interactive system. In *The Economy as a Complex Evolving System II*, ed. W. Arthur, S. Durlauf, and D. Lane. Reading, Mass.: Addison-Wesley.

Kollman, K., Miller, J., and Page, S. 1992. Adaptive parties in spatial elections. *American Political Science Review*, 86: 929-37.

—— —— ——1997. Political institutions and sorting in a Tiebout Model. *American Economic Review*, 87: 977-92.

Kuran, T. 1989. Sparks and prairie fires: a theory of unanticipated political revolution. *Public Choice*, 61: 41-74.

Laver, M. 2005. Policy and the dynamics of political competition. *American Political Science Review*, 99: 263-81.

——and Sergenti, E. 2007. Agent-based models of party competition: analysis and/or exploration? Presented at the American Political Science Association meetings.

——De Marchi, S., and Mutlu, H. 2007. Bargaining in N-party legislatures. Presented at the *American Political Science Association* meetings.

Lazer, D. 2001. The coevolution of individual and network. *Journal of Mathematical Sociology*, 25: 69-108.

Leombruni, R., and Richiardi, M. 2005. Why are economists sceptical about agent-based simulations? *Physica A*, 355: 103-9.

Lodge, M., Kim, S., and Taber, C. 2004. A computational model of political cognition: dynamics of candidate evaluation. Presented at the Midwest Political Science Association meetings.

Lustick, I., and Miodownik, D. 2000. Deliberative democracy and public discourse: the agent-based argument repertoire model. *Complexity*, 5:13−30.

—— ——and Eidelson, R. J. 2004. Secessionism in multicultural states: does sharing power prevent or encourage it. *American Political Science Review*, 98:209−29.

Martin, A., and Quinn, K. 2002. Dynamic ideal point estimation via Markov Chain Monte Carlo for the US Supreme Court. *Political Analysis*, 10:134−53.

Miller, J. 1998. Active nonlinear tests ANTs of complex simulations models. *Management Science*, 44:820−30.

——and Page, S. 2007. *Complex Adaptive Systems*. Princeton, NJ: Princeton University Press.

Newman, M., Barabasi, A. L., and Watts, D. J. 2006. *The Structure and Dynamics of Networks*. Princeton, NJ: Princeton University Press.

Page, S. E. 1997. On incentives and updating in agent-based models. *Computational Economics*, 10:67−87.

——2006*a*. Agent-based models. In *The New Palgrave Encyclopedia of Economics*, ed. S. Durlauf and L. Blume. New York: Macmillan.

——2006*b*. Type interactions and the rule of six. *Economic Theory*, 30:223−41.

——2007. *The Difference: How the Power of Diversity Creates Better Groups, Firms, Schools, and Societies*. Princeton, NJ: Princeton University Press.

——forthcoming. Uncertainty, difficulty, and complexity. *Journal of Theoretical Politics*.

——and Tassier, T. 2004. Equilibrium selection and stability for the Groves Ledyard Mechanism. *Journal of Public Economic Theory*, 6:311−35.

Palmer, R., Arthur, W., Holland, J., Lebaron, B., and Tayler, P. 1994. Artificial economic life: a simple model of a stock market. *Physica D*, 75:264−74.

Poole, K. 2006. *Spatial Models of Parliamentary Voting*. New York: Cambridge University Press.

Riolo, R., Axelrod, R., and Cohen, M. 2001. Evolution of cooperation without reciprocity. *Nature*, 414:441−3.

Schelling, T. *1978. Micromotives and Macrobehavior*. Toronto: George J. McLeod.

Snyder, J. M., Ting, M., and Ansolabehere, S. 2005. Legislative bargaining under weighted voting. *American Economic Review*, 95:981−1004.

Strauss, A. 2003. Applying integer programming techniques to find minimum integer weights of voting games. Department of Electrical Engineering and Computer Science, MIT.

Strogatz, S. 2001. *Nonlinear Dynamics and Chaos*. Cambridge, Mass.: Perseus.

Tesfatsion, L. 1997. How economists can get A-Life. In *The Economy as a Complex Evolving System II*, ed. W. Arthur, S. Durlauf, and D. Lane. Reading, Mass.: Addison-Wesley.

Vriend, N. 2000. An illustration of the essential difference between individual and social learning, and its consequences for computational analyses. *Journal of Economic Dynamics and Control*, 24:1−19.

Warwick, P. V., and Druckman, J. N. 2006. The portfolio allocation paradox: an investigation into the nature of a very strong but puzzling relationship.*European Journal of Political Research*,45:635-65.

Young, P. 2001. *Individual Strategy and Social Structure: An Evolutionary Theory of Institutions.* Princeton,NJ:Princeton University Press.

第三部分

概念与测量

第五章　概念、理论和数量:建构、评估与 使用概念或定量测量清单①

【97】

加里·格尔茨(Gary Goertz)

1. 引言

在本章中,我打算研究一些在概念评估(evaluation of concepts)和定量测量(quantitative measures)中存在的问题。这些问题是我们在评估或建构概念和定量测量中亟须解决的,也是研究者在试图构建、评估或使用概念和测量时,应该询问的重要问题。② 【98】

本章涉及的问题可以分为三大类。第一类是所有复杂概念与测量方法所使用的聚合程序。在定量测量中使用的数学运算需在概念层面反映出理论性考量,我把它称为概念结构(the structure of the concept)。教科书很少提供结构性或聚合性备选方案(aggregation alternatives)。但是概念和测量的有效性取决于不同维度或指标的聚合原因以及方式。

第二类问题是关于概念尺度或测量范围的重要节点(important points)或重要区间。通常情况下,零点(zero point)和极值点(extreme point)在概念与测量建构中起着至关重要的作用。某些标准值是有待检测的理论重点。同样,中间的灰色地带(gray zone)是

　我要感谢贝尔·布拉米勒(Bear Braumoeller)、布鲁斯布埃诺·德·梅斯基塔(Bruce Bueno de Mesquita)、大卫·科利尔(David Collier)、布拉德·琼斯(Brad Jones)、凯文·斯威尼(Kevin Sweeney)以及查德·韦斯特兰(Chad Westerland)对本章的评论。我也要感谢斯科特·班尼特(Scott Bennett)与埃里克·加兹克(Erik Gartzke)对于 S 测量问题的解答。

　该主题的选择来源于我的一本书《社会科学概念:用户指南》(2006)。它们代表几乎在书中忽视的问题(例如,零点的重要性)或是那些应该得到比起在书中更多关注的问题。那本书关注的是概念建构,其次是定量测量。这里我首要关注的是建构定量测量的问题。两者的区别不应该被过分夸大,我们应该看到在理论和概念方面,许多方法论问题是真的需要首要解决。

在测量与二分法之间的重要争论点。

第三类是关于概念或测量内部或彼此之间的等价性(equivalence)或同质性(homogeneity)问题。将两个观测值编码看作"相同的",反映了关于聚合、零点和极值点(等)的选择。然而很少有关于测量同质性问题的讨论。通常,人们会询问两种测量方法在给定的观测值(observation)上是否一致,但很少有人询问是否有一种测量方法能正确地同时编码两个观测值。

对于每个问题,我在其总体概述中介绍了基本问题,并且通常把已发表的研究作为一个简单的例子。最终结果(参见结尾的清单)是我认为在使用、建构和评估概念和定量测量时应该考虑的一份自动标准化的清单。①

2. 概念和测量中的结构及聚合

构建概念和测量的最基本操作之一(提到"测量",我的意思是以后的定量测量或变量,包括二分法)是结构或聚合的测量。我更喜欢术语结构(term structure),因为概念或测量可能不是真正的"聚合",但我可以或多或少地互换使用这两个术语,通常在

【99】 概念或测量以个体为对象时使用聚合。在测量方面,人们通常聚合各种指标。在概念方面,人们需要构建定义特征。因此,评估或建构概念或测量时的核心问题是为什么这样做以及如何做。

关于概念的定性研究文献(qualitative literature)以及关于测量的定量研究文献(quantitative literature),两者在结构和聚合的默认方法上大不相同。这些差异反映了研究文献的起源,以及政治学家借鉴的观点。关于测量的定量研究,我把它称为拉扎斯菲尔德(Lazarsfeld)—布莱洛克(Blalock)学派,很明显这一学派大量借鉴了心理学与教育统计的观点(参见 Lazarsfeld 1966 年的历史)。例如,现今关于理想点估计的研究作品(例如 Bafumi 等人 2005)也习惯于借鉴教育测试中的传统。定性研究文献从哲学逻辑中获取灵感。例如,萨托利(Sartori)在 1970 年发表的经典文章中提出其概念延伸的基本观点就是直接借鉴科恩(Cohen)与内格尔(Nagel 1934)关于哲学逻辑的经典书籍。

也许这两种传统之间最根本的区别是用来构建、聚合测量或概念的标准方式不同。从哲学的逻辑来看(回溯到亚里士多德时期)定性研究文献在必要充分条件下建构了概念:每一部分都很必要,所有部分聚合在一起才会足够充分。在操作上,这意味着要

① 很明显清单并不详细。相反,它包含很多我们应该考虑但很少考虑的因素。

取最小值(必要性)或部分最大值(充分性)。①

聚合的定量方法通常使用一些附加程序,即求和(sum)或平均值(mean)。当呈现一组概念时,自然情况下,第一步是求和或取平均值。② 关键是这些定性和定量传统有不同的聚合选择。因此,考虑概念或测量时,人们需要询问聚合技术,以及相比于其他替代方法,它是否更好、更合适。

在定性与定量学派之间架起桥梁的方法是借鉴其他的方法。在这一部分我建议在考虑构建与聚合时,一个好的思路是参考有关个体或社会福利(Social welfare)、福祉或幸福感的研究文献。其包括来自经济学、发展学、心理学和哲学的广泛理论和实证研究。从根本上讲,个人幸福与社会福利概念涉及聚合。社会福利是通过定义聚合的方式,涉及个人的福利。个人福祉(Individual well-being)涉及聚合生活的各个领域,如健康、家庭、工作以及构成个人福祉的自由。

使用关于幸福感(个人或社会)的研究文献,一个优势就是人们不用测量讨论的典型变量指标语言。例如,社会福利是由个人在社会中的福祉构成的,个人福祉不是一个【100】指标,而是社会福利的组成部分。

大多数定量研究学者对涉及“构成”等词的语言深感怀疑,人们认为这是社会建构主义思潮不明确的典型特征。然而,社会福利例子表明这种语言很自然又很合理。例如,在关于个人福祉以及社会福利的经济、哲学以及发展研究文献方面有突出成果的阿玛蒂亚·森(Amartya Sen)经常使用这类语言讨论幸福概念:

个人的福祉可以从个人的生活质量(即“良好”)看出来。人们可能会认为生活由一系列相互联系的“功能”组成,包括生命及行为。个人在这方面的成就可以看作是其功能的载体。相关机能范围很广,从充分营养、身体健康、避免过度发病及夭折等基本情况变量到更复杂的成就,如快乐、自尊、参与到社区生活中等变量。这一陈述表示功能是人类生活的要素,评估幸福必须采取这些要素的形式(Sen 1992,第 39 页)。

有这样的个人福祉概念,人们必须以某种或其他方式将各种功能聚合到一个全球范围内。

关于国际冲突的研究文献面临着与社会福利研究文献同样的聚合问题,但规模大

———————

① 戴维斯(Davis 2005)从定性角度批判了概念的充要条件,尽管处于 20 世纪,但他提出的使用模糊逻辑的建议仍停留在逻辑领域。

② 这一规则最大的例外似乎就是用于收集数据的概念。这里的主要步骤是一个隐含,必要和充分的条件结构。通常,一个潜在的观测值必须满足所有的编码规则(充分条件)。如果未满足某一条规则,那它将被排除在外(如必要性)。参见山姆巴尼斯(Sambanis 2004)对于内战概念的调查以及本例的数据集。

大减少。我们不是把数百万人聚集到一个社会,而是把两个国家聚合在一起。在一种情况下,我们有"社会"福利;在另一个情况下我们有民主、贸易依赖以及诸如此类的"二元"概念。例如,在前一种情况下,问题是把个人效用聚合成社会的问题;而在后一种情况下,问题是将民主的个人层面聚合到一个二元概念中。

表 5.1 简要介绍了一些国际军事化冲突文献中的常见变量。国际冲突的大样本研究中会出现许多或者说大多数常见质疑。在理论和实证背景下,研究二元概念时,第一个重要的问题在于是否有聚合。在表 5.1 中,我将这些固有的二元变量称为"关系"。就像一些探戈舞要求两人配合,军事联盟也是一样的。这些不是国家级变量的聚合。如果表格中的列表是有代表性的,那么大约有一半的常用变量不是聚合。①

【101】 民主变量说明了将概念理论与定量测量相联系的一些重要问题。首先,值得注意的是,没有一个聚合措施(包括民主变量)是使用总和或平均值的。鉴于个体民主水平(数值范围在 -10 到 10 之间),为什么不明显地取平均数呢?一些早期的研究实际上使用了一些平均值的变化。② 然而,狄克逊(Dixon)提出了一个强有力的理论案例,即最小二元民主(the least democratic of the dyad)在整体上决定民主在二元中的影响。"最薄弱的连接方法"很快成为绝大多数研究自由和平的标准。其他人,众所周知的拉西特(Russett)和奥尼尔(Oneal 2001)已经把这一逻辑延伸到贸易因变量,赫格雷(Hegre 2000)将其用作发展变量的层面。

表 5.1 二元概念与国际冲突研究

二元概念	案例来源	结构关系	主导结构
民主	狄克逊(Dixon 1993)	整合	最薄弱的连接
贸易	格莱迪奇(Gleditsch 2002)	整合	最薄弱的连接
大国或小国能力	穆苏(Mousseau 2000)	整合	没有
发展水平	赫格雷(Hegre 2000)	整合	最薄弱的连接
军队比赛	桑普尔(Sample 2002)	整合	没有
联盟	季卜勒(Gibler)与瓦斯克斯(Vasquez 1998)	相关	不适用的
接触	布雷默(Bremer 1992)	相关	不适用的

① 即使在这些相关变量中也可能出现聚合问题。例如,如果两个国家有多个联盟承诺,那么一个国家必须聚合这些承诺,形成一个单一的二元联盟。通常,最强(即最大)联盟承诺是在这种情况下使用的聚合过程。

② 毛兹(Maoz)与拉西特(1993)使用公式为 $Dem_{ij} = ((Dem_h + Dem_l)/(Dem_h - Dem_l + 1))$,在这一公式中,Dem_h 是最大民主分数,而 Dem_l 是最小民主分数。这很有趣,因为这基本上是如何区分两种政体类型的一个测量。这表明一个潜在的加总分类建立在变化观点的基础上;不平等测量属于这一分类。参见班尼特(Bennett 2005)两种政体类型间另一种概率分布测度。

续表

二元概念	案例来源	结构关系	主导结构
权力	奥根斯基（Organski）与 库格勒（Kugler 1980）	相关	不适用的
政府间组织	奥尼尔（Oneal）与 拉西特（Russett 1999）	相关	不适用的
问题、领土	西尼斯（Senese）与 瓦斯克斯（Vasquez 2003）	相关	不适用的

注：贸易：贸易依赖的水平。
　　发展水平：例如国民生产总值或人均生产总值。
　　接触：地理接触。
　　权力：军事能力。
　　政府间组织：政府间组织成员。
　　领土—冲突是关于领土的冲突。
来源：格尔茨（Goertz 2006，第133页）。

民主变量表明，在正面研究中，有一个强大的二元概念理论（例如二元民主），用于定量测量的建构。人们可以将强大的民主变量的理论与另一种常见的饱受质疑的理论进行对比。这个变量是常见国际冲突变量中最受欢迎又最缺乏理论的变量。似乎有一半的时间人们认为它是"一个主要的力量"（也就是最大值），之后的时间里人们认为它是"两个主要力量"（也就是最小值）。如果人们不断提出"什么结构"以及"为什么"这样的问题，那么学者就不太可能会自动地把理论上的变量包含在内。

贸易依存变量是一个正面例子，在这一因变量中，我们使用不同的结构，但是这些是建立在正面理论立场上（这有可能在实证分析中出现，也有可能不出现）。例如，巴比尔蕾（Barbieri 2002）提出一个案例，利用几何平均值作为贸易关系中显著的衡量标准。在这里我们用不同定量测量间差异（differences between quantitative measures）反映真实理论差异的案例。　【102】

回到有关个体与社会福利的研究文献，我们可以看到结构问题在很大程度上是关于不同个体部分的权重（weighting of the individual parts）。正如二元民主的最薄弱环节对最不民主的国家有决定性的影响一样，各种正义理论也给社会中个人赋予了不同的权重。例如，（社会）正义理论对测量社会福利有很大的指导意义。罗尔斯理论对社会中最不富裕的个体施加了巨大的压力。相比之下，功利主义理论使每个人享受同等的社会福利。与二元民主变量一样，它是一个理论（在这种情况下是规范性的），其决定了各个部分的权重。通常我们的理论薄弱，导致总和或平均值的权重相等。然而，我们有更强的理论，经常会导致权重不平等。① 正义与福利哲学决定了用于任何最终定量

_____

① 有时学者认为使用必要的条件聚合，不使用加权。这显然不正确；以这一困惑为例，参见金与默里（Murray 2002）的"人类安全"测量。这一测量与社会福利工作密切相关。

测量的权重。人们已经使用各种聚合技术来实现社会福利理论,例如总和最大化(Harsanyi 1955)、语义优先以及极大极小分配原则(Rawls 1971;Sen 1977)、平等(Foley 1967;Nozick 1974;Dworkin 1981),或其他各种组合规则(Varian 1975;Suzumura 1983;Wriglesworth 1985;Baumol 1986;Riley 1987)。正是因为使用了各种聚合程序,我建议将福祉和社会福利研究文献作为灵感来源,从而思考概念中体现的理论如何在各种定量测量中得以运用。

过去十多年间,保罗·迪尔(Paul F.Diehl)和我一直在努力解决的概念和聚合问题涉及军事化州际对立的严重程度(Diehl and Goertz 2000)。在这里,我们看到随着时间的推移,由于定义的对立,聚合问题具有一系列军事化的交互作用的特征。一个问题是如何在既定的时间将这些交互聚合成一个竞争性的测量。一个明显的选择是取以前行动的加权平均数,每个观测值以指数方式折现到目前的时间(基本上这是克里森兹(Crescenzi)与恩特莱(Enterline)在 2001 提案)。最近我对幸福感心理学研究文献中的突出发现很感兴趣。竞争是为了处理仇恨的情绪和感情,而幸福感则与之相反,但两者都面临着相同的聚合问题。由于卡尼曼(Kahneman)及其同事(例如 Kahneman 等人 1993;Kahneman 1999;Oliver 2004)一个显著发现是,现今的幸福感遵循心理学中的"峰终(Peak-end)"聚合规则。基本上,在相关的时间段,现今的幸福感是相关时间段 $t-1$ 的平均值(也就是说"终")与最大幸福感指数(也就是说"峰值")。

【103】　　　　这是一个有趣的结构,混合了概念与测量:它既使用了平均值,又使用了最大值。这意味着大多数过去的时光根本就不受重视,这是最大的影响。这意味着指数记忆模型急剧下降,因为峰值经验仍然非常重要,而且几乎没有衰减。我不知道这对于国家之间的二元关系是否有意义,但它是一个有趣的聚合选择,我把它永久地添加到我的工具装备中。

关于建构与聚合概念及测量的简要阐述表明,人们必须首先考虑概念中的理论。然后应该调查看似可以运用于定量测量的聚合与结构关系。这一过程的关键问题是理论和测量在应用中所占的权重。

3. 零点

零点通常在理论及方法论研究课程中起着非常重要的作用。正如前景理论与我们的核算显示,积极和消极之间存在重大差异。从方法论看,零点的存在有许多重要的意义。关于零点可以轻易写出一本书。我想讨论一个例子,说明在构建和评估测量时,概念和测量的研究者应该询问的一些核心问题。

让我从个人轶事开始吧。零点在一些国际冲突的预期效用理论中起着很重要的作用。例如，布埃诺·德·梅斯基塔（Bueno de Mesquita 1981）的主要假说中消极预期效用是战争开始的必要条件。他需要一个零点的偏好和效用测量。他开发了所谓的 T_b 偏好测量（measure of preferences）（因为这一测量是使用 T_b 联合统计测量）。乔·休伊特（Joe Hewitt）和我寻找一种"意愿"测量发动军事化冲突时，我们立即想到 T_b 测量。消极的 T_b 可能象征敌对关系，因此意图发动军事化冲突（其他因素，如弱点可能会阻止一个国家采取行动）。在操作上讲，意愿是二分体的消极 T_b 分数。[①]

我们首次介绍本篇论文是在一个和平科学会议上，布埃诺·德·梅斯基塔当时在观众席上。在提问阶段，他提出我们误用了他的 T_b 测量。原因是数据中"名义"零（例如由尤金（EUgene）软件产生的）并不是"真实"零。真正的零点随系统的大小而变化，并对应于一个负标称值。当系统大小达到无穷大时，名义零接近真实零。很好的是，最后布埃诺·德·梅斯基塔与我们一起合作来进行适当的修改（Goertz 2006，第 8 章）。**【104】**

我们从这一轶事给了我们很多重要的经验教训。

第一个教训是要询问我们谈论的理论是否确实需要一个零点。在大多数使用 T_b 的理论中（或其竞争 S 测量：Signorino and Ritter 1999；参见 Sweeney and Keshk 2005 使用 S 和 T_b 的参考书目）这些测量被视为间隔性的。[②] 零点不起作用，因为假说通常是形式，偏好相似得越少，战争或军事冲突发生的可能性就越大。这种相关性假说不需要零，因为它只提出随着偏好相似性的减少而增加的战争概率。在这个意义上，布埃诺·德·梅斯基塔（例如 1981）和我们对零点的明确使用是相对罕见的。从道义上讲，人们是需要询问零在理论中是否发挥作用，所以在测量中是重要的。

第二个教训是人们应该询问测量是否确实有一个零点。替代 T_b 的主要是 S 测量（Signorino and Ritter 1999）：它是否具有零点？如果你检查尤金所生成的数据，那么你会说零点是存在的，因为数据范围是从 −1 到 1。但是，如果你查看数据的生成方式，答案可能就不会这么肯定了。这是 S 测量的简化版本（参见 Signorino and Ritter 1999 and Sweeney and Keshk 2005 了解更多细节）：

$$S_{ij} = 1 - 2\left(\frac{\sum_{i=1}^{N} |fpp_i - fpp_j| k}{N} \right) \tag{1}$$

---

① 大多数情况下，T_b 或 S 是当做控制变量来使用的，因此没有关于它的理论陈述，例如 Fortna（2003）或 Pevehouse（2004）。

② 一个有趣的问题是，这是加兹克（Gartzke 1998）的"类同"测量问题，这一问题使用了斯皮尔曼（Spearman）的等级顺序相关性。与 T_b 一样，这个范围从 −1 到 1。

测量生成过程的最后一步包含 $1-2(\cdot)$，它将测量的标准化到 $[-1,1]$ 间隔。[1] 这是一个任意的尺度变换，所以得到的零不是真正的零。人们可以很容易看出，测量的实质性部分的范围是 $[0,1]$。零不是中间点，而是一个极点。例如，季卜勒（Gibler）和赖德（Rider 2004）使用 $[0,1]$ S 数据，这意味着他们在中间没有看到零点。因此得到的第二个教训是，测量的范围有零值并不意味着它是一个真正的零。[2]

这就引出了第三个教训：决定零点的测量理论是什么？回想布埃诺·德·梅斯基塔所说的，名义上的零并不是真正的零。因此他一定有一个关于联盟结构的测量理论，他过去常用这个理论决定真正的零点。因此人们总是要问决定如何测量零点的理论。[3]

【105】

布拉米勒（Braumoeller 2004）、布兰博尔（Brambor）、克拉克（Clark）和戈尔德（Golder 2006）引起了政治学界的关注，即在使用交互术语时，存在许多容易落入的陷阱。存不存在零点的一个重要意义就是比率变量在相互关系术语中所起的作用。

相互关系术语分析中的一个问题在于相互关系术语中个体术语的解释，例如 $\beta_1 X_1$ 和 $\beta_2 X_2$。尤其是，解释是当 $X_2=0$ 时，β_1 影响 X_1。这很明显的假定当 $X_2=0$ 时，确实是有意义的。如果 X_2 是一个间距变量，那么 $X_2=0$ 是完全任意的（参见 Friedrich 1982 和 Allison 1977）。例如，季卜勒和赖德（2004）使用 S 测量与威胁级别的相互作用来研究联盟的可靠性。因为威胁级别总是大于零，如果 S 测量有一个真正的零，那么它可能会有显著差异。

以相关的方式，平均值为零的变量的标准化很常见。例如，贝克（Beck）与金（King）、曾（Zeng 2004）对他们神经网络分析中的所有变量都是这样做的。然后这些标准变量用于各种相互作用的术语中。总之，人们需要询问是否存在零点。理论需要零点吗？交互变量的使用是否意味着存在真正的零点？

4. 极值点与理想类型

建构概念的理想方式具有悠久而卓越的历史。在社会科学中，马克斯·韦伯（Max

---

[1] 在方程式（1）中，fpp 是"外国政策偏好"，k 是一个标准化参数，它使处于外国政策的绝对差异范围从零到一。分母中的 N 使之在外国政策中成为平均差异。

[2] 例如，许多人重新调节民主的政治测量（Jaggers and Gurr 1995），从开始的 $[-10,10]$ 改为 $[0,20]$。作为读者，我问零是否在其中一个范围被视为一个真正的零？当然一个真正的零在一个范围中，可以是最低点也可以是最高点。参见班尼特（Bennett 2005）大量例子，在这些例子中政体测量很重要。参见 Beck 等人（2004，第 382 页）把政体规视为比率。

[3] 例如，斯威尼（Sweeney）与凯斯克（Keshk 2005）指出，如果用于建构 S 测量的种类数量增加，则该测量将趋于 1。同样，随着系统规模的增加结果也是这样。因此，除了零点的存在之外，可能还有其他的类似问题。

Weber 1994）为这一程序做了显著案例（例如，参见 Burger 在 1987 年进行讨论）。虽然学者经常使用理想类型来构建概念（例如 Gunther and Diamond 2003），但理想类型方法的处理在教科书中几乎是完全不存在的。我们缺乏对构建理想类型的方法或成分的分析。尽管如此，人们可以辨别出理想类型的两个明显特征，即它们在自然界中的表现形式：（1）理想类型是统一体的极值点，（2）极值点的实际案例很少见或不存在。

　　我曾在别的研究中提到（Goertz 2006，第 3 章），一旦人们建立起一个连贯的概念体系，理想类型的概念就不是真的有用。然而，理想类型的理念确实提出了评估和建构概念时必须注意的一个重要理论和方法问题。在理想点极端案例中分布情况如何？理想 【106】类型的概念具有极端零点案例的特征：这个特征是正面的、负面的还是无关紧要的？人们可以询问一个相反的问题：如果有许多极端案例，那么它是正面的，负面的还是无关紧要的？

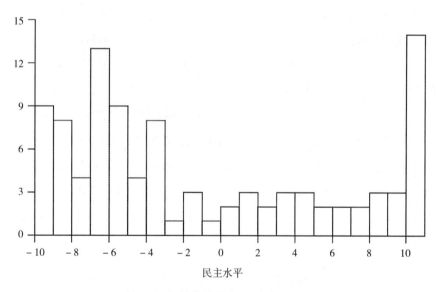

图 5.1　极值点的分布：民主水平测量

　　图 5.1 显示了所有国家从 1816 年到 1999 年政治民主的评分分布（Jaggers and Gurr 1995）。在民主极端处你会看到高峰。看到这样的直方图时，我的第一反应是认为"真实"的规模得到了进一步扩大。因为测量点终止得太快，我们的很多案例分布遇到了障碍（Gould 1996）。①

　　查询美国的政治评分，就能证明这种规模增长太快。从 1870 年开始，美国就一直得到最高分 10 分。然而，事实是更多人，如一些地区，特别是南部以及西南部，黑人、西

_____

① 参见斯威尼与凯斯克在 S 测量极端问题所举例子的柱状图（2005，例如数字 3 与 4）。

班牙裔以及印第安人,在1870年后,无论是从法律上讲,还是事实上,他们都被禁止投票,这表明有比美国更民主的国家。

这里的寓意是人们需要在极端情况下检验案例的分布情况。"理想类型"的概念和包含极端少数案例的测量通常是一个正面目标。如果我们的温度范围最高达到100度,我们会把许多温度错估为100度。虽然并不一定是针对某一测量的确凿证据,但是在任何一个极端情况下,大多数都需要有正当的理由,而不是以"那只是你在解码数据时发生的"让人们接受。

[107] 5. 灰色地带

比较多个概念与测量时,人们经常发现相关系数被用来评估相似性。这一程序通常在很大程度上低估了测量的不一致性。原因之一是在末端的观察通常会比中间观察占更多权重(用统计术语来表达,是更多手段;Belsley,Kuh,and Welsh 1980)。通常情况下,概念与测量在极端案例上达成一致,因为极端案例很清晰又很容易解码,但是他们在中间情况下也会产生分歧。中间点通常有一个"不伦不类"的特点,这样的特点使它们很难分类等。我把这一地带称为灰色地带。因为这里面的值既不是黑的,也不是白的。

民主是一个概念,在这一概念中,灰色地带通常在各种理论背景下发挥重要作用,这些文本从过渡民主的趋战性(例如Mansfield and Synder 2002)到成功的民主转型(例如Linz and Stepan 1996)。哥斯达黎加长期以来一直被视为拉丁美洲最民主的国家之一。如表5.2所示,显著测量关于它们在20世纪关键的前10年在如何解码哥斯达黎加方面有很大的不同。

表5.2 灰色空间的争论:哥斯达黎加的民主水平(1901—1910年)

年份	政体自变量	万哈宁的研究	加斯罗斯基的研究	美国内政部土地管理局
1901	100	0	0	0
1902	100	0	0	50
1903	100	0	0	50
1904	100	0	0	50
1905	100	0	0	0
1906	100	1	0	0
1907	100	1	0	50
1908	100	1	0	50

续表

年份	政体自变量	万哈宁的研究	加斯罗斯基的研究	美国内政部土地管理局
1909	100	1	50	50
1910	100	1	50	50

所有测量被重新调整为[0,100]间距。
来源：Bowman，Lehoucq，and Mahoney（2005）。

灰色空间中有很多案例使用相关性协同因素作为相似性测量，这样大大低估了测量之间的差异。例如，以表 5.1 中的民主数据为例。如果以由 23% 的数据组成的极端值（也就是说 - 10 到 10）为例，然后将所有观测值替换为独立、随机、统一的数据。人【108】们仍能得到一个接近 0.5 的相关性协同因素，总之，即使灰色地带的测量之间广泛存在分歧，人们仍可以得到很重要的相关协同系数。

表 5.3　灰色空间的系统争论

X_1	X_2					
	0	1	2	3	4	5
0	50	10	0	0	0	0
1	0	50	40	40	0	0
2	0	0	50	50	40	0
3	0	0	0	50	40	0
4	0	0	0	0	50	10
5	0	0	0	0	0	50

假设两个测量之间的关系如表 5.3 中所示（参见 Goertz 2006，第 3 章，以真实数据为例）。在极端方面达成一致，但在中间却存在很大的分歧。但是 0.87 的高相关性掩盖了两者之间的差异。值得注意的是，测量 X_1 总是少于 X_2（这些三角形数据模式在比较研究中并不罕见；也可以参见 Bennett 2005，图 1 是两个二元民主变量之间的三角关系图）。但是由于大部分观察值都是在对角线上，所以人们会得到实质的相关性。这一案例表明也许关于中间地带可能不仅有分歧，而且存在分歧的模式。

如表 5.3 的分歧模式表明，随着一个测量从极端向中间移动而产生系统性的变化，方差的变化由最终的协议和中间的分歧所驱动。

比较政体概念与民主测量（Jaggers and Gurr 1995）及其他数据的概念与测量（Karantycky 2000）时，图 5.2 记录了分歧的变化。为此，我增加了变量"政治权利"与"民主自由"的分值,每个范围从 1 到 7 不等。之后我将其转换为 – 10 到 10 的规模,然后与政治规模相匹配。图 5.2 给出了某一个国家一年的某一级别上政体分数的变化情况。

我们看到处于专制和民主的极端情况下(也就是说 – 10 到 10),政治编码方面几乎没有任何变化。例如,在 X 轴上,我们看到,编码最大民主时(即 10),政治测量案例几乎没有变化。我们走向中间的灰色地带时看到,一个特定国家的政体编码方式的变 **【109】** 化显著增加:我们从 10 变化到 0 时,方差从 0.025 到 22.6 增长了 1000 倍,同样的事情在专制中也会发生,尽管增幅"只有"10 倍。①

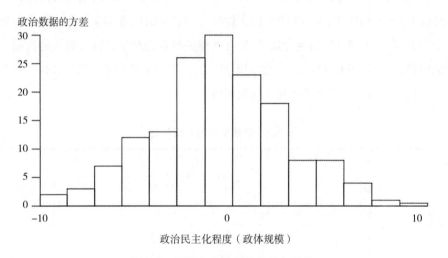

图 5.2　测量灰色地带的争议与误差

这里的一个教训是人们需要使用多个标准来评估概念与测量,尤其是灰色地带需要受到两个极端的独立检验。表 5.3 与图 5.2 的数字说明了两种可能相当普遍的模式。表 5.3 显示了两个测量之间的三角关系,而图 5.2 显示了随着测量向灰色地带移动时,方差的增加。

我们需要更多技术来评估概念与测量,尤其是人们需要仔细研究概念统一体的特定部分。这将取决于待检验的理论与假说,但是一般来讲,极值点与中位值需要人们特殊关注。

---

① 我把它放在这里作为重新评估普沃斯基等人(2000,第 58—59 页)论点的实例,他表示,相较于连续测量,他们对民主解码的分支会有更少的偏差,如果偏差遵循图 5.2 所示的差异,民主与专制之间的切割点就是零。

6. 概念与测量之间的同质性

分析个别概念以及比较两个或多个概念，测量时的一个关键问题是普沃斯基（Przeworski）和图恩（Teune 1970）所说的"功能对等"，或者是我更喜欢称之为"概念同质性"（Gerring and Thomas 2005 谈论"可比性"）。在一个概念或测量范围内，人们将相同的值分配给潜在的许多观测值。概念同质性问题是所有的观察是否都是同一件事情【110】的真实情况。例如，美国在 1950 年的政治得分为 10 分，这与其在 2000 年得到的 10 分同质或等同吗？在构建与评估概念和测量时，关键问题是测量内或测量之间的编码是否在编码观测值方面达成一致。

同质性问题是聚合的直接结果。简而言之，聚合过程会产生同质性，例如，在政体民主测量中有许多方法可以得到，比如说 5。同质性的要求是，就因果分析而言，所有的方法都是可替代或对等的。

表 5.3 说明哥斯达黎加民主的概念与测量问题。在 1909 年与 1910 年，所有的测量都是同质的。他们认为这两年的民主水平是一样的。这是概念之间的同质性，或"相对同质性"。波斯纳（Posner 2004，第 851 页）指出赫芬达尔指数（Herfindahl index）（用于研究种族分化的影响）的问题是其给不同的分化以相同的价值。这就是测量内的同质性。这些都是评估概念与测量的重要标准。

重要的是要注意，概念同质性与检查测量或概念就给定观测值达成一致的程度是不同的。1909 年到 1910 年间，所有的测量都是同质的，但是在民主水平上有极大的分歧。虽然层次的一致性肯定与同质性的程度有关，但它们在概念上是不同的评估标准。

图 5.2 直接评估了民主测量的相对同质性程度。我们用民主的每个级别可以确定与相对的政体测量如何同质化。如果民主的政治测量和数据与上述数据相一致，那么政治分数的方差将为零。换句话说，政治会编码相同的值，方差将为零。这里要注意我们关注的是分数变化，而不是它们的水平。这是可能的，如果不太可能，水平会是不一样的。在图 5.2 中，我们看到，把观测值视为完全民主时，几乎可以确定政体在同一个层面上对它们进行了编码，然而，一旦我们进入灰色地带，相关同质程度就会急剧下降。

总而言之，同质性是同一现象各种概念与测量之间比较的另一方面。如上述不同数据库比较表明，测量之间的相对同质性程度从负向到正向的连续性之间可能会有很大差异。随着时间的推移，研究美国一直以来的政治分数可能表明政体测量存在同质性问题。评估不同的概念与测量时，概念与测量之间的同质性比较应该变成标准惯例。

【111】 7. 负面案例或零案例的同质性

我们已经看到零点可以在建构与评估概念时起关键作用。从同质性角度看,零类(zero category)是有问题的,特别是对于二分变量来说。通常情况下,零类是对"非1"的全方位观察。例如,马哈尼(Mahoney)和本章著者加里·格尔茨(Gary Goertz 2004)在"消极"案例人群的背景下对这一问题进行了分析,这种情况通常以二分法编码为例,例如非社会革命。斯威尼(Sweeney)与凯斯克(Keshk 2005)在S测量文本中已经讨论过同样的问题。在一个S测量运用中,他们使用二分法编码军事争端数据。他们想了解数据中的许多零(也就是说没有争议),因为"在MID数据中的很多零数据可能是由于各国没有任何争议,或是因为它们选择用非军事方法解决任何可能的冲突(表达外来政策偏好),或者许多零数据可能是因为各国不能参与到MID中,因为距离太远,无法产生各种形式的影响,使MID数据成为研究的可能(肯定不是外交政策偏好的启示)"(Sweeney and Keskh 2005,第174页)。同样,格尔茨(Goertz)、琼斯(Jones)与迪尔(Diehl 2005)也认为,竞争结束之后,零军事化冲突的时期不是同质的,因为人们通常认为它们是在"反复冲突"的研究中(例如Werner 1999)。最后一次军事冲突后的前十五年左右是不同的,因为对抗渐渐结束,还有进一步冲突的可能性。然而,在这十五年之后,竞争已经结束,二元从数据集中退出。在反复冲突研究中,二元一直保持到那段时间结束,尤其是2001年。因此,格尔茨等人看到反复冲突研究中零点的异质性。因此在各种情况下,"无争议或无战争"观察的同质性可能会引起人们的质疑。①

普沃斯基等人(2000)对民主原因及结果的分析说明了问题的本质。他们的民主二分概念使用了四个二分要素的必要条件聚合程序。他们的民主观念是,如果一个国家对四个组成部分中的任何一个有零值(二分法),那么这个国家就是非民主的。民主只能以一种方式实现(也就是说一个包含四种成分的方式),而非民主可以15种不同的方式出现($2^4 - 1 = 15$)。

之后同质性假设成为这样一个问题:引进分析时,非民主的15种不同方式是否对【112】因果推论产生相同的影响。例如,在评估非民主对生育率的影响时,像普沃斯基等人(2000)那样,我们是否可以假定仅依靠只有一种成分有零值的国家在因果上与依靠4种成分有零值的国家对等?

---

① 解决零的异质性一个可能有用的统计技巧是零膨胀泊松(ZIP)回归(例如Chin and Quddus 2003)。人们构建零而通过"零事件"陈述,也就是说在这种情况下,这一事件基本不会发生,或通过 $n > 0$ 的陈述,这一事件会发生。

　　普沃斯基等人对经济发展水平与民主水平之间关系(2000,第 81 页)的第一次分析是用许多自变量的 probit 分析,这些自变量在文献中很突出。作为练习,我们可以使用普沃斯基等人的数据和方法来检验非民主编码的同质性及其对因果推断的影响。

　　鉴于所使用的必要条件聚合过程,我们可以轻易地把等同于零的 1 到 4 种成分列入零中。然后可以确确实实地评估关于零的概念同质性假说是否在因果分析中得到证实。由于我也对比较测量感兴趣,因此在实例中,采取类似于普沃斯基等人为此进行的结构民主测量很有用。①

　　"改良政治"测量有三个维度,即"参与竞争"、"行政人员招聘"和"行政约束"(详细参见第四章,Goertz 2006)。前两个维度对应普沃斯基等人的民主观点的两个更高层次的维度,即"争论"与"官职"。前者指的是多个党派和行政人员的流动,后者指的是由竞争选举组成的行政及立法机构。② 重新制定政治测量时,我们有 3 个二分维度,我要求它们 3 个代表一个民主的国家进行编码。所以结构上,我们有与普沃斯基等人关于测量和修改政体一样的基本逻辑。我们也有非民主案例同质性的潜在问题,在一、二或三维上可能是零。

　　正如通常报道的那样,改良政体与普沃斯基的民主测量之间的相关性高达 0.87。普沃斯基等人(2000,第 56—57 页)表示标准的政治测量预测普沃斯基等人 91% 的结果。如果不是上述部分,我可能会陈述,因为相关性很高,测量基本上相同。表 5.4 表明尽管普沃斯基等人使用改良政体的数据分析民主原因时存在 0.87 的相关性,也会出现一些重要差异。表 5.4 的第一纵列复制了普沃斯基等人讨论的概率单位分析(第 81 页)。③ 一些变量,尤其是发展水平变量,与两个民主测量方式非常相似。然而,大约一半的变量在符号或显著性水平上有很大的不同。例如,分层:天主教、穆斯林以及民族部分;发展结果一致,包括新殖民地,英国殖民地以及新教。然而这是另一个高相关性掩饰重要差异的例子,这是对因果关系的估计。　　【113】

---

　　① 标准政治测量是 5 个指标的加权平均数,因此我更偏向使用与普沃斯基等人具有相同逻辑结构的修改政治测量。

　　② 作为民主概念的一个核心部分,政体测量在行政约束的合并中是独一无二的。事实上,其是使用的五大指标中占比最重的一个;参见 Munck and Verkuilen(2002)进行讨论。

　　③ 变量 RELDIF——宗教分层不在本书的数据集中,因此其并不会出现。

表 5.4　非民主的因果相关性:民主与发展

变量	普沃斯基	政治	修改政治测量		
			一个零	两个零	三个零
拦截	−2.7976	−2.0734	.1729	−2.0839	−12.6123
（ $Pr > X^2$ ）	.0001	.0001	.6817	.0001	.0001
发展	.0003	.0003	.0002	.0004	.0018
（ $Pr > X^2$ ）	.0001	.0001	.0001	.0001	.0001
新殖民地	−.8490	−1.2740	−3.7547	−1.1456	−11.4318
（ $Pr > X^2$ ）	.0001	.0001	.0001	.0001	.9998
英国殖民地	1.0167	1.2703	3.4428	1.4706	10.2029
（ $Pr > X^2$ ）	.0001	.0001	.0001	.0001	.9998
阶层形成	−.0000	−.1420	−.2386	−.1372	∞^a
（ $Pr > X^2$ ）	.9996	.0018	.0004	.0112	—
天主教	.0038	−.0004	−.0058	−.0000	−.0366
（ $Pr > X^2$ ）	.0005	.7336	.0206	.9951	.0103
新教	.0025	.0043	−.0049	.0070	.4853
（ $Pr > X^2$ ）	1028	.0131	.0707	.0010	.0001
穆斯林	−.0038	−.0013	.0003	−.0005	.0225
（ $Pr > X^2$ ）	.0030	.3448	.8879	.7571	.0001
民族分化	.0163	.0709	−.7415	−.0517	8.4373
（ $Pr > X^2$ ）	.3242	.0472	.0001	.2843	.0001
全球民主	4.0812	1.9914	1.1357	1.8348	14.7266
（ $Pr > X^2$ ）	.0001	.0003	.1587	.0031	.0001
非民主的 N	2120	1738	346	1258	134

a:除了天主教变量,移除阶级形成变量得到的结果基本上一样,天主教变量会改变符号。

　　表 5.4 剩下的纵列检测了负面案例同质性假说的影响。每一个纵列使用不同的负面案例。例如,"一个零"意味着负面案例中一个修改政治维度是零,而另外两个为一。因此,比起用于"三个零"中的负面案例,这些负面案例更接近于民主。在所有分析中,关于因变量的一个案例保持不变,但是零的数量每个纵列中都不一样(每一纵列的底部都有零的数量)。

　　在"一个零"纵列中的 probit 结果代表可能被称为"最相似的"分析。这些是与正面案例最相似的负面案例,因为他们只是缺少民主的一个层面。空间限制禁止广泛比较,但是比较纵列时人们可以看三个事情:(1)符号变化,(2)显著性的水平变化,【114】(3)趋势,参数估计的趋势,增加或减少。比较"政体"与"一个零"纵列,我们看到中央经济发展变量是一致的。然而,在政治纵列中无足轻重的天主教变量现在很明显呈负面。总之,在两个纵列之间,4个变量在两个方面有很大的不同:天主教、新教、民族分化以及全球民主(即ODWP,在普沃斯基等人的命名方案中)。

通过检查构成负面群体的两个零,远离民主制度,我们可以看到一个模式形成,在这个模式中一些变量是稳健的,而另外一些不是稳健的。此外,经济发展与新殖民地,英国殖民地和分化变量一样非常重要。重申一遍,宗教变量,即天主教、新教、穆斯林还有种族形成相离得更远。

在最不相似的国家,即三个维度上都是零的国家,我们看到非常清晰的结果。所有变量都非常重要。事实上阶层形成是一个完美的预测因素。① 现今所有的宗教变量都变得非常重要。因此选择差异最大的负面案例时,我们清楚地看到变量的影响,这些变量在其他比较中有时是模糊不清的。

当然,表5.4中的数字仅仅是一个因果关系中对概念同质性问题的初步观察。许多其他分析在扩展分析中都会有用。例如,对非民主案例的零数,人们可能希望进行泊松回归或负二项式回归。这将给人们提供一些想法,即自变量在多大程度上可以区分各种非民主国家。人们可能会想要考虑只在非民主的情况下这一发现是多么戏剧化和清晰,尽管这里非民主的小样本可能是部分内容,但表5.4中"三个零"纵列的阶层分化变量完美地预测了结果。②

8. 研究清单

当构建和聚合概念与测量时,需要从如下三个清单中进行考察:

· 概念中体现的理论是什么?

· 理论如何转换成一个定量测量?

· 看似真实的聚合选择是什么? 具体来说,要使用的加权方案是什么?

除了对各种概念与测量进行总体评估之外,人们还需要对规模或概念连续体的各个部分进行研究: 【115】

· 任一极端都有最大的峰值吗? 这是否表明要拓展测量范围?

· 有零点吗? 待检验的理论是否需要零点?

· 零点或缺少零点在创造或解释相互关系术语中是否发挥作用?

---

① 一些软件,例如数据管理统计绘图软件,由于统计评估中的技术问题,会自动删除非常重要的变量。我更倾向总结它们,并用"∞"的参数估计表示其重要性。

② 使用普沃斯基等人的民主变量时,阶层分化不重要,但是使用修改政治测量时,它就非常重要,这是一个显著的问题。

·决定零点的理论是什么？

·灰色地带里正在发生什么？这个地带对理论检验至关重要吗？

所有概念与定量测量都意味着要求同质性。这些需要分析如下清单：

·比较测量时，是否存在同质性低的地带（例如灰色地带）？

·连续统一体中同质性在系统方式中多式多样吗？

·如果测量或概念是二分的，那么负面或零案例的同质性是否有重大关切？是否应该从数据集中删除一些零？

·概念同质性问题会在因果分析中出现吗？在异质性方面，一些变量会比其他的变量更稳健吗？

当然这一清单并不详尽。这是一份很少关注方法论与研究设计教科书和课程的问题清单。我试图简要说明这些问题如何在平常的数据集和概念中出现。当然，很多将取决于具体的理论和正在调查的假设。本章强调的是缺乏证明问题的理论和方法论的融合，尤其是聚合和结构问题。通常情况下，因为数字测量与它们本应该体现的理论联系不够紧密，所以这些问题才会出现。关于零点的许多问题也是如此。总而言之，人们需要继续询问数字测量是否真的在做概念和理论所规定的事情。

参考文献

Allison, P. 1977. Testing for interaction in multiple regression. *American Journal of Sociology*, 83: 144–53.

Bafumi, J., et al. 2005. Practical issues in implementing and understanding Bayesian ideal point estimation. *Political Analysis*, 13: 171–87.

Barbieri, K. 2002. *Liberal Illusion: Does Trade Promote Peace*? Ann Arbor: University of Michigan Press.

Baumol, W. 1986. *Superfairness*. Cambridge, Mass.: MIT Press.

Beck, N., King, G., and Zeng, L. 2004. Theory and evidence in international conflict: a response to de Marchi, Gelpi, and Grynaviski. *American Political Science Review*, 98: 379–89.

Belsley, D., Kuh, E., and Welsh, R. 1980. *Regression Diagnostics: Identifying Influential Data and Sources of Collinearity*. New York: John Wiley and Sons.

Bennett, D. 2005. Towards a continuous specification of the democracy – autocracy connection. *International Studies Quarterly*, 50: 513–37.

Bowman, K., Lehoucq, F., and Mahoney, J. 2005. Measuring political democracy: case expertise, data adequacy, and Central America. *Comparative Political Studies*, 38: 939–70.

Brambor, T., Clark, W., and Golder, M. 2006. Understanding interaction models: improving empirical analyses. *Political Analysis*, 14: 63–82.

Braumoeller, B. 2004. Hypothesis testing and multiplicative interaction terms. *International Organization*, 58:807-20.

Bremer, S. 1992. Dangerous dyads: interstate war, 1816 – 1965. *Journal of Conflict Resolution*, 36: 309-41.

Bueno de Mesquita, B. 1981. *The War Trap*. New Haven, Conn.: Yale University Press.

Burger, T. 1987. *Max Weber's Theory of Concept Formation: History, Laws, and Ideal Types*. Durham, NC: Duke University Press.

Chin, H., and Quddus, M. 2003. Modeling count data with excess zeroes: an empirical application to traffic accidents. *Sociological Methods and Research*, 32:90-116.

Cohen, M., and Nagel, E. 1934. *An Introduction to Logic and Scientific Method*. New York: Harcourt, Brace.

Crescenzi, M., and Enterline, A. 2001. Time remembered: a dynamic model of interstate interaction. *International Studies Quarterly*, 45:409-32.

Davis, J. 2005. *Terms of Inquiry: On the Theory and Practice of Political Science*. Baltimore: Johns Hopkins University Press.

Diehl, P., and Goertz, G. 2000. *War and Peace in International Rivalry*. Ann Arbor: University of Michigan Press.

Dixon, W. 1993. Democracy and the management of international conflict. *Journal of Conflict Resolution*, 37:42-68.

Dworkin, R. 1981. What is equality? Part 1: equality of welfare, Part 2: equality of resources. *Philosophy and Public Affairs*, 10:185-246, 283-345.

Foley, J. 1967. Resource allocation in the public sector. *Yale Economic Essays*, 7:73-6.

Fortna, V. 2003. Inside and out: peacekeeping and the duration of peace after civil and interstate wars. *International Studies Review*, 5:97-114.

Friedrich, R. 1982. In defense of multiplicative terms in multiple regression equations. *American Journal of Political Science*, 26:797-833.

Gartzke, E. 1998. Kant we all just get along? Opportunity, willingness, and the origins of the democratic peace. *American Journal of Political Science*, 42:1-27.

Gerring, J., and Thomas, C. 2005. Comparability: a key issue in research design. Presented at the annual meetings of the American Political Science Association.

Gibler, D., and Vasquez, J. 1998. Uncovering the dangerous alliances, 1495 – 1980. *International Studies Quarterly*, 42:785-807.

——and Rider, T. 2004. Prior commitments: compatible interests versus capabilities in alliance behavior. *International Interactions*, 30:309-29.

Gleditsch, K. 2002. Expanded trade and GDP data. *Journal of Conflict Resolution*, 46:712-24.

——Goertz, G. 2006. *Social Science Concepts: A User's Guide*. Princeton, NJ: Princeton University Press.

——Jones, B., and Diehl, P. 2005. Maintenance processes in international rivalries. *Journal of Conflict*

Resolution,49:742-69.

Gould,S.J. 1996. *Full House: The Spread of Excellence from Plato to Darwin.* New York: Three Rivers Press.

Gunther, R. , and Diamond, L. 2003. Species of political parties: a new typology.*Party Politics*,9:167-99.

Harsanyi, J. 1955. Cardinal welfare, individualistic ethics, and interpersonal comparisons of utility. *Journal of Political Economy*,63:309-21.

Hegre, H. 2000. Development and the liberal peace: what does it take to be a trading state? *Journal of Peace Research*,37:5-30.

Jaggers, K. , and T.Gurr. 1995. Tracking democracy's third wave with the Polity III data.*Journal of Peace Research*,32:469-82.

Kahneman, D. 1999. Objective happiness.In *Well-Being: The Foundations of Hedonic Pyschology*, ed.D. Kahneman et al.New York: Russell Sage Foundation.

——et al. 1993. When more pain is preferred to less: adding a better end. *Psychological Science*, 4: 401-5.

Karatnycky, A.(ed.)2000. *Freedom in the World ,1999-2000.* Washington, DC: Freedom House.

King, G. , and Murray, C. 2002. Rethinking human security.*Political Science Quarterly*,116:585-610.

Lazarsfeld, P. 1966. Concept formation and measurement in the behavioral sciences: some historical observations.In *Concepts, Theory, and Explanation in the Behavioral Sciences*, ed. G. DiRenzo. New York: Random House.

Linz, J. , and Stepan, A. 1996. *Problems of Democratic Transition and Consolidation: Southern Europe, South America ,and Post-communist Europe.* Baltimore: Johns Hopkins University Press.

Mahoney, J. , and Goertz, G. 2004. The Possibility Principle: choosing negative cases in comparative research.*American Political Science Review*,98:653-69.

Mansfield, E. , and Synder, J. 2002. Democratic transitions, institutional strength and war. *International Organization*,56:297-337.

Maoz, Z. , and Russett, B. 1993. Normative and structural causes of democratic peace, 1946 - 1986. *American Political Science Review*,87:624-38.

Mousseau, M. 2000. Market prosperity, democratic consolidation, and democratic peace. *Journal of Conflict Resolution*,44:472-507.

Munck, G. , and Verkuilen, J. 2002. Conceptualizing and measuring democracy: evaluating alternative indices.*Comparative Political Studies*,35:5-34.

Nozick, R. 1974. *Anarchy ,State and Utopia.* Oxford: Basil Blackwell.

Oliver, A. 2004. Should we maximise QALYs? A debate with respect to peak-end evaluation.*Applied Health Economics and Health Policy*,2004:61-66.

Oneal, J. , and Russett, B. 1999. The Kantian peace: the pacific benefits of democracy, interdependence, and international organizations, 1885-1992. *World Politics*,52:1-37.

Organski, A. , and Kugler, J. 1980. *The War Ledger.* Chicago: University of Chicago Press.

Peceny,M.,and Beer,C. 2002. Dictatorial peace? *American Political Science Review*,96:15-26.

Pevehouse,J. 2004. Interdependence theory and the measurement of international conflict.*Journal of Politics*,66:247-66.

Posner,D. 2004. Measuring ethnic fractionalization in Africa.*American Journal of Political Science*,48: 849-63.

Przeworski,A.,et al. 2000. *Democracy and Development: Political Institutions and Well-Being in the World,1950-1990.* Cambridge:Cambridge University Press.

——and Teune,H. 1970. *The Logic of Comparative Social Inquiry.*New York:John Wiley and Sons.

Rawls,J. 1971. *A Theory of Justice.*Cambridge,Mass.:Harvard University Press.

Riley,J. 1987. *Liberal Utilitarianism:Social Choice Theory and J.S.Mill's Philosophy.*Cambridge:Cambridge University Press.

Sambanis, N. 2004. What is civil war? Conceptual and empirical complexities of an operational definition.*Journal of Conflict Resolution*,48:814-58.

Sample,S. 2002. The outcomes of military buildups:minor states vs.major powers.*Journal of Peace Research*,39:669-91.

Sartori, G. 1970. Concept misformation in comparative politics.*American Political Science Review*,64: 1033-53.

Sen, A. 1977. On weights and measures: informational constraints in social welfare analysis. *Econometrica*,45:1539-72.

——1992. *Inequality Reexamined.*Cambridge,Mass.:Harvard University Press.

Senese,P.,and Vasquez,J. 2003. A unified explanation of territorial conflict:testing the impact of sampling bias,1919-1992. *International Studies Quarterly*,47:275-98.

Signorino,C.,and Ritter,J. 1999. Tau-b or not tau-b:measuring the similarity of foreign policy positions. *International Studies Quarterly*,43:115-44.

Suzumura,K. 1983. *Rational Choice,Collective Decisions and Social Welfare.* Cambridge:Cambridge University Press.

Sweeney,K.,and Keshk,O. 2005. The similarity of states:using *S* to compute dyadic interest similarity. *Conflict Management and Peace Science*,22:165-87.

Varey,C.,and Kahneman,D. 1992. Experiences extended across time:evaluation moments and episodes. *Journal of Behavioral Decision Making*,5:169-86.

Varian,II. 1975. Distributive justice,welfare economics and the theory of fairness.*Philosophy and Public Affairs*,4:223-47.

Weber,M. 1949. "Objectivity"in social science and social policy.In *The Methodology of the Social Sciences.*New York:Free Press.

Werner,S. 1999. The precarious nature of peace:resolving the issues,enforcing the terms,and renegotiating the settlement. *American Journal of Political Science*,43:912-34.

Wriglesworth,J.1985. *Liberation Conflicts in Social Choice.*Cambridge:Cambridge University Press.

第六章　测　量

西蒙·杰克曼(Simon Jackman)

1. 社会科学中普遍存在的潜变量

　　社会科学中的许多问题都涉及对不可直接观测对象的定量推断。这里,笔者将这些研究对象称为潜变量。例如,其中包括:调查对象(例如 Erikson 1990)、立法者(Clinton,Jackman,and Rivers 2004)、法官(Martin and Quinn 2002)或政党(Huber and Inglehart 1995)等的思想倾向;研究生院申请人语言能力的定量分析(如根据研究生入学考试,即 GRE 分数衡量);世界各国的民主水平(Gurr and Jaggers 1996);抽象、潜在空间中用于表示社会网络关系的位置(Hoff,Raftery,and Handcock 2002);舆论要素,不同时间点对政治候选人的总体支持水平,如竞选过程中的公众支持(Green,Gerber,and De Boef 1999)。在每种情况下,可用数据都是潜在研究对象的表现形式(或指标),推断问题可以表述如下:在数据 y 可观测的条件下,对于潜在研究对象 x,我们应该相信什么?

　　这里,笔者将此类推断问题称为测量问题,以便达成本章节的目的。此外,笔者将提及被称为"测量模型"的联系潜变量与观察指标的统计模型。

2. 测量的目标

　　测量的成功与否——根据测量模型所得出的推断质量——通常参考效度和信度这两个关键概念进行评估。这与参数估计理论中的概念类似。例如,测量利用观测数据 y 得出未观测对象 ξ,参数估计利用观测数据 y 得出未知(未观测)参数 θ。也就是说,即使在命名上存在差异("未观测对象"与"未知参数"),其实,测量与参数估计是相同的推断问题。

一般来说,我们可以用一个简单模型来表示潜变量 ξ_i 与该变量指标 x_i 之间的关系:

$$x_i = \xi_i + \delta_i \qquad\qquad\qquad (1)$$

其中,δ_i 是测量误差,i 表示观测单位。如下文所示,δ_i 的性质,如其平均数和方差,足以表明指标的效度和信度。

观测项伴随有测量误差的观点具有许多看似合理的原因。在调查研究这一领域中,人们对测量误差的关注越来越多,并且调查研究也是许多应用研究的来源(例如 Lessler and Kalsbeek 1992;Tourangeau,Rips and Rasinski 2000;Biemer 等人 2004)。如,调查回应理论假定在提供调查反馈时,调查对象从心智健全者人群中抽样选取(例如 Zaller and Feldman 1992),因此,这样看来,式(1)中的测量误差 δ_i 实际上是抽样误差的一种形式:据推测,如果多次对同一调查对象 i、同一调查项目进行研究(标记为 $j = 1,\cdots,J$),即使潜在特质 ξ_i 稳定不变,测量误差 s_{ij} 也会导致变化,因此得出不同的数据 x_{ij}。同样,众所周知,应答者或访谈者情绪的变化,面试条件的改变(如位置、环境噪声、一天中的不同时刻、一周中的每一天、一年中的不同季节)或访谈者相对于受访者的特征(如种族、民族、性别)都可能是测量误差的来源(例如 Anderson,Silver,and Abramson 1988;Groves 1989;Kane and Macauley 1993;Kinder and Sanders 1996)。众所周知,社会期望——对调查问题给予有偏见的回应以产生良好自我呈现的倾向——导致测量误差。有可能受社会期望偏差约束的态度和行为有:选民投票率、性行为、就业史、犯罪史、宗教信仰和习俗、吸毒、饮酒和锻炼情况(例如 Sudman and Bradburn 1974;Schaeffer 2000)。

更重要的是,还有一个问题,即指标 x 并不是 ξ 的相关方。例如,即使准确报告,教会出席人数(x)的自述报告也不是宗教信仰(ξ),但与宗教信仰相关,式(1)为该关系提供了合理的模型。调查研究或政治行为领域中几乎不排除该类型的测量误差:正如 【121】 导论中所指出的那样,许多关于美国政治、比较政治和国际关系进程总体水平的研究对指标可操作的未观测结构变量作出猜想。

2.1 效度

效度大致上与参数估计中无偏概念类似。偏差是一个明确的概念;例如,如果我们用估计量 $\hat{\theta}$ 来估计参数 θ,那么在 $E(\hat{\theta}) = \theta$ 的情况下,我们就可以说 $\hat{\theta}$ 是 θ 的无偏估计量,这里的期望值通常是关于生成数据的随机过程(例如某种抽样程序)。在测量中,如果 $E(x_i) = \xi_i$ 或 $E(\delta_i) = 0$,那么利用式(1),我们可以得出:x_i 是 ξ_i 的有效测量。也就是说,在某种意义上,测量误差的平均值为零(例如重复采样平均值,因为测量误差在测量过程的重复应用中存在零均值的情况）。如果这个条件适用于所有观测单位，我们就可以舍去下标 i，记作 $E(x)=\xi$，并且说 x 是 ξ 的有效测量。

但在测量中，"效度"一词常以其他不太正式的方式使用（进一步说明，参见 Adcock and Collier 2001）。总体来讲，这个观点很简单：一个有效测量实际上是测量那些我们认为值得测量、想测量的概念。尽管这个定义显而易见，但 70 多年来，心理计量学家仍不断提出各种效度的定义，例如：

内容效度：这一方法是否完全实现了潜在构念（latent construct）实质性内容的测量？如果我们试图衡量世界各民族国家的民主水平，那么现有指标是否涵盖民主所有的相关方面呢？在这点上，值得注意的是，广泛使用的民主测量——政治数据（例如 Gurr and Jaggers 1996）将民主的 5 个指标结合起来，以便达成民主意义上的学术共识。当然，在某种程度上，如果在构念的实质性内容上存在分歧（即对构念的性质有不同意见），那么有效测量似乎是无法实现的。

预测效度：测量是否预测潜在构念被视为决定因子的事物？如，一个党派性的测量应该很好地预测投票选择、其他政治行为和态度。

聚合效度：该测量是否与其他已知的潜在构念的有效测量密切相关？如，克林顿（Clinton）、杰克曼（Jackman）和里弗斯（Rivers）在 2004 年提出的立法者显示性偏好测量与普尔（Poole）和罗斯塔尔（Rosenthal）在 1997 年提出的早期测量密切相关。

【122】 区分效度：该测量是否与应该与之不同的测量存在差异？例如，政治效能的测量不应与种族偏见、政治意识形态等的测量高度相关。因此，区分效度（有时也称为分歧效度）与聚合效度相反。坎贝尔（Campbell）和菲斯克（Fiske）于 1959 年提出这两种效度。

鉴于我们把测量作为重点来推断潜变量，考虑建构效度更普遍的概念是非常有用的，这一概念最早由美国心理学会心理测试委员会（1950—1954）正式提出。克隆巴赫（Cronbach）和米尔（Meehl 1955）的另一篇文章有力地概括了该委员会在建构效度上所做的努力：

某些特性或质量并非"操作化定义"，如果测试被解释为此类特性或质量的测量，就会涉及建构效度。（第 282 页）

同样，考虑到美国心理学会 1954 年技术报告中的内容，克隆巴赫和米尔（1955）的文章中引述如下：

当测试者对自己所关心的质量没有明确的测量标准而必须采用间接测量时，他们通常会研究建构效度。这里，测试的潜在特性和质量至关重要，而不是测试行为或标准值。

45 年以后,麦克唐纳(McDonald 1999,第 199 页)指出,建构效度已经融入了其他形式的效度,所以如今:

验证……可以包括各种形式的证据,即在某种可接受的范围内测量某一特定属性的数值……内容效度、同时效度和验证方法最初与建构效度相关联,都是用来研究测试值衡量属性程度的方法。

也就是说,测量效度有若干种。但至少在潜变量的情况下,"建构效度"已经失去了其曾有的特殊性,而如今只是各种效度的总称。

2.2 信度

粗略地讲,如果偏差是测量效度的类比,那么方差是测量不可靠性的类比;相反地,精度(方差的倒数)是测量信度的类比。也就是说,假设一个研究对象具有真实的潜在状态 ξ,而且我们有两个现有指标,x_A 和 x_B。如果指标 A 测量误差的方差 $V(x_A)$ 小于指标 B 测量误差的方差 $V(x_B)$,那么我们就说(非正式),在对 ξ 的测量上,指标 x_A 比 x_B 更可靠。再次参考式(1),在潜变量 ξ_i 的条件下,指标 x_i 的方差就是测量误差的方差,【123】即 $V(\delta_i) = \omega_i^2$。因此,低水平的测量误差方差生成更可靠的指标,反之亦然。事实上,我们可以将 ξ 指标 x 的信度定义为:

$$r^2 = V(\xi)/V(x) = \frac{V(\xi)}{V(\xi + \delta)} = \frac{V(\xi)}{V(\xi) + \omega^2} = 1 - \frac{\omega^2}{V(x)} \tag{2}$$

假设同方差 $\omega_i^2 = \omega^2 \, \forall \, i$,且潜变量 ξ_i 和测量误差 δ_i 之间不存在协方差。这里符号的选择不是偶然的,因为信度只不过是回归式(1)中的隐式 r^2(例如 Lord and Novick 1968,第 61 页)。更通俗来讲,我们可以看到,效度就是潜变量 ξ 方差与观测指标 x 方差之比。随着 $\omega^2 \to 0$,测量误差逐渐消失,潜变量 ξ 决定观测指标 x,即 $V(\xi)/V(x) = r^2 \to 1$。相反,随着 ω^2 变大,测量误差决定观测指标,"统计噪音"扰乱潜变量 ξ 的任何"信号",使得 $r^2 \to 0$。

需要注意的是,上述信度的定义并不是操作性的。在大多数应用中,方差分解 $V(x) = V(\xi) + \omega^2$ 并未被识别;即我们观测 x,因此可估计 $V(x)$,但由于潜变量 ξ 方差或测量误差,我们无法获取其他信息,甚至连 x 的观测值是多少都不知道。像所有的识别问题一样,无论是先前的研究结果,还是通过测量模型与潜变量联系起来的多元指标,我们都需要更多信息来解决问题。即使有多元指标,我们也无法观测 x 的总体方差和误差方差 w^2,但至少我们可以根据多元指标提供的信息更好地估计这些研究对象。

根据项目的可用性,评估信度的方法不同。其中包括:

重测信度。x_A、x_B 两项分别在两个不同的时间点进行研究。假设潜变量 ξ 不变，x_A 和 x_B 之间的相关性是 ξ，x 结果测量信度的估计。格特曼（Guttman 1945）就这种信度做了非常简洁明了的论述，参见 Alwin（2007，第 95—148 页），特别是参阅下文第 10 节中 Wiley—Wiley（1970）模型的讨论。

评分者间信度。设想一组专家或评委 $j = 1, \cdots, J$，针对单位 $i = 1, \cdots, n$ 给出数值 x_{ij}，每个单位 i 都赋予一个潜在值；政治宣言的数据就是政治学中一个著名的例子（例如 Budge，Roberstson 和 Hearl 1987）。在 $J = 2$ 位专家的特殊情况下，我们的观点基本上与重测信度相同：评委（项目）间相关性衡量结果测量的信度。在 $J > 2$ 位评分者的情况下，评分者间信度的两个主要估计为：（1）评分者间两两相关系数的平均值；（2）组内相关系数（ICC），这一系数通过方差分量模型估计，由于评分者之间和研究对象之间的变差，该模型将数值的总方差分成若干部分，相当于方差的多向分析。如果评分者之间变差占总变差的一小部分，那么评分者间信度较高（例如 Bartko 1966；Shrout 和 Fleiss 1979）。

【124】

项目间信度。假设我们一个潜变量 ξ 存在 x_j 个不同指标（其中 $j = 1, \cdots, J$），我们将信息融入这些指标中进而生成刻度 z（也就是说，使用下述其中一种方法）。所得刻度信度的测量是项目间相关性的平均水平，按项目的数量进行适当标准化处理。也就是说，如果项目显示出较高的两两相关性，那么这些项目很有可能在利用同一潜变量。从这个意义上来讲，项目间信度的测量被称为"内部信度"或"内部一致性"的测量。需要注意的是，这些标签都是经过精挑细选的，用以强调这样一个事实，即高水平的项目间信度并不意味着 z 是 ξ 的有效测量。例如，各指标彼此高度相关，因此可用来测量"某研究对象"（z），只有在获取更多信息或假设之后，我们才可以说"某研究对象"实际上是相关方 ξ。或许，在众多信度测量方法中，最广泛使用的就是项目间信度测量的一种，被称为克隆巴赫系数（Cronbach's alpha 1951），尽管格特曼（Guttman 1945）在早期的文章中提出过同样的观点。克隆巴赫系数可以通过以下几种方法计算：

$$\alpha = \frac{J}{J-1}\left(1 - \frac{\sum_{j=1}^{J} V(x_j)}{V(z)}\right), \tag{3}$$

或标准公式，

$$\alpha^* = \frac{J\bar{r}}{1+(J-1)\bar{r}} \tag{4}$$

其中 $\bar{r}$ 是 $J(J-1)/2$ 的平均值，J 项目间唯一的两两相关。针对项目间信度测量，库德（Kuder）和理查森（Richardson）于 1937 年提出二元计分项目，而克隆巴赫的信度测量就是对前期研究的概括。

在克隆巴赫系数的基础上,决定刻度 z 何时可靠并没有严格的规定:再一次值得强调的是,信度是个程度的问题(即根据给定数据集中 J 指标建构的刻度或多或少比多个项目不同数据集建构的刻度可信度高)。事实上,我们可能会问信度评估如何可靠(多变)(例如 Fan and Thompson 2001)。也就是说,在很多情况下,信度<0.5 通常是不可接受的;对于心理学和教育测试中的诊断工作,克隆巴赫系数信度<0.7 或 0.8 通常被认为太不可靠,以致无法使用,在一些充分研究的刻度中,信度接近 0.9 的情况并不常见 【125】(参见 Viswesvaran and Onesm 2000 或 Yin and Fan 2000)。

正如参数估计中的偏方差权衡(例如,与高方差的无偏估计量相比,我们可能更倾向于小方差的有偏估计量),类似地,我们也可以考虑测量效度和信度之间的权衡。多元指标不仅使我们能够评估信度(解决上述识别问题),而且可以得出比单个指标测量更可靠的结果。当然,将多元指标加入测量过程中存在效度降低的风险:在某种程度上来说,指标 y 测量研究对象,而不是 ξ,因此,在分析过程中加入更多指标可能会得出可靠但无效的测量结果。这是我们在测量建模中必须注意的问题。对测量模型中的参数加以限制是解决这些问题的一种方法,具体内容如下:例如,限制已知高效度的指标,使其具备验证性因子分析模型中的高负荷,或项目响应理论模型中的高判别度参数。通过这种方式,我们就可以在确保高效度的同时,受益于多元指标测量建模(潜变量更高信度的测量)。

3. 测量的用途

我们可以确定潜变量测量两种不同的用途。首先,潜变量测量本身作为更广泛数据集有趣而又有用的总结(潜变量的多元指标),或许是为了支持某一决定。例如,我们们根据标准化考试分数做出大学录取决定,而且考试分数逐渐成为政府为美国学校分配资源的一个重要决定因子(如美国 2001 年出台的《不让一个孩子掉队法案》)。在这种情况下,测量的效度和信度显得尤为重要。

潜变量的另一个用途是作为结构模型中的预测变量或响应变量(或两者)使用。事实上,在心理学和社会学等领域,方法论方面的大部分作品都致力于"结构方程模型"(SEM)标题下的潜变量模型(例如 Bollen 1989),参见本书博伦(Bollen)、拉贝-赫斯基(Rabe-Hesketh)、斯科隆多(Skrondal)所撰写的章节。这种建模方法从未在政治学中站稳脚跟:在评估一段时间内政党认同稳定性的作品中,我们可以发现重要的例外情况(例如 Green 和 Palmquist 1991;Palmquist 和 Green 1992;Carsey 和 Layman 2006)和最近的其他应用(Finkel,Humphries 以及 Opp 2001;de Figueiredo 和 Elkins 2003;以及 Goran

【126】 2004）。结构方程模型在美国经济学中基本上是闻所未闻的,实际上,计量经济学文本中并未涉及测量建模的重要内容,如因子分析和项目响应建模。欧洲的情况有所不同,计量经济学和心理测量学的学科距离非常小（例如 Wansbeek 和 Meijer 2000,两位作者均在荷兰）。时间序列是计量经济学的一个领域,其中测量问题尤为重要,我们将在10.2 节简要介绍这一内容及其在政治学中的应用。但一般来讲,计量经济学标准的测量处理方法（至少在截面数据的处理上）是考虑较差测量指标下的分析结果:即所谓的"测量误差"（errors-in-variables）问题。我们简要回顾一下这些结果,因为他们使忽略测量问题导致的推断风险更为突出。

4. 忽略测量误差的代价

请看下面的广泛应用:使用指标 x, 假设其为 ξ。典型的例子就是:在预测 y 变化的回归分析中, x 被用作 ξ 的"替代变量",从而导致"测量误差"问题。为简单说明这一点,我们将案例中的 x 视为唯一预测指标;至少自廷特（Tinter 1952）和富勒（Fuller 2006）将该专题最早的处理方法追溯到艾德考克（Adcock 1877）以来,这种特殊形式的测量误差已经成为计量经济学文本的重要内容。研究者对模型 $E(y \mid \xi) = \xi\beta$ 感兴趣,但并不观测 $\xi = (\xi_1, \cdots, \xi_n)'$,而是观测 x。要注意的是,通过式（1）,实质性利益模型可改写为:

$$y = (x - \delta)\beta + u = x\beta + v \tag{5}$$

其中在 y 对 ξ 的"结构"回归分析中,u 是随机扰动项, $v = u - \delta\beta$, 是 x 代替 ξ 所产生的复合随机扰动项。我们做标准假设 $E(\xi'u) = E(\xi'\delta) = E(\delta'u) = 0$, 即结构回归正确指定,测量误差 δ 既不与结构回归量 ξ 共变,也不与结构随机扰动项 u 共变。这里的问题是:

$$E(x'v) = E[(\zeta + \delta)'(u - \delta\beta)]$$
$$= E(\zeta'u - \zeta'\delta\beta + \delta'u - \delta'\delta\beta)$$
$$= - \Omega\beta$$

【127】 其中 $\Omega = V(\delta)$。现在,计算 y 对 x 的最小二乘回归系数,得出 $\hat{\beta} = (x'x)^{-1}x'y$,且具有期望值

$$E(\hat{\beta}) = \beta + \underbrace{E((x'x)^{-1}x'v)}_{\text{偏差}} \tag{6}$$

其中偏差为 $- \sum_x^{-1} \Omega\beta$, $\sum_x = V(x)$ 。一般来说,偏项不等于零,且能够使最小二乘估计值 β 变小（即在这简单的模型中,测量误差的出现往往会导致 β 的估量过低）。当且仅当 x 是 ξ 的完全可靠指标时,此时 $\Omega = 0$,测量误差偏差为零。事实上,随着 Ω 变

大,测量误差控制替代变量 x 的变化, $\sum_{x}^{-1}\Omega \to 1$,偏差接近于 $-\beta$, $E(\hat{\beta}) \to 0$ (即估计效果的减弱)。同样需要注意的是,在这些假设条件下,偏差仍持续存在:即"测量误差"问题的补救措施不在于更多数据,而在于更多可靠的数据。

研究人员将这些结果解释如下,这并不少见:

如果用指标 x 代替结构变量 ξ ,那么 x 的不可靠性使 β 的估计量变小,因此,关于 ξ 效果的结论实际上是比较保守的,即在 β 的估计量有偏差且不相容时,至少不会出现估计过高的情况。

这仅在上述特例中成立,其中 x 是线性回归模型中的唯一变量,测量误差与其他一切都不相关。当回归方程中涉及多个预测指标,其中一个或多个指标的测量存在误差,且/或测量误差是"非随机"的,坦白地讲,一切努力都将是徒劳的:确定特定相关系数偏差的符号变得更加困难,回归参数变号成为可能,且可能性较大。关于使用较差替代变量的后果,阿切(Achen 1983;1985)的作品中提供了一种更为清晰、有力的言论,但似乎还有待进一步加强。为此,阿切(1983,第74—75页)证明以下命题:

命题1　假设 $\beta^{*} \in R^{k}$ 。然后,在带有 k 预测变量的多元回归分析方程中,得出一般 OLS 估计系数 $\hat{\beta}$,任何一个预测变量都存在测量误差,因此概率极限 $\hat{\beta} \to \beta^{*}$ 。

其含义是相当惊人的:一种测量误差的模式存在于一个变量之中(适当地与其他预测变量相关联),这样,回归结果就可以产生任何一种结果。当然,与其他模式相比,测量误差模式出现的概率更大,但事实上,针对可能的测量误差模式,我们在生成先验问题上缺乏明确的指导。

这一结果引发了阿切的又一思考:

在对回归方程进行估计时,社会科学家经常遇到带有错误符号的统计学重要系数。通常,应用计量经济学检验将此归咎于自变量的选择,并且他们建议找出遗漏变量……【128】然而,在许多实例中,这个建议并不合适,回归系数得到反号的真正原因与自变量间的测量误差相关(Achen 1985,第 299 页)。

最后,回想一下,这些结果是就单方程线性回归模型而言。忽略其他设置中测量误差含义的结果比较少见:非线性回归模型,参见 Griliches and Ringstad(1970)、Amemiya and Fuller(1988)和 Carroll、Ruppert and Stefasnski(1995)的长篇论著,后一种参考扩展了对非线性模型的处理,包括离散响应模型。

5. 测量的模型

根据回归量(实际上是相关替代结构变量)建模所造成的困难,我们应该怎样克服？一种解决方法是：首先对相关变量进行更好的测量，正如我们前面所看到的，如果测量误差减小，那么误差在回归估计中造成破坏的范围就会减小。另一种解决方法是：一旦我们了解到替代变量的可靠性，就对回归估计进行修正。广义上来讲，在这两种情况下，我们都将依赖于测量模型。

测量建模是一个广泛的领域，且该项调查很简短，对因子分析、项目响应模型和潜变量模型的一般分类进行了简单介绍。

6. 因子分析

或许最著名的测量模型就是因子分析，这可以追溯到查尔斯·斯皮尔曼（Charles Spearman 1904）对智力测试的研究。其观点均是相似的：在某种程度上，一组指标是潜变量的可靠指标，他们应该显示出彼此间的高相关性，相关性的分析也应该揭示这一点，并为研究对象潜变量或因子值的分配提供依据（由此得出技术的名称）。哈曼（Harman 1976）的作品包括对心理学范围内因子分析发展的有用综述，劳利（Lawley）和麦克斯韦（Maxwell 1971）仍旧是特别有价值的参考，他们将统计的严谨性与论述的清晰、经济性结合起来。

【129】 用 i 来标注 n 个研究对象，用 j 来标注 k 个研究指标。那么，因子分析模型认为，x_{ij} 是 $p \leqslant k$ 未观测因子的组合，用希腊字母 ξ 表示：即

$$x_{ij} = \mu_j + \lambda_{j1}\zeta_{i1} + \lambda_{j2}\zeta_{i2} + \cdots + \lambda_{jp}\zeta_{ip} + \delta_{ip} \qquad (7)$$

其中 λ 项是要进行估计的因子负荷量，μ_j 是 x_{ij} 的平均值，δ_{ij} 是 x_{ij} 不能通过 p 潜在因子的线性组合解释的部分。因此我们可以考虑非线性或乘法因子模型（例如 Jöreskog 1978；Bollen 1989, 403 ff.），但式（7）中简单的线性可加结构是目前更为广泛使用的因子分析模型。因子负荷量 λ 是要进行估计的参数，他指出未观测因子是如何影响观测变量的：λ 的值越大，我们就说特定变量对应因子的"负荷量"越大。一般来说，因子分析模型在潜在因子少于变量（即 $p < k$）的情况下适用。

在因子分析中略去截距项是很典型的，因为当我们分析项目间的协方差时，任一或所有变量平均水平上的移位并不重要；对比 Jöreskog 和 Sörbom（1989, 第 10 章），Bollen（1989, 第 306—311 页）。当数据平均值存在偏差时，我们在指标上叠加式（7），从而得出：

$$x_i = \Lambda\xi_i + \delta_i, \qquad (8)$$

其中 x_i 是 $k \times 1$ 观测到的调查响应值的矢量，Λ 是 $k \times p$ 因子负荷估计值矩阵，ξ_i 是 $p \times 1$ 潜在因子 p 值矢量，δ 是 $k \times 1$ 测量误差矢量。反过来，我们同样可以根据调查对

象得出方程：

$$X = \Xi\Lambda' + \Delta, \tag{9}$$

其中 X 是 $n \times k$ 观测到的调查响应值的矩阵，Ξ 是 $n \times p$ 潜在因子值矩阵，Λ' 是 $k \times p$ 因子负荷量矩阵的转置，Δ 是 $n \times k$ 测量误差矩阵。我们提出以下假设和定义：

$$E = (\Xi'\Delta) = 0 \tag{10a}$$

$$E(\Delta'\Delta) = \Theta_\delta \tag{10b}$$

$$E = (\Xi'\Xi) = \Phi \tag{10c}$$

$$E(X'X) = \Sigma \tag{10d}$$

上述第一个约束条件是：测量误差和潜在因子值之间没有相关性。剩余三个条件简单定义方差-协方差相关矩阵：Θ_δ 表示 $k \times k$ 测量误差方差-协方差矩阵；Φ 表示 $p \times p$ 潜在因子方差-协方差矩阵；Σ 表示 $k \times k$ 数据方差-协方差矩阵。那么，根据方程【130】(9)，我们可以得出以下 X 协方差矩阵模型，因子分析模型：

$$E(X'X) = \Sigma = \Lambda\Phi\Lambda' + \Theta_\delta \tag{11}$$

也就是说，观测到的变量之间的方差和协方差可以分解成为其组成部分，该成分由潜在因子（和这些因子间的关系）、测量误差方差和协方差引起。简单地说，这里的统计问题是式(11)右侧矩阵元素的推断——构成因子分析模型的参数——利用观测数据方差—协方差矩阵中的信息。

6.1 识别约束

为估计所有这些参数，我们通常需要约束条件。为说明原因，需要注意的是，Σ 中只有 $k(k+1)/2$ 唯一元素（方差-协方差矩阵是对称的），但式(11)右侧的 Λ，Φ，和 Θ_δ 分别具有更多潜在参数。也就是说，与现有样本信息相比，我们有更多参数来估计。鉴别因子分析模型常见的策略有：

1. 使因子数量 p 相对小于指标数量 k。也就是说，假设我们有相对较少数量的因子，构成数据的基础，根据简约性规则，这在任何情况下都是一个很有吸引力的假设。

2. 约束 Θ_δ 的非对角元素为零。考虑到潜变量，我们合理地认为调查反应是条件独立的，那么相应 Θ_δ 的非对角元素可设为零。

3. 约束 Φ 为单位矩阵或对角矩阵。前一限制假定，潜在因子的方差相等（设为1）且不相关；这种"标准正交因子"假设是许多流行程序中默认的假设，用于产生正交因子的探索性因子分析。假设 Φ 为对角元素减小了等方差的限制，但估计潜变量（因子）正交的性质不变。

4. 约束 Λ 元素为零,即我们可以合理地假定一些变量不在特定因子上负荷。

5. 或者,Λ 每列的一个元素可设为 1.0,参照相应指标对特定因子进行有效"标号"。如果研究人员确信某些指标对潜变量具有较高的有效性,那么此时,这种策略特别有用。通过这种方式,研究人员可以确信,潜变量根据相应指标,保留了其大部分实质性内容(因此有效)。反之,如果确保指标不在潜变量上负荷(这里的指标是已知特定潜变量无效的指标),有效性同样可以提高(如上所述,把 Λ 的相应元素设为 0)。

【131】

探索性因子分析通常适用于与变量数量相关的少数因子,但允许所有变量加载所有因子。因此,探索性因子分析约束上述沿线模型的其他部分:我们约束 Φ 为单位矩阵(以产生正交因子),Θ_δ 为对角矩阵。在这种情况下,鉴别的必要条件是:

$$\frac{1}{2}k(k+1) \geqslant kp - \frac{1}{2}p(p-1) + k \Leftrightarrow (k-p)^2 \geqslant k+p,$$

此被称为莱德曼约束(Lederman bound 1937)。需要注意的是,在 $p=1$(单因子模型)的情况下,我们要求 $k \geqslant 3$ 来满足鉴别的必要条件。

更有趣的模型可以通过对因子负荷量 Λ 矩阵加以限制来估计(如上所述),这允许我们估计 Φ 元素,甚至 Θ_δ 非对角元素。这种因子分析模型通常被视为探索性因子分析的实例。参见 Lawley and Maxwell(1971 第 7 章)。

6.2 主成分估计

考虑到 Φ 被约束为单位矩阵的情况,式(11)中的模型可简化为

$$\Sigma = \Lambda\Lambda' + \Theta_\delta \text{。} \tag{12}$$

一个广受欢迎、计算便宜的模型参数估计方法利用了以下事实,即:协方差矩阵 Σ(正定、矩形、对称矩阵)可分解为

$$\Sigma = Z'\Gamma Z \tag{13}$$

其中 Γ 是一个对角矩阵,包含 Σ 递减序列的特征值($\gamma_1 \geqslant \gamma_2 \geqslant \cdots \geqslant \gamma_k \geqslant 0$),$Z$ 是 $k \times k$ 正交特征向量矩阵。每个特征向量都可以被视为系数向量,用于形成 X 变量的不相关线性组合。例如,以这种方式使用第 j 个特征向量可以产生一个新的变量 $y_j = Xz_j$,这是 X 的第 j 个主成分(即 y_j 是 $n \times 1$ 向量,X 是 $n \times k$ 矩阵,z_j 是 $k \times 1$ 向量)。

主成分具有使他们特别适用于因子分析的性质。在 X 的所有线性组合中,第一主成分的方差最大(注意所有 X 变量都统一为具有单元方差的变量,以确保大方差变量不会过度控制分析;在对相关矩阵进行因子分析时,这一标准是隐含其中的)。在第二主成分与第一主成分不相关的约束条件下,X 的线性组合中,第二主成分的方差最大,

【132】

随后的主成分以此类推。

尽管主成分的数量和 X 变量的数量一样多,因子分析背后的想法是提出一个简化的构成 X 变量基础的结构代表。实际上,只保留前几个主成分与几个因子相对应,对于任何 p 因子模型$(p > k)$,只保留 Z 中的前 p 个特征向量,因此不使用式(13)中的"全"k 维分解。也就是说,X 中的一些变差被视为随机误差。基于主成分估计的因子分析模型为

$$\Sigma = Z_{(p)} Z'_{(p)} + \Theta_\delta, \tag{14}$$

其中 $Z_{(p)}$ 是 $k \times p$ 矩阵,包含 Σ 的前 p 个特征向量。

基于主成分的因子分析的另一个重要性质是:式(14)中的模型并不是唯一的。和式(14)中的未旋转解一样,Z(保留其正交结构)的任何旋转解都与数据相拟合。也就是说,主成分因子负荷量 $Z_{(p)}$ 可以与 $p \times p$ 正交矩阵 G 相乘,$GG' = I$,得出 $Z^*_{(p)} = Z_{(p)}G$,即:

$$\sum = Z^*_{(p)} Z^{*'}_p + \Theta$$
$$= (Z_p G)(G' Z'_{(p)}) + \Theta$$
$$= Z_{(p)} Z'_{(p)} + \Theta$$

由此我们得出结论:因子负荷量只由正交旋转识别。这个问题就变成在其他标准上的最优旋转之间做出选择。方差极大旋转是一个受欢迎的选择(Kaiser 1958),这种旋转产生具有最大方差的因子负荷量,使其接近 1 和 0 的绝对值。这有助于确保这些因子是不同的,变量在任何一个给定因子上的负荷相当强或相当弱(详见 Lawley 和 Maxwell 1971,第 6 章或 Harman 1976,第 14 章和 第 15 章)。

6.3 最大似然估计与推断

最大似然法是更为现代的因子分析模型参数估计方法,由劳利(Lawley 1940)首次提出。假定 x_i 是独立相似分布的多元正态 $\forall_i$,即 $x_i \overset{iid}{\sim} N(\mu, \Sigma)$,$\mu$ 由其样本均值代替,并且是式(11)给定的因子分析模型中协方差结构的冗余参数。然后我们将式(11)中 Σ 的因子分析模型嵌入集中性对数似然函数中 【133】

$$-\frac{n}{2}\ln|2\pi\Sigma| - \frac{n}{2}\mathrm{tr}(S\Sigma^{-1}) \tag{15}$$

其中 $S = n^{-1}\sum_{i=1}^{n}(x_i - \bar{x})(x_i - \bar{x})'$,即在评价对数似然时,通过式(11)我们用基于 Λ、Φ 和 Θ_δ 的估计代替 Σ。安德森(Anderson 2003, 14.3)提出正交因子模型$(\Phi = I)$最

大似然估计量的性质;约斯考哥(Jöreskog 1967)提出更普遍的模型(通常被称为验证性因子分析)的最大似然估计。有用的总结参见 Mardia,Kent,and Bibby(1979,第264—266页)。

个别参数推断也遵循标准论据:例如,如果 n 在较大程度上与估计参数的数量相关,那么此时极大似然估计的方差—协方差矩阵可以通过对数似然函数的海森(Hessian)逆矩阵进行近似估计,这一逆矩阵的评估在极大似然估计的过程中完成,且适用于中心极限定理。最大似然法也为更普遍的假设检验提供了依据,如相对于似然比检验下限制较少的备择模型,检验单因子分析模型中的限制。在评估一组指标的因子(或维度)的数量时,将因子分析作为探索工具会出现问题,此时,我们通常使用这种检验框架(参见 Lawley and Maxwell(1971),Amemiya and Anderson(1990),以及 Anderson 2003,第14章)。

模拟工作也提出,在利用因子分析模型解释这些检验时应采取谨慎态度(例如 Bollen 1989,266 ff.):

该检验假设 X 变量没有表现出峰态(因此均值偏差数据可以完全具备 X'X 中所给的二阶矩的特征,这在 X 呈多元正态分布的条件下成立)。布朗(Browne 1984)提出一种渐进最佳、自由分布、加权最小的二乘估计,克服了非正常指标最大似然因子分析的相关问题。在处理调查数据中经常出现的序数指标或二分指标时,这种估计广泛使用。

样本数量要多。样本少于50甚至100往往会导致元假设频繁出现,一些学者提倡经验法则,如对每个自由参数进行5次观察。

备择模型是一个不切实际的饱和模型,或许我们想要的只是一个提供合理近似值的模型,而不是一个对完全拟合进行比较的模型。χ^2 检验统计量的高值使我们拒绝元假设,也使得我们在具备合理近似值的情况下估计更多参数。

6.4 推断潜变量

注意潜变量和 $n \times p$ 矩阵Ξ的值并不是因子分析模型中的参数。也就是说,相对于拟合协方差矩阵而言,似然得到最大化,即 $\Sigma = \Lambda\Phi\Lambda' + \Theta_\delta$。推断潜变量(或"因子值")通常在极大似然估计这些参数的条件下完成,且就这一点,并没有商定好的方法。关于这一主题的教科书通常提出两种方法,即所谓的"回归"评分(Thurstone 1935)或巴特利特评分(Bartlett 1937)(综述见 Krijnen,Wansbeek,and Ten Berge 1996)。为简洁起见,这里笔者只考虑回归评分,该方法假设均值偏差指标 X 和潜变量Ξ都具有共同的正态密度,即

【134】

$$\begin{bmatrix} x_i \\ \zeta_i \end{bmatrix} \sim N\left(\begin{bmatrix} 0 \\ 0 \end{bmatrix}, \begin{bmatrix} \Sigma & \Lambda\Phi \\ \Phi\Lambda' & \Phi \end{bmatrix} \right),$$

从中我们可以推断,在指标 x_i 已知的情况下, ξ_i 的条件密度为

$$\xi_i \mid x_i \sim N(\Psi^{-1}\Lambda'\Theta_\delta^{-1}x_i, \Psi^{-1}) \tag{16}$$

其中 $\Psi^{-1} = \Phi - \Phi\Lambda'\Sigma^{-1}\Lambda\Phi$ (例:Wansbeek 和 Meijer 2000,第 163—164 页)。值得注意的是,在评估式(16)时,我们将 Ψ、Λ 和 Θ_δ 分别替换为各自的估计值"和/或"约束值。

此外,尽管式(16)中并不明显,但 Ξ 预测都从不同程度上增加了指标 X 的权重,在确定某个特定指标对潜变量估计的相对贡献时,因子负荷量 Λ 和测量误差方差(Θ_δ 的对角元素)都发挥了重要作用。负荷量较高和/或误差方差较小的指标对潜变量估计的相对贡献较大。只有在特殊情况下,所有指标对潜变量估计的贡献才会相等。这样,我们发现,社会科学中构建刻度一个较为流行的方法就是:得出一组指标权重相等的总和或平均值,相当于因子分析中一个限制性特例,这些限制通常是令人难以置信的。

6.5　结合潜变量推断

由于因子分析为潜变量 Ξ 提供估计值(测量值), $\dot{\Xi} = E(\Xi \mid X)$,因此在结构回归模型中,我们可以使用 $\dot{\Xi}$ 代替指标中的任何一项。与单一 X 指标相比,这一估计更为可靠,这几乎是可以肯定的,因此前面讨论的替代变量混乱的问题可以得到缓解。此外,因子分析也估计任一特定指标的测量误差方差(Θ_δ 相应的对角元素)或替代测量方差 $\dot{\Xi}$ 。有了这些信息,我们就有可能解决测量误差问题(第4节):因子分析提供关于测量误差方差量的信息,式(6)中记作 Ω,替代这一估计,从而重新获得回归分析方程中相关结构参数的一致估计值很简单。卡普坦(Kapteyn)和万斯比克(Wansbeek 1984)将这种类型的两步估计法称作"一致的调整最小平方(CALS)"。当然,结构方程模型提供更为普遍的方法,方程组中的一个或多个(外生或内生)变量可能是不可观测的,人们关注的首要问题就是估计这些变量间的结构关系,其次是针对潜变量本身数值的推断。 【135】

本章就测量本身而言,我们将不再进一步探讨结构方程模型这一大主题。参考文献包括:博伦(Bollen 1989)的著作,该卷中博伦、拉贝-赫斯基(Rabe-Hesketh)和斯科隆多(Skrondal)所撰写的章节。事实上,自 1994 年以来,《结构方程模型:跨学科杂志》一直致力于该主题的研究。万斯比克(Wansbeek)和梅杰尔(Meijer)于 2000 年就这一重大领域进行了简洁而又严谨的总结。

7. 项目响应理论

二分指标在社会科学中尤为普遍,如标准化检验产生的数据(记作正确/不正确),立法唱名表决投票(rollcall)数据(记作"赞成"和"反对"),委员会和司法机构的记名投票。这些数据的分析通常与因子分析类似:关于研究对象(检验者、立法者或法官,视具体情况而定)的潜在值,我们可以从观测到的二进制数据中获取什么? 此外,关于指标,我们又获取到什么信息? 通常用于分析此类数据的模型源自一个名为项目响应理论的心理测量学子领域,由此产生的测量模型通常被称为两参数项目响应理论(IRT)模型,记作

$$p_{ij} = Pr(y_{ij} = 1 \mid \xi_i, \beta_j, \alpha_j) = F(\xi_i \beta_j - \alpha_j) \tag{17}$$

其中:$y_{ij} \in \{0,1\}$ 是第 i 个研究对象针对第 j 个项目给出的答案(例如,如果正确,那么 $y_{ij} = 1$, 如果不正确,那么 $y_{ij} = 0$),$i = 1, \cdots, n$ 表示调查对象,$j = 1, \cdots, m$ 表示项目;

$\xi_i \in \mathbb{R}$ 是研究主题 i 的不可观测属性(通常被视为检验环境下的能力,或立法数据分析中的意识形态);

β_j 是一个未知参数,利用第 j 个项目的项目区分度,即正确答案的概率对潜在特质 ξ_i 变化的响应程度;

α_j 是未知项目难度参数,指不考虑政治信息水平情况下得出正确答案的概率;

$F(\cdot)$ 在实数线到单位概率区间内为单调函数,通常为逻辑或标准累计分布函数(CDF)。

将 β_j 设为 1,$\forall_j$,我们就可以得到单参数模型;即项目在难度上有所不同,而区分度
【136】上并不存在差异,通常被称为拉施模型(Rasch model)。三参数模型也是可用的,旨在帮助更正对标准化测试的猜测。梵·德·林登(Van der Linden)和汉布尔顿(Hambleton 1997)提供了关于项目响应理论模型的综合调查。

对比式(17)中的两参数项目响应理论模型与因子分析模型:虽然因子分析模型(通常被视为协方差模型,其中并不存在平均水平和截距参数)中并没有难度参数 α_j 的类似物,但区分度参数 β_j 与因子负荷量类似。另外,在大多数政治学背景下,我们更倾向于在推断项目参数 β 和 α 的同时,对潜变量 ξ 进行推断。对比因子分析,我们通常可以在项目参数 β 和 α 估计值的条件下测量出 ξ。更多关于项目响应理论模型与因子分析的相似之处参见 Takane, de Leeuw 1987, Reckase 1997。

这里的统计问题是对 $\xi = (\xi_1, \cdots, \xi_n)'$, $\beta = (\beta_1, \cdots, \beta_m)$ 和 $\alpha_1 = (\alpha_1, \cdots, \alpha_m)'$

的推断。假设 ξ_i ，β_j 和 α_j 已知，二元响应在研究对象和项目之间是有条件独立的，那么我们可以形成一个二进制数据似然，用项目响应理论的行话来讲，这一假设被称为"局部独立"。因此公式为

$$\pounds = \prod_{i=1}^{n} \prod_{j=1}^{m} P_{ij}^{y_{ij}} (1 - p_{ij})^{1-y_{ij}} \tag{18}$$

其中 p_{ij} 在式（17）中进行了定义。就这样来说，模型参数是未知的。例如，ξ_i 的任何线性变换都可以通过 β_j 和 α_j 适当的线性变换来抵消，较为明显的案例就是刻度不变性，其中 $p_{ij} = F(\xi_i \beta_j - \alpha_j)$ ，这与 $p_{ij}^* = F(\xi_i^* \beta_j^* - \alpha_j)$ 模型（$\xi_i^* = c\xi_i$ ，$\beta_j^* = \beta_j / c, c \neq 0$）难以区分。在 $c = -1$ 的情况下，一种特殊的旋转不变性出现。在罗森伯格（Rothenberg 1971）看来，至少就局部鉴别而言，任意两个关于潜在特质的线性独立限制都是充分的；一个典型的例子就是将 ξ_i 的均值设为 0，限制其单位方差，而将至少一对 (β_j, α_j) 项目参数设为固定值是实现整体鉴别的一种方式。

项目响应理论模型的主要政治学用途是对唱名表决投票数据进行分析。欧几里得空间投票模型（Davis，Hinich，and Ordeshook 1970；Enelow and Hinich 1984）的实施导致项目响应理论模型的产生，在该模型中，潜在特质符合立法者的理想点，区分度和难度参数是"赞成"项与"反对"项的函数（参见 Ladha 1991；Clinton，Jackman，and Rivers 2004）。脱离唱名表决投票的环境，项目响应理论还被用来评估调查反应的计量属性（Delli Carpini and Keeter 1996；Jackman 2000）。布雷迪（Brady 1991）利用来自 1980 年 NES 上的数据，将项目响应理论和因子分析模型用于多维空间中候选人和党派的定位（参见 Brady 1989），打破常规，全面洞悉心理测量学，这是政治方法论者少有的见解。

由于大量参数卷入到模型设定中，双方项目响应理论模型的估计与推断并非微不足道。例如，从当代美国众议院生成的数据来看，在总数为 2500 左右的参数之中大约有 $n = 450$ 个 ξ_i 参数，也可能有一千多对 (β_j, α_j) 项目参数。正如在多个大会汇集一样，多维版本的模型生成更多的参数。教育测试中的数据集可能涉及成千上万的测试者和数以百计的项目。贝克（Baker）和金（Kim 2004）针对这些模型的估计策略给出了长篇大论般的处理方法。较为流行的方法包括边际极大似然估计，有效处理 ξ ，将其视为冗余参数，且仅在分布的情况下已知，然后将其从项目参数间的似然中整合出来（Bock and Aitken 1981）；交替条件极大似然法，用于特定算法（例如 Poole and Rosenthal 1997）中唱名表决投票数据的分析；或通过马尔科夫链蒙特卡洛方法（Markov Chain Monte Carlo methods）探索参数的后验密度，这一方法首先由艾伯特（Albert 1992）、帕茨（Patz）和容克（Junker 1999）提出，后来用于研究国会唱名表决投票情况（Jackman 2000；2001；Clinton，Jackman，and Rivers 2004）和最高法院的决议（Martin and Quinn 2002）。

【137】

在政治学应用中,两参数项目响应理论模型已经延伸到多个方面。多维模型通常适合于唱名表决投票情况(例如 Poole 和 Rosenthal 1997;Londregan 2000;Jackman 2001);里弗斯(Rivers 2003)仔细研究多维项目响应理论模型的鉴别问题。有序反应项目响应理论模型通常用于教育测试中,他们也被称为"等级反应"模型;这些模型在分析李克特式有序调查反应中的应用十分有效,另外,在专家为国家、政党宣言、候选人等分配序数评级时也会用到这些模型,例如研究生招生委员会成员为更好评估申请人质量而产生的序数评级分析(Jackman 2004),有序和连续的国家级政治、经济风险指标混合分析(Quinn 2004)和国家级民主水平政治指标分析(Treier 和 Jackman 2008)。在每个应用中,多个有序反应 $y_i = (y_{i1}, \cdots, y_{im})'$ 被视为潜变量 ξ_i 的指标,且有序项目响应理论模型用作推断 ξ_i 的测量模型使用。舒尔(van Schur 1992)提出了一种用于有序数据分析的非参数项目响应理论模型。

8. 广义潜变量建模

因子分析模型与项目响应理论模型极为相似,当然,两者之间也存在一些有趣的差异,例如,一些指标属于连续变量,或更具体地说,这些指标遵循多元正态密度,而大多数因子分析理论都是针对这种情况发展起来的。项目响应理论通常用于二进制数据的
【138】 分析,有时也用来分析有序数据。这些相似之处为测量建模的构想提出了一个统一的框架,也正是笔者初步探讨的问题,该框架依托贝叶斯分析法(Bayesian approach)。

贝叶斯推断提出以下问题:给定数据 y,关于参数 θ,我们应该相信什么?贝叶斯定理告诉我们:θ 的后验密度(观察数据 y 之后,某人对 θ 信念的形式化描述)与先前次数的乘积成比例,即 $p(\theta|y) \propto p(y|\theta)p(\theta)$,其中 $p(\theta)$ 是 θ 的先验密度,$p(y|\theta)$ 是似然函数。

在测量建模的具体情况下,有两种类型的参数:我们想要测量的潜变量 ξ 和体现指标性质的参数(如式(11)因子分析模型中的 Λ、Φ 和 Θ_δ 参数,或两参数项目响应理论模型中的 β、α 区分度和难度参数)。如果我们将第二批参数表示为 β,那么一般来讲,测量建模可以看作是对 $\theta = (\xi, \beta)$ 的推断问题。特别是,我们应用贝叶斯规则的目的是计算出联合后验密度 $p(\theta|y) = p(\xi, \beta|y) \propto p(y|\xi, \beta)p(\xi, \beta)$。如果潜变量 ξ 是先验密度,且独立于项目参数 β,那么联合先验密度简化为两个边际先验密度的乘积,即 $p(\xi, \beta) = p(\xi)p(\beta)$。

值得注意的是,在这种方法中,潜变量和项目参数被置于相同的条件下:两组参数都出现在数据似然中,而且这两组参数都根据数据同时进行估计,因此一组参数的不确

定性会增加另一组参数的不确定性。这样,我们可以得出:测量只不过是另一种形式的统计推断,其中理论和建模是至关重要的因子,对于这一观点的阐述(和不同的观点)请参阅雅各比(Jacoby 1991)的评论。

相比之下,在因子分析中,因子值的预测是在因子分析模型中参数估计的条件下产生的,这意味着我们通常低估了这些参数的不确定性。具体来说,式(16)ξ_i 的条件方差表达式中出现的术语本身是未知参数,受到不确定性的影响。在贝叶斯方法中,记录这些不同来源的不确定性非常简单。例如,如果我们关注的是测量本身,那么关注的密度就是边际后验密度 $p(\xi|y)=\int_{\mathcal{B}}p(\xi,\beta|y)d\beta$,当我们对测量值 ξ 作出陈述时,取 $\beta(\beta\in\mathcal{B})$ 不确定性的平均值;现代贝叶斯计算方法频繁创造性地运用蒙特卡洛思想,意味着这里的整合并不是特别艰巨,尤其是桌面计算能力的提升。

在这个总体框架中,我们可以考虑各种测量模型。除了因子分析和项目响应理论之外,我们还可以考虑其他几种测量模型。斯科隆多(Skrondal)和拉贝-赫斯基(Rabe-Hesketh 2004)的书表明:一大类统计模型是他们所谓的广义潜变量建模的实例。结构方程模型中一个完全贝叶斯式的方法(包括测量建模)出现在李(Lee 2007)的书中。杰克曼(Jackman 2004)和奎因(Quinn 2004)的测量模型就是这种广义的潜变量建模,其中指标(离散变量和连续变量的混合)直接作为潜变量的函数建模。同样,莱文德斯基(Levendusky)、蒲伯(Pope)和杰克曼(Jackman 2008)在区级党派研究中运用了广义的潜变量模型,其中协变量(区级人口普查总量)提供了更多关于区级党派的信息,而不仅仅是指标显示出的信息(投票比例、连续变量),一个完全贝叶斯式的结构方程模型的实例。【139】

在本章接下来的部分,笔者将简要描述该框架下两个有用的模型示例:(1)具有离散潜变量(潜在分类和混合模型)的模型;(2)潜变量及其指标随时间变化的模型。

9. 离散潜变量推断

拉扎斯菲尔德(Lazarsfeld 1950)和后来的古德曼(Goodman 1974)、哈伯曼(Haberman 1979)开创性地提出潜在分类模型。教材论述包括 McCutcheon(1987),Heinen(1996)和 Dayton(1998)。其观点是:把研究对象分成有限数量的离散类别,且分类与指标变量的数值不同。就这一点来说,潜在分类模型本质上是混合模型的一个特例,其中指标是离散的。

对于潜在分类模型,指标是分类变量的交叉分类(如调查反应),$y_i=(y_{i1},\cdots,y_{iK})'$

是调查对象 i 分类指标变量 $k = 1, \cdots, K$ 的响应向量,每个指标具有 $l = 1, \cdots, L_k$ 唯一值。进一步假设用 j 来标注潜在分类(其中 $j = 1, \cdots, m$)。参数 λ_j 是比例,告诉我们分类的相对大小,其中 $0 < \lambda_j < 1 \forall j$,$\sum_{j=1}^{m} \lambda_j = 1$。因此,在分类 j 的条件下,让指标 k 的结果概率 1 为 θ_{jkl}。如果 $y_{ik} = l$,那么 $z_{ikl} = 1$,否则为 0。假定调查对象在分类 j 中,那么他们实际给出特定模式响应的概率为

$$p(y_i \mid i \epsilon j, \theta) = \prod_{k=1}^{K} \prod_{l=1}^{L_k} \theta_{jkl}^{z_{ki}}$$

注意这里的条件独立假设:即假定归属关系知识已知,特定响应的概率与特定变量特定响应概率的乘积相等。事实上,在项目响应理论模型和许多因子分析模型中,我们 [140] 假定潜在值,从而得出观测指标的条件独立结构,归属关系也是如此。除去归属关系 j 的条件(因为它是未知先验的),我们得到数据密度

$$p(y_i \mid \Lambda, \theta) = \sum_{j=1}^{m} \lambda_j \prod_{k=1}^{K} \prod_{l=1}^{L_k} \theta_{jkl}^{z_{ki}} \tag{19}$$

潜在分类分析的典型例子出现在生物统计学中,其中潜在、离散状态代表一种疾病的存在或不存在(即二分潜在状态)。在社会科学中,潜在分类通常指态度状态:如宽容与否(McCutcheon 1985);党派或意识形态类别(例如 Breen 2000;Blaydes and Linzer 2006)或态度不稳定性的离散水平,如康弗斯(Converse 1964)的"黑白"模型中所设想的那样(例如 Hill 和 Kriesi 2001)。潜在分类分析总体层次上的有效应用体现在民主研究上,一些学者认为国家要么是民主的,要么是不民主的,可用指标通常是经过分类的(如政治指标)(参见 Alvarez 等人 1996,对比参见 Collier, Adcock 1999 和 Elkins 2000)。或许在政治学背景下,潜在分类建模最大胆的应用要数奎因(Quinn 2007)等人的作品,他们探讨国会演讲的自动内容编码。该项目分析了七年国会记录中 70000 份文件,内容长达 700 万个单词,其中主题类别为潜在分类,词频为指标。

至少从理论上来讲,混合模型更具一般性,但混合模型的大部分应用都涉及常量的混合,使其与连续(或可以被视为连续的)数据相拟合。麦克拉克伦(McLachlan)、匹尔(Peel 2000)和西纳德(Frühwirth-Schnatter 2006)对此进行了长篇论著。例如,由 m 分量正态密度组成的混合模型,其观测密度 y_i 为

$$p(y_i \mid \Lambda, \theta) = \sum_{j=1}^{m} \lambda_j \phi \left(\frac{y_i - \mu_j}{\sigma_j} \right) \tag{20}$$

其中 $0 < \lambda_j < 1$, $\forall j = 1, \cdots, m$, $\sum_{j=1}^{m} \lambda_j = 1$, $\theta_j = (\mu_j, \sigma_j^2)$ 分别是每个 m 分量的均值和方差参数,ϕ 是标准正态密度。

在这个阶段,混合模型在政治学背景下的应用仍相对较少。格尔曼(Gelman)和金(King 1990)综合利用三个正态密度来表示民主党派候选人在国会各区投票比例的分

配情况,将区域划分为安全的民主党席位和竞争、安全的共和党席位。由于汉密尔顿(Hamilton 1990)将时间段分配给离散的政权(如舆论的高低波动期或不同的货币市场的政治经济均衡),杰克曼(Jackman 1995)、弗里曼(Freeman)、海斯(Hays)和斯蒂克斯(Stix 2000)使用动态的混合模型;关于动态测量模型的讨论,参见本章10.2节。这些模型可以被视为测量模型,是因为他们对离散的潜变量 ξ_i(研究对象或观测的未知属性)进行推断。在多元变量观测或对不同制度的混合进行回归分析(将式(20)中的 μ_k 【141】替换为 $x_i\beta_k$)的情况下,混合模型同样适用,当然,分量不需要成为常量(文献中的例子包括泊松混合、逻辑回归混合等)。

作为测量模型,潜在分类模型和混合模型将个体分配到相同的类别或分量之中。让 $\xi_{ij} = 1 \Leftrightarrow i \in j$,0 则不然。那么我们的目标是根据 $\xi_i = (\xi_{i1}, \cdots, \xi_{im})'$,$p(\xi_i|Y)$ 计算出后验密度。作为上文中归纳的广义测量建模的一个特例,我们得出边际后验密度 $p(\xi_i|Y) = \int_\Theta p(\xi_i, \theta|Y) d\theta$,从而认识到 θ 的不确定性将会导致归属关系不确定性的产生。

在现代软件和计算能力的帮助下,潜在分类和混合模型并不难估计。最大期望算法(Dempster, Laird, and Rubin 1977)是估计的一个明显选择,将归属关系参数 ξ 视为缺失数据:E 步包括针对"缺失"归属关系,形成条件期望,像模型中的其他参数一样,给定其当前值 θ;在 ξ 中案例已分类的情况下,M 步将相对于 θ 而言的完整数据的可能性最大化。对于混合模型来说,E 步特别简单:例如式(20)中常量的 m 分量,已知 $\theta_k = (\mu_k, \sigma_k^2)$,$\lambda_k, k = 1, \cdots, m$,

$$E(\zeta_{ij} \mid y_i, \theta) = \frac{\lambda_i \phi_{ij}}{\sum_{k=1}^m \lambda_k \phi_{ik}} \tag{21}$$

其中 $\phi_{ik} = \phi((y_i - \mu_k)/\sigma k)$。通过马尔科夫链蒙特卡洛方法,完全贝叶斯法也很容易实现,将最大期望算法中的每一步替换成一组样本,给定指标和 θ,从 ξ 条件分布中抽样,然后给定数据和 ξ,从 θ 条件分布中抽样。

值得注意的是,混合模型(以及作为特例的潜在分类模型)很容易扩大到包括传递归属关系信息的协变量,但却不被视为分类类型指标本身。一般公式都是多元逻辑分层模型,将协变量 x_i 与归属关系 ξ_i 概率相关联。例如,林策(Linzer)和刘易斯(Lewis 2008)提供了用于估计此类潜在分类模型的软件,通过分层 MNL 模型,协变量也为归属关系提供信息。为进一步证实带有协变量的模型,林策和刘易斯(2008)对2000年美国全国选举研究的数据进行了分析,在这项研究中,调查对象被要求评估一系列特质(道德、体恤、知识、领导力、欺骗、智力)在总统候选人(阿尔·戈尔和小布什)身上的体现。

在预测归属关系时,适用于该数据的分类有三种:"戈尔支持者"、"布什支持者"和"中立者",调查对象的政党认同作为协变量,而不是指标本身,这符合政党认同先于更为具体的政治态度(如候选人评估)的观点。

【142】 在潜在分类和混合建模中,分类/分量的数量总是一个紧迫的问题。这就相当于询问一个因子分析模型中多少个维度/因子合适?我们有很多方法可以解决这个问题;麦克拉克伦(McLachlan)和匹尔(Peel 2000,第6章)做了一项全面调查。例如,除了前文因子分析中所描述的 x^2 似然比检验之外,在评估潜在分类拟合的数量时,林策和刘易斯(2008)采用惩罚拟合优度测量方法(penalized goodness-of-fit measures),如赤池(Akaike 1973)信息准则和贝叶斯信息准则(Schwartz 1978)。在完全贝叶斯式的背景下,主要的模型比较工具包括贝叶斯因子,测量建模中的例子(参见 Lee 2007)。在贝叶斯背景下,另一种可能是在模型的分量/维度数量中加入先验因子,然后运用模拟算法,随时增加或减少分量/维度的数量,如可逆转跳出马尔科夫链蒙特卡洛方法(讨论和示例,参见 Robert 1996, Richardson and Green 1997, and Robert, Ryden, and Titterington 2000)。

10. 动态变化背景下的测量

测量并不限定于静态背景中。问卷调查也可能有面板设计,其目标明确,就是在不同时间点对受访者的态度进行测量。总的来说,研究人员很可能对长期跟进公众舆论感兴趣。首先,我们考虑前一种情况,描述社会科学中比较著名的测量模型之一,Wiley-Wiley(1970)模型。

10.1 Wiley-Wiley 模型

Wiley-Wiley 模型利用潜在特质(latent trait)三次重复测量的结果来恢复对潜在特质(underlying trait)可靠性和稳定性的估计。Wiley-Wiley 模型已经成为评估可靠性和态度稳定性最广泛使用的模型之一,因为测量仪器(调查项目)的这两个特征同时得到估计。Wiley-Wiley 模型或其变体频繁用于舆论和党派性的研究之中,区分实际态度变化中的随机响应不稳定性(测量误差)具有特殊的实质性利益,该模型经常用于全国大选研究的三波面板设计之中。

Wiley-Wiley 模型有两个部分:与三波国家选举调查中每一个相对应的测量方程,以及连接跨面板的潜特质结构或过渡模型。这里的测量方程很简单 $x_{it} = \xi_{it} + \delta_{it}$,其中,

i 表示观测单位(通常为调查对象), t 表示面板波($t = 1,2,3$), x_{it} 是观测到的调查响 【143】
应, ξ_{it} 是潜在特质, δ_{it} 是测量误差。转移方程为

$$\xi_{i2} = \gamma_{21}\xi_{i1} + \epsilon_{i2} \tag{22a}$$

$$\xi_{i3} = \gamma_{32}\xi_{i2} + \epsilon_{i3} \tag{22b}$$

　　针对潜变量定义一阶马尔可夫过程(Markov process)。我们施加约束条件 $V(\delta_{it}) =$
$\Theta_\delta, \forall i,t$ 。进一步假设 $\mathrm{cov}(\delta_{it},\delta_{is}) = \mathrm{cov}(\epsilon_{it},\epsilon_{is}) = 0 \, \forall i,t \neq s$, $\mathrm{cov}(\delta_{it},\xi_{it}) = 0 \, \forall i,t$ 。
有了这些限制,可以确定以下六个参数: $\Theta_\delta, \gamma_{21}, \gamma_{22}, V(\xi_1), V(\epsilon_2)$ 和 $V(\epsilon_3)$ 。 我们可
以得到这些参数的估计值,并将其作为三指标方差—协方差矩阵中六个唯一单元的函
数,如 Wiley and Wiley(1970)表 2 所示。此外,Wiley-Wiley 模型是一个饱和模型:六个
估计参数的组合准确地再现了所观测到指标的方差—协方差矩阵,参见 Wiley and
Wiley(1970)一文中表 1。很简单,我们将信度估计导出,作为拟合参数的函数:即

$$r_1^2 = V(\xi_1)/[V(\xi_1) + \Theta_\delta] \tag{23a}$$

$$\gamma_{22} = \frac{\gamma_{21}^2 V(\xi_1) + V(\epsilon_2)}{\gamma_{21}^2 V(\xi_1) + V(\epsilon_2) + \Theta_\delta} \tag{23b}$$

$$\gamma_3^2 = \frac{\gamma_{32}^2[\gamma_{21}^2 V(\xi_1) + V(\epsilon_2)] + V(\epsilon_3)}{\gamma_{32}^2[\gamma_{21}^2 V(\xi_1) + V(\epsilon_2)] + V(\epsilon_3) + \Theta_\delta}, \tag{23c}$$

　　用样本估计代替每个参数。稳定系数(ξ_t 和 ξ_s 之间的相关性)也很容易得出,参见
Wiley and Wiley(1970)一文中的方程 8。

　　有了更多时间点或更多指标,参数限制较少,Wiley-Wiley 模型可以变得更加丰富;
或者,我们可以估计过度识别的模型。Wiley-Wiley 模型只是一个协方差结构模型,是
验证性因子分析或结构方程模型中特殊的一种,SEM 框架为模型和变量的估计提供了
便利,记住这一点很重要。约斯考哥(Jöreskog 1970)将这一大类动态潜变量模型称为
"准马尔可夫简单形(Markovsimplex)"模型。使用 Wiley-Wiley 模型或其版本的文章数
量惊人。例如,戈伦(Goren 2005)利用多指标模型来估计 1992—1994—1996 国家选举
面板数据的态度稳定性;巴特尔斯(Bartels 1993)在 1980 年国家选举调查三波数据的基
础上,引入非时变社会结构变量,作为改进的 Wiley-Wiley 模型中的协变量,用于估计
媒体曝光情况;马库斯(Markus 1983)根据 1956—1958—1960 和 1972—1974-1976 来估
计政党认同的稳定性;格林(Green)和帕姆奎斯特(Palmquist 1990)根据 1980 年 NES 中
的四波面板数据,对各种类型的 Wiley-Wiley 模型进行了估计;费尔德曼(Feldman
1989)估计了带有五波面板数据的 Wiley-Wiley 模型。格林和帕姆奎斯特(1994)对各
种面板数据集的 Wiley-Wiley 模型的发现进行了整理。

【144】　　10.2　时间序列动态测量模型

　　另一类动态测量模型在政治学背景下得到广泛应用,针对指标形成时间序列,而不是面板的情况。从数学上来讲,该模型与上边给出的 Wiley-Wiley 模型并没有什么区别。观测或测量方程使指标 y_t 与潜在特质 ξ_t 相关:

$$y_t = B_t\xi_t + \gamma_t z_t + \delta_t \tag{24}$$

　　其中 B_t 和 γ_t 是未知参数, z_t 是外生变量向量, δ_t 是具有方差—协方差矩阵 R_t 的零均值扰动项。该模型的转移方程为:

$$\xi_t = F_t\xi_{t-1} + G_t x_t + \epsilon_t \tag{25}$$

　　$t = 2,\cdots,T$,其中 F_t 和 G_t 是未知参数, x_t 是外生变量向量, ϵ_t 是具有方差—协方差矩阵 Ω_t 的零均值扰动项。该分析的主要目的是推断潜变量 ξ_t 。从书面文字来看,该模型相当普遍,允许潜在状态向量 ξ_t 或观测向量 y_t 成为一个矢量或标量。这样,该模型包含特殊情况,有时在文献中会出现不同的名称:如沃森(Watson)和恩格尔(Engle)的动态(动态、多指标、多因子)模型(1983;Engle and Watson 1980)就是这种模型的特例。

　　这种模型在统计学文献的不同部分有不同的名称:贝叶斯将这种模型称为动态线性模型(或 DLM)(标准参考为 West and Harrison 1997),同样参见 Carter and Kohn 1994, and Frühwirth-Schnatter 2006)。在经典或频率学派统计学中,该模型使用卡尔曼滤波器(Kalman filter)进行估计(例如 Harvey 1989)。

　　这种模型在政治学中的应用相当丰富。典型的应用包括对一段时间内总投票数据的分析,将调查估计中的抽样误差作为测量误差 δ_t 进行处理,从而恢复潜变量的基础趋势,并估计多个潜变量之间的关系,与因果、结构关系保持一致。为此,在斯廷森(Stimson)及其同事关于宏观党派性和动态表征的作品中,动态测量模型占据突出地位(Stimson,Mackuen,and Erikson 1995;Erikson,MacKuen,and Stimson 2002),更普遍的是斯廷森(1991;2004)就舆论动态而进行的研究。对比研究由唐纳德·格林(Donald Green)及其同事们完成,他们利用卡尔曼滤波器(KF)对美国选民的党派稳定性进行调查(例:Green,Palmquist,and Schickler 1998,Green,Gerber,and De Boef 1999,Green and Yoon 2002,概括参见 Green,Palmquist,and Schickler 2002,第4章)。贝克(Beck 1990)也采用后一种调查方法,使用 KF 来估计宏观经济指标与总统支持率之间的关系。同样,在调查富兰克林·罗斯福的总统支持率时,鲍姆(Baum)和科奈尔(Kernell 2001)也使
【145】用 KF。杰克曼(Jackman 2005)利用 DLM 不仅对动态潜变量进行估计(2004年澳大利亚联邦竞选政党支持的瓦解),还对地点效应进行估计(针对每个民意调查组织的偏差,用于调查乔治·W.布什总统支持率的类似模型出现在 Beck,Rosenthal,and Jackman

2006 研究中）。

在这些类型的政治学背景下,式(24)和(25)中描绘的一般模型大大简化。首先,通常情况下,潜变量是一个标量(例如,跟进某一政党的支持程度或水平,或总统支持情况)。测量方程中通常没有外生变量 z_t,我们往往假定协变量对潜变量有影响;对比如下研究 Jackman(2005),Beck,Rosenthal 和 Jackman(2006),其中测量方程包括地点效应。对于潜变量,我们假定简单的动态模型,称为局部/随机游走模型,$F_t = 1 \forall t$。协变量 x_t 的影响通常不随时间发生改变,创新方差项也是如此(即 $\Omega_t = \Omega$)。为了调查总量的分析,限制 $B_t = 1 \forall t$ 是合乎情理的,此外,规定的调查样本量为测量误差方差 R_t 提供信息。这些简化意味着政治学中许多 DLM/KF 的应用都归纳为一个简单的测量方程,$y_t = \xi_t + \delta_t, R_t = V(\delta_t) \approx y_t(1 - y_t)/n_t$,其中 $y_t(y_t \in [0,1])$ 是 n_t 观测随机样本已知的情况下,对总体比例的估计,类似地,一个简单的转移方程为 $\xi_t = \xi_{t-1} + g x_t + \epsilon_t, t = 2, \cdots, T, V(\epsilon_t) = \omega_2 \forall_t$。

KF/DLM 方法的一大优势在于,在任何给定的时间点,该方法都可以轻易地处理指标缺失(部分或全部)的情况。在这种情况下,我们可以根据式(25)中给出的过渡模型继续推断 ξ_t,在指标 y_t 可用的情况下,指标 y_t、ξ 的滞后值和未来值都有助于 ξ_t 的推断。这在政治学环境中特别有用,其中指标通常是某种调查总量,而且调查具有参差不齐的时间覆盖率是非常典型的。

参考文献

Achen,C.H. 1983. Toward theories of data:the state of political methodology.In *Political Science:The State of the Discipline*,ed.A.W.Finifter.Washington,DC:American Political Science Association.

——1985. Proxy variables and incorrect signs on regression coefficients. *Political Methodology*,11:299-316.

Adcock,R.,and Collier,D. 2001. Measurement validity:a shared standard for qualitative and quantitative research.*American Political Science Review*,95:529-46.

Adcock,R.J. 1877. Note on the method of least squares.*Analyst*,4.

Akaike,H. 1973. Information theory and an extension of the maximum likelihood principle.Pp.267-81 in *Second International Symposium on Information Theory*,ed.B.N.Petrov and F.Csake.Budapest:Akedamiai Kiado.

Albert,J. 1992. Bayesian estimation of normal ogive item response curves using Gibbs sampling.*Journal of Educational Statistics*,17:251-69.

Alvarez,M.,Cheibub,J.A.,Limongi,F.,and Przeworski,A. 1996. Classifying political regimes.*Studies in Comparative International Development*,31:3-36.

Alwin, D.F. 2007. *Margins of Error.* Hoboken, NJ: John Wiley and Sons.

Amemiya, Y., and Anderson, T.W. 1990. Asymptotic chi-square tests for a large class of factor analysis models. *Annals of Statistics*, 18: 1453–63.

——and Fuller, W.A. 1988. Estimation for the nonlinear functional relationship. *Annals of Statistics*, 16: 147–60.

American Psychological Association 1954. Technical recommendations for psychological tests and diagnostic techniques. *Psychological Bulletin*, 51: 1–38.

Anderson, B. A., Silver, B. D., and Abramson, P. R. 1988. The effects of race of the interviewer on measures of electoral participation by blacks in SRC national election studies. *Public Opinion Quarterly*, 52: 53–83.

Anderson, T.W. 2003. *An Introduction to Multivariate Statistical Analysis*, 3rd edn. Hoboken, NJ: Wiley.

Baker, F.B., and Kim, S.-H. 2004. *Item Response Theory: Parameter Estimation Techniques*, 2nd edn. New York: Dekker.

Bartels, L.M. 1993. Messages received: the political impact of media exposure. *American Political Science Review*, 87: 267–85.

Bartko, J.J. 1966. The intraclass correlation coefficient as a measure of reliability. *Psychological Bulletin*, 19: 3–11.

Bartlett, M. S. 1937. The statistical conception of mental factors. *British Journal of Psychology*, 28: 97–104.

Baum, M.A., and Kernell, S. 2001. Economic class and popular support for Franklin Roosevelt in war and peace. *Public Opinion Quarterly*, 65: 198–229.

Beck, N. 1990. Estimating dynamic models using Kalman filtering. Pp. 121–56 in *Political Analysis*, ed. J. A. Stimson, vol. i. Ann Arbor: University of Michigan Press.

——Rosenthal, H., and Jackman, S. 2006. Presidential approval: the case of George W. Bush. Presented to the Annual Meeting of the Society for Political Methodology, University of California, Davis.

Biemer, P.P., Groves, R.M., Lyberg, L.E., Mathiowetz, N.A., and Sudman, S. (eds.) 2004. *Measurement Errors in Surveys.* New York: Wiley.

Blaydes, L., and Linzer, D.A. 2006. The political economy of women's support for fundamentalist Islam. Paper presented at the Annual Meeting of the American Political Science Association, Philadelphia.

Bock, R. D., and Aitken, M. 1981. Marginal maximum likelihood estimation of item parameters: application of an EM algorithm. *Psychometrika*, 46: 443–59.

Bollen, K.A. 1989. *Structural Equations with Latent Variables.* New York: Wiley.

Brady, H.E. 1989. Factor and ideal point analysis for interpersonally incomparable data. *Psychometrika*, 54: 181–202.

——1991. Traits versus issues: factor versus ideal-point analysis of candidate thermometer ratings. In *Political Analysis*, ed. J.A. Stimson, vol. ii. Ann Arbor: University of Michigan Press.

Breen, R. 2000. Why is support for extreme parties underestimated by surveys? A latent class analysis.

British Journal of Political Science, 30:375-82.

Browne, M.W. 1984. Asymptotically distribution free methods for the analysis of covariance structures. *British Journal of Mathematical and Statistical Psychology*, 37:62-83.

Budge, I., Robertson, D., and Hearl, D. (eds.) 1987. *Ideology, Strategy and Party Change: Spatial Analyses of Post-war Election Programmes in 19 Democracies.* Cambridge: Cambridge University Press.

Campbell, D.T., and Fiske, D.W. 1959. Convergent and discriminant validation by the multitrait-multimethod matrix. *Psychological Bulletin*, 56:81-105.

Carroll, R.J., Ruppert, D., and Stefasnski, L.A. 1995. *Measurement Error in Nonlinear Models.* London: Chapman and Hall/CRC.

Carsey, T.M., and Layman, G.C. 2006. Changing sides or changing minds? Party identification and policy preferences in the American electorate. *American Journal of Political Science*, 50:464-77.

Carter, C.K., and Kohn, R. 1994. On Gibbs sampling for state space models. *Biometrika*, 81:541-53.

Clinton, J., Jackman, S., and Rivers, D. 2004. The statistical analysis of roll call data. *American Political Science Review*, 98:355-70.

Collier, D., and Adcock, R. 1999. Democracy and dichotomies: a pragmatic approach to choices about concepts. *Annual Reviews of Political Science*, 2:537-65.

Converse, P.E. 1964. The nature of belief systems in mass publics. Pp. 206-61 in *Ideology and Discontent*, ed. D.E. Apter. New York: Free Press.

Cronbach, L.J. 1951. Coefficient alpha and the internal structure of tests. *Psychometrika*, 16:297-334.

——and Meehl, P.E. 1955. Construct validity in psychological tests. *Psychological Bulletin*, 52:281-302.

Davis, O.A., Hinich, M.J., and Ordeshook, P.C. 1970. An expository development of a mathematical model of the electoral process. *American Political Science Review*, 64:426-48.

Dayton, C.M. 1998. *Latent Class Scaling Analysis.* Thousand Oaks, Calif.: Sage.

de Figueiredo, R.J.P., and Elkins, Z. 2003. Are patriots bigots? An inquiry into the vices of in-group pride. *American Journal of Political Science*, 47:171-88.

Delli Carpini, M.X., and Keeter, S. 1996. *What Americans Know about Politics and Why It Matters.* New Haven, Conn.: Yale University Press.

Dempster, A.P., Laird, N.M., and Rubin, D.B. 1977. Maximum likelihood from incomplete data via the E M algorithm. *Journal of the Royal Statistical Society*, *Series B*, 39:1-38.

Elkins, Z. 2000. Gradations of democracy? Empirical tests of alternative conceptualizations. *American Journal of Political Science*, 44:287-94.

Enelow, J., and Hinich, M. 1984. *The Spatial Theory of Voting: An Introduction.* New York: Cambridge University Press.

Engle, R., and Watson, M. 1980. A time domain approach to dynamic factor and MIMIC models. *Cahiers du Seminaries d'Économetrie*, 22:109-25.

Erikson, R.S. 1990. Roll calls, reputations, and representation in the U.S. senate. *Legislative Studies Quarterly*, 15:623-42.

——MacKuen, M., and Stimson, J.A. 2002. *The Macro Polity*. New York: Cambridge University Press.

Fan, X., and Thompson, B. 2001. Confidence intervals about score reliability coefficients, please: an *EPM* guidelines editorial. *Educational and Psychological Measurement*, 61: 517–31.

Feldman, S. 1989. Measuring issue preference: the problem of response instability. In *Political Analysis*, ed. J.A. Stimson, vol. i. Ann Arbor: University of Michigan Press.

Finkel, S.E., Humphries, S., and Opp, K.-D. 2001. Socialist values and the development of democratic support in the former East Germany. *International Political Science Review*, 22: 339–61.

Freeman, J. R., Hays, J. C., and Stix, H. 2000. Democracy and markets: the case of exchange rates. *American Journal of Political Science*, 44: 449–68.

Frühwirth-Schnatter, S. 2006. *Finite Mixture and Markov Switching Models*. New York: Springer.

Fuller, W.A. 2006. Errors in variables. In *Encyclopedia of the Statistical Sciences*, ed. S. Kotz, C.B. Read, N. Balakrishnan, and B. Vidakovic, 2nd edn. Hoboken, NJ: Wiley.

Gelman, A., and King, G. 1990. Estimating the consequences of electoral redistricting. *Journal of the American Statistical Association*, 85: 274–82.

Goodman, L.A. 1974. Exploratory latent structure analysis using both identifiable and unidentifiable models. *Biometrika*, 61: 215–31.

Goran, P. 2004. Political sophistication and policy reasoning: a reconsideration. *American Journal of Political Science*, 48: 462–78.

——2005. Party identification and core political values. *American Journal of Political Science*, 49: 881–96.

Green, D.P., Gerber, A.S., and De Boef, S.L. 1999. Tracking opinion over time: a method for reducing sampling error. *Public Opinion Quarterly*, 63: 178–92.

——and Palmquist, B.L. 1990. Of artifacts and partisan instability. *American Journal of Political Science*, 34: 872–902.

—— ——1991. More "tricks of the trade:" reparameterizing LISREL models using negative variances. *Psychometrika*, 56: 137–45.

—— ——1994. How stable is party identification? *Political Behavior*, 16: 437–66.

—— ——and Schickler, E. 1998. Macropartisanship: a replication and critique. *American Political Science Review*, 92: 883–99.

—— —— ——2002. *Partisan Hearts and Minds: Political Parties and the Social Identities of Voters*. New Haven, Conn.: Yale University Press.

——and Yoon, D.H. 2002. Reconciling individual and aggregate evidence concerning partisan stability: applying time series models to panel survey data. *Political Analysis*, 10: 1–24.

Griliches, Z., and Ringstad, V. 1970. Error-in-the-variables bias in nonlinear contexts. *Econometrica*, 38: 368–70.

Groves, R.M. 1989. *Survey Errors and Survey Costs*. New York: Wiley.

Gurr, T.R., and Jaggers. K. 1996. Polity III: regime change and political authority, 1800–1994. Computer file, Inter-university Consortium for Political and Social Research, Ann Arbor.

Guttman, L. 1945. A basis for analyzing test-retest reliability. *Psychometrika*, 10:255-82.

Haberman, S.J. 1979. *Analysis of Quantitative Data*, vol.ii. New York: Academic Press.

Hamilton, J.D. 1990. Analysis of time series subject to changes in regime. *Journal of Econometrics*, 45: 39-70.

Harman, H.H. 1976. *Modern Factor Analysis*, rev. 3rd edn. Chicago: University of Chicago Press.

Harvey, A. C. 1989. *Forecasting, Structural Time Series Models and the Kalman Filter*. New York: Cambridge University Press.

Heinen, T. 1996. *Latent Class and Discrete Latent Trait Models: Similarities and Differences*. Thousand Oaks, Calif.: Sage.

Hill, J.L., and Kriesi, H. 2001. An extension and test of Converse's "black-and-white" model of response stability. *American Political Science Review*, 95:397-413.

Hoff, P., Raftery, A.E., and Handcock, M.S. 2002. Latent space approaches to social network analysis. *Journal of the American Statistical Association*, 97:1090-8.

Huber, J., and Inglehart, R. 1995. Expert interpretations of party space and party locations in 42 societies. *Party Politics*, 1:73-111.

Jackman, S. 1995. Perception and reality in the American political economy. Ph. D. dissertation. Department of Political Science, Rochester, NY.

——2000. Estimation and inference are missing data problems: unifying social science statistics via Bayesian simulation. *Political Analysis*, 8:307-32.

——2001. Multidimensional analysis of roll call data via Bayesian simulation: identification, estimation, inference and model checking. *Political Analysis*, 9:227-41.

——2004. What do we learn from graduate admissions committees? A multiple-rater, latent variable model, with incomplete discrete and continuous indicators. *Political Analysis*, 12:400-24.

——2005. Incumbency advantage and candidate quality. In *Mortgage Nation*: The 2004 *Australian Election*, ed. M.Simms and J.Warhurst. Perth: API Network/Edith Cowan University Press.

Jacoby, W.G. 1991. *Data Theory and Dimensional Analysis*. Number 07-078 in Quantitative Applications in the Social Sciences. Newbury Park, Calif.: Sage.

Jöreskog, K. G. 1967. Some contributions to maximum likelihood factor analysis. *Psychometrika*, 32: 443-82.

——1970. Estimation and testing of simplex models. *British Journal of Mathematical and Statistical Psychology*, 23:121-45.

——1978. Structural analysis of covariance and correlation matrices. *Psychometrika*, 43:443-77.

——and Sörbom, D. 1989. *LISREL 7 User's Reference Guide*. Chicago: Scientific Software International.

Kaiser, H. F. 1958. The varimax criterion for analytic rotation in factor analysis. *Psychometrika*, 23: 187-200.

Kane, E.W., and Macauley, L.J. 1993. Interviewer gender and gender attitudes. *Public Opinion Quarterly*,

57:1-28.

Kapteyn, A., and Wansbeek, T.J. 1984. Errors in variables: consistent adjusted least squares(CALS) estimation. *Communications in Statistics—Theory and Methods*, 13:1811-37.

Kinder, D.R., and Sanders, L.M. 1996. *Divided by Color: Racial Politics and Democratic Ideals*. Chicago: University of Chicago Press.

Krijnen, W.P., Wansbeek, T.J., and Ten Berge, J.M.F. 1996. Best linear predictors for factor scores. *Communications in Statistics—Theory and Methods*, 25:3013-25.

Kuder, G.F., and Richardson, M.W. 1937. The theory of the estimation of test reliability. *Psychometrika*, 2:151-60.

Ladha, K. 1991. A spatial model of voting with perceptual error. *Public Choice*, 78:43-64.

Lawley, D.N. 1940. The estimation of factor loadings by the method of maximum likelihood. *Proceedings of the Royal Society of Edinburgh*, Section A, 60:64-82.

——and Maxwell, A.E. 1971. *Factor Analysis as a Statistical Method*, 2nd edn. London: Butterworths.

Lazarsfeld, P.F. 1950. The logical and mathematical foundations of latent structure analysis. In *Measurement and Prediction*, ed. S.A. Stouffer. New York: John Wiley and Sons.

Lederman, W. 1937. On the rank of the reduced correlational matrix in multiple factor analysis. *Psychometrika*, 2:85-93.

Lee, S.-Y. 2007. *Structural Equation Modeling: A Bayesian Approach*. Chichester: Wiley.

Lessler, J.T., and Kalsbeek, W.D. 1992. *Nonsampling Error in Surveys*. New York: Wiley.

Levendusky, M.S., Pope, J.C., and Jackman, S. 2008. Measuring district preferences with implications for the study of U.S. elections. *Journal of Politics*.

Linzer, D.A., and Lewis, J. 2008. poLCA: an R package for Polytomous Variable Latent Class Analysis. *Journal of Statistical Software*.

Londregan, J. 2000. *Legislative Institutions and Ideology in Chile's Democratic Transition*. New York: Cambridge University Press.

Lord, F.M., and Novick, M.R. 1968. *Statistical Theories of Mental Test Scores*. Reading, Mass.: Addison-Wesley.

Mardia, K.V., Kent, J.T., and Bibby, J.M. 1979. *Multivariate Analysis*. San Diego: Academic Press.

Markus, G.B. 1983. Dynamic modeling of cohort change: the case of political partisanship. *American Journal of Political Science*, 27:717-39.

Martin, A.D., and Quinn, K.M. 2002. Dynamic ideal point estimation via Markov chain Monte Carlo for the U.S. Supreme Court, 1953-1999. *Political Analysis*, 10:134-53.

McCutcheon, A.L. 1985. A latent class analysis of tolerance for nonconformity in the American public. *Public Opinion Quarterly*, 49:474-88.

——1987. *Latent Class Analysis*. Beverly Hills, Calif.: Sage.

McDonald, R.P. 1999. *Test Theory: A Unified Treatment*. Mahwah, NJ: Lawrence Erlbaum and Associates.

McLachlan, G.J., and Peel, D. 2000. *Finite Mixture Models*. New York: Wiley.

Palmquist, B., and Green, D.P. 1992. Estimation of models with correlated measurement errors from panel data. *In Sociological Methodology*, ed. P. V. Marsden. Washington, DC: American Sociological Association.

Patz, R.J., and Junker, B.W. 1999. A straightforward approach to Markov Chain Monte Carlo methods for item response models. *Journal of Educational and Behavioral Statistics*, 24:146-78.

Poole, K. T., and Rosenthal, H. 1997. *Congress: A Political-Economic History of Roll Call Voting*. New York: Oxford University Press.

Quinn, K. 2004. Bayesian factor analysis for mixed ordinal and continuous responses. *Political Analysis*, 12:338-53.

——Monroe, B.L., Colaresi, M., Crespin, M.H., and Radev, D.R. 2007. How to analyze political attention with minimal assumptions and costs. Typescript, Department of Government, Harvard University.

Reckase, M.D. 1997. The past and future of multidimensional item response theory. *Applied Psychological Measurement*, 21:25-36.

Richardson, S., and Green, P.J. 1997. On Bayesian analysis of mixtures with an unknown number of components. *Journal of the Royal Statistical Society Series B-Methodological*, 59:731-58.

Rivers, D. 2003. Identification of multidimensional item-response models. Typescript, Department of Political Science, Stanford University.

Robert, C. P. 1996. Mixtures of distributions: inference and estimation. Pp. 441 - 64 in *Markov Chain Monte Carlo in Practice*, ed. W. R. Gilks, S. Richardson, and D. J. Spiegelhalter. London: Chapman and Hall.

——Ryden, T., and Titterington, D. M. 2000. Bayesian inference in hidden Markov models through the reversible jump Markov chain Monte Carlo method. *Journal of the Royal Statistical Society Series B-Statistical Methodology*, 62:57-75.

Rothenberg, T.J. 1971. Identification in parametric models. *Econometrica*, 39:577-91.

Schaeffer, N.C. 2000. Asking questions about threatening topics: a selective overview. *In The Science of Self-Report: Implications for Research and Practice*, ed. A. A. Stone, J. S. Turkkan, C. A. Bachrach, J. B. Jobe, H.S. Kurtzman, and V.S. Cain. Mahwah, NJ: Erlbaum.

Schwartz, G. 1978. Estimating the dimension of a model. *Annals of Statistics*, 6:461-4.

Shrout, P.E., and Fleiss, J.L. 1979. Intraclass correlations: uses in assessing rater reliability. *Psychological Bulletin*, 86:420-8.

Skrondal, A., and Rabe-Hesketh, S. 2004. *Generalized Latent Variable Modeling: Multilevel, Longitudinal, and Structural Equation Models*. Boca Raton, Fa.: Chapman and Hall/CRC.

Spearman, C. 1904. "General intelligence," objectively determined and measured. *American Journal of Psychology*, 15:201-93.

Stimson, J.A. 1991. *Public Opinion in America: Moods, Cycles, and Swings*. Boulder, Colo.: Westview.

——2004. *Tides of Consent: How Public Opinion Shapes American Politics*. New York: Cambridge University Press.

——Mackuen, M. B., and Erikson, R. S. 1995. Dynamic representation. *American Political Science Review*, 89:543-65.

Sudman, S., and Bradburn, N. M. 1974. *Response Effects in Surveys: A Review and Synthesis.* Number 16 in National Opinion Research Center Monographs in Social Science. Chicago: Aldine.

Takane, Y., and de Leeuw, J. 1987. On the relationship between item response theory and factor analysis of discretized variables. *Psychometrika*, 52:393-408.

Thurstone, L. L. 1935. *The Vectors of Mind.* Chicago: University of Chicago Press.

Tinter, G. 1952. *Econometrics.* New York: Wiley.

Tourangeau, R., Rips, L. J., and Rasinski, K. 2000. *The Psychology of the Survey Response.* New York: Cambridge University Press.

Treier, S., and Jackman, S. 2008. Democracy as a latent variable. *American Journal of Political Science*, 52:201-17.

van der Linden, W. J., and Hambleton, R. K. (eds.) 1997. *Handbook of Modern Item Response Theory.* New York: Springer-Verlag.

van Schur, W. H. 1992. Nonparametric unidimensional unfolding for multicategory data. Pp. 41-74 in *Political Analysis*, ed. J. R. Freeman, vol. iv. Ann Arbor: University of Michigan Press.

Viswesvaran, C., and Ones, D. S. 2000. Measurement error in "big five favors" personality assessment. *Educational and Psychological Measurement*, 60:224-35.

Wansbeek, T., and Meijer, E. 2000. *Measurement Error and Latent Variables in Econometrics.* Amsterdam: North-Holland.

Watson, M. W., and Engle, R. F. 1983. Alternative algorithms for the estimation of dynamic factor, MIMIC, and time-varying coefficient models. *Journal of Econometrics*, 15:385-400.

West, M., and Harrison, J. 1997. *Bayesian Forecasting and Dynamic Models.* New York: Springer-Verlag.

Wiley, D. E., and Wiley, J. A. 1970. The estimation of measurement error in panel data. *American Sociological Review*, 35:112-17.

Yin, P., and Fan, X. 2000. Assessing the reliability of Beck Depression inventory scores. *Educational and Psychological Measurement*, 60:201-33.

Zaller, J., and Feldman, S. 1992. A simple theory of the survey response: answering questions versus revealing preferences. *American Journal of Political Science*, 36:579-616.

第七章　类型学:概念建构与分类变量

大卫·科利尔(David Collier),乔迪·拉波特(Jody LaPorte),
杰森·西赖特(Jason Seawright)

1. 引言

　　类型学——被理解为有组织的类型体系——对概念和分类变量的建构做出了重大
贡献。尽管一些学者可能将类型学视为定性研究方法的一部分,但事实上,他们也采用
定量分析方法。本章概述了类型学的多个贡献,并列举了政治学不同子领域中的诸多　
实例(表7.1)。①

　　由于我们关注类型学在概念建构和测量中的作用,这里的讨论必然侧重于"描述
性"的类型学。在这种类型学中,不同单元对应特定类型或更广泛的概念实例。这些
可以与"解释性"类型学②进行对比,其中,行和列是解释变量,且不同单元中包含不同
假设结果。此外,描述性和解释性的类型学都可以用来对案例进行分类。

　　描述性和解释性类型学之间的这种区别绝不意味着,描述性类型学与任何其他形
式的测量一样,与解释性判断的建构与检验无关。特定类型学中的对比类型可能是给
定研究中所要解释的结果,也可能是研究人员正在建构、评估的诠释,我们将在下面的
诸多实例中看到。

　　本章内容如下:我们为多维类型学的研究提供了一个框架,回顾类型学的建构框

---

　　① 类型学的研究是一项大工程,而本章只是其中一部分,许多学者就此提出了宝贵的意见,包括
Andrew Bennet,Colin Elman,David Freedman,John Gerring,James Mohaney,Jason Wittenberg 以及伯克利拉
丁美洲政治研究会的成员。

　　② 参见 Elman(2005)and Bennett and Elman(2006,第446—468页)。George and Bennett(2005,第
11章)对"类型学理论"的讨论是该方法的一个重要变体。

架,并说明单元类型如何构成分类变量。随后,我们探讨类型学在概念建构中的作用,类型学单元中概念和术语的来源以及理想类型的作用。接下来,我们研究类型学对描绘实证与理论变化,构建实证分析比较所做出的贡献,其中后一点包括类型学在定量和定性研究中的作用。最后,我们提出类型学使用时应注意的规范来进行总结。

2. 类型学的结构

本节为多维类型学①的研究提供了一个框架——换句话说,多维类型学就是涉及两个或多个维度的交叉分类以形成分析型的类型学。

【154】

表 7.1 多维类型学目录

政治体制	监管改革(Vogel 1996)
两院制(Lijphart 1984)	反调节策略(Snyder 1999)
民主的承诺(Bellin 2000)	俄罗斯精英对借款的看法(Moltz 1993)
民主(Lijphart 1968)	社会政策(Mares 2003)
民主(Weyland 1995)	国家经济战略(Boix 1998)
民主,抵御内部威胁(Capoccia 2005)	国家对经济的干预(Levy 2006)
民主,……之路(von Beyme 1996)	国家在经济发展中的作用(Evans 1995)
民主,……的转型(Karl 1990)	罢工运动(Hibbs 1987)
民主化(Collier 1999)	*国际关系*
独裁,个人主义(Fish 2007)	敌对者(Glaser 1992)
领导权(Ansell and Fish 1999)	外交政策决策(Schweller 1992)
政权更迭(Leff 1999)	贸易管理(Aggarwal 2001)
政权(Dahl 1971)	大国冲突管理(Miller 1992)
政权(Fish 1999)	人权政策(Sikkink 1993)
政权(Remmer 1986)	信息系统的组织形式(Dai 2002)
非洲政权(Bratton and van de Walle 1997)	现实主义者(Talliaferro 2000-2001)
专制政权(Linz 1975)	主权(Krasner 1999)
后共产主义政权(McFaul 2002)	苏联战略(Herrmann 1992)

---

① 这可能与一维类型学形成对比,分类变量围绕单一维度有序组织。例如,克拉斯纳(Krasner)根据国家能力的类型学分析来建构国际政权的概念,涉及"制定者、破坏者和接受者"(1977,第52页)。这里,鉴于其对概念建构和测量的独特贡献,我们将重点放在多维类型学上。然而,关于多维类型学的许多观点同样适用于一维类型学。

续表

专制统治的转型(O′Donnell and Schmitter 1986)	国际体系中的国家行为(Schweller 1998)
国家与国家社会关系	战争(Vasquez 1993)
抗争政治背景(Tilly and Tarrow 2007)	美国政治、公共政策、公法和组织/行政理论
法团主义;关联政策(Schmitter 1971)	分权(Leonard 1982)
腐败(Scott 1972)	外交政策问题对选举的影响(Aldrich, Sullivan and Borgida 1989)
民族国家生存(Hale 2004)	议题选民(Carmines and Stimson 1980)
劳工运动吸纳(Collier and Collier 1991)	警察(Muir 1977)
工人阶级吸纳(Waisman 1982)	政策(Lowi 1972)
非正式政治(Dittmer and Wu 1995)	政策决策(Kagan 2001)
利益代表/聚合(Schmitter 1974)	政策反馈(Pierson 1993)
兵役(Levi 1997)	政策执行(Matland 1995)
民族国家(Haas 2000)	政治关系(Lowi 1970)
民族国家(Mann 1993)	理性管理(Bailey 1994)
国家统一,区域支持(Ziblatt 2006)	应用法则(Kagan 1978)
社会运动的结果(Gamson 1975)	农村发展(Montgomery 1983)
革命、农业(Paige 1975)	投票行为(Abramson, Aldrich, Paolino and Rohde 1992)
分离行动主义(Treisman 1997)	白宫利益集团联络人(Peterson 1992)
国家权力(Mann 1993)	性别政治
国家(Ertman 1997)	国家对妇女运动的响应(Mazur 2001)
跨国联盟(Tarrow 2005)	国家女权主义(Mazur and Stetson 1995)
联盟政府互动(Murillo 2000)	国家女权主义(Mazur and McBride 2008)
政党、选举和政治参与	妇女政策机构活动(Mazur 2001)
以奖励为目标的选举动员(Nichter 2008)	理论与方法论
市场选票(Lehoucq 2007)	行动解释(Parsons 2006)
党的政权(Pempel 1990)	假设检验的可能结果(Vogt 2005)
政党制度(O′Dwyer 2004)	调查问题(Martin 1984)
政治动员(Dalton 2006)	比较分析方法(Kohli 1995)
政党(Levitsky 2001)	现代化与发展理论(Janos 1986)
政治经济	政治转型理论(von Beyme 1996)
经济转型(Ekiert and Kubik 1998)	因果分析的时间范围(Pierson 2003)
要素禀赋(Rogowski 1989)	类型学(Bailey 1992)
金融监管体系(Vitols 2001)	俄罗斯西部奖学金(Fish 1995)

续表

商品(Mankiw 2001)	社会关系
国家政治经济学(Hall and Soskice 2001)	规范(Barton 1955)
国家福利制度(Sapir 2005)	社会环境(Douglas 1982)
政治经济学(Kullberg and Zimmerman 1999)	社会性或社会生活中的个人参与(Thompson, Ellis and Wildavsky 1990)

2.1 基本模板

【156】 多维类型学可以从几个部分来理解,我们参照梅特兰(Matland 1995,第 160 页)关于政策执行的概念建构(表 7.2)。虽然这些建构框架看起来很简单,但学者们往往不遵循这一基本模板,从而限制了类型学的分析潜力。在这个例子中,梅特兰通过区分执行过程中的冲突程度和模糊程度来建构政策执行的概念。这一类型学的要素有:

(a)全局概念:在这个案例中,指由类型学衡量的概念——"政策执行"。

(b)行变量与列变量:将这些变量的列表交叉形成一个矩阵。在这个例子中,行变量是"模糊程度",因为其组成部分类别定义行,列变量是"冲突程度"。

(c)矩阵:这个交叉列表创建了一个常见的 2×2 矩阵。或者,每个变量上可能存在两个以上类别,且/或可以合并两个以上变量,从而产生更多单元。

(d)类型:单元中的四种类型是不同种类的政策执行。这些类型都具有实质性意义的标签:行政、政治、经验和象征。这些类型赋予每个单元概念意义,对应其相对于行、列变量的位置。

表 7.2　梅特兰的政策执行类型学

		冲突	
		低	**高**
模糊	低	行政执行	政治执行
	高	经验执行	象征执行

来源:改编自 Matland(1995)。

2.2 作为分类变量的单元类型

两个或多个变量的交叉列表生成四个或更多单元,从而创建一个新的分类变量,这个变量可以是名义上变量,部分有序变量,①也可以是有序变量。这些基于类型学的分类变量是从两个或多个维度进行概念建构的,因此有助于解决给定分析中变量可能隐藏多维性的问题(Blalock 1982,第 109 页;Jackman 1985,第 169 页;Shively 2005,第 32 页)。

例如,梅特兰的类型学创建了一个名义量表。政策执行的两个维度——冲突和模糊——都被赋予高低值,从这个意义上来讲类似有序变量。然而,类型学中的四个单元【157】并没有形成衡量政策执行程度的量表。这四个类别是相互独立、完全穷尽的,但不是有序的。因此,这些只是名义量表。

相比之下,达尔(Dahl 1971,第 1 章)著名的政权类型学分析创建了一个部分有序的量表。他从公开性竞争与公众参与的维度建构类型学,从而产生四种基本类型。在多元政治、竞争性寡头政治、包容性霸权政治和封闭性霸权政治这四种类型中,多元政治的"民主"程度最高,封闭性霸权政治最低。然而,其他两种类型,竞争性寡头政治和包容性霸权政治之间没有固有的顺序。因此,这是部分有序的。

最后,奥德里奇(Aldrich)、沙利文(Sullivan)和博尔吉道(Borgida 1989,第 136 页)议题投票类型学中的单元构成有序量表。学者成果列表如下:(1)候选人之间不同规模议题的差异,(2)议题的特征(低—高显著性)与可及性(accessibility)差异。这里,一个单元对应低效应,而第二个单元对应投票中相反议题的高效应。另外两个单元被赋予相同的数值:"低于某些效应"。因此,一个三类有序量表得以创建。

在以上三个例子中,单元类型分别构成名义上、部分有序或有序量表——其相同点仍然有效。不论产生的测量水平如何,类型学都从两个或更多维度进行建构,而这些维度正是构成量表单元类型的基础。

2.3　相互独立、完全穷尽的类别

如果类型学要符合标准分类量表的规范,那么单元之间应该相互独立且完全穷尽(Bailey 1992,第 2188 页)。为了进行分类,我们必须满足这些双重标准,否则给定观测到的情况可能适合多个单元,或者可能不适合任何单元。

然而,一些众所周知的类型学不符合互斥类别的标准。例如,赫希曼(Hirschman 1970)的《退出、呼吁与忠诚》为不同组织衰退回应的建构提供了框架。然而,正如赫希曼自己所指出的那样(1981,第 212 页),这些类别并不是互相排斥的。从抗议或表达不

---

① 参见 Davey and Priestley(2002,第 1 章)。

满的意义上来说,呼吁可能伴随着退出或忠诚。

改进赫希曼的类型学来创建互相排斥的类别很容易。因此,初始单元类型可以适应一个新的2×2矩阵,用来定义行和列变量。一个维度是退出与忠诚,另一个维度是呼吁的存在与否。其中两个单元将是有或没有呼吁的忠诚,另外两个单元是有或没有呼吁的退出。这将产生一种新的类型学,可以毫不含糊地将案例进行分类。这些步骤(将改进类型学中的单元值转换为一个或多个维度的类别)可以看作解决类型学中单元并非相互排斥问题的一般方法。

【158】　　在其他类型学中,问题在于这些类别是否完全穷尽。当适用于某一组案例的类型学应用到其他案例时,这种情况可能会出现。例如,在拉丁美洲的研究中,利维茨基(Levitsky 2001,第37页)建构了一个2×2类型学来确定四类政党:个体选举型政党、选举职业型政党、群众民粹型政党和群众官僚型政党;穆里洛(Murillo 2000,第146页)确定了四种联盟——政府间交互作用的形式:合作、对立、从属和抵抗。对于所分析的情况,这些单元类型似乎是完全穷尽的。但是,如果这些类型学应用于更广泛的案例中,那么似乎可能会遇到不适合这些单元类型的情况。这倒并不会得出这些是失败的类型学的结论。相反,至少从一开始,我们必须从类型学建构的领域出发,理解完全穷尽的类别观点。

3. 建构类型学

要了解类型学的建构,我们必须把重点放在概念建构的基本任务,概念和术语来源的问题以及理想类型的作用上。

3.1　概念建构

在政治学中,已经有各种各样的框架提出,将概念建构问题系统化。其中,萨托利(Sartori 1970;1984)所提出的框架影响巨大,并且在此提供了一个有用的出发点。萨托利向学者们发起了挑战:(1)把精力放在概念上,部分是因为概念产生研究中所使用的基本"数据容器";(2)了解其概念推理所在的语义场——即建构其研究的概念和意义域;(3)认识到这些概念可以被视为具有层次结构,分别称为抽象阶梯(a ladder of abstraction)或通用阶梯(a ladder of generality)。这种认知有助于将概念互相关联,并使其适用于不同领域间的比较。在目前的讨论中,针对这一结构,我们采用一目了然的标签

"类层次结构"①。一个明显的例子:议会民主是一种民主,是一种政治体制。

类型学直接解决以下三个任务。首先,建构类型学的学者都是在系统地运用概念。【159】此外,如果他们利用这些类型学来对案例进行分类,那么类型学中的单元实际上就是数据容器。其次,类型学特别关注概念之间的关系。我们使用"全局概念"一词来指代类型学中类别测量的总体现象,我们将类型学中的类别作为这种全局概念的分类测量。在类型学中,对概念和子类型的具体讨论是描绘语义场的重要一步。

最后,全局概念和测量,这一定义的分类变量相关,作为一个类层次结构。让我们用本章中已提及的例子来说明这一点。显然,在梅特兰的类型学中,行政、政治、经验和象征性执行是政策执行的*种类*。在达尔的类型学中,多元政治、包容性霸权政治、竞争性寡头政治和封闭性霸权政治是政治体制的*种类*。在奥德里奇(Aldrich)、沙利文(Sullivan)和博尔吉道(Borgida)关于外交政策问题对选举影响的类型学中,他们的类型学中所包含的量表对外交政策影响的*种类*进行了有序描述:低、相对较低、高。

一个类层次结构当然可以有两个以上层次。在科利尔(Collier)等人的分析中,他们的类型学(1991,第 166—167 页)区分了*两种*吸纳类型:国家吸纳(state incorporation)和政党吸纳(party incorporation)。政党吸纳又依次分为三种:激进民粹主义、劳工民粹主义和传统政党的选举动员。

总而言之,使用类型学的学者可以解决框架(如萨托利)中概念分析的重点问题。因此,我们发现这两个替代观点之间的趋同。

3.2 概念和术语的来源

类型学的一个关键特征是其本身确定的特定单元类型——即位于单元中的概念及其对应的术语。研究人员如何选择每个单元的概念和术语?

对于某些类型学来讲,分析师只是简单地用行、列变量上重复相应值的术语来标记单元。蒂利(Tilly)和塔罗(Tarrow 2007,第 56 页)关于抗争政治的书籍中通过交叉列出政府能力和政体类型的方式来表示抗争的背景。他们列出了四种情况,其名称只是重复行和列变量的类别:高能力不民主、高能力民主、低能力不民主和低能力民主。

---

① 萨托利(Sartori 1970)将其称为"抽象"阶梯,而科利尔(Collier)和马哈尼(Mahon 1993)将其称为"通用"阶梯,试图来明确这一焦点。我们相信,称其为类层次结构更加不言自明,因为这一标签适用于先前研究中讨论的所有实例。例如,萨托利提供了员工(从韦伯的意义上来看)、官僚主义和行政部门的例子,涉及通用阶梯,但显然这也是一种类层次结构;科利尔和马哈尼关于韦伯式权威类型的例子同样构成类层次结构。

同样地,罗戈斯基(Rogowski 1989,第8页)对商业与联盟的研究根据土地和劳动力比的高低和经济状况(先进或落后)来区分要素禀赋的四个主要单元。这些单元基本
【160】 上重复行和列中提供的信息,例如,存在高土地劳动力比和先进的经济对应资本、土地丰富,但劳动力稀缺的单元。另一方面,也存在低土地劳动比和落后的经济对应劳动力丰富,但土地、资本稀缺的单元。

更常见的是,学者们从特定领域的其他研究中获取术语和概念。有时,类型学通过提供新定义的方式将这些术语的含义系统化,且研究人员发现这些新定义十分有利于分析。

例如,韦兰(Weyland 1995,第129页)的民主类型学借鉴了拉丁美洲政治研究中的常用术语:民粹主义、自由主义、合作协调和*自下而上*①,并将其置于施米特(Schmitter)和卡尔(Karl 1992,第67页)的民主维度之下。这些维度涉及政治权力是否更大程度上掌握在国家或社会手中,以及聚合的主导原则是否涉及数字(例如选举场合)或强度(有权力的精英可能如此)。韦兰建构这种类型学的目的是为了解拉丁美洲"平等化改革"中的机遇与约束提供框架。根据政策渐进主义的程度和每种类型的支持基础,韦兰特别关注与四种类型相关的机遇和风险。因此,韦兰的例子说明了类型学如何将已建构的维度和相对标准的类型适应于特定的分析目的之中。

研究人员也可以借用现有术语,通过赋予这些术语新的意义,从而有助于推进特定的研究计划。施米特(Schmitter 1974)被广泛引用的利益代表(或中介现象)类型学出现在与多元主义、一元论和工团主义相关的法团主义概念之中。他试图说服学者,我们应该认真对待法团主义,将其视为利益代表中的特定类型,与其他类型相比,在共有的框架内,我们可以从多个维度对其进行分析。相应地,像其他一些学者一样,他主张将法团主义视为一种政治结构,而不是一种政治意识形态。施米特的类型学在更广泛的利益集团政治文献再聚焦的问题上发挥了重要作用。

其他学者间接借鉴先前已存在的概念,综合各种现有的理论方法,以创造新的、有用的术语。卡根(Kagan 2001,第10页)提出了"对抗性法律主义"的概念来描述正式、参与式的政策执行程序。在建构这一概念时,他借鉴了"对抗性制度"的概念,几个世纪以来,这一概念一直用来描述英美的裁决方式,而不是大陆法或民法的传统。此外,他还对法律和非正式治理模式进行了传统意义上的区分。因此,卡根将这两种不同的理论方法合并为单一的类型学,侧重于政策执行模式的研究。

【161】 这几个例子说明,我们为什么必须根据特定领域不断发展的文献来理解类型学单

---

① 即"自下而上"的政治关系。

元中的术语和概念。类型学能够以创新、高效的方式将这些术语和概念的含义系统化。

3.3 理想类型与类别类型

学者们有时将他们的分析类别称为理想类型，表明这些类别是宽泛的抽象概念，可能不会一贯地用于实证案例的分类。我们可以在很多作品中找到例子（如 Schmitter，Luebbert，Weyland，Hall and Soskice，and Levy[①]）。然而，在这些研究中，学者们对案例进行分类，与此同时，他们也在使用类别类型。

例如，在对战争期间欧洲政治经济体制的分析中，卢伯特（Luebbert 1991，第 3 页）指出，他正在研究一些理想类型，然后继续争辩说，他的类别对体制的分类是有价值的。他指出，虽然"社会和政权理想化模式相适应的程度不同"，但是在自由民主、社会民主和法西斯主义这三种分类中，"对战争期间的欧洲社会进行定位并不困难"。施米特（Schmitter 1974，第 94 页）结合他对法团主义的详细阐释，针对类型中抽象与具体效用之间的相互作用提出了类似的观点："显然，这样一个详细阐释的定义属于理想类型。"然而，"就经验来看，目前没有利益代表体系可以完全复制这些维度，我对巴西和葡萄牙做了详细的研究，这两者之间相当接近"[②]。

与此相关的是，科利尔（Collier 1991，第 17 页）等人在"分析类别"而不是"理想类型"的框架下讨论。他们强调，他们所分析的"吸纳期间"种类应该被视为分析类别，而不是置于特定类别中"对每个国家的完美描述"。他们的分析侧重于成对的国家，他们表示：

> 显然，每个类别中的两个国家在定义层面上并不相同，但在这些方面，与其他类别确定的国家相比，他们彼此之间更为相似。（1991，第 17 页）[③]

这一论点指出了理想类型产生的一个可能原因。在某些情况下，这些分析师可能不会过分依赖韦伯式传统，就像这里可能出现的情况一样。相反，他们可能会间接地表 **【162】** 达在试图将案例纳入任何分类方案时所产生的不安情绪。这种不安的来源可能是，他们认识到在任何一个类别中归类的案例并不完全"相等"。然而他们坚持认为这些案例的确适用于某一特定类别，而不是其他类别。这里的解决方案可能是一个简单的认

---

① Schmitter（1974，第 94 页），Luebbert（1991，第 3 页），Weyland（1995，128 n.8），Hall and Soskice（2001，第 8 页）and Levy（2006，第 387 页）。

② 对于最初被标注为理想类型，后来用作类别类型的概念的其他例子，参见 Weyland（1995，128 n.8）；Hall 和 Soskice（2001，第 8 页）；Levy（2006，第 387 页）。

③ 与此相关的是，罗戈斯基（Rogowski 1989，第 6 页）和马雷斯（Mares 2003）都指维度和类型生成中蕴含的简化过程，而不使用"理想类型"这一标签。

知问题,即分类必然需要一个抽象的过程。

4. 类型学的应用

对类型学的认真研究为实证比较与描绘变化提供了结构。类型学也在定性研究和定量研究之间架起了一座坚实的桥梁。

4.1 建构对比

要想使分析和比较顺利地进行,仔细建构一个适当的分析框架是很必要的。为此,类型学做出了宝贵、直接的贡献。例如,网格组类型学最初由玛丽·道格拉斯(Mary Douglas 1982,第 191 页)提出,汤普森(Thompson)、埃利斯(Ellis)和威尔达夫斯基(Wildavsky 1990,第 8 页)等人在有关文化理论一书中采用了这一观点。在对网格组框架产生的五种类型(宿命论者、等级主义者、个人主义者、平等主义者、遁世主义者)进行研究的整个过程中,这些作者重点分析五类中的个体如何对问题(如冷漠、责备、宗教、风险和稀缺)做出响应。

我们可以从梅热(Mazur 2001,第 22 页)身上发现另一个例子,她试图了解女性社会运动与公共部门之间的相互作用。在盖姆森(Gamson 1975,第 29 页)研究的基础上,她区分了国家对女性运动的四种响应:即双响应(实现"描述性"和"实质性"表现形式)、吸纳、抢占和无响应。在她们的研究中,梅热和她的合作者在对八国案例、欧盟的研究中持续运用类型学,特别关注双响应产生的情况。

最后,科利尔(Collier 1991,第 504 页)等人——如上所述——提出了拉丁美洲劳工运动"初始吸纳"的类型学。他们的目标是根据国家控制和不同形式民众动员之间的相互作用来区分案例。在整个分析中,控制和动员的交替出现是一个中心参考点,并且在调查的整个过程中探讨了吸纳期间所确定案例之间的初步差异。

在这三项研究中,类型学将全局概念(政治文化、国家响应、初始吸纳)具体化,将【163】每个全局概念区分为分析类别,并据此对案例进行分类。因此,这些类型学为核心概念的组织、案例的比较和论据的建构提供了系统的依据,并且通过整个分析对类型学中的区别进行了总结。

4.2 勾勒实证与理论变迁

类型学有助于建构概念,描述新的实证发展。例如,在关于党组织的文献中,迪韦尔热(Duverger 1954)对"群众"和"干部"派别进行了初步(同时非常有影响力)区分,该区分围绕三个组织层面展开:(a)党员身份(广义、狭义或不存在)(第62—90页);(b)潜在选民政治经济教育中所付出的努力(广泛、微弱)(第63页);(c)以广泛适度贡献为基础的财政培养与一小波富有的个人贡献者——用迪韦尔热的话来讲,就是"几大私人捐助者、实业家、银行家或重要商人"(第63—64页)。因此,迪韦尔热认为,在八种可能的政党类型(源于每个维度的二元值)中,只有两种具有实证意义。迪韦尔热对欧洲政党历史的研究导致这些差异的产生,其中许多早期的政党都具有精英主导的特征,而现代政党大多不具备这种特征,特别是社会主义和共产主义政党。

随后,基希海默(Kirchheimer 1966,第184—192页)指出,在20世纪60年代,许多欧洲政党摆脱了群众性政党的组织模式,而不依赖于那些被迪韦尔热视为干部党派特征的社会精英。这些新的政党与群众性政党的不同之处在于,他们实现了意识形态诉求上的转移,从追求政策潜在利益中狭隘的阶级利益到社会多数人的利益。同时,他们从利益集团的特设联盟中寻求选举和其他资源,而不依靠群众基础或富有的个人(1966,第192—195页)。为此,基希海默在财政支持的维度上确定了一个新的类别:来自这些有组织的集团的支持。因此,基希海默在先前的类型中加入了"全方位"政党。

通过对整个西欧各党派组织的系统分析,卡茨(Katz)和梅尔(Mair 1995)最近得出结论,新的政党已摆脱了对个人(无论富有与否)财政支持的依赖,同样也不再向利益集团寻求资金支援。相反,各党派直接从国家获得资金(1995,第15—16页)。这种集资模式可以鼓励各党派之间的合作,因为他们共同寻求建立稳定的国家支持,而获得这种支持不单单是某一党派的职责(1995,第17页),卡茨和梅尔从而将这种组织模式命名为"卡特尔(cartel)"政党。

总而言之,鉴于我们从三个维度对政党类型的理解,具体来讲,正是其中一个维度上新模式——财政支持的来源——的出现才产生了新的政党类型。因此,类型学的使用有助于进一步突出组织变革中的这一领域。【164】

学者们也使用类型学来获取先进工业国家政治经济随时间的变化情况。自20世纪80年代以来,国家在经济中的作用发生了巨大转变,大量学术研究对这一转变进行了描述。在其他学者先前研究的背景下,利维(Levy 2006,第386页)提出了一种新的类型学,综合了早期的国家政治经济学方法以及他自己对近期变化模式的看法。利维认为,与先前第二次世界大战后期的特征相比,"市场导向"的国家角色特征更为全面,这与当代经济特征"市场支持"相反。他还介绍了第二个维度:国家权力的权威性行使与国家基础设施权力行使之间的区别。

源自这些二分法的2×2矩阵类型学使得利维能够明确地比较早期和后期的国家

在经济中作用的特征。在早期,案例涉及以权威形式的国家权力为特征的"发展型"国家,从事规划、部门产业政策、国有化和选择性保护主义等。相比之下,以基础设施国家权力为特征的先前案例则被标注为"法团主义者",涉及与社会行为者不同形式的合作与协调。他将战后的法国和日本归为发展型国家,将战后的德国和瑞典归为法团主义国家。然而,他认为,在最近一段时期内,对应"矫正型"国家和"建设性"国家这两个类别,鉴于不同政策领域中国内差异较大,整个国家对这两个单元的分配是没有意义的。利维并没有把重点放在整个国家,而是将这两个单元中的具体政策分类。类型学中分析单元的不对称性用于获取利维所谓的适当聚合层次上的关键转变。

类型学也试图在重塑政治现实学术思维方面发挥作用,而政治现实的发展并不如预期的那样。例如,在政体类型的概念建构中,第二次世界大战后的西班牙在推动这种分析的重新定位上发挥了突出的作用。虽然许多观察者将西班牙的法西斯政权解释为向民主过渡,但三十年来,这种政体形式仍然保持了惊人的稳定程度。安德森(Anderson 1970,第 3 页)就这一分歧指出,"西班牙政治的传统解释对比较政治学的学生来讲应该是比较尴尬的。"早期框架强调民主与极权主义之间的区别,将其中任何一个视为两分法或连续统一体,林兹对这种框架进行了改进,而安德森自己的分析就建立在林兹(Linz 1964)创新概念建构的基础之上。林兹认为,我们不能从这些方面来理解西班牙,并且他把权威主义归结为一种独特的政体类型。他从四个维度来界定权威政体:有限多元化的政治体系;独特的心态,而不是指导思想;有限的政治动员,除发展过程中某些潜在的时间点以外;不明确、但可预测的范围内权力的行使(Linz 1964,第 297 页)。随后,林兹(1975,第 278 页)利用其中的三个维度来建构独裁主义和极权主义政体的一般类型学。

【165】

因此,从一个引起争议的先前分析框架的具体案例开始,林兹根据一个更为复杂的多维框架,探索出一种研究非民主政体的新途径。

4.3 类型学与定量分析

类型学——远非与定量研究不相容或提供方法论上处于劣势的分析形式——在许多定量研究中发挥着重要作用。在一个以定量为主的研究中,类型学及其所建构的分类变量可能有助于打破分析中的僵局,以确定研究人员希望关注的一组案例,或就此得出结论。在其他情况下,研究人员可能使用定量分析的方法将案例分配给类型学中的相应单元。

在希布斯(Hibbs 1987,第 69 页)对 11 个先进工业国家罢工情况的分析中,当定量分析不能进一步进行时,他引入了一个 2×2 类型学。为了分析罢工规模、持续时间和频率的长期趋势,希布斯创建了一个数据集。他利用双变量相关性来表明,以劳工为基础的左翼党政治权力的提升与以下两个因素相关:(1)第二次世界大战后数十年间罢工水平的降低;(2)公共部门分配充当干预因素的假设。希布斯认为,随着劳工左翼党政治权力的日益增加,分配的冲突点从市场转向选举和公共政策,从而使得罢工与工会参与者的关系不大。

然而,他的变量间的多重共线性非常高,特别是考虑到希布斯的案例数量较少,从而想要理清因果联系是不可行的。因此,他从双变量线性相关性转变为 2×2 类型学,这种类型学将国家对经济的干预水平和干预的替代性目标交叉列表。直到 20 世纪 70 年代,希布斯确定了这些案例的一个子集,表现为三种模式:针对公司和企业,相对高水平的罢工(加拿大、美国);作为对政府施压的形式,高水平的罢工(法国、意大利);伴随冲突向选举舞台转换,日渐消亡的罢工(丹麦、挪威、瑞典)。通过这种类型学,希布斯根据三个无序类别来分析结果,这与他对标准相关性分析下所得罢工水平变化的整体论点相反。

瓦斯克斯(Vasquez 1993,第 73 页)同样引入了一种类型学,来解决他在定量分析中遇到的难题——在该案例中,即战争的起因。利用战争数据间的相关性,他指出,这些文献在解释战争的发生率时产生了不一致的结论,并且认为过高的聚合程度下对战争的分析导致这些不一致的出现。他交叉列出三个维度,从而确定八种类型的战争:**【166】**(1)交战国家权力的平等与不平等分配,(2)有限战争与全面战争,(3)参与者的数量。瓦斯克斯使用这种类型学来聚焦一系列案例,即对抗战。他利用大量定性和定量研究的结果来解决这样的问题:为什么一些对手间的战争是有限的,而其他一些是全面的?为什么有些对抗战涉及两方,而其他一些涉及更多参与者?

类型学也可以整合定量分析的结果。在奥德里奇(Aldrich)、沙利文(Sullivan)和博尔吉道(Borgida 1989,第 136 页)等人关于外交政策平台对美国总统候选人选票影响的研究中,他们就以这种方式使用类型学。通过分析调查数据,他们探讨了总统候选人的竞选信息与选民的共鸣程度:具体来说,竞选议题的程度是:(1)"可利用的",就某一特定议题的意见或立场被理解的情况而言,(2)"可接近的",或被选民视为相关的。尽管文章中的大部分内容都采用概率分析法来预测特定候选人的胜算,但在结论中,作者试图刻画更广泛的选举类型。他们利用 2×2 矩阵,根据候选人外交政策立场差异的大小,每次选举中提出的外交政策议题的低/高凸显性(可及性)对总统选举进行分类。

最后,其他研究使用定量工具(包括 probit 分析),将案例归结到类型学的单元格之中。卡迈恩(Carmines)和斯廷森(Stimson 1980,第 4 页)假定"简单"议题投票(公民对特定议题的偏好根深蒂固)和"困难"议题投票(公民的议题偏好取决于复杂的决策计算法,通常涉及议题间的相互作用与权衡)之间的区别。为了验证这一假设,作者建构了一个2×2类型学来描述不同类型的选民,这取决于特定选举过程中选民是否受议题难易程度所影响。这样就建构了一个类型学,其中单元类型分别为:不成立的议题选民、简单议题选民、困难议题选民和约束议题选民。作者在概率分析的基础上,将应答者归结到这四个单元中,并且利用这一类型学来说明,简单和困难议题投票过程在本质上是不同的。

5. 结语

类型学服务于社会科学研究中的重要目标。良好的类型学取决于仔细、实质性的概念建构,并且是组织、分析数据的基本工具。类型学的使用与定性研究的传统密切相关,但同时也在定量分析中发挥重要作用。

【167】　　综合上述讨论,我们为类型学的仔细研究提供了一些指导方针。第一,类型学的介绍应该清晰明确、容易理解,包括文中的显式矩阵与仔细讨论。我们已经绘制出一个良好类型学的建构框架,主要包括被测量全局概念的确定,行和列变量的组织以及单元类型的建立。不遵循这一模板的类型学可能会导致混淆,而不是进一步促进分析。

第二,单元类型的建构特别重要。赋予这些类型形象的名称可以加强学术交流。更为根本的是,单元类型的仔细研究可以促进研究人员更好地进行概念建构。此外,单元类型提供一个新的变量,用来测量概念,而类型学就是围绕这一概念进行组织的。学者应该留意这个变量的测量水平。我们已经讨论了与此相关的三个层次——名义上、部分有序和有序的量表。了解类型学的实质内容及类别的使用情况需要清楚地掌握这些备选方案。

第三,借鉴分类变量的常规讨论,我们认为,建立互斥类别的标准为类型学的建构提供了有用的规范。然而并不是所有类型学都符合这一标准,我们已经表明,这种类型学的简单重组可以使其符合这一规范。

第四,回到本章开头指出的描述性和解释性类型学之间的区别,在两者之间做出判断十分重要。单元类型提供更具差异的描述性特征,而不是那些表示解释性结果的单元类型,我们必须仔细区分。对这种区别的混淆会曲解类型学中所包含的信息。

第五,我们必须再次强调,描述性和解释性类型学之间的这种区别并不意味着描述性类型学——像任何形式的测量一样,在制定和评估解释方面都没有发挥作用。在某些情况下,类型学中所包含的类别是解释变量。例如,汤普森(Thompson)、埃利斯

(Ellis)和威尔达夫斯基(Wildavsky)等人试图解释冷漠和风险感知的概念,于是使用网格组类型学中的类别。同样,达尔(Dahl)也介绍了他的政体类别类型学,其中心目标是区分多头政体运动中的替代轨迹。他的目标是探索这一假设,即如类型学中对类别定义的那样,不同轨迹对长期的政体结果有重要的影响。

在其他情况下,类型学是要解释的结果。在国家对女性运动的不同响应中,梅热(Mazur)的类型学强调双响应的模式,而且她进一步研究这种特定响应发生的条件——而不是类型学中描述的其他响应。相关的,类型学有助于因变量的解聚,研究人员将其视为解释性研究过程中的必要环节。因此,瓦斯克斯(Vasquez)认为,在没有更具差异性的战争概念建构的情况下,关于战争解释的建构和检验是不可能实现的。他【168】的类型学区分了一种特定的类型,这也是他在不同解释评估中关注的重点。

因此,在类型学研究的几个指导方针中,我们要清楚地把学者在解释性判断建构与评估的长远目标上所做的贡献放在首位。

最后,更广泛地讲,我们认为类型学在比较分析中发挥关键作用,而且这一点应该是公认的。类型学有助于理清给定研究中正在调查的理论类型,根据相关概念阐明这些类型的意义。类型学同样用于具体案例的比较,既包括横截面比较,又包括历时比较,而且正如强调的那样,类型学是解释性判断建构与评估中的关键。类型学使用过程中明确的规范有助于比较研究工作的进一步推进,同时帮助学者得出概念清晰、分析高效的结论。

参考文献

Abramson, P. R., Aldrich J. H., Paolino P., and Rohde D. W. 1992. "Sophisticated" voting in the 1988 presidential primaries. *American Political Science Review*, 86:55-69.

Aggarwal, V. K. 2001. Economics: international trade. In *Managing Global Issues: Lessons Learned*, ed. P. J. Simmons and C. de J. Oudraat. Washington, DC: Carnegie Endowment for International Peace.

Aldrich, J. H., Sullivan J. L., and Borgida, E. 1989. Foreign affairs and issue voting: do presidential candidates "waltz before a blind audience?" *American Political Science Review*, 83:123-41.

Anderson, C. W. 1970. *The Political Economy of Modern Spain*. Madison: University of Wisconsin Press.

Ansell, C. K., and Fish, M. S. 1999. The art of being indispensable: noncharismatic personalism in contemporary political parties. *Comparative Political Studies*, 32:283-312.

Bailey, K. D. 1992. Typologies. In *Encyclopedia of Sociology*, vol. iv, ed. E. F. Borgatta and M. L. Borgatta. New York: Macmillan.

——1994. Typologies and Taxonomies: An Introduction to Classification Techniques. Thousand Oaks,

Calif.Sage.

Barton, A.H. 1955. The concept of property-space in social research. In *The Language of Social Research*, ed.P.F.Lazarsfeld and M.Rosenberg.Glencoe, Ill.; Free Press.

Bellin, E. 2000. Contingent democrats: industrialists, labor, and democratization in late-developing countries. *World Politics*, 52:175–205.

Bennett, A., and Elman, C. 2006. Qualitative research: recent developments in case study methods. *Annual Review of Political Science*, 9:455–76.

Blalock, H. 1982. Conceptualization and Measurement in the Social Sciences. Beverly Hills, Calif.; Sage.

Boix, C. 1998. Political Parties, Growth, and Equality: Conservative and Social Democratic Economic Strategies in the World Economy. Cambridge: Cambridge University Press.

Bratton, M., and van de Walle, N. 1997. *Democratic Experiments in Africa: Regime Transitions in Comparative Perspective*. Cambridge: Cambridge University Press.

Capoccia, G. 2005. *Defending Democracy: Reactions to Extremism in Interwar Europe*. Baltimore: Johns Hopkins University Press.

Carmines, E.G., and Stimson, J.A. 1980. The two faces of issue voting. *American Political Science Review*, 74:78–91.

Collier, D., and Mahon, J. E., Jr. 1993. Conceptual " stretching " revisited: adapting categories in comparative analysis. *American Political Science Review*, 87:845–55.

Collier, R.B. 1999. Paths toward Democracy: The Working Class and Elites in Western Europe and South America. Cambridge: Cambridge University Press.

——and Collier, D. 1991. *Shaping the Political Arena*. Princeton, NJ; Princeton University Press.

Dahl, R.A. 1971. *Polyarchy: Participation and Opposition*. New Haven, Conn.; Yale University Press.

Dai, X. 2002. Information systems in treaty regimes. *World Politics*, 54:405–36.

Dalton, R.J. 2006. Citizen Politics: Public Opinion and Political Parties in Advanced Industrial Democracies, 4th edn. Washington, DC: CQ Press.

Davey, B. A., and Priestley, H. A. 2002. *Introduction to Lattices and Order*, 2nd edn. Cambridge: Cambridge University Press.

Dittmer, L., and Wu, Y.S. 1995. The modernization of factionalism in Chinese politics. *World Politics*, 47:467–94.

Douglas, M. 1982. *In the Active Voice*. London; Routledge and Kegan Paul.

Duverger, M. 1954. *Political Parties*. London; Methuen and Co.

Ekiert, G., and Kubik, J. 1998. Contentious politics in new democracies: East Germany, Hungary, Poland and Slovakia, 1989–93. *World Politics*, 50:547–81.

Elman, C. 2005. Explanatory typologies in qualitative studies of international politics. *International Organization*, 59:293–326.

Ertman, T. 1997. Birth of the Leviathan: Building States and Regimes in Medieval and Early Modern Europe. Cambridge: Cambridge University Press.

Evans, P. 1995. *Embedded Autonomy: States and Industrial Transformation.* Princeton, NJ: Princeton University Press.

Fish, M.S. 1995. Democracy from Scratch: Opposition and Regime in the New Russian Revolution. Princeton, NJ: Princeton University Press.

——1999. The end of Meciarism. *East European Constitutional Review*, 8: 47–55.

——2007. Really strange regimes: personality cults and personalistic dictatorships in the modern world. Department of Political Science, University of California, Berkeley.

Gamson, W.A. 1975. *The Strategy of Social Protest.* Homewood, Ill.: Dorsey Press.

George, A., and Bennett, A. 2005. *Case Studies and Theory Development in the Social Sciences.* Cambridge, Mass.: MIT Press.

Glaser, C.L. 1992. Political consequences of military strategy: expanding and refining the spiral and deterrence models. *World Politics*, 44: 497–538.

Haas, E.B. 2000. Nationalism, Liberalism, and Progress: The Dismal Fate of New Nations, vol. ii. Ithaca, NY: Cornell University Press.

Hale, H. 2004. Divided we stand: institutional sources of ethno federal state survival and collapse. *World Politics*, 56: 165–93.

Hall, P.A., and Soskice, D. 2001. An introduction to varieties of capitalism. In *Varieties of Capitalism: The Institutional Foundations of Comparative Advantage*, ed. P.A. Hall and D. Soskice. Oxford: Oxford University Press.

Herrmann, R.K. 1992. Soviet behavior in regional conflicts: old questions, new strategies, and important lessons. *World Politics*, 44: 432–65.

Hibbs, D.A., Jr. 1987. *The Political Economy of Industrial Democracies.* Cambridge, Mass.: Harvard University Press.

Hirschman, A. O. 1970. Exit, Voice, and Loyalty: Responses to Decline in Firms, Organizations, and States. Cambridge: Cambridge University Press.

——1981. Essays in Trespassing: From Economics to Politics and Beyond. Cambridge: Cambridge University Press.

Jackman, R.W. 1985. Cross-national statistical research and the study of comparative politics. *American Journal of Political Science*, 29: 161–82.

Janos, A. 1986. Politics and Paradigms: Changing Theories of Change in Social Science. Stanford, Calif.: Stanford University Press.

Kagan, R.A. 1978. *Regulatory Justice: Implementing a Wage-Price Freeze.* New York: Russell Sage Foundation.

——2001. *Adversarial Legalism.* Cambridge, Mass.: Harvard University Press.

Karl, T.L. 1990. Dilemmas of democratization in Latin America. *Comparative Politics*, 22: 1–21.

Katz, R. S., and Mair, P. 1995. Changing models of party organization and party democracy: the emergence of the cartel party. *Party Politics*, 1: 5–28.

Kirchheimer, O. 1966. The transformation of West European party systems.In *Political Parties and Political Development*, ed.J.La Palombara and M.Weiner.Princeton, NJ: Princeton University Press.

Kohli, A. (ed.) 1995. The role of theory in comparative politics: a symposium.*World Politics*, 48: 1-49.

Krasner, S. 1977. United States commercial and monetary policy: unraveling the paradox of external strength and internal weakness.In *Between Power and Plenty: Foreign Economic Policies of Advanced Industrial States*, ed.P.J.Katzenstein.Madison: University of Wisconsin Press.

——1999. *Sovereignty: Organized Hypocrisy*.Princeton, NJ: Princeton University Press.

Kullberg, J.S., and Zimmerman, W. 1999. Liberal elites, socialist masses and problems of Russian democracy.*World Politics*, 51: 323-58.

Leff, C.S. 1999. Democratization and disintegration in multinational states: the breakup of the Communist federations.*World Politics*, 51: 205-35.

Lehoucq, F. 2007. When does a market for votes emerge? In *Elections for Sale: The Causes and Consequences of Vote Buying*, ed.F.C.Schaffer.Boulder, Colo.: Lynne Rienner.

Leonard, D.K. 1982. Analyzing the organizational requirements for serving the rural poor.In *Institutions of Rural Development for the Poor: Decentralization and Organizational Linkages*, ed.D.K.Leonard and D. R.Marshall.Berkeley, Calif.: Institute of International Studies, Research Series No. 49.

Levi, M. 1997. *Consent, Dissent, and Patriotism*.Cambridge: Cambridge University Press.

Levitsky, S. 2001. Organization and labor-based party adaptation: the transformation of Argentine Peronism in comparative perspective.*World Politics*, 54: 27-56.

Levy, J.D. 2006. The State after Statism: New State Activities in the Age of Liberalism.Cambridge, Mass.: Harvard University Press.

Lijphart, A. 1968. Typologies of democratic systems.*Comparative Political Studies*, 1: 3-44.

——1984. Democracies: Patterns of Majoritarian and Consensus Government in Twenty-one Countries. New Haven, Conn.: Yale University Press.

Linz, J. 1964. An authoritarian regime: Spain.In *Cleavages, Ideologies and Party Systems: Contributions to Comparative Political Sociology*, ed. E. Allardt and Y. Luttunen. Transactions of the Westermarck Society, vol. 10. Helsinki: Academic Bookstore.

——1975. Totalitarian and authoritarian regimes.In *Handbook of Political Science*, vol.iii, ed.F.I.Greenstein and N.W.Polsby.Reading, Mass: Addison-Wesley.

Lowi, T. 1970. Decision making vs. policy making: toward an antidote for technocracy. *Public Administration Review*, 30: 325-34.

——1972. Four systems of policy, politics, and choice.*Public Administration Review*, 32: 298-310.

Luebbert, G.M. 1991. Liberalism, Fascism, or Social Democracy: Social Classes and the Political Origins of Regimes in Interwar Europe.Oxford: Oxford University Press.

Mankiw, N.G. 2001. *Principles of Economics*, 2nd edn.Fort Worth, Tex.: Harcourt College.

Mann, M. 1993. The Sources of Social Power, vol II: The Rise of Classes and Nation-States, 1760 - 1914. Cambridge: Cambridge University Press.

Mares, I. 2003. The sources of business interest in social insurance. *World Politics*, 55:229−58.

Martin, E. 1984. Scheme for classifying survey questions according to their subjective properties. In *Surveying Subjective Phenomena*, vol. i, ed. C. F. Turner and E. Martin. New York: Russell Sage Foundation.

Matland, R. 1995. Synthesizing the implementation literature: the ambiguity-conflict model of policy implementation. *J-Part* (April): 159−70.

Mazur, A. 2001. State Feminism, Women's Movements, and Job Training: Making Democracies Work in the Global Economy. New York: Routledge.

——and McBride, D. E. 2008. State feminism. In *Politics, Gender, and Concepts*, ed. G. Goertz and A. Mazur. Cambridge: Cambridge University Press.

——and Stetson, D. M. 1995. Conclusion: the case for state feminism. In *Comparative State Feminism*, ed. A. Mazur and D. M. Stetson. London: Sage.

McFaul, M. 2002. The fourth wave of democracy and dictatorship: noncooperative transitions in the postcommunist world. *World Politics*, 54:212−44.

McKinney, J. C. 1966. *Constructive Typology and Social Theory*. New York: Meredith.

Miller, B. 1992. Great power cooperation in conflict management. *World Politics*, 45:1−46.

Moltz, J. C. 1993. Divergent learning and the failed politics of Soviet economic reform. *World Politics*, 45: 301−25.

Montgomery, J. D. 1983. Decentralizing integrated rural development activities. In *Decentralization and Development: Policy Implementation in Developing Countries*, ed. G. S. Cheema and D. A. Rondinelli. Beverly Hills, Calif.: Sage.

Muir, W. K., Jr. 1977. *Police: Streetcorner Politicians*. Chicago: University of Chicago Press.

Murillo, M. V. 2000. From populism to neoliberalism: labor unions and market reforms in Latin America. *World Politics*, 52:135−74.

Nichter, S. 2008. Vote buying or turnout buying? Machine politics and the secret ballot. *American Political Science Review*, 102:19−31.

O'Donnell, G. A., and Schmitter, P. C. 1986. *Transitions from Authoritarian Rule: Tentative Conclusions about Uncertain Democracies*. Baltimore: Johns Hopkins University Press.

O'Dwyer, C. 2004. Runaway state building: how political parties shape states in postcommunist Eastern Europe. *World Politics*, 56:520−81.

Paige, J. M. 1975. Agrarian Revolution: Social Movements and Export Agriculture in the Under developed World. New York: Free Press.

Parsons, C. 2006. *How to Map Arguments in Political Science*. Oxford: Oxford University Press.

Pempel, T. J. 1990. Introduction. In *Uncommon Democracies: The One-Party Dominant Regimes*, ed. T. J. Pempel. Ithaca, NY: Cornell University Press.

Peterson, M. A. 1992. The presidency and organized interests: White House patterns of interest group liaison. *American Political Science Review*, 86:612−25.

Pierson, P. 1993. When effect becomes cause: policy feedback and political change. *World Politics*, 45:

595-628.

—— 2003. Big, slow-moving, and...invisible: macrosocial processes in the study of comparative politics. In *Comparative Historical Analysis in the Social Sciences*, ed. J. Mahoney and D. Rueschemeyer. Cambridge: Cambridge University Press.

Remmer, K. L. 1986. Exclusionary democracy. *Studies in Comparative International Development*, 20: 64-85.

Rogowski, R. 1989. *Commerce and Coalitions*. Princeton, NJ: Princeton University Press.

Sapir, A. 2005. Globalisation and the reform of European social models. Prepared for the ECOFIN Informal Meeting in Manchester, September 9. Accessed at < http://www. bruegel. org/Files/media/PDF/Publications/Papers/EN_SapirPaper080905. pdf>.

Sartori, G. 1970. Concept misformation in comparative politics. *American Political Science Review*, 64: 1033-53.

——(ed.) 1984. Social Science Concepts: A Systematic Analysis. Beverly Hills, Calif.: Sage.

Schmitter, P. C. 1971. *Interest Conflict and Political Change in Brazil*. Stanford, Calif.: Stanford University Press.

—— 1974. Still the century of corporatism? *Review of Politics*, 36: 85-105.

——and Karl, T. L. 1992. The types of democracy emerging in Southern and Eastern Europe and South and Central America. In *Bound to Change: Consolidating Democracy in East Central Europe*, ed. P. M. E. Volten. New York: Institute for East West Studies.

Schweller, R. 1992. Domestic structure and preventive war: are democracies more pacific? *World Politics*, 44: 235-69.

——1998. Deadly Imbalances: Tripolarity and Hitler's Strategy of World Conquest. New York: Columbia University Press.

Scott, J. C. 1972. *Comparative Political Corruption*. Englewood Cliffs, NJ: Prentice Hall.

Shively, W. P. 2005. *The Craft of Political Research*. Upper Saddle River, NJ: Prentice Hall.

Sikkink, K. 1993. The power of principled ideas: human rights policies in the United States and Western Europe. In *Ideas and Foreign Policy: Beliefs, Institutions, and Political Change*, ed. J. Goldstein and R. O. Keohane. Ithaca, NY: Cornell University Press.

Snyder, R. 1999. After neoliberalism: the politics of reregulation in Mexico. *World Politics*, 51: 173-204.

Taliaferro, J. 2000-1. Security seeking under anarchy: defensive realism revisited. *International Security*, 25: 128-61.

Tarrow, S. 2005. *The New Transnational Activism*. Cambridge: Cambridge University Press.

Thompson, M., Ellis, R., and Wildavsky, A. 1990. *Cultural Theory*. Boulder, Colo.: Westview.

Tilly, C., and Tarrow, S. 2007. *Contentious Politics*. Boulder, Colo.: Paradigm.

Treisman, D. S. 1997. Russia's "ethnic revival": the separatist activism of regional leaders in a postcommunist order. *World Politics*, 49: 212-49.

Vasquez, J. A. 1993. *The War Puzzle*. Cambridge: Cambridge University Press.

Vitols, S. 2001. The origins of bank-based and market-based financial systems: Germany, Japan, and the United States. In *The Origins of Nonliberal Capitalism: Germany and Japan in Comparison*, ed. W. Streeck and K. Yamamura. Ithaca, NY: Cornell University Press.

Vogel, S. K. 1996. Freer Markets, More Rules: Regulatory Reform in Advanced Industrial Countries. Ithaca, NY: Cornell University Press.

Vogt, W.P. 2005. Dictionary of Statistics of Methodology: A Nontechnical Guide for the Social Sciences, 3rd edn. Thousand Oaks, Calif.: Sage.

Von Beyme, K. 1996. *Transition to Democracy in Eastern Europe*. New York: St Martin's Press.

Waisman, C.H. 1982. Modernization and the Working Class: The Politics of Legitimacy. Austin: University of Texas Press.

Weyland, K. 1995. Latin America's four political models. *Journal of Democracy*, 6: 125-39.

Ziblatt, D. 2006. Structuring the State: The Formation of Italy and Germany and the Puzzle of Federalism. Princeton, NJ: Princeton University Press.

第八章　测量与校准:集合论研究路径

查尔斯·C.拉金(Charles C.Ragin)

　　本章围绕测量和校准间的区别进行研究,校准在理论认识层面更为固定,我们正是根据校准对给定研究进行分析。集合论是实现有意义校准的一个有价值的工具,更具体地说,模糊集分析特别适合完成这一目标。

　　模糊集对社会科学来说还是尚新的概念。迈克尔·史密森(Michael Smithson 1987)首次将这一概念全面地引入到社会科学中。然而,在模糊集分析的基本原理通过定性比较分析(QCA;参见 Ragin 1987;2000)阐释以前,其应用还是十分罕见的,定性比较分析本质上是集合论的分析体系,与相关性分析不同,表现在灵感和设计方面。这两者的结合产生了模糊集定性比较分析(fsQCA),其方法仅仅依靠相关推理,为社会科学家提供传统定量方法外的另一种选择(参见 Ragin 的近期出版作品)。

　　模糊集背后的基本思想很容易掌握,当然,所谓的简单也并非如此。模糊集的隶属
度(如民主党集合中的隶属度)在 0.0 到 1.0 区间之内,其中 0.0 表示完全非隶属,1.0表示完全隶属。然而,有用的模糊集分析的关键是建构合理的模糊集,从而提出校准的问题。研究人员如何校准集合中的隶属度,如民主党集合? 该如何定义? 什么构成完全隶属度? 什么构成完全非隶属度? 集合中隶属度为 0.75(<0.75 的情况多于>0.75的情况,但并不完全<0.75)表示什么? 与隶属度为 0.90 的情况相比,他们的区别是什么?

　　本章的主要内容是:与传统变量不同,模糊集必须进行校准。经过校准的模糊集在许多方面优于传统的测量,因为这些模糊集同时应用于定量社会研究和定性社会科学中。实质上,笔者认为模糊集在定量和定性测量间提供了一条中间研究路径。然而,这条中间路径并不是两者间的妥协,反而超越了两者的诸多局限性。

1. 校准是什么?

校准是化学、天文学、物理学等领域中必不可少的常规研究实践(Pawson 1989,第135—137页)。在这些领域和其他自然科学中,研究人员校准他们的测量器具以及这些器具通过调整产生的示值,从而使其与可靠的已知标准相匹配或一致。这些标准使得对测量的解释更为直接(Byrne 2002)。20摄氏度是可以解释的,因为该温度处在0度(冰点)和100度(沸点)之间。相比之下,根据商定的标准对测量结果进行校准在社会科学中是比较少见的。① 大多数社会科学家都愿意使用未校准测量,这种测量只显示各案例相对于彼此的位置。然而很明显,未校准测量次于校准测量。例如,对温度进行未校准测量,我们可以了解到某一物体的温度比其他物体高,或高于给定集合中被测量物体温度的平均值,但仍然不知道这个物体到底是热的还是冷的。同样,对民主程度进行未校准测量,我们可以了解到一个国家比另一个国家民主,或是高于民主程度的平均水平,但仍然不知道这个国家到底实行民主还是专制。

校准在一个条件设定或构造其他条件背景的情况下尤为重要。例如,水温和体积【176】的关系在0℃时发生定性变化,100℃时也是如此。随着温度超过0℃,体积减小,然后随着温度超过100℃,体积增加。摄氏温标经过有针对性的校准来指示这些"相移",研究水属性的人员了解到,在没有考虑这两个定性断点的情况下,不能对水的各个属性之间的关系进行检验。了解温度测量本身外部的这些相移为其校准提供了依据。②

与刚刚描述的相移并行运作的背景设定条件在社会现象的研究中比比皆是。最基本的背景设定条件是范围条件(Walker 和 Cohen 1985)。如果研究人员指出某一属性或关系仅适用(或存在)于某一类案例(例如:仅适用于"民主国家"),那么此时他们已经使用范围条件来定义有利背景。社会科学中背景设定条件的另一个例子是将经验人群作为允许条件。例如,如果研究人员认为某一属性或关系仅适用于拉丁美洲国家,那么此时他们已将经验划定的人口作为背景设定条件。虽然有时范围条件和经验人群间的区别模糊不清,但两者都被用作背景设定条件,这一点是类似的。在这两种用法中,

———————————

① 或许人们在贫困研究领域中最大限度地进行了校准工作,在这一领域中,建立外部标准(即确定谁是穷人)的任务具有深层次的政策相关性。校准测量的另一个例子是由联合国制定并刊登在《人类发展报告》中的人类发展指数。相比之下,校准在经济学中具有不同的含义。研究人员将模型中的参数设为特定值,以此来"校准"参数,从而可以观测模型中其他参数的属性和行为。这种类型的校准与确定的测量校准不同,这也是本章要探讨的核心问题。

② 感谢亨利·布雷迪(Henry Brady)指出"相移"概念的重要性,以此来阐述笔者的论点。

范围条件和经验人群都充当启用或禁用特定属性或关系的条件。

统计交互作用检验通常是出于对改变其他变量间关系条件的同样关注；也就是说，出于对背景设定条件的同样关注。如果随着第三个变量 Z 水平的增加，X 对 Y 的影响从无到具有实质性影响，那么 Z 充当背景设定条件，使 X 与 Y 之间的关系成立。与范围条件和总体边界不同，该示例中的交互变量 Z 根据水平发生变化，而不是简单的存在/不存在二分法。尽管背景设定条件随水平或程度变化这一现象使研究变得更加复杂，但这三种情况下的逻辑是相同的。事实上，我们可以认为，二分背景设定条件（如范围条件）是统计交互的特例。

交互变量 Z 随水平发生变化，且作为背景设定条件，这一事实自动提出了校准的问题。Z 处于何种水平，X 和 Y 之间的关系成为可能？Z 处于何种水平，X 和 Y 之间的联系密切？为了回答这些问题，指定 Z 的相关值很有必要，这是 Z 实际意义上的校准。在 Z 值的特定范围内，X 和 Y 之间没有关系，而在另一个范围内，X 和 Y 之间的关系密切。或许在 Z 中间值范围内，X 和 Y 之间的关系从微弱到适中不等。为了指定这些数值或水平，以某种方式引入外部、实质性的知识很有必要——来解释这些不同水平的背景设定条件。不幸的是，检验统计交互作用的研究人员在很大程度上忽略了这个问题，并且已满足于广泛的统计交互检验，而并未关注校准和背景的问题。【177】

尽管校准与许多常规社会科学的关注点和实践相关，但这一主题在很大程度上被忽视。为进一步讨论模糊集及其校准，笔者首先检验定量社会研究和定性社会研究中常见的测量实践。概述了这些实践之后，笔者认为社会科学家将测量校准纳入其研究的一个有用途径是使用模糊集。另外，笔者进一步表明，模糊集与定性、定量研究人员的测量关注点都产生共鸣，其中定性研究的目标往往是区分相关和不相关变化（即解释变化），而定量研究的目标是对各案例相对于彼此的准确定位。

2. 常见的定量研究测量实践

尽管许多杰出学者（例如 Duncan 1984；Pawson 1989）对测量进行了大量研究，也提出了宝贵意见，但正如社会科学中实践的那样，测量仍然相对随意，缺乏系统性。其主要方法就是指标法，社会科学家试图找出其理论概念的最佳可能实证指标。例如，人均国民收入（按购买力差异调整后的美元）经常被用作国家发展理论概念的实证指标。在指标法中，关键要求是不同情况下指标必须不同，并且按顺序排列，使其与基本概念的顺序一致。例如，人均国民收入的数值必须以系统的方式区分欠发达国家和较发达国家。

在这种方法中,精确的分级和相等的测量区间优于粗略的区分和单纯的顺序排列。像人均收入这样的指标非常受欢迎,不仅因为其提供了精确的分级(例如,人均收入 5500 美元比 5600 美元少 100 美元),而且还因为两例的距离是相同的,不论差异是在 1000 美元到 2000 美元之间,还是在 21000 美元到 22000 美元之间(即 1000 美元的差额)。① 这种区间和比例尺度指标非常适合广泛应用的分析技术,用来评估变量之间的【178】关系,如多元回归和线性相关技术。②

更为复杂的指标模型利用多个指标,依靠心理测量理论(Nunnally and Bernstein 1994)。该理论的核心思想是:由同一基本概念的多个相关指标组成的指数可能比任何单一指标更准确、更可靠。一个简单的例子:人均国民收入很容易夸大石油出口国的发展水平,使其看起来比实际情况更发达。这种异常对人均收入作为基本概念的表面效度提出了挑战。然而,使用多个指标组成的发展指数(例如:文化素养、预期寿命、能源消耗、劳动力构成等)可以解决这些异常现象,因为在众多不同发展指标中,许多石油出口国在某些方面的分数相对较低。理想情况下,基本概念的各项指标之间应该密切相关。若非如此,那这些可能是不同基本概念的指标(Nunnally and Bernstein 1994)。只有在所有指标上同时得高分的情况下,才能获得由多个指标构成的指数的最高分。相应地,只有在所有指标上同时得低分的情况下,才能获得指数的最低分。当然,中间值的情况是两者的混合体。

也许实现指标法最复杂的过程是通过分析技术,被称为结构方程模型(或"SEM";参见 Bollen 1989)。结构方程模型将单一概念(基本心理测量模型)多个指标的使用扩展到多个概念及其相互关系。实质上,多指标指数的建构是在分析概念间相互关系的背景下进行的。因此,通过优化假设关系的方式来调整指数建构过程。借助结构方程,研究人员可以在指数嵌入模型的背景下,评估所建构指数的相干性。同时,他们可以评估整个模型的相干性。

"指标"系列中的所有技术都过分依赖观测到的变化,而这些变化几乎总是具有特定定义和构造的样本。如前文所述,在常规方法中,指标必须满足的关键要求是以反映

① 实际上,生活在人均国民生产总值为 2000 美元的国家与生活在人均国民生产总值为 1000 美元的国家之间存在巨大差异;然而,生活在人均国民生产总值为 22000 美元的国家与生活在人均国民生产总值为 21000 美元的国家之间几乎没有差别。研究人员使用传统的指标法几乎不能解决这类细微问题,但在使用校准测量的研究(如模糊集)中必须直面这些问题。

② 大多数教科书坚持认为比例尺度是最重要的测量形式,因为这种测量是由一个有意义的零点决定的,然而需要注意的是,模糊集有三个数值锚定值:1.0(完全隶属度),0.0(完全非隶属度)和 0.5(将所研究集合中"纳入>排除"和"排除>纳入"情况分开的交叉点),参见 Ragin(2000)。如果此类"锚定"表示更高水平测量的观点得到认可,那么我们可以得出结论,与比例尺度变量相比,模糊集的测量水平更高。

【179】 基本概念的方式对案例进行排序。需要指出的是,这些排序在本质上是完全相对的。也就是说,在指标分值的分布上,案例的定义是*相对的*(即具有"较高"与"较低"分值)。例如,如果美国的人均国民收入比意大利高 1000 美元,那么相应地,美国被视为相对较发达。国家之间的差距越大,他们在发展等级中的相对位置就越不同。此外,"高分"和"低分"是*相对于*观测到的分值分布来定义的,通常是从明确界定的人群中得出的分值样本。因此,分值高于样本集中趋势(通常为平均值)的情况下,我们称其为"高分";正向差距越大,分值"越高"。同样,分值低于平均值的情况下,我们称其为"低分";负向差距越大,分值"越低"。请注意,使用集中趋势特定样本测量的偏差提供了一种粗略、被动的校准形式。其粗略的原因在于,不同样本的校准标准(例如:平均值和标准偏差)不同,标准由此归纳推断而来。相比之下,自然科学中的常规做法是在外部、可靠、已知标准(如水的沸点)的基础上进行校准。

乍一看,关于在社会科学中使用指标的这些常规做法似乎是完全直截了当的,也是毫无争议的。这看起来似乎完全合理,例如,各国应该相对排列,集中趋势的某些测量应在所研究样本或总体的基础上定义"高分"和"低分"。再一次说明,指标模型的基本要求仅仅是变化,而这些变化反过来要求:(1)显示各种分数的样本(或总体);(2)基于样本(或总体)的集中趋势测量。但请注意,这里所有的变化都同样具有相关性。①也就是说,考虑到变化所揭示的潜在概念,指标整个范围内的变化都被视为相关的。例如,处于收入分配最顶端的两个国家都是"高度发达国家"。然而,区分两者的差异表明,一个国家比另一个国家"更发达"。在指标法中,这种差异通常从表面数值上来看,意味着我们通常不会试图关注这些案例,并询问这种差异(或任何其他差异,无论大小)相对于基本概念来说是否相关或有意义。② 相比之下,在对相关分数的解释得到一致同意的情况下,外部标准是测量校准的核心。这些外部标准为分数的解释提供了条件。

【180】 ## 3. 常见的定性研究测量实践

在常规定量研究中,测量是概念的指标,概念构成模型,而模型又源自理论。因此,

---

① 当然,研究人员有时会转换其变量(例如使用对数),以减少偏斜并改变变化权重。然而,这种调整是比较少见的,在任何情况下,我们通常从机械的角度上来理解,将其视为提升模型稳健性的一种方式。

② 还要注意的是,我们不再强调分布两端的变化,或是以某种方式将其截断,定量研究人员对这一观点提出了质疑,因为截断变化往往会导致相关性减弱。

定量测量方法在很大程度上以理论为中心。相比之下,大量定性研究更多以知识为中心;因此往往更多地以实证为基础,本质上更具"迭代性"。也就是说,一方面,概念建构和测量之间存在相互作用,另一方面,概念建构和研究策略之间也存在相互作用(参见 Glaser and Strauss 1967)。研究人员以定向思维从广泛的概念入手,并通过实证案例来完成概念的定义与阐述(Becker 1958)。这种逐步完善的过程涉及观点和证据间的迭代"往复"运动(Katz 1982;Ragin 1994)。在这个往复过程中,研究人员指定并完善了他们的实证指标与测量。

一个简单的例子:宏观层面的研究人员经常区分经历"早期"形成的国家与"晚期"形成的国家(参见 Rokkan 1975)。那些"早期"发展起来的国家比"晚期"发展起来的国家具有一定的优势,反之亦然。例如,大卫·莱廷(David Laitin 1992, xi)指出,那些对早期君主有效的强制性国家建设实践(如民族语言的强制性实施)在当今新的国家领导人身上并不可行,部分是因为这些政策可能产生国际范围内的谴责。但什么是"早期"国家形成? 当然,我们可以追溯国家形成的出现。因此,制定一个相对精确的国家"年龄"比例尺度测量是有可能的。但是,这种简单、直接的测量所获取的大多数变化与"早期"国家、"晚期"国家形成的概念无关。例如,假设一个国家已经延续了 500 年,另外一个国家已经延续了 250 年。第一个国家的延续时间是第二个国家的两倍,但从积累的国家形成实质性理论知识的视角来看,这两者都完全是"早期"形成的国家。因此,比例尺度指标"国家年龄"所获取的大部分变化与"早期"国家、"晚期"国家形成之间的区别无关。"年龄"必须根据积累的实质性知识进行调整,以便能够以与现有理论相适应的方式解读"早期"形成国家与"晚期"形成国家。

这种校准即使很少建模或明确地阐述,但在定性研究工作中仍然司空见惯。事实上,从传统定量研究的角度来看,定性研究人员似乎有意"扭曲"测量,以符合他们的预设概念。然而事实上,定性研究人员的目标只是根据案例知识和调查者的兴趣来解释"纯粹的指标",如"国家年龄"(例如:从国家形成理论的角度来判断一个国家属于"早期"形成国家还是"晚期"形成国家)。

定性研究测量的第二个基本特征是:与定量研究测量相比,这种测量更倾向于以案例为导向。这种观测远远超过了先前的观测,定性研究人员更加注重案例的细节。在【181】以案例为导向的研究中,概念重点是具体的案例种类,例如"发达国家"。相比之下,在以变量为导向的研究中,其重点在于定义样本或总体案例中的变化尺度,例如目前建构民族国家发展水平的变化。这种区别是细微的,但也非常重要,因为案例不仅可以随给定的维度变化,而且也可以随满足类别或集合中隶属资格要求的程度变化。例如,各国在满足发达国家集合中隶属资格的要求方面各不相同——有些案例完全满足,有些部分满足,有些甚至完全不满足。为了评估案例满足隶属资格要求的程度,调用外部标准十分有必要,例如将一个国家视为"发达国家"的评判标准。因此,在以案例为导向的研究中,关键点就在一系列案例上,其隶属度可以单独确定并进行研究(例如"发达国家")。相比之下,在以变量为导向的研究中,案例通常被简单地理解为进行测量的位置(即通常仅被视为"观测"),这又为研究变量之间的关系提供了必要的原材料,被视为跨案例模式。

因此,以案例为导向的研究更符合测量应该进行校准的观点,因为其重点在于案例满足隶属资格标准的程度,而这些标准通常是外部确定的,而不是归纳导出的(例如使用样本平均值)。这些隶属资格标准必须反映商定的标准,否则,类别或集合的构成将受到质疑。在以变量为导向的观点中,一个群体的成员通常仅在他们表达给定特征或现象的程度上有所不同,而没有特别的动机来指定集合中的隶属资格标准,或是确定作为实例的具体案例。因此,定性测量方法与定量方法之间的一个主要区别在于,在定性方法中,含义附加于或强加于具体测量之上,例如什么构成"早期"国家形成或指定为发达国家需要具备什么条件。简而言之,定性研究测量得到诠释。

定性研究社会学家亚伦·西科雷尔(Aaron Cicourel)是对这里所描述测量的早期拥护者。他在经典作品《社会学方法与测量》中指出(1964,第24页),考虑语言、文化意义和测量系统的属性这三种"媒介"十分有必要,因为社会科学家通过这些媒介确定类别,并将其与观测到的对象和事件的属性联系起来。在他看来,确立等价类(如"民主国家"或"发达国家")的问题不能被视为独立的,或是脱离语言和文化意义的问题。他认为(1964,第33页):

> 将变量视为定量的观点(因为可用数据以数值的形式表示,或者因为这样更"科学")并不能提供测量问题的解决方案,但避免了建构测量的倾向。测量建构不能替代
>
> 【182】 理论结构的检验与再检验,因此我们对社会对象、事件属性的观测、描述和测量与我们所相信的社会现实结构有着直接的对应关系。

简单来说,西科雷尔认为,测量及其属性必须在理论和实质性知识的背景下进行评估。社会科学家可能拥有一个理论概念的比例尺度指标,然而这一事实并不意味着"社会现实"这一方面具有此类尺度的数学属性。

因此,在定性研究中,社会科学家应该使用外部标准来评估和解释其测量的观点比传统的定量研究更具时效性。然而,与定量研究的一个主要区别是,定性研究中的测量通常缺乏精确性,而定性研究中典型的上下文相关、以案例为导向的测量方法往往显得随意且不科学。

4. 模糊集:两条研究路径间的"桥梁"

有了模糊集,就有可能两全其美;也就是说,定量研究人员所注重的精度与定性研究中至关重要的校准测量实质性知识的运用同时得到满足。有了模糊集,精度以集合隶属度定量评估的形式出现,其隶属度从 0.0(集合中完全非隶属)到 1.0(完全隶属)不等。例如,一个国家在民主国家集合中的隶属度为 0.85,那么表明这个国家更趋向于隶属于这个集合,但并不完全隶属。实质性知识提供了外部标准,使得校准测量成为可能。这种知识表明完全隶属、完全非隶属的构成要素以及给定集合中案例(纳入>排除)的临界点(Ragin 2000;Smithson and Verkuilen 2006)。

通过对具体案例的研究,我们可以得出,用于校准测量并将其转化为集合隶属度的外部标准可以反映出基于社会知识(例如,十二年教育构成重要教育门槛的事实),集体社会科学知识(例如,经济发展变化以及成为完全"发达"国家的必备条件)或研究人员自己所积累的知识的标准。这些外部标准应该明确阐述,也必须系统、透明地对其加以应用。在传统的定性研究中,所采用的标准通常是隐含的,这一要求从而将模糊集的使用与传统的定性研究区分开来。

模糊集能够将定量和定性测量方法相结合,因为模糊集既是定性的,又是定量的。完全隶属和完全非隶属是定性的两个状态。在这两个定性状态之间是不同的隶属度,【183】从"趋向于完全非隶属度"(更接近 0.0)到"趋向于完全隶属度"(更接近 1.0)不等。模糊集同时也是定性、定量的,因为模糊集既以案例为导向,又以变量为导向。以案例为导向在于对集合与集合隶属度的关注。在以案件为导向的研究中,正如案例所属的集合一样(例如民主国家集合),案例的同一性同样重要。模糊集同时也是以变量为导向的,因为模糊集允许案例间存在不同的隶属度,因此细微的变化也是可以接受的。模糊集的这一方面为精确测量提供了依据,这在定量研究中非常受重视。

模糊集和常规变量之间的关键区别在于如何进行概念建构与标记。例如,我们虽然可以构造一个通用变量教育年限,但在事先没有指定并定义案例目标集的情况下,仍无法将该变量直接转换为模糊集。在这种情况下,研究人员可能对那些"至少受过高中教育"或"受过大学教育"的群体感兴趣。这个例子清楚地表明,指定不同的目标集决定不同的校准方案。以一个受过一年大学教育的人为例,如果目标集为至少受过高中教育的人群,那么此人完全隶属于这一集合(即隶属度为 1.0);但如果目标集为受过大学教育的人群,那么此人显然不完全隶属于这一集合。类似地,很明显,经济发展水平是一个有意义的通用变量,但为了将其校准为模糊集,指定一个目标集很有必要,例如发达国家集合。请注意,研究人员指定目标集这一要求不仅构成了集合的校准,而且还提供了理论话语和实证分析之间的直接联系。毕竟,相对于以通用变量(如"经济发展水平")为中心组织的理论话语,围绕案例指定集合(如"发展中国家")组织的理论话语更为常见。

最后,这些例子阐明了模糊集校准的关键特征——事实表明,为了校准模糊集,研究人员必须区分相关变化和不相关变化。例如,如果目标集为至少受过高中教育的人群,那么完成一年和两年大学教育之间的差异与该集合无关,因为两者都完全包含在这个集合内(即隶属度=1.0)。如概念建构和标记的那样,一年的差异与目标集毫不相关。在对模糊集进行校准时,与集合无关的变化必须截断,从而使所得隶属度如实反映目标集的标签。这一要求同样确立了理论话语与实证分析之间的密切联系。

使用外部标准来校准模糊集是本章其余部分的主要焦点。笔者特别关注以下情况:研究人员具有可供利用的某一概念的区间或比例尺度指标,并试图将其转变为成功校准的模糊集。

[184] 5. 将区间尺度变量转变为模糊集

理想情况下,集合中隶属度的校准应完全基于研究人员的实质性和理论性知识。也就是说,社会科学家的集体知识库应为精确校准的规范提供依据。例如,拥有足够的发展知识,社会科学家应该能够指定表示"完全隶属"于发达国家集合的人均收入水平。不幸的是,社会科学尚处于起步阶段,这种知识基础并不存在。此外,在以变量为导向的研究中,其主要焦点是中心平均值变化,并将共变作为评估案例各方面之间关系的关键,这种研究的支配破坏了实质上以阈值和基准为基础的学术兴趣。虽然指定阈值和基准的问题还没有引起应有的重视,但这并不是一项艰巨的任务。有用校准的主要要求只是对现有实质性问题的持续关注(例如,发达国家集合中完全隶属度的构成条件)。

尽管现有知识库并不完善,但校准技术的实现仍有可能。这一切所欠缺的只是用于校准测量的精确"商定标准"。在尽可能的范围内,这里所提出的校准以现有的理论和实质性文献为基础。然而,其重点在于校准技术,而不是用于建构校准的具体实证基准。

所提出的技术假定研究人员已经掌握了其概念传统的区间尺度指标,例如,将人均国民收入作为发展指标。这些技术还假定基本概念可以用集合论术语来构造和标记,例如"发达国家集合中的隶属度"。请注意,这种标注要求明确地将研究朝着以案例为主导的方向推进。"发达国家集合"确定具体国家,而"发展水平"则不。后者只确定跨国变化的一个维度。

这里提出了两种校准方法。"直接法"重点关注构成模糊集的三个定性锚点:完全隶属度阈值、完全非隶属度阈值和交叉点。相比之下,"间接法"在六值编码方案的基础上,利用回归技术来估计集合隶属度。这两种方法都可以根据定性锚点(直接法)或定性分组(间接法)对集合隶属度进行精确的校准。

表 8.1 数学概念上的言语标记

1. 言语标记	2. 隶属度	3. 相关几率	4. 完全隶属度的对数几率
完全隶属度	0.993	148.41	5.0
完全隶属度阈值	0.953	20.09	3.0
纳入为主	0.881	7.39	2.0
纳入>排除	0.622	1.65	0.5
交叉点	0.500	1.00	0.0
排除>纳入	0.378	0.61	−0.5
排除为主	0.119	0.14	−2.0
完全非隶属度阈值	0.047	0.05	−3.0
完全非隶属度	0.007	0.01	−5.0

在讨论直接法之前,笔者应该解释一下,这种方法将集合中完全隶属度的对数几率(log odds)估计作为中间步骤。虽然利用完全隶属度对数几率估计这种解释路径看似迂回曲折,但随着进一步证明,这种方法的效果将变得更加明确。现在,我们来看表【185】8.1,该表列举了用于直接法论证过程中的不同测量标准。第 1 列显示了依附集合中不同隶属度的各种言语标记,其范围从完全非隶属度到完全隶属度。第 2 列显示了与每个言语标记相关联的集合隶属度。为方便起见,隶属度经四舍五入,取小数点后三位。第 3 列显示了将集合隶属度(第 2 列)转换为完全隶属度所产生的相关几率,其公式如下:

隶属度几率(odds of membership)=(隶属度)/(1-(隶属度))

最后一列显示了第 3 列中所报告的自然对数几率。实际上,第 2 列到第 4 列是使用不同测量标准,针对同一数值的不同表达方式。例如,依附于"完全隶属度阈值"的隶属度为 0.953,将其转换为几率,得出 20.09,计算 20.09 的自然对数,得出 3.0。①

---

① 第 2 列所显示的隶属度数值已经经过调整(例如,将完全隶属度由 0.999 调整到 0.993),以便与第 4 列中简单的单位数条目相对应。

对数几率测量标准的研究工作是有用的,因为该度量围绕 0.0(几率为 50/50)完全对称,既不受地板效应(floor effect)的影响,也不受天花板效应(ceiling effect)的影响。因此,例如,如果一项校准技术返回一个非常大的正数或非常大的负数,其转换的隶属度保持在 0.0 到 1.0 的范围内,这是模糊隶属度的核心要求。利用直接法校准的基本任务是:在遵守表 8.1 第 1 列中所示言语标记的前提下,将区间尺度变量转换为对数几率度量。①

【186】 值得注意的是,这些转换(范围从 0.0 到 1.0)所产生的集合隶属度不是概率,而应简单地被视为区间尺度向目标集中隶属度的转换。实质上,模糊隶属度将真值附加到一个声明上,而不是概率(例如,一个国家隶属于发达国家集合的声明)。真值与概率之间的差别很容易掌握,令人惊讶的是,许多学者混淆了这两者。例如,"啤酒是一种致命毒药"这一声明的真值大概是 0.05,也就是说,这一声明几乎但并不完全排除到真实声明之外,每天有数百万人毫无顾忌地消耗大量啤酒。然而,同样这些人却不可能饮用一种可能为致命毒药(其概率为 0.05)的液体,因为平均每二十瓶啤酒中就有一瓶会导致死亡。

6. 直接校准法

任何集合校准的起点都是目标集的明确规定。这一实证的重点是发达国家集合,其目标是利用人均国民收入数据对集合中的隶属度进行校准。该例证共包括 136 个国家;表 8.2 中的数据来自其中的 24 个国家,代表各种不同的国民收入价值。

直接法使用三个重要的定性锚点来建构校准:完全隶属度阈值、完全非隶属度阈值和交叉点(参见 Ragin 2000)。交叉点是区间尺度变量的数值,其中在案例更趋向于纳入还是从目标集中排除的问题上存在最大的不确定性。为进一步证明,这里将人均国民收入 5000 美元作为交叉点。直接校准法的一个重要步骤是根据研究人员指定的交叉点(本例中为 5000 美元)计算原始分数的偏差(见第 1 列)。这些数值如表 8.2 中第 2 列所示。负分数表明该案例在目标集中排除>纳入的情况,而正分数则表明纳入>排除的情况。

对于目标集中的完全隶属度阈值,笔者采用 20000 美元的人均国民收入,这是 15000 美元的偏差分数(比较表 8.2 中的第 1 列和第 2 列)。该值所对应的集合隶属度

① 从数学角度来讲,根据本章校准模糊隶属度程序所得出的隶属度并不能精确到 1.0 或 0.0。这两个隶属度将分别对应对数几率的正无穷大和负无穷大。相反,如果隶属度大于 0.95,那么我们可以将其解释为目标集中的完全隶属;如果隶属度小于 0.05,我们也可以将其解释为完全非隶属。

为 0.95,对数几率为 3.0。因此,人均国民收入 ≥ 20000 美元的情况(即偏差分数 ≥ 15000 美元)被视为完全隶属于目标集,其隶属度 ≥ 0.95,对数几率 ≥ 3.0。相反,目标集中完全非隶属的阈值为 2500 美元,这是 -2500 美元的偏差分数。这种国民收入值对应的集合隶属度为 0.05,对数几率为 -3.0。因此,人均国民收入 ≤ 2500 美元的情况 **【187】** (即偏差分数 ≤ -2500 美元)被视为完全非隶属于目标集,其隶属度 ≤ 0.05,对数几率 ≤ -3.0。

表 8.2 发达国家集合中隶属度的校准:直接法

国家	1. 国民收入	2. 与交叉点的偏差	3. 标量	4. 第 2 列与第 3 列的数据乘积	5. 隶属度
瑞士	40110	35110.00	.0002	7.02	1.00
美国	34400	29400.00	.0002	5.88	1.00
荷兰	25200	20200.00	.0002	4.04	.98
芬兰	24920	19920.00	.0002	3.98	.98
澳大利亚	20060	15060.00	.0002	3.01	.95
以色列	17090	12090.00	.0002	2.42	.92
西班牙	15320	10320.00	.0002	2.06	.89
新西兰	13680	8680.00	.0002	1.74	.85
塞浦路斯	11720	6720.00	.0002	1.34	.79
希腊	11290	6290.00	.0002	1.26	.78
葡萄牙	10940	5940.00	.0002	1.19	.77
韩国	9800	4800.00	.0002	.96	.72
阿根廷	7470	2470.00	.0002	.49	.62
匈牙利	4670	-330.00	.0012	-.40	.40
委内瑞拉	4100	-900.00	.0012	-1.08	.25
爱沙尼亚	4070	-930.00	.0012	-1.12	.25
巴拿马	3740	-1260.00	.0012	-1.51	.18
毛里求斯	3690	-1310.00	.0012	-1.57	.17
巴西	3590	-1410.00	.0012	-1.69	.16
土耳其	2980	-2020.00	.0012	-2.42	.08
玻利维亚	1000	-4000.00	.0012	-4.80	.01
科特迪瓦	650	-4350.00	.0012	-5.22	.01
塞内加尔	450	-4550.00	.0012	-5.46	.00
布隆迪	110	-4890.00	.0012	-5.87	.00

一旦选定了这三个值(两个阈值和一个交叉点),就可以对目标集中的隶属度进行校准。在这一点上,其主要任务是利用已在三个定性锚点上实施的外部标准,将以交叉点为中心的国民收入数据(第2列)转换为对数几率的度量标准。对于高于交叉点的偏差分数,这一转换可以通过两项相乘的方式实现:即相关偏差分数(表8.2中的第2列)乘以对数几率3.0(与完全隶属度阈值的言语标记相关联)与偏差分数(指定为完全隶属度阈值,即20000-5000 = 15000)之比。这个比率为3/15000或0.0002。对于低于交叉点的偏差分数,这一转换也可以通过两项相乘的方式实现:即相关偏差分数

【184】 (表8.2中的第2列)乘以对数几率-3.0(与完全非隶属度阈值的言语标记相关联)与偏差分数(指定为完全隶属度阈值,即2500美元-5000美元=-2500美元)之比。这个比率为-3/-2500或0.0012。这两个标量如第3列所示,第2列、第3列的乘积如第4列所示。① 因此,第4列显示了收入偏差分数向对数几率度量的转换,并通过两个标量,利用三个定性锚点来建构这一转换。

实际上,第4列中的数值是经过调整的人均国民收入价值,反映发达国家集合中隶属度的对数几率,并严格遵守依附于完全隶属度阈值、完全非隶属度阈值和交叉点这三个定性锚点的数值。因此,第4列中的数值不仅仅是机械意义上的国民收入尺度变换,因为这些数值通过三个定性锚点反映外部标准的实施。这种外部标准的使用是测量校准的一大标志。

第4列中对数几率向第5列中隶属度(其范围是0.0到1.0)的转换只是一小步。该转换只需通过以下标准公式即可实现,即:

隶属度= exp(对数几率)/(1 + exp(对数几率))

其中,"exp"表示对数几率的取幂运算,将其转换为简单几率。② 注意,表8.2最后一列所显示的隶属度严格遵守由三个定性锚点所决定的分布。也就是说,完全隶属度阈值(0.95)与人均国民收入20000美元挂钩;交叉点(0.50)与人均国民收入5000美元挂钩;等等。为进一步说明直接法的结果,我们来看图8.1,该图利用示例中136个国家的数据,显示了发达国家集合中隶属度与人均国民收入的关系。如图所示,当隶属度接近0.0(完全非隶属度)和1.0(完全隶属度)时,该曲线趋缓,与集合隶属度的概念建构相一致。该图没有揭示的是,世界上大多数国家都处于该图的左下角,国民收入低,完

---

① 在该图中,X轴表示与交叉点的国民收入偏差,Y轴表示发达国家集合中完全隶属度的对数几率,这两个标量构成分别从原点(0,0)到两个阈值点(15000,3)和(-2500,-3)直线间的斜率。

② 对于数学勉强的人,这些程序似乎令人生畏。笔者注意到,在模糊集/定性比较分析软件包(fsQCA;参见 Ragin,Drass 和 Davies 2006)的帮助下,表8.2中所描述的复杂计算步骤可以通过简单的计算命令来完成。

全排除在发达国家集合以外(即隶属度≤0.05)。

　　为了说明校准外部标准的重要性,我们考虑使用相同的国民收入数据(表8.2中的第1列)来校准"至少中等发达"国家集合中的隶属度。因为目标集的定义发生了改变,三个定性锚点也必须改变。"至少中等发达"国家集合中适当的锚点为:交叉点为2500美元;完全隶属度阈值为7500美元;完全非隶属度阈值为1000美元。该示例中的 【189】两个合适标量为:交叉值以上的情况为3/5000,交叉值以下的情况为-3/-1500。完整过程如表8.3所示,所使用的案例与表8.2相同。

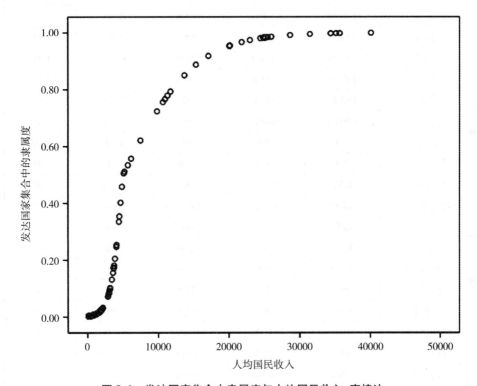

图8.1　发达国家集合中隶属度与人均国民收入:直接法

　　最后一列显示了表8.2和8.3之间的对比关键点,即校准的隶属度。例如,土耳其的人均国民收入为2980美元,其在发达国家集合中的隶属度为0.08。然而,在"至少中等发达"国家集合中的隶属度却为0.57,位于交叉点之上。注意,更普遍的是,在表8.3中,还有更多案例的隶属度接近1.0,这与简单的事实一致,即大多数国家在"至少中等发达"国家集合中的隶属度高于完全"发达"国家集合中的隶属度。表8.2和表8.3之间的对比强调了校准的知识依赖性和对同一测量(人均国民收入)应用不同外部标准的影响。再一次强调,理解校准的关键在于掌握外部标准的重要性,而外部标准则是基于研究人员在研究中所涉及的实质性和理论性知识。

表8.3　中等发达国家集合中隶属度的校准：直接法

国家	1. 国民收入	2. 与交叉点的偏差	3. 标量	4. 第2列与第3列的乘积	5. 隶属度
瑞士	40110	37610	.0006	22.57	1.00
美国	34400	31900	.0006	19.14	1.00
荷兰	25200	22700	.0006	13.62	1.00
芬兰	24920	22420	.0006	13.45	1.00
澳大利亚	20060	17560	.0006	10.54	1.00
以色列	17090	14590	.0006	8.75	1.00
西班牙	15320	12820	.0006	7.69	1.00
新西兰	13680	11180	.0006	6.71	1.00
塞浦路斯	11720	9220	.0006	5.53	1.00
希腊	11290	8790	.0006	5.27	.99
葡萄牙	10940	8440	.0006	5.06	.99
韩国	9800	7300	.0006	4.38	.99
阿根廷	7470	4970	.0006	2.98	.95
匈牙利	4670	2170	.0006	1.30	.79
委内瑞拉	4100	1600	.0006	.96	.72
爱沙尼亚	4070	1570	.0006	.94	.72
巴拿马	3740	1240	.0006	.74	.68
毛里求斯	3690	1190	.0006	.71	.67
巴西	3590	1090	.0006	.65	.66
土耳其	2980	480	.0006	.29	.57
玻利维亚	1000	−1500	.0020	−3.00	.05
科特迪瓦	650	−1850	.0020	−3.70	.02
塞内加尔	450	−2050	.0020	−4.10	.02
布隆迪	110	−2390	.0020	−4.78	.01

【190】 ## 7. 间接校准法

　　直接法依靠与三个定性锚点相关联的数值规范，而间接法依赖于研究人员根据目标集中案例隶属度进行的广泛分组。实质上，研究人员对这些案例进行初始排序，分成不同的隶属度水平，并指定其初始隶属度，然后利用区间尺度数据对这些隶属度进行优化。

表 8.4 发达国家集合中隶属度的校准:间接法

国家	1. 人均国民收入(美元)	2. 定性编码	3. 预测值
瑞士	40110	1.00	1.000
美国	34400	1.00	1.000
荷兰	25200	1.00	1.000
芬兰	24920	1.00	1.000
澳大利亚	20060	1.00	.999
以色列	17090	0.80	.991
西班牙	15320	0.80	.977
新西兰	13680	0.80	.991
塞浦路斯	11720	0.80	.887
希腊	11290	0.80	.868
葡萄牙	10940	0.80	.852
韩国	9800	0.60	.793
阿根廷	7470	0.60	.653
匈牙利	4670	0.40	.495
委内瑞拉	4100	0.40	.465
爱沙尼亚	4070	0.40	.463
巴拿马	3740	0.20	.445
毛里求斯	3690	0.20	.442
巴西	3590	0.20	.436
土耳其	2980	0.20	.397
玻利维亚	1000	0.00	.053
科特迪瓦	650	0.00	.002
塞内加尔	450	0.00	.000
布隆迪	110	0.00	.000

注:1.00 =完全隶属于目标集;0.80 =大部分但并不完全隶属于目标集;0.60 =目标集中纳入>排除的情况;0.40 =目标集中排除>纳入的情况;0.20 =大部分但并不完全非隶属于目标集;0.0 =完全非隶属于目标集。

再次考虑人均国民收入数据,这次见表 8.4。根据案例在目标集中假定的隶属度,以定性的方式对其进行分类是间接法的第一步,也是最重要的一步。这些定性分组可以是初步的,并且可以进行修改。然而,前提是尽可能在现有理论性和实质性知识基础之上。该示例中使用的 6 个关键定性类别是:① 【191】

---

① 当然,在仅使用三个定性类别的情况下,其他编码方案也是可能的。重要的一点是,这些类别的评分应该反映研究人员对每个案例集合隶属度的初步估计。这些定性评估为更精细的校准奠定了基础。

（a）隶属于目标集（隶属度＝1.0），

（b）大部分但并不完全隶属于目标集（隶属度＝0.8），

（c）目标集中纳入＞排除的情况（隶属度＝0.6），

（d）目标集中排除＞纳入的情况（隶属度＝0.4），

（e）大部分但并不完全非隶属于目标集（隶属度＝0.2），

（f）非隶属于目标集（隶属度＝0.0）。

【192】 这些分类如表8.4中第2列所示,使用明确的数值来反映集合隶属度的初步估计。当然,这6个数值并不是任意的,而是被选作对每个定性分组具体隶属度的粗略估计。间接法的目标是重新调整区间尺度指标,以反映以知识为基础,根据集合隶属度分类、定性的案例分组。这些对案例的定性解释必须以实质性知识为基础。对集合隶属度进行定性评估的实证基础越强,区间尺度指标作为集合隶属度分值的校准越精确。

请注意,表8.4中实现的定性分组已经建构完成,因此其采用的标准大致相同,从而构建表8.2中所示的校准。也就是说,人均国民收入超过20000美元的国家已被完全编码到发达国家集合中;人均国民收入超过5000美元的国家已被编码到纳入＞排除的集合中;等等。如果保持表8.2中定性锚点的精确性,那么就可以比较两种方法的结果。直接法利用关键基准的精确规范,而间接法只需对案例进行广泛的分类。

下一步是使用表8.4中第1、2列所示的两列数值来估计每个案例的预测定性编码,将人均国民收入作为自变量,定性编码作为因变量。这一任务的最佳技术是fractional logit模型,该模型在FRACPOLY程序的统计分析软件STATA中得以实现。① 由此分析得出的预测值如表8.4中第3列所示。这些数值是在对136个案例分析的基础上得出的,而不仅仅是表中所列出的24个国家。从本质上来讲,预测值根据人均国民收入(第1列)和产生第2列所示编码的定性分析对发达国家集合中的模糊隶属度进行估计。

表8.2(直接法)第5列与表8.4第3列(间接法)之间集合隶属度的比较显示出很大的相似性,但也有一些重要的差异。首先要注意,表8.2如实地将20000美元作为发达国家集合中的完全隶属度阈值(0.95)。然而,在表8.4中,这个阈值远远低于新西兰的13680美元。第二,观察使用间接法得出的数值,我们可以发现土耳其(0.397)与下一个案例玻利维亚(0.053)之间存在很大差距。然而,如果使用直接法,这个差距要小

---

① 在STATA中,我们可以通过命令"fracpoly glm qualcode intervv,family(binomial)link(logit)"和"predict fzpred"来完成这一估计过程,其中"qualcode"是实现研究人员隶属度六值编码的变量,如表8.4所示;"intervv"是用于生成模糊隶属度的区间尺度变量;"fzpred"是显示所得模糊隶属度的预测值。在这里,感谢Steve Vaisey指出这种估计技术的稳健性。

得多,土耳其和玻利维亚的隶属度分别为 0.08 和 0.01。尽管采用相同的一般标准,这些差异也会出现,通常由第二种方法的间接性及其对回归估计的必要依赖所产生。然而,如果研究人员缺乏直接法所需的外部标准,那么表 8.2 与表 8.4 的比较证实,间接法产生有用的集合隶属度。【193】

8. 使用校准测量

　　校准测量具有很多用途,尤其在评价根据集合关系制定的理论时特别有用。虽然有些社会科学理论是严格的数学理论,但绝大多数是言语阐述的。反过来,语言理论几乎完全按照集合关系来制定(Ragin 2000;2006)。不幸的是,社会科学家迟迟未能认识到这一事实。例如,我们来看"发达国家是民主的"这一说法。正如许多此类言论中所说的那样,断言基本上指第一个集合(发达国家)中的实例构成第二个集合(民主国家)中实例的子集(在英语中首先声明子集很常见,如"乌鸦是黑色的"这一言论)。对大多数社会科学理论的仔细研究表明,这些理论主要由描述集合关系的言论组成,如子集关系。反过来,这些集合关系可能涉及各种不同类型的实证联结——描述性、构成性或因果关系等。

　　刚才所描述的集合关系(即发达国家作为民主国家的一个子集)也与具体的因果论证相容,即发展是民主的充分不必要条件。在这种论证中,如果原因(发展)存在,那么结果(民主)也应该存在。然而,没有原因(发展)的结果(民主)的实例并不反对或打破发展是民主的充分条件这一论点(即使这种情况极大地削弱了相关性)。相反,这些没有原因的结果的实例是由该结果的替换路径或方法所导致的(例如,"退位"殖民力量强加的民主形式的政府)。因此,在因果条件的实例构成结果实例子集的情况下,研究人员可以声称原因是结果的充分不必要条件。①

　　在模糊集出现之前(Zadeh 1965;1972;2002;Lakoff 1973),许多社会科学家并不重视集合论关系的分析,因为这种分析需要使用分类尺度变量(即常规的二元或"清晰"集合),而这又往往需要区间和比例尺度的二分法。例如,在使用清晰集时,为了评估【194】关于发达国家的集合论声明,研究人员可能需要根据人均国民收入将国家分为两组,发达国家和不发达国家。这种做法向来让人诟病,因为在对区间和比例尺度变量进行二分时,研究人员可能操纵断点来提高证据与集合论声明的一致性。然而,如这里所示,

―――――――――――――

　　①　与往常一样,这种类型的声明不能仅仅依靠子集关系的证明。不论作出任何类型的因果声明,研究人员都应该尽可能列出更确凿的证据。

我们可以对集合中的隶属度进行校准,从而避免任意二分的问题。

通过证明一个集合中的隶属度始终小于或等于另一个集合中的隶属度,模糊子集关系得以确立。换句话说,如果集合 X 中任一案例的隶属度小于或等于集合 Y 中的隶属度,那么集合 X 是集合 Y 的子集。当然,社会科学中完善的数据是十分罕见的,我们必须在一定程度上允许这些缺陷。我们可以使用这个简单的公式来评估实证证据与子集关系的一致性程度。

$$\text{Consistency}(X_i \leqslant Y_i) = \sum (\min(X_i, Y_i)) / \sum (X_i)$$

其中 X_i 是集合 X 中的隶属度;Y_i 是集合 Y 中的隶属度;$(X_i \leqslant Y_i)$ 是讨论中的子集关系;"min"则决定取两项分值中的较低者。

为进一步说明,我们考虑实证证据与以下声明的一致性,即根据 136 个国家的数据可以得出,发达国家集合(如表 8.2 所示)构成民主国家集合的一个子集。对于该论证,这里使用政体 IV 民主/专制测量,其范围从 -10 到 +10(尽管存在诸多缺陷,但该测量因其受欢迎程度而被采用,参见 Goertz 2005,第 4 章)。使用直接法对民主国家集合中隶属度的校准如表 8.5 所示。列入校准的 24 个国家(总数为 136 个)的政治分数见表 8.5 中的第 1 列。这些具体案例的选择是为提供一系列政治分数。第 2 列显示了与交叉点的偏差(政治分数为 2),第 3 列显示了将政治偏差分数转换为民主国家集合中隶属度对数几率度量的标量。民主国家集合中完全隶属度阈值的政治分数为 9,对于交叉点以上的案例,从而得出标量 3/7;民主国家集合中完全非隶属度阈值的政治分数为 -3,对于交叉点以下的案例,从而得出标量 -3/-5。第 4 列显示了偏差分数与标量的乘积,而第 5 列使用先前描述的程序显示了校准的隶属度(参见关于表 8.2 的讨论)。

表 8.5 民主国家集合中隶属度的校准:直接法

国家	1. 政治分数	2. 与交叉点的偏差	3. 标量	4. 第 2 列与第 3 列的乘积	5. 隶属度
挪威	10	8.00	0.43	3.43	0.97
美国	10	8.00	0.43	3.43	0.97
法国	9	7.00	0.43	3.00	0.95
韩国	8	6.00	0.43	2.57	0.93
哥伦比亚	7	5.00	0.43	2.14	0.89
克罗地亚	7	5.00	0.43	2.14	0.89
孟加拉国	6	4.00	0.43	1.71	0.85
厄瓜多尔	6	4.00	0.43	1.71	0.85

续表

国家	1. 政治分数	2. 与交叉点的偏差	3. 标量	4. 第2列与第3列的乘积	5. 隶属度
阿尔巴尼亚	5	3.00	0.43	1.29	0.78
亚美尼亚	5	3.00	0.43	1.29	0.78
尼日利亚	4	2.00	0.43	0.86	0.70
马来西亚	3	1.00	0.43	0.43	0.61
柬埔寨	2	0.00	0.60	0.00	0.50
坦桑尼亚	2	0.00	0.60	0.00	0.50
赞比亚	1	−1.00	0.60	−0.60	0.35
利比里亚	0	−2.00	0.60	−1.20	0.23
塔吉克斯坦	−1	−3.00	0.60	−1.80	0.14
约旦	−2	−4.00	0.60	−2.40	0.08
阿尔及利亚	−3	−5.00	0.60	−3.00	0.05
卢旺达	−4	−6.00	0.60	−3.60	0.03
冈比亚	−5	−7.00	0.60	−4.20	0.01
埃及	−6	−8.00	0.60	−4.80	0.01
阿塞拜疆	−7	−9.00	0.60	−5.40	0.00
不丹	−8	−10.00	0.60	−6.00	0.00

　　将上述集合论一致性的公式应用于所有136个国家，证据与发达国家集合构成民主国家集合子集论点的一致性为0.99（1.0表示完全一致）。同样，证据与"至少中等发达"国家集合（如表8.3所示）构成民主国家集合子集论点的一致性为0.95。总之，【195】这两个子集关系都具有高度一致性，分别为其声明（"发达国家是民主的"和"至少中等发达国家是民主的"）提供充分的支持。同样，这两个分析都支持发展是民主的充分不必要条件这一论点。但是，请注意，"至少中等发达"国家集合的包容性更高，其平均隶属度要高于"发达国家"集合，因此对基本论点提出了更严格的检验。因果条件下的平均隶属度越大，满足指示子集关系的不等式越难（$X_i \leq Y_i$）。① 因此，在使用集合论方法时，我们可以证明，中等发达国家集合中的隶属度是民主的充分条件；完全发达国家集【196】合中的隶属度则是不需要的。

　　① 这两个陈述在其集合论"覆盖率"上存在巨大差异。覆盖率是对实证重要性或权重的衡量（参见 Ragin 2006），显示了由因果条件所"覆盖"的隶属度结果（在这个例子中，即民主国家集合）的比例。"发达"国家对"民主"国家的覆盖率为0.35；然而，"至少中等发达"国家对"民主"国家的覆盖率是0.52。这些结果表明，后者更好地说明了民主国家集合中的隶属度。

使用相关方法来评估集合论是非常困难的。这种困难的主要来源有三个。

(1)集合论陈述探讨各种案例;而相关性涉及变量之间的关系。发达国家是民主的(即发达国家构成民主国家的子集)这一声明援引的是案例,而不是跨国变化的维度。这种以案例为中心并将其作为概念实例的做法直接由社会科学理论中集合论的性质所决定。相反,相关性计算的前提是对评估样本或总体中变化维度平行程度的关注,而不是对一组案例本身的关注。进一步论证这一观点:一个数据集可能不包括单一的发达国家或民主国家。然而,即使这一数据集完全不适合用来检验,相关性研究人员也可以计算出国家发展水平与民主间的相关性。

(2)相关性观点是完全对称的,而集合论观点几乎总是不对称的。发展和民主之间的相关性(将两者视为常规变量)被削弱,因为许多欠发达国家是民主的。然而,这种情况并不会挑战集合论的主张,也不会削弱其一致性。这里所讨论的理论论点涉及发达国家的质量——即这些国家是民主的——而没有具体说明欠发达国家和发达国家在民主程度上的相对差异。再次说明,集合论分析忠实于语言表述,通常是不对称的;而相关性则不是。

(3)相关性对研究人员实施的校准并不敏感。从集合论的角度来看,表8.2和8.3之间的对比是有意义的。表8.3中所示的集合更具包容性,因此对发展与民主之间的联系提出了更为苛刻的集合论检验。然而,从相关性的角度来看,代表发展的两种方式之间几乎没有区别。事实上,发达国家集合中模糊隶属度与"至少中等发达"国家集合中模糊隶属度的皮尔逊相关系数(Pearson correlation)为0.911。因此,从严格意义上的相关性观点来看,这两个模糊集之间只存在轻微差异。相关性对校准的不敏感直接来自这样的事实,即相关性在计算上依赖于对集中趋势归纳导出、样本特定测量的偏差——平均值。因此,相关性无法分析集合论关系,相应地也就不能用来评估因果关系的充分性或必要性。

【197】 9. 结语

本章论述了模糊集的作用及校准对其有效利用的集中性。社会科学家耗费大量时间去研究那些只表明案例分布位置的测量,却几乎没有足够的时间来制定以实质性知识和理论性知识为基础的测量程序。重要的是不仅能够评估"多与少"(未经校准的测量),而且还能评估"大量与少量"(校准的测量)。校准测量的使用不仅使社会科学获得实质性知识,同时还提高了社会研究成果与实际和政策问题的相关性。作为校准的载体,模糊集的作用特别强大,提供了超越社会科学定量/定性划分的测量工具。

定量社会科学的现行做法打破了对校准的过分关注。这些困难源于对测量"指标法"的依赖,该方法只要求样本点间的变化,并将所有变化视为同等重要。指标法的局限性因相关法而变得更加复杂,并进一步得到强化,相关法对研究人员所实施的校准并不敏感。对平均值偏差的依赖往往会抵消研究人员实施的任何直接校准的影响。如果几乎所有社会科学理论本质上都是集合论的,且相关法不能评估集合论关系的观点得到认可,那么此时还会产生另一个困难。

目前,大多数社会科学理论的集合论性质还没有得到社会科学家的普遍认同。与此同时,社会科学家也必须认识到,集合论观点和集合校准的评估是相辅相成的。如果没有对隶属度进行仔细校准,那么集合论分析也是徒劳的。研究人员要明确确定与其理论核心概念相对应的目标集,并指定可用于指导隶属度校准的外部标准,从而实现与理论的一致性。

参考文献

Becker, H.S. 1958. Problems of inference and proof in participant observation. *American Sociological Review*, 23:652-60.

Bollen, K. 1989. *Structural Equations with Latent Variables*. New York: Wiley Interscience.

Byrne, D. 2002. *Interpreting Quantitative Data*. London: Sage.

Cicourel, A.V. 1964. *Method and Measurement in Sociology*. New York: Free Press.

Duncan, O.D. 1984. *Notes on Social Measurement*. New York: Russell Sage Foundation.

Glaser, B., and Strauss, A. 1967. *The Discovery of Grounded Theory: Strategies for Qualitative Research*. New York: Weidenfeld and Nicolson.

Goertz, G. 2005. *Social Science Concepts: A User's Guide. Princeton*, NJ: Princeton University Press.

Katz, J. 1982. *Poor People's Laywers in Transition*. New Brunswick, NJ: Rutgers University Press.

Laitin, D. 1992. *Language Repertiores and State Construction in Africa*. New York: Cambridge University Press.

Lakoff, G. 1973. Hedges: a study in meaning criteria and the logic of fuzzy concepts. *Journal of Philosophical Logic*, 2:458-508.

Nunnally, J., and Bernstein, I. 1994. *Psychometric Theory*. New York: McGraw-Hill.

Pawson, R. 1989. *A Measure for Measures: A Manifesto for Empirical Sociology*. New York: Routledge.

Ragin, C.C. 1987. *The Comparative Method: Moving beyond Qualitative and Quantitative Strategies*. Berkeley: University of California Press.

——2000. *Fuzzy-Set Social Science*. Chicago: University of Chicago Press.

——1994. *Constructing Social Research*. Thousand Oaks, Calif.: Pine Forge.

——2006. Set relations in social research: evaluating their consistency and coverage. *Political Analysis*, 14:291–310.

——forthcoming. *Redesigning Social Inquiry: Fuzzy Sets and Beyond*. Chicago: University of Chicago Press.

——Drass, K. A., and Davey, S. 2006. *Fuzzy-Set/Qualitative Comparative Analysis 2. 0.* < www. fsqca. com>.

Rokkan, S. 1975. Dimensions of state formation and nation building: a possible paradigm for research on variations within Europe. In *The Formation of Nation States in Western Europe*, ed. C. Tilly. Princeton, NJ: Princeton University Press.

Smithson, M. 1987. *Fuzzy Set Analysis for the Behavioral and Social Sciences*. New York: Springer-Verlag.

Smithson, M., and Verkuilen, J. 2006. *Fuzzy Set Theory*. Thousand Oaks, Calif.: Sage.

Walker, H., and Cohen, B. 1985. Scope statements: imperatives for evaluating theory. *American Sociological Review*, 50:288–301.

Zadeh, L. 1965. Fuzzy sets. *Information and Control*, 8:338–53.

——1972. A fuzzy-set-theoretic interpretation of linguistic hedges. *Journal of Cybernetics*, 2:4–34.

——2002. From computing with numbers to computing with words. *Applied Mathematics and Computer Science*, 12:307–32.

第九章　心理测量学对政治学的渐进影响

基斯·T.普尔（Keith T.Poole）

　　心理测量学是心理学的一个分支,专门研究各种心理测试的开发、评价和应用。这些心理测试试图测量知识、态度、人格特质和能力。心理测量学起源于 19 世纪末 20 世纪初,最早在弗朗西斯·高尔顿(Francis Galton,1822-1911)、卡尔·皮尔逊(Karl Pearson,1857-1936)、查尔斯·斯皮尔曼(Charles Spearman,1863-1945)等人的研究中提出。高尔顿最著名的成果是《遗传的天才》(1869),在这部作品中,他研究了"杰出"人才及其家庭。关于这些杰出人才后代的传记数据表明,他认为一些重要的精神和身体特征向"均值回归"。在 19 世纪后半叶,高尔顿的大部分作品都是关于优生学的。他对测量非常感兴趣,并提出了一种*相关性测量*,这对卡尔·皮尔逊相关系数的发展产生了重大影响。两人于 1901 年创办了《生物统计学》杂志。

　　高尔顿对卡尔·皮尔逊和查尔斯·斯皮尔曼都产生了重大影响。从 1881 年到 1884 年,皮尔逊开始了他的律师生涯,但在 1884 年,他被任命为伦敦大学学院应用数学与力学教授,于 1911 年成为优生学教授,并在 1902 年到 1936 年期间担任《生物统计 学》杂志编辑。皮尔逊发明了积差相关系数,普遍记为 r,另外,主成分分析(现在我们将其视为直接的特征值/特征向量分解)的提出也归功于皮尔逊。皮尔逊称其为"主轴法",并简明扼要地表述了这个问题:"在许多物理、统计和生物学研究中,我们都希望通过'最佳拟合'直线与平面来表示平面、三维或更多维度上的一系列点"(1901,第 559 页)。值得注意的是,这也描述了著名的 Eckart-Young 定理(Eckart and Young 1936,见下文)的实质,该定理是最小二乘法的基础(Lawson and Hanson 1974)。

　　查尔斯·斯皮尔曼对心理学的研究相对较晚。他最初担任英国军队的一名军官,开始了自己的职业生涯,并且曾参加 1885 年缅甸战争和南非布尔战争。1906 年,斯皮尔曼在莱比锡获得心理学博士学位,那年他 43 岁。1907 年到 1931 年期间,他担任伦敦大学学院讲座教授。

1904 年,当他还在读研究生的时候,就发表了著名的论文,使用因子分析对来自英国的 22 名高中男生测试分数的相关矩阵进行分析,其测试科目包括古典文学、法语、英语、数学、音高和音乐。该相关矩阵如表 9.1 所示。

表 9.1　斯皮尔曼(等级顺序)相关矩阵(1904)

古典文学	1.00					
法语	.83	1.00				
英语	.78	.67	1.00			
数学	.70	.67	.64	1.00		
音高	.66	.65	.54	.45	1.00	
音乐	.63	.57	.51	.51	.40	1.00

这种相关矩阵具有重要的历史意义,其原因有两个。第一,斯皮尔曼针对 22 名高中男生的每对技能计算了秩形式的相关性。[①] 第二,他将因子分析应用于相关矩阵,进而从矩阵中提取常见或一般("g"因子)因子。这种方法以他的"四元相关系数交乘差"法为基础。四元相关系数交乘差实际上是 2×2 矩阵的行列式,如果只有一个因子,那么这些交乘差应该都接近于零。以英语和数学为例,其四元相关系数交乘差为 0.78 * 0.67—0.67 * 0.70 或 0.054。如果四元相关系数交乘差全部接近于零,那么矩阵只有一个因子(一阶)。斯皮尔曼推导出从相关矩阵中提取 g 因子的详细公式。[②] 臭名昭著的西里尔·伯特(Cyril Burt)试图声称他在斯皮尔曼去世后提出了因子分析。然而,毫无疑问,斯皮尔曼是这一方法真正的首创者(Lovie and Lovie 1993)。

【201】

刘易斯·里昂·瑟斯通(Lewis Leon Thurstone 1887-1955)认为斯皮尔曼的单因子智力理论是错误的。瑟斯通是一个通才,于 1912 年在康奈尔获得工程学士学位,1917 年在芝加哥大学获得心理学博士学位,并于 1924 年到 1952 年期间担任教授。尽管作为一名工程专业的学生,但他发明了一种无闪烁的电影放映机,并在 1912 年担任托马斯·爱迪生的临时助理。他为心理科学做出了许多突出的贡献,其中最重要的要数多因子分析和比较判断法则。

瑟斯通将斯皮尔曼的四元相关系数交乘差法推广来检验高阶行列式,并成功研究

---

① 这种等级顺序相关性并不是现在所谓的斯皮尔曼相关系数。他在 1906 年发表的一篇论文中首次使用相关系数这一概念,最终以他的名字命名(Lovie 1995)。

② 该公式详见 Spearman(1927)。斯皮尔曼关于 g 因子研究的详细讨论参见 Jensen(1998)。

出从相关矩阵中提取多个因子的方法(Thurstone 1931;1947)。瑟斯通的智力理论假定了7个基本心理能力,而不仅仅是1种,他建构了7种能力的具体测试,包括:语言理解、语言流畅、数字设施、空间可视化、联想记忆、感知速度和推理能力(Thurstone 1935)。

瑟斯通还制定了比较判断法则。更确切地来讲,瑟斯通法则是一种单维主观连续统的测量模型。受试者被要求对 n 个刺激进行一系列 $n(n-1)/2$ 的两两比较。假定受试者的回应反映了与刺激相关的瞬时主观价值,且这些瞬时值的概率呈正态分布。然后,我们可以取一组被试者的平均值来恢复基本的连续统或量表。如果基本量表上的刺激(辨别离散)方差相同(模型中的案例5),那么这与 Rasch 模型中并行项目特征曲线的要求是一样的。瑟斯通法在案例5所产生的结果应该与二分法数据 Rasch 模型的结果基本相同。

虽然瑟斯通提出了多因子分析,但却是哈罗德·霍特林(Harold Hotelling,1895-1973)为主成分提供了坚实的统计基础(Hotelling 1933)。霍特林具有广博的背景。他于1919年获得华盛顿大学新闻学学士学位,1924年获得普林斯顿大学数学博士学位。霍特林在经济学和统计学方面都做出了突出贡献,反映了他的广博的知识背景。在经济学方面,霍特林著名的1929年关于竞争稳定性的论文被公认为空间(几何)投票模型的开端(见下文)。该论文介绍了一个简单但深刻的观点,即如果一条街上有两个商店,那么每个商店都有兴趣建在街道的中间(步行距离的中间位置),这样可以拥有一半的市场。两年后,在1931年的一篇论文中,霍特林指出使用学生 t 分布进行假设检验分析中"置信区间"的问题。

霍特林是20世纪30年代和40年代众多杰出的数学家和物理学家之一,为心理测量学的发展做出了突出贡献。就像命运安排的一样,这些杰出贡献者中的许多人与瑟斯通同时在芝加哥大学深造。瑟斯通是心理学会及《心理测量学》杂志创办的主要力量(Takane 2004)。杰出量子物理学家卡尔·H.埃卡特(Carl H.Eckart,1902-1973,Munkand Preisendorfer 1976)和应用数学家盖尔·杨(Gale Young)在1936年第一期《心理测量学》杂志上发表了他们里程碑式的论文《矩阵低秩近似》。从形式上来讲,Eckart-Young 定理为: 【202】

给定秩 $r \leqslant m \leqslant n$ 的 $n{\times}m$ 矩阵 A 及其奇异值分解, $U\Lambda V'$,其中 U 是 $n{\times}m$ 矩阵,V 是 $m{\times}m$ 矩阵,因此 $U'U = V'V = VV' = I$, Λ 是 $m{\times}m$ 对角矩阵,其对角线上的奇异值按递减顺序排列:

$$\lambda_1 \geqslant \lambda_2 \geqslant \lambda_3 \geqslant \cdots \lambda_m \geqslant 0$$

然后存在秩 $s(s \leqslant r)$ 的 $n{\times}m$ 矩阵 B,这使得 A 元素与 B 相应元素之间的平方误差

之和最小化,其条件如下:

B = U Λ_s V′

其中 Λ_s 的对角元素为:

$\lambda_1 \geq \lambda_2 \geq \lambda_3 \geq \cdots \lambda_s > \lambda_{s+1} = \lambda_{s+2} = \cdots = \lambda_m = 0$。

Eckart-Young 定理表明,我们可以将 Λ 的最小 m-s 根替换为 0,再乘以 UΛV′,以此来确定矩阵 A 的 s 维最小二乘近似。埃卡特和杨从未明确阐释过这一定理。相反,他们使用线性代数中的两个定理(关键定理是奇异值分解①)和一个非常聪明的论证来显示其结果的真实性。后来,凯勒(Keller 1962)独立地再次发现了 Eckart-Young 定理。

Eckart-Young 定理为因子分析中因子数量的选择(以及许多其他一般最小二乘问题)提供了一个正式的理由。Eckart-Young 定理与盖尔・杨(Gale Young)、奥尔斯顿・豪斯霍尔德(Alston Householder,1904-1993)的研究成果于 1938 年一同发表在《心理测量学》杂志上,为古典多维量表法奠定了基础。

多维量表(MDS)法表示低维(通常是欧几里得)空间中点距所导致的刺激之间相似性的测量。该方法以此对点进行定位,使得与相似刺激相对应的点彼此靠近,而那些与不相似刺激相对应的点彼此分离。在埃卡特、杨(1936),杨、豪斯霍尔德(1938)等人【203】作品的基础上,瓦伦・托格森(Warren Torgerson,1924-1997)于 1952 年在《心理测量学》中提出一种简单的多维标度法(参见 Torgerson 1958)。这个方法非常简单。首先,将观测到的相似/非相似度转换为平方距离(例如,如果是皮尔逊相关矩阵,则从 1 中减去所有项并对结果进行平方)。然后,从矩阵每一项中减去行的平均值、列的平均值,加上矩阵的平均值,再除以-2,这就产生了双中心平方距离矩阵,进而从矩阵中移除平方项,只留下交叉乘积矩阵(参见 Gower 1966)。最后,进行特征值特征向量分解运算求出坐标。

例如,假设有 n 个刺激,并且令 D 为每对刺激之间平方距离的 $n \times n$ 对称矩阵。令 Z 为表示 n 个刺激的 s 维欧几里得空间中 n 个点的 $n \times s$ 坐标矩阵,并且令 Y 为 $n \times n$ 双中心矩阵。Y 的元素是:

$$y_{ij} = \frac{(d_{ij}^2 - d_{j.}^2 - d_{i.}^2 + d_{..}^2)}{-2} = (z_i - \bar{z})'(z_j - \bar{z})$$

① 埃卡特和杨(1936)在其著名论文中提出奇异值分解(SVD)定理,但并没有给出证据。第一个证据由约翰逊(Johnson 1963)提出,实元素的每个矩形矩阵都可以分解为两个正交矩阵 U、V 和一个对角矩阵 Λ 的乘积,即 UΛV′,如 Eckart-Young 定理所示。霍斯特(Horst 1963)将奇异值分解作为矩阵的基本结构,并在第 17 章和第 18 章中详细讨论了矩阵分解的机制。最近的处理方法参见第 1、2 章中劳森(Lawson)和汉森(Hanson 1974)的讨论。

其中 $d^2_{.j}$ 是第 j 列的平均值，$d^2_{i.}$ 是第 i 行的平均值，$d^2_{..}$ 是矩阵的平均值，z_i 和 z_j 分别是第 i、j 个刺激坐标的 s 长向量，$\bar{z}$ 是 s 维上 n 个刺激平均值的 s 长向量。一般情况下，我们可以将平均值设为 0，因此，双中心矩阵为：

$Y = ZZ'$。

令特征值特征向量分解为 $U\Lambda U'$；因此该解为：

$Z = U\Lambda^{\frac{1}{2}}$。

托格森的方法非常简单，但我们很少使用比例尺度来测量相似/非相似数据。事实上，从受试者那里收集的数据很有可能呈现在顺序量表上。罗杰·谢泼德（Roger Shepard 1958）认为，一对刺激间的真实距离与观测到距离之间的关系是指数型的。也就是说，如果 d 是两个刺激之间的距离，那么得出的相似度 δ 趋向于 e^{-kd}，其中 $k(k > 0)$ 是度量常数（Shepard 1958；1963；1987；Gluck 1991；Nosofsky 1992；Cheng 2000）。这就是所谓的响应函数。在心理学中，关于人们如何做出相似和优先选择判断的调查和实验表明，非常简单的几何模型似乎建构了对这些任务的响应（Shepard 1987）。当个体对两个刺激的相似度进行判断时，他们似乎以抽象心理空间中两个刺激的接近程度为依据（Nosofsky 1984；1992；Shepard 1987；Gluck 1991）。这些心理空间的维度对应刺激的属性。一个明显的规律是，这些心理空间是低维度的——很少在两个维度以上，要么刺激判断是相加的——也就是说，采用城区距离度量标准——要么是简单的欧几里得方法（Garner 1974；Shepard 1987；1991；Nosofsky 1992）。 【204】

谢泼德认为响应函数是指数型的，这使得他提出了非度量多维量表法，在这一标度下，再现观测非相似性弱单调变换（或排序）的距离得到估计（Shepard 1962a；1962b）。"真实"（即估计或再现）距离——d 与观测到的非相似性——δ 图揭示了两者之间的关系，被称为"谢泼德图"。

谢泼德的方案发挥了作用，但关键突破是约瑟夫·克鲁斯卡尔（Joseph Kruskal）提出的单调回归，这一观点促进了一个强大而实用的非度量多维标度法（MDS）的发展（Kruskal 1964a；1964b；1965）。到 20 世纪 70 年代初，这一方法以缩写命名为 KYST（Kruskal，Young and Seery 1973），现如今仍在使用。

我们可以看到，非度量多维量表达（MDS）方法从因子分析和瑟斯通的单维量表法演变而来，其关键区别在于 MDS 方法应用于关系数据；也就是说，诸如相似性和优先选择等数据可以被视为距离。与此同时，MDS 方法进一步发展了路易斯·格特曼（Louis Guttman，1916-1987）在第二次世界大战期间提出的量图分析法，或更广为人知的格特曼量表法（Guttman 1944；1950）。格特曼量表是所有现代技能测试的基础。这是一组按难度排列的项目（问题、困难等），以便那些在更困难（极端）项目上回答正确（同意）

的人也能正确回答(同意)之前那些不太困难(极端)的项目。① Rasch 分析(更广泛地说,项目响应理论)本质上是一种复杂的格特曼量图分析形式,是一种技术,用来检验一组项目是否一致,即这种分析都测量某一单维属性(如数学能力、种族歧视等等)的提高/下降程度。

与此同时,托格森正在研究古典量表法,格特曼正在研究量图分析法,克莱德·库姆斯(Clyde Coombs,1912-1988)提出了展开分析(Coombs 1950;1952;1958;1964)。库姆斯是瑟斯通的学生,于 1940 年获得芝加哥大学博士学位。第二次世界大战后,库姆斯对优先选择问题产生了兴趣,在此类问题中,数据由被试者的刺激排序组成(Tversky 1992)。库姆斯提出*理想点*和*单峰偏好函数*的观点来解释观测到的排序。该观点是将个体的理想点和代表刺激的点排列到量表中,这样,理想点和刺激点间的距离就可以再现观测到的排序。库姆斯称其为展开分析,因为研究人员必须记下这些排序并将其"展开"。个体的排序是根据她的理想点计算出来的,因此所报告的排序与理想点维度(如同一个字符串)上的排序类似,使得两维折叠到一起,最终由个体理想点形成一条线。

【205】　展开分析涉及关系数据,因此是一种 MDS 方法。展开分析和量图分析都处理个体对一组刺激的反应。但格特曼模型与展开模型截然不同。在效用理论方面,展开分析假定一个单峰(通常是对称的)效用函数。也就是说,效用(偏好程度)随个体理想点的距离下降。相比之下,格特曼量表法以效用函数为基础,该函数总是在相关维度或空间上单调增加或减少。如果高于某个阈值,那么个体总是回应"是/正确";如果低于阈值,那么个体总是回应"否/不正确"。理想点的对应者是量表中个体回应从"是/正确"向"否/不正确"的转换点。

有趣的是,从观测的角度来看,这两种截然不同的模型在议会投票的背景下是相同的(Weisberg 1968;Poole 2005)。在展开的模型中,每次议会都有两种结果,一种对应支持,一种对应反对。立法者投票做出最接近理想点的选择。在一维模型中,这形成了一个完美的量图(Weisberg 1968)。因此,格特曼量表法及其项目响应理论(IRT)参数派生物都可以用来分析议会(二进制选择)数据。

到了 20 世纪 50 年代中期,因子分析、格特曼的量图分析和瑟斯通的量表法已经发展起来,并开始影响政治学家。在计算资源非常原始的情况下,邓肯·麦克雷(Duncan MacRae)在国会投票(MacRae 1958;1970)方面的突破性工作同时利用因子分析和单维量表法。麦克雷使用因子分析来研究唱名表决(通常为 Yule's Q's)间计算的相关矩

---

① 　与格特曼类似模型的讨论,参见 van Schuur(1992;2003)。将格特曼量表法进行多维一般化,我们称其为多维量图分析法(Lingoes 1963)。关于调查,参见 Shye(1978,第 9—11 章)。

阵及立法者间的相关矩阵,以揭示唱名表决的维度结构。通过分析 Yule's Q 结果,麦克雷能够为特定的问题领域建构单维量表。麦克雷提出了唱名表决模型,霍华德·罗斯塔尔(Howard Rosenthal)和笔者将其视为提名——即立法者的理想点和每轮唱名表决的两种政策结果,一种是支持,另一种是反对。毫无疑问,如果 20 世纪 50 年代的计算资源能够胜任这项任务,那么麦克雷早已对这种模型进行了估计。

赫伯特·韦斯伯格(Herbert Weisberg)在他 1968 年的博士论文(Weisberg 1968)中系统详细地阐述了现有多变量法(其中大部分来自心理学)间的相互关系,这些方法用于唱名表决数据的分析。在他对因子分析、格特曼量表法、相似度分析和聚类分析的研究中,韦斯伯格发现了理想点接近模型与格特曼量图主控模型间的观测等价性,并概述了分析唱名表决数据的一般框架。

在 20 世纪 60 年代末和 70 年代初,非度量多维量表法(MDS)开始用于政治学。从 1968 年开始,情感温度计被纳入密歇根大学的全国选举研究之中。情感温度计测量人们对刺激的感觉(冷热程度);其测量值从 0(非常冷;不利意见)到 100(非常温暖;有利意见)不等,以 50 为中性点。1968 年,受访者被要求根据情感温度对总统候选人乔 【206】治·华莱士、胡伯·汉弗莱、理查德·尼克松,副总统候选人及其他六位政治人物进行评分。赫伯特·韦斯伯格和杰罗尔德·鲁斯克(Jerrold Rusk 1970)根据受访者统计结果,计算了每对政治人物之间的皮尔逊相关系数,然后利用克鲁斯卡尔的非度量多维量表程序(Kruskal 1964a;1964b)来恢复候选人分布情况,如图 9.1 所示。

情感温度计数据的可用性促进了展开方法的直接运用。在这些模型中,温度计被视为反向距离。例如,从 100 中减去这些距离,那么这些转换后的分数可以视为两组点(分别代表候选人与受访者)之间的距离。20 世纪 60 年代,心理测量学家开发了进行展开分析的技术(Chang and Carroll 1969;Kruskal, Young, and Seery 1973),但却是乔治·拉比诺维茨(George Rabinowitz 1973;1976)利用他的创新视距法,首次将展开分析用于情感温度计。几乎同时,卡洪(Cahoon 1975)与卡洪、希尼克(Hinich)、奥德舒克(Ordeshook 1976;1978)等人利用直接以空间投票模型(Davis and Hinich 1966;1967;Davis, Hinich, and Ordeshook 1970;Enelow and Hinich 1984)为基础的统计模型,对 1968 年情感温度计进行了分析。后来,普尔(Poole)、罗斯塔尔(Rosenthal 1984)、布雷迪(Brady 1990)等人提出了用于温度计评分的展开程序。普尔(1981;1984;1990),普尔、丹尼尔 【207】斯(Daniels 1985)等研究同样应用展开程序来关注国会成员的评级情况。

在 20 世纪 80 年代,政治学家开始将计量经济学和统计学的技术与心理测量学家提出的方法相结合。亨利·布雷迪(Henry Brady)为非度量 MDS(Brady 1985a)的统计基础以及偏好分析的方法和问题做出了贡献(Brady 1985b;1989;1990)。普尔和罗斯塔

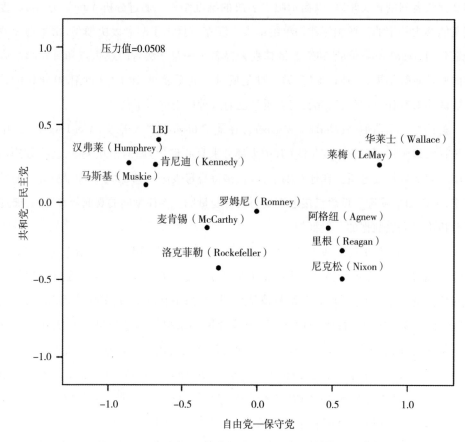

图 9.1 美国 1968 年候选人分布情况(据 Kruskal 非度量多维量表法所得)

尔将经济学家提出的随机效用模型(McFadden 1976),空间投票模型和心理测量学中提出的备选估计方法(Chang and Carroll 1969;Carroll and Chang 1970;Young, de Leeuw, and Takane 1976;Takane, Young, and de Leeuw 1977)[①]相结合,从而研究出"提名法",一种用于议会唱名表决数据的展开分析方法(Poole and Rosenthal 1985;1991;1997;Poole 2005)。

候选人提名分析模型以空间投票理论为基础。立法者在抽象政策空间中拥有理想点,并做出最接近其理想点的政策选择。每次唱名表决有两种政策观——一个对应支持,一个对应反对。与随机效用模型一致,每个立法者的效用函数包括:(1)一个确定的组成部分,即立法者与唱名表决结果之间距离的函数;(2)表示效用特殊成分的随机分量。假设效用函数的确定部分呈正态分布,且投票是概率性的,那么我们使用交替法来估计参数。根据立法者理想点的估计值来估计唱名表决参数,并根据这些参数来估

①　关于心理测量学中交替最小二乘法的概述与综合,参见 Jacoby(1991)。

计立法者新的理想点,等等。经典的优化法用于参数估计。①

在 20 世纪 90 年代和 21 世纪初,廉价、快捷计算机的使用使得模拟法首次用于复杂多变量模型的估计②,并且这些方法与长期的心理测量方法相融合。具体来说,贝叶斯框架(Gelman 等人 2000;Gill 2002)中的马可夫链蒙特卡洛(MCMC)模拟(Metropolis and Ulam 1949;Hastings 1970;Geman and Geman 1984;Gelfand and Smith 1990;Gelman 1992)可以用来对议会唱名表决数据进行展开分析。安德鲁·马丁(Andrew Martin)、凯文·奎因(Kevin Quinn,Schofield 等人 1998;Quinn,Martin,and Whitford 1999;Martin and Quinn 2002;Quinn and Martin 2002;Martin 2003;Quinn 2004)和西蒙·杰克曼(Simon Jackman 2000a;2000b;2001;Clinton,Jackman,and Rivers 2004)等人将一般贝叶斯 MCMC 方法引入政治学领域中。

贝叶斯 MCMC 方法在政治学中主要用于立法机关和法院唱名表决数据的展开分析。与提名方法一样,该方法的基础是空间投票理论和随机效用模型。这种展开方法【208】也采用交替结构,只包含对立法者和唱名表决参数条件分布的抽样。从技术上来讲,这是交替条件采样或吉布斯采样法(Geman and Geman 1984;Gelfand and Smith 1990)。到目前为止,贝叶斯 MCMC 应用已使用二次确定性效用函数,但其中大多数应用都是一维的。在二次确定性效用函数中,如果立法者的二次效用函数具有附加随机误差,那么简单的项目响应模型(Rasch 1961)在数学上等同于基本空间模型(Ladha 1991;Londregan 2000;Clinton,Jackman,and Rivers 2004)。这使得估计变得更加简单,因为这可以归结为一系列线性回归问题。

正如 21 世纪早期所写的那样,心理测量学在政治学中的影响没有任何减弱的迹象。近二十年来,心理测量学在政治学领域应用的成熟水平稳步上升。快速计算的可用性开辟了全新的研究领域,这在 20 世纪 80 年代中期是无法探索的。此外,政治学方法学家已经成功地将统计学、计量经济学与心理测量学的方法结合起来,从而创造出独特的应用。迄今为止,经过新一代训练有素的年轻学者的努力,相邻学科间"模糊"估计法的传播速度比以往任何时候都快得多。统计学方法广泛应用于政治学中,这是一个激动人心的时刻。未来二十年将会见证同样重大的突破,因为大规模并行超级计算将得到广泛应用,且信息革命会提高统计学发展的传播速度,从而更好地培养训练有素的专业人员。

① 赫克曼(Heckman)和斯奈德(Snyder 1997)的研究同样以空间模型和随机效用模型为基础。然而,即使利用主成分分析,但更确切地来讲,该方法应归为计量经济学方法,而不是心理测量法。
② MCMC 模拟简史,参见 Hitchcock(2003)。

参考文献

Andrich, D. 1978. Relationships between the Thurstone and Rasch approaches to item scaling. *Applied Psychological Measurement*, 2: 449-60.

Brady, H. E. 1985a. Statistical consistency and hypothesis testing for nonmetric multidimensional scaling. *Psychometrika*, 50: 503-37.

——1985b. The perils of survey research: inter-personally incomparable responses. *Political Methodology*, 11: 269-90.

——1989. Factor and ideal point analysis for interpersonally incomparable data. *Psychometrika*, 54: 181-202.

——1990. Traits versus issues: factor versus ideal-point analysis of candidate thermometer ratings. *Political Analysis*, 2: 97-129.

Cahoon, L. S. 1975. Locating a set of points using range information only. Ph. D. dissertation, Department of Statistics, Carnegie-Mellon University.

——Hinich, M. J., and Ordeshook, P. C. 1976. A multidimensional statistical procedure for spatial analysis. Manuscript, Carnegie-Mellon University.

—— —— ——1978. A statistical multidimensional scaling method based on the spatial theory of voting. In *Graphical Representation of Multivariate Data*, ed. P. C. Wang. New York: Academic Press.

Carroll, J. D., and Chang, J.-J. 1970. Analysis of individual differences in multidimensional scaling via an N-way generalization of "Eckart-Young" decomposition. *Psychometrika*, 35: 283-320.

Chang, J.-J., and Carroll, J. D. 1969. How to use MDPREF, a computer program for multidimensional analysis of preference data. *Multidimensional Scaling Program Package of Bell Laboratories*. Bell Laboratories, Murray Hill, NJ.

Cheng, K. 2000. Shepard's universal law supported by honeybees in spatial generalization. *Psychological Science*, 5: 403-8.

Clinton, J. D., Jackman, S. D., and Rivers, D. 2004. The statistical analysis of roll call data: a unified approach. *American Political Science Review*, 98: 355-70.

Coombs, C. 1950. Psychological scaling without a unit of measurement. *Psychological Review*, 57: 148-58.

——1952. A theory of psychological scaling. *Engineering Research Bulletin*, 34.

——1958. On the use of inconsistency of preferences in psychological measurement. *Journal of Experimental Psychology*, 55: 1-7.

——1964. *A Theory of Data*. New York: Wiley.

Davis, O. A., and Hinich, M. J. 1966. A mathematical model of policy formation in a democratic society. Pp. 175-208 in *Mathematical Applications in Political Science*, II, ed. J. L. Bernd. Dallas: SMU Press.

——1967. Some results related to a mathematical model of policy formation in a democratic society. Pp. 14-38 in *Mathematical Applications in Political Science III*, ed. J. Bernd. Charlottesville: University of Virginia Press.

——Hinich, M. J., and Ordeshook, P. C. 1970. An expository development of a mathematical model of the electoral process. *American Political Science Review*, 64:426-48.

Eckart, C. H., and Young, G. 1936. The approximation of one matrix by another of lower rank. *Psychometrika*, 1:211-18.

Enelow, J. M., and Hinich, M. 1984. *The Spatial Theory of Voting*. New York: Cambridge University Press.

Galton, F. 1869. *Hereditary Genius*. London: Macmillan.

Garner, W. R. 1974. The Processing of Information and Structure. New York: Wiley.

Gelfand, A. E., and Smith, A. F. M. 1990. Sampling-based approaches to calculating marginal densities. *Journal of the American Statistical Association*, 85:398-409.

Gelman, A. 1992. Iterative and non-iterative simulation algorithms. *Computing Science and Statistics*, 24:433-8.

——Carlin, J. B., Stern, H. S., and Rubin, D. B. 2000. *Bayesian Data Analysis*. New York: Chapman and Hall/CRC.

Geman, D., and Geman, S. 1984. Stochastic relaxation, Gibbs distributions, and the Bayesian restoration of images. *IEEE Transactions on Pattern Analysis and Machine Intelligence*, 6:721-41.

Gill, J. 2002. Bayesian Methods: A Social and Behavioral Sciences Approach. Boca Raton, Fla: Chapman and Hall/CRC.

Gluck, M. A. 1991. Stimulus generalization and representation in adaptive network models of category learning. *Psychological Science*, 2:50-5.

Gower, J. C. 1966. Some distance properties of latent root and vector methods used in multivariate analysis. *Biometrika*, 53:325-38.

Guttman, L. L. 1944. A basis for scaling qualitative data. *American Sociological Review*, 9:139-50.

——1950. The basis for scalogram analysis. In *Measurement and Prediction: The American Soldier*, vol. iv, ed. S. A. Stouffer et al. New York: Wiley.

Hastings, W. K. 1970. Monte Carlo sampling methods using Markov chains and their applications. *Biometrika*, 54:97-109.

Heckman, J. J., and Snyder, J. M. 1997. Linear probability models of the demand for attributes with an empirical application to estimating the preferences of legislators. *Rand Journal of Economics*, 28:142-89.

Hitchcock, D. B. 2003. A history of the Metropolis-Hastings algorithm. *American Statistician*, 57:254-57.

Horst, P. 1963. *Matrix Algebra for Social Scientists*. New York: Holt, Rinehart and Winston.

Hotelling, H. 1929. Stability in competition. *Economic Journal*, 39:41-57.

——1931. The generalization of student's ratio. *Annals of Mathematical Statistics*, 2:360-78.

——1933. Analysis of a complex statistical variables with principal components. *Journal of Educational Psychology*, 24:498-520.

Jackman,S.D. 2000a.Estimation and inference via Bayesian simulation:an introduction to Markov Chain Monte Carlo.*American Journal of Political Science*,44:375-404.

——2000b.Estimation and inference are "missing data" problems: unifying social science statistics via Bayesian simulation.*Political Analysis*,8:307-32.

——2001. Multidimensional analysis of roll call data via Bayesian simulation: identification, estimation, inference and model checking.*Political Analysis*,9:227-41.

Jacoby,W.G. 1991. *Data Theory and Dimensional Analysis*.Newbury Park,Calif.:Sage.

Jensen,A.R. 1998. *The g Factor:The Science of Mental Ability*.Westport,Conn.:Praeger.

Johnson,R.M. 1963. On a theorem stated by Eckart and Young.*Psychometrika*,28:259-63.

Keller,J.B. 1962. Factorization of matrices by least-squares.*Biometrika*,49:239-42.

Kruskal,J.B. 1964a.Multidimensional scaling by optimizing a goodness of fit to a nonmetric hypothesis. *Psychometrika*,29:1-27.

——1964b.Nonmetric multidimensional scaling:a numerical method.*Psychometrika*,29:115-29.

——1965. Analysis of factorial experiments by estimating monotone transformations of the data.*Journal of the Royal Statistical Society B*,27:251-63.

——and Wish,M. 1978. *Multidimensional Scaling*.Beverly Hills,Calif.:Sage.

——Young, F. W., and Seery, J. B.1973. How to use KYST: a very flexible program to do multidimensional scaling and unfolding.*Multidimensional Scaling Program Package of Bell Laboratories*.Bell Laboratories,Murray Hill,NJ.

Ladha,K.K. 1991. A spatial model of legislative voting with perceptual error.*Public Choice*,68:151-74.

Lawson,C.L., and Hanson, R.J. 1974. *Solving Least Squares Problems*. Englewood Cliffs, NJ: Prentice Hall.

Lingoes,J.C. 1963. Multiple scalogram analysis:a set-theoretic model for analyzing dichotomous items. *Education and Psychological Measurement*,23:501-24.

Londregan,J.B. 2000. Estimating legislators' preferred points.*Political Analysis*,8:35-56.

Lovie,A.D. 1995. Who discovered Spearman's rank correlation? *British Journal of Mathematical and Statistical Psychology*,48:255-69.

——and Lovie,P. 1993. Charles Spearman,Cyril Burt,and the origins of factor analysis.*Journal of the History of the Behavioral Sciences*,29:308-21.

McFadden,D. 1976. Quantal choice analysis:a survey.*Annals of Economic and Social Measurement*,5:363-90.

MacRae,D.,Jr. 1958. *Dimensions of Congressional Voting*.Berkeley:University of California Press.

——1970. Issues and Parties in Legislative Voting.New York:Harper and Row.

Martin, A. D. 2003. Bayesian inference for heterogeneous event counts. *Sociological Methods and Research*,32:30-63.

——and Quinn,K.M. 2002. Dynamic ideal point estimation via Markov Chain Monte Carlo for the U.S. Supreme Court,1953-1999. *Political Analysis*,10:134-53.

Metropolis, N.C., and Ulam, S. 1949. The Monte Carlo method. *Journal of the American Statistical Association*, 44:335–41.

Munk, W.H., and Preisendorfer, R.W. 1976. Carl Henry Eckart. In *Biographical Memoirs V. 48*. Washington, DC: National Academy of Sciences.

Nosofsky, R.M. 1984. Choice, similarity, and the context theory of classification. *Journal of Experimental Psychology: Learning, Memory and Cognition*, 10:104–14.

——1992. Similarity scaling and cognitive process models. *Annual Review of Psychology*, 43:25–53.

Pearson, K.P. 1901. On lines and planes of closest fit to systems of points in space. *London, Edinburgh and Dublin Philosophical Magazine and Journal*, 6:559–72.

Poole, K. T. 1981. Dimensions of interest group evaluations of the U. S. Senate, 1969–1978. *American Journal of Political Science*, 25:49–67.

——1984. Least squares metric, unidimensional unfolding. *Psychometrika*, 49:311–23.

——1990. Least squares metric, unidimensional scaling of multivariate linear models. *Psychometrika*, 55:123–49.

——2005. *Spatial Models of Parliamentary Voting*. New York: Cambridge University Press.

——and Daniels, R. S. 1985. Ideology, party, and voting in the U. S. Congress, 1959–80. *American Political Science Review*, 79:373–99.

——and Rosenthal, H. 1984. U.S. presidential elections 1968–1980: a spatial analysis. *American Journal of Political Science*, 28:282–312.

—— ——1985. A spatial model for legislative roll call analysis. *American Journal of Political Science*, 29:357–84.

—— ——1991. Patterns of congressional voting. *American Journal of Political Science*, 35:228–78.

—— ——1997. Congress: *A Political-Economic History of Roll Call Voting*. New York: Oxford University Press.

Quinn, K. M. 2004. Bayesian factor analysis for mixed ordinal and continuous responses. *Political Analysis*, 12:338–53.

——and Martin, A.D. 2002. An integrated computational model of multiparty electoral competition. *Statistical Science*, 17:405–19.

——and Whitford, A.B. 1999. Voter choice in multi-party democracies: a test of competing theories and models. *American Journal of Political Science*, 43:1231–47.

Rabinowitz, G. 1973. Spatial models of electoral choice: an empirical analysis. Doctoral dissertation, University of Michigan.

——1976. A procedure for ordering object pairs consistent with the multidimensional unfolding model. *Psychometrika*, 45:349–73.

Rasch, G. 1961. On general laws and the meaning of measurement in psychology. *Proceedings of the IV Berkeley Symposium on Mathematical Statistics and Probability*, 4:321–33.

Ross, J., and Cliff, N. 1964. A generalization of the interpoint distance model. *Psychometrika*, 29:167–76.

Rusk, J., and Weisberg, H. 1972. Perceptions of presidential candidates. *Midwest Journal of Political Science*, 16:388–410.

Schofield, N., Martin, A. D., Quinn, K. M., and Whitford, A. B. 1998. Multiparty electoral competition in the Netherlands and Germany: a model based on multinomial probit. *Public Choice*, 97:257–93.

Shepard, R. N. 1958. Stimulus and response generalization: deduction of the generalization gradient from a trace model. *Psychological Review*, 65:242–56.

——1962a. The analysis of proximities: multidimensional scaling with an unknown distance function, I. *Psychometrika*, 27:125–39.

——1962b. The analysis of proximities: multidimensional scaling with an unknown distance function, II. *Psychometrika*, 27:219–46.

——1963. Analysis of proximities as a technique for the study of information processing in man. *Human Factors*, 5:33–48.

——1987. Toward a universal law of generalization for psychological science. *Science*, 237:1317–23.

——1991. Integrality versus separability of stimulus dimensions: evolution of the distinction and a proposed theoretical basis. In *Perception of Structure*, ed. J. R. Pomerantz and G. Lockhead. Washington, DC: APA.

Shye, S. 1978. Theory Construction and Data Analysis in the Behavioral Sciences. San Francisco: Jossey-Bass.

Spearman, C. E. 1904. "General intelligence" objectively determined and measured. *American Journal of Psychology*, 15:201–93.

——1906. "Footrule" for measuring correlation. *British Journal of Psychology*, 2:89–108.

——1927. The Abilities of Man: Their Nature and Measurement. New York: Macmillan.

Takane, Y. 2004. Matrices with special reference to applications in psychometrics. *Linear Algebra and Its Applications*, 388C:341–61.

——Young, F. W., and de Leeuw, J. 1977. Nonmetric individual differences in multidimensional scaling: an alternating least-squares method with optimal scaling features. *Psychometrika*, 42:7–67.

Thurstone, L. L. 1927. A law of comparative judgment. *Psychological Review*, 34:278–86.

——1931. Multiple factor analysis. *Psychological Review*, 38:406–27.

——1935. The Vectors of Mind: Multiple Factor Analysis for the Isolation of Primary Traits. Chicago: University of Chicago Press.

——1947. *Multiple Factor Analysis*. Chicago: University of Chicago Press.

Torgerson, W. S. 1952. Multidimensional scaling: I. theory and method. *Psychometrika*, 17:401–19.

——1958. Theory and Methods of Scaling. New York: Wiley.

Tversky, A. 1992. Clyde Hamilton Coombs. In *Biographical Memoirs V. 61*. Washington, DC: National Academy of Sciences.

Van Schuur, W. H. 1992. Nonparametric unidimensional unfolding for multicategory data. In *Political Analysis*, vol. iv, ed. J. H. Freeman. Ann Arbor: University of Michigan Press.

——2003. Mokken scale analysis: between the Guttman scale and parametric item response theory. *Political Analysis*, 11:139-63.

Weisberg, H. F. 1968. Dimensional analysis of legislative roll calls. Doctoral dissertation, University of Michigan.

——and Rusk, J. G. 1970. Dimensions of candidate evaluation. *American Political Science Review*, 64: 1167-85.

Young, F.W., de Leeuw, J., and Takane, Y. 1976. Regression with quantitative and qualitative variables: an alternating least squares method with optimal scaling features. *Psychometrika*, 41:505-29.

Young, G., and Householder, A.S. 1938. Discussion of a set of points in terms of their mutual distances. *Psychometrika*, 3:19-22.

第四部分

社会科学中的因果关系和解释

第十章　社会科学中的因果关系和解释

亨利·E.布雷迪（Henry E.Brady）

1. 因果机制

一直以来，人类都依靠因果机制解释已经发生的事，切实可行地预测并影响未来将会发生的事。毫无疑问，我们一直坚定地寻求事物发生的原因。几乎所有人每天都说"X 事件引起了 Y 事件"或"Y 事件之所以发生，是因为 X 事件"这样的话。因果机制解释了事物间的原因和结果，帮助人类预测未来并采取行动影响未来。对社会科学研究者而言，更深入地了解因果机制有助于他们的研究工作。

哲学家和统计学家对因果机制有一定的了解，但对社会科学家而言，进入哲学和统计学领域是一项艰巨的任务，因为这需要他们掌握专业技能（如模态逻辑相关知识）和专业信息（如概率论相关知识），而掌握这些并非易事。有时，涉足哲学或统计学领域产生的净收益低于所需投资。本章的目标是：从哲学和统计学的角度为读者们理解因果关系进行简要的概述。尽管接下来还会讨论一些专业问题，但目标会始终围绕着一个基本问题，即：因果信息是怎样促进我们研究的？

因果机制的哲学讨论通常涉及如下三类典型研究问题：

1. *在心理学和语言学方面——我们使用因果机制这个概念表达什么意义？*

2. *在形而上学或本体论方面——因果机制是什么？*

3. *在认识论方面——因果机制发挥作用时，我们如何发现它？*[①]

---

　① 第四个问题是语用学方面的：我们如何说服别人接受我们的诠释或因果论证？该方法的主要倡导者是巴斯·梵·弗拉森（Bas Van Fraassen 1980）。基切尔和萨蒙（Kitcher and Salmon 1987，第 315 页）声称"目前为止，梵·弗拉森的语用解释理论是最好的，但如果将他的提议视为诠释的语用学理论，那么该理论将面临严重问题"。因为"诠释语用学的理论"（a theory of the pragmatics of explanation）和"诠释的语用学理论"（a pragmatic theory of explanation）之间存在不同。在他们看来，就算知道人们如何说服别人接受一个理论，也不能解决本体论和认识论方面的问题。

  表10.1总结了四种因果机制的方法,为上述及其他关于因果机制问题提供了答案。① 哲学家讨论哪种方法更为适用。但对我们而言,既然想要找到更好的社会科学研究方法,那么,所有的方法都可以为我们所用,因为每种方法都抓住了因果机制某方面的特征。因此,尽管方法的倡导者有时将它们视为竞争的甚至相互矛盾的,但实践研究者仍可以从每种方法中受益。我们评判的标准是:我们能否设计出使用(或本应使用)某方法进行研究的具体案例。如果能够想出这样的案例,那么,我们认为这种方法是值得借鉴的。

  真正好的因果推断应满足以下这四种方法的必要条件。若基于下列特征,因果推断将会得到加强:(1)新休谟法(neo-Humean approach)的必要条件是原因和结果之间的恒常结合(constant conjunction);(2)反事实方法(counterfactual approach)的必要条件是,在最相似的情境下,没有该原因就没有该结果;(3)实验操纵法的必要条件是,原因背后的结果受到干预;(4)机制分析方法(mechanism approach)的必要条件是活动和过程将原因与结果联系起来。

  例如,吸烟引起肺癌的说法首先出现在流行病学研究中,这些研究发现吸烟与肺癌之间存在相关性。对多数人而言,这些研究结果有很大的提示作用,但对其他人来说(包括现代统计学的奠基者——罗纳德·艾尔默·费希尔(R.A.Fisher)),这一相关性证据并不够充分。在该研究之后进行的多次实验证明,至少对动物而言,在比较相似的群体中可发现:不吸烟的群体比吸烟群体患癌的几率小。但有人认为,动物不能代表人类。其他研究表明:人类不吸烟时(也就是说,癌症的假定诱因被干预),癌症的发病率也会下降。最后,最近的研究又揭示了吸烟与肺癌之间的生物学机制。汇集各方面证据后发现,吸烟与肺癌之间确实存在相关性。

[219] <center>表10.1 因果机制的四种方法</center>

	新休谟规律法 (neo-Humean regularity)	反事实方法 (conterfactural)	实验操纵法 (manipulation)	机制分析和性能方法 (Mechanisms and capacities)
该方法的主要代表人物	休谟(Hume 1739); 密尔(Mill 1888); 亨普尔(Hempel 1965); 比彻姆和罗森伯格(Beauchamp and Rosenberg 1981)	韦伯(Weber 1906); 刘易斯(Lewis 1973a;1973b;1986)	加斯金(Gasking 1955); 孟席斯和普赖斯(Menzies and Price 1993); 冯·赖特(von Wright 1971)	哈里和马登(Harre and Madden 1975); 卡特怀特(Cartwright 1989); 格伦南(Glennan 1996)

---

  ① 作者借鉴了两本关于因果机制著作的观点,并从中受益,但本章并未提及这两本著作。珀尔(Pearl 2000)在贝叶斯(Bayesian)观点的基础上提出了一个关于因果机制的综合方法。谢弗(Shafer 1996)用新颖有效的方法将决策理论(decision theory)与因果树(causal trees)联系起来。

续表

	新休谟规律法 （neo-Humean regularity）	反事实方法 （conterfactual）	实验操纵法 （manipulation）	机制分析和性能方法 （Mechanisms and capacities）
因果机制对称方面（symmetric aspect of causality）的方法	观察恒常结合与相关性	在相似的情境，"有原因，必然产生结果"，和"没有原因，便不会产生结果"	认为结果通常由原因导致	考虑是否存在某种机制或性能使原因导致结果
因果机制的非对称（asymmetric aspect of causality）方法	时间先后顺序（temporal precedence）	考虑"没有结果产生的情况下，原因依旧发生"	观察干预的结果	呼吁机制的运行
解决的主要问题	必然联系	单一因果关系（singular causation）；必然性的本质	共同原因（common cause）和因果方向（causal direction）	优先效应（preemption）
强调结果背后的原因还是原因导致结果？	结果背后的原因（如：关注回归的因变量）	原因导致结果（如：关注实验的处理结果）	原因导致结果（如：关注实验的处理结果）	结果背后的原因（如：关注产生结果的机制）
使用该定义而具有比较优势的研究	观察和因果模型	案例研究比较；反事实思维实验	自然实验；类实验	分析模型；案例研究

2. 反事实方法

【220】

　　因果陈述非常有用，因此人们遇事便问发生了什么，并在做出自己的解释之前不会让某件事的研究草草结束。人们经常提出反事实的论点来活跃讨论氛围，比如，"如果没有该原因，那么，就不会产生相应结果"。反事实通常是虚拟语气的陈述，其前提是错误的或"与事实相反"的，其论断是如果该前提成立会发生什么。例如，2000年，佛罗里达州棕榈滩县使用了蝴蝶选票（butterfly ballot）①，乔治·布什才当选为总统。反事实论断也许是"如果2000年佛罗里达州棕榈滩县没有使用蝴蝶选票，乔治·布什可能

_____

　　① 蝴蝶选票是美国的一种选举投票设计，该选票将不同政党候选人按数字顺序以左右两列的方式分列两侧，选民在自己支持的候选人名字一旁打孔，但由于不同政党两列候选人左右交错分布，这样的选票设计很容易让人分不清自己究竟把票投给了谁。在2000年美国选举中，因使用了蝴蝶选票，很多想投票给乔治·布什竞争对手的选民没能如愿。——译者注

就不会当选总统。"该陈述使用了虚拟语气(如果没有使用蝴蝶选票……,那么乔治·布什就不会当选),而且该前提与事实相反。但这个前提是错误的,因为在现实世界中,棕榈滩县确实使用了蝴蝶选票。反事实的观点是:如果没有蝴蝶选票,世界的前进轨迹会不同,乔治·布什也不会成为总统。但这成立吗?

反事实的实质与因果关系密切相关。上述反事实观点表明:蝴蝶选票(原因 X)与乔治·布什当选(结果 Y)之间存在因果联系。如果蝴蝶选票导致艾尔·戈尔(Al Gore)①丢失很多选票,进而使布什获选,那么反事实观点成立。因此,如果当初没有使用蝴蝶选票,艾尔·戈尔也许会获得更多选票,赢得选举。

另外一种思考此事的方法是:在*最相似的情境*(the most similar world)中,如果没有使用蝴蝶选票,会发生什么? 乔治·布什会当选总统吗? 做到这一点需要改变这个情境,消灭这个原因,这样才不会使用蝴蝶选票。否则,情境将会不变。如果乔治·布什没有当选总统,我们便可以说反事实成立。因此,我们说蝴蝶选票导致乔治·布什当选,就相当于说在最相似的情境中不存在蝴蝶选票,乔治·布什便会落选。可以通过判断反事实在前提正确的*最相似情境*中是否真实,来检验因果关系是否存在。诚然,问题是:如何定义最相似的情境并找到证据表明该情境可能发生什么。

定义最相似的情境存在困难,找到证据表明最相似的情境可能会发生什么也存在困难。我们不能改变这个情境,阻止蝴蝶选票的使用。那么我们可以做什么? 诸多哲学家都在设法解决该问题,本节在因果关系的反事实方法部分也会详细讨论该问题。②
【221】目前,我们仅仅注意到:人们表现得好像能够解决该问题似的,因为他们一直声称反事实陈述的真实性。

3. 探索因果机制的三个基本问题

因果机制是诠释与理解的核心,但它究竟是什么? 它又是如何与反事实思维相联系的呢? 哲学家讨论因果机制时,将心理学、本体论和认识论的相关观点结合起来,这多少有些让人感到困惑。所以,在参与各种讨论时,未能正确区分不同辩论目的的人会发现哲学式的论述非常令人困惑。我们主要从认识论角度出发,了解因果机制何时真

---

① 2000 年美国总统选举中乔治·布什的竞争对手。——译者注
② 逻辑的标准理论不能解决反事实问题,因为人们不自觉地认为包含错误前提的命题是正确的,这意味着无论是否存在因果联系,所有包含错误前提的反事实陈述都成立。试图抓住必然性、可能性、偶然性和不可能性本质的模态逻辑(modal logics)也已经用于支撑反事实(Lewis 1973a;1973b)。这些逻辑判断反事实真实性的依据通常是:在有正确前提的最相似情境中,该陈述是否成立。然而,问题是如何定义最相似情境。

正运行,而不是仅仅了解心理过程何时引导人们相信它在运行。我们不太关心形而上学问题,例如,因果机制究竟是什么,尽管这种本体论的考量或许会帮助我们发现因果关系。

3.1 心理学和语言学分析

尽管我们以认识论为起点,但我们对因果机制的日常理解甚至哲学理解植根于因果推断的心理学基础。最著名的心理学分析是大卫·休谟(David Hume)的研究,该研究分析了人们提到原因和结果时所表达的意义。在休谟写作期间(1711 年至 1776 年),因果机制的杰出理论认为原因和结果之间存在必然联系(用"钩"或"力"来比喻这种联系),因此,某种原因必然导致特定结果。休谟探寻了确保结果产生的原因的特征。但他认为,没有证据表明原因的必要性,因为我们在事物中发现的是原因和结果的连续性、优先性和规律性,也没有证据表明存在任何形式的"钩"或"力"。在 1739 年出版的《人性论》(*Treatise of Human Nature*)中,他描述了他调查的内容:

> 我们谈到两个对象的必然联系时,必然性的含义是什么?⋯⋯为了达到这个目的,我认为,人们平常假设必然性寓存于哪种对象之中。在发现了必然性永远被人归于原因和结果以后,我转而观察人们假设为处于因果关系中的两个对象,并对这两个对象存在的一切情况加以考察。我发现,这两个对象在时间和地点方面都是接近的,而且被称为原因的那个对象先行于被称为结果的那个对象。在任何例子中,我都不能再深入研究;我也不能再发现这些对象之间的任何第三种关系。于是我继续扩大研究范围,观察了更多案例;在那里,我发现相似的对象永远处于类似的相近关系和连续关系中。乍看起来,这似乎对我的研究目的毫无帮助。对于几个例子进行的观察只是在重复操作。但是在进一步探讨之后,我发现,重复操作并不总是一样的,而是产生了新的结果和观念。因为在屡次重复之后,这些对象一旦出现,思维就习惯性地去考虑它的伴随结果,并自然而然地将这层关系与第一个对象挂钩。恰恰是这种印象或"笃定"给了我必然性的观念(Hume 1978[1739],第 155 页)①。

【222】

因此,对休谟而言,必然联系的观念是心理伎俩,人们观察到原因导致结果这一现

---

① 在《人性论》的修订版本《人性探究》(1748,第 144—145 页)中,休谟提到:"总而言之,在整个大自然中,我们想象不到任何有关联系的例子。所有事件之间似乎完全松散或分离,一个事件伴随着另一个事件,但我们观察不到他们之间的任何联系。他们似乎有连接,但从来没有联系。无论是外部感觉还是内在感情,我们从未得到任何观念。得到的必然结论是,我们根本不了解'联系'或'力量',而且这些词用于哲学推理或日常生活也毫无意义。因此,我们认为,这种联系,即对一个对象及其通常伴随物想象的习惯性过渡,是我们形成力或必然联系观念的感情或印象。"

象总是在重复后,就假设该规律背后存在某种联系。休谟认为,因果关系的主要特征不是时间先后顺序和连续性,而是原因和结果之间联系的规律性,但没有证据表明原因和结果之间存在任何形式的"钩"或必然联系。①

在 19 世纪以及 20 世纪的大部分时期,休谟对因果关系的分析成为主导观点,其分析在两个关注因果陈述逻辑形式的方向处于领先地位。其中有一部分人,如物理学家厄恩斯特·马赫(Ernst Mach)、哲学家伯特兰·罗素(Bertrand Russell),以及统计学家/遗传学家卡尔·皮尔逊(Karl Pearson)得出的结论是,除了规律性以外,因果关系再无其他特征,因此,为了衡量或发展相关性的功能规律,比如,总结规律性的相关系数,应放弃整个概念。② 另一部分人,如哲学家约翰·斯图尔特·密尔(John Stuart Mill 1888)、卡尔·亨普尔(Karl Hempel 1965)、汤姆·比彻姆和亚历山大·罗森伯格(Tom Beauchamp and Alexander Rosenberg 1981)寻找方法加强规则性条件(regularity condition),来超越偶然规律性。他们认为,真正的因果规律必须是无条件的,而且遵循某种似定律的陈述。新休谟法在休谟法的基础上进一步完善,但我们也注意到,我们无法定义定律式陈述,使之概述因果机制的所有特征。

【223】

那么,通常情况下,因果机制对我们而言意味着什么呢? 在分析标记因果运行机制的基本隐喻时,语言学家乔治·莱考夫和哲学家马克·约翰逊(Mark Johnson and George Lakoff 1980a;1980b;1999)将典型的因果关系描述为"受力量干预的对象,主观使用体力直接作用于周围环境而改变一些事情"(1999,第 177 页)。各种各样的原因将世界带入、放入、掷入、推动、领导、拖入、拉动、推动、撕裂、塞进或抛进各种新的状况中。这些动词表明因果关系是强制运动,莱考夫和约翰逊认为:"因果关系是强制运动,其隐喻是构成因果机制概念的重要方式。"(第 187 页)强制干预的因果关系与通过规律性进行连接的因果关系明显不同,因为强制干预强调干预、中介(agency)及可能性,因此,没有干预,就不会产生结果。在莱考夫和约翰逊看来,动力和能力导致了结果,而不仅仅是规律性可能导致结果,尽管他们同样强调的是干预、机制、动力以及能

---

① 关于休谟的意思有不同的阐释。详细讨论请参见比彻姆和罗森伯格的研究(Beauchamp and Rosenberg 1981)。

② 伯特兰·罗素曾说过一句著名的话,"'原因'这个词与令人误解的关系密不可分,以至于被挤出哲学词汇……因果机制定律符合众多哲学家的要求,像君主制一样成为岁月留下的遗产,这是因为人们错误地认为它不会造成伤害"(Russell 1918)。卡尔·皮尔逊不接受因果关系,而是以相关性代替,他曾写到,"在被忽略的'物质'和'动力'这样的基本原理之外,现代科学中还存在另一种不可思议的奥秘,即:原因和结果的分类。该分类只是对经验的概念限制,在统计近似值(statistical approximation)之外没有任何的感知基础吗?"(Pearson 1911,vi)"相关性的概念是:两个事物接受所有的关系,包括绝对独立和完全依赖,我们用这个更广泛的分类代替了因果关系原来的观念。"(Pearson 1911,第 157 页)

力,但还是令人联想到休谟所拒绝的因果关系的"挂钩"。①

　　"规律性的因果关系"和"干预性的因果关系"是完全不同的概念,但都体现了因果机制的某些本质特征,而且都是对因果机制不同的哲学和日常理解的基础。从心理学的角度来看,它们之间的差异显然产生于过去十五年对因果和反事实思维关系的研究(Spellman and Mandel 1999)。该课题研究表明,人们用因果关系思维和反事实思维想问题时,关注的因素不同。在实验中,要求参与者考虑车祸的因果归因和反事实可能性,这场车祸的起因是他们选择了新的回家路线,而后被醉酒司机撞到。他们对车祸的因果归因倾向于"关注通过常识判断得出的事件前因因素,从而在此基础上预测结果(如:醉酒司机)",但反事实思维关注诸如路线选择等可控的前因因素(Spellman and Mandel 1999,第 123 页)。粗略来说,因果归因是以因果机制的规律性方法为基础的,而反事实思维是以因果机制的实验操纵方法(manipulation approach)为基础的。规律性方法通常认为醉酒司机造成了车祸,但反事实方法表明,在这个例子中,受害者选择的 【224】 新路线导致了车祸,因为选择路线是人为干预的。因果关系的逻辑和反事实思维的逻辑密切相关,因此,规律性方法和实验干预方法在归因上的心理学差异使人们认为:两者都揭示了因果关系的一些重要内容。

3.2　本体论问题

　　了解大多数人对因果机制的想法和看法颇有益处,但我们更有兴趣了解因果机制究竟是什么,以及我们如何在世界中发现它。这关乎本体论和认识论问题。② 本体论讨论世界上存在的抽象实体的特征。因果机制研究提出了许多基本的本体论问题,这些问题是关于因果联系事物和因果关系本质的。③

　　由因果机制联系在一起的"原因"和"结果"究竟是什么呢？ 无论它们是什么,必须

---

　　① 正如我们展示的那样,两种不同的因果关系方法相结合。一种强调中介和干预,另一种强调机制和性能。两者的主要不同在于,定义因果关系时,它们强调的核心不同。中介和实验干预方法(manipulation approach)强调人类干预,机制分析和性能方法强调自然本身的演进过程。

　　② 粗略地说,哲学涉及三个问题:"是什么"(本体论)、"如何知道"(认识论),以及"有什么价值"(伦理与美学)。为了回答上述问题,20 世纪的哲学极其关注逻辑学、语言学甚至心理学分析。

　　③ 象征性地,我们可以将因果关系表示为 $X_c Y$,其中 X 代表原因,Y 代表结果,c 代表因果关系。X 和 Y 是因果相关的事物,c 是因果关系。在后文我们将会注意到,这种关系通常是不完整的(并不是所有的 X 与 Y 都是因果相关的)、不自反的($X_c X$ 是不可能的),对因果相关的事件而言($X_c Y$ 或 $Y_c X$,但不是两者)是不对称的。

属于同一类,因为原因可能成为结果,反之亦然。但它们是什么?是事实、属性、事件或其他?① 实践研究者不能忽视而且必须考虑的就是事件的定义②,即,如何恰当地定义一个事件。人们付出很多努力做实证研究,就是为了恰当地定义事件。不足为奇的是,人们付出大量努力定义战争、革命、公司、组织、民主、宗教、参与行为、政治运动,以及许多其他可能影响社会科学研究的事件和结构。关于定义事件,有很多内容可谈,但此处我们只强调那些对社会科学研究的主要任务最有用的部分。

【225】　　本体论的第二个基本问题是关于因果关系本质的。涉及物理现象(如台球相互撞击或行星绕恒星运动)的因果机制与涉及社会现象(民主化、商业周期、文化变革、选举)的因果机制有所不同吗?③ 人类能动性(human agency)和精神活动(mental events)在因果关系中扮演着什么角色?④ 我们对时间结构和因果过程的本质有哪些了解?⑤ 社会科学关乎概念的形成和因果关系机制的辨识。我们认为社会现象,如新教伦理、民族国家制度和文化存在都有因果关系,理性、认知、信念和态度影响人类行为。此外,这些都可以被观察和测量。

　　因果关系的另一个基本问题是:它是确定性的还是概率性的。因果关系的经典模型是具有确定性和规律性的牛顿宇宙观点,该观点认为相同初始条件必然产生相同结果。但现代科学中也有很多概率性因果关系的事件,最著名的例子是量子力学,粒子的位置和动量是随机分布的。但许多其他科学是依赖概率关系的。例如,在所有男性和所有女性身高都相同的夫妻中,遗传学家不会指望他们的孩子身高也相同。在这个例子中,原因相同,但身高却随机分布。即使知道夫妻基因的详细信息也无法准确预测后代身高。因此,概率因果关系可能存在于物理科学,并普遍存在于生物科学和社会科学。然而,遵循大量哲学研究的习惯,我们将首先讨论确定性因果关系,以免使分析复杂化。

---

　　① 　事件有具体的时间和地点(如"第一次世界大战的和平解决发生在凡尔赛"),但事实没有具体的时间和地点(事实是第一次世界大战在凡尔赛和平解决)。参见班尼特(Bennett 1988)对因果机制和事件的讨论,参见梅勒斯(Mellors 1995)对因果机制和事实的讨论。许多哲学家更倾向于讨论作为具体属性的"比喻"(Ehring 1997)。一些哲学家拒绝从不同事件或比喻的角度描述世界的观念,他们声称事件是永恒的(Harre and Madden 1975,第6章)。

　　② 　关于事件和社会进程定义的混合引文来自艾伯特(Abbott 1983;1992;1995)、皮尔逊(Pierson 2004)、赖克(Riker 1957)和蒂利(Tilly 1984)。

　　③ 　参见涂尔干(Durkheim 1982)、伯杰和卢克曼(Berger and Luckman 1996)、冯·赖特(Von Wright 1971)、塞尔(Searle 1971)和温特(Wendt 1999)对代表性的讨论。

　　④ 　参见狄尔泰(Dilthey 1961)、冯·赖特(Von Wright 1971,第1章)、戴维森(Davidson 2001)、塞尔(Searle 1969)和温特(Wendt 1999)。

　　⑤ 　2004年,从原因和影响的时间范围角度,皮尔逊使用隐喻将不同的社会科学过程与龙卷风、地震、陨石和全球变暖相比较。他表明每种情况的因果过程相当不同。

3.3　认识论问题

认识论涉及我们如何获得某种知识(希腊人将其称为"episteme")。我们如何断定 *X* 真的导致 *Y*? 坐在餐桌旁吃饭时,如果有杯子被打碎了,我们还没有开始责备就会听到"我并没有打碎杯子,是桌子摇晃杯子才碎的"等辩解。这表明我们对杯子打碎的因果解释是错误的。这种情况下,我们应如何处理? 也许为排除杯子打碎的其他原因,我们应该调查是否有人摇晃桌子、是否有地震发生或其他事发生而打碎了杯子。但问题是有许多可能性要排除,而且某种程度上,需要排除的可能性取决于我们对因果机制的定义。

为了解因果机制,我们需要知道它是什么,需要知道我们见到它之后如何认识它。【226】休谟的方法可以一次性解决这两个问题。如果两个事件相连,一个事件先于另一个事件,并且彼此恒常结合,那么,它们具有因果联系。我们曾检验过这些条件,并发现了因果关系。但经过检验,我们发现这些条件不足以支撑因果机制,因为即使白天与夜晚相连,夜晚先于白天,而且它们的联系有规律,我们也不能说夜晚导致了白天。此外,像这样的简单规律并不能帮我们很容易地区分原因与结果,毕竟,可以说白天先于夜晚,也可以说夜晚先于白天,这时我们只能错误地认为白天导致了夜晚。因此,除了规律性之外,还需要更多的条件。① 正是由于缺乏其他条件,理解因果关系时才出现了许多问题。约翰·斯图尔特·密尔认为原因和结果之间存在"无条件"关系,现代新休谟法要求"似定律的"关系,但即使我们知道这有助于解决问题②(有助于解决因果关系的本体论问题),也很难保证其有助于解决具体的认识论问题。

在以下的小节中,我们首先回顾因果机制使用的四种方法。我们花费大量时间定义反事实,找到了一个可以广泛运用到统计学中的诀窍。在以下小节的结尾部分,我们讨论了该诀窍的局限性,以及它在解决认识论和方法论问题方面的进展。

4. 因果关系的休谟和新休谟方法

4.1　因果关系的定律概论和休谟规律方法

休谟和新休谟法提出的逻辑条件必须适用于事件的恒常结合,以证明它们之间存

---

① 也许还需要不同的条件。1748 年,休谟再版 1738 年的著作时,放弃了连续性的必要条件,而且许多哲学家也放弃了时间先后顺序的必要条件。

② 那些不了解这一文献的人了解许多有关合法性和无条件性的陈述,无条件性似乎能提供一种方法来保证合法性,但出现的条件似乎总是达不到目标要求。

在因果关系的推断是合理的。具体而言,休谟法探讨原因是否必须是结果的充分必要条件,或者二者是否有更复杂的关系。

【227】

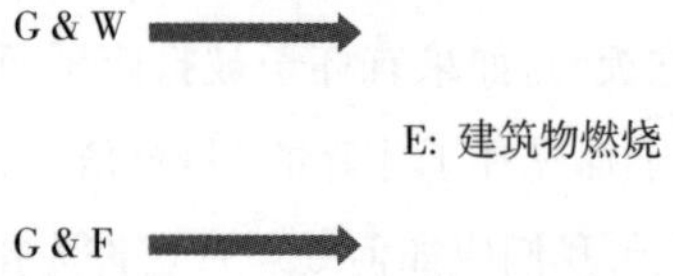

G & W ➡

E: 建筑物燃烧

G & F ➡

图 10.1　两种 INUS 条件

休谟、约翰·斯图尔特·密尔和其他研究者给出的经典定义为"当且仅当 X 是 Y 的充分条件时,X 是 Y 的一个原因"。也就是说,原因必须总是而且一定导致结果。当然,X 是 Y 的充分条件时,可以认为 X 是原因,但许多不是其结果的充分条件的假定原因呢? 例如,划火柴是点燃火柴的必要条件,但只有空气中含有充足氧气时,火柴才会点燃。划火柴永远不会导致火柴点燃吗? 这便又引出了另外一个定义:当且仅当 X 是 Y 的必要条件时,X 是 Y 的原因。该定义认为,结果的发生必须有原因(划火柴)的出现,可只有这个原因又不足以引起结果(因为也许没有充足的氧气)。要产生结果,有多少原因是必要的呢? 如果划火柴后,火柴没有点燃,也许有人会用喷灯点燃火柴,这时划火柴甚至不是使火柴点燃的必要条件。我们能因此认为划火柴不是火柴点燃的一个原因吗? 定义因果关系时,必要性和充分性似乎不平等。①

这些考量让约翰·麦基(John Mackie)提出一系列条件:原因是条件不充分(I)但必要(N)的一部分,而条件对结果而言是不必要(U)但完全充分的(S)。可以通过一个例子解释这些 INUS 条件。例如,结果(E)——此处为建筑物烧毁——可能发生的两种方式(见图 10.1)。一个场景中,电线可能短路并过热,导致房子的木框架燃烧。另一个场景中,汽油罐旁边的火炉可能导致其燃烧爆炸。导致建筑物燃烧的很多因素都是 INUS 条件。电线短路(C)和房子的木框架(W)结合在一起可能造成建筑物燃烧,汽油罐(G)在火炉(F)旁边也可能导致建筑物燃烧。因此,C 和 W 结合、G 和 F 结合都是建筑物燃烧的完全充分条件。此外,C 和 W、G 和 F 是不必要条件,因为建筑物燃烧可能由一个因素或其他组合因素造成。尽管 C 与 W 结合(反之亦然)、G 与 F 结合(反之亦然)都是建筑物燃烧的必要条件,但 C、W、G 或 F 这四个单一因素都是不充分条件。该公式考虑的事实为:没有单一原因是充分或必要条件,但当专家说电线短路引起火灾,

---

①　哲学家还经常讨论下列问题:"如果两颗子弹同时穿透人的心脏,那就有理由假设:每颗子弹都是人死亡的充分条件的重要部分。而且其他情况不变,两颗子弹都不是人死亡的必要条件,因为每种情况下,另一颗子弹都是充分条件。"(Sosa and Tooley 1993,第 8—9 页)

其意思是"实际上,电线短路(C)是发生火灾的一个条件,其他条件如(W)也存在;但可 【228】
能导致房屋着火的充分条件(如 G 和 F)不存在"(Mackie 1965,第 245 页)。

　　从实践研究者的角度来看,可从 INUS 条件中得到三点启发。第一,假定原因如 C
可能不会导致结果 E,因为也许是 G 和 F 导致了结果 E。因此,虽然建筑物燃烧(E)可
能是由电线短路(C)造成的,但并不总是由其造成的。第二,任何一个原因成为充分条
件都必然需要与其他原因相结合(C 需要和 W 相结合,F 需要和 G 相结合)。第三,由
于其他 INUS 原因的存在,任何一个 INUS 原因和其结果之间的关系似乎是概率性的。
总而言之,INUS 条件表明:因果关系路径和原因是多重性的,并发因果关系
(conjunctural causation)是可能性的(Ragin 1987),而且确定性的社会科学关系也可能
是概率性的。①

　　一个具体的例子有助于我们更清楚地理解上述三点启发。假设上文提到的四个
INUS 因素(C、W、G 和 F)彼此独立,而且每个因素都是造成建筑物发生火灾的唯一因
素。进一步假设当时电线短路(C)发生的可能性为 10%,建筑物为房子的木框架(W)
的可能性为 50%,有火炉(F)的可能性为 90%,汽油罐(G)在火炉旁边的可能性为
10%。因为假设了这些因素彼此独立,所以 C 和 W 同时发生的可能性为 5%,G 和 F 同
时发生的可能性为 9%(将两个独立因素的可能性相乘可得)。这四个因素同时发生的
可能性为 0.45%(四个百分比的乘积)。因此,火灾发生的可能性为 13.55%,这一比例
包括火灾可能是 C 和 W 同时发生的结果(5%),以及是 G 和 F 同时发生的结果(9%),
并且为避免重复计算,减去可能是四个因素同时发生的结果(0.45%)。

　　现在,假设实验者不了解房子的木框架或汽油罐与火炉对火灾的作用,只研究火灾与
电线短路的关系。那么,火灾与电线短路的关系如表 10.2 所示。与上文假设相同,当时
电线短路可能性为 10%(见列总计数的第三列),与上文计算相同,火灾发生的可能性为
13.55%(见最右面行总计数的第三行)。表格内其他数据是用相同方法计算得出的。②

　　虽然每种情况都是由于确定性过程——电线短路与房子的木框架结合,汽油罐与火
炉结合(或两种情况)——但该交叉分析证明火灾与电线短路之间存在概率性关系。在 【229】
4.55% 的情况下,电线短路但没有发生火灾,因为建筑物不是木质的。在 8.10% 的情况
下,虽然电线没有短路,但也发生了火灾,因为汽油罐在火炉旁边。对于本表,一种衡量关联
的标准,结果与原因的皮尔逊相关系数(Pearson correlation)为 0.40,远远小于正相关关系

---

　　①　马里尼和辛格(Marini and Singer 1988)有力解释了这些观点。
　　②　因此,电线短路和火灾的数据来自电线短路和房子的木框架相结合(5%)、电线短路但没有房
子的木框架(5%),以及汽油罐和火炉相结合(5%乘以9%)。

要求的系数 1.0。然而,如果考虑到要求交互作用的修正模型,关系将完全拟合。① 因此,如果对确定性关系做了误判,就很容易导致研究者认为原因和结果之间存在概率性关系。

表 10.2 假设的例子中电线短路引起火灾(每种情况的比例)

	没有 C ——电线没有短路	有 C ——电线短路	行总计数
没有导致结果——没有发生火灾	81.90	4.55	86.45
导致结果——发生火灾	8.10	5.45	13.55
列总计数	90.00	10.00	100.00

INUS 条件揭示了因果机制的复杂性,但作为因果机制的定义,还存在很多局限性,如:没有排除存在共同原因的情况,也没有排除偶然规律。可以通过一个例子解释共同原因的问题,比如:闪电(L)击中房子的木框架(W)使其燃烧(E),同时也造成电线短路(C)。也就是说,$L{\rightarrow}E$ 而且 $L{\rightarrow}C$(箭头指示因果关系)。如果闪电总是造成电线短路,但因为闪电直接导致木头过热进而引发火灾,这些情况下,火灾与电线短路没有任何关系。尽管如此,我们总是可以通过闪电发现 C 和 E 是恒常结合的,这表明虽然闪电是房子的木框架燃烧和电线短路的共同原因,电线短路还是引起了火灾。② 在共同原因的一些情况下,如气压升高伴随的是雷雨的来临,通过常识可知,气压升高(假定的原因)不是雷雨的真正原因。但关于闪电,事实是电线短路能够导致火灾,这使我们几乎不太可能意识到闪电是电线短路和房子的木框架燃烧的共同原因。在闪电将房子的木框架劈裂而不是造成电线短路的情况下,我们能比较容易地分析闪电与火灾之间的关系。在这种情况下,我们很可能不接受劈裂的木头导致火灾这一不切实际的理论,因为劈裂的木头没有引起火灾的性能。但坚持休谟法的人在这两种情形下都会感到疑惑,因为休谟法不接受因果关系性能的观点。对于遵循休谟法的人而言,劈裂的木头与火灾之间的恒常结合同电线短路与火灾的恒常结合一样表明了因果关系。鹳和幼鹳(共同成长)的恒常结合甚至也可能被认为证明了因果联系。

【230】

为了确定这些条件,人们通常尝试寻找无条件真实而不是偶然真实的"似定律"陈

---

① 如果每个变量的系数为 0 或 1 取决于原因或结果是否出现,那么,C 和 W、G 和 F,以及 C,W,G,F 交互结果的回归方程会呈现完全拟合的多重相关。

② 也可能是,闪电造成木头过热是火灾的不充分条件(不会发生 $L{\rightarrow}E$),但闪电造成电线短路($L{\rightarrow}C$)是火灾的充分条件($C{\rightarrow}E$)。在这种情况下,闪电通过造成电线短路成为火灾发生的间接原因。也就是 $L{\rightarrow}C{\rightarrow}E$。

述。因为劈裂的木头引起火灾不是无条件真实的,所以为排除该解释,人们假设能够发现此类条件。然而,没有哪类条件满足要求。① 尽管规律方法确定了描述因果关系的必要条件,但由于联系不是因果关系,且没有理由证明似定律陈述的纯逻辑限制(logical restrictions)是概括因果关系的充分条件,所以规律方法基本错误。问题的一部分是:虽然有不同类型的因果关系定律,但都不符合任何特定模式。例如,为确保符合定律,一个限制条件是:似定律陈述不应指特定情况,或来自不指特定情况的定律。这意味着发现牛顿定律之前,开普勒第一定律——每一行星沿各自的椭圆轨道环绕太阳——不是因果定律,因为该定律描述的是特定情况;但当开普勒第一定律被证明可能来自牛顿定律后,它便是因果定律。但开普勒三大定律总被认为是因果定律,而且似乎不需依赖牛顿定律的证明。此外,按照这个标准,几乎所有社会科学和自然科学定律(如板块构造论)都是关于特定情况的。简而言之,对定律形式的逻辑限制似乎不是因果关系特征的充分条件。

4.2 不对称的因果关系

规律性方法由于无法解释不对称的因果关系,所以也是错误的。原因应该导致结果,但 INUS 条件几乎总是对称的,因此如果 C 是 E 的一个 INUS 原因,那么 E 也是 C 的一个 INUS 原因。在 INUS 条件中,结果似乎总能成为原因。② 能够解释该问题的最典型例子是:旗杆、太阳升起和旗杆影子。光沿直线传播的定律表明旗杆高度、影子长度【231】和太阳高度角之间存在关系。影子日出时变长,中午变短,日落时又变长。因果机制表明影子长度受旗杆高度和太阳高度影响。但根据 INUS 条件,我们也可以说太阳高度受旗杆高度和影子长度影响。在 INUS 条件中,无法排除这种不切实际的可能性。

休谟方法提供不对称性的唯一特征是时间先后顺序。如果太阳高度变化先于相应影子长度变化,那么,我们可以说太阳高度影响影子长度。如果旗杆高度变化先于相应影子长度变化,我们可以说旗杆长度影响影子长度。但诸多哲学家不认为时间先后顺序是不对称因果关系的决定因素,因为它排除了通过不对称因果关系解释时间方向的可能性,也排除了反向因果关系的可能性。从实践的角度来看,这需要对时间的精准测

① 有关这些问题的代表性讨论,参见哈里和马登(Harre and Madden 1975,第 2 章);萨蒙(Salmon 1990,第 1—2 章);豪斯曼(Hausman 1998,第 3 章)。萨蒙(1990,第 15 页)指出:"定律、模态导入(modal import)(什么是必要的、可能的,或不可能的)和反事实的支持观点似有共同引申含义;相关陈述包含或缺乏这三者,但找到区分这些陈述的标准极其困难。"

② 帕皮诺(1985,第 279 页)展示了 INUS 条件的对称性,并进一步表明因果关系不对称性的条件不取决于原因和结果的时间关系。

量,但在特定情况下很难实现。

4.3 总结

上述讨论揭示了因果关系的两个基本方面。一种是对称的因果关系;另一种是不对称的因果关系,即原因导致结果,但结果不导致原因。休谟规律方法以 INUS 条件的形式提供了对称因果关系存在的必要条件①,但它没有排除共同原因和偶然规律的情况,这些情况中根本不存在因果关系。从方法论的角度来看,这很容易导致研究者认为他们需要做的是找到联系,也很容易导致"似定律的"或"无条件的"关系的其他要求被忽视,因为它没有确切定义这究竟意味着什么。许多因果关系模型都有这些缺陷(Freedman 1987;1991;1997;1999)。

休谟方法甚至没有完全体现因果关系的不对称特征,因为除时间先后顺序外,它没有提供任何决定不对称性的方法。然而,因果关系的很多其他方面似乎比时间先后顺序更基本。原因不仅通常先于结果,而且可以解释或干预结果;但结果不能解释或干预原因。②

【232】

结果取决于原因,但原因不依赖结果。因此,如果没有原因,就不会发生结果,因为结果取决于原因。反事实"如果原因不发生,结果就不会发生"的观点成立。然而,如果结果不发生,原因可能仍然发生,因为即使某种情况下其他条件不适合结果发生,原因也可能发生,但不产生任何具体结果。反事实"如果结果不发生,原因也不发生"的观点不成立。例如,在电线短路造成木框架的建筑燃烧的例子中,如果电线没有短路,建筑物不会燃烧。如果建筑物没有燃烧,电线短路仍然可能发生,但如果建筑物的材料是砖块,不会引起火灾。结果对原因的依赖表明:因果关系的另一定义也许基于对反事实的恰当理解。

5.因果关系的反事实定义

在 1902 年出版的《历史理论与方法》一书中,爱德华·迈耶(Eduard Meyer)说到,"如果普鲁士王国的首相俾斯麦(Bismarck)没有在 1866 年发动战争,世界历史会不会

---

① 由于 INUS 因素也许只能偶尔产生结果,所以概率性原因不一定满足 INUS 条件。因此,电线短路和房子的木框架也许只会偶尔引起大火使建筑物燃烧。引入概率性原因使我们的讨论更复杂,这为质疑休谟规律方法提供了理由。

② 豪斯曼(1988,第 1 页)也记录了原因和结果不对称性的其他方面。

改变"的问题是"无法回答且毫无意义的"。有人认为,1866 年的奥地利—普鲁士—意大利战争为德国和意大利的统一扫清了障碍(参见 Wawro 1996)。1906 年马克斯·韦伯(Max Weber)回顾迈耶的著作时提到,"从严格的'决定主义角度'来看,'如果俾斯麦没有发动战争,世界将会怎样'是一个'不可能的'假命题,因为'决定因素'事实上已经出现。"他还认为"上述问题也绝非毫无意义。因为该问题触及了现实历史建构的决定要素——因果关系重要性,正是其个人决定在各种影响因子中占据突出地位(所有因素必须是其本身而非其他),历史进程如其所愿,结果也刚好发生"(Weber 1978,第 111页)。反事实对于理解历史并做出因果推断具有重要意义,韦伯的评论是对其早期的讨论。韦伯坚定地认为,如果历史不仅是记录重要事件与人物的编年史,那么只能提出【233】如果俾斯麦没有发动战争等反事实问题。①

5.1　刘易斯因果机制反事实法

哲学家大卫·刘易斯(David Lewis 1973b)提出了最详尽的理论,来阐释因果机制和反事实的联系。② 他的方法要求不同事件 X 与 Y 陈述的真实性。刘易斯首先假设 X 和 Y 都已经发生,所以反事实陈述③"如果 X 发生,那么 Y 发生"成立。该陈述的真实性是刘易斯对因果关系描述的第一个条件。然后,他考虑第二个反事实的真实性:④"如果 X 不发生,Y 也不会发生。"如果这也成立,那么他认为 X 导致 Y。例如,像一些历史学家所说,如果俾斯麦 1866 年发动的战争促进德国统一,那么我们必须提问:"如果俾斯麦没有发动战争,德国会仍然处于分裂状态吗?"刘易斯方法的核心在于下文描述的反事实真实性的要求。

刘易斯理论有诸多优点。它直接研究单一因果事件,而且不要求检验大量 X 与 Y

---

① 感谢理查德·斯威德伯格(Richard Swedberg)推荐我了解韦伯精彩的观点。

② 刘易斯在大卫·休谟的著作中找到了支撑其理论的观点。在 1748 年出版的《人类理智研究》(*Enquiry Concerning Human Understanding*)一书中,休谟首先总结了因果关系的规律方法,提到:"我们可以将原因定义为一个对象,紧接着会产生另一个对象,而且与第一个对象相似的对象产生之后,会产生与第二个对象相似的对象",然后,他完全改变了因果关系的方法,补充到:"换句话说,如果第一个对象没有发生,第二个对象便不会存在。"(第 146 页)许多评论者提到,补充的内容暗含了完全不同的因果关系概念。第一个方法认为因果机制与相同环境下假定的原因与结果的恒常结合等同。第二个方法是反事实法,它的基础是在原因没有出现的世界会发生什么。

③ 通过假设有正确前提和结论的陈述成立,刘易斯将诸如此类的陈述视为其反事实理论的一部分。如前文所述,通过合理地假设如果结论正确那么他们正确,大多数反事实理论已经包括有正确前提的陈述。

④ 这是刘易斯理论的简化版本,其基础为刘易斯(1973*a*;1973*b*;1986)和豪斯曼(1998,第 6 章)的著作。

的例子。在关于因果关系的哲学辩论中,有人认为我们不能单独分析个别案例,如"锤击导致玻璃破碎"或"斐迪南大公(Archduke Ferdinand)遭暗杀导致了第一次世界大战",因为这些案例应该被纳入来自众多案例和特定事实的一般定律(锤击导致玻璃破碎),以满足"似定律"关系的要求。然而,反事实法从单一事件开始,并认为没有相似事件和相关普遍定律也可以建立因果关系。[1] 分析单一因果关系对所有研究者都至关重要,对案例研究者尤其重要,他们研究斯大林继列宁之后成为苏联领导人的影响,或研究美国 2000 年选举中使用蝴蝶选票的影响。

【234】

通过考虑如果 X 不出现将会发生什么,反事实法直接涉及 X 关于 Y 的因果"效用"。该理论的问题是:确定反事实陈述"如果 X 不发生,Y 也不发生"的真假具有困难。因为 X 确实发生,因而其前提是错误的,而且没有证据表明如果 X 不发生会发生什么,所以无法在现实世界评估该陈述。只有在前提是正确的世界中评估反事实才有意义。刘易斯研究该问题的方法是:在与 X 不发生的真实世界最相似的情境中,考虑该陈述是否成立。因此,如果 X 是锤击,Y 是玻璃破碎,那么,最相似的情境是除了锤击没有发生之外,其他一切都相同。如果在这个情况中,玻璃没有破碎,反事实观点成立,而且锤击(X)导致玻璃破碎(Y)。该方法最明显的问题是确定最可能的情境。当 X 是斐迪南大公遭暗杀,Y 是第一次世界大战时,如果恐怖分子加夫里洛·普林西普(Gavrilo Princip)没有枪击斐迪南大公,在最可能的情况下,第一次世界大战真的不会发生吗?或者其他事件仍然会不可避免地导致第一次世界大战吗?而且,考虑得更复杂一些,此"第一次世界大战"与真正发生的第一次世界大战相同吗?

新休谟方法的问题是确定似定律的关系,而刘易斯方法的问题是确定可能情境的相似性。为解决这些问题,两种方法都必须确定相似的原因和结果。休谟法必须在现实世界的不同情况中确定他们。在这一方面,休谟法与约翰·斯图尔特·密尔的"共变法"(method of concomitant variation)密切相关,其内容为"如果某一现象以某种方式发生变化,另一现象也以相似方式发生变化,那么,前一现象就是后一现象的原因或结果,或两者通过因果关系结合在一起"(Mill 1888,第 287 章)。[2] 在原因发生的现实世

---

① 事实上,许多学者认为只能从单一因果关系的角度理解普遍因果关系(包括似定律的结论),即:普遍因果关系是单一因果关系的泛化。当且仅当吸烟者的癌症普遍是由吸烟导致的,才能认为吸烟导致癌症(Mellors 1995,第 6—7 章),也可以参见索萨和图利(Sosa and Tooley 1993)。更普遍地来讲,尽管有人认为诠释代替了因果关系陈述,但现在许多哲学家相信正确的因果机制分析为合适的诠释提供基础(参见 Salmon 1990)。

② 休谟法与密尔的求同法相关,其内容为:"通过考察被研究现象出现的若干场合,确定在各个场合先行情况中是否只有另外一个情况是共同的,如果是,那么这个共同情况是被研究现象的原因(或结果)。"(Mill 1888,第 280 页)

界及原因没有发生的可能世界,刘易斯理论也必须确定相似的原因和结果。该方法也 【235】
与密尔的"求异法"密切相关,其内容为"如果被研究现象出现的场合与被研究现象不
出现的场合只有一个情况是不同的,这一情况只在前一场合出现;两种场合不同的情况
是结果或原因,或被研究现象的不可或缺的部分原因"(Mill 1888,第 280 页)。①

　　除确定相似的原因和结果外,休谟方法必须确定这些相似原因和结果的联系是偶
然的还是有规律的,这要求理解每种情况下正在发生什么,并比较不同情况的相同点与
不同点。刘易斯方法必须确定与现实世界最相似的可能情境,其中原因没有发生,这要
求理解现实世界的事实和其中运行的定律。所以,评估可能世界与现实世界的相似性
时,需要理解现实世界的规律。② 似乎刘易斯的困难任务是在识别最相似情境以设立
定律。

5.2　因果关系反事实定义的优点

　　刘易斯方法使一个难题变成另一个难题,但其问题的再形成有诸多优点。反事实
法提供新的视角解释建立原因和结果的因果联系需要什么条件,并清楚地解释了建立
因果关系不需要观察原因和结果的普遍联系。③ 如果能够证明在最相似的情境没有原
因发生结果也不会发生,仅观察一个原因及其结果就足以建立因果关系。反事实法提
出,找到原因不发生结果就不发生的最相似情境就可以展示因果关系。

　　刘易斯理论给我们提供了思考单一事件因果影响的途径,比如,在 2000 年美国总
统选举中,佛罗里达州棕榈滩县使用了设计糟糕的蝴蝶选票,这导致许多想给民主党候
选人艾尔·戈尔投票的选民错误地投给了改革党候选人帕特里克·布坎南(Patrick
Buchanan)。如果在没有使用蝴蝶选票的最可能情境中,布坎南的选票比现实世界的 【236】
少,那么可以说蝴蝶选票与这些错误有因果关系。在理想情况下,最可能的世界是一个
平行世界,其中相同的人收到了不同的选票,但这当然是不可能的。第二个理想情况
是,相似的人使用了不同的选票。事实上,只有棕榈滩县选举日投票的选民使用了蝴蝶

---

　　① 密尔还提到求异法是"人工实验(artificial experiment)的一种方法"(第 281 页)。对于共变法
和求异法,密尔强调原因和结果的关系,而不确定哪个事件为原因,哪个事件为结果。密尔的方法旨在
发现因果机制的对称方面而不是非对称方面。
　　② 纳尔逊·古德曼(Nelson Goodman)在 1947 年的一篇关于反事实的文章中提到此观点;1991
年,詹姆斯·费隆(James Fearon)在阐述研究的反事实法时,讨论了此观点对政治科学中反事实思维实
验的影响。也可以参见泰特罗克和贝尔金(Tetlock and Belkin 1996)。
　　③ 乔治·亨里克·冯·赖特提出,因果机制的反事实概念表明似定律的联系的特征是"必然性
和非普遍性"(von Wright 1971,第 22 页)。

选票,缺席投票的选民并没有使用。因此,缺席投票的结果可以作为没有使用蝴蝶选票的最可能情境的替代品。在缺席选举人投票的情况下,布坎南的选票显著降低,这表明:因为使用了蝴蝶选票,所以至少有 2000 名支持戈尔的选民(比实际投票给戈尔的选民人数多)错误地将选票投给了布坎南。

但问题是,缺席投票的情境作为不使用蝴蝶选票的最可能情境的替代品是否合适。① 我们无法通过反事实法清楚地明白如何进行判断②,但其准则确实表明我们应考虑选举日选民情况和缺席选民情况的相似性。为了明白这点,我们可以询问选举日选民是否与缺席选民有显著不同,并可以通过考虑他们的性格与经历来回答此问题。总而言之,反事实观点使我们能够在单一情况下分析因果关系,它强调比较(这虽困难但有可能),而不强调对定律陈述的调查(这深奥且显然没有意义),比如调查"因搞错候选人姓名和打错孔的选票导致选民投票出现问题。"

5.3　控制实验和最可能情境

反事实定义面临的困难是确定假定原因不发生的最可能情境的特征,并找到该情境的替代品。对于蝴蝶选票,一队研究人员凭借运气发现了缺席选举人的选票没有蝴蝶选票的概率性特征。③ 但我们如何在其他情况中发现替代品?

【237】　　一个答案是控制实验。通过找到两种或多种情况,并使假定原因(处理对象)在一些情况而不是其他情况(控制组)下发生,实验可以营造模拟的最可能情境。如果在这些情况下原因 C 发生结果 E 便发生,那么,满足反事实定义的第一个要求,即:C 发生,E 便发生。如果控制组的情况与处理组的情况没有显著不同,那么,控制组的情况可以作为原因不发生的最可能情境的替代品。如果在这些情况下原因不发生结果也不发生,那么,证实了反事实定义的第二个要求,即:在最可能的情境,如果 C 不发生,E 便不发生。该观点的重点是:控制组的原因不发生,且是处理组最可能情境的合适替代品。

为确保处理组与控制组的情况接近,设计了两种实验方法。一种是经典实验(classical experimentation),其中尽可能多的情况被实际控制,因此处理对象和控制对象之间

---

① 关于缺席选举人票是很好的替代品的观点,请参见万德等(Wand 等人 1991)。

② 在刘易斯关于反事实的著作中,他仅提到相似性判断是可能的,但没有提供任何关于如何做出判断的指导。他承认他的概念模糊,但不难理解。"比较相似性不难理解,它虽然模糊,非常模糊,但容易理解。因此,虽然不可否认它非常模糊,但我们必须用它做出正确分析。"(Lewis 1973a,第 91 页)在 1979 年和 1986 年的著作中,刘易斯制定了相似性判断的规则,但这些规则对于我们及其他人而言似乎用处不大(Bennett 1988)。

③ 对于选举日和缺席选票的区别是如何发现的,请参见布雷迪等(Brady 等人 2001)。

的唯一显著区别是原因。例如,在化学实验中,一个烧杯容纳了两种化学物质和一种可能是催化剂的物质,另一个烧杯与第一个烧杯的类型、所处位置和温度相同,但只容纳了相同量的化学物质,没有容纳可能是催化剂的物质。如果只有第一个烧杯发生化学反应,则归因于催化剂。第二个方法是随机将处理对象分配到各种情况,因此,通常情况下,我们没有理由怀疑得到处理对象的情况与没有得到处理对象的情况有任何不同。下文我们详细讨论该方法。

5.4　反事实定义存在的问题①

虽然因果关系的反事实定义包含对因果关系的深刻见解,但它也存在两个明显的问题。如目前的讨论一样,使用反事实定义不能确定因果关系的方向,而且可能将一个共同原因的两个结果误认为原因和结果。例如,在上文描述的实验中,处理组的情况是,如果 C 发生,那么 E 发生;如果 E 发生,那么 C 发生。同样,控制组的情况是,如果 C 不发生,那么 E 不发生;如果 E 不发生,那么 C 不发生。事实上,原因和结果之间存在完美的观察对称性,这意味着目前描述的因果机制的反事实定义暗示 C 导致 E 且 E 导致 C。由于这种情况的完美对称性,一个共同原因产生两个结果的问题同样出现。如,在气压升高与雷雨关系的例子中,两者都是高压系统的结果,但反事实定义认为气压升【238】高是雷雨的原因。②

这些问题困扰着休谟法和反事实法。如果我们接受这些方法的最简单形式,必须忍受不完善的因果机制理论,该理论无法区分原因和结果,也无法区分一个共同原因的两个结果和真正的因。也就是说,虽然反事实法可以在某种程度上辨别因素 A 和 B 之间是否存在因果关系③,但却无法辨别是 A 导致 B,还是 B 导致 A,或 A 和 B 是一个共同原因的两个结果(有时称为虚假相关)。我们可以将反事实条件中涉及的两个现象 A 和 B 以交叉列表的形式排布。最简单的情况是,列表示第一个因素 A 出现或不出现,行表示第二个因素 B 出现或不出现,并通过 A 导致 B 或 B 导致 A,或 A 和 B 是共同原因的结果等情况观察相同的对角模式(diagonal pattern)。在这三种情况中,我们观察到两个因素或都出现或都不出现。利用类似于相关数据的对称信息发现不对称的因果关系

---

① 本小节内容主要来自豪斯曼(Hausman 1998,第4—7章)和刘易斯(Lewis 1973b)。

② 因此,如果气压升高,雷雨天气就会来临,反之亦然。此外,如果气压不升高,雷雨天气也不会来临,反之亦然。根据反事实定义,一个是另一个的原因(为了简化问题,我们忽略了高压系统和雷雨天气之间不存在完全确定性关系的事实)。

③ 如本段所说明的,当 A 导致 B,B 导致 A,或 A 和 B 是一个共同原因的结果时,A 和 B 之间存在因果关系。参见豪斯曼(Hausman 1998,第55—63页)。

或虚假相关是不可能的。与休谟规律方法一样,反事实法只描述了 A 和 B 之间存在因果关系或 A 导致 B 的一个必要条件。

将先发生的现象视为原因,判断时间先后顺序,便可以解决因果关系的方向问题,但无法解决共同原因的问题,因为这会导致荒谬的结论。比如,有荒谬的结论认为,雷雨天气出现之前气压升高,所以气压升高必然引起雷雨天气。由此,刘易斯不通过时间先后顺序确定因果机制的方向。相反,他认为如果 C 导致 E 而 E 不导致 C,就可以声称反事实观点"如果 E 不发生,C 就不会发生"是错误的。这一反事实观点与"如果 C 发生,那么 E 发生"以及"如果 C 不发生,那么 E 不发生"这两个观点不同,刘易斯认为,如果 C 导致 E,这两个观点都正确。"如果 E 不发生,C 就不发生"要求的虚伪性成为因果机制的第三个条件。该条件相当于找到 C 发生但 E 不发生的情况,这通常是因为 C 导致 E 需要其他条件存在。在下一小节中,我们不再探讨该策略,转而描述更合适的建立因果优先的方式。

【239】 6. 因果关系的实验和实验操纵法

在实验中,存在一条现成的信息,但由于没在反事实法中提及,所以被我们忽略了。被干预的因素可以决定因果机制的方向,并帮助我们排除虚假相关,而且被干预的因素必定是原因。① 该观点极其重要。由于实验操纵法(manipulation approach)和中介法(agency approaches)将人类(干预者)视为理解因果机制的核心,所以哲学家不赞同这两个方法,但干预对于决定因果机制的力量,我们毋庸置疑。因果关系的中介和实验操纵法(Gasking 1955;von Wright 1974;Menzies and Price 1993)将该观点提升到因果关系定义的高度。加斯金(Gasking)认为,因果关系的概念在本质上与产生结果的干预技巧有相关性(1955,第 483 页);孟席斯(Menzies)和普赖斯(Price)认为,只有事件所处的情况具有的本质特征或支持事件之间的手段—目的关系,或与另一包括类似手段—目的相关事件的情况特征相同(极其相似),事件之间才存在因果关系(1993,第 197 页)。这些方法关注确定因果关系方向,但加斯金将因果关系比作"诀窍"也暗示了一种确定因果关系的对称性和规律性的方法。当一种关系有规律地导致原因产生结果时,那么,就存在因果关系。

也许因果机制的本体论定义不应使用能动性的概念,因为大多数因果联系不需要

---

① 更准确地说,原因隐藏在被干预或与干预相关的事情中。然而,了解什么被干预了并不容易,比如,在著名的霍桑实验中,实验者认为实验组是减弱工作间的照明度,但工人显然认为实验组是受到不同于其他工人的待遇。合理的因果推断要求清楚地描述干预了什么,并解释什么特征导致了结果。

人类干预。甚至认识论方法经常发现一些原因,其中人类干预是不可能的,如牛顿力学和天体物理学。然而,认识论方法不能没有能动性,因为人类干预似乎是确定原因最好的方法,而且许多研究者和方法论者坚持将实验干预作为确定因果关系的方法。这些学者通常避开本体论目标,而强调认识论目标。例如,在明确拒绝本体论目标后,赫伯特·西蒙(Herbert Simon)在实验系统的基础上发展他对因果机制的初始定义,这是因为"在科学文献中,'原因'经常与实验者的干预这一明确或暗含的概念相联系"(Simon 1952,第 518 页)。在完全实验控制不可能的情况下,托马斯·库克(Thomas Cook)和唐纳德·T.坎贝尔(Donald T.Campbell)建议进行"类实验",在类实验中,"在已知时间突然干预"处理组,我们就能够在不同时间和不同组比较处理产生的影响(Cook and 【240】Campbell 1986,第 149 页)。类实验的成功取决于"一个概率性和多元的因果情境,这个情境中可干预的事件导致其他事件发生变化"(第 150 页)。密尔认为,通过研究"可以利用意定能动性(voluntary agency)改变或控制的"现象,我们有可能满足求异法(人工实验法)的要求,虽然"自然的自发行为并无法满足这些要求"(Mill 1888,281,282)。索贝尔(Sobel)倡导干预模型,因为它"提供了一种框架,使非实验工作者明白,做出推断应满足哪些条件类型"(Sobel 1995,32)。大卫·考克斯(David Cox)声称,与规律方法相比,类实验"由于强调干预,似乎更能体现因果机制深刻的概念"(Cox 1992,297)。

正如我们所见,有人不赞同该观点,但甚至他们也承认"人们普遍同意因果关系的干预理论比因果关系的依赖理论更有力或更深刻"(Goldthorpe 2001,5)。如果实验操纵方法和反事实方法结合在一起,且被看作同一种方法,对因果机制的解释尤其令人信服。哲学家很少将这两种方法结合在一起,但所有的方法论者,如上文提到的西蒙、库克、坎贝尔、密尔、索贝尔和考克斯,都将这两种方法相结合,因为他们借鉴控制实验理解因果机制,而这些实验将干预与控制相结合。实验通过干预,影响一个(或多个)因素,通过使用因果关系的实验操纵法,简化确定因果优先的工作。实验通过控制或统计随机化,创造了最可能的情境,通过因果关系的反事实法,简化剔除令人混淆的解释工作。

在实验中将干预和控制相结合是确定因果关系的有效方法。如果实验仅创造最可能的情境而无法提供其他附加信息,则无法确定因果关系的方向。如果实验仅干预因素,那么,偶然联系会严重威胁关于因果机制的有效推断。因此,实验的这两个特征都至关重要。

若想在非实验环境中取得与实验同样的效果,必须充分认识到以上特征的重要性。上文提到的方法论研究者将干预和控制相结合,而且本章开头提到的关于反事实思维的心理学文献表明,人类自然倾向将他们结合。当人们需要考虑一个可行方法时,他们通常倾向于从日常生活中汲取方法,其中个体主动性(individual agency)发挥了突出作用。在涉及醉酒司机和新的回家路线的场景中,人们通常关注新路线而不是导致醉驾的因素。人们选择了一个原因和人类主动性可以发挥作用的最可能的情况。但没有理由解释为什么反事实法和实验操纵法以这样的方式相结合。因果关系的反事实法强调可能情况却没有考虑人类主动性,实验操纵法强调人类主动性却没有提及可能的情况。实验将这两个理论相结合并借鉴他们的长处,但将实验研究推广到观测研究时,很容易忽视其中一个理论。①

【241】

后面小节将会提到,众所周知的因果机制的统计理论强调实验的反事实方面,却没有对干预给予同样的重视。因此,从在实验背景下做因果推断转换到在观察背景下做因果推断时,基于干预的实验特征倾向于被忽视。

7. 因果关系的优先效应和机制分析方法

7.1 优先效应

实验将反事实方法和实验操纵方法结合在一起,这有效地确认了被干预的原因的结果。然而,除没有解决如何正确地运用该诀窍外,该方法也没有解决两个相关问题。第一,它没有解决因果优先效应问题,当一个原因先于另一个原因且比另一个原因有优先效应时,该问题就会出现。第二,它没有像展示被干预原因的结果那样解释事件的原因。在这两个情况中,实验主义者关注实验干预的影响,而忽视了世界中事件的原因,这导致很多重要现象没有得到解释,尤其是无法干预或孤立的现象。

优先效应问题解释了这点。哲学文献经常提及下面这个有关优先效应的例子。一个旅行者徒步穿过沙漠时,他的敌人在他的水袋上戳了一个孔,另一个敌人在不知第一个敌人行为的情况下,在沙漠旅行者的水中下毒。这个例子中,当然发生了干预,因此,

【242】

沙漠旅行者死于旅途。戳破水袋的敌人认为她导致旅行者死亡,而下毒的敌人认为是自己导致旅行者死亡。事实上,水袋的水在下毒之前已经漏完了,下毒的人错了。这个例子给反事实法提出问题,因为反事实的一个基本条件是,水袋上的孔导致沙漠旅行者死亡,也就是说,虽然他确实死于口渴,但反事实"如果水袋没有孔,他也许不会死"的观点不成立。问题是,如果水袋被戳破没有发生在下毒之前,他也许会因中毒而死,而

---

① 一些物理实验从没有控制的干预中获得力量。第一颗原子弹爆炸时,没人怀疑爆炸是核裂变而不是其他因素的结果。

这个可能性使反事实不成立。

即使在精心设计的实验中,优先效应这个严重问题也可能导致错误。与水袋被戳破最相似的情境是水袋被下毒。因此,即使精心设计的实验也会认为水袋被戳破没有导致沙漠旅行者死亡,因为在控制组旅行者会死(死于下毒),在干预组也会死(因水袋的孔而死),而实验本身无法告诉我们他是如何死的。医学实验也会出现相似问题。在一个医学实验中,干预组有病人死于"治疗"性病的砷,而控制组病人没有服用砷但死于性病,且两组病人的死亡率相同。如果在该实验中仅观察病人死亡率,得出的结论是砷没有医学价值,因为干预组和控制组病人死亡人数一样。

在这两个实验中,实验方法关注原因产生的最终结果,而没有通过提出原因解释结果。实验方法没有探寻沙漠旅行者死亡的原因,而是提问水袋被戳破但其他一切不变的情况下会发生什么,得出的结论是水袋上的孔没有产生结果。实验方法没有探寻造成性病患者死亡的原因,而是提问性病患者服用砷是否对死亡率有影响,结论是没有影响。简而言之,实验方法不尝试解释世界上的事件,而是展示如果某种原因被干预将会发生什么。这不意味着实验方法对于解释世界上发生了什么毫无益处,但该方法有时确实达不到原定目的。

7.2　机制分析、性能和配对问题①

优先效应问题是休谟法需要解决的一个更普遍问题的生动例子。这一普遍问题是,即使不存在优先效应,事件的恒常结合也不足以将特定事件"配对"。虽然我们知道一般情况下水袋的孔给沙漠旅行者带来困难,但仍不会将水袋的孔与旅行者的死联系在一起。道格拉斯·埃林(Douglas Ehring)提到:

【243】

通常,某些空间和时间联系,如空间/时间连续性,被用作解决这个问题。也就是说,旅行者水袋上的孔很明显导致其死亡,因为这个孔在空间和时间上与他有联系。这些单一关系旨在解决将特定事件因果配对时留下的问题,也是休谟法的核心问题(Ehring 1997,第 18 页)。

反事实方法由于可以解释单一因果事件,不存在严重的"配对"问题,但一定程度上也存在优先效应问题(Ehring 1997,第 1 章)。在沙漠旅行者和砷中毒的例子中,两个

---

① 配对问题(pairing problems)是一个著名的概率问题,问题原意为:某人写了 n 封信,将其放入信封中,并在每一信封上随意分别写上 n 个收信人的地址中的一个(不重复),那么:1. 没有一个信封上的地址正确的概率为? 2. 恰有 r 个信封上所写的地址正确的概率为? 配对问题于 1108 年为蒙莫尔(Montmort)所解决,后由拉普拉斯(Laplace)等人推广。——译者注

原因导致一个相同的结果,所以反事实法不能很好地将原因和结果配对,做到这点还需要更多的条件。

这两个实例的解决方案似乎显而易见。该方案不遵循因果机制的新休谟法、反事实法或干预定义,而是深入探寻每种情况的过程,以描述运行的性能和机制。解剖沙漠旅行者的尸体可以发现他死于口渴,检查水袋的结果表明向水里下毒之前水已经漏完。解剖因服用砷而死的患者可以发现,这些患者没有性病症状,但存在砷中毒的医学问题。进一步研究甚至可能表明,较少剂量的砷可以治疗疾病而不会导致死亡。在这两个例子中,深入研究联系原因和结果的机制可以更好地阐述因果联系。

但解释机制和性能意味着什么?① 麦克莫尔、达登和克雷沃(Machamer, Darden and Craver 2000,第3页)认为"机制"是"有组织的实体或活动,它们高效地产生从起始条件到终止条件有规律的变化"。该定义的重要术语是"实体和活动",这表明机制由部分(pieces)组成。格伦南(Glennan 1996,第52页)称它们为"部分",并认为可以"将部分从机制中脱离出来,并在其他环境中考虑其属性"。实体或部分被组织起来以产生变化。依照格伦南的观点,这种变化产生的原因是"许多部分根据直接因果定律相互作用"。机制法的例子在生物科学中很常见,比如,DNA复制的方法,化学性突触传递和蛋白质合成。机制法在社会科学中也普遍存在,比如,市场传递价格信息并将买方与卖方结合在一起、选举制度的日程安排使候选人和选民共同参与集体决策过程、创新通过社交网络传播、通信的两阶段模式、社交网络的弱关系、失谐消减(dissonance reduction)、参照群体、军备竞赛和权力平衡等(Hedstrom and Swedberg 1998)。上述例子表明,机制不只是机械的,其原则适用于物理、化学、心理和社会等过程。机制必须由处于适当地点、有合理结构和导向的实体组成,而且这些实体的活动有时间顺序和时距,此外,"活动通常由动词或动词形式(分词、动名词等)指定"(Machamber, Darden, and Craver 2000,第4页),这使我们想起莱考夫和约翰斯顿在1999年出版的著作,在这本著作中,他们确定"因果关系是强制运动的隐喻"(Causation Is Forced Movement Metaphor)。

机制分析提供了另一种思考因果关系的方法。格伦南认为"两个事件当且仅当由机制联系时,才具有因果联系",而且"区分联系和偶然联系的必要性来自潜在机制",

【244】

---

① 这些方法并不相同,且赞同其中一个方法的人通常反对另一个方法(参见Cartwright 1989和Machamer, Darden, and Craver 2000的研究)。但两种方法都强调"因果力量"(causal powers)(Harre and Madden 1975,第5章),而不只是强调规律性或反事实联系。我们关注机制,因为我们认为机制是考虑因果力量的一种比较好的方法,但为了符合我们的实用方法(pragmatic approach),我们发现关注"性能"的方法很有用。

该机制可被实证调查(第64页)。这些机制反过来是由因果定律解释的,但由于因果定律指的是机制的各部分如何联系在一起,因此,机制无法解释因果定律(there is nothing circular in this)。各部分的运行反过来可通过下层机制解释。最后,整个过程成为基本物理定律的基础,而格伦南认为"不能通过机制理论解释物理定律"(第65页)。

现在,我们考虑一下通过机制解释社会现象。例如,在实行简单多数制、单一席位选区选举机制的民主国家(如美国),很容易观察到迪韦尔热定律(Duverger's law)。该定律背后的机制实体是选民和政党。这些实体面对的是可能产生两个活动的特定选举规则(单一选区简单多数制)。一个活动是,选民由于不想浪费自己的选票且想阻止他们最不喜欢的候选人获选,通常倾向于将选票投给最有获胜希望而不是他们最喜欢的候选人。另一个活动是,一个选区已经有两个政党竞选时,第三党派一般不参加竞选,因为第三党派很难获得足够的支持者。

迪韦尔热定律能够表明两党制和单一席位简单多数制之间的联系,而超越二者联系的其他内容同样也能表明该定律的内容。根据迪韦尔热定律可知,选民选举存在不同模式,第三党派有不同行为。仔细研究该机制可以发现,一些实行简单多数制、单一席位选区选举机制的民主国家有两个以上政党,这似乎与迪韦尔热定律相矛盾。然而,通常情况下,每个省份或州仅有两个政党,但各个州的政党不同。因此,给人的印象是,虽然迪韦尔热定律在每个选区适用,但在国家层面,仍然适用于实现多党制国家。①

我们考虑一下气象②和物理现象。雷雨的产生不只是因为寒流遇到暖流或寒流在山体附近,也可能是因为受热力学过程影响,暖湿空气上升、冷却,形成水蒸气降落。该机制解释为什么雷雨天气在诸如丹佛(Denver)、科罗拉多等山脉附近更常见,这是因为在山脉附近,即使没有冷锋,也会导致热力学过程形成降雨。同样,波义耳定律(Boyle's law)不仅揭示了气体压力和体积的规律性,还证明气体分子在容器内运动且碰到容器壁后施加压力。此外,波义耳定律的机制解释了为什么温度影响气体压力和体积的关系。温度升高,分子运动速度加快并对容器壁施加更多压力。【245】

类似这样的机制介于普遍定律和具体描述之间,而且活动是与似定律的概论无关的原因。③ 通常情况下,机制从低层次过程的角度解释被观察的规律,而且机制随领域、时间的不同而不同。另外,这些机制"见底回升(bottom out)"的速度相对较快,因

———————————

① 这简化了迪韦尔热定律的内容(参见 Cox 1997 研究)。

② 本段的观点和雷雨的例子来自德斯勒(Dessler 1991)。

③ 乔恩·埃尔斯特(Jon Elster)曾说过:"社会科学中存在似定律的概论吗? 如果没有的话,我们只能描述和叙述了吗? 依我看来,这两个问题的答案都是否定的。本篇论文的主要任务是解释和阐述机制是定律和描述的媒介。"(Elster 1998,第45页)

此,分子生物学家不会寻求量子力学解释,社会科学家不会寻求所研究现象的化学解释。

在科学中遇到无法解释的现象时,"该领域的科学家经常考虑:是否存在已知实体和活动能够完成假设的变化,是否有实证证据表明有可信的方案存在"。科学家们依靠可得的实体和活动来建构假设的机制。"如果一个人知道做某事时需要哪类活动,那么就寻找此类实体以完成这件事,反之亦然。"(Machamber,Darden,and Craver 2000,第 17 页)

因此,机制提供了一种解决配对问题的方法,如果假设的因果关系确实在现实中存在,就会留下许多可以被发现的痕迹。例如,如果有人想证明马克斯·韦伯关于改革导致资本主义的假设,那么,他们不必仅仅依靠将新教与资本主义相联系的方法对假设加以论证,他们可以研究韦伯所描述的资本主义产生的详细机制,还可以寻找该机制留下的痕迹(Hedström and Swedberg 1998,第 5 页;Sprinzak 1972)。①

【246】　7.3　多元因果(multiple causes)和机制分析

在本章前面的内容中,由于需要排除共同原因并在反事实方法中决定因果关系的方向,所以我们考虑了多元因果。在本小节中,由于需要解决优先效应和配对问题,所以我们考虑了机制。这些方法促使我们考虑多元因果以及将原因连接在一起的机制。关于确定机制,不同学者得出相似的结论(Cox 1992;Simon and Iwasaki 1988;Freedman 1991;Goldthorpe 2001),而且这种方法在流行病学中很常见(Hill 1965)。例如,通过确定联系行为与疾病的机制,对吸烟与肺癌或性行为与 AIDS 的争论已平息。

8. 因果机制的四种方法

8.1　什么是因果关系?

现在我们回顾因果关系的四种方法。我们已经描述了因果机制的两个基本特征,一个是原因和结果的对称联系,另一个是原因和结果的不对称联系,即原因产生结果,

---

①　黑尔德斯特罗姆和斯威德伯格(Hedström and Swedberg 1998)以及索伦森(Sorenson 1998)批评说,人们在因果建模时忽视机制并认为变量间的相关性是理论关系。但值得指出的是,至少二十年以来,政治科学的因果建模者一直呼吁更多的理论思考(Achen 1983;Bartels and Brady 1993),而且为了建立更好的"微观基础"(microfoundations),他们在政治学方法论小组年会上不断重复这一观点。

但结果不产生原因。表 10.1 总结了每种方法如何确定因果机制的两个特征。

相比于非对称特征,规律方法和反事实方法能更好地抓住因果关系的对称特征。确定原因和结果时,规律方法依靠的是事件的恒常结合以及时间先后顺序。从本质上来看,规律方法确定因果关系的主要工具是密尔提出的"共变法",其主要内容是,在以相同方式变化的一个现象中寻找另一个现象的原因。反事实方法依靠的是"求异法"的阐述,通过比较现象发生的情况与现象不发生的情况来找到原因。反事实方法的建议是,通过寻找最可能境况(其中假定原因不发生)的替代品,来确定原因发生的情况有何不同。该策略很自然地导致了实验法,在实验法中,通过严格控制条件或随机将处理对象分配到不同情况,增加分配与结果的独立性,从而确保接近性。没有一种方法是完美的,因为没有一种方法能够解决配对问题或找到事件之间的联系,但实验法通常可以创造最可能的情境,最大化地实现了现实与模拟实验之间的对比。

强调机制和性能的因果关系方法有助于解决配对问题并找到事件之间的联系。布【247】雷迪(Brady)和科利尔(Collier)在强调因果过程观察时正是本着这种精神(2004,第 13 章;也可参见 Freedman)。这些观察可以被视为对机制的阐释与检验。研究者对社会科学中的机制越来越感兴趣(Hedström and Swedberg 1998;Elster 1998),这为打开休谟法与反事实法的黑匣子提供了基础。

时间顺序、被干预的事件和原因的独立性抓住了因果机制的另一个主要特征——原因和结果的对称性。一旦两个事件(或一组事件)之间建立了无条件的联系,每一个概念使用不同的方法区分原因和结果。按照时间顺序,先出现的是导致结果的原因。例如,如果货币供应量的增长总是发生在经济增长之前,那么,货币供应量增长是经济增长的原因。根据实验操纵法,被干预事件(manipulated events)是因果关系中的原因。如果一个社会实验干预了工作要求,并发现工作越严谨社会福利转换(transitions off welfare)越快,那么,就假定工作要求导致福利转换。如果一个事件独立于另一个事件,且两个事件都满足成为第三个事件原因的 INUS 条件,那么,前两个事件都是第三个事件的原因。如果电线短路与木框架建筑物无关,且两者都满足建筑物燃烧的 INUS 条件,那么两者都是火灾的原因。如果选民的教育水平与他们是否使用蝴蝶选票无关,且两者都可能导致选民错误地将选票投给布坎南而不是戈尔,那么两者都是选民错误投票的原因。

8.2　基于实验和观测数据的因果推断

现在,我们已经知道了因果关系是什么,那么,这对于实证研究有什么借鉴之处呢?

表 10.1 表明每种方法为不同类型的研究和问题提供支持。表 10.3 展示了基于所有方法的"问题清单"。规律方法和机制方法倾向于探究结果的原因,而反事实方法和实验干预方法探究想象的或被干预的原因(imagined or manipulated causes)的结果。虽然反事实方法认为实验自然地来自"可能的世界",但反事实方法和实验干预方法的实验观点基本一致。规律方法可有效利用观测数据,而机制方法主要用于分析模型和案例研究。

【248】

表 10.3　因果机制的问题清单

一般问题(General Issues)
什么是"原因"(C)事件? 什么是"结果"(E)事件?
C 导致 E 的确切因果关系陈述是什么?
"C 不发生,会发生什么"的相应反事实陈述是什么?
什么是因果领域(causal field)? 原因运行的环境或情境是什么?
是否存在一个物理或社会现象或两种现象的结合?
如果人类主动性发挥作用的话,发挥什么作用?
如果社会结构发挥作用的话,发挥什么作用?
因果关系是确定性的还是概率性的?
新休谟方法(Neo-Humean Approach)
原因和结果之间存在恒常结合(即相关性)吗?
原因是必要的、充分的还是 INUS 的?
其他可能的原因(即对立的解释)是什么?
控制其他原因后,还存在恒常结合吗?
原因先于结果吗? 在何种意义上?
反事实方法(Counterfactual Approach)
原因和结果之间存在单一联系吗?
你能描述 C 导致 E 但 C 不发生的最可能境况吗? 这两种境况如何相似?
你真的能观察到这个世界上的任何情况吗(或至少平均而言与之接近的情况)? 再一次提问,这两种境况如何相似?
在最可能的境况中,C 不发生的话 E 发生吗?
是否存在 E 发生但 C 不发生的情况? 什么因素干预 C 导致 E? 我们可以从 C 导致 E 中了解什么?
实验干预方法(Manipulation Approach)
被干预的原因意味着什么? 你会如何详细地描述该原因?
是否有例子可以证明 C 真的被干预了? 是如何被操纵的? 产生了什么结果?
实验干预独立于其他影响 E 的因素吗?
机制分析和性能方法(Mechanism and Capacities Approaches)
能够从较低层次解释 C 导致 E 的机制吗?

续表

你认为机制方法有道理吗？
通过机制还可以做出什么预测？
机制方法能解决配对问题吗？
你能确定某种可以解释原因导致结果的性能吗？
当这种性能出现时，能够对它进行观察并测量吗？
通过这种性能可以预测什么其他结果？
什么是有优先效应的原因？

　　然而，哪种方法最好？很显然，建立因果机制的黄金标准（gold standard）是实验研究，但甚至实验研究也存在缺点。虽然精心设计的实验能帮助我们构建最可能的境况并探索反事实条件，但我们仍需假设不存在优先效应（preemption），因为如果存在优先效应，将无法确定假定原因的真正影响。另外，我们还需假设处理组和控制组的单位不存在相互作用，而且处理仅限于被处理的情况。例如，如果我们研究技能培训项目对福利受领人找工作的影响，我们应意识到经济景气比培训项目有优先效应，而且会造成控【249】制组和干预组的福利受领人都找到工作，因为这时雇主不太在乎工作技能。因此，我们的结论可能是工作技能对找工作的作用不大，但实际上在不太景气的经济中，工作技能至关重要。如果我们研究选民分布呈明显双峰特征的国家选举制度，我们应意识到，这样的选民分布会导致两个强大党派形成，因而选民分布比选举制度的任何其他影响有优先效应。因此，我们得出的结论是，单一席位简单多数制和比例代表制都会导致形成两个强大政党，但通常情况下这并不是事实。如果我们研究某种众所周知的教育方面的创新方法，我们应该意识到，"控制"班级的教师可能接受并使用这种创新的教学方式，从而使其他结果都微不足道。

　　如果我们调查这些实验的机制，也许可以制定解决这些问题的措施。我们可以发现领取福利的人们找工作时付出的努力，发现政党制度与选民分布的关系，并发现教师与创新教学方法之间的关系。

　　一旦我们进行观测研究，事情会变得更加复杂。虚假相关（spurious correlation）是一个很严重的问题。我们无法得知干预组情况是否与控制组情况在其他方面有所不同。很难确信这些要求是否适用于下一小节描述的实验（以及 Campbell and Stonley 1966 and Cook and Campbell 1979 描述的实验）。由于没有一个因素被干预，所以无法找到正确的方式来决定因果关系方向。可通过时间先后顺序确定因果关系方向，但很难找到并解释时间先后顺序。

9. 超越因果关系的 NRH(the Neyman-Rubin-Holland)条件

9.1　NRH 理论

统计学家认为,最著名的因果关系理论来自实验传统。该观点最初由费希尔(Fisher 1926)和内曼(Neyman[1923]1990)提出,并由鲁宾(Rubin 1974;1978)和贺兰德(Holland 1986)阐释清楚。在本小节中(其内容比本章的其他内容更有技术性),我们解释了该观点,并从因果机制四个方法的角度阐释该观点。

【250】如果一些假设成立,通过比较可能的境况,我们可以通过考虑 NRH 理论的四个方面来寻找解决因果推断问题的诀窍。NRH 理论包含一个定义、两个假设和一个满足其中一个假设要求的方法。

1. 因果效应(Causal Effect)的反事实定义——反事实观点主要估计因果效应,因此,可利用反事实观点定义因果关系。该定义本身无法指导研究者真正地确定原因,因为其依赖无法观察的反事实。但在某种程度上,NRH 理论考虑因果优先,并使它相当于时间优先。

2. 假设我们创造一个可与现实世界比较的微型可能世界——稳定单位处理值假设(SUTVA)——即使我们能够在原因出现及不出现的条件下观察世界中单位(一个人或一个国家)的结果,但因果效应可能取决于其他单位是否得到处理(treatment)。例如,一位孩子和她的兄弟姐妹都受到干预与只有这位孩子受到干预的情况相比,培训项目对这位孩子的影响可能不一样。如果发生了此类事情,将很难定义"因果效应",因为如果有的单位得到处理而有的单位没有得到处理,将导致单位之间存在"干预"。而NRH 反事实可能境况方法(NRH counterfactual possible worlds approach)通过做出稳定单位干预值假设,认为不存在此类干预。稳定单位干预值假设的内容是:可能的境况是分离和孤立的,且不相互干预。

3. 另一个假设是找到与反事实情景相同的替代品——分配与结果的独立性——反事实可能境况的方法(counterfactual possible worlds approach)不仅假设各单位不相互干预,还假设除了假定原因存在之外,可以想象出一个与我们的真实世界相同的境况。NHR理论进一步制定了一系列认识论假设,即假设分配与结果的独立性或分配和结果的平均条件独立性,从而可以确定干预组和控制组,只是在是否得到干预方面有平均的差别。

4. 在稳定单位干预值假设成立的情况下,确保分配和结果独立性的方法——最后,NRH 理论描述了单位同质性和随机分配方法,以便在稳定单位干预值假设成立的情况下,确保分配和结果的独立性或平均独立性。

在 1923 年发表于波兰的一篇文章中,杰吉·内曼(Jerzy Neyman)首次描述了以不可观察的反事实为基础的因果效应定义。虽然在 1990 年之前,内曼的这篇文章还不为人知晓,但 20 世纪 20 年代以来,大量关于实验的统计工作都体现了类似的观点。鲁宾(1974;1978;1990)与赫克曼(1979)是首批强调分配与结果独立性的学者。许多实验主义者强调了稳定单位干预值假设的必要性(例如 Cox 1958)。在 1925 年和 1926 年,罗纳德·艾尔默·费希尔(Ronald Aylmer Fisher)首先倡导使用随机分配方法估计因果【251】效应。在 1986 年,贺兰德将这些观点有效结合。

因果机制反事实定义的基础是比较干预组和控制组。但由于存在令人混淆的结果,所以很难找到合适的因果关系定义,而且由于不可能找到完美的反事实情境,所以很难找到合适的确定因果关系的方法,因此,因果机制反事实定义的问题是解决这两者之间的矛盾。该问题的实质是将因果机制的理论定义与实证定义相结合。

9.2　基于反事实的因果效应的本体论定义

考虑一种可以通过某种方式干预"单位"A 的情况。表 10.4 总结了这种情况。假设对该单位有两种干预手段(manipulations)Z_A,其中 $Z_A = 0$ 表示"控制",$Z_A = 1$ 表示"干预"。$Y_A(Z_A)$ 是干预结果的公式,因此,控制干预手段(control manipulation)的结果是 $Y_A(0)$,处理干预手段(treatment manipulation)的结果是 $Y_A(1)$。

根据因果关系的 NRH 理论,建立干预手段(treatment)Z_A 与结果 $Y_A(Z_A)$ 之间的因果联系时,应比较得到处理 $Z_A = 1$ 和没有得到处理 $Z_A = 0$ 的情况。因此,我们比较:

(a)在得到处理的情况 $Y_A(1)$ 中,结果变量 Y_A 的值;

(b)其他情况不变,在没有受到干预的情况 $Y_A(0)$ 中,结果变量的值。

这个例子中,因果效应的定义如下:

$$E_A = 对 A 的因果效应 = Y_A(1) - Y_A(0) \tag{1}$$

(a)指的是在干预组(受到干预的情况)的实际观察,因此,值 $Y_A(1)$ 是观察所得,而(b)指的是在控制组(没有受到干预的情况)的反事实观察。① 一种情况受到干预的话,就不可能同时受到控制,因此,值 $Y_A(0)$ 是最可能境况的结果,其中的情况没有受到干预。尽管我们无法观察到该值,但如果可以观察到该值的话,仍然可以描述从中得出【252】

---

① 简单起见,我们假设已经对干预组进行了观察,但重点不是观察干预组情况而是只能观察其中一种情况。没有理由解释为什么无法在控制组实际观察,也没有理由解释为什么反事实涉及干预组无法观察的影响。

的结论。

特定情况的因果效应 E_A 是两个结果的差分, $E_A = Y_A(1) - Y_A(0)$,这个例子中,如果差分是零(即: $E_A = 0$),干预没有净效应(net effect)。如果差分不是零(即: $E_A \neq 0$),干预有净效应。那么,根据大卫·刘易斯的反事实方法,如果两个条件都成立,干预和结果之间存在因果关系。这两个条件是:第一,干预必须与净效应相联系;第二,没有干预必须与不产生净效应相联系。

表 10.4　可能的境况,结果,干预手段 Z 对单位 A 的因果效应

可能的境况	Z_A——对单位 A 的干预手段	
	0　控制 $Y_A(0)$	处理　1 $Y_A(1)$
	结果: $Y_A(Z_A)$ 因果效应: $Y_A(1) - Y_A(0)$ 问题:只有一个境况可观察	

尽管满足这两个条件就足以表明因果关系,但却无法确定因果关系的方向并排除共同原因。如果因果关系的这两个条件成立,那么仅凭现有信息无法证实或否定刘易斯的第三个条件,该条件建立因果关系方向并排除共同原因。刘易斯的第三个条件要[253] 求确定原因是否在没有净效应的最可能境况发生。但根据 NRH 理论,只有在控制组才不发生净效应,因为在控制组,设计实验时就假设原因不发生,因此,无法确定结果不发生的情况下原因是否发生,也无法检验刘易斯的第三个条件,并证明干预导致净效应。

或者,当干预产生效应时,可以确定因果关系的方向(尽管仍无法排除共同原因)。鲁宾及其合作者曾提到"每个干预 T 必须包含一系列可能用于实验单位的行为"(Rubin 1978,第 39 页),这时他们提到了干预,而且贺兰德认为"每个单位都可能受任何一个原因的影响,这是很重要的"(Holland 1986,第 946 页),但是他们使用了"可能用于"和"可能受影响"这些短语,表明他们更关心限制原因的可能类型,而不是将原因和结果加以区分。[1] 关于 NRH 理论的文献中提到了因果优先(causal priority),这是通过时间先后顺序确定的。例如,鲁宾(1974,第 689 页)曾提到,与受到始于时间 t_1 的干预相比,一个单位如果不受到该处理,在时间 t_2 发生的情况是不同的,而干预对该单位的因果效应正是这种差分。贺兰德(1986,第 980 页)曾说:"毫无疑问,该模型将时间

---

①　鲁宾和贺兰德认为"没有不受干预的因果关系"(Holland 1986,第 959 页),这似乎忽视了性别和种族也是可能的原因,尽管鲁宾通过描述性别可能是干预手段,在某种程度上缓和了这个观点(Rubin 1986,第 962 页)。很显然,研究者必须仔细考虑一些因素在何种意义上可被视为原因。

连续性视为响应变量的本质特征。该模型以及休谟法都认为结果可能在时间上先于原因这一观点毫无意义。"当然,NRH 理论存在的问题是无法排除共同原因和虚假相关。[①] 事实上,NRH 理论的一个局限性是无法提供更多信息排除共同原因并确定因果机制的方向。

9.3　找到反事实情况的替代品:分配和结果的独立性

与刘易斯反事实方法一样,关于因果关系定义,NRH 方法的问题是:无法在任何特定的例子中观察 $Y_A(1)$ 和 $Y_A(0)$。解决该问题的通常回应是:找到尽可能相似的单位 A 和 B,并考虑可能的控制和干预的分配(后文我们将详细讨论如何确保相似性,但现在简单地假设这可以实现)。最终的目标是将因果效应定义为单位 A 和 B 的差分,他们一个受到干预,另一个没有受到干预。但是,正如我们所见,这样做会导致因果机制的定义存在基本问题。【254】

表 10.5　可能的境况,结果,干预手段 Z 对单位 A 和 B 的因果效应

每个单位的干预手段	四个可能的境况			
	$Z_A = 0$, $Z_B = 0$, 控制	控制 $Z_B = 1$, 干预	$Z_A = 1$, $Z_B = 0$, 控制	干预 $Z_B = 1$, 干预
结果值 $Y_i(Z_A, Z_B)$, $i = A$ 或 B	$Y_A(0,0)$ $Y_B(0,0)$	$Y_A(0,1)$ $Y_B(0,1)$	$Y_A(1,0)$ $Y_B(1,0)$	$Y_A(1,1)$ $Y_B(1,1)$

对单位 A 的干预用 $Z_A = 0$ 或 $Z_A = 1$ 表示,对单位 B 的干预用 $Z_B = 0$ 或 $Z_B = 1$ 表示。基于干预分配的四种方式,表 10.5 展示了四种可能发生的境况。在第一列,A 和 B 都受到控制;在第二列,A 受到控制,B 受到干预;在第三列,A 受到干预,B 受到控制;在第四列,A 和 B 都受到干预。这些干预相结合产生的结果用 $Y_A(Z_A, Z_B)$ 和 $Y_B(Z_A, Z_B)$ 表示。

每个单位有四类可能的结果量(outcome quantities)。例如,单位 A 的四类结果定量分析为 $Y_A(0,0)$,$Y_A(0,1)$,$Y_A(1,0)$ 和 $Y_A(1,1)$。单位 B 的四类结果定量分析为

---

① 例如,在一个实验中,随机分配的特别辅导首先导致学生自尊心增强,随后又导致学生分数提高,但自尊心的增强不是分数提高的原因。NRH 框架错误地认为自尊心是分数提高的原因,理由是自尊心是随机分配的,先于分数提高,并和分数提高有联系。很显然,除时间优先外,确定因果优先时还需要其他信息。

$Y_B(0,0)$，$Y_B(0,1)$，$Y_B(1,0)$ 和 $Y_B(1,1)$。对于每个单位,如果每次用两个可能的结果定量分析定义 Z_A 的因果效应,一共有六种可能的定义,但并不是每一个定义都有意义。表10.6展示了这六种可能性。

表 10.6　对单位 A 因果效应的六个可能定义

四类观察到的量: $Y_A(0,0)$，$Y_A(0,1)$，$Y_A(1,0)$ 和 $Y_A(1,1)$ 可能的定义:	
$Y_A(0,0) - Y_A(0,1)$ $Y_A(1,0) - Y_A(1,1)$	问题:没有干预 A。
$Y_A(1,1) - Y_A(0,0)$ $Y_A(1,0) - Y_A(0,1)$	问题:对 B 的干预不同。
$Y_A(1,0) - Y_A(0,0) = E_A(Z_B = 0)$ $Y_A(1,1) - Y_A(0,1) = E_A(Z_B = 1)$	两个都合适。

【255】 例如,$[Y_A(0,0) - Y_A(0,1)]$ 与 $[Y_A(1,0) - Y_A(1,1)]$ 都包含一次差分,其中 Z_A 不变化,在第一种情况,Z_A 是两个境况(state of the world)的控制干预手段;在第二种情况,Z_A 是处理干预手段。但这些差分对于定义 Z_A 的因果效应没有太大意义。

至今为止,其他两类型的差分 $[Y_A(1,1) - Y_A(0,0)]$ 和 $[Y_A(1,0) - Y_A(0,1)]$ 似乎更好,因为他们都包含差分,其中 A 在一种情况下受到干预,在另一种情况下受到控制,但在每一类型的差分中,对 B 的干预手段不同。例如,在一次差分中,我们比较 A 受到干预而 B 没有受到干预的情况与 A 没有受到干预而 B 受到干预的情况。初步考虑,B 发生什么似乎并不重要,但仔细思考可以发现,除非 A 和 B 不相互影响,否则 B 发生什么很重要。

例如,假设 A 和 B 是一对姐妹、两块相邻的土地、一个班级的两个学生、一个小区的两个福利受领人,或有相同语言和传统的国家。那么干预可能多种多样,可能是新的教学方法、宣传、农业技术、新的科学或医疗手段、新的观念,或新的政府形式。B 发生了什么对 A 而言至关重要,因为 A 和 B 之间存在因果联系。例如,如果姐妹 B 接受了特别教育,这些教育可以提高姐妹 B 的成就,那么,A 即使没有直接地接受特别教育,但通过与 B 的交流,A 似乎也可能受到影响。或者,如果新的宗教或宗教教义传入一个国家,另一个国家似乎也会受到影响。在这两个例子中,当 B 也受到干预时,比较不同干预手段对 A 的影响似乎是没有意义的,除非我们肯定对 B 的干预不会影响 A,或者对 B 的干预是对 A 的干预的一部分。

第二个可能性值得进一步探讨。如果对 B 的干预是对 A 的干预的一部分,那么,

当我们决定考虑 B 和 A 时,不需要再引入一个新的单位。在这种情况下,我们可以认为上文提到的差分 $[Y_A(1,1) - Y_A(0,0)]$ 和 $[Y_A(1,0) - Y_A(0,1)]$ 表明了单位 $A+B$ 的干预手段对 A 的影响。对于一次差分 $[Y_A(1,1) - Y_A(0,0)]$,干预手段包括:对单位 $A+B$ 的干预手段 $Z_A=1$ 和 $Z_B=1$,以及对单位 $A+B$ 的控制手段 $Z_A=0$ 和 $Z_B=0$。相同的推理可运用于二次差分 $[Y_A(1,0) - Y_A(0,1)]$。通过上述讨论,我们可以得到两点启发。第一,定义孤立单位(isolated units)并不容易,而且定义独立单位(separate units)部分取决于他们如何受干预手段影响。第二,将 $[Y_A(1,1) - Y_A(0,0)]$ 或 $[Y_A(1,0) - Y_A(0,1)]$ 作为处理 Z_A 对单位 A 的因果效应定义没有太大意义。

表 10.7 单位 A 和 B 的理论定义

单位 A:
$Y_A(1,0) - Y_A(0,0) = E_A(Z_B=0)$ $Y_A(1,1) - Y_A(0,1) = E_A(Z_B=1)$
单位 B: $Y_B(0,1) - Y_B(0,0) = E_B(Z_A=0)$ $Y_B(1,1) - Y_B(1,0) = E_A(Z_A=1)$

因此,每个单位的因果效应定义取决于另一个单位发生了什么。表 10.7 总结了这【256】些可信的定义。例如,对于单位 A:

$$E_A(Z_B=0) = Y_A(1,0) - Y_A(0,0) \text{,和} \tag{2}$$
$$E_A(Z_B=1) = Y_A(1,1) - Y_A(0,1)。$$

对于单位 B:

$$E_B(Z_A=0) = Y_B(0,1) - Y_B(0,0) \text{,和} \tag{3}$$
$$E_B(Z_A=1) = Y_B(1,1) - Y_B(1,0)。$$

我们考虑一下式(2)中单位 A 的定义。两个定义似乎都合理,因为每个定义都取 A 被干预后的结果与 A 没有被干预的结果的差分。在第一种情况,B 受到的是控制干预(control manipulation);在第二种情况,B 受到的是处理干预(treatment manipulation)。通过前文的论述可知,很明显,这会导致不同的效应规模(sizes of effects)。例如,农药对土地 A 的影响在很大程度上取决于相邻土地 B 是否喷洒农药。宣传运动对一个姐妹的影响在很大程度上取决于另一个姐妹是否获得宣传信息。因此,没有先验理由解释为什么 $E_A(Z_B=0)$ 和 $E_A(Z_B=1)$ 是相同的。一个干预对单位 A 的影响也许取决于单位 B 发生了什么。

对该问题的一个回应可能是简单地同意 $E_A(Z_B=0)$ 和 $E_A(Z_B=1)$ 以及 $E_B(Z_A=0)$

和 $E_B(Z_A = 1)$ 是不同的,而且一位严谨的研究者可能希望测量它们。但如何才能做到呢? 没有一个能直接测量,因为每一个都要求单位 A 既受到干预又不受到干预,但很明显这是不可能的。依照我们的观点(in terms of our notation),问题是上面提到的每次差分都包含不同的 Z_A 和 Z_B 值。例如, $E_A(Z_B = 0)$ 相当于 $Y_A(1,0) - Y_A(0,0)$,它涉及的一种情况(state of the world)是 A 受到干预而 B 没有受到干预,涉及的另一种情况(state of the world)是 A 没有受到干预且 B 也没有受到干预。这两种情况(state of the world)都不会发生。

【257】

表 10.8　观察到的因果机制的可行定义

四种情况(state of the world)和四个可能的定义
(1) $\{Z_A = 1$ 且 $Z_B = 1\}$ 观察 $Y_A(1,1)$ 和 $Y_B(1,1) \to$ 无差别(difference zero)
(2) $\{Z_A = 0$ 且 $Z_B = 0\}$ 观察 $Y_A(0,0)$ 和 $Y_B(0,0) \to$ 无差别(difference zero)
(3) $\{Z_A = 1$ 且 $Z_B = 0\}$ 观察 $Y_A(1,0)$ 和 $Y_B(1,0) \to E^*(1,0) = Y_A(1,0) - Y_B(1,0)$
(4) $\{Z_A = 0$ 且 $Z_B = 1\}$ 观察 $Y_A(0,1)$ 和 $Y_B(0,1) \to E^*(0,1) = Y_A(0,1) - Y_B(0,1)$

9.4　观察到的因果机制定义

如前文所述,对该问题的标准回应是考虑观察到的因果效应定义,因为这样做可以在相同的情况测量相关量(relevant quantities),从而避免在多种情况或现实情况和"不可能"情况之间作比较。在有两个单位和一个二分干预(dichotomous treatment)的情况下,四种可能的情况(state of the world)为: $\{Z_A = 1$ 且 $Z_B = 1\}$, $\{Z_A = 0$ 且 $Z_B = 0\}$, $\{Z_A = 1$ 且 $Z_B = 0\}$ 和 $\{Z_A = 0$ 且 $Z_B = 1\}$ 。表 10.5 列举了这四种可能的情况,还列举了每种情况的两类可观测的量 Y_A 和 Y_B 。

表 10.8 列举了这两个量的四次差分。每次差分都可能用来测量因果效应。第一种和第二种情况的差分不能发现 Z 的因果效应,因为这两种情况下,两个单位的处理没有变化。[1] 因此,我们考虑第三种和第四种情况的差分。

---

① 例如,考虑(state of the world) $\{Z_A = 1$ 且 $Z_B = 1\}$ 的差分 $E^*(1,1) = Y_A(1,1) - Y_B(1,1)$ 。如果我们合理地假设下文描述的同一性(identicality),那么 $Y_B(1,1) = Y_A(1,1)$,因此 $E^*(1,1)$ 总是为零,这不是有意义的"因果效应"。对于情况(state of the world) $\{Z_A = 0$ 且 $Z_A = 0\}$,也存在相同结果。

对于情况(state of the world) $\{Z_A = 1 \text{ 且} Z_B = 0\}$,基于可观测的量,我们计算得出:

$$E^*(1,0) = Y_A(1,0) - Y_B(1,0) \text{ 。} \tag{4}$$

其中的差分包含在一种情况下(state of the world)同时产生的项(terms)。我们用星号表示因果机制的这个实证定义(empirical definition)。该差分是可计算的,但它能代表因果效应吗? 凭直观判断,使用该差分估计因果效应存在的问题是:开始时,单位 A 和 B 就必须不同。假设我们估计新教学方法的影响,那么,学生 A 应该是后进生,而学生 B 应该是优秀生。因此,即使该方法起作用,学生 A 在接受新教学方法后也可能比学生 B 的考试分数低,而且该方法将会被认为是失败的。或者,我们尝试确定新投 【258】票机的影响。在竞选方面,国家 A 可能有竞争力,而国家 B 没有竞争力。因此,即使投票机作用不大,有新制度的国家 A 也可能比没有新制度的国家 B 表现好,这又一次得出错误的推断。很显然, $E^*(1,0)$ 本身不是一个很好的因果效应定义。其存在的一个问题是单位之间先前存在的差异可能影响因果推断。

那么,如何使用 $E^*(1,0)$ 做出更好的因果推断呢? 观察方程式(2)和(3)中因果效应的四个定义可发现,该定义似乎与下列两个方程式密切相关:

$$E_A(Z_B = 0) = Y_A(1,0) - Y_A(0,0) \text{ ,和} \tag{5a}$$

$$E_B(Z_A = 1) = Y_B(1,1) - Y_B(1,0) \text{ 。} \tag{5b}$$

我们考虑一下第一个方程式 $E_A(Z_B = 0)$ 。很明显,如果 $E^*(1,0)$ 的表达式(expression)中的第二项(second term) $Y_B(1,0)$ 与 $E_A(Z_B = 0)$ 的表达式(expression)中的第二项(second term) $Y_A(0,0)$ 相等,那么, $E^*(1,0)$ 与 $E_A(Z_B = 0)$ 相等。因此,我们要求:

$$Y_B(1,0) = Y_A(0,0) \tag{6}$$

什么条件可以确保 $Y_B(1,0) = Y_A(0,0)$ 呢?

我们应通过表 10.9 描述的两个步骤将 $Y_B(1,0)$ 转换成 $Y_A(0,0)$ 。如果 A 和 B 相同且 Z_A 和 Z_B 相同①(尽管我们没有指出如何使它们相同),那么,有理由假设:

$$Y_B(1,0) = Y_A(0,1) \text{ [单位和处理的同一性或单位同质性]} \text{ 。} \tag{7}$$

也就是说,A 和 B 互为映像,因此, $Z_A = 1$ 和 $Z_B = 1$ 对单位 B 的影响与 $Z_A = 0$ 和 $Z_B = 1$ 对单位 A 的影响相同。

该假设与贺兰德在 1986 年所说的"单位同质性"是相同的,其内容是:应精心准备单位,使他们"在所有相关方面'看'起来相同"(Holland, 1986, 948)。这样的假设通常用于实验工作,其检验相同的样本或研究相同设置(identical setup)下不同干预的影响。很显然,这需要大量知识来确保因素相同,还需要具有控制这些因素的能力。通常情况

---

① 假设 Z_A 和 Z_B 是可比较的,指的是 $Z_A = 0$ 与 $Z_B = 0$ 相同且 $Z_A = 1$ 与 $Z_B = 1$ 相同。

下,这不是很好的社会科学假设。

[259] **表 10.9 通过单位同一性和单位不干预(noninterference of units)将可观测**
数据和因果机制的理论定义联系起来

可观测数据	单位同一性 (单位同质性)	单位不干预 (稳定单位 处理值假设)	理论定义
$E^*(1,0) =$ $Y_A(1,0) - Y_B(1,0)$	$Y_B(1,0) = Y_A(0,1) \rightarrow$ $Y_A(1,0) - Y_A(0,1)$	$Y_A(0,1) = Y_A(0,0) \rightarrow$ $Y_A(1,0) - Y_A(0,0)$ $Y_A(1,0) = Y_A(1,1) \rightarrow$ $Y_A(1,1) - Y_A(0,1)$	$E_A(Z_B = 0)$ $E_A(Z_B = 1)$
	$Y_A(1,0) = Y_B(0,1) \rightarrow$ $Y_B(0,1) - Y_B(1,0)$	$Y_B(1,0) = Y_B(0,0) \rightarrow$ $Y_B(0,1) - Y_B(0,0)$ $Y_B(0,1) = Y_B(1,1) \rightarrow$ $Y_B(1,1) - Y_B(1,0)$	$E_B(Z_A = 0)$ $E_B(Z_A = 1)$
$E^*(0,1) =$ $Y_B(0,1) - Y_A(0,1)$	$Y_B(0,1) = Y_A(1,0) \rightarrow$ $Y_A(1,0) - Y_A(0,1)$	$Y_A(0,1) = Y_A(0,0) \rightarrow$ $Y_A(1,0) - Y_A(0,0)$ $Y_A(1,0) = Y_A(1,1) \rightarrow$ $Y_A(1,1) - Y_A(0,1)$	$E_A(Z_B = 0)$ $E_A(Z_B = 1)$
	$Y_A(0,1) = Y_B(1,0) \rightarrow$ $Y_B(0,1) - Y_B(1,0)$	$Y_B(1,0) = Y_B(0,0) \rightarrow$ $Y_B(0,1) - Y_B(0,0)$ $Y_B(0,1) = Y_B(1,1) \rightarrow$ $Y_B(1,1) - Y_B(1,0)$	$E_B(Z_A = 0)$ $E_B(Z_A = 1)$

在上文,我们放弃将假设 $E^*(1,0) = Y_A(1,0) - Y_A(0,1)$ 视为因果机制的定义,因为即使 B 受到处理而 A 没有受到干预,A 也会受到影响。举例说明我们放弃该定义的原因。例如,当比阿特丽斯(Beatrice)也受到干预时,干预对艾米(Amy)的影响 $Y_A(0, 1)$ 也许会很大,也许与艾米一个人受到干预产生的影响 $Y_A(1,0)$ 一样大。在这种情况下,如果我们希望得到式(5a)的定义,$E^*(1,0)$ 似乎不是一个因果影响 Z_A 的好定义。但为了下定义,我们必须假设:

[260] $\qquad$ $Y_A(0,1) = Y_A(0,0)$ [单位不干预或稳定单位处理值假设]。 $\qquad$ (8)

事实上,这要求我们相信单位 B 是否受到干预不会影响干预手段 Z_A 对单位 A 的因果效应。鲁宾(1990)将其称之为稳定单位干预值假设(SUTVA)。但正如我们所见,该假设"令人担忧",后文我们将详细讲述。

类似地,如果 $E^*(1,0)$ 的表达式中的第一项 $Y_A(1,0)$ 与 $E_B(Z_A = 1)$ 的表达式中的第一项 $Y_B(1,1)$ 相等,那么,$E^*(1,0)$ 等同于式(5b)中的 $E_B(Z_A = 1)$ 定义。如果 A 和 B 相同且 Z_A 和 Z_B 相同,那么我们假设:

$Y_A(1,0) = Y_B(0,1)$ [单位和干预的同一性或单位同质性]。　　　　　　　　(9)

另外,我们需要假设无论单位 A 是否受到干预都不会影响干预手段 Z_A 对单位 B 的因果效应:

$Y_B(0,1) = Y_B(1,1)$ [单位不干预或稳定单位干预值假设]。　　　　　　(10)

概述而言,找到操作性的可行因果机制定义,我们需要假设下面一个条件成立:

$Y_B(1,0) = Y_A(0,1) = Y_A(0,0)$,或　　　　　　　　　　　　　　(11a)

$Y_A(1,0) = Y_B(0,1) = Y_B(1,1)$ 。　　　　　　　　　　　　　　(11b)

如果我们假设单位同一性,那么式(11a)和(11b)中的第一个等式成立,如果我们假设单位不干预(稳定单位处理值假设),式(11a)和(11b)中的第二个等式成立。如果式(11a)和(11b)都成立,那么定义 $E^*(1,0)$, $E_A(Z_B = 0)$ 和 $E_B(Z_A = 1)$ 都不成立。

我们不认为式(4)是因果效应的操作性定义,相反,我们认为表示情况 $\{Z_A = 0$ 且 $Z_B = 1\}$ 影响的等式如下:

$E^*(0,1) = Y_B(0,1) - Y_A(0,1)$,　　　　　　　　　　　　　　(12)

其中,差分包含仅产生于一种情况(state of the world)的项。观察式(2)和式(3)中的因果效应的四个理论定义可发现,该定义似乎与下面的两个等式密切相关:

$E_A(Z_B = 1) = Y_A(1,1) - Y_A(0,1)$ 　　　　　　　　　　　　(13a)

$E_B(Z_A = 0) = Y_B(0,1) - Y_B(0,0)$,　　　　　　　　　　　　(13b)

与式(5)中的等式一样,式(13)中的这两个方程式也与该定义密切相关。为了使【261】这些定义起作用,与式(11)类似,我们假设下列条件成立:

$Y_B(0,1) = Y_A(1,0) = Y_A(1,1)$,或　　　　　　　　　　　　(14a)

$Y_A(0,1) = Y_B(1,0) = Y_B(0,0)$,　　　　　　　　　　　　　(14b)

其中,如果假设单位同一性,每行的第一个等式成立,如果假设单位不干预,每行的第二个等式成立。由于这些假设,定义 $E^*(0,1)$, $E_A(Z_B = 1)$ 和 $E_B(Z_A = 0)$ 都不成立。如果(11a,b)和(14a,b)都成立,那么 $E^*(1,0)$ 等同于 $E^*(0,1)$,而且这些定义都相同。表10.9总结了这个观点。

9.5　通过平均因果效应解决单位同一性(单位同质性)问题

很显然,单位不干预假设(noninterference)(稳定单位干预值假设)和单位同一性有助于定义因果机制,但它们是必要条件吗? 这两个假设都是强假设。能够不依据其中一个假设来定义因果机制吗? 例如,我们只假设单位不干预(noninterference),那么, $Y_A(j,k) = Y_A(j,k')$, $Y_B(j,k) = Y_B(j,k')$,其中 $j = 1, 2, k \neq k'$ 。这样我们就得到了满意的结果,即:式 2 中单位 A 的因果效应理论定义与式 3 中单位 B 的因果效应理论定义相同。

$$E_A(Z_B = 0) = Y_A(1,0) - Y_A(0,0) = Y_A(1,1) - Y_A(0,1) = E_A(Z_B = 1)$$

$$E_B(Z_A = 0) = Y_B(0,1) - Y_B(0,0) = Y_B(1,1) - Y_B(1,0) = E_B(Z_A = 1)。$$

表 10.10 描述了该观点(从表格的最右面一列到表格的右数第二列)。因为这些公式成立,所以我们仅用 E_A 和 E_B 表示普通的因果效应。

$$E_A = E_A(Z_B = 0) = E_A(Z_B = 1)$$

$$E_B = E_B(Z_A = 0) = E_B(Z_A = 1)。$$

然而,这些假设本身无法使我们将这些理论定义与实证可能性 $E^*(1,0)$ 和 $E^*(0,1)$ 联系在一起。我们需要其他诸如单位 A 和 B 相同的假设以确保 $E_A = E_B$。

我们能解决同一性问题吗?考虑以下的方法。尽管我们无法同时观察 $E^*(1,0)$ 和 $E^*(0,1)$,但我们可以考虑平均因果效应(ACE):

$$ACE = (1/2)\left[E^*(1,0) + E^*(0,1) \right]$$

$$= (1/2)\left\{ \left[Y_A(1,0) - Y_B(1,0) \right] + \left[Y_B(0,1) - Y_A(0,1) \right] \right\}$$

$$= (1/2)\left\{ \left[Y_A(1,0) - Y_A(0,1) \right] + \left[Y_B(0,1) - Y_B(1,0) \right] \right\}$$

$$= (1/2)\left\{ \left[Y_A(1,0) - Y_A(0,0) \right] + \left[Y_B(0,1) - Y_B(0,0) \right] \right\}$$

【262】
表 10.10 通过单位不干预和平均因果效应将可观测数据和因果机制的理论定义联系在一起

可观测数据→	→单位不干预→	→ 平均因果效应 ← ACE = [$E^*(1,0)$ + $E^*(0,1)$]/2	←单位不干预	←理论定义
$E^*(1,0)$ = $Y_A(1,0)$ - $Y_B(1,0)$	$Y_B(1,0)$ = $Y_B(0,0)$ → $Y_A(1,0)$ - $Y_B(0,0)$ $Y_A(1,0)$ = $Y_A(1,1)$ → $Y_A(1,1)$ - $Y_B(1,0)$	取从左数第一列和第三列的值: ACE = [$Y_A(1,0)$ - $Y_B(0,0)$ + $Y_B(0,1)$ - $Y_A(0,0)$]/2 = [$Y_A(1,0)$ - $Y_A(0,0)$ + $Y_B(0,1)$ - $Y_B(0,0)$]/2 = [$E_A + E_B$] 使用从面板到右侧的结果	$Y_A(1,0)$ = $Y_A(1,1)$ $Y_A(0,0)$ = $Y_A(0,1)$ 因此: $E_A = E_A(Z_B = 0)$ = $E_A(Z_B = 1)$ = $Y_A(1,{}^*)$ - $Y_A(0,{}^*)$	$E_A(Z_B = 0)$ = $Y_A(1,0)$ - $Y_A(0,0)$ $E_A(Z_B = 1)$ = $Y_A(1,1)$ - $Y_A(0,1)$

续表

		取从左数第二列和第四列的值:	$Y_B(0,1) =$	
$E^*(0,1) =$ $Y_B(0,1) -$ $Y_A(0,1)$	$Y_A(0,1) =$ $Y_A(0,0) \rightarrow$ $Y_B(0,1) -$ $Y_A(0,0)$ $Y_B(0,1) =$ $Y_B(1,1) \rightarrow$ $Y_B(1,1) -$ $Y_A(0,1)$	$ACE = [Y_A(1,1) - Y_B(1,0) + Y_B(1,1) - Y_A(0,1)]/2$ $= [Y_A(1,1) - Y_A(0,1) + Y_B(1,1) - Y_B(1,0)]/2$ $= [E_A + E_B]$ 使用从面板到右侧的结果	$Y_B(1,1)$ $Y_B(0,0) =$ $Y_B(1,0)$ 因此: $E_B = E_B(Z_A = 0)$ $= E_B(Z_A = 1) =$ $Y_B(*,1) - Y_B(*,0)$	$E_B(Z_A = 0) =$ $Y_B(0,1) - Y_B(0,0)$ $E_B(Z_A = 1) =$ $Y_B(1,1) - Y_B(1,0)$

其中,第二行使用 $E^*(1,0)$ 和 $E^*(0,1)$ 的定义,第三行是简单的代数,得出最后一 【263】
行的结果时假设单位不干预(noninterference)。表 10.10 的前三列描述了该观点。平
均因果效应的等式可记为:

$ACE = (1/2) [E_A + E_B]$。

因此,ACE 表示的是 Z_A 对单位 A 的平均因果效应和 Z_B 对单位 B 的平均因果效应。
如果 A 和 B 相同而且 Z_A 和 Z_B 相同,那么,ACE 是 Z 的因果效应。

不幸的是,我们无法观察 ACE,而且不想假设单位同一性。我们可以观察 $E^*(1,0)$
或 $E^*(0,1)$,但无法同时观察这两个。不过,我们可以采取以下做法,即随意选择现实
情况 $\{Z_A = 1$ 且 $Z_B = 0\}$ 或 $\{Z_A = 0$ 且 $Z_B = 1\}$。这种随意选择确保干预是随机分配的。
我们一旦这样做,就可以将 $E^*(1,0)$ 或 $E^*(0,1)$ 的值视为 ACE 的估值,从统计的角度
看,用该估值表示 Z_A 对 A 和 Z_B 对 B 的平均影响没有偏差。也就是说,反复实验之后
(假设反复实验都是有效的),ACE 的期望值(expected value)将与真正的因果效应相
等。随机选择确保我们不会陷入混乱,因为,在反复实验中,干预的分配(the assignment
of treatment)和单位之间不存在关系。

但该措施存在两个不足之处。第一,如果单位 A 和 B 不是类似事物,那么,考虑 Z_A
对 A 和 Z_B 对 B 的平均影响就会存在问题。如果不假设单位同一性,单位 A 和 B 很可能
是不同类的事物,比如病人(A)和正常人(B)。在这种情况下,可能随机选择一个人服
用药物并记录他们接下来的健康状况(Y)。如果病人 A 服用药物,那么,因果效应 E_A
是病人服药后的健康状况 $Y_A(1,0)$ 与正常人的健康状况 $Y_B(1,0)$ 之间的差分。如果正
常人 B 服用药物,那么,因果效应 E_B 是正常人服药后的健康状况 $Y_B(0,1)$ 与病人的健
康状况 $Y_A(0,1)$ 之间的差分。如果药物是有效的并可以使人们更加健康,那么,E_A 等
于零(病人服药后,健康状况与正常人一样),E_B 为正数(正常人服药后身体状况不会

改变,但如果病人不服药将仍然生病),因此,根据平均效应可知,药物在一半的情况下起作用。事实上,如果服药的是病人,药物一直起作用。更普遍但可笑的是,A 可能是一个人,但 B 可能是一棵树、一条狗或任何东西。所以,为确保对因果效应的估计有效,我们应该做出诸如单位同一性这样的假设。一个可能性是这些单位是随机选择的群体,但却是可以明确定义且可以在未来接受处理的群体。

【264】 该措施的第二个不足之处是:只有在反复实验中得出的结果才是正确的。在上述医学实验中,如果随机让正常人服用药物,那么,实验结论将是药物不起作用。对于该问题的通常回应是增加单位数量,那么,根据大数定律(the law of large numbers)①,干预组和控制组总体上是相似的。如果使用该策略,当然可以从统计学的角度声称,观察到的干预组和控制组之间的差异是它们之间存在的真正差异。但该策略严重依赖增加单位数量,而增加单位数量存在一些风险。

9.6 增加单位数量和稳定单位干预值假设

在本小节开头,我们探讨单一因果关系问题。我们提问:干预 $Z = 1$ 如何影响单位 A 的结果 Y_A?式(1)通过因果效应提供了简单的定义,即 $E_A = Y_A(1) - Y_A(0)$。但这个简单的定义失败了,因为我们不能同时观察 $Y_A(1)$ 和 $Y_A(0)$。为解决该问题,我们增加单位数量,在这种情况下,通过假设单位不干预及单位同一性或假设单位不干预并使用随机分配,我们可以获得因果效应的可观察的估值。但使用这些假设仍存在一些问题,如定义相似事物的群体以及相信单位不干预假设。这些问题是相关的,因为它们表明,为确保单位或案例是可比较的,研究者必须依靠先前的一些知识和信息。但需要多少知识呢?这些假设真的有问题吗?例如,我们有必要担心一类单位影响另外一类单位吗?

假设干预组的人因表现不好而受惩罚,而控制组的人则不会因此受惩罚。进一步假设干预组的人距离干预组的人"很近"(他们住在相同的社区或可以定期交流),但控制组的人没有完全意识到他们可免受惩罚,而是担心也可能受到惩罚。如果没有干预组,他们的行为会不会改变?如果不可能满足单位不干预条件,是否意味着行为改变很难实现?

例如,在加利福尼亚州的 Cal-Learn 实验中,干预组的少女福利受领人如果没有通过学校考试,她们的福利将会减少。然而,随机选择的控制组的少女福利受领人的福利

① 在随机事件的大量重复出现中,往往呈现几乎必然的规律,这个规律就是大数定律。通俗地说,这个定律就是,在试验不变的条件下,重复试验多次,随机事件的频率近似于它的概率。偶然中包含着某种必然。——译者注

不会因此减少,但其中很多人认为她们在干预组(也许是因为她们认识干预组的人),
而且学习更加努力,希望通过考试从而不会减少福利(Mauldon 等人 2000)。① 然而,控 【265】
制组的人决定取得更好的成绩,这也许会导致对 Cal-Learn 实验的影响估计不准确,因
为这减小了干预组和控制组的差分。这个实验存在的问题是单位之间有交互。为排除
这些可能性,鲁宾在 1990 年提出稳定单位干预值假设(SUTVA),正如我们所见,该假
设确保一个特定案例的结果不取决于其他案例发生了什么,也不取决于单位得到哪类
假定相同的干预。

　　以人作为实验对象的研究者担心干预的发生。库克和坎贝尔(1986,第 148 页)曾
提到随机实验(Randomized experiments)的四个基本威胁。如果控制组的单位认为他们
虽然没有受到干预,但也可以与处理组的单位表现得一样好,就会形成补偿性竞争
(Compensatory rivalry)。如果控制组单位由于没有受到干预而自暴自弃,就会导致控制
组自暴自弃(Resentful demoralization)。如果控制组单位的负责人决定弥补干预组和控
制组之间的不平等,就会产生补偿性均等(Compensatory equalization)。如果控制组单位
的负责人认识到干预的有益影响并模仿该干预,就会产生施加干预的扩散(treatment
diffusion)。

　　稳定单位干预值假设(SUTVA)认为假定相同的干预确实相同,而且每个单位是独
立的可能情况,不受其他单位影响。稳定单位干预值假设(SUTVA)使得控制实验或随
机实验能够解决因果推断问题。稳定单位干预值假设(SUTVA)确保干预组的单位和
控制组的单位代表的是彼此最可能的境况,其中只存在干预的差异。为确保稳定单位
干预值假设(SUTVA)成立,我们必须清晰地了解单位、干预和结果,这样我们才能使自
己确信实验(或观测)比较确实涉及相似的情况。鲁宾(1986,第 962 页)指出,在检验
"如果公司的女性员工都换成男性员工,工资平均会高出 20%"这一观点之前,需要详
细阐述反事实可能性。例如,如果女性员工换作男性,需要什么干预? 分析的基本单位
是个体还是公司? 通过分配男性做女性的工作来观察工资变化的做法可行吗? 这些男
性从何而来? 如果随机分配男性做女性的工作,单位之间是否存在交互,进而影响稳定
单位处理值假设(SUTVA)?

　　毫不奇怪,如果稳定单位干预值假设(SUTVA)不成立,最好的情况是很难泛化实
验结果,最糟糕的情况甚至不可能解释其结果。例如,如果对一小部分人实施有限期的

---

　　① 事实上,已告知实验对象她们属于哪一组,但很明显,其中一些人没有获知该信息。原因是:
控制组仅是一小部分人,而且她们的妈妈几乎都在干预组。在这个环境下,控制组中没有关注该信息
的人很可能认为减少福利的项目适用于所有人。另外,取得好成绩更令人向往,因为这样他们的福利
就不会减少。

福利政策与对所有人实施该政策所产生的影响有很大不同,那么,很难将实验结果泛化。也许,有限期的福利政策旨在鼓励人们找工作,但与只对小部分人实施该政策相比,对更多人实施该政策时,会导致人们对福利产生消极态度。或者,随机将"犹太"文化分配到一个国家(如以色列)与分配到该地区的很多国家有很大不同。在这两个案例中,由于单位之间存在交互,干预的分配模式似乎与干预本身一样重要,而且由于单位间交互的复杂性,根本无法解释这些实验。如果稳定单位干预值假设(SUTVA)不成立,那么,就不会有诸如随机化(randomization)这样的方法来建立最可能的境况,而且我们必须直面确定最可能境况的困难。

[266]

如果稳定单位干预值假设(SUTVA)成立,而且通过随机化,分配和结果有独立性,那么,就可以估计因果联系的程度。[①] 但是,没有直接试验(direct test)可以确保稳定单位干预值假设(SUTVA)成立,只有部分"平衡"(balance)试验可以确保正确地完成随机化。实验中的很多艺术都是增加可能性的策略。我们可以使单位相互独立以最小化单位干预,可以使干预尽可能一致,也可以使每个单位的特征和环境尽可能一致,但不可能完全确保稳定单位干预值假设(SUTVA)和分配与结果的独立性成立。[②]

9.7 总结 NRH 方法

如果稳定单位干预值假设(SUTVA)成立,而且分配和结果的独立性成立,那么,就可以创建差距尽可能小的情境,以比较控制组和干预组的效应。如果稳定单位干预值假设成立,那么,有三种获得有条件的独立的方法:

(a)控制实验确保单位同一性(单位同质性)成立。

(b)统计实验(Statistical experiments)确保随机分配成立。

(c)在观测研究中修正协变量,确保分配和结果的平均条件独立性(mean conditional independence)。

第三种方法要求的数学表达式条件(mathematical conditions)来自 NHR 理论(Neyman-Holland-Rubin setup),但没有方法可以确认合适的协变量。在实验研究之外,没有方法可以确定分配和结果的有条件独立性成立。即使我们知道一些可能混淆

---

① 如果稳定单位干预值假设(SUTVA)不成立,但却获得了分配和结果的独立性,那么,仍可以估计因果效应,但因果效应会因干预模式的不同而不同。另外,如果稳定单位干预值假设(SUTVA)不成立,将不可能根据诸如实验控制或随机化等标准方法确保分配和结果的独立性,因为单位间的交互也许会破坏这些方法。

② 尽管好的随机化很可能带来分配和结果的独立性。

结果的因素,但我们也许不知道所有因素,而且如果不了解所有因素,我们无法肯定修
正其中一些因素可以确保有条件的独立性。因此,观测研究面临的问题是:确定可以确 【267】
保有条件的独立性的变量。只有确定这些变量后,才能确定处理的影响。然而,大量研
究确定变量时非常随意。

即使稳定单位干预值假设(SUTVA)和有条件的独立性得到满足,NRH 理论以及与
之相关的刘易斯反事实理论只能确定因果联系。还需其他信息来排除虚假相关并建立
因果关系的方向。也许有人呼吁依靠时间先后顺序或实验干预来确定因果关系的方
向,但这两个方法都无法排除共同原因。未来实验或观察需要更多地研究抑制原因或
结果的其他变量的影响,而且这些实验或观察应该以更具想象力的方法探索不同的可
能情况。

参考文献

Abbott, A. 1983. Sequences of social events. *Historical Methods*, 16:129–47.

——1992. From causes to events. *Sociological Methods and Research*, 20:428–55.

——1995. Sequence analysis: new methods for old ideas. *Annual Review of Sociology*, 21:93–113.

Achen, C. H. 1983. Toward theories of data: the state of political methodology. In *Political Science: The State of the Discipline*, ed. A. Finifter. Washington, DC: American Political Science Association.

Bartels, L., and Brady, H. E. 1993. The state of quantitative political methodology. In *Political Science: The State of the Discipline*, 2nd edn., ed. A. Finifter. Washington, DC: American Political Science Association.

Beauchamp, T. L., and Rosenberg, A. 1981. *Hume and the Problem of Causation*. New York: Oxford University Press.

Bennett, J. 1988. *Events and Their Names*. Indianapolis: Hackett.

Berger, P. L., and Luckmann, T. 1966. *The Social Construction of Reality: A Treatise in the Sociology of Knowledge*. Garden City, NY: Anchor.

Brady, H. E., and Collier, D. 2004. *Rethinking Social Inquiry: Diverse Tools, Shared Standards*. New York: Rowman and Littlefield.

——Herron, M. C., Mebane, W. R., Sekhon, J. S., Shotts, W. S., and Wand, J. 2001. Law and data: the butterfly ballot episode. PS: *Political Science and Politics*, 34:59–69.

Campbell, D. T., and Stanley, J. C. 1966. *Experimental and Quasi-Experimental Designs for Research*. Chicago: Rand McNally.

Cartwright, N. 1989. *Nature's Capacities and Their Measurement*. New York: Oxford University Press.

Cook, T. D., and Campbell, D. T. 1979. *Quasi-Experimentation: Design and Analysis Issues for Field Settings*. Boston: Houghton Mifflin.

—— ——1986. The causal assumptions of quasi-experimental practice.*Synthese*,68:141-180.

Cox,D.R. 1958. *The Planning of Experiments.*New York:Wiley.

——1992. Causality:some statistical aspects.*Journal of the Royal Statistical Society*,*Series A*(*Statistics in Society*),155:291-301.

Cox, G. W. 1997. *Making Votes Count: Strategic Coordination in the World's Electoral Systems*, New York:Cambridge University Press.

Davidson,D. 2001. *Essays on Actions and Events*,2nd edn.Oxford:Clarendon Press.

Dessler,D. 1991. Beyond correlations:toward a causal theory of war.*International Studies Quarterly*,35: 337-355.

Dilthey,W. 1961. *Pattern and Meaning in History:Thoughts on History and Society.*New York:Harper.

Durkheim,E. 1982 [1895].*The Rules of Sociological Method.*New York:Free Press.

Elster, J. 1998. A plea for mechanisms. In *Social Mechanisms*, ed. P. Hedström and R. Swedberg. Cambridge:Cambridge University Press.

Ehring,D. 1997. *Causation and Persistence:A Theory of Causation.*New York:Oxford University Press.

Fearon,J.D. 1991. Counterfactuals and hypothesis testing in political science.*World Politics*,43:169-95.

Fisher,R.A.,Sir 1925. *Statistical Methods for Research Workers.*Edinburgh:Oliver and Boyd.

——1926. The arrangement of field experiments.Journal of the Ministry of Agriculture,33:503-13.

——1935. The Design of Experiments.Edinburgh:Oliver and Boyd.

Freedman,D.A. 1987. As others see us:a case study in path analysis.*Journal of Educational Statistics*, 12:101-223,with discussion.

——1991. Statistical models and shoe leather.*Sociological Methodology*,21:291-313.

——1997. From association to causation via regression. Pp. 113-61 in *Causality in Crisis?* ed. V. R. McKim and S.P.Turner,Notre Dame,Ind.:University of Notre Dame Press.

——1999. From association to causation:some remarks on the history of statistics.*Statistical Science*,14: 243-58.

Gasking,D. 1955. Causation and recipes.*Mind*,64:479-87.

Glennan,S.S. 1996. Mechanisms and the nature of causation.*Erkenntnis*,44:49-71.

Goldthorpe,J.H. 2001. Causation,statistics,and sociology.*European Sociological Review*,17:1-20.

Goodman,N. 1947. The problem of counterfactual conditionals.*Journal of Philosophy*,44:113-28.

Harré,R.,and Madden,E.H.c 1975. *Causal Powers:A Theory of Natural Necessity.*Oxford:B.Blackwell.

Hausman,D.M. 1998. Causal Asymmetries.New York:Cambridge University Press.

Heckman,J.J. 1979. Sample selection bias as a specification error.*Econometrica*,47:153-62.

Hedström,P.,and Swedberg,R.(eds.)1998. *Social Mechanisms:An Analytical Approach to Social Theory.* New York:Cambridge University Press.

Hempel,C.G. 1965. *Aspects of Scientific Explanation.*New York:Free Press.

Hill,A.B. 1965. The environment and disease:association or causation? *Proceedings of the Royal Society of Medicine*,58:295-300.

Holland, P. W. 1986. Statistics and causal inference (in theory and methods). *Journal of the American Statistical Association*, 81:945-60.

Hume, D. 1739. *A Treatise of Human Nature*, ed. L. A. Selby-Bigge and P. H. Nidditch. Oxford: Clarendon Press.

——1748. *An Enquiry Concerning Human Understanding*, ed. T. L. Beauchamp. New York: Oxford University Press.

Kitcher, P., and Salmon, W. 1987. Van Fraassen on explanation. *Journal of Philosopy*, 84:315-30.

Lakoff, G. and Johnson, M. 1980a. Conceptual metaphor in everyday language. *Journal of Philosophy*, 77 (8):453-86.

—— ——1980b. *Metaphors We Live By*. Chicago: University of Chicago Press.

—— ——1999. *Philosophy in the Flesh: The Embodied Mind and its Challenge to Western Thought*. New York: Basic Books.

Lewis, D. 1973a. *Counterfactuals*. Cambridge, Mass: Harvard University Press.

——1973b. Causation. *Journal of Philosophy*, 70:556-67.

——1979. Counterfactual dependence and time's arrow. *Noûs*, Special Issue on Counterfactuals and Laws, 13:455-76.

——1986. *Philosophical Papers*, vol. ii. New York: Oxford University Press.

Machamber, P., Darden, L., and Craver, C. F. 2000. Thinking about mechanisms. *Philosophy of Science*, 67:1-25.

Mackie, J. L. 1965. Causes and conditions. *American Philosophical Quarterly*, 2:245-64.

Marini, M. M., and Singer, B. 1988. Causality in the *social sciences. Sociological Methodology*, 18:347-409.

Mauldon, J., Malvin, J., Stiles, J., Nicosia, N., and Seto, E. 2000. Impact of California's Cal-Learn Demonstration Project: final report. UC DATA Archive and Technical Assistance.

Mellors, D. H. 1995. *The Facts of Causation*. London: Routledge.

Menzies, P., and Price, H. 1993. Causation as a secondary quality. *British Journal for the Philosophy of Science*, 44:187-203.

Mill, J. S. 1888. *A System of Logic, Ratiocinative and Inductive*, 8th edn. New York: Harper and Brothers.

Neyman, J. 1990. On the application of probability theory to agricultural experiments: essay on principles, trans. D. M. Dabrowska and T. P. Speed. *Statistical Science*, 5: 463 – 80; first pub. in Polish 1923.

Papineau, D. 1985. Causal asymmetry. *British Journal for the Philosophy of Science*, 36:273-89.

Pearl, J. 2000. *Causality: Models, Reasoning, and Inference*. Cambridge: Cambridge University Press.

Pearson, K. 1911. *The Grammar of Science*, 3rd edn. rev. and enlarged, Part 1: *Physical*. London: Adam and Charles Black.

Pierson, P. 2004. *Politics in Time: History, Institutions, and Social Analysis*. Princeton, NJ: Princeton University Press.

Ragin, C. C. 1987. *The Comparative Method: Moving beyond Qualitiative and Quantitative Strategies.* Berkeley: University of California Press.

Riker, W.H. 1957. Events and situations. *Journal of Philosophy*, 54:57-70.

Rubin, D.B. 1974. Estimating causal effects of treatments in randomized and nonrandomized studies. *Journal of Educational Psychology*, 66:688-701.

——1978. Bayesian inference for causal effects: the role of randomization. *Annals of Statistics*, 6:34-58.

——1986. Statistics and casual inference: comment: which ifs have casual answers. *Journal of the American Statistical Association*, 81:945-70.

——1990. Comment: Neyman(1923) and causal inference in experiments and observational studies. *Statistical Science*, 5:472-80.

Russell, B. 1918. On the notion of cause. In *Mysticism and Logic and Other Essays.* New York: Longmans, Green.

Salmon, W.C. 1990. *Four Decades of Scientific Explanation.* Minneapolis: University of Minnesota Press.

Searle, J.R. 1969. *Speech Acts: An Essay in the Philosophy of Language.* London: Cambridge University Press.

——1997. *The Construction of Social Reality.* New York: Free Press.

Shafer, G. 1996. *The Art of Casual Conjecture.* Cambridge, Mass.: MIT Press.

Simon, H.A. 1952. On the definition of the causal relation. *Journal of Philosophy*, 49:517-28.

——and Iwasaki, Y. 1988. Causal ordering, comparative statics, and near decomposability. *Journal of Econometrics*, 39:149-73.

Sobel, M.E. 1995. Causal inference in the social and behavioral sciences. In *Handbook of Statistical Modeling for the Social and Behavioral Sciences*, ed. G. Arminger, C. C. Clogg, and M. E. Sobel. New York: Plenum.

Sorenson, A.B. 1998. Theoretical mechanisms and the empirical study of social processes. In *Social Mechanisms*, ed. P. Hedström and R. Swedberg. Cambridge: Cambridge University Press.

Sosa, E., and Tooley, M. 1993. *Causation.* Oxford: Oxford University Press.

Spellman, B.A., and Mandel, D. R. 1999. When possibility informs reality: counterfactual thinking as a cue to causality. *Current Directions in Psychological Science*, 8:120-3.

Sprinzak, E. 1972. Weber's thesis as an historical explanation. *History and Theory*, 11:294-320.

Tetlock, P.E., and Belkin, A.(eds.) 1996. *Counterfactual Thought Experiments in World Politics: Logical, Methodological, and Psychological Perspectives.* Princeton, NJ: Princeton University Press.

Tilly, C. 1984. *Big Structures, Large Processes, Huge Comparison.* New York: Russell Sage Foundation.

Van Fraassen, B. 1980. *The Scientific Image.* Oxford: Clarendon Press.

Von Wright, G.H. 1971. *Explanation and Understanding.* Ithaca, NY: Cornell University Press.

——1974. *Causality and Determinism.* New York: Columbia University Press.

Wand, J. N., Shotts, K. W., Sekhon, J. S., Mebane, W. R., Herron, M. C., and Brady, H. E. 1991. The butterfly did it: the aberrant vote for Buchanan in Palm Beach County, Florida. *American Political Sci-*

ence Review, 95:793-810.

Wawro, G. 1996. *The Austro-Prussian War: Austria's War with Prussia and Italy in 1866.* New York: Cambridge University Press.

Weber, M. 1906 [1978]. *Selections in Translation*, ed. W. G. Runciman, trans. E. Matthews. Cambridge: Cambridge University Press.

Wendt, A. 1999. *Social Theory of International Politics.* Cambridge: Cambridge University Press.

第十一章　因果推断的内曼—鲁宾模型和
　　　　基于匹配方法的估计

贾斯吉特·S.萨康（Jasjeet S.Sekhon）[1]

　　"相关性并不意味着因果联系"，这是社会科学研究中经常重复的观点，其影响发人深省却常被忽视。因果推断的内曼—鲁宾模型可帮助我们解释其中的一些问题。在本章中，我们将简单描述该模型，并概述在定量研究和定性研究中使用该模型的研究结果。鉴于当前的实践，该模型对社会科学的工作具有根本性的影响。匹配方法是内曼—鲁宾模型经常使用的方法，本章也将简单讨论该方法及其属性。例如，应用研究者经常惊奇地发

现，即使满足了可观察值的选择假设（selection on observables assumption），如果不能满足具体可信的假设，那么通常使用的匹配方法将导致更严重的线性偏差（linear bias）。

　　社会科学家比较熟悉倾向值匹配（propensity score matching）[2]等匹配方法，因为这些方法与密尔推断方法有很多共同特征。这两种方法都尝试找到合适的研究单位来作比较，即：它们尝试增加单位同质性。但密尔从未打算将他的方法用于社会科学，因为他认为不可能在社会科学领域获得单位同质性（Sekhon 2004a）。由于密尔方法依赖随机分配和其他统计技术（statistical apparatus），所以现代实验设计理念与该确定性方法大相径庭。

---

　　① 非常感谢亨利·布雷迪（Henry Brady）、大卫·科利尔（David Collier）和罗西欧（Rocío Titiunik）对本章初稿提出的宝贵建议，也非常感谢大卫·弗里德曼（David Freedman）、小沃尔特·梅班（Walter R.Mebane, Jr.）、唐纳德·鲁宾（Donald Rubin）和乔纳森·万德（Jonathan N.Wand）对本章话题的珍贵讨论。本章出现的所有错误都是我的责任。
　　② 倾向值匹配，简称 PSM，是使用非实验数据或观测数据进行干预效应分析的一类统计学方法。倾向值匹配的理论框架是"反事实推断模型"。"反事实推断模型"假定任何因果分析的研究对象都有两种条件下的结果：观测到的和未被观测到的结果。如果我们说"A 是导致 B 的原因"，用的就是一种"事实陈述法"。——译者注

密尔对单位同质性的重要性有关键见解,现代匹配方法采用了这一关键见解,然而分析人员并没有精确地控制他们的单位。使用匹配方法以及断点回归(regression discontinuity)等相关方法可减少观察值,使推断更精确,偏差更小,因为剔除一些观察值可提高单位同质性。[①] 大多数定量分析研究者认为减少研究对象的观察值(dropping observations)是"诅咒"(anathema),但如果使用非实验数据,情况将会不同(Rosenbaum 2005)。承袭密尔方法传统的案例研究方法与统计学方法形成鲜明对比,而且由于缺乏单位同质性,在社会科学中寻找必要充分原因是不可行的。

统计因果推断所依赖的关键的概率思想是条件概率(conditional probability)。但进行因果推断时,有条件的可能性本身并不直接相关。我们通过有条件的可能性了解反事实——例如:如果竞选活动的相关人员没去珍妮家鼓励她投票,她是否会投票?应谨慎建立反事实与试图估计的有条件可能性之间的关系。研究者经常忘记应通过设计而不是统计学模型建立该关系,因为统计学模型的假设几乎没有得到辩解。除非大量假设都得到满足,否则回归系数不是因果估计结果(causal estimate),而且通过匹配方法估计的有条件可能性是真实无疑的。不使用实验、自然实验、断点回归方法或其他很好的设计,计量经济学或统计学模型就无法从相关性中获得具有说服力的因果关系。该结论对于我们能够严谨地回答因果关系问题具有深远意义。明确的、可操纵的处理和严谨的设计至关重要。

1. 内曼—鲁宾模型

内曼—鲁宾模型在许多领域越来越流行,如统计学(Holland 1986;Rubin 2006;1974;Rosenbaum 2002)、医学(Christakis and Iwashyna 2003;Rubin 1997)、经济学(Abadie 【273】and Imbens 2006;Galiani,Gertler,and Schargrodsky 2005;Dehejia and Wahba 2002;1999)、政治科学(Bowers and Hansen 2005;Imai 2005;Sekhon 2004b)、社会学(Morgan and Harding 2006;Diprete and Engelhardt 2004;Winship and Morgan 1999;Smith 1997),甚至法学(Rubin 2001)。该模型起源于内曼(1990[1923])的非参数模型(nonparametric model),它产生两种潜在结果,一种是研究单位受干预时的结果,另一种是研究单位不受干预时的结果。因果效应被定义为两种潜在结果之间的差分,但只有一种结果是可观察的。鲁宾(2006,1974)以及科克伦(Cochran 1965;1953)将该模型发展为因果推断的普遍模型,对观测性研究产生了深远影响。贺兰德(1986)写了一篇具有影响力的评论文章,这篇文章强调了该

[①] 在本书中,格林(Green)和格伯(Gerber)详细讨论了断点回归。

模型的哲学影响。因此,该模型通常被称为鲁宾因果模型(如 Holland 1986),或有时被称为内曼—鲁宾—贺兰德因果推断模型,而很少被称为内曼—鲁宾模型。

Y_{i1} 表示单位 i 受到处理时的潜在结果,Y_{i0} 表示控制组中单位 i 的潜在结果。单位 i 的处理结果为 $\tau_i = Y_{i1} - Y_{i0}$。因果推断是一个缺失变量问题,因为我们不能同时观察 Y_{i1} 和 Y_{i0}。无论是使用定量分析推断方法还是定性分析推断方法,这都成立。事实是我们无法同时观察两种潜在结果。

为获得因果推断,需做出其他假设。最引人注目的是随机实验。将 T_i 视为处理指标(treatment indicator),当 i 在处理组时,T_i 等于 1;其他情况下,T_i 等于 0。那么,观察值 i 的观察结果为 $Y_i = T_i Y_{i1} + (1 - T_i) Y_{i0}$。[①] 与普通回归假设不同,潜在结果 Y_{i1} 和 Y_{i0} 是固定变量而不是随机变量。

1.1 实验数据

原则上,如果处理分配是随机的,那么,因果推断是直接的,因为处理组和控制组是从相同群体中选取的,而且处理分配独立于所有基本变量。由于分配是随机的,所以,随着样本容量的增加,可观察的和不可观察的混杂因子(confounders)在处理组和控制组的分配趋向于平衡。也就是说,由于随机分配,人们期望的是,可观察变量和不可观察变量在两组的分布是相同的。处理分配独立于 Y_0 和 Y_1,即 $\{Y_{i0}, Y_{i1} \amalg T_i\}$,其中 $\amalg$ 表示独立性(Dawid 1979)。因此,如果 $j = 0, 1$,

$$E(Y_{ij} \mid T_i = 1) = E(Y_{ij} \mid T_i = 0) = E(Y_i \mid T_i = j)$$

【274】 因此,可以通过以下两个等式估计平均处理效应(ATE):

$$\tau = E(Y_{i1} \mid T_i = 1) - E(Y_{i0} \mid T_i = 0) \tag{1}$$

$$= E(Y_i \mid T_i = 1) - E(Y_i \mid T_i = 0) \tag{2}$$

在实验中,参数 Y 的估值是一致的,因为随机化确保处理组和控制组的观察值是可交换的,还确保处理分配与潜在结果无关。

即使在实验中也可能出错,所以应适时做出统计学调整(statistical adjustment)(如:Barnard 等人 2003)。最容易出现的一个共性问题是依从性问题(compliance)。处理组的研究对象也许会拒绝接受处理,而控制组的研究对象也许找方法得到处理。出现依从性问题时,式(2)所定义的是被估计的意向处理(intention-to-treat[ITT])。虽然意向处理(ITT)概念出现得比较早,但也许首先出现在希尔的研究成

---

① 在有多个独立处理的情况下,直接延伸(如:Imbens 2000;Rosenbaum 2002,第 300—302 页)。

果中（1961，第259页）。不通过意向处理（ITT），我们将很难估计单位的平均处理效应。如果依从性问题仅仅是处理组研究对象拒绝接受处理，那么统计校正就很直接，而且相对来说也不需要模型。如果依从性问题的结构更加复杂，那么，在不做出结构性假设的情况下很难取得任何进展。在本书中，格林和格伯详细讨论了依从性问题的统计学修正。

随机化本身不能证明下面这个假设——"一个单位的观察不应受另一个单位的处理分配影响"（Cox 1958，§2.4）。鲁宾（1978）称之为"稳定单位处理值假设（SUTVA）"，其内容是：一个给定单位的潜在结果不因另一个单位的处理分配变化而变化，而且不存在不同的处理。稳定单位处理值假设（SUTVA）过于复杂，因此常被忽略。在本书中，布雷迪（Brady）讨论了该问题。

在本书中，布雷迪讨论了加利福尼亚州的随机福利实验，其中，稳定单位处理值假设（SUTVA）不成立。在该实验中，处理组的少女如果未能通过学校考试，她们的福利金将会减少，而控制组的少女不会因此而被减少福利。然而，控制组的少女也许是因为认识处理组的少女，所以她们自认为属于处理组（Mauldon 2000）。因此，该实验也许低估了处理的效应。

部分研究者错误地认为，稳定单位处理值假设（SUTVA）是回归模型中常见的独立性假设的另一个名称。事实上，在常见的独立性假设中，即使来自随机扰动项（disturbance）的多元变量（multiple）不相互独立，OLS仍没有偏差；然而，如果稳定单位处理值假设（SUTVA）不成立，实验一定会产生有偏差的因果效应估值。我们从中可以看出，稳定单位处理值假设（SUTVA）与常见的独立性假设不同。在常见的回归模型中，修正规范假设（correct specification assumption）（而不是独立性假设）可解决稳定单位处理值假设（SUTVA）不成立的问题。如果稳定单位处理值假设（SUTVA）不成立，可用修正模型（correct model）解决该问题。

即使通过随机化，也无法满足OLS回归模型的假设。事实上，如果不进一步假设，【275】多元回归的估计量（multiple regression estimator）会有偏差，虽然随着样本容量的增加，偏差趋向于零。而且，回归标准误差（regression standard errors）会有严重偏差，甚至是渐进性的。参见弗里德曼（2008a；2008b）了解详细信息。凭直觉判断可知，存在的问题通常是，即使通过随机化，处理指标与随机扰动项也强烈相关。正如OLS假设的那样，随机化并不意味着线性附加处理效应（linear additive treatment effect），其中，不同单位的系数是一致的。研究者使用多元回归来调整实验数据时应该慎重。但事实是，研究者倾向于使用多元回归来调整实验数据。这表明，回归模型在定量分析实践（quantitative practice）中常被使用。

在内曼框架中,处理分配是唯一具有随机性的,而潜在结果是固定的。这与许多的处理完全相反。在计量经济学中,所有回归变量(包括处理指标)是固定的,响应变量(response variable)Y是给定分布的随机变量。随机化没有暗含任何一个变量,而且随机化与它明显矛盾,因为其中一个回归变量(处理指标)是随机的。更令人困惑的是,一些文章倾向于将固定回归变量称为实验,然而,事实并非如此。

1.2 观测数据

在观测研究中,除非采取特殊措施,否则处理组和非处理组几乎不可能平衡,因为这两组通常来自不同群体。因此,通常采用平均处理效应解决该问题:

$$\tau \mid (T = 1) = E(Y_{i1} \mid T_i = 1) - E(Y_{i0} \mid T_i = 1) \tag{3}$$

因为无法观察Y_{i0},所以不能直接估计式(3)的值。也许通过假设处理的选择取决于可观察的协变量X,便可以取得进展。根据罗森鲍姆(Rosenbaum)和鲁宾在1983年提出的观点可以假设:X是有条件的,处理分配不相互混杂(unconfounded)($\{Y_0, Y_1 \amalg T\} \mid X$),而且相互重叠(overlap)$0 < P_r(T = 1 \mid X) < 1$。不相互混杂和重叠结合在一起是分配的强忽略性[1](strong ignorability),这对确定处理效应至关重要。赫克曼等人(Heckman 1998)认为,对于平均处理效应(ATT),不相互混杂假设(unconfoundedness assumption)相当于独立性假设:$E(Y_{ij} \mid T_i, X_i) = E(Y_{ij} \mid X_i)$。[2]

根据鲁宾(1974,1977)的观点,我们得到以下等式:

$$E(Y_{ij} \mid X_i, T_i = 1) = E(Y_{ij} \mid X_i, T_i = 0) = E(Y_i \mid X_i, T_i = j) \tag{4}$$

【276】 在设定观察到的协变量X_i的条件性后,处理组和控制组实现平衡。处理单位(the treated)的平均处理效应(ATT)为:

$$\tau(T = 1) = E\{E(Y_i \mid X_i, T_i = 1) - E(Y_i \mid X_i, T_i = 0) \mid T_i = 1\} \tag{5}$$

其中,外部期望值(outer expectation)被处理组中基本变量$X_i \mid (T_i = 1)$的分布所取代。

需要注意的是,平均处理效应(ATT)的估计值改变着个体观测量如何被加权,而且共同支持(common support)领域之外的观测量权重为零。也就是说,如果仅观察控制观测量(control observations)的一些协变量值,这些观测量将与平均处理效应(ATT)无关,因此需要被有效地剔除。所以,平均处理效应(ATT)的重叠假设(overlap assumption)的

---

① 从统计上来说,若发现实验组与控制组的共变项显著不同,那么必须假设强忽略性(strong ignorability),从数据中求得的参数才有因果上的意义。——译者注

② 也可参见阿巴迪和艾姆本斯(Abadie and Imbens 2006)。

要求是:X 对处理观测量(the treated observations)的支持(support)是 X 对控制观测量(control observations)的支持的一个子集。一般而言,如果处理观测量的协变量值与控制观测量没有重叠,那么,研究者也会剔除这些处理观测量(Crump 等人,2006)。在这种情况下,我们无法确定估计的是哪个量,因为处理观测量和控制观测量被一起剔除后,被估量不再是平均处理效应(ATT)。

观测量会因缺乏协变量重叠而被剔除,人们发现该现象后感到非常惊奇。但剔除共同支持领域之外的观测量不仅有利于减少偏差,还有利于减少估计值的方差(variance)。这也许是违反常理的,但需要注意的是,方差估计(variance estimates)既是样本容量的函数,又是单位异质性(unit heterogeneity)的函数,如回归模型中 X 的样本方差(sample variance)和均方误差(mean squared error)。通过剔除共同支持领域之外的观测量并设定式(5)中的条件,我们可以提高单位同质性并实际减少方差估计(Rosenbaum 2005)。另外,罗森鲍姆(Rosenbaum 2005)表明,通过观测数据,降低单位异质性可降低抽样变异性(sampling variability)和对不可观察偏差的敏感性(sensitivity)。单位异质性越低,越需要更大的不可观察的偏差解释给定的效应。尽管增加样本容量可降低抽样变异性,但无法降低不可观察的偏差。因此,尽可能提高单位同质性是观测研究方法的一项重要任务。

此处提出的关键假设是强忽略性。该假设的先决条件是严谨的研究设计。例如,是否清楚先处理(pre-treatment)和后处理(post-treatment)是什么?如果不清楚这一问题,甚至无法形成相关问题。其中最有用的问题是由多恩(Dorn 1953,第 680 页)提出的,他认为每位观测研究的设计人员应该提问"如果可以通过控制实验做研究,应该如何进行?"科克伦(Cochran)1965 年在皇家统计学会发表了一篇关于总体观测研究计划的讨论报告,他在该报告中也提到了该问题。承袭内曼—鲁宾模型传统的研究者们经常向自己及他们的学生提问该问题。多恩的问题促使研究者关注明确的干预手段以及选择问题。只有这样,人们才能开始考虑强忽略性的假设是否可信。可以说,如果不回答多恩提出的问题,人们甚至不清楚研究者想要估计什么。然而,多数研究者没有回答【277】该问题,这导致很难清楚地了解社会科学中大多数应用研究(applications)的基本假设,因为人们不清楚研究者究竟试图估计什么。

现在,我们假设研究者已明确了处理,而且已明确了可以保证处理分配有条件独立性的一系列混杂因子。那时,需要对这些用 X 表示的混杂因子设定条件。但我们必须记住,观察值的选择是一个很大的让步(large concession),这比协变量条件的技术性讨论还密切相关。

2. 匹配的方法

人们对于以下问题还没有达成共识:如何进行匹配,如何衡量匹配过程是否成功,如何衡量匹配估计对可用于实践的错误设定(misspecification)而言足够稳健(Heckman等人 1998)。在设定 X 条件时,最直接和非参数化的方法是:完全匹配协变量。这一古老的方法至少可追溯到心理物理学之父——费希纳(Fechner 1966,[1860])。如果 X 的维度很多,那么,在有限的样本中,该方法将不适用;如果 X 包含连续的协变量,那么,根本不可能使用该方法。因此,通常情况下,必须使用替代方法。

两类常见的匹配方法是,倾向值匹配(Rosenbaum and Rubin 1983)和基于马氏距离(Mahalanobis distance)的多变量匹配(multivariate matching,Cochran and Rubin 1973;Rubin 1979;1980)。如果协变量呈椭圆形分布(ellipsoidal distributions)——如:正态分布或 t 分布,那么,基于倾向值、马氏距离或这两者的匹配方法具有吸引人的理论性质。如果协变量是这样分布的,那么,这些方法(仿射不变〈affinely invariant〉的匹配方法)具有"等百分比偏差下降"①(equal percent bias reduction)的性质(Rubin 1976a;1976b;Rubin and Thomas 1992)。② 附录 A 定义了该性质,它确保匹配方法降低协变量所有线性组合的偏差。如果一个匹配方法不具有等百分比偏差下降(EPBR)的性质,那么,通常而言,即使所有单变量模型在匹配数据中更接近,该方法仍将提高协变量的线性函数偏差(Rubin 1976a)。

【278】　　2.1　马氏匹配和倾向值匹配

多变量匹配最常用的方法是马氏距离(Cochran and Rubin 1973;Rubin 1979;1980)。任何两个列向量(column vector)之间的马氏距离为:

$$md(X_i, X_j) = \{ (X_i - X_j)' S^{-1} (X_i - X_j) \}^{\frac{1}{2}}$$

其中 S 是 X 的样本协方差矩阵(sample covariance matrix)。正如距离测量方法 md 所定义的那样③,为估计平均处理效应(ATT),需要将每个处理单位与最接近的控制单

---

① 仿射不变性(affine invariance)指的是:匹配 X 或 X 的仿射变换(affine transformation)的结果是不变的。

② 鲁宾和托马斯 1992 年的研究成果已被鲁宾和斯图尔特于 2005 年延伸并用于椭圆对称比例的混合判别式分布(discriminant mixtures of proportional ellipsoidally symmetric(DMPES)distributions)。该延伸具有重要意义,但被局限于一系列有限的混合(mixture)中。见附录 A。

③ 可以与替代对象匹配,也可以不与替代对象匹配。或者,可以做出最佳完全匹配(Hansen 2004;Rosenbaum 1991)而不是贪婪匹配(greedy matching)。但该决定与距离度量(distance metric)的选择不同。

位 M 相匹配。如果 X 由多个连续变量组成,多变量匹配估计(multivariate matching estimates)包含一个不会在 $\sqrt{n}$ 逐渐变为零的偏差项(Abadie and Imbens 2006)。

另外一种设定 X 条件的方法是:将分配的可能性与处理相匹配,该方法被称为倾向值。[1] 随着样本容量的增加,倾向值匹配在协变量 X 的向量上趋向平衡(Rosenbaum and Rubin 1983)。

使 $e(X_i) \equiv P_r(T_i = 1 \mid X_i) = E(T_i \mid X_i)$,其中 $e(X_i)$ 是倾向值。$0 < P_r(T_i \mid X_i) < 1$,而 $P_r(T_1, T_2, \cdots T_N \mid X_1, X_2, \cdots X_N) = \prod_{i=1}^{N} e(X_i)^{T_i}(1 - e(X_i))^{(1-T_i)}$。那么,正如罗森鲍姆和鲁宾在 1983 年所证明的那样:

$\tau \mid (T = 1) = E\{E(Y_i \mid e(X_i), T_i = 1) - E(Y_i \mid e(X_i), T_i = 0) \mid T_i = 1\}$,

其中,外部期望值被 $e(X_i) \mid (T_i = 1)$ 的分布取代。由于我们通常不知道倾向值,因此必须估计它的值。

倾向值匹配将每个处理单位与倾向值向量的一维度量(unidimensional metric)上的最近控制单位相匹配。研究者通常使用逻辑回归(logistic regression)估计倾向值,这种情况下,如果不匹配预测到的概率(其取值大于 0 小于 1)而匹配线性预测结果 $\hat{\mu} = X\hat{\beta}$,那么,所得结果将更加准确。匹配线性预测结果可避免临近 0 和 1 的倾向值收缩(compression)。而且,线性预测结果通常更接近正态分布——那么,如果倾向值与其他协变量相匹配,考虑到等百分比偏差下降(EPBR)的结果,这具有一定的重要性。

可通过多种方式将马氏距离匹配和倾向值匹配结合(Rubin 2001;Rosenbaum and Rubin 1985)。将这两种匹配方法相结合颇有益处,因为倾向值匹配的优势在于最小化倾向值差异,马氏距离的优势在于最小化 X 个体坐标(individual coordinates)之间的距离(正交倾向值)(Rosenbaum and Rubin 1985)。

马氏距离和倾向值等匹配方法最大的一个缺点是,它们经常导致测量的潜在混杂因子不平衡。由于等百分比偏差下降(EPBR)是我们期望获得的性质,所以即使协变量呈椭圆形对称分布,这些匹配方法在实践中也会导致混杂因子更加不平衡。也就是说,即使协变量呈椭圆形分布,有限的样本也许不会符合椭圆率,因此,对于马氏距离匹配而言,由于用来度量距离的矩阵和 X 的协方差矩阵有待改善,所以该方法不是最佳匹配方法。[2] 另外,如果协变量既不呈椭圆形对称分布,也不呈椭圆对称比例的混合判别式分布(DMPES),那么,只有当倾向值模型是确定性的而且样本容量很大时,倾向值

【279】

---

[1] 以处理概率的加权函数为基础的第一个处理效应估计值是 HT 估值(Horvitz and Thompson 1952)。

[2] 参见米切尔和克扎诺夫斯基(Mitchell and Krzanowski,1985;1989)了解马氏距离。

匹配才有好的理论性质。

等百分比偏差下降(EPBR)性质本身是有局限性的,而且在实质性问题中也许是不可取的。如果一个协变量与结果之间有明显的非线性关系,而另一个协变量与结果之间没有明显非线性关系,如:$Y = X_1^4 + X_2$,其中X_1与X_1和X_2的分布相同,会出现该问题。这种情况下,降低X_1的偏差比降低X_2的偏差更重要。

鉴于上述局限性,使用替代匹配方法也许更为可取。替代方法应满足下列要求:即使百分比偏差下降(EPBR)性质不成立也可以产生某种性质。遗传匹配(genetic matching)恰好可以满足该要求。

2.2 遗传匹配

贾斯吉特·萨康(Sekhon 2008)和黛蒙德(Diamond 2005)提出了遗传匹配,这使观察到的处理组和控制组的协变量平衡最大化。遗传匹配是倾向值匹配和马氏距离匹配的泛化,已被诸多研究者使用(如:Bonney and Minozzi 2007;Brady and Hui 2006;Gilligan and Sergenti 2006;Gordon and Huber 2007;Herron and Wand forthcoming;Morgan and Harding,2006;Lenz and Ladd,2006;Park,2006;Raessler and Rubin,2005)。遗传匹配使用一种遗传算法(Mebane and Sekhon 1998;Sekhon and Mebane 1998)尽可能优化所给的数据平衡。遗传匹配是非参数的,而且不依赖倾向值的估值,但纳入倾向值可改善该方法。黛蒙德和萨康在2005年使用该方法表明,德赫贾(Dehejia)和沃赫拜(Wahba 2002;1997;1999;Dehejia 2005)以及史密斯和托德(Todd 2005b;2005a;2001)长期争论的原因是,研究者使用的模型无法产生良好的平衡——虽然一些模型有时可接近实验规范。他们表明,遗传匹配能较快地找到良好的平衡并可靠地恢复实验规范。

遗传匹配的基本观点是,如果马氏距离不是获得数据平衡的最优方法,可以在距离【280】度量中找到更好的替代品。泛化马氏度量的一种方法是,增加一个权重矩阵(weight matrix),

$$d(X_i, X_j) = \{ (X_i - X_j)' (S^{-1/2})' W S^{-1/2} (X_i - X_j) \}^{\frac{1}{2}}$$

其中,W是一个$k \times k$的正定权重矩阵,S是X的方差协方差—矩阵,$S^{1/2}$是S的Cholesky分解。①

需要注意的是,如果有好的倾向值模型,应将该模型视为一个协变量纳入遗传匹配

---

① Cholesky 分解是参数化的,因此 $S = LL'$,$S^{1/2} = L$。换句话说,L 是具有正对角元素的三角矩阵。

中。这样做之后,倾向值匹配和马氏距离匹配都成为遗传匹配的特殊极限情况(special limiting cases)。如果倾向值包含给定样本中的所有相关信息,其他协变量获得的权重将为零。[①] 如果马氏距离被证明是合适的距离测量方法,那么,遗传匹配将聚合于(converge to)马氏距离。

遗传匹配是仿射不变匹配方法,该方法使用距离测量 $d()$,其中,除主对角线外,W 的所有元素都为零。主对角线由 k 参数组成。需要注意的是,如果每个 k 参数等于 1,那么,$d()$ 与马氏距离相同。

由于计算能力的原因,才将 W 的非对角线元素的值设为零。优化问题随自由参数的增加呈指数增长。为限制必须估计的参数的数量,必须将优化问题参数化。

这导致的问题是:如何选择 W 的自由元素。为解决这一问题,人们运用了许多损失标准(loss criteria),有时,一些损失标准与利用遗传匹配的软件被一起用于解决这一问题。[②] 默认情况下,大量标准数据(standardized statistics)的累计概率分布函数(cumulative probability distribution functions)被用作平衡指标(balance metrics),而且被无限优化。默认的标准数据(standardized statistics)用于配对 t 检验(paired t-tests)和非参数的柯尔莫哥洛夫·斯米诺夫(Kolomogorov-Semirnov,K-S)检验(Abadie 2002)。

这些数据(statistics)不用于形式假设检验(formal hypothesis tests),这是因为没有平衡测量(measure of balance)是被估值偏差的单调函数(monotonic function),也因为我们希望无限地最大化平衡。或者,可以选择最小化不平衡的描述性测量(descriptive measure),如:协变量之间的标准化实证 QQ 图中的最大差距(the maximum gap in the standardized empirical-QQ plots across the covariates)。这与最小化柯尔莫哥洛夫·斯米诺夫(Kolomogorov-Semirnov,K-S)检验的 D 数据相对应。

从概念上讲,在每个步骤中,遗传匹配都试图使观察到的最大协变量差异最小化。这是通过在某个步骤中都最大化最小 p 值实现的。[③] 因为遗传匹配使每个步骤中观察到的最大差异最小化,因此使无穷范数(infinity norm)最小化。由于 X 的分布特征,即使等百分比偏差下降(EPBR)的性质不成立,上述性质也成立。所以,如果分析者担心即使匹配使偏差平均值减小(means are reduced),但也会增加 X 的线性组合偏差,那么,遗传匹配允许分析者将损失函数(loss function)用于 X 的所有线性组合中。事实上,X

【281】

---

　　① 从学术上来讲,其他变量将获得足够大的权重,以确保权重矩阵是正定的。

　　② 参见 http://sekhon.berkeley.edu/matching。

　　③ 确切地讲,将进行逻辑优化(logical optimization):所有平衡数据将按差异最大到差异最小排序,并选择使最大差异最小化的权重。如果大量权重导致相同的最大化差异,那么将检验第二大差异以选择最优权重。直到关系破裂,该过程才不再重复。

的任何非线性函数也可包含于损失函数中,这确保 X 的一些非线性函数的偏差不会因匹配而变得非常大。

只要最大差异减小,默认的遗传匹配损失函数允许 X 函数更加不平衡。分析者可改变该默认行为。最大差异变小(即最小 p 值变大)极其重要。表示平衡的 p 值通常太低(例如 0.10),这导致无法得出可靠的估计结果。经过遗传匹配优化之后,由于存在标准前测问题(standard pre-test problems),平衡检验的 p 值不再是真实的概率值,但它们仍然是有用的平衡测量(measure of balance)。此外,我们对最大化当前样本的平衡感兴趣,因此,平衡的假设检验(hypothesis test)是不合适的。

上述优化问题比较困难且没有规律可循,而 R rgenoud 程序包(R rgenoud package)中运行的遗传算法(Mebane and Sekhon 1998)可用于进行优化。参见萨康和梅班(Sekhon and Mebane 1998)获得该算法的详细信息。

无论等百分比偏差下降(EPBR)性质是否成立,遗传匹配都比其他匹配方法具有更好的性质(Sekhon 2008;Diamond and Sekhon 2005)。即使等百分比偏差下降(EPBR)性质成立,且 X 到 Y 的映射(mapping)是线性的,遗传匹配仍有较好效果,如:有限样本的均方误差(mean squared error [MSE])较低。通常情况下,等百分比偏差下降(EPBR)性质不成立,这时,遗传匹配仍具有诱人的性质,而且从降低偏差和均方误差的角度来看,遗传匹配和其他匹配方法存在明显差异。简而言之,无论等百分比偏差下降(EPBR)性质是否成立,虽然遗传匹配需花费较多计算机时间,但从降低均方误差的角度来看,它比其他匹配方法占据优势。

即使等百分比偏差下降(EPBR)性质不成立,遗传匹配仍具有较好性质,因为一系列的限制条件是由遗传算法优化后的损失函数施加的。损失函数依赖大量已匹配的处理组和控制组间的协变量不平衡的函数。考虑到这些测量,遗传匹配将优化协变量平衡。

3. 案例研究方法

长期以来,社会科学家将匹配方法用于定性分析研究。但案例研究匹配方法通常
【282】依赖的假设是:变量间的关系是决定性。这很不幸,因为没有注意到统计推断(statistical inference)的经验将导致严重的推断错误,而其中一些错误是可以很容易避免的。确定性匹配方法的典型例子是,1872 年,约翰·斯图尔特·密尔在《逻辑体系》(A System of Logic)中制定了归纳推理的规则。

经常用于比较政治学中的"最大相似"和"最大差异"研究方法是密尔方法的变体(Przeworski and Teune 1970)。密尔方法被一代又一代的社会科学研究者使用(Cohen and Nagel 1934)，但该方法与统计学方法明显不同。因为除非大量特殊假设成立，否则这些方法不会形成有效的归纳推理。虽然创始人密尔明确地描述了这些方法的局限性，但一些研究者似乎没有意识到或不了解其局限性。

只有当原因和结果之间的假设关系是独特的而且是确定性的，因果推断的标准定性分析方法才有效。这两个条件暗含了其他条件，如：不出现测量误差，因为我们观察到，测量误差会导致假设的因果关系不再是确定性的。这些假设很严格，而且严重限制了这些方法的适用性。当归纳推理方法不适用时，应使用条件概率（conditional probabilities）来比较相关反事实。[①]

这些方法形成有效推断的条件是：导致结果的只有一个可能原因，原因和结果之间的关系是确定性的，而且不出现测量误差。如果放宽这些假设，则必须考虑随机因素。因为如果存在这些随机因素，则有必要使用统计学和概率性的推断方法。

了解这些局限性的严重程度时，可考虑现代计算机系统的基准统计软件（benchmarking statistical software），参见贾斯吉特·萨康（Sekhon 2006）了解详细信息。这类计算机是图灵机（Turing machine），因此，它们的系统是确定性的，从理论上讲，计算机的运行都是可观察的。换言之，随机数量的生成系统（generator）不是真的随机的。伪随机数（pseudorandom numbers）是确定性算法的结果。然而，尽管计算机具有确定性的本质，但定性分析研究者通过确定性系统提出的推断方法并未用于基准文献（benchmarking literature）。进行基准测试（benchmarking）时，人们通常匹配（因此剔除）尽可能多的混杂因子，并报告不确定性测量和统计假设检验的结果。由于计算机系统是确定性的，所以不确定性肯定来自混杂因子而不是抽样误差，因为抽样误差在理论上是可观察的，因而也是可避免的。但该系统过于复杂，以至于大多数基准测试（benchmarking exercises）采用与相关性有关的统计测量。因此，即使我们知道使用的是确定性系统，但由于该系统的复杂性，还需依赖统计测量来进行基准测试。诚然，社会比计算机复杂得多，社会测量也比计算机更容易出错。 【283】

3.1　密尔方法和条件概率

由于密尔讨论的五个方法已长期用于社会科学领域，所以除非情况特殊，否则我不会第一个批判这些方法的使用。例如，罗宾逊（Robinson）因研究生态推理问题而在政

---

① 尽管密尔熟悉拉普拉斯（Laplace）和其他 19 世纪统计学家的著作内容，但按照现代标准，他对估计和假设检验的理解过于简单而且经常是错误的。然而，他确实理解，当一个结果可能有多个原因或因果关系由于交互作用复杂化时，若希望得出有效的实证推断，必须获得并比较条件概率。

治学领域闻名①,他批判在社会科学领域使用密尔的分析归纳法(Robinson 1951)。然而,罗宾逊的批判并不侧重于条件概率,而且也没有注意到密尔本人也抱怨如此运用他的方法。下文讨论中还将提及其他批评观点。

在一本影响深远的著作中,普沃斯基(Przeworski)和图恩(Teune)提倡使用他们所谓的"最大相似"和"最大差异"的设计(Przeworski and Teune 1970)。这些设计是密尔方法的不同版本。第一个是密尔求同法的版本,第二个是密尔求异法的版本。尽管普沃斯基和图恩的著作已出版 30 多年,但其观点仍影响深远。例如,在最近的一篇关于定性分析方法的综述中,拉金(Ragin)、伯格—施洛瑟(Berg-Schlosser)和摩尔(de Meur)直接参考并支持了密尔以及普沃斯基与图恩的方法(Ragin,Berg-Schlosser,and de Meur 1996)。然而,尽管拉金等学者认识到应改变密尔方法在社会学中的使用,但对于条件概率的使用,他们通常既不遵循定性分析方法论者的建议,也不遵循密尔本人的建议。②

密尔在 1843 年出版的《逻辑推理和归纳体系》(*A System of Logic Ratiocinative and Inductive*)一书中描述了他对科学调查的观点。③ 在经常被引用的章节中(bk.III,第 8 章),密尔提出五种有指导价值的归纳方法:求同法、求异法、求同察异共用法(也被称为间接求异法)、剩余法和共变法。这五种方法经常被认为是四种方法,因为求同察异共用法被认为是前两种方法的衍生方法。但这是错误的,因为这模糊了求同察异共用法或间接求异法与直接求异法之间的巨大差异。间接求异法实际上是求同法被运用了两次,这两种方法都有局限性,而且存在多个原因或原因之间有交互时,为考虑随机性(chance),这两种方法都要求概率机制(machinery of probability,Mill 1872,第 344 页)。密尔没有充分探索测量失误等其他因素,但这些因素也导致相同结论(Lieberson 1991)。直接求异法几乎完全局限于实验环境。当出现测量失误或原因交互导致原因 A 和结果 a 出现概率性关系时,即使直接求异法也必须考虑随机性(chance)。

接下来,我们将回顾密尔的前三个方法,并展示当随机变异(chance variations)不可忽视时,考虑随机性并比较条件概率的重要性。

3.1.1　方法一:求同法

"通过考察被研究现象出现的若干场合,确定在各个场合先行情况中是否只有一个情况是共同的,如果是,那么这个共同情况是被研究现象的原因(或结果)"(Mill

【284】

---

① 生态推理是关于个体行为的推理,其数据基础是群体行为数据,又称为聚合或生态数据。

② 参见西赖特(Seawright 2004)了解定性比较分析和标准回归的关系。

③ 引用的内容都来自第八版《逻辑推理和归纳体系》的再版,该书于 1872 年首次出版。第八版是密尔生前出版的最后一个版本。第八版和第三版都经过了修改并补充了新内容。

1872,第 255 页)。

　　假设可能的原因(前提)用 A、B、C、D 和 E 表示,结果用 a 表示。[①] 前提可能包含多个组成事件或条件。例如,高锰酸盐离子与草酸反应生产二氧化碳(和二价锰离子)。高锰酸盐离子或草酸不会单独产生二氧化碳,但两者相结合就会产生二氧化碳。在这个例子中,原因 A 是高锰酸盐离子和草酸同时出现。

　　进一步假设我们观察两种情况,在第一种情况观察前提 A、B 和 C,在第二种情况观察前提 A、D 和 E。如果还观察两种情况的结果 a,那么,根据密尔的求同法,我们认为 A 是 a 的原因。得出这个结论的依据是:A 是两个观察对象都出现的前提,即前提 A 在两种情况下都出现。根据求同法可知,B、C、D 和 E 不是 a 的可能原因。我们试图通过求同法了解两个观察对象的情况,它们的结果为 a,假定原因为 A,但对于其他前提的存在,两个观察对象的结论不一致。

　　3.1.2　方法二:求异法

　　"如果被研究现象出现的场合与被研究现象不出现的场合只有一个情况是不同的,这一不同的情况只在前一场合出现,那么,两种场合不同的情况是结果或原因,或是被研究现象的不可或缺的部分原因。"(Mill 1872,第 256 页)

　　与求同法不同,求异法的两个观察对象只在一个方面不同,而在其他方面都相同,【285】唯一不同的方面是,我们所猜测的 a 的真正原因是否出现。如果我们的目标是找到前提 A 的结果,那么,我们必须将 A 引入其他诸如 B 和 C 等所在的相关环境,并观察产生的结果,之后再比较 A 不出现时,B 和 C 产生的结果。如果 A、B 和 C 出现时产生的结果为 a、b 和 c,而只有 B 和 C 出现时,产生的结果为 b 和 c,那么,很明显结果 a 的原因是 A。

　　这两种方法都是以排除法(process of elimination)为基础的。自弗朗西斯·培根(Francis Bacon)以来,该过程已被理解为归纳推理的核心(Pledge 1939)。求同法的支撑观点是:可以被排除的原因与现象 a 没有联系。求异法的支撑观点是:不可以被排除的原因与该现象有似定律的联系。由于两种方法都以排除过程为基础,所以它们本质上都是确定性的。因为,如果我们观察到结果 a 发生而前提 A 没有发生的情况,即使只有一种这样的情况,那么,出于因果关系的考虑,我们都会排除前提 A。

　　密尔断言,求异法通常用于实验科学,而求同法通常不具备竞争力,用于实验不可能的情况(Mill 1872,第 256 页)。通过求异法,密尔试图描述实验设计的归纳逻辑。该

_____

　　① 与密尔的用法相同,我提到的"前提"是"可能的原因"的近义词。密尔和我都不认为因果相连的事件必有时间先后顺序。

方法考虑到了实验设计的两个关键特征,第一个特征是:出现干预(处理),第二个特征是:比较两个可能的境况,密尔认为,除了有前因存在之外,这两个可能的境况在其他方面都相同。[①] 该方法也包含相对因果效应的概念。前提 A 出现时产生的结果与在最相似境况中前提 A 不出现时的结果是相对的。我们考虑的这两个可能境况的唯一不同是前提 A 是否出现。

求异法只精确地描述了一小部分实验。即使前提 A 和结果 a 的关系为确定性的,该方法也过于严格。现在,我们认为,除前提 A 是否出现以外,有前提 B 和 C 的控制组不需与有前提 A、B 和 C 的处理组完全相同。如果两个组完全相同,那么就太好了,但这种情况特别难实现,也没必要实现。一些实验室实验以该强假设为基础,但更常见并引起统计学关注的假设是,两个组的观察对象在干预之前是平衡的。也就是说,在干预之前,两个组的可观察变量和不可观察变量的分布是相同的。例如,如果 A 组是美国南部的州,B 组是美国北部的州,那么,这两组是不平衡的。因为这两组的许多变量分布是不同的。

【286】

如果样本容量足够大而且其他假设得到满足,那么,处理的随机分配保证控制组和处理组在未观察到的变量上也是平衡的。[②] 无论我们是否可以观察[③]到基本变量[④],随机分配都可以确保处理与所有的基本变量是不相关的。

由于实验设计依赖随机分配,所以实验设计的现代概念迥异于密尔的决定论模型。处理组和控制组的基本特征不完全相同(在确定性环境中是相同的),但基本特征的分布是相同的。因此,无论一个单位是否受到处理,基本变量都与之不相关。

满足平衡假设后,现代实验者通过比较处理减小情况下结果的可能概率与没有受到处理情况下结果的可能概率,进而估计相对因果效应。在规范的实验环境中,条件概率可直接解释为因果效应。

---

① 研究者对干预的要求困扰着许多哲学家。但该观点并不意味着因果机制要求人类干预,只意味着如果我们希望测量给定前提的结果,那么,在可以干预前提的情况下,我们获得的更多信息。例如,对前提进行干预使我们更加确信,前提导致了结果,而不是其他因素导致了结果。参见布雷迪在本书中的观点获得详细信息。

② 除大样本容量外,实验还需满足其他许多条件。参见坎贝尔和斯坦利(Campbell, Stanley; 1996)了解社会科学的相关情况。实验涉及的一个与人类相关的重要问题是依从性问题。完全依从意味着,处理组实验对象真正受到处理,控制组实验对象不会受到处理。幸运的是,如果不依从(noncompliance)是一个问题,那么,有许多可能的修正模型,这些模型所需的假设较少且合理。参见巴纳德(Barnard 2003)获得详细信息。

③ 从形式上讲,只要样本容量足够大而且满足其他假设要求,随机分配将导致处理随机独立于基本变量。

④ 基本变量是实施处理之前观察到的变量。

本章倒数第二小节讨论的主要内容是,在随机分配处理不可能的情况下,使用条件概率做因果推断会产生哪些问题。利用观测数据(即实际存在而不是因实验干预而产生的数据),会产生许多问题,这些问题使条件概率不能被直接解释为因果效应的估计结果。实验也会带来问题,这些问题使简单的条件概率不能被解释为相对因果效应。教育券实验[1](school voucher experiments)就是一个很好的例子。[2] 但利用观测数据产生的问题更加严重,因为这种情况下既不存在干预也不存在平衡。[3]

对案例研究者而言,决定论方法的诱人之处是这些方法的效力。例如:密尔的求异法可以在没有两个观察对象(observations)的情况下确定因果关系。而获得这种能力的途径是:假设前提 A,B 和 C 同时出现的情况与只有前提 B 和 C 出现的情况几乎完全相同(除了对前提 A 的干预不同),还假设确定性的因果关系、不出现测量失误、前提之间没有交互。对于通常无法获得很多观察对象的案例研究者而言,这种能力使确定性方法充满吸引力。一旦引入概率性因素,为做出充分推断,就需要大量观察对象。由于确定性方法的这种能力,只能获得少量观察对象的社会科学家更倾向使用密尔方法。因为这些研究者无法进行实验,所以他们很大程度上依赖前文描述的求同法和密尔的第三个方法。

3.1.3 方法三:间接求异法

如果在被观察现象出现的若干场合,只有一个情况是相同的,而在该现象不出现的场合,也只有上述情况不出现,那么,这个情况是结果、原因或该现象原因的不可或缺的一部分(Mill 1872,第 259 页)。

这种方法因"两次使用求同法"而形成(Mill 1872,第 258 页)。如果我们观察一系列结果为 a 的对象,并注意到这些观察对象只有一个共同的前提 A,根据求同法,我们有证据表明 A 是结果 a 的原因。理想情况下,我们会在实验中干预 A,以检验前提 A 不出现时是否产生结果 a。无法进行实验时,我们可以再次使用求同法。假设我们在另一组观察对象中发现,没有前提 A 的情况下,结果 a 也没有出现。这时,我们可以得出结论:间接求异法证明 A 是 a 的原因。因此,通过两次使用求同法,我们希望建立求异

---

① 教育券是政府把原来直接投入公立学校的教育经费按照生均单位成本折算以后,以面额固定的有价证券(即教育券)的形式直接发放给家庭或学生,学生凭教育券自由选择政府所认可的学校(公立学校或私立学校)就读,不再受学区的限制,教育券可以冲抵全部或部分学费,学校凭收到的教育券到政府部门兑换教育经费,用于支付办学经费。——译者注
② 2003 年,巴纳德等人详细描述了失败的教育券实验以及使用分层(stratification)的修正方法。
③ 在实验中,可能会出现很多问题(如:依从性问题和数据缺失问题),但事实是,干预可有效地修正这些问题(Barnard 等人 2003)。在没有实验假设的情况下,修正方法可能存在诸多问题,因为这时还需其他假设。

法要求的正面实例和反面实例。然而,两次使用求同法显然不是最好的方法。间接求异法无法满足直接求异法的要求。因为,我们只有确定下列两种情况之一,才能满足求异法的要求,这两种情况是:第一,除前提 A 外,没有其他前提可以导致结果 a;第二,除非前提 A 不出现,否则结果 a 不会不产生(Mill 1872,第 259 页)。换言之,直接求异法是较好的方法,因为该方法需要强干预(strong manipulation),即我们干预前提,以至于可以剔除可能原因 A,并随意将其放回,而且不扰乱可能导致结果 a 的要素的平衡。而且这种干预确保两个观察对象的前提只有一个不同点,即 A 是否出现。

研究者通常不清楚间接求异法和直接求异法的区别。他们声称使用了这两种方法,然而实际上只使用了间接求异法。例如,斯考切波(Skocpol)声称她不仅使用了求同法,还使用了"更有优势的"求异法,但事实上,她只是两次使用了求同法(Skocpol 【288】 1979,第 36—37 页)。斯考切波不可能使用直接求异法,这是可以理解的,因为她无法干预相关因素。但清楚究竟使用了哪个方法至关重要。

密尔还讨论了两种其他方法:剩余法(方法四)和共变法(方法五)。此处,我们不再回顾这两种方法,因为这两种方法与我们的讨论不直接相关。

目前为止,我们概述了与讨论相关的密尔的三种方法。我们也表明,虽然斯考切波等学者声称他们使用了求同法和求异法(Skocpol 1979,第 37 页),但实际上,他们只使用了比直接求异法竞争力小的间接求异法。如果研究的现象比较简单,仍然可以使用间接求异法。但在社会科学中,我们遇到的因果关系极其复杂。

只有前提和结果的映射(mapping)是独特且确定的,密尔的归纳推理方法才有效(Mill 1872,第 285—299、344—350 页)。这些条件考虑到:结果只有一个原因,而且原因之间不出现交互。换言之,如果我们对结果 a 感兴趣,那么,我们必须假设结果 a 只有一个可能的原因,而且结果 a 的原因 A 出现时,结果 a 必须出现。事实上,独特性和确定性这两个条件定义了我们考虑的前提。例如,这暗含着原因 A、B、C、D 和 E 必须能够独立出现。该条件不是指前提必须在概率的意义上独立,而是指任何前提不依赖其他前提。否则,不可能通过这些规则区分前提的可能结果。① 密尔方法的泛化也有这些局限性(Little 1998,第 221—223 页)。

上述内容有许多含义,其中最重要的是,确定性方法(如密尔方法)起作用的前提是不出现测量失误。因为即使前提 A 和结果 a 之间存在确定性关系,如果测量 A 或 a 时出现随机性失误,观察到的关系也是概率性的。认为观察到的关系是概率性的依据

---

① 密尔方法还有其他局限性,此处我们不再介绍。例如,有一系列称之为 Z 的条件总是存在,但它们与现象不相关。像波士顿下雨时,天狼星总是出现(但并不总能观察到)。天狼星和其引力与波士顿下雨是因果相关的吗? 该问题引发很多重要问题,此处我们不再具体讨论。

是,我们有可能错误地认为已经观察到了前提 A(由于测量失误),但却没有观察结果 a。这种情况下,排除法会导致我们认为 A 不是 a 的原因。

　　据我所知,没有现代社会科学家声称独特性和不出现测量失误这些条件在社会科学中成立。然而,大量文献讨论了确定性因果关系是否可信的问题。① 大多数文献讨【289】论的重点是确定性关系是否可能存在,即确定性因果关系的本体论地位(ontological status)。② 尽管这类讨论成果丰富,但为取得实证研究进步,我们不需决定本体论问题。这很幸运,因为本体论问题特别困难而且也许无法解决。即使有人承认确定性社会关系确实存在,但如果有大量原因交互在一起或我们的测量有误,我们可能不清楚如何了解这些关系。如果没有理论(测量)可以准确地解释复杂的因果机制(例如 Little 1998,第 11 章),那么,对我们而言,有多重交互原因的确定性关系可能是概率性的。定性分析和定量分析的研究者可能一致认为“复杂性引发概率”(Bennett 1998)。因此,我认为,研究如何了解原因这一实际问题(与因果机制相关的认识论问题)取得的成果将更加丰富。③

　　关注认识论问题也可避免一些棘手的哲学问题,这些问题与因果机制概率概念的本体论地位有关。例如,如果有人能准确地估计 A 导致 a 的概率分布,这意味着我们可以解释 a 发生的特定情况吗? 在 20 世纪 80 年代中期,韦斯利·萨蒙(Wesley Salmon)调查了概率性因果机制的三大理论,他指出“我的主要观点是,我们无法从统计学关系的角度充分解释因果关系的概念;此外,我们应呼吁因果过程和因果交互”(Salmon 1989,第 168 页)。我认为这些形而上学问题不应该与实践科学家有关。

　　出现多重原因交互的情况时,应该怎么做? 通常有两类主要回应。第一类回应依赖详细(通常是形式的)的理论,这些理论做出精确的实证预测。人们通常通过有强假设和严格控制的实验室实验检验这类理论,因此,人们可以合理声称获得了精确的平衡,而且没有出现测量失误。此类干预和控制允许人们使用概括性的求异法。大量物理学理论是该方法的典型例子。演绎在该方法中发挥着重要作用。④

　　第二类回应依赖条件概率和反事实。这些回应不是相互排斥的。例如,经济学领域既严重依赖形式理论,又依赖统计学的实证检验。事实上,除非提出的形式理论几乎

① 参见瓦尔德纳(Waldner 2002)。
② 本体论是哲学的分支,它研究存在本身。
③ 认识论是哲学的分支,它涉及知识的理论,尤其是知识的本质和衍生、知识的范围和知识相关观点的可靠性。
④ 密尔在“归纳、推理和验证”这三个过程中强调了推理的重要性(Mill 1872,第 304 页)。总体而言,尽管推理经常出现在密尔的论文标题中,而且甚至出现在归纳这个术语之前,但密尔没有大篇幅地描述推理。

是完整的,否则我们有必要将随机因素考虑在内。毋庸置疑,甚至最有雄心的形式模型

【290】 建构者也会承认:完整的政治学演绎理论是不可能存在的。鉴于我们的理论较为薄弱,原因复杂,数据有噪音,我们不能避免条件概率。考虑到这些问题,甚至赞同寻找必要充分原因的研究者也经常考虑概率问题(例如 Ragin 2000)。

4. 条件概率和反事实

尽管条件概率是归纳推理的核心,但它本身还不够。条件概率的基础是反事实推理概念。因果关系理论可能不参考反事实(Brady,本卷;Dawid 2000),但目前为止,因果关系的反事实理论在统计学领域非常普遍。求异法受到反事实概念的启发:我想检验前提 A 出现以及不出现的情况下会发生什么。使用求异法时,我无法猜测 A 不出现时会发生什么。我将 A 剔除并观察发生什么。该方法明显取决于干预。尽管干预是实验研究的重要组成部分,但在社会科学和田野实验中,求异法要求的精确干预是不可能实现的。

我们需要依靠其他方法来获得 A 出现以及不出现时的信息。在很多领域中,求异法的常见替代方法是随机实验。例如,我们可以联系珍妮鼓励她投票,也可以不联系珍妮。但我们无法观察既联系珍妮又不联系珍妮会发生什么,即我们无法同时观察既有处理又没有处理时珍妮的表现。如果我们联系珍妮,为了确定处理对珍妮行为的影响(即是否投票),我们仍需获得反事实(没有联系珍妮)的估计结果。例如,我们可试图比较珍妮的行为与没有得到联系的研究对象的行为。然而,事实是,我们无法找到与珍妮完全相像的研究对象以比较珍妮的投票决定。相反,在随机实验中,我们可找到一组研究对象(越多越好),随机使一部分研究对象受到处理(联系一部分研究对象),而另一部分研究对象没有受到处理(不联系另一部分研究对象)。之后,我们观察两组研究对象投票率的差异,并将差异归因于处理。

原则上,随机分配使得两组中可观察和不可观察的基本变量是平衡的。① 在简单

【291】 的环境中,两组个体受到处理的可能性相同,因此,处理的分配不会影响个体投票倾向。在观测环境中,除非采取特殊措施,否则处理组和非处理组几乎不可能实现平衡。

估计条件概率以做出因果推断时,研究者经常忘记核心的反事实动机。定量分析学者试图估计局部效应(partial effects)时经常遇到这种情况。② 在很多情况中,模型中

---

① 随着样本容量的增大,这种情况发生的可能性增加。
② 局部效应是指,其他变量不变,特定前提对结果变量的效应。

其他变量不变的前提下,研究者估计回归结果并将回归系数解释为因果效应的估计结果。对于 19 世纪末和 20 世纪初的许多人而言,在社会科学中使用回归的目标就是如此。为控制数据,社会研究者使用回归模型,物理学家利用精确的形式理论,生物学家利用实验。不幸的是,如果协变量和其他变量相关(通常如此),将回归系数解释为局部因果效应对模型的要求就过多了。存在相关协变量的情况下,一个变量(如种族)无法独立于其他协变量(如收入、教育和周边环境)。如果存在这种相关性,假设一个单一回归系数是好的估计结果的反事实将很困难。

2000 年总统选举之后的文献是这些问题的一个典型例子。诸多学者试图估计选民种族与无效票(uncounted ballot)之间的关系。选票无效的原因可能是,选民没有在选票上投赞成票,或选票上的赞成票多于应选名额。① 如果估计的回归模型表明:当且仅当许多协变量被控制时,选民种族与投无效票之间才不存在因果关系,这时研究者将不清楚发现了什么。即使抛开生态和其他问题不谈,仍存在不确定性,因为我们不能依靠回归模型回答反事实问题,即"如果黑人选民换作白人选民,无效票会增多还是减少"?黑人选民换作白人选民意味着什么? 鉴于这些数据,黑人选民换作白人选民肯定对个人收入、教育或居住环境产生影响。将回归结果的反事实概念化是很困难的。估计任何回归结果之前,如果测量的变量足够多,那么我们会发现:种族本身对 2000 年选举而言是不显著的。但当肤色与其他社会经济变量高度相关时,我们不清楚投票与不显著的种族系数之间的因果机制。

没有通用方法可以确保我们估计的统计量(statistical quantities)可以提供有用的反事实信息。以研究设计和统计方法为基础的通用方法需要准确地研究问题。但该问题 【292】
通常被忽略,而且回归系数通常被视为局部因果效应的估计结果。建立因果效应时,除获得条件均值和概率的估计结果外,还需建立反事实和条件概率之间的关系。

检查所估计的条件概率质量时,其他许多问题也至关重要。最典型的例子是,给定观测集整合的程度。将完全不同的观察对象相结合是统计分析的一个标准目标。但何时以及如何将观察对象相结合一直是统计学的核心研究问题。事实上,最小二乘法的最初目标是,给天文学家提供一种将有差异的观察对象相结合并对之加权的方法,以便他们更好地估计天体的位置和运动(Stigler 1986)。稳健估计等通常使用的方法仍要求使观察对象相结合的模型对大多数样本而言是修正的,所以这些方法没有抓住问题的核心(例如 Bartels 1996;Mebane and Sekhon 2004)。政治科学家应特别关注该研究主题。

① 参见赫伦和萨康(Herron and Sekhon 2003;2005)了解相关实证分析。

5. 讨论

本章没有完整地讨论因果机制,但为了展示因果关系,所有人都需这样做。关于因果机制,除条件概率和反事实外,还有许多可探讨的内容。例如,从 A 导致 a 的事件顺序这个意义上来说,找到起作用的因果机制极其重要。我同意定性分析研究者的观点——案例研究对了解这些机制很有帮助。过程追踪(process tracing)在这方面也特别有用。[①]

寻找因果机制的重要性经常被政治科学家高估,这有时会导致比较条件概率的重要性被低估。为确定因果关系存在,我们不需太多有关机制的知识。例如,初步实验已证明,自 1897 年菲力克斯·霍夫曼(Felix Hoffmann)合成稳定的乙酰水杨酸以来,阿司匹林就有助于缓解疼痛。事实上,从希波克拉底时期以来,人们已经知道柳树的树皮和树叶(富含水杨苷)有助于减轻疼痛。但直到现在,阿司匹林缓解疼痛的因果机制仍是[【293】]一个谜。直到 1971 年,约翰·瓦内(John Vane)才发现阿司匹林发挥作用的生物机制。[②] 甚至到现在,尽管我们了解阿司匹林是如何跨越血脑屏障的,但我们不了解阿司匹林在大脑的化学反应是如何转化为意识感觉来缓解疼痛的,毕竟,身体与心理的关系问题还没有得到解决。但了解因果机制是重要的也是有用的,而且,如果因果解释不包含已被证明的或假设的机制,该因果解释是不完整的。

使用观测数据时,寻找因果机制也许特别有用,但也不是必要的。在吸烟与癌症的因果关系这一例子中,人类实验是不可能的,但其中的生物机制被发现之前,大多数(不是所有)中立的研究者相信吸烟与癌症的因果关系。[③]

在临床医学中,虽然大样本统计研究占主导地位,但案例研究持续贡献有价值的知识。临床研究结果表明,两者共存虽然不太稳定,但两者在临床医学的关系比在政治科学中的关系更富有成果且更融洽。[④] 其中一个原因是,在临床医学中,报告案例的研究

---

① 过程追踪使用叙述或定性分析方法确定机制,根据该机制,特定前提产生结果。参见乔治和麦基翁(George and McKeown 1985)。

② 在 1982 年,他因该发现获得诺贝尔医学奖。

③ 现代统计学和实验方法之父罗纳德·艾尔默·费希尔(Ronald Aylmer Fisher)明显是个例外。即使没有实验干预,他仍然怀疑吸烟与癌症之间的因果关系。他假设基因可能导致人们既吸烟又患癌症,因此,吸烟和癌症之间不存在任何因果关系(Fisher 1958*a*;1958*b*)。

④ 再次回到阿司匹林的例子,1948 年,全科医生劳伦斯·克雷文(Lawrence Craven)提到,他给 400 个人开过阿司匹林,这些人都没有心脏病。但直到 1985 年,美国粮食和医药管理局才同意使用阿司匹林来降低心脏病风险。1988 年,医师健康研究(以健康人为实验对象的随机实验)提前结束,因为阿司匹林的效果已被证明(Steering Committee of the Physicians' Health Study Research Group 1989)。

者欣然承认,统计框架有助于提供案例的时间和地点信息(Vandenbroucke 2001)。当我们对现象的了解非常少时,案例可提供比较多的信息,因为我们可以从一些观察对象中获得很多信息。另一方面,当我们对某种现象的了解比较多时,一些案例可能将一系列我们认为不存在或不可能的环境结合在一起,提醒我们关注被忽视的现象。一些观察对象比其他观察对象重要,而且有时会出现"关键案例"(Eckstein 1975)。对定性分析方法论者而言,这并不是新的观点,因为他们对案例相对重要性的讨论中暗含了贝叶斯主义观点(George and McKeown 1985;McKeown 1999)。如果只存在很少的观察对象,在选择案例并决定他们的信息时,应格外关注现有知识。通常而言,随着我们对问题理解的深入,个别案例越来越不重要。

不用说,社会科学家得出了这样一个逻辑上的谬误——后此谬误(cum hoc ergo propter hoc)。① 回顾美国政治学评论(APSR)过去三十年的定量分析文章可发现,出现这种逻辑谬误的文章数量似乎没有下降。现在,这种谬论更多地出现在多元回归分析 【294】使用过程中的多变量意识。但这不能避免问题。

在历史上,匹配相关文献(如统计学文献)的发展受计算能力限制。如今,匹配能够解决的问题与1970年不同,与密尔时代更加不同。如今,估计逻辑回归是估计倾向值的常用方法,但不久之前,该方法只能用于最小的数据集。如今,我们可以运用机器学习算法解决匹配问题。这些科技创新将会持续出现,但历史经验告诉我们,应谨慎对待科技带来的进步。不进行实验研究和严格的观测设计,我们无法明白会取得哪些实质性进展。

附A:等百分比偏差下降(EPBR)

如果使用的协变量都呈椭圆形分布(Rubin and Thomas 1992),如接近正态分布或 t 分布,或接近椭圆对称比例的混合判别式分布(DMPES)(Rubin and Stuart 2005),那么,仿射不变匹配方法,如马氏度量匹配和倾向值匹配(使用逻辑回归估计倾向值),都具有等百分比偏差下降的性质。②

为从形式上定义等百分比偏差下降(EPBR),假定 Z 是已匹配的控制组中 X 的期

① 如果我们仅因为一件事发生在另一件事之前,就想当然地认为前者是后者的原因,那么,我们就犯下了这里所说的后此谬误。
② 请注意,椭圆对称比例的混合判别式分布(DMPES)定义了有限的混合。尤其是,椭圆分布的可数无穷的混合(countably infinite mixtures of ellipsoidal distributions),其中所有内部组成是成比例的,而且其中每个组成部分的椭圆分布的核心是成比例的,因此,两个组成部分的线性判别也是呈比例的。

望值。那么,如鲁宾(1976a)所述,如果 $E(X \mid T = 1) - Z = y\{E(X \mid T = 1) - E(X \mid T = 0)\}$,其中 $0 \leqslant y \leqslant 1$,匹配过程就是等百分比偏差下降(EPBR)的。换言之,当每个匹配变量的偏差下降的百分比是相同的,X 的匹配方法是等百分比偏差下降(EPBR)的。当且仅当 X 的匹配方法是等百分比偏差下降(EPBR),X 的线性函数偏差下降才是等百分比。而且,如果 X 的匹配方法不是等百分比偏差下降(EPBR),即使匹配数据中单变量的协变量平均数比非匹配数据中的更接近,X 线性函数的偏差也会增大。

即使协变量接近椭圆分布,它们在有限样本中也有可能不呈椭圆形分布。这时,马氏距离可能不是最优方法,因为用于测量距离的矩阵(X 的协方差矩阵)可能需要改进。

等百分比偏差下降(EPBR)性质是有局限性的,而且在特定的实质性问题中可能是不可取的。如果一个协变量与结果之间有明显的非线性关系,而另一个协变量没有,如:$Y = X_1^4 + X_2$,其中 $X_1 > 1$,那么,就会产生这种情况。此时,降低 X_1 中的偏差比降低 X_2 中的偏差更重要。

【295】 参考文献

Abadie, A. 2002. Bootstrap tests for distributional treatment effect in instrumental variable models. *Journal of the American Statistical Association*, 97:284–92.

——and Imbens, G. 2006. Large sample properties of matching estimators for average treatment effects. *Econometrica*, 74:235–67.

Barnard, J., Frangakis, C.E., Hill, J.L., and Rubin, D.B. 2003. Principal stratification approach to broken randomized experiments:a case study of school choice vouchers in New York City. *Journal of the American Statistical Association*, 98:299–323.

Bartels, L. 1996. Pooling disparate observations. American Journal of Political Science, 40:905–42.

Bennett, A. 1998. Causal inference in case studies:from Mill's methods to causal mechanisms. Presented at the annual meeting of the American Political cience Association, Atlanta.

Bonney, J., and Minozzi, B.C.-W.W. 2007. Issue accountability and the mass public:the electoral consequences of legislative voting on crime policy. Working paper.

Bowers, J., and Hansen, B. 2005. Attributing effects to a get-out-the-vote campaign using full matching and randomization inference. Working paper.

Brady, H., and Hui, I. 2006. Is it worth going the extra mile to improve causal inference? Presented at the 23rd Annual Summer Meeting of the Society of Political Methodology.

Campbell, D.T., and Stanley, J.C. 1966. *Experimental and Quasi-Experimental Designs for Research*. Boston:Houghton Mifflin.

Christakis, N.A., and Iwashyna, T.I. 2003. The health impact of health care on families: a matched cohort study of hospice use by decedents and mortality outcomes in surviving, widowed spouses. *Social Science and Medicine*, 57: 465-75.

Cochran, W.G. 1953. Matching in analytical studies. *American Journal of Public Health*, 43: 684-91.

——1965. The planning of observational studies of human populations (with discussion). *Journal of the Royal Statistical Society*, *Series A*, 128: 234-55.

——and Rubin, D. B. 1973. Controlling bias in observational studies: a review. *Sankhyā*, *Ser. A*, 35: 417-46.

Cohen, M., and Nagel, E. 1934. *An Introduction to Logic and Scientific Method*. New York: Harcourt, Brace.

Cox, D.R. 1958. *Planning of Experiments*. New York: Wiley.

Crump, R.K., Hotz, V.J., Imbens, G.W., and Mitnik, O.A. 2006. Moving the goalposts: addressing limited overlap in estimation of average treatment effects by changing the estimand. Working paper.

Dawid, A.P. 1979. Conditional independence in statistical theory. *Journal of the Royal Statistical Society*, *Series B*, 41: 1-31.

——2000. Causal inference without counterfactuals (with discussion). *Journal of the American Statistical Association*, 95: 407-24.

Dehejia, R. 2005. Practical propensity score matching: a reply to Smith and Todd. *Journal of Econometrics*, 125: 355-64.

——and Wahba, S. 1997. Causal effects in non-experimental studies: re-evaluating the evaluation of training programs. Ph.D. dissertation, Harvard University.

—— ——1999. Causal effects in non-experimental studies: re-evaluating the evaluation of training programs. *Journal of the American Statistical Association*, 94: 1053-62.

Dehejia, R., and Wahba, S. 2002. Propensity score matching methods for nonexperimental causal studies. *Review of Economics and Statistics*, 84: 151-61.

Diamond, A., and Sekhon, J. S. 2005. Genetic matching for estimating causal effects: a general multivariate matching method for achieving balance in observational studies. < http://sekhon.berkeley.edu/papers/GenMatch.pdf>.

Diprete, T.A., and Engelhardt, H. 2004. Estimating causal effects with matching methods in the presence and absence of bias cancellation. *Sociological Methods and Research*, 32: 501-28.

Dorn, H.F. 1953. Philosophy of inference from retrospective studies. *American Journal of Public Health*, 43: 692-9.

Eckstein, H. 1975. Case study and theory in political science. Pp. 79-137 in *Handbook of Political Science*, vii: *Strategies of Inquiry*, ed. F.I. Greenstein and N.W. Polsby. Reading, Mass.: Addison-Wesley.

Fechner, G.T. 1966 [1860]. *Elements of Psychophysics*, vol i, trans. H.E. Adler, ed. D.H. Howes and E.G. Boring. New York: Rinehart and Winston.

Fisher, R.A. 1958a. Cancer and smoking. *Nature*, 182: 596.

——1958b.Lung cancer and cigarettes? *Nature*, 182:108.

Freedman, D. A. 2008a. On regression adjustments in experiments with several treatments. Annals of *Applied Statistics*, 2:176-96.

——2008b. On regression adjustments to experimental data. *Advances in Applied Mathematics*, 40: 180-93.

Galiani, S., Gertler, P., and Schargrodsky, E. 2005. Water for life:the impact of the privatization of water services on child mortality.*Journal of Political Economy*, 113:83-120.

George, A. L., and McKeown, T. J. 1985. Case studies and theories of organizational decision-making. Pp. 21-58 in *Advances in Information Processing in Organizations*, ed.R.F.Coulam and R.A.Smith, Greenwich, Conn.:JAI Press.

Gilligan, M.J., and Sergenti, E.J. 2006. Evaluating UN peacekeeping with matching to improve causal inference. Working paper.

Gordon, S., and Huber, G. 2007. The effect of electoral competitiveness on incumbent behavior.*Quarterly Journal of Political Science*, 2:107-38.

Hansen, B.B. 2004. Full matching in an observational study of coaching for the SAT.*Journal of the American Statistical Association*, 99:609-18.

Heckman, J. J., Ichimura, H., Smith, J., and Todd, P. 1998. Characterizing selection bias using experimental data.*Econometrica*, 66:1017-98.

Herron, M.C., and Sekhon, J.S. 2003. Overvoting and representation:an examination of overvoted presidential ballots in Broward and Miami-Dade Counties.*Electoral Studies*, 22:21-47.

—— ——2005. Black candidates and black voters:assessing the impact of candidate race annuncounted vote rates.*Journal of Politics*, 67:154-77.

——and Wand, J.Forthcoming. Assessing partisan bias in voting technology:the case of the 2004 New Hampshire recount.*Electoral Studies*.

Hill, B. 1961. *Principles of Medical Statistics*, 7th edn.London:Lancet.

Holland, P.W. 1986. Statistics and causal inference.*Journal of the American Statistical Association*, 81: 945-60.

Horvitz, D.G., and Thompson, D.J. 1952. A generalization of sampling without replacement from a finite universe.*Journal of the American Statistical Association*, 47:663-85.

Imai, K. 2005. Do get-out-the-vote calls reduce turnout? The importance of statistical methods for field experiments.*American Political Science Review*, 99:283-300.

Imbens, G.W. 2000. The role of the propensity score in estimating dose-response functions.*Biometrika*, 87:706-10.

Lenz, G.S., and Ladd, J. M. 2006. Exploiting a rare shift in communication flows:media effects in the 1997 British election.Working paper.

Lieberson, S. 1991. Small N's and big conclusions:an examination of the reasoning in comparative studies based on a small number of cases.*Social Forces*, 70:307-20.

Little, D. 1998. *Microfoundations, Method, and Causation.* New Brunswick, NJ: Transaction.

McKeown, T.J. 1999. Case studies and the statistical worldview: review of King, Keohane, and Verba's *Designing Social Inquiry: Scientific Inference in Qualitative Research. International Organization*, 51: 161–90.

Mauldon, J., Malvin, J., Stiles, J., Nicosia, N., and Seto, E. 2000. Impact of California's Cal-Learn demonstration project: final report. UC DATA Archive and Technical Assistance.

Mebane, W. R., Jr., and Sekhon, J. S. 1998. Genetic optimization using derivatives (GENOUD). Software Package. <http://sekhon.berkeley.edu/rgenoud>.

——— ———2004. Robust estimation and outlier detection for overdispersed multinomial models of count data. *American Journal of Political Science*, 48: 391–410.

Mill, J.S. 1872. *A System of Logic, Ratiocinative and Inductive: Being a Connected View of the Principles of Evidence and the Methods of Scientific Investigation*, 8th edn. London: Longmans, Green.

Mitchell, A. F. S., and Krzanowski, W. J. 1985. The Mahalanobis distance and elliptic distributions. *Biometrika*, 72: 464–7.

——— ———1989. Amendments and corrections: the Mahalanobis distance and elliptic distributions. *Biometrika*, 76: 407.

Morgan, S.L., and Harding, D.J. 2006. Matching estimators of causal effects: prospects and pitfalls in theory and practice. *Sociological Methods and Research*, 35: 3–60.

Neyman, J. 1990 [1923]. On the application of probability theory to agricultural experiments: essay on principles, section 9, trans. D. M. Dabrowska and T.P.Speed. *Statistical Science*, 5: 465–72.

Park, J.H. 2006. Causal effect of information on voting behavior from a natural experiment: an analysis of candidate blacklisting campaign in 2000 South Korean National Assembly election. Working paper.

Pledge, H.T. 1939. *Science since 1500: A Short History of Mathematics, Physics, Chemistry [and] Biology.* London: His Majesty's Stationery Office.

Przeworski, A., and Teune, H. 1970. *The Logic of Comparative Social Inquiry.* New York: Wiley.

Raessler, S., and Rubin, D. B. 2005. Complications when using nonrandomized job training data to draw causal inferences. *Proceedings of the International Statistical Institute.*

Ragin, C.C. 2000. *Fuzzy-Set Social Science.* Chicago: University of Chicago Press.

——Berg-Schlosser, D., and de Meur, G. 1996. Political methodology: qualitative methods. Pp. 749–68 in *A New Handbook of Political Science*, ed. R. E. Goodin and H.-D. Klingemann. New York: Oxford University Press.

Robinson, W. S. 1951. The logical structure of analytic induction. *American Sociological Review*, 16: 812–18.

Rosenbaum, P. R. 1991. A characterization of optimal designs for observational studies. *Journal of the Royal Statistical Society, Series B*, 53: 597–610.

——2002. *Observational Studies*, 2nd edn. New York: Springer-Verlag.

——2005. Heterogeneity and causality: unit heterogeneity and design sensitivity in observational studies.

American Statistician, 59: 147-52.

Rosenbaum, P.R., and Rubin, D.B. 1983. The central role of the propensity score in observational studies for causal effects. *Biometrika*, 70: 41-55.

—— ——1985. Constructing a control group using multivariate matched sampling methods that incorporate the propensity score. *American Statistician*, 39: 33-8.

Rubin, D.B. 1974. Estimating causal effects of treatments in randomized and nonrandomized studies. *Journal of Educational Psychology*, 66: 688-701.

——1976a. Multivariate matching methods that are equal percent bias reducing, I: some examples. *Biometrics*, 32: 109-20.

——1976b. Multivariate matching methods that are equal percent bias reducing, II: maximums on bias reduction for fixed sample sizes. *Biometrics*, 32: 121-32.

——1977. Assignment to a treatment group on the basis of a covariate. *Journal of Educational Statistics*, 2: 1-26.

——1978. Bayesian inference for causal effects: the role of randomization. *Annals of Statistics*, 6: 34-58.

——1979. Using multivariate sampling and regression adjustment to control bias in observational studies. *Journal of the American Statistical Association*, 74: 318-28.

——1980. Bias reduction using Mahalanobis-metric matching. *Biometrics*, 36: 293-8.

——1997. Estimating causal effects from large data sets using propensity scores. *Annals of Internal Medicine*, 127: 757-63.

——2001. Using propensity scores to help design observational studies: application to thetobacco litigation. *Health Services and Outcomes Research Methodology*, 2: 169-88.

——2006. *Matched Sampling for Causal Effects*. Cambridge: Cambridge University Press.

——and Stuart, E.A. 2005. Affinely invariant matching methods with discriminant mixturesof proportional ellipsoidally symmetric distributions. Working paper.

——and Thomas, N. 1992. Affinely invariant matching methods with ellipsoidal distributions. *Annals of Statistics*, 20: 1079-93.

Salmon, W.C. 1989. *Four Decades of Scientific Explanation*. Minneapolis: University of Minnesota Press.

Seawright, J. 2004. Qualitative comparative analysis vis-a-vis regression. Presented at the meeting of the American Political Science Association.

Sekhon, J.S. 2004a. Quality meets quantity: case studies, conditional probability and counterfactuals. *Perspectives on Politics*, 2: 281-93.

——2004b. The varying role of voter information across democratic societies. Working paper. <http://sekhon.berkeley.edu/papers/SekhonInformation.pdf>.

——2006. The art of benchmarking: evaluating the performance of R on Linux and OS X. *Political Methodologist*, 14: 15-19.

——Forthcoming. Multivariate and propensity score matching software with automated balance optimization: the matching package for R. *Journal of Statistical Software*.

——and Mebane,W.R.,Jr. 1998. Genetic optimization using derivatives:theory and application to non-linear models.*Political Analysis*,7:189-203.

Skocpol,T. 1979. *States and Social Revolutions:A Comparative Analysis of France,Russia,and China.* Cambridge:Cambridge University Press.

Smith,H.L. 1997. Matching with multiple controls to estimate treatment effects in observational studies. *Sociological Methodology*,27:305-53.

Smith,J. A. , and Todd, P. E. 2001. Reconciling conflicting evidence on the performance of propensity score matching methods.*AEA Papers and Proceedings*,91:112-18.

—— ——2005a.Does matching overcome LaLonde's critique of nonexperimental estimators? *Journal of Econometrics*,125:305-53.

—— ——2005b.Rejoinder.*Journal of Econometrics*,125:365-75.

Steering Committee of the Physicians' Health Study Research Group 1989. Final report on the aspirin component of the ongoing Physicians' Health Study.*New England Journal of Medicine*,321:129-35.

Stigler, S. M. 1986. *The History of Statistics:The Measurement of Uncertainty before 1900.* Cambridge, Mass.:Harvard University Press.

Vandenbroucke,J.P. 2001. In defense of case reports and case series.*Annals of Internal Medicine*,134: 330-4.

Waldner, D. 2002. Anti anti-determinism:or what happens when Schrödinger's cat and Lorenz's butterfly meet Laplace's Demon in the study of political and economic devel-opment.Presented at the Annual Meeting of the American Political Science Association,Boston.

Winship,C.,and Morgan,S. 1999. The estimation of causal effects from observational data.*Annual Review of Sociology*,25:659-707.

第十二章　科学探究的类型:定性推理作用

大卫・A.弗里德曼(David A.Freedman)①

　　有一种科学探究主要涉及对大数据集分析,它通常使用统计学模型和形式假设检验。然而,片刻思考可知,肯定还存在其他类型的科学探究。例如,下列问题亟待回答:如何设计研究? 应收集什么类型的数据? 需要什么样的模型? 应根据模型做出哪些假设? 应利用数据检验哪些假设?

　　为回答这些问题,研究者通常进行定性或定量观察,这为分析因果过程提供了重要见解。这些观察产生科学探究,或推翻之前的假设改变探究方向,或提供明确的证据来证明假设。这些观察本身就成立,而不需被纳入上述系统性的数据收集和建模活动中。

　　这类观察被称为"因果过程观察"(CPOs),区别于统计建模的"数据集观察"(Data Set Observations[DSOs])(Brady and Collier 2004)。本章的目标是,通过医学历史上的著名例子阐述"因果过程观察"以及定性推理的作用。

　　为什么医学历史与我们现在的研究相关呢? 一方面,医学研究者通常面临着观测数据,这些数据给因果推断带来了相同的挑战;另一方面,时间距离增添了权衡能力使得与失得以更清晰地描绘。这些例子表明,当实验可行时,将定性推理、定性分析和实验结合起来可给人留下严谨的印象。这些例子还表明,发现并理解异常现象有助于解决很多问题。

1. 詹纳和接种疫苗的发明

　　在 18 世纪 90 年代,牛痘(牛的常患病)在英国乡村很普遍,其症状为奶头上长脓

　　①　非常感谢大卫・科利尔(David Collier 伯克利大学)、撒德・邓宁(Thad Dunning 耶鲁大学)、保罗・汉弗莱斯(Paul Humphreys 美国弗吉尼亚大学)、埃里希・莱曼(Erich Lehmann 伯克利大学)和珍妮特・马赫(Janet Macher 伯克利大学)的有益评价。

包。在当时看来，牛痘真的很严重，挤牛奶的工人也会被传染因而手上长脓包。同时，在 18 世纪，天花是造成人类死亡的最严重的疾病之一。

1796 年，爱德华·詹纳从牛奶女工莎拉·内尔姆斯手上的牛痘脓包中获取液体注射到一个八岁男孩的胳膊上，注射牛痘液体时，"切开两个大约只有半英寸长的小口，而且深度几乎不透过表皮。"第九天时，小男孩"明显感觉不舒服"，但后来就恢复了。六周后，詹纳在小男孩身上接种天花，"但小男孩没有患病"（Jenner 1798，case XVII）。

詹纳通过 23 个案例研究来证明"接种疫苗"是安全高效的。因为牛的拉丁语是 vacca，牛痘的拉丁语是 vaccinia，所以他接种疫苗的过程被称为"vaccination"。虽然刚开始有人反对，但几年后接种疫苗已成为标准做法，詹纳也因此获得国际声誉。1978 年，天花被消灭。

是什么原因促使詹纳尝试他的实验呢？在 18 世纪，人们对疾病的观点与现在完全不同。当时最伟大的苏格兰医生威廉·卡伦（William Cullen）认为，大多数疾病"是由于外部因素造成的——如气候、食物、湿度等，而且因为每个人的神经系统状态不同，相同的外部因素在不同个体身上也会产生不同的疾病"（Porter 1997，第 262 页）。

尽管存在这样的误解，当时人们已经了解到天花可能传染，而且，幸存下来的天花【302】患者通常从此对天花产生免疫。可在皮肤上注射少量天花脓包的液体来预防天花，这样做的目的是使病人先有轻微的天花症状，之后再产生免疫。

这个过程被称为"接种疫苗"。但它不是没有风险的，病人可能患上严重的天花症状，而且与病人接触的人也可能被传染（因为天花具有高传染性）。另外，接种失败的人也很有可能死于天花。

在 18 世纪初期，天花接种已传播到英国。詹纳当时是负责天花接种的乡村医生。他注意到两个在当时无法用医学知识解释的重要事实，第一，曾患过牛痘的患者之后无论是否接种疫苗似乎都很少再患天花；第二，之前患过牛痘的患者还希望接种疫苗。这些患者接种疫苗后的反应很小：

牛痘病毒奇特的原因是，患过牛痘的病人之后不会感染天花，而且接触或接种牛痘脓包的液体后也不会有瘟热症状（Jenner 1798，第 6 页）。

这两个事实使他做出一个假设：牛痘可免疫天花。如上文所述，他通过观测和实验检验了该假设。用术语描述，詹纳给一位男孩接种了疫苗，但男孩对接种没有反应，而且男孩由于接种了疫苗而对天花产生了免疫。

在詹纳所处的时代，他所说的"传染性物质"指的是"病毒"。那个时代并没有发现我们这个时代所说的病毒——天花和牛痘也是病毒性疾病。

2. 泽梅尔魏斯(Semmelweis)和产后热

本小节描述的医学例子发生在 1844 年的维也纳。几十年后,人们发现微生物是传染病的原因。伊格纳茨·泽梅尔魏斯(Ignac Semmelweis)是产科医院第一部门(First Division)的产科医生,第一部门主要培训医学学生,第二部门(Second Division)主要培训助产士。产妇根据入院的时间被安排在第一部门或第二部门。在第一部门,产妇死于"产后热"的比率明显较高(Semmelweis 1981,第 356 页)。

【303】 最终,泽梅尔魏斯发现了其中的原因。医学学生通常在验完尸之后检查"产妇"(待产或已生产的产妇)的身体状况。因此,"尸体上的物质"被带到产妇身上,造成产妇血液感染并患产后热。1847 年,泽梅尔魏斯制定了消毒规定,产妇死亡率明显下降(Semmelweis 1981,第 393—394 页)。

但泽梅尔魏斯是如何得到这个发现的呢? 首先,他必须否定传统解释,包括"流行病影响",这意味着他必须有不同观点:

流行病影响被理解为,迄今为止无法解释的发生在大气或陆地的变化,流行病有时在全国范围内传播,导致免疫力低下的产妇患产后热。如果维也纳的大气陆地条件可能导致产妇患产后热,但是,为什么这么多年以来维也纳的这种环境容易导致第一部门的产妇患产后热,而不容易导致维也纳其他地方甚至是同一医院的第二部门的产妇患产后热? (Semmelweis 1981,第 357 页)

上述推理是定性推理,而且相同的定性推理方法否定了其他理论——饮食、通风、医院用品使用等。

因此,他必须找到真正的原因。1847 年,他敬重的同事柯勒什克(Kolletschka)教授不小心被法医验尸的手术刀划伤,之后柯勒什克便生病了,其症状与产后热极其相像,没过多久他就去世了。这又一次证明了定性分析的重要性。仔细观察疾病症状与发展,以确定柯勒什克的疾病与产后热。因果过程追踪也扮演着重要角色,泽梅尔魏斯写到:

我的脑海中日日夜夜都浮现出柯勒什克生病的画面。我有责任确定这种疾病的原因,柯勒什克死于该疾病,数不清的产妇也死于该疾病。如果柯勒什克的病与产妇患的产后热是同一种疾病,那么,产后热的原因一定与柯勒什克的死因相同。柯勒什克死于尸体颗粒,该颗粒进入他的血液系统。我必须问自己这样一个问题:尸体颗粒有没有进入其他死于相同疾病死者的血液系统? 关于这个问题,我的答案是肯定的(Semmelweis 1981,第 391—392 页)。

找到原因之后,泽梅尔魏斯很快就找到了解决方法:检查产妇之前应将手上验尸留下的东西彻底洗干净。仅用肥皂和水洗手是不够的,还需使用氯化合物(Semmelweis 1981,第392—396页)。因为传播源也可能是活人身上的伤口(Semmelweis 1981,第396页)。

但由于泽梅尔魏斯好争辩的个性,尽管他对产后热的描述基本正确,其研究成果也未被同时代人接受。现在我们都知道:产后热是由酿脓链球菌中的细菌造成的,而且通常是全身感染。这些细菌通过产妇生产时的伤口(胎盘附着之处)进入血液。如今,可【304】通过保持清洁卫生避免产后热。

3. 斯诺和霍乱

约翰·斯诺是维多利亚时代的一位伦敦医生。1854年,他证明霍乱是水源性传染病,且可通过清洁供水防止霍乱暴发。他利用自然实验证明其结论。伦敦很多地方的自来水是由两家自来水公司提供的。南华克和沃克斯豪尔自来水公司(Southwark and Vauxhall company)提供的自来水受到了污染,其服务家庭的人员死亡率比"提供相对纯净水的朗伯斯自来水公司服务家庭的人员死亡率高八至九倍"(Snow 1965,第86页)。

什么原因促使斯诺付出大量努力设计研究并收集数据呢? 首先,他必须否定当时传统的霍乱疫情解释。当时的主导理论将霍乱归因于"瘴气",也就是臭气,尤其是腐烂有机物释放的臭气。斯诺经过定性分析得出与这些理论相反的结论:

霍乱沿着人类交往的轨迹传播,其传播速度从来不会超过人类交往速度,而是通常慢于人类交往速度。霍乱传播到一个全新的岛屿或大陆时,总是首先出现在海港。来自没有霍乱国家的船员在驶向霍乱流行的国家时,刚开始不会感染霍乱,但当他们进入港口或与岸上的人有交往后,便会感染霍乱。我们无法追踪霍乱在不同城镇传播的轨迹,但可以确信的是,只有两个城镇之间有大量交往之后,才会暴发霍乱(Snow 1965,第2页)。

如果霍乱是传染病,这些现象就很容易理解了,但很难解释瘴气理论。同样地,

1848年秋天,伦敦第一个感染霍乱的是一位名叫约翰·哈诺尔德的亚洲船员,他刚从霍乱流行的汉堡港口乘易北河汽轮抵达伦敦。伦敦第二个霍乱病例发生在第一个病人死时住的房间(Snow 1965,第3页)。

第一个病人在汉堡被感染,第二个病人因在第一个病人房间的床上或其他家具上接触到其粪便而被感染。瘴气理论不能很好地解释该事实。

仔细观察该疾病得出的结论是"霍乱总是从消化道感染开始"(Snow 1965,第10

页）。水源或食物污染物中的有机物进入身体，在身体里大量繁殖，并产生疾病的症
【305】 状。在身体里繁殖后的有机物随粪便排到体外，导致水源或食物污染，之后又使其他受
害者受感染。需完成的任务是证明该假设的真实性。

本杰明·沃德·理查森（Benjamin Ward Richardson）在斯诺著作的引言中提到，
1854年，布罗德大街的流行病提供了决定性的证据：

斯诺认为布罗德大街的水泵是疫情的源头与核心。他建议拆除水泵把手以消除疫
情。负责看管水泵的教区委员感到不可思议，但还是遵循了斯诺的建议。水泵把手被
拆除后，疫情便止住了（Snow 1965，xxxvi）。

水泵把手的故事虽然美妙但却是虚构的，欺骗了很多评论者。但理查森的描述实
际上有一个缺陷。

事实上，水泵污染的确导致了疫情，斯诺建议关掉水泵，其建议得到了落实，而且随
之疫情也停止了。不管怎样，疫情停止了。关掉水泵的效果并不明显：这件事的作用被
证明其实很小。斯诺明确解释了此事（Snow 1965，第40—55页）。理查森的描述因此
成为后此谬误的经典例子。

事实比虚构的故事有趣得多。斯诺有行医的经历，因而对布罗德大街非常熟悉。
他说，了解霍乱的情况和传播程度之后，我就怀疑霍乱是布罗德大街使用最频繁的水泵
中的水污染造成的，但9月3日晚上检查水泵的水之后，我发现水中的杂质很少，因此
我迟迟不愿得出结论（Snow 1965，第38—39页）。

斯诺在注册总局获得了霍乱死者的死亡证明，并写出一份不久前死于霍乱的死者
名单。之后，根据死亡证明上提供的死者地址，他挨家挨户进行彻底检查，并发现这些
死者生前大多住在水泵附近，这证明了他的怀疑。

之后，他更详细地记录了该地区霍乱的死亡案例，并通过"散点图"展示记录结
果，他在"散点图"上绘制了疫情期间死者的居住地点。从"散点图"上可明显看出死
者聚集居住的特征（Snow 1965，第44—45页；Cholera Inquiry Committee 1855，第
106—109页）。

然而，还存在许多显而易见的例外需要解释。例如，水泵附近有一家啤酒厂，这里
没有一位工人感染霍乱，原因是什么呢？第一，工人喝的是啤酒；第二，需要喝水时，啤
酒厂内就有水泵（Snow 1965，第42页）。

另外一个例子是，汉普斯蒂德的一位女士感染了霍乱，原因是什么呢？事实表明，
这位女士喜欢布罗德大街水泵里水的味道，因此，她家里的水就是从这里来的（Snow
1965，第44页）。斯诺还提到许多此类例子。

斯诺对布罗德大街疫情的分析说明了案例研究的作用。斯诺否定霍乱的一般解释

并提出他自己的解释,这也说明了定性推理的作用。

对自然实验的分析表明了简单定量分析方法与合理研究设计的作用(Snow 1965,【306】第 74—86 页)。这是对其理论(霍乱是水源性传染疾病)的决定性检验。

然而,斯诺的研究中包含几个关键的定性分析步骤:(1)认识到传统理论是错误的;(2)提出霍乱是水源性传染疾病的假设,并注意到,1852 年,朗伯斯自来水公司改变了进水管位置以获得相对纯净的水,但南华克和沃克斯豪尔自来水公司继续抽取严重污染的水。正是先验而不是后验的见解促使斯诺认识到两个公司的区别,并进行重要的研究。

斯诺的观点在一定程度上得到了传播,尤其是在英国。然而,罗伯特·科赫(Robert Koch)在 1883 年的印度疫情中分离出致病因子(霍乱弧菌、芽孢杆菌)之后,斯诺的观点才得到广泛认可。甚至那时还有持异议者,这导致 1892 年汉堡的疫情出现了灾难性的后果(Evans 1987)。

受科赫与路易斯·巴斯德(Louis Pasteur)的启发,在 19 世纪七八十年代,微生物研究活动大量涌现。研究者将微生物是自发形成的生物这一观点抛在脑后,转而通过大量实验证明疾病的细菌理论。

除霍乱弧菌外,我们还分离出了引发炭疽的细菌(炭疽杆菌)以及引发肺结核的细菌(结核杆菌),并研发了预防狂犬病的疫苗。然而,我们仍然看到,尽管我们取得了这些成就,但这使我们解开脚气之谜更加困难。脚气是一种营养缺乏病,但微生物学新的发展使研究者怀疑所有不涉及微生物的解释。

4. 艾克曼和脚气病

从 1750 年到 1930 年,脚气病在亚洲非常流行。如今,人们已了解脚气病的原因。人类身体需要少量(约占所吃食物的百万分之一)被称为"硫胺素"的维生素。亚洲人的主食为大米,而且相比于糙米而言,亚洲人更喜欢白米。

大米的硫胺素主要集中于米糠——大米外面棕色的壳。去除米糠可得到白米,但与此同时,大多硫胺素也流失了,而且剩下的硫胺素在烹饪过程中进一步流失。因此,亚洲人除非食用其他富含硫胺素的食物,否则饮食中将缺乏硫胺素,进而容易患脚气病。

1888 年,人们还不了解维生素和营养缺乏病的知识。那年,与科赫一起在柏林学习微生物学之后,克里斯蒂安·艾克曼(Christiaan Eijkman)被任命为荷兰殖民地爪哇的细菌学和病理学实验室主任。他的研究计划是使用科赫的方法证明脚气病是传染病。

【307】　　艾克曼试图用脚气病患者的血液感染兔子和猴子。然而,实验没有成功。之后,他又用鸡做实验。他尝试使一部分鸡受到感染,但控制另一部分鸡不受感染。一段时间之后,鸡生病了,而且许多鸡死于"多神经炎"(多根神经发生炎症),他判断多神经炎与人类脚气病非常相像。然而,处理组的鸡和控制组的鸡受到了相同影响。

　　也许是处理组鸡的多神经炎疾病传染给了控制组的鸡?为使交叉感染最小化,他分开圈养处理组和控制组的鸡。然而,并没有取得效果。也许是他的整个过程都被感染了?为估计该可能性,他在另外一个较远的地方做实验,这时,鸡群开始从疾病中恢复。

　　艾克曼写到:"到目前为止,我们没有关注应该关注的事情。"在鸡生病的五个月中,饲养员给鸡喂了不同的食物。在那段时间(1889年7月至11月),鸡饲养员在艾克曼不知情的情况下,说服军用医院的厨师向他提供前天剩下的熟白米饭喂鸡。11月21日,医院的新厨师拒绝继续这样做。30年后,艾克曼提到"新厨师没有理由让平民养的母鸡吃军区大米"(Carpenter 2000,第38页)。

　　简而言之,鸡因吃煮熟的白米生病,又因吃未煮过的糙米恢复。这是两位厨师安排的偶然实验。艾克曼很有洞察力,他注意到了实验结果,正因为两位厨师的实验才最终改变了他对脚气病的理解。

　　艾克曼的同事阿道夫·沃德曼(Adolphe Vorderman)在监狱进行了观测研究,以确认上述实验结果与人类的相关性。在这个实验中,囚犯被分为两组,一组囚犯吃精米(去皮的大米),脚气病在这些囚犯中很常见;另一组囚犯吃糙米,脚气病在他们当中不常见。该实验证明脚气病是营养缺失病,而不是传染病。

　　该证据看起来似乎很令人信服,但这是因为我们知道答案。在当时,结果远没有这么清晰。艾克曼自己甚至认为白米是有毒的,而米糠中含有解毒剂。之后,他又改变了看法,认为尽管饮食不良容易使人类(和鸡)受感染,但脚气病仍是传染病。

　　1896年,格里特·格林斯(Gerrit Grijns)接替了艾克曼在实验室的工作(艾克曼得了疟疾,不得不回荷兰)。经过一系列实验之后,格林斯得出结论:脚气病是营养缺失病,是由于饮食中缺乏米糠和绿豆中所富含的营养元素造成的。

　　1901年,格林斯的同事霍尔绍夫·博尔(Hulshoff Pol)在精神病医院进行了控制实验,实验结果表明绿豆有利于预防或治疗脚气病。在实验中,病人被分为12个组。其中,3个组的病人吃绿豆,3个组的病人吃其他绿色蔬菜,3个组的病人进行彻底消毒,另外3个组是控制组。实验结果是,脚气病发病率在吃绿豆的3个组的病人中明显较低。

【308】　　然而,对于脚气病的原因,公共卫生专业人士仍持不同观点。一些人接受营养缺失

病假设，一些人继续支持细菌理论，还有一些人认为造成脚气病的原因是无生命体感染（inanimate poison）。又过了十年左右，他们才一致认为脚气病是营养缺失病，吃糙米或其他食物可预防或治疗脚气病。从公共卫生的角度来看，脚气病的问题也许能够得到解决，但从米糠中提取治疗脚气病的关键有效成分时，人们遇到了很大挑战，因为一吨米糠中仅含一茶匙的硫胺素。

1912 年左右，卡西米尔·冯克（Casimir Funk）造出"维生素"这个新词，它是"重要的氨基酸"的缩写。冯克声称成功提取了硫胺素，但这令人质疑。不过，他确实认为脚气病和糙皮病是营养缺失病，可通过吃少量有机营养物进行预防。

1926 年，詹森（Jansen）和多纳斯（Donath）成功提取了纯晶体形式的硫胺素（维生素 B1）。10 年后，罗伯特·威廉姆斯（Robert Williams）和同事在实验室成功合成了这种化合物。20 世纪 30 年代，东方国家仍存在脚气病案例，但可通过注射几毫克新维生素 B1 来治愈。

5. 古德伯格和糙皮病

18 世纪，西班牙医生加斯帕尔·卡萨尔（Gaspar Casal）首先在欧洲观察到了糙皮病，他发现糙皮病是阿斯图里亚斯贫穷居民身体不健康、残疾和过早死亡的重要原因。在接下来的几年中，许多研究者描述了意大利北部尤其是伦巴第平原农民的相同处境。19 世纪初期，糙皮病传播到整个欧洲，导致法国西南部、奥地利、罗马尼亚和土耳其帝国数以千计人们的身体和精神受到严重摧残。在欧洲以外的地方，如埃及和南非，也发现了糙皮病，在 20 世纪初期，糙皮病在美国尤其是美国南部地区极其猖獗（Roe 1973，第 1 页）。

糙皮病对一些村庄的影响比对另外一些村庄的影响大。即使在同一个受影响的村庄，许多家庭可免遭糙皮病影响，而其他家庭每年都有糙皮病病例。在患糙皮病的家庭，卫生条件糟糕，苍蝇到处乱飞。至少在欧洲，糙皮病发生的地方，就会出现吸血苍蝇（蚋属）；而且，春天是糙皮病流行的季节，苍蝇这时也最活跃。许多流行病学家认为糙皮病与疟疾和黄热病一样是传染病，会通过昆虫从一个人传染到另一个人。

约瑟夫·古德伯格（Joseph Goldberger）是美国公共卫生署的流行病学家，他被分配去研究糙皮病。尽管"糙皮病是传染病"的观点在当时蔚然成风，但古德伯格进行了观测研究和实验，他证明：糙皮病是由于饮食不良造成的，而不是传染病。古德伯格认为，【309】可食用富含 P-P 元素的食物预防或治疗糙皮病。

1926 年，古德伯格和同事发现，P-P 元素是维生素 B 复合物的一部分。1937 年，艾维翰(Elvehjem)和同事发现,P-P 元素是烟酸,也被称为维生素 B$_3$(1870 年,休伯发现了该化合物,但却没认识到其重要作用)。自 1940 年以来,美国销售的大部分面粉已经富含烟酸等维生素。

肉类、牛奶、鸡蛋、一些蔬菜以及谷物中含有烟酸,但玉米中的烟酸含量相对较少。在糙皮病流行的地区,穷人经常只能食用玉米,而没有其他食物可以食用。一些村庄或家庭比其他村庄或家庭更加贫穷,他们的饮食更加受限。这导致他们更容易患糙皮病。苍蝇是贫穷的标志,但不是糙皮病的原因。

什么原因促使古德伯格认为糙皮病是营养缺失病而不是传染病呢? 在医院和收容所里,病人和被收容者经常患糙皮病,而医护人员很少患这种病。如果糙皮病是传染病,不可能发生这种现象,因为病人或被收容者很可能传染医护人员。尽管该发现不完全可靠,但却推动了古德伯格发现糙皮病的原因并找到预防或治疗该疾病的方法。定性分析先于定量观察。目前,尽管糙皮病在一些特别贫困的国家还很普遍,但在发达国家却很少发生。

6. 麦凯和氟化反应

龋齿是传染性的多因素疾病,是由于细菌侵袭牙釉质表面而形成的。1901 年,弗雷德里克·S.麦凯(Frederick S.McKay)在科罗拉多州当牙科医生时注意到,很多病人的牙齿上有不寻常的永久存在的斑点或"斑釉"(当地人称之为"科罗拉多州棕色斑点")。多年田野实验后麦凯总结到,公共饮水中的一种物质可能是导致斑釉的原因。麦凯还观察到,出现斑釉的牙齿似乎不容易出现龋齿(Centers for Disease Control 1999,第 933 页)。

当时的主要假设是,牙齿上的斑釉是饮用水中的物质造成的(McKay and Black 1916,第 635 页)。麦凯和布莱克(Black)发现斑釉牙仅在特定地区普遍。出生在斑釉牙普遍地区的人们容易有斑釉牙,而牙齿形成之后再搬去这个地方的人不容易出现斑釉牙。如果斑釉牙仅在一个地方普遍,而在临近地方不普遍,那么这两个地方的供水不同。有假设认为水源是斑釉牙的诱因,即牙齿在生长过程中受水中病原体(causal agent)影响,这些观察结果支持了该假设。

【310】　　麦凯和布莱克无法确定水中的病原体,但解释说:

他们的化学分析是根据标准定量形式进行的。然而,水中存在其他少量罕见元素,确定这些元素需要复杂的技术和光学检验,但普通化学实验室不具备做这些检验的能力(McKay and Black 1916,第 904 页)。

考虑到斑釉牙形成的原因,1925年奥克利以及1928年鲍克赛特改变了供水来源。之后,这两个城镇新生儿的牙齿生长正常。回顾起来可知,这证明水源是斑釉牙产生的原因这一假设是正确的(McClure 1970,第2—3章)。

鲍克赛特是一个因美国铝业公司而形成的城镇。1931年,美国铝业公司的化学家哈利·丘吉尔(Harry V.Churchill)发现该地区富含天然氟化物,他利用公司实验室的光谱仪对此进行分析。麦凯和丘吉尔还发现,在斑釉牙流行的其他城镇,水源中也富含氟化物,这证明氟化物是导致斑釉牙的原因,但同时氟化物也可防止龋齿。

美国公共卫生署的H.特恩德雷·迪安(H.Trendley Dean)和同事收集了更多关于水中氟化物、斑釉牙和龋齿的数据。这些数据证明了麦凯和丘吉尔的分析。此外,收集的数据表明,水中含有少量氟化物有助于预防龋齿,而不会造成斑釉牙(斑釉牙不仅不好看,还影响牙齿健康)。

1945年之后,尽管人们对于氟化物的作用还持不同观点,但实验已证明上述结论的正确性。又过了几年后,饮用水都经氟化处理,儿童龋齿现象也急剧减少。

7. 弗莱明和青霉素

亚历山大·弗莱明(Alexander Fleming)在阿尔姆罗思·赖特爵士(Sir Almroth Wright)领导的伦敦圣玛丽医院工作,主要研究葡萄球菌的生命周期(聚类生长的细菌,在显微镜下看起来像一串串的葡萄)。弗莱明在培养皿里培育了很多葡萄球菌。度假期间,他将这些培养皿放在了办公室角落里。度假回来之后,其中一个培养皿里的葡萄球菌被霉菌污染了。也许,这看起来没什么显著意义。但弗莱明注意到,"霉菌周围的葡萄球菌变成了透明的,而且很明显被溶解"(Fleming 1929,第226页)。

细菌细胞壁破裂时,细菌被溶解。什么原因导致细菌被溶解呢?一般情况下人们应该会扔掉培养皿,但弗莱明认为该现象值得研究。他在液体培养基中培育霉菌并观察发生的变化,而且还试图在不同细菌上过滤液体培养基。观察发现,青霉菌产生了一 【311】种叫做"青霉素"的物质(Fleming 1929,第227页)。正是青霉素导致细菌被溶解。弗莱明认为,青霉素破坏或至少抑制葡萄球菌等许多细菌的生长。

1938年,霍华德·弗洛里(Howard Florey)和同事在牛津进行了研究,发现了如何提纯和大批量生产青霉素,直到这时青霉素的治疗潜力才被实现。由于第二次世界大战的紧急情况,大部分研究工作是在美国进行的,而且在美国皮奥瑞亚有发霉哈密瓜的地方发现了高产的青霉菌。(青霉素的工业批量生产是在肯尼斯·雷珀(Kenneth Raper)领导的农业部实验室实现的,而且肯尼斯·雷珀还鼓励人们将发霉的水果送去分析)。

青霉素被广泛用于治疗战场伤亡,例如,青霉素很大程度上防止了坏疽。1932 年格哈德·多马克(Gerhard Domagk)发现了磺胺类药物,1944 年塞尔曼·瓦克斯曼(Selman Waksman)发现了链霉素,青霉素同它们一起成为第一批现代抗生素。

8. 格雷格和德国麻疹

诺曼·格雷格(Norman Gregg)是澳大利亚的儿童眼科医生。1941 年,格雷格行医时注意到,许多婴儿患有白内障和心脏缺陷,该现象很不寻常("白内障"使眼睛晶状体模糊)。经调查,他发现其他同事也遇到了相同病例。这些病例的相似性和广泛传播使他怀疑,疾病发生的原因可能是母亲怀孕期间接触了传染性病原体,他认为传统解释(该疾病是遗传病)并不正确。但传染性病原体是什么呢? 格雷格的想法如下:

问题是,母亲怀孕期间所患疾病或所受感染是否影响婴儿晶状体细胞的形成。在1940 年,母亲怀孕的初期阶段与德国麻疹最流行最严重的时间相吻合(Gregg 1941)。

详细的流行病学研究表明,如果母亲在怀孕的第一个月或第二个月接触德国麻疹,新生儿有出生缺陷的风险明显增加。这种联系通常被视为因果联系。如今,医学家已研发出预防德国麻疹的疫苗,注射疫苗后,新生儿患白内障的现象便极其罕见。

【312】 9. 赫布斯特和己烯雌酚

赫布斯特(Herbst)和斯卡利(Scully)描述了 7 个少女患阴道腺癌的病例。该疾病并不常见,尤其是对于青少年而言更是如此。该疾病的原因是什么呢? 一位病人的母亲表示,在当时,人造激素己烯雌酚(DES)经常用于预防流产。亚瑟·赫布斯特和同事对此既好奇又怀疑。因此,他们进行了案例控制研究并建立了阴道腺癌与 DES 的联系,大量研究证明该联系是因果联系。

任何统计学分析都需要两个关键的见解:(1)该癌症值得研究;(2)导致癌症的原因可能是,母亲在怀孕期间而不是在女儿出生后接触了有毒物质。任何一点都不明显。

10. 结语

自詹纳以来,健康科学领域取得的许多成就都归因于统计学。斯诺的自然实验分析证明了定量分析方法和良好研究设计的作用。泽梅尔魏斯的观点取决于统计学,古德伯格、迪安、格雷格和赫布斯特等人也是如此。

另一方面,上述例子表明,所取得的重要成就还取决于形式推理和定性分析。能够认识并利用异常现象非常重要。若希望取得成就,还需否定错误的传统观点,形成更好的新观点,并检验新观点和旧观点。上述例子表明,定性分析在所有任务中都扮演了重要角色。

在弗莱明的实验室,偶然情况产生了异常观察现象。弗莱明解决了异常问题并发现了青霉素。泽梅尔魏斯使用定性推理方法否定了关于产后热原因的旧理论,通过观察一个灾难性的偶然事件形成了新理论,并设计了可预防该疾病的干预措施。

在 21 世纪,方法论者可以从中获得什么经验呢? 根据观测数据进行因果推断存在很多问题,尤其是对基本机制知之甚少时。研究者倾向于用智力资本代替劳动力,也同样倾向于利用体系而不是存在风险的方法。这也许可以解释统计学模型在当前比较流行的原因。

事实上,有些影响深远的观点认为,基于模型的定量分析模板更具优势,但这些观点忽视了模型背后的假设。然而,这些假设通常是没有数据支持的(Duncan 1984;Berk 2004;Brady and Collier 2004;Freedman 2005)。如果事实如此,那么,先进的定量分析方法只是在形式上而非实质上有严谨性。【313】

因此,我们可以从历史先例中获得另外一类重要经验。科学探究是漫长曲折的过程,刚开始会出现很多错误,并且探究过程中会遇到许多死胡同。为获得可靠的结果,人们应将定性分析与定量分析相结合,并持合理的怀疑态度。

11. 延伸阅读

2004 年,布雷迪、科利尔和西赖特比较了在社会科学中利用定性和定量分析方法进行因果推断的优缺点。他们指出:

利用观测数据进行因果推断非常困难,尤其是研究复杂的政治过程时。定量分析得出的结果虽明显比较精确,但也存在许多潜在问题,如案例均衡、概念化和测量、数据假设以及模型选择等问题(Brady Collier,and Seawright 2004,第 9—10 页)。

这些学者认为:没有某个工具在任何情况下都是最好的,为最大限度利用现有信息,他们建议混合使用定性和定量分析技术。观察因果过程非常有用,包括观察异常现象、偶然实验结果甚至 $N=1$ 的实验,因为它们与上述流行病学的例子是相似的。

2004 年,罗戈斯基(Rogowski)描述了异常现象在政治科学中的作用。他认为,该领域的学者过度依赖统计学模型来检验假设,而且,学者们没能充分认识到,异常现象可能推翻先前假设并开辟新的调查渠道。尽管所研究案例都是从大样本中精心选择的,但已经在这些案例研究中发现了会影响结果的异常现象。他还认为,未能找到异常现象可能导致研究项目的失败。

1989 年,巴克(Buck)等人再版了许多流行病学的经典文章,一些经典错误也包括在内。1997 年,波特(Porter)的研究成果成为医学史的标准参考。1910 年,艾略特(Eliot)再版了詹纳的文章。

2000 年,巴赞(Bazin)讨论了天花的历史、詹纳的研究成果以及天花的发展,包括天花的消灭等,最后一例有记录的天花病例发生于 1977 年 8 月。1988 年,芬纳(Fenner)等人补充了大量有关天花及其历史的信息。

【314】　1721 年英国记录了天花接种(Bazin 2000,第 13 页;Fenner 等人 1988,第 214—216 页)。然而,在 1721 年之前,杂志中就描述了接种的做法(Timonius and Woodward 1714)。在詹纳时代,人们普遍认为患过牛痘就产生了对天花的免疫(Jenner 1801;Baron 1838,第 122 页)。

1798 年至 1978 年间,生产和管理疫苗的技术被详细阐述。随着人们寿命的延长,接种疫苗的功效逐渐减弱,这与詹纳的观点相反。因此,人们引入再次接种疫苗的做法。1939 年,疫苗中的病毒与牛痘中自然存在的病毒略微不同。疫苗病毒被称为"牛痘苗"(Bazin 2000,第 11 章;Fenner 等人 1988,第 6—7 章,尤见第 278 页)。

2005 年,弗里德曼报告了斯诺对霍乱的研究结果。参见云顿—约翰森等学者的著作(Vinten-Johansen 等人 2003)了解斯诺的研究信息。1987 年,伊万斯(Evans)从历史的角度分析了欧洲发生霍乱的年份。1854 年,菲利波·帕奇尼(Filippo Pacini)预测了科赫对霍乱弧菌的发现,但同时代人并没有认识到帕奇尼研究的重要意义。

亨利·怀特黑德(Henry Whitehead)是伦敦苏活区的一位牧师。他不认为布罗德大街的水泵是造成疫情的原因,因为布罗德大街因水源纯净而出名。他认为斯诺的观点存在缺陷,霍乱死者生前主要聚集在水泵附近,但人口总体分布情况是怎样的呢?

怀特黑德也进行了挨家挨户的彻底调查,以确定所有居民患霍乱的比例。之后,他画了 2×2 的表格,并总结了所得结果。所获数据表明斯诺的结论是正确的(Cholera Inquiry Committee 1855,第 121—133 页)。斯诺只针对其自然实验进行了分析。

注册总署的统计主管威廉·法尔(William Farr)是维多利亚时代英国的医学统计学家,也是公共卫生学家,他主要致力于消除空气污染及其源头。他声称,一个地区霍乱造成的死亡人数与其海拔高度呈反比。具体而言,如果 y 表示一个地区霍乱造成的死亡率,x 表示其海拔高度,那么,法尔认为他们之间的关系可用方程式表示为:

$$y = \frac{b}{a + x}$$

常数 a 和 b 根据数据估计而得。1848 年和 1849 年的数据拟合性非常好。

法尔是一位折中的瘴气研究者,他认为一个地区的霍乱与海拔高度之间是因果关系,并从大气变化,如泰晤士河有毒气体变薄、植被变化,以及土壤变化的角度进行解释。然而,1866 年伦敦发生霍乱疫情之后,他开始接受斯诺理论的主要观点,但也没有放弃他自己的有关瘴气和海拔高度的观点(Humphreys 1885,第 341—384 页;Eyler 1979,第 114—122 页;Vinten-Johansen 等人 2003,第 394 页)。不管怎样,法尔的观点对医学和社会科学领域的统计工作产生了重要影响。

有两个网站详细介绍了斯诺、怀特黑德等人,网址是:<http://www.ph.ucla.edu/epi/snow.html>;<http://matrix.msu.edu/~johnsnow>(2007 年 10 月 30 日可查询)。

我们可以通过参见劳登(Loudon 2000)的研究了解产后热,参见尼兰(Nuland, 【315】 1979)的研究系统地了解泽梅尔魏斯的生平。1970 年,黑尔(Hare)讨论了 20 世纪 30 年代伦敦妇产科医院控制产后热的努力。导致这种疾病的酿脓葡萄球菌在人的鼻子和喉咙中很常见,参见劳登(Loudon,第 201—204 页)。

我们可以通过参见卡朋特(Carpenter 2000)的研究了解脚气病的相关信息。他生动地描述了脚气病治疗的科学进展,还讨论了艾克曼抵达爪哇之前所做的研究。

参见弗里德曼、皮萨尼和珀维斯(Freedman,Pisani,以及 Purves 2007,第 15—16 页)了解糙皮病的相关信息。古德伯格的文章收集在特里斯(Terris 1964)的著作中。1914 年,古德伯格解释了他对营养缺失病假设的推理;1926 年,古德伯格等人确定 P-P 元素是维生素 B 复合物的一部分。

1981 年,卡朋特再版了许多研究者写的关于糙皮病的文章,并提出了宝贵的评价。他解释了以玉米为主食的墨西哥居民不患糙皮病的原因,讨论了色氨酸的作用(在身体里可以转换为烟酸的氨基酸),并指出我们对糙皮病理解的欠缺之处以及糙皮病消失的原因。

关于氟化作用的原始论文主要来自麦凯和布莱克(McKay 和 Black 1916)、丘吉尔(Churchill 1931)和迪安(Dean 1938)。还有大量论文来自麦克卢尔(McClure 1970)和疾病控制中心(Centers for Disease Control 1999)的二手文献。麦凯(1928)的观点经常被引用,但他的观点似乎大多是关于牙齿中的牙釉是否为活组织的。

1970 年,黑尔详细介绍了弗莱明的相关信息,1946 年,古德史密斯(Goldsmith)也提供了有价值的背景信息。如今,青霉素指的是弗莱明在液体培养基过滤实验中得到的霉菌积极成分。

什么是细胞杀伤机制？简言之，大多数细菌的细胞壁包含由糖和氨基酸建构的"脚手架"。细胞分裂形成子细胞时，生成并合成脚手架成分。在很多细菌中，青霉素干预脚手架成分的合成过程，最终导致细胞壁破裂（Walsh 2003）。

青霉素使细胞失活之前，许多细菌生成一种使青霉素失活的酶（"青霉素酶"）。还存在其他细菌防御系统，更普遍而言，细菌有防御抗生素的机制。青霉素抑制细胞壁合成的过程容易理解，但这是如何导致细菌溶解的呢？尽管我们对该现象已有很多了解，但它仍像谜一样（Walsh 2003，第 41 页；Bayles 2000；Giesbrecht 等人 1998）。

细菌分裂时，青霉素才会导致细菌溶解。由于该原因，弗莱明在培养皿中观察到的现象需要不寻常的环境条件相结合才会产生（Hare 1970，第 3 章）。弗莱明的发现只是由于他很幸运吗？在这里，应该提到巴斯德的警句："机会只偏爱那些有准备头脑的人。"

很难找到与格雷格相关的材料，但可以参见格雷格（Gregg 1941）、兰开斯特（Lancaster 1996）和韦伯斯特（Webster 1998）。1944 年，格雷格讨论了母体风疹导致的婴儿耳聋。

【316】关于 DES 的研究，可参考的资料有 1970 年赫布斯特和斯卡利写的文章，以及 1971 年赫布斯特、尤尔费尔德（Ulfelder）和伯斯卡（Poskanzer）写的文章，1982 年科尔顿（Colton）和格林伯格（Greenberg）对此进行了总结。还可参见弗里德曼、皮萨尼和珀维斯（Freedman，Pisani，以及 Purves 2007，第 9—10 页）。DES 是可以避免的灾难。开 DES 处方药的医生关注了观测研究，这些研究表明 DES 有助于预防流产。然而，临床实验表明 DES 根本没有该积极影响。1971 年，DES 被禁止用于孕妇。

参考文献

Baron, J. 1838. *The Life of Edward Jenner*, vol. i. London: Henry Colburn; available on Google Scholar, August 27, 2007.

Bayles, K. W. 2000. The bactericidal action of penicillin: new clues to an unsolved mystery. *Trends in Microbiology*, 8: 274-8.

Bazin, H. 2000. *The Eradication of Smallpox*, trans. A. and G. Morgan. London: Academic Press.

Berk, R. A. 2004. Regression Analysis: A Constructive Critique. Thousand Oaks, Calif.: Sage.

Brady, H. E., and Collier, D. (eds.) 2004. *Rethinking Social Inquiry: Diverse Tools, Shared Standards*. Lanham, Md.: Rowman and Littlefield.

——— ———and Seawright, J. 2004. Refocusing the discussion of methodology. Pp. 3-20 in Brady and Collier 2004.

Buck,C.,Llopis,A.,Nájera,E.,and Terris,M.(eds.)1989. *The Challenge of Epidemiology*: *Issues and Selected Readings*.Geneva:World Health Organization;available on Google Scholar,August 21,2007.

Carpenter,K.J.(ed.)1981. *Pellagra*.Stroudsburg,Pa.:Hutchinson Ross.

——2000. *Beriberi*,*White Rice*,and *Vitamin B*.Los Angeles:University of California Press.

Centers for Disease Control 1999. Fluoridation of drinking water to prevent dental caries.*Morbidity and Mortality Weekly Report*,48:933-40.

Cholera Inquiry Committee 1855. *Report on the Cholera Outbreak in the Parish of St.James*,*Westminster during the Autumn of 1854.* London:Churchill.

Churchill,H.V. 1931. Occurrence of fluorides in some waters of the United States.*Journal of Industrial and Engineering Chemistry*,23:996-8.

Colton,T.,and Greenberg,E.R. 1982. Epidemiologic evidence for adverse effects of DES exposure during pregnancy.*American Statistician*,36:268-72.

Dean,H.T. 1938. Endemic fluorosis and its relation to dental caries.*Public Health Reports*,53:1443-52; reprinted in Buck et al. 1989,271-87.

Duncan,O.D. 1984. *Notes on Social Measurement*.New York:Russell Sage.

Eliot,C.W.(ed.)1910. *Scientific Papers*:*Physiology*,*Medicine*,*Surgery*,*Geology. The Harvard Classics*, vol. 38. New York:P.F.Collier & Son;orig.pub. 1897;available on Google Scholar August 23,2007.

Evans,R.J. 1987. *Death in Hamburg*:*Society and Politics in the Cholera Years*,*1830 - 1910.* Oxford: Oxford University Press.

Eyler,J.M. 1979. *Victorian Social Medicine*:*The Ideas and Methods of William Farr.* Baltimore:Johns Hopkins University Press.

Fenner,F.,Henderson,D.A.,Arita,I.,Jezek,Z.,and Ladnyi,I.D. 1988. *Small-pox and its Eradication.* Geneva:World Health Organization.<http://whqlibdoc.who.int/ smallpox/9241561106. pdf>.

Fleming,A. 1929. On the antibacterial action of cultures of a penicillium,with special refer-ence to their use in the isolation of *B.influenzae*.*British Journal of Experimental Pathology*,10:226-36.

Freedman,D.A. 2005. *Statistical Models*:*Theory and Practice*.New York:Cambridge University Press.

——Pisani,R.,and Purves,R.A. 2007. Statistics,4th edn.New York:W.W.Norton.

Giesbrecht,P.,Kersten,T.,Maidhof,H.,and Wecke,J. 1998. Staphylococcal cell wall:morphogenesis and fatal variations in the presence of penicillin. *Microbiology and Molecular Biology Reviews*,62: 1371-414.

Goldberger,J. 1914. The etiology of pellagra.*Public Health Reports*,29:1683 - 6;reprinted in Buck et al. 1989,99-102,and in Terris 1964,19-22.

——Wheeler,G.A.,Lillie,R.D.,and Rogers,L.M. 1926. A further study of butter,fresh beef,and yeast as pellagra preventives,with consideration of the relation of factor P-P of pellagra(and black tongue of dogs)to vitamin B1. *Public Health Reports*,41:297-318;reprinted in Terris 1964,351-70.

Goldsmith,M. 1946. *The Road to Penicillin*.London:Lindsay Drummond.

Gregg,N.M. 1941. Congenital cataract following German measles in the mother.*Transactions of the Oph-*

thalmological Society of Australia, 3:35-46; reprinted in Buck et al. 1989, 426-34.

——1944. Further observations on congenital defects in infants following maternal rubella. *Transactions of the Ophthalmological Society of Australia*, 4:119-31.

Hare, R. 1970. *The Birth of Penicillin and the Disarming of Microbes.* London: Allen and Unwin.

Herbst, A.L., and Scully, R.E. 1970. Adenocarcinoma of the vagina in adolescence: a report of 7 cases including 6 clear cell carcinomas. *Cancer*, 25:745-57.

——Ulfelder, H., and Poskanzer, D.C. 1971. Adenocarcinoma of the vagina: as-sociation of maternal stilbestrol therapy with tumor appearance in young women. *New England Journal of Medicine*, 284:878-81; reprinted in Buck et al. 1989, 446-50.

Humphreys, N.A. (ed.) 1885. *Vital Statistics: A Memorial Volume of Selections from the Reports and Writings of William Farr.* London: Edward Stanford; available on Google Scholar, September 23, 2007.

Jenner, E. 1798. *An Inquiry into the Causes and Effects of the Variolae Vaccinae, a Disease Discovered in Some of the Western Counties of England, Particularly Gloucestershire, and Known by the Name of the Cow Pox.* London: printed for the author by Sampson Low; reprinted in Eliot 1910, 151-80.

——1801. *The Origin of the Vaccine Inoculation.* London: D.N.Shury; reprinted in Fenner et al. 1988, 258-61.

Lancaster, P.A.L. 1996. Gregg, Sir Norman McAlister (1892-1966), ophthalmologist. Pp. 325-7 in *Australian Dictionary of Biography*, vol.xiv, ed.J.Ritchie. Melbourne: Melbourne University Press.

Loudon, I. 2000. *The Tragedy of Childbed Fever.* Oxford: Oxford University Press.

McClure, F.J. 1970. *Water Fluoridation.* Bethesda, Md.: National Institute of Dental Research. McKay, F.S. 1928. Relation of mottled enamel to caries. *Journal of the American Dental Association*, 15:1429-37.

——and Black, G.V. 1916. An investigation of mottled teeth: an endemic developmental imperfection of the enamel of the teeth, heretofore unknown in the literature of dentistry. *Dental Cosmos*, 58:477-84, 627-44, 781-92, 894-904.

Nuland, S. 1979. The enigma of Semmelweis: an interpretation. *Journal of the History of Medicine and Allied Sciences*, 34:255-72.

Porter, R. 1997. *The Greatest Benefit to Mankind.* New York: W.W.Norton.

Roe, D.A. 1973. *A Plague of Corn.* Ithaca, NY: Cornell University Press.

Rogowski, R. 2004. How inference in the social (but not the physical) sciences neglects theoretical anomaly. Pp. 75-82 in Brady and Collier 2004.

Semmelweis, I. 1981. *The Etiology, Concept, and Prophylaxis of Childbed Fever*, trans. F.P.Murphy. Birmingham: Classics of Medicine Library; orig.pub.in German 1860.

Snow, J. 1965. *On the Mode of Communication of Cholera.* New York: Hafner; orig.pub. 1855.

Terris, M. (ed.) 1964. Goldberger on Pellagra. Baton Rouge: Louisiana State University Press.

Timonius, E., and Woodward, J. 1714. An account, or history, of the procuring the smallpox by incision, or inoculation; as it has for some time been practised at Constantinople. *Philosophical Transactions*,

29:72-82.

Vinten-Johansen, P., Brody, H., Paneth, N., and Rachman, S. 2003. *Cholera*, *Chloroform*, *and the Science of Medicine*. New York: Oxford University Press.

Walsh, C. 2003. *Antibiotics*: *Actions*, *Origins*, *Resistance*. Washington, DC: ASM Press.

Webster, W.S. 1998. Teratogen update: congenital rubella. *Teratology*, 58:13-23.

第十三章　加强在定量研究中的因果推断机制的研究

彼得·海德史莱姆(Peter Hedstrom)①

1. 引言

　　社会科学家和科学领域的哲学家非常重视逻辑和所谓的基于机制的诠释。在本章中,我主要关注机制在解释性社会科学研究中的作用,还强调研究机制的多种方法,这些方法使定量研究更有利于因果推断。

　　此处使用的术语"因果推断"与"统计推断"不同。这两种推断方法非常相似,因为两者都是通过具体信息推断普遍现象结论;然而,普遍现象以及使用的具体信息的类型是不同的。对于统计推断而言,使用的信息通常来自以随机样本为基础且数量有限的观察,得出的结论与一些参数的可能值有关,如回归系数或标准偏差。对于因果推断,使用的不是局限于特定样本的信息,而是一系列提供不同因果关系难题(causal puzzle)的信息(参见 Brady and Collier 2004)。另外,因果推断归纳的不是统计模型的参数,而是结果发生的过程以及控制过程的机制。如下文所述,了解相关机制对于统计推断非常重要,统计估计和推断对于理解结果发生的过程也非常重要,但统计推断和因果推断是不同类型的活动。

　　本章讨论的机制分析方法与传统的定量分析方法不同。机制分析方法的关注点不是变量之间的关系,而是行为体(actors)、行为体之间的关系以及行为体行动产生的有意和无意的结果。行为体的属性和其社会环境经常影响个体行为的结果。可通过变量形式测量并表示这些属性以及行为的结果,但因果机制无法在变量层面运行。如下文

---

　　①　本章内容借鉴并发展了我 2005 年出版的以及我和斯威德伯格(Swedberg)1996 年出版的两本著作的主要观点。非常感谢亨利·布雷迪(Henry Brady)提出了有见地的评论。

所述,由于行为体是变化的中介(agent),所以因果关系过程在行为体层面通常应当是具体的。

　　本章的结构安排如下。首先,我描述了机制分析以及基于机制的诠释。然后,我主要研究机制对因果推断和统计推断的三点作用:(1)发挥作用的机制通过指导统计模型的设定而改善统计推断;(2)机制通过增强我们对个体行为的理解而加强因果推断;(3)基于机制的模型通过展示个体行为所带来的社会结果而加强因果推断。①

2. 机制分析和基于机制的诠释 　　　　　　　　　　　　　　　　　　【321】

　　机制分析方法的核心观点是,我们通过规定希望解释的机制进行解释。正如埃尔斯特(Elster 1989,第3—4页)所言,"解释一个事件就是解释它发生的原因。通常,我们将之前发生的事件视为要解释事件的原因。但仅仅找到原因是不够的,必须证明或至少提出因果机制。"②

　　2001年,马哈尼(Mahoney)观察到,人们对于"机制"意味着什么没有达成一致。事实上,至少从表面看来,似乎存在很多与机制有关的定义。哲学家和社会科学家用各种各样的方式定义机制(如 Bhaskar 1978;Bunge 1996;Elster 1999;Gambetta 1998;Glennan 1996;Hedström and Swedberg 1998;Karlsson 1958;Little 1991;Mcadam,Tarrow,and Tilly 2001;Mahoney 2001;Mayntz 2004;Pawson 2000;Salmon 1984;Schelling 1998)。表13.1描述了最常用的定义。

　　这些定义的差异很大。一些定义指一般的因果机制,而另外一些定义指与社会科学相关的机制;一些定义相当精确,而另外一些定义比较广泛和一般;一些定义指具体存在的实体,而另外一些定义指与这些实体有关的模型或推理。然而,尽管存在上述差异,这些定义还有一个重要的共同特征。这些定义都强调,通过详细阐述观察到的规律是如何产生的,使这些规律变得通俗易懂。

　　我在2005年出版的研究成果中提到,麦克莫尔(Machamer)、达登(Darden)和克雷沃(Craver)在2000年出版的著作中定义的机制概念是最令人满意的。他们的方法与埃尔斯特的"齿轮与车轮"方法(cogs-and-wheels approach)以及斯威德伯格和我的方法

----

　　① 在本章中,"社会"结果或现象与"宏观"结果或现象是同义词。他们指集体属性,而不是指集体中的某一成员。这类属性的例子包括:(1)集体成员之间的典型行为、信仰或欲望;(2)分布和聚集模式,如空间分布和不平等;(3)描述集体成员关系网的拓扑结构;(4)限制集体成员行为的正式和非正式规则。还可参见卡尔森(Carlsson 1968)了解相似定义。

　　② 篇幅所限,不再讨论"解释"的其他概念。可参见我2005年出版的研究成果以及布雷迪(Brady)在本书中讨论的与社会科学相关的其他概念。

在本质上是相似的。根据这些定义,人们可以认为机制包含实体(属性)以及实体本身或与其他实体一起进行的活动。实体进行的活动带来改变,而且改变的类型取决于实体的属性以及实体相联系的方式。因此,这样定义的机制指的是一系列相似的实体以及组织的活动,因此,这些定义有规律地产生特定类型的结果,并且,我们通过参考有规律地产生结果的机制解释观察到的结果。

【322】

表 13.1 其他机制概念

作者	定义	参考资料
邦格(Bunge)	机制是一个具体系统中的过程,它能带来或阻止系统中的某些变化。	Bunge(1997;2004)
克雷沃(Craver)	机制是实体和组织的活动,能够从始至终产生有规律的变化。	Craver(2001); Machamer,Darden and Craver(2000)
埃尔斯特(Elster Ⅰ)	机制通过打开黑匣子并展示内部机械的齿轮和车轮进行诠释。机制提供说明项与被说明项之间连续的因果关系或人为干预关系链。	Elster(1983a;1989)
埃尔斯特(Elster Ⅱ)	机制是经常在未知条件下发生且容易识别的因果关系模式。	Elster(1998;1999)
彼得·海德史莱姆(Hedström)和斯威德伯格(Swedberg)	社会机制是精确的、抽象的和基于行为的诠释,它展示了触发事件如何有规律地产生需要解释的结果。	Hedström and Swedberg(1996;1998)
利特尔(Little)	因果机制是一系列受规律支配的事件,这些规律将说明项与被说明项相联系。	Little(1991)
斯廷奇库姆(Arthur L. Stinchcombe)	机制是一种科学推理,它提供了另外一种常见的较高层次理论组成的知识。	Stinchcombe(1991)

如上所述,行为体和行为在社会科学的诠释中发挥着重要作用,因为行为体实质上是实体,而行为是带来变化的活动。毋庸讳言,关注行为体和行为并不意味着"惯例"、"制度"或"社会结构"等个体外的实体是不重要的,只是意味着行为体的参与才能让这些实体发挥作用。我们以社会结构为例,因此也强调社会科学解释通常指的是嵌套在其他机制中的机制(参见 Stinchcombe 1991)。根据社会学的社会网络传统(例如White,Boorman,and Breiger 1976),社会结构的定义是:展示出时间稳定性(temporal stability)的一部分个体彼此交互的网络或模式。大量研究表明,这些网络很可能影响该结构中的个体可能带来的结果(参见 Strang and Soule 1998)。也就是说,相同的实体(个体行为体)在不同的关系模式中相结合可能带来不同类型的结果。从这个意义上而言,可以说不同的关系模式组成不同的机制(参见 Mcadam,Tarrow,and Tilly 2001)。

【323】在传染病研究中,我们可以清晰地看到此类"结构性"机制是如何影响最后结果

的。1998 年,沃茨(Watts)和斯特罗加茨(Strogatz)表明,网络结构的微小变化可能决定疫情的发展。对于社会科学而言,由于其传播机制(transmission mechanisms)更加复杂,所以展示这些影响更加困难,但过程逻辑是相似的。无论解释的结果指的是疫情规模还是群体的某种信念,我们都以规律性产生这类结果的机制(具体到这个案例,是指某种类型的网络结构)予以解释。

然而,网络结构本身不可能产生结果。如果他们产生某种结果,那么一定影响个体行为方式,而且为理解这种影响是如何运行的,我们必须明确所涉及的机制。也就是说,我们必须详细说明个体行为的解释机制,以及个体在"结构性"机制中的嵌套方式。这些与行为相关的机制可能表现为实体(属性)以及实体结合方式的形式。核心实体是不同的,而且实体现在还包括行为体的信念、欲望和机会等。但解释逻辑是相同的:我们通过参考有规律地带来这类行动的机制(一系列相似的信念、欲望和机会等),来解释观察到的现象(个体行为)。

无论是观察个体行为导致的结果还是集体行为导致的结果,都有必要确定其产生机制,这其中的原因是什么呢? 第一个原因是,确定机制的相关细节有助于形成精确易懂的解释。换言之,只有参考所涉及的机制才能真正理解并解释观察到的结果。

另一个重要原因是,研究机制有助于避免理论碎片化(theoretical fragmentation)。例如,我们可能想到多种基于相同行动和交互机制的理论(如投票理论、社会运动理论等)。但通过研究机制,可以避免不必要的理论概念扩散,也可以在初看完全不相似的过程中找到结构性的相似之处。

大多数社会科学研究都是非实验的。在此类研究中,理解联系两种状态或两个事件的机制有助于我们得出这样的结论:我们研究的是真正的因果关系。格伦南(1996,第 65 页)曾强调:"两个事件当且仅当由一个机制相联系时才具有因果关系。"如果我们无法确定一个可信的机制,那么,我们就无法确定所观察到的规律性就是真正的因果关系。

原则上,在精心设计的实验中,即使我们对所涉及的机制一无所知,也可以得知实验处理是否影响实验结果。但如果我们对所涉及的机制缺乏了解,从实验中获得的信息便无法解释因果关系。在实践中,将实验所得结果推广到现实生活中存在很多实际和伦理上的困难,所以,无论是现在还是将来,真正的实验在社会科学中的作用都很小。【324】

3. 机制分析和定量研究

对于非实验研究而言,调查分析和统计技术是非常宝贵的分析调查数据的工具。

然而,许多观察者指出,使用此类数据和方法还有助于分析以变量为中心的研究,但这类研究不太关注能够解释观察结果的过程。1986 年,科尔曼(Coleman)恰当地将这类以变量为中心的研究描述为"个人行为主义"的一种形式。这类研究的指导原则是,可通过个体和环境的"决定因素",如年龄、性别、阶级和种族,来解释任何形式的个体行为。有人希望通过将相关结果变量对一些此类变量进行回归分析,来确定有关行为的原因。科尔曼认为,对于行为而言,这个"因果关系"解释与大多数社会科学家所使用的解释方法有很大不同:"也就是说,变量之间的统计联系很大程度上代替了事件之间有意义的联系,从而成为描述和分析的基本工具"(Coleman 1986,1327—1328)。

大卫·弗里德曼(David Freedman)详细描述了这种因果建模方法的统计学基础(例如 Freedman,1987;1991;1999)。根据弗里德曼的观点,一些社会科学家认为估计因果模型的可能性会产生相反结果。他声称,因果关系建模者使用的基本统计学工具的基础是一个网络结构,这个网络结构有高度限制的随机假设,而这些假设很难得到满足。弗里德曼观点的基本要点是,社会科学家应更多地考虑基本社会过程,还应仔细观察不受传统影响并与随机模型无关的数据,"依我看来,在过去 20 年,社会科学的学术文献经常将描述性和结构性模型混为一谈,这严重阻碍了一代人的研究议程"(Freedman,1992,第 123 页)。弗里德曼强调,这种统计分析最多只能概括地描述数据,其本身并不能提供因果解释。因果推断应始终取决于论据的力量(strength of the argument),而不应取决于"最小二乘法的魔力"(Freedman 1992)。

【325】 我们应该怎么做?我不认为定量分析和实证研究对社会科学而言是无关紧要的。我的观点与之恰恰相反。为了使统计分析能够提供有用可靠的信息,统计模型必须合理地展现结果产生的过程。1998 年,萨恩森(Sørensen)提出,为得到这样的模型,应改变社会科学家和统计学家现在的分工模式,采用不同的分工模式。合理的分工应该是,社会科学理论提供因果过程的数学模型,统计学提供估计该模型的工具,而不是像现在一样,统计学提供模型,社会科学家将之视为专门为社会过程设计的模型(参见 Cox,1992;Goldthorpe 2000)。机制的研究与确定可以促进定量分析研究的一个重要原因是,这提供了此类具体模型的基本材料。提供这些机制的具体例子之后,我将接着讨论这点。

关注并研究机制可以促进定量分析研究的另一个重要原因是,这可以确定模型,因为不关注机制将无法确定模型。温西普和哈丁(Winship and Harding 2008)展示了如何通过关注机制确定模型,并阐释了年龄——时期——队列模型(age,period,cohort[APC] models)的原则。众所周知,我们无法确定线性 APC 模型,因为它们是彼此的完全线性函数,即:年龄=时期-列队。温西普和哈丁的主要观点是,可以通过将影响结果诠释的 APC 因素纳入模型之中确定最终模型。他们证明了如何使用珀尔(Pearl)2000

年提出的前门标准(front-door criteria)处理自变量一些子集之间的线性相关情况。将表示相关机制的变量包含在内相当于将 APC 模型扩展为多重 APC 模型,这有助于确定原始 APC 模型的相关参数。

4. 个体行为的机制分析和诠释

研究因果机制不仅有助于确定可能估计的统计学模型类型,还可以通过帮助我们理解个体行为的原因来加强因果推断。虽然我们仅对大规模的社会与政治过程感兴趣,但由于个体行为影响社会,因此理解个体行为的原因也至关重要。

我将以 DBO 理论为出发点来说明基于机制的行为解释。该理论的内容是,欲望 **【326】** (D)、信念(B)和机会(O)是行为与交互分析所依据的主要实体。也就是说,如果我们认识到个体行为被赋予的意义,就可以理解他们所做行为的原因,即有一种意图可以解释他们所做的行为(参见 Elster,1983a;von Wright 1971)。

从行为的原因的角度来看,信念和欲望是导致行为的精神事件。欲望和信念的特殊结合方式构成了令人信服的行为原因。信念和欲望有助于我们理解并解释行为(参见 von Wright 1989)。标准理性选择理论是 DBO 理论的一个变体。该理论认为,个体根据可用机会施加的限制选择行为模式,来最大程度地满足欲望(如:效用最大化是指预算约束下的可用机会)。

然而,个体并不会孤立地表现某种行为。为解释他们为什么有那样的行为,我们必须理解他们如何在与其他个体交互的过程中形成信念、欲望和机会。人们假设信念和欲望是固定的且不受其他个体行为影响,在某些具体情况下,该假设是合理的,但在一般情况下,该假设无法维持。如果我们忽视或误解了个体间的交互或影响,将无法正确预测一组个体的行为所带来的结果(参见 Holland 1998)。因此,我们必须设法规定一些行为体的行为对其他行为体的信念、欲望、机会和行为的影响机制。

一个行为体的行为可能影响另一个行为体的行为,而且影响程度受后者的行为机会和精神状态调节。根据 DBO 理论,前者通过影响后者的欲望、信念或机会而影响后者的行为。

根据这些基本观点,我们可以定义更复杂的"分子"机制。从基本实体和活动相联系的角度来看,这些分子机制各不相同。图 13.1 列举一些例子。其中 D、B、O、A 分别表示欲望、信念、机会和行为,i,j,k 代表不同的行为体。

在图 13.1 中,第一种实体和活动模式解释的是痴心妄想,指的是行为体欲望与信念之间的联系,信念使行为体相信欲望就是事实(参见 Davidson 1980)。第二种机制是酸葡萄心理综合征,也指行为体信念与欲望之间的联系,但与第一种模式恰恰相反,在第二种机制中,行为体只希望得到他认为能够得到的东西(参见 Elster 1983a)。

【327】

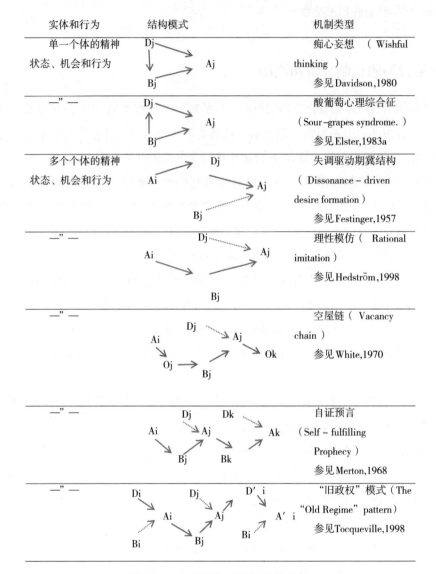

图 13.1　与行为和交互相关的机制

【328】　　失调驱动期冀结构指的是,其他行为体的行为会改变焦点行为体(focal actor)的欲望,进而改变他或她的行为。1957 年,费斯汀格(Festinger)提出的认知失调(cognitive dissonance)概念就是一个经典例子。例如,如果我希望得到 p,但我身边的人没有认识到 p 的价值,尤其是,我对 p 的欲望非常强烈,但同时我又很珍视与身边人的关系,这时便会出现严重的失调。消除失调的一种做法是,劝说身边的人重视 p 的价值,另一种比

较简单的做法是，"说服"自己认为 p 没有自己最初想的那么有价值。

理性模仿指的是，一个行为体的行为会影响其他行为体的信念和接下来的行为。例如，餐厅顾客数量在某种程度上说明了就餐体验，因此，如果餐厅有大量顾客，那么，这可能影响潜在就餐者的信念和行为（参见 Hedström 1998）。

空屋链指的是，一些行为体的行为给其他行为体创造了新的机会并改变了他们的行为。一个经典的例子是 1970 年哈里森·怀特（Harrison White）对美国神职人员空缺职位流动模式的分析。当个体离开所在组织或新的岗位被创造时，就会出现职位空缺。一个人填补岗位空缺后，他或她原来的岗位便会空缺，这给别人带来了机会。然而，该空缺被填补后，又会出现另一个岗位空缺。在该过程中，个体和空缺岗位在不同方向流动，而且流动过程受机会链控制。

自证预言是几个理性模仿机制的一条连续链。1968 年，默顿（Merton）研究了一个案例，其中错误信念引发的行为最终导致错误信念成为现实。他用银行运行的例子解释该机制。一旦银行破产的谣言开始传播，根据"安全总比后悔好"的原则，存户很有可能去银行提取存款。这种现象会严重影响银行的财务运转。更重要的是，对其他存户而言，一些存户提取存款的行为意味着银行运行出现了问题。这导致更多存户去银行挤兑，并且更加相信银行破产的谣言。根据该机制，如果大量存户因相信银行破产的谣言而去银行挤兑，那么，即使一个最初健全的银行也将面临破产。

"旧政权"模式是理性模仿和失调驱动期冀结构的一条连续链（$D_i \rightarrow A_i \rightarrow B_j \rightarrow A_j \rightarrow D'_i \rightarrow A_i$，其中 $D'_i \neq D_i$）。考虑到机会，一个行为体可能会做不是真正想做的事情。根据理性模仿机制，其他行为体看到该行为后，便会模仿。最终，第一个行为体注意到其他行为体的模仿行为，因此他的欲望发生改变。这导致第一个行为体真的渴望做最初假装做的事情。托克维尔（Tocqueville）使用该机制解释了 18 世纪末期法国的迅速世俗化。

信仰教会教义的教徒担心他们被孤立，而且，比起成为异教徒，他们更担心被孤立，【329】于是，他们声称与大多数人持相同观点与信仰。因此，一部分人（虽然很大一部分人）的观点成为所有人的意志，而且，即使那些造成这种假象的人也无法遏制这种情况（Tocqueville 1998，第 155 页）。

通过详细描述这些机制，我们更好地理解了个体所做行为的原因。我们也迈出第一步去理解大规模社会和政治结果是如何发生的。但理解这类微观过程会产生哪些宏观结果也至关重要。在下一小节中，我将提出有用的方法来解决微观和宏观的关系问题。

5. 宏观结果的机制分析和诠释

1986 年,科尔曼强调,将个体行为与可能带来的社会或宏观结果相结合是解释性理论面临的一个主要障碍。上一小节讨论的机制即使发生很小且无关紧要的变化,也会对一群个体所带来的最终社会结果产生重大影响。由于这个原因,不能仅从行为体属性的角度解读社会结果。小群体中的行为体根据已知行为有逻辑地行事,而且行为体的交互模式也是熟知的,但即使在小群体中,我们也经常无法预测可能发生的社会结果(参见 Schelling 1978)。如果不使用正式的分析工具,预测并解释个体和社会关系对我们而言将太复杂。

这些年以来,人们已经发展了多种不同的模型,而且有些模型在社会科学领域产生了重要影响,如奥尔森(Olson)1965 年提出的搭便车模型(free-rider model)和唐斯(Downs)1957 年提出的政党竞争模型。这些模型的假设是高度程式化的,但仍具有无限价值,因为他们通过确定对很多实证现象都很重要的机制进而提供了新视角。这些模型确定了具体类型的机制并展示了该机制可能产生的影响,从这个角度来看,他们是纯理论的。

如果我们的目的是通过形式模型解释实证观察结果,那么,模型设定(model specification)的相关细节将至关重要。例如,我们也许能够讲述一组孤立且理性的个体如何带来我们试图解释的社会结果,但除非个体根据模型规定行事和交互,否则我们无法解释为什么观察已观察到的结果。① 以行为和交互逻辑的描述性错误假设(descriptively false assumption)为基础进行分析,我们也许可以形成完美且简洁的模型,但如果只能在与我们的世界截然不同的世界中找到该逻辑,基于该假设的解释说明在我们的世界中将是虚构的。为进行解释,我们必须参考在我们所分析的现实世界中运行的机制(Elster 1989)。

很多情况下,对于解决个体和社会的关系问题而言,基于 agent 建模更为诱人。基于 agent 建模利用计算机模拟来评估虚拟行为体可能带来的社会结果,而且基于 agent 的分析与其他模拟方法的不同之处在于,它们以行为体为基础,并全方位解释社会现

【330】

---

① 区分描述性错误假设(descriptively false assumptions)与描述性不完整假设(descriptively incomplete assumptions)是很有必要的。如果集合 A={a b c d},这时我们若假设 A={e f},那么我们的假设是描述性错误的;然而,我们若假设 A={c d},那么我们的假设是描述性不完整的。在前一种情况,我们假设的 A 不具备集合 A 的特征;在后一种情况,我们假设的 A 只是集合 A 的一部分,也就是说,我们强调了一些特征,但同时也忽略了一些特征。描述性不完整假设是可取且不可避免的,而描述性错误假设是不可取且可避免的。

象。也就是说,基于 agent 的模型考虑到了有关行为体属性、行为和交互的不同假设,并在此基础上预测社会结果(参见 Axelrod 1997;Epstein and Axtell 1996;Macy and Willer 2002;Marchi and Page,本书)。这些模型也许不像数学模型那样完美简洁,但使用这些模型进行分析时,分析者不需要以错误假设为基础,因此这些模型有更强的解释力。

尽管基于 agent 建模能缩小理论模型与实证现实之间的差距,但诸多基于 agent 建模者认为他们是纯粹的理论家,并且很少关注实证问题。例如,梅西(Macy)和维勒(Willer)将基于 agent 建模描述为"理论研究的新工具"(2002,第 161 页),而且他们还认为基于 agent 建模的核心观点是"进行高度抽象的思想实验,以探索所观察模式的合理机制"(2002,第 147 页)。同样地,阿克塞尔罗德(Axelrod)声称,基于 agent 建模不"旨在精确地表现具体的实证应用。相反,其目标是丰富我们对可能出现在不同应用中的基本过程的理解"(Axelrod 1997,第 25 页)。

尽管纯粹的思想实验也非常重要,但当我们解释具体的结果时,必须确保所构建的机制在具体情况中确实运行。此外,我们必须确保这些机制的丰富的细节信息与所研究的现实案例的信息相吻合。除非所构建模型与现实是对应的,否则所得分析结果将毫无解释价值。

【331】

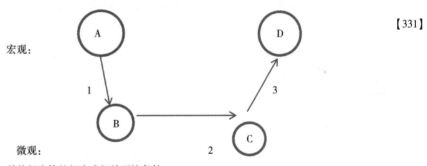

宏观:

微观:

A: 其他行为体的行为或相关环境条件

B: 个体原因或影响个体行为的属性

C: 个体行为

D: 社会结果

图 13.2　宏观—微观联系

在 2005 年出版的著作中,伊冯·奥博格(Yvonne Åberg)和我阐释到,如何通过将定量分析研究与基于 agent 建模相联系来缩小模型与现实之间的差距。科尔曼 1986 年绘制的微观—宏观联系图可以用来阐述所涉及的原则(见图 13.2)。

我们大多数人都致力于解释社会或宏观结果(图 13.2 中的 D),而且我们通常参考其他社会或宏观现象(A)来解释该结果。但从统计学或其他方面来看,简单地将两者相结合所得出的解释是相当肤浅的,因为我们无法在总体层面(aggregate level)找到机制来解释两者的联系方式和原因。相反,我们必须试图展示个体所处社会环境如何影响个体属性和行为倾向(箭头1)。① 之后,我们必须试图展示个体属性和行为倾向如何影响其行为(箭头2),并展示个体行为如何产生我们所解释的社会结果(箭头3)。

奥博格和我所倡导的方法的本质是,大规模地使用定量数据来分析科尔曼所描绘的图中前两个箭头的细节信息,之后将分析结果用于基于agent的模型(该模型是运行机制的表现形式)(参见 Bearman, Moody, and Stovel 2004,将定量研究和基于 agent 的模型联系起来的类似方法)。尽管该方法在某些方面与基于 agent 模型不同,但两者的分析逻辑是相同的。也就是说,行为体的行为与交互产生了所出现的社会模式,而且我们可以通过改变模拟设置的不同方面,来确定这些改变如何影响结果。

[332] 篇幅所限,此处不再详细讨论该方法,简而言之,该方法将基于机制的理论与实证研究紧密结合起来,下面我总结了两者相结合的方式。

(1)首先,构建一个程式化的模型来解释可运行机制的逻辑,并确保该模型可以产生要解释的社会结果。这样的话,我们就得到了基于机制的解释,尽管该解释还未得到实证验证。

(2)对于实证验证使用相关数据检验因果机制最重要的部分,进而验证该机制确实运行。

(3)确保即使模型根据(2)进行了修改,并且在对可能的混杂因素进行了控制之后,该模型仍能产生需要解释的结果类型。

只有所得诠释在这三个阶段都成立,才能声称所得社会结果的诠释是基于机制的而且是经过实证验证的。

实证校准建模可以完成两个重要任务。第一,通过检验该模型带来的社会结果程度,甚至实际参数值,来对该模型进行测试。第二,更重要的是,能够加强定量分析研究的因果推断。通过将统计分析的结果嵌入到一个理论模型中,这个模型代表了被认为是起作用的核心机制,这样就有可能得出如果个人按照实证分析的结果采取行动和相互作用,他们将带来的社会结果。

6. 结语

在本章中,我主要讨论了基于机制的解释逻辑,还讨论了研究机制如何加强因果推

---

① 参见维克斯特伦(Wikström 2007)了解"情境机制"如何影响个体行为。

断。本章定义的机制是,一系列相似的实体和组织的活动,因此它们能够有规律地产生特定结果,我们通过参考有规律地产生这类结果的机制解释所观察到的结果。我简要讨论了三种通过研究机制来加强因果推断的方法:(1)研究机制可帮助我们决定哪类统计模型有估价值,从而加强因果推断;(2)研究机制可帮助我们理解个体行为的原因,从而加强因果推断;(3)研究机制可帮助我们理解个体行为产生社会结果的原因,从而加强因果推断。

过去几年中,政治科学和社会学领域的研究者对基于机制的解释非常感兴趣。【333】大多数研究工作是至关重要而且极具价值的,因为这些研究工作阐明了理论方法与实证应用之间的区别。但部分研究工作也存在问题,因为这些研究工作可能导致理论方法丧失其独特性。如果正如已有研究所认为的那样,基于机制的方法与研究潜在原因或干预变量的方法是相同的,那么,采用基于机制的词汇只会增加不必要的理论概念。在本章中,我清楚地解释了机制分析方法的指导原则。该方法本身是抽象的、现实的、精确的,它通过明确地制定行为和交互理论来解释具体的政治或社会现象。

参考文献

Axelrod, R. M. 1997. *The Complexity of Cooperation: Agent-Based Models of Competition and Collaboration.* Princeton, NJ: Princeton University Press.

Bearman, P.S., Moody, J., and Stovel, K. 2004. Chains of affection: the structure of adolescent romantic and sexual networks. *American Journal of Sociology*, 110:44-91.

Bhaskar, R. 1978. A Realist Theory of Science. Hassocks: Harvester Press.

Brady, H.E., and Collier, D. (eds.) 2004. *Rethinking Social Inquiry: Diverse Tools, Shared Standards.* Oxford: Rowman and Littlefield.

Bunge, M.A. 1996. *Finding Philosophy in Social Science.* New Haven, Conn.: Yale University Press.

——1997. Mechanism and explanation. *Philosophy of the Social Sciences*, 27:410-65.

——2004. How does it work? The search for explanatory mechanisms. *Philosophy of the Social Sciences*, 34:182-210.

Carlsson, G. 1968. Change, growth, and irreversibility. *American Journal of Sociology*, 73:706-14.

Coleman, J.S. 1986. Social theory, social research, and a theory of action. *American Journal of Sociology*, 91:1309-35.

Cox, D.R. 1992. Causality: some statistical aspects. *Journal of the Royal Statistical Society*, Series A: *Statistics in Society*, 155:291-301.

Craver, C.F. 2001. Role functions, mechanisms, and hierarchy. *Philosophy of Science*, 68:53-74.

314 牛津政治学研究方法手册

Davidson, D. 1980. *Essays on Actions and Events*. Oxford: Clarendon Press.

Downs, A. 1957. *An Economic Theory of Democracy*. New York: Harper and Row.

Elster, J. 1983a. *Explaining Technical Change: A Case Study in the Philosophy of Science*. Cambridge: Cambridge University Press.

——1983b. *Sour Grapes: Studies in the Subversion of Rationality*. Cambridge: Cambridge University Press.

——1989. *Nuts and Bolts for the Social Sciences*. Cambridge: Cambridge University Press.

——1998. A plea for mechanisms. Pp. 45-73 in *Social Mechanisms: An Analytical Approach to Social Theory*, ed. P. Hedström and R. Swedberg. Cambridge: Cambridge University Press.

——1999. *Alchemies of the Mind: Rationality and the Emotions*. Cambridge: Cambridge University Press.

Epstein, J. M., and Axtell, R. 1996. *Growing Artificial Societies: Social Science from the Bottomup*. Washington, DC: Brookings Institution Press.

Festinger, L. 1957. *A Theory of Cognitive Dissonance*. Stanford, Calif.: Stanford University Press.

Freedman, D. 1987. As others see us: a case study in path analysis. *Journal of Educational Statistics*, 12: 101-28.

——1991. Statistical models and shoe leather. *Sociological Methodology*, 21: 291-313.

——1992. A rejoinder on models, metaphors, and fables. Pp. 108-25 in *The Role of Models in Nonexperimental Social Science: Two Debates*, ed. J. P. Schaffer. Washington, DC: American Educational Research Association.

——1999. From association to causation: some remarks on the history of *statistics*. *Statistical Science*, 14: 243-58.

Gambetta, D. 1998. Concatenations of mechanisms. In *Social Mechanisms: An Analytical Approach to Social Theory*, ed. P. Hedström and R. Swedberg. Cambridge: Cambridge University Press.

Glennan, S. S. 1996. Mechanisms and the nature of causation. *Erkenntnis*, 44: 49-71.

Goldthorpe, J. H. 2000. *On Sociology: Numbers, Narratives, and the Integration of Research and Theory*. Oxford: Oxford University Press.

Hedström, P. 1998. Rational imitation. Pp. 306-27 in *Social Mechanisms: An Analytical Approach to Social Theory*, ed. P. Hedström and R. Swedberg. Cambridge: Cambridge University Press.

——2005. *Dissecting the Social: On the Principles of Analytical Sociology*. Cambridge: Cambridge University Press.

——and Swedberg, R. 1996. Social mechanisms. *Acta Sociologica*, 39: 281-308.

——1998. Social mechanisms: an introductory essay. Pp. 1-31 in *Social Mechanisms: An Analytical Approach to Social Theory*, ed. P. Hedström and R. Swedberg. Cambridge: Cambridge University Press.

Holland, J. H. 1998. *Emergence: From Chaos to Order*. Cambridge, Mass.: Perseus.

Karlsson, G. 1958. *Social Mechanisms: Studies in Sociological Theory*. Stockholm: Almqvist and Wiksell.

Little, D. 1991. *Varieties of Social Explanation: An Introduction to the Philosophy of Social Science*. Boulder, Colo.: Westview.

Mcadam, D., Tarrow, S., and Tilly, C. 2001. *Dynamics of Contention*. Cambridge: Cambridge University

Press.

Machamer,P.,Darden,L.,and Craver,C.F. 2000. Thinking about mechanisms.*Philosophy of Science*,67:
1-25.

Macy,M.W.,and Willer,R. 2002. From factors to actors:computational sociology and agent-based model-
ing.*Annual Review of Sociology*,28:143-66.

Mahoney,J. 2001. Beyond correlational analysis:recent innovations in theory and method.*Sociological
Forum*,16:575-93.

Mayntz, R. 2004. Mechanisms in the analysis of social macro-phenomena. *Philosophy of the Social
Sciences*,34:237-59.

Merton,R.K. 1968. The self-fulfilling prophecy.Pp. 475-90 in *Social Theory and Social Structure*,ed.R.
K.Merton.New York:Free Press.

Olson,M. 1965. *The Logic of Collective Action:Public Goods and the Theory of Groups*.Cambridge,Mass.:
Harvard University Press.

Pawson,R. 2000. Middle-range realism.*Archives européennes de sociologie*,41:283-325.

Pearl,J. 2000. *Causality:Models,Reasoning,and Inference*.Cambridge:Cambridge University Press.

Salmon,W.C. 1984. *Scientific Explanation and the Causal Structure of the World*.Princeton,NJ:Princeton
University Press.

Schelling,T.C. 1978. *Micromotives and Macrobehavior*.New York:W.W.Norton.

——1998. Social mechanisms and social dynamics.Pp. 32-44 in *Social Mechanisms:An Ana-lytical Ap-
proach to Social Theory*,ed.P.Hedström and R.Swedberg.Cambridge:Cambridge University Press.

Sørensen,A.B. 1998. Theoretical mechanisms and the empirical study of social processes.Pp. 238-66 in
Social Mechanisms:An Analytical Approach to Social Theory, ed.P.Hedström and R.Swedberg.Cam-
bridge:Cambridge University Press.

Stinchcombe,A.L. 1991. The conditions of fruitfulness of theorizing about mechanisms in social-science.
Philosophy of the Social Sciences,21:367-88.

Strang,D.,and Soule,S.A. 1998. Diffusion in organizations and social movements:from hybrid corn to
poison pills.*Annual Review of Sociology*,24:265-90.

Tocqueville,A.de 1998. *The Old Regime and the Revolution*.New York:Anchor.

von Wright,G.H. 1971. *Explanation and Understanding*.Ithaca,NY:Cornell University Press.

——1989. A reply to my critics.In *The Philosophy of George Henrik von Wright*,ed.P.A.Schlipp and L.E.
Hahn.La Salle,Ill.:Open Court.

Watts,D.J.,and Strogatz,S.H. 1998. Collective dynamics of"small world"networks.*Nature*,393:440-2.

White,H.,Boorman,S.A.,and Breiger,R.L. 1976. Social structure from multiple networks:blockmodels
of roles and positions.*American Journal of Sociology*,81:730-80.

White,H.C. 1970. *Chains of Opportunity:System Models of Mobility in Organizations*.Cambridge,Mass.:
Harvard University Press.

Wikström, P.-O. 2007. Individuals, settings, and acts of crime: situational mechanisms and the explanation of crime.Ch. 3 in *The Explanation of Crime*：*Contexts*，*Mechanisms and Development*，ed. P.-O.Wikström and R.J.Sampson.Cambridge：Cambridge University Press.

Winship，C.，and Harding，D.J. 2008. A mechanism based strategy for the identification of age-period-cohort models.*Sociological Methodology and Research*，36：362-401.

第五部分

实验、类实验与自然实验

第十四章　政治学中的实验

丽贝卡·B.莫尔顿(Rebecca B.Morton),肯尼斯·C.威廉姆斯(Kenneth C.Williams)

.

1. 政治学实验的到来

政治学文献中的实验方法应用正在大幅增加,图 14.1 为《美国政治学评论》(APSR)、《美国政治学期刊》(AJPS)、《政治杂志》(JOP)这三大主流杂志,自 1950 年至 2005 年,近 10 年来发表的实验论文篇数①,这些数字并不包括所谓的"调查实验"和"自然实验"的新用法。另外,一些诸如《经济学和政治学》《政治行为》《政治心理学》《公共选择》《公共舆论季刊》《冲突解决杂志》的政治学期刊与众多经济学和社会心理学杂志,也发表了政治学实验方法文章。此外,很多政治学家也在研究专著或集刊中发表实验方法研究成果(参见 Ansolabehere and Iyengar 1997,Lupia and McCubbins 1998, Morton and Williams 2001)。

正如金德(Kinder)和帕尔弗里(Palfrey)于 1993 年指出,20 世纪 70 年代到 80 年代,政治学实验方法研究成果增加的原因有很多。我们认为,因为通过实验室网络和互联网可进行的实验设计比研究者手动进行的实验研究要多得多,这是 1990 年以来政治 【340】学实验增多的主要解释。电脑技术也使得实行调查实验有更大的可能性,处理田野(field)实验和自然实验中时常会遇到的统计和其他方法论问题也变得更容易。技术把政治学变成一门实验学科,我们会在本章对实验政治学的扩张领域和实验中碰到的一

---

① 早期数据源自麦格劳和胡克斯特拉(McGraw & Hoekstra 1994),最近的数据是由作者搜集,请注意我们的数据比麦克德莫特(McDermott 2002)编纂的意义更为重大。一些作者说由于一些不确定因素,麦克德莫特的出版传播受到限制(公认的政治科学家)。

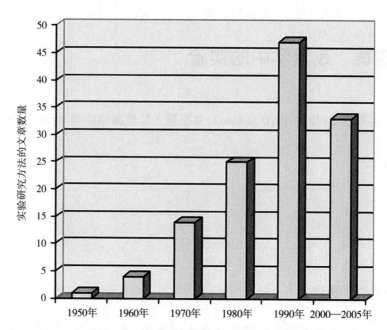

图 14. 1　1950—2005 年期间《美国政治学评论》《美国政治学期刊》
《政治杂志》发表的实验论文数量

些问题进行探讨。①

2. 何为实验？

2.1　理想实验的神话

政治学是一门由我们研究的政治现象所定义的学科。正如贝克（Beck）于 2000 年
【341】所说，研究者自由运用可用的方法，从经济学、社会学、心理学、统计学以及应用数学等
社会科学中得出结论，来回答实质问题。但不幸的是，实验主义者是从别的学科中学习
方法，而能理解政治学以外发展的非实验者又是少数，这就造成了一些误解：研究者可
操纵干预这种变量，并且实验组接受干预，而控制组不接受干预，组别之间随机分配研
究对象的实验才是最佳实验，此类说法是最大的误解。大部分非实验者通过 20 世纪
50 年代形成的行为社会科学法角度来看待实验，因此上述看法广为流传（大肆兴起）。
当然，如果一名研究者关心二进制变量的因果效应，这种二进制变量在已知情况下可能

———————————

①　本章篇幅不足以对政治学进行完全详细的解释，我们欢迎读者向莫尔顿（Morton）和威廉（Wil-
liams）进行咨询，这两位可解释此处呈现的问题和概念。

会影响研究主题的选择,并且,这名研究者再无别的兴趣,那么这种设计就很完美。但是,这对于 21 世纪政治学研究中的任何重要问题来说,都不太适用。另外,上述提到的技术发展从基础层面改变了实验研究的本质,而在 20 世纪 50 年代进行写作的研究者未曾预料到这种基础的出现。政治学家经常秉承"实验该是什么样或实验可能是什么样"这种过时的观点,将实验看作对许多有趣的研究问题来说行之有效的方法。

没有完美或真正的实验。合理实验设计依赖研究问题,观察数据也是如此。事实上,就某些方面来说,各种各样可能的实验设计和处理较之观察数据的可能性范围更为广阔。不过,实验研究和观察数据研究的不同之处是什么呢? 也就是说,何为实验政治学?

2.2　实验数据与观察数据有何不同?

实验研究最明显的特点就是研究者干预数据生成过程(data-generating process,DGP),我们认为这个过程就是研究中用到数据的来源。在实验研究中,部分来说,数据改变是在数据测量之前,研究人员在设计阶段时的决定。我们称这种干扰所生成的数据为实验数据。非实验实证研究仅仅使用超出研究者控制以外发生改变的数据,也就是说,研究者只观察数据生成过程,并不干涉这个过程①,我们称这种数据为观察数据或非实验数据。

3. 实验的其他特点　　　　　　　　　　　　　　　　　　　　　　【342】

除去干预,一些人争论道,控制和随机分配是一项实验必备的属性,接下来,我们来谈论二者的附加特点。

3.1　控 制

在过时的政治实验看法中,控制是种基准处理,它允许研究者收集自己未曾干预过的数据,但是很多实验没有清晰的基准,并且在一些情况下,也没必要设立基准。比如说,假设研究者评估在简单原则和比例代表制下,对选民的差异选择感兴趣,那么该研究者可能会组织两场实验室选举,这两场实验中,研究主体的薪酬取决于选举的结果,

---

① 这是假设研究者对数据进行精准测量;测量中的清晰选择可促进后干预数据生成过程类型。

不过,一些研究主体是在比例代表选举中投票,而另一些是在简单多数原则选举中投票。接着,该研究者就可以对这两种处理中选民的行为进行比较。

在这种实验和其他类似的实验中,最重要的控制方面并不是该研究者有对照组,而是其为了让对照更有意义,可控制选民偏好和候选人身份这种混杂变量。研究者要想观察数据得出同样的因果推论,需要做两件事:第一,借助统计方法或匹配方法去控制回归方程中的控制函数、临近数等这种可观察混杂变量;第二,做不可测推断,即假设不存在混淆该研究者正在测量因果关系中难以观测到变量①。而所观测数据中,像候选人身份这种事情既不是恒定的,也不可能和可观测变量相匹配。实验者通过控制这些事情,确保可观察变量的完全匹配,也可确保观测到实际上很多难以察觉的变量(研究对象做相同的匹配)。

3.2　随机分配

【343】
大部分非实验者把随机分配看做实验者处理难以观测变量的主要方法。如果将研究主体随机分配给处理组,那么该实验者在统计限制内就可消除外生因素,而这些外生因素会模糊这名实验者期望观察到的(或不期望观察到的),如选民认知能力、选民行为中性别差异等的影响。出于这个原因,一般来说,实验者们都尝试尽可能地随机分配操作,他们在随机分配不完美时,使用数据方法来解释可观察到的不可控变量。

3.3　模拟和实验

政治学家偶尔也会用实验这个术语指代电脑模拟,这种电脑模拟要么解决形式模型,要么探索预估经验模型的含义,此处并不包括这种分析。在模拟中,研究主体的选择独立于研究者的智识,研究主体仅仅影响不为研究者所控制的选择。与模拟恰恰相反,实验中的研究主体在实验员所构建的可控环境内自由地做出决定。

3.4　自然实验

有时自然行为和研究员对实验的干涉十分相似。例如,卡特里娜飓风让数以千计的新奥尔良(New Orleans)居民颠沛流离,也改变了这座城市的政治组成,还对接受大

---

① 莫尔顿和威廉姆斯(Morton & Williams 2008)对这些问题进行了深入探讨。

量难民的位置产生了影响。虽然这场灾难破坏了很多事情,却也为研究人员在评估选举中的代表如何应对选区内发生变化的相关理论提供了机会,尤其是人口种族组成发生改变这种重大变化时。例如,2006 年美国春季人口普查表明,路易斯安那州奥尔良教区(Orleans parish)的非裔美国人口由 36%降到了 21%,一项由杜兰大学、加州大学伯克利分校发起的研究所示,随着许多移民从事清洁工作,城市中的拉丁美洲人口由 4%升到 8%,这些情况就是自然实验。在卡特里娜飓风中,就好像自然是由两种分裂的人格组成的:一种形成大部分数据,另一种干预数据偶尔像专业学者做的实验,对前一种数据生成过程进行了干预。

4. 实验政治学研究的效度

4.1 效度定义

实证研究者面临的最重要的问题是:我们从数据中得到的信息哪些是可以相信的?或者说这项研究有效性有多高?沙迪什(Shadish)、库克(Cook)、坎贝尔(Campbell), 【344】(以下简称为 SCC)2002 年的著作为效度提供了最准确的、最新的研究,这三位学者认为术语"效度"是推理或知识所有权"最为接近的真相"。正如麦格劳(McGraw)和胡克斯特拉(Hoekstra)于 1994 年指出,政治学家依据坎贝尔(Campbell)1957 年提出的早期争议性观点:即简单看待效度,用内部效度指代实验数据内实验结果很可靠,用外部效度指代超出实验外的实验结果依然可靠①。我们再次指出,政治学家坚信一种陈旧的观点,原因是实际上不论是实验法还是观察法,都有很多种方法来检测经验研究的效度。

这三位学者将效度分为四个方面,每种解释如下所示:统计结论效度、内部效度、结构效度、外部效度。统计结论效度就是看研究者感兴趣的两个变量之间在统计上是否有重要的协方差,也看关联是否密切。内部效度决定研究者在特别分析的数据集内发现的关系是否为因果关系。值得注意的是,这种定义比很多政治学家普遍接受的定义狭窄得多。事实上,坎贝尔(Campbell)在 1986 年给内部效度重新贴上局部摩尔(local molar)因果效度的标签。

一些政治学家在提及内部效度,特别是有关评价形式模型或在实验室进行的实验

---

① 有关过时的效度观点如何主导对政治学实验的解释,请参阅麦克德莫特(McDermott 2002,第 35—38 页)。

时,其实指的是结构效度。结构效度和数据的推断对研究者正在评估的理论(或结构)的有效度有关。三位学者都强调样本精确度的问题——也就是说,这是一个适合评估理论的数据集吗?理论是什么与操纵数据产生过程中所发生的关系密切吗?因此,政治学家提到内部效度时,实际上是在说系列的三件事,即统计结论效度、局部摩尔因果(local molar casual)效度、结构效度。

4.2 外部实验有效吗?

外部效度指的是,建立在实证分析上的因果推论是否适用于人物、背景、处理变量、测量等方面变量的变化。从一个数据集中得出的结果是否适用于另外一个数据? 这个问题对任何实证研究者来说都很重要,不管数据集属于实验抑或是观测。例如,如果我们研究国会选举中的投票人数,我们可以用国会选举中的投票人数来归纳市长选举、德国选举或者实验室选举的投票吗? 然而,大部分政治学家很少担心观测数据中的外部效度,反倒非常担忧实验数据中的外部效度。

【345】政治学家会典型地认为,外部效度就意味着用作分析的数据集一定和一些"自然"或非操纵的数据产生过程相似。因为实验意味着研究者操作和控制数据产生过程,以及通过操作和控制产生实验数据集,一些人争论,就外部而言,这些结果必然是无效的。然而,就算是观测数据,研究者选择测量和研究变量、关注数据的特别方面,决定统计和测量,来进行操纵和控制。关注观测数据的研究者简化并忽略了一些因素,或者假设其不能测量的事情。因此,可观测数据集也不是自然的,它和脱离自然数据生产过程道理一样,同理,结果也就失去了外部效度。

将外部效度视为等同于一个既给的数据集(过去常用来建立特殊因果关系)是否与未操纵的相似数据产生过程(从未准确测量或观测过这个过程)是错误的。相反,要确定结果外部是否有效涉及对多种数据集结果的复制。例如,如果一名研究者发现越是见多识广的选民越倾向参与国会选举,接下来又发现在市长选举、德国选举、操纵实验中也存在这种情况,那么我们就认为,这个结果具有高度外部效度。来自实验分析的结果也存在这种情况。如果一场实验表现出一种特殊的因果关系,那么,就外部而言,这种关系是否有效是由检测一系列实验和可观测数据集的关系来确定的,而不是根据观察原始实验数据集是否和未操作数据产生过程假说相似来确定的。

实验研究中最有意思的发展已经延伸到实验室中的实验,检验经济学以理性选择为基础模型的行为假设。为了检测这些推断,研究者必须要能在实验个体之前,维持对选择的重要控制,还要能测量出优选决策的细微差异,原因即这些选择是为该研究者所操纵的。这些东西在观测数据中很难分辨,因为几乎不可能测量孤立的偏好变化。在一系列广泛的实验数据集中,一些行为背离的可靠性检验已经确立起来了。由此,经济学、行为博弈理论领域有了新发展,理解经济行为有了一套全新的观点,而这些在 20 年前几乎是无法想象的。奇怪的是,很多不认同从理性选择模型得出推断的政治学家,很快就不考虑对这些推断通过实验进行检测。这些批评家声称,这些实验没有外部效度,但外部效度讲的就是这些实验在不同规划中很可靠,而不是在讨论实验是否与假设的未操作的数据产生过程类似。

5. 政治学实验维度

【346】

5.1 位置:田野、实验室,还是网络?

在政治学家尤其是非实验者眼中,实验地点这个维度尤其重要。实验室实验指的是,在常见的场域征集研究对象,大量的实验都在这个场域中完成,除了研究对象的行为外,研究者还控制这个场域的所有环境。田野实验(field experiment)指的是,研究者对实验进行干预,除去干预外,可控制的变量也是有限的,研究者与研究对象之间的关系经常由像邮政交货时间或研究者控制以外的研究对象计划——此类的变量来维持的。另外,田野实验中很多受研究者影响的个体并没有意识到自己正在被别人控制,这也提及了实验室实验一般不会涉及的伦理问题。例如,万柴肯(Wantchekon)于 2003 年在贝宁做过实验,候选人通过改变不同竞选信息来检验不同信息对选民行为的影响。不过,选民并没有意识到自己是这场实验操作中的研究对象。

5.2 为什么要在实验室实验?

首先,在实验室进行实验,研究人员拥有更多的控制权。例如,假定一名研究人员在进行一场决策实验,这场实验要评估不同类型的竞选广告对选民偏好的影响程度。在实验室里,研究人员可以在一个特定的环境中展示广告,这个环境可以在受试者之间保持恒定。然而,田野实验中,虽然受试者可在家或通过网络观看广告,但是研究人员却失去了对观看广告的场景其他方面的控制。如果观看广告的场景不同,这些环境差异体系就不同,或者说还有别的因素影响研究受众观看广告,并且研究人员尚未观察到这些因素,那么判定广告之间的不同就更困难。实验室控制这种优势也延伸到群体实验中,比如上述中提到过,多数选民与比例代表制之间所做的对比。

其次,研究者在实验室中可设计观察数据中不存在的场景。例如,研究者可在实验室中,针对特定投票机制进行群体和个人决策实验,这种决策机制就算其他国家有,也是很少使用的。很多人提议,与多数表决和比例代表制相比,同意投票是更好的选择①。研究者在实验室中可设计、展开采用全新步骤的选举,但依然很难说服在司法领域进行随机试验(巴希在 2006 年指出)。

【347】再次,研究者在实验室进行实验可控制一系列的变量,而田野实验中可控制的变量较少。例如,研究人员推理说,假设像总统预选这样的顺序投票选举中,晚投票的选民可从早期投票结果中了解候选人的政策主张,根据推理,这种了解过程会影响选民的选择。研究人员在田野实验中可随意给在总统预选竞赛中后期投票的选民提供竞选信息,然后通过调查工具,观察和测量这些信息会对选民的选择产生什么样的影响。然而,假设研究人员预料影响与候选人的政策主张有关。研究人员在实验室中不仅可随机提供信息,还可随机更改候选人的政策主张以检验这种操作带来的影响是否强烈。研究人员可以以这种方式进行实验,原因是在实验室中,有机会干预数以百计的竞选,而不仅仅是一场。因此,虽然研究人员在田野实验中观察数量、类别受限,但是他们也能意识到理论预测的细微差异。

除了这些优势外,还有一些技术和操作只有在实验室中才能完成。特别是,社会学家在研究对象做出选择时,已经开始使用核磁共振成像设备来测试这些受试者的大脑活动(参见 Dickson & Scheve 2006);但目前,这种设备不便携带。其他实验允许研究对象进行面对面互动,正如一些自由形式的协商实验对社会互动和讨论进行检验的理论。可能的话,在实验室以外完成这种实验非常困难。

5.3 为什么选择田野实验或网络实验?

虽然现在大多数实验都是个体决策实验,但是田野实验和网络实验可能会关注群体或者个体。戈斯内尔(Gosnell)于 1927 年所做的研究是政治学田野实验中早期的例子。戈斯内尔将含有选民注册信息的明信片(明信片也鼓励个体投票)寄给部分选民,如此就操纵了研究对象所处的环境。然而,戈斯内尔并没有随机分配。近来,格伯(Gerber)和格林(Green)于 2000 年利用现有的统计推论复制了戈斯内尔的实验。

调查实验在政治学田野实验中日益流行(有时候是网络实验)。沙利文(Sullivan)、皮尔斯(Piereson)和马尔库斯(Marcus)于 1978 年在一项特别值得注意的调

① 相关案例请参阅布拉姆(Brams)和菲什伯恩(Fishburn)(1983)。

查实验中,将美国全国选举研究在1964年前使用的提问表格和之后使用的表格进行对比。基于数据研究者发现,随着时间的流逝,调查显示了人们对政治的不同态度,与此【348】同时,调查问题也有变化。因此,为了判定态度是否真正有变化,或者调查提问表格改变是否可以对结果进行解释,沙利文等人调查了同一组的选民,不过他们回答的问题(1964年之前或之后)是随机决定的。研究人员发现,调查形式的变化暗含着调查对象有不同的政治态度,研究人员还得出结论,从根本上说,比较两个时期的实证分析存在瑕疵。

保罗·尼德曼(Paul Sniderman)和其同事在有关计算机辅助电话调查(CATI,参见Sniderman,Brody,and Tetlock 1991)的研究中,展现了调查实验设计最激动人心的进展。访谈者利用电脑、电话可给研究对象随机分配问题,也由此操作问题环境。由美国国家科学基金资助的社会科学分时实验会促进了政治学中调查实验的发展,给研究者提供了大量的、随机挑选的、多种多样的研究主体以进行此类实验(提供这么多研究对象参与实验所必需的基础设施也不在话下)①。要进一步了解现有的田野实验,可参阅本卷中由格伯和格林所述的章节。

5.4 观众或目标:理论学家、实证主义家,或决策者?

实验随着其观众、分析目标的改变而改变。实验政治学家有三种观众:理论学家、实证主义家、决策者②。

5.4.1 理论检验

同许多观察研究一样,一些政治学实验也对非形式理论进行评估。非形式(non informal)理论或模型理论是提出数据生成过程的假说,却未精确陈述假说背后的推测。罗(Lau)和雷德劳斯克(Redlawsk)在2001年的研究就是个例子,他们对政治心理学理论进行了评估,这种理论假设选民利用认知启发进行决策。另一个有关实验评估非形式理论的例子,出现在穆茨(Mutz)于2006年所做的研究中,他通过实验和观察研究,对政治理论家有关面对面商议互动的益处提出了质疑。理论和非形式理论检验实验数据之间的关系,与理论和非形式理论相似评估观察数据之间的关系相似,政治学家对此早【349】

---

① 亚瑟·卢皮亚(Arthur Lupia)和戴安娜·穆茨(Diana Mutz)这两位学者在这个领域很有影响力(例如,见 Lupia & McCubbins 1998;Mutz 2006)。

② 我们相信戴维斯(Davis)、霍尔特(Holt 1993)和罗比(Roth 1994)所讨论的区别。

已熟知。[①]

近来,帕尔弗里(Palfrey 2005)点评的一些政治学实验研究,用实验数据对形式模型进行评估。菲奥莉娜和普罗特(1978)是最早进行这种实验的一批人。形式(formal)理论或模型指的是,清晰明了表达数据生成过程推断,然后(通常)使用数学工具表达这些推断的深层含义。实验形式理论检验与政治学家做的大部分实证研究十分不同,这里有两点原因,首先,研究者可利用模型推断更为了解这一特点,引导实验设计,而这种实验设计使得理论和实验操作之间关系密切。其次,研究人员可直接评估其理论在实验中的深层含义,而这在评估未推断非形式理论中是不可能发生的,在使用观察数据评估形式模型中也是不可能发生的。因此,我们将在下个小节中对这些实验是如何进行的进行阐述。

5.5 示例:形式模型的理论检验

形式模型中的假定分为两类:制度假定以及像选举规则、谈判程序、优惠分配等这些外生因素假定;以及这些外生因素中政治行动者行为选择的假定。例如,假设一个政治模型要考虑三个候选人竞选,在这个模型中,根据简单多数规则竞选规则,选民很有可能根据第二选择,有策略地进行投票,但更诚心诚意地为第一选择投票。这种模型形成了关于竞选制度和投票合理性的假定,预测也具有行为性。

实验者可建立竞选制度,然后依据投票结果为研究对象支付酬劳,这种投票结果促使选民对候选人进行偏好选择,表14.1就是此类支付计划的例子。注意,是依据胜出者而不是选民做的选择支付报酬。例如,如若分配到类型为1的研究对象为A候选人投票,并且这个候选人在竞选中获胜,那么这个研究对象将在竞选期间获得1美元。然而,如若C候选人获胜,而研究对将票投给了B候选人,那他将仅获得0.10美元。

如果所有选民在简单多数投票规则下,选择自身可获得最高报酬的候选人,那么C候选人将会获胜。不过,例如,若类型1选民有策略地为B候选人投票,而其他选民真诚投票,那么B候选人会获胜。相似地来说,如果类型为2的选民有策略地为A候选人投票,而其他选民真心诚意进行投票,那么A候选人将会获胜。正如迈尔森【350】(Myerson)和韦伯(Weber)于1993年正式宣告,这三种结果的投票情况就纯策略而言是均衡的。

----

① 想要了解政治心理学实验研究最近的观点,可参阅麦克德莫特(McDermott)。莫尔顿(Morton 2002)在1999年对形式、非形式理论评估以及这些作品的其他例子之间的不同之处进行了讨论和回顾。

表 14.1 投票实验中支付计划例子

投票类型	获胜候选人			投票人数
	A	B	C	
1	1.00	0.75	0.10	3
2	0.75	1.00	0.10	3
3	0.25	0.25	1.00	4

然而,假设现在存在大多数需求,即候选人要获胜就必须至少得到50%的选票。如若候选人得到的选票都没有超过50%,那么得票最高的两位候选人需要举行决胜选举。在这样的情况下,即使所有选民在第一轮竞选中诚恳投票且C候选人也赢得了选票,C候选人也不得不在决胜选举中和A或B进行竞争(假设随机抽签打破了联系)。或者A或者B在决胜选举中击败C,所以C候选人也不会获胜。当然,类型1和类型2选民可能在首轮选举中运用策略投票(如上所说),因此尽可能避免出现决胜选举。莫尔顿(Morton)和里茨(Rietz)于2006年正式宣告,存在大多数需求时,选民会认为虽然可能性小,但是选民的投票对选举结果还是有影响的,在第一阶段真诚投票是选民唯一可获得的均衡,第二阶段随机抽签将决定哪个候选人在决胜选举中和C候选人进行竞争(并在选举中获胜)。

最后,这个理论表明当存在大多数需求时,不可能出现策略投票,而没有这些需求时反倒可能出现策略投票。这些预测取决于和报酬、投票规则、选民类型分布、选民合理性有关的推测。实验者可设计一种与报酬、投票规则、选民类型分布这些理论假设及其吻合的场景,然后评估个人行为是否和理论预测相符合。类似这样的实验结果向理论家说明了其关于人类行为的合理性。

5.6 探寻事实

政治学家像经济学家一样,也利用实验搜寻事实。例如,上述表14.1的投票比赛所示,根据简单多数规则计算选票,就出现了多重均衡。迈尔森和韦伯于1993年猜测(未经证实),对于类型1和类型2的选民来说,竞选捐款和公共民意调查是种协调方法,即他们认为,这些类型的选民很可能为共同候选人携手合作。在竞选前关注公共民意检测或竞选捐款中超前的候选人可以促进合作。然而,在迈尔森(Myerson)和韦伯的理论之内,对选民将用这种方式使用民意检测或竞选捐款的争论是没有依据的。研究人员利用实验来验证选民是否使用民意检测和竞选捐款来协作,结果证实了迈尔森

【351】

（Myerson）和韦伯（Weber）的猜测，民意检测和竞选捐款可作为一种协调方法（Rietz，2003）。

和放宽理论假设或在理论驱动模型中调查猜测这种方法不同，一些著名政治学家利用实验而不是理论来寻求事实。例如，格伯和格林于 2002 年提倡，可运用少部分理论或不需要理论，而利用实验寻找事实，也提到了（2002，第 820 页），"实验的美妙之处在于，不需要给研究中的某一现象一个完整的理论模型。通过随机分配……可确保偶尔出现引起关联的唯一因素。"虽然他们之后意识到，总体来说理论基础还是有价值的，但他们显然认为这是更有效的方法，他们不认为理论模型是在实验中寻找事实的必要因素。

5.7 实验理论的必要性

表述清晰的理论是实验研究的必要因素吗？没有理论而发现知识有可能吗？理论仅仅是政治实验学的辅助工具而非必要因素吗？这些主张的论证基础在于，不需要理论就可推断出因果关系这种预设，而不断尝试操纵多种多样的原因，并通过实验判断原因效果再结合从错误中获取的知识，可推断出因果关系，对细微差别、事实加以累计，最终可学到更多知识（有或无理论）。但在实验中测量因果关系到底有何意义呢？测量因果关系需要研究人员做出假设或提出理论，建立一个数据生成过程的模型。

为了证明搜寻事实时一定要用到理论知识，不妨考虑对信息如何影响选民做一场田野实验。假设，研究人员对即将到来的竞选中的一组选民随机分配到实验组，这组接受竞选材料信息，而参照组没有这种信息。然后，研究人员测量实验组和参照组的选民如何投票。为了推断实验与选民行为的因果关系，如格伯和格林这样探究事实的研究人员，以鲁宾因果模型（以下简称为 RCM）来建立因果关系（参见 Holland 1998，Rubin 1974）。使用鲁宾因果模型建立因果推断的研究者，必须假设每组中每位选民有两种潜在行为选择：知道信息时做出的选择和不知道信息时做出的选择。当然，对于任何选民来说，可观察到的世界状态只有一种，研究人员必须假设反事实存在（即使自己知道并不存在）。另外，研究人员一定要确定何为个体处理稳定性假设，这就要求一个研究对象与另一研究对象选择、研究对象的同质处理间不存在交叉影响，但许多数据生成过程中不清晰的推测尚未有进一步的发展（Morton and Williams 2008）。最后，研究人员一定要假设存在不可测量变量，即未观测变量不能证明其正在检测的效果是错误的，选择效应并未干预其实验设计的随机性。最终，探究事实即使在田野实验中也需要研究人员做出假设，不断尝试并从错误中总结知识，发现数据生成过程中的细微差别，这就必须要进行理论总结。

5.8　政治学方法论者的试验台

搜寻事实并不是实验研究可为实证学者提供有用信息的唯一方法。方法论者经常测试其模拟数据的方法来看是否可恢复已知参数。而实验则是行为实验台,利用实验数据对方法论进行测试这种做法最早出现在拉隆德(LaLonde 1986)的作品中,拉隆德将训练项目对实验评估的影响和同一项目一系列非实验评估进行比较,发现非实验评估变化无常,虽然其中一些很接近实验评估,实证研究人员也没有更好的方法判定哪种评估更可信。这种分析促进了计量经济学文献在观测数据中处理效应推测方面的发展(参见 Morton & Williams 2008)。

近来,弗雷歇特、卡格尔、莫雷利(Frechette, Kagel, and Morelli 2005)比较安索拉比赫(Ansolabehere 2005)等人和沃里克、德鲁克曼(Warwick, Druckman 2001)使用的实证步骤,这些步骤用于评估政府组建时立法和行政部门博弈的模型。研究人员使用观测数据仅可评估事后分配,并且认为他们与给定理论的预测是一样的,因为观察立法者通常使用的秘密谈判过程是不可能的。安索拉比赫等人于 2005 年为工业民主国家截面数据发现对巴伦—费约翰(Baron-Ferejohn)模型(参见 Baron and Fereiohn 1989)的支持寻找支撑,而沃里克和德鲁克曼于 2001 年为需求博弈模型(参阅 Morelli 1999)寻找支撑。

何种实证研究是正确的?弗雷歇特、卡格尔、莫雷利使用实验室实验数据,而实验室实验中潜在博弈框架由研究人员所控制。潜在博弈模型在一些处理中属于 Baron- 【353】Ferejohn 博弈,而在另一些处理中属于需求博弈。实验室中,研究对象做出选择获取报酬,因此两种理论假设研究对象拥有优选权。弗雷歇特、卡格尔、莫雷利 2005 年将从对个体处理效应中获取的数据,应用于安索拉比赫等人、沃里克、德鲁克曼使用的评估策略中,他们如此行事仿佛自己不知道实验中使用的潜在博弈,就好像数据是可以观测的一般。弗雷歇特、卡格尔、莫雷利于 2005 年发现实证评估策略不能区分实验室中用到多种博弈程序的不同之处。他们的结果显示,一些政治学家在观测数据中用到的标准实证策略不可能正确辨认出潜在博弈,也不可能解释使用相同观测数据的两位研究人员可能为两种不同立法博弈寻找支撑。

5.9　实验者——政治学家的助手

最终,政治学家也开始做实验,以便与政策制定者进行交谈。戈斯内尔(1927)早期的田野实验存在争议,是尝试向决策者(王子)传递消息。众所周知,戈斯内尔积极参与芝加哥社团的日常政治学活动。基于自身的实验研究,格伯和格林(2004)写了一本关于调动选民技巧的书,参加竞选的团体对此进行了广泛利用。

另外,格伯和格林于2002年提出争议,政治实验者进行的田野实验和政治学中行动者之间的关系是一种潜在的互动,政治学家实行的实验将会增加政治学研究对政治行动者的关联。例如,假设利益集团不清楚在即将到来的竞选中何种广告策略最有效。如果利益集团听从实验学家的指导,在电视竞争市场随机播放广告,那么实验学家和利益集团都可获取这种广告因果效度的知识,也可推测出,利益集团之后也会运用这种知识做出更有效的选择。

但是,正如格伯和格林所提出的,政治学家应该增加能吸引非学术团体关注的实验吗?确切来说,一些实验就能起到这种作用。与学术团体和非学术团体有关系的政治学确实存在一些问题。不过考虑到非学术团体可能有资金渠道为学术团体的服务支付报酬,资金的多少对问哪种问题以及如何问问题都会产生影响,因此也存在风险。另外,考虑到政治学犹如竞技场,非学术团体可能并不乐意分享这些研究收集到的信息。

【354】 ## 6. 结语

政治学是一门实验学科。然而,我们认为,大部分政治学家认为实验同20世纪50年代研究方法论一致,尤其是误解外部效度。这种错误的观念误导了很多政治学家,使其认为实验作品与关切的实质问题毫无关联。我们在本章已经提供了21世纪对政治学实验的分析,也表明可利用实验的多种方面去回答为理论学家、实证学家、决策者所感兴趣的研究问题。

我们希望在政治学中继续增加对实验手段的利用,就如同在其他社会科学中那样。我们尤其希望技术革命将从两个重要方面扩大政治学中实验的机会。第一,扩大以网络为基础的交互实验方法,这将允许研究人员进行大规模的测试博弈理论模型实验,以前只是考虑过这种实验但并未付诸实践。例如,研究人员可利用互联网,研究更大选区中投票规则是如何影响投票结果的,而在实验室实验中不大可能完成这个研究。第二,大脑成像技术的发展促使政治学家深层次探究认知过程与政治决定两者之间的关联。这两种类型的实验将与传统实验、田野实验一道,将政治学转变成一门在未来实验研究和传统观测分析同样受欢迎的学科。

参考文献

Ansolabehere,S.,& Iyengar,S.(1997).*Going Negative:How Political Advertisements Shrink and Polarize the Electorate.*Free Pr.

——Strauss,A.,SNYDER.J.,and TING,M.(2005).Voting weights and formateur advantages in the formation of coalition governments.*American Journal of Political Science*,49(3),550-563.

Baron,D.P.,& Ferejohn,J.A.(1989).Bargaining in legislatures.*American Political Science Review*,83, 1181-1206.

Bassi,A. 2006. Experiments on approval voting.Working paper,New York University.

Beck,N.(2000).Political methodology:a welcoming discipline.*Journal of the American Statistical Association*,95(450),651-654.

Brams,S.,& fishburn,P. 1983. *Approval voting.*Cambridge,Mass.:Birkhauser.

Campbell,D.T.(1957).Factors relevant to the validity of experiments in social settings.*Psychological Bulletin*,54(4),297-312.

——1986. Science's social system of validity-enhancing collective belief change and the problems of the social sciences.Ch. 19 in *Selected Papers*,ed.E.S.Overman.Chicago:University of Chicago Press.

Davis,D.,Holt,C. 1993. Experimental economics,Princeton,NJ:Princeton University Press.

Dickson,E.,and Scheve,K. 2006. Testing the Effect of Social Identity Appeals in Election Campaigns: An fMRI Study.Working paper,Yale University.

Fiorina,M.P.,& Plott,C.R.(1978).Committee decisions under majority rule.*American Political Science Review*,72(2),575-598.

Fréchette,G.,Kagel,J.H.,& Morelli, M.(2005).Behavioral identification in coalitional bargaining:an experimental analysis of demand bargaining and alternating offers.*Econometrica*,73(6),1893-1937.

Gerber,A.S.,& Green,D.P.(2000).The effects of canvassing,direct mail,and telephone calls on voter turnout:a field experiment.*American Political Sceence Review*,94:653-663.

—— ——2002. Reclaiming the Experimental Tradition in Political Science.Pp. 805-32 in *Political Science:State of the Discipline*,ed.I.Katznelson and H.V.Milner.New York:W.W.Norton.

—— ——2004. *Get out the Vote:How to Increase Vote Turnout.*Washington,DC:Brookings.

Gosnell.Harrison.(1927).*Getting out the Vote:an Experiment in the Stimulation of Voting.*Chicago:University of Chicago Press.

Holland,P.W.(1988).Causal inference,path analysis and recursive structural equations models(with discussion).Pp. 449-93 in *Sociological Methodology*,ed.C.C.Clogg.Washington,Dc:American Sociological Association.

Kinder,D.,and Palfrey,T.R. 1993. On Behalf of an Experimental Political Science.Pp. 1-42 In *Experimental Foundations of Political Science*,ed.D.Kinder and T.Palfrey.Ann Arbor:University of Michigan

Press.

Lalonde, R.J. 1986. Evaluating the econometric evaluations of training programs. *American Economic Review*, 76(4), 604–620.

Lau, R.R., & Redlawsk, D.P. (2001). Advantages and disadvantages of cognitive heuristics in political decision making. *American Journal of Political Science*, 45(4), 951–971.

Lupia, A., & McCubbins, M.D. (1998). *The Democratic Dilemma: Can Citizens Learn What They Need to Know?* Cambridge: Cambridge University Press.

McDermott, R. (2002). Experimental Methods in Political Science. *Annual Review of Political Science*, 5: 31–61.

McGraw. K., and Hoekstra. V. 1994. Experimentation in political science: Historical trends and future directions. Pp. 3–30 in *Research in Micropolitics*, vol. iv, ed. M. Delli Carpini. L Huddy. and R.Y. Shapiro. Greenwood, Conn, : JAI Press.

Morelli, M. (1999). Demand competition and policy compromise in legislative bargaining. *American Political Science Review*, 93(4), 809–820.

Morton, R. (1999). *Methods and Models: A Guide to the Empirical Analysis of Formal Models in Political Science*. Cambridge: Cambridge University Press.

——and Rietz. T. 2006. Majority requirement and strategic coordination. Working paper, New York University.

——and Williams. K. 2001. *Learning by Voting: Sequential Choices in Presidential Primaries and Other Elections*. Ann Arbor: University of Michigan Press.

—— ——2008. Experimental political science and the study of causality. Unpublished manuscript, New York University.

Mutz, D.C. (2006). *Hearing the Other Side: Deliberative Versus Participatory Democracy*. Cambridge: Cambridge University Press.

Myerson, R.B., & Weber, R.J. (1993). A theory of voting equilibria. *American Political Science Review*, 87 (1), 102–114.

Palfrey, T. 2005. Laboratory experiments in political economy. Center for Economic Policy Studies Working Paper No.111. Princeton University.

Rietz, T. (2003). three-way experimental election results: strategic voting, coordinated outcomes and Duverger's Law. *In The Handbook of Experimental Economics Results*, ed. C.R. Plott and V.L. Smith. Amsterdam: Elserier Science.

Roth, A.E. (1995). Introduction to experimental economics. In *Handbook of Experimental Economics*, ed. J. Kagel and A.Roth. Princeton, NJ: Princeton University Press.

Rubin, D.B. (1974). Estimating causal effects of treatments in randomized and nonrandomized studies. *Journal of Educational Psychology*, 66, 688–701.

Shadish, W.R., Cook, T.D., and Campbell, D.T. 2002. *Experimental and Quasi-Experimental Designs for Generalized Causal Inference*. Boston, Mass: Houghton Mifflin.

Sniderman, P. M., Brody, R. A., and Tetlock, P. E., (1991). *Reasoning and Choice: Explorations in Political Psychology.* New York: Cambridge University Press.

Sullivan, J.L., Piereson, J.E., & Marcus, G.E. (1978). Ideological constraint in the mass public: a methodological critique and some new findings. *American Journal of Political Science*, 22(2), 233-249.

Wantchekon, L. (2003). Clientelism and voting behavior: evidence from a field experiment in Benin. *World Politics*, 55(3), 399-422.

Warwick, P. V., & Druckman, J. N. (2001). Portfolio salience and the proportionality of payoffs in coalition governments. *British Journal of Political Science*, 31(4), 627-649.

第十五章　田野实验和自然实验

艾伦·S.格柏(Alan S.Gerber),唐纳德·P.格林(Donald P.Green)

　　本章评估了田野实验的优势和局限,第一部分介绍田野实验的定义,描述田野实验开展的不同形式;第二部分记述田野实验的发展历程;第三部分正式介绍因果推断离不开实验的原因;第四部分比较了实验和非实验推理的假设,提出若采用观测研究,价值会受传统报告误导而夸大;第五部分讨论了这种实验为评估其他预测路径制定标准提供方法论基础;第六部分讨论了田野实验方法论经常面对的两大挑战:不遵从行为和损耗,揭示两者统计和设计上的意义;第七部分说明田野实验和断点研究可替代随机干涉和传统非实验研究,最终,回顾实验设计和分析方法论经常出现的问题:协变量作用、已计划与未计划对比以及外推法,此章总结讨论了田野实验如何重塑政治方法论。

1.田野实验的定义

　　田野实验是指实验和野外调查这两种方法论策略的结合。实验是一种调查形式,其中的观察单位会随机分配到处理组和对照组(例如个人、群组、机构、国家)。换句话说,实验包含随机步骤(如抛硬币),以确保每个观察对象分配到处理组的可能性相同。随机分配可确保实验群组接受处理之前,预期结果相同,这也是因果推断无偏见的基本要求。实验意味着有意脱离观察调查,因为研究人员进行观察调查时会试图从自然发生变异中推出因果论断,这和随机分配得到的变异刚好相反。

　　田野实验与实验室实验不同。田野实验试图尽可能地模仿因果过程发生的条件,旨在增加实验结果的外部效度或普遍性。评估政治实验外部效度时,经常问到研究所用刺激物是否和政治学中的刺激因素相似、参与者是否和通常面临刺激物的行动者类似、结果预测是否和关注的理论或实践的实际政治结果相似、行动者所处的环境是否和关注的政治利益相似。

我们不能应用这些抽象标准,因为各个标准都会依赖研究者提出的研究问题。如果要理解大学生在抽象分配竞争中的行为,那么在实验室实验中,大学生都会为了小小的报酬而竞争,这种实验就可视为现场(田野)实验。另一方面,如果要理解公众如何应对社会线索或政治交流,那么大学生实验室研究的外部效度就会遭到质疑(Sears 1986;Benz and Meier 2006)。如果有研究表明,大学生实验室研究与实验室以外实验结果一致,那么将来有可能就不存在这种外部效度问题了。但目前,一致性程度仍是未解之谜。

调查实验也存在这样的问题。通过采用不同的问题措辞和顺序,调查实验可能会深刻理解影响调查反应的因素,也阐明与调查反应非常相似的决定,例如,在选举中投票。然而,就外部而言,仍不清楚调查实验是否提供了受有关媒体信息效果或其他环境因素影响的有效见解。因此,田野实验的构成取决于“田野”的定义。早些时期,农业实验是在田野间完成的,因此也称其为田野实验。不过,如果研究主题是如何最大限度地提高温室的农业生产力,那么可能在室内进行田野实验是最合适不过了。 【359】

田野实验通常用于与现实主义差别很大的随机研究中,因此哈里森和利斯特(Harrison,List 2004,1014)提出了一个更精细的分类系统。“人为”的田野实验①(“Artefactual”field experiments)类似于实验室实验,只是它们涉及的是“非标准”受实验者群体。例如,哈比亚利马纳(Habyarimana)等人于 2007 年进行实验,其中非洲受实验者根据打开密码锁的速度赢得奖品。随机操作意为指导他们使用此种锁具的人是否为同一种族。“框架式”田野实验(“Framed”field experiments)是涉及实际任务的人为实验,也设计一个现实的任务。有关田野实验的一个例子就是,齐纳、邦德和盖娃(Chin,Bond,and Geva 2000)研究了 69 位国会工作人员模拟调度决策的方式,此项实验旨在检测是否给予政治行动委员会调度优先效应。一般来说,若受试者能够接触到现实处理,那么“自然”田野实验(“Natural”field experiments)会不明显地评估这种处理对受试者的影响,而通常都会使用行为结果测量。例如,格伯、卡兰和伯根(Gerber,Karlan,and Bergan 2009)在选举之前就随机指定报纸订阅,对其接受者进行调查,以衡量不同报纸的意识形态语气在订阅接受者政治意见中的表现程度。就本章研究目的而言,我们将注意力集中在自然的田野实验,因为在外部效度方面自然的田野实验明显优于人为实验和框架实验。今后作者将使用术语——田野实验,来指自然主义环境中的研究,虽然这种用

---

① 人为的田野实验(Artefactual Field Experiment):这种实验方法与实验室实验类似,不同点在于人为的田野实验是在非标准样本中招募被实验者,即被实验者的性质不同。——译者注

法不包括许多实验室实验和调查实验,但我们也认为根据研究问题的不同,一些实验室实验和调查研究也属于田野实验。

2. 田野实验的发展历程

尽管田野实验具有随机分配和非干扰性度量的优势,但最近的政治学中也很少用到田野实验。虽然非随机式的田野干预可追溯到戈斯内尔(Gosnell 1927),但在 1956 年才在政治学杂志上首次提到随机式田野实验是关于厄尔德斯维德在(Eldersveld)1953 年和 1954 年动员安娜堡选举中的研究。厄尔德斯维德在选举日之前就指定选民收听电话、接收邮件或进行私下联系,通过官方记录来衡量选民投票率,以检验不同类型上诉(单独一种类型或两两结合)的边际效应。下一次田野实验出现于 25 年后,模仿了厄尔德斯维德的研究(参见 Adams and Smith,1980;Miller,Bositis,and Baer 1981)和已付邮费邮政对国会代表组成意见影响的研究(参见 Cover and Brumberg 1982)。虽然 20 世纪 80 年代和 90 年代期间,实验室实验和调查实验数量显著增加,但田野实验仍然发展缓慢。20 世纪 90 年代,政治学杂志没有发表任何一篇有关田野实验的文章。

田野实验也不是研究方法论所讨论的部分内容。尽管政治学方法论经常从其他学科中得到启发,但关于负所得税(the negative income tax)(Pechman 和 Timpane 1975)和补贴医疗保险的重要实验(subsidized health insurance,Newhouse 1993)对政治学中的方法论讨论影响甚微。《社会研究设计》(*Designing Social Inquiry*)(参见 King,Keohane,and Verba 1994,第 125 页)是研究方法论最重要的教科书,此书也几乎没有提到实验,只是顺便提及实验是有帮助的,因为实验可以提供有用模型以理解非实验设计。虽说随机分配与定性结果、过程测量是兼容的,也可以说是对两者的重要补充,但是支持定性方法的书籍,如马哈尼(Mahoney)和鲁施迈耶(Reuschemeyer)2003 年所著书籍通常忽略了实验设计这一主题。

田野实验在政治学中如此低调可能与两个盛行的方法论信念有关。其一,田野实验行不通。在这个学科的每个发展阶段,领先的政治学家都不考虑实验的可能性。洛厄尔(Lowell 1910,第 7 页)公开声称,“我们受限于实验的不可能性,政治学是门观察学科,而非实验性科学。”经历行为革命后,人们认为实验更加不可能实现:“实验方法几乎是科学解释最为理想的方法,但不幸的是,由于实践与道德上的障碍,实验方法几乎不用于政治学中。”(Lijphart 1971,第 684 页)教科书对田野实验的讨论加强了这一观点。比如约翰逊、乔斯林和雷诺兹(Johnson,Joslyn,and Reynolds)在其第三版《政治科学研究方法》中描述了田野实验所面对的实际问题:

例如,假设研究人员想要检验人们因贫穷而抢劫这个假说是否成立。若这名研究人员按照实验研究的逻辑,他必须在实验处理之前随机分配两组,并统计成员中犯抢劫罪的人数,之后迫使实验小组成员变得贫穷,然后再去重新统计抢劫人数。(2001,第133页)

在这个具体的例子中,出现实际困难是因为要坚持基线测量(baseline measurement,事实上,由于随机分配,基线测量并不是无偏见推理的必要条件),而出现 **【361】** 伦理问题是因为这样的干预会让人们变得更贫穷,而非更富裕。

第二个方法论观点就是统计学方法可克服观测数据上的局限,这种说法也让人们不重视实验。无论所讨论的方法是最大似然估计、联立方程式和选择模型、汇集时间序列截面法、生态推理、向量自回归这些有争议的方法,还是匹配这种非参数技术,大多数方法论写作的基本主题都是正确使用统计方法,从而得出可靠的因果推论。这种类型的经典书籍或论文描述了一种政治学家不熟悉的统计技术,然后阐述了一个实证,说明了正确的方法是如何推翻错误方法所产生的实质性结论。这意味着非实验数据的精准分析提供了可靠的结果。从这个角度来看,既然实验数据看起来更像奢侈品而非必需品,为什么还要与产生实验数据的费用和道德负担作斗争?

近来,包括政治学在内的各种社会科学学科中,对田野实验可行性和必要性的长期假设,已经发生了改变。一系列规模宏大的研究表明随机干预是可能的。犯罪学家已经对破裂房子进行了随机的警察突袭检查,以评估公开展示警察权力可抵制周边地区犯罪这一假说(Sherman 和 Rogan 1995)。恰德巴塔依和迪弗洛(Chattopadhyay 和 Duflo 2004)研究了将印度农村行政机构提供的各种各样公共部门委员会主任职位随机分配给妇女的影响。经济学家和社会学家已经研究过,将租户从公共住房项目中随机迁移到学校好、犯罪少和就业机会多的社区会有什么影响(Kling,Ludwig,以及 Katz 2005)。黑斯廷斯(Hastings)等人于 2005 年研究了"择校"政策对学生学业成绩和父母投票行为的影响。奥尔肯(Olken)于 2005 年审查了印度尼西亚各种形式的行政监督(包括基层参与)对腐败的影响。自格柏与格林(Gerber 和 Green 2000)对各种形式的无党派运动交流的动员效应进行了调查后,田野实验在政治学中应用越来越普遍,学者们针对在各种各样选举中不同种族的选民动员活动进行研究,以及使用一系列不同的竞选上诉(Cardy 2005;Michelson 2003)。其他子领域(比如比较政治)也开始进行田野实验(Wantchekon 2003;Guan 和 Green 2006)。例如,海德(Hyde)于 2006 年利用随机分配来研究国际监测对选举舞弊的影响。

然而,政治学中仍有重要领域无法实行随机实验。虽然经常夸大田野实验的实际障碍,但似乎很明确,有关"核威慑或宪法制定"这类课题不能使用随机实验或者说不

【362】 能直接使用。因此,社会科学家日益转向自然实验(与"自然"田野实验不同),其中观察单位以类似于随机分配的方法进行处理。虽然没有正式标准来判断自然发生变量是否接近随机实验,但是最近几项研究似乎满足了自然实验的要求。例如,米格尔、赛提纳斯和塞尔真蒂(Miguel,Satyanath,and Sergenti 2004)研究了天气引发的经济冲击对撒哈拉以南非洲暴力冲突的影响。安索拉比赫、斯奈德和斯图尔特(Ansolabehere,Snyder,and Stewart 2000)使用十年重划选区来评估现任议员的"个人投票",比较从旧的选区保留的选民和通过重新规划选区获得的新选民。

3. 实验和推断

随机实验的内在逻辑——研究设计尽量接近随机分配——可通常用 Neyman(1923)的术语计数法(notational system)进行解释。而鲁宾(Rubin 1978;1990)出现之后,通常称作"鲁宾因果模型"(Rubin Causal Model)。暂且不谈实验,仅关注因果推断的定义,才能最好地理解 notational system。对于每个 i 来说,若不接受处理,那么 Y_0 则为结果;若接受处理,结果则为 Y_1,处理效应定义为:

$$\tau_i = Y_{i1} - Y_{i0} \tag{1}$$

换句话说,处理效应是个体接受处理与个体不接受处理之间的差异。我们按照此种逻辑,将单个个体扩大到一组个体,平均处理效应(ATE:average treatment effect)定义如下:

$$ATE = E(\tau_i) = E(Y_{i1}) - E(Y_{i0}) \tag{2}$$

平均处理效应定义含蓄地承认从体系上来讲,处理效应可能因个体而异。当在寻求处理的人身上发生过大(或过小)的处理效应时,τ_i 就会出现一种重要的变异模式。在这种情况下,人群中的平均处理效应可能与实际接受处理的效应有很大不同。

正式说明,可将处理组平均效应(ATT:average treatment effect among the treated)定义表示如下:

$$ATT = E(\tau_i | T_i = 1) = E(Y_{i1} | T_i = 1) - E(Y_{i0} | T_i = 1) , \tag{3}$$

【363】 若人接受处理,T_i 等于1。为了阐明术语,$(Y_{i1} | T_i = 1)$ 是实际接受处理的结果,而 $Y_{i0} | T_i = 1$ 是在实际接受处理中,却没有接受处理而观察到的结果。通过比较式(2)和式(3),显而易见,平均处理效应与处理组平均效应不一样。

无论是处理组的平均效应还是平均处理效应在估测因果效应中,都会碰到一个基本问题,即在给定时间点时,每个个体是否接受处理:或只观察 Y_1 或者 Y_0 其中一个,并不是两者都观察。随机分配在应用处理之前创建两组相似的个体,解决了这个"缺失数据"问题。然后,如果处理组中有些受试者未接受处理,随机分配对照组可代替在这些受试者身上应观察到的结果。

既然现已阐述了鲁宾的潜在结果框架,那么现在将展示如何用这个框架来解释随机分配的含义。随机分配处理时,接受处理的组别($T_i = 1$)与未接受处理的组别($T_i = 0$)预期结果相同,如果接受处理:

$$E(Y_{i1}|T_i = 1) = E(Y_{i1}|T_i = 0) \tag{4}$$

同样,如果不接受处理的组别与接受处理的组别预期结果相同,如果都未接受处理:

$$E(Y_{i0}|T_i = 0) = E(Y_{i0}|T_i = 1) \tag{5}$$

式(4)和式(5)以贺兰德(Holland,1986)的独立猜想命名,原因是 T_i 随机分配值不影响 Y_i 潜在值。式(2)、(4)、(5)意味着可将平均处理效应书写如下:

$$ATE = E(\tau_i) = E(Y_{i1}|T_i = 1) - E(Y_{i0}|T_i = 0) \tag{6}$$

因为可直接从数据中预测 $E(Y_{i1}|T_i = 1)$ 和 $E(Y_{i0}|T_i = 0)$ 的数值,所以这个方程式提出了因果推断的解决方法。式(6)表示的估计量仅仅是两个样本之间的差异:处理组平均结果减去对照组平均结果。总而言之,随机分配符合独立假设,独立假设提出了一种对平均处理效应实证估计的方法。

随机分配进一步表明,不仅仅 Y_i 具有独立性,而且在实施处理前可进行测量的任何变量 X_i 也同样具有独立性。例如,受试者的人口特征或其在预检中的得分可能和随机分配的处理组无关。因此,可预测处理组中 X_i 的平均值与对照组相同,的确,预计实验组中 X_i 的整体分布相同,我们称该特点为协变量的平衡(covariate balance)。通过比较处理组和对照组的样本平均值,可以根据经验估量平衡程度。假设协变量体系不能预测处理分配,但评估这个虚假的假设可以从统计学上检测平衡。例如,可利用回归模型 【364】 进行 F 检验,以评估处理分配中所有预测因子斜率为零这个假设。一项显著的检验统计表明,在推行随机分配时可能会出现问题,研究人员可能希望检查其程序。但是应该指出的是,一项显著的检验统计数据并不能证明分配程序非随机,而非显著性的检验统计数据也不能证明处理是随机分配的。平衡测试虽可提供有用的信息,但研究人员必须意识到这个测试的局限性。

我们回到协变量平衡的话题。现在,我们注意到随机分配不需要多变量控制。虽然多变量方法可能有助于提高因果效应预估的统计学准确性,但式(6)所暗示的估计量产生出不可控制的无偏差估计。

为了便于介绍,上述因果效应的讨论跳过了实验分析中两个微小但重要的附加假设,第一个是排除限制(exclusion restriction)。式(1)中提出一种假设,即结果随着接受处理的函数值而变化。假设处理组的分配仅在受试者接受处理时才影响结果,那么在实验设计中使用对照组的部分理由是担心受试者了解其实验分配后,可能会影响其结果。双盲程序(double-blind procedures)也有类似的说法:实施实验的人员若对受试者的实验分配任务毫不知情,也就不会有意或无意地改变因变量的测量数值。

第二个假设被称为稳定单位处理值假设,或SUTVA(the Stable Unit Treatment Value Assumption)。如果单位 i 的处理结果变量 Y_{i1} 的预期值只取决于 i 是否得到处理(t_i 等于 1 或零),那么在上述概念中 $E(Y_{i1} \mid T_i = t_i)$ 等期望值都会被写入。更完整的符号将会把其他单位中 T_1 至 T_n 的结果计算在内。可以想象,实验结果可能取决于 $t_1, t_2, \cdots, t_{i-1}, t_{i+1}, \cdots, t_n$ 以及 t_i 的值:

$$E(Y_{i1} \mid T_1 = t_1, T_2 = t_2, \cdots, T_{i-1} = t_{i-1}, T_i = t_i, T_{i+1} = t_{i+1}, \cdots, T_n = t_n)$$

我们将其写为 $E(Y_{i1} \mid T_i = t_i)$ 时,并未考虑所有其他单位的分配,我们假设从一个实验组外溢到另一个实验组。尼克森(Nickerson)2008 年与米格尔、克里默(Miguel, Kremer, 2004)提供了一个人的处理对其周围人有影响实例的实证说明。

请注意,违反 SUTVA 可能导致预测出现偏差,但此偏差的标志和幅度取决于整个观察过程中溢出的处理效应(参见 Nickerson 2008)。假设设计一场实验是为了衡量挨 【365】 家挨户游说对选民投票率的处理组平均效应。若对即将到来的选举充满热情,说服一人可能增加的投票概率为 π,那么其邻居投票的可能性为 π^*(不管邻居本身是否得到游说)。如果处理对象与控制对象都生活在接受处理的人员旁,那么即使违反 SUTVA,这两组投票率差异仍可以提供一个无偏差的预测值 π。另一方面,假设拉票人透露投票地点信息,就会增加选民投票率。在这种情况下,说服一人可能增加投票概率为 π,那么其未接受有谁的隔壁邻居可能增加投票率为 π^*。接受处理的邻居不受影响。这种特别违反 SUTVA 的行为会提高对照组的投票率,但低估了 π 值。如此例子所示,很难提前了解因违反 SUTVA 而产生偏差的方向和规模,实验研究人员可能想要随机改变不同地区单位的密度,从实际上评估溢出效应的影响。但值得注意的是,实际上 SUTVA 与其他实验推理的核心推断一样,既适用于实验研究又可应用到观察研究。下一章节将讨论实验、观察这两种研究方法的分歧点以及分歧点对解释实验和观察结果的影响。

4. 对比实验与观察推断

观察研究比较接受"处理"(通过一些未知选择机制)与未接受"处理"的案例。由于未采用随机分配,所以没有任何程序上的理由证明独立假设。若没有独立性,式(4)与式(5)无法成立。我们不能假设"处理组"的结果预期值,若是接受了处理,那么 $E(Y_{i1} \mid T_i = 1)$ 等于对照组的处理结果预期值,即 $E(Y_{i1} \mid T_i = 0)$,因为接受处理前,处理组和对照组体系可能有所不同。我们也不能假设对照组中未接受处理结果预期值 E $(Y_{i0}\mid T_i = 0)$ 就等于处理组中未处理的结果预期值 $E(Y_{i0}\mid T_i = 1)$。此外,未处理状态的处理组可能与对照组情况并不相似。

并无万全之策可以解决这个问题。控制处理组与参照组中可观察到的差异是消除潜在失败的标准方法。有时利用回归模型控制协变量,但是假设有人想将观察值控制【366】在逻辑值的极端,并且将处理组和对照组准确地与一组可观察特征 X 匹配。对于每个 X 值,都可以进行处理和控制观察①。这种匹配过程将使处理组和对照组的协变量完全平衡。然而,为了从这些完全匹配的处理组和对照组中得出无偏见的推论,那么很有必要援引赫克曼等(Heckman 1988)描述的无知性假设(ignorability assumption),它规定了处理和潜在结果是独立的,以一组特征 X 为条件。

$$E(Y_{i1}\mid X_i, T_i = 1) = E(Y_{i1}\mid X_i, T_i = 0) \tag{7}$$

$$E(Y_{i0}\mid X_i, T_i = 0) = E(Y_{i0}\mid X_i, T_i = 1) \tag{8}$$

请注意,这两个假设和式(4)、(5)中陈述的两个随机化含义如出一辙,只不过它们是以 X 为条件。通过观察这些方程式并按照同样的逻辑,那么列出平均处理效应公式轻而易举。

观测数据分析人士遵循这些方程式以辩护其估算技术。例如,传统假设是以一组协变量为条件,那么接受处理的个体预期结果与对照组相同。然而,我们要格外注意,实验和观察研究人员的假设之间存在重要区别。实验研究人员利用随机分配得出无偏估计。另一方面,观察性研究者借助协变量的实质假设。而随机分配过程是可验证的(可以检查随机数生成器,并查看将单位数字分配给观察单位的文书程序),几乎不可能直接辨识实质假设是否对观察推断有效。

即使人们认为观测推论的基本假设可能合理,但是这些假设可能不正确,这一点改变了观测结果的统计属性。格柏、格林和卡普兰(2004)正式表明,估计的抽样分布反映了差异的两个来源:一是数据套入给定模型致使统计具有不确定性;二是也不能确定估计量是否有偏差。只有第一个不确定性可以解释传统统计软件包的标准误差,常常会忽略第二种不确定性。换句话说,与观察结果相关的标准误差是通过适用于实验数据的公式导出的,但这种公式在观测数据中代表下界。这种做法意味着我们常叙述的观察结果具有潜在误导性。更具体地说,它具有误导性,夸大了观察结果的价值。【367】

从经验上来看,已经证实了这一点。受拉隆德(LaLonde 1986)开创性工作的启发,

---

① 这个程序满足辅助假设,即处理组或参照组正向概率的 X 值有可能相同。如果 X 可精准预测处理分配,那么该假设不成立。

该工作评估了实验和观察对就业培训项目有效预计间的共通性,阿西诺、格伯、格林(2006)受到拉隆德比较了实验和观察估计对电话动员选民活动的影响。观察样本数超过 100 万,发现观察估计的实际均方根误差大于其名义下的标准误差。

拉隆德式比较揭示了政治方法论研究中很少注意到的缺陷。迄今为止,方法论辩论的前提是假设不可知因果参数的价值,因此,辩论的条件取决于竞争方法的技术属性。拉隆德的实证方法彻底改变了这些辩论,因为有时前沿的统计技术并不能让人十分满意。

也就是说,实验摆脱不了和方法论的联系。田野实验特别容易受到不遵从行为和损耗的影响,这两个问题使得一些田野实验早期评论家放弃了这项实验,转而支持观察研究设计(参见 Chapin 1947)。下一节将深入介绍这两个问题的本质和后果。

5. 不遵从行为

事实上,有时处理组中只有一部分受试者可得到处理,或者对照组有一定比例接受处理。当那些接受处理的人和指定分配接受处理的不是一拨人时,实验就出现了不遵从行为。在进行投票拉票的实验研究中,分配到处理组的一些受试者由于未到处理组而未接受处理时,就出现了不遵从行为。受试者在临床试验中可能选择停止处理。观察员在随机选举监测的研究中可能不遵循其分配任务,因此,分配到处理组的一些地方未经处理,而分配到对照组的反而得到了处理。

实验者如何处理不遵从行为取决于他们的目标。希望评估外展计划有效性的实验者可能会对所谓的"意向处理"效应("intent-to-treat"effect:ITT)进行评估,即在"处理"后随机分配给处理组的效果。最终,方案有效性的函数值体现在对接受处理受试者的影响以及监管处理的程度。而其他实验者可能主要对测量受试者接受处理后有何影响感兴趣。对于这些实验者来说,任何具体方案达到处理组预期的速度都是次要的。下面将介绍如何从数据中估计意向处理和接受处理效应。

【368】

表 15.1　总结分配、接受处理概念区别

实际处理接受	实验分配	
	处理组 ($Z_i = 1$)	参照组 ($Z_i = 0$)
处理($T_i = 1$)	$D_1 = 1$	$D_0 = 1$
未处理($T_i = 0$)	$D_1 = 0$	$D_0 = 0$

出现不遵从行为时,不管受试者是否接受处理,受试者分组任务 Z_i 不等于 T_i,无论受试者是否得到处理。安格瑞斯特、艾姆本斯与鲁宾(Angrist,Imbens,Rubin 1996)将式(1)至式(6)中呈现的概念扩展到处理组所分配的和接受处理是不同的案例中。若分配到处理组的受试者接受处理,那么 $D_1 = 1$;若分配到处理组的受试者未接受处理,那么 $D_1 = 0$。利用表 15.1 中总结的这种计算方式,我们可以定义一个名为"依从者"(Compliers)的子集,它们在分配到处理组并得到处理,但不是其他情况。"依从者"是 $D_1 = 1$ 和 $D_0 = 0$ 的主体。最简单的实验设计中,处理组中的所有受试者都接受处理,而对照组中无人接受处理,每个受试者都是依从者。请注意,每个受试者是否是依从者,是受试者特征和实验的特定功能的函数,并不是受试者的固定属性。

当按照计划($Z_i = T_i$, $\forall i$)进行处理时,通过比较平均处理组结果和平均对照组的结果,可以简单估计随机分配处理的平均因果效应。出现不遵从行为时,可以了解处理效应的哪些内容呢? 安格瑞斯特、艾姆本斯和鲁宾(Angrist,Imbens,Rubin 1996)提出了一组预测依从者次组平均处理效应的充分条件。在此我们将首先介绍一些估计依从者平均处理效应的假设和公式,然后用一个例子来阐明这些假设。

除了假设处理组任务 Z 是随机的,安格瑞斯特等人的结果也引用了以下四个假设,其中前两个已经在上面提到:

排他性限制(Exclusion restriction)。受试者结果是他们接受处理的函数值,但不受处理组分配的影响。在实验中,如果受试者根据处理组分配本身(而不是处理本身)改变其行为,或者受观察处理分配第三方诱导而改变行为,这种假设可能会失败。【369】

稳定单位处理值假设(SUTVA)。受试者是否接受处理只取决于受试者自己的处理分配,而不取决于其他受试者的处理分配。此外,受试者结果是其处理分配和接受处理的函数,不受任何其他受试者接受或分配的影响。

单调性(Monotonicity)。对于所有受试者,当受试者在处理组中时,受试者被处理的概率至少与受试者在对照组中一样大。在实验中设计只有处理组才能接受处理时,此假设才成立。

分配对处理的非零因果效应(Nonzero causal effects of assignment on treatment)。处理分配至少对一些受试者的处理概率有影响。令人满意的是,如果稍微加强单调性假设,以要求至少一些受试者受到更多的不平等性。

安格瑞斯特等人(Angrist 1996 命题 1)认为,如果可满足 1—4 假设,则处理效应可表示如下:

$$\frac{E(Y_1 - Y_0)}{E(D_1 - D_0)} = E((Y_1 - Y_0) \mid D_1 - D_0 = 1) \tag{9}$$

式 9 中，$Z_i = j$ 时，Y_j 是结果，D_j 代表 D 的值，$E(h)$ 是受试者中 h 的平均值，$E(h|g)$ 是 g 代表对象群体子集中 h 的平均值。

式(9)左侧的分子是 Z 对 Y 的意向处理(ITT)效应，Z 对整个处理组(包括未接受处理)Y 的平均因果效应。可如下书写意向处理方程式：

$$ITT = E(Y_{i1}|Z_i = 1) - E(Y_{i0}|Z_i = 0) \tag{10}$$

由于要考虑处理效应和成功实施处理的比例，项目评估中经常用到意向处理。因为平均处理效应较差或者是只对分配到接受处理受试者中的一小部分进行了干预，所以项目意向处理效应较差。

式(9)中分母是 Z 对 D 的意向处理效应，处理组中的平均效应对受试者的处理概率。这些意向处理效应的比例等于处理依从者群体的平均因果效应，即局部平均处理效应(the Local Average Treatment Effect：LATE)。当对照组未接受处理时，$D_0 = 0$，式(3)中的处理组平均效应等于局部处理组平均效应。

这个命题有直观的基础。假设处理组中有 P% 的受试者从未处理转为接受处理。
【370】 假设处理分配导致处理情况发生变化(处理组中的受试者为依从者)，那么处理引起的 Y 平均变化为 Π。由于随机分配到处理组而非对照组，这样分配到处理组的受试者的平均结果是如何变化的？

处理组可观测到的平均值 Y 随着 $p\Pi$ 改变而改变，受处理分组影响的处理组份额乘以依从者的平均处理效应。如果对照组受试者不受实验影响，且处理分配是随机的，则处理组与对照组结果间的差异为平均 $p\Pi$。为了重获依从者处理平均效果，将这种差异除以 p。因此，实验中说服接受处理的受试者的平均处理效应等于式(9)左侧的比例：平均组结果的差异，将处理分配给受试者概率的变化除以此而扩大。

如果随机分配形成处理组，则可以使用左侧量的样品类似物来估计式(9)左侧。根据处理和对照组之间的结果平均差异估计 Y 的意向效应，根据处理对照组处理率的平均差异估计 D 的意向效应。两阶段最小二乘法(two-stage least squares：2SLS)是指受试者的结果在接收处理的变量上回归，处理分配用作接收处理的工具。同样地可使用两阶段最小二乘法对局部处理效应进行估计。请注意最简单的情况是，当对照组中没有人接受处理，而处理组中处理率等于 c，此时局部平均处理效应等于 $\dfrac{ITT_Y}{c}$，其中分子是估计 Y 的意向处理效应，这导致处理率的反比夸大了。

安格瑞斯特(Angrist)等人分析的一个基本结论是，虽然可以计算出一些估计值，但只有满足以上列出的一组假设时，估计值才是处理因果效应。这些情况可以采用一个例子进行说明，即处理组中处理失败，那么参照组也不能接受处理。假设调查人员随机分配处理组和对照组,尝试接触处理组,然后开始对其进行处理,而参照组不能接受处理。动员投票拉票实验就是按照这种原理设计的,通常不能处理分配给处理组的受试者。接下来将会介绍案例是怎样应用上述假设。

排他性限制(Excusion restriction)。若处理分配对受试者结果有直接影响,就违反了排他性限制。案例中也考虑了受试者不知道他们的处理组状态(Z),所以他们不能直接根据 Z 改变自己的行为。但是,第三方还是有可能观察处理分配。例如,一名游说工作人员可能会观察分配给自己需要游说的人员名单,然后将有针对性地对其进行游说,这种违反了排他性限制,从而出现了偏差。

稳定单位处理值假设(SUTVA)。回想一下,此假设要求受试者接受的处理不会改变其他人的结果。如果受试者的投票概率受到邻居的影响,那么该假设就会失败。当从个人而不是家庭层面分析包含多个家庭成员的实验时,如果受试者的投票概率是家庭中其他成员是否接受处理的函数值,那么就会违反稳定单位处理值假设。一般来说,溢出效应是违反稳定单位处理值假设的根源之一。如果重复处理的回报率下降,溢出效应将减少平均处理组和对照组结果间的差异,而不改变记录的处理率。因此,这种违反稳定单位处理值假设的行为将会使估计处理效应偏向零。 【371】

单调性(Monotonicity)。在动员投票案例中,每个受试者若分配到对照组,则几乎没有机会获得处理,因此单调性满足于实验设计。

处理对处理概率的非零效应(Nonzero effect of treatment assignment on the probability of treatment)。只要成功接触处理组的一些成员,那么实验设计就能满足这一假设。

以下是几个关于评估处理效应的最终意见:

依从者(Compliers)*人口比例是人口特征和实验设计的函数*。上面提出的方法可估计依从者平均处理效应,但是依从者人选可能会随实验设计而变化。这意味着如果实验方案涉及不同类型受试者,并且处理率低,则对相同处理的效果估计可能在实验中改变。实验者为了检测不同的处理效应,可能希望改变做法,以接触分配给处理组的人。

除了依从者以外,对平均处理效应的概括需要额外的假设。出现不遵从行为时,处理效应估计只适用于依从者,而不是整个受试者群体。关于处理整个人群效果的陈述需要假设依从者和其他受试者的处理效应是相似性的。

没有有关均匀处理效应的假设。虽然实验和观察性研究通常隐含地假定处理效应不变,但两阶段最小二乘法估计的处理效应是对依从者的平均处理效应。如果假设处理效应相同,则局部平均处理效应等于处理组的平均效应,也等于平均处理效应。

由于出现不遵从行为,有时不能确定哪些特定的个人是依从者。对照组无成员接受处理时,可直接观察哪些受试者是依从者,因为他们是处理组中接受处理的受试者。

然而,在不管小组分配都能进行处理的情况下,无法确定谁是正确的受试者。安格瑞斯特等人(1996)以越南抽签征兵的田野实验作为例子。得到票数较少的人进入军队的可能性更大,而票数较多的人则接受了"处理"。这表明不论票数如何,有些受试者本应加入军队。无论如何分配任务,总是得到处理的受试者称为"总是参与者(Always Takers)",他们是 $D_1 = 1$ 和 $D_0 = 1$。由于分配到处理组的一些受试者是总是参与者,所以处理组中的处理对象是总是参与者和依从者的结合。由于不能观察反事实分配中的受试者的个体行为,所以不能将"依从者"和"总是参与者"混为一谈。

【372】

总而言之,不遵从行为的问题给田野实验的研究人员带来一系列挑战。研究人员意识到了这些问题,从而可以收集处理和控制组顺从层面的数据,因此可预估局部平均处理效应。它还鼓励研究人员考虑哪些核心假设(稳定单位处理值假设、单调性、排他性假设和非零赋值效应)可能在实际应用中产生问题,并且设计实验将这些问题最小化。

6. 损耗

不易处理是与损耗有关的问题。当观察不到某些确定观察结果时,就会发生损耗。例如有关干预措施的一个简单例子,旨在鼓励封闭式制度中的政党提名妇女候选人作为区域代表。这项研究的结果是 $Y = 1$(女性被提名), $Y = 0$(女性未被提名), $Y = ?$(调查员不知道是否有一名女性被提名)。假设实验结果表明处理组中 50% 管辖区有女性提名人,20% 没有,30% 未知。对照组中相应比率分别为 40%、20% 和 40%。不知道其他管辖区的信息以及观察或不观察其结果的原因,这组结果可进行开放性的理解。可以从分析中排除丢失的数据,这种情况下,估计处理效应为 $0.50 / (0.50 + 0.20) - 0.40 / (0.40 + 0.20) = 0.05$。或者,可以假定那些没有观察到结果的女性候选人不能参加竞选,在这种情况下,估计处理效应是 0.10。或者,按照曼斯基(Manski 1990)研究,人们可通过假设可能最极端的结果来计算估计效应的界限。例如,如果没有一个处理组中缺失的观察结果有女性候选人,但是所有对照组中缺失的观察结果都存在女性候选人,处理效应将为 $0.50-0.80 = -0.30$。相反,如果假设处理组中的缺失观察结果为 $Y = 1$,而对照组中的缺失观察为 $Y = 0$,则估计处理效应变为 $0.80-0.40 = 0.40$。如这个例子所示,界限在 $\{-0.30, 0.40\}$ 区间表明存在一个过于宽泛的潜在区间值。

【373】

原则上,给数据添加一些理论结构可以减少损耗造成的不确定性。例如,估算模型(Imputation models)试图使用可观察的协变量来预测缺失值的影响(参见 Imbens and Rubin 1997;Dunn, Maracy, and Tomenson 2005)。这种方法将在可能适用或不适用的、给定应用的特定条件下产生无偏估计。以协变量为随机条件,且数据会丢失的情况下,这种方法将优于排除丢失数据或替代无条件平均值。另一方面可以构建示例，由于系统因素中没有可观察的协变量，从而在数据丢失时，估算就加剧了偏差问题。

虽然在某种程度上损耗的后果总是具有推测性，但某些实验设计比其他实验更能够减轻对损耗的担忧。例如，豪厄尔和彼得森（Howell and Peterson 2004）分析了学券制对学生标准考试成绩的影响。从学券申请者中随机选择一组接受学券者，私下对接受学券者和非接受者进行测试，从而衡量测试结果，但接受者比非接受者更有可能进行测试。因此，豪厄尔和彼得森面临着处理组和对照组之间损耗率不同的情况时，他们在随机分配之前制定了学术基准测试，从而能够评估损耗是否与试验前测定的学术能力有关。这个例子提供了另一个实例，虽然协变量不是实验分析的必要条件，但它起到了关键性的作用。

7. 田野实验与断点回归设计

随机实验中随机化程序确保因果推断无偏差，而田野实验和断点回归设计（Regression discontinuity designs）则有所不同，使用近似随机分配来接近实验。在评估近似随机研究设计时，关键的方法问题是处理是否与因变量的未测量决定因素无关。这种说法的合理性将取决于实质假设。例如，中了彩票之后如何消费（参见 Imbens，Rubin，and Sacerdote 2001）和政治态度（参见 Doherty，Gerber，and Green 2006）的研究引用了对彩票玩家可比性的假设，彩票玩家随着时间的推移赢得了不同彩票金额。虽然似乎合理，但这些假设存在潜在缺陷（彩票玩家可能会随时间而不同），这就导致估计有偏差。请注意，偏差有可能意味着报告的标准误差可能低估了估计均方误差，格伯、格林和卡普兰（2004）详细地解释了这类估计偏差的原因。【374】

断点回归设计试图通过发现一些尖锐突破点以此来解决偏差问题，这个突破点会在接受处理和未接受处理的单位之间进行看似随机的区分。例如，斯堪的纳维亚改变立法机关规模大小是当地人口规模的阶梯函数（参见 Pettersson-Lidbom 2004），利用这件事来衡量立法机关对市政支出的影响，一个重要的假设是，实际上在人口临界点附近立法机关规模的变化是随机的，因此必须改变立法规模。当市政人口从 4999 增长到 5000，立法机构规模也随之发生变化时，市政支出会突然发生改变吗？图 15.1 阐述了这种断点回归的假设案例。处于立法机构规模断点临界点，市政支出突然发生改变①。

① 实际上，彼得森-利德布姆 2004 年几乎未发现有证据表明斯堪的纳维亚立法规模和政府支出二者之间存在关联。

这种设计实际操作起来,问题在于临界点数据一般都松散,需要分析人员涵盖距离较远的数据,因此可能受到其他因素的干扰。这种问题的标准解决方案是利用协变量,如像不连续性变量(本例中为人口规模)的多项式函数(polynomial functions),以控制这些因素。彼得森-利德布姆(Pettersson-Lidbom 2004)论证其预估在各种参数中具有稳定性,但一如既往,仍旧不确定市政支出模式是否能反映出人口变化中未衡量的部分。

即使不包含不连续性导致的因果效应,但仍旧不好解释清楚。波斯纳(Posner 2004)提出异议,居住在赞比亚和马拉维边界的族裔群体有机会研究党派竞争和民族联盟的影响。争论是:切瓦和图巴卡人民在马拉维边界的一方的矛盾要多于位于赞比亚一边,这是因为它们在马拉维总统选举中的选民总数所占比例相当高。这里的问题是内部效度。可想而知,组间关系中观察到的对比可归因于两国之间的差异。为了加强解释力度,波斯纳试图排除经济地位差异,探寻发展道路和殖民历史的差异,作为解

【375】 释跨国境变化的潜在来源。

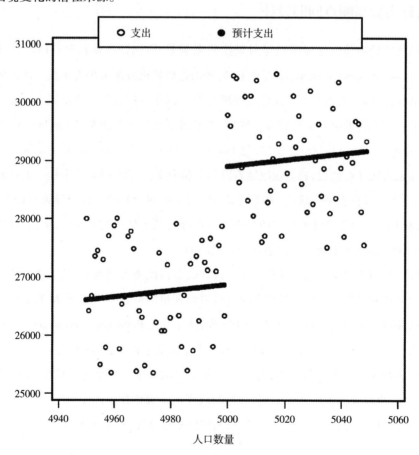

图 15.1　断点回归列举

注意:这个假设例子中,受彼得森-利德布姆(2004)启发,当一个城市居民超过 5000 时,当地立法机关投票人数猛然增加。这里检验的假说就是,接近突破点时,当地政府支出是否会因为立法规模这一外因改变而受影响。

8.实验设计与分析中的方法问题

设计、分析和推理的各个方面对追求长期目标有重要意义,如产生最终离析因变量的因果参数的无偏差研究文献。本节简要总结了几个主要问题。

8.1 平衡与分层

设计随机分配是为创建处理组和控制组,其中两组的观察和未观察属性是平衡的,随着 N 接近无限大,实验群组会达到完全平衡。而在有限样本中,随机分配偶尔会创造出失去平衡的群组。小样本中的实验程序依旧无偏差,因为不会产生利于处理组的系统性不平衡倾向。然而,即使观察到处理组与对照组两者之间不平衡或者有这种倾向,仍不知如何处理。 【376】

如果研究人员在实验之前知道协变量的信息(也许因为进行了预先测试),则可以通过分层或区组设计降低估计处理效应的抽样变异性。例如,如果人们认为性别对实验结果具有强烈影响,就可能将样本分为男性和女性,随机将每组的一小部分男性和女性分配到处理组。这一过程确保性别与处理分配无关。该过程可以扩展为包括背景协变量的列表。实验者将每种类型的观察对象随机分配到(例如,65 岁以上高中未毕业的女性)处理组和对照组中。

或者,研究人员可在实验中将多变量模型的协变量作为控制变量,随后进行分层。只要协变量的预测精度弥补了自由度的缺失,那么包含协变量就有可能提高处理效应的预估精度。预分层也适用同样的原则,将产生分层的协变量作为控制变量,可以通过减少干扰方差来提高实验估计的精确度。

使用协变量的过程中会出现四项实际问题。第一,虽然协变量可能有助于提高实验估计的精确度,但是协变量必须能预测因变量。一定程度上来说,协变量几乎没有预测价值(或协变量的非线性函数或协变量之间的相互作用),因为实际上协变量的纳入会令处理估计不是那么精确。像匹配这种非参数方法也是一样的,它忽略了通常关于协变量的线性和加法效应的一般假设,排除了部分观察结果,在这些观察中,处理组和对照组的协变量间的对应关系并不充分。第二,使用协变量会产生潜在危害,因为研究人员酌情决定其分析中包含何种协变量。危险在于研究人员将根据结果,在不同的规范中进行选择,这个过程有可能产生误差。第三个问题涉及处理和一个或多个协变量间的潜在的相互作用。研究人员经常发现子群差异。另外,对交互作用的探索提高了计划和非计划之间的区别依据事前计划,可将互动具体分类,并明确抽样分布。当研究人员在研究数据后提出交互作用,这时抽样分布不再明确。新样本中的结果可视为临时待定确认。第四,实验者开始干预之前进行预测试,这时产生常见的协变量。然而,受试者可在预测中推断实验的性质和目的,从而破坏结果。

【377】　　8.2　发表偏差(Publication bias)

　　影响观察和实验研究的一个重要偏差来源是发表偏差。如果实验结果的大小以及统计学意义可以决定是否可在学术出版物中出版实验结果,一系列研究结果可能会极大误导真实因果效应的估计。例如,考虑一下,当人们认为干预有助于民主稳定时,就产生了畸变(distortions)从而可利用单侧检验(one-tailed hypothesis test)评估干预。如果统计上不重要的实验结果未被报告,那么平均报告结果会夸大干预的真正效果。

　　实验研究文献中的发表偏差有几项明显症状。对于上述提到过的单项检验,基于小样本的研究应比大样本的研究更倾向于报告更明显的处理效应,其原因是为了使统计更有意义,小样本研究需要较大的效应量。类似的诊断元件(diagnostic device)适用于双尾检验(two-tailed tests),样本量和效应量之间的关系类似于漏斗。一般地,观察到的实验结果的抽样分布与个别研究相关的名义上标准误差所暗示的抽样分布并不一致。非决定性研究将缺少抽样分配,发表偏差的威胁突出了学术规范之间的紧张关系,这往往强调提出结论性结果的重要性和科学进步,这取决于公正的报告惯例。

　　8.3　外推

　　无论是在实验室做实验或者是在进行田野实验,都提出了关于可概括性的问题。研究结果在多大程度上适用于其他设定? 他们在多大程度上适用于其他用量或各种类型的干预措施? 这些问题提出了重要的认识论问题,即何种条件下,一个人可以安全地在特定的干预和实验环境之外进行推广。这些问题一直是热烈而持续争论的主题(参见 Heckman 和 Smith 1995;Moffitt 2004)。

　　学者们以两种互补的方式来解决这个问题,第一个是提出关于不同处理和情境同构(isomorphism)的理论。通常,这种理论论证是基于隔离给定处理或情景的基本特征。例如,可以说格伯等人(2009)研究了报纸曝光的影响的研究,新闻报纸重要的组成部分是政治话题、呈现的方式、阅读的关心点和频率,以及由于干预而去阅读的读者的党派和政治复杂性。

隔离理论是处理、环境设定以及接受者的主要特点,此理论可指导实验扩展的实证
议程。通过改变处理的性质、交付方式以及实验对象,实验者可逐渐提出实验效果强或 【378】
弱的一组实证主张。请注意,这个实证议程通过询问实验室实验、调查实验和田野实验
是否得出相似的结果,如果不是的话,为何实验方法产生不同的结果,由此来统一各种
形式的实验性社会科学。这种实证复制和扩展的过程提出了一系列必须要解释的既定
事实来完善理论。

8.4　效力和复制

通常田野实验面临的实际挑战就是规模和范围受限。例如,假设一个人有兴趣调
查政治商业竞选活动对10万电视观众的投票偏好有何影响。理想情况下,人们会将小
单位(如家庭或楼群)随机分配给处理组和对照组。但实际上,只可能将一小部分较大
的地域单元随机分配到处理组和对照组。如果住处相邻的居民拥有预测其投票偏好的
不可观察属性,则这种群聚随机化大大削弱了研究的力量(Raudenbush 1997)。实际
上,我们可以构建这样的实验例子,其中几乎不能拒绝无效的假设(a null hypothesis)。

在这种情况下应该如何进行?虽然给定的研究参考价值有限,但研究积累产生了
信息后验分布(informative posterior distribution)。与未发表微不足道的成果不同,不开
展低权力研究并不会导致偏差,而是减慢了科学发现的进程。用坎贝尔和斯坦利
(Campbell 和 Stanley 1963,第3页)的话说,我们必须以更悲观的理由证明实验的正当
性——其不是灵丹妙药,而是累积研究进度的唯一可行途径。我们必须让学生做好乏
味、失望、坚持到底的准备。不过到目前为止,生物和物理科学方面取得了很大的成就。

9. 实验方法价值

田野实验除了带来大量的实质性知识外,也对方法论做出了深刻贡献。拉隆德
(LaLonde 1986)之后的研究人员并未根据基本假设的抽象合理性来评估统计方法,而
是基于观察数据的估计和实验基准进行比较,从而将统计方法的价值变为实证问题。
实验得以继续,部分原因是设计用来纠正观测数据不足的统计技术表现优良。例如,阿 【379】
西诺(Arceneaux 2006)等人通过使用匹配或回归的观察方法,发现获得估计和实验估计
之间存在很大差距。这一发现与劳动经济学和医学的成果相呼应。这两项领域中,观
察方法在预计实验基准方面取得了不同程度的成功(参见 Heckman 等人 1998;Concato,
Shah and Horwitz 2000;Glazerman,Levy and Myers 2003)。田野实验通过将观察方法的

价值作为一个实证研究问题,正在改变政治方法学领域的辩论条件。

参考文献

Adams, W. C. , & Smith, D. J. (1980). Effects of telephone canvassing on turnout and preferences: a field experiment. *Public Opinion Quarterly*, 44: 53-83.

Angrist, Joshua D. Guido W. Imbens, & Donald B. Rubin. : Identification of causal effects using instrumental variables, *Journal of the American Statistical Association*, volume 91: 444-55.

Ansolabehere, S. , Snyder, J. M. , & Stewart, C. (2000). Old voters, new voters, and the personal vote: using redistricting to measure the incumbency advantage. *American Journal of Political Science*, 44(1), 17-34.

Arceneaux, K. , Gerber, A. S. , and Green, D. P. (2004). Comparing experimental and matching methods using a large-scale voter mobilization experiment. *Political Analysis*, 14: 1-36.

Benz, M. , and Meier, Do People Behave in experiments as in the field? Evidence from donations. Institute for Empirical Research in Economics Working Paper No. 248.

Campbell, D. T. , Stanley, J. C. , & Gage, N. L. (1966). *Experimental and Quasi-Experimental Designs for Research*. Boston: Houghton Mifflin.

Cardy, E. A. 2005. An experimental field study of the GOTV and persuasion effects of partisan direct mail and phone calls. *Annals of the American Academy of Political and Social Science*, 601: 28-40.

Chapin, F. S. 1947. *Experimental Designs in Sociological Research* /. Experimental designs in sociological research. Harper & Brothers Pub.

Chattopadhyay, R. , & Duflo, E. (2004). Women as policy makers: evidence from a randomized policy experiment in India. *Econometrica*, 72(5), 1409-1443.

Chin, M. L. , Bond, J. R. , & Geva, N. (2000). A foot in the door: an experimental study of PAC and constituency effects on access. *Journal of Politics*, 62(2), 534-549.

Cover, A. D. , & Brumberg, B. S. (1982). Baby books and ballots: the impact of congressional mail on constituent opinion. *American Political Science Review*, 76(2), 347-359.

Doherty, D. , Gerber, A. S. , & Green, D. P. (2006). Personal income and attitudes toward redistribution: a study of lottery winners. *Political Psychology*, 27(3), 441-458.

Dunn, G. , Maracy, M. , & Tomenson, B. (2005). Estimating treatment effects from randomized clinical trials with noncompliance and loss to follow-up: the role of instrumental variable methods. *Statistical Methods in Medical Research*, 14(4), 369-395.

Eldersveld, S. J. (1956). Experimental propaganda techniques and voting behavior. *American Political Science Review*, 50(1), 154-165.

Gerber, A. S. , & Green, D. P. (2000). The effects of canvassing, direct mail, and telephone contact on voter turnout: a field experiment. *American Political Review*, 94: 653-63.

——Gerber, A. S., Green, D. P., and Kaplan, E. H. (2004). 12 the illusion of learning from observational research. Problems and Methods in the Study of Politics.

——Karlan, D., & Bergan, D. (2009). Does the media matter? a field experiment measuring the effect of newspapers on voting behavior and political opinions. *American Economic Journal Applied Economics*, 1 (2), 35-52.

Glazerman, S., Dan, M. L., & Myers, D. (2003). Nonexperimental versus experimental estimates of earnings impacts. *Annals of the American Academy of Political & Social Science*, 589(1), 63-93.

Gosnell, H. F. 1927. Getting-out-the-Vote: An Experiment in the Stimulation of Voting. Chicago: University of Chicago Press.

Guan, M., & Green, D. P. 2006. Non-coercive mobilization in state-controlled elections: an experimental study in Beijing. *Comparative Political Studies*, 39: 1175-93.

Habyarimana, J., Humphreys, M., Posner, D., and Weinstein, J. 2007. The Co-ethnic Advantage.

Harrison, G. W., and List, J. A. 2004. Field experiments. Journal of Economic Literature, 42: 1009-55.

Hastings, J. S., Kane, T. J., Staiger, D. O., and Weinstein, J. M. 2005. Economic outcomes and the decision to vote: the effect of randomized school admission on voter participation. Unpublished manuscript, Department of Economics, Yale University.

Heckman, J. J., & Smith, J. A. (1995). Assessing the case for social experiments. *Journal of Economic Perspectives*, 9(2), 85-110.

——Ichimura, H., Smith. J., and Todd. P. 1998. Matching as an economic evaluation estimator. *Review of Economic Studies.* 65: 261-94.

Holland. Paul W. Statistics and causal inference, *Journal of the American Statistical Association*, 81: 945-60.

Howell, W. C., & Peterson, P. E. 2004. Uses of theory in randomized field trials: lessons from school voucher research on disaggregation, missing data, and the generalization of findings. *American Behavioral Scientist*, 47: 634-57.

Hyde, S. D. 2006. Foreign democracy promotion, norm development and democratization: explaining the causes and consequences of internationally monitored elections. Unpublished doctoral thesis. Department of Political Science. University of California. San Diego.

Imbens, G. W., and Rubin. D. B. 1997. Bayesian inference for causal effects in randomized experiments with noncompliance. *Annals of Statistics*, 25: 305-27.

—— ——& Sacerdote, B. I. 2001. Estimating the effect of unearned income on labor earnings, savings, and consumption: evidence from a survey of lottery winners. *American Economic Review*, 91 (4), 778-794.

Johnson, J. B. Joslyn, R. A., and Reynolds H. T. 2001. *Political Science Research Methods*, 4th edn. Washington, DC.

King. G., Keohane. R. O., and Veba, S. 1994. *Designing Social Inquiry.* Princeton, NJ: Princeton University Press.

Kling, J. R. , Ludwig, J. , & Katz, L. F. (2005). Neighborhood effects on crime for female and male youth: evidence from a randomized housing voucher experiment. *Quaterly Journal of Economics*, 120 (1): 87-130.

Lalonde, R. J. (1986). Evaluating the econometric evaluations of training programs with experimental data. *American Economic Review*, 76(4), 604-620.

Lijphart, A. (1971). Comparative politics and the comparative method. *American Political Science Review*, 65(3), 682-693.

Lowell, A. L. (1910). The physiology of politics. *American Political Science Review*, 4(1), 1-15.

Mahoney, J. , and Reuschemeyer, D (eds.) 2003. *Comparative Historical Analysis in the Social Sciences.* New York: Cambridge University Press.

Manski, C. F. 1990. Nonparametric bounds on treatment effects. *American Economic Review, Papers and Proceedings*, 80: 319-23.

Michelson, M. R. 2003. Getting out the Latino vote: how door-to-door canvassing influences voter turnout in rural central California. *Political Behavior*, 25: 247-63.

Miguel, E. , & Kremer, M. 2004. Worms: identifying impacts on education and health in the presence of treatment externalities, *Econometrica*, 72: 159-217.

——Satyanath, S. , and Sergenti, E. 2004. Economic shocks and civil conflict: an instrumental variables approach. *Journal of Political Economy.* 112: 725-53.

Miller, R. E. , Bositis, D. A. , & Baer, D. L. 1981. Stimulating voter turnout in a primary: field experiment with a precinot cominitteeman. *International Political Science Review*, 2(4), 445-460.

Moffitt, R. A. 2004. The role of randomized field trials in social science research: a perspective from evaluations of reforms of social welfare programs. *American Behavioral Scientist*, 47(5), 506-540.

Newhouse, J. P. 1993. *Free for All? Lessons from the RAND Health Insurance Experiment.* Boston: Harvard University Press.

Neyman, J. 1923. On the application of probability theory to agricultural experiments. Essay on principles. Section 9. *Roczniki Nauk Roiniczych.* 10; 1 - 51; repr. in English in *Statistical Science*, 5 (1990), 463-480.

Nickerson, D. W. (2008). Is voting contagious? Evidence from two field experiments. *American Political Science Review*, 102(1), 49-57.

Olken. Benjamin A. (2007). Monitoring corruption: evidence from a field experiment in Indonesia. NBER Working Paper 11753.

Pechman, J. A. , & Timpane, P. M. (eds.) 1975. *Work Incentives and Income Guarantees. The New Jersey Negative Income Tax Experiment.* Washington, DC: Brookings Institution.

Pettersson-Lidbom, P. 2004. Does the size of the legislature affect the size of government? Evidence from two natural experiments. Unpublished manuscript, Department of Economics. Stockholm University.

Posner, Daniel, N. (2004). The political salience of cultural difference: why Chewas and Tumbukas are allies in Zambia and adversaries in Malawi. *American Political Science Review*, 98: 529-45.

Raudenbush, S. W. (1997). Statistical analysis and optimal design for cluster randomized trials. *Psychological Methods*, 2(2), 173–185.

Rubin, D. B. (1978). Bayesian inference for causal effects: the role of randomization. *Annals of Statistics*, 6:34–58.

——1990. Comment: Neyman (1923) and causal inference in experiments and observational studies. *Statistical Science*, 5(4):472–80.

Sears, D. O. 1986. College sophomores in the laboratory: influences of a narrow data base on social-psychology's view of human nature. *Journal of Personality & Social Psychology*, 51(3), 515–530.

Sherman, L. W., and Rogan, D. P. 1995. Deterrent effects of police raids on crack houses: a randomized, controlled experiment. *Justice Quarterly*, 12(4), 755–781.

Wantchekon, L. 2003. Clientelism and voting behavior: evidence from a field experiment in Benin. *World Politics*, 55(3), 399–422.

第六部分

描述与因果推断的定量工具：
一般方法

第十六章　社会调查方法

理查德·约翰斯顿（Richard Johnston）

> 从方法论的角度看，目前（学术研究）的情况兼具这个时代最好的和最坏的因素。
>
> （Dillman 2002，第 473 页）

　　调查可能是政治科学研究中最普遍的产物，至少对公众来说是这样的。它们本质上只提供了大众对政治的看法，也可能是公众对政治基础权利的展现。事实上，从结构上来说，提出问题和衡量答案的过程与政治家谋求建立和分裂联盟时所做的相似。

　　但调查能否承担这一责任？可以说，调查研究的统计基础只是大致符合数据收集的实际情况。令人担忧的是调查的代表性，从确定适当的抽样框这个问题开始，以单位无应答和选择偏差这个问题结束。第二个问题是调查如何能够很好地代表意见；从测量误差问题（可靠性和有效性）到个体无反馈，再到框架效应的影响。最后还有因果推论的问题，虽然因果关系无处不在，但判定因果关系的议题十分重要，优化样本代表性的设计通常不利于推理，反之亦然。①

1. 实地工作选择

　　本章考虑研究设计的三个维度：实地工作的模式、空间的代表性和时间的代表性。

---

　　①　本章以概率样本或支持同样目的样本为基础，集中讨论调查。所以忽略强迫性，目前为止也很少用到超出随机选择范围的设计。滚雪球样本就是很明显的例子，它在政治学应用中，常被用来衡量网络效应（Huckfedlt,Johnson,and Sprague 2004），也不考虑实验应用利用互联网越来越多，其中随机化作用与其说是从总体选择样本，倒不如说是驱动干预的分配。

1.1　模式

有四种模式强烈地限制了空间和时间的可能性。其中两种模式或多或少涉及受访者的自主管理：以纸、笔和互联网为基础。另外两种模式涉及访谈者的积极干预：面对面访谈和电话访谈（但本段稍后会提到每种模式的特点）。自我管理的邮件回访问卷的媒介支持了重要且仍然有影响力的早期研究的论断，特别是麦克洛斯基及其同事的成果（1958；1960）。它仍然是澳大利亚选举研究的唯一模式，也是其他国家研究的一个组成部分。然而，与哥伦比亚早期研究一样，面对面访谈从一开始就成了学术规范（Lazarsfeld，Berelson，and Gaudet 1948；Berelson，Lazarsfeld，and McPhee 1954）。它仍然是美国国家选举研究（ANES）的标准，仍然是其他国家研究的主要模式。但考虑到成本，商业部门转向电话访谈，到20世纪80年代电话访谈已经是行业标准。学术研究方面也有类似的压力，一些国家选举研究已经全部或部分地通过电话来进行讨论。通常，该模式使用计算机辅助电话访问（CATI），它组织了样本的清除，便于数据直接进入，并为方法论目的和在措辞和顺序方面的实验进行随机化（例如，控制项目之间的顺序效应）。初步尝试采用电话音频、计算机辅助自我访谈或T-ACASI的方式，而不再需要访谈者（Villaroel等人2006）。然而，电话调查正面临越来越大的挑战，有些人认为，未来属于互联网。这极具讽刺意味，因为从某些方面来说，这将研究带回纸和笔的时代（Dennis等人，2005）。对于任何给定的研究，模式不是相互排斥的。例如，以电话为基础的加拿大选举研究部门也采用邮寄调查问卷这种便宜的方法来扩展数据收集范围。现在，面对面访谈也使用计算机辅助个人访谈（CAPI）。CAPI可同时满足CATI调查问卷管理和数据录入的所有工作，因为其可自动管理仪器的各个部分，这对敏感问题调查具有重大优势。

针对不同模式竞争的辩论开始升级，下面将详细阐述。但是，这些辩论被困难困扰，有人会说，区分模式的内在因素与样本组合的附加产品是不可能的。

【387】　　1.2　空间

模式与空间的调查样本处理之间相互作用紧密相关。如入门课程理想化的介绍，规范样本使每个成员选择概率相同。相等概率蕴含着独立概率，这是二项式属性的基础，支持了平均数或比例期望值、关系指标和置信区间等方面的研究。然而，理想样本几乎不可能实现。除了某些明确划定的群体，可以识别出特定的区域（例如学生群体），现实世界抽样的特征在于其二项式理论的减弱程度，至少，家庭实际采样需要进一步的家庭选择方案。

对于面对面访谈来说,简单随机抽取家庭成员是不切实际的。访谈者的交通费用决定了受访家庭聚集,这会影响样本的统计特性。基本问题众所周知:在样本聚集的地方,观察的有效数量可能小于实际数量。聚类程度由组内相关系数表示,最初基什(Kish)1965 年将其定义为"roh"(异质性率),但现在命名有些复杂,将其命名为"rho"(ρ),定义为:

$$\rho = \frac{T^2}{T^2 + \sigma^2} \tag{1}$$

其中 T^2 是组间差异,σ^2 是组内方差,有效样本的观察是:

$$\frac{J_n}{1 + (n-1)\rho} \tag{2}$$

其中 J 是组的数量,n 是每个组的观测次数。① 显然,一定程度上,我们依赖于聚类数据,成功的研究往往这样做,我们多年来一直低估了显著性检验中的标准误差。一个因素是 p 本身,这在每个变量中是唯一的。然而,最大的问题是聚类,如学者斯托克和鲍尔斯(Stoker and Bowers)在 2002 年研究所示,宏观层面效应(例如竞选强度)的测试能力受到 J 聚类比 n 聚类的影响要大。修正聚类现在是常规可用的,但是当聚类适度时最容易应用。其中当 J 小而 n 大时,可能需要分层建模。斯托克和鲍尔斯还认为,"如果国会选举主要是地方事务,那么尽管直觉相反,我们应该设计国家调查,在相对较多的个体中抽取相对较少的个体"(2002,第 105 页)。但是,这完全违背了聚类节约成本的原则。

为了避免聚类化并且考虑成本,标准解决方案就是电话。这种模式允许对家庭进行简单随机抽样的类似方法,随机数字拨号(RDD)技术可以解决不公开号码的问题。【388】由于成本问题,纯粹的随机拨号抽样是很少见的。甚至,聚焦于已知的区域代码和交换机,随机四位组合集合就超过了一个数量级的活跃电话号码的总体。此外,许多活跃的号码是商业的,用一个非本地号码访谈以前联系过的受访者,会削弱家庭的平等代表性。现在,RDD 通常以已知的实时非商业号码列表开头,即使潜在分配有偏差,抽样也是独立的。原则上,互联网和万维网也突破了空间的限制,但互联网样本在网络不完全渗透的情况下已经形成,对低收入家庭和难以找到真正随机抽样的方法时,尤为如此。

1.3 时间

虽然调查研究中对时间的关注不如对空间的关注那么普遍,但是其研究时间几乎

---

① 斯托克(Stoker)和鲍尔斯(Bowers)改编了这部分的概念。

同样长。事实上,重复测量是拉扎斯菲尔德和其哥伦比亚同事在第一次学术选举调查中采用的策略。这是面板数据设计,指定每个时间点为波次。哥伦比亚大学的策略是在同一个活动中重新调查受访者。不可避免的权衡取决于样本的整体代表性,只有一个社区可以用这样的时间密度来研究。只有在每个波次的实地工作本身已经展开的情况下,才有可能代表空间和时间。经典的 ANES 预先设计是一个结果,另一个是相互作用的面板数据,ANES 的临时调查战略和英国选举研究的一个更为常规的策略。

面板数据的定义要素是对相同的人进行反复访谈。一个常见但不太确切的特征是,重复具体问题。ANES 的预先发布面板数据的大部分内容在调查波次之间不重复。相反,第二波在同一时间引起了事件的回顾(显然不可能在事实之前),因为它利用访问受访者来增加信息提取的总量。重复的问题是相互关联面板数据的一个重要特征,因为这些变化是主要的关注点。但改变也是哥伦比亚早期研究的核心问题,所以在访谈对象上的重复是他们设计的一个定义特征。

随着互联网调查的出现,面板数据一定会有突破。创造高品质的互联网样本增加了高额的前期成本:在极端情况下,意味着愿意以公司的费用安装必要的机器和电话。只有受访者同意成为面板数据的一部分,这才说得通。而且,相反,只有少数的访谈者认为支付回应者才是合算的。财政激励与预先承诺的心理学结合可能会比其他模式有【389】更高的保留率(Couper 2000)。即使互联网调查不能完全代表其受访者,但其特有的在线访问使其可获得面板数据。

时间也可以用标准的截面调查表示。任何截面数据都能体现时间,唯一的问题是,它是否有意识地这样做。在清除样本方面的良好做法是要求愿意尝试联系目标家庭,在安排回电时要考虑每日和每周的频率,尝试处理受访者的回绝。只有通过这种方式,才能达到选择对象概率相同的理论目标。这一切都需要时间,更何况还要考虑受访者的可询问性与其观点或行为之间的任何关系,这使得现场工作受事件的影响。对现场工作战略来说,明确地认识到这种可能性,并将其转变为优势越来越常见。通过将总目标样本划分为平行样本(replicates),根据预先安排的时间表发布平行样本,每个平行样本应用相同的(理想的、较大的)区间策略,受访者的访谈日期的随机选择信息包含在样本之中。最初由库克和坎贝尔(1979)指定为中断时间序列,政治科学家将这样的调查称为波动截面数据(以下称为 RCS,参见 Johnston and Brady 2002)。最初的 RCS 是 1984 年完成的,每周发行一次,它也是当年 ANES 的主要选举组成部分。它是 1988 年加拿大选举研究实地工作的标准战略(每天发布重复),已经扩展到新西兰、英国和德国。这是(美国)国家安伦堡选举研究的突出特点,所有这些研究使竞选成为焦点。迄今为止,所有 RCS 样本都是通过电话抽取的。虽然面对面模式可用于时间尺度,但不能适应合适区间所需的每日的错综性。互联网也可以以天为单位划分区间,在 2005 年英国选举研究和 2008 年国家安伦堡选举研究中,互联网已成为 RCS 学术界的一部分。然而,使用互联网产生 RCS 意味着将该策略与面板数据合并。就这一点来说,互联网将迫使 RCS 与面板数据设计之间加快整合(Bartels 2006b;Brady and Johnston 2006)。

2. 代表性人群

2.1 单位无应答和选择偏差

一项调查能代表多少人?一般来说,如果设计调查具有代表性,这个问题和单位无应答有关,如果排除样本产生选择性偏差,则一定程度上来说,不良反应是一个问题。招募样本受访者需要三个步骤,每一步都有无应答和偏差的潜在因素。

第一步是建立抽样框来确定总体,这是覆盖问题,某些模式覆盖比其他模式覆盖更 【390】好。以家庭管理(邮件和面对面访谈)为特征的模式处于最强的地位,几乎每个人都有一个住所,信誉良好的户主会投资来更新住宅信息。工业化国家几乎每个人都有电话,并不是所有的电话号码都会出现在列表上,而随机拨号在很大程度上克服了电话号码列表问题。不幸的是,电话中移动电话占的比例越来越大,在写号码的时候,移动电话就给依据住宅调查造成困难。如果每个移动用户都有住宅固定电话,就没必要担心了。但是,各国拥有住宅固定电话的家庭比例差异很大,即使在加拿大、美国和住宅固定电话普及率很高的国家,这个比例也正在下降。相比之下,虽然互联网仍然远远落后于其他模式,但互联网的普及率正在增加。另外,识别互联网的样本框通常不太可能:除了划定界限的机构(如大学),很少有和普查地址或电话号码对等的模式,也没有和随机数字拨号对等的模式。为了实现大多数目标,识别有意义的互联网框架需要从家庭网络开始(Couper 2000)。

第二步是联系受访者。对于传统的面对面访问模式来说,联系受访者可能是最大的问题,因为它受人口密度、出租率、犯罪率、少数民族地位、身体障碍,单身状态、学前教育和年龄的影响(Groves and Couper 1998)。对于基于电话界定的样本框来说,联系受访者问题不大。在此模式中,确实是为了高质量研究,联系率似乎已经上升(Groves and Couper 1998,第 6 章,参见 Steeh 等人,2001)。对于电话调查来说,呼叫显示和应答机/语音邮件技术的流行带来的影响依然模糊。一方面,它避免了多余的入局通信量,这可能包括调查;另一方面,这也减少了未接来电,加快了调度。实际上,语音邮件/应答机帮助调查公司识别"叮铃,无应答"类的住宅号码。

这种解释的复杂性指出对应的回应因素:没有完成与具有语音邮件家庭的访谈,就表示公司无法联系或受访者缺乏合作意识吗(Steeh 等人,2001)?互联网要做出这种区别很困难,电话设计中的合作可能总是低于面对面的访谈。尚克斯(Shanks)、桑切斯(Sanchez)和马顿(Marton)通过找到电话和面对面模式中唯一可控因素比较,发现了面对面模式访谈偏好存在 10% 的差距,以及少数民族、低收入家庭、未受过良好教育群体的电话号码访谈的代表性不足。然而,活跃选民的差异要小得多。当然,面对面模式的合作率高,但也是有代价的:受访者在地域上是聚集的。关注的变量到了空间聚集的程度,高合作率及其避免偏差可能会以牺牲统计功效为代价。

【391】 电话和面对面模式下,合作明显下降。所有降幅都难以计算,原因是样本区间的质量和集约度有巨大差异。陆凡诺(Luevano)1994 年证明了,即使对于 ANES 成功应答者来说,仍存在计算应答率的挑战。从计算和后续来说(Bowersand Ensley 2003),四十年来,ANES 应答率已经下降了 20%,显然,拒绝应答是主要原因。①

讨论互联网调查的回应率比较困难,因为覆盖面、联系和合作模糊。直观地说,如果我们可以计算出来,这种模式的回应率最低。特别是,自我选择是大多数互联网样本的核心动力。然而,大多数时候,回应率在互联网还是空白。只有当联系以某种形式的随机抽签发起时,应答率才有意义。

应答率的差异和趋势是否影响分析结果?面对样本截断,大部分讨论都取决于常识的期望。因为截断,难以获得真正的证据。布雷姆(Brehm)1993 年尝试在 ANES 中恢复"影子"受访者,这表明主要是小的单变量差异。基特(Keeter)等 2000 年得出同样的结论,格罗夫斯(Groves)、普雷瑟(Presser)和狄普科(Dipko)2004 年的研究亦是如此。应答率不可避免地会算进不同访谈模式中比较。克罗尼克(Krosnick)和昌(Chang)2001年表示,自主选择的互联网样本往往比 RDD 电话样本更权威、参与度更高。除了与信息、利益、投票和阶级的影响有关的模式外,变量之间的关系影响通常也很小。

对选择性偏差最常见的反应是在事实之后对案例进行权重,但权重预设了目标人群的已知值。比如说,选民的适当目标是什么?我们知道或怀疑,选民本身是偏向选择的产物,与此同时,实际纳入样本且来自代表性不足的群体的受访者相对其他的受访者来说通常代表性更低。过多重视他们可能只会使估计更糟。我们甚至不清楚权重是否能真正消除偏见。

更好的办法是明确地为选择性偏差建模,赫克曼 1976 年给出了早期的见解和证据。阿切(Achen)1986 年刚好在政治科学界表明自己的选择观,教会我们将实质利益的估计看作一个结果方程。在任何说明合理的方案之前,它都是一个选择方程,能模拟

---

① 确实,美国国家选举研究联系率已经提高了(Groves and Couper 1998)。

案例进入样本的过程。基本的见解是选择偏差既取决于应答率,还取决于选择和结果方程中误差项之间的相关性,另一个术语为 ρ 值。ρ 的正值直观上看,应该是相当普遍的,它破坏了结果系数的一致性。第一个严格执行选择估计的是布雷姆(1993),并且他在 2000 年进行了一次重要的扩展。但构建合理的选择估计很难,甚至不可能,所以目前为止技术还不是万能的。布雷姆成果的一个关键意义在于要求现场工作机构提供尽可能多的"行政"信息。 【392】

所有这一切表明,样本截断的真正净影响是未知的。例如,诊断表明,并不是所有情况都那么极端。选举前的民意调查似乎没有比早期的预测工作更糟。应答率是可以提高的,但代价很大,对大多数分布和参数的影响很小(Keeter 等人 2000)。甚至有迹象表明,为了某些目的,更高的应答率反而会让事情变得更糟(Visser 等人 1996)。一般来说,我们并没有真正地调查应答理论,布雷姆 1993 年提出并测试了一种合作模式,这取决于潜在受访者与陌生人、访谈者、访谈和自己(压力、帮助导向和健康)的关系,这也是研究调查应答的开端。对于估计选择方程,这些因素都很有用。一定程度上来说,这些因素都与结果方程中的实质因素无关。有一个明显的迹象表示,除了政治参与和利益之外,这些因素的变化实际上与政治科学家实质关注的过程基本无关。但是我们并不真正了解,而且应答率的持续下降可能会把我们带入致命的临界点。

人员代表性的特殊问题由面板数据调查提出。一方面,与重复的截面数据相比,面板数据设计可以扩大样本信息挖掘的有效率,从而有利于假设检验。比较不同时间抽取的样本,如果重新访问相同的受访者,那么,与时间比较相关的标准误差比产生新的截面数据时的要小。每个样本都是一个截面数据,每个都包含自己的截面数据差异——误差变量也是一样——这会给样本比较增加误差。有了一个面板数据,这些都不是相关的。不同波次之间的截面数据变化相同,因为个体是一样的。根据所讨论的变量的测量误差,重复测量可容易地将样本的有效量加倍。[①]

面板数据是有代价的:如死亡率问题带来的影响。第一波受访者的消失类似于整体调查中单位无应答问题,面板数据中的样本流失(panel attrition)的大小随波次间隔而异,这在电话模式中尤为严重。基于前面概述的原因,面板数据保留可能成为互联网样本中的特殊诉求。然而,在布雷姆(1993)的模型中,样本流失可能特别适合选择估计。毕竟,一个样本数据确实存在第一波次,并且这个波次通常会产生布雷姆捕获的行政信息。然而,到目前为止,将选择方程纳入面板数据估计中的情况还是很少见的。某

---

① 有补充截面数据样本的面板数据可合并数据增加截面的说服力。但,如巴特尔斯(Bartels)所示,合并数据自身也存在代表性问题。

种程度上来说,这反映出,最常使用面板数据的样本流失相对较低。

【393】 3. 代表性

3.1　总则

代表性总体是一回事,代表性意见是另一回事。广义而言,两个问题都值得考虑,一个是整体和相对于替代代表性样本的应答的总体质量。另一个是应答的分布,特别是左—右或自由—保守的连续统一体中。

研究界已经不仅仅把调查应答看作调查问题和答案上独立排列的正确映射。早期,康弗斯(1964)质疑某些问题领域的态度。阿切 1975 年质疑康弗斯,但只是通过将问题转移到测量质量。图兰吉奥(Tourangeau)和拉辛斯基(Rasinski)1988 年总结了这个问题,调查应答涉及四个任务:(1)推断问题意图;(2)搜索相关信息的记忆并检索;(3)将信息整合到单一判断;(4)将判断转化为提供的替代方案中的应答。类似地,扎勒(Zaller)和费尔德曼(Feldman)1992 年将任何给定调查应答归结为本身集合了较低级别的考虑因素。他们认为受访者对考虑因素的整合受到三个公理的约束:(1)受访者通常是矛盾的,因为他们接受相互矛盾的考虑;(2)针对给定问题的反应是在可及的考虑因素的平均值;(3)考虑可及性问题。[1]

因此,如果受访者愿意的话,可在决定如何应对调查刺激措施时做一些重大的应对举措。如果他们执行图兰吉奥–拉辛斯基(Tourangeau-Rasinski)序列中的每个步骤,他们可以说是优化的。这并不意味着他们以最有效的方式利用他们的时间,相反,他们正在安排尽可能多的考虑因素来做出平衡应答,这是他们在所有(或几乎所有)情况下会做出的回应。他们有多努力来做这个辛苦的工作? 实际上,做出表面上看似真实的回应并不一定要付出艰辛的努力。受访者可能会以克罗尼克(Krosnick)的术语(例如,在Krosnick 1999,547ff)得到满足。通过分析受访者满意度,克罗尼克大致地执行四个步骤,或者完全跳过检索和集成步骤。满意度表现在以下几个方面。

· 首要因素或新近的排名顺序效应,首要因素效应似乎在视觉模式中占主导地位(自我管理问题,包括互联网),而新近效应在听觉模式(尤其是电话访谈)中占主导地位。

【394】　· 不分化,重复相同应答的倾向。这是评级量表中明显绝对判断的一种特殊形式,

---

[1]　阿尔瓦雷斯(Alvarez)和布雷姆(Brehm)目的是恢复这些倾向,也表明了支撑力量随着回应和问题主导而变化。这就是扎勒(Zaller)和费尔德曼(Feldman)所描述的方法论难题。

而不是强制排名量表中相对的判断结果。

·默许,倾向于同意一个项目,不管其极端性。

·没有意见的回复。克罗尼克 1999 年的研究总结表明,与以前的期望相反,促进"无意见"并不能提高应答质量。这意味着存在着比想象更多的意见。"没有意见"的回应往往令人满意,懒惰的人选择回避,受访者应该被迫更密切地审问自己。

单位无应答并不总是平衡分布的。柏林斯基(Berinsky 2004)认为,除了测量方面的考虑,两个实质性维度决定了有效、可解释应答的概率。一个是认知问题,因为有些问题本质上比其他复杂得多(大致上根据卡迈恩和斯廷森 1980 年的说法)。受访者的满意程度不成比例,在复杂的问题上拒绝提出意见。这似乎是事实,如支持福利国家,这涉及教育和阶级的差异。战争与和平问题可能涉及潜在分裂问题,可能需要精英的分析,以全面衡量主要的分歧来揭示其本身(Berinsky 2004,第 5 章;Zaller 1992)。

即使不存在认知领域挑战,也可能会涉及社会期望维度。每个维度都受到精英线索平衡的有力影响,但只是受访者有意隐藏"无意见"背后的真实意见。贝林斯基认为,关于种族和道德问题,人们的意见要比调查中显示得更为保守。如果选举和直接民主的实际情况允许投票箱中匿名回复,调查是不完善的预测工具,可能存在一些意外。如果真的存在的话,选择估计工具可能是补偿偏差无应答的唯一解决方案。

所有这些都提出了什么是真正的意见及其分布的问题,扎勒和费尔德曼描绘了一幅非常动态的调查应答的图表(而不是公众舆论)。有人可能会认为,只有对某种背景(包括或特别是访谈背景)的反应(或某种程度上表现为不敏感)才算作真实的观点。这意味着应该尽可能地提出调查问卷的背景,就像费什金(1995)在审议民意调查中理想化的反思平衡一样。这不仅是个可争议命题,而且还引出了调查目的。一定程度上,预测是关键,也许偶然的意见反映出的黑暗世界才更接近政治真相(尽管如贝林斯基警告说,真相甚至可能更糟糕)。

3.2　模式问题

应答的总体质量和可能分布都会受到数据收集模式的强大影响。就比较而言,尤其是分布模式的比较是十分困难的,因为模式的内在差异通常与其他偶然的差异混淆。【395】已提到最明显的问题:互联网覆盖范围仍然不全面,而且邮件访谈模式高度重视受访者的合作。这往往会产生复杂的样本,意见也相对保守(Krosnick 和 Chang 2001;Sanders 等人 2007)。研究过程中,模式对比可能因意外事件受到干扰。重点应关注阅读与听力、打字与说话的区别。

关于应答的质量和分布,目前为止,只受调查模式的影响。电话调查受影响最大,互联网和邮件问卷受影响最小。面对面访谈往往属于中间级别,有时倾向于一种方式,有时倾向于另一种方式。在电话/面对面两种模式对比中,霍尔布鲁克(Holbrook)、格林(Green)和克罗尼克(Krosnick 2003)表示,电话访谈中的满意度要比面对面的满意度高。克罗尼克和昌(Chang 2001)把电话/互联网进行比较,认为互联网应答比电话应答可信度更高,预测能力更强。桑德斯(Sanders 2007)等人比较互联网和面对面访谈这两种模式,并声称没有发现定性差异,由此完成了三角形。此外,互联网可提供复杂视听材料范围。① 不过,与这个优势密切相关的缺点是,互联网需要人们有文化(包括网络素养)并熟悉键盘和鼠标(Couper 2000)。

访谈、电话和面对面访谈模式共同的优点和缺陷体现于访谈者的存在中。一方面,访谈可以弥补受访者的不足,特别是可以通过提供澄清,而且访谈者可以模仿"专业精神和承诺任务"(Krosnick 和 Chang 2001,第 1 页)。另一方面,当访问者个性存在影响时,有关进一步澄清的努力反而会误入歧途。相比之下,如果以缺乏机会澄清为代价,网络管理可确保问题和答案传递的一致性。访问者的任务导向可能会逐渐加快访问速度,并对其施加压力。这种压力带来满足感。直观上看,这对电话访问来说,问题更大,但消耗有偿的访谈者时间的模式都会造成成本太高,催促受访者离开。最后,访谈者的出现,压制了人们不赞成的声音。一般来说,这是针对非个人模式的。但是,电话和面对面模式都允许正确解决社会需求问题的变化。原则上,面对面模式可打开笔记本电脑,利用 CAPI 系统让受访者看到数据,受访者就可直接回答问题。音频计算机辅助的自我访谈(T-ACASI)通过电话承诺为该模式做同样的操作。例如,比利亚罗埃尔(Villaroel 2006)等人的报告表明,自我访谈会产生更多的同性吸引力和体验,但是比传统电话,自我访谈对同性容忍度较差。

【396】 3.3 面板数据问题

面板数据调查在调查应答中提出了特殊且差异性大的问题。一方面,面板数据调查可能会以不具代表的方式回应,特别是面板数据独特的捕捉过程:变化。拉扎斯菲尔德(Lazarsfeld 1940)确定了面板数据条件的可能性似乎只是该方法的第二篇期刊论文。多年以来,它成了只有零星的关注和不一致主张的对象。在选举之前接受访谈是 ANES 投票报告和官方收益之间差异的一个重要部分(Traugott and Katosh 1979)。这意味着接受

---

① 现在,计算机辅助个人调查也有一些。

访谈调动了选民的积极性。这种判断在斯特奇斯(Sturgis)、阿隆(Allom)和布伦顿·史密斯(Brunton-Smith)中得到有力证实,他们表明,在多年的调查中,参与度持续增加。另一方面,巴特尔斯(Bartels 2000)表示,除了兴趣和投票率以外的变量,状况似乎不是很好。克林顿(Clinton 2001)认为,在互联网模式下短期面板数据序列存在同样情况。

另一方面,项目重复可以估计测量误差对应答稳定性和一致性的影响(Achen 1975)。这需要至少三波调查。这要以之前的文献争议的内容为分析前提:每一波调查之间的可靠性估计的稳定性(特别参见 Sturgis,Allom and Brunton-Smith,第 7 页)。

4. 纵向设计和因果推断

对于政治学家来说,一项调查的代表性并不总是中心问题。事实上,拉扎斯菲尔德(Lazarsfeld)、贝雷尔森(Berelson)及其哥伦比亚同事在第一次选举研究——伊拉县和埃尔米拉研究——的时候,抽取的样本并不具有代表性,但是他们并无意道歉。对于这些学者来说,挑战是解开错综复杂的因果关系网,他们寻求的与其说是代表个人或意见,不如说是过程。

假设研究人员能从常识、强大的理论或者辅助信息中提出一个案例,那么截面数据可以解释很多因果过程。毕竟,强调过程的哥伦比亚研究大部分主张完全依赖于这些数据。但是考虑到坎贝尔(Campbell,1960)等人"因果关系漏斗"中所描绘图像中的一个例子,用实际支撑美国选民研究的截面数据来检验因果关系,几乎是不可能的。尽管事后分析技术取得进展,但是仅用截面数据仍不可能证明因果关系的说法超出了疑问范围。米勒(Miller)和尚克斯(Shanks 1996)是坎贝尔等人研究的老练的直接继承者,【397】他们就是一个例子。两种因果说法明确需要某种形式的纵向数据:

·外部力量的影响——历史上的一种力量——可能影响样本的所有成员,问题显而易见:在任何一个截面数据上,都观察不到受访者之间的相关变化;

·内部变量之间水平变化或联系的影响,在这里,因果关系优先的问题可能特别错综复杂。

对于外部力量来说,自然科学和某些社会科学中的经典方法是力量的直接应用和实验处理的随机分配。实际上,随机抽取实验处理确保因果关系的优先效应。① 在调查背景中,这涉及嵌入式命令或措辞实验,偶尔还会涉及措辞和命令的相互作用。互联

---

① 虽然如何给因果力量贴上精确标签让人迷惑,但是处理因果力量毋庸置疑。这个问题和外部效度与内部效度对比有关。

网模式在一定程度上依赖于万维网,允许更精细的处理,特别是视觉效果的调整。然而,无论什么模式,调查实验真正地建立"存在"主张,证明某些效果是可能的。这个意义上,调查实验不会让我们远离实验室。问题仍然在于,实验效果是否在该领域中可见。事实上,某些情况下,竞选活动是个尤其明显的例子——成功的实验归纳可能恰恰表明所讨论的处理在活动中不起作用。如果是,在调查样本中,给予或阻止刺激措施应该没有区别(Johnston 等人 1992,第 149—152 页)。为了获得因果序列,就像他们在现实世界中操作的那样,我们通常需要明确地实时纳入。为此,我们需要一组面板数据、一波截面数据或两者的组合。

4.1 外部力量

为了测量样本外部冲击的影响,滚动截面数据似乎特别强大。最重要的是,设计可以较低成本留在该领域,因此可覆盖许多时期和时间尺度。也即,它具有良好的间隔度。对比时间越短,通常设计的统计能力就越小①,不过这取决于事件发生的方式,实【398】际上,每个受访者的受访日随机,这意味着相邻时段可以为了效力合并。同时,每一天的受访者都不同,所以不讨论条件状况或样本缺失。②

当然,面板数据也会受到外界影响。此外,面板数据也受截面数据因素的影响,允许探索干预机制。然而,面板数据有样本缺失、不好控制的问题,还有一个主要的间隔度问题。面板数据波段可能不包括重要事件,这些重要事件可能有影响,或者,面板数据的时间表示可能不太精确,因此很多事件被归为同一类,导致竞选活动不太可能看到短期效果(Bradyand Johnston 2006)。

4.2 内部变量

面板数据设计的优势毋庸置疑,特别是当任务是要区分表面相似的转变或深度内生性面前对立的阐释。分析任务大概是采取两种形式其中之一。

·简单变体中,"X 的变化引起 Y 的变化"(Miller 2000)。

·复杂情况下,正如米勒(2000,第 121 页)所说,"在某种意义上,Y 的变化是由 X

---

① 扎勒认为 RCS 不会有机会在可能样本含量上建立沟通效应。他担忧,测试受调查者对媒体使用的自我报告会受到地区干扰。布雷迪和约翰逊提出,可利用图形平滑技术解决这个问题。

② 即使不像 RCS 设计那样,如果可以控制受访问者相关因素,那么访谈数据也会起到杠杆作用。出于确定目的,早期时间单位比较粗糙的例子可参阅 Wright(1993)and Bartels(2006a)。

引起的,而 X 没有任何变化"。

第一种变型中,如果效力不等,面板数据和波动截面数据都可使用,并且每种设计的分析逻辑都是相同的。芬克尔(Finkel 1993)似乎最早提出捕获这种因果关系的基本设置。借助约翰斯顿(Johnston)和布雷迪(2002)的概念,条件变化模型采用以下公式:

$$Y_{it} = \alpha_1 + \beta_1 B_{it} + \delta_1 Y_{it}^0 + \epsilon_{it} \qquad (3)$$

其中 Y 表示行为或意图,B 表示与行为相关的一些信念,Y_{it} 表示后期的行为,Y_{it}^0 表示开始时的行为。这个模型意味着:

$$Y_{it}^0 = \alpha_0 + \beta_0 B_{it}^0 + \epsilon_{it}^0 \qquad (4)$$

这种情况下,将式(4)代入式(3),合并同类项,化简,条件关系可以表示为:

$$Y_{it} = \alpha_2 + \beta_1 B_{it} + \delta_2 B_{it}^0 + \psi_{it} \qquad (5)$$

其中 $\alpha_2 = \alpha_1 + \delta_1 \alpha_0$;$\delta_2 = \delta_1 \beta_0$;$\psi_{it} = \delta_1 \epsilon_{it}^0 + \epsilon_{it}$

问题是如何捕获 B_{it}^0,有了面板数据,答案就很明显了:在与两个波次中信息都相关的估计中,使用第一波调查的值。巴特尔(2000,第 3 页)强调,这个说法无懈可击。当 【399】前时间顺序允许直接分析变化,其中先前意见可作解释变量。① 波动截面数据调查通过构建,成为自己的基准。只使用 B_{it} 的值并不恰当,因为这会混淆时间序列和截面数据的差异。没有理由假设时间序列和截面数据因果机制是一样的(Kramer 1983),这两者甚至具有相同的符号,在这种情况下,系数的说明意义也很大程度上取决于它所带来的影响。在纯波动截面数据调查中,"基线"—— B_{it}^0 的等效值必须在日常样本内捕获。约翰斯顿和布雷迪(2002)建议提取每日平均值作为时间序列变量和个体层面残差的平均值作为截面数据变量。② 正如约翰斯顿和布雷迪(2002)承认,这需要大胆的假设,但在纯粹的 RCS 背景下,替代方案更糟。

然而,RCS 不需要是纯粹的,事实上几乎从来都不是。现有的主要案例将 RCS 与面板数据元素结合在一起。在加拿大选举研究中,RCS 构成了 ANES 模型中基本上是选举前/选举后面板数据的第一波。英国选举研究现在是一个多波次面板数据,以 RCS 为中间元素,如果 RCS 以外的至少一波调查结果明显超出主要利益时段,那么它可以作为基线。如果这一波先于 RCS,从概念上来说,是最独立的,但是约翰斯顿和布雷迪(2002)认为,即使是事后调查波次的数据也有作用。这也意味着大胆的假设,但该假

---

① 即使不能捕捉到变化和干预,面板数据也能帮我们消除因解释因数而产生的事后随机,当然了,检测到右边变量要比检测到左边变量早得多。

② 就式(5)而言,每日平均数、对应的系数捕取时间序列效果。一定要加上残差系数,时间序列效果才明显。

设在于式 3 中变化模式的简单性,而不是在基线的时间轨迹上。① 而且,尽管在 RCS 之后设置基线并没有避免样本缺失,但它确实排除了条件问题。

当前一个变量没有改变时,面板数据最明显地得到重视,而是对随后的变量施加引力。形式上,这就需要一个交叉滞后的设置,就像楞茨(Lenz 2005)所说的一样,只有在多波次调查时才有可能。有意思的是,与以前的技术相比,这个领域变量间关系的代表性最清晰。米勒(2000,第 123 页)认为,要测试这样的命题:"我们必须停止总结双变量分布作为相关系数,并保留这种系数的基础分布的详细介绍。"②

【400】 最终,这组面板数据是有用的。虽然我们不能对我们的估计进行调整,而隔离动态元素。我们至少可以将合理化最小化为解释力:如果原因先于结果,因果论据更有说服力,只有面板数据才能确保这种结果(Bartels,2006b)。

5. 结语

这一章的题词摘自唐·狄尔曼 2002 年在美国舆论研究协会中的主席演讲。一方面,调查研究可发现新的视野。不仅分析可能性不断扩大,而且某些模式的成本也在下降。另一方面,概率测量的理论基础总是比我们预料的问题更多,理论基础可能会崩溃,或者它们并不是理论基础。

互联网和万维网的出现大大扩大了整个调查研究的范围。互联网在社会期望效果降低的背景下,确保仪器传递的一致性,因为它扩大了实验想象力的范围。网络正在推动监管费用低、重新访问率高的面板数据设计。网络和模式的实验能力将加强我们学习流程的能力和因果论断可靠性的能力。

然而,代表性的价值和问题永远不会消失,至少从不应该消失。事后看来,多波面板数据的社区研究转变到全国代表性样本研究,这和社会学中由选举现象转变到政治学的研究从而产生的优越感是一致的,这并不是巧合。虽然这只是一门学科,但我们并不满足于描述,我们还会将因果关系说法映射到特殊规范性力量依附于多数统治的领域。

但是,我们的技术是让我们失望还是我们终于理解了? 应答率下降是唯一最令人担忧的趋势,电话模式中,这种担忧通过远离固定电话得到加强。现在的说法是,抽样

---

① 之后一系列作品表明,推断要比约翰逊和布雷迪报告的更夸张,因此,使用估计才会意识到其复杂性。

② 楞茨(Lenz)阐释了有多少种关系可用模型表示,但却遗憾地说:我还是很不情愿地遵循了以模型估计为基础的展示结果的主流研究的方法。

选择的自愿组成部分压倒了概率分量。一定程度上来说,赛乐(Sirens)的论点是,我们应该问,是否是时候把接受自我选择作为第一阶段,然后为后期制定概率选择机制。或者也可以完全忘记概率模型,并且通过匹配或加权方案来获得绝对数量的受访者数据。然而,在这一点上,证据表明,促使应答率下降的力度在很大程度上与实质性政治选择是一致的。社会调查过度代表政治利益及其相关性,因此可能会复制阶级和其他政治参与的障碍。但调查一直是这样做的,而且并没有迹象表明事情变得更糟。放弃概率抽样似乎为时过早,至少对于我们所做的大部分来说是这样。但是,自满似乎就不明智了。

参考文献

Achen, C. H. (1975). Mass political attitudes and the survey response. *American Political Science Review*, 69(4), 1218-1231.

——1986. *The Statistical Analysis of Quasi-Experiments*. Berkeley: University of California Press.

Alvarez, R. M., & Brehm, J. (2002). *Hard choices, easy answers: values, information, and American public opinion*. Princeton University Press.

Bartels, L. M. (2000). Panel effects in the american national election studies. *Political Analysis*, 8(1), 1-20.

——2006a. Priming and persuasion in presidential campaigns. Pp. 78-112 in *Capturing Campaign Effects*. ed. H. E. Brady and R. Johnston. Ann Arbor: University of Michigan Press.

——2006b. Three vitures of panel data for the analysis of campaign effects. In *Capturing Campaign Effects*, ed. H. E. Brady and R. Johnston, Ann Arbor: University of Michigan Press.

Berelson. B. R., Lazarsfeld. P. F., and Mcphee. W. N. 1954. *Voting* Chicago: University of Chicago Press.

Berinsky. A. J. 2004. *Silent voices: public opinion and political participation in america*. Princeton. NJ: Princeton University Press.

Bowers, J., and Ensley, M. J. 2003. *Issues in Analyzing Data from the Dual-Mode 2000 American National Election Study*. ANES Technical Report Series, No. neso10751.

Brady, H. E., & Johnston, R. (2006). The rolling cross-section and causal attribution. Pp. 164-95 in *Capturing Campaign Effects*. ed. H. E. Brady and R. Johnson. Ann Arbor: University of Michigan Press.

——2000. Alternative corrections for sample truncation: applications to the 1988, 1990, and 1992 Senate election studies. *Political Analysis*, 8: 183-99.

Campbell, A., Converse, P. E., Miller, W. E., & Stokes, D. E. (1960). *The american voter*. New York: Wiley.

Carmines, E. G., & Stimson, J. A. (1980). The two faces of issue voting. *American Political Science Review*, 74(1), 78-91.

Clinton,J.D.(2001).Panel Bias from Attrition and Conditioning: A Case Study of the Knowledge Networks Panel.Presented at the American Association for Public Opinion Research Annual Meeting, Montreal.

Converse,P.E.(1964).The nature of belief systems in mass publics.Pp. 206–61 in *Ideology and Discontent*,ed.D.Apter.New York: Free Press.

Cook,T.D.,& Campbell,D.T.(1979).*Quasi-Experimentation: Design & Analysis Issues for Field settings*. New York: Houghton Mifflin.

Couper,M.P.(2000).Review: web surveys: a review of issues and approaches.*Public Opinion Quarterly*, 64(4),464–494.

Dennis,J.M.,Chatt,C.,Li,R.,Motta-Stanko,A.,& Pulliam,P.(2005).Data collection mode effects controlling for sample origins in a panel survey: telephone versus internet.

Dillman,D.A.(2002).Navigating the rapids of change: some observations on survey methodology in the early twenty-first century.*Public Opinion Quarterly*,66(3),473–494.

Finkel,S.E.(1993).Reexamining the "minimal effects" model in recent presidential campaigns.*Journal of Politics*,55(1),1–21.

Fishkin,J.S.(1995).*The Voice of the People: Public Opinion and Democracy*.Yale University Press.

Fowler,F.J.,Jr. 2002. *Survey Research Methods*,3rd edn.Thousand Oaks,Calif.: Sage.

Fricker,S.,Galesic,M.,Tourangeau,R.,& Yan,T.(2005).An experimental comparison of web and telephone surveys.*Public Opinion Quarterly*,69(3),370–392.

Groves R.M.,Couper M.P. 1998. *Nonresponse in Household Interview Survey*.New York: Wiley.

——Presser,S.,& Dipko,S.(2004).The role of topic interest in survey participation decisions.Public Opinion Quarterly,68(1),2–31.

Heckman.J.J. 1976. The Common Structure of Statistical Models of Truncation,Sample Selection and Limited Dependant Variables and a Simple Estimator for Such Models.*Annals of Economic and Social Measurement*,5:475–92.

Holbrook,A.L.,Green,M.C.,& Krosnick,J.A.(2003).Telephone versus face-to-face interviewing of national probability samples with long questionnaires: comparisons of respondent satisficing and social desirability response bias.*Public Opinion Quarterly*,67(1),79–125.

Huckfeldt.R.,Johnson,P.E.,and Sprague,J. 2004. Political Disagreement: The Survival of Diverse Opinions Within Communication Networks.New York: Cambridge University Press.

Johnston,R.,and Brady,H.E. 2002. The rolling cross-section design.*Electoral Studies*. 21:283–95.

——Blais,A.,Brady,H.E.,& Crête,J.(1992).Letting the People Decide: Dynamics of a Canadian Election.MQUP.

Kalton,G.(1989).Nonsampling errors in panel surveys.In *Panel Surveys*. ed.D.Kasprzyk.New York: Wiley.

Keeter,S.,Miller,C.,Kohut,A.,Groves,R.M.,& Presser,S.(2000).Consequences of reducing nonresponse in a national telephone survey.*Public Opinion Quarterly*,64(2),125–148.

Kish.L. 1965. *Survey Sampling.* New York：Wiley.

Kramer，G.H.（1983）.The ecological fallacy revisited：aggregate-versus individual-level findings on economics and elections，and sociotropic voting.*American Political Science Review*，77（1），92-111.

Krosnick，J.A. 1999. Survey research.*Annual Review of Psychology.* 50：537-67.

——and Chang，L.2001.A comparison of the random digit dialing telephone survey methodology with internet survey methodology as implemented by knowledge networks and harris interactive.

——Holbrook，A.，& Pfent，A.n.d.Response Rates in Surveys by the News Media and Government Contractor Survey Research Firms.

Lazarsfeld，P.F. 1940. "Panel" studies.*Public Opinion Quarterly.* 4：122-8.

——Berelson.B.R.，and Gaudet.H. 1948. *The People's Choice.* New York：Columbia University Press.

Lenz，G.S. 2005. Campaign and media attention to an issue causes learning-based effects, not priming. Presented at the annual meeting of the American Political Science Association.Washington.DC.

Luevano，P. 1994. *Response Rates in the National Election Studies，1948-1992.* ANES Technical Reports Series.No.neso10162.

McClosky，H. 1958. Conservation and personality.*American Political Science Review.* 52：27-45.

——Hoffmann，P.J.，& O'Hara，R.（1960）.Issue conflict and consensus among party leaders and followers1. American Political Science Review，54（2），406-427.

Miller，W.E.（2000）.Temporal order and causal inference.*Political Analysis*，8（2），119-140.

——and Shanks，J.M.（1996）.*The New American Voter.*Cambridge.Mass：Harvard University Press.

Sanders.David.，Clarke，H.D.，Stewart，M.C.，& Paul，W.（2007）.Does mode matter for modeling political choice? *Political Analysis*，15（3），257-285.

Shanks，J.M.，Sanchez.M.，and Morton，B. 1983. *Alternative Approaches to Survey Data Collection for the National Election Studies.*ANES Technical Report Series.No.neson0120.

Steeh，C.，& Kirgis，N.（2001）.Are they really as bad as they seem? Nonresponse rates at the end of the twentieth century.*Journal of Official Statistics*，17（227），págs. 227-247.

Steenbergen.M. R.，and Jones，B. S. 2002. Modeling multilevel data structures. *American Journal of Political Science*，46：218-237.

Stoker，L.，& Bowers，J.（2002）.designing multi-level studies：sampling voters and electoral contexts.*Electoral Studies* 21（2002），235-267.

Sturgis，P.，Allum，N.，& Brunton‐Smith，I.（2009）.Attitudes over Time：The Psychology of Panel Conditioning.In *Methodology of Longitudinal Surveys.*John Wiley & Sons，Ltd.

Tourangeau，R.，& Rasinski，K. A.（1988）.Cognitive processes underlying context effects in attitude measurement.*Psychological Bulletin*，103（3），299-314.

Traugott，M.W.，& Katosh，J.P.（1979）.Response validity in surveys of voting behavior.*Public Opinion Quarterly*，43（3），359-377.

Villaroel，M.A.，Turner，C.F.，Eggleston，E.，Al-Tayyib，A.，Rogers，S.M.，& Roman，A.M.，et al.（2006）. Same-gender sex in the United States：impact of T-Acasi on prevalence estimates. *Public Opinion*

Quarterly,70(2),166-196.

Visser,P.S.,Krosnick.J.A.,Marquette.J.,and Curtin,M. 1996. Mail surveys for election forecasting? An evaluation of the Columbus Dispatch poll.*Public Opinion Quarterly.* 60:181-227.

Wright,G.C.(1993).Errors in measuring vote choice in the national election studies,1952-88. *American Journal of Political Science*,37(1),291-316.

Zaller,J. 2002. *The Nature and Origins of Mass Opinion.*Cambridge:Cambridge University Press.

——and Feldman, S. (1992). A simple theory of the survey response: answering questions versus revealing preferences.*American Journal of Political Science*,36(3),579-616.

第十七章　政治学中的内生性与结构方程估计

约翰·E.杰克森（John E.Jackson）

本章讨论的主题是内生性,在该领域内引进计量经济学方法可以在很大程度上推动政治学实证工作的进展,并获得若干实质性的研究成果。第一部分阐明计量经济学方法,尤其是处理内生性的方法对政治学家如此重要的原因。本章讨论并运用处理内生性问题最有效的方法。本章也提到对支持和解释这种方法所需重要条件的相关评价,并对经常用来评估问题严重性的研究方法进行讨论。全文借助之前对美国国会政治的研究例子,结合相关数据来解释估计方法和诊断方法(Jackson and King 1989)。

1. 计量经济学与政治学

应用和完善计量经济学技术是过去四十年政治学方法论的主题之一。金（King 1991）、巴特尔斯（Bartels）和布雷迪（Brady 1993）以及杰克森（Jackson 1996）等人充分阐释了这些研究技术的早期扩展。回想起来,这些技术迅速广泛传播的原因相当容易理解。计量经济学技术将人们的注意力从观测数据转移到行为模型分析和可能获得观测数据的过程,即数据生成过程（GDP）。这种关注存在于线性模型中,但随着人们对最大似然估计法（MLE）逐渐产生兴趣,这种关注也成为研究的中心阶段（见 1989 年 King 和其他计量经济学文献,如 Greene 2003,第 17 章）。其他章节详细讨论 MLE 及许多扩展知识,这些内容仅占本章的一小部分,本章将重点介绍数据生成模型中一个非常特别但又极其重要的部分。

1.1　线性模型和观测数据

实验范式仍然是被仿效的对象,它可以区分干预组和控制组的外源性处理程度,并且可完全随机分配干预组和控制组的受试者。弗里德曼（Freedman）、皮萨尼（Pisani）和珀维斯（Purves）1998 年在第一章和第二章对优秀实验设计的要求和优点以及观察性研究的危险进行了精彩的论述。然而，在许多尤为重要的环境下，实验者的操纵性和随机化不可能实现。与医学研究人员不可能迫使人们参与危险行为相比，社会科学家更不可能有权利通过操纵经济确定对投票的影响，或引发冲突来研究持续时间。因此许多实证研究人员只能获得观察性数据，在这些数据中，甚至可能没有明确界定的处理组和控制组，只有兴趣变量的改变。

输入线性模型，$Y_i = X_i\beta + U_i$。标准解释与实验研究中的处理类似，可将 X_i 变量的值视为固定或外部给定。此外，代表省略值的 U_i 是从均值为零的 X_i 得出的，即对于所有的 i 来说，$E(U_i) = 0$，这一点类似于随机化过程①。当一种情况满足以上所有条件时，则说明该实验设计良好并存在估计回归指数，用无偏差的 b 来表示，即 $E(b) = \beta$。进一步模拟实验设置的附加条件，使 U_i 代表估计中的 iid，此时建立线性估计值为最佳，意味着最小方差和无偏线性估计值都存在。最后，如果 U 值以正态分布，那么这些估计值都是正态分布的，且能够经受得住经典推理的检验。对于正态分布的 U 值，系数是最大似然估计。

【406】

本章对线性模型中假设数据的生成过程（DGP）中非常具体且核心的方面进行了论述，即假设（众多情况中的一种）X 等同于一组外生固定的"处理"，则这种处理可以在任意数量的重复中复制。如果 X 值不是固定的外生处理，那么很难证明 $E(U_i) = 0$，这意味着线性估计值有偏差，$E(b - \beta) \neq 0$，这样就会互相矛盾，$plim(b - \beta) \neq 0$，线性模型存在的理由和可取性也就毫无意义。

1.2 固定效应处理和内生性

如果不是荒唐至极的话，有一些典型的情况可以使外在 X 值和固定 X 值的观点产生偏差。一方面，左侧变量（结果变量）发生变化，那么可能导致右侧（RHS）变量变化，这种变化称为同时性。价格与数量的关系是典型经济实例。需求方程式预测 p 和 q 为负相关关系，因为数量多迫使降价格，从而达到清除市场的目的。另一方面，供给方程式预测 p 和 q 为正相关关系，因为高价格引起高产量。如果仅仅观察实际销售数量和相关价格，也并不直接操控任意变量，那么就不可能用上述线性模型预估任一关系。

政治学的例子很丰富，但只有三个例子可充分解释这些问题。雅各布森

---

① 可将零平均值推断为 i 的常数值，仅仅改变模型中的常数项。

(Jacobson)1978 年在一篇经典文章中探讨了挑战者和在职竞选支出如何影响挑战者在选举中的选举票数。他正确地指出候选人筹款也就是支出,虽然不是外生的"处理",但很有可能受到预期选举票数的影响。"OLS 回归模型预先假设支出会产生投票。"但是"候选人所做的良好预期[作者强调]可能会有利于竞选。"(Jacobson 1978,第 470 页)巴特尔斯(Bartels 1991)精准地批评了雅各布森和其他人为解决这种内生性问题所选择的方法。

第二个例子是政治经济学家对制度影响经济结果的兴趣。例如,议会政府的公关形式是否会带来更多的社会福利支出? 佩尔松(Persson)和塔贝里尼(Tabellini 2003,第 114 页)研究该问题以及类似的问题时说,"如果用于解释绩效的宪法规则的变化与绩效的随机性(未解释性)成分有关,那么我们的推论就会有偏差"。同时,存在的问题可以采取反向因果关系、不同形式的选择偏差和测量误差(作者强调)来解决。他们克服这些偏差的实证策略包括但不限于本章调查的方法。阿西莫格鲁(Acemoglu 2005)对他们所使用的方法和模型进行了详细的回顾和评估。

最后一个例子是国际关系学者对竞争模型和互惠模型估计的研究,如军备竞赛和针锋相对的外交,也就是将 Y 国的行为视为竞争国家 X 行为功能的函数。但是,有针才有锋,也就是说 X 国的行为对 Y 国行为来说并非外生。正如狄克逊(Dixon 1986,第 434 页)所说:"虽然相互模型只描绘了 Y 国行为,但每个方程式都隐含地与 X 国互为规范配对。这两个方程组系统中,内生变量 y_{it} 与 x_{it} 明显相互依赖,说明违反了基本回归模型。"迪克森等人接下来会继续讨论一些方法。【407】

为了突出本章的宗旨,我们来讨论一个立法政治学的例子。一种表现理论是代表的投票应该与其选区内的平均偏好相适应,即 $V = a + \beta \bar{p}$ (Achen 1978)。选举是这个论点的执行机制,因为偏离平均偏好的代表应该失去投票和最终选举的资格。用 $Marg$ 代表选举边际效应,用 Dev 代表测量其投票与选区偏好的偏离程度,那么 $Dev = |V - \bar{P}|$,惩罚模型是:

$$Marg_i = \gamma_1 Dev_i + X_1 \beta_1 + U_i \tag{1}$$

$\gamma_1 < 0$,意味着偏离选区偏好会导致竞选空间缩小。X_1 代表可能影响目前选举边际效应的其他因素,如区内党派组成。估计方程(1)的难度在于 Dev 不大可能由外部因素确定。一些国会学者(例如 Kingdon 1973,第二章)提出,竞选边际较大的成员更易于偏离选区偏好,并可能会这样做。这种观点意味着:

$$Dev_i = \gamma_2 Marg_i + X_2 \beta_2 + V_i \tag{2}$$

$\gamma_2 > 0$ 代表着导致成员投票不同于选民偏好的压力,如来自党派领导人的压力。

因此,任何观察研究中的 *Marg* 和 *Dev* 都是同时相关的,也就违反了线性模型的基本假设。即使 X_1 和 X_2 包含可以系统影响代表偏离选区偏好和选举边际的所有变量,即 $E(i'\,U_i) = E(X'_i\,V_i) = 0$,基本回归模型也给出了 γ_1 和 γ_2 有偏差和不连续的预估。*Marg* 和 *Dev* 之间的简单相关性或 RHS 上的任一变量与 LHS 之间的另一个变量的相关性,不会表明选举与阿切代表模式的奖惩机制可能有函数关系的任何迹象。

【408】 解释变量的可能内生性并不局限于同时呈现的情况。有观测数据表明很难确定其中的一个 *X* 值,而且在随后的重复"实验"中可能还会出现相同的值。人们必须仔细考虑类似实验或自然实验的背景,并决定是否真的要在研究过程之外确定每个 *X* 值。在许多政治学研究中这个要求难以实现,其中一些右侧变量本身就是对政治行为或结果的估量。

正如我们即将用立法案例说明的那样,代表党派可能是偏差方程中的右侧变量,因为党派领导人很有可能会让党员而不是选民进行投票。如果党派是偏离方程中的右侧变量,那么它很可能是内生的。每个地区的代表党派都是一系列不太稳定的政治因素造成的,正如线性模型模拟的实验范式中所要求的那样。思考一下附属的代表党派是否会在各地区随机分配(参阅 Jackson and King 1989)。任何无法被证明是外生的解释变量都是另一个方程式的隐含左侧变量,例如成员的党派性。只有当该隐式方程中的随机项与估计方程中的随机项没有相关性时[1],OLS 对 RHS 内生变量方程式的估计才具有一致性。

如果用系统或随机误差测量任何右侧变量,那么固定和外生的 *X* 值也会失效。随机测量误差的情况相对而言比较容易应对,而且也是本次讨论的重点[2]。随机测量误差在上述讨论中不会产生内生性。然而,它确实存在相同的问题,并且采用了相同的估算策略。基础文本表明,如果正确的变量是 X_i,但是人们观察到的是 $Z_i = X_i + \epsilon_i$,并且估计模型 $Y_i = Z_i B + U_i$,那么所得到的系数有偏差且不一致。即使只有一个 *KRHS* 变量被测出有误差,那么不仅仅是与错误变量相关的系数,所有系数都可能有偏差且存在不一致(Achen 1988)。

这些情况都产生违反线性模型基本假设的情况[3]。目前,解释或处理变量与数据生成过程(DGP)中隐含的随机项相关,因此与 *Y* 的测量有关,这会对模型系数产生有偏差且

---

① 如果满足这些条件,那么这些条件意味着层次递归体系,其中 OLS 估计恒定。

② 系统测量误差表明困难更大,并且需要特定的估计量(参阅 Berinsky 1999;Brady 1988;Jackson 1993),不在此处讨论。

③ 别的情况也可能导致相同的违反情况。动态模型中常碰到这种情况,其中,将 *Y* 值放在方程式的右侧,还包括自动相关的随机项。虽然本章后续会讨论这种相似情况的处理方法,但是此处不予讨论。

不一致的估算。这种情况的标准处理与格林(2003)所描述的相一致,$E[U_i|X_i]\neq 0$,意味着 $E[X_iU_i]=\eta$ 和 $\mathrm{plim}(1/n)(X'U)=\eta$,对估计系数的隐含影响为:

$$E[b\mid X]=\beta+(X'X)^{-1}X'\eta\neq\beta$$

$$\mathrm{plim}\,b=\beta+\mathrm{plim}\left(\frac{X'X}{n}\right)^{-1}\mathrm{plim}\left(\frac{X'\in}{n}\right)=\beta+\sum\nolimits_{x}^{-1}\eta\neq\beta$$

这显然是经典模型的失败,需要新的估计策略。

1.3　OLS 的估算边际和偏差关系

【409】

我们可以通过对立法边际和偏差模型的估计来解释这种失误。估算模型的数据来自杰克逊和金(King 1989)以及巴罗尼(Barone)、尤吉福萨(Ujifusa)和马修斯(Matthews 1979),同时还与 1978 年的国会会议有关。代表们在 1978 年的投票行为会通过他们的 ADA 和 ACA 评分来进行评估,即 $V=.5^*(ADA-ACA+100)$ 。杰克逊和金的数据包含对收入再分配的平均选区偏好的估计,即 $\overline{P}$ 。成员偏差是他们投票得分和支持收入再分配选区比例之间的绝对差,即 $Dev=|V-\overline{P}|$ 。我们在这里假设,重新分配的平均选区偏好评估了选区(居民投票偏好)的自由度。绝对差异衡量了成员投票与选区偏离的程度。Marg 变量是 1978 年选举中的现任选民投票份额(与初选或普选相似)。阿切模型和其他代表模式提倡的是,偏离程度越大的成员,重新竞选的优势越小。

模型和数据用来说明与内生变量相关的方法问题和估计过程。这不是一个关于国会或代表选举的实质研究。对于后者所需要的分析中忽略了明显的变量,例如候选人的素质、竞选支出、代表特征等。但是,在大多数情况下,这些变量的增加会使问题变得更加复杂,而不是解决规范性和内生性问题。

Marg 和 Dev 之间的单向相关性为 0.13,这是非常轻微的正相关。在下一次选举中,偏离程度更大的成员做得稍微好一些就与代表理论相矛盾吗?又或者包含更大幅度边际的国会议员就会导致选区偏离程度加大吗?还是 Marg 和 Dev 真的不相关?表 17.1 表示具有边际和偏差的 OLS 回归是左侧变量。回归包括假定与边际和偏差分别相关的附加变量。将党派优势定义为 1976 年福特在现任共和党和(1-Ford)民主党的投票,即 Partadv=Repub*Ford+(1-Repub)*(1-Ford)。投票边际方程中包含南方地区变量、代表的年龄与地区选民平均年龄之间的差距以及党派的优势和偏差。鉴于党派优势,南方的席位可能更安全,且代表与选区成员之间的年龄差距越大,席位竞争越激烈。偏差方程包括成员党派、人口变化与收入增长。预计在 1970 年至 1978 年,一个地区的人口结构变化越大,成员投票与区域偏好不一致的可能性越大。共和党比民主党统一得分更高(CQ1983),这表明共和党领导人成员在偏离选区偏好方面取得了更好的成效。其中没有连任的代表忽略不计。

【410】

表 17.1 最小二乘法估计

变量	方程式			
	边际		偏离	
	系数	标准误	系数	标准误
偏离	0.063	0.046		
边际效应			0.159	0.042
Part.adv.	0.697	0.077		
共和党			0.152	0.014
南方	0.102	0.016		
年龄差	-0.120	0.071		
$\triangle$ Pop			0.178	0.040
$\ln c_{78}/\ln c_{70}$			0.035	0.025
常数	0.310	0.044	-0.194	0.068
R^2	0.268		0.327	
N	376		376	

与预期相反,偏离选区意见与选举边际成正相关,表明偏离选民偏好的程度越大,投票边际就越大。偏离方程式认为较多的选举边际与较大的偏离程度有关。但两个变量之间假设的内生性使得两种结果和其他系数都受到质疑。这应该如何解决?

2. 工具变量的理论基础

使用线性模型的计量经济学家早就认识到内生回归分析所产生的问题,它为替代的方法和假设提供了扩展性和创造性的搜索条件。处理内生解释变量的传统方法和本章中关注的一个方法称为工具变量(IV)估计法。这种方法也称为两阶段最小二乘法[1],描述了估计法最初的完成过程。统计数据在理论上相对比较简单,但在实践中相

---

① 简称 2SLS 或者 TSLS,计量经济学方法。——译者注

当困难。

2.1 工具变量估计

具有内生 RHS 变量的经典模型是：

$$y = X\beta + Y\gamma + U = W\delta + U \,, \tag{3}$$

其中 y 是结果变量；X 是关于 K 真实外生变量的观察集合；Y 是由于质疑上述任何【411】原因而产生的内生变量 M 的观察集合；$W = (X, Y)$；且 $\delta' = (\beta', \gamma')$ 是一系数向量。由于 $plim \dfrac{1}{n}(Y'U) \neq 0$，所以会出现内生性问题。

IV 估计理论依靠于第二组变量的存在，我们用 Z 表示。Z 必须至少包含 M 个变量，这些变量具有有限方差和协方差，且与 Y 相关，与 U 不相关；即，

$$\text{plim} \frac{1}{n} Z'Z = \Sigma_{zz}, \text{an} L \times L \text{ finite, positive definite matrix} \,,$$

$$\text{plim} \frac{1}{n} Z'Y = \Sigma_{zy}, \text{an} L \times M \text{ matrix with rank } M,$$

$$\text{plim} \frac{1}{n} Z'U = 0$$

在最简单的情况下，$L=K$，意味着每个 Y 都有一个"工具"或 Z。设 $Z^* = (X, Z)$，这相当于使 X 函数中的每个外生变量都能够为自身使用，在这种情况下，IV 估算公式是，

$$d_{IV} = (Z^{*'}W)^{-1}(Z^{*'}y) \tag{4}$$

格林（Greene 2003，第 76—77 页）表示该估算值与渐近正态分布一致。

有这样一种情况，比最初的右侧内生变量拥有的工具较多，即 $L>M$，尽管理论是相同的，但是处理方法仍存在差异。由于 $plim(Z'U)/n = 0$，所以从 Z 中选择的任何一组 M 变量都将产生一致的估计值，即 γ。此外，Z 中变量的所有 M 线性组合也将产生一致的估计值。这表明通过将每个 Y 变量回归到所有的 Z 变量上，并使用回归所得的 Y 的预测值，即可获得线性组合，称为 $\hat{Y}$，将其作为回归中的右侧变量。在此回归中，作为左侧变量的 γ 具有 Z 的任何线性组合的最小渐近方差（Brundy 和 Jorgenson，Goldberger 1973）。

这个方法作为两阶段最小二乘法（2SLS）的常见参考来自这个过程：更正式地，指定 Z 中的变量 Y 的每个变量回归得到的系数 a 矩阵和 W 矩阵：

$$\hat{W} = (X, \hat{Y}) = (X, Za) = [X, Z(Z'Z)^{-1}Z'Y] = Z^*(Z^{*'}Z^*)^{-1}Z^{*'}W$$

步骤 1：$\hat{Y} = Za = Z(Z'Z)^{-1}(Z'Y)$

步骤 2：$d_{2sls} = (\hat{W}'\hat{W})^{-1}(\hat{W}'Y)$

$$= [(W'Z^*)(Z^{*\prime}Z^*)^{-1}(Z^{*\prime}W)]^{-1}[(W'Z^*)(Z^{*\prime}Z^*)^{-1}(Z^{*\prime}y)]$$

$$= [W'P_{z^*}W]^{-1}W'Pz*y,$$

其中，$P_{z^*} = Z^*(Z^{*\prime}Z^*)^{-1}Z^{*\prime}$，步骤 2 就估计了等式：

$$y = X\beta + \hat{Y}\gamma + \epsilon \tag{5}$$

【412】　如果 Y 中变量和工具一样多，即 $K = L$，则 d_{2sls} 的表达式将简化为式(4)

在讨论替代版本之前，对工具变量估计的一些直观感受会有所帮助。考虑式(3)的一个伴随等式，所包含内生变量 Y 与工具集合 Z 相配套，Z：

$$Y = Z\pi + \epsilon, \tag{6}$$

其中 $E(Z'\epsilon) = 0$。第四部分讨论的完整模型中，这些工具将会包含 Y 结构方程式中的外生变量，但不包含 γ 的方程式(3)以及方程式(3)的外生变量①，现在，我们只需要一个条件——Z 与 ϵ 以及以前和 Z 与 Y 相关的工具变量不相关，这意味着 $\pi \neq 0$ 且与 U 不相关。

将 Y 与 Z 相关的式(6)代入方程式(3)得出

$$y = X\beta + (Z\pi)\gamma + U + \epsilon\gamma \tag{7}$$

假设 π 是已知的，那么通过在 X 和结果 Z_π 上回归 γ，并假设 U、ϵ 与 X、Z 不相关，我们就可以得到式(7)中 β 和 γ 无偏差的估算值。但是，不幸的是，π 是未知的，所以只有在 Z 的第一阶段回归中估算 Y，即 $p = (Z'Z)^{-1}Z'Y = \pi + (Z'Z)^{-1}Z'\epsilon$。在式(7)中将 $\hat{Y} = Zp$ 替换为 $Z\pi$ 是 2SLS 估计的第二阶段，如式(5)所示。通过这种替代，第二阶段的估算公式如下所示：

$$y = X\beta + (Zp)\gamma + u + \epsilon\gamma \tag{8}$$

式(8)展现了工具变量估计量的吸引力和局限性。在无限样本中，p 分布在 π 或正式地 $plim\ p = \pi$，这意味着 β 和 γ 的估计值并不能反映其真值。因此产生了一致性结果，然而，工具变量估计值偏向于有限样本，因为 p 是第一阶段中 ϵ 的函数，表明式(8)中的 Zp 和误差项是相关的。这些条件使得工具变量估计值产生偏差，但对于式(3)仍然适用。

第二个重要的工具变量估计值是有限信息最大似然估计法或 LIML。按照汉森(Hansen)，豪斯曼和纽维(Newey, 2006)的记法，LIML 估计值是，

$$d_{liml} = (W'Pz^*W - \tilde{\alpha}W'W)^{-1}(W'Pz^*y - \tilde{\alpha}W'y) \tag{9}$$

在该等式中，$\tilde{a}$ 是矩阵 $(\tilde{W}'\tilde{W})^{-1}(\tilde{W}'Pz^*\tilde{W})$ 中的最小特征值，且 $\tilde{W} = (y, W) = (y,$

---

① 此模型中，将式(6)看作 Y 方程式的减缩形式。

X,Y)①。如果随机项呈正态分布,则这是 d 的最大似然估计值。在许多情况下,由均方误差②标准测量的 LIML 估计方法要比 2SLS 具有更小的样品属性。我们会讨论【413】2SLS 和 LIML 两种估计方法。

工具的选择还需作进一步考虑。正如前文所述,选择工具变量估计法的理由在于其一致性,但是它在有限样本中存在偏差。唐纳德(Donald)和纽维(Newey 2001,第1165 页)推导出 2SLS 和 LIML 均方误差的表达式,韩和豪斯曼(Hahn and Hausman 2002)推导出体现存在一个内生变量的 2SLS 估计量偏差的表达式。这些误差与工具的数量成正比,与缩减形式的误差项 ϵ 和结构方程 U 之间成正比,与缩减形式误差项的方差成反比。似乎没有人对具有多个内生变量的方程式进行归纳,但这些比例关系应该仍然存在。这意味着应该谨慎选择工具的数量和成分(有关这些问题的讨论,请参阅第三节)。

2.2 示例:工具变量

我们可以用与代表偏差和选举边际相关的模型来说明工具变量的使用。杰克逊和金提议应将代表党派视为内生变量,这样做使我们能够通过内生右侧变量来解释工具变量估计法,这些变量与其他内生变量并不同时相关。因此,我们将党派成员视作内生变量,并将福特选举使用的多项式分别三次方、四次方、五次方,并以此作为工具:③

$$Repub = B_{11} + B_{21}Ford^3 + B_{31}Ford^4 + B_{41}Ford^5 + U_1 \tag{10}$$

该方程可以用 OLS 估算,因为 1976 年福特选举变量被看作外生,且与党派方程式中的随机项不相关。

将党派身份确认为内生变量意味着党的选举优势变量(包括党派身份)也是内生的,不过是非线性的。这一规定认可这个例子对使用工具变量来适应内生和外生变量之间非线性关系的解释。有关非线性规范结构模型的重要研究人员有古德费尔德和科万特(Goldfeld and Quandt 1972)、乔根森和拉丰(Jorgenson and Laffont 1974)、科乐建(Kelejian 1971)和纽维(Newey 1990)。如何应用这些研究成果请参见阿切(1986)和伍

---

① 一般估计研究将 2SLS 和 LIML 估计值定义为 k 级估计值,其中 $d_K = (W' p_{z}\cdot W - \hat{a} W'W)^{-1} (W' P_{z}\cdot y - \hat{a} W'y)$。LIML 估计值中 $\hat{a}$ 定义如上,2sls$\hat{a} = 0$。

② 均方误差是反映估计量与被估计量之间差异程度的一种度量。

③ 本模型中,将 Repub 视为连续变量,实际上其并不是连续变量。多项 Ford 变量模型预测可能性为-0.02 到 0.97,概率单位模型中预测可能性相关系数为 0.9988,这表明这个方程式近似值和非线性概率模型非常相似。

德里奇（Wooldridge 2003）的重要理论。关键要素是扩展模型中的非线性部分以找到参
【414】 数中的线性表达式，并且要具有足够的外部变量函数从而可以作为非线性术语的工具。
在这个例子中，党派优势变量的扩展已经实现，而且还引发了在工具变量过程中对第一阶
段工具和估计策略的明确规定。回想一下，$Partadv = Repub * Ford + (1 - Repub) * (1 - Ford)$。将 Repub 代入式（10）中，得到以下公式：

$$Partadv = (1 - B_{11}) + (2B_{11} - 1)Ford - B_{21}Ford^3 + (2B_{21} - B_{31})Ford^4 +$$
$$(2B_{31} - B_{41})Ford^5 + 2B_{41}Ford^6 + (2*Ford - 1)*U_1 \text{。} \tag{11}$$

式（11）中的系数是式（10）中系数的线性组合。估算这种系统的最佳方法是看似
不相关的回归模型（SUR），它包含了这些约束条件，并允许两个方程中的误差项存在相
关性。[1] *Marg* 和 *Dev* 方程中的外生变量——南方、年龄差、$\triangle Pop$ 和 $\triangle Inc$ 构成剩余的
工具变量。

Repub 和 *Partadv* 的第一阶段方程用 SUR 模型估计，但遵循两种不同的规范。第一
个规范排除了 *Marg* 和 *Dev* 方程的外生变量，因为它们不包括在 *Repub* 和 *Partadv* 的简
化方程中。阿切（1986）认为对于诸如此类的层次模型，由于渐进效率的原因，应该排
除高阶方程的外生变量。在包括所有内生变量的第一阶段方程中，大多数如 Stata 的标
准程序都将外生变量纳入其中。我们的例子将使用这两个规范，因为结果说明了与工
具选择有关的问题。

使用工具变量程序的竞选边际和投票偏差的估计方程见表 17.2，使用 2SLS 和
LIML 进行估计。表 17.1 中的 OLS 估计值将用于比较。表中呈现了渐近系数标准误差
（Greene 2003，第 400 页）和贝克（Bekker）（1994）以及汉森、豪斯曼及纽维（2006）讨论
的纠正标准误差[2]。

所有关于 *Dev* 和 *Marg* 系数的工具变量估计结果都以粗体显示，它们与 OLS 估计值
有实质性的不同，并且与初始命题一致。选区意见偏离较大与选举边际下降有关，其系
数范围为-0.24 至-0.3。相反，竞选边际较大的成员和可能更安全的席位偏离选区意
见，系数可能在 0.4 和 0.5 之间。除了一组估计值之外，2SLS 和 LIML 估计非常相似。
【415】 *Dev* 方程对共和党变量设定的 LIML 估计值是例外。我们在下一节讨论该差异。

---

① 因为$(2*Ford-1)$项，式（11）中的随机项存在异方差。恰当的 GLS 估计需要加权项，$Ford = 0.5$ 并没有给出定义。后续预估也不考虑异方差，原因是异方差仅影响第一阶段的效率。工具变量估计量仍旧恒定。

② 用汉森等人（2006，4）的表达式在数据管理统计绘图软件（Stata）中完成计算。修正协方差不包括与汉森等人描述第三象限和第四象限相关项，不过是以非常形式呈现。

表 17.2　工具变量估计

变量	OLS Coeff	二阶段最小二乘法			LIML		
		Coeff	s_b(cse)	S_b(asy)	Coeff	s_b(cse)	S_b(asy)
边际方程式—有限工具变量							
偏离	0.063	−0.280	0.133	0.133	−0.314	0.147	0.142
Part.Adv.	0.697	0.673	0.098	0.098	0.668	0.101	0.101
南方	0.102	0.123	0.019	0.019	0.125	0.020	0.019
年龄差	−0.120	−0.071	0.075	0.076	−0.071	0.077	0.077
常数项	0.310	0.396	0.070	0.069	0.408	0.075	0.072
R^2	0.268	0.156			0.132		
边际方程式—所有工具变量							
偏离	0.063	−0.261	0.134	0.133	−0.244	0.126	0.128
Part.Adv.	0.697	0.679	0.099	0.098	0.670	0.096	0.097
南方	0.102	0.122	0.019	0.019	0.121	0.018	0.019
年龄差	−0.120	−0.131	0.076	0.076	−0.130	0.075	0.075
常数项	0.310	0.398	0.069	0.068	0.392	0.066	0.067
R^2	0.268	0.169			0.108		
偏离方程式—有限工具变量							
边际	0.159	0.496	0.131	0.128	0.835	0.243	0.237
共和党	0.152	0.227	0.045	0.044	0.338	0.083	0.081
∆Pop	0.178	0.184	0.044	0.045	0.165	0.062	0.062
$\ln c_{78}/\ln c_{70}$	0.035	0.046	0.028	0.028	0.048	0.037	0.037
常数项	−0.194	−0.494	0.123	0.120	−0.757	0.208	0.204
R^2	0.327	0.164			−0.428		
偏离方程式—所有工具变量							
边际	0.159	0.411	0.112	0.113	0.426	0.119	0.118
共和党	0.152	0.213	0.040	0.040	0.218	0.042	0.041
∆Pop	0.178	0.174	0.044	0.044	0.173	0.044	0.045
$\ln c_{78}/\ln c_{70}$	0.035	0.044	0.027	0.027	0.044	0.027	0.027
常数项	−0.194	−0.411	0.108	0.108	−0.423	0.113	0.111
R^2	0.327	0.232			0.219		

　　关于党派优势和外生变量的系数在三种估计方法中都非常一致,并且符合预期值,但是有一个例外。成员党派的优势越大,选举优势就越大,南方代表比南方以外的代表

更安全。OLS 和使用全套工具变量估算法表明,代表和选民之间的年龄差距越大,选区边际越小。只有将美国福特总统竞选投票变量作为 *Repub* 的工具变量来估计年龄差

【416】 异,才能够获得更小的和统计学上不显著的系数,尽管差异小于系数的标准误差。在偏差方程中,共和党以及人口变化和收入增长较大地区的成员,比民主党和稳定地区选民偏离选区意见的程度要深。

工具变量模型中的 R^2 较低,但这并不是特别有意义的统计方法。估计方程中的残差是利用 RHS 内生变量的观测值进行计算,而不是来自第一阶段的预测值。随后的样本统计 σ_u^2 的估计值、估计系数标准误差和 R^2 都取决于这些计算。通过构建方程式,工具变量估算的 R^2 将小于 OLS 估算的 R^2,因为后者被用于将平方误差和降至最小,这一过程是通过使用包含内生变量的观察值来达到的。然而,OLS 估计中的 R^2 没有太多的意义,因为我们的前提是——由于内生性,这些 OLS 系数存在偏差且不一致。

这些结果表明,关于数据生成过程和方法选择的潜在假设可能会产生深远且具有实质性的意义。在观察性研究中可能存在内生性的情况下,如果满足工具变量估计的条件,理论上可以克服这些混乱因素的影响。但理论与实践并不总是一回事。

3. 实践中的工具变量

工具变量的应用产生了几个严肃的、令人怯步的问题。最关键的是,工具变量必须独立于关注的方程式中的随机项。第二个条件是工具变量必须与那些用作工具的变量相关联。巴特尔斯(Bartels 1991)在对这些问题的经典讨论中,展现了它们如何影响工具变量的渐近均方误差的 AMSE(另见 Bound,Jaeger,and Baker 1995)。巴特尔斯阐明了工具变量的 AMSE 是如何与这两个相关性相关的:

$$AMSE(b^{IV}) \propto \frac{\rho_{ZU|X}^2 + 1/N}{\rho_{ZY|X}^2}, \tag{12}$$

其中,$\rho_{ZU|X}^2$ 是在估计方程中工具变量和随机项之间平方百分比部分的相关性,$\rho_{ZY|X}^2$ 是工具变量与其作为工具内生变量之间平方百分比的相关性。巴特尔斯明确表示,想要保持包含外生变量 X 部分相关性,常数是关键。这个要求在式(5)中也是显而易见的。与任何 OLS 回归一样,$\hat{Y}$ 的方差越大,Y' 与 X 中变量的相关性越低,则第二阶段估算式(5)中 γ 估计值就越可靠。

【417】 巴特尔斯认为,这些条件在实践中存在问题,因此被称为"准工具变量",所以用户必须考虑实际发生的情况,如何诊断潜在问题,以及如何最好地管理次优估计量之间的权衡。弱工具变量的讨论和评估也是过去十年计量经济学研究的重要主题。本节将会

讨论并说明这些条件并评估它们对特定数据的适合性或欠缺性。

3.1　工具变量与内生变量的相关性

我们从式(12)中的分母开始讨论使用工具变量的做法,因为这样更易于观察并通过可用的数据进行估计。可以通过样本数据中 Z 和 Y 之间的部分相关性来估计 $\rho^2_{zy|x}$,即平均群体部分相关性。进行这种评估最直接的方法是在 X 和 Z 上回归 Y,然后对 Z 系数等于 0 的零假设进行 F 检验。然而,这种检验方法有两个缺点。首先,由 F 统计量检验的零假设不是关注的零假设,我们最应该关心的是 II 类而不是 I 类错误。拒绝系数为零的零假设并不等同于它们不存在一定的零误差概率。鲍姆(Baum)、谢弗(Schaffer)和斯蒂尔曼(Stillman 2003)认为:一个包括内生变量,大于 10 的 F 统计量对于接受系数不为零的替代假设来说是一条适当的经验法则。

如本例所示:当存在多个 RHS 内生性变量时,就会出现第二个困难。以前的测试旨在确保所包含的内生变量与排除的外生变量 Z 密切相关,并始终保持包含的外生变量 X 不变。但是如果 Z 中所有相同的变量都可解释所有包含在 Y 中的自变量呢? 这实际上意味着这些包括内生变量在内的系数并没有得到真正确定,尽管它们看起来符合技术标准。

谢伊(Shea 1997)进行了每个部分关系强度的测试,包括内生变量、排除工具变量对包含工具变量的控制,以及其他包含在内的工具变量。他提出了计算这些统计量的四步法,通常称为谢伊的部分 R^2 并用 R^2_p 来表示。戈弗雷(Godfrey 1999)提出了一种简化的计算方法,该方法分别基于系数方差与 OLS 和 2SLS 估计的 R^2 统计量比率。这个表达式是:

$$R^2_p = \left(\frac{\sigma^{ols}_b}{\sigma^{2sls}_b}\right)^2 \left(\frac{\sigma^{2sls}_u}{\sigma^{ols}_u}\right)^2 = \left(\frac{\sigma^{ols}_b}{\sigma^{2sls}_b}\right)^2 \left(\frac{1 - R^2_{2sls}}{1 - R^2_{ols}}\right) ,$$

其中 σ_b 是系数标准误差,σ_u 是估计值的标准误差,R^2 是相应估计方程未经调整的中心 R 平方。不幸的是,谢伊和戈弗雷都没有将这种局部 R 平方的检验统计数据形成报告,所以我们不能检验它为零的零假设,因此该特定系数的工具变量不具有不相关性。在进行这些计算时,必须确保以相同的自由度计算所有估计的标准误差。[①] 【418】

表 17.3 展现 R^2 和相关的第一阶段回归的 F 统计量、局部 R^2 和相关 F 统计量以及

---

① 一些 2sls 估计值在渐近特征这种推断下,计算标准方差时不使用自由关联程度。例如,Stata 中,可以通过输入代码选择在预估方程式中调整自由度。

使用全套工具变量预估的谢伊局部 R^2 的数据。① 这些数据都不能表明必要工具变量和包含内生变量的关联程度。Dev 局部 R^2 的 F 统计仅为 8.55，但是带有适当自由度 F 的 P 值大约为 $1.X10^{-09}$，这表明如果拒绝无关系零假设，Ⅱ类型误差将会偏低。其他 F 统计数据甚至更大。谢伊的局部 R^2 统计范围为 0.135 到 0.156，党派优势值为 0.70。在这些数据基础上，我们可以得出这些工具变量完全满足相关标准的结论，正如巴特尔斯、邦德以及后来的作者所讨论的那样。

表 17.3 工具变量相关性检验

内生变量		偏离	Part Advant.	边际	共和党
第一阶段	R^2	0.165	0.721	0.236	0.255
	$F(K_1, K_2)$ [a]	8.02	135.59	12.59	17.97
局部	R^2	0.141	0.713	0.233	0.226
	$F(K_1, K_2)$ [b]	8.55	182.85	15.87	21.43
Shea's R^2		0.135	0.698	0.156	0.149

[a] Dev 和 $Marg$ 中 $K_1 = 9$，$K_2 = 366$，$Repub$ 和 $Part Adv$ 中 $K_1 = 7$，$K_2 = 368$。
[b] Dev 和 $Marg$ 中 $K_1 = 7$，$K_2 = 366$，$Repub$ 和 $Part Adv$ 中 $K_1 = 5$，$K_2 = 368$。

3.2 工具变量和随机项的独立性

对连续工具变量估计的第二个关键要求是工具与待估计方程中随机项之间的独立性。这是巴特尔斯使用工具变量方程式(12)对渐近均方误差进行评估计算的分子。这种情况在实践中难以进行检验，因为它需要关于被估计的方程中无法观测到的随机项的信息。本节讨论可以应用于检测该实验正确性的几种方法。然而，所有的方法都要求估计方程能够受到过度识别，这意味着工具变量比内生变量多，即 $L > K$。第一个统计数据来源于萨尔甘(Sargan 1958)，并被命名为萨尔甘统计法。该统计数据是残差平方和的比例，可通过全套工具变量进行"解释"，

$$\text{Sargan 统计} = \frac{\hat{u}' Z^* (Z^{*'} Z^*)^{-1} Z^{*'} \hat{u}}{\hat{u}' \hat{u}/n}, \tag{13}$$

其中 $Z^* = (X, Z)$，$\hat{u}$ 表示来自估算方程的残差，该方程使用所包含内生变量的观测值。萨尔甘认为这一比值以 $(L-K)$ 的自由度进行分布，作为卡方统计。如果我们知道

---

① $Repub$ 和 $Part Adv$ 方程式自由度更低，原因是式(10)和(11)中，只有预测到 9 个因数，Dev 和 $Marg$ 式中预测 11 个因数，原因是 $Ford$ 和 $Ford^e$ 也包含在其中，且不限制因数。

随机项的真实值且工具变量真正独立于随机项之外,那么这个统计数字应该为零,也就意味着这些工具变量无法解释任何残差方差。萨尔甘统计法通过使用估计方程计算的残差不断近似于该比率。关于萨尔甘统计法,还存在其他版本,将比率乘以$(n-L)$而不是n,它也以自由度为$(L-K)$的卡方统计进行分布。

贝斯曼(Basmann 1960)提出了第二个统计法——将萨尔甘统计法中残差的相同拟合值与残差中未解释的方差作比较,而不是与残差的总方差作比较:

$$\text{Basmann 统计} = \frac{\hat{u}'z^*(Z^{*\prime}Z^*)^{-1}Z^{*\prime}\hat{u}/(L-K)}{[\hat{u}'\hat{u}-\hat{u}'Z^*(Z^{*\prime}Z^*)^{-1}Z^{*\prime}\hat{u}]/(n-L)} \tag{14}$$

贝斯曼认为该统计量以自由度为$(L-K)$和$(n-L)$的 F 渐近分布。贝斯曼和萨尔甘提供了这些统计数据的其他变化,但核心的对比是估计结构方程中的残差与工具变量之间的关系。

这些检验的一个弱点与工具变量相关性的检验相同。正在接受检验的零假设认为工具变量和随机项是不相关的,即$plim\ Z'u/n=0$。如果这个假设被否定,那么很明显这些变量没有足够的工具变量。但是关键的问题是不否定该假设并不等于接受该假设。如果零假设为真,那么贝斯曼和/或萨尔甘的统计数据越小,偶然获得该值的可能性越高,而且如果零假设被接受,出现 II 类错误的概率也就越低。但是在分析结束时,可以说最好的情况就是这些统计结果对否定零假设是有用的,因此这些工具变量将会受到质疑,并无法确定这些工具变量是否有效。

表 17.4 显示了萨尔甘和贝斯曼在估算方程时用的统计法,包括对于 *Repub* 和 *Part Adv* 变量有限工具变量集合的估算。回顾表 17.2,可以知道 LIML 对具有有限工具变量集 *Dev* 方程的估计值产生疑问。如果独立性零假设为真,那么极有可能会出现估算的萨尔甘和贝斯曼数据很低的情况。在这种情况下,会使用具有全套工具变量的 2SLS 和 LIML 估算法对 *Repub* 和 *Part Adv* 的第一阶段进行估算。只有将福特变量作为 *Part* 【420】 *Adv* 的工具变量,且 *Marg* 方程式的估计值有较低的萨尔甘和贝斯曼数据,才能再次表明工具变量的独立性。

表 17.4 工具变量独立性检验

检验(DOF)	Marg		Dev	
	2SLS	LIML	2SLS	LIML
完全工具变量				
Sargan $x^2(5)$	1.143	1.213	2.114	2.098
P-Value	0.950	0.944	0.833	0.835

续表

检验(DOF)	Marg		Dev	
	2SLS	LIML	2SLS	LIML
Basmann F(5,366)	0.187	0.198	0.346	0.343
P-Value	0.967	0.963	0.885	0.887
有限工具变量				
Sargan x^2(5)	1.844	1.872	2.769	9.963
P-Value	0.870	0.867	0.736	0.076
Basmann F(5,366)	0.301	0.306	0.454	1.665
P-Value	0.912	0.909	0.810	0.142

结果存在问题的是 *Dev* 方程中有限工具变量 LIML 的估计值。我们早些时候就注意到，*Marg* 系数与其他估计值不一致，且估计值与观察数据极其不吻合。萨尔甘和贝斯曼统计数据表明，如果这些工具变量与随机项不相关，那么做出的假设就存在问题。很难解释这些结果，因为所有具有类似规范的其他结果，甚至是 2SLS（规范相同）估计值也得出了更一致的结果，并具有更加能够被接受的汇总统计数据。从这些结果可以得出两个结论，工具变量的选择对产生的结果有影响，正如表 17.2 中对于年龄差距系数的估计值，以及意想不到的估计方法。这使得对这些选择结果稳健性的探索至关重要。同样地，一些诊断统计数据，如对工具变量相关关系和独立关系的评估可能也会揭示问题，应该被应用到所有研究中。

4. 全信息估计

以前的估计量是有限的信息估计量，因为一次只能演算一个方程。称为全面信息估计的第二个估计策略会对整个结构模型进行估计。本节将简要介绍这一策略，并将【421】其应用于示例中。对整个结构的引用表示模型中每个内生变量都有式(3)形式的方程：

$$y_1 = X_1 \beta_1 + Y_1 \gamma_1 + U_1 = W_1 \delta_1 + U_1$$
$$\vdots \qquad \qquad \vdots$$
$$y_m = X_m \beta_m + Y_m \gamma_m + U_m = W_m \delta_m + U_m \qquad (15)$$
$$\vdots \qquad \qquad \vdots$$
$$y_M = X_M \beta_M + Y_M \gamma_M + U_M = W_M \delta_M + U_M$$

假设 $E(X'U) = 0, U_m$ 为 iid, 那么

$$E(U_sU_t') = \Sigma_u$$ ，由于所有 $t \,\& \, s = t$ 　　　　　　　　　　　　　　　　（16）

$= 0$, 否则 　　　　　　　　　　　　　　　　　　　　　　　　　　　　　（17）

我们还假设从每个方程中排除的外生变量和内生变量的规范加上任何其他先前的约束条件都足以满足检验的要求（估计需要对每个方程进行检验，此主题较为复杂，因而不会在本章中涉及。本节的内容出自费希尔 1966 年的经典作品，也可参见格林（2003,385—395）或伍德里奇（2003,211—230）等人的任何文本）。我们会讨论两种不同的全面信息估算策略，并且二者都与上述估计方法并驾齐驱。第一种是将 2SLS 估计量扩展到整个模型，称为三阶段最小二乘法或 3SLS。第二种是最大似然法或 FIML。

4.1　三阶段最小二乘法

三阶段最小二乘法（Zellner and Theil 1962）将式（16）中每个 M 方程组合在一起，形成一个大的 $TM \times 1$ 系统，如式（18）所示，

$$
\begin{pmatrix} y_1 \\ \vdots \\ y_m \\ \vdots \\ y_M \end{pmatrix} =
\begin{pmatrix}
W_1 & \cdots & 0 & \cdots & 0 \\
\vdots & \ddots & \vdots & \ddots & \vdots \\
0 & \cdots & W_m & \cdots & 0 \\
\vdots & \ddots & \vdots & \ddots & \vdots \\
0 & \cdots & 0 & \cdots & W_M
\end{pmatrix}
\begin{pmatrix} \delta_1 \\ \vdots \\ \delta_m \\ \vdots \\ \delta_M \end{pmatrix} +
\begin{pmatrix} U_1 \\ \vdots \\ U_m \\ \vdots \\ U_M \end{pmatrix}
\tag{18}
$$

该表达式可以概括为 $Y = W\delta + U$。

该系统中的每个方程可以通过 2SLS 使用相同的工具变量程序和工具变量进行估算。在这一估算过程中，每个方程的工具变量都是系统中的外生变量 X，所以可以得出：$\hat{W}_m = (X_m, \hat{Y}_m) = [X_m, X(X'X)^{-1}X'Y_m]$。每个方程的 2SLS 都表示为 $\hat{d}_{2sls} = (\hat{W}'\hat{W})^{-1}\hat{W}'Y$。除非 Σ_u 是对角线，即表明所有随机项都彼此独立，否则这种方法不会在不考虑 【422】这些随机项协方差的情况下而失去渐近效率（参阅贾奇（Judge）等人 1988,646—651）。标准 3SLS 估算法使用每个方程中 2SLS 残差来组成 Σ_u 中的元素，这是 3SLS 程序的第二阶段。该估计的方差—协方差矩阵的倒数用于全系统的可行 GLS 估计。表示这种倒置的估计方差—协方差矩阵，其遵循式（17）中的条件具有以下结构：

$$
\hat{\Sigma}_u^{-1} =
\begin{pmatrix}
\hat{\sigma}^{11}I & \cdots & \hat{\sigma}^{1M}I \\
\vdots & \vdots & \vdots \\
\hat{\sigma}^{1M}I & \cdots & \hat{\sigma}^{MM}I,
\end{pmatrix}
\tag{19}
$$

其中 I 是 $T \times T$ 辨认矩阵, 3SLS 估算式为

$$\hat{d}_{3sls} = (\hat{W}' \hat{\Sigma}_u^{-1} \hat{W})^{-1} (\hat{W}' \hat{\Sigma}_u^{-1} Y). \tag{20}$$

这是泽尔纳(Zellner 1962)看似无关回归的具体应用。通常情况下这一过程会使用连续的 3SLS 残差来迭代该过程,直到达到聚合,速度十分快。

使用 3SLS 的理由在很大程度上取决于其渐近属性,甚至比 2SLS 的取决程度更大。除了一致性所需的条件以及使 2SLS 在有限样本中存在偏差的因素之外,使用 3SLS 的用户依赖渐近状态,在这种状态之下,估计方程中随机项的方差和协方差由 Σ_u 给出,残差的方差和协方差是该矩阵的充分近似得到的。但这忽略了一个事实,即估计方程中的误差项由 U_m 和另一个系数组成,该系数包含由对真实值进行估计的缩小形式系数的偏差组成。渐近地,这个系数趋近于零,但实际上对于有限样本来说它不是零,因此有助于得出估计方程中的误差项方差。将 FGLS 近似值包含到 Σ_u 中是否会提高效率取决于实际的样本,仍然存在猜测。

4.2 完整信息的最大似然估计

对类似于 LIML 估计量的完整信息进行如下假设:随机项为正态分布,即 U_i 是 $N(0, \Sigma_u)$。为了开发 FIML 估计量,将式(16)重新排列以给出如下表达:

$$(y_1, \cdots, y_M) = X(\beta_1, \cdots, \beta_M) + Y(\gamma_1, \cdots, \gamma_M) + (U_1, \cdots, U_M), \tag{21}$$

其中 Y 是所有内生变量的($T \times M$)观测矩阵,X 是模型中所有外生变量的($T \times K$)观测矩阵。β_M 是与外生变量相关系数 y_m 的 $a(K \times 1)$ 系数,意味着从该方程中排除的任何外生变量在该向量中都具有零值。γ_m 是系数的一个($M \times 1$)向量,这些系数使 y_m 与其他内生变量相关。从该方程的 RHS 中省略的任何内生变量在该向量中都具有零系数,包括对应于 y_m 的第 m 个条目。式(22)总结了该表达:

$$Y\Gamma + XB + U = 0. \tag{22}$$

矩阵 Γ 在其主对角线上具有 -1 的值,对应于式(21)中的隐式系数 y_m。

FIML 估计法重新排列了式(22)以隔离随机项:

$$V = -U\Gamma^{-1} = Y + XB\Gamma^{-1}. \tag{23}$$

如果 U_i 值正态分布,则 V 是 $N(0, \Gamma^{-1'}\Sigma_u\Gamma^{-1})$。由此可见观测数据的对数似然函数为:

$$\log L = -\frac{T}{2} \big[M\log(2\pi) + \log|\Sigma_v| + tr\big(\frac{1}{T}\Sigma_v^{-1} V'V\big) \big]$$

$$= -\frac{T}{2} \Big\{ k + \log|\Gamma^{-1'}\Sigma_u\Gamma^{-1}| + tr\big[\frac{1}{T}(\Gamma'\Sigma_u^{-1}\Gamma)(Y + XB\Gamma^{-1})'(Y + XB\Gamma^{-1})\big] \Big\}$$

$$= -\frac{T}{2}[\, k + \log|\Sigma_u| - 2\log|\Gamma| + tr(\Sigma_u^{-1}S)\,] \tag{24}$$

其中 $, s_{ij} = \frac{1}{T}(Y\Gamma_i + XB_1)'(Y\Gamma_j + XB_j)$ 。似然函数 $\log|\Gamma|$ 的内含值为了计算 FIML 估计量,对模型强加一个限制条件。随着这个行列式的值接近零,似然函数接近负无穷大,就有效地排除了特定的参数值集合。

如果模型被过度识别,FIML 就会提供其他估计量中不存在的模型规范的检验。估计模型的拟合基于估计模型如何预测观测变量中的方差—协方差矩阵。在一个完全确定的模型中,估计的参数数量(包括随机项的方差和协方差)恰好等于观察到的方差—协方差矩阵中的条目数。在这种情况下,估计模型将完美匹配观察矩阵。当给模型增添额外的限制,拟合会随着对数似然函数的减小而减小,这些限制可以通过指定被排除在某些方程之外的特定变量来实现,例如将 B 和 Γ 的某些元素设定为零。那么过度识别限制测试就是表示已识别的模型和估计模型中对数似然函数差异的函数。渐近减去两倍,这个差异分布为 χ^2 个变量,其自由度等于过度识别限制的数量(Jöreskog 1973)。对于 χ^2 统计数据匹配度低或适应性小的值会导致满足过度识别要求的零假设得不到认可。这与萨尔甘统计法的功能的差异在于,该统计法测试的是整个模型的拟合度,而不仅仅是个别方程式中的限制条件。

通过使式(24)最大化进行的估计会受到对模型的约束和限制,从而获得识别信息 【424】并使之符合模型任何其他先验信息。该过程产生了一组非线性联立方程,需要对解决方案进行数值分析,这在实践中具有挑战性,超出了本章讨论的范围。可能存在一组导致 $\log|\Gamma| = 0$ 的条件参数值,会进一步使计算任务复杂化。这些奇点创建不同的区域,必须分开搜索,以便找到通用最大值。计算任务的复杂性导致大多数分析人员使用 3SLS 的频率要比 FIML 更高。如果随机项是正态分布,则 3SLS 的计算优势就是低成本。格林(2003,第 409 页)认为 FIML 也是一个估计工具变量,而且在正态分布随机的条件下,3SLS 和 FIML 会具有相同的渐近分布。他还认为小样本属性是"不确定的",可能会在两种方法之间产生差异。

4.3 示例:全信息估计

使用 3SLS 和 FIML 程序重新列出了表 17.2 中的估计值。① 结果如表 17.5 所示,其中包括对 Repub 方程的估计(没有体现 Part Adv 方程的系数,因为它们只是 Repub 方

---

① Windows 使用线性结构关系模式(LISREL)完成 FIML 预估。

程中系数的线性函数。参见式(11))。此表还显示了用边际和偏差方程得出的萨尔甘的统计数据。两种方法的结果非常相似,其差别不超过 0.012,大多数情况下相差较小,且估计的渐近标准误差也几乎相同。对结果相似性的一种可能解释是,随机项之间的估计协方差相当小,大约为 0.13 至 0.23。如果工具变量和随机项是相互独立的,那么萨尔甘统计数据非常低,且偶然发生的几率很高。FIML 估计整个模型中 x^2 的值为 22.61,具有 26 个自由度,其 P 值为 0.665,再次证明接受识别限制与数据一致的零假设可能是正确的,并可以证明工具变量。

完整信息估计量更容易受到规范问题的影响,尽管此例中没有证明这一敏感性。因为 2SLS 和 LIML 分别估计每个方程,所以在结构系统中一个方程的错误不会影响其他方程的估计,在符合要求的情况下,估计方程的工具变量都是相关的,并且与估计方程中的随机项不相关。利用完整的信息方法,一个方程式的错误会影响到其他方程的【425】估计,因为 3SLS 和 FIML 程序试图应用于整个结构。这意味着工具变量所需的相关性和独立性条件必须在每个方程中得到满足(Wooldrige 2003,第 199 页)。由于上述提及和计算的原因,k 级有限信息估计量似乎在实践中是优选的,并且更会在文献中经常遇到。

表 17.5　全信息估计结果

	3SLS		FIML	
	Coeff	$s_b($ asy $)$	Coeff	$s_b($ asy $)$
共和党				
$Ford^3/100$	-0.136	0.031	-0.135	0.031
$Ford^4/100$	0.543	0.102	0.542	0.102
$Ford^5/100$	-0.443	0.084	-0.443	0.084
常数项	0.023	0.022	0.023	0.022
R^2	0.250		0.250	
边际				
Dev	-0.296	0.132	-0.308	0.139
$Part\ Adv$	0.685	0.098	0.687	0.097
南方	0.119	0.019	0.119	0.018
年龄差	-0.144	0.075	-0.145	0.075
常数项	0.406	0.067	0.409	0.069
R^2	0.147		0.139	
$Sargan\ x^2(5)$	1.208		1.241	

续表

	3SLS		FIML	
	Coeff	s_b(asy)	Coeff	s_b(asy)
P-Value	0.944		0.941	
偏离				
Marg	0.451	0.113	0.464	0.123
Repub	0.218	0.039	0.223	0.042
△Pop	0.171	0.043	0.170	0.043
△Inc	0.037	0.026	0.037	0.026
常数项	-0.423	0.104	-0.433	0.113
R^2	0.205		0.191	
Sargan x^2(5)	1.788		1.844	
P-Value	0.878		0.870	

5. 估计量的比较

　　本节简单比较并总结了使用不同估计量得到的结果。讨论的重点是 *Dev* 与 *Marg* 在各自方程中被估算的关系。表 17.6 显示了这些变量之间的五种不同估计关系,其中第一个 *Marg* 和 *Dev* 是左侧变量。工具变量估计值之间几乎没有实质性的差异,虽然全面信息估计值比有限信息估计值要稍大。统计差距甚至更小,即使估计值之间的最大差异少于标准误差的一半。 【426】

表 17.6　不同估计方法的系数

LHS var.	RHS var.	预测方法				
		OLS	2SLS	LIML	3SLS	FIML
Marg	*Dev*	0.063	-0.261	-0.244	-0.296	-0.308
Dev	*Marg*	0.159	0.411	0.426	0.451	0.464

　　如果 *Marg*,*Dev* 和 *Repub* 不是外生变量,且这些工具变量是合适的,那么 OLS 和工具变量估计量之间会存在实质性的差异。投票偏离选区偏好对竞选边际影响程度的工具变量估计为-0.24 至-0.30,而 OLS 估计为 0.06。相反,使用工具变量估计,选举边际对偏差的估计影响范围为 0.41 至 0.46,而 OLS 模型为 0.16。工具变量结果与预期

更一致,尤其体现在检验选民的偏好提议是否会在下次选举中受到检验的方程式中。最后一个话题是检验是否可以将 RHS 变量视为外生变量,也可因此判断出这些估计量中的首选变量。

如果 RHS 变量是完全外生的,则优选 OSL 估计量,原因是其无偏差、一致且有效,而且它还可能是 MLE 估计量。相较于低效的估计量(如工具变量),它具有更大的优势。如果 RHS 变量不是外生的,那么工具变量估计量就有偏差且效率较低,但可以保持一致性。杜宾(Durbin 1954)、吴(Wu 1973)和豪斯曼(Hausman 1978)提出的规范检验通常被称为 DWH 检验,为这种选择提供信息。[1] 鲍姆(Baum)、谢弗(Schaffer)、斯蒂尔曼(Stillman)、戴维森(Davidson)、麦金农(Mackinnon 1993,237—242)、格林(Greene 2003,80—83)和中村(Nakamura 1981)对于这些检验的版本展开了很好的讨论。检验基础是比较 OLS 和工具变量的系数值和方差之间的差异。由 b_{iv} 表示一致而低效的工具变量估计,由 S_{iv} 表示这些估算值中渐近方差和协方差的矩阵。零假设不具内生性,在这种情况下,表示为 b_{ols} 的 OLS 估计系数也是一致的,但是比工具变量估计量更为有效。将这些有效估计的估计方差和协方差表示为 S_{ols}。可表示为:

$$H = (b_{iv} - b_{ols})' [s_{iv} - s_{ols}]^{-1} (b_{iv} - b_{ols})$$

$$= n(b_{iv} - b_{ols})' \left[\frac{(\hat{W}'\hat{W})^{-1}}{s_u^2} - \frac{(W'W)^{-1}}{s_u^2} \right]^{-1} (b_{iv} - b_{ols})$$

遵循式(16)中 $W = (X_m, Y_m)$,$\hat{w} = (X_m, \hat{Y}_m)$,其中 s_u^2 是随机项的预估变量。这个统计具有 M_m 自由度的 x 平方分布,其中 M_m 代表 LHS 内生变量的数量。

【427】

表 17.7 内生性测试

	等式			
	边际		偏离	
	统计	P-值	统计	P-值
$\chi^2(2)$				
2SLS	8.51	0.014	6.88	0.032
3SLS	11.39	0.003	9.47	0.009
F(2,369)				
2SLS	4.85	0.008	3.78	0.024

---

[1] 人们想对一致的估计量和不一致但有效的估计量进行比较,因此豪斯曼的论文和统计应运而生,这包括很多重要情况,并不仅限于内生性和工具变量估计的情况。

H 检验统计计算中的变化来源于人们对 s_u^2 估计值的选择。第一种选择是 OLS 的估算标准误差,该观点由杜宾提出;第二种选择是工具变量估算;第三种就是使用 S 中每一个估计值①。这三种方法的比率渐进相等,不过在有限样本中却并不相等。鲍姆等人认为应该选择 OLS 预估,因为这个预估效率最高。

戴维森(Davidson)、麦金农(Mackinnon)和格林都描述过一种更为简便的方法来计算工具变量预估情况下的内生性。回顾式(16)中估计方程式 $y_m = X_m\beta_m + Y_m\gamma_m + U_m$,此处估计方程式为

$$y_m = X_m\beta_m + Y_m y_m + \hat{Y}_m a + U_m。 \tag{25}$$

吴(Wu 1973)、戴维森和麦金农(Mackinnon 1993)认为:为零假设 $H_o : a = 0$ 的传统的 F 检验渐进地等于上述的 DWH 检验。F 统计包含 M_m 和 $(n - K_m - 2 * M_m)$ 的自由度,其中 K_m 代表外生变量数量,M_m 代表内生变量数量。不过,在有限样本中,F 统计和 Hx^2 统计中的 P 值不一样。

表 17.7 呈现了表 17.2 所示的 2SLS 等式的 $DWHX^2$ 和 F 统计以及表 17.5 中 3SLS 等式的 χ^2 统计。采用 OLS 方法估算 s_u^2 从而得出 χ^2 的数据。显然,所有的结果都排斥零假设,这假设认为一般情况下,OLS 与工具变量是渐近相等的,但是它要比后者效率高。【428】这就意味着工具变量估计量可能比 *Dev* 和 *Marg*(有偏差且效率不高,但一致性强)结合的估计量更"准确"。3SLS 估计的 DWH 统计量要比 2SLS 估计得大,这是预期中的结果,原因是这些估计与 *Dev* 和 *Marg* 中的关系不一样,OLS 估计和 2SLS 估计有许多不同之处。在这个特例中,F 检验中的 P 值要比 DWH 中的值小得多。这两种检验都排斥零假设,不过,DHW 检验可能比 F 检验更保守些。斯泰格尔(Staiger)和斯托克(Stock 1997,568)认为,使用 OLS 估算 s_u^2 的 DWH 检验要比其他检验更有说服力,如果怀疑其他工具变量不妨试试这种方法。似乎没有研究提到 χ^2 和 F 检验的对比,可能是因为豪斯曼证明过前者应用于许多重要的评估研究。

6. 结语

不断需要使用观测数据常常会引起 RHS 变量内生性问题,从而引起这些变量与方程随机项之间的协方差问题,这违反了 OLS 或 GLS 估计量的关键条件。对于实证社会科学研究人员来说,这已经是并会持续是一个令人生畏的问题。有人希望在这里讨论

---

① 如果选择第三种方法,那么渐近方差和协方差矩阵的差异可能不是正定的,这时计算要使用一般逆矩阵。

的工具变量和相关的估计量可以构成一种合理且充分的补救措施（例子参阅
Goldberger and Duncan,1973）。尽管存在渐进性,但是将实际数据与适合工具变量条件
相匹配的难度以及估计值潜在的小样本偏差打击了一些人的乐观性和积极性。这些担
忧已经被各种研究所证实,研究表明即使使用非常大的数据集,工具变量估计的缺陷也
不会消除这些担忧（Bound,Jaeger,and Baker 1995）。

　　有关工具变量估计量的稳定性和可靠性的充分理由正在引导一些研究人员开展遵
循实验范式且具有创意的研究（实验参阅 Kinder and Palfrey 1993;以及 Druckman 等人
2006）。以鲁宾（Rubin）和罗森鲍姆（Rosenbaum）等统计学家的研究为基础,通过观察
研究中匹配主体,模拟处理和控制组实验条件,人们对使用这样的方法来发展技术有着
很大的兴趣（参阅 Rosenbaum 2001,Arceneaux,Gerber,Green 2006 对匹配方法的批判）。
希望这些努力可以避免或至少减少可能内生性偏差,因而有助于因果论证检验取得更
好的结果。在更广泛的背景下,人们只能赞扬和鼓励方法学家为了提高生成和分析数
据的能力所做的工作。

【429】　　然而,这不是将一种方法替换为另一种方法的情况。政治科学研究人员不能接受
其他方法,这个重要的实质性问题将继续存在。回顾本章开头的例子,关于国家间竞
争、机构对经济绩效影响或竞选支出后果的提议都不太可能在实验室完成,还需要检查
在控制良好的实验室环境中所获得的结果如何应用于非实验室的政治环境。因此,在
许多情况下,我们的实证证据将继续成为典型的观察性研究,且充满内生性问题。由于
对特定方法的保留,我们最好在这些研究和数据的背景下使用和改进这些方法,而不是
停止分析这些数据和问题。这肯定会促进计量经济学领域正在进行的研究,从而更好
地了解工具变量估计量的性质,更好地开发和使用有助于判断统计结果的诊断方法,并
且鼓励对这些更新的统计数据进行报告。

参考文献

Acemoglu,D.(2005).Constitutions,politics,and economics:a review essay on persson and Tabellini's
　　The economic Effects of Constitutions.*Journal of Economic Literature*,43(4),1025–1048.

Achen,C.H.(1978).Measuring representation.*American Journal of Political Science*,22(3),475–510.

——1986. *The Statistical Analysis of Quasi-Experiments*.Berkeley:University of California Press.

——1988. Proxy variables and incorrect signs on regression coefficients. *Political Methodology*, 11
　　(3/4),299–316.

Arceneaux,K.,Gerber, A.S.,& Green, D.P. (2006).Comparing experimental and matching methods
　　using a large-scale vote mobilization experiment.*Political Analysis*,14(1),37–62.

Barone, M., Unfusa, G., and Matthews, D. 1979. *Almanac of American Politics*. New York: E.P.Dutton.

Bartels, L. M. (1991). Instrumental and quasi-instrumental variables. *American Journal of Political Science*, 35(3), 777-800.

——and Brady, H.E. 1993. The state of quantitative political methodology. In *Political Science: The State of the Discipline*. Ed. A.Finifter. Washington. DC: American Political Science Association.

Basmann, R.L. (1960). On finite sample distributions of generalized classical linear identifiability test statistics. *Publications of the American Statistical Association*, 55(292), 650-659.

Baum, C.F., Schaffer, M.E., & Stillman, S. (2002). Instrumental variables and GMM: Estimation and testing. *United Kingdom Stata Users' Group Meetings*. Stata Users Group.

Bekker, P.A. (1994). Alternative approximations to the distributions of instrumental variable estimators. *Econometrica*, 62(3), 657-681.

Berinsky, A. (1999). The two faces of public opinion. *American Journal of Political Science*, 43(4), 1209-1230.

Bound, J., Jaeger, D.A., & Baker, R.M. (1995). Problems with instrumental variables estimation when the correlations between the instruments and the endogeneous explanatory variable is weak. *Publications of the American Statistical Association*, 90(430), 443-450.

Brady, H. (1988). The perils of survey research: inter-personally incomparable responses. *Political Methodology*, 11(3/4), 269-291.

Brundy, J., Jorgenson, D. (1971). Consistent and efficient estimation of simultaneous equation systems by means of instrumental variables. Review of Economics and Statistics, 53:207-224.

Davidson, R., and MacKinnon. J.G. 1993. Estimation and Inference in Econometrics. New York: Oxford University Press.

Dixon, W.J. (1986). Reciprocity in united states-soviet relations: multiple symmetry or issue linkage. *American Journal of Political Science*, 30(2), 421-445.

Donald, S.G., & Newey, W.K. (2001). Choosing the number of instruments. *Econometrica*, 69(5), 1161-1191.

Druckman, James, N., Donald, P., Kuklinski, James, H., & LUPIA, et al. (2006). The growth and development of experimental research in political science. *American Political Science Review*, 100(4), 627-637.

Durbin, J. (1954). Errors in variables. *Revue De Linstitut International De Statistique*, 22(1/3), 23-32.

Fisher, F.M. (1966). *The identification problem in econometrics*. New York: McGraw-Hill.

Freedman. D., Pisani. R., and Purves. R. 1998. *Statistics*. 3rd edn. New York: W.W.Norton.

Godfrey, L. G. (1999). Instrument relevance in multivariate linear models. *Review of Economics & Statistics*, 81(3), 550-552.

Goldberger. A.S. 1973. Efficient estimation in overidentified models. Pp. 131-52 in *Structural Equation Models in the Social Sciences*. ed. A.S.Goldberger and O.D.Duncan. New York: Seminar Press.

——and Duncan, O. D. (1973). *Structural equation models in the social sciences*. New York: Seminar

Press.

Goldfeld, S.M., & Quandt, R.E. (1972). *Nonlinear Methods in Econometrics*. Amsterdam: Worth-Holland.

Greene, W.H. 2003. *Econometric analysis*. 5th edn. Upper Saddle River, NJ: Prentice Hall.

Hahn, J., & Hausman, J. (2002). A new specification test for the validity of instrumental variables. *Econometrica*, 70(1), 163–189.

Hansen, C., Hausman, J., & Newey, W. (2006). Estimation with many instrumental variables. Xerox. Dept. of *Economic Statistics*, *MIT*.

Hausman, J.A. (1978). Specification tests in econometrics. *Econometrica*, 46(6), 1251–1271.

Jackson, J.E. (1993). Attitudes, no opinions, and guesses. *Political Analysis*, 5(1), 39–60.

——1996. Political methodology: an overview. In *New Handbook of Political Science*. ed. R. Goodin and H.-D. Klingemann. Oxford: Oxford University Press.

——and King, D.C. 1989. Public goods, private interests, and representation. *American Political Science Review*, 83:43–64.

Jacobson, G.C. (1978). The effects of campaign spending in congressional elections. *American Political Science Review*, 72(2), 469–491.

Jöreskog, K. (1973). A general method for estimating a linear structural equation system. In *Structural Equation Models in the Social Sciences*, ed. A.S. Goldberger and O.D. Duncan. New York: Seminar Press.

Jorgenson, D.W., & Laffont, J.K. (1974). Efficient estimation of nonlinear simultaneous equations with additive disturbances. *Nber Chapters*, 3(4), 615–640.

Judge, G., Hill, G.R.C., Griffiths, W.E., Lütkepohl, H., and Lee, T.-C. (1998). *Introduction to the theory and practice of econometrics*. New York: John Wiley.

Kelejan, H.H. 1971. Two stage least squares and econometric systems linear in the parameters but nonlinear in the endogenous variables. *Journal of the American Statistical Association*, 66:373–4.

King, G. (1989). Unifying Political Methodology. University of Michigan Press.

——1991. On political methodology. Political *Analysis*. 2:1–29.

Kingdon, J.W. (1981). Congressmen's Voting Decisions. Congressmen's voting decisions. Harper & Row.

Nakamura, A., & Nakamura, M. (1981). On the relationships among several specification error tests presented by durbin, wu, and hausman. *Econometrica*, 49(6), 1583–1588.

Newey, W.K. (1990). Efficient instrumental variables estimation of nonlinear models. *Econometrica*, 58(4), 809–837.

Persson. T., and Tabellini, G. 2003. *The Economic Effects of Constitutions*. Cambridge. Mass.: MIT Press.

Rosenbaum. P.R. 2002. Observational studies: overview. Pp. 10810–15 in *International Encyclopcdia of the Social and Behavioral Science*. ed. N. Smelser and P. Baltes. New York: Elsevier.

Sargan, J.D. (1958). The estimation of economic relationships using instrumental variables. *Econometrica*, 26(3), 393–415.

Shea, L. (1999). Instrument relevance in multivariate linear models: a simple measure. *Review of Economics & Statistics*, 79, 348–552.

Staiger, D., & Stock, J.H. (1994). Instrumental variables regression with weak instruments. *Nber Technical Working Papers*, 65(3), 557-586.

Wooldridge, J.M. (2003). *Econometric Analysis of Cross Section and Panel Data*. Cambridge, Mass.: MIT Press.

Wu, D.-M. (1974). Alternative tests of independence between stochastic regressors and disturbances. *Econometrica*, 41: 733-50.

Zellner, A. (1962). An efficient method of estimating seemingly unrelated regressions and tests for aggregation bias. Journal of the *American Statistical Association*, 57(298), 348-368.

——and Theil, H. (1992). Three-Stage least squares: simultaneous estimation of simultaneous equations. *Econometrica*. 30: 54-78.

第十八章　结构方程模型

肯尼斯·A.博伦(Kenneth A.Bollen),

索菲亚·拉贝-赫斯基(Sophia Rabe-Hesketh),

安德斯·斯科隆多(Anders Skrondal)

1918 年,生物统计学家休厄尔·赖特(Sewall Wright)发表了一篇论文,文中使用"路径分析"这一新兴技术来检测兔骨的大小。赖特众多著述中,该篇是首次以路径分析作为研究方法的论文。这也标志着统计建模的诞生,这一模型现已演变成我们所熟知的结构方程模型(SEM)、协方差结构模型、路径分析法以及潜变量模型等。本文我们将沿用第一个术语——结构方程模型——来指代这类模型,但是读者应知其他术语有时也会用来描述这一模型。

结构方程模型有几个特点。一是结构方程模型通常含有多个方程,每个方程都包含一个或者多个解释变量。通过解释变量的假设来影响"因变量"或左侧内生变量。解释变量可以是外生变量、先定变量抑或是内生变量。此外,多元指标与潜变量也可代入结构方程模型之中。这便促使人们去研究代表政治学概念的潜变量(latent variable)与测量这些潜变量过程中出现的测量误差建模之间的关系。潜变量通常被认定为研究假设中的一部分,但也可是数据集之中无法进行直接测量的变量(Bollen 2002)。国家的自由民主、组织的社会资本或者个人的政治效能等,它们都是潜变量不能进行完全测量的最好佐证。在结构方程模型的最一般形式下,变量可有很多种类型(例如,连续变量、计数变量、序列变量、名义变量、二分变量)。最后,被广泛应用在社科领域的统计学模型都是最普遍的结构方程模型中的特例,由此可见结构方程的价值。结构方程模型衍生出多元回归分析、方差分析、联立方程模型、因子分析法、增长曲线模型、Probit回归等,在此过程中,这些被广泛运用的分析手段中包含的限制性假设得到了凸显。

这一章,我们将回顾一些在具有连续性特征的潜变量与可观测变量情况下的典型结构方程模型及其最新发展,包括分类变量、计数变量、其他非连续变量以及多层次结构方程建模。

1. 带有连续变量的结构方程模型

在这一节中我们只讨论潜变量与可观测变量都具有(或几乎是)连续性特征的情形。在这典型题设下,初始结构方程模型得到了发展从而树立了一个良好的起始点。在章末,我们将扩展分析非连续可观测变量。而下一节将描述模型的规范、假设与符号(notation)。紧接着是分析内隐矩量、模型鉴别与估计、模型拟合及模型的重新识别。

1.1　模型规范和假设

政治分析人员使用任意一种符号来表示结构方程模型。在替代符号选择中主要权衡的是研究者运用包含诸多零矩的极个别大矩阵还是包含较少零矩的多个矩阵。我们通过使用改良版的约斯考哥与瑟邦(1993)线性结构关系模式(LISREL)符号[1]诠释了较少零矩的多个矩阵类的模型。这个场域内最常使用的符号,便于辨别潜变量模型与测量模型。潜变量模型(有时又称"结构模型")是指:

$$\eta_i = \alpha_\eta + B_{\eta i} \Gamma \xi_i + \zeta_i \tag{1}$$

其中 η_i 是单位 i 潜在内生变量的向量,α_η 是方程的截距向量,B 是造成潜在内生变量间相互影响的系数矩阵。ξ_i 为潜在外生变量向量,Γ 则是造成潜在外生变量影响潜在内生变量的系数矩阵,ζ_i 为随机扰动项。下标 i 是示例中第 i 个案例。我们假设 $E(\zeta_i)=0, COV(\xi_i', \zeta_i)=0$,则 $(I-B)$ 结果可逆。外生变量是指在模型中无法解释并与系统中所有随机扰动项均不相关的变量。而内生变量直接受系统中其他变量影响而非其随机扰动项。两种协方差矩阵构成了潜变量模型的一部分:Φ 外生潜变量(ξ)的协方差矩阵与 Ψ 方程扰动(ζ)协方差矩阵。ξ 的意义便是 μ_ξ。【434】

测量模型连接了潜变量与观测所得的结果(观测指标)。此处有两组方程:

$$y_i = \alpha_y + \wedge_y \eta_i + \epsilon_i \tag{2}$$
$$x_i = \alpha_x + \wedge_x \xi_i + \delta_i \tag{3}$$

y_i 向量和 x_i 向量分别是 η_i 和 ξ_i 的观测指标时,对应地,α_y 和 α_x 是截距向量,Λy 和 Λx 是因子负荷矩阵或回归系数矩阵并造成了潜变量 η_i 和 ξ_i 对于 y_i 和 x_i 的影响,因而 ϵ_i

---

① 截距符号是稍加修改的 LISREL 符号,该符号使 SEM 模型保持在 as 状态。

和 δ_i 分别成为 y_i 和 x_i 的单一因子。我们假设单一因子(ϵ_i 和 δ_i)预期是零价值,则相应地 $\Theta\epsilon$ 协方差矩阵和 Θ_δ 协方差矩阵彼此无关,与 ζ_i 和 ξ_i 也无关。

图 18.1 的结构方程模型实例路径图中,包含了三个潜变量及 11 个观测指标(见 Bollen 1989,第 11—20 页)。路径图可对方程组进行图形展示。路径图符号中,观测变量在方框中,而潜变量则在圆圈中。单向箭头表示箭头底部的变量对箭头头部的影响。双向弯曲箭头表示相互连接的变量之间的协方差。

数据中用国家作为分析单位,但是此处我们忽略下标 i 不计。三个潜变量分别是 1960 年的国家自由民主水平(η_1)、1965 年的国家自由民主水平(η_2)以及 1960 年的工业化(ξ_1)。代入上面的潜变量方程,得

$$\eta = \alpha_\eta + B_\eta + \Gamma\xi + \zeta$$

$$\begin{bmatrix} \eta_1 \\ \eta_2 \end{bmatrix} = \begin{bmatrix} \alpha_{\eta 1} \\ \alpha_{\eta 2} \end{bmatrix} + \begin{bmatrix} 0 & 0 \\ \beta_{21} & 0 \end{bmatrix} \begin{bmatrix} \eta_1 \\ \eta_2 \end{bmatrix} + \begin{bmatrix} \gamma_{11} \\ \gamma_{21} \end{bmatrix} [\xi_1] + \begin{bmatrix} \zeta_1 \\ \zeta_2 \end{bmatrix} \tag{4}$$

该方程及其假设相当于路径图中所表示的模型。该协方差矩阵为:

$$\Phi = [\Phi_{11}] \quad \psi = \begin{bmatrix} \psi_{11} & 0 \\ 0 & \psi_{22} \end{bmatrix} \tag{5}$$

模型第二部分为测量模型。自由民主的指标由新闻自由程度(1960 年的 y_1,1965 年的 y_5),反对党自由度(y_2, y_6),选举公正度(y_3, y_7),以及选举立法政体效力(y_4, y_8)所表示。1960 年工业化的指标由人均国民生产总值对数(x_1),人均非生命能源消耗(x_2),以及工业劳动力比率(x_3)表示。

【435】 x 变量的测量模型为:

$$x = \alpha_x + \Lambda_x\xi + \delta$$

$$\begin{bmatrix} x_1 \\ x_2 \\ x_3 \end{bmatrix} = \begin{bmatrix} 0 \\ \alpha_{x_2} \\ \alpha_{x_3} \end{bmatrix} + \begin{bmatrix} 1 \\ \gamma_{x_{21}} \\ \gamma_{x_{31}} \end{bmatrix} [\xi_1] + \begin{bmatrix} \delta_1 \\ \delta_2 \\ \delta_3 \end{bmatrix} \tag{6}$$

以及一个具有独特因素的协方差矩阵:

$$\Theta_\delta = \begin{bmatrix} \Theta_{\delta_{11}} & 0 & 0 \\ 0 & \Theta_{\delta_{22}} & 0 \\ 0 & 0 & \Theta_{\delta_{33}} \end{bmatrix} \tag{7}$$

【436】 y 的测量方程与上述 x 的相似,但更多变,因为涉及八个指标。同时,独特因素(ϵ)的协方差矩阵, $\Theta\epsilon$,为 8×8,即用非零非对角因素的不完全因子分解(例如(5,1),(6,2),(7,3)等等)表现路径图中部分独特因素的协方差矩阵。

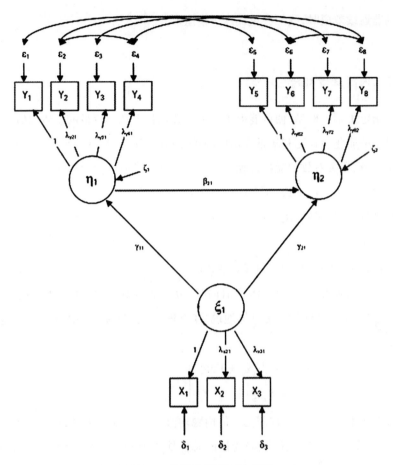

图 18.1 结构方程模型路径图

1.1.1 外生性 x 型模型

当外生观测协变量无测量误差（或偏差可忽略不计）时，正态模型中的这一特殊形式便派上用场。这一情景下，x 变量的测量模型由 $x = \alpha_x + \Lambda_x\xi + \delta$ 变为 $x = \xi$，此时的潜变量（结构）模型为：

$$\eta = \alpha\eta + B\eta + \Gamma x + \zeta \tag{8}$$

这一模型中，我们应考虑到两种情况。一种是当变量 x 为固定的、非随机变量时，另一种是当 x 由随机变量组成时。任一种情况下，如果在条件分布中，$y \mid x$，是多元正态变量，那么只要我们不作出有关参数 X 的分布特征的推论，x 的分布或者固定值就会处于对应的模型参数估计值范围内。[①] 谈及下面这一模型的充分信息估计，y 的分布假设是以 x 的值为条件的，比起假设 y 和 x 无条件多元正态分布少了很多限制性假设。

---

① 同时假设对于 x 分布的参数没有参数限制。

当讨论到非连续效应时,我们会重提这一模型形式。①

1.2 内隐矩量矩阵

一旦指定了某一模型,便可能得出其中参数函数里观测变量的总体均值、方差和协方差。模型的简化模式更利于推导出内隐矩量矩阵,简化形式中,每个内生变量都是只含有外生变量、相关系数和随机扰动项的函数。潜在模型的简化形式为:

$$\eta_i = (I - B)^{-1}(\alpha_\eta + \Gamma\xi_i + \zeta_i) \tag{9}$$

x_i 的测量模型已是简化形式。

y_i 的简化方程为:

$$y_i = \alpha_y + \Lambda_y (I - B)^{-1}(\alpha_\eta + \Gamma \xi_i + \zeta_i) \tag{10}$$

【437】 将 μ 定义为观测变量的总体均值向量、θ 为模型中含参向量,模型参数的函数 $\mu(\theta)$ 为总体内隐均值向量。更具体地说,在方程(1)、(2)和(3)中的模型里,总体内隐均值向量为:

$$\mu(\theta) = \begin{bmatrix} \alpha_y + \Lambda_y (I - B)^{-1}(\alpha_\eta + \Gamma u\xi) \\ \alpha_x + \Lambda_x u\xi \end{bmatrix} \tag{11}$$

等号右边上面一行中的向量为 y 的内隐均值向量,下面一行为 x 的内隐均值向量。

同样地,设 Σ 为协方差已观测变量的总体协方差矩阵,设 $\Sigma(\theta)$ 为内隐协方差结构,即参数函数。内隐协方差矩阵较之于一般模型而言相当复杂,因此我们将矩阵划分为 y、x 和 y 与 x 三种内隐协方差:

$$\Sigma(\theta) = \begin{bmatrix} \Sigma yy(\theta) \ \Sigma yx(\theta) \\ \Sigma xy(\theta) \ \Sigma xx(\theta) \end{bmatrix} \tag{12}$$

这三种内隐协方差矩阵为:

$$\Sigma xx(\theta) = \Lambda x\Phi\Lambda'x + \Theta_\delta \tag{13}$$

$$\Sigma xy(\theta) = \Lambda x\Phi\Gamma' (I - B)^{-1}\Lambda'_y \tag{14}$$

$$\Sigma yy(\theta) = \Lambda y (I - B)^{-1}(\Gamma\Phi\Gamma' + \Psi) (I - B)^{-1}\Lambda'y + \Theta_\epsilon \tag{15}$$

这几个方程表示了已观测变量在作为模型参数函数时的方差与协方差。这些方程非常常见。我们在任意结构方程模型中都能够找到内隐协方差矩阵。只需用特殊矩阵

---

① 为使元素 η 为外生潜变量,这些元素应全经由 Γ 矩阵回归到全部观测外生变量上。相当于回归观测外生变量和潜在外生变量进行分析的元素 Γ,不应被视为结构系数,而应视为能捕捉到已观测外生变量与潜在外生变量之间线性关系的辅助回归。

替代特定模型来表达这些等式。例如,图 18.1 这一例中 x 变量内隐协方差矩阵为:

$$\Sigma xx(\theta) = \Lambda x \Phi \Lambda'_x + \Theta_\delta$$

$$= \begin{bmatrix} 1 \\ \lambda_{x_{21}} \\ \lambda_{x_{31}} \end{bmatrix} [\Phi 11] [1\lambda_{x_{21}}\lambda_{x_{31}}] + \begin{bmatrix} \Theta_{\delta_{11}} & 0 & 0 \\ 0 & \Theta_{\delta_{22}} & 0 \\ 0 & 0 & \Theta_{\delta_{33}} \end{bmatrix} \quad (16)$$

内隐均向量为:

$$\mu_x(\theta) = \alpha_x + \Lambda_{x\mu\xi} \quad (17)$$

$$= \begin{bmatrix} 0 \\ \alpha_{x_2} \\ \alpha_{x_3} \end{bmatrix} + \begin{bmatrix} 1 \\ \lambda_{x_{21}} \\ \lambda_{x_{31}} \end{bmatrix} [\mu_{\xi_1}] \quad (18)$$

若模型规范有效,则下面的均值和协方差结构保持不变:

$$\mu = \mu(\theta) \quad (19)$$

$$\Sigma = \Sigma(\theta) \quad (20)$$

换言之,总体均值、方差、协方差与它们在模型参数中内隐值之间应准确匹配。 【438】

这些内隐矩量有助于估计和评估模型的拟合度,同时对于建立模型鉴别也颇有帮助,这便是我们接下来要讨论的话题。

1.3 模型鉴别

能否估计某一结构方程模型中所有参数的唯一值事关模型的鉴别。如果该值可估,这一模型就是可识别的,反之亦然。当要判断一个多方程模型时,调查识别就变得极具挑战,若该模型结合了潜变量和测量误差,则更为棘手。若模型中的某一参数无法识别,该模型中与统计数据相一致的参数会有两个或两个以上的值,那么即使总体数据可知,研究人员也无法仅凭经验选择。因此,了解模型的鉴别状态对于更好地测量和阐释一个模型来说很重要。在一般情况下,已观测变量的均值(μ)、方差以及协方差(Σ)是模型中所有实际观测变量的可识别参数。在最常见的情况下,鉴别问题在于模型参数(比如因子载荷、回归系数、潜变量方差)是否可以被记作这些观测变量已知可鉴别的均值、方差或协方差的唯一函数。如果结果是肯定的,那么参数和模型均可确定;如果不是,那么即使部分方程或独立参数可鉴别,模型依旧无法鉴别。比如,若结果表明,某一潜变量至少有三个只负荷在潜变量的指标,则没有相关的唯一因子,而一个指标的因子载荷被设为一个值以测量潜变量时,那么该部分模型可鉴别(Bollen 1989,

第241—242页）。或当已观测变量的模型是完全递归的，以至于模型没有与方程有关的误差并且系统中没有回馈效应，则该模型可鉴别（Bollen 1989，第95—98页）。关于模型鉴别还有其他规则以适用于联立方程组、因子分析或具有潜变量的一般结构方程模型。比如，联立方程的等级和序列条件（Fisher 1966），为应对因子分析模型中单因素或相关独特因子所具有的复杂性特征，所以使用 FC_1 规则（Davis 1993），以及一般结构方程模型的"两步法"（Bollen 1989，第328—333页）。但是没有任何规则能涵盖所有可能存在的结构方程模型。在大多数结构方程模型分析软件中，都有检验局部识别的经验，这些检验根据模型参数估计的估计信息矩阵的奇异性进行检验。局部检验测试虽能涵盖一般情况，但并不能检测出未鉴别模型的全局（Bollen 1989，第246—251页）。

【439】 图18.1一例中的工业化和政治民主，我们可以使用两步法予以鉴别。第一步，将模型转换为具有三个相关因子的因子分析模型，那么，潜变量间的结构联系被替换为因子分析模型中的协方差。采用戴维斯（1993）的 FC_1 规则，我们可以鉴别其为因子分析模型，这就完成了第一步。将注意力转移到潜变量模型中，并将其视为一个可观测变量模型，该模型的这一方面将通过递归规则来确定。这就完成了第二步，从而确定了图18.1模型。

一旦完成了模型鉴别，我们就可以开始模型估计了。

1.4 模型估计

对于存在的结构方程模型估计有两大类：充分信息估计和有限信息估计。充分信息估计大量应用于 SEM 软件中，我们通常会先考虑这种估量方式。

1.4.1 充分信息估计

充分信息估计是根据模型中的完整方程组所得参数选择估计量的估计方式。它是系统中所有关系的充分信息，包括协方差、方差以及外生变量均值、随机扰动项均值在内都在预测过程中起作用。充分信息估计值有许多，但最大似然（ML）估计值却占据主导地位。结构方程模型中，最大似然拟合函数为

$$F_{ML} = \ln|\Sigma(\theta)| - \ln|S| + \text{tr}[\Sigma^{-1}(\theta)S] - Pz + (\bar{z} - \mu(\theta))'\Sigma^{-1}(\theta)(\bar{z} - \mu(\theta))$$

$$(21)$$

其中 S 为样本协方差矩阵，$\bar{z}$ 为已观测变量的样本均值向量（$\bar{y}$ & $\bar{x}$ 均在一个向量内），Pz 表示已观测变量的数量，"ln"为自然对数，$|\cdot|$ 为行列式，"tr"为矩阵迹。ML 估计值，$\hat{\theta}$，被选来最小化 F_{ML} 函数。如所有的 ML 估计值一样，$\hat{\theta}$ 被赋予些许期望性质。它是一致的、渐近无偏的、渐近有效的、渐近正态分布的，而 $\hat{\theta}$ 的渐近协方差阵则逆

于期望信息矩阵。

最大似然估计的经典推导中,假设所有已观测变量都呈多元正态分布。然而,各项研究表明,在限制条件较少的假设中,这种估计值保持不变。比如,即使已观测变量是从没有多变量峰度的连续分布中选取的,最大似然估计性质仍然成立(例如 Browne 1984)。或者,如果模型符合方程(8),并且有外生观测变量,那么只有已观测变量 y 的条件分布呈多元正态分布(Jöreskog 1973)。[1] 此外,相关稳健性研究提供的条件是,基【440】于最大似然估计的显著性检验即使在上述条件非恒定时也能维持其理想的渐近性(例:Satorra 1990)。最后,还有自助法(例如 Bollen and Stine 1990;1993)和校正显著性检验(例如 Arminger and Schoenberg 1989;Satorra and Bentler 1994),这两种方法使得显著性检验即使在自助法失败的条件下也能顺利进行。这些关于显著性检验的观点是有些人错误地认为结构方程模型估计值严重依赖多元正态性,而对显著性检验产生误解。

结构性设定误差带来的后果比使用最大似然估计或充分信息估计时出现误差要严重得多。问题在于一个方程中特定的错误能使得另一个正确设定的方程中参数的最大似然估计产生偏差。这是由于估计值的充分信息性质,其中参数估计值使用整个系统中的信息进行估计。这一点适用于精确设定的方程组之中,事实上,这个系统方法正是最大似然估计的渐近效率的部分成因。但另一方面,系统中某一部分的错误可以通过其他部分传播。考虑到模型中至少存在一些结构性错误的可能性很大,这便成了充分信息估计的一个缺点。

接下来我们讨论有限信息估计。

1.4.2 有限信息估计

顾名思义,有限信息估计不是基于完整的方程组进行估计的。相反,他们倾向于用逐个方程定向来估计。有限信息估计在包含潜变量的 SEM 模式中并不常用。马丹斯基(1964)在早期论文中著述到,有限信息工具变量(IV)估计在不相关的唯一因素的因子分析模型中是可能的。海格兰德(1982)和约斯考哥(1983)进一步发展了不相关唯一因子的因子分析。最近,博伦(1996;2001)已从两阶段最小二乘估计量(2SLS)组发展出适用于包括相关唯一因子或误差在内的充分潜变量结构方程模型。

对这一 2SLS 估计的主要需求是让每个潜变量都具有如下刻度指标(scaling indicator)

$$y_{1i} = \eta_i + \epsilon_i \tag{22}$$

$$x_{1i} = \xi_i + \delta_i \tag{23}$$

---

[1] x 的正态假设影响较小,因此相同的估计是从(未指明 x 分布的)条件模型和 x 分布被误定为多维正态的无条件模型。只有关于方差、协方差或 x 的均值可能受到影响。

其中 y_{1i} 包含 η_i 的刻度指标，x_{1i} 则包含 ξ_i 的刻度指标。这就意味着 $\eta_i = y_{1i} - \epsilon_i$，$\xi_i = x_{1i} - \delta_i$，而通过代入方程等号右侧的式子我们可以消除方程（1）、（2）、（3）中的潜变量从而得到：

$$y_{1i} = \alpha_\eta + B y_{1i} + \Gamma x_{1i} + \epsilon_{1i} - B \epsilon_{1i} - \Gamma \delta_{1i} + \zeta_i \tag{24}$$

$$y_{2i} = \alpha_{y_2} + \Lambda y_2 y_{1i} - \Lambda y_2 \epsilon_{1i} + \epsilon_{2i} \tag{25}$$

【441】

$$x_{2i} = \alpha_{x_2} + \Lambda x_2 x_{1i} - \Lambda x_2 \delta_{1i} + \delta_{2i} \tag{26}$$

最终结果是由观测变量和复合扰动项组成的方程组。一般来说，该模型中的大多数方程不能一直用最小二乘法（OLS）回归法进行估计，因为复合扰动项中的一个或多个变量与等号右端的变量相对应。我们用一种工具变量（IV）法来考虑这一问题。

通过一个简单的回归方程来大致阐释一下工具变量，$y_{1i} = \alpha_1 + \gamma_{11} x_{1i} + \zeta_{1i}$，其中 $COV(x_{1i}, \zeta_{1i}) \neq 0$。利用 OLS 估计法可导致 γ_{11} 不连续且有偏差的估计量。然而，若另一变量，设为 x_{2i}，与 x_{1i} 之间的关联由弱变强，但却与 ζ_{1i} 无甚关联，那我们可用 x_{1i} 对 x_{2i} 进行回归分析并可组成 $\hat{x}_{1i}$ 的预测值。y_{1i} 对 $\hat{x}_{1i}$ 的 OLS 回归分析可得出一个一致的 γ_{11} 估计量。由此产生的估计量为工具变量估计量，其中 x_{2i} 为工具变量。

回到更为一般的潜变量结构方程模型，研究人员通过从模型中选择的第一个方程继续进行估计。研究人员指出哪些解释变量与复合扰动项有关。然后，选择该模型隐含的工具变量模型。该模型隐含的工具变量（IV）为已观测变量，是模型的一部分，基于模型结构不应与方程的随机扰动项相关，但的确与不确定的解释变量有显著关联。这不同于工具变量的一般方法，工具变量的选择相对有点特别。博伦（1996）在提及 2SLS 潜变量法时讲到，模型是第一位的，符合工具变量条件的已观测变量遵循模型结构。博伦和鲍尔（2004）描述了这样一种算法，该算法发现了针对某一特定模型结构的模型隐含工具变量，研究人员可以通过模型检验来确定这一工具变量。通过方程，工具变量一经确定，便可以施行 2SLS 估计法。估计量是连续的、渐进无偏差的、渐进正态分布的，对系数渐进协方差矩阵的估计也是可以轻易求得的。在估计逐个方程时也是渐进有效的。有关公式和更多技术细节请参见博伦（1996；2001）

1.5 模型拟合

一旦模型估计后，注意力便应转向模型对数据的拟合度。模型拟合主要由两部分组成。第一部分主要涉及模型的整体拟合度，第二部分关注模型组成部分的拟合度。正如这些术语所示的，总体拟合度是将模型作为一个整体来描述的概要度量；部分拟合度则是评估模型各部分的拟合度。

当我们使用最大似然法和其他充分信息估计时,通常可求得卡方检验的整体拟合度。比如,就最大似然估计这一检验统计量而言,T_{ML},它的式子为 $(N-1)F_{ML}$,其中 【442】 F_{ML} 在对参数最终评估($\hat{\theta}$)时进行估计。若对最大似然估计值的假设成立,T_{ML} 将遵循渐进卡方分布与 $df = \left(\dfrac{1}{2}\right) Pz(Pz+3) - t$ 自由度,Pz 表示已观测变量的数量,t 表示估计模型的自由参数数量。这一卡方检验的元假设是 $Ho : \mu = \mu(\theta)\,\&\,\Sigma = \Sigma(\theta)$。统计上显著的检验统计量使人们对隐含的矩量结构和产生它的模型产生怀疑。一个非显著性检验统计与模型结构一致。

实际上,$Ho : \mu = \mu(\theta)\,\&\,\Sigma = \Sigma(\theta)$,对大多数模型而言过于严格,因为这一检验中不能出现一个极小的设定误差,因此在有足够的统计能力的情况下(比如大样本 N 的情况下),元假设几乎都是不成立的。这就产生了各种各样用以补充卡方检验的拟合指数。其他拟合指数的原理、公式和相关讨论可以参见博伦和朗(1993)那一章或者胡与本特勒(1998)的章节。眼下主要是讨论用以评估模型整体拟合度的卡方检验、自由度、假定值连同其他几个拟合指数。

模型的部分拟合度有时会给整体拟合带来不同的影响,因而不能忽略不计。部分拟合度包括错解(比如负方差估量、相关性大于 1)、确定符号与系数、方差、协方差及相关性大小的合理性,判断每个内生变量的决定系数是否足够高,并评估其余参数的估计是否有意义。比如,当一个负方差估计值远高于它的估计标准误差时,即使模型整体拟合度达到标准,模型结构也是不合理的。另一种部分拟合度测量法适用于每个采纳 2SLS 估计的已鉴别方程,以测试应用于方程中的所有工具变量与随机扰动项是否都彼此无关,这对于选择适当的工具变量是必要的(Bollen 1996)。无效假设的拒绝表明一个或多个工具变量与随机扰动项相关。因为这些是隐含模型的工具变量,拒绝意味着这些工具变量所属的模型结构识别错误并亟待修正。

如果模型的整体拟合度或者部分拟合度被判定为不合适,那么这意味着模型需要重新设定。

1.6　重新设定

重新设定指的是对初始模型的修改。修改范围可以从小(比如引入次级路径)到大(比如改变潜变量数乃至变量间的关系)。理想情况下,这些变化将以研究人员的专业知识为指导。对于一个研究人员来说,选择其他可以描述数据的替代结构是很平常的。替代选择有助于指导修改。也有一些研究人员用来向模型中引入额外参数的经验

【443】 方法。其中最大的充分信息估计量为拉格朗日乘数（"修正指数"）检验统计量,检验统计量是通过在模型中释放先前固定参数而产生卡方检验统计量减少的估计值。依赖于修正指数会导致无意义参数的生成并使真实生成模型的恢复变困难（详参 MacCallum 1986）。修正指数在与实用技术相结合时才能发挥最大效益。其他检测工具包括协方差残差分析（例如 Costner and Schoenberg 1973）和个案诊断法（例如 Bollen and Arminger 1991;Cadigan 1995）。工具变量的 2SLS 测试中,在最后一部分着重描述了那些可能被错误识别的方程。

基于经验的重新设定使在指定模型中分析更向着探索性分析方法和显著性检验发展,对重新设定的解释也许更加谨慎,因为根据以前的数据分析对模型进行修改,没有被考虑在内。然而,一个指定模型可以为后续研究的新数据打下基础,如此便能估计后续研究是否重复。一般情况下,最好从几个数据相同的貌似合理的模型出发,同时评估和对比他们的拟合度,而不是从一个单一模型开始,后期再去修改。

2. 带有分类和离散响应的结构方程模型

在实践中,潜变量的指标通常是二分或序数的。序数响应的一个常见例子是李克特量表①格式,这一格式下应答者（respondent）在序号类别方面明确表态,比如"强烈反对""不同意""同意"和"完全同意"。二分指标则数目众多（legion）,举例来说,在能力测试中,响应仅会被编为 1（代表正确）或者 0（代表不正确）。

有两种途径可以概括线性回归模型来处理二分或序数应答变量。计量经济学和心理测量学的主要方式是对一个潜在的连续响应 y^* 使用标准的线性模型。在二分案例中,如果 y^* 超过零,已观测的响应 y 值为"1",否则 y 值为"0"。统计和生物统计学的主要方法是记为"1"响应的概率转换指定的线性函数。我们将这两种方法分别称为潜在响应和广义线性模型。这两种公式都可以产生相同的模型,通常是 logit 模型和概率模型。

为了某一特定响应（二分法或序数法）的出现,相同的两个途径被用来概括潜变量
【444】 模型。在结构方程模型中,潜在响应公式占主导地位。相反,项目响应模型（通常用于

---

① 李克特量表是属评分加总式量表最常用的一种,属同一构念的这些项目用加总方式来计分,单独或个别项是无意义的。它是由美国社会心理学家李克特于 1932 年在原有的总加量表基础上改进而成。该量表由一组陈述组成,如每一陈述有"非常同意""同意""不一定""不同意""非常不同意"五种回答,分别记为 5、4、3、2、1,每个被调查者的态度总分就是他对各道题的回答所得分数的加总,这一总分可说明他的态度强弱或他在这一量表上的不同状态。——译者注

能力测试)总是通过广义线性模型公式指定(例如麦伦伯格,1994)。虽然高根吉夫(1987)、德鲁(1987)与巴塞洛缪(1987)曾指出许多模型的两个公式之间具有等价性,其文献仍各成一派。对于分类响应该使用哪一个公式,也因此仅依个人口味。然而,对于其他响应类型,如计数,只能使用广义线性模型公式。

在连续变量的结构方程模型中,可以用路径图来表示,使模型方程与图表一一对应。图表一大特点便是,图表中条件独立性一目了然。利用潜在响应公式可以展现出带有非连续观测变量的相似条件独立关系。这是通过替换路径图中每个带有相应潜在变量不连续响应来实现的。用来反映潜在响应和已观测响应之间关系的阈值模型也可以在路径图中显示,但是为了简化这些数字,我们将省略阈值模型。

2.1　潜在响应公式

当研究对象数据是二分或序数时,考虑一个潜在的连续响应被划分或"分类"到观察到的离散响应是有用的,若反映为二分响应或者序数响应,最好想到一种可以划分出或者可以"归类为"观察模式离散响应的潜在连续响应。h 项在 $s = 0, \cdots, S_h - 1$ 时可能响应类别为 S_h ,表示 i 对 y_{hi} 的响应公式记为:

若 $\kappa_h^s < y_{hi}^* \leq \kappa_h^{s+1}$, $y_{hi} = s$

其中 κ_h^s 为阈值参数, $\kappa_h^0 = -\infty, \kappa_h^{Sh} = \infty$ 。这一潜在响应公式用来说明图18.2中一个响应类别 $S_h = 3$ 的假设项目 h 和 $y_{hi}^* \sim N(v_{hi}, 1)$ 。此处的 v_{hi} 可能是潜在协变量和已观测协变量的某种线性函数。响应概率由带有均值 v_{hi} 和方差 1 的正规密度曲线中的区域得出:

$\Pr(y_{hi} = s \mid v_{hi}) = \Phi(\kappa_h^{s+1} - v_{hi}) - \Phi(\kappa_h^s - v_{hi})$,

其中 $\Phi(.)$ 为标准正态累积分布函数。

响应超过类别 s 时,累积概率则变为:

$$\Pr(y_{hi} > s \mid v_{hi}) = \Phi(v_{hi} - \kappa_h^{s+1}) , \tag{27}$$

序数响应的累积 probit 模型在项目响应理论中又被称为分级响应模型(Samejima 1969)。$S_h = 2$ 状态下的二分项目变为二分常态机率模型,有时又叫做常态肩形模型(通常 $\kappa_h^1 = 0$)。

这一公式的优点在于,对于方程(2)中的同一测量模型,基于已观测的响应 y_i ,连续指标可被列入潜在连续响应 y_i^* 。此处我们将列举一个更普遍的版本,这一版本也能在潜在响应上看到已观测协变量 v_i 的直接效应。

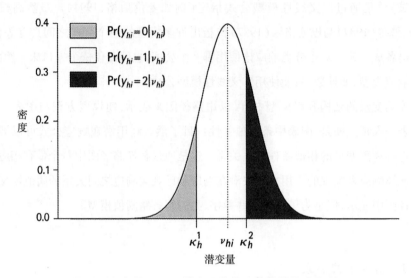

图 18.2　类别 $S_h = 3$ 情况下的有序变量的潜响应方程

$$y_i^* = \underbrace{\alpha_{y*} + \Lambda_{y*} \eta_i + \mathrm{K} v_i}_{v_i} + \epsilon_i,$$

其中 K 为回归系数矩阵。对于结构模型,我们使用方程(8)中引用的"外生 x" 形式。

$$\eta_i = \alpha_\eta + \mathrm{B}_{\eta i} + \Gamma x + \zeta \tag{28}$$

(通过调节)将协变量作为外生变量,不是为它们指定分布的原因而是为了避免不必要的分布假设。不同于多元正态变量 y_i 的情况下,协变量分布的模型误设会对推理产生影响。

通过限制阈值参数 κ_h^s 来平衡检查间隔的限制,同样的方式可以为分组或区间删失连续响应建模,比如收入档次("＄0—10000","＄10001—30000","＄30001—50000"等)。允许单元特定的右删失可以用于离散的持续时间建模,如美国国会的任期年限(例如 Box-Steffensmeier and Jones 2004)。

将元素 ϵ_i 的分布改为逻辑斯谛分布,潜在方应公式也可以用于详述项目响应理论中最常见的 logit 模型。像无序分类响应(比如政党投票)、排名或成对比较(例如候选人或政策)这样的对比响应的建模可以从概念化为效用或效用差异的潜在响应入手(例如 Skrondal and Rabe-Hesketh 2003)。

【446】　2.2　广义线性模型公式

上述分类响应和比较响应的模型也可用广义线性模型表述。此外,该公式可用于其他响应类型,例如没有潜在响应公式的计数。计数是政治科学中的重要响应(例如King 1988)。例如美国每年在联合国安理会的否决票数。

在广义线性模型中,通过一个链接函数 $g(.)$,将指标函数 h 的响应值 y_{hi} 的条件期望与线性预测函数 v_{hi} (关于 x_i 和 η_i 的函数)联系起来。

$$g(\mathrm{E}[y_{hi} \mid v_{hi}]) = v_{hi} \qquad (29)$$

第 1 节讨论的连续响应的线性模型使用一个一致性连接,而二分响应的潜在响应模型可以用一个 probit 连接表示为一个广义线性模型。其他常见的连接是 logit 连接和 log 连接。

广义线性模型的最后一个组成部分是鉴于潜变量和解释变量的响应变量的条件分布。这种分布选自指数分布族,正态分布通常用于连续响应,伯努利分布用于二分响应、泊松分布用于计数。连续分布的替代分布则用的是逆高斯分布和伽马分布。

对于序数响应,则修改广义线性模型公式,使关联函数应用于累积概率而不是期望:

$$g(\mathrm{P}[y_{hi} > s \mid v_{hi}]) = v_{hi} - \kappa_i^{s+1}$$

若 $g(.) = \Phi^{-1}(.)$,为 probit 连接,我们就能得到(27)中给出的模型。然后为响应指定一个多项式分布。

在许多应用中,有必要容纳混合响应类型,以便针对不同的指标使用不同的链接和/或分布。这种灵活性可以产生出灵活多样的模型类型,虽通常被认为其不属于结构方程模型。例子有,带有协变量测量误差的广义线性模型、内生处理模型,以及纵向数据和中止(dropout)的联合模型(例如 Skrondal and Rabe-Hesketh 2004)。

2.3　y^* 的内隐矩量及其鉴别

对于可以使用潜在响应方程的模型而言,模型隐含均值和 $y*$ 的协方差结构类似于第1.2节中所示的连续响应 y 结构。具体地说,模型隐含条件均值和协方差结构,给定 v 和 x,

$$\mu(\theta) = \alpha_{y\cdot} + Kv + \Lambda_{y\cdot}(I-B)^{-1}(\alpha\eta + \Gamma x) \quad 及$$ 【447】

$$\Sigma_{y^*y^*}(\theta) = \Lambda_{y\cdot}(I-B)^{-1}(\Gamma\Phi\Gamma' + \Psi)(I-B)^{-1}\Lambda'^{y^*} + \Theta\in$$

观测响应 y 的矩阵结构通常很难处理。对于连续、多元正态案例的鉴别研究也因此无法完成。另一大难题便是高阶矩也必须被考虑在内,因为一阶矩和二阶矩对于未知参数都不再是充分统计量。因为以上这些原因,鉴别研究实际上通常是依经验进行检查,比如估计信息模型的检验。

多元正态潜在响应 y^* 却是一个例外,因为此处 y^* 的一阶矩、二阶矩不难处理,同时其高阶矩在模型参数中不提供任何信息。若 y^* 无法观测,其均值和方差可为任意值(正如潜变量的均值和方差那般),并只能通过模型参数施加约束而得以鉴别。比如,对于一个序数回应来说,如果至少两个阈值参数被设置为任意常数,则可以确定潜在相应的均值和方差(通常此时 $K_h^1 = 0$ 且 $K_h^2 = 1$)。比起限制阈值,一种更常见的方法便是对截距和方差施加适当的约束(无论是 x 和 v 的总方差 y_h^*,还是 ϵ_h 的方差)。

从理论上讲,由于高阶矩的信息,即使在模型的 probit 版本不成立时,也可以确定带有逻辑符号 ϵ 的 logit 模型。然而,我们建议基于 probit 版本对模型的识别进行考虑,因为高阶矩信息可能不经考验(例:Rabe-Hesketh and Skrondal 2001)。

2.4 估计

对于带有多元正态潜在响应变量的特殊模型(主要是 probit 模型),穆斯恩表示应对 Mplus 软件使用计算有效的有限信息估计法(例如 Muthén 1978;Muthén and Satorra 1996;Muthén and Muthén 2004)。比如考虑到带有二分响应和无观测协变量的结构方程模型的情况。估计则首先通过估计"四分相关性"进行(潜在响应变量之间两两相关)。其次,估计出四分相关的渐进协方差矩阵。最后,估计出结构方程模型参数,用加权最小二乘、拟合隐含模型来估计四分相关(系数)。此处,逆用四分相关的渐进协方差矩阵来作为加权矩阵。该方法提供了适当的渐近标准误差和拟合优度的统计量 χ^2。

虽然这种有限信息方法计算效率很高,但它只能用于 probit 模型,而不适用于 logit 【448】 模型或对数线性模型。此外,该方法目前只可在响应完全随机缺失(MCAR)的前提下,通过列表删除处理缺失数据还是以多重填补法(例如 Rubin 1987)填入缺失值,但这依赖于指定一个适当的填补模型(imputation model)。

因此,最好的方法是完全信息极大似然估计法。不过,最大似然估计法不能基于充分统计进行,比如连续案例中已观测响应的经验协方差矩阵(和可能均值向量)。相反,似然法必须以某种方式"集成"潜变量 η 才能得出。方法虽好但计算能力上的要求包括可实施在混合模型(Rabe-Hesketh and Skrondal 2008)中的自适应高斯求积法(Rabe-Hesketh 等人 2005)或蒙特卡洛积分法(McCulloch 1997)。

通过马尔科夫链蒙特卡洛方法在 BUGS 软件(Spiegelhalter et al. 1996)中的应用,可行性估计得以发展,因而贝叶斯分析法在结构方程模型中的应用越来越多(例:Lee and Song 2003)。实际上,自从模型参数无信息先验分布得以确定,其分析很少真正采用贝叶斯分析法。此时,这种估计算是近似极大似然估计法。

斯科隆多和拉贝-赫斯基(2004)针对带有类别响应、对比响应和离散响应的结构方程模型及其相关模型,提出了估计法的广泛概述。

2.5 应用

政治效能是集政治态度、政治行为和政治参与相关理论的中心构念。坎贝尔、古林和米勒(1954)定义政治效能为:

是指个人政治行为确实或可以对政治进程产生影响……认为政治与社会变革是可能的,并且公民个人可以参与促成这一变化。

此处我们通过 1974 年美国政治行为截面数据的次样本分析政治效能这一项(Barnes 等人 1979),更全面报告可见斯科隆多和拉贝-赫斯基 2004 年所著。该数据分为六个陈述性态度,$h = 1, \cdots, 6$:

1. [nos] 像我这样的人无权谈论政府的所作所为;
2. [vot] 像我这样的人要想谈谈政府运作得如何,只有投票这一种渠道;
3. [com] 有时政治和政府似乎很复杂,像我这样的人不能真正理解发生了什么;
4. [noc] 我不认为政府官员会管我这样的人怎么想;
5. [tou] 一般来说,我们选的那些华盛顿国会议员很快就会失去与人民的联系;　【449】
6. [int] 政党只对人民的选票感兴趣,但对他们的意见不感兴趣。

使用李克特法的形式将响应分为四种有序分类(0:强烈反对,1:不同意,2:同意,3:非常同意)。在随机缺失(MAR)假设下,对 1707 名应答者针对至少一个效能项目的回答以及完全协变量信息进行了分析。

所谓的 NES(全国选举研究)模型假定政治效能有两个维度:一个维度("内部效力")是指"个人的自我认知,即他们能够理解政治,有能力参与投票等政治行为";另一种维度("外部效力"),是指"个人对政治制度的信仰,而不是一个对个人能力的看法"。米勒等人认为一个"独立聚类"模型中,用[nos]、[vot]及[com]用来衡量内部效能,而[noc]、[tou]及[int]用以衡量外部效能。另一种可供选择的模型则是"无约束"模型(Jöreskog 1969),它仅需一组极小的识别限制。这种模式相当于二维探索性因素模型,在某种意义上说,它不过是参数重设。根据似然比检验可知,无约束模型优于独立聚类模型。

所选模型可写为:

$$y_i^* = \bigwedge_{\eta_i} + \epsilon_i, \quad \eta_i \sim N(0, \psi), \quad \epsilon_i \sim N(0, I) \tag{30}$$

其中:

$$\Lambda = \begin{bmatrix} 1 & 0 \\ \lambda_{21} & \lambda_{22} \\ \lambda_{31} & \lambda_{32} \\ \lambda_{41} & \lambda_{42} \\ \lambda_{51} & \lambda_{52} \\ 0 & 1 \end{bmatrix}。$$

在式(30)中,为了确定项目 h 三个阈值 κ_h^1、κ_h^2 和 κ_h^3,我们设 $a_{y*}=0$。虽然所选模型放宽了独立聚类结构,但是(未示出的)估计因素载荷显示潜变量 η_1 和 η_2 仍可对应大致解释为内部政治效能和外部政治效能。

然后扩展该模型使得潜变量的均值符合以下协变量:

[Black]:成为 Black 的虚拟变量(x_{2i})。

[Educ]:多年教育,标准化为零均值和单位标准差(x_{1i})。

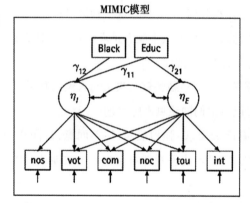 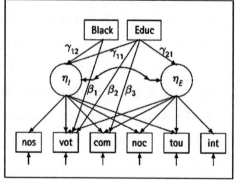

图 18.3 政治效能路径图

具体来说,MIMIC(多指标多原因)模型被指定为以下形式:

$$\underbrace{\begin{bmatrix} \eta_{1i} \\ \eta_{2i} \end{bmatrix}}_{\eta_i} = \underbrace{\begin{bmatrix} \gamma_{11}\gamma_{12} \\ \gamma_{21}\gamma_{22} \end{bmatrix}}_{\Gamma} \underbrace{\begin{bmatrix} x_{1i} \\ x_{2i} \end{bmatrix}}_{x_i} + \underbrace{\begin{bmatrix} \zeta_{1i} \\ \zeta_{2i} \end{bmatrix}}_{\zeta_i}。 \tag{31}$$

事实证明,[Black]对于外部政治效能无显著影响,因此设 γ_{22} 为零。模型在图 18.3 中等号左侧所示(其中潜变量"内生"与"外生"有相应下标 I 和 E)。

注意,在上面的模型中,协变量只通过潜变量间接影响响应。这种假设可以违背,导致项目偏差或差异项目功能(DIF)。如果对项目的响应依赖于潜变量之外的无关信息,则认为该项有偏差。我们把[Black]和[Educ]对某些项目直接影响加入计算,以查

出项目偏差,并对应将测量模型进行如下修改:

$$y_i^* = \Lambda_{\eta_i} + X_i\beta + \epsilon_i,$$

其中 Λ 保持不变,同时

$$X_i = \begin{bmatrix} 0 & 0 & 0 \\ x_{1i} & x_{2i} & 0 \\ 0 & 0 & x_{2i} \\ 0 & 0 & 0 \\ 0 & 0 & 0 \\ 0 & 0 & 0 \end{bmatrix}$$

为了确定哪些协变量对哪些项有直接影响、确定竞争模型对数据的随机子集(校准数据)进行了估计和比较,并确定随后已选模型在剩余子集(验证数据)上进行测试。生成的模型显示在图 18.3 的右侧面板中。

我们从(未显示)估计中可知,正如所料,[Black]与内在政治效能感呈负相关,而【451】[Educ]与内外两种政治效能均呈正相关。这两个内部效能项目之间是有实质性的项目偏差的。[Black]对于[vot]的回应为负面直接影响,[Educ]对[vot]和[com]的回应则有正面直接影响。

3. 多层次结构方程模型

目前讨论过的模型中,所有的潜变量和指标在单位(通常是主体)之间变化,在迄今讨论的模型中,所有潜变量和指标在单位(通常是主体)之间各有不同,并假设单元间独立。在多层设置中,单元嵌套在组内,导致组内相关性,从而违反了后者的假设。比如投票区内的选民、学校里的学生或在多次投票场合的选民。

将结构方程模型扩展到多层次设置,最常用的就是在聚类内和聚类模型之间制定单独的方法(例如 Longford and Muthén 1992;Poon and Lee 1992;Longford 1993)。使 y_{ik} 在聚类 k 中成为单位 i 的连续响应向量。那么,组内模型为:

$$y_{ik} \sim N(\mu_k, \Sigma_W(\theta_W)), \tag{32}$$

其中 μ_k 为聚类 k 的均值向量,$\Sigma_W(\theta_W)$ 为隐含于组内结构方程模型之中的组内协方差结构。聚类均值中的组间模型是

$$\mu_k \sim N(\mu, \Sigma_B(\theta_B)), \tag{33}$$

μ 为总体均值向量,$\Sigma_B(\theta_B)$ 为隐含于组间结构方程模型之中的组间协方差结构。这种设置的优点便是,传统的结构方程模型的软件可被"套用"来估计模型。其基

本思想是在经验组内和组间协方差矩阵之间促进模型内部和模型之间的拟合。这必须在一个单一的分析中进行,因为隐含在协方差矩阵中的模型有助于达成对经验组内协方差矩阵和经验组间协方差矩阵的期望。穆斯恩(1989)提出了一种方法,使平衡数据对应的最大似然法中所有的聚类规模 n 相同。这一方法同时为不平衡案例提供了特殊解决方法,该案例在穆斯恩(1994)与豪克斯(2002)的论文中有所详述。古德斯坦(1987;2003)提出使用多变量多层次建模,用最大似然法或约束最大似然法来估计 Σ_W

【452】 和 Σ_B。将这些估计矩阵,而不是经验协方差矩阵内及协方差矩阵间作为输入,可使结构方程模型内部及结构方程模型之间得以独立拟合。

可是,运用在模型内部和模型间的这一方法的标准施行在几个方面受到限制。首先,不允许较高级的潜在或已观测变量同较低级别的潜变量或已观测变量之间有跨级路径。然而,从高级到低级的潜变量跨级路径往往是首要考量的情况。比如结合前面讨论过的两个例子可知,在考虑一个个体嵌套在国家之中的多级别设定便是这样的情况。该案例中,国家级的潜变量自由民主可能会影响到个体级别的潜变量政治效能。第二个限制标准就是,不允许不同级别上指标不一,比如自由民主这一国家级指标以及政治效能的个人级别指标。第三,只允许两级嵌套。最后,仅限连续响应变量。

广义线性潜在建模和混合建模(GLLAMM)框架则克服了这些限制(Rabe-Hesketh, Skrondal, and Pickles 2004; Skrondal and Rabe-Hesketh 2004)。框架中测量模型可以被灵活应用在不同级别的潜变量中,且在相同或较低的级别上指标可变。考虑到潜变量,测量模型选用的是广义线性模型,这样对于不同的指标可能有不同的连接和分布。多级结构模型由此得出,

$$\eta = \alpha_\eta + B_\eta + \Gamma_X + \zeta \tag{34}$$

其中 η 和 ζ 此时是第二层次(单位或科目)、第三层次(聚类)、第四层次(次级群)等潜变量上升到 L 级的向量:

$$\eta = (\overbrace{\eta_1^{(2)}, \eta_2^{(2)}, \ldots, \eta_{M_2}^{(2)}}^{\text{Level 2}}, \ldots, \overbrace{\eta_1^{(l)}, \ldots, \eta_{M_l}^{(l)}}^{\text{Level } l}, \ldots, \eta_{M_L}^{(L)})$$

$$\zeta = (\zeta_1^{(2)}, \zeta_2^{(2)}, \ldots, \zeta_{M_2}^{(2)}, \ldots, \zeta_1^{(l)}, \ldots, \zeta_{M_l}^{(l)}, \ldots, \zeta_{M_L}^{(L)}).$$

此处 B 和 Γ 为回归系数矩阵。为了使得潜变量对同级别或较高级别,而非对较低级别的潜变量的回归成立,指定 B 为区组上三角矩阵(block upper triangular),其中这些区组对应给定级别上的元素 η 而变化。

4. 结语

结构方程模型的形成（history）是将看似不同的几个模型合并为一个单一框架的过程。结构方程模型最初是在 20 世纪 60 年代和 70 年代经由社会学而进入社会科学的。20 世纪 70 年代的一个重大转折点便是由卡尔·约斯考哥（Karl Jöreskog）及达·瑟邦（Dag Sörbom）研制开发的线性结构（LISREL）模型及相关统计软件。这一模型是复杂 **【453】** 集合，是由带有因子分析计量经济学发展到心理测量学的一套联立方程模型。比起早期在社会学文献中出现的潜变量结构方程模型，LISREL 模型更具普适度，也更依赖于统计理论。

此后的几年，结构方程模型进一步推广并且用以施行这些方法的统计软件也有所进步。结构方程模型在各学科渗透广泛，例如社会学、心理学、教育测试及市场营销，但是在经济学和政治学方面，尽管其应用潜力巨大，现阶段结构方程模型的使用率却相对较低。如今，结构方程模型开始应用于统计类文献，也开始重新进入生物统计学之中，虽然经常只是以"潜变量模型"或"图形模型"的名义。随着结构方程模型的广泛应用，我们希望结构方程模型能继续变得更具普适性，也希望看到估计和模型拟合评估方面的进一步发展。鉴于政治科学的许多概念的抽象性、变量测量误差的存在，以及在变量系统的利益，在政治学领域，对于结构方程模型的许多应用潜力仍有待进一步探究。

参考文献

Arminger, G., and Schoenberg, R. 1989. Pseudo maximum likelihood estimation and a test for misspecification in mean and covariance structure models. *Psychometrika*, 54:409-25.

Barnes, S.H., Kaase, M., Allerbeck, K.R., Farah, B.J., Heunks, F., Inglehart, R., Jennings, M.K., Klingemann, H.D., Marsh, H., and Rosenmayr, L. 1979. *Political Action: Mass Participation in Five Western Democracies*. Beverly Hills, Calif.: Sage.

Bartholomew, D.J. 1987. *Latent Variable Models and Factor Analysis*. Oxford: Oxford University Press.

Bollen, K.A. 1989. *Structural Equations with Latent Variables*. New York: John Wiley.

——1996. An alternative two stage least squares (2SLS) estimator for latent variable equations. *Psychometrika*, 61:109-21.

——2001. Two-stage least squares and latent variable models: simultaneous estimation and robustness to misspecifications. Pp. 119-38, in *Structural Equation Modeling: Present and Future*, ed. R. Cudeck, S. du Toit, and D. Sörbom. Lincolnwood, Ill.: Scientific Software.

——2002. Latent variables in psychology and the social sciences. *Annual Review of Psychology*, 53: 605–34.

——and Arminger, G. 1991. Observational residuals in factor analysis. *Sociological Methodology*, 21: 235–62.

——and Bauer, D.J. 2004. Automating the selection of model-implied instrumental variables. *Sociological Methods and Research*, 32: 425–52.

——and Long, J.S. (eds.) 1993. *Testing Structural Equation Models*. Newbury Park, Calif.: Sage.

——and Stine, R.A. 1990. Direct and indirect effects: classical and bootstrap estimates of variability. *Sociological Methodology*, 20: 115–40.

—— ——1993. Bootstrapping goodness-of-fit measures in structural equation models. Pp. 111–35 in *Testing Structural Equation Models*, ed. A. Kenneth and J.S. Long. Newbury Park, Calif.: Sage.

Box-Steffensmeier, J.M., and Jones, B.S. 2004. *Event History Modeling: A Guide to Social Statistics*. Cambridge: Cambridge University Press.

Browne, M.W. 1984. Asymptotically distribution-free methods for the analysis of covariance structures. *British Journal of Mathematical and Statistical Psychology*, 37: 62–83.

Cadigan, N.G. 1995. Local influence in structural equations models. *Structural Equation Modeling*, 2: 13–30.

Campbell, A., Gurin, G., and Miller, W.E. 1954. *The Voter Decides*. Evanston, Ill.: Row Peterson.

Costner, H. L., and Schoenberg, R. 1973. Diagnosing indicator ills in multiple indicator models. Pp. 167–200 in *Structural Equation Models in the Social Sciences*, ed. A. S. Goldberger and O. D. Duncan. New York: Seminar Press.

Davis, W.R. 1993. The FC1 rule of identification for confirmatory factor analysis: a general sufficient condition. *Sociological Methods and Research*, 21: 403–37.

Fisher, F.M. 1966. *The Identification Problem in Econometrics*. New York: McGraw-Hill.

Goldstein, H. 1987. Multilevel covariance component models. *Biometrika*, 74: 430–1.

—— 2003. *Multilevel Statistical Models*, 3rd edn. London: Arnold.

Hägglund, G. 1982. Factor analysis by instrumental variables. *Psychometrika*, 47: 209–22.

Hox, J. 2002. *Multilevel Analysis: Techniques and Applications*. Mahwah, NJ: Erlbaum.

Hu, L., and Bentler, P.M. 1998. Fit indices in covariance structure modeling: sensitivity to underparameterization model misspecification. *Psychological Methods*, 3: 424–53.

Jöreskog, K.G. 1969. A general approach to confirmatory maximum likelihood factor analysis. *Psychometrika*, 34: 183–202.

—— 1973. A general method for estimating a linear structural equation. Pp. 85–112 in *Structural Equation Models in the Social Sciences*, ed. A.S. Golderberger and O.D. Duncan, New York: Seminar Press.

—— 1983. Factor analysis as an error-in-variables model. Pp. 185–96 in *Principles of Modern Psychological Measurement*, ed. H. Wainer and S. Messick. Hillsdale, NJ: Lawrence Erlbaum.

—— and Sörbom, D. 1993. *LISREL 8*. Mooreseville, Ind.: Scientific Software.

King, G. 1988. Statistical models for political science event counts.*American Journal of Political Science*, 32:838-63.

Lee, S.-Y., and Song, X.-Y. 2003. Bayesian analysis of structural equation models with dichotomous vari-ables.*Statistics in Medicine*, 22:3073-88.

Longford, N.T. 1993. *Random Coefficient Models.* Oxford: Oxford University Press.

—— and Muthén, B.O. 1992. Factor analysis for clustered observations. *Psychometrika*, 57:581-97.

MacCallum, R. 1986. Specification searcher in covariance structure modeling. *Psychological Bulletin*, 100:107-20.

McCulloch, C.E. 1997. Maximum likelihood algorithms for generalized linear mixed models.*Journal of the American Statistical Association*, 92:162-70.

Madansky, A. 1964. Instrumental variables in factor analysis.*Psychometrika*, 29:105-13.

Mellenbergh, G.J. 1994. Generalized linear item response theory.*Psychological Bulletin*, 115:300-7.

Miller, W.E., Miller, A.H., and Schneider, E.J. 1980. *American National Election Studies Data Source-Book: 1952-1978.* Cambridge, Mass.: Harvard University Press.

Muthén, B.O. 1978. Contributions to factor analysis of dichotomous variables. *Psychometrika*, 43:551-60.

—— 1989. Latent variable modeling in heterogeneous populations.*Psychometrika*, 54:557-85.

——1994. Multilevel covariance structure analysis.*Sociological Methods and Research*, 22:376-98.

——and Satorra, A. 1996. Technical aspects of Muthén's LISCOMP approach to estimation of latent var-iable relations with a comprehensive measurement model. *Psychometrika*, 60:489-503.

Muthén, L.K., and Muthén, B.O. 2004. *Mplus User's Guide*, 3rd edn. Los Angeles: Muthén and Muthén.

Poon, W.-Y., and Lee, S.-Y. 1992. Maximum likelihood and generalized least squares analyses of two-level structural equation models.*Statistics and Probability Letters*, 14:25-30.

Rabe-Hesketh, S., and Skrondal, A. 2001. Parameterization of multivariate random effects models for cat-egorical data.*Biometrics*, 57:1256-64.

—— ——2008. *Multilevel and Longitudinal Modeling using Stata.* College Station, Tex.: Stata Press.

—— ——and Pickles, A. 2004. Generalized multilevel structural equation modeling.*Psychometrika*, 69:167-90.

—— —— ——2005. Maximum likelihood estimation of limited and discrete dependent variable models with nested random effects.*Journal of Econometrics*, 128:301-23.

Rubin, D.B. 1987. *Multiple Imputation for Nonresponse in Surveys.* New York: Wiley.

Samejima, F. 1969. *Estimation of Latent Trait Ability Using a Response Pattern of Graded Scores.* Bowling Green, Ohio: Psychometric Society.

Satorra, A. 1990. Robustness issues in structural equation modeling: a review of recent developments. *Quality and Quantity*, 24:367-86.

——and Bentler, P.M. 1994. Corrections to test statistics and standard errors in covariance structure a-nalysis.Pp. 399-419 in *Latent Variables Analysis: Applications for Development Research*, ed. A. von Eye and C.C. Clogg. Newbury Park, Calif.: Sage.

Skrondal, A., and Rabe-Hesketh, S. 2003. Multilevel logistic regression for polytomous data and rankings. *Psychometrika*, 68:267–87.

—— ——2004. *Generalized Latent Variable Modeling: Multilevel, Longitudinal, and Structural Equation Models*. Boca Raton, Fla.: Chapman and Hall/CRC.

Spiegelhalter, D.J., Thomas, A., Best, N.G., and Gilks, W.R. 1996. *BUGS 0. 5 Bayesian Analysis using Gibbs Sampling. Manual (version ii)*. Cambridge: MRC-Biostatistics Unit; available from <http://www.mrc-bsu.cam.ac.uk/bugs/documentation/contents.shtml>.

Takane, Y., and de Leeuw, J. 1987. On the relationship between item response theory and factor analysis of discretized variables. *Psychometrika*, 52:393–408.

Wright, S. 1918. On the nature of size factors. *Genetics*, 3:367–74.

教育部哲学社会科学研究后期资助项目（19JHQ009）成果
国家社科基金重大项目"新时代中国特色政治学基本理论问题研究"
（18VXK003）阶段性成果

汉译主编：王浦劬

THE OXFORD HANDBOOK OF
POLITICAL METHODOLOGY

牛津政治学研究方法手册
修订版
（下）

［美］珍妮特·M.博克斯-史蒂芬斯迈埃尔
［美］亨利·E.布雷迪　　［美］大卫·科利尔　编

臧雷振 傅琼　译　臧雷振　校

人 民 出 版 社

目　　录

（下）

第七部分

描述与因果推断的定量工具：特定的主题

第八部分

描述和因果推断的定性方法

第九部分

组织、制度与方法论运动

第十九章　时间序列分析方法

乔恩·C.佩夫豪斯(Jon C.Pevehouse),杰森·D.布罗泽克(Jason D.Brozek)

　　作为政治学家,我们所研究的许多政治进程都是动态的。党派偏见、宏观经济状况、意识形态、舆论和外交政策等均会随时间而改变。的确,纵观政治学所有分支学科,许多根本性的研究问题都是围绕变化而开展:我们对于行为者由 A 点到达 B 点的这一结果感兴趣,但对于这之间的变化过程也同样感兴趣。时间序列分析便是针对引起某一变化的明确原因进行建模的分析方法。

　　然而,事与愿违,许多分析者将数据的动态特性视为障碍——对于一般最小二乘回归中有违假设的数据一概予以删除。其实正是这些动态特性揭示了数据产生过程。比起把诸如自相关或趋势这些统计特性视为麻烦,时间序列分析者不妨试着将这些动态特性精准建模,通过采用传统的统计方法以此推进推理结果,同时也提供了实质性的解释。

　　为此,本章将在阐述基本时间序列模型之前,简要概述时间序列分析发展的历史。① 然后讨论在单变量解析和多变量解析中的静态模型,再探讨各类型的动态模型。【457】接着,转向探讨与时间序列分析的相关问题,包括数据聚合和时间稳定性。在总结结论之前,我们会简要探讨在面板数据背景下的时间序列技术。

1.时间序列简史

　　差不多半个世纪之前,商人们确认到交易数据记录中存在若干一致性的趋势和变

---

① 本章的重点在于方法和应用,而不是统计技术。更多关于时间序列分析的技术讨论,详参 Enders(2004),Lutkepohl(1993),Hamilton(1994)。关于其在社会科学方面应用的相关讨论,详参 Box-Steffensmeier,Freeman,及(即将谈到的)Pevehouse。

异。这一认识诞生了早期的时间序列分析。但是这并不是说,15 世纪的小麦价格对季节性波动、外生冲击及外部力量的响应与 21 世纪的今天是相同的,虽然当时分析这些情况的方法已经相当成熟。

有别于以数学为基础的相关分析和回归分析,时间序列分析源于商业需求。简单而言,即商人三法则,其通过三个已知变量比率的对比找出第四个未知变量,这一法则在欧洲 17 世纪中期商业阶级被广泛接受并应用。一位名叫葛兰特(John Graunt)的服装商是该法则的早期实践者,他意识到他的"商店算法"其实可以应用到其他的社会问题中去,包括对于在瘟疫爆发年间,死亡周报表中数据的利用。葛兰特试图通过对伦敦的瘟疫数据分析确定哪一年死亡人数最高,"这样有钱人就可以判断他们何时该搬迁,商人们也可以推测各自该做什么生意"(Graunt 1975[1662],第 17 页)。统计史学家朱迪·克莱因指出"葛兰特在瘟疫死亡率上的研究发现为其赢得了皇家学会会员的身份并在其死后为其追加'统计学之父'的美誉"(Klein 1997,第 46 页)。

葛兰特与其他人一起不断应用这些方法理念处理如出生率、人口性别比、手术疗效及瘟疫死亡等社会问题。亟待解决的问题变得越来越棘手,不是简单的商人三原则就能解决的。到了 18 世纪中期,丹尼尔·笛福(1968[1722])通过调查死亡率方差发现了一阶差分,即死亡率似乎随着四季的循环而有所变化。

葛兰特与笛福(Graunt and Defoe)仅用一些比较基本的途径,建构并分析了其中一部分最早期的时间序列数据。同时,葛兰特也采用序列差分(serial differencing)来识别致命瘟疫的具体年份,差分法的使用在 19 世纪中期开始变得更加普遍,诸如《经济学人》和《统计学者》之类的经济类期刊中的论文开始出现表格,制表针对一阶差分的财务指标及前期百分比变化进行绘制而非简单的通过绝对值。《统计学者》创始人罗伯特·吉芬(Robert Giffen)及《经济学人》助理编辑兼期刊统计回顾学者的威廉·纽马奇(William Newmarch)主导这一转变,他们将时间序列分析,从商业应用推广到了数学的舞台上。

【458】

大约在同一时间,一位名叫胡克(Reginald Hooker)的经济学家在接下来的四十年里,提出了推动时间序列发展的相关主张。胡克对季节性周期和年度周期同样感兴趣,他将时间序列对一阶差分总结如下:

瞬时平均(或趋势)偏差的相关性,也可以用于测试显著的周期性影响之间或多或少的相似性。连续值之间的差分相关性可能是案例中最有用的部分,案例中以短期迅速变化(无明显周期)为调查目标,或者案例中一个或两个观察序列并非保持正常水平不变。

(Hooker 1905,第 703 页)

因此,将短期动态中呈长期趋势的数据分离出来的方法就此问世。也就是说,分析者需分辨那些随着时间推移均值仍相对恒定的数据(胡克所指的是随时间推移仍在"正常水平"的数据)和那些均值呈上升趋势的差异。均值恒定性的概念也因此在数据分析中变得举足轻重。胡克的观测结果并没有白白浪费。针对生物统计学同一问题的其他文献中,如威廉・高塞特(William Gossett)和奥斯卡・安德森(Oscar Anderson)认为胡克的相关一阶差分的理念仍值得商榷(Student 1914;Anderson 1914)。取而代之,他们提出了变量差分法,这是胡克所提理念的一般形式。在 n^{th} 差分与 $(n+1)^{th}$ 差分不具有统计学意义上的显著相关性时,这类变差方法(variate difference method)都需要用到差分变量。根据高赛特和安德森的说法,这一理念使得分析者得以移除"时间或空间位置引起的变化并确定剩余变量之间的相关性"(Student 1914,第 180 页)。这一方法标志着时间序列分析的转变,人们开始意识到变量与时间的紧密联系,而不是把与时间(比如季节性波动和年度周期)相关的视作干扰项而直接删除,由此变量间的真正联系才得以发现。

与此同时,美国的尤尔(Udny Yule)开发了一个数据过滤程序,能移除本质上为自回归(AR)进程的数据①,尤尔的研究指出,变量差分法的常用方法破坏了某些值得探讨的数据振幅,他还指出"问题在于要分离出不同时期的振幅而非随机残差,除非广义方法可根据振幅给出一些意义,不过它所起的作用并不是那么轻易就能看到的"(Yule 1921,第 504 页)。正是这些重要的振幅使得尤尔于 1926 年得出结论称,一对时间序列之间的关系不只是变量间简单的随机关系或是时间函数,而是一个自回归进程,"该进 【459】程中,邻项间紧密相关"(Yule 1926,第 6 页)。尤尔 1926 年的文章标题"无意义相关性"便直指采样周期短的序列中存在的序列相关性。克莱因(1997,第 286 页)指出,"尤尔的自回归随机过程公式及他对于呈现统计特性(此前称为变量)的干扰项的看法,为一直被经济学时间序列问题困扰着的统计学家们开启了一扇大门。"

1938 年,赫尔曼・沃尔德(Herman Wold)表明自相关、周期性运动和非平稳性,这些提供恒定的基本概率结构变量一旦从序列中移除,任意时间序列都可以看作是白噪声过程,一般最小二乘回归可以用来估计变量间关系。此外,沃尔德首创使用跟时间相关的一阶序列和二阶序列相关系数,沃尔德称之为相关图,适用于对平稳性建模。

这也可称为自相关函数(ACF)及偏自相关函数(PACF),这些图表对 ARIMA(自回归集成移动平均)模型拟合过程至关重要(Box and Jenkins 1970)。博克斯(Box)和詹

---

① 尤尔的过滤程序实则归功于俄罗斯的 Eugene Slutzky,是他创造了可产生白噪声序列的移动平均数(MA)过滤程序。详参 Slutzky(1937)及 Gottman(1981)。

金斯(Jenkins)的研究大大促进了自相关函数图表及偏自相关函数图表的使用,这些图表揭示了研究人员分析时间序列数据时数据生成的进程。博克斯-詹金斯法是一个三阶段进程,包括自相关函数图、偏自相关函数图的外观检验,系数估计及诊断检验,下文会涵盖这类分析的更多细节。上述由尤尔、沃尔德等人所提出的早期基本原理,被许多人视为现代时间序列分析的基石。

20世纪五六十年代及70年代的计量经济学家开始发展更为先进、更具统计特性多样性的时间序列建模技术,因而时间序列分析开始变得愈加复杂。在本章接下来的部分中,我们介绍了这一领域的许多新进展,简要回顾早期时间序列文献便可以得出三个要点。首先,真正的社会问题和社会需求促进了这些方法的发展,分析人员要多集中在数据生成过程中,如果可以充分确定数据模式并加以分析,那便可以更好地理解问题。其次,早期分析人员已认定趋势变化与实质变化不可相提并论。差分只保留数据中"有意义的"变化,因而被认为是关键的解决方案。第三,对差分重要性的认识本身就是有争议的。趋势确实帮助我们意识到数据生成过程的长期性,可趋势也使统计分析复杂化。然而,即使时间序列法经过了100年的改进,仍是这一挑战带动了当今这一领域的诸多创新。

本章余下部分回顾了一些时间序列建模的主要方法,着重讲了其在政治学中的应用。本章的目的不在于让读者对于如何进行时间序列建模有确切感受,而是为了让读者通过回顾基本模型结构、步骤和应用,感知到一种力量(也可能感知到的是缺点),同时了解这些方法在政治现象研究中的适用性。

【460】 2. 基本时间序列模型

通常情况下,假设回归模型无自相关性。也就是说 t 时变量的值与 $t-1$ 时的无关。然而,(就算不是全部)在许多案例中,这一假设却是有问题的。政治进程多具惯性,或受历史的力量驱使,或被制度引导慢慢改变。如果我们通过理论或计量经济测试,得知变量与时间推移有所关联,会发生什么? 拿一个单变量模型来说,我们可以考虑将变量分解成不同的部分。得出,

$$Y_t = \alpha_0 + \rho_1 Y_{t-1} + e_t \tag{1}$$

其中 e_t 为独立的、恒等分布的均值零误差项。时间序列分析者将 e_t 这一过程称为白噪声过程。对残差的分析极其重要,可以确保数据中不存在时间动态。

方程(1)为一阶自回归进程(或叫 AR(1))。因此,在时间 t 时,e 值与其前期数值密切相关(即,误差也与时间推移相关)。另一种可能性是,t 时的 e 值与它过去所得值

的平均值有关。

$$e_t = u_t + \xi_1 u_{t-1} + \xi_2 u_{t-2} \tag{2}$$

这一过程可在方程(2)求得移动平均值,即二阶自回归进程(MA(2))。在二阶自回归进程中,变量之值随时间变化而取其平均值。无论是一阶自回归进程还是二阶自回归进程,对其诊断都具有重要而实质的意义。例如,AR(1)模型中的外生冲击持续很长一段时间后,慢慢消失。[①] 带有二阶自回归进程(q)误差结构的进程所受的冲击将会正好持续q段的时间。因此,对不同的模型有着迥然不同的解释:对模型的扰动到底是会长期存在还是会迅速消失?

一个时间序列可能同时具有自回归成分及移动平均成分。[②] 从概念上讲,一个时间序列可能有几个组成部分:趋势成分、季节性成分和不规则成分。序列的一阶自回归进程及二阶自回归进程部分为不规则成分,通过 Box-Jenkins 方法建模,这一方法论我们会在后面讲到。虽然不是每个时间序列都对应一种成分,但目的就是从给定序列中提取相关部分,并以实质性的方式分析他们。

2.1 趋势——确定性及随机性 【461】

许多时间序列都有趋势(即随时间变化的非恒定均值)。实际上在第一节中有所指出,大多数分析人士意识到他们的数据包含了趋势,这类趋势为简单的时间线性函数。由于没有随机性的变动,称这类趋势为确定性趋势——在该时间序列内,均值会出现看似不可阻挡的转变。要解决这个问题,可以将序列上的变量回归到一些线性函数(如时间函数)上,分析包含时间序列不规则部分的残差。当然,趋势可能不是线性的,而是多项式函数或其他任何函数形式。此外,消除趋势的回归可能会遇到一些缺陷,包括异常值(尤其发生在第一次或最后一次观测),进而使得该方法出现问题。最后,这种模型的趋势估计是静态的——因为理想情况下,随着时间的推移,我们可以通过数据性质的变化得出序列移动的动态估计。

但是多年来,许多分析人士以为消除线性趋势才是数据分析的关键。然而,一重点研究机构强调称,许多经济学中的时间序列并没有围绕确定性趋势的恒定均值。相反,非持续均值的变化是随机的。事实上,今天大多数时间序列分析人士都假设趋势是随

---

① 此处假设 ρ 值不为 1。

② 从数学意义上讲,AR 过程可以说是高阶的 MA 过程(反之亦然),每种类型的诊断对分析者而言都是一种挑战。详参 McCleary、Hay(1980,第 56—58 页)。但理论上只可选择高阶 MA 模型,而不是 AR(1),例如,时间序列建模的一个主要目标是选出最精简的简约模型。

机的。随机建模的趋势,形式更具灵活性,从而通过估计选出更适合的数据模型。典型的随机趋势中数据可随机游动。如果方程(1)中,rho = 1,那么对现值最好的预测就是,用前值加上一个白噪声误差,也就是我们说的随机游动序列。简单地说,随机游动(也称为单位根序列)是一种集成的或非平稳的时间序列。这种时间序列中均值不可逆;每次数据冲击都使条件均值发生永久(非随机)改变。这样的诊断实质上是不可或缺的——序列所受的冲击不会随着时间消散,但为序列所吸收(或集成)。①

非平稳时间序列不仅有其特殊性质,同时对其随机游动的诊断需要截然不同的一套工具,因为非平稳时间序列会引发诸如拟似回归这样的统计问题,而且根据定义,这个序列违反了最小二乘法的基本假设之一(某一时期的误差并不会独立于前期误差而存在)。最初,许多分析者使用 Dickey-Fuller 检验及增强版 Dickey-Fuller 检验法来诊断单位根。虽然这些检验仍然很常见,但它们都是低效能的检验,这些检验中若排斥非随机游动的序列,则零假设不成立。② 今天,许多交错检验用以诊断单位根。对零假设的大部分检验结果是拒绝单位根结果的,这样可以进一步增强统计功效。其中比较流行的是 KPSS(Kwiatkowski-Phillips-Schmidt-Shin)检验法。

【462】　　在大多数情况下,单位根或非平稳序列可以通过简单的差分处理。下一节要讨论使用这种处理方法的多种技术——将变量进行差分处理以过滤随机趋势,并对序列余下的不规则部分进行分析。但像尤尔的早期研究,许多人又认为差分过滤掉数据序列中太多有用信息,一些由随机趋势反映出来的长期影响变量,尤其是多元变量,本可被纳入模型之中。这一点将在下一节讨论。

最近,越来越多的研究表明,单位根不仅会导致诸如虚假相关性的问题,还会使整合阶缺乏净单位根(rho<1)导致推论错误。针对部分整合和近完整整合的时间序列的相关研究为政治学研究作出了重要贡献。博克斯-史蒂芬斯迈埃尔和史密斯(1998)指出宏观党派性时间序列为部分整合形式,是带有长期记忆的数据生成过程引起的,但也有一些暂时性因素。因此,宏观党派的措施是以"数年——而不是数月或数十年"的形式来回应冲击(Box-Steffensmeier,Smith 1996,第 567 页)。该研究结果不仅对宏观党派建模具有重要意义,也对美国政治理论家如何随时间变化理解政治偏好有着重要意义。另外,利博、克拉克(Lebo,Clarke 2000)及利博、沃克和克拉克(2000)的额外研究也表明,大多数运用在政治学研究中的典型变量都是部分整合形式,比如消费者心理指数、

---

① 关于单位根的更多技术层面介绍,详参 Maddala、Kim(2000)。关于政治学相关讨论,详参 Freeman 等人(1998)、Durr(1993),及 Box-Steffensmeier,Smith(1996)。

② 换言之,统计学检验统计量明确排斥单位根的假设。具体检验详参 Dickey、Fuller(1979; 1981)。

总统批准和最高法院的意识形态措施。同时表明虽然对这些过程的记忆不是无限的，但它们仍然很长。此外，为了能够适当建模并避免误用类似完全整合数据，研究必须将部分特性加入考量。

2.2 季节性

有些数据生成过程本质上是季节性的。在某些时间点，我们可能期望变量值以一个系统的方式增加或减少。例如，根据失业率季节性特征，其冬季通常会下降，休闲度假相关就业机会就有所上升；而随着夏季大学生涌入就业市场，失业率又会回升。在处理一系列季节性成分时许多人提出季节性差分。不是简单地按期差分，分析人员会选取适当的时间间隔进行差分（比如使用月度数据、年度十二个月的数据，每季度三个月的数据，等等）。①

排除（确定性或随机性）趋势和季节性问题后，分析人员只剩下序列中的不规则成分和白噪声（或随机）部分要处理了。不规则的部分可以使用不同的单因素和多变量进行分析。这些方法中，有的考虑到了趋势和季节性的同步建模，但其他的则需要差分和/或去趋势之前进行建模。那我们现在来讲这些方法。【463】

3.时间序列数据建模

有许多方法可以用来分析时间序列数据。适当方法的选择依赖于要检验的实质假设和数据特性。有些方法适用于分析单一的时间序列，以确定其动态特性，并从这些发现中得出实质性结论。其他方法适合分析人员寻找多重时间序列之间的关系。在任何情况下，分析任意时间序列时总要记得的一条经验法则就是，由于短时间序列可能会产生不稳定的结果，所以只有在分析大于五十周期的数据点时，大多数组内的统计方法分析才有效。

3.1 ARMA（自回归滑动平均）模型和 ARIMA（季节和非季节性单变量模型的极大似然估计）模型

三十年前，"时间序列分析法"这一词语就是"Box-Jenkins 分析法"的代名词

---

① 更多的解决方案和假期驱动的货币供应政策的应用详参 Enders(2004,第95—99页)。

（Kennedy 1992,第 247—249 页）。为了了解并预测数据生成过程,Box-Jenkins 建模分析时间序列中的单一序列而非多变量背景下的时间序列。①

自回归滑动平均模型的一般形式通常被称为自回归滑动平均（p,q）模型。若 $p = 0$,剩下的那个就是一个二阶自回归进程（q）模型;若 $q = 0$,那就是指定的一阶自回归进程（p）模型。Box-Jenkins 建模法的目的在于,识别时间序列中的自回归和/或移动平均分量。这一方法不仅对实质性原因很重要（比如说这对于持续很长时间或短时间的数据生成过程的确是种冲击）,同时,有利于除去计算在内的变量基于自己过去值的任何变化,以便于进一步的统计分析。这一方法通过对相关图表的分析得以实现,就是将某一序列中自相关函数（ACF）和偏自相关函数（PACF）以曲线图表示出来——该技术为瓦尔德首创。具体来说,自相关函数表示了多个滞后下的序列自相关性,偏自相关函数表示出偏自相关性——经过前面的滞后相关性被控制后的每个滞后变量的自相关性。确定一阶自回归进程或二阶自回归进程顺序的正态过程就是找到不同顺序不同进程下相对应的理想型曲线图（例:一阶自回归进程（2）、二阶自回归进程（1）等）。然后,分析人员根据适当的术语和顺序估计统计模型,检查模型是否有剩余的时间动态

【464】 残差。若处理得当,则这一适当而具体的自回归滑动平均模型中所取的残差应为白噪声过程。

这一诊断过程也可以用来帮助识别时间序列的其他组成部分,比如季节性和周期性。另外,虽然没有如前面讨论过的形式单位根检验那般呈细粒性分布（fine grained）,但相关图也可以协助诊断非平稳性。正式的细粒度为单位根检验前面所讨论的,间隔也可协助诊断的非平稳性。在非平稳性案例中,分析人员需将差分（或 d）项加入其中,以得出综合自回归移动平均法或季节和非季节性单变量模型的极大似然估计（p,d,q）模型。通常情况下,一旦集成顺序（记作 d）已定,序列则会被差分为 d 次（或者在 $0 < d < 1$ 时被部分差分）以达到一个平稳序列,然后再用正态 Box-Jenkins 程序进行分析。

季节和非季节性单变量模型的极大似然估计模型,其相关的一项主要拓展便是 Box-Taio 干扰模型,该模型使分析人员对某一时间序列进行结构突变检验。一旦确定了某序列的基础数据生成过程,就可以根据特定改变（如新公共政策）是否改变了数据生成过程进行建模。干扰模型之于政治学的一个典型应用,就是希布斯（Hibbs 1977）提出的关于宏观经济政策的（以失业率衡量的）政治计量模型。希布斯通过使用自回归滑动平均技术指出,在工业民主国家,尤其是在英国和美国,左倾政府更易应对社会

_____

① 有关季节和非季节性单变量模型的极大似然估计更详细的介绍,详参 McLeary,Hay（1980）,重点在第二章。

压力、降低失业率。这项研究引发了比较政治经济学中一系列的争论,事关政治党派与宏观经济政策(包括失业、通货膨胀和外汇政策)之间的关系。①

　　政治学中的自回归滑动平均/季节和非季节性单变量模型的极大似然估计模型实例层出不穷。② 美国宏观党派性质的有关争论就大量运用了自回归滑动平均模型,包括麦昆恩、埃里克森及斯廷森(MacKuen,Erikson and Stimson 1989)开创性的研究,及在此基础上进一步有所建树的格林、帕姆奎斯特及谢克勒(Green,Palmquist and Schickler 1998)的研究,还有博克斯–史蒂芬斯迈埃尔与史密斯(1996)所做的研究。麦昆恩、埃里克森及斯廷森(1989)在其原作中认为,随时间变化,党派识别会出现些有意义的变化并且这些变化是据经济评估及时任总统评估而变化的。通过自回归滑动平均模型,他们发现宏观党派性确实是受消费者心理、总统批准(它本身是据消费者心理函数进行建模的)以及一系列管理和重大政治冲击的虚拟变量所驱动。③

　　单变量模型的最后一类在建模依据方面与其他模型不同。如果我们感兴趣的时间序列成分既是均值又是方差呢？ARCH(自回归条件异方差)模型将方差作为时间序列中一个重要的实质性成分进行建模。这种模型由恩格尔(Engle 1982)首创,尤其在时间序列模型中分析包含高方差和低方差周期的残差能派得上用场,可指出较大误差和细微误差的聚集。因此,如果一个分析人员意在据某一序列集中趋势的波动进行建模,那自回归条件异方差模型及其相关模型十分可取。许多政治学中的序列甚至可能在总体上表现出相对恒定的方差,个别周期上有显著波动。自回归条件异方差法正是分析此类序列的理想方法。对应在经济学中,就是指对汇率和通货膨胀这类财务数据的分析。【465】

　　自回归条件异方差在政治学中的应用,鲜少涉及季节和非季节性单变量模型的极大似然估计模型(Leblang,Mukherjee 2004)。④ 如格朗克与布雷姆(Gronke,Brehm 2002)针对美国政治中的总统批准波动性进行了分析,伯恩哈德与莱布隆格(Bernhard,Leblang 2000)对国际关系的汇率波动进行考察,此处汇率波动是作为一个集党派、选举和民意的函数。⑤

———————————

　　① 相关例子包括 Alt(1985)、Oatley(1999)、Franzese(2002)。
　　② 最近,有分析者结合 ARMA 模型和部分整合序列概念而建立了 ARFIMA 模型。
　　③ 下面会讨论到,Box-Steffensmeier 和 Smith(1996)将宏观党派性按部分整合时间序列进行建模,产生了与 MacKuen 等人(MES)不同的实质性解释。Green 等人采用多种措施重新分析了 MES 数据并指出宏观党派性变化得并没有 MES 所说的那么快。
　　④ 经济学中多用其处理利率或汇率的应用。详参 Beine、Laurent(2003),Coporale、McKiernan(1998),Lee、Tse(1991)。Bollerslev(1987)将 ARCH 模型扩展为广义模型。
　　⑤ ARCH 模型不应与 ARCH 测试相混淆,虽然他们建立在相同的统计基础之上。ARCH 测试可应用到任意回归模型中进行异方差检验。而 ARCH 模型可用于类似的诊断中,还可以结合解释变量来对方差进程建模。

3.2 向量自回归(VAR)

在这一点上,我们假定分析人员对只与一个变量有关的问题感兴趣。然而,政治现象多半是复杂的,大多数学者需要一个多元框架来理解已有的数据生成过程。为此,有人用向量自回归(VAR)这一技术来分析时间序列数据。由西姆斯(Sims 1980)首创的这种模型给表中带来很少的先验性限制。这与发表在政治学中大量假定诸多限制的统计模型形成鲜明对比。[1] 然而,许多假设的限制是站不住脚的,例如假设所有解释变量都是外生的,滞后结构只有一个周期,整个估计样本中系数也是稳定的。

向量自回归模型的建立并不是从以上这些假设中开始的。通常情况下,分析人员开始会假设一些时间序列之间相互关联。向量自回归分析者将对向量自回归诸多版本进行估计,而不是任意选择外生向量和/或滞后长度进行估计,然后评估哪一个滞后结构和模型规范最能与数据拟合。在这里,最佳拟合可以通过许多方法得以确定,包括各种统计信息准则。[2]

【466】 在进一步讨论向量自回归之前,我们应注意多元分析中,格兰杰因果(Granger causality)与向量自回归密切相关(Freeman 1990)。格兰杰的想法就是(从统计的视角)将变量视作有因果关系的变量,若一变量的过去值也可参与另一变量的预测,比只用另一变量过去值进行预测更好。这种情况通常就是指用变量(X)的几期滞后对另一变量(Y)回归,同时控制变量 Y 的过去值。随后检验变量 X 所有滞后系数估计的联合显著性检验。若该检验(通常为 F 或 χ^2,取决于样本大小)具有统计学意义,则可以说"X 与 Y 为格兰杰因果关系"(Freeman 1983)。

的确,格兰杰因果关系检验的结果往往是向量自回归估计的一个子集。具体来说,向量自回归是一系列方程,其中每个变量根据自身的滞后和其他几个变量进行回归。此外,大多数(如果不是全部的话)的解释变量是它们自己的因变量。自变量总会滞后(以避免严格的同时性问题),而且因为每个方程的解释变量是共同的,所以可用最小二乘法来估计方程组(Sims 1980)。

向量自回归在进行假设检验时有些困难。由于方程组内有大量滞后结构和反馈,不可能只简单地看一个或两个系数估计,而是要评估等级、统计显著性,并检验假设。创新核算和方差分解这类工具也可协助完成这项任务。创新核算相当于用等值于变量

---

[1] Freeman、Williams 及 Lin(1989)指的是直接从理论(及其相应限制)中推断出的模型作为结构模型。

[2] 许多时间序列分析使用比如 Akaike 或 Schwartz Bayesian 信息标准判别模型拟合度。时间序列中的这些准则,详参 Enders(2004,第 69—70 页)。

标准偏差的变量对方程组中的某一变量进行冲击,然后模拟每个方程中的移动平均反应(详参 Freeman,Williams and Lin 1989;Williams 1990)。接着分析人员可以看到对一个变量的模拟冲击是如何影响方程组中每个变量当前值和未来值的。

要补充的是创新核算涉及方差分解的检验,如此分析者可通过模型中每个变量来确定预测中的误差偏差部分。同时可以分析方程组中每个变量的实质影响。

格兰杰方法及向量自回归方法更多的也应用在国际关系的子领域。古德斯坦及弗里曼(Goldstein,Freeman 1990)对冷战时期大国之间的行动—反应响应展开调查。他们对于美—中—苏关系所建的模型可直接检验有关互惠原则的假设——互惠原则是国际关系理论中的一个关键概念。研究发现,冷战期间他国对超级大国的行为会有所回报,无论行为本身是合作性的还是冲突性的,若一方提出解决冲突的措施,则可以带来进一步合作。出于相似的目的动机,古德斯坦及佩夫豪斯(Pevehouse 1997)对于波斯尼亚冲突中存在的互惠模式进行检测。研究发现该事件中,美国和北约对波斯尼亚所表现的敌意反而促进了塞尔维亚人与波斯尼亚人的合作行为,也对西方国家在此冲突中颁布的诸多强硬政策作出了解释。

虽然国际关系分支的例子已经在政治学中频频出现,但美国政治学者对使用这一技术的兴趣却不减反增。例如,美国问题专家已经用向量自回归方法作为分支动态函 【467】数来探讨所关注议题的变化(Fleming,Wood and Bohte 1999):商业银行监管(Krause 1997),及公司税务(Williams,Collins 1997)。

3.3 误差修正模型(ECMs)

在分析平稳性之前,我们要么假设序列是平稳的(不包含单位根),要么假设序列不平稳。单位根在多元语境中的诊断尤为重要。斯托克和沃森(Stock,Watson 1988)写了一篇经济学中举足轻重的文章。文中表明,两个非平稳变量相互之间的回归很可能致使对变量之间关系的推断失误。此外,一些人认为,非平稳变量之间不只是简单地区分随机趋势,还可以被建模,特别是在两个或多个变量之间有共同趋势的情况下。差分可能抛出变量之间的重要关系,因为任何长期关系都将在差分中丢失(Norpoth 1992,第142 页)①。

建立多重时间序列模型的另一方法就是误差修正模型。简单误差修正模型结构

---

① 贝克(1993)指出,虽然有人建议以计量测试来确定是否需要使用误差修正模型,但是理论也可以激发这些模型的使用。即使差分可能消除协整,分析者也有理由相信两个变量之间存在长期关系。

如下：

$$\Delta Y_t = \beta_0 + \beta_1 Y_{t-1} + \beta_2 X_{t-1} + \propto Z_t + e_t , \tag{3}$$

其中 $Z_t = Y_t - \gamma X_t$ 。

要注意,这个模型的第一部分实际上是向量自回归的第一个偏差。分析者可以对 X 和 Y 关系间的短期扰动进行建模。Z 项是错误校正部分。如果两个变量是协整的,则存在一个可产生一个平稳序列的向量(这里的 γ ,称为协整向量)(此处, Z_t)。① 实际上,X 和 Y 不仅受两者最新值的相互影响,还受它们的漂移距离影响。后一种关系为误差修正模型的成分。因为这两个变量为均衡的协整关系,任何偏离平衡的运动都会带动一个变量值(或两个都)发生变化,以恢复它们之间的平衡关系。方程 X 中的 α 项表示发生回归平衡运动的速率。

当然,尽管 X 和 Y 均为非平稳状态,X 和 Y 也可能不处于平衡状态。事实上,I(1)
【468】 变量可能并不与另一变量协整。在这种情况下,分析者可以在差分数据之后恢复到向量自回归。为了确定使用误差修正模型方法论的必要性,恩格尔和格兰杰(1987)提出了四步程序:(1)分析单位根序列,以确保同阶协整;(2)估计 X、Y 之间(协整向量)长期关系;(3)将前一阶段的残差作为误差校正部分,同时估计 X 和 Y 在一阶差异中的向量自回归;(4)评估模型的充分性并预测。

约翰森(Johansen)开发了另一种方法。② 这一方法中,多重时间序列协整关系的数量取决于用一阶差异求向量自回归参数矩阵特征根的个数。矩阵的秩等于协整向量的数量。协整向量一经估计,就可以估计参数调整的速度,然后把得到的模型用于普通的向量自回归为基础的创新核算进程之中。

在政治学范畴内,误差修正模型并不比传统的向量自回归常见。③ 克拉克及斯图尔特(1994)分析了总统批准的政治计量模型的回顾性评价和前瞻性期望。拿麦昆恩、埃里克森及斯廷森(1992)研究来说,当控制了长期的商业期望时,对经济状况关注度与总统批准没有多大关系。克拉克及斯图尔特表示,在麦昆恩模型中的大部分变量包含单位根。此外,他们找到了总统公众支持和经济五年前瞻性评估之间的协整关系。研究结果表明,选民对总统的判断,从长远来看,取决于他们对未来经济状况的印象。考虑到这种平衡关系,我们应该预期总统批准的降低会使民众对经济关注随之下滑。

---

① 必须在 X、Y 在同一阶中为协整关系的条件下,即 I(1)、I(2)等。详参 Engle、Granger(1987)。

② 斯托克和沃森(1988)概述了类似的方法。约翰森方法的优点是,假设的协整过程不需要首先调整变量。在 Engle-Granger 方法论中,必须选择因变量来估计协整关系。约翰森所提出的方法就不需要这样的选择,约翰森方法中基于模型中的所有变量计算特征值,得到协整关系的估计数。

③ 更多对于政治中误差修正模型的应用等内容,详参《政治分析》第四卷(1993),尤其是由杜尔、贝克、奥斯特罗姆、史密斯所作的文章。

对于误差修正模型的其他应用出现在：对美国最高法院的规范意见统一还是出现分歧的分析（Caldeira，Zorn 1998）；对冷战时期美苏的冲突与合作（Ward，Rajmaira 1992）；以及美国行政—立法制度增长模式之中（Krause 2002）。这一方法促使更多复杂动态的出现，许多分析人员发现误差修正模型可以很好地对行为长期及短期趋势的数据生成进程进行建模。与传统的向量自回归模型一样，误差修正模型可以使用脉冲响应函数和方差分解来分析。

3.4　数据聚合及参数不稳定性 【469】

在处理时间序列数据时，分析者必须经常选择数据中的时间聚合阶。例如，如果要分析国家与国家之间政治互动的数据，该以什么频率记录它们的过程？每年、每月还是每周？换言之，对这些发生在长期或是短期中的变化，例如国家间的相互反应、公众意见的转变或是经济条件的变化，我们是否感兴趣？在某些情况下，数据的可用性会替我们做出决定（例如，即使贸易每天都在发生，跨国家贸易数据可用性通常也仅每年一次）。在其他情况下，我们可以随意得到每日或每周的信息（例如各种组织所做的民意调查），对于这些信息，我们可以选择将其平均或聚合到更长的时间段中。

然而，正如弗里曼（1989）指出的那样，我们的选择具有重要的统计含义。过度聚合数据会产生估计偏差，遮蔽真实数据的生成过程。有时可消除真实关系，有时过度聚合会得出虚假相关。亦如德斯坦（1991）所指出的，来自不同时间聚集程度的军备竞赛和互惠模型所带来的实质性影响大相径庭。弗里曼提出理论中还可能有"自然时间单位"这一概念。例如，有关预算编制的理论往往需要年度数据，但国际关系中的行动—反应模型则需要更多的分类数据。

时间序列分析引出的另一个问题是参数稳定性。例如，从一段很长的时间来看，在1945年至1973年间可有效预测公众意见的统计模型，可能从1973年起就起不了什么作用了。而结构模型通常在整个样本中假设稳定的参数估计值，时间序列分析人员掌握了测试这种假设的相关技术。邹氏（Chow 1960）检验常被用来测试系数的结构稳定性。不同于 Box-Taio 干扰模式或向量自回归背景下的结构破坏实验，邹氏检验并非根植于时间序列计量经济学，但却经常被应用于时间序列数据和时间序列模型之中。[1] 最近，恩格尔（2002）开发了一类称为动态条件相关性的多变量模型来精准针对随时间

---

① 　卡尔代拉和佐恩（1998）也使用了误差修正模型背景下的结构体系变化模型。邹氏模型实质上是一种 F 检验，将全样本模型的平方和与两个子样本各自的平方和估值进行比较。

变化相关性建模,而不是简单地检验参数不稳定是否存在。

3.5 时间序列回归

【470】为了防止在使用最小二乘法回归过程中,数据出现自回归进程,因此利用如 Durbin-Watson d 这般的检验方法以确保偏差独立性。若未能满足这一最小二乘法假设,那么需要用到广义最小二乘法(GLS)的某种形式,此处,ρ 项可估且作为方差—协方差矩阵中的一个权重。贝克和卡茨(1995)表明,一些传统的广义最小二乘法可能会低估面板数据背景下的标准误差(尤其当面板数量大于或等于时间段数量时)。他们建议采用带有面板修正标准误差的最小二乘法,比起时间序列横截背景下的最小二乘法,它是一种更好的选择。

在最小二乘法框架之外,还有很多技术越来越普遍地出现在了政治学领域。在 logit 背景下,贝克、卡茨和塔克(Beck,Katz,and Tucker 1998)表明,要重点控制二进制时间序列截面数据的时间属性,这些数据基本上是事件史数据(Box-Steffensmeier,Jones 2004)。在计算模型的背景下,勃兰特(Brandt)及其同事开发了泊松自回归(PAR)和泊松指数加权移动平均(PEWMA)模型。① 泊松自回归模型和泊松指数加权移动平均模型可估计传统数量模型,同时控制住了数量生成过程的时间依赖性。

还要注意到,任一面板数据集的重要因素均为时间序列因素。然而,上面讨论的许多技术均不适用于面板数据集。差分无法出现在面板上,而且大多数比较政治和国际关系的面板数据集因过短而无法提供大多数时间序列技术所需的稳定估计。虽然面板单位根测试(参见 Enders 2004,第 225—228 页)在政治学文献中并不常见,但这一检验的存在可帮助识别数据集中某些面板的非平稳性。不幸的是,大多数面板数据是截面数据占主导地位的,这意味着面板中有许多相对短的时间序列。与所有的时间序列测试一样,较长的序列有利于确保检验的稳定性。

4. 结语

虽然时间序列分析已经以特定形式出现了近 500 年,但与其他政治学中的静态统计技术相比,它仍然比较少见。政治学中对时间序列技术的使用逐渐变多。随着时间序列方法不断更新、延长,使用也变得日益普遍。未来,相应技术也会变得越来越普遍。

---

① 详参 Brandt 等人(2000)、Brandt、Williams(2001)。

今天,经济数据以每月、每天,甚至每小时的速度增长,得以出现丰富的数据集并促成经济行为者之间的相互作用。民调数据几乎每天都在更新,而因特网新闻服务每小时提供一次事件数据来源。如今,政治学家们开始转向分析丰富的新数据源,那么他们也必将会转向时间序列的分析。

随着时间序列法的日益普及,政治学家在对全球政治行为者、经济力量和大众之间【471】关系进行分析时,有望摆脱静态行为假设进而转向动态理解。这一进步对经验认识,乃至理论都受益匪浅。政治的本质随空间和时间发生变化,而我们早已注意到统计模型中的空间变化,却往往忽略了时间变化。时间序列分析为关注时间空间变化提供了一套丰富的工具,进而加深我们对政治世界的理解。

参考文献

Alt, J. 1985. Political parties, world demand, and unemployment. *American Political Science Review*, 79: 1016–40.

Anderson, O. 1914. Nochmals über "The elimination of spurious correlation due to positionin time or space." *Biometrika*, 10: 269–79.

Beck, N. 1993. The methodology of cointegration. *Political Analysis*, 4: 237–48.

——and Katz, J. 1995. What to do (and not to do) with time series cross-section data. *American Political Science Review*, 89: 634–47.

—— ——and Tucker, R. 1998. Taking time seriously: time series-cross-section analysis with a binary dependent variable. *American Journal of Political Science*, 42: 1260–88.

Beine, M., and Laurent, S. 2003. Central bank interventions and jumps in double long memory models of daily exchange rates. *Journal of Empirical Finance*, 10: 641–60.

Bernhard, D., and Leblang, W. 2000. Speculative attacks in industrial democracies: the role of politics. *International Organization*, 54: 291–324.

Bollerslev, T. 1987. A conditionally heteroskedastic time series model for speculative prices and rates of return. *Review of Economics and Statistics*, 69: 542–7.

Box, G., and Jenkins, G. 1970. *Time-Series Analysis: Forecasting and Control*. San Francisco: Holden Day.

Box-Steffensmeier, J. M., and Jones, B. 2004. *Event History Modeling: A Guide for Social Scientists*. New York: Cambridge University Press.

——and Smith, R. M. 1996. The dynamics of aggregate partisanship. *American Political Science Review*, 90: 567–80.

—— ——1998. Investigating political dynamics using fractional integration methods. *American Journal of Political Science*, 42: 661–89.

——Freeman, J. R., and Pevehouse, J. C. forthcoming. *Time Series Analysis for Social Scientists*. New York:

Cambridge University Press.

Brandt, P.T., and Williams, J.T. 2001. A linear poisson Autoregressive Model: the Poisson AR(p) Model. *Political Analysis*, 9:164-84.

——Williams, J.T., Fordham, B.O., and Pollins, B. 2000. Dynamic modeling for persistentevent-count time series. *American Journal of Political Science*, 44:823-43.

Caldeira, G., and Zorn, C. 1998. Of time and consensual norms in the Supreme Court. *American Journal of Political Science*, 42:874-902.

Caporale, T., and McKiernan, B. 1998. The Fischer Black Hypothesis: some time series evidence. *Southern Economic Journal*, 64:765-71.

Chow, G. 1960. Tests of equality between sets of coefficients in two linear regressions. *Econometrica*, 28: 591-605.

Clarke, H.D., and Stewart, M.C. 1994. Prospections, retrospections, and rationality: the "bankers" model of presidential approval reconsidered. *American Journal of Political Science*, 38:1104-23.

Defoe, D. 1968 [1722]. *A Journal of the Plague Year*, ed. J.Sutherland.New York: Heritage Press.

Dickey, D., and Fuller, W. 1979. Distribution of the estimators for autoregressive time series with unit root. *Journal of the American Statistical Association*, 74:427-31.

—— ——1981. Likelihood ratio statistics for autoregressive time series with a unit root. *Econometrica*, 49:1057-72.

Durr, R. 1993. What moves policy sentiments? *American Political Science Review*, 87:158-72.

Enders, W. 2004. *Applied Econometric Time Series*, 2nd edn.New York: Wiley.

Engle, R. 1982. Autoregressive conditional heteroscedasticity with estimates of the variance of United Kingdom inflation. *Econometrica*, 50:987-1007.

——2002. Dyanmic conditional correlation: a simple class of multivariate generalized autoregressive conditional heteroskedasticity models. *Journal of Business and Economic Statistics*, 20:339-50.

——and Granger, C. W. J. 1987. Cointegration and error correction: representation, estimation, and testing. *Econometrica*, 55:251-76.

Flemming, R., Wood, B., and Bohte, J. 1999. Attention to issues in a system of separated powers: the macrodynamics of American policy agendas. *Journal of Politics*, 61:76-108.

Franzese, R.J., Jr. 2002. Electoral and partisan cycles in economic policies and outcomes. *Annual Review of Political Science*, 5:369-421.

Freeman, J. 1983. Granger causality and the time series analysis of political relationships. *American Journal of Political Science*, 27:327-58.

——1989. Systematic sampling, temporal aggregation, and the study of political relationships.In *Political Analysis*, ed. J.Stimson.Ann Arbor: University of Michigan Press.

——1990. Systematic sampling, temporal aggregation and the study of political relationships. *Political Analysis*, 1:61-88.

——Houser, D., Kellstedt, P. M., and Williams, J. T. 1998. Long-memoried processes, unit roots, and causal inference in political science.*American Journal of Political Science*,42:1289-327.

——Williams,J.,and Lin,T. 1989. Vector autoregression and the study of politics.*American Journal of Political Science*,33:842-77.

Goldstein,J. S. 1991. Reciprocity in superpower relations: an empirical analysis. *International Studies Quarterly*,35:195-209.

——and Freeman,J. 1990. *Three Way Street:Strategic Reciprocity in World Politics*.Chicago:University of Chicago Press.

——and Pevehouse,J. 1997. Reciprocity,bullying,and international cooperation:time series analysis of the Bosnian conflict.*American Political Science Review*,91:515-29.

Gottman, J. 1981. *Time Series Analysis:A Comprehensive Introduction for Social Scientists*. Cambridge, Mass.:Cambridge University Press.

Graunt,J. 1975 [1662].*Natural and Political Observations Made upon the Bills of Mortality*.Salem,NH: Arno River Press.

Green,D.,Palmquist,B.,and Schickler,E. 1998. Macropartisanship:a replication and critique.*American Political Science Review*,92:883-99.

Gronke,P.,and Brehm,J. 2002. History,heterogeneity,and presidential approval:a modified ARCH approach.*Electoral Studies*,21:425-52.

Hamilton,J.D. 1994. *Time Series Analysis*.Princeton,NJ:Princeton University Press.

Hibbs,D. 1977. Political parties and macroeconomic performance.*American Political Science Review*,71: 1467-79.

Hooker,R. 1905. On the correlation of successive observations.*Journal of the Royal Statistical Society*, 68:696-703.

Kennedy,P. 1992. *A Guide to Econometrics*,3rd edn.Cambridge,Mass.:MIT Press.

Klein,J. 1997. *Statistical Visions in Time*.Cambridge:Cambridge University Press.

Krause,G. 1997. Policy preference formation and subsystem behaviour:the case of commercial bank regulation.*British Journal of Political Science*,27:525-50.

——2002. Separated powers and institutional growth in the presidential and congressional branches:distinguishing between short-run versus long-run dynamics.*Political Research Quarterly*,55:27-57.

Leblang, D., and Mukherjee, B. 2004. Presidential elections and the stock market:comparing Markov-Switching and fractionally integrated GARCH models of volatility.*Political Analysis*,12:296-322.

Lebo,M.,and Clarke,H.D. 2000. Modelling memory and volatility:recent advances in the analysis of political time series.*Electoral Studies*,19:1-7.

——Walker,R.W.,and Clarke,H.D. 2000. You must remember this:dealing with long memory in political analyses.*Electoral Studies*,19:31-48.

Lee,T.,and Tse,Y. 1991. Term structure of interest rates in the Singapore Asian dollar market.*Journal of Applied Econometrics*,6:143-52.

Lutkepohl,H. 1993. *Introduction to Multiple Time Series Analysis*.New York:Springer-Verlag.

McCleary, R., and Hay, R.A., Jr. 1980. *Applied Time Series Analysis for the Social Sciences.* Beverly Hills, Calif.: Sage.

MacKuen, M., Erikson, R., and Stimson, J. 1989. Macropartisanship. *American Political Science Review*, 83: 1125-42.

—— —— ——1992. Peasants or bankers? The American electorate and the U.S. economy. *American Political Science Review*, 86: 597-611.

Maddala, G.S., and Kim, I.-M. 2000. *Unit Roots, Cointegration, and Structural Change.* Cambridge: Cambridge University Press.

Norpoth, H. 1992. *Confidence Regained: Economics, Mrs. Thatcher, and the British Voter.* Ann Arbor: University of Michigan Press.

Oatley, T. 1999. Central bank independence and inflation: corporatism, partisanship, and alternative indices of central bank independence. *Public Choice*, 98: 399-413.

Sims, C. 1980. Macro-economics and reality. *Econometrica*, 48: 1-48.

Slutzky, E. 1937. The summation of random causes as the source of cyclic processes. *Econometrica*, 5: 105-20.

Stock, M., and Watson, J. 1988. Testing for common trends. *Journal of the American Statistical Association*, 83: 1097-107.

Student (Gosset, W.) 1914. The elimination of spurious correlation due to position in time or space. *Biometrika*, 10: 179-80.

Ward, M.D., and Rajmaira, S. 1992. Reciprocity norms in U.S. foreign policy. *Journal of Conflict Resolution*, 36: 342-68.

Williams, J. 1990. The political manipulation of the macroeconomic policy. *American Political Science Review*, 84: 767-95.

——and Collins, B. 1997. The political economy of corporate taxation. *American Journal of Political Science*, 41: 208-44.

Wold, H. 1938. *A Study in the Analysis of Stationary Time Series.* Stockholm: Almqvist and Wiksell.

Yule, G.U. 1921. On the time-correlation problem, and especial reference to the variate-difference correlation method. *Journal of the Royal Statistical Society*, 84: 497-537.

——1926. Why do we sometimes get nonsense-correlations between time series? A study in sampling and the nature of time series. *Journal of the Royal Statistical Society*, 89: 1-63.

第二十章 时间序列截面分析方法

纳撒尼尔·贝克(Nathaniel Beck)

时间序列截面(TSCS)数据是由各种单位观察所得的比较时间序列数据组成。此研究范式应用于研究比较政治经济学,其中以国家(通常是先进工业民主国家)为单位,观察每个国家各种政治经济变量的年度数据。此类研究的标准问题涉及经济成果、政策的政治决定因素。现已出版数以百计的此类研究成果。①

时间序列截面数据类似于"面板"数据,其中通过少量"波动"(访谈)得以观测大量研究单位,这些研究单位是指绝大部分调查对象。任何能顺利处理单位数量增长的程序也应适用于面板数据处理;然而,并不是任何依赖于大量时间点的程序都适用于面板数据。时间序列截面数据结构通常与面板数据结构相反:对于单位数量相对较小的观察通常是在一定的合理时间范围内进行的。因此适用于面板数据分析的方法并不一定适用于时间序列截面数据,反之亦然。②

所有这些数据类型都是"多阶"(或"分层")数据的特殊形式。多阶数据是由低阶观测数据意义整合而成的。因此进行教育研究时,可以观察学生,学生可看作班级的一分子,而班级可以被看作学校的一部分。通常将时间序列截面数据看作有着许多额外结构的多阶数据。

半个多世纪以来,政治学家一直打着研究选举的旗号,对面板数据已颇为熟悉。而时间序列截面数据只是最近才流行起来的。如被编入了 JSTOR 期刊论文库的阿道夫、

---

① Garrett(1998)分析了一例典型研究。该研究观察从 1996 年到 1990 年,经合组织 14 个先进工业民主国家每年所得数据中,政治变量和劳动力市场变量在经济政策和经济结果方面所起的作用。Adolph、Butler 及 Wilson(2005)提供了一份包含每项数据集某些特性分析的详表。

② Hsiao(2003)仍是阅读这类问题时最好的通识文本。

巴特勒及威尔逊(Adolph, Butler, and Wilson 2005)的政治学研究论文①,他们发现1975年前时间序列截面术语的使用并不常见,直到20世纪80年代末用时间序列截面相关术语进行分析的论文才喷薄而出。报告称,1996年至2000年所有发表的政治学文献有5%的文献提及了时间序列截面术语或面板术语,该时期有近200个实证分析用到了时间序列截面数据。贝克与卡茨(Beck, Katz 1995)对时间序列截面数据的方法论探讨大量引用了《美国政治学评论》1985年以来发表的论文。

为何从20世纪80年代中期起,时间序列截面分析法的热度开始直线上升呢?这就要归功于斯廷森(Stimson 1985)所作的那篇开创性论文了,文中探讨了政治学中面板数据及时间序列截面数据的重要性。这是第一篇谈及有关时间序列截面数据一般方法论问题的政治学文章。但同时值得一提的是,那一年比较政治学的学者也开始受到斯廷森研究的影响。

1985年以前,大多数定量比较政治学是由截面数据回归分析组成的。研究人员对先进工业民主国家的政治经济发展研究燃起了兴趣(Cameron 1978; Lange, Garrett 1985),并对15次观察数据进行回归分析,但也引发了一个争议:是否其中一次极具影响力的观察会直接决定研究的最终结果?既然观测结果不可能创造出更先进的工业化民主国家,也不可能将非先进工业民主国家加入数据集中,那么它能在时间领域添加许多额外观察结果的这一能力显然是很有吸引力的(Alvarez, Garrett, and Lange 1991)。时间序列截面分析法现已成为比较政治经济学研究的标杆。结合对"民主和平"冲突的跨年度研究(例如Maoz, Russett 1993,该研究是《美国政治学评论》1990年来发表的论文中第二大最常被引用的论文),就能看出时间序列截面分析法有多流行了。

1. 探索性分析

和其他分析者一样,时间序列截面分析者也应首先通过数据检查来辨识数据的重要特性。时间序列截面数据的一般数据检查会涉及数据是否有长尾或偏离现象、数据【477】是否存在极端界外值和其他诸如此类问题,这些情况必须在回归型分析开始之前检查清楚。另外,分析者还要注意不同的横截面单位是否相似、每个随时间变化的单位会否出现实质变化,以及这些数据是否显示出时间序列特性。这一点是与因变量或者说与其他变量最为相关的。

人们可以从常用的时间序列分析方法来看数据的时间序列属性。因此可以根据时

① JSTOR:西文过刊全文数据库。

间绘制数据用以检测研究对象发展趋势,也可以通过相关性图表(尊重数据分组的基础上构建相关性,这需要能感知数据时间序列特性及截面特性的分析程序)、通过自回归来检查变量是否有单位根。而对这类数据的单位根检验是一个全新而有效的方法领域(a new and active area,Im,Pesaran,and Shin 2003),的确,运行时间序列截面数据的自回归并观察附近是否有滞后变量系数并不难。

对于截面数据问题的探索性分析最好使用箱形图,按单位绘制变量进行分析。由于这些单位通常都是有意义的(国家)并且数量不多(约 20 个),可以从这些图表中收集到大量信息。特别是可以辨别变量的中心和分布是否与单位不同,辨别一个单位或几个单位与大部分单位是否有很大的区别。在这一点上,研究者应该考虑到某一个单位是否应该从分析中删除,或是该研究单位的异质性(均值或方差)是否可以建模。

2. 符号

我们通过单方程的建立进行说明。虽然单一方程可以扩展成联立方程框架,但是这种扩展并不多见。我们用下标 i 表示单位, t 表示时间。t 通常表示日历时间(通常是一年),因此不同单位中同一时间下标 t 代表相同的时间点。因变量为 $y_{i,t}$,k 向量自变量为 $x_{i,t}$ 。因而建立起一个非常简单的(合并)模型:

$$y_{i,t} = x_{i,t}\beta + \epsilon_{i,t}; i = 1,\cdots,N; t = 1,\cdots,T \tag{1}$$

这一模型假设数据结构呈长方形,即每一个单位 N 都是于同一时间 T 观察出来的。开始和结束的时间点变化较小的单位更易于处理;时间框架内的数据丢失可以通过标准多重填补法进行处理(King 等,2001)。

我们采用何种自变量来解释变量 y 当然是一个重要的问题。即使一个好的预测于变量 y 而言胜过各种计量操作,但在妥善选择解释变量(以及相关问题,比如函数形式)的前提下,还需重视这些计量操作。【478】

对于计量经济学上的问题,我们用 Ω(对角上的方差项)表示误差协方差。这是一个带有典型元素 $E(\epsilon_{i,t} \epsilon_{j,s})$ 的 NT×NT 矩阵。若 Ω 符合高斯—马尔科夫假设(即假设所有非对角元素为零,且所有对角元素完全相同),那么使用最小二乘法(OLS)是妥当的且估计操作也很简单。若不符合高斯—马尔科夫假设,那么最小二乘法仍保持一致性,但如此最小二乘法并非全部有效且报告中标准误差的准确度也将受到影响。有两个问题备受关注,时间序列截面数据是否会违背高斯—马尔可夫假设,以及如何提高那些基于违背假设的数据的估计。我们先从数据的时间序列特性相关问题讲起,然后再考虑截面数据的复杂性。

3. 动态问题

3.1 固定数据

了解时间序列截面数据时间特性影响最简单的方法就是时刻记住得到时间序列数据的每个单位,如此一来我们对适用于时间序列截面数据的时间序列数据(已作必要修改)加以了解。因此,对于数据是否为序列独立进行的标准测试仍在继续,所有处理序列依赖数据的估计方法仍然有效,同时所有与动态进程建模相关的问题仍有据可依。[①] 因时间序列截面数据通常为年度数据,所以我们关注一阶进程,并直接对高阶进程进行推演。

与以往一样,我们可以将动态问题视为一种估计干扰,或者视为建模要面对的严峻挑战。现代分析者多半倾向于后者(Hendry, Pagan, and Sargan 1984; Hendry, Mizon 1978)。当然,仍然需要确保选择适当的估算方法。首先要注意动态规范通常包括滞后因变量。但只要误差呈序列独立,无论动态规范是否包含滞后因变量,最小二乘法(至少在时间序列问题上)都是适当的。测试序列相关误差通常用拉格朗日乘数检验(Lagrange multiplier test)较为妥当。检验实施起来很容易。首先运行最小二乘法,然后基于残差滞后值及其他因变量对最小二乘法残差回归(对一阶序列相关检验的滞后),
【479】接着比较统计 NTR^2 及 χ^2 单自由度分布。若不排斥误差无序列相关性为零,那么最小二乘法适当。

如果误差具有序列相关性,那么可通过最大似然或可行广义最小二乘法估计模型。诸如 Cochrane-Orcutt 这类的迭代法中,动态规范若存在滞后因变量,则可能在动态规范中找出局部极大值,但这并不成问题,要是还不放心,即可通过几个不同参数变量集的迭代,总能找到总体极大值(Hamilton 1994,第 226 页)。但通常,纳入一个滞后因变量将几乎消除误差所有的序列相关(因为滞后依赖变量暗中将滞后误差项引入了规范之中)。

要看到滞后因变量的使用与一个序列相关误差的静态模型没有本质区别,请注意这两个模型都是一般"自回归分布滞后"模型的特殊形式。

$$y_{i,t} = x_{i,t}\beta + \phi\, y_{i,t-1} + x_i, t\gamma + \epsilon_{i,t}; i = 1, \ldots, N; t = 2, \ldots, T \tag{2}$$

其中误差序列独立。滞后因变量模型假设 $\gamma = 0$,其中模型序列相关(一阶自回归)

[①] 时间序列截面数据中更多相关问题的进一步探讨,详参贝克、卡茨(2004)。

模型误差设为 $\gamma = -\beta\phi$。普遍的自回归分布滞后模型可估,同时数据是否支持对 γ 双约束亦可检验。通过最小二乘法施行并不难,而且几乎所有案例均可实施。

3.2 非平稳数据

还有个问题对建模动态结果影响颇深:单位根检验。在方程(2)中,ϕ 值可能接近 1。而在确定准确的检验统计量时,是否可以避免单位根(unit roots)出现颇有争议(Im,Pesaran,and Shin 2003),单位根(或非平稳数据)的出现对研究结果会有极大的影响。估计模型过程中若出现单位根,无论是用滞后因变量或序列相关误差来进行估计,最终都可能得出严重的误导结果(伪回归)。因此,在估计一个动态模型后,一定要看看残差是否平稳(也就是说,滞后残差的自回归是否显示滞后残差项接近 1,并检查是否有任何滞后因变量项系数接近 1)。比起无单位根数据空值进行精准检验,倒不如查看某些系数是否极接近 1(尤其是在考虑到大样本的样本量并进而考虑到易出现在时间序列截面数据中较小的标准误差时)。

那么如果分析者发现数据具有不平稳性时,应该如何处理呢?很显然,这一问题不容忽视。他们可以简单地模拟短期运行,也就是说,放弃对长期运行模式的任何尝试,转而考虑一阶差分。或者,使用恩格尔及格兰杰(Engle and Granger 1987)、戴维森等人(Davidson 等人 1978)研究出的多种误差修正模型,尽管这一方法一般用于单一时间序列数据而非处理时间序列截面数据。忽略这一问题可能会带来严重后果,但目前仍需暂时搁置等待进一步的研究。 【480】

4. 截面数据问题

建模得当的前提下,若发现序列独立误差,有可能是数据中的截面(空间)复杂性使其违反了高斯—马尔科夫假设。尤其是不同单位根造成的误差会出现不同的差分方差(面板异方差)或单位间误差相关。若单位间误差具有相关性,则通常假设两者均不依时间改变且只发生在两者于同一时间点测得;如此一来典型干扰允许误差具有同期相关性。预期,在开放经济下的政治经济研究中会出现误差同期相关性;一国所受冲击也可能影响到其贸易伙伴(无论是共同冲击或是贸易意外冲击)。

4.1 传统的方法

研究人员担心这种空间干扰会发展为"可行的广义最小二乘法"(FGLS)。这一方法采用最小二乘法来估计模型,然后用最小二乘法残差来估计误差协方差矩阵 Ω,接着在此基础上产生符合高斯—马尔科夫假设的数据变换。帕克斯(Parks 1967)提出了应对同期相关误差和面板异方差误差的 FGLS 程序。

贝克、卡茨(1995)的研究表明,FGLS 程序除 T>>N 时,其余情况下统计特性极差,这一点很少见。因此这一方法现在并不常用。研究人员担心修正标准误差会取代最小二乘法标准误差,因为同期相关及面板异方差误差的情况下可以使用"面板修正标准误差"(PCSEs)。

这包括当高斯—马尔科夫假设 $\Omega = \sigma^2 I$ 被违反时,对最小二乘法标准误差常用公式的使用。最小二乘法估计中协方差 β 在此处表示为

$$(X'X)^{-1}(X'\Omega X)(X'X)^{-1} \tag{3}$$

在假设情况中,不同时间点的误差相互独立,Ω 为区组对角矩阵,随着区组下降,【481】对角为误差同期协方差矩阵 $N \times N$(对角线项为单位特殊方差)。设 V 表示这一矩阵。V 可以通过最小二乘法残差 $e_{i,t}$ 重复 T 次而估计出来(已假定误差协方差矩阵不随时间变化,保持稳定)。方差和协方差则更好估计(所以通过 $\dfrac{\sum_{t=1}^{T} e_{i,t}\, e_{j,t}}{T}$ 估计 $V_{i,j}$)。那么面板修正标准误差为以下公式对角线项的平方根

$$(X'X)^{-1}X'(\hat{V} \otimes I_T)\, X\, (X'X)^{-1} \tag{4}$$

其中 $\otimes$ 表示克罗内克积(Kronecker product)。由于 V 矩阵是基于 T 次重复后的平均值估计出来的,所以 V 矩阵有着处理典型的时间序列截面数据的良好性能。

可能看起来这一程序与怀特(White 1982)所提出的异方差一致标准误差相似。但怀特的程序只在异方差性上表现稳健,而没有设想到同一单位内方差不变;并且误差也不具备同期相关性。同时由于所观测的每处都有一个方差项,怀特所提程序严重依赖渐近性态。面板修正标准误差,因此只要 T 值大,程序进展就会很顺利(面板修正标准误差的性能表现纯粹为 T 在起作用,而非 N)。蒙特卡洛(Monte Carlo)实验表明,当高斯—马尔科夫假设成立时,面板修正标准误差会极接近最小二乘法标准误差,同时,假设不成立时,只要 $T>15$,面板修正标准误差要远优于最小二乘法标准误差(Beck and Katz 1995)。

4.2 空间视角

面板修正标准误差只能简单修正最小二乘法标准误差,因为简化最小二乘法假设可能会导致时间序列截面数据无效;显然最好对这一进程进行建模并用该模型改善估

计。空间计量经济学相关理念可以促成这一步骤(Anselin 1988)。FGLS 程序可以顾及任意误差的同期相关性;不将任何结构加之于这些误差之上,因而一定要估计额外参数的过度量。空间法顾及误差相关性的简单参数化,使得合此误差的时间序列截面数据得以被更好地估计。此般参数化被称为"空间滞后误差"模型。讲过模型检测后,就该看看另一种更为常用的"空间自回归"模型了。

以空间法假设,会先假设一个与误差联系密切的先验特定加权矩阵。因而,不同于可行的广义最小二乘法,空间法考虑到了误差相关性的任意模式。当然空间法只在特定权重下才接近正确进而更优。地理学家通常假设地理位置附近单位相似,但任何加权都可适用。贝克、格莱迪奇及比尔兹利(Beck, Gleditsch, and Beardsley 2006)认为,对于政治经济学的研究往往最好假设国家间根据其贸易水平(与国内生产总值成比例)相互联系。

设 W 表示(预先指定的)空间加权矩阵,即 $NT \times NT$。设 $w_{i,t,j,s}$ 为该矩阵典型元素,假设所有误差相关性是同时发生的,且 $t \neq s$,则意味着 $w_{i,t,j,s} = 0$。同期观察下,我们会 【482】得出非零权重(显然 $w_{i,t,i,t} = 0$)。那么每一矩阵行的权重通常为标准化权重,总和为 1。

空间滞后误差模型为

$$y_{i,t} = x_{i,t}\beta + \epsilon_{i,t} + \lambda\, W_{i,t}\, \epsilon_t \tag{5}$$

其中 $w_{i,t}$ 与 W 行单位 i 对应,误差向量单位为 ϵ,二者同时发生在时间 t 上。

因此仅需对额外参数 λ 进行估计。这样的模型通过标准空间计量经济学估计软件就可以轻易估计得出,而且所得性能良好。若 $\lambda = 0$,则模型简化为标准非空间线性回归模型。

要强调的是,此处假定误差具有序列独立性(可能规范中包含了一些滞后变量)。也并没有考虑到面板异方差,虽然实际上这一点在因变量测量得当的前提下不成问题(称为 GDP 比例)。

空间滞后误差模型中,假设单位间误差相关,但其他观测结果却相互独立。因变量相联系时生成另一种合理模型;比如因变量为失业率时,若国家贸易伙伴失业率提高,那么本国失业率也会增高(加权矩阵如上)。如果要假设这些空间效应时间滞后同时发生,且没有其余误差序列相关,空间自回归模型(同时也是时间滞后模型)为

$$y_{i,t} = x_{i,t}\beta + \gamma\, W_{i,t}\, y_{t-1} + \epsilon_{i,t} \tag{6}$$

其中 y_{t-1} 是 y 滞后值的一个向量。空间自回归滞后通常包含在基于非正式推理的规范之中,所以最好在空间计量经济学背景下考虑这一模型。特别的,这一模型只在误差序列独立(可能在包括规范中时间滞后 $y_{i,t-1}$)的情况下才方便估计。如果误差有序列独立性,则模型可以通过最小二乘法估计;简单以所有其他因变量单位的滞后加权

平均数可大致得出模型结果。这种模型前提假设空间滞后及时间滞后都参与其中。因实质问题的不同,该假设可信度也相应不同。

5. 异质性单位(Heterogeneous Units)

到目前为止,我们假设了一个完全混合模型,即各单位参数值相同且遵守同样的规范。有许多方法得到方程(1)中单位到单位异质性(或其动态对应)。为符合时间序列截面数据要求,假设组内单位具有同质性。

【483】 ### 5.1 固定效应模型

估计单位异质性的最简方法就是允许截距根据单位变化,建立"固定效应"模型。由此可得

$$y_{i,t} = x_{i,t}\beta + f_i + \epsilon_{i,t}。 \tag{7}$$

(该表示法中没有常数项)该模型轻而易举就能通过最小二乘法估计得出。固定效应既能解释变量 y,又与 x 相关,如果此固定效应被略去,那么就会造成变量偏差遗漏(Green, Kim, and Yoon 2001)。通过估计方程(7)再检测所有 f_i 值相等情况下的零假设,研究人员应准确检测出存在固定效应的可能性。检测一个含常数项的模型,最简单的方法就是标准 F 检验,检测出零空间中其他所有效应为零,则一特定效应下降。

固定效应模型相当于所有观察值的单位集中,因此唯一存在的问题就是 x 的时间变化是否与 y 的时间变化相关;截面效应皆因单位集中而消除。因此,不以时间变化为转移的变量所带来的影响便无法估计。同时变化小的变量,其效益也几乎变得无法估计。这是一个严肃的政治经济学问题,我们总是关注制度影响,但几乎所有制度带来的影响都是长期且缓慢的。

所幸通常只有极特定的模型才会不需要固定效应。理想情况下,人们希望用实质变量来解释相关效应,而不是简单地得出"德国增长速度更快,因为它是德国"这样的结论。也会出现错误动态导致滥用固定效应的情况(Beck and Katz 2001)。若无固定效应的零位检验仅对零位有轻微假设,那么最好不计入固定效应。但在需要固定效应的模型中,不计入固定效应又会导致变量偏差遗漏。

随机效应模型可能会解决固定效应引起的这些问题。随机效应模型类似于方程(7)的模型,不过 f_i 是从正态分布中提取出来的。但随机效应模型假设效应正交于自变量,因此任意问题假设都会导致变量偏差遗漏。而随机效应模型适合用于面板数据

处理,因为随机效应模型无须应对时间序列截面数据异质性的重要问题。

5.2　通过交叉验证评估异质性

交叉验证(每次只删除一个单位)是一种检查异质性的有利工具。交叉验证的模型评估技术十分知名,对于那些尚未用于估计模型的数据交叉验证便能准确"预测"出来(Stone 1974)。交叉验证可以轻易通过时间序列截面数据来估计模型并检测某些分　【484】
析单位是否无法合并。

交叉验证通过时间序列截面数据估计模型时,先省去一个单位,再利用其他估计对省去的单位 y 值进行估值,然后可以根据预测值的均方误差来比较模型。交叉验证旨在通过检查数据预测以确保未用于估计模型的数据不出现过度拟合(在转向更复杂的带有更多自变量及非线性函数形式的模型时,交叉验证显得更为至关重要,因为这类模型更易出现数据的过度拟合)。

交叉验证(每次删除一个单位)不仅能用于模型比较,还能用于观察是否一个(或几个)单位与其他大多数单位模式不同。虽然简单地排除与模型不太匹配的数据集单元显然不妥,但对于评估所有单元是否属于模型却颇有用处。因此如果单位既有较大的交叉验证预测误差又可能在其他方面与其他单位不同,那么有必要将这一单位排出模型分析。例如,即使土耳其(在将来的某一时间点内)属于欧盟数据集之内,但在先进民主的政治经济模式下可能土耳其就不应该被纳入考虑范围内。在比较政治学研究案例中,经常会出现了解单位多过了解变量值的情况。

交叉验证可被用于探究一个或少数几个单位是否应从回归中排除。不同单位可能遵循着不同的制度。因此,欧盟中的老牌西欧国家可能不与欧盟中东欧这些新成员相提并论。这一预感可以这样检测:创造东欧虚拟变量然后将其与所有因变量用标准 F 检验相互作用,标准 F 检验通常用于评估交互作用项是否大幅度提高拟合优度。也可能是东欧虚拟变量和多种国家固定效应所造成的情况。一些数据收集组织收集一组单位数据并不意味着这些单元用于估计完全混合模型足够均齐。

5.3　随机系数模型

用以下方程很有可能分别估计出每个分析单位的模型:

$$y_{i,t} = x_{i,t}\beta_i + \epsilon_{i,t} \tag{8}$$

若 T 值足够大,那么估计 N 个不同的时间序列并不难办(单一国家的时间序列分

析肯定有着很长的历史)。但 T 值通常不够大,不足以使得单位时间序列分析合理
(Beck and Katz 2007,他们通过模拟数据发现,即使 $T<30$ 时单位存在异质性,完全混合
【485】 模型对于单位 β_i 的估计效果也很好)。纵使 T 值扩大,每个国家的不同时间序列分析
也使得比较政治学变得很难做。

较好的折中方案就是采用"随机系数模型"(RCM)。该模型估计单位异质性,但同
时假设各种单位阶系数出自一个常见(正态)分布。因此,随机系数模型加方程(8)
得出

$$\beta_i \sim N(\beta, \Gamma) \tag{9}$$

其中 Γ 表示方差矩阵且协方差项可估。Γ 表示单位参数的非均匀程度($\Gamma = 0$ 时,
即完全均匀)。必须(并限制)假设如下,随机过程衍生出的变量 β_i 独立于误差过程且
与自变量向量不相关,当然这一假设比完全均匀假设限制相对少一些。随机系数模型
有一个古老的传统,至少可以追溯到史密斯(1973)、韦斯顿(1998)首先对这一模型在
比较政治学背景下的情况进行了讨论。

虽然随机系数模型通常使用贝叶斯方法进行估计,但也可以通过标准最大似然法
进行估计(Pinheiro and Bates 2000)。先前要估计随机系数模型十分棘手,但应用软件
包的广泛使用及不断创新使得这一工作不再棘手。贝克及卡茨(2007)发现了随机系
数模型对 β 整体有着更优估计,无论单位异质性存在与否、显著与否,随机系数模型仍
能对单位 β_i 很好地进行估计。通过求出完全混合逐一单位估计及独立逐一单位估计
的平均数,来估计单位 β_i,其中平均数量广义为逐一单元估计的全异度及对相关估计
(其标准误差)的置信度。因此,单位 β_i 的随机系数模型估计使得逐一单位估计"缩水"
至混合估计,缩水程度依经验而定;或者我们可以通过从其他估计"借力"而提高低精
度的逐一单位估计。

考虑到可能有一定数量的单位异质性存在,分析者应定期估计随机系数模型。以
此决定是否有足够的均齐性回到完全混合模型。随机系数模型提出了估计单位的好方
法,这一方法也可用于观察某些单位是否有参数或某些单位与其他单位是否有很大不
同,这两种类型不可混合。

随机系数模型是多层次模型的一个特例;年度数据嵌套在国家中。与一般数据不同,
随机系数模型假设低阶数据与年度观测(而不是由国家嵌套的调查对象)相联系。因此,
可以使用所有我们讨论的各种动态规格,以及各种多阶方法来分析随机系数模型。

随机系数模型(从多层次模型承袭的)最显著的特点就是,我们可以将单位系数变
【486】 化建模为单位阶变量函数。因此,在某一单位阶 z_i 上,某一变量 $x_{i,t}$ 的边际效应可作用
于变量 $y_{i,t}$。特别是可以将方程(9)概括为

$$\beta_i = \alpha + z_i k + \mu_i \tag{10}$$

其中,μ取自k变量正态分布。以单位阶协变量为假定变量对因变量与自变量间关系的建模的能力,使得随机系数模型成为一种极其强大的比较分析工具。是随机系数模型使我们从含糊其词"法国与德国有些变量不一样",转而明确指出"是两国的制度差异导致两国所受影响不同"。

6. 二进制因变量

到目前为止,我们的讨论局限于具有连续因变量的模型。这在比较政治经济学研究中运行良好,因为因变量通常是一种经济政策或经济结果。但是时间序列截面数据在国际关系研究中也很常见(Maoz and Russett 1993);此处变量往往为二进制因变量,最常见的例子就是,两个国家在给定的任意一年是否发生冲突。①

国际关系研究中最常见的数据集就是"双年"设计("dyad-year"design)。这是时间序列截面数据的一种形式,但是单位都是随时间推移(通常为一年一次)对成对的行为者(通常是一对儿国家)进行观测。因变量可能为连续因变量(比如国际贸易研究)或二进制因变量(比如冲突研究)。这一对行为者可能为直接,也可能为间接;直接情况下,因变量表现为接受者所接收内容(因此 AB 与 BA 为不同对),而间接情况下发出者与接受者并无区别(因此 AB 与 BA 相同)。

双年数据远比时间序列截面数据棘手:AB 与 AC 的关系不可能是完全独立的。贝克、格莱迪奇及比尔兹利(Beck,Gleditsch,and Beardsley 2006)讨论了如何利用空间计量经济学方法来处理贸易背景下的问题。简单考虑空间滞后误差,对中包含的重叠成员 【487】相邻而其他的不相邻。这一问题比二进制因变量要复杂得多。

二进制时间序列截面(BTSCS)数据所存在的其他问题可能更为重要。特别是缺少简单残差使得误差过程时间序列建模或是截面特性建模变得更加困难。我们可以将二进制时间序列截面数据视为从下面的潜变量 1 和 0 的实现中产生的。

$$y_{i,t}^* = x_{i,t}\beta + \epsilon_{i,t} \tag{11}$$

---

① 也可以得到有序因变量或多分因变量。关于如何估计这类模型我们知之甚微,虽然下面我们将看到历史事件方法使得研究人员得以研究多分因变量。有限因变量面板模型是一个非常灵活的研究课题(Wooldridge 2002),时间序列截面相应研究却并不多见。研究人员处理有限因变量时间序列截面数据时肯定会用到休伯(Huber 1967)的稳健标准误差法,但这还不够。贝克等人(Beck 等人 2001)讨论过一些较复杂的潜变量法,但是这却是些未经证实的新方法。我并没有进一步研究这类复杂问题。也可能这些方法适用于分析时间计数为因变量的模型(Cameron and Trivedi 1998),同时,最近软件开发使得带计数因变量的时间序列截面模型估计变得容易。

$$y_{i,t} = \begin{cases} 1 & \text{若 } y_{i,t}^* > 0 \\ 0 & \text{其他} \end{cases} \tag{12}$$

若观察潜变量 $y*$，事情就会变得很简单，但是我们不这么做。因为如此一来我们便不能利用已实现变量 y 的 logit[①] 分析所得"预测误差"，对潜在误差的协方差矩阵 Ω 做出判断。

波里尔和路德（Poirier and Ruud 1988）表明，存在于序列相关误差中的"普通"概率（即，标准概率分析假设潜变量误差为序列独立）始终如一；然而普通概率效率低下，易生出错误的标准误差；普通 logit 分析亦然。他们还提出使用稳健的协方差矩阵可修正标准误差。波里尔、路德二人的研究成果不仅适用于单一时间序列，同时适用于二进制时间序列截面数据中的时间序列成分。贝克、卡茨及塔克（Beck, Katz, and Tucker 1998）指出，使用休伯（1967）所提的稳健标准误差，假设某一单位的所有观察值有相互关系，纵使休伯没有考虑到单位误差结构应具序列相关性，此番假设仍为多变的普通 logit 标准误差提供了合理且正确的评估。但我们能做的，不只是修正标准误差这么简单。

6.1 事件史分析法

二进制时间序列截面数据可以被看作以 1 结尾的零序列，亦可看作以 0 结尾的一序列。因此，我们可以看到每年的二进制数据或事件史数据，会带有随时间变化的协变量并给出 1 和 0 序列长度。[②] 后者信息性更强。在事件史分析中我们的关注点在于说明一段时长，也就是终点为 1 的零序列长度。如果将第一个序列之后的所有一序列都从数据集中删除，可得标准离散持续时间数据。而数据可通过标准离散时间法进行分析，其中最常用的时间离散法便是考克斯（Cox 1975）比例风险模型。

【488】 贝克、卡茨及塔克（1998）研究表明，logit 分析可看作对于离散时间年度风险的估计，年度风险从 0 到 1 转换（从和平到冲突），若全年存在冲突，那么第一年之后的一序列都会被从数据中删除。风险率是指从 0 到 1 的转换率，但前提是此前从未发生过转换。正是因为后续 1 序列观察值的删除，才需要实施这一前提要求。Logit 分析添加了一系列虚拟变量用以表示自上一事件以来的年份（即，先前 0 的数量），此处 logit 分析近似一个离散时间 Cox 模型。自上一事件以来的年份与考克斯基线风险一年下来的积

---

① 这里所说的一切也适用于概率单位或其他二进制变量"链接"函数。
② 详参珍妮特·M.博克斯-史蒂芬斯迈埃尔及琼斯（Box-Steffensmeier and Jones 2004）对于事件史分析法的概述。本节其余部分假定部分人熟知事件史分析法与术语。

分相对应；未指定基线风险的情况下，将年度积分视为虚拟数据处理，以避免信息丢失。[1] 是事件史世界中必须长久存在这些 logit 分析中的时间虚拟变量数据；也就是说，一段时间终止的几率随其本身长度不同而不同。

考克斯比例风险模型可看出事件史分析与 logit 年度分析之间的联系，该模型假定瞬时危险率（在没有事先转换的前提下从 0 到 1 的转换在极小的时间间隔发生的比率）具有以下形式

$$h_i(t) = h_0(t)\, e^{x_{i,t}\beta} \tag{13}$$

其中，i 表示单位，t 表示连续时间，$h_0(t)$ 为未指定基线风险函数。

我们只观察时间 $t-1$ 及时间 t 之间（假设年度数据）的转换是否发生，并关注 t 年转换的可能性，$P(y_{i,t} = 1)$。假设没有先前的转换及标准事件史公式，我们得到

$$P(y_{i,t} = 1) = 1 - \exp\left(-\int_{t-1}^{t} h_i(\tau)\, d\tau\right) \tag{14a}$$

$$= 1 - \exp\left(-\int_{t-1}^{t} e^{x_{i,t}\beta} h_0(\tau)\, d\tau\right) \tag{14b}$$

$$= 1 - \exp\left(-e^{x_{i,t}\beta} \int_{t-1}^{t} h_0(\tau)\, d\tau\right) \tag{14c}$$

由于未指定基线风险，我们可以把基线风险积分作未知常数处理。规定：

$$\alpha_t = \int_{t-1}^{t} h_0(\tau)\, d\tau \ \text{和} \tag{15}$$

$$\kappa_t = \log(\alpha_t) \tag{16}$$

得

【489】

$$P(y_{i,t} = 1) = 1 - \exp(-e^{x_{i,t}\beta}\alpha_t) \tag{17a}$$

$$= 1 - \exp(-e^{x_{i,t}\beta + \kappa_t}) \tag{17b}$$

这正是一个含有重对数"关联"（cloglog"link."）的二元因变量模型。因此连续时间下的考克斯比例风险模型正是带有虚拟变量的二进制因变量，并标出时间长度及重对数"关联"。鲜少有人倾向于使用二进制连接函数，因而对于熟悉 logit 模型、probit 模型的研究人员而言，可用 logit（或 probit）模型替代重对数模型。

分析者可以此方法评估自变量对 0 序列长度的影响，或可评估以前未转换过的单位从 0 到 1 转换的可能性。在此方法中可能有人会估计出 1 序列长度截然不同的模型或是估计未经转换的单位进行从 0 到 1 转换可能性截然不同的模型。因此有的模型可以确定一对数据为什么保持和平，也有的可以确定冲突长度，两种模型截然不同。要注

---

[1]　为促进实施，贝克、卡茨及塔克（Beck, Katz, and Tucker 1998）将这一程序作以某些改进，但是所有的基本要素都是通过虚拟变量法捕捉到的。本节仅对论文做一简单摘要，更多细节请参考原文。

意,由于一般的 logit 模型中观测 1 值可能性时并不取决于单位之前是为 1 值还是 0 值,因此一般的 logit 模型假定相同的模型决定了从 0 到 1 的转换和从 1 到 1 的转换。

二进制时间序列截面数据作为时间历史数据具有其他优势。二进制时间序列截面数据可同时顾及左右终检。因不知数据集的第一年就是 0 序列第一年而造成左删失问题。解决方案都不简单,但是至少事件史法明晰化了这一问题。单位以 0 序列结尾会出现右删失。但由于右删失观测值只标记了一串 0 序列而没有终止一序列,所以右删失并无大碍。

事件史分析法也可帮助处理从 0 到 1 又回到 0 的多次转换情况。在历史事件分析中,这种情况叫作重复转换。我们可以确定的是,二次转换通常不同于一次转换,并以此类推。普通 logit 模型假设所有的转换都是完全相同的。事件史分析法至少会将单位先前所经历的从 0 到 1 的转换次数用一个解释变量表示。

由于二进制时间序列截面数据和分组事件史数据相同,当二进制时间序列截面能更好地解决问题时,可能会使用事件史分析法而非二进制数据分析法。因此,比如在研究美国各州政策创新时,琼斯和布兰顿(Jones and Branton 2005)用考克斯比例风险模型而非 logit 模型来处理重复事件及"竞争风险"的相关问题(其转换可以有几种结束方式)。要注意的是,竞争风险数据看似与无序多元数据别无他样,研究人员可用事件史分析法超越二分因变量进行多元因变量分析。

[490]　6.2　马尔科夫转换模型

事件史法与马尔科夫转换模型十分相似(Amemiya 1985;Ware,Lipsitz,以及 Speizer 1988);而普沃斯基等人(Przeworski 等人 2000)的研究使这一方法在政治学中名声大噪。贝克等人(2001)指出了两种方法的相似点。马尔科夫转换模型可假定观察当前这一年一序列概率为协变量函数,也可假设在上一年是否观察到了一序列,在事件史分析法中,0 到 1 转换模型及 1 到 1 转换模型(只是 1 减去从 1 到 0 转换概率)是不同的。

马尔科夫转换模型记作:

$$P(y_{i,t} = 1) = \text{logit}(x_{i,t}\beta + x_{i,t} y_{i,t-1}\gamma) \tag{18}$$

y 值先验状态为零时,自变量影响用 β 表示,而当 y 值先验状态为 1 时,$\beta + \Gamma$ 为类似影响。若 $\gamma = 0$,那么现在得 1 的概率不取决于 y 值的先验状态。在这种情况下,可不考虑滞后 $y_{i,t-1}$ 而建模 $P(y_{i,t} = 1)$,所以一般 logit 模型较为合适。注意,这是一个可检验的假设,而不是必要假设。

与事件史方法一样,不假设从 0 到 1 转换建模与从 1 到 0 转换建模相同。不同于事件史分析法的是,转换模型假设持续时间独立,因此转换模型是事件史模型的特例。虚无假设所有时间段中的虚拟变量为零,其 F 检验可以用以检验无久期依赖的假设。但是因为从 0 到 1 的转换不同于逆向转换,因而马尔科夫转换模型是比普通 logit 模型更合理的替代方案。

7. 结语

时间序列截面(及二进制时间序列截面)数据目前有许多值得关注的复杂问题。像以往一样,我们可以将这些问题当作估计滋扰,或作为一个亟待建模的实质性问题。通常更倾向于后者。

单一时间序列建模的最佳方式就是对时间序列截面数据时间序列成分建模的最佳方式。在过去的十年左右,时间序列数据有一个众所周知的(基于自回归分布滞后模型)适用方法论,处理稳定时间序列截面数据都乐于使用这种方法论。这些数据可能有单位根,如此一来,分析者应考虑利用相关分析不稳定数据的方法。

横截方面最适用的方法就是基于像空间计量经济学这样的截面问题考虑的相关方 【491】法。经济是相联系的,创新是散开的。这些都是无须消除估计滋扰,亟待建模的。消除估计滋扰的方式有好有坏,但都不是首选。

现在要顾及参数异质性并不难办,而且对研究更有意义。随机系数模型的应用效果很好且该模型背后的理念也引人注目。这一模型的另一魅力就在于通过单位到单位的单位阶变量,实现因变量效应可解释差效应分。因此理应从随机系数模型出发,检验是否存在非平凡异质性。

谈及二进制时间序列截面数据关键是要考虑其作为事件史数据时的情况。在这一点上,无论是马尔科夫转换模型,还是用虚拟变量计算 logit 分析,其拼写长度似乎都很引人注目。二进制时间序列截面数据作时间历史数据考虑时,也易引发各种不同的见解,也有人将二进制时间序列截面数据仅看作二进制因变量数据。最关键的是要认识到,对零序列长度的因果关系加以理解与一序列的有所不同。

无论什么情况下,时间序列截面数据和二进制时间序列截面数据提出的一系列值得关注的话题都很重要,这些话题理应被认真考虑,通过指挥统计软件不见得能处理好标准干扰集。统计学中没有什么灵丹妙药,对于时间序列截面或二进制时间序列截面数据来说,亦然。

参考文献

Adolph, C., Butler, D.M., and Wilson, S.E. 2005. Which time-series cross-section estimator should I use now? Guidance from Monte Carlo experiments. Presented at the Annual Meeting of the American Political Science Association, Washington, DC.

Alvarez, R.M., Garrett, G., and Lange, P. 1991. Government partisanship, labor organization and macroeconomic performance. *American Political Science Review*, 85:539–56.

Amemiya, T. 1985. *Advanced Econometrics*. Cambridge, Mass.: Harvard University Press.

Anselin, L. 1988. *Spatial Econometrics: Methods and Models*. Boston: Kluwer Academic.

Beck, N., Epstein, D., Jackman, S., and O'Halloran, S. 2001. Alternative models of dynamics in binary time-series-cross-section models: the example of state failure. Presented at the Annual Meeting of the Society for Political Methodology, Emory University.

——Gleditsch, K.S., and Beardsley, K. 2006. Space is more than geography: using spatial econometrics in the study of political economy. *International Studies Quarterly*, 50:27–44.

——and Katz, J.N. 1995. What to do (and not to do) with time-series cross-section data. *American Political Science Review*, 89:634–47.

—— ——2001. Throwing out the baby with the bath water: a comment on Green, Kim and Yoon. *International Organization*, 55:487–95.

—— ——2004. Time series cross section issues: dynamics Presented at the Annual Meeting of the Society for Political Methodology, Stanford University.

Beck, N., and Katz, J.N. 2007. Random coefficient models for time-series-cross-section data: Monte Carlo experiments. *Political Analysis*, 15:182–95.

—— ——and Tucker, R. 1998. Taking time seriously: time-series-cross-section analysis with a binary dependent variable. *American Journal of Political Science*, 42:1260–88.

Box-Steffensmeier, J.M., and Jones, B.S. 2004. *Event History Modeling: A Guide for Political Scientists*. New York: Cambridge University Press.

Cameron, A.C., and Trivedi, P.K. 1998. *Regression Analysis of Count Data*. New York: Cambridge University Press.

Cameron, D. 1978. The expansion of the public economy: a comparative analysis. *American Political Science Review*, 72:1243–61.

Cox, D.R. 1975. Partial likelihood. *Biometrika*, 62:269–76.

Davidson, J., Hendry, D., Srba, F., and Yeo, S. 1978. Econometric modelling of the aggregate time-series relationship between consumers' expenditures and income in the United Kingdom. *Economic Journal*, 88:661–92.

Engle, R., and Granger, C.W.J. 1987. Co-integration and error correction: representation, estimation and testing.*Econometrica*,55:251-76.

Garrett,G. 1998. *Partisan Politics in the Global Economy.* New York:Cambridge University Press.

Green,D.,Kim,S.Y.,and Yoon,D. 2001. Dirty pool. *International Organization*,55:441-68.

Hamilton,J. 1994. *Time Series Analysis.*Princeton,NJ:Princeton University Press.

Hendry,D.F.,& Mizon,G.E.(1978).Serial correlation as a convenient simplification,not a nuisance:a comment on a study of the demand for money by the bank of England.*Economic Journal*,88(351), 549-563.

——Pagan,A.,and Sargan,J.D. 1984. Dynamic specification.Ch. 18 in *Handbook of Econometrics*,vol. ii,ed.Z.Griliches and M.Intriligator.Amsterdam:North-Holland.

Hsiao,C. 2003. *Analysis of Panel Data*,2nd edn.New York:Cambridge University Press.

Huber, P. J. 1967. The behavior of maximum likelihood estimates under non-standard conditions. Pp. 221-33 in *Proceedings of the Fifth Annual Berkeley Symposium on Mathematical Statistics and Probability*,vol.i,ed.L.M.LeCam and J.Neyman.Berkeley:University of California Press.

Im,K.S.,Pesaran,M.H.,and Shin,Y. 2003. Testing for unit roots in heterogeneous panels. *Journal of Econometrics*,115:53-74.

Jones,B.S.,and Branton,R.P. 2005. Beyond logit and probit:Cox duration models of single,repeating and competing events for state policy adoption.*State Politics and Policy Quarterly*,5:420-43.

King,G.,Honaker,J.,Joseph,A.,and Scheve,K. 2001. Analyzing incomplete political science data:an alternative algorithm for multiple imputation.*American Political Science Review*,95:49-69.

Lange,P.,and Garrett,G. 1985. The politics of growth:strategic interaction and economic performance in the advanced industrial democracies,1974-1980. *Journal of Politics*,47:792-827.

Maoz, Z., and Russett, B. M. 1993. Normative and structural causes of democratic peace, 1946 - 1986. *American Political Science Review*,87:639-56.

Parks, R. 1967. Efficient estimation of a system of regression equations when disturbances are both serially and contemporaneously correlated.*Journal of the American Statistical Association*,62:500-9.

Pinheiro,J.C.,and Bates,D.M. 2000. *Mixed Effects Models in S and S-Plus.*New York:Springer.

Poirier,D.J.,and Ruud,P.A. 1988. Probit with dependent observations.*Review of Economic Studies*,55: 593-614.

Przeworski,A.,Alvarez,M.,Cheibub,J.A.,and Limongi,F. 2000. *Democracy and Development:Political Regimes and Economic Well-being in the World*,*1950-1990.* Cambridge:Cambridge University Press.

Smith,A.F.M. 1973. A general Bayesian linear model.*Journal of the Royal Statistical Society*,Series B, 35:67-75.

Stimson,J. 1985. Regression in space and time:a statistical essay.*American Journal of Political Science*, 29:914-47.

Stone,M. 1974. Crossvalidatory choice and assessment of statistical prediction.*Journal of the Royal Statistical Society*,Series B,36:111-33.

Ware,J.H.,Lipsitz,S.,and Speizer,F.E. 1988. Issues in the analysis of repeated categorical outcomes.

Statistics in Medicine, 7: 95-107.

Western, B. 1998. Causal heterogeneity in comparative research: a Bayesian hierarchical modelling approach. *American Journal of Political Science*, 42: 1233-59.

White, H. 1982. Maximum likelihood estimation of misspecified models. *Econometrica*, 50: 1-25.

Wooldridge, J. M. 2002. *Econometric Analysis of Cross Section and Panel Data*. Cambridge, Mass.: MIT Press.

第二十一章　贝叶斯分析

安德鲁·D.马丁（Andrew D.Martin）

1. 引言

自 20 世纪 90 年代初以来,贝叶斯统计和马尔科夫链蒙特卡洛（MCMC）方法在政治科学研究中的应用日益广泛。虽然贝叶斯方法之前一直享有学术威望,但相应的在政治学中应用却不切实际（如果不是不可能的话）。随着马尔科夫链—蒙特卡洛法的出现,这种情况发生了变化,研究人员可以通过模拟将贝叶斯统计法应用于其他棘手的模型。本章首先介绍了贝叶斯方法在统计推断上的应用,并将其与更为传统的方法进行对比。然后介绍蒙特卡洛原则并回顾常用的马尔科夫链—蒙特卡洛方法。接着是分析了贝叶斯方法应用在社会科学的实际理由,以及一些文献中证实贝叶斯方法有效的例子。本章最后回顾了运用贝叶斯推理法的现代软件,并讨论了贝叶斯方法在政治科学中的应用前景。①

2. 贝叶斯法

与传统方法一样,贝叶斯方法的统计推断开始也是应用在概率模型（也称为数据生成过程）之中。概率模型中观测数据 y 与一组未知参数 θ 相关,还可能包含已知的固定协变量 x。数据通常是指数为 $i = 1, \cdots, n : y = \{y_1, y_2, \cdots, y_n\}$ 的观测值集合。观测数据无须标量;事实上只要是符合概率模型的都可以,包括向量和矩阵。概率模型有 k 个

① 此项研究由国家科学基金会在方法论、测量及统计部分提供支持（SES-03-50646）。感谢 Jong Hee Park, Kyle Saunders, Davis 及参与南卡罗来纳州大学和加利福尼亚大学研讨会相关学者对本章提出的建设性意见。R 语言代码请浏览作者的网站 http://adm.wustl.edu。

参数,表示为 $\theta = (\theta_1, \theta_2, \cdots, \theta_k)$。协变量或自变量通常是列向量的集合:$x = (x_1, x_2, \cdots, x_n)$。概率模型可记作 $f(y|\theta,x)$,或限制协变量条件而记作 $f(y|\theta)$。概率模型的选择十分重要,很有必要反复强调概率模型的理性选择。虽然某些因变量类型情况下才存在规范模型,但模型选择仍举足轻重,因此应该对其进行适当性检验。

线性回归模型可能是政治学中最常用的概率模型了。因变量为标量的集合 $y = \{y_1, y_2, \cdots, y_n\}$,范围:$y_i \in \mathbb{R}$。自变量表示为列向量的集合 $x = \{x_1, x_2, \cdots, x_n\}$,每个维度($K \times 1$)。考虑到 x_i,通常假设 y_i 的条件分布为正态分布:

$$y_i \mid \beta, \sigma^2, x_i \underset{\sim}{iid} \mathcal{N}(x'_i\beta, \sigma^2) \tag{1}$$

这种分布假设也假设观测值独立,从而产生带有两个参数的概率模型:$\theta = \{\beta, \sigma^2\}$,$\beta$ 为包含截距和斜率参数的($K \times 1$)向量;σ^2 表示条件误差方差。因此,线性回归模型的概率模型表示为:

$$f(y \mid \beta, \sigma^2) = \prod_{i=1}^{n} \phi\left(\frac{y_i - x'_i\beta}{\sigma}\right) = \prod_{i=1}^{n} \frac{1}{\sigma\sqrt{2\pi}} exp\left[-\frac{1}{2\sigma^2}(y_i - x'_i\beta)^2\right] \tag{2}$$

本章会用到这一概率模型作为例证。

统计推论旨在了解描绘给定观测数据的数据生成过程特性的相关参数。传统频率论的统计推论方法假设参数固定,为未知量,观测数据 y 是为可重复进程的个别实现,也因此视作随机变量处理。频率论方法目标在于得出未知参数的估计值。这些估计值用 $\hat{\theta}$ 表示。常用最大似然法以获得这些估计(这一政治学家常用方法的相关介绍,见 King 1989)。该方法用到了同种概率模型,但视作固定、未知参数函数。回归举例如下:

【496】

$$\mathscr{L}(\beta, \sigma^2 \mid y) \propto f(y \mid \beta, \sigma^2) = \prod_{i=1}^{n} \phi\left(\frac{y^i - x'_i\beta}{\sigma}\right) \tag{3}$$

将似然函数最大化 $\mathscr{L}(\cdot)$,以获参数最大似然估计,即观测数据最可能由参数值得出。为完成参数推论,频率论者先确认估计参数 $\hat{\theta}$ 是由单一样本所得,再用该样本的分布来计算标准误差、执行假设检验、建构置信区间等。

执行贝叶斯推论法时,基本假设是完全不同的。未知参数 θ 视作随机变量处理,观测数据 y 固定为已知量(贝叶斯和频率统计方法均假设变量 x 是固定已知量)。这样假设更为直观;假设不可观测参数有概率性,而观测数据可确定。实际上在观测数据 y 后,关注量①为参数 θ 的分布。这一后验分布记作 $f(\theta|y)$ 并可用贝叶斯定理计算:

$$f(\theta \mid y) = \frac{f(y \mid \theta)f(\theta)}{f(y)} \tag{4}$$

① 关注量(quantity of interest):可以通过仿真变量确定关注量,需要通过数学计算来获得。

后验分布是数据观测后的参数条件分布(与数据观测前的先验分布相反)。后验分布是在数据观测后对可能参数值作出有条理的、概率性的表述。贝叶斯定理直接从概率论的公理中得出,用于关联两个变量的条件分布。

方程(4)右侧的三个量,有一个我们很熟悉:$f(y \mid \theta)$ 是由概率模型决定的似然函数(在概率论和贝叶斯法分析数据过程中,似然函数都扮演着重要的角色,只是运用方法不尽相同)。分子上第二个式子 $f(\theta)$ 称为先验分布。该分布包含研究人员数据观测前所有可得参数值的先验信息。研究人员通常使用无信息(或最低限度信息参数),如此一来,分析中的先验信息量小。方程(4)的分母包含先验预测分布:

$$f(y) = \int_{\theta} f(y \mid \theta) f(\theta) \, d\theta \tag{5}$$

虽然数量在少数情况下有用,比如说模型对比时,但大多数情况下研究人员还是都逐渐得出了比例常数,$f(\theta \mid y) \propto f(y \mid \theta) f(\theta)$。

在本质上,后验分布将似然函数转换成未知参数的适当概率分布,通过计算期望值、标准偏移、分位数等,可以将其概括为任意一种概率分布。而要促成这一可能,要在分析中正式把先验信息考虑在内。贝叶斯方法更多介绍,详参吉尔(Gill 2002)和格尔曼等人(Gelman 等人 2004)的著述,或杰克曼(Jackman 2000;2004)所作文章的说明。 【497】

为了对线性回归模型进行贝叶斯推断,我们需要包含两个参数的先验信息。先验信息可以采取任何形式,完全由分析人员自行决定。假设 β 和 σ^2 为先验独立参数以便说明,用 β 的先验信息对多元正态分布作编码处理,$\beta \sim N_k(b_0, B_0^{-1})$,再用逆条件误差方差的先验信息对伽马分布作编码处理 $\sigma^{-2} \sim \mathcal{G}amma(c_0/2, d_0/2)$。分析者会在应用中选择能体现先验分布特征的超级参数的值 b_0、B_0、$c_0/2$ 和 $d_0/2$。由此得出线性回归模型的后验分布:

$$f(\beta, \sigma^2 \mid y) \propto \prod_{i=1}^{n} \frac{1}{\sigma\sqrt{2\pi}} exp\left[-\frac{1}{2\sigma^2}(y_i - x'_i\beta)^2 \right] \times f(\beta) f(\sigma^{-2}) \tag{6}$$

其中 $f(\beta)$ 为多元正态密度,$f(\sigma^{-2})$ 为伽马密度。由概率模型得出后验分布是一个从概率模型导出似然函数再假定概率性的先验概率(prior beliefs)。

那么,为什么贝叶斯统计直到最近才被广泛应用于政治科学?原因在于,后验分布虽然写起来就是简单的做代数练习,但是总结起来要复杂得多。要计算后验期望值需要综合后验分布,但除非是一些微不足道的模型,不然从分析的角度来看这是无法达成的。因此,后验分布要用计算方法总结出来,这就引出了模拟法。

3. 基于模拟法的模型拟合

通常无法以分析法总结后验分布。在过去的二十年中,贝叶斯统计法利用蒙特卡

洛法(Metropolis and Ulam 1949)以数学方法加以总结。虽然这些方法可以用来研究任意分布形式,但此处将只关注常用于贝叶斯统计中的蒙特卡洛法。我们对后验分布 $f(\theta|y)$ 颇感兴趣,因为这也是我们打算模拟的分布,我称其为目标分布(还有其他热门**【498】**的分布模拟,包括对后验预测分布和先验预测分布的模拟)。蒙特卡洛法的基本理念很简单:人们可以通过反复绘制目标分布并进行经验性总结。例如,可通过分析计算高维积分得出后验期望值:

$$E(\theta|y) = \int_\Theta \theta f(\theta|y) d\theta \tag{7}$$

若能从 $f(\theta|y)$ 中得出随机序列 $G, \theta^{(1)}, \theta^{(2)}, \cdots, \theta^{(G)}$,我们可以用这些得数的平均值来估计后验期望值的近似值:

$$E(\theta|y) = \int_\Theta \theta f(\theta|y) d\theta \approx \frac{1}{G} \sum_{g=1}^{G} \theta^{(g)}$$

所用算法的质量及目标分布中所提取的数目决定了估计的精确度(唯一的限制在于计算机运行速度和研究人员的耐性)。类似的方法也可以用来计算后验标准偏差或分位数、参数取特殊值的概率以及其他关注量。这些方法有一个共同之处在于他们可以通过模拟来计算高维积分。数值分析中的大量工作都在于对算法性质的理解;对于贝叶斯统计中常用方法的讨论,详参蒂尔尼(Tierney 1994)。

要使用蒙特卡洛法来总结后验分布,必须以适当的算法从常见的目标分布取值。有两种算法——吉布斯抽样法和 Metropolis-Hastings 算法,经证实两种算法均适合应用于贝叶斯分析法中。这两种算法都为马尔科夫链—蒙特卡洛法,也就是说所得序列 $\theta^{(1)}, \theta^{(2)}, \cdots, \theta^{(G)}$ 非独立、有依赖性;$\theta^{(g+1)}$ 所得取决于前一值 $\theta^{(g)}$ 所得。由此,所得序列得以组成马尔科夫链。算法构造使得马尔科夫链趋于目标密度(其稳态),无须顾及起始值。

吉布斯抽样算法(Geman and Geman 1984;Gelfand and Smith 1990)运用条件分布引出的序列对联合目标分布进行描述。假设参数向量 θ 的三部分组成了目标分布 $f(\theta_1, \theta_2, \theta_3|y)$。吉布斯抽样算法先选出起始值 $\theta_2^{(0)}$ 和 $\theta_3^{(0)}$(起始值通常选择接近后验模式或最大似然估计的值),然后重复迭代 $g = 1, \cdots, G$(确保每次迭代所得序列储存成果):

Draw $\theta_1^{(g)}$ from $f(\theta_1|\theta_2^{(g-1)}, \theta_3^{(g-1)}, y)$

Draw $\theta_2^{(g)}$ from $f(\theta_2|\theta_1^{(g)}, \theta_3^{(g-1)}, y)$

Draw $\theta_3^{(g)}$ from $f(\theta_3|\theta_1^{(g)}, \theta_2^{(g)}, y)$

【499】 对过去绘制的约束使结果序列成为马尔科夫链。计算估计蒙特卡洛关注量,比如计算后验均值时,要舍去第一套"老化"迭代以确保马尔科夫链已达稳定状态。对于许

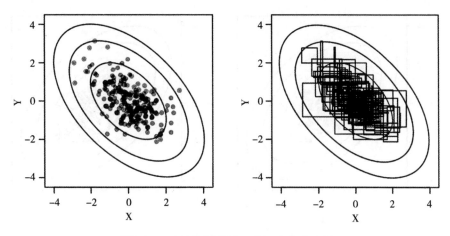

图 21.1 吉布斯抽样法二元正态分布示例

注:灰色等高线表示目标分布。每个单元描述 100 次老化测试迭代后所得的 200 个可弃结果。左边的单元为个别结果绘制;右边的单元显示取样轨迹。

多常见模型的后验分布,其条件分布采用已知形式,比如多元正态分布、截尾正态分布、伽马,等等。所以,如果联合后验分布不易直接模拟,那么从这些条件操作会更容易一些。

以图 21.1 所展示的二元正态分布抽样,用来说明实践中的吉布斯抽样算法 $f(X, Y)$。其中 X 和 Y 均值为 0,方差为 1,且 $\text{cov}(X,Y) = -0.5$。采样迭代得出 $Y \mid X$ 和 $X \mid Y$ 的条件分布,分别采取以下这个例子的形式:$f(Y \mid X) = \mathcal{N}(-0.5X, 0.75)$。如图 21.1 所示,采样器似乎是从适当的目标分布中取样的。因为 X 和 Y 是按序更新,所以采样器的轨迹采用城市街区模式。有关吉布斯抽样详细介绍请见卡塞拉和乔治(Casella 和 George 1992)

第二种算法——Metropolis-Hastings 算法,最初由梅特罗波利斯等人(Metropolis 等人,1953)提出,而后黑斯廷斯(Hastings 1979)加以推广,现在在贝叶斯统计中广为沿用。千叶和格林伯格(Chib and Greenberg 1995)对这一算法有所深入介绍。该算法有许多贝叶斯统计之外的应用,常用于各种数值积分与优化(吉布斯抽样算法也算是 Metropolis-Hastings 算法的一种特例)。目标分布 $f(\theta \mid y)$ 的模拟,要先从选择合理的起始值 $\theta^{(0)}$ 做起。模拟过程中的每次迭代 $g = 1, \cdots, G$,会从已提议的分布 $p_g(\theta^* \mid \theta^{(g-1)})$ 中得出一个新提议 θ^*。选择一个易于抽样的提议分布,如在一个特定区域的均匀分布, 【500】或是集中在链的当前位置的多元正态分布或多变量 t,后验模式,或者其他地方。重点在于选择一个提议分布以使马尔科夫链"适当混合",即充分探讨后验分布。下面讨论的聚合诊断可以用来确定链的混合程度。设每次迭代为

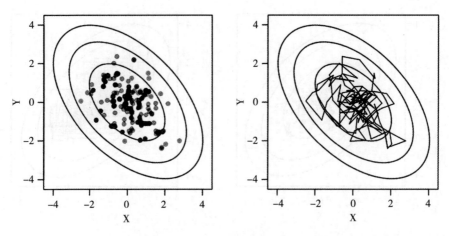

图 21.2 劣性 Metropolis-Hastings:二元正态分布下均匀随机游动取样示例

注:灰色等高线表示目标分布。每个单元描述 100 次老化测试迭代后所得的 200 个可弃结果。左边的单元为
个别结果绘制;右边的单元显示取样轨迹。

$$\theta^{(g)} = \begin{cases} \theta^* \text{ with probability } \alpha^* \\ \theta^{(g-1)} \text{with probability}(1-\alpha^*) \end{cases}$$

其中定义 α^*:

$$\alpha^* = \min\left\{\frac{f(\theta^* \mid y)}{f(\theta^{(g-1)} \mid y)} \quad \frac{p_g(\theta^{(g-1)} \mid \theta^*)}{p_g(\theta^* \mid \theta^{(g-1)})}, 1\right\}$$

与吉布斯采样算法不同的是,Metropolis-Hastings 算法每一步都根据概率自动接受
提议分布,时而移动到一个更高的密度值,时而移向较低的密度值。与之相同的是,该
算法描绘下的马尔科夫链,其稳态为目标分布,此处为后验分布。图 21.2 显示的示例
中,对均匀随机游走提议下采取 Metropolis-Hastings 算法,从同一二元正态分布中取其
两个单位宽度作为样本。在图 21.2 看出 Metropolis-Hastings 算法的采样器空间移动速
度很慢,实际上有 30% 的时间采样器根本没有移动。提议分布的尺寸也小了一点,这
使抽样器在某些部分比更好的条件采样要更长一些。

【501】　　大多数高维应用程序中很难绘制目标分布,如果可能的话,需评估马尔科夫链是否
是从目标分布中取样的。贝叶斯分析法中评估模拟结果的聚合性也很重要。的确,只
有链条达到稳定状态时,后验密度总结的蒙特卡洛估计才有可信度。但在大多数情况
下,很难判断数值优化器是否达到总体最大似然估计,马尔科夫链蒙特卡洛法是否已聚
合也很难确定。然而仍有几种方法可从马尔科夫链蒙特卡洛抽样器中实现输出并检验
所得序列是否达到聚合(见相关评论文章,Cowles and Carlin 1995;Brooks and Roberts
1998)。聚合诊断的一系列标准,有些(通过使用一系列不同的检验)观察边缘后验分

布轨迹绘制图（traceplots）是否稳定，有些通过不同起始值、使用不同的随机数字种子（random number seeds）对比多重运行，以此对比确定起始值不相关时马尔科夫链是否仍能聚合。发现有任意参数的不聚合性都意味着整个链条的不聚合，因而需要继续运行（或重新执行不同算法）。在计算后验密度总结前或报告结果前，分析者应使用相关诊断工具，诊断结果也要体现在研究论文中。

图 21.3 中所示为模拟结果 X、Y 的轨迹图。500 迭代的短期长度下无一链条通过测试组系（battery）标准，但据此检查可看出吉布斯抽样器明显比 Metropolis–Hastings 链调和性更好。调和性差的链条在参数空间之间来回移动速度较慢，轨迹图也紧随余下模式显示，正如图 21.3 左图单元中所示（但这仅是图示所体现的特点，读者不应因此认为吉布斯抽样有效而 Metropolis-Hastings 算法无效）。聚合性的所有标准测试都实现于 R 语言（R Development Core Team 2005）coda（Plummer 等人 2005）软件之中。

4. 贝叶斯法的实践价值

贝叶斯数据分析法较之政治学中的传统分析法，需要不同的假设、不同的计算工具。本小节列举一系列执行贝叶斯推论的实践价值。

【502】

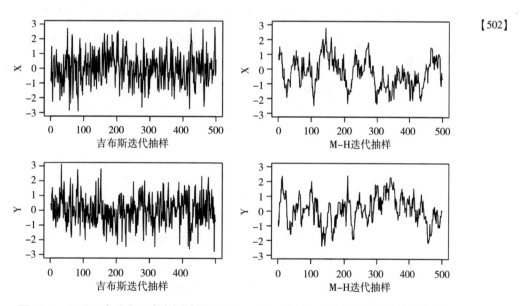

图 21.3　二元正态分布下吉布斯抽样和 Metropolis–Hastings 抽样的边缘密度轨迹图

注：轨迹图所示模拟结果与图 21.1 和 21.2 相同，区别仅在于 21.3 描绘 100 老化迭代之后的 500 迭代。

4.1 研究发现的直观解释

传统统计学用假设检验和置信区间进行统计推断。若观测样本数据与假定零假设相悖或略有矛盾的发生概率极低,则排除零假设。被排除的零假设本质上指出了效应的存在(因此称之为"统计显著性")。置信区间也可提供参数估计可能值的存在范围,即置信区间可表明效应量。准确地说,置信区间解释是个困难的命题。

假设给定例子中,算出 θ 参数 95% 的置信区间为 [3.2, 6.1]。那我们会问:参数 θ 降到 3.2 到 6.1 之间的概率是多少? 答:"0 或 1,但我们无从知晓。"通常情况下,根据假设可直接得出参数为固定值、未知值、且数量未知。置信区间根据单一样本计算,设观测数据 y 为随机变量,因此置信区间的端点也是随机变量。通过对总体重复抽样完成置信区间的构造,如此一来置信区间的 95%(每个区间范围不同)将包含总体参数

【503】(注意,要求至少在概念上可以从总体重新采样。这在调查研究中说得通,但在收集有关制度或市场的建模数据时就显得不够信服)。此外,大多频率论假设检验和置信间隔需要假设一个无限大的样本量。在使用贝叶斯方法时,这种渐近假设并非必要。纵然样本量及总体重新采样能力已达标,置信区间也未必能得出参数值的概率表。

与贝叶斯法的情境截然不同的是,这一方法直接总结后验分布并计算出关注量的任意数字,这些数字都可以看作概率。在某些方面,这与概率论中的 P 值类似,贝叶斯分析者可以算出概率以确定参数值是正是负。与置信区间相似之处在于,在一定百分比的时间内包含参数值的范围可求;与之不同的是,这些贝叶斯可信区间(通常用最高后验密度区域计算)可用概率解释。95%参数 θ 的贝叶斯可信区间为 [3.2, 6.1],这表明在数据观测后,参数降到 3.2 到 6.1 的几率有 95%。通常会在总结后验密度后,用马尔科夫链—蒙特卡洛法计算出相关概率。

4.2 关注量

在分析数据时,统计模型的参数通常并非关注量。通常我们的确对这类参数的函数感兴趣(King, Tomz, and Wittenberg 2000)。贝叶斯法的使用对很多种关注量的计算变得简单,并将参数的不确定性扩展到数量上的不确定性。举一个较有代表性的例子来说那就是后验预测分布,该分布可以为新数据点提供数值范围 y_{new}:

$$f(y_{new} \mid y) = \int_{\theta} f(y_{new} \mid \theta) f(\theta \mid y) d\theta$$

如贝叶斯可信区间一样,这些区间也在概率的范围内,也可同理解释。

在频率论情境下,除了线性模型,其他情况下很难为关注量提供置信区间。Delta算法可以得出任意精确的近似值,因而可用来分析计算关注量。同时也有基于模拟的方法(King,Tomz,and Wittenberg 2000)。频率论背景下这些区间也有着置信区间的通病:假设中样本量都是无穷大的(如此一来样本分布呈多元正态分布,King,Tomz,and Wittenberg 2000,第352页)且需要重复采样,但重复采样的逻辑在许多政治学应用中向来是不可实现的。

量化问题上只有研究人员想不到的,没有概率计算做不到。在估计最高法院法官【504】的潜在理想点时,杰克曼提出马尔科夫链蒙特卡洛法可用于"对理想点的对比、理想点排序、中间值的位置、每个法案(或案件)的剖面、残差、拟合优度摘要"进行推算(Jackman 2004,第499页)。所有这些关注量都能用马尔科夫链—蒙特卡洛法计算。

4.3 先验信息合并

政治学家通常会从政治学文献、场域和新闻报道中收集到大量实务知识。贝叶斯法的优势在于可通过信息先验将这类信息正式纳入统计分析中(优势同样在于,重复运用贝叶斯规则将先前统计研究结果囊括在内,或是通过元分析结合多项研究的结果)。韦斯顿和杰克曼(Western and Jackman 1994)指出样本量极低时,这一策略与对比政治研究有着极为密切的联系(也因此,估计量渐进性质可能还未开始生效)。将丰富而实质性的信息转换为概率模型参数相关陈述并不容易。吉尔和沃克(Gill and Walker 2005)回顾了先前较有启发性的文献,用适当方法将专家意见转换为各种协变量在边缘效应的先验知识,以便于读者了解对尼加拉瓜司法机构的态度。在进行贝叶斯推论时无须使用信息先验,其实大多数应用工作是使用所谓的"无信息"先验知识,以将少量可能有的信息代入分析之中。要铭记使用信息先验知识时必须进行感性分析,以确保先验概率不会过度影响结果。

4.4 其他难处理模型的拟合

数值优化是经典推论中用以模型拟合的计算方法,通过函数最大化来找出参数值,大多数情况下是将似然函数最大化。然而贝叶斯推论核心具有集成性。马尔科夫链蒙特卡洛法为模型拟合提供机会,但是传统方法要么无法操作,要么难以完成模型拟合,这样的例子有很多。

奎因、马丁和惠特福德(Quinn,Martin,and Whitford 1999)使用马尔科夫链蒙特卡洛法对关于荷兰和英国选民选择的多项式概率模型(MNP)进行模型拟合。这些模型考虑到潜在实用规范中会出现相关误差,但用传统方法很难完成模型拟合,因为高维积分【505】模型需要通过计算来估计似然函数(另见策略删截模型,Smith 1999)。另一个例子为度量模型,如用来揭示立法机关理想点的项目响应模型(Clinton, Jackman, and Rivers 2004);或是马丁和奎因(Martin and Quinn 2002)所提的动态项目响应模型,这一模型在处理数据的多个截面时,允许理想点的平滑演化。模型参数数量随立法者或法案的增多而增多,因而很难在传统情境下进行模型拟合。

贝叶斯方法在处理按层次组织的数据方面也能发挥很大的作用。韦斯顿(Western 1998)通过贝叶斯方法对截面时间序列数据建模。这些数据要么聚类数量(如多元时间序列数据)过少、要么时间周期(如面板数据)过短、要么二者都不达标(如通用于比较与国际政治经济中的截面时间序列数据),这些数据在传统背景下很难使用。但在贝叶斯情境下却是小菜一碟,因为贝叶斯法可以修改数据,用以处理其他类型的复合依赖。

也有一些模型含离散参数,其优化问题不连续因而在传统背景下很难处理,估计混合成分数量或潜在空间模型中的维度数量便是个例子。格林(Green 1995)提出了解决这类问题的一种算法,称之为可逆跳跃马尔科夫链蒙特卡洛法。在时间序列背景下,我们可能倾向于估计数据结构突变的数量和位置。千叶(Chib 1998)所提的方法适用于这些转折点模型。在所有这些情况下,采用贝叶斯方法和使用马尔科夫链—蒙特卡洛进行模型拟合,为新类型的分析打开了大门。

4.5 模型的比较

政治学家通常从事比较政治现象的解释。不同的解释往往决定了观测数据 y 模型的不同。贝叶斯统计推断法是一种非常有用的模型比较工具,称为贝叶斯因子(Kass and Raftery 1995)。贝叶斯因子可以用来比较协变量区组不同的模型,比较功能形式不同的模型,并可以用于任何可信模型(因为传递性抑制成对比较)。与贝叶斯方法中的所有数量一样,贝叶斯因子规定后验概率中,与模型 M_2 相比,模型 M_1 为真实数据生成过程的。由于每个模型都包含了模型参数相关的先验信息,所以贝叶斯因子易受先验选择的影响。用先验预测分布以及分配给每个模型的先验概率(通常假设每个模型为先验等可能)计算贝叶斯因子的量(见式(5))。奎因、马丁和惠特福德(Quinn, Martin, and Whitford 1999)通过贝叶斯因子对比比较选举研究中两种不同理论模型和两种不同的功能形式(多项式 probit 和多项 logit)。关于社会科学受众下贝叶斯因子的相关内容,其详细介绍见拉夫特里(Raftery 1995)。

计算先验预测分布是一项艰巨的任务。虽然某些情况下可用现有的马尔科夫链蒙 【506】
特卡洛法完成,但已开发出模型比较启发式算法计算起来更为简单,比如贝叶斯信息准
则(Raftery 1995)或是偏差信息准则(Spiegelhalter 等人 2002),这些算法通过 WinBUGS
软件可自动计算先验预测分布。

4.6 缺失数据

缺失数据是政治学中的常见问题,贝叶斯环境下数据增强就可将缺失数据考虑进
来(Tanner and Wong 1987)。把数据生成过程作为插补模型(imputation model),以此操
作数据增强。因此,即使部分数据 y 丢失,模型估计也并不难。不仅恢复估计能考虑到
丢失的数据造成的不确定性,同时分析师可以访问估值,并得以平衡数值产生过程中
的参数不确定性。那协变量 x 中出现数据缺失时怎么操作呢? 这个相对不好处理一
些,因为无论在概率论还是贝叶斯背景下都设协变量为固定已知值。然而,如果是
插补模型出现协变量缺失,需在对参数和关注量进行推理时直接调整马尔科夫链蒙
特卡洛法以平衡缺失的协变量信息。WinBUGS 软件丢失数据 y 时可自动对数据进
行增强。

4.7 常见问题

虽然在政治学中使用贝叶斯方法有许多实用优势,但也有一些共同的问题,下面详
细列举相关反响。

贝叶斯分析远比传统统计复杂得多。以贝叶斯方法为基础的数学运算并不比执行
传统推理所需复杂。马尔科夫链蒙特卡洛法不再是复杂的数值优化和矩阵求逆例程。
不熟悉的算法总是比熟悉的更复杂。

先验是主观的且可以驱动结果。确实,先验是主观的,但也有很多其他假设,包括
使用什么模型,哪些协变量要包含或排除在分析中,它们应该以何种方式与因变量相
关。从某种意义上来说,所有这些建模选择都是主观的。最重要的是对所有可检验的
假设进行检验,以确定哪种模式是最好的。贝叶斯因子在这种情况下特别有用。此外,
只要进行先验灵敏度分析,就有可能确定是先验还是数据驱动了结果。简单地说,如果
先验的改变引起后验变化,那么数据所含参数值信息不足进而先验驱动了结果。这种
敏感性分析应该是任何贝叶斯方法应用过程的重要组成部分。

【507】 马尔科夫链蒙特卡洛法是否已经聚集无从知晓。这一说法正确。但是上面提到的诊断方法可用于确定非聚集性(Cowles and Carlin 1995;Brooks and Roberts 1998)。一般情况下,没法知道大多数案例中数值优化算法是否已达整体极大值。

没有能执行贝叶斯推论的好软件。比起较商业化的软件产品还有一些比较小众的统计软件可执行贝叶斯推论,比如 SAS、SPSS 或 Stata(可能因为这些软件都是在马尔科夫链蒙特卡洛法广泛应用之前开发的)。在过去的十年中,出现了很多前景颇好的软件,下面小节中会讨论到。

5. 应用软件

直到 20 世纪 90 年代末,那些对应用贝叶斯相关理念感兴趣的人才开始开发他们自己的马尔科夫链蒙特卡洛法并编写他们自己的软件。大部分编写都用高阶语言完成,比如 GAUSS,Matlab,R 语言或 S-Plus,或以低阶语言比如 FORTRAN 或 C 语言完成。因为现有的软件都局限于一定范围内,所以算法开发能力及软件开发能力仍是应用分析者所需的重要技能(同样,开发软件对于从事古典范式研究来说是一项重大创新)。

现今,有两种不同类型的软件可用于贝叶斯推断。第一种是 BUGS 语言。BUGS 语言用吉布斯抽样法代表贝叶斯更新。使用 BUGS 时,先用 R 样语法写出模型定义,然后对模型定义进行处理,BUGS 程序选择相应方案从模型后验分布中抽样。这是一个半共轭先验的线性回归模型所应用的 BUGS 语法示例:

```
1    model{
2      for(i in 1:N){
3        Y[i] ~ dnorm(mu[i],tau)
4        mu[i] <-inprod(X[i,],beta)
5      }
6
7      for(k in 1:K){
8        beta[k] ~ dnorm(0,0.001)
9      }
10     tau ~ dgamma(0.001,0.001)
11   }
```

代码的前五行对概率模型加以定义。此处假设每个观测值 y_i 的精度(逆方差)相
【508】 当,为 τ,且呈条件正态分布。7—10 行定义先验,这一案例中的每个因素呈单变量正

态分布,精度为伽马。有了模型定义和部分数据后,BUGS 语言就会通过马尔科夫链蒙特卡洛法从后验分布采样。BUGS 通常使用 WinBUGS 软件安装启动,并只能在微软 windows 系统中运行(Spiegelhalter 等人 2004)。BUGS 语言有两种新型安装软件:一种是在 Linux 操作系统中运行的 OpenBUGS(Thomas 2004),另一种是在独立平台上运行的 JAGS 软件(Plummer 2005)。BUGS 在应用于大多数简单模型时效果都很好。

另一种选择便是用于分布式软件的 R 语言(R Development Core Team 2005)。有一种数字软件可执行贝叶斯推论应用。两种软件大体上为许多常用模型提供模型估计,即 MCMCpack 软件(Martin and Quinn 2005)和 bayesm 软件(Rossi and McCulloch 2005)。拿 MCMCpack 软件来说,它使用普通 R 语法来定义模型。考虑下面的例子中用来线性回归模型拟合的一组代码:

posterior<-MCMCprobit(low ~ age+as.factor(race) +smoke, data = birthwt)

返回对象后验为马尔科夫链蒙特卡洛对象,可以使用代码软件进行总结(Plummer 等人 2005)。通过将超参数转至模型拟合函数中,可以将先验信息纳入模型之中。综合 R 语言档案网站(http://cran.r-project.org)上,用于 R 语言的软件更多信息可见"贝叶斯任务视图",包括适合单一模型的软件或单一类模型的软件。

6. 结语

贝叶斯方法和马尔科夫链蒙特卡洛估计法为应用政治科学家带来了许多益处。两种方法可适用于很多情况之中,用以回答各种实质性问题。最重要的是,包括参数估计在内所有相关的定量分析都可以利用概率来进行表述,而且这样的方式与我们通常研究估计时所采用的方式也一致。

本章结尾想对未来研究领域和较有前景的应用提出一些个人想法。其中一个成熟的研究领域就是先验信息在统计分析中的应用。先验启发(Prior elicitation)是一个尚未开发的领域,启发问题在政治学研究中独树一帜,比如精英观点或态度的编码,再比如政府机构提供的信息。将这些信息转换为与参数相关的正式说明,这一转换方法似乎是一个很有前途的研究领域。敏感性分析也可以考虑就此进一步开发。当使用信息先验时,研究结果对所包含的先验信息有依赖性,而政治学家在测试这种依赖性时需要相关指导。统计软件是另一个需要投入大量研究的领域。一方面 BUGS 语言和各种 R 【509】语言软件前途无量,另一方面贝叶斯研究应用工作还没有通用语。由于可用软件匮乏,使得贝叶斯工作比其他情况下要困难得多。最后,还有一些个人认为很有希望用于政治学的模型和方法,目前尚未充分利用。其中,包括混合模型以及含离散参数的模型

（例如在时间序列背景中的转折点模型）。形式模型比较在政治学中也很少出现。贝叶斯因素为多种不同类型模型的比较提供了途径。在处理聚类数据，如截面时间序列数据时，层次模型看起来大有研究价值。这些模型通过马尔科夫链蒙特卡洛法可以很好地达到拟合，并通过模型扩展处理不同种类的复合依赖问题。正如其他统计工具一般，贝叶斯方法仅受实践者的创造力限制，但迄今为止贝叶斯方法在政治学中的优势尚未完全开发。

参考文献

Brooks, S. P., and Roberts, G. O. 1998. Assessing convergence of Markov chain Monte Carlo algorithms. *Statistics and Computing*, 8: 319–35.

Casella, G., and George, E. I. 1992. Explaining the Gibbs sampler. *American Statistician*, 46: 167–74.

Chib, S. 1998. Estimation and comparison of multiple change-point models. *Journal of Econometrics*, 86: 221–41.

—— and Greenberg, E. 1995. Understanding the Metropolis–Hastings algorithm. *American Statistician*, 49: 327–36.

Clinton, J. D., Jackman, S., and Rivers, D. 2004. The statistical analysis of roll call data. *American Political Science Review*, 98: 355–70.

Cowles, M. K., and Carlin, B. P. 1995. Markov Chain Monte Carlo diagnostics: a comparative review. *Journal of the American Statistical Association*, 91: 883–904.

Gelfand, A. E., and Smith, A. F. M. 1990. Sampling-based approaches to calculating marginal densities. *Journal of the American Statistical Association*, 85: 398–409.

Gelman, A., Carlin, J. B., Stern, H. S., and Rubin, D. B. 2004. *Bayesian Data Analysis*, 2nd edn. Boca Raton, Fla.: Chapman and Hall/CRC.

Geman, S., and Geman, D. 1984. Stochastic relaxation, Gibbs distributions, and the Bayesian restoration of images. *IEEE Transactions of Pattern Analysis and Machine Intelligence*, 6: 721–41.

Gill, J. 2002. *Bayesian Methods: A Social and Behavioral Sciences Approach*. Boca Raton, Fla.: Chapman and Hall/CRC.

—— and Walker, L. D. 2005. Elicited priors for Bayesian model specifications in political science research. *Journal of Politics*, 67: 841–72.

Green, P. J. 1995. Reversible jump Markov Chain Monte Carlo computation and Bayesian model determination. *Biometrika*, 82: 711–32.

Hastings, W. K. 1979. Monte Carlo sampling methods using Markov Chains and their applications. *Biometrika*, 57: 97–109.

Jackman, S. 2000. Estimation and inference via Bayesian simulation: an introduction to Markov Chain

Monte Carlo.*American Journal of Political Science*, 44: 369-98.

—— 2004. Bayesian analysis for political research.*Annual Reviews of Political Science*, 7: 483-505.

Kass, R. E., and Raftery, A. E. 1995. Bayes factors.*Journal of the American Statistical Association*, 90: 773-95.

King, G. 1989. *Unifying Political Methodology: The Likelihood Theory of Statistical Inference.* Cambridge: Cambridge University Press.

—— Tomz, M., and Wittenberg, J. 2000. Making the most of statistical analyses: improving interpretation and presentation.*American Journal of Political Science*, 44: 341-55.

Martin, A. D., and Quinn, K. M. 2002. Dynamic ideal point estimation via Markov Chain Monte Carlo for the U.S.Supreme Court, 1953-1999. *Political Analysis*, 10: 134-53.

—— —— 2005. *MCMCpack: Markov Chain Monte Carlo(MCMC)Package.* R package version 0. 6-3. < http://mcmcpack.wustl.edu>.

Metropolis, N., and Ulam, S. 1949. The Monte Carlo method.*Journal of the American Statistical Association*, 44: 335-41.

—— Rosenbluth, A. W., Rosenbluth, M. N., Teller, A. H., and Teller, E. 1953. Equation of state calculations by fast computing machines.*Journal of Chemical Physics*, 21: 1087-92.

Plummer, M. 2005. *JAGS: Just Another Gibbs Sampler.* Version 0. 8. <http://www.fis.iarc.fr/ martyn/software/jags>.

—— Best, N., Cowles, K., and Vines, K. 2005. *coda: Output Analysis and Diagnostics for MCMC.* R package version 0. 9-2. <http://www-fis.iarc.fr/coda>.

Quinn, K. M., Martin, A. D., and Whitford, A. B. 1999. Voter choice in multi-party democracies: a test of competing theories and models.*American Journal of Political Science*, 43: 1231-47.

R Development Core Team 2005. *R: A Language and Environment for Statistical Computing.* R Foundation for Statistical Computing, Vienna.<http://www.R-project.org>.

Raftery, A. 1995. Bayesian model selection in social research.*Sociological Methodology*, 25: 111-96.

Rossi, P., and McCulloch, R. 2005. *bayesm: Bayesian Inference for Marketing/Microeconometrics.* R package version 2. 0-1.

Smith, A. 1999. Testing theories of strategic choice: the example of crisis escalation.*American Journal of Political Science*, 43: 1254-83.

Spiegelhalter, D. J., Best, N. G., Carlin, B. P., and van der Linde, A. 2002. Bayesian measures of model complexity and fit.*Journal of the Royal Statistical Society*, B, 64: 583-639.

—— Thomas, A., Best, N., and Lunn, D. 2004. *WinBUGS.* Version 1. 4. 1. <http://www.mrcbsu.cam.ac.uk/bugs/winbugs>.

Tanner, M. A., and Wong, W. 1987. The calculation of posterior distributions by data augmentation. *Journal of the American Statistical Association*, 82: 528-50.

Thomas, A. 2004. *Open BUGS.*<http://mathstat.helsinki.fi/openbugs>.

Tierney, L. 1994. Markov Chains for exploring posterior distributions.*Annals of Statistics*, 22: 1701-62.

Western, B. 1998. Causal heterogeneity in comparative research: a Bayesian hierarchical modelling approach. *American Journal of Political Science*, 42:1233-59.

—— and Jackman, S. 1994. Bayesian inference for comparative research. *American Political Science Review*, 88:412-23.

第七部分

描述与因果推断的定量工具：
特定的主题

第二十二章　离散选择方法

加勒特·格拉斯哥（Garrett Glasgow），R.迈克尔·阿尔瓦雷斯（R.Michael Alvarez）

1. 引言

　　许多政治学研究会涉及政治主体的选择问题，而这些问题大多出现在政治学较为实质性研究领域中。例如，在选举中，公民会选择投票还是弃权？立法者会选择谋求连任、竞选更高的职位还是退休？一个国家会选择发动战争还是保持和平？这种选择情况就叫做离散选择问题。之所以这样命名，是因为（在这种情况下）政治行为者需要从一组有限且各不相同的选项中做出选择。在本章中，我们将通过政治学研究者常用的统计模型来分析离散选择。

　　本章第一部分集中研究"基本"离散选择模型，围绕能够衍生出模型使用选择的理论展开。我们首先研究的是有序选择情况。这种情况假设政治行为者的选择，取决于其对于一个政治项目某种连续的潜在的评级，抑或是其对于进行某种行为的倾向，也叫作潜变量。我们不观察这种潜变量；相反地，我们研究那些与潜变量有关的离散选择类别。我们从两种有序类别这一特殊情况入手，并说明这种情况是如何衍生出 Probit 模型以及 Logit 模型的。比如说，一个国家可能会有与邻国作战的潜在倾向，但我们只研究两个离散选择类别：战争或和平。接下来，我们将扩展到多个有序选择类别的情况，并说明这种情况是如何衍生出有序 Probit 模型以及有序 Logit 模型的。比如说，个人可能与某个政策立场具有某种潜在的一致性，但我们只研究由调查问题所提供的五个有序离散选择类别——强烈赞同、同意、既不同意也不反对、反对、强烈反对。

　　我们研究的第二种选择情况叫做无序选择情况。这类模型选择问题通常涉及政治行为者从某一离散项目集中进行政治项目选择，选择集不含内在次序。同样地，我们从一个特殊的例子入手，说明这种情况是如何衍生出 Probit 模型以及 Logit 模型的。在这个例子中,(政治行为者)从一组有两个项目的选项中选择一个政治项目。关于这一类型的选择问题,举例说明便是一个人在一场有两位政治候选人的选举中,选择为哪一位候选人投票。接下来,我们将扩展到从一组更大的选择集中选出一个政治项目的情况,并说明这种情况是如何衍生出多项式 Logit 模型以及条件 Logit 模型的。而多项式 Logit 模型选择情况的例子,就比如立法者会选择谋求连任、竞选更高的职位还是退休的问题。

在介绍完基本离散选择模型之后,我们将对这些模型进行评估与解析。将研究两个政治学研究中常见的基本离散选择模型的扩展——第一种(扩展)模型允许政治行为者所做的选择中存在异方差性(比如说异方差的概率单位模型);另一种模型则为(政治行为者的)选择预测出替代模式(比如说多项式 Probit 模型以及混合 Logit 模型)。在结论部分,我们提出了对此主题进一步阅读的建议。

2. 有序选择

2.1 两个选项的有序选择

我们首先给出的离散选择模型是有两个有序选项的这类特殊情况。这一类选择问题的例子就是一个人会选择投票支持还是反对某个特定的政治候选人,还有就是一个国家会选择发动战争还是保持和平,等等。我们认为这些二元的选项是有序的,因为它们代表了不同程度的态度和内心体验(赞同的程度越强,一个人就越倾向于为某个候选人投票),也代表了(政治行为者)对于进行某项政治行动(所体现出来的)不同程度的倾向(好战性越强,一个国家就越倾向于发动战争)。

在这种情况下,我们通常假设政治行为者是倾向于进行某项行动还是什么都不做,是选择对某个政治候选人提出有利的评价还是不利的评价,还有其他一些有序的二元选择,这些都是由潜变量 y^* 决定的,而该潜变量由一个临界值将其划分成两个选项。我们不研究行为者在该潜变量中所扮演的角色,相反地,我们研究变量 y ,也就是政治

【515】行为者所选择的选项。假设 $y_i = 0$ 表示行为者在选项之间的临界值 τ 之下, $y_i = 1$ 表示行为者在此临界值之上。

在这种情况下,我们假设潜变量 y_i^* 是由一系列可观测的变量和系数以及某些不可观测的随机影响因素(ϵ_i)所构成的一则线性函数,其中可观测的变量和系数能够影响政治行为者在潜变量($X_i\beta$)中的地位,这样我们就可以得出一个二元的离散选择模型。那么(行为者)潜在的选择偏好就可以表示如下:

$$y_i^* = X_i\beta + \epsilon_i \tag{1}$$

显而易见,由于 y_i^* 不可观测,所以不能用最小二乘法(OLS)的方式来估算这个方程。但可以研究与 y_i^* 有关的信息,而这些信息会帮助我们确定 X_i 所具备的可观测特征是怎样影响选择行为的。因为我们研究 y_i,即行为者所做出的选择,换句话说就是行为者是不是在临界值 τ 之上。从这之中我们就可以估测有着特定的 X_i 值的政治行为者选择某个特定选项的概率。

既然 y_i^* 是潜变量,那么我们需要识别假设来估测出政治行为者做出某项特定选择的概率。我们首先注意到的是:在此模型中,不管是 τ 还是常数项(β_0),我们都不能得出唯一估测。(因为 y_i^* 是不可观测的,所以我们可以给 τ 和 β_0 添加任意项,这样我们仍然能够得出与可观测的结果相同的概率)。标准的识别假设是假设 $\tau = 0$。这种假设是任意的,而且不影响 β 的估测。若 $y_i = 1$ 表示行为者选择某个选项的概率,与此同时给出可观测变量 X_i (的值),那么(政治行为者选择某个选项的概率)就可以表示为:

$$Pr(y_i = 1 \mid X_i) = Pr(y_i^* > 0 \mid X_i) \tag{2}$$

而且 $y_i^* = X_i\beta + \epsilon_i$,那么我们就可以将式(2)重新表示为:

$$Pr(y_i = 1 \mid X_i) = Pr(X_i\beta + \epsilon_i > 0 \mid X_i) \tag{3}$$

从式(3)中我们可以清楚地看出:由 $y_i = 1$ 所表示的政治行为者选择某个选项的概率,有一部分取决于尚未定义的误差项 ϵ_i。因此,为了能够估算出这一概率,关于 ϵ_i 的分布,我们必须做出额外的假设。首先将式(3)重新整理为:

$$Pr(y_i = 1 \mid X_i) = Pr(\epsilon_i > -X_i\beta \mid X_i) \tag{4}$$

如果我们假设 ϵ_i 的分布是对称的,那么我们可以将此方程进一步整理为:

$$Pr(y_i = 1 \mid X_i) = Pr(\epsilon_i \leq X_i\beta \mid X_i) \tag{5}$$

该方程简单地评估了 ϵ_i 关于 $X_i\beta$ 的累积密度函数(CDF),我们也可以将其表示为:

$$Pr(y_i = 1 \mid X_i) = F(X_i\beta) \tag{6}$$

通过对 ϵ_i 的分布作出假设,我们现在可以计算出在 $y_i = 1$ 并在给定 X_i 的情况下(政治行为者选择某个选项)的概率。其中一种概率就是,假设 ϵ_i 是从一种独立同分布的 【516】正态分布中得到,这就产生了二元 Probit 模型:

$$Pr(y_i = 1 \mid X_i) = \frac{1}{\sqrt{2\pi}} \int_{\epsilon=-\infty}^{X_i\beta/\sigma} \phi(\epsilon) \, \partial\epsilon = \Phi\left(\frac{X_i\beta}{\sigma}\right) \tag{7}$$

其中, ϕ 表示正态分布的概率密度函数(PDF), Φ 表示正态分布的累积密度函数(CDF),而 σ 表示的是关于 ϵ_i 的正态分布的标准差。因为 y_i^* 是不可观测的,所以我们不能用最小二乘法(OLS)的方式估测出 ϵ_i 的方差。因此,关于二元 Probit 模型的一个

标准的假设就是 $\sigma = 1$。

关于 ϵ_i 的分布,另一种常见的假设就是其遵循独立同分布(IID)的 logistic 分布。这就产生了二元 Probit 模型:

$$Pr(y_i = 1 \mid X_i) = \frac{\exp(\mu X_i \beta)}{1 + \exp(\mu X_i \beta)} \tag{8}$$

其中,μ 表示的是一个正的规模参数。而在二元 Probit 模型中,我们必须对这一累积密度函数(CDF)的方差作出假设——在这种情况下,我们假设 $\mu = 1$,换句话说也就是假设 ϵ_i 的方差为 $\frac{\pi^2}{3}$。

注意:对一个二元 Probit 模型进行评估包括对整体进行评估,而二元 Logit(模型)是闭合式,因而不需要解决整合的问题。但是考虑到现代计算机的计算能力,这在二元选择案例中几乎没有实质上的区别。然而,基于正态分布与基于 logistic 分布的(两种)模型之间易于估计的差异的确存在于无序选择的情况之中,如下文所示。

对一个二元 Logit 模型的估测将会涉及对 β 的评估,而在二元 Logit 模型中 β 的估计值比在二元 Probit 模型中相应的估计值要大 $\sqrt{\pi^2/3}$ 倍——然而,这种差异完全是因为在两种模型之中对于 ϵ_i 的方差所做出的假设不同。在实践中,二元 Logit 模型与二元 Probit 模型之间,几乎没有实质性的区别。因此,在二元选择的情况下,两种模型均正确且有效。

2.2 两个以上选项的有序选择

很多政治学问题都需要政治行为者从两个以上的有序类别中作出选择。这一类选择问题的一个实例就是要求一个人按照从自由主义到保守主义的有序尺度来评价他们的意识形态。同样地,我们可以把这些选择看作是有序的,因为它们代表了不同程度的态度和内心体验(保守主义的倾向越强,个人在调查问题量表上的选项会越趋保守)。

将有两个选项的有序选择模型扩展到有两个以上选项的有序选择情况之中很简单。同样地,我们假设政治行为者采取某种行动的情绪或倾向是由潜变量 y_i^* 决定的。但是,在这种情况下,我们假设在潜变量之中不止有一个临界值,而这些临界值将潜变量划分为三个或多个有序选择类别。我们不研究政治行为者在该潜变量中所扮演的角色,而是研究变量 y_i,也就是政治行为者所选择的选项。具体来说,我们观察到:

【517】

当 j 的取值范围为 1 到 J 时,若 $\tau_{j-1} \leqslant y_i^* < \tau_j$,则 $y_i = j$ $\tag{9}$

其中 $\tau_0 = -\infty$，$\tau_J = \infty$

在这种情况下,我们可以推导出一个有序的离散选择模型,(推导方式)类似于有序二元选择模型的推导:我们假设潜变量是由一系列可观测的变量和系数以及某些不可观测的随机影响因素所构成的一则线性函数,其中可观测的变量和系数能够影响政治行为者在潜变量中的地位:

$$y_i^* = X_i\beta + \epsilon_i \tag{10}$$

就像在二元(选择模型)中的情况一样,因为 y_i^* 是不可观测的,所以我们应通过识别假设估测出政治行为者做出某项特定选择的概率。在此模型中,我们不能对所有的临界值以及任意一项常数项(β_0)做出唯一的估测值(因为 y_i^* 不可观测,所以我们可以给所有的这些项添加任意项,这样仍然能够得出与可观测的结果相同的概率)。标准的识别假设包括假设 $\tau_1 = 0$ 或者 $\beta_0 = 0$——就像在二元(选择模型)中的情况一样,假设是任意的且不影响 β 的估测。利用其中一种识别假设就可以估测出有着特定 X_i 值的政治行为者选择某个特定选项的概率。利用 $\beta_0 = 0$ 这一假设,若 $y_i = j$ 表示行为者选择某个选项的概率,与此同时给出可观测变量 X_i(的值),那么(政治行为者选择某个选项的概率)就可以表示为:

$$Pr(y_i = j \mid X_i) = Pr(\tau_{j-1} \leq y_i^* < \tau_j \mid X_i) \tag{11}$$

若将 y_i^* 替换为 $X_i\beta + \epsilon_i$,那么我们就可以重新整合为:

$$Pr(y_i = j \mid X_i) = Pr(\tau_{j-1} \leq X_i\beta + \epsilon_i < \tau_j \mid X_i)$$
$$= Pr(\tau_{j-1} - X_i\beta \leq \epsilon_i < \tau_j - X_i\beta \mid X_i) \tag{12}$$

因为一个随机变量落在两个值之间的概率是两个值范围内的累积密度函数(CDF)的差异,所以我们可以将式(12)重新整理为:

$$Pr(y_i = j \mid X_i) = Pr(\epsilon_i < \tau_j - X_i\beta \mid X_i) - Pr(\epsilon_i < \tau_{j-1} - X_i\beta \mid X_i)$$
$$= F(\tau_j - X_i\beta \mid X_i) - F(\tau_{j-1} - X_i\beta \mid X_i) \tag{13}$$

其中,F 表示 ϵ_i 的累积密度函数(CDF)。通过实现 $F(\tau_0 - X_i\beta) = F(-\infty - X_i\beta) = 0$ 以及 $F(\tau_J - X_i\beta) = F(\infty - X_i\beta) = 1$,这些概率可以分别简化为最低和最高的选择类别。就像在二元离散选择模型中那样,通过对 ϵ_i 的分布作出假设,可以计算出在 $y_i = j$ 的情况下(政治行为者选择某个选项)的概率。如果做出与二元 Probit 模型相同的假设(假设 ϵ_i 是一种独立同分布的正态分布,这种分布有着零均值和单位方差),就会产生一个有序 Probit 模型。如果我们做出与二元 Logit 模型相同的假设(假设 ϵ_i 是一种独立同分布的 logistic 分布,这种分布有着零均值和 $\frac{\pi^2}{3}$ 的方差),就会产生一个有序 Logit 模型。【518】

就像在二元选择模型中的情况那样,有序 Logit 模型与有序 Probit 模型之间,不论是在估计中的结果还是实质性的结果,几乎都没有什么区别。

虽然从理论上来讲,因变量中的类别数没有最大值。但是实际上当然还是有一个极限值的,如若超过这一极限值,研究人员便可以考虑把因变量当作连续的来进行处理。比如说,常用的"温度计分"调查问题实际上是一个有着101级的有序刻度,但是在这种情况下评估一个有序 Logit 模型抑或是有序 Probit 模型都是不切实际的(因为需要对潜变量估计100个独立的点),而且大多数的统计软件都对因变量中的类别数进行了限制(比如说在 Stata 软件中,类别数的最大值为50)。虽然在实践中,我们很少能够遇到因变量中有着多于7个到10个类别的有序 Logit 模型与有序 Probit 模型,但是我们(依旧)不知道任何有关于有序类别的最大值所商定的经验法则。

3. 无序选择

3.1 两个选项的无序选择

与有序选择的处理方式一样,我们首先给出的离散选择模型是有两个无序选项的这类特殊情况。这一类选择问题的实例就是一个人会投票支持两个政治候选人中的哪一个,还有一个政治候选人会选择两个城市中的哪一个来作为竞选演说的地点,等等。我们认为这些二元的选择类别是无序的,因为它们所代表的两个项目没有内在次序且截然不同。这与我们前面所讲的二元有序选择类别(可被视为同一项目的两种不同的评级)正好相反。

在无序选择的情况中,我们通常假设政治行为者对选择集中的每一个政治项目都会进行某种相关的评级,叫做"效用值",接着,行为者会选择具有最高效用值的选项。这种选择行为理论就叫做"随机效用最大化"(RUM),之所以这样命名是因为政治行为者选择了能够赋予他们最高效用的选项,这些效用值是不可观测的,因而对于我们研究者来说是随机的。

由于政治行为者面对着不止一个选择,所以我们必须保持关注政治行为者的特点以及不同选择方案的特点(比如说个人在选举中可能选择的不同候选人的问题立场)。【519】这就使得二元选择模型的推导比潜变量的情形复杂得多。在这种情况下,我们假设行为者的效用值是由一则线性函数组成的。(这则函数中)包括一组与行为者 i 所选择的政治项目 j 确切相关的可观测的变量和系数($C_{ij}\lambda$),一组与政治行为者 i 确切相关的可观测的变量和系数($X_i\beta_j$),以及其他不可观测的随机影响因素(e_{ij}),那么我们就可以推导出一个二元离散选择模型。比如说,若行为者所选择的选项用 $y = 1$ 来表示,则效用值就可以表示为：

$$U_{i\,1} = X_i\beta_1 + C_{i\,1}\lambda + e_{i\,1} \tag{14}$$

注意：X_i 的系数通过选择类别进行了标注和阐释，这样就允许政治行为者的特点以不同的方式影响他们对不同选择的效用。比如说，个人对党派的认同可能会增加同一政党候选人的效用，但会降低对方政党候选人的效用。

我们不观察一个行为者的效用值，但是我们观察 y_{ij}，也就是政治行为者所选择的选项。若政治行为者所选择的选项用 $y_i = 1$ 来表示，未选择的选项用 $y_i = 0$ 来表示，那么我们所研究的概率就可以表示如下：

$$Pr(y_i = 1 \mid X_i, C_{ij}) = Pr(U_{i\,1} > U_{i\,0}) \tag{15}$$

已知 $U_{ij} = X_i\beta_j + C_{ij}\lambda + e_{ij}$，那么我们就可以将式（15）重新表示为：

$$Pr(y_i = 1 \mid X_i, C_{ij}) = Pr(X_i\beta_1 + C_{i1}\lambda + e_{i\,1} > X_i\beta_0 + C_{i0}\lambda + e_{i0}) \tag{16}$$

从式（16）中，我们可以清楚地看出：无论是 β_0 还是 β_1，我们都无法得出唯一的估测值。因为即使给这两组系数添加任意项，我们仍然能够得出与可观测的结果相同的概率。一个标准的识别假设就是假设 $\beta_0 = 0$。

和在有序选择中二元选择模型的推导一样，为了估测行为者选择某个选项，即 $y_i = 1$ 时的概率，我们需要对效用的随机影响因素 e_{ij} 的分布作出假设。假设 $\beta_0 = 0$，那么我们就可以将式（16）重新整理为：

$$Pr(y_i = 1 \mid X_i, C_{ij}) = Pr(X_i\beta_1 + (C_{i1} - C_{i0})\,\lambda > e_{i0} - e_{i1}) \tag{17}$$

该方程简单地评估了 $e_{i0} - e_{i1}$ 关于 $X_i\beta_1 + (C_{i1} - C_{i0})\,\lambda$ 的累积密度函数（CDF），所以我们也可以将其表示为：

$$Pr(y_i = 1 \mid X_i) = F(X_i\beta_1 + (C_{i1} - C_{i0})\,\lambda) \tag{18}$$

就像在有序选择情况中一样，通过对 e_{ij} 的分布作出假设，我们现在可以计算出在 $y_i = 1$ 并且给出 X_i 以及 C_{ij} 的情况下（政治行为者选择某个选项）的概率。其中一种概率就是假设 e_{ij} 是一种独立同分布的正态分布——两个正态分布的差也是一个正态分布，所以这一假设（还有 $\sigma = 1$ 的假设）将产生一个与式（7）类似的 Probit 模型： 【520】

$$Pr(y_i = 1 \mid X_i) = \Phi(X_i\beta_1 + (C_{i1} - C_{i0})\,\lambda) \tag{19}$$

另一种可能性就是假设 e_{ij} 遵循独立同分布（IID）类型 I 的极值分布——两个独立同分布（IID）的类型 I 的极值分布的差是一个独立同分布（IID）的逻辑斯谛分布，所以这一假设（还有 $\mu = 1$ 的假设）将产生一个与式（8）类似的 Logit 模型：

$$Pr(y_i = 1 \mid X_i) = \frac{\exp(X_i\beta_1 + (C_{i1} - C_{i0})\,\lambda)}{1 + \exp(X_i\beta_1 + (C_{i1} - C_{i0})\,\lambda)} \tag{20}$$

请注意：如果没有变量可以衡量选择集中选项的特性，那么这里所讲的 Probit 模型和 Logit 模型与上文所讲的二元有序选择的情况就是相同的。如果在 Probit 模型以及 Logit 模型中都有变量可以用来衡量选择集中选项的特性的话,那么研究员们就只需要计算出 $C_{i1} - C_{i0}$ 的值,并将这一项看作自变量即可。

3.2 两个以上选项的无序选择

很多政治学问题都需要政治行为者从两个以上的无序选择类别中作出选择。这一类选择问题的实例就是一个人选择投票支持几个政党中的哪一个,一个政治候选人会选择几个城市中的哪一个作为竞选演说的地点,等等。同样地,我们认为这些选择类别是无序的,因为它们代表了没有内在次序的截然不同的项目。

将有两个选项的无序选择模型扩展到有多个选项的无序选择情况之中很简单。同样地,我们假设政治行为者对选择集中的每一个政治项目都会进行效用值评分,然后(行为者)会选择具有最高效用值的选项。我们不观察行为者的效用值,相反地,我们观察 y_i,也就是政治行为者在选择类别 J 中所选择的选项。如果行为者所选择的选项用 $y_i = j$ 来表示,那么(政治行为者)从所有其他的选项中选择该项的概率就是:

$$Pr(y_i = j \mid X_i, C_{ij}) = Pr(U_{ij} > U_{ik}) \ \forall k \neq j \tag{21}$$

或者将 U_{ij} 替换为 $X_i\beta_j + C_{ij}\lambda + e_{ij}$,那么此公式就可以重新整理为:

$$Pr(y_i = j \mid X_i, C_{ij}) = Pr(X_i\beta_j + C_{ij}\lambda - X_i\beta_k - C_{ik}\lambda > e_{ik} - e_{ij}) \ \forall k \neq j \tag{22}$$

就像在二元(选择模型)中的情况一样,我们无法得出模型中每一组中 β 的唯一估测值,因为我们可以给这些组系数添加任意项,这样我们仍然能够得出与可观测的结果相同的概率。一个标准的识别假设就是将一个选择类别看作基准类别,并且假设在这一选择类别中,$\beta = 0$(基准类别的选择是任意的,而且不会影响该模型的实质性演绎)。

【521】

为了估测行为者选择某个选项,即 $y_i = j$ 时的概率,我们需要再次对效用的随机部分 e_{ij} 的分布作出假设。假设 e_{ij} 遵循独立同分布(IID)的类型 I 极值分布(并假设 $\mu = 1$),那么我们就可以得出一个多分类 Logit 模型:

$$Pr(y_i = j \mid X_i) = \frac{\exp(X_i\beta_j + C_{ij}\lambda)}{\sum_{k=1}^{J} \exp(X_i\beta_k + C_{ik}\lambda)} \tag{23}$$

许多政治学家都将多分类 Logit 模型与条件 Logit 模型区别开来。他们认为,在多分类 Logit 模型中,没有变量可以用来衡量选项的特性;而在条件 Logit 模型中则有这样的变量。我们注意到,这些模型之间唯一的区别在于各模型之中包含的变量种类不同,所以许多的研究惯例都简单地将两种模型统称为多分类 Logit 模型。

假设 e_{ij} 遵循独立同分布(IID)的正态分布,那么我们就可以得出一种特殊的多项 Probit(MNP)模型。多项 Probit 模型比多分类 Logit 模型要难以评估得多。对于多分类 Logit 模型来说,还有一则像式(23)这样封闭形式的表达式用以进行评估。而对于多项 Probit 模型来说,要对其进行评估需要对范围 J—1 的多元正态分布进行整合。因此,一般只有在我们想要忽略独立同分布(IID)的误差项的时候,我们才会使用多项 Probit 模型。这一点我们在下面的内容中会进行描述。

4. 评估

我们前面所讨论的离散选择模型并没有通过最小二乘法(OLS)的方式得以评估,因为这些选择模型都是非线性的。相反地,这些模型通常是通过最大似然估计(MLE)的方式来进行估计的。而最大似然估计(MLE)的实现首先需要创建一个似然函数,然后利用这个函数的自然对数来创建出对数似然函数(我们之所以利用似然函数的自然对数,是因为它更容易进行操作)。

比如说,Probit 模型的对数似然是:

$$\ln L = \sum_i \left[y_i \ln \Phi(X_i\beta) \right] + \left[(1 - y_i) \ln \left[1 - \Phi(X_i\beta) \right] \right] \tag{24}$$

将这一对数似然最大化意味着将政治行为者最终选择某个选项的概率最大化。这一结果的实现主要是通过给 β 赋值,这样的话当 $y_i = 1$ 的时候,$X_i\beta$ 的值就偏大;当 $y_i = 0$ 的时候,$X_i\beta$ 的值就偏小。

上述所有模型的对数似然函数从全局上来看都是凹函数,因此相对容易最大化,所【522】以目前大多数的统计软件包都能在几秒钟内解决这一问题。但是,注意最大似然估计(MLE)的一致性、正态性以及有效性都取决于渐近参数——最大似然估计(MLE)中,小样本的特征在很大程度上都是未知的。因此,研究人员在小样本中使用最大似然估计(MLE)的时候应谨慎一些。

许多常见的统计软件包可以帮助研究人员对我们先前讨论过的所有离散选择模型进行估计,但条件 Logit 模型例外。据我们所知,只有 LIMDEP、SAS 以及 Stata① 可以(对条件 Logit 模型进行评估)。

————————————

① LIMDEP、SAS 和 Stata,三者均为常用的统计分析软件,兼具数据的储存、管理、分析与展现等功能。——译者注

5. 解析

对于上述所有的离散选择模型来说，$X_i\beta$ 与选择概率之间的关系都取决于一个非线性函数。因此，若选择概率中，某一自变量的一个单位发生变化，则其对于选择概率的影响将取决于该模型中其他自变量的值。这就意味着在这些离散选择模型中，我们不能用最小二乘法（OLS）的方式来解析系数 β。

在政治学中，对于离散选择模型的参数估计进行解析，最常用的方法就是假设观察法。研究人员首先选择该模型中自变量的值，这些自变量代表了研究中一些变量之间的相互关系。虽然将变量设置为其均值或者是模态值并不是唯一的方法，但是这种方法的应用是很常见而且很广泛的——通常情况下，研究人员会选择能够反映出某些实质性关系的自变量的值。然后，利用 β 的估计值以及 X 的取值，我们就可以计算出 $y = 1$ 时的基准概率。比如说，我们可以通过计算（以下等式）来解析 Probit 模型中的系数：

$$\hat{Pr}(y = 1 \mid X) = \varPhi(\bar{X}\hat{\beta}) \tag{25}$$

其中，$\bar{X}$ 表示自变量的取值。然后，一个特定的自变量对 $y = 1$ 时的概率产生的影响就可以计算出来。计算的方式就是保持其他所有的自变量的值都为 $\bar{X}$ 不变，通过改变这一变量的值，就可以重新计算出 $\hat{Pr}(y = 1 \mid X)$ 的值。

在大多数的统计软件包中，简单使用一些内置命令就可以算出预测概率，比如说 Stata 中的"mfx compute"命令。在 Logit 模型中，甚至可以用手持计算器来计算。还可以用一种叫做 CLARIFY 的软件（King, Tomz, and Wittenberg 2000），这种软件另有一项附加功能，就是可以计算出这些预测概率的标准误差。

【523】 6. 常见的基本离散选择模型扩展

上述基本离散选择模型的许多扩展已经得以发展，并应用于政治学研究之中。下面我们将政治学研究中最常见的两种扩展——一种（扩展）模型主要研究政治行为者的选择中存在的异方差性；另一种模型则主要在选择方案中，评估出更加实际的替代模式。

6.1　异方差性

在某些情况下，我们有理由怀疑政治行为者所做的选择中存在异方差性。比如说阿尔瓦雷斯和布雷姆(Alvarez and Brehm 1995)曾假设:在与堕胎行为有关的离散选择中,那些对堕胎行为持矛盾态度的人会有更大的内部冲突感。这样就使得他们的行为偏好更容易受到时时变化的外部力量的影响,比如说启动效应。理想状态下,我们只需将这些外部力量看作离散选择模型中的自变量——但是在这种情况下,调查中观察不到外部力量(也许是不可观测的)。因此,阿尔瓦雷斯(Alvarez)和布雷姆(Brehm)对来自影响不同个体之间异方差性的外部力量进行建模。在此模型中,对于态度矛盾的个体(那些对堕胎的意见模棱两可的人)来说,误差项中预期的方差较大;相比较而言,对于态度鲜明的个体(那些对堕胎持单方面观点的人)而言,误差项中预期的方差较小。

　　异方差性不论是从方法论上讲还是从实质上讲都尤为重要。不同于最小二乘法(OLS)的情况,若违反了对于独立同分布(IID)的误差项所做出的假设,虽然会导致低效的产生,但是对于参数的估计是没有偏差的。而离散选择模型的情况则与最小二乘法(OLS)的情况不同,若违反了对于独立同分布(IID)所做出的假设,则对于参数的估计会产生前后矛盾的情况。

　　因为误差项 ϵ_i 是不可观测的,所以我们无法直接估计离散选择模型的异方差性。但是我们可以通过 $X_i\beta$ 与我们所观察到的选择行为之间的关系来推断出异方差。误差方差越大,则政治行为者更加倾向于做出与 $X_i\beta$ 所预测的不同的选择。就像在二元Probit模型中那样,给出 X_i 的值,我们就可以计算出 $y_i = 1$ 时的概率,进而弄清楚在离散选择的情况下,异方差性是怎样模型化的。

$$Pr(y_i = 1 \mid X_i) = \Phi\left(\frac{X_i\beta}{\sigma}\right) \tag{26}$$

　　其中,Φ 表示正态分布的累积密度函数(CDF);σ 表示正态分布误差项的标准差。因为我们不观察误差项,所以我们必须要对 σ 做出识别假设——标准的Probit模型通常假设 $\sigma = 1$。

　　异方差的Probit模型放宽了这一假设。该模型通过指定误差项的方差——比如说【524】指定 $\sigma_i = \exp(Z_i\gamma)$,以区别不同的政治行为者。其中,$Z_i$ 表示一组可观察的变量,而这组变量能够决定误差项的方差;γ 表示一组要进行估计的系数(指数能够确保误差项的估计方差一直为正)。只要 Z_i 中不包含常数项,这个模型就可以成立。那么 $y_i = 1$ 时的概率就可以表示如下:

$$Pr(y_i = 1 \mid X_i, Z_i) = \Phi\left(\frac{X_i\beta}{\exp(Z_i\gamma)}\right) \tag{27}$$

　　$\exp(Z_i\gamma)$ 这一项越大,则两个选项各自的预测概率就越接近于0.5,这也就意味着政治行为者更加倾向于做出与 $X_i\beta$ 所预测的不同的选择——能否用 $\exp(Z_i\gamma)$ 的值衡量误差项的方差,这一点也正是我们期望看到的。因此,在 Z 中,变量的正系数就意味着误差方差与这个变量的值成正比;负系数就意味着误差方差与这个变量的值成反比。

这种异方差的 Probit 模型是基本 Probit 模型的一个简单概括,因此(这种异方差的 Probit 模型)也可以用与基本离散选择模型中相同的方法来进行估计和解释。Stata 以及 LIMDEP 中都包括简单的命令,用以对异方差的 Probit 模型进行估计。这种异方差的 Probit 模型可以很容易地推广为异方差的有序 Probit 模型(Alvarez and Brehm 1998)。虽然不太常见,但是异方差的 Logit 模型和有序 Logit 模型与异方差的 Probit 模型的指定方式大抵相同——就是将 Logit 规模参数指定为 $\mu = \dfrac{1}{\exp(Z_i\gamma)}$,而不是 $\mu = 1$(参见方程(8))。对于多元无序选择来说,这种类型的模型也是存在的(Dubin and Zeng 1991)。尽管在这些(多元无序选择)情况下,解决异方差性通常是运用下一节中所列出的方法来进行的。

6.2　替代模式

在许多无序选择的情况下,研究人员对替代模式非常感兴趣。替代模式换句话说也就是当选择集中有选项添加进来或者从中删除的时候,政治行为者如何将一个选项替换为另一个选项。比如说,在 1992 年美国总统选举的投票行为研究中,阿尔瓦雷斯和纳格勒(Alvarez and Nagler 1995)研究了选民们将布什替换为佩罗的概率。虽然在理想的情况下,我们不但可以观察候选人想要展现给选民们的所有特征,还可以将它们作为离散选择模型中的自变量来处理;但是在许多情况下,这些特征中至少有一部分是不可观察的。因此,为了评估出更加实际的替代模式,阿尔瓦雷斯(Alvarez)和纳格勒(Nagler)将这些常见的不可观测的特征模型化,用来表示各候选人效用中不可观测的部分之间的相互关系。

【525】　　因为多分类 Logit 模型假设效用之中,不可观测的部分遵循独立同分布(IID),所以它不能估计出一种能够将选项之间不可观察的相似性考虑在内的替代模式。确切地说,多分类 Logit(MNL)模型(以及其他所有假设效用之中,不可观测的部分遵循独立同分布(IID)的无序离散选择模型)将无关选择的独立性(IIA)强加给了所估计的替代模式。无关选择的独立性(IIA)要求:无论从选择集中添加或删除哪些其他的选项,政治行为者选择某一选项的相对概率都不变。一个简单的豪斯曼检验可以用来确定一个多分类 Logit 模型中,无关选择的独立性(IIA)假设的有效性(Hausman and McFadden

我们很容易看出：在政治选择集中，这是一个不切实际的假设——因为一旦政治行为者将某些选项看作替代者，就很可能违反无关选择的独立性（IIA）假设。在方法论中，除了实质性的动机之外，确定在误差项中，各选项之间有相互关系也尤为重要。因为若违反了对于独立同分布（IID）中的误差项所做出的假设，则对于参数的估计会产生前后矛盾的情况（尽管有些人认为，在许多政治选择集中，这种矛盾可能很微弱；Dow and Endersby 2004；Quinn，Martin and Whitford 1999）。

在政治学研究中，解决无关选择独立性假设最常用的就是离散选择模型。因为离散选择模型中，效用不可观测的部分与选项之间有相互关系。确切地说，我们假设 $e_{ij} = Z_{ij}\eta_i + v_{ij}$，其中 Z_{ij} 表示一个单位矩阵，该单位矩阵表示的对象是与选择集中的选项数相同的维数；v_{ij} 是一个误差项，该项表示政治行为者与选项的独立同分布（IID）；η_i 则表示随机项的一个矢量，这些随机项的均值用 o 来表示，而且因政治行为者而异；与此同时 η_i 可以与选项关联起来（假设无关选择的独立性（IIA）的模型隐含着 $Z_{ij} = 0$ 的假设）。对 η_i 和 v_{ij} 分布的不同假设会产生不同的离散选择模型，这些模型可以估测出能够实现的替代模式。

假设 η_i 和 v_{ij} 都遵循正态分布，那么我们就可以得出一个多项 Probit 模型。因为两个正态分布的和也是正态（分布）的，所以效用中不可观测的部分也遵循正态分布，因此我们就可以得出上面所提到的多项 Probit 模型（MNP）。然而，由于 η_i 可以与选项关联起来，因此每一个选项的效用中不可观测的部分都遵循多元正态分布，而且在这一分布中有着一个广义协方差矩阵 $\sum$。通过对 $\sum$ 中分离对角线条件的评估，研究人员可以研究效用中不可观测的部分是如何联系起来的，因此也就可以研究政治行为者在某些未知理由的影响下，会将哪些选项视为替代者。效用中不可观测的部分里面存在着不同的 $J-1$ 的值，通过对 $J-1$ 的多元正态分布进行整合（其中 J 表示选项数），我们就可以给出政治行为者 i 选择选项 j 的概率。比如说，如果我们规定 $\epsilon_{kj} = e_{ik} - e_{ij}$，$\bar{U}_j = X_i\beta_j + C_{ij}\lambda$，那么政治行为者 i 从有三个选项的选择集中，选择选项 1 的概率就可以表

示为：
$$Pr(y_i = 1 \mid X_i, C_{ij}) = \int_{\epsilon_{21} = -\infty}^{\frac{\bar{U}_2 - \bar{U}_1}{\sqrt{\sigma_1^2 + \sigma_2^2 - 2\sigma_{12}}}} \int_{\epsilon_{31} = -\infty}^{\frac{\bar{U}_3 - \bar{U}_1}{\sqrt{\sigma_1^2 + \sigma_3^2 - 2\sigma_{13}}}} \phi(\epsilon_{21}, \epsilon_{31}) \, \partial_{\epsilon_{21}} \partial_{\epsilon_{31}} \tag{28}$$

其中 σ_j^2 表示选项 j 的效用中，不可观测部分的方差；σ_{jk} 表示选项 j 与选项 k 的效用中，不可观测部分的协方差。注意：$\sum$ 中必须有一个元素要设为常数，这样该模型才有效。换句话说就是 $\sum$ 中只有 $[(J(J-1))/2] - 1$ 个元素能估计。【526】

假设 v_{ij} 遵循独立同分布（IID）的极值分布；η_i 属于研究人员所指定的分布 g，如此

可以得出一种混合 Logit 模型(MXL)。η_i 中包含着服从任何分布的任意数量的随机元素,这也就使得混合 Logit 模型较多项 Probit 模型(MNP)用途更为广泛——实际上,麦克法登和特雷恩(McFadden and Train 2000)认为:混合 Logit 模型大致可以被指定为任意的离散选择模型,而这些模型的得出方式是从 g 和 Z 中挑选出合适的选项来进行随机效用最大化。通过将效用中不可观测部分 g 的广义多元分布进行整合,我们就可以得出政治行为者 i 选择选项 j 的概率:

$$Pr(y_i = j \mid X_i, C_{ij}) = \int_{\eta}\left(\frac{\exp(X_i\beta_j + C_{ij}\lambda + Z_{ij}\eta_i)}{\sum_{k=1}^{J}\exp(X_i\beta_k + C_{ik}\lambda + Z_{ik}\eta_i)}\right)g(\eta)\,\partial_{\eta} \qquad (29)$$

该方程表明,选择概率是多分类 Logit(MNL)概率的一个混合。其中,一个特定的多分类 Logit(MNL)概率的权重是由混合分布 g 来决定的(因此叫作"混合 Logit")。就像在多项 Probit 模型中的情况一样,在混合 Logit 模型中,我们规定效用中不可观测的部分遵循多元分布,而在此多元分布中存在着一个广义协方差矩阵。对此协方差矩阵(受到与多项 Probit(MNP)模型相同的识别限制)中的分离对角线条件进行评估,我们就可以从选择方案中得出更加实际的替代模式。

多项 Probit 模型与混合 Logit 模型也可以用于评估随机系数。比如说,格拉斯哥(Glasgow 2001)假设在 1987 年英国大选中,因为某些不可观测的因素(比如说个人所在地理区域内的社会流动水平),工人阶级成员对投票选择的影响因人而异。因此,我们可以得出一个关于投票选择的混合 Logit 模型。在此模型中,指代工人阶级成员的变量具有随机系数。在这些模型中,随机系数的确定与 X_i 与 Z_{ij} 中的一些变量有关——在这种情况下,X_i 中变量的估计系数代表着随机系数的平均值,而 Z_{ij} 中变量的估计系数代表着随机系数的方差。多项 Probit(MNP)模型中有 $[(J(J-1))/2]-1$ 个正态分布的随机系数,而混合 Logit(MXL)模型中则包含着服从任何分布的任意数量的随机系数。

与多分类 Logit(MNL)模型中的封闭式不同,多项 Probit(MNP)模型以及混合 Logit(MXL)模型的评估涉及多维积分的评估。因此,这些模型通常采用某种与最大似然法类似的方法来进行评估,这种方法通过蒙特卡洛技术概略估算多维误差分布。(常用的统计分析软件)LIMDEP、SAS 和 Stata 都能够对多项 Probit 模型与混合 Logit 模型进行估计。

【527】 应该指出的是,若要研究无关选择的独立性(IIA)假设,并且从选择方案中估测出更加实际的替代模式,不止多项 Probit 模型和混合 Logit 模型这两种途径。广义极值(GEV)模型也可研究选项之间的相互关系。最常见的广义极值(GEV)模型是嵌套 Logit 模型,这种模型将选择方案划分为子集的形式,每个子集中都存在无关选择的独

立性(IIA),但是子集之间是不存在无关选择的独立性(IIA)的。虽然广义极值(GEV)模型比多项 Probit 模型抑或是混合 Logit 模型都更好操作,而且在某些情况下可能更加实用,比如说当研究人员有一些理论或先验知识,使得某些选择方案可以组合在一起的时候;但是广义极值(GEV)模型在政治学中的应用并不常见。

7. 扩展阅读

很显然,本章仅概述了离散选择模型在政治学中的应用。因此,感兴趣的读者可以参考其他的来源来了解更多的细节和应用实例。朗(Long 1997)对于我们这里讨论的基本离散选择模型,进行了非常简单易懂的介绍;本·阿齐瓦和勒曼(Ben-Akiva and Lerman 1985)以及特雷恩(Train 2003)对此进行了进一步的研究。琼斯和韦斯特兰(Jones and Westerland 2006)对有序类别的选择问题进行了详细的讨论,并提出了几种这里没有提及的模型。阿尔瓦雷斯和布雷姆(Alvarez and Brehm 1995;1997;1998)研究了异方差的离散选择模型在政治学中的应用。阿尔瓦雷斯和纳格勒(Alvarez and Nagler 1995;1998a;1998b),莱西和伯登(Lacy and Burden 1999)以及斯科菲尔德等人(Schofield 等人 1998)探讨了多项 Probit 模型在政治学问题中的应用。格拉斯哥(Glasgow 2001)以及格拉斯哥和阿尔瓦雷斯(Glasgow and Alvarez 2005)研究了混合 Logit 模型在政治学问题中的应用。最后,要注意的是,我们探讨的这些离散选择模型仍有大量的扩展内容是本章没有提及的,比如说面板技术和时间序列截面(TSCS)数据(Hsiao 2003,第 7 章)、事件史数据(Box-Steffensmeier and Jones 2004)、被删剪的(censored)和截断因变量(Sigelman and Zeng 2000)、选择性偏差(Boehmke 2003)、选择模型中的内生性(Alvarez and Glasgow 2000)、事件计数(King 1989)以及遵循正态分布和 logistic 分布以外的其他分布的模型(Nagler 1994)。

参考文献

Alvarez,R.M.,and Brehm,J.(1995).American ambivalence towards abortion policy:development of a heteroskedastic probit model of competing values.*American Journal of Political Science*,39(4): 1055-1082.

Alvarez,R.M.,and Brehm,J.(1997).Are Americans ambivalent towards racial policies? *American Journal of Political Science*,41(2):345-374.

Alvarez,R.M.,and Brehm,J.(1998).Speaking in two voices:American equivocation about the Internal Revenue Service.*American Journal of Political Science*,42(2):418-452.

Alvarez, R.M., and Glasgow, G. (2000). Two-stage estimation of non-recursive choice models. *Political Analysis*, 8(2):147-165.

Alvarez, R.M., and Nagler, J. (1995). Economics, issues and the Perot candidacy: voter choice in the 1992 presidential election. *American Journal of Political Science*, 39(3):714-744.

Alvarez, R.M., and Nagler, J. (1998a). Economics, entitlements, and social issues: voter choice in the 1996 presidential election. *American Journal of Political Science*, 42(4), 1349-1363.

Alvarez, R.M., and Nagler, J. (1998b). When politics and models collide: estimating models of multiparty elections. *American Journal of Political Science*, 42(1), 55-96.

Ben-Akiva, M., and Lerman, S.R. 1985. *Discrete Choice Analysis*: Theory and Application. Cambridge, Mass.: MIT Press.

Boehmke, F.J. (2003). Using auxiliary data to estimate selection bias models, with an application to interest group's use of the direct initiative process. *Political Analysis*, 11(3), 234-254.

Box-Steffensmeier, J.M., and Jones, B.S. (2004). *Event History Modeling*: A *Guide for Social Scientists*. New York: Cambridge University Press.

Dow, J.K., and Endersby, J. (2004). Multinomial logit and multinomial probit: a comparison of choice models for voting research. *Electoral Studies*, 23(1), 107-122.

Dubin, J.A., and Zeng, L. 1991. The heterogeneous logit model. Caltech Social Science Working Paper #759.

Glasgow, G. (2001). Mixed logit models for multiparty elections. *Political Analysis*, 9(2), 116-136.

Glasgow, G., & Alvarez, R.M. (2005). Voting behavior and the electoral context of government formation. *Electoral Studies*, 24(2):245-264.

Hausman, J., and McFadden, D. 1984. Regression-based specification tests for the multinomial logit model. *Econometrica*, 52:1219-1240.

Hsiao, C. 2003. *Analysis of Panel data*, 2nd edn. New York: Cambridge University Press.

Jones, B.S., and Westerland, C. 2006. Order matter(?): alternatives to conventional practices for ordinal categorical response variables. Presented at the Annual Meetings of the Midwest Political Science Association.

King, G. (1989). *Unifying Political Methodology*: *The Likelihood Theory of Statistical Inference*. New York: Cambridge University Press.

King, G. and Tomz, M., and Wittenberg, J. 2000. Making the most of statistical analysis: improving interpretation and presentation. *American Journal of Political Science*, 44:341-355.

Lacy, D., and Burden, B.C. (1999). The vote stealing and turnout effects of Ross Perot in the 1992 U.S. presidential election. *American Journal of Political Science*, 43(1):233-255.

Long, J.S. 1997. *Regression Models for Categorical and Limited Department Variables*. Thousand Oaks, Calif.: Sage.

McFadden, D., and Train, K. 2000. Mixed MNL models for discrete response. *Journal of Applied Econometrics*, 15:447-470.

Nagler, J. (1994). Scobit: an alternative estimator to logit and probit. *American Journal of Political Science*, 38(1): 230-255.

Quinn, K. M., Martin, A. D., and Whitford, A. B. 1999. Voter choice in a multi-party democracy: a test of competing theories and models. *American Journal of Political Science*, 43: 1231-1247.

Schofield, N., Martin, A. D., Quinn, K. M., and Whitford, A. B. 1998. Multiparty electoral competition in the Netherlands and Germany: a model based on multinomial probit. *Public Choice*, 97: 257-293.

Sigelman, L., and Zeng, L. (2000). Analyzing censored and sample-selected data with Tobit and Heckit models. *Political Analysis*, 8(2): 167-182.

Train, K. E. 2003. *Discrete Choice Methods with Simulation*. Cambridge: Cambridge University Press.

第二十三章　生存分析模型

乔纳森·戈卢布(Jonathan Golub)[1]

为什么有些国家间可以长期维持和平状态,而有些国家极易引发战争? 为什么有些内战是短暂的,而有些则是旷日持久的? 是什么使得议会制政府能够长期存在? 一项司法先例要多久才能被推翻? 当一个国家对另一个国家实施制裁时,是什么决定了其持续时间? 为什么有些立法建议一直被搁置,而另一些则迅速地被采纳? 这些实例都是重要且实质性的政治学问题,而且都有一个共同点。为了回答这些问题,研究人员采用了生存分析法,这是一种定量的研究方法,旨在解释事物(战争、和平、内阁等)存在或是持续的原因。在过去的十年中,生存分析的用途突飞猛进,因为政治学家开始认识到:它的应用适合许多研究主题,而且比标准的一般最小二乘回归技术更具有优势。[2]

本章关注的内容主要是确保作者以最具建设性和最适当的方式来使用生存分析去回答实质性的研究问题。本章主要讨论了研究人员在进行生存分析时所面临的主要选择,并提出了一套方法步骤,这套方法步骤可以作为实践的标准。在介绍完本章所包含的基本术语之后,笔者指出:用 Cox 模型来代替参数模型有百利而无一害。以理论基础为依据,笔者参考了在主要政治学期刊中所发表的 84 篇生存分析方法研究成果,并对【531】其进行了评估,从而建立起了自己的观点;与此同时,笔者对其中的 45 份研究进行了重

---

① 笔者非常感谢编辑们对本章先前的拟稿所提出的建议,同时也感谢为本研究提供了可用数据的同事们。

② 关于生存分析(也称作事件史分析和久期分析)的介绍以及关于最小二乘法的方法论和优势的详细阐述,请参见阿利森(Allison 1984)、科利特(Collett 2003)、博克斯·史蒂芬斯迈埃尔和琼斯(Box-Steffensmeier and Jones 1997;2004)。

复验证,目的是研究模型规范的问题。①

1. 关键术语和模型选择

对于个别正在观察中的案例来说——比如一个正处于和平状态的国家,一条正在审议的立法建议,一个正在当权的内阁制政府——实际上,冒险率(hazard rate,又翻译为风险率)是指在任何给定的时间点,某个相关事件发生的概率,而这一事件现在还未发生(比如说战争开始、内阁解散、立法通过)。② 如果将一个模型中所有的自变量都考虑在内,那么基准风险就表示时间的流逝对冒险率产生的潜在影响。换句话说,基准风险率是一则风险函数,其中自变量的值均为零。③ 基准风险的形式是多种多样的。比如说,若基准风险率上升(正向久期依赖),则事件的概率会随着时间的流逝而自然增加,与任何自变量均无关;若基准风险率下降(负向久期依赖),则意味着事件的概率会随着时间的流逝而减小。

在具体说明生存模型的时候,研究人员主要面临着两种选择。第一种选择与基准风险的性质有关。在参数模型中,研究人员根据自己对于时间效应的假设,提出了一种特定形式的基准风险。最常用的参数模型是 Weibull 模型、指数模型、冈珀茨模型、Gamma 模型以及对数 logistic 模型。在确定了所有的协变量之后,我们所预计的"规模"和"形式"参数就可以决定基准风险的精确形式。若其中一个类型是另一个的具体案例,比如说指数模型是 Weibull 模型的一种特殊情况,那么这时候参数模型也叫作"嵌套模型"。在有些模型中,我们不需要对基线做出这样的假设,也不需要确定具体的分布形式。这样的模型就叫做半参数模型或者 Cox 模型。对于一个 Cox 模型来说,基准风险率并没有参数形式,但是也可以从数据之中估测出来。④

第二种选择与协变量的性质有关。时间常量协变量(TCCs)是指在整个观察期均 【532】保留其初始编码的变量。时间常量协变量(TCCs)的例子比比皆是:选民的性别和民

---

① 笔者参考了从 1989 年到 2005 年间,在以下期刊中所发表的生存分析研究成果:《美国政治科学评论》《美国政治学杂志》《国际组织》《世界政治》《政治学学报》《国际研究季刊》《冲突解决学报》《比较政治学研究》《和平研究杂志》《政治学研究季刊》,以及《英国政治学杂志》。

② 严格说来,冒险率并不是真正的概率,因为它的值可能会大于 1。但是,对于研究人员来说,若要讨论某一特定时期发生的事件(前提是它还没有发生),标准的做法就是将冒险率视为概率来处理(Beck 1998;Bennett 1999,第 257 页;Alt,King,and Signorino 2000,第 7 页;Collett 2003,第 11—12 页)。

③ 类似地,基线生存函数表示的是个体生存时间超过 t 的概率,其中所有的协变量均为零。

④ Cox 模型的一个重要特征是:不需要此模型之外的其他假设来研究和测算基准风险率。研究人员无须设置一个模型来研究系数,也无须再设置另一个模型(或进一步的假设)来研究基线。这是因为:根据定义,Cox 模型只要得到系数的估计值,就可以对基准风险进行估计。

族，一个政治家所属的党派，一个国家的地理位置——所有的这些，随着时间的推移，（通常情况下）都保持不变。时间变化协变量（TVCs）是一种自变量。如果从一开始就给出特定的案例，那么它的值就会随着整个案例的变化而发生变化，这种情况就叫做状态变化。每当一个案例中有状态变化的时候，这一案例的冒险率无论向上或向下，都会"跃"至不同的水平。如若变量的值发生变化，则冒险率将瞬间发生变化（Box-Steffensmeier and Jones 2004，第 108 页；Cleves，Gould，and Gutierrez 2002，第 146 页）。政治地位可能就是时间变化协变量（TVC）的一个例子。其中政治地位为自变量，它可以影响一个国家参与战争的冒险率。我们可以想象一下：一个国家经历了 20 年的专政，然后变成一个民主国家。那么在数据集中，该国在最初的 20 年内，将保持其初始编码——也就是独裁统治。而从那以后，该国将需要进行重新编码——也就是编为民主国家。这个国家的冒险率在这 20 年间所发生的变化反映了其和平（抑或是好战）的倾向，而这种倾向与其新的政治地位有关。时间依赖系数（TDCs）与某些变量有关。随着个体的变化，这些变量的编码保持不变，但是其影响则遵循一个衰减函数或是累积函数。比如，一个国家可能一直处于独裁统治，永远不会变为民主国家；但是独裁统治对其好战性的影响可能逐渐增强或者是逐年消失。当然，一个协变量，例如政治地位，可能是一个时间变化协变量（TVC），而且需要一个时间依赖系数（TDC）。

与生存分析有关的政治学文献倾向于交替使用"时间变化协变量"（TVC）和"时间依赖系数"（TDC），但事实上它们是截然不同的（Cleves，Gould，and Guttierez 2002，第 147 页；Therneau and Grambsch 2000，第 127 页，第 130 页）。（这些文献）之所以将其二者合并使用，一部分是因为对于时间变化协变量和时间依赖系数两者来说，时间的变化都影响着冒险率的值——根据定义，个体只能经历一次状态变化，而且随着生存时间的流逝，一种抑或是另一种状态对于个体的影响会逐渐消失或是慢慢加剧。然而，将这两则术语合并使用实质上忽略了状态变化和衰减/累积函数之间的区别。而本章所强调的重点之一就是：实际上，正确处理时间变化协变量（TVCs）和时间依赖系数（TDCs）能够使得参数模型的应用更加广泛。

了解时间变化协变量（TVCs）与时间依赖系数（TDCs）之间的差异很重要，与此同时，二者各自对于冒险率的影响及其联合效应也不容忽视。我们假设一个研究之中有三个自变量 x_1、x_2、x_3。假设 x_1 将冒险率降低五个单位，x_2（将冒险率）提高三个单位，x_3 则将其提高一个单位。我们再进一步假设 x_2 需要一个时间依赖系数（TDC）：随着时间的推移，这个协变量和因变量之间的联系将慢慢消失。图 23.1 向我们展示了在四种情况下的风险函数以及三个自变量发生变化的时间点。其中我们对于风险函数的研究，与在研究结束之时它们是否处于观察状态无关（因为我们可以利用右删失来解决这一问题）。

【533】

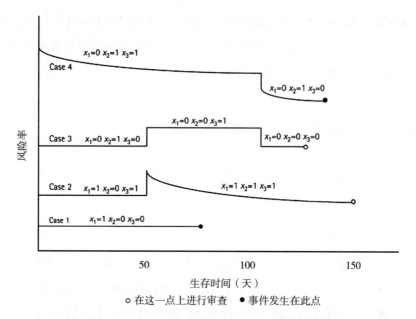

图 23.1　有时间变化协变量和时间依赖系数的风险函数

注:其中横坐标表示生存时间,单位为天,即从左到右分别为第 50 天、第 100 天和第 150 天。纵坐标表示风险
　　函数,由纵坐标自下而上,各曲线分别表示在第一种情况下的结果,在第二种情况下的结果……以此类推。
　　图中的空心圆○表示在这一点上停止观察,实心圆●表示事件发生在此点。

　　因为时间变化协变量(TVCs)的值在 $t=50$ 和 $t=100$ 的时候发生了变化,所以在这两
个时间点就产生了状态变化,因此也就导致第二、三、四种情况下的冒险率急剧变化(要么
上升,要么下降)。相反地,时间依赖系数(TDC)的存在则导致第二种和第四种情况下的
冒险率以衰减函数的形式逐渐下降。我们还要注意的是:x_2 既可以指一个时间变化协变
量(TVC),也可以表示一个时间依赖系数(TDC)。在第二种情况下:当 $t=50$ 的时候,x_2 的
值从 0 变为 1,因此 x_3 的影响在接下来的 100 天之中逐渐减弱。在第四种情况下:x_2 的值
在整个研究过程中均保持不变,而且其影响也持续下降。即使是在 $t=100$ 的时候,这一案
例发生了状态变化,即自变量有所不同,x_2 的相关取值和影响也依旧不会受到干扰。

　　若(研究人员)忽略了时间变化协变量(TVCs)和时间依赖系数(TDCs),则会导致
严重的模型设定错误,因为这就等同于使用了虚假或者是不完整的个案信息(Box-Stef-
fensmeier and Jones 2004;Bennett 1999;Box-Steffensmeier and Zorn 2001)。① 当然,时间
依赖系数(TDCs)不能随意添加,因为它们的加入不仅会使得多重共线性的情况加剧,【534】

────────────

　　① 这的确对研究人员施加了一定的信息需求,但是这些需求是可以满足的。在任何情况下,我们
最好将时间变化协变量(TVCs)考虑在内。与此同时,尽量利用各种可行的办法来减少潜在的测量误差以
及各种内生性问题。而不是明知道这样做是片面的,却还是刻意地忽略这些问题去建立一个模型(Box-
Steffensmeier and Jones 2004,第 8 章;Collett 2003,第 8 章;Allison 1995,第 145—147 页;Bennett 1999)。

还会降低评估人员的效率。在上述假设的实例中,与案例二和案例四中 x_2 有关的冒险率的衰减非常缓慢,实质上是微不足道的。因此我们不需要对其进行建模(尽管如此,我们依旧需要将 x_2 视为一个时间变化协变量)。

2. Cox 模型的相对优势

Cox 模型主要在三个方面优于参数模型,笔者将进行如下讨论。

2.1 对于基准风险能够更加真实可信地进行处理

基准风险可以有多种形式。它可能是恒定不变的,也可能是上升的、下降的、U 形的、钟形的、双峰的、呈阶梯函数的等等。对于其形式的选择将从根本上影响(研究人员)对于系数的估计。若依照数据制定出一个可能有误的基线,则会给研究结果带来巨大的偏差(Allison 1984;Box-Steffensmeier and Zorn 2001;Bennett 1999;Box-Steffensmeier and Jones 1997;2004)。一种特定形式的选用必须有坚实的理论基础,绝不能仅仅因为方便(而做出选择)。参数模型通常适用于工程之中,比如说当研究对象的基本行为——机械零件的磨损或滚珠轴承过热——很简单并由物理定律进行支配的时候。但是在政治学中,利用这种逻辑或规律,即使有最强有力的理论作为支撑,这种模型也难以实现。幸运的是,Cox 模型降低了(研究人员)做出错误选择的可能性。因为在此模型中,基准风险函数不一定非要有一个确切的形式。然而,这一点有时并不被认可。研究人员有时会错误地选择一个参数模型而不是 Cox 模型,因为他们认为后者需要额外做假设。

研究人员经常使用图形法等其他研究方法来证明他们所选择的特定参数形式,特别是风险函数图和残差图(Collett 2003;Box-Steffensmeier and Jones 2004)。但是目前没有可靠的方法可以确定哪种形式是最合适的。依靠原始风险图或者是生存分析图的做法十分主观,因为其中包括一个完全站不住脚的假设,即假设协变量与生存时间无关(Allison 1995,第 94 页)。与此同时,这种(依靠原始风险或者是生存分析图的)做法还会对推断结果造成严重的误导(例如参见 Warwick and Easton 1992)。[①] 而且,这种主观性还会对残差图的使用产生负面影响。图形法的另一个严重的问题就是其没有能力去检测(实际结果)与假定的模型之间的偏差。对数累积风险函数图和残差图尤其如此,因为即使模型匹

【535】

---

① 罗夫曼和梵·卢森道尔(Grofman and Van Roozendaal 1997,第 422 页)举了一个很好的例子(观察孩子们离开学校时的身高)。这一实例揭示了为什么研究人员必须进行多变量分析,而不是仅仅对原始风险图的形状和事件的频率分布进行研究。

配明显有误,二者仍可以得出完美而整齐的线条(Crowley and Storer 1983;Golub 2007)。

在嵌套模型中,研究人员可以利用对数似然值来进行一项正规的显著性检验,用以评估哪种模型更为合适。然而,这一方法只能将指数模型与 Weibull 模型或 gamma 模型区别开,却无法说明 Weibull 模型与 gamma 模型二者相比,哪个相对更为合适;也无法说明对数 logistic 模型与指数模型相比,冈珀茨模型与对数 logistic 模型相比,哪个相对更为合适,等等。因为这些模型并不是嵌套模型。利用遵循广义 gamma 分布或者是广义 F 分布的参数模型,可以在一定程度上解决这一问题。在这种条件下,Weibull 模型,对数 logistic 模型,指数模型和对数正态模型都是嵌套模型(Kalbfleisch and Prentice 2002,第38—39页,第74—78页;Box-Steffensmeier and Jones 2004,第86页)。但是一部分重要的分布模型依旧不是嵌套模型,比如说冈珀茨模型。

研究人员可以使用 AIC 准则,即一项统计数据。这项准则将每个模型中与对数似然值及估计参数的数量有关的信息结合起来,用以对这些非嵌套模型进行对比(例如 Weibull 模型与 gamma 模型二者进行对比)(Collett 2003,第81页;Box-Steffensmeier and Jones 2004)。然而,我们必须承认的是:AIC 准则本身具有一定的局限性。因为它仅仅提供了一种非正式的方法来区分不同的非嵌套模型。在嵌套模型中,对数似然值的差呈现出一个卡方分布;而与嵌套模型不同,对于非嵌套模型来说,研究人员无法知晓值 AIC 准则的差呈现什么样的分布。因此,研究人员没有可用的 p 值,也无法进行正规的显著性检验。

证实一个特定的参数形式最好的方式就是将估计系数、各自的基准风险、从 Cox 模型中得出的生存函数以及候选人参数模型这四者进行比较(Bennett 1999,第262页;Box-Steffensmeier and Jones 2004,第4章)。如果研究基准风险的话,那么我们所看到的结果图形状就可以表明哪一种参数形式更为适用——一条水平线表示基准风险率保持恒定,因此,一个指数图形、一个倒"U"形曲线则对应着对数线性模型或对数 logistic 模型。如果研究基线生存函数的话,那么问题就在于:在下降的速率和自哪一点开始趋于稳定等方面,参数图与 Cox 图形是否相匹配。所挑选出来的参数形式只有在与 Cox 图形相当接近的情况下才合适。

虽然这些方法很有帮助,但是没有一种方法能够充分处理参数基准风险中所固有的偏差。[①] 判断参数估计与 Cox 估计是否"相似"的过程是非常主观的,如果参数估计 【536】

———————————

① 研究人员有时为了证明其对于基准风险的选择,会选用一个有着 gamma 异质性的参数模型(通常是 Weibull 模型),这样的模型也叫作"脆弱"模型。这一规范策略有许多有利的特征,其中最重要的就是其可以省略变量的偏差。但是,因为脆弱模型没有办法区分非嵌套模型,所以也就无法减少由参数基准风险所带来的固有偏差。因此脆弱模型不可以代替 Cox 模型(Hougaard 2000)。实际上,Cox 模型的脆弱项又构成了一个有意思的研究领域。这些模型可以很好地为非比例风险提供其他的解释,也可以很好地说明单元组所受到的共同影响。

与 Cox 估计不匹配,那么参数模型就是错误的(Cleves,Gould,and Guttierez 2002,第 184 页)。同样,对于恢复基线的形状所得出的结论也并不可信,因为即使是在一个图形从起伏很大的状态变得平滑之后,观察人员也必须要判断线性的存在,还要找出大量似是而非的复杂分布之间微妙的区别,并确定一个函数减小或者是趋于稳定的速率。人们试图通过弄清楚一个问题来解决这一难题,那就是"在使用 Cox 模型的时候,这一难题在什么方面比较模糊不清难以解决"? 更准确的问法是"如果不使用 Cox 模型的话,那么这个图像在什么方面比较清晰易懂"? 若使用了错误的基线,则其代价将是巨大的。我们只有为这个标准设置一个高阈值,并对 Cox 模型的灵活性进行广泛运用,才能避免研究结果出现严重偏差。

2.2 对于比例风险假定能够更好地进行处理

比例风险(PH)假定认为:在其整个生存时间之内,任何两个个体之间的风险比都保持不变。换句话说就是:这一假设需要"随着时间的推移,每次观测的风险函数都遵循同样的模式"(Box-Steffensmeier and Jones 2004,第 132 页)。人们尚未充分认识到的是:严肃对待比例风险(PH)假定可以强有力地证明 Cox 模型优于参数模型。

比例风险(PH)假定与 Cox 模型关系密切,同时也适用于所有的比例风险模型。这些比例风险模型包括:参数 Weibull 模型、指数模型和冈珀茨模型(Collett 2003,第 5 章;Box-Steffensmeier and Zorn 2001;Box-Steffensmeier and Jones 2004)。① 令人遗憾的是,很多研究错误地选择了参数模型而不是 Cox 模型。因为其研究者相信:只有 Cox 模型才可以进行比例风险(PH)假定。

我们必须意识到:对数 logistic 模型虽然不是比例风险(PH)模型中的一种,但是它也可以做出一种类似的而且同样重要的假设,那就是对数几率是成比例的(Collett 2003,第 225 页;Klein and Moeschberger 1997,第 374 页)。要了解这一点,我们可以回想一下对数 logistic 参数模型的生存函数:

$$S(t) = 1/[1 + (at)^p] \text{ 其中}, a = \exp[-\beta'(x)] \tag{1}$$

[537] 因此,对于任何两个个体 i 和 j 来说,其生存的对数发生比为:

$$\log \frac{\{Si(t)/[1 - Si(t)]\}}{\{Sj(t)/[1 - Sj(t)]\}} \tag{2}$$

---

① 其他两种不属于比例风险(PH)模型的参数形式是 gamma 模型和对数正态模型。虽然这些模型不对比例作出假设,但是他们也是以其他假设为基础的。即使是在正常情况下,他们都是非常难以操纵和解释的。因为他们的风险函数只能写作一个整体,而这一整体必须用数字来进行评估。而且关于非比例的介绍只会使这一问题更加难以解决。

将此方程简化,我们可以得到:

$$\log\{Si(t) / [1 - Si(t)]\} - \log\{Sj(t) / [1 - Sj(t)]\} = -\operatorname{plog}(ta_i) + \operatorname{plog}(ta_j)$$

$$= p[\beta'(x_i - x_j)]$$ 　　　　　　　　　　　　　　　(3)

因此,对数 logistic 模型假设:对数几率是成比例的,不受时间因素的影响。这一点正与其他参数形式所做出的比例风险(PH)假定相反。研究人员有时认为:Cox 模型中比例风险(PH)假定的违反,对于一个对数 logistic 模型来说也不一定就是安全可靠的。他们所担心的也正是这一点。

违反比例风险(或对数几率)假定会导致巨大的偏差,而且使估计变得没有价值(Collett 2003,第 141、247 页)。虽然有很多方法可以确定比例风险(PH)假定的违反,但是大多数都非常主观而且并不可靠。

尽管如此,格莱姆斯基和瑟钮(Grambsch and Therneau 1994)仍提出了一种针对 Cox 模型的简单而有效的检测方法,而且这种方法也可以用做 Stata 软件包中的宏指令(Box-Steffensmeier and Zorn 2001)。然而,全球测试并不是十分有效。经证明,全球实证检验给出的阐述是错误的:即使是在对单个协变量进行检验时发现了非常明显的违反现象,比例风险(PH)假定依旧成立(Box-Steffensmeier, Reiter, and Zorn 2003,第 45 页)。笔者在反复研究了 45 次之后,发现许多都是这种情况。在对单个协变量进行检验时,若发现了非常明显的违反现象,研究人员也可以迅速地作出比例风险(PH)假定,无须以任何方式修改数据集的结构,只需将时间依赖系数(TDCs)纳入公式 ß*g(t) 中即可。其中 g(t) 表示时间 t 的函数(通常是 $\ln(t)$)。[1]

对于参数模型来说情况正好相反。该模型中没有足够的方法来对比例风险假设的违反进行检测和纠正,因为"在参数范围内,对于非比例的试验和纠正在很大程度上是不存在的"(Box-Steffensmeier, Reiter, and Zorn 2003,第 40 页)。其中一种测试利用了所谓的分段模型。在分段模型中,一个时区内的生存时间分为若干个阶段,(研究人员)在每个阶段都对系数进行重新评估。若想比例风险(PH)假定成立,则需每个系数的估计在所有的阶段都保持基本不变的状态,同时要求基于对数似然值的比较,分段模型与无分区分段模型差异不大。但是,"基本不变"是一个非常主观的概念,而且该分区的大小是任意的。因此,分段模型关于比例风险(或对数几率)假定所得出的结论是不可

---

① 需要注意的是:若给协变量指定一个错误的函数形式,则其会在非比例风险的出现方面导致错误的结果。而协变量需要一个时间依赖系数(TDC)。研究人员可以将带有样条函数的惩罚 Cox 模型视为一种解决方案。这样就可以适应高度复杂的函数形式,并使之与正规的测试更加匹配。更多细节和实例见瑟钮和格莱姆斯基(Therneau and Grambsch 2000)以及基尔(Keele 2005)。虽然惩罚模型在标准软件包中还没有广泛使用,但是这种模型已经表明了 Cox 模型相对于参数模型的另一优势。

【538】靠的。而且在有些时段中可能很少或者没有事情发生,这将大大增加这些时段的标准误差。另一种方法则利用了分层参数模型,但这只在分层变量为多余成分、无须估计的情况下适用。而且,研究人员不仅不能检验分层变量的影响,也不能检验这些变量与时间的相互作用。因此,关于非比例风险的特征,分层可以提供的信息非常少(Box-Steffensmeier and Jones 2004,第 134 页)。

即使研究人员检测出参数模型中比例风险(或对数几率)假定的违反,(他们)也无法给出满意的解决方案。实际上,在政治学或任何其他领域中,笔者都从未听闻有人使用了带有时间依赖系数(TDCs)的参数模型,即使是 Stata 软件发展的带头人比尔·古尔德也不例外。

若违反了比例风险(或对数几率)假定,就不会使用参数模型。那么我们大概多久可以发现一次这样的违反呢? 答案是几乎总发现。因为从定义上来讲,当一个模型中有了时间变化协变量(TVCs)的时候,比例风险(PH)假定将不再成立(Collett 2003,第146 页,第 253 页;Box-Steffensmeier and Jones 1997,1433)。[①] 这种情况经常被忽视,因为比例风险(PH)准则通常在没有时间变化协变量(TVCs)的背景下才成立(Cleves,Gould, and Guttierez 2002,第 113 页;Allison 1995,第 113—114 页)。但是从公式中我们可以看出:每当时间变化协变量(TVCs)出现的时候,协变量的编码就会随着时间的推移而发生改变(式(4)及式(5)),同时风险率也不再是一个常数,而是取决于时间(式(6))。

$$h_i(t) = h_0(t) \exp(B_1 x_{1i} + B_2 x_{2i}(t)) \tag{4}$$

$$h_j(t) = h_0(t) \exp(B_1 x_{1j} + B_2 x_{2j}(t)) \tag{5}$$

$$\frac{h_i(t)}{h_j(t)} = \exp[B_1(x_{1i} - x_{1j}) + B_2(x_{2i}(t) - x_{2j}(t))] \tag{6}$$

同样地,若给式(2)做一个简单的扩展——将时间变化协变量(TVCs)加进去,则式(3)中的对数几率也将取决于时间,因此也就不成比例了(Golub 2007)。

之前提到的图 23.1 以图形的形式向我们阐明了一个事实:每当个体经历一次状态变化,其风险率变化的结果将影响其风险比的比例。由于时间变化协变量(TVC)的出现,使得情景 1 和情景 2 之间的风险比以及情景 1 和情景 3 之间的风险比,在 $t = 50$ 之后不再是成比例的。当然,从理论上来讲,协变量可能对冒险率恰好没有任何影响,所以一种状态变化可能不会引起任何的改变,因此也就不会导致任何比例风险(或对数

---

① SPSS(一款统计分析软件)11.0电子文档,在帮助主题下记录:如果一个或多个协变量的值在不同的时刻呈现出不同的数值,那么比例风险假定将无法维持。换句话说,就是风险比随着时间的推移而发生变化。

几率)假定的违反。但事实上,这种情况从来没有出现过。所以相关问题指的就是一次改变是否会引起一种违反,而这种违反影响巨大,因而需要利用一个时间依赖系数(TDC)来进行纠正。

研究人员逐渐发现许多他们非常关注的自变量正是时间变化协变量(TVCs)。国际体系、双边关系或多边关系(dyadic or multistate relations)的一些重要特征会随着时间的变化而发生改变,比如说两极格局的存在、现有的国家数量、联盟结构、战争的出现、贸易格局、邻国的特征以及在某项冲突中的力量平衡。个别国家以及国内政治的关键【539】性特征也随着时间的推移而发生改变,比如民主化水平、政权形势(regime status)、经济形势(economic conditions)、舆论转移(shifting public opinion)以及政府的意识形态影响力(the ideological persuasion of the government)。与此同时,就连机构的属性和活力也会发生变化,比如说投票规则、成员资格以及他们所采取的干预和调解形式。

当我们所分析的个案延续时间较长时,"没有变量发生状态变化"这一假设尤其难以站得住脚,比如说可以维持 4 年的内阁(Warwick 1994)、国与国之间持续 10 年的战争(Bennett and Stam 1996)、欧盟持续 27 年的立法决议(Golub 1999;2002)、可以维持 50 年的最高法院判例(Spriggs and Hansford 2001)、可以持续 50 年至 60 年的内战、联盟以及政治领导人(Regan 2002;Bennett 1997;Bienen and van de Walle 1991)、可以维持 136 年的国际竞争(Bennett 1996)、可以持续 155 年的和平状态(Werner 2000)以及能够流传 2375 年之久的玛雅政体(Cioffi-Revilla and Landman 1999)。在所有这些情况下,时间变化协变量(TVCs)的出现都将违反比例风险(PH)假定。而且,即使是没有时间变化协变量(TVCs)的出现,我们也有理由假设:许多政治进程的性质会导致违反比例风险(PH)假定行为的产生(Box-Steffensmeier and Zorn 2001)。

然后,从理论上来讲,时间依赖系数(TDCs)和时间变化协变量(TVCs)的普遍性使得比例风险(或对数几率)假定的违反行为几乎在大多数情况下都有可能发生,实际上也就导致了参数模型在此时毫无用武之地。而笔者所进行的 45 次反复试验恰恰证实了这一观点。在 34 项包含时间变化协变量(TVCs)的研究中,格莱姆斯基和瑟钮(Grambsch and Therneau)对个别协变量进行了研究,结果表明:其中只有 3 项研究不管在任何模型中都没有发现明显的比例风险(PH)假定违反行为。[①] 在 11 项不包含时间变化协变量(TVCs)的研究中,仅有 1 项研究在任意模型中都没有发现明显的比例风险(PH)假定违反行为。因此实际上,90% 以上的研究都用不上参数模型。

――――――――――――

① 同时我也发现关于班尼特(Bennett 1997)对于联盟持续时间的研究,最初存在着一个重复试验,该试验由博克斯-史蒂芬斯迈埃尔、赖特以及佐恩(Box-Steffensmeier, Reiter, and Zorn 2003)所做。而该实验得出了一项错误的结论,那就是比例风险(PH)假定的违反是不存在的。

2.3 最适合处理捆绑数据的 Cox 模型

如果不同的案例之间有相同的事件发生时间或相同的删失生存时间（censored sur-
vival times），那么我们就可以称这些案例是"捆绑"的。"捆绑"给生存分析带来了严重
的问题，因为在生存分析中，最中心的假设就是风险函数是连续的，因此相同的生存时
间是不可能存在的。不幸的是，研究人员经常会选择参数模型而不是 Cox 模型，因为他
们错误地认为：参数模型不受"捆绑"的影响。事实上，Cox 模型解决"捆绑"问题的能
力体现了其另一个相对优势。20 世纪 90 年代统计和软件的发展，使得研究人员在 Cox
模型中，可以通过许多现成的方法来对似然函数进行估测，即使有大量捆绑数据的出现
【540】 也不例外（Collett 2003，第 67—69 页；Box-Steffensmeier and Jones 2004，第 4 章）。因为这
些模型假设生存时间是连续的，按照定义来讲也就是说"捆绑"是不可能出现的。而且
它们缺少可以进行估测的方法，原因是参数模型的本质特征使得其在有大量捆绑数据
的时候并不能奏效。① 在政治学中，（研究人员）经常会用相当长的一段时间来对因变
量进行观测，比如说几个月、几个季度甚至几年，这自然会增加数据中的"捆绑"数量，
因此也就表明使用 Cox 模型比使用参数模型更加重要。

3. 参数模型优势的错觉

转换到 Cox 模型几乎是没有什么损失的。虽然 Cox 模型的确存在一些局限性——
"它们都不够严谨"（Yamaguchi 1991，第 102 页），但是参数模型所谓的优势也至多算得
上是勉强适中。

3.1 精确度因素不能证明参数模型（更加优越）

因为 Cox 模型仅仅是半参数模型，所以 Cox 模型所用的信息更少，这也就降低了估
计的精确度。但是，如果是在样本数量庞大的情况下，Cox 模型的精确度就会非常接近
参数模型（Yamaguchi 1991，第 102 页；Box-Steffensmeier and Jones 2004，第 87 页）。当
然，即使是参数估计要稍微精确一些，但如果所用形式不正确，也可能导致估计完全错
误。如上所述，在大多数情况下都有可能是这种情形。

---

① 当然，人们可以将参数模型与大量的捆绑数据相匹配，因为软件并不会阻止其这样做，但是这
个模型仍然是不恰当的。

3.2　关于久期依赖(duration dependence)的研究不能证明参数模型(更加优越)

许多研究人员会选择参数模型,以便于检验与久期依赖的属性有关的竞争性假设。因为从几个在理论上讲似乎合理的形状中,确定出哪一种可以用以表示基准风险,同时获得精确的统计估计非常重要,所以有些人认为:我们在大多数情况下应该选择参数模型而不是 Cox 模型(Bennett 1999,第 262 页)。假如分析员有强烈的意愿去对久期依赖做出推论的话,那么博克斯-史蒂芬斯迈埃尔(Box-Steffensmeier)和琼斯(Jones)会倾向于同意(这一观点)(2004,第 86 页)。

但是,有很多原因都可以用来说明为什么 Cox 模型比参数模型更能真实地反映久期依赖。其中一个主要的原因就是关于基准风险,精确但并不正确的信息显然是不可取的。因此获得准确信息的唯一方式就是事先确定是否使用了正确的参数形式。如果研究人员将久期依赖的属性视为一个需要去推断的问题,并以这种方式去选用一个参数形式,那么这将是一个根本性的错误——如果一个人做出了看似合理的竞争性假设,那么这种情况必然会发生。简单地说,"如果一个人没有充分的理由来确定风险的形式,那么他(她)就应该使用 Cox 半参数分析"(Cleves,Gould,and Guttierez 2002,第 214 页)。此外,时间变化协变量(TVCs)和时间依赖系数(TDCs)的合并经常会揭露出之前与久期依赖有关的错误推论(Bueno de Mesquita and Siverson 1995;Warwick 1994;Box-Steffensmeier,Reiter,and Zorn 2003)。而如上所述,这些情况就使得 Cox 模型要优于参数模型。虽然重新获得的 Cox 基准风险率图像可能会是混乱的,但是利用现成的平滑方法(smoothing methods),研究人员就可以更加清晰地看出(该图像的)基本结构。因此,虽然 Cox 模型不能提供给我们一个可以用来精确总结基准风险形状的单一参数,但是与参数模型相比较而言,它们确实为整体久期依赖(overall duration dependence)提供了更为可靠的信息。

同样重要的是,带有时间依赖系数(TDCs)的 Cox 模型可以为我们提供与时间的流逝所产生的影响有关的信息,而这些信息与对于一般久期依赖的参数估计相比,更加准确且更有价值。毕竟,由形状和规模参数所表明的一般久期依赖仅仅是"将来久期(future duration)中无法解释的方差,而这一方差在统计学上,与过去久期(past duration)有关"(Bennett 1999,第 262 页)。如果可以将所有相关的协变量都列入某个模型之中,那么久期依赖将不会出现(Bennett 1999;Beck 1998)。久期依赖的出现确实提醒了我们在模型之中遗漏的重要变量。但是除了这一点以外,我们不能得出任何明确的推论。更有针对性地说,久期依赖不过就是一个麻烦事(Beck 1998;Box-

【541】

Steffensmeier and Jones 2004,第22页)。相比之下,对某个范围的精确估计明显有助于研究人员对单个协变量得出实质性的结论。而在这一范围之中,个别协变量会在模型中表现出久期依赖。事实上,这是时间依赖系数(TDCs)所提供给我们的,也只能用在Cox模型中。

3.3 对于预测的兴趣不能证明参数模型(更加优越)

与其他定量方法一样,研究人员可以通过生存分析中的估计系数来对"每个协变量的变化是怎样影响因变量的?"这一问题做出预测。不管是利用参数模型还是Cox模型,研究人员都可以很容易地去评估任意的协变量之中所发生的单位变化对冒险率的影响,同时不管协变量的值经历过怎样形式的结合,研究人员都可以预测出个人的中位生存期(median survival time),甚至在包含时间变化协变量(TVCs)的模型中也不例外(Cleves,Gould,and Guttierez 2002,第17、250页;Collett 2003,第270页)。同样,不管是参数模型还是Cox模型,二者都允许研究人员做出样本外预测,从这个意义上而言,研【542】究人员可以通过最新数据来对该推测进行验证。但是当提及模型校验的黄金标准时,两种模型均无任何优势可言。

但是,有一种特殊形式的样本外预测是只能通过参数模型——那就是在最后所观察的生存时间之外做出预测。当我们针对某种假设情况(其中有一组特定的协变量值)所预测的中位生存期超过了研究记录中的最长生存时间时,这种情况就会发生。一些专家认为,有些研究人员对于超出可用数据范围的预测情况非常感兴趣,他们更倾向于使用参数模型而不是Cox模型(Box-Steffensmeier and Jones 2004,第86页)。我并不同意这一观点,原因有很多:预测是一件不确定的事情,因此我们并不能将其当做一种决定性的原因,用以证明参数模型优于Cox模型。标准的统计建模教材会正确地避免预测的出现(Montgomery,Peck,and Vining 2001,第5、11页),因为超出最后观察时间的预测对于模型的选择非常敏感,而我们的模型可能是错误的。即使是有正确的模型,预测本身也是不可靠的,因为它们所依据的是尾部区域的数据,而这一区域的数据往往是稀少而零散的。

抛开这些严重的问题不谈,参数模型在外推方面的实际效用是很小的,尤其是在与Cox模型的诸多优势相比的时候,这一表现更为明显。在我们所调查的84项生存研究中,笔者发现只在6项研究中,政治学家实际上针对"若超出最后所观察的生存时间,可能发生的情况"讲过一些东西。此外,在这6项研究当中,有5项研究表明:预测并不可靠,因为明显违反比例风险(PH)的假定行为(不管是来自时间变化协变量TVCs还是时间常量协变量 TCCs)须使用 Cox 模型。剩下的 1 项研究则表明,预测是微不足道的:如果宪法不要求进行选举的话,那么我们就可以预测一个政府能够存在更长的时间。但即使是那样,该政府的实际生存时间也仅仅比我们最后所观察的生存时间多出了 3 个月(比如说 5%)(King 等人 1990,第 867 页)。

3.4　灵活参数模型

从参数上对基准风险建模这种方式可以用来替代 Cox 模型,而这种模型的建立利用的则是通过样条函数(spline functions,Royston and Parmar 2002)。虽然这种方法肯定要优于标准参数模型,且研究(实际上并没有意义的)基准风险的能力更强,但是也有诸多弊端。而且除此之外,与 Cox 模型相比,这种方法并没有任何明显的优势。首先,在处理大量捆绑数据的能力方面,它不比传统的参数模型更有优势。其次,这种方法也要做出比例风险(PH)假定或比例对数几率假定,所以研究人员需要对久期依赖的形式作出评估和说明,而这一过程缓慢而复杂。特别是在没有了和格莱姆斯基(Grambsch)与瑟钮(Therneau)试验等效的研究之后,这种情况表现更甚。此外,(这种方法)对于非比例风险的纠正及其结果的分析,并不如 Cox 模型那样简单明确,因为这些模型所利用的是协变量与样条函数之间复杂的关系,而不是 $\beta^* g(t)$ 这个式(Royston and Parmar 2002,第 2177、2183 页)。最后,如果样条函数的形状变得更为复杂的话,这些模型就会变得不稳定(与 Royston 的私人交流 2003)。

4. 充分利用生存分析 【543】

我们可以从之前的讨论中得出的首要结论就是:为了避免不确定的估计,几乎任何情况下,研究人员都应该选择一个 Cox 模型而不是参数模型。更确切地说,以下方法步骤才是正确的做法:

(1)酌情使用带有时间变化协变量(TVCs)的 Cox 模型;

(2)通过对个别协变量进行格莱姆斯基(Grambsch)与瑟钮(Therneau)试验,以此来检验比例风险(PH)假定的违反行为;

(3)如果(一个模型之中)没有明显的比例风险(PH)假定违反行为,那么我们就可以从这个模型之中重新使用并检验基准风险和生存函数;

(4)若有明显的违反行为存在,则我们应使用带有时间变化协变量(TVCs)和时间依赖系数(TDCs)的 Cox 模型;

（5）如果需要的话，我们就可以从这个模型之中重新使用并检验基准风险，从而了解一般久期依赖。

我们应始终谨慎对待参数模型，因为他们本身就容易引起偏差。研究人员应尽量避免使用参数模型，除非以下条件均得到了满足：数据中几乎没有"捆绑"现象的存在；该模型中没有明显的比例风险（PH）假定违反行为——不论是时间常量协变量（TCCs）本身自带的，还是随着时间变化协变量（TVCs）的出现而不自觉产生的；我们从步骤3中所重新使用的基线函数形状清晰可辨；还有从步骤1中的Cox模型内所得出的估计系数应与从候选人参数模型中所得出的估计系数一致。

5. 结语

生存分析有望成为政治学中最主要的定量方法之一，而且理应如此。但是，若想充分利用这一强有力的工具，研究人员需要密切关注模型规范的问题。本章表明参数模型的不足之处多种多样，但同时，本章也提出了一套标准的方法实践用以指导今后的工作。

研究人员必须要对时间变化协变量（TVCs）和时间依赖系数（TDCs）进行区分：在时间变化协变量（TVCs）中，自变量的编码在整个案例的生存周期之内是不一样的，因为其经历了状态变化；在时间依赖系数（TDCs）中，自变量的编码保持不变，但是其影响会随着时间的推移而发生改变。我们有充分的理由相信：二者在社会学家们所感兴趣的过程中是普遍存在的。

除非是在极特殊的情况下，否则研究人员都应该使用Cox模型而避免使用参数模型。虽然参数模型有诸多的不足之处，但是参数模型在政治学中仍然普遍使用。这些模型为基准风险率规定了一种特定的形式，因此，若所选用的形式是错误的，就会导致研究结果毫无意义。这是参数模型所固有的不足之处，因为基准风险可能会以一种极其复杂的形式呈现出来，而且诊断性检验的目的是确定最为合适的形式，但是这种诊断性检验的效力有限，而且可能是具有误导性的。与Cox模型相比，参数模型也容易出现偏差，因为参数模型无法处理大量的捆绑数据，同时也难以解决非比例风险的问题。

【544】

若研究人员更倾向于使用参数模型而不是Cox模型，那么只有3种可能的原因——为了获得更精确的估计、为了在最后所观察的生存时间之外做出预测，以及为了精确估计久期依赖——但是其中没有一个是具有说服力的。参数模型的效率收益并不高，而且，如若研究人员使用了错误的基线形式，则其内在风险将显现出来。而这种内在风险就意味着估计系数即使是精确的，也可能是错误的。众所周知，预测并不可靠，也几乎从未实现;而且预测在绝大多数情况下并不适用,因为有时我们需要将时间变化协变量(TVCs)和时间依赖系数(TDCs)涵盖其中(在我所进行的 84 项研究中,只有一项之中的预测是合理的)。同时,只有在 Cox 模型的诸多优势之下,预测的效用才能得以大大提高。第三种原因就是对于久期依赖所进行的参数估计无法提供给我们太多有用的信息,此外,它们可能精确,但却是错误的。当数据紧密相连在一起的时候,当有时间变化协变量(TVCs)或者是其他来源的非比例现象存在的时候,我们几乎可以肯定这种参数估计一定是错误的。相反地,若我们正确地选用一种 Cox 模型,则该模型将反馈给我们与久期依赖相关的有价值的信息,而这种久期依赖与特定的协变量有关;同时,该模型也将反馈给我们更多真实可信的信息,而这些信息与整体久期依赖有关。

综上所述,不管是从理论方面还是实践方面来看,Cox 模型的用途都更为广泛。这一点可以帮助研究人员从各自的数据中获取有用的信息,同时也有助于研究人员对一些重要的政治进程进行更加真实可靠的实质性推断。

参考文献

Allison,P.1984.*Event History Analysis.*Beverly Hills,Calif.:Sage.

——1995.*Survival Analysis Using the SAS System.*Cary,NC:SAS Institute.

Alt,J.,King,G.,and Signorino,C.2000.Aggregation among binary,count and duration models:estimating the same quantities for different levels of data.Political Analysis,9:1-24.

Beck,N.1998.Modelling space and time:the event history approach.In *Research Strategies in the Social Sciences*,ed.E.Scarborough and E.Tanenbaum.Oxford:Oxford University Press.

Bennett,S.1996.Security,bargaining and the end of interstate rivalry.*International Studies Quarterly*,40:157-84.

——1997.Testing alternative models of alliance duration,1816-984.*American Journal of Political Science*,41:846-78.

——1999.Parametric models,duration dependence,and time-varying data revisited.*American Journal of Political Science*,43:256-70.

——and Stam,A.1996.The duration of interstate wars,1816-1985.*American Political Science Review*,90:239-57.

Bienen,H.,and van de Walle,N.1991.*Of Time and Power:Leadership Duration in the Modern World.*Stanford,Calif.:Stanford University Press.

Box-Steffensmeier,J.,and Jones,B.1997.Time is of the essence:event history models in political science.*American Journal of Political Science*,41:1414-61.

——2004.*Event History Modeling in Political Science.*Cambridge:Cambridge University Press.

——Reiter, D., and Zorn, C.2003.Nonproportional hazards and event history analysis in international relations.*Journal of Conflict Resolution*, 47:33–53.

——and Zorn, C.2001.Duration models and proportional hazards in political science.*American Journal of Political Science*, 45:972–88.

Bueno de Mesquita, B., and Siverson, R.1995.War and the survival of political leaders: a comparative study of regime types and political accountability.*American Political Science Review*, 89:841–55.

Cioffi-Revilla, C., and Landman, T.1999.Evolution of Maya polities in the ancient Mesoamerican system. *International Studies Quarterly*, 43:559–98.

Cleves, M., Gould, W., and Guttierez, R.2002.*An Introduction to Survival Analysis Using Stata.* College Station, Tex.: Stata Corporation.

Collett, D.2003.*Modelling Survival Data in Medical Research*, 2nd edn.Boca Raton, Fla.: Chapman and Hall/CRC.

Crowley, J., and Storer, B.1983.Comment on a paper by Aitkin, Laird and Francis. *Journal of the American Statistical Association*, 78:277–81.

Golub, J.1999.In the shadow of the vote? Decisionmaking in the European Community.*International Organization*, 53:733–64.

——2002.Institutional reform and decisionmaking in the European Union.In *Institutional Challenges in the European Union*, ed.M.Hosli and A.Van Deemen.London: Routledge.

——2007.Survival analysis and European Union decisionmaking.*European Union Politics*, 8:155–79.

Grambsch, P., and Therneau, T.1994.Proportional hazards tests and diagnostics based on weighted residuals.*Biometrika*, 81:515–26.

Grofman, B., and Van Roozendaal, P.1997.Review article: modelling cabinet durability and termination. *British Journal of Political Science*, 27:419–51.

Hougaard, P.2000.*Analysis of Multivariate Survival Data.* New York: Springer.

Kalbfleisch, J., and Prentice, J.2002.*The Statistical Analysis of Failure Time Data*, 2nd edn.New York: Wiley.

Keele, L.2005.Covariate functional form in Cox models.Mimeo.

King, G., Alt, J., Burns, N., and Laver, M.1990.A unified model of cabinet dissolution in parliamentary democracies.*American Journal of Political Science*, 34:846–71.

Klein, J., and Moeschberger, M.1997.*Survival Analysis: Techniques for Censored and Truncated Data.* New York: Springer.

Montgomery, D., Peck, E., and Vining, G.2001.*Introduction to Linear Regression Analysis*, 3rd edn. Wiley: New York.

Regan, P.2002.Third-party interventions and the duration of intrastate conflicts.*Journal of Conflict Resolution*, 46:55–73.

Royston, P., and Parmar, M.2002.Flexible parametric models for censored survival data, with applications to prognostic modelling and estimation of treatment effects.*Statistics in Medicine*, July:1275–97.

Spriggs, J., and Hansford, T. 2001. Explaining the overruling of U.S. Supreme Court precedent. *Journal of Politics*, 63: 1091–111.

Therneau, T., and Grambsch, P. 2000. *Modelling Survival Data: Extending the Cox Model*. New York: Springer.

Warwick, P. 1994. *Government Survival in Parliamentary Democracies*. Cambridge: Cambridge University Press.

——and Easton, S. 1992. The cabinet stability controversy: new perspectives on a classic problem. *American Journal of Political Science*, 36: 122–46.

Werner, S. 2000. The effects of political similarity on the onset of militarised disputes, 1816–1985. *Political Research Quarterly*, 53: 343–74.

Yamaguchi, K. 1991. *Event History Analysis*. Newbury Park, Calif.: Sage.

第二十四章　多层次/生态推断

温迪·K.谭卓(Wendy K.Tam Cho),查尔斯·F.曼斯基(Charles F.Manski)

近一个世纪以来,多层次/生态推断研究问题一直深深地吸引着学者们(Ogburn and Goltra 1919;Allport 1924;Gehlke and Biehl 1934)。当人们对个体的行为感兴趣,但数据却仅在总体水平上才可供研究时,就会出现多层次/生态推断问题(比如说区域、医院病房、县)。这一数据限制导致在这种情况下,个体的行为必须是从总体数据之中推断出来的,而且一定是从个体的集合之中而非单个个体。从整体单元(aggregate units)之中做出推断是我们研究的目的所在,而这种整体单元源自一种"环境水平"(比如说地理/生态单元:如一个县或一个区),所以用"生态推断"(ecological inference)这一名词以描述此种类型的分析。与此相似的情况就是,在研究个人层面的行为时,这一问题则更加普遍,因为兴趣水平比数据水平更为分散。比如说,研究人员想研究县级水平行为,但是只有国家级别的数据可用。因此,多层次推断常常被用作生态推断的同义词。

生态推断问题是一个非常值得研究的难题,因为它是一个长期存在且影响范围异常广泛的问题。这一问题在许多学科之中都很常见,具有不同研究背景和研究兴趣的学者们,都会遇到此类问题。拿政治学家来说,当政治学家们试图弄清楚"来自不同种族群体的成员们,其投票选择情况是否会有所不同?"这一问题的时候,他们如果只是利用选区级别的数据(这一级别的数据能够反映总体投票情况以及种族人口特征),而不是利用总体投票数据(基于种族类别进行划分)的话,他们就会遇到生态推断问题。在一个完全不同的实质性领域内,当流行病学家们试图去解释"哪些环境因素会影响疾病的特性?"这一问题的时候,他们如果只是利用来自县级或医院病房级别的数据,而不是个别患者级别的话,他们也将面临相同的方法论问题。研究消费需求与营销策略的经济学家可能需要推断出个体的消费习惯,而这种推断是通过对某一特定地区的销售数据以及在那一地区的个体所具备的总体特征进行分析来实现的,而不是通过个人的特征以及购买行为数据而得来的。生态推断问题应用极为广泛,在无数的领域之中都有出现,而以上实例只不过是冰山一角。

不仅一般的多层次推断问题会涉及多个学科领域,生态推断的运算也与其他学科中一些重要的推理问题有关,即使推断本身与该学科关联并不大,也会出现这种情况。例如,地理学家一直以来都对可塑性面积单元问题(modifiable areal unit problem [MAUP])很感兴趣,而这一问题与生态推断问题是同构的。当人们通过不同的聚集水平所得出的估计有所不同的时候,就会产生可塑性面积单元问题(Yule and Kendall 1950;Openshaw and Taylor 1979)。许多统计学家和数学家都对辛普森悖论(Simpson's Paradox)很感兴趣(Simpson 1951)。当第三个(潜在)变量受控时,前两个变量关系的倾向就会发生逆转,辛普森悖论指的就是这种逆转。通过这一描述,我们可以发现辛普森悖论(因此也就是生态推断)几乎与所有的计量经济学和回归文本中所探讨的遗漏变量问题都很相似。具有多种方法论背景并且受过训练的学者们,同时都在为"深入理解多层次推断背后的细微差别"这一研究做出贡献。虽然他们的注释和术语可能有所不同,但不可否认的是,其中涉及的一些根本问题存在相似性。这些联系非常值得注意,因为通常情况下,学者们都热衷于涉猎跨界文献成果,以此来研究自己所感兴趣的问题。因此,跨越学科之间的界限而将不同学科方法论的发展结合在一起,这种做法具有巨大的价值。

本章旨在阐述生态推断问题的一些主要方法论研究,我们将从两个部分展开讨论。我们首先进行大致的阐述,在这一部分我们所用到的数学知识是最少的;接下来我们将利用明显更多的数学知识来研究这一问题。在第一部分,我们首先讨论了这一问题根本的不确定性。然后,我们提出了一个框架,这一框架将诸多能够解决此问题的方法结合在了一起。接下来,我们对这些不同的方法进行了概述,并对其各自的贡献发表了评论。在第二部分,我们将生态推断问题放在部分识别的文献之中,并对近期的研究成果进行讨论。而我们所研究的问题主要是概括逻辑范围在可能的解决方案之中的用处,这种用途在一般 $r \times c$ 问题中,则是作为一个识别区(identification region)来发挥作用的。最后,我们谨慎地得出了结论,同时我们所得出的结论也是乐观而积极的。几十年以来,生态推断问题一直吸引着来自不同学科的学者们不断探索,因此在我们的结论中,我们关于此问题提出了一些建议与忠告。

【549】 1. 生态推断研究的历史和现状

1.1 根本的不确定性

生态推断问题是反问题的一个实例,这一问题有着许多的"解法"。所以,此问题是由一种根本的不确定性来进行定义的(人们可能会对此感到困扰或失望)。虽然人们可能希望得出这一问题的点估计或者是一种"解法",但是现有的信息并不足以将一组行之有效的估计缩小为一种特定的点估计。这类问题被叫作"部分识别(partially identified)问题",因为如果没有很强的假设,那么现有的信息无法对相关的参数进行识别。相反地,它(现有的信息)通常情况下允许人们对某一个"区域"作出识别,且相关的参数一定处于该区域之内,因此人们就对该问题的一部分作出了识别。所以,要怎样继续研究部分识别问题(partially identified problems),比如说生态推断问题,答案并不明确。

在本章中,我们将以美国的种族投票为例,这样可以使得本文前后一致,同时便于阐释与概括(笔者的观点);而且在其他的一些问题之中,我们也不难发现同样的情况。在投票这一问题之中,我们所面临的挑战就是要推断出"从集中在选区级别上的选举结果(election returns)来看,个人是怎样进行投票的"。因为美国选举采用的是无记名投票的形式,所以个人的投票选择是未知的。但是,选举结果在选区级别是有报道的。除此之外,在通常情况下,个人种族分类的总数我们是可以知道的,而且这一概念也可以与投票数据结合在一起。因此,对于任何给定的选区来说,可用的数据都包括每位候选人所得到的选票数以及该选区的种族结构。这一问题可以利用一张与表 24.1 相类似的列联表来进行总结。① 其中,Y 表示投票选择,Z 表示种族群体,X 表示选区。那么这一列联表所表示的则是一个特定选区内的情况。同时,我们也有一组 I,用以表示一个总区内所包含的所有选区。

在这个例子当中,存在着 2 个种族群体以及 3 名候选人,因此也就表示出了一个

① 我们需要注意:其中我们假设每个人都投票了。当然,这是一个不切实际的假设。因为在真正的美国选举中,每个选民团体里都会有相当一部分比例的人投弃权票,这也就意味着有另外一种类别的投票存在,因此使得生态推断问题虽然从概念上讲不会更加复杂,但是从计算方面来看则会更加烦琐。就目前而言,忽略弃权票的因素可以使得问题更加清晰明了、整齐有序,而且不会影响到推断问题的本质。同时我们还需要注意:生态选举分析中,有一篇文献讨论过测量误差(比如说假设我们对于投票率的估测是完美无误的)这个问题(Kousser 1973;Loewen 1982;Kleppner 1985;Grofman, Migalski, and Noviello 1985)。

2×3 的问题。Y 可以取以下三个值之一,分别是 y_1,y_2 或 y_3;Z 可以取以下两个值之一,分别是 z_1 或 z_2;X 则可以取 I 的值之一,即 $x_1 \cdots x_I$。表内的已知元素表示所谓的临界值,即在某一选区之内,每一位候选人所得票数的比例——$P(Y \mid X)$ 以及在这一选区之内,某一个种族群体的比例——$P(Z \mid X)$。表内的一些项表示的则是条件概率,也就是在给出一个选区和种族群体的情况下,我们通过观察所得出的某一投票选择的概率——$P(Y \mid Z, X)$。政治学家可能会对类似于表 24.1 下面这个列联表的标记方式更为熟悉。

表 24.1 关于选区 $X = x_1$ 的列联表

【550】

	候选人 1	候选人 2	候选人 3	
种族群体 1	$P(Y = y_1 \mid Z = z_1, X)P(Z = z_1 \mid X)$	$P(Y = y_2 \mid Z = z_1, X)P(Z = z_1 \mid X)$	$P(Y = y_3 \mid Z = z_1, X)P(Z = z_1 \mid X)$	$P(Z = z_1 \mid X)$
种族群体 2	$P(Y = y_1 \mid Z = z_2, X)P(Z = z_2 \mid X)$	$P(Y = y_2 \mid Z = z_2, X)P(Z = z_2 \mid X)$	$P(Y = y_3 \mid Z = z_2, X)P(Z = z_2 \mid X)$	$P(Z = z_2 \mid X)$
	$P(Y = y_1 \mid X)$	$P(Y = y_2 \mid X)$	$P(Y = y_3 \mid X)$	
	候选人 1	候选人 2	候选人 3	
种族群体 1	$\beta_{11}z_1$	$\beta_{12}z_1$	$\beta_{13}z_1$	z_1
种族群体 2	$\beta_{21}z_2$	$\beta_{22}z_2$	$\beta_{23}z_2$	z_2
	y_1	y_2	y_3	

表 24.2 2×2 列联表

【551】

	候选人 1	候选人 2	
种族群体 1	$\beta_{11}z_1$	$(1 - \beta_{11})z_1$	z_1
种族群体 2	$\beta_{21}z_2$	$(1 - \beta_{21})z_2$	z_2
	y_1	y_2	

其中,β_s 通常被称作参数,但是他们等同于上面这个列联表所表示的条件概率,也就是说 $\beta_{ij} = P(Y = y_j \mid Z = z_i, X)$。我们知道在贝叶斯定理中,$\beta = P(Y, Z \mid X) = P(Y \mid Z, X) P(Z \mid X)$。因为 $P(Z \mid X)$,即各种族群体中选民的比例,是通过普查数据所得出来的,所以生态推断问题归结起来就是推断 $P(Y \mid Z, X)$ 的问题,而这一问题现在则是未知的。如果投票过程中少一位候选人的话,那么就将产生一个 2×2 的问题。而这样的问题则更加引人注目,因为在数学中,2×2 的问题要比那些 $r \times c$ 的问题(其中 $r > 2$ 且/或 $c > 2$)更加简单。但是,不管这一问题是 2×2 的问题还是 $r \times c$ 的问

题,基本的推断问题都不会改变,即在已知 $P(Y \mid X)$ 和 $P(Z \mid X)$ 值的情况下,推断出条件概率 $P(Y \mid Z, X)$ 。而核心问题则是该条件概率的多个值与其二者的给定值都是一致的。

我们利用表 24.2 中简单的 2×2 例表来说明一下这种不确定性。这个问题的已知因素是每个种族群体,也就是 z_1 和 z_2 中选民的比例以及各候选人,也就是 y_1 和 y_2 的得票比例。未知因素是为各候选人投票的每个种族群体的比例,也就是 β_{11} , β_{12} , β_{21} 和 β_{22} 。如果我们假设种族群体 1 和群体 2 是完全互斥且穷尽的,那么 z_2 其实也就是 $(1 - z_1)$ 。同样,如果我们假设所有的选票都投给了候选人 1 或候选人 2,没有弃权的情况,则 $y_2 = (1 - y_1)$ 。通常情况下都存在着一则这样的列联表用以描述数据集中的各个区域单元。在我们的投票过程中,人们可能需要将选区以下标的形式标记出来,以此来表示这些值。对于每个选区,也就是 i ,我们可以得出下面的关系:

$$y_{1i} = \beta_{11i} z_{1i} + \beta_{21i} (1 - z_{1i})$$

这一关系在某个区域的各个选区 I 中均成立,而且遵循一个方程组——在这一方程组中,每个选区均对应着一则方程和两个未知量(即两个参数 β_{11i} 和 β_{21i})。我们已知的信息是:这些参数可以解决前面方程中的问题,此外,每个参数的取值均在 0 到 1 之间。而根本的不确定性指的是参数的多个值可以满足这些制约条件。同时要注意:我们对其他选区所进行的进一步观察并不会改变这种不确定性。相反地,每一个新选区的出现,都意味着方程组中多了一则方程和两个未知量。

表 24.3　邓肯(Duncan)和戴维斯(Davis)关于估计值"范围"概念实例:
1940 年芝加哥女性的种族与职业划分

	非家政服务	家政服务	
白色人种	$[348, 578, 376, 179]$	$[6, 073, 33, 674]$	382,252
	$[0.912, 0.984]$	$[0.016, 0.088]$	(0.933)
非白色人种	$[0, 27, 601]$	$[0, 27, 601]$	27,601
	$[0.00, 1.00]$	$[0.00, 1.00]$	(0.067)
	376,179	33,674	409,853
	(0.918)	(0.082)	

1.2　已有研究

虽然有根本的不确定性存在,但是学者们依旧在继续研究生态推断问题。当然,实质性的研究非常有意思,而且也很重要。虽然对于这一问题,研究方法多种多样,区别明显;但是这些方法可以看作沿着一个连续的区域排列。而这一连续体的左端,其特点就是缺乏假设,同时伴随着高信度。因此即便没有假设,研究人员也可以利用这些数据来缩小相关参数的真值范围(Duncan and Davis 1953)。要沿着这一连续体继续向前移动则需要作出必要假设。而在这一连续体的右端则分布着各种可以帮助研究者对每个参数做出精确点估计的路径。可以肯定的是,许多不同的研究都集中在右端,集中在有大量强有力的假设存在的区域。一般来说,如果研究人员没有做出强有力的假设,就不能进行点估计,因为这样虽然提高了精确度但是降低了可信度。不论研究人员是否建立出一个模型,抑或是怎样建立出一个模型,只要有假设存在,那么试图缩小估计值的范围这一做法都将产生极其重要的影响,因为最终,这种影响与研究人员对该分析所进行的实质性解释是密不可分的。单从理论的基础上来说,我们很难看出如何将研究进行下去。而且"研究人员应该以什么样的标准进行下去?"这一问题可以看作一则函数,而这则函数中的变量则是我们正在进行的研究、数据以及与各种推断错误有关的成本和收益。这一问题没有标准答案,也没有通用的解决方案。相反地,每一项数据分析工作都需要我们清晰而谨慎地进行考虑。

1.2.1 范围

在某些研究中,简单地缩小估计值的取值范围可能就已经足够了。邓肯(Duncan)和戴维斯(Davis 1953)在生态推理问题中提出了"范围"的概念。表 24.3 将二者所讲的实例进行了再现,而这一实例是通过 1940 年芝加哥的数据所得出来的。[①] 此列联表列出了女性的种族与职业。在通常情况下,我们只能观察到本表的临界值。所以我们【553】需要通过已知的临界值,来推断出表内未知的值。若仅给出临界值的话,那么我们就只能推测出:非白色人种的女性,从事家政服务工作的范围可以是从 0 到 100%。但是,从事家政服务工作的女性一共有 33,674 人,其中有 27,601 人属于非白色人种,所以其中仅有 6,073(第 33 页,第 674—627 页,第 601 页)名白人女性从事家政服务工作。因此,白人女性从事家政服务工作的范围非常小(1.6% 至 8.8%)。同样,白人女性从事非家政服务工作的范围也很小(91.2% 至 98.4%)。个人根据对这些数据的研究,再加上这些计算出来的范围,已经足够对这一问题进行实质性研究了。在邓肯和戴维斯的框架中,我们不需要做出任何的假设,这也正是其最大的亮点。显然,当我们不需要做出任何假设就可以定义出可能的估计值范围的时候,还有当这些计算出来的范围足以帮助

---

① 注意:表 24.3 内的一些项(cell)与表 24.1 和表 24.2 中的大不相同。表 24.3 内的一些项给出了在这一项之内,人员总数的可能范围。虽然表中的这些项之间是相互关联的,但是我们认为它们是各不相同的,而我们之所以这样做,目的是使之与邓肯和戴维斯的说法更为相似,同时简化关于如何计算范围的讨论。

我们做出正确推断的时候,我们就可以得出最好的可能结果。此外,这些范围非常容易计算:

$$\beta_{11} \in \left[\max\left(0, \frac{Y_1 - (1 - Z_1)}{Z_1}\right), \min\left(\frac{Y_1}{Z_1}, 1\right) \right]$$

而且

$$\beta_{21} \in \left[\max\left(0, \frac{Y_1 - Z_1}{1 - Z_1}\right), \min\left(\frac{Y_1}{1 - Z_1}, 1\right) \right]$$

需要注意的是,即使是非常宽泛的范围也是有用的。当一个人对了解"数据的信息量"或者是"如果一个人依靠假设来进行点估计,那么其到底需要多少东西?"这一问题感兴趣的时候,这一观点尤为正确。而有些范围究竟是"宽泛"还是"狭窄",则取决于可用的数据以及人们希望发现什么。事实上,点估计并不一定是我们最终的目标。相反地,我们真正的目标是深入了解相关的实质性问题。点估计(其可靠性值得商榷)可能是获得这种深入了解的一个途径,但是我们也有其他的办法,而且牢牢掌握数据中的信息也是分析中的一个重要方面。因此,虽然在实际应用中,我们很少能够给所有的参数都得出一个较小的范围,而且"这一范围足以解决一个人所有的实质性问题"这种情况也不是很常见,但是我们也不可低估这些范围所固有的价值。这些范围为我们了解数据中的信息奠定了基础,因此我们不必做出未必准确的假设,也可以掌握数据中的信息。除此之外,这些范围也可以看作所有的研究人员所一致同意的范围,而相反地,这些研究人员可能并不支持对某项研究所做出的适当假设。

1.2.2 点估计

虽然估计值范围非常重要,而且很容易与生态推断分析结合在一起,但是从这样的一种分析中所得出来的信息对于相关实质性问题的直接作用并不明显。所以研究人员

【554】可能需要进一步缩小估计值的取值范围,甚至将其缩小为一种单个的点估计。如果是这样的话,人们可以选用那种能够产生点估计的生态推断模型。而将所有能够产生点估计的模型联系在一起的,就是这些模型在很大程度上都依赖于较强势的假设。在任何特定的研究之中,人们可能都会觉得假设更为可信,但是没有人可以确定那些假设是否可信。需要我们去权衡的是,即使人们得出了一个有用的点估计,但是如若人们用以缩小可用的估计值范围,使之成为错误假设,则这一点估计就是错误的、具有误导性的。其潜在的负面影响十分值得注意。因此,人们在研究那种能够产生点估计的生态推断模型时,应该注意假设所产生的影响。

罗宾逊(Robinson 1950)的拓荒之作表明:生态关系与个体关系之间缺乏一致性,但是在罗宾逊之后,其他人在其作品中仍然利用生态关系来代替个体关系。根据罗宾

逊以及其后的这些作品,古德曼(Goodman 1953)试图在回归分析背景下去弄清楚这一问题。他提醒道:"一般而言,在生态变量之间所进行的回归分析研究不能代替对个体行为的研究"(1953,第663页)。但是,古德曼还提到:"在非常特殊的情况下,在生态变量之间所进行的回归分析研究可以用来推断个体行为。"(1953,第663页)他所讲的关键点其实就是:如果我们想回归分析个体水平的行为之中,我们就必须做出"恒定假设"(constancy assumption)。也就是我们举例所说的:来自某一特定种族群体的选民们,无论其处于哪一个选区之中,他们的投票结果都是相似的。在生态推断问题中,古德曼(1953,1959)并不支持使用回归分析。相反地,他试图去阐明那些强有力的假设,而这些假设则能够使得本项研究硕果累累。

我们来看一下表24.4中的两个列联表。其中,左边的列联表表示一个选区,即"选区1",右边的列联表则表示另一个选区,即"选区2"。我们现在只看左边的列联表。仅凭这些临界值所传达的信息,人们该如何确定其内部各项的值呢?如果在表内这四项中,我们可以知道其中任意一项的值,那么我们就可以确定其他三项的值。比如说:如果我们知道有100名黑人投票给了民主党候选人,我们就可以推算出有(150—100), 【555】即50名黑人投票给了共和党候选人。以此类推,我们就可以确定:有(300—100),即200名白人投票给了民主党候选人,因此就有(350—200),即150名白人投票给了共和党候选人。所以,如果我们能够给其中的任意一项赋予一个特定的值,则我们就可以很容易地确定其他各项的值。但是,如果除了这些临界值所传达的信息,没有其他任何进一步的信息可供我们使用的话,我们将不能确定内部各项中,任意一项的值。在这个时候,假设便成为推动点估计进行下去的必要条件。

表24.4 假设

	选区1			选区2		
	民主党候选人	共和党候选人			民主党候选人	共和党候选人	
黑色人种			150	黑色人种			350
			(0.30)				(0.449)
白色人种			350	白色人种			430
			(0.70)				(0.551)
	300	200	500		400	380	780
	(0.60)	(0.40)			(0.513)	(0.487)	

古德曼所讲的"恒定假设"(来自某一特定种族群体的选民们,无论其处于哪一个

选区之中,他们的投票结果都是相似的)便是诸多途径之一。若利用这种方法的话,如果我们假设在选区 1 内,黑人选民中有 50% 投票给了民主党候选人,那么除了随机变化之外,选区 2 内就有 50% 的黑人选民投票给了民主党候选人。所以实际上,种族因素与投票选择有关,地区因素与投票选择无关。针对例子中的两个选区,我们可以得出如下方程组,其中包含两则等式:

$$0.6 = 0.3\beta_{11} + 0.7\beta_{21} \tag{1}$$

$$0.513 = 0.449\beta_{12} + 0.551\beta_{22}$$

其中,β_{1j} 表示在选区 j 中,黑人选民投票给民主党候选人的比例;β_{2j} 表示在选区 j 中,白人选民投票给民主党候选人的比例。我们可以看到,这里有两个方程和四个未知数。若我们对选区做出恒定假设,则 $\beta_{11} = \beta_{12}$ 而且 $\beta_{21} = \beta_{22}$。这样我们就可以得出以下这种包含着两个方程和两个未知数的方程组,其中 $\beta_1 = \beta_{11} = \beta_{12}$,$\beta_2 = \beta_{21} = \beta_{22}$:

$$0.6 = 0.3\beta_1 + 0.7\beta_2 \tag{2}$$

$$0.513 = 0.449\beta_1 + 0.551\beta_2$$

很明显,这种包含着两个方程和两个未知数的方程组具有唯一解。而利用简单的代数学知识就可以得出这种唯一解,也就是 $\beta_1 = 0.1913$,$\beta_2 = 0.7752$。

虽然利用恒定假设,我们可以得出“解”,但是在我们的研究之中,这种假设未必正确,因为这种假设就意味着研究结果与情境因素无关,也就是说身处在白人聚居区的白人,与那些身处以黑人为主要居民的地区或者是多种族聚居区的白人,二者的投票倾向是相同的。这一假设最吸引人的地方就在于:若我们做出恒定假设,则我们就可以确定相关参数并且得出一种点估计。但是这一点优势已经被大大削弱了,因为这一假设还有一个致命的弱点,即点估计可能是错误的或者是十分具有误导性的。

假设的作用一直都是根本性的,只不过是在某些模型中,假设的作用更为明显,而在其他的模型中,假设的作用则不太明显。但是不管明显与否,假设的作用背后所蕴含的基本原则以及人们若想根据这些假设作出估计所需要的东西都是不能改变的。比如说,虽然在金(1997)所讲的生态推断模型中有许许多多的假设,但是这些假设对于确定点估计这一问题的影响和作用并不明显。卓(Cho 1998)认为:在金所讲的模型中,如果这些强有力的假设能够站得住脚,那么这一模型就是恰当的;如果这些假设被推翻,那么最终所得的点估计及其处理未知量的相关方法就是不值得信赖的(也可参见 Rivers 1998;Freedman 等人 1998;1999;McCue 2001;Cho and Gaines 2004)。在金所讲的模型中,其中一种关键性的假设就是分布假设(distributional assumption)。虽然金并没有使用“恒定假设”,但是他所使用的分布假设认为:参数或者是条件概率都遵循截断二元正态分布(TBN),而这种假设有些类似于“相似性假设”。也就是说,在不同选区

【556】

内,黑人选民投票给民主党候选人的比例不一定非要相同,但是研究人员针对黑人选民投票给民主党候选人的比例所做出的一系列估计应当遵循截断二元正态分布(TBN)。这样的话在大多数选区内,这一比例就都集中在截断二元正态分布(TBN)的平均水平左右了。金并没有提供任何以实验为依据的证据来证明这种分布假设是站得住脚的,但是他认为:"由于大多数地方单位都是为了行政方便而建立的,而且地方单位也通常是以相似的模式将个体聚集在一起,所以从同一数据集中所得出来的生态观察信息,通常情况下都有非常多的共同点。虽然古德曼的假设——参数不随 i 的变化而发生改变——通常情况下都是错误的,但是'它们虽各不相同,却有着同一种模式'这种假设在整体数据中是成立的"(King 1997,第 191—192 页)。有趣的是,蒙特卡洛模拟(Monte Carlo simulations)表明:实际上在绝大多数情况下,人们利用金所讲的模型以及最小二乘法(OLS)这两种途径所得出的估计,其结果是完全相同的(Cho and Yoon 2001;Anselin and Cho 2002)。也就是说,单就实质性目的而言,"相似性假设"与恒定假设两者并没有大相径庭。

为了揭示假设在生态推断模型中的作用,弗里德曼等人(Freedman 等人,1991)提出了邻式模型(neighborhood model)。他的这一模型假设投票结果与种族无关,而与选区有关,也就是说在同一选区之内的选民,其投票结果是相似的。他们并没有将此模型视为一种非常严格的尝试,以此来从整体数据中获取个体水平的行为。而是借此模型表明:人们可以通过多种途径来进行点估计,而且人们在这一过程中所利用到的假设会严重影响到最终的结果。实际上,邻式模型利用了另一种恒定假设。在这一假设中,种族因素恒定不变,而不是选区因素恒定不变。那么在我们简单的双选区实例中,就有 $\beta_1 = \beta_{11} = \beta_{21}$, $\beta_2 = \beta_{12} = \beta_{22}$ 。这种方法是将方程组中的两则方程四个未知数转换为两则方程两个未知数的另一种途径。那么方程组(2)整理如下:

$$0.6 = 0.3\beta_1 + 0.7\beta_1 \tag{3}$$
$$0.513 = 0.449\beta_2 + 0.551\beta_2$$

而方程组的解就是 $\beta_1 = 0.6$, $\beta_2 = 0.513$ 。可以看出利用某种类型的假设或者是限定因素,我们能够得出方程的唯一解。实际上,我们有大量不同的假设可以加以利用,而且,这些假设完全可以决定最终"解"。

可以肯定的是,针对生态推断问题,许多人都曾尝试去探索并提出了各种各样的假设和模型。比如说,霍克斯(Hawkes 1969)曾提出一种聚合多项式模型(aggregated multinomial model)。在这一模型中,不管选区是否发生变化,参数均遵循多项式分布不变。【557】布朗(Brown)和佩恩(Payne 1986)提出了一种随机效应模型(random effects model),而这一模型拥有特定的协方差结构。这种模型通过选区所特有的协变量,使得其中的参数随着选区的变化而发生改变;同时通过这些参数在总体上的复合多项式分布,来对所有其他的方差建模。克鲁(Crewe)和佩恩(1976)提出了一种多元回归模型(multiple regression model)。在这种模型内,即使是控制了种族这一变量,也依旧有其他变量存在。卡尔沃(Calvo)和埃斯科拉(Escolar)提出了地理加权回归模型(geographically weighted regressions),这种模型是产生区域差异的一种途径。实际上,空间依赖性(spatial dependence)的作用最近已经引起了一大批学术研究(可参见 Anselin and Cho 2002;Wakefield 2003;2004)。今井(Imai)、陆(Lu)和施特劳斯(Strauss 2008)提出将这一问题归为数据丢失问题。汤姆森(Thomsen 1987)提出了一种潜变量 Logit 模型(latent variable logit model),其中潜变量遵循正态分布,而临界值的对数与潜变量则呈线性依赖的关系。和前面提到的一些模型一样,汤姆森模型假设我们有(将一个区域细分之后所产生的)若干个同类选区。这只是其中的一小部分,而不是全部。人们可以做出无数种假设,因此也会有无数种可能的情况出现。

表 24.5　假设

	民主党候选人	共和党候选人			民主党候选人	共和党候选人	
黑色人种	30	120	150	黑色人种	70	85	150
白色人种	270	80	350	白色人种	230	120	350
	300	200	500		300	200	500

卓和贾奇(Judge)强调了在不适定问题,比如说生态推断问题中,模型建立过程背后所蕴含的哲学。他们认为:我们若想解决建模过程中所遇到的这种挑战,最合乎逻辑的做法应该是首先尽量少做假设,使假设的数量降到最低。原则上,人们若对一种情况并不了解,就不应该对其做出假设,因为毕竟假设可能是不正确的(Judge, Miller, and Cho 2004)。从表 24.4 中的选区 1 这一实例来看:很明显,许多不同的值都与我们所已知的临界值有关。比如说,表 24.5 向我们展示了两种概率。那么 150 名黑人选民,30 人投票给民主党候选人,120 人投票给共和党候选人,这种情况的划分方法有多少种呢? 这是一个简单的组合问题,而答案就是 $\binom{150}{30}$ 。同样地,我们就有 $\binom{350}{270}$ 种方法可以对 350 名白人选民进行划分,使得其中有 270 人投票给民主党候选人,80 人投票给共和党候选人。因此,我们就有 $\binom{150}{30} \times \binom{350}{270} \approx 8.3 \times 10^{111}$ 种途径可以得出左边的表

格中所示的结果。依据同样的算法,我们就有 $\binom{150}{70} \times \binom{350}{230} \approx 1.6 \times 10^{140}$ 种途径可以

得出右边的表格中所示的结果。后者的数量要大于前者,所以如果我们不作出任何假设的话,人们将更倾向于右边的表格中所示的结果而不是左边的,因为得出这种结果的方式要更多一些。显然,我们有大量的结果与临界值是保持一致的。但是,如果我们尽量少做假设,那么我们所得出来的更合乎逻辑的点估计值就一定是已知数据所能表明的最强有力的结果。也就是说,这个点估计值一定是得出途径最多的那一个。这种 【558】 "解"并不是"灵丹妙药",因为并非在所有的情况下它都能够给出正确的答案。它仅仅是归纳推理的一种原则,而它的作用就是帮助我们得到已知数据所能够表明的最强有力的点估计。

最后,卓(2001)进行了另一项研究。而这一项研究的目的是对各模型中所蕴含的假设进行检验,并对其进行适当的调整。因此,如果恒定假设有难以维持的迹象,那么人们可能就应该检验一下这一假设是否能够站得住脚。达成这一目的的方法与人们在切换回归的情境下,检验参数稳定性的方法很类似。这一想法认为:处于同种族聚居区的选民与处于多种族聚居区的选民相比,二者的投票倾向是不一样的。换句话说,处于白人聚居区的白人,其相互之间的行为都很类似;而这些人的行为与处于多种族聚居区的白人的行为相比,则是有区别的。在这种情况下,恒定假设可能在不同的数据子集之间能够成立。如果人们可以确定这些子集(在这些子集中,恒定假设是合理的),那么人们就能够在一般回归情境下,在同一系列的选区内继续进行下去。

我们也有许多作品可以用来帮助我们对估计进行总结,并讨论其功能的各种特性。克利夫(Cleave)、布朗和佩恩(1995)以及阿切(Achen)和夏夫利(Shively 1995)在这一方面的贡献尤为显著。在其他学科中,关于这些问题的辩论和讨论也一直在如火如荼地进行(可参见 Jones 1972;Kousser 1973;Lichtman 1974),在跨学科中也是如此(Salway and Wakefield 2004)。哈努谢克(Hanushek)、杰克森(Jackson)和凯恩(Kain 1974)以及阿切和夏夫利(1995)不但帮助了我们从个人数据和整体数据层面阐明模型设定的相关问题,而且有助于我们我们讨论其相关性,或者非直观地讲,这两种层面的模型设定的不相关性。

2. 生态推断问题是部分识别问题

在这些与生态推断问题有关的各种各样的研究之中,每一项研究都从不同方面对这一问题进行了深入了解。在本节中,我们强调了一个很少有人注意到的观点,而我们

可以通过这一观点来研究生态推断问题。特别的是,我们将生态推断问题视为概率分布中,部分识别问题的一个具体实例来进行讨论。其中,通过采样过程所生成的可用数据并没有充分揭示出相关的分布。其他常见的部分识别问题,包括在数据缺失的条件下进行推断、在测量有误差的条件下进行推断以及对观测数据所反映出来的处理效果进行推断。这些问题都是识别问题,而非统计推断问题,因为随着样本量的增加,它们也依旧存在。这些问题是由可用数据的类型所造成的,而不是由数据的量所引起的。

【559】关于部分识别问题,最近有一则文献传播非常迅速。而很明显,这则文献所表达的深刻见解是值得借鉴的,但是政治学家们却没有注意到这一点。现在我们来讨论一下这则文献所表达的深刻见解可以怎样或者是应该怎样应用到生态推断问题的研究之中。

研究部分识别问题的首要原则可能就是确定在采样过程中,我们到底揭示出了什么样的相关分布(Manski 1995;2003)。在生态推断问题中,这就意味着我们需要为估计值的可行集合确定一个范围。通过一定的制约因素(在我们的实例中则为临界值),我们可以确定:我们所研究的分布必须要落在一个特定的可行分布集,也叫作"识别区(identification region)"内。正如我们在1.2.1节里所讨论的那样,这种识别区可能足以帮助我们去研究相关的实质性问题,但同时它也未必能支撑我们的研究。依据现有的研究,人们可能会着手开始探索当可用数据与假设(这些假设是真实可靠、值得认真对待的)相结合的时候,我们还能够知道些什么。如果这些假设能够缩小识别区,我们就说这些假设具有"识别能力"(identifying power)。足够强有力的假设可以进行点识别(point-identify),比如说充分揭示出某种相关的分布。

五十多年以前,邓肯和戴维斯(1953)指出:在生态推断问题中可用的数据给出了概率 $P(Y \mid X,Z)$ 的取值范围,这一点我们在1.2.1节有提到。自那时起,与生态推断问题有关的文献就开始按照与部分识别问题有关的文献所提供的路径开始继续发展了。同时,古德曼(1953)表明:与某种特定的恒定假设结合在一起的数据可以识别出概率 $P(Y \mid X,Z)$ 的唯一值,这一点在1.2.2节表示过。然而,后来的作品虽然与部分识别文献有着明显的联系,但是研究人员还是没有系统地据此进行进一步的研究。此外,本项研究的这些先驱者们仅对相对较为容易的 2×2 问题进行了研究,其中 y 和 z 均为二元变量。直到最近,一般的推理问题才在克罗斯(Cross)和曼斯基(Manski 2002)的研究中得以解决。我们将他们的主要观点和发现与我们所用的实例结合起来,以此来阐明这两篇文献的交集。

2.1 仅利用数据所进行的推断

正如我们前面所提到的,生态推断研究中的参数可以理解为条件概率。而这一观点刚好与部分识别文献所表达的观点完全符合,所以我们将继续以同样的方法来进行研究。具体来说,我们让人口总数 J 中的每一位成员 j 在空间 Y 内都对应着一种结果 y_j ,在空间 $X \times Z$ 内都对应着一组协变量 (x_j, z_j) 。同时我们将随机变量 $(Y, X, Z) : J \rightarrow Y \times X \times Z$ 的概率设置为 $P(Y, X, Z)$ 。而我们的总体目标就是得出条件概率 $P(Y \mid X, Z) \equiv P(Y \mid X = x, Z = z)$, $(x, z) \in X \times Z$;具体目标可能就是确定均值回归 $E(Y \mid X, Z) \equiv E(Y \mid X = x, Z = z)$, $(x, z) \in X \times Z$ 。我们只假设 X 和 Z 是离散变量,而且对于所有的 $(x, z) \in X \times Z$ 来说都有 $P(X = x, Z = z) > 0$ 。而变量 Y 可能是离散变量,也可能是连续变量。

虽然观测不出 (Y, X, Z) 合到一起的值,但是有两个采样过程中的数据可用。其中一个,是从 J 中随机抽取个人作为样本,由此得出 (Y, X) 的值,但没有 Z 的值。在我们的实例中,投票记录反映了 (Y, X) ,即某一特定候选人在某一给定的选区内所得到的选票数。另一个取样过程中,我们也是从 J 中随机抽取个人作为样本,然后得出 (X, Z) 的值,但没有 Y 的值。如果我们把从人口普查中所获得的种族人口数据与选区范围结合起来,这些数据就是可用的。这两种取样过程揭示了概率 $P(Y, X)$ 和 $P(X, Z)$ 的分布。生态推断就是通过这些实验证据来了解 $P(Y \mid X, Z)$,也就是视选区或种族条件而定,不同选民投票给某一特定候选人的倾向。而美国大选采取的是不记名投票的方式,所以这一行为是未知的。生态推断问题的结构可以用全概率式(the Law of Total Probability)来表示:【560】

$$P(Y \mid X) = \sum_{z \in Z} P(Y \mid X, Z = z) \, P(Z = z \mid X) \tag{4}$$

实际上,在 2×2 的问题中,取值范围与识别区相对更加容易计算。但是在 $r \times c$ 的情况下,这类问题就要复杂很多。克罗斯和曼斯基(2002)针对一般的 $r \times c$ 问题给出了识别区,并提出了 $H[P(Y \mid X = x, Z)]$ 的概念,而我们对二者的研究进行了总结。具体来说,就是用 Γ_Y 来表示 Y 中所有概率分布的空间,同时 $x \in X$ 。那么我们就可以确定 $P(Y \mid X = x, Z) \equiv [P(Y \mid X = x, Z = z), z \in Z]$ 。$|Z|$ 表示 Z 的基数,那么当且仅当 $[\eta_z, z \in Z] \in (\Gamma_Y)^{|Z|}$ 分布中的向量 $|Z|$ —能够解决有限混合问题的时候,$|Z|$ —为 $P(Y \mid X = x, Z)$ 的一个有效值。

$$P(Y \mid X = x) = \sum_{z \in Z} \eta_z P(Z = z \mid X = x) \tag{5}$$

因此,如果我们仅利用数据,那么我们可以得出 $P(Y \mid X = x, Z)$ 的识别区为:

$$H[P(Y \mid X = x, Z)] \equiv \{(\eta_z, z \in Z) \in (\Gamma_Y)^{|Z|} : P(Y \mid X = x) = \sum_{z \in Z} \eta_z P(Z = z \mid X = x)\} \tag{6}$$

此外,$P(Y \mid X, Z)$ 的识别区为笛卡尔积 $\times_{x \in X} H[P(Y \mid X = x, Z)]$ 。而这一算法

之所以成立,原因是全概率式(4)仅通过 Z 的值来限制 $P(Y|X,Z)$ 的值,而没有通过 X 的值(来限制 $P(Y|X,Z)$ 的值)。虽然式(6)的形式很简单,但是其过于抽象,因而不能最大限度地显示出识别区的大小和形状。因此,我们还需要进一步研究更切合实际的方法。

如果我们的目标是在给定某一特定的协变量值的情况下,或者是仅在某一选区或某一种族范围内,对 $P(Y|X=x,Z=z)$ 的识别区进行推断,那么我们就可以得出一种相对更为简单的结果。在这一实例中,如果让 $p \equiv P(Z \ne z | X = x)$,则克罗斯和曼斯基表示, $P(Y|X=x,Z=z)$ 的识别区为:

$$H[P(Y|X=x,Z=z)] = \Gamma_Y \cap [P(Y|X=x) - p\gamma] / (1-p) , \gamma \in \Gamma_Y \qquad (7)$$

若在" Y 是二元的"这种特殊情况下,则这里所讲的识别区就等于邓肯和戴维斯所讲的取值范围。

[561]　　如果我们的目标是对条件概率 $P(Y|X=x,Z)$ 的所有矢量,或者是对居于某一选区的所有人种进行联合推断,那么识别区的界定方法就要复杂得多。关于这一问题,克罗斯和曼斯基提出了很重要的一个方面——即均值回归 $E(Y|X=x,Z)$ 的识别区。通过式(6)我们可以得出 $E(Y|X=x,Z)$ 的有效取值为:

$$H[E(Y|X=x,Z)] = \left\{ \left(\int y d_{\eta_z}, z \in Z \right), (\eta_z, z \in Z) \in H[P(Y|X=x,Z)] \right\}$$

$$(8)$$

克罗斯和曼斯基在描述 $H[E(Y|X=x,Z)]$ 的时候,并没有像式(8)中那样抽象。他们认为:它是一种凸集,在这一集合中有一定数目的极值点,而这些极值点表示的则是叠层分布(stacked distributions)中,某些特定 $|Z|$ -元组的预测值。他们的研究结果虽然还是有些复杂,但是为我们计算一般 $r \times c$ 问题的识别区或者是取值范围提供了积极的帮助。

2.2　假设与工具变量(Instrumental Variables)

正如我们前面所讨论过的,仅利用数据所得出的取值范围或者是识别区可能就已经足够了,但是在某些研究中,人们当然希望能够进一步缩小估计值的可用范围,甚至可能将其缩小为一种点估计。在这些情况下,人们必须继续进行假设。古德曼恒定假设是工具变量在其广义概念上的一种应用。这一概念早在 20 世纪 40 年代,便开始广泛应用于计量经济学之中。克罗斯和曼斯基研究了两种假设,这两种假设均将 X 中的成分视为工具变量。他们令 $X = (V,W)$ 且 $X = V \times W$ 。那么其中之一就是假设:以

(W,Z) 为条件，Y 是 V 的均值自变量。也就是说：

$$E(Y\mid X,Z) = E(Y\mid W,Z) \tag{9}$$

或者人们也可以假设以 (W,Z) 为条件，Y 是 V 的统计自变量。也就是说：

$$P(Y\mid X,Z) = P(Y\mid W,Z) \tag{10}$$

两种假设均将 V 视为工具变量。除非 Y 是二元的，这样的话，假设(9)与假设(10)就是等效的；不然的话，假设(10)要比假设(9)更具有说服力。在 2×2 的问题中，Y 和 Z 都是二元的，则假设(9)所表示的就是古德曼恒定假设。

如果我们让 $w\in W$，那么在假设(9)和假设(10)中，$E(Y\mid W=w,Z)$ 的识别区就可以分别表示为：

$$H_w^* \equiv \bigcap_{v\in V} H[E(Y\mid V=v,W=w,Z)] \tag{11}$$

和

$$H_w^{**} = \left\{ \left(\int y d_{\eta_.}, z\in Z \right), (\eta_z, z\in Z) \in \bigcap_{v\in V} H[P(Y\mid V=v,W=w,Z)] \right\} \tag{12}$$

那么相应地，$E(Y\mid W,Z)$ 的识别区就是 $\times_{w\in W} H_w^*$ 和 $\times_{w\in W} H_w^{**}$。注意：集合 H_w^* 【562】和/或 H_w^{**} 可能是空的。如果是这样的话，我们就可以得出结论：假设(9)和假设(10)一定是不正确的。

式(11)与式(12)太过抽象，因而其给人的感觉就是——二者并不像假设(9)和假设(10)那样具有识别能力。克罗斯和曼斯基表示：如果人们仅运用期望的迭代原则(the Law of Iterated Expectations)而不去运用全概率公式的全部内容，那么我们就可以得到一个简单的外部识别区(outer identification region)(即一个集合，其内部包含着识别区)。若让假设(9)成立，同时令 $w\in W$ 且 $|V|$ 表示 V 的基数，再令 $\pi_{(v,w)\,z} \equiv P(Z=z\mid V=v,W=w)$ 并用 Π 来表示 $|V|\times|Z|$ 矩阵。在这一矩阵中，第 z 列为 $[\pi_{(v,w)\,z}, v\in V]$。最后用 $C_w^* \subset R^{|Z|}$ 来表示线性方程组

$$E(Y\mid V=v,W=w) = \sum_{z\in Z} \pi_{(v,w)\,z} \xi_z, \forall v\in V \tag{13}$$

所得解 $\xi\in R^{|Z|}$ 的集合。克罗斯和曼斯基表示：$H_w^* \subset C_w^*$。因此，C_w^* 就表示一个外部识别区。

若假设矩阵 Π 有 $|Z|$ 行，那么方程(13)要么只有一个解，要么没有解。如果该方程有一个解，那么 C_w^* 就是这个唯一解，而且 $H_w^* = C_w^*$。所以，当矩阵 Π 有 $|Z|$ 行的时候，我们就可以通过假设(9)来得出点识别。因此在 2×2 的问题中，C_w^* 就是古德曼所提出的生态推断问题的解。如果方程(13)无解，那么该方程就是一则有效的诊断程式，且能得出假设(9)不正确的结论。

2.3 结构性预测（Structural Prediction）

迄今为止，我们的讨论似乎是高度概念化的，而且更加倾向于思维探索而非实际应用。但是，对于生态推断问题进行抽象研究有助于其对结构预测进行深入了解。比如说，政治学家通常情况下都想要预测出：如果协变量的分布由 $P(X,Z)$ 变为其他分布，比如说 $P^*(X,Z)$，也就是说从一个种族背景下转换到另一个种族背景下，那么已知的平均结果 $E(Y)$，即投票倾向会发生怎样的变化。我们假设均值回归 $E(Y \mid X,Z)$ 是具有结构性的，而这种"结构性"则体现在：即使我们假设协变量的分布发生了变化，这种回归也始终保持不变。在该假设的条件下解决此类预测问题很常见。若依据该假设，则在协变量分布 $P^*(X,Z)$ 下的平均结果为：

$$E^*(Y) \equiv \sum_{x \in X} \sum_{z \in Z} E(Y \mid X=x, Z=z) \, P^*(Z=z \mid X=x) \, P^*(X=x) \, 。$$

如果想要计算出 $E^*(Y)$ 的值，并将之与 $E(Y)$ 的值进行比较，那么要面临的明显障碍就是受到生态推断问题的影响，$E(Y \mid X,Z)$ 的值不明确，所以我们对于 $E^*(Y)$ 的了解也很有限。但是本章从头到尾所传达的一个主题就是："限制因素"并不总是像它们刚刚出现的时候那样具有约束力，而且弄清楚这些"限制因素"本身就是【563】富有启发性的，因为他们揭示了"什么是以已知的数据与清晰的逻辑为基础的？"以及"什么是在这些范围之外的？"这两个问题。2.1 部分和 2.2 部分对我们的讨论与发现进行了总结，而我们的讨论与发现则说明了关于 $E^*(Y)$，人们可以了解到什么。比如，仅利用数据人们可以得出结论：$E^*(Y)$ 在以下这一集合之中。

$$\Big\{ \sum_{x \in X} \sum_{z \in Z} \xi_{xz} P^*(Z=z \mid X=x) \, P^*(X=x) \, ; \tag{14}$$
$$(\xi_{xz}, z \in Z) \in H[E(Y \mid X=x, Z)] \,, x \in X \Big\}$$

了解到这一点，便能将"基于假设所得出来的发现"与"基于数据的限制所得出来的必然正确的发现"二者区别开，因而特别有用。

克罗斯和曼斯基（1999）在其 2002 年所发表的文章的工作底稿中记载了一项以实验为依据的研究。为了说明仅利用数据所进行的结构预测，我们总结了该实验研究的要素。他们（克罗斯和曼斯基）提出并解决了一个反事实的问题："在其他条件不变的情况下，如果人口的组成有所不同，那么 1996 年美国总统大选又将是什么样的结果呢？"为了确定这一问题，我们用 x 来表示美国某一特定的州或者是哥伦比亚特区；用 z 来表示在 x 州中，可能与投票行为有关的个人选民的属性（比如说年龄或者是种族）。我们用 $Y = \{-1, 0, 1\}$ 来表示投票选择的集合，其中 $Y = 1$ 表示某位选民投票给了民主党候选人，$Y = -1$ 表示某位选民投票给了共和党候选人，而 $Y = 0$ 则表示其他情况（比如说投票给小党派或者是弃权）。

在这种情况下，$P(Y \mid X = x)$ 表示在 x 州中投票结果的分布；$P(Z \mid X = x)$ 表示在该州内，选民属性的分布；而 $E(Y \mid Z = z, X = x)$ 则表示在 x 州内所有具备 z 属性的选民中，最多有多少人投票给民主党候选人；我们再用 S_x 来表示分配给 x 州的选票数。我们假设没有"捆绑"现象存在，那么在所有的选票中，投票给民主党候选人的最大票数就是 $T \equiv \sum_{x \in X} S_x \cdot 1[E(Y \mid X = x) > 0]$ ，其中 $1[\cdot]$ 表示一则指示函数。那么若想赢得选举，则该民主党候选人至少要得到 270 票。

我们都知道 1996 年大选的结果，但如果人口组成发生改变，该结果会不会有所不同呢？也就是说，如果在 x 州内，选民属性的分布变为 $P^*(Z \mid X = x)$ 且该州在选举团投票总数中所分配到的票数变为 S_x^*，那么大选结果会是什么样的呢？为了解决这一问题，我们维持了一个关键性的假设，即 $E(Y \mid \cdot, \cdot)$ 是不变的，也就是说即使我们假设人口结构发生改变，这些条件期望也保持不变。这不是一则简单的假设。这一假设取决于协变量 Z 的具体选择，而且这种假设似乎是值得考虑的。对公式 $Y = f(X, Z, U)$ 中的一个行为模型进行研究，可能对于我们解释这一假设十分有帮助。在这个公式中，投票选择是居住地 X、个人属性 Z 以及其他因素 U 的函数 f。那么若 U 是 (X, Z) 的统计自变量且即使我们假设人口结构发生改变，U 的分布也保持不变，则 $E(Y \mid \cdot, \cdot)$ 将保持不变。

如果 $E(Y \mid \cdot, \cdot)$ 保持不变，那么在 x 州内，民主党候选人所得票数的预测结果为： 【564】

$$E^*(Y \mid X = x) \equiv \sum_{z \in Z} P^*(Z = z \mid X = x) E(Y \mid X = x, Z = z) \tag{15}$$

民主党候选人所获票数的预测结果为 $T^* \equiv \sum_{x \in X} S_x^* \times 1[E^*(Y \mid X = x) > 0]$ 。这些公式说明：$[E^*(Y \mid x), x \in X]$ 以及 T^* 都是 $E(Y \mid \cdot, \cdot)$ 的函数。这一问题是生态推断问题的一个实例，而且目前，这一结论还未被大家知晓。$E(Y \mid \cdot, \cdot)$ 的识别区决定了 T^* 的识别区，同时也为评估我们的反事实推断奠定了基础。

从美国人口普查中所获知的人口属性的数据和预测可以用以评估我们的反事实推断。确切地说，我们将协变量 Z 进行分类。依据年龄我们将协变量 Z 分为两类：18 至 54 岁和 55 岁及以上；依据种族我们将协变量 Z 分为三类：白种人、黑种人以及西班牙裔人。① 表 24.6 表明了在 2004 年和 2020 年的时候，$E^*(Y \mid X)$ 的取值范围。本表表明：对于美国所有的州来说，在 2020 年的时候 $E^*(Y \mid X)$ 的取值范围都要比在 2004 年

---

① 在这一分类标准中，西班牙裔人表示所有的西班牙裔人，不分种族；而黑种人则表示所有的非西班牙裔黑种人，白种人表示所有的非西班牙裔白种人。还请注意：虽然这些表示的是总人口数，但是我们将之视为已达到选举年龄的公民人口数。

的时候更加宽泛。在 2004 年的时候,民主党候选人得票总数的取值范围完全是一个正间隔的州有 25 个,该取值范围完全为一个负间隔的州有 11 个;在 2020 年的时候,相对应的州分别有 5 个和 0 个。而之所以在 2020 年的时候这些取值范围较为宽泛,其实原因很简单:对于每一个 $x \in X$ 来说,人口特征分布 $P(Z \mid x)$ 的预测性变化在 1996 年至 2020 年间比在 1996 年至 2004 年间都要更加明显。$P(Z \mid X = x)$ 的值越是有所不同,则 $P(Y \mid X = x)$ 所能传达的有关 $E^*(Y \mid X = x)$ 的信息就越少。

通过在 2004 年且在某一特定的州——即 x 内 $E^*(Y \mid X = x)$ 的取值范围,我们可以预测在该州内,投票给民主党候选人的选举团人数。对于民主党候选人得票总数的取值范围完全是一个正间隔的那 25 个州来说,我们预测民主党候选人的得票数为 S_x^*;而对于该取值范围完全为一个负间隔的州那 11 个州来说,我们预测民主党候选人的得票数为 0;在剩下的 15 个州内,该取值范围有正有负,所以对于这些州来说,我们无法预测民主党候选人的得票数。因为在 x 之间或者是各州之间没有任何的制约因素,所以我们仅简单地将这些取值范围(其中有一些可以精确到某一点)应用于所有的州之中,用以获取 T^* 的取值范围。

【565】

表 24.6　$E^*(Y \mid X)$ 不同年份的取值范围

	1996 $E(y \mid x)$	2004 $E^*(y \mid x)$ 的取值范围	2020 $E^*(y \mid x)$ 的取值范围
东北部			
康涅狄格州	0.102	[0.055, 0.146]	[-0.053, 0.252]
缅因州	0.134	[0.103, 0.168]	[-0.028, 0.309]
马萨诸塞州	0.184	[0.141, 0.223]	[0.025, 0.346]
新罕布什尔州	0.057	[0.023, 0.093]	[-0.116, 0.237]
罗得岛州	0.171	[0.131, 0.206]	[0.019, 0.319]
佛蒙特州	0.130	[0.091, 0.172]	[-0.035, 0.308]
新泽西州	0.091	[0.048, 0.130]	[-0.056, 0.231]
纽约州	0.134	[0.098, 0.167]	[0.014, 0.249]
宾夕法尼亚州	0.045	[0.024, 0.066]	[-0.068, 0.162]
中西部			
伊利诺伊州	0.086	[0.051, 0.120]	[-0.050, 0.222]
印第安纳州	-0.027	[-0.055, -0.001]	[-0.158, 0.098]
密歇根州	0.072	[0.042, 0.104]	[-0.064, 0.218]
俄亥俄州	0.035	[0.007, 0.063]	[-0.097, 0.171]
威斯康星州	0.060	[0.028, 0.091]	[-0.093, 0.221]

续表

	1996 $E(y\mid x)$	2004 $E^*(y\mid x)$ 的取值范围	2020 $E^*(y\mid x)$ 的取值范围
爱荷华州	0.060	[0.034, 0.086]	[-0.078, 0.206]
堪萨斯州	-0.103	[-0.134, -0.072]	[-0.262, 0.046]
明尼苏达州	0.104	[0.068, 0.140]	[-0.073, 0.290]
密苏里州	0.034	[0.013, 0.056]	[-0.099, 0.172]
内布拉斯加州	-0.105	[-0.134, -0.077]	[-0.256, 0.032]
北达科他州	-0.038	[-0.065, -0.013]	[-0.183, 0.100]
南达科他州	-0.021	[-0.034, -0.008]	[-0.171, 0.125]
南部			
特拉华州	0.076	[0.041, 0.110]	[-0.079, 0.237]
哥伦比亚特区	0.331	[0.299, 0.364]	[0.253, 0.401]
佛罗里达州	0.028	[-0.025, 0.078]	[-0.157, 0.209]
佐治亚州	-0.005	[-0.044, 0.033]	[-0.166, 0.155]
马里兰州	0.075	[0.030, 0.117]	[-0.085, 0.233]
北卡罗来纳州	-0.022	[-0.060, 0.016]	[-0.183, 0.135]
南卡罗来纳州	-0.024	[-0.066, 0.016]	[-0.175, 0.120]
弗吉尼亚州	-0.009	[-0.058, 0.039]	[-0.172, 0.152]
西弗吉尼亚州	0.066	[0.035, 0.101]	[-0.057, 0.203]
亚拉巴马州	-0.033	[-0.067, -0.001]	[-0.176, 0.102]
肯塔基州	0.005	[-0.028, 0.038]	[-0.143, 0.153]
密西西比州	-0.023	[-0.055, 0.008]	[-0.164, 0.113]
田纳西州	0.011	[-0.020, 0.043]	[-0.135, 0.160]
阿肯色州	0.080	[0.048, 0.117]	[-0.061, 0.239]
路易斯安那州	0.069	[0.022, 0.117]	[-0.104, 0.247]
俄克拉荷马州	-0.039	[-0.079, 0.000]	[-0.191, 0.109]
得克萨斯州	-0.020	[-0.058, 0.018]	[-0.168, 0.128]
西部			
亚利桑那州	0.010	[-0.039, 0.059]	[-0.166, 0.186]
科罗拉多州	-0.007	[-0.068, 0.053]	[-0.224, 0.208]
爱达荷州	-0.108	[-0.159, -0.060]	[-0.320, 0.080]
蒙大拿州	-0.018	[-0.070, 0.033]	[-0.231, 0.190]
内华达州	0.004	[-0.053, 0.061]	[-0.186, 0.194]
新墨西哥州	0.034	[-0.001, 0.068]	[-0.116, 0.184]
犹他州	-0.106	[-0.145, -0.074]	[-0.284, 0.046]

续表

	1996 $E(y\mid x)$	2004 $E^*(y\mid x)$ 的取值范围	2020 $E^*(y\mid x)$ 的取值范围
怀俄明州	-0.078	[-0.133, -0.028]	[-0.284, 0.109]
阿拉斯加州	-0.100	[-0.155, -0.039]	[-0.232, 0.050]
加利福尼亚州	0.057	[0.003, 0.114]	[-0.085, 0.200]
夏威夷州	0.103	[0.079, 0.130]	[0.028, 0.189]
俄勒冈州	0.047	[-0.014, 0.110]	[-0.156, 0.260]
华盛顿州	0.069	[0.017, 0.125]	[-0.116, 0.272]
民主党候选人所得票数 T^*	379	[302, 477]	[51, 538]

3. 结语

很久以前,邓肯和戴维斯(1953)指出了生态推断问题中从根本上存在着不确定【566】性。经过简单分析后,他们表明:整体数据只能部分揭示个人行为的结构。然而,这一贡献在很大程度上是有局限性的,而且人们尚未充分意识到取值范围和识别区的优势。相反地,大部分研究的方向都是为了获得点估计,抑或是以某种方式将目前仅部分识别出来的问题进行明确识别。但是,实证研究者应该意识到:解决方案不是凭空而来的。每种能够产生点估计的方法都必须以足够强有力的假设为基础,而这些假设必须足以消除生态推断问题的不确定性。研究人员在考虑任何一种方法的研究与应用时,应该仔细考虑在其研究与应用中的相关假设是否可信。

根据我们的经验来看:在实践中,我们鲜少能够发现人们都可以欣然接受的点识别假设。因此,研究人员应该保持谨慎,不轻易接受任何特定的估计方法。相反地,对于总体数据的分析应该是一个过程。首先,人们应该确定:在没有任何假设的情况下,单从数据中人们可以了解到什么;其次,人们应该考虑具有识别能力的各种假设。一种有效的研究方法是:将这些假设进行"分层"处理,也就是按照其合理性由高到低的顺序对这些假设进行排列。随着越来越多的假设加进来,人们可以得出的结论就越来越多,但是其信度却越来越低。这个推断过程说明了在实证研究中,数据与假设各自所扮演的角色。此外,研究人员及其受众也能从这一推断过程明确如何最大限度地调和结论的确定性和其信度之间不可避免的矛盾。

参考文献

Achen, C. H., & Shively, W. P. (1995). *Cross-level inference*. University of Chicago Press.

Allport, F. H. (1924). The group fallacy in relation to social science. *American Journal of Sociology*, 29 (6), 688-706.

Luc, A., & Tam, C. W. K. (2017). Spatial effects and ecological inference. *Political Analysis*, 10(3), 276-297.

Brown, P. J., & Payne, C. D. (1986). Aggregate data, ecological regression, and voting transitions. *Publications of the American Statistical Association*, 81(394), 452-460.

Calvo, E., & Escolar, M. (2003). The local voter: a geographically weighted approach to ecological inference. *American Journal of Political Science*, 47(1), 189-204.

Tam, C. W. K. (1998). If the assumption fitsâ: a comment on the king ecological inference solution. *Political Analysis*, 7(1), 143-163.

Cho, W. K. T. (2001). Latent groups and cross-level inferences. *Electoral Studies*, 20(2), 243-263.

Cho, W. K. T., & Gaines, B. J. (2004). The limits of ecological inference: the case of split-ticket voting. *American Journal of Political Science*, 48(1), 152-171.

Cho, W. K. T., & Judge, G. G. (2008). Recovering vote choice from partial incomplete data. *Journal of Data Science*, 6(2), 155-171.

Cleave, N., Brown, P. J., & Payne, C. D. (1995). Evaluation of methods for ecological inference. *Journal of the Royal Statistical Society*, 158(1), 55-72.

Crewe, I., & Payne, C. (1976). Another game with nature: an ecological regression model of the British two-party vote ratio in 1970. *British Journal of Political Science*, 6(1), 43-81.

Cross, P. J., & Manski, C. F. (2002). Regressions, short and long. *Econometrica*, 70(1), 357-368.

Duncan, O. D., & Davis, B. (1953). An alternative to ecological correlation. *American Sociological Review*, 18(6), 665-666.

Firebaugh, G. (1978). A rule for inferring individual-level relationships from aggregate data. *American Sociological Review*, 43(4), 557-572.

Freedman, D. A., Klein, S. P., Sacks, J., Smyth, C. A., & Everett, C. G. (1991). Ecological regression and voting rights. *Evaluation Review*, 15(15), 673-711.

Freedman, D. A., Ostland, M., & Roberts, M. R. (1998). Review of a solution to the ecological inference problem. *Journal of the American Statistical Association*, 93(444), 1518-22.

Gehlke, C. E., & Biehl, K. (1934). Certain effects of grouping upon the size of the correlation coefficient in census tract material. *Journal of the American Statistical Association*, 29(185), 169-170.

Good, I. J. (1963). Maximum entropy for hypothesis formulation, especially for multidimensional contingency tables. *Annals of Mathematical Statistics*, 34(3), 911-934.

Goodman,L.A.(1953).Ecological regression and behavior of individuals.*American Sociological Review*, 18(6),663-664.

Goodman,L.A.(1959).Some alternatives to ecological correlation.*American Journal of Sociology*, 64 (6),610-625.

Hammond,J.L.(1973).Two sources of error in ecological correlations.*American Sociological Review*, 38 (6),764-777.

Hanushek,E.A.,Jackson,J.E.,& Kain,J.F.(1974).Model specification,use of aggregate data,and the ecological correlation fallacy.*Political Methodology*, 1(1),89-107.

Hawkes,A.G.(1969).An approach to the analysis of electoral swing.*Journal of the Royal Statistical Society*, 132(1),68-79.

Imai,K.,Lu,Y.,& Strauss,A.(2008).Bayesian and likelihood inference for 2 × 2 ecological tables:an incomplete-data approach.*Political Analysis*, 16(1),41-69.

Jones,E.T.(1973).Ecological inference and electoral analysis.*Journal of Interdisciplinary History*, 2 (3),249.

King,G.(2013).A Solution to the Ecological Inference Problem:Reconstructing Individual Behavior from Aggregate Data.Princeton University Press.

Kousser,J.M.(1973).Ecological regression and the analysis of past politics.*Journal of Interdisciplinary History*, 4(2),237-262.

Lichtman,A.J.(1974).Correlation,regression,and the ecological fallacy:a critique.*Journal of Interdisciplinary History*, 4(3),417-433.

Mccue,K.F.(2001).The statistical foundations of the EI method.*American Statistician*, 55(2), 106-110.

Allen,M.R.(1995).*Identification problems in the social sciences*.Harvard University Press.

Karr,A.F.(2003).Partial Identification of Probability Distributions.Partial identification of probability distributions.Springer.

Ogburn,W.F.,& Goltra,I.(1919).How women vote.*Political Science Quarterly*, 34(3),413-433.

Prais,S.J.,& Aitchison,J.(1954).The grouping of observations in regression analysis.*Revue De Linstitut International De Statistique*,22(1/3),1-22.

Simpson,E.H.(1951).The interpretation of interaction in contingency tables.*Journal of the Royal Statistical Society*, 13(2),238-241.

Wakefield,J.(2003).Sensitivity analyses for ecological regression.*Biometrics*, 59(1),9.

Wakefield,J.(2004).Ecological inference for 2 x 2 tables.*Journal of the Royal Statistical Society*, 167 (3),385-445.

Yule,G.U.(1962).An introduction to the theory of statistics.Introduction to the theory of queues.Oxford University Press.

第二十五章　空间相依实证模型

罗伯特·J.弗兰泽兹(Robert J.Franzese Jr.),裘德·C.海斯(Jude C.Hays)

1. 政治学中的空间相依

1.1　空间相依的实质性范围

直到最近,在社会科学领域中,空间相依(spatial inter dependence)的实证分析也依旧主要局限于应用经济学的专门领域(如环境、城市/区域、房地产经济学)和社会学(即网络分析)研究之中。然而,不久以前,对空间建模的社会科学的兴趣和应用已经迅速发展。其中一部分原因与相依理论的进步以及处理相依问题的方法论发展有关;还有一部分原因与全球实质性变化有关,这种变化至少已经引起了人们对于互联性的感知和注意,而且可能从微观/个人或者是宏观/国际的角度出发,在各个层面引起人们对于互联性的感知和注意;剩下的部分则与获取及处理空间数据的科技发展有关。在政治学中,空间实证分析也越来越普遍;而政治学家若想在这一领域取得可喜的进展, 【571】就需要具有实际意义的空间相依。

在政治学中,不管是在过去还是现在来讲,人们对于空间相依的研究,最为关注的话题都还是围绕着"政策和/或制度在国家或地方各级政府之间的扩散"。特别是对于美国各州之间政策创新扩散的研究,不管是在遥远的过去还是在当代,人们都对其抱有极大的兴趣(例如 Crain 1966;Walker 1969;1973;Gray 1973;Bailey 和 Rom 2004;Boehmke 和 Witmer 2004;Daley 和 Garand 2004;Grossback,Nicholson-Crotty 和 Peterson 2004;Shipan 和 Volden 2006;Volden 2006)。[①] 类似的政策研究机制则由一些关于政策扩散的比较研究构成(例如 Schneider and Ingram 1988;Rose 1993;Meseguer 2004;2005;Gilardi 2005)。人们对于制度扩散乃至政体扩散的兴趣是长期存在的。而且最近,人们对比较政

---

① 类似的文章还有:诺克(Knoke 1982);卡尔代拉(Caldeira 1985);卢茨(Lutz 1987);弗朗西斯·贝瑞(Berry)和威廉·贝瑞(Berry 1990;1999);凯斯(Case)、海因斯(Hines)和罗森(Rosen 1993);贝瑞(1994);罗杰斯(Rogers 1995);米特勒姆(Mintrom,1997a;1997b);米特勒姆和韦尔加里(Vergari 1998);墨斯伯格(Mossberger 1999);古德温(Godwin)和施洛德尔(Schroedel 2000);巴拉(Balla 2001);穆尼(Mooney 2001)。

治研究和国际政治研究的兴趣空前高涨。比如说达尔(Dahl 1971)在其经典著作《多头政治》中列举了民主的八个原因,其中就(暗示性地)提及过国际扩散;而在斯塔尔(Starr 1991)所著的《民主的骨牌效应》以及亨廷顿(Huntington 1991)所著的《第三波》中,均强调国际扩散对民主发挥重要作用;奥洛克林(O'Loughlin)等人(1998)以及格莱迪奇(Gleditsch)和沃德(Ward 2006;2007)通过实验也对民主的国际扩散进行了估测。同样地,西蒙斯(Simmons)和埃尔金斯(Elkins 2004);埃尔金斯、古兹曼(Guzman)和西蒙斯(2006)以及西蒙斯、道宾(Dobbin)和加勒特(Garrett 2006)强调:国际扩散是最近经济自由化行动背后的力量;而在近些年中,艾辛(Eising 2002);布龙(Brune)、加勒特和科格特(Kogut 2004);布鲁克斯(Brooks 2005)以及其他一些学者也是这样认为的。

空间相依的重要影响,其实质性范围可以延伸到这些更为明显的政府间扩散背景之外。但同时,这一实质性范围也涵盖了政治学的一些子领域和内容。比如说在民主立法机关内,行为者的投票结果一定取决于其他人或者是预期的投票结果;在选举研究领域,某些选举竞争的结果或者是候选人在这些竞争中所表现出来的品质与策略,一定取决于在其他竞争中的上述情况。除了立法机关与选举竞争的情况,在某一群体内政变(Li and Thompson 1975)、暴乱(Govea and West 1981)和/或革命(Brinks and Coppedge 2006)产生的概率及其结果,实际上主要取决于在其他群体中的这些情况。在微观行为研究中情况也是这样的:在最近关于情境影响所掀起的研究热潮中,有一部分是围绕着"其他人整体上的行为或观点对调查对象的行为或观点所产生的影响"来进行的——比如说调查对象所在的区域、社会团体或者是社交网络。有大量的文献都对政治行为中的情境影响进行了研究与说明(Huckfeldt and Sprague 综述,1993),而最近强调过空间相依性的文献主要包括:布雷贝克(Braybeck)和哈克菲尔德(Huckfeldt 2002a;2002b);卓(Cho 2003);哈克菲尔德、约翰逊(Johnson)和斯普雷格(Sprague 2005);卓和吉姆佩尔(Gimpel 2007);卓和鲁道夫(Rudolph 2008);以及林(Lin)、吴(Wu)和李(Lee 2006)。同时在国际关系中,国家行为之间的相依性从根本上定义了这一话题。比如说:各国是否决定参与战争、加入联盟或是国家组织,极大程度上取决于"有多少国家已经参与或加入?"以及"(预期中)哪个国家会参与或加入?"[①]在沃德(Ward)、格莱迪奇(Gleditsch)及其同事的研究成果中(如:Shin, Ward 1999; Gleditsch, Ward 2000; Gleditsch 2002; Ward, Gleditsch 2002; Hoff, Ward 2004; Gartzke, Gleditsch 2006; Salehyan, Gleditsch 2006; Gleditsch 2007),他们对国际关系领域的空间相依模型分析已

【572】

① 西格诺里诺和伊尔马兹(Yilmaz 2003)以及西格诺里诺(2003)大致提及了战略选择这一概念,而西格诺里诺(Signorino,1999;2002)以及西格诺里诺和塔拉尔(Tarar 2006)也在其具体阐释实证模型的时候强调了国际关系的战略相依这一概念。

经给予了极大实证研究关注度。同样,在比较政治经济学和国际政治经济学中,相依性可能是具有实质性的核心(议题)。一些学者强调跨国扩散是最近经济国际化背后的主要力量(Simmons,Elkins(2004),Elkins,Guzman,Simmons(2006),Simmons,Dobbin,Garrett(2006),Eising(2002),Brune,Garrett,Kogut(2004),Brooks(2005))。事实上,全球化和国际经济一体化,可以说是当今最引人注目的(无可争议的也是最引人注目的)政治经济现象,这暗含着国内政治、决策者和政策的战略性和/或非战略性等之间的相互依赖。强调全球化导致相互依赖的实证研究成果包括诸多学者(如 Genschel(2002),Basinger,Hallerberg(2004),Knill(2005),Jahn(2006),Swank(2006),Franzese,Hays(2006b;2007a;2007 b),Kayser(2007))。

1.2　空间相依机制

总而言之,空间相依是无处不在的。而且空间相依在政治学的一些实质性问题中往往是非常重要的。地理学家瓦尔多·托布勒(Waldo Tobler)将其简单地概述为:一切事物都与其他所有的事物有关,但越是接近的事物,其相关性越强;越是不同的事物,其相关性越弱。此外,贝克(Beck)、格莱迪奇(Gleditsch)和比尔兹利(Beardsley 2006)简要地总结说:空间并不只是一则地理上的概念,它还是托布勒定律中接近度(proximity)的实质性内容。因此,各单位之间的相依关系可以沿着某些路径进行运转,而这些路径则要远远超出简单的物理学距离和边界(正如上述部分实例所示)。例如:埃尔金斯和西蒙斯(2005)以及西蒙斯、道宾和加勒特(2006)解释并讨论了可能产生相互依赖的四种机制:强迫、竞争、学习和模仿。强迫可能是直接的或间接的,也可能是强硬的(武力)或温和的(劝说),其中包含一条路径,而这条路径一般都是"垂直的",也就是说在这一路径中,强者引导弱者的行为。竞争指的是由经济压力所带来的相依关系,即每一个单位对其他单位的行为要么就是为了与其进行竞争,要么就是为了替代对方,或者是对其进行补充。学习指的是行为者从他人的行为中学习的情况,而在理性贝叶斯分析或者是其他领域中,学习则表示行为者自己最后的选择诉求。[①] 最后,模仿是指仪式性地(也就是说既不强迫,也不涉及竞争或者是学习)与其他人(比如说各位领导人、同族、同党)做出同样或者是相反的行为。虽然这四种机制明确列举出了跨国扩散的情 【573】境,但是它们恰恰将空间相依最为可能的各种途径束缚在了其相对较为广泛的实质性

---

① 为了产生相依关系,行动者所学习到的东西一定要能够影响其选择的效用。但是他们所学到的这些东西可能是客观的或主观的,也可能是真实/准确的或虚假/错误的。而且这些东西可能会影响行动者在政治、经济、社会等方面的选择。

范围之内。因此我们应该增加第五种渠道——迁移,也就是说有些单元内的元素直接移动到其他单元之中(其中最为明显的实例就是人们迁移入境/迁移出境)。除战略相依之外,通过这种渠道,我们还可以得出一种直接而机械的相依关系。而在西蒙斯等人(2006)的概述之中,仅有一部分战略相依会在竞争渠道或模仿渠道之中有所涉及。

1.3 相依的一般理论模型

从一般理论上讲,我们可以认为:如果某个(或某些)单元的行为影响到了其他某个(或某些)单元行为的边际效用(marginal utility)时,就会产生战略相依(其中我们借鉴了 Brueckner 2003 的研究;也可以参考 Braun and Gilardi 2006 的研究)。那么我们假设有两个单元(i,j),其各自的行为(p_i,p_j)所分别产生的(间接)效用为(U^i,U^j)。由于外部性的原因,i 的效能则取决于其自身的行为以及 j 的行为。例如,我们可以想象一下:若两个国家在经济与环境方面有着(相同的)参数选择,则由于环境外部性(如污染溢出)以及经济外部性(如监管成本竞争)的原因,两国各自的国内福利(对于决策人来说,即最终的政治—经济效益/效用)都将取决于双方国家的行为:

$$U^i \equiv U^i(p_i,p_j) ; U^j \equiv U^j(p_j,p_i) \tag{1}$$

当单元 i 选择了其行为 p_i 的时候,若想使其自身福利最大化,则 j 的最优策略就不得不发生改变,反之亦然。例如,由于受到环境溢出的影响,则会降低 j 对于相应环保政策的需要;若 i 执行了不太有效的环保政策,则 j 将更加需要有效的环保政策。我们可以利用一对最优反应函数来表达 i 与 j 之间这样的战略相依关系。在这对函数之中,我们让 j 的选择策略为自变量,i 的最优策略 p_i^* 为该自变量的函数,反之亦然:

$$p_i^* \equiv \text{Argmax}_{p_i} U^i(p_i,p_j) \equiv R^i(p_j) ; p_j^* \equiv \text{Argmax}_{p_j} U^j(p_j,p_i) \equiv R^j(p_i) \tag{2}$$

这些最优反应函数的斜率表明了 i 的行为到底是会导致 j 向同一方向移动,因而使得 i 和 j 构成战略互补的关系;还是会导致 j 向反方向移动,因而使得二者构成替换关系。比如说,如上文所述,在二者的环境效应方面,其环保政策就互为战略替换的关系。最优反应函数的斜率取决于这些第二交叉偏导数的比率:

$$\frac{\partial p_i^*}{\partial p_j} = -U^i_{p_i p_j}/U^i_{p_i p_i}; \quad \frac{\partial p_j^*}{\partial p_i} = -U^j_{p_j p_i}/U^j_{p_j p_j} \tag{3}$$

如果各个单元的效用均达到最大化,则二阶条件表明式(3)中,分母均为负。因此,(这些最优反应函数的)斜率直接取决于这些第二交叉偏导数的符号(即分子)。如果 $U^{i,j}_{p_i p_j} > 0$,也就是说如果这些行为之间是战略互补的关系,那么反应函数将向上倾斜。比如说在防污调控的所有竞争成本方面,i 中的调控若增加,则其竞争对手 j 的调控成本将会减少,这就会刺激 j 试图去加强有关方面的调控;同理,i 中的调控若减少,

则其竞争对手 j 的调控成本将会增加,这就会刺激 j 试图去减少有关方面的调控。如果 **【574】** $U_{p_i p_i}^{i,j} < 0$,也就是说如果这些行为之间是战略替换的关系,那么反应函数将向下倾斜,正如在防污调控的环境效益中那样。如果第二交叉偏导数为 0,那么战略相依关系将不能实现,而且最优反应函数的图像将为一条水平线。

那么一般来讲,若外部性为正,则会产生战略替换关系。也就是说当有"搭便车"动态出现的时候,政策将会向相反的方向移动。比如说,弗兰泽兹(Franzese)和海斯(Hays 2006b)在对欧盟的积极劳动力市场政策研究中发现"搭便车"的动态性。此外还需注意:"搭便车"行为还具有后发优势。因此,消耗战(即战略延迟与无为)的情形是可能出现的。反之,若外部性为负,则会产生战略互补关系,也就是说政策将会向相同的方向移动。常见的税收竞争实例都有以下这些特点。若其中一个辖区进行了减税行动,则这一行为就会对其竞争对手产生负外部性影响,从而刺激他们也进行减税。这些情况对于早期实施者非常有利,因而竞争也将由此逐渐拉开序幕。[①] 其他较好的例子就是竞争性货币贬值或贸易保护。在这种情况下,早期实施者会获得更大的经济利益,故可能在最初或者更早的时候,竞争就已经产生了。所以,一方面,正外部性会产生战略替换关系,从而促使"搭便车"行动的进行,而"搭便车"行动的后发优势则会推动战略延迟与无为的行为。另一方面,负外部性会导致战略互补关系的产生,从而促使竞争行动的进行,而竞争行动的先发优势则会推动战略首发的行为。

1.4 空间相依的实证——方法论挑战

实证研究一个关键性的挑战(即"高尔顿难题"[②])就是:一方面,将单位行动真正

---

① 我们避开了那些在比赛中落于底部(或走在顶部)以及趋于一致的对象。因为这些竞争行为不需要在任何的顶部或者是底部进行融合。或者说,他们还可以进一步进行发散(比如参见 Plümper and Schneider 2006)。

② 高尔顿先生(Sir Francis Galton)最先提出了这一问题:"(研究人员)应充分说明:他们放在一起进行比较的各部落及种族,其各自的风俗习惯是独立的。也有些部落是从同一个根源智之中衍生出来的,那么这些部落就是同一个原型的复制品……这就为人们提供了一种有效的途径。如果一张地图可以利用这种途径来进行标记,也就是使用阴影和颜色来呈现出各种风俗习惯的地理范围,那么我们就可以表示出这些风俗习惯的分布及其各自在世界范围内的相对传播情况"(大不列颠及爱尔兰人类学研究所杂志,18:27,援引于 Darmofal 2006)。在 http://en.wikipedia.org/wiki/Galton's_problem(这一网站)中,我们发现了更深一层的历史背景:1888 年,当爱德华·泰勒先生(Sir Edward Tylor)在英国皇家人类学研究所展示其论文的时候,高尔顿刚好在场。泰勒已收集了来自 350 种文化的婚姻与血统机制的信息,并仔细研究了这些机制与社会复杂化程度之间的关系。泰勒认为:其研究结果指明了一种一般进化序列,在这一序列之内,随着社会变得越来越复杂,这些机制的焦点逐渐由母系路线转为父系路线。然而高尔顿并不同意这一观点,他指出文化之间的相似性可能是由"舶来"现象所致,也可能是由共同的血统所致,还可能是由进化发展所引起的。他坚持认为:如果不对"舶来"现象以及共同的血统这两个条件加以控制,那么人们将无法对进化发展做出有效推论。高尔顿的评论因此而被拉乌尔·纳罗尔(Raoul Naroll 1961;1965)命名为"高尔顿难题",同时拉乌尔·纳罗尔也提出了一些最初的统计解法。

【575】的相依性与空间相关的单位水平因素以及共同或空间相关的外生—外部因素的影响区别开是非常困难的;另一方面,将其与环境—条件因素(其中包括单位水平因素与外生—外部因素之间的相互作用)影响区别开也非常困难(后来人们将模型中的这些非空间成分,也就是相关反应与相关单位水平、情景或环境—条件因素的结合体称为共同冲击)。一方面,忽略对相依过程建模抑或是对相依过程建模不充分往往会导致研究人员对共同冲击的重要性估计过高,从而导致人们过分关注单位水平/内部因素、情境/外生—外部因素以及环境—条件因素。另一方面,如果相依所固有的同时性不能够得以平衡,那么在这些共同冲击的影响下,空间滞后模型(见下文)将对相依做出错误的估计(通常是高估),尤其是在对这些共同冲击建模不充分的时候。也就是说,通过对弗兰泽兹和海斯(2004;2006a;2007b)的分析进行总结,我们可以知道:在许多具有明显相依性的情境下,人们可以对系数以及标准差进行很好的估计(即无偏、一致且有效),这样一来,通过任何的实证—方法论途径——不管是定性方法还是定量方法——要想将内部/单位水平因素、外生—外部/情境因素以及环境—条件因素与真正的相依性区别开,其过程均不会简单而直接。

通过之前对简单情况所做的分析及展现,再加上在现实情况下所做出的模拟,我们可以看出:我们首要考虑的就是模型中的空间和非空间部分(即相依部分以及共同冲击部分),其相对和绝对理论及实证精确度。详细来说:利用相对和绝对精确度及功率,空间依赖性能够得以反映,并且能够从正在进行操作的实际相依机制中获取优势;同时利用相对和绝对精确度及功率,模型的内部、外生—外部及/或环境—条件部分能够得以反映,并且能够从共同冲击之中获取优势。因而,相对和绝对精确度及功率可以对人们通过实证研究去辨别并评估以上两种机制各自的相对优势这一过程产生重要影响,因为二者的效果很相似。这也正是"高尔顿难题"的症结所在。若人们对于模型中的非相依成分描述不充分或是忽略对其进行描述,从直觉上而言,这将会导致其高估空间相依的重要性,反之亦然。其次,即使人们将共同冲击和相依机制适当地具体到某个空间滞后模型中,这种(这些)回归量也将是内生的(也就是说它们将随着残差的不同而共变)。因此,人们对相依强度的估计将会受到同时性偏差的影响。与我们首先描述的变量遗漏/设定偏误这些主要的偏差相反,这些次要的同时性偏差容易导致人们高估相依强度,因而导致人们对非空间因素的影响(共同冲击)产生其他方向的估计偏差(也就是低估)。

从方法论层面,人们可以了解空间分析的两种途径:空间统计学方法和空间计量经济学方法(Anselin 2006)。这种区分将相依过程的理论模型视为空间计量经济学方法中的相对重点(例如 Brueckner 2003;Braun and Gilardi 2006;Franzese and Hays 2007a;

2007*b*;2008）。其中空间这一概念可能往往具有更为广泛的含义（Beck,Gleditsch and Beardsley 2006），这种含义要完全超越社会、经济或政治联系方式中所涉及的地理和几何学范畴。而这种联系使得某些单位中的结果可以影响其他单位的结果。空间滞后回归模型在这一过程中起着主导作用（Hordijk 1974;Paelinck and Klaassen 1979;Anselin 1980;1988;1992;Haining 1990;LeSage 1999）。安瑟琳（Anselin 2002）认为：这类理论驱动的模型主要处理实质性的空间相关问题,而这种说法也为模型设定与估计提供了相应的方法。其中空间相依的重要性主要是通过对自由空间滞后模型所进行的 Wald 检验来研究的。在较长的空间统计过程中,空间误差模型（spatial-error model）、空间相关模式分析、空间局部插值法（spatial kriging）以及空间平滑等等,仅利用地理/几何概念就描述出了更为专门的数据驱动方法,同时也表现了典型的狭义空间概念（最初受到高尔顿著名评论的启发）,后来从其他研究中获取到了关键性的方法（具体参见 Whittle 1954;Naroll 1965;1970;Cliff and Ord 1973;1981;Besag 1974;Ord 1975;Ripley 1981;Cressie 1993）。安瑟琳（2002）指出：这种方法通常是由数据问题,如测量误差所引起的,则空间相关性常被视为一种干扰。通过这一点,我们就可以得出一种不同的模型设定和估计方法,其中限定性空间误差模型（restricted spatial-error model）和拉格朗日乘数检验（Lagrange-multiplier tests）占主导地位。然而,两种方法之间的区别是非常细微的。因为二者之间的相互联系特别多,同时其相互应用也取得了非常好的效果,而且二者均强调忽视空间相依（即过度自信与偏见）的危害。即使是那些对内部/单位水平因素或外生—外部/情境因素感兴趣,或者是对其中一个因素感兴趣的人而言,情况依然如此。至少应该对空间相依进行检验,同时也不能在非空间条件下进行该检验,除非它真的微不足道;否则,人们对内部/单位水平、外生—外部/情境以及/或环境—条件现象的估计便会言过其实。最后,在任何的实证空间分析中,不管利用哪种方法,人们最重要的任务都是对 $N \times N$ 空间加权矩阵——W①进行预设。在这一矩阵中,w_{ij} 反映了从单位 i 到单位 j 之间的相对连通性。正如刚才所强调的那样,利用相对和绝对精确度及功率,空间滞后权值 w_{ij} 能够得以反映,并且能够从实际正在进行经验操作的相依机制中获取优势;同时利用相对和绝对精确度及功率,模型的内部、外生—外部及/或环境—条件部分能够得以反映,并且能够从共同冲击之中获取优势。由于两种机制效果相似,因而人们可以运用相对和绝对精确度及功率开展实证研究,以此辨别并评估以上两种机制各自相对优势在这一过程所产生的影响。

---

① 人们现在正对"将参数化并对这些模型进行估计的策略"十分感兴趣,但是关于这些策略,绝大部分还需人们在今后的工作中进行研究。

2. 空间自回归模型

在实证空间研究中,有两个主要的回归模型:空间滞后模型和空间误差模型。

【577】 ### 2.1 空间滞后模型

空间滞后模型表明了已建模的效应及未建模的效应(即系统的和随机的成分)内的空间外部性,而且该模型通常是由一个理论模型来进行驱动的:

$$y = \rho W y + X\beta + \epsilon \tag{4}$$

$$y = (I - \rho W)^{-1} X\beta + (I - \rho W)^{-1} \epsilon \tag{5}$$

注意这里乘数必须相同,但是这种限定条件可以适当放宽(下面会进行讨论)。在截面数据分析的情境下,因变量 y 表示人们所观察的 $N \times 1$ 向量;ρ 表示空间自回归系数,反映了相依的整体或平均水平;W 表示一则 $N \times N$ 空间加权矩阵,其要素 w_{ij} 则反映了从单位 j 到单位 i 之间的相对连通性。Wy 表示一种空间滞后,也就是说对于每一个观察值 y_i,Wy 都会相应地给出 y_j 的加权和或加权平均值,以及权重 w_{ij}。

2.2 空间误差模型

空间误差模型表明:空间相依的模式只能是由不可测量的协变量(即随机成分)所引起的,因而空间误差模型很少由一个理论模型来进行驱动:

$$
\begin{aligned}
y &= X\beta + \epsilon \\
\epsilon &= \lambda W_\epsilon + u
\end{aligned}
\tag{6}
$$

$$y = X\beta + (I - \lambda W)^{-1} u \tag{7}$$

注意:其中,空间滑动平均(S-MA)模型替换了这一空间自回归(S-AR)模型——$\epsilon = \gamma Wu + u$,而此空间滑动平均(S-MA)模型则表明了空间相依的局部自相关或"局部范围",因为这种简化形式并不全面,同时也无法反转(Anselin 1995;2003)。

2.3 (空间)滞后与误差模型相结合

第三种模型将这两种(空间滞后与误差)模型结合了起来。由于已建模的效应及未建模的效应(即系统的和随机的成分)内包含不同的空间外部性,所以我们先前所提到的、存在于空间滞后模型中的约束条件得以放宽。那么最终的混合空间自回归（SAR）模型就是：

$$y = \rho W_1 y + X\beta + \epsilon$$
$$\epsilon = \lambda W_2 \epsilon + u \tag{8}$$

类似地，混合空间自回归滑动平均（SARMA）模型就可以是：

$$y = \rho W_1 y + X\beta + \epsilon$$
$$\epsilon = \lambda W_2 u + u \tag{9}$$

3. 模型设定与估计

【578】

在这一节中，我们将设法对空间自回归模型进行设定和估计，而这些模型则具有连续因变量和截面数据（下面我们将在时间序列截面和二元选择的情境下，对模型进行考虑）。我们从非空间依赖性零假设开始，然后在此零假设的条件下进行 OLS 估计与规范检验。接着，我们率先讨论了"对空间滞后模型进行估计"这一话题，最后也对空间误差模型进行了讨论。为了说明这些方法，我们利用贝瑞、福丁（Fording）和汉森（Hanson 2003）从（美国）相邻的 48 个州中所获取的截面数据，对美国国家福利政策的力度模型进行了估计。

3.1 零假设下 OLS 规范检验

若要进行模型规范，其中一种途径就是利用 OLS 法对非空间模型进行估计，然后再对残差进行一系列的诊断性检验。当人们没有空间相依的理论模型，同时数据中的空间依赖性（如果有的话）主要被看作一种统计上的干扰之时，这种策略就能够派上用场。人们也可能会以保守主义为理由，认为该方法在空间误差模型之上进行检验，因为在系统的成分中，空间误差模型本身就缺乏空间动力，其中人们的核心理论及实质性论点通常是被指定的。这种诊断性检验可以帮助人们确定数据生成的过程是否是空间自回归过程，甚至在某些情况下还可以发现潜在的空间过程的实质（即空间滞后与空间误差）。

空间相关性最广为人知并且最常用的诊断方法之一就是莫兰指数（Moran's I）①：

---

① 莫兰指数是一个有理数，经过方差归一化之后，它的值会被归一化到 -1.0—1.0 之间；可分为全局莫兰指数（Global Moran's I）和安瑟琳局部莫兰指数（AnselinLocal Moran's I）。Moran's I >0 表示空间正相关性，其值越大，空间相关性越明显；Moran's I <0 表示空间负相关性，其值越小，空间差异越大；Moran's I = 0，空间呈随机性。——译者注

$$I = \frac{N}{S}\frac{\epsilon'\mathbf{W}_\epsilon}{\epsilon'\epsilon},\text{其中 } S = \sum\nolimits_{i=1}^{N}\sum\nolimits_{j=1}^{N}w_{ij} \tag{10}$$

当 W 以行为单位被标准化(即一行元素合为一体)的时候,上述公式就可以简化为:

$$I = \frac{\epsilon'\mathbf{W}_\epsilon}{\epsilon'\epsilon} \tag{11}$$

若要对非空间依赖性的零假设进行检验(在 W 所给出的模式中),人们可以将适当标准化的莫兰指数与标准正态分布进行比较(Cliff and Ord 1973;Burridge 1980;Kelejian and Prucha 2001)。

除了莫兰指数,我们还有许多以 OLS 残差为基础的拉格朗日乘数(LM)检验。标准的拉格朗日乘数检验假设空间自回归过程要么符合一则空间滞后模型,要么符合一则空间误差模型。更确切地说,以式(8)为例,在检验人们对空间滞后模型所做出的零假设 $\rho = 0$ 时,标准的拉格朗日乘数检验假设 $\lambda = 0$。类似地,在对 $\lambda = 0$ 进行检验的时候,拉格朗日乘数检验假设 $\rho = 0$。因此人们对空间滞后模型所进行的标准单向检验可以计算为:

【579】

$$LM_\rho = \frac{\hat{\sigma}_\epsilon^2\,(\hat{\epsilon}'\mathbf{W}y/\hat{\sigma}_\epsilon^2)^2}{G + T\hat{\sigma}_\epsilon^2} \tag{12}$$

其中 $G = (\mathbf{W}\mathbf{X}\hat{\beta})'(I - \mathbf{X}(\mathbf{X}'\mathbf{X})^{-1}\mathbf{X}')(\mathbf{W}\mathbf{X}\hat{\beta})$,$T = tr[(\mathbf{W}' + \mathbf{W})\mathbf{W}]$。因此人们对空间误差模型所进行的标准单向检验为:

$$LM_\lambda = \frac{(\hat{\epsilon}'\mathbf{W}\hat{\epsilon}/\hat{\sigma}_\epsilon^2)^2}{T} \tag{13}$$

这些检验的缺点就是:它们有做出非错误选择的可能,换句话说,通常情况下它们并不能帮助人们做出规范选择。不管真正的空间自回归过程到底是一个滞后过程还是一个误差过程,这两种检验都有可能会将零假设拒之门外。安瑟琳等人(1996)对空间依赖性进行了拉格朗日乘数稳健性检验,在这种情况下,这些检验则没有那么多不确定的问题。她们对空间误差模型做出了这种稳健性单向检验,在这类检验中,研究人员将混合空间自回归模型(8)中的 ρ 视为一种多余参量,同时控制其对似然结果的影响。那么该统计公式可以写为:

$$LM_\lambda^* = \frac{(\hat{\epsilon}'\mathbf{W}\hat{\epsilon}/\hat{\sigma}_\epsilon^2 - [T\hat{\sigma}_\epsilon^2\,(G + T\hat{\sigma}_\epsilon^2)^{-1}]\,\hat{\epsilon}'\mathbf{W}y/\hat{\sigma}_\epsilon^2)^2}{T\left[1 - \frac{1}{\hat{\sigma}_\epsilon^2}(G + T\hat{\sigma}_\epsilon^2)\right]^{-1}} \tag{14}$$

那么人们对空间滞后模型所做出的此类稳健性单向检验就可以表示为:

$$LM_\rho^* = \frac{\hat{\sigma}_\epsilon^2 \, (\hat{\epsilon}'\mathrm{W}y/\hat{\sigma}_\epsilon^2 - \hat{\epsilon}'\mathrm{W}\hat{\epsilon}/\hat{\sigma}_\epsilon^2)^{\,2}}{G + T(\hat{\sigma}_\epsilon^2 - 1)} \tag{15}$$

最后,双向拉格朗日乘数检验可以分解为:(人们)对其中一种模型(滞后或误差模型)所做出的拉格朗日乘数稳健性检验,以及对另一种模型所做出的标准拉格朗日乘数检验:

$$LM_{\rho\,\lambda} = LM_\lambda + LM_\rho^* = LM_\rho + LM_\lambda^* \tag{16}$$

单向检验统计量的分布为 χ_1^2,而双向检验统计量的分布则为 χ_2^2。利用蒙特卡洛模拟,安瑟琳等人(1996)表明:所有这五项检验,在小样本中都能够保持其准确性。也就是说,若零假设为真,则这些检验均拒绝预先设定好的零假设。虽然在进行正确选择时,拉格朗日乘数稳健性检验的能力要低于标准拉格朗日乘数检验,但是稳健性检验的效率损失相对较小,而且稳健性检验不太可能会反对针对错误选择所做出的零假设。

因此,譬如当真正的数据生成过程为一则空间自回归误差模型($\lambda \neq 0, \rho = 0$)时,在 λ 范围内,LM_λ 的拒绝比率要比 LM_λ^* 的拒绝比率平均高出约 5 个百分点。在本实验中,与 LM_ρ 相比,LM_ρ^* 的稳健性更加明晰。当 $\lambda = 0.9$ 时,LM_ρ 拒绝了 89.9% 的错误选项,而 LM_ρ^* 此时则拒绝了 17.1% 的错误选项。当真正的数据生成过程为一则空间自回归滞后模型时($\lambda = 0, \rho \neq 0$),标准拉格朗日乘数检验的能力优势就要小很多了。【580】在 ρ 的全部取值范围内,LM_ρ 的拒绝比率比 LM_ρ^* 的拒绝比率平均高出不到 2 个百分点。当 $\lambda = 0.9$ 时,LM_λ 拒绝了 100% 的错误选项,而 LM_λ^* 此时则拒绝了 0.6% 的错误选项。这样看来,稳健性平衡越强,其能力就越弱,因此就十分需要将拉格朗日乘数稳健性检验纳入诊断方式的范畴之内。①

为了说明这些检验是怎样应用于实证研究的,我们对表 25.1 的第一纵列中,福利政策力度的非空间模型进行了最小二乘法(OLS)估计。在我们的例证分析中,所有的变量都是从 1986 年至 1990 年这五年间,整个国家的平均值。其中因变量表示最大月 AFDC② 津贴,自变量则有国家贫困率、零售业平均月工资、政府意识形态(其取值范围为 0 至 100,0 表示政府意识形态保守,100 表示政府意识形态自由)、党派竞争程度(其取值范围为 0.5 至 1.0,0.5 表示党派竞争激烈,1.0 表示党派之间没有竞争)、税收课征效率(财政收入占税收"能力"的一部分)以及由联邦政府所支付的那部分 AFDC 津贴。我们利用了一则标准二进制相邻权重矩阵:首先,对于两个相邻的州 i 和 j,我们规定

---

① 参见安瑟琳等人(1996,表 3-6)。这些结果是关于 N=40 实验的。

② AFDC,即 Aid to Families with Dependent Children,指的是美国对有子女家庭补助计划——译者注

$w_{ij} = 1$;对于互不相邻的各州,我们规定 $w_{ij} = 0$。其次,我们利用每一横列的总和,将该横列内的每一个单位划分开,通过这样的方式把最终得出的矩阵进行了横列标准化处理(就像我们通常在空间计量经济学中所做的那样)。这就给出了"相邻的"(所谓的)州中,因变量的未加权平均数。

我们的非空间模型结果表明:税收课征效率越高,党派竞争程度越低,则 AFDC 津贴的金额越高。这似乎是合理的。但是,如果数据表现出空间依赖性,我们就需要考虑这些推论的正确性了。为了检验这种可能性,我们进行了上面所提到的诊断性检验,在这一检验过程中,我们首先进行了 Moran's I 检验。这种标准化 Moran's I 检验统计量的值为 3.312,是具有统计显著性的。我们可以拒绝非空间依赖性的零假设,同时我们也进行了拉格朗日乘数检验,而该双向检验的结果则指向相同的结论。可想而知,这两种标准单向检验似乎都具有统计显著性,但可惜的是,二者对于模型规范几乎没有什么指导作用。果不其然,在这一方面还是稳健性单向检验更有帮助。人们对空间滞后模型所做出的稳健性单向检验是具有统计显著性的,而人们对空间误差模型所做出的此类检验则没有,这就表明了一种空间滞后规范。最后我们以一则警示来结尾:忽略空间依赖性的证据会衍生出非常多的问题,尤其是有数据表明真正的依赖性是来源于一个空间滞后过程的时候(情况更甚)。在这种情况下,简单的 OLS 法可能会造成错误的系数估计,特别是对于那些恰巧聚集于空间的变量来说(情况更甚)(例如 Franzese and Hays 2004;2006*a*;2007*b*)。

[581]　　　　　　　　　　　**表 25.1　国家福利政策(最大 AFDC 津贴费)**

自变量	OLS	Spatial AR lag (S-OLS)	Spatial AR lag (S-2SLS)	Spatial AR lag (S-GMM)	Spatial AR lag (S-MLE)	Spatial AR error (S-MLE)
常量	54.519 (531.830)	−246.76 (450.75)	−422.09 (437.74)	−500.05 (413.02)	−156.282 (429.130)	676.120 (471.965)
贫困率	−6.560 (11.262)	8.04 (10.022)	13.205 (9.977)	7.29 (8.452)	3.657 (8.917)	3.239 (10.062)
零售业工资	−.121 (.226)	.016 (.193)	.089 (.187)	−.008 (.201)	−.025 (.181)	−.344 (.243)
政府意识形态	1.513 (1.030)	1.397 (.863)	1.359* (.825)	1.655** (.761)	1.432* (.806)	1.696** (.822)
党际竞争	621.799** (290.871)	368.65 (250.55)	286.98 (243.72)	438.9** (197.47)	444.677* (226.911)	263.887 (238.419)
税收课征效率	3.357** (1.587)	2.022 (1.364)	1.553 (1.328)	2.397 (1.493)	2.423* (1.262)	2.936** (1.213)

续表

自变量	OLS	Spatial AR lag (S-OLS)	Spatial AR lag (S-2SLS)	Spatial AR lag (S-GMM)	Spatial AR lag (S-MLE)	Spatial AR error (S-MLE)
联邦份额	−4.405 (5.001)	−5.818 (4.20)	−6.012 (4.014)	−3.654 (3.415)	−5.393 (3.901)	−6.882[*] (4.099)
空间自回归		.767[***] (.178)	1.069[***] (.232)	.840[***] (.237)	.537[***] (.122)	.565[***] (.131)
Moran I-statistic	3.312[***]					
$LM_{\rho\lambda}$	12.322[***]					
LM_ρ	11.606[***]					
LM_ρ^*	6.477[**]					
LM_λ	5.845[***]					
LM_λ^*	.716					
Log-likelihood					−270.763	−272.728
Adj.−R^2	.461	.622	.595	.606	.510	.588
Obs.	48	48	48	48	48	48

注:空间滞后是从一则二进制相邻权重矩阵中生成的。而所有的空间权重矩阵都是横列的标准化值。另外,[*],[**] 和 [***] 分别表示 10%,5% 和 1%显著性水平。

3.2　滞后模型估计

空间滞后模型已然成为社会科学研究中的一种常用规范。人们可能通过一系列的诊断性检验或者是直接从理论中得出这一模型。若采用理论驱动的方法,人们将首先进行空间模型估计,其次利用 Wald、LR 以及相关检验来改进模型规范过程。我们首先来讲空间滞后模型的 OLS 估计,也就是我们所说的空间 OLS(S-OLS)。 【582】

3.2.1　空间 OLS

因为空间 OLS 是前后矛盾的,所以我们首先将空间滞后模型改写为:

$$y = Z\delta + \epsilon,其中 Z = [Wy \ X] 且 \delta = [\rho \ \beta]' \tag{17}$$

矩阵 Z 和 δ 分别具有 $Nx(k+1)$ 和 $(k+1)x1$ 两种规模。S-OLS 估计的渐近联立性偏误可以表示为:

$$\text{plim}\hat{\delta} = \delta + \text{plim}\left[\left(\frac{Z'Z}{n}\right)^{-1}\frac{Z'\epsilon}{n}\right] \tag{18}$$

如果 Z 为一个单独的外生回归量 x , $(k=1,\text{cov}(\epsilon,x)=0)$,那么在这种情况下,

式(18)就可以改写为:

$$
\text{plim}\hat{\delta} = \begin{bmatrix} \rho \\ \beta \end{bmatrix} + \begin{bmatrix} \dfrac{\text{var}(x)}{\text{var}(x)\ \text{var}(Wy) - [\text{cov}(x,Wy)]^2} & \dfrac{-\text{cov}(x,Wy)}{\text{var}(x)\ \text{var}(Wy) - [\text{cov}(x,Wy)]^2} \\ \dfrac{-\text{cov}(x,Wy)}{\text{var}(x)\ \text{var}(Wy) - [\text{cov}(x,Wy)]^2} & \dfrac{\text{var}(Wy)}{\text{var}(x)\ \text{var}(Wy) - [\text{cov}(x,Wy)]^2} \end{bmatrix} \begin{bmatrix} \text{cov}(\varepsilon,Wy) \\ \text{cov}(\varepsilon,x) \end{bmatrix}
$$

(19)

如果我们规定 $\Psi = \text{plim}\left(\dfrac{Z'Z}{n}\right)$ 且 $\Gamma = \text{plim}\left(\dfrac{Z'\varepsilon}{n}\right)$,并进行矩阵乘法运算,那么式

(19)就可以简化为:

$$
\text{plim}\hat{\delta} = \begin{bmatrix} \rho \\ \beta \end{bmatrix} + \begin{bmatrix} \dfrac{\Psi_{22}\Gamma_{11}}{|\Psi|} \\ -\dfrac{\Psi_{12}\Gamma_{11}}{|\Psi|} \end{bmatrix}
$$

(20)

因为 Ψ 表示一则方差—协方差矩阵,所以其行列式必须严格为正。若数据中的空间依赖性为正,则协方差 Ψ_{12} 和 Γ_{11} 为正,且 S-OLS 将高估 ρ 的值而低估 β 的值;若数据中的空间依赖性为负,则协方差 Ψ_{12} 和 Γ_{11} 为负,且 S-OLS 将低估 ρ 的值而高估 β 的值。这也正是我们之前反复强调的分析结果之一:S-OLS 的联立性偏误会导致人们对相依程度估计过高,相应地,就会导致人们对非空间因素的重要性估计不足。

S-OLS 估计见表 25.1 的第二纵列。与我们诊断检验的结果一致,空间滞后的估计系数为正,其数值很大且具有统计显著性。OLS 估计在转换到空间滞后规范的过程中,所受影响最大。它表示党派竞争与税收课征效率系数,不具有统计显著性。与 S-OLS 的联立性偏误相反,对这两个变量所进行的 OLS 系数估计可能会受到遗漏变量偏误的影响,因而导致这些估计过高,因为这些变量聚集在空间内。

【583】 弗兰泽兹和海斯(2004;2006a;2007b)得出结论:虽然空间 OLS 具有同时性,但是它可以在低等至中等相依程度以及合理的样本规模条件下进行操作。根据我们的研究结果来看,与 OLS 相比,S-OLS 显然要更可取。然而,在这种特殊情况下,不论是空间滞后系数的大小,还是其他系数均不具有统计显著性这一事实,二者都需要提高其对联立性偏误的关注。我们建议在类似这样的条件下使用一致估计。下面我们将讨论三种一致估计,首先来看空间-2SLS 与空间-GMM 估计。

3.2.2 空间-2SLS 与空间-GMM 估计

空间-2SLS 与空间-GMM 为空间滞后系数提供了一致估计,同时,二者将其他单位中,外变量的空间加权值视为一种工具。在样本正交性条件的二次形式中,后者对前者进行了一定的延伸,因而后者可以表示异方差性。如果这种特殊形式的异方差性存在

的话,与空间-2SLS 估计相比,S-GMM 估计所产生的渐近方差要更小。如果这种异方差性不存在的话,则两种估计(所产生的渐近方差)是一样的。[1] 注意:式(8)那种形式的混合空间自回归模型会受到异方差性的影响,因而使得 S-GMM 在估计 δ 的时候更加高效(在这样特殊的情况下,如果某种广义 S-2SLS 估计利用了 Cochrane-Orcutt 式的数据转换,那么这种估计也是有效的,参见 Kelejian 和 Prucha 1998;1999)。

若想弄清楚我们怎样利用 S-2SLS 来对空间滞后模型(17)进行估计,我们需要规定 Wy 的线性预测:

$$\widehat{Wy} = \Pi\ [\ \Pi'\Pi\ ]\ ^{-1}\Pi'Wy \tag{21}$$

在公式中,Π 表示外变量的全部集合,其中至少包括 X 和 WX。WX 提供了空间工具。[2] 因此,Π 表示一则 $N \times L$ 矩阵,其中 $L \geq 2k$。2SLS 估计的正交性条件,其正规形式记作 $E[\Pi'\epsilon] = 0$。接下来,我们将 $\widehat{Z}$ 定义为一则 $Nx(k+1)$ 矩阵,其对象为 Wy 和 X 的预测值。

$$\widehat{Z} = [\ \widehat{Wy}X\ ] 。 \tag{22}$$

利用这一定义,空间-2SLS 估计就可以表示为:

$$\hat{\delta}_{S2SLS} = (\widehat{Z}'\ \widehat{Z})\ ^{-1}\ \widehat{Z}'y \tag{23}$$

$$\widehat{var}(\hat{\delta}_{S2SLS}) = s^2\ (\widehat{Z}'\ \widehat{Z})\ ^{-1} \tag{24}$$

在公式中,s^2 的值是利用原结构模型(17)中的残差所计算出来的,计算方式就是将原结构模型中的 δ 替换为 $\hat{\delta}_{S2SLS}$。

GMM 估计最大限度地减少了样本矩条件的加权二次型(quadratic form),其中样本 【584】
矩条件(moment conditions)来自正交性假设(orthogonality assumptions)。更加具体地说,这一标准为:

$$q = E\big[\mu(\delta)\ \sum\ ^{-1}\mu\ (\delta)\ '\big]\ , \tag{25}$$

相应的矩条件为:

$$\mu(\delta) = \frac{1}{N}\sum_{i=1}^{N}\pi_i(y_i - z'_i\delta) \tag{26}$$

$$\sum = E[\mu(\delta)\ \mu\ (\delta)\ '] = \frac{1}{N}E\big[\ \sum_{i=1}^{N}\pi_i\pi'_i\ (y_i - z'_i\delta)\ ^2\big]$$

---

[1]　当被排除的外生变量数量恰好等于内生变量数量时,GMM、2SLS 以及 ILS 就都是等效的。因此,我们可以更加准确地说:当人们过度识别系统/公式中的系数,且系统/公式中存在异方差性的时候,GMM 估计的应用要优于 2SLS 估计。在这种情况下,一个公式中就具有一个内生回归量,即空间滞后。如果 X 中,外生变量的数量大于1,那么空间工具的数量也将大于1,这就使得人们过度识别空间滞后系数。

[2]　在 Π 中,人们也可以利用高阶空间工具——即 $\{W^2X, W^3X, W^4X, \cdots\}$。

$$= \frac{1}{N}\sum_{i=1}^{N}\omega\pi_i\pi_i = \frac{1}{N}(\Pi'\Omega\Pi) \tag{27}$$

在这些公式中，π_i 为列向量（lx1），即 Π 中，第 i 横列的移项（表示第 i 横列的观察结果）。类似地，z_i 表示一则 $(k+1)$ x1 向量，即 Z 中，第 i 横列的移项。研究人员将针对矩条件的方差—协方差矩阵所做出的一致估计值（consistent estimate）进行倒置，通过这种方式，人们就可以计算出 GMM 加权矩阵。① 如果我们能够对 δ 进行一致估计值，那么利用怀特（White）估计的方式，我们就可以对 $\sum$ 进行相合非参数估计（consistent nonparametric estimate）（Anselin 2006）。幸运的是，空间-2SLS 可以做到这些。因此，$\sum$ 的估计就是：

$$S_0 = \sum_{i=1}^{N}\pi_i\pi_i'\,(y_i - z_i'\hat{\delta}_{\text{S2SLS}})^2 \tag{28}$$

δ 的 GMM 估计就是：

$$\hat{\delta}_{\text{SGMM}} = [Z'\Pi\,(S_0)^{-1}\Pi'Z]^{-1}[Z'\Pi\,(S_0)^{-1}\Pi'y] \tag{29}$$

$$\widehat{\text{var}}(\hat{\delta}_{\text{SGMM}}) = [Z'\Pi(\hat{S}_0^{-1})\,\Pi'Z]^{-1} \tag{30}$$

在表 25.1 的第三和第四纵列，我们提出了 S-2SLS 和 S-GMM 估计，二者的估计对象为福利政策力度的空间滞后模型。对这一特定的规范和数据集进行 S-2SLS 估计的过程很费神，因为空间滞后系数大于 1，这就使得整个空间过程并不平稳。假如 S-OLS 估计的联立性偏误可能会膨胀，而 S-2SLS 估计可能不会，那么与小规模 S-OLS 估计的结果相比，这一结果会有一点出人意料。当然，当研究样本为单样本时，以及/或是当研究人员违反了工具的外生性时，这种情况都是可能发生的。② 因此 S-GMM 估计要更好

【585】 些，因为利用这种估计方式，空间滞后系数要远远小于 1（虽然它的值依旧很大）而且这种估计的标准误差平均要比 S-2SLS 估计的标准误差低 5%，这也正与我们所给出的 GMM 估计的预期效率相吻合。政府意识形态系数以及政党竞争系数均是具有统计显著性的。研究结果表明：在其他条件不变的情况下，当政党之间没有竞争且自由政府存在时，国家的福利费最高。

---

① 这里所讲的推理方法与 WLS 估计的推理方法很相似。当异方差性存在的时候，OLS 估计的确符合情况，但是 WLS 估计要更加高效。同样，当异方差性存在的时候，2SLS 估计的确符合情况，但是 GMM 估计要更加接近高效。

② 弗兰泽兹和海斯（2004）指出：我们这里所讨论的外生性指的是 y_i 肯定不会导致 x_j，也就是指一种条件，我们通常将这种条件称为（非）跨空间内生性。虽然我们的确也注意到：其他回归量之间的空间相关以及从 y 到 x 之间特有的内生性可以产生这种反向的"对角线"因果机制，但是在许多实质性的情境下，这种情况似乎不太可能出现。

3.2.3 空间最大似然法

虽然空间滞后模型对标准线性可加模型有轻微的影响,而且对于大样本来说,其最大化的计算过程十分复杂,但是 S-ML[1] 的实施过程并不复杂。若想弄清楚这种细微的复杂性,我们首先需要将空间滞后模型的随机成分分离出去:

$$y = \rho Wy + X\beta + \epsilon \Rightarrow \epsilon = (I - \rho W) \, y - X\beta \equiv Ay - X\beta \text{。} \tag{31}$$

若我们假设 $i.i.d.$ 为常数,则 ϵ 的似然函数就刚好是一则典型的线性函数:

$$L_{(\epsilon)} = \left(\frac{1}{\sigma^2 2\pi}\right)^{\frac{N}{2}} \exp\left(-\frac{\epsilon'\epsilon}{2\sigma^2}\right) \tag{32}$$

在这种情况下,通过这则函数,我们就可以得出 y 的一个似然值。如下所示:

$$L(y) = |A| \left(\frac{1}{\sigma^2 2\pi}\right)^{\frac{N}{2}} \exp\left(-\frac{1}{2\sigma^2} (Ay - X\beta)'(Ay - X\beta)\right) \tag{33}$$

那么对数似然就可以表示为:

$$\ln L(y) = \ln|A| - \left(\frac{N}{2}\right)\ln(2\pi) - \left(\frac{N}{2}\right)\ln\sigma^2 - \left(\frac{1}{2\sigma^2} (Ay - X\beta)'(Ay - X\beta)\right) \tag{34}$$

虽然从 ε 到 y 的转换并不是通过 1 的常见因子来实现的,而是通过 $|A| = |I - \rho W|$ 来实现的,但是除此之外,这则函数仍然与典型的线性—正态似然函数相类似。因为 $|A|$ 取决于 ρ 的值,所以在最大值化的过程中,随着 ρ 的值不断发生变化,每次当我们对似然值进行重新计算时,都需要重新计算这一决定因素。对于这一复杂的计算问题,奥德(Ord 1975)的解法就是通过 $\Pi_i \kappa_i$ 的值来估算 $|W|$ 的值,因为在此估算过程中,特征向量 κ 的值并不取决于 ρ。然后 $|I - \rho W| = \Pi_i (1 - \kappa_i)$,其中研究人员只需在估计过程中,重新计算不断变化的一种乘积,而非一种决定因素。[2] 因为参数估计中的方差—协方差估计符合一般最大似然法(ML)准则(不能将似然值的 Hessian 矩阵进行逆向处理),所以这些估计也是 $|A|$ 的函数,因此同样的估算方法也适用于此。 【586】

通常情况下,通过对某个集中似然值进行最大值化处理,人们就可以进行估计。如果给出空间滞后系数 ρ 的估计值,那么经过分析,非空间系数的最优估计可以表示为:

---

① S-ML,即 Spatial Maximum Likelihood,空间最大似然法——译者注。

② 遗憾的是,我们估算的数值可能并不稳定(Anselin 1988;2001;Kelejian and Prucha 1998)。另一方面,在多元 W 模型中,S-ML 可能要比 S-2SLS 要更具有实用优势。因为对于每一个 W 来说,若想通过相应的 ρ 值来获取不同的效用,S-ML 并不需要每次都变换工具。WX 工具会随着 W 的值而发生变化,而对于不同的相依过程来说,$x_i = \xi_i + \delta_i$ 的值也有所不同。因此对于多元 W 模型来说,S-2SLS 是可估计的,甚至是当 WX 工具中的 X 值都相等时,情况依然如此。但是,对于由此而获得的实际识别效用,我们还是心存疑虑的。

$$\hat{\beta} = (X'X)^{-1}X'Ay = (X'X)^{-1}X'y - \rho(X'X)^{-1}X'Wy = \hat{\beta}_O - \rho \cdot \hat{\beta}_L \tag{35}$$

注意:在式(35)中,后两个表达式的首项恰好表示 X 和 y 的 OLS 回归分析,第二项恰好表示 X 和 Wy 的 OLS 回归分析值的 ρ 倍。因为这两者都只取决于其观测值(除了 ρ),所以如果给出 ρ 的值(估计值),那么这些值就都非常容易计算了。接下来,我们将这些项定义为:

$$\hat{\epsilon}_O = y - X\beta_O \text{ 且 } \hat{\epsilon}_L = Wy - X\beta_L \tag{36}$$

那么紧接着:

$$\hat{\sigma}^2 = \left(\frac{1}{N}\right)(\hat{\epsilon}_O - \rho\hat{\epsilon}_L)'(\hat{\epsilon}_O - \rho\hat{\epsilon}_L) \tag{37}$$

就表示人们对回归的标准误差所做出的 S-ML 估计,且:

$$\ln L_C(y) = -\left(\frac{N}{2}\right)\ln\pi + \ln|A| - \frac{N}{2}\ln\left(\frac{1}{N}(\epsilon_O - \rho\epsilon_L)'(\epsilon_O - \rho\epsilon_L)\right) \tag{38}$$

给出了 ρ 的 S-ML 估计值,将之代入式(35)中,我们就可以得出 $\hat{\beta}$ 的值。这一过程可能是重复的,而且参数估计中的方差—协方差估计值仍旧来源于信息矩阵(尽管它们也可以自行得出)。

表 25.1 的第五纵列表示我们对福利政策力度的空间滞后模型所进行的 S-ML 估计。这些估计与 S-GMM 估计最为相似,而其最显著的区别就在于 ρ 的估计值不同。S-ML 系数大约要比 S-GMM 系数小 36%,而且据更加精确的估计显示,S-ML 标准误差约为 S-GMM 标准误差大小的一半。在该模型中,有三个系数是具有统计显著性的,其中就包括税收课征效率系数。S-ML 估计表明:若其他条件都相同,则在高税收、自由政府以及非竞争性政党制度下的国家中,福利费要系统性地高于其他国家。弗兰泽兹和海斯(2004;2006a;2007b)发现:在均方误差方面,S-ML 估计要优于 S-2SLS 估计,因为 S-GMM 估计的出现,使得 S-ML 估计相对于第 IV 类估计的效率优势有所降低。

3.3 误差模型估计

如果规范检验表明:空间相关性为(6)中的形式,那么虽然 OLS 系数估计前后保持不变,但是标准误差估计会出现偏差。人们可以将 OLS 系数估计与稳健性标准误差结合起来(例如 PCSE's;Beck 和 Katz 1995;1996)。还有一种方法就是对空间误差模型进行估计。在本节中,我们考虑对这一模型做出最大似然估计。我们再一次将随机成分分离出去,那么在这种情况下就是:

【587】

$$y = X\beta + \epsilon \equiv X\beta + (I - \lambda W)^{-1}u \Rightarrow u = (I - \lambda W)(y - X\beta) \equiv B(y - X\beta) \tag{39}$$

则空间误差过程的似然值就是:

$$L(y) = |B|\left(\frac{1}{\sigma^2 2\pi}\right)^{\frac{N}{2}} \exp\left(-\frac{1}{2\sigma^2}(y-X\beta)'B'B(y-X\beta)\right) \tag{40}$$

其中 $|B| = |I - \lambda W|$，且对数似然值的形式为：

$$\ln L(y) = \ln|B| - \left(\frac{N}{2}\right)\ln(2\pi) - \left(\frac{N}{2}\right)\ln\sigma^2 - \left(\frac{1}{2\sigma^2}(y-X\beta)'B'B(y-X\beta)\right) \tag{41}$$

我们首先来计算 OLS 残差，然后通过将集中似然值最大化的方式，来对 λ 进行估计：

$$\ln L_C(y) = -\left(\frac{N}{2}\right)\ln(2\pi) + \ln|B| - \frac{N}{2}\ln\left(\frac{1}{N}(\hat{\epsilon}'B'B\hat{\epsilon})\right) \tag{42}$$

若给出 λ 的值，则利用 FGLS，我们对 β 所做出的 ML 估计就可以计算为：

$$\hat{\beta}_{ML} = (X'B'BX)^{-1}X'B'By \text{。} \tag{43}$$

则关于 $\hat{\beta}_{ML}$ 的渐近方差—协方差矩阵为：

$$\text{var}(\hat{\beta}_{ML}) = \hat{\sigma}^2(X'B'BX)^{-1} \tag{44}$$

其中 $\hat{\sigma}^2 = \left(\frac{1}{N}\right)(\hat{\epsilon}'B'B\hat{\epsilon})$ 且 $\hat{\epsilon} = y - X\hat{\beta}_{ML}$。则关于 λ 的渐近方差为：

$$\text{var}(\hat{\lambda}) = 2\text{tr}(WB^{-1})^2 \tag{45}$$

表 25.1 的最后一纵列表示人们对福利政策力度的空间误差模型所进行的 S-ML 估计。我们仅发现：误差模型的对数似然值要小于滞后模型的对数似然值，这与稳健性 LM 规范检验的结果是一致的。

4. 空间效应的计算与呈现

在具有空间相依性的经验模型中，效应的运算与呈现涉及的不仅仅是简单的系数估计，这与单纯的线性累加的模型相比，情况是不一样的。在包含空间动态的经验模型中，解释变量系数只对结果变量产生一种前动态冲击（pre-dynamic impetuses）的作用，【588】而这些结果变量是随着那些变量的增加而产生的，这与那些只具有时间动态的模型情况是一样的。这就代表某种前依存冲击（pre-interdependence impetus）。顺便说一句，当空间动态为瞬间发生时（即在观察期内发生时），这种前依存冲击就是不可观测的。本节讨论了空间乘数的计算，而这些乘数则表达了单位间的反事实冲击所产生的影响。与此同时，研究人员还利用了 Delta 法来计算这些影响的标准误差：①

---

① （读者）若想了解空间乘数的优秀讨论，可以参见安瑟琳（2003）。若想了解某种研究（没有标准误差的），可以参见金忠万（Kim）、菲普斯（Phipps）和安瑟琳（2003）。

$$y = \rho W y + X\beta + \epsilon$$
$$= (I_N - \rho W)^{-1}(X\beta + \epsilon)$$

$$= \begin{bmatrix} 1 & -\rho W_{1,2} & \cdots & \cdots & -\rho W_{1,N} \\ -\rho W_{2,1} & 1 & & & \vdots \\ \vdots & & \ddots & & \vdots \\ \vdots & & & 1 & -\rho W_{(N-1),N} \\ -\rho W_{N,1} & \cdots & \cdots & -\rho W_{N,(N-1)} & 1 \end{bmatrix}^{-1} (X\beta + \epsilon)$$

$$= M(X\beta + \epsilon) \tag{46}$$

我们将 M 的第 i 纵列记为 m_i,将其估计值记为 $\hat{m}_i$。那么在国家 i 中,解释变量 k 每增加一个单位,其对国家 i 及其邻国的结果所产生的空间效应就是 $M\frac{dx_i,k\beta,k}{dx_i,k}$,或者简单记为 $m\beta_{ik}$。

那么利用 Delta 法,标准误差计算就可以表示为:

$$\mathrm{var}(\hat{m}_i\hat{\beta}_k) = \left[\frac{\partial \hat{m}_i\hat{\beta}_k}{\partial \hat{\theta}}\right] \mathrm{var}(\hat{\theta}) \left[\frac{\partial \hat{m}_i\hat{\beta}_k}{\partial \hat{\theta}}\right]',\text{其中 } \hat{\theta} = \begin{bmatrix} \hat{\rho} \\ \hat{\beta}_k \end{bmatrix} \tag{47}$$

且 $\left[\frac{\partial \hat{m}_i\hat{\beta}_k}{\partial \hat{\theta}}\right] = \left[\frac{\partial \hat{m}_i\hat{\beta}_k}{\partial \hat{\rho}} m_i\right]$

矢量 $\frac{\partial \hat{m}_i\hat{\beta}_k}{\partial \hat{\rho}}$ 为 $\beta_k \frac{\partial \hat{M}}{\partial \hat{\rho}}$ 的第 i 纵列。因为 M 是一则逆矩阵,所以方程(47)中的导数就可以计算为:$\frac{\partial \hat{M}}{\partial \hat{\rho}} = -\hat{M}\frac{\partial \hat{M}^{-1}}{\partial \hat{\rho}}\hat{M} = -\hat{M}(I - \rho W)\hat{M} = -\hat{M}(-W)\hat{M} = \hat{M}W\hat{M}$。我们并不对表 25.1 中的模型所表示的空间效应进行运算和呈现,相反地,我们集中研究利用下一节中的面板模型之一,来计算时空效应。这些时空运算要比纯粹的空间运算稍微复杂一些。

【589】 5. 研究拓展

在这一节中,我们研究了空间方法在实证政治学研究中的几个新应用:具有多重滞后的 SAR 模型、关于二元因变量的 SAR 模型以及关于面板数据的 STAR 模型。

5.1 具有多重滞后的空间自回归模型

近年来,与政策和体制扩散有关的文献蓬勃发展,其中的一个创新就是利用多重滞后的空间自回归模型去评估不同的扩散机制（Simmons and Elkins 2004；Elkins，Guzman and Simmons 2006；Lee and Strang 2006）。本节简要强调了人们在对这些模型进行估计时所涉及的一些困难，主要关注的是线性相加的情况。同样，这一模型有两个主要的变体。布兰斯玛（Brandsma）和凯特莱珀（Ketellapper 1979）以及道（Dow 1984）利用第3.3节中所描述的最大似然法，对以下形式的双参数误差模型进行了估计：

$$y = X\beta + \epsilon$$
$$\epsilon = \lambda_1 W_1 \epsilon + \lambda_2 W_2 \epsilon + u'$$
$$(48)$$

在这种情况下，集中似然包括 $|B| = |I - \lambda_1 W_1 - \lambda_2 W_2|$（见式（42））。同样，当空间依赖性为式（48）中的形式时，关于 β 的OLS估计虽然可以进行利用，但是这种估计是无效的。拉科姆（Lacombe 2004）将双参数滞后模型估计为：

$$y = \rho_1 W_1 y + \rho_2 W_2 y + X\beta + \epsilon \tag{49}$$

与单一空间滞后模型的情况一样，双参数模型的S-OLS估计也会受到联立性偏误的影响。然而，当多重空间滞后具有两个或多个内生变量，而非一个的时候，这一问题可能会更加糟糕。为了弄清楚这一问题，我们首先将模型（无外生回归量）重新记为：

$$y = Z\rho + \epsilon，其中 Z = [W_1 y \quad W_2 y] 且 \rho = [\rho_1 \quad \rho_2]' \tag{50}$$

则S-OLS估计的渐近联立性偏误可以表示为：

$$\text{plim}\hat{\rho} = \rho + \text{plim}\left[\left(\frac{Z'Z}{n}\right)^{-1}\frac{Z'\epsilon}{n}\right] \tag{51}$$

也可记为：

$$\text{plim}\hat{\rho} = \begin{bmatrix} \rho_1 \\ \rho_2 \end{bmatrix} + \begin{bmatrix} \dfrac{\text{var}(W_2 y)}{\text{var}(W_2 y)\ \text{var}(W_1 y)\ -\ [\text{cov}(W_1 y, W_2)]^2} & \dfrac{-\text{cov}(W_1 y, W_2 y)}{\text{var}(W_2 y)\ \text{var}(W_1 y)\ -\ [\text{cov}(W_1 y, W_2 y)]^2} \\ \dfrac{-\text{cov}(W_1 y, W_2 y)}{\text{var}(W_2 y)\ \text{var}(W_1 y)\ -\ [\text{cov}(W_1 y, W_2)]^2} & \dfrac{\text{var}(W_1 y)}{\text{var}(W_2 y)\ \text{var}(W_1 y)\ -\ [\text{cov}(W_1 y, W_2 y)]^2} \end{bmatrix}$$
$$\times \begin{bmatrix} \text{cov}(\epsilon, W_1 y) \\ \text{cov}(\epsilon, W_2 y) \end{bmatrix} \tag{52}$$

如果我们规定 $\Psi = \text{plim}\left(\dfrac{Z'Z}{n}\right)$ 且 $\Gamma = \text{plim}\left(\dfrac{Z'\epsilon}{n}\right)$，然后进行矩阵乘法，那么式（52）【590】就可以简化为：

$$\text{plim}\hat{\rho} = \begin{bmatrix} \rho_1 \\ \rho_2 \end{bmatrix} + \begin{bmatrix} \dfrac{\Psi_{22}\Gamma_{11} - \Psi_{12}\Gamma_{21}}{|\Psi|} \\ \dfrac{\Psi_{11}\Gamma_{21} - \Psi_{12}\Gamma_{11}}{|\Psi|} \end{bmatrix} \tag{53}$$

Ψ 为一则方差—协方差矩阵，所以其行列式必须严格为正（$[\Psi_{11}\Psi_{12} - \Psi_{12}^2] > 0$）。

因此，如果我们假设（1）：这里存在正的空间依赖性（$\rho, \Psi_{12}, \Gamma_{11} > 0$）；（2）：空间滞后具有相同水平的内生性（$\Gamma_{11} = \Gamma_{21}$）；以及（3）：$W_2y$ 的方差要小于 W_1y 的方差（$\Psi_{22} < \Psi_{11}$），那么由此我们就可以得出结论：S-OLS 估计将会渐近性地低估 ρ_1 的值而高估 ρ_2 的值。

幸运的是，最大似然估计法（maximum likelihood estimator）是可以进行操作的，操作方式与第 3.2.3 节中所描述的方式几乎相同。在双参数的情况下，误差项为：

$$\epsilon = (I_N - \rho_1 W_1 - \rho_2 W_2) y - X\beta \equiv Ay - X\beta \tag{54}$$

通过这种变化，式（38）中的似然函数就能够用以进行估计。在将集中似然进行最大化处理的过程中，主要的实践困难就是计算 A 的对数行列式。拉科姆（2004）在进行估计之前，先在 ρ_1 和 ρ_2 的网格值基础上，对 $\log|A|$ 的值进行计算。通过这种方式，（拉科姆）解决了这一难题。在优化过程中，他（拉科姆）的方法从这个表中得出相应的值。

5.2 二元结果的空间模型

近年来，对分类数据的空间潜变量模型进行估计和分析的方法在文献中得到了广泛的关注。许多方法研究的重点都是空间 Probit 模型（例如 McMillen 1992；LeSage 2000）。这种模型也是应用研究中最常用的模型之一（Beron, Murdoch and Vijverberg 2003；Simmons and Elkins 2004）。在这一节中，我们研究二元结果的空间模型。我们首先来看空间滞后 Probit 模型。

5.2.1 空间滞后 Probit 模型

空间 Probit 模型的结构形式为：

$$y^* = \rho W y^* + X\beta + \epsilon, \tag{55}$$

也可以简写为：

$$y^* = (I - \rho W)^{-1} X\beta + u \tag{56}$$

其中 $u = (I - \rho W)^{-1}\epsilon$，同时 y^* 为一个潜变量，且通过下面这则测量方程，y^* 的值就与可观测变量 y 的值联系在了一起：

$$y_i = \begin{cases} 1 & \text{若 } y_i^* > 0 \\ 0 & \text{若 } y_i^* \leq 0 \end{cases} \tag{57}$$

利用边际分布（从具有方差—协方差矩阵 $[(I - \rho W)'(I - \rho W)]^{-1}$ 的多元正态分布中得来的），边际概率就可以计算如下：

【591】

$$\Pr(y_i = 1 \mid x_i) = \Pr((I - \rho W)_i^{-1} x'_i \beta + (I - \rho W)_i^{-1}\epsilon_i > 0)$$

或：

$$\Pr(y_i = 1 \mid x_i) = \Pr\left(u_i < \frac{(I - \rho W)_i^{-1} x_i' \beta}{\sigma_i}\right) \tag{58}$$

式（58）中的分母为单位 i 方差的平方根，它可以引起异方差性的产生，而这种异方差性是由空间依赖性所导致的。这种异方差性将空间 Probit 模型从常规 Probit 模型中区分出来，同时也使得人们对常规 Probit 模型所进行的估计在空间情形下并不适用。u_i 是相互依存的这一情况也使得标准 Probit 估计并不适合空间模型。要想对这一模型进行估计，不是通过对 n 个一维概率的对数进行归纳，而是对一个 n 维正态概率进行运算。

贝龙（Beron）等人（2003）利用递归重要性抽样（RIS），通过模拟的方式提出了估计，维杰尔伯格（Vijverberg 1997）对此进行了广泛的讨论。勒萨热（LeSage 2000）建议使用贝叶斯马尔科夫链蒙特卡洛法（Markov Chain Monte Carlo［MCMC］methods）。MCMC 法大多是简单易懂的。除了一个之外，其他所有的条件分布都是标准的。因此，我们可以使用吉布斯采样法（Gibbs sampler）。因为参数 ρ 具有一则非标准条件分布，所以我们利用 Metropolis-Hastings 采样来从这一尾部提取相应的值。

在表 25.2 中，我们利用标准 ML 以及 MCMC 法来对一些空间滞后 Probit 模型进行估计。为了与我们国家福利开支的实例保持一致，我们将因变量由最大 AFDC 津贴费更换为一个国家的儿童医疗保险计划（CHIP）是否包括按月支付的保险费（Volden 2006）。因为这一因变量也反映了福利计划的力度，所以我们沿用同样的自变量。

在前两个纵列中，研究人员假设空间滞后是外生的，以此来对模型进行估计。第一列中的模型是利用标准的 ML 法来进行估计的。此列中，括号里的内容包含估计的标准误差。而且，在假设检验（Hypothesis test）过程中，研究人员假设渐近 t 统计量遵循正态分布。第二和第三纵列中的模型是通过具有扩散零均值先验的 MCMC 法来进行估计的。所汇报的估计系数是基于预迭代 1000 次再迭代 10000 次得到的后验分布均值。括号中的数字表示的是后验分布的标准差，p 值也是利用后验分布来进行计算的。第二和第三纵列中的结果非常相似，因为他们应该得到我们的扩散先验。由于第二纵列中的估计错误地将空间滞后当做是外生的（就像其他所有的右方变量），所以不但似然值发生了设定误差，而且取样的方法也是从空间系数 ρ 的错误后验分布中得来的。因而这一设定误差会对空间相依重要性的推断结果产生严重的影响。

【592】 表 25.2　国家福利政策（儿童医疗保险计划［CHIP］每月保险费）

自变量	Probit MLE	Probit MCMC	Spatial AR lag Probit	Spatial AR error Probit
常量	-4.978 (6.260)	-5.163 (6.292)	-5.606 (10.159)	-5.531 (7.337)
贫困率	-.244 (.153)	-.265** (.156)	-.374** (.231)	-.243* (.157)
零售业工资	.004 (.003)	.004* (.003)	.006* (.004)	.004* (.003)
政府意识形态	.011 (.013)	.011 (.013)	.014 (.020)	.014 (.014)
党际竞争	2.174 (3.388)	2.108 (3.478)	1.473 (6.134)	2.636 (3.794)
税收课征效率	-.014 (.019)	-.014 (.019)	-.020 (.034)	-.017 (.021)
联邦份额	.045 (.063)	.048 (.064)	.065 (.095)	.043 (.066)
空间自回归	.079 (.798)	.102 (.815)	.200*** (.148)	.297*** (.196)
Pseudo-R^2	.222	.220	.607	.574
Obs.	48	48	48	48

注:在前两个纵列中,研究人员假设空间滞后是外生的,以此来对模型进行估计。第一列中的模型是利用标准的 ML 法来进行估计的。此列中,括号里的内容包含估计的标准误差。而且,在假设检验(Hypothesis test)过程中,研究人员假设渐近 t 统计量遵循正态分布。第二至第四纵列中的模型是通过具有扩散零均值先验的 MCMC 法来进行估计的。所汇报的估计系数是基于预迭代 1000 次再迭代 10000 次得到的后验分布均值。括号中的数字表示的是后验分布的标准差,p 值也是利用后验分布来进行计算的。最后两个模型是通过文本中所描述的真实空间估计法(true spatial estimators)来进行估计的。在第三纵列中,人们从后验分布中所抽取的 10000 个空间自回归系数内,有 30 个是负的。在第四列中,10000 个所抽取的空间自回归系数均为正。*** p 值<0.01, ** p 值<0.05, * p 值<0.10。

第三列中的模型是利用上面描述的真实空间估计法来进行估计的。ρ 值是利用 Metropolis-Hastings 算法,从正确的(非标准)后验分布中所得来的。在这种情况下,我们从后验分布中所抽取的 10000 个空间自回归系数内,只有 30 个是负的。因此,在各州决定将每月保费纳入其儿童医疗保险计划(CHIP)的过程中,存在强有力的正空间相依证据。此外,这些概率统计结果表明,一个国家的贫困率和月平均零售工资也是重要的决定因素。

5.2.2　空间误差 Probit 模型

Probit 模型的空间误差形式为:

$$y^* = X\beta + u,$$ (59)

其中 $u = (I - \lambda W)^{-1} \epsilon$。在这种情况下,利用边际分布(从具有方差—协方差矩阵 $[(I - \lambda W)'(I - \lambda W)]^{-1}$ 的多元正态分布中得来的),边际概率就可以计算如下:

$$\Pr(y_i = 1 \mid x_i) = \Pr\left(u_i < \frac{x'_i \beta}{\sigma_i}\right) \tag{60}$$

我们在空间滞后模型中所利用的估计方法同样也适用于空间误差模型。在表 **【593】** 25.2 的第四纵列中,我们提出了空间误差模型的估计。在这种情况下,我们从后验分布中所抽取的 10000 个空间自回归系数均为正。我们不讨论空间 Probit 模型的规范检验(滞后与误差)问题,但是安瑟琳(2006)曾经研究过这一问题。

5.3 面板数据的时空模型

时空自回归(STAR)滞后模型可以通过矩阵符号记为:

$$y = \rho W y + \phi V y + X\beta + \epsilon, \tag{61}$$

其中因变量 y 为一则截面 $NT \times 1$ 矢量,而这些截面是由各周期堆叠起来而形成的(即 N 个第一期观测量,然后是 N 个第二期观测量等等,直到 N 个最后一期 T 的观测量)。① 参数 ρ 表示空间自回归系数,同时 W 表示一则 $NT \times NT$ 分块对角空间加权矩阵。更具体地说,我们可以将这一 W 矩阵表示为一则 $T \times T$ 单位矩阵的克罗内克积(Kronecker product),以及一则 $N \times N$ 加权矩阵($I_T \otimes W_N$),其中 W_N 的要素 w_{ij} 表示从单位 j 到单位 i 的相对连接水平。因此,Wy 为空间滞后,即对于每个 y_{it} 的观测值,Wy 都会给出 y_{jt} 的一个加权总和,其中权重 w_{ij} 是从单位 j 到单位 i 的相对连接性之中得出来的。正如上面所讲的形式化模型和理论论证一样,我们需要注意 Wy 是怎样直接且直观地反映每个单位 i 的政策依赖性与单位 j 的政策之间的依存关系。参数 ϕ 表示时间自回归系数,同时 V 表示一则 $NT \times NT$ 矩阵,而这一矩阵中的要素分布于次对角线上,即位于坐标 $(N+1,1)$,$(N+2,2)$,$\cdots$,$(NT, NT-N)$ 以及原点等,因此 Vy 为(一阶)时间滞后变量。矩阵 X 包含自变量 k 的 $NT \times k$ 观测值,且 β 表示其(这些观测值)系数的一则 $k \times 1$ 矢量。式(61)的最后一项 ϵ 表示干扰因素的一则 $NT \times 1$ 矢量。我们假设 ϵ 为独立且同分布的变量。②

时空模型的似然值是对这种空间滞后似然值的一类简单扩展。利用 $(N \times 1)$ 向量表示法,时空模型的条件似然值大多适合将其分成许多部分,如图所示:

---

① 通过某些处理,我们可以控制非矩形面板和/或缺失数据,但是我们认为具有矩形性和完整性的情况更加容易进行阐述。

② ϵ 也可能有其他分布,但是其他分布会增加其复杂性,而且无法加以解释。

$$\text{Log} f_{y_t, y_{t-1}, \cdots, y_2 \mid y_1} = -\frac{1}{2} N(T-1) \log(2\pi\sigma^2) + (T-1) \log |I - \rho W|$$

$$-\frac{1}{2\sigma^2} \sum_{t=2}^{T} \epsilon'_t \epsilon_t \tag{62}$$

其中,$\epsilon_t = y_t - \rho W_N y_t - \phi I_N y_{t-1} - X_t \beta$。

在时空动态模型中,平稳性问题要比在纯时间动态模型中更为复杂。尽管如此,前
【594】者所产生的条件和问题往往会使人联想起后者的情况——虽然两者并不完全相同。我
们定义 $A = \phi I, B = I - \rho W$,$\omega$ 为 W 的一个特征根,如果:

$$|AB^{-1}| < 1$$

或者:

$$\begin{cases} |\phi| < 1 - \rho\omega_{\max}, 若 \rho \geq 0 \\ |\phi| < 1 - \rho\omega_{\min}, 若 \rho > 0 \end{cases} \tag{63}$$

则能够产生数据的时空过程是协方差平稳的过程。

如果 W 为横列的标准化值,且时间依赖性与空间依赖性均为正($\rho > 0$ 且 $\phi > 0$),
那么我们只需简单满足 $\phi + \rho < 1$,就可以保证过程的平稳性。

最后,我们注意到:无条件(精确)似然函数要更为复杂,因为在这一函数中,第一
时期的观察值为非预先决定的(Elhorst 2001;2003;2005):

$$\text{Log} f_{y_t, \cdots, y_1} = -\frac{1}{2} NT \log(2\pi\sigma^2) + \frac{1}{2} \sum_{i=1}^{N} \log((1 - \rho\omega_i)^2 - \phi^2)$$

$$+ (T-1) \sum_{i=1}^{N} \log(1 - \rho\omega_i) - \frac{1}{2\sigma^2} \sum_{t=2}^{T} \epsilon'_t \epsilon_t - \frac{1}{2\sigma^2} \epsilon'_1 ((B-A)')^{-1} \tag{64}$$

$$\times (B'B - B'AB^{-1}(B'AB^{-1})')^{-1}(B-A)^{-1} \epsilon_1$$

其中,$\epsilon_1 = y_1 - \rho W_N y_1 - \phi I_N y_1 - X_1 \beta$。当 T 的值很小时,第一观察值对整体似然值
的影响非常大,且无条件似然法可以用来对模型进行估计。在其他情况下,人们也可以
利用更为简洁的条件似然法来进行估计。

注意:如果第一组观测值是随机的,那么这种条件不但会使得时空滞后模型的 ML
估计更为复杂化,同时也会使得 OLS 法对时滞空间滞后模型的估计无效。那么具有时
滞因变量以及时滞空间滞后变量的时空模型为:

$$y_t = \eta W y_{t-1} + \phi y_{t-1} + X_t \beta + \epsilon_t \tag{65}$$

如果第一组观测值是随机分布的,那么无条件(精确)对数似然值就是:

$$\text{Log} f_{y_t, \cdots, y_1} = -\frac{1}{2} NT \log(2\pi\sigma^2) + \frac{1}{2} \sum_{i=1}^{N} \log(1 - (\phi + \eta\omega_i)^2) - \frac{1}{2\sigma^2} \sum_{t=2}^{T} \epsilon'_t \epsilon_t$$

$$-\frac{1}{2\sigma^2}\epsilon'_1\left((I-A)'\right)^{-1}(I-AA')^{-1}(I-A)^{-1}\epsilon_1 \qquad (66)$$

其中，$\epsilon_1 = y_1 - (\phi + \eta W_N)y_1 - X_1\beta, \epsilon_t = y_t - \eta W_N y_{t-1} - \phi y_{t-1} - X_t\beta$ 且 $A = \phi I + \eta W$。该似然函数的推导过程可以参见埃洛斯特（Elhorst 2001，第 126-130 页）。注意：似然函数中的第二项会导致 OLS 估计出现偏误。当 T 的值接近于 ∞ 时，这种偏误将趋近于 0。

表 25.3 国家福利政策（最大 AFDC 津贴费，1981—1990） 【595】

自变量	OLS	Spatial AR lag（MLE）	Spatial AR error（MLE）
贫困率	-.855 (1.130)	-.911 (1.050)	-.903 (1.198)
零售业工资	.217*** (.036)	.204*** (.034)	.197*** (.037)
政府意识形态	.053 (.087)	.059 (.081)	.027 (.083)
党际竞争	18.960 (24.046)	25.540 (22.442)	18.633 (22.382)
税收课征效率	.388* (.223)	.322 (.208)	.349 (.218)
联邦份额	.483 (.521)	.859* (.491)	.750 (.510)
时间自回归	.663*** (.030)	.628*** (.031)	.666*** (.030)
空间自回归		.143*** (.044)	.200*** (.058)
Moran I-statistic	3.296***		
$LM_{\rho\,\lambda}$	11.896***		
LM_ρ	9.976***		
LM_ρ^*	1.446		
LM_λ	10.450***		
LM_λ^*	1.921		
Log-likelihood		-1991.357	-1991.290
Adj.-R^2	.981	.981	.982
Obs.	480	480	480

注：所有的回归均包括固定周期和单位效应，我们控制了那些系数估计，目的是节省空间。空间滞后是从一则二进制相邻权重矩阵中生成的。而所有的空间权重矩阵都是横列的标准化值。*，** 和 *** 分别表示 10%、5% 和 1% 显著性水平。

表 25.3 表示我们对福利政策力度的面板模型所进行的估计。这些数据为美国相邻的 48 个州从 1981 年至 1990 年间的年观测数据。因变量为最大 AFDC 津贴费且自变量保持不变。所有的回归都包括固定的状态效应。第一纵列包含一则利用 OLS 法来进行估计的非空间模型。显然,从 Moran's I 统计量以及双向 LM 统计量来看,数据集中存在着空间依赖性。然而,诊断检测并没有提供明确的证据来支持空间滞后或误差规范,因此我们利用同期空间滞后来对两者进行估计。第二纵列包含一则时空滞后模型,第三纵列包含一则组合时滞模型(combined temporal lag)以及空间误差模型。有趣的是,零售业工资变量是具有统计显著性的,而且在所有这三次回归过程中,其值均为正。同样,若这一过程由空间规范转变为非空间规范,则税收课征效率系数将不再具有统计显著性。

若想计算边际时空效应(非累积的),或者是为某个解释变量(累积的)中,永久单位变化所产生的影响设计出某条时间路径,以及弄清楚二者的标准误差,我们只需简单对式(61)中的 y 进行求解即可:

$$y = \rho \mathrm{W} y + \varphi \mathrm{V} y + \mathrm{X}\beta + \epsilon = (\rho \mathrm{W} + \phi \mathrm{V}) y + \mathrm{X}\beta + \epsilon$$

$$= [\mathrm{I}_{NT} - \rho \mathrm{W} - \phi \mathrm{V}]^{-1}(\mathrm{X}\beta + \epsilon) \equiv \mathrm{M}(\mathrm{X}\beta + \epsilon) \tag{67}$$

【596】

表 25.4 密苏里州零售业月工资增长 100 美元的反事实
冲击对 AFDC 津贴费所产生的空间效应

邻州	即时空间效应	长期平稳状态效应
阿肯色州	.51 [.16,.87]	4.26 [1.01,7.52]
伊利诺伊州	.62 [.19,1.04]	5.11 [1.25,8.97]
爱荷华州	0.52 [.15,.88]	4.37 [.99,7.75]
堪萨斯州	0.77 [.23,1.31]	6.38 [1.60,11.17]
肯塔基州	0.44 [.13,.75]	3.68 [.87,6.50]
内布拉斯加州	0.52 [.15,.89]	4.44 [.99,7.90]
俄克拉荷马州	0.52 [.15,.89]	4.47 [.96,7.98]
田纳西州	0.38 [.12,.65]	3.21 [.75,5.67]

注:我们对表 25.3 中的空间自回归滞后模型进行了估计,以此方式来计算效应。括号中为 95% 的置信区间(confidence interval)。

我们将 M 的第 i 纵列记作 m_i，并将其估计值记为 $\hat{m}_i$。在国家 i 中，解释变量 k 中的单位增长所产生的空间效应记为 $m_i\beta_k$，则利用 Delta 法，其标准误差可以计算为：

$$\text{var}(\hat{m}_i\hat{\beta}_k) = \left[\frac{\partial \hat{m}_i\hat{\beta}_k}{\partial \hat{\theta}}\right]\text{var}(\hat{\theta})\left[\frac{\partial \hat{m}_i\hat{\beta}_k}{\partial \hat{\theta}}\right]', \tag{68}$$

其中 $\hat{\theta} = \begin{bmatrix} \hat{\rho} \\ \hat{\phi} \\ \hat{\beta}_k \end{bmatrix}$，$\left[\frac{\partial \hat{m}_i\hat{\beta}_k}{\partial \hat{\theta}}\right] = \left[\frac{\partial \hat{m}_i\hat{\beta}_k}{\partial \hat{\rho}} \quad \frac{\partial \hat{m}_i\hat{\beta}_k}{\partial \hat{\varphi}} \quad \hat{m}_i\right]$，且向量 $\frac{\partial \hat{m}_i\hat{\beta}_k}{\partial \hat{\rho}}$ 为 $\hat{\beta}_k\hat{M}W\hat{M}$ 的第 i 纵列，

向量 $\frac{\partial \hat{m}_i\hat{\beta}_k}{\partial \hat{\varphi}}$ 为 $\hat{\beta}_k\hat{M}\hat{M}$ 的第 i 纵列。在表 25.4 中，我们利用式(67)和式(68)中的算法，表明了在密苏里州内，零售业月工资稳步增长 100 美元时，对区域 AFDC 津贴费所产生的即时空间效应和长期平稳状态效应。其中即时效应的取值范围为从最低的 0.44 美元(肯塔基州)到最高的 0.77 美元(堪萨斯州)；稳态效应的取值范围为从最低的 3.68 美元(肯塔基州)到最高的 6.38 美元(堪萨斯州)。

在图 25.1 中，我们表明了在密苏里州内，零售业月工资稳步增长 100 美元时，对密苏里州 AFDC 津贴费所产生的时空效应(具有 95% 的 C.I.①)。在这一冲击产生后的前两年里，边缘效应不断减弱，整体效应微乎其微。其累积十年效应约为 55.75 美元。在图 25.2 中，我们表明了在密苏里州内，零售业月工资增长 100 美元时，对内布拉斯加州 AFDC 津贴费所产生的时空效应(具有 95% 的 C.I.)，其累积十年效应约为 4.11 美元。有趣的是，在内布拉斯加州内，直到初步冲击发生一到两年之后，才出现最大效应。这有助于我们强调非常重要的一点，即同期空间滞后规范并不意味着所有(或者甚至大部分)的空间效应都是即时的。

6. 结语 【598】

近些年来，空间分析在实证政治科学研究中已经变得越来越普遍。新的理论、数据和技术都有助于研究政治学长久的趋势。我们认为，将空间模型纳入政治学研究中是一项非常积极的发展。毕竟，空间相依是政治研究中的重要组成部分，政治学家亟须对此予以了解。如果说还有什么顾虑的话，那就是关于空间相依的扩散及其他来源有关的应用研究正在接近我们关于最佳实践的方法论知识极限。这在一定程度上反映了其

---

① C.I.，即前面所提到过的 confidence interval，表示置信区间——译者注。

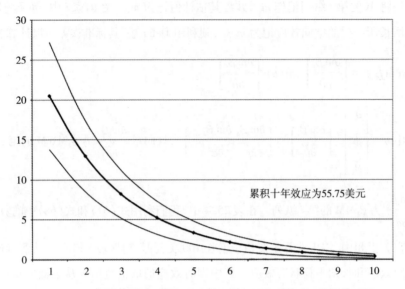

图 25.1 在密苏里州内,零售业月工资增长 100 美元时,对密苏里州
AFDC 津贴费所产生的时空效应(95%置信区间)

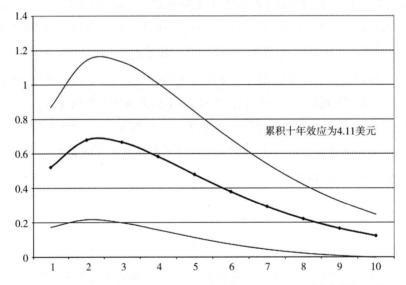

图 25.2 在密苏里州内,零售业月工资增长 100 美元时,对内布拉斯加州
AFDC 津贴费所产生的时空效应(95%置信区间)

他学科中的新方法若想成为政治学工具包中的标准工具所需要的时间,例如,基于模拟的估计就是如此。但是,这也因为政治学家们提出的问题较为独特且对于不同的方法论具有不同的需求。在本章中,我们研究了关于空间相依诊断的一些进展,同时对空间模型进行规定和估计,并且呈现了空间(和时空)效应。应用研究者有责任去熟悉这些

方法,但是对于政治学方法论者来说,迎接政治学中不断发展的空间方法所带来的挑战也同样重要。

参考文献

Anselin, L. 1980. Estimation methods for spatial autoregressive structures. Regional Science Dissertation and Monograph Series, Cornell University.

——1988. *Spatial Econometrics: Methods and Models.* Boston: Kluwer Academic.

——1992. Space and applied econometrics: introduction. *Regional Science and Urban Economics*, 22: 307–16.

——1995. Local indicators of spatial association: LISA. *Geographical Analysis*, 27:93–115.

——2001. Spatial econometrics. Pp. 310–30 in *A Companion to Theoretical Econometrics*, ed. B. Baltagi. Oxford: Basil Blackwell.

——2002. Under the hood: issues in the specification and interpretation of spatial regression models. *Agricultural Economics*, 27:247–67.

——2003. Spatial externalities, spatial multipliers and spatial econometrics. *International Regional Science Review*, 26:153–66.

——2006. Spatial econometrics. Pp. 901–41 in *Palgrave Handbook of Econometrics*, i: *Econometric Theory*, ed. T. C. Mills and K. Patterson. Basingstoke: Palgrave Macmillan.

——Bera, A., Florax, R. J., and Yoon, M. 1996. Simple diagnostic tests for spatial dependence. *Regional Science and Urban Economics*, 26:77–104.

Bailey, M., and Rom, M. 2004. A wider race? Interstate competition across health and welfare programs. *Journal of Politics*, 66:326–47.

Balla, S. 2001. Interstate professional associations and the diffusion of policy innovations. *American Politics Research*, 29:221–45.

Basinger, S., and Hallerberg, M. 2004. Remodeling the competition for capital: how domestic politics erases the race-to-the-bottom. *American Political Science Review*, 98:261–76.

Beck, N., Gleditsch, K. S., and Beardsley, K. 2006. Space is more than geography: using spatial econometrics in the study of political economy. *International Studies Quarterly*, 50:27–44.

——and Katz, J. 1995. What to do (and not to do) with time series cross section data in comparative politics. *American Political Science Review*, 89:634–47.

—— ——1996. Nuisance vs. substance: specifying and estimating time series cross section models. *Political Analysis*, 6:1–34.

Beck, P., Dalton, R., Greene, S., and Huckfeldt, R. 2002. The social calculus of voting: interpersonal, media, and organizational influences on presidential choices. *American Political Science Review*, 96: 57–74.

Beron, K.J., Murdoch, J.C., and Vijverberg, W.P. 2003. Why cooperate? Public goods, economic power, and the Montreal Protocol. *Review of Economics and Statistics*, 85:286-97.

Berry, F.S. 1994. Sizing up state policy innovation research. *Policy Studies Journal*, 22:442-56.

——and Berry, W. 1990. State lottery adoptions as policy innovations: an event history analysis. *American Political Science Review*, 84:395-415.

—— ——1999. Innovation and diffusion models in policy research. In *Theories of the Policy Process*, ed. P. Sabatier. Boulder, Colo.: Westview.

Berry, W.D., Fording, R.C., and Hanson, R.L. 2003. Reassessing the "race to the bottom" in state welfare policy. *Journal of Politics*, 65:327-49.

Besag, J. 1974. Spatial interaction and the statistical analysis of lattice systems. *Journal of the Royal Statistical Society*, Series B, 36:192-225.

Boehmke, F., and Witmer, R. 2004. Disentangling diffusion: the effects of social learning and economic competition on state policy innovation and expansion. *Political Research Quarterly*, 57:39-51.

Brandsma, A., and Ketellapper, R.H. 1979. A biparametric approach to spatial autocorrelation. *Environment and Planning A*, 11:51-8.

Braun, D., and Gilardi, F. 2006. Taking "Galton's problem" seriously: towards a theory of policy diffusion. *Journal of Theoretical Politics*, 18:298-322.

Braybeck, B., and Huckfeldt, R. 2002a. Spatially dispersed ties among interdependent citizens: connecting individuals and aggregates. *Political Analysis*, 10:261-75.

—— ——2002b. Urban contexts, spatially dispersed networks, and the diffusion of political information. *Political Geography*, 21:195-220.

Brinks, D., and Coppedge, M. 2006. Diffusion is no illusion: neighbor emulation in the third wave of democracy. *Comparative Political Studies*, 39:463-89.

Brooks, S. 2005. Interdependent and domestic foundations of policy change: the diffusion of pension privatization around the world. *International Studies Quarterly*, 49:273-94.

Brueckner, J.K. 2003. Strategic interaction among governments: an overview of empirical studies. *International Regional Science Review*, 26:175-88.

Brune, N., Garrett, G., and Kogut, B. 2004. The International Monetary Fund and the global spread of privatization. *IMF Staff Papers*, 51:195-219.

Burridge, P. 1980. On the Cliff-Ord test for spatial autocorrelation. *Journal of the Royal Statistical Society*, Series B, 42:107-8.

Caldeira, G. 1985. The transmission of legal precedent: a study of state supreme courts. *American Political Science Review*, 79:178-94.

Case, A., Hines, J., and Rosen, H. 1993. Budget spillovers and fiscal policy interdependence: evidence from the states. *Journal of Public Economics*, 52:285-307.

Cho, W.T. 2003. Contagion effects and ethnic contribution networks. *American Journal of Political Science*, 47:368-87.

——and Gimpel, J. 2007. Spatial dimensions of Arab American voter mobilization after September 11. *Political Geography*, 26:330-51.

——and Rudolph, T.2008. Emanating political participation: untangling the spatial structure behind participation. *British Journal of Political Science*, 38:273-89.

Cliff, A., and Ord, J.1973. *Spatial Autocorrelation*. London: Pion.

——— ———1981. Spatial Processes: *Models and Applications*. London: Pion.

Crain, R.1966. Fluoridation: diffusion of an innovation among cities. *Social Forces*, 44:467-76.

Cressie, N.1993. *Statistics for Spatial Data*. New York: Wiley.

Dahl, R.1971. *Polyarchy: Participation and Opposition*. New Haven, Conn.: Yale University Press.

Daley, D., and Garand, J.2005. Horizontal diffusion, vertical diffusion, and internal pressure in state environmental policymaking, 1989-1998. *American Politics Research*, 33:615-44.

Darmofal, D.2006. Spatial econometrics and political science. Society for Political Methodology Working Paper Archive.<http://polmeth.wustl.edu/workingpapers.php>.

Dow, M.A.1984. Biparametric approach to network autocorrelation: Galton's problem. *Sociological Methods and Research*, 13:201-17.

Eising, R.2002. Policy learning in embedded negotiations: explaining EU electricity liberal-ization. *International Organization*, 56:85-120.

Elhorst, J.P.2001. Dynamic models in space and time. *Geographical Analysis*, 33:119-40.

——2003. Specification and estimation of spatial panel data models. *International Regional Science Review*, 26:244-68.

——2005. Unconditional maximum likelihood estimation of linear and log-linear dynamic models for spatial panels. *Geographical Analysis*, 37:85-106.

Elkins, Z., Guzman, A., and Simmons, B.2006. Competing for capital: the diffusion of bilateral investment treaties, 1960-2000. *International Organization*, 60:811-46.

——and Simmons, B.2005. On waves, clusters, and diffusion: a conceptual framework. *Annals of the American Academy of Political and Social Science*, 598:33-51.

Franzese, R., and Hays, J. 2004. Empirical modeling strategies for spatial interdependence: omitted-variable vs.simultaneity biases. Summer meetings of the Political Methodology Society.

——— ———2006a.Spatio-temporal models for political-science panel and time-series-cross-section data. Summer meetings of the Political Methodology Society.

——— ———2006b.Strategic interaction among EU governments in active-labor-market policymaking: subsidiarity and policy coordination under the European Employment Strategy. *European Union Politics*, 7:167-89.

——— ———2007a.Empirical models of international capital-tax competition. Pp.43-72 in *International Taxation Handbook*, ed.G.Gregoriou and C.Read.Amsterdam: Elsevier.

——— ———2007b. Spatial econometric models of cross-sectional interdependence in political science panel and time-series-cross-section data. *Political Analysis*, 15:140-64.

—— ——2008. Interdependence in comparative politics: theory, empirics, substance. *Comparative Political Studies*, 41:742-80.

Frieden, J., and Rogowski, R. 1996. The impact of the international economy on national policies: an analytical overview. In *Internationalization and Domestic Politics*, ed. R. O. Keohane. Cambridge: Cambridge University Press.

Gartzke, E., and Gleditsch, K. S. 2006. Identity and conflict: ties that bind and differences that divide. *European Journal of International Relations*, 12:53-87.

Genschel, P. 2002. Globalization, tax competition, and the welfare state. *Politics and Society*, 30:245-75.

Gilardi, F. 2005. The institutional foundations of regulatory capitalism: the diffusion of independent regulatory agencies in Western Europe. *Annals of the American Academy of Political and Social Science*, 598:84-101.

Gleditsch, K. S. 2002. *All International Politics is Local: The Diffusion of Conflict, Integration, and Democratization*. Ann Arbor: University of Michigan Press.

——2007. Civil war and its spread. In *Handbook on Conflict Resolution*, ed. J. Bercovitch, V. Kremenyuk, and I. W. Zartman. London: Sage.

——and Beardsley, K. 2004. Nosy neighbors: third party actors in Central American civil conflicts. *Journal of Conflict Resolution*, 48:379-402.

——and Ward, M. 2000. War and peace in space and time: the role of democratization. *International Studies Quarterly*, 44:1-29.

—— ——2006. Diffusion and the international context of democratization. *International Organization*, 60:911-33.

—— ——2007. Diffusion and the spread of democratic institutions. In *The Global Diffusion of Democracy and Markets*, ed. F. Dobbins, G. Garret, and B. Simmons. Cambridge: Cambridge University Press.

Godwin, M., and Schroedel, J. 2000. Policy diffusion and strategies for promoting policy change: evidence from California local gun control ordinances. *Policy Studies Journal*, 28:760-76.

Goldenberg, E. N., Traugott, M. W., and Baumgartner, F. K. 1986. Preemptive and reactive spending in U. S. House races. *Political Behavior*, 8:3-20.

Govea, R., and West, G. 1981. Riot contagion in Latin America, 1949-1963. *Journal of Conflict Resolution*, 25:349-68.

Gray, V. 1973. Innovation in the states: a diffusion study. *American Political Science Review*, 67:1174-85.

Grossback, L., Nicholson-Crotty, S., and Peterson, D. 2004. Ideology and learning in policy diffusion. *American Politics Research*, 32:521-45.

Haining, R. 1990. *Spatial Data Analysis in the Social and Environmental Sciences*. Cambridge: Cambridge University Press.

Hoff, P., and Ward, M. 2004. Modeling dependencies in international relations networks. *Political Analysis*, 12:160-75.

Hordijk, L. 1974. Spatial correlation in the disturbances of a linear interregional model. *Regional Science and Urban Economics*, 4:117-40.

Huckfeldt, R., and Sprague, J. 1993. Citizens, contexts, and politics. Pp. 281-303 in *Political Science: The State of the Discipline II*, ed. A. W. Finifter. Washington, DC: APSA.

——Johnson, P. E., and Sprague, J. 2005. Individuals, dyads and networks: autoregressive patterns of political influence. In *The Social Logic of Politics: Personal Networks as Contexts for Political Behavior*, ed. A. S. Zuckerman. Philadelphia: Temple University Press.

Huntington, S. 1991. *The Third Wave: Democratization in the Late Twentieth Century*. Norman: University of Oklahoma Press.

Jahn, D. 2006. Globalization as "Galton's problem:" the missing link in the analysis of diffusion patterns in welfare state development. *International Organization*, 60:401-31.

Kayser, M. A. 2007. Partisan waves: international sources of electoral choice, Unpublished manuscript, University of Rochester. <http://mail.rochester.edu/~mksr/papers/PWaves_ ECM_070108. pdf>.

Kelejian, H. H., and Prucha, I. 1998. A generalized spatial two stage least squares procedures for estimating a spatial autoregressive model with autoregressive disturbances. *Journal of Real Estate Finance and Economics*, 17:99-121.

—— ——1999. A generalized moments estimator for the autoregressive parameter in a spatial model. *International Economic Review*, 40:509-33.

—— ——2001. On the asymptotic distribution of the Moran I test statistic with applications. *Journal of Econometrics*, 104:219-57.

Kim, C.-W., Phipps, T. T., and Anselin, L. 2003. Measuring the benefits of air quality improvement: a spatial hedonic approach. *Journal of Environmental Economics and Management*, 45: 24-39.

Knill, C. 2005. Introduction: cross-national policy convergence: concepts, approaches and explanatory factors. *Journal of European Public Policy*, 12:764-74.

Knoke, D. 1982. The spread of municipal reform: temporal, spatial, and social dynamics. *American Journal of Sociology*, 87:1314-39.

Krasno, J., Green, D., and Cowden, J. 1994. The dynamics of campaign fundraising in House elections. *Journal of Politics*, 56:459-74.

Lacombe, D. J. 2004. Does econometric methodology matter? An analysis of public policy using spatial econometric techniques. *Geographical Analysis*, 36:105-18.

Lee, C. K., and Strang, D. 2006. The international diffusion of public-sector down-sizing: network emulation and theory-driven learning. *International Organization*, 60:883-909.

LeSage, J. P. 2000. Bayesian estimation of limited dependent variable spatial autoregressive models. *Geographical Analysis*, 32:19-35.

——1999. Spatial econometrics. <http://rri.wvu.edu/WebBook/LeSage/spatial/spatial.html> Li, R., and Thompson, W. 1975. The "coup contagion" hypothesis. *Journal of Conflict Resolution*, 19:63-88.

Lin, T. M., Wu, C. E., and Lee, F. Y. 2006. "Neighborhood" influence on the formation of national identity in Taiwan: spatial regression with disjoint neighborhoods. *Political Research Quarterly*, 59:35-46.

Lutz, J. 1987. Regional leadership patterns in the diffusion of public policies. *American Politics Quarterly*, 15:387–98.

McMillen, D. P. 1992. Probit with spatial autocorrelation. *Journal of Regional Science*, 32:335–48.

Meseguer, C. 2004. What role for learning? The diffusion of privatisation in OECD and Latin American countries. *Journal of Public Policy*, 24:299–325.

——2005. Policy learning, policy diffusion, and the making of a new order. *Annals of the American Academy of Political and Social Science*, 598:67–82.

Mintrom, M. 1997a. Policy entrepreneurs and the diffusion of innovation. *American Journal of Political Science*, 41:738–70.

——1997b. The state-local nexus in policy innovation diffusion: the case of school choice. *Publius: Journal of Federalism*, 27:41–59.

——and Vergari, S. 1998. Policy networks and innovation diffusion: the case of state education reforms. *Journal of Politics*, 60:126–48.

Mooney, C. 2001. Modeling regional effects on state policy diffusion. *Political Research Quarterly*, 54:103–24.

Mossberger, K. 1999. State-federal diffusion and policy learning: from enterprise zones to empowerment zones. *Publius: Journal of Federalism*, 29:31–50.

Naroll, R. 1961. Two solutions to Galton's Problem. *Philosophy of Science*, 28:15–39.

——1965. Galton's problem: the logic of cross-cultural analysis. *Social Research*, 32:429–51.

——1970. What have we learned from cross-cultural surveys? *American Anthropologist*, 72:1227–88.

O'Loughlin, J., Ward, M., Lofdahl, C., Cohen, J., Brown, D., Reilly, D., Gleditsch, K., and Shin, M. 1998. The diffusion of democracy, 1946–1994. *Annals of the Association of American Geographers*, 88:545–74.

Ord, J. K. 1975. Estimation methods for models of spatial interaction. *Journal of the American Statistical Association*, 70:120–6.

Paelinck, J., and Klaassen, L. 1979. *Spatial Econometrics*. Farnborough: Saxon House.

Plümper, T., and Schneider, C. J. 2007. The computation of convergence, or: how to chase a black cat in a dark room. <http://ssrn.com/abstract=955868>.

Ripley, B. D. 1981. *Spatial Statistics*. New York: Wiley.

Rogers, E. 1995. *Diffusion of Innovations*. New York: Free Press.

Rose, R. 1993. *Lesson-Drawing in Public Policy: A Guide to Learning across Time and Space*. London: Chatham House.

Salehyan, I., and Gleditsch, K. S. 2006. Refugees and the spread of civil war. *International Organization*, 60:335–66.

Schneider, A., and Ingram, H. 1988. Systematically "pinching" ideas: a comparative approach to policy design. *Journal of Public Policy*, 8:61–80.

Shin, M., and Ward, M. 1999. Lost in space: political geography and the defense-growth trade-off. *Journal of Conflict Resolution*, 43:793-816.

Shipan, C., and Volden, C. 2006. Bottom-up federalism: the diffusion of antismoking policies from U.S. cities to states. *American Journal of Political Science*, 50:825- 43.

Signorino, C. 1999. Strategic interaction and the statistical analysis of international conflict. *American Political Science Review*, 93:279-98.

——2002. Strategy and selection in international relations. *International Interactions*, 28: 93-115.

——2003. Structure and uncertainty in discrete choice models. *Political Analysis*, 11:316-44.

——and Tarar, A. 2006. A unified theory and test of extended immediate deterrence. *American Journal of Political Science*, 50:586-605.

——and Yilmaz, K. 2003. Strategic misspecification in regression models. *American Journal of Political Science*, 47:551-66.

Simmons, B., Dobbin, F., and Garrett, G. 2006. Introduction: the international diffusion of liberalism. *International Organization*, 60:781-810.

——and Elkins, Z. 2004. The globalization of liberalization: policy diffusion in the international political economy. *American Political Science Review*, 98:171-89.

Starr, H. 1991. Democratic dominoes: diffusion approaches to the spread of democracy in the international system. *Journal of Conflict Resolution*, 35:356-81.

Swank, D. 2006. Tax policy in an era of internationalization: explaining the spread of neoliberalism. *International Organization*, 60:847-82.

Vijverberg, W. P. 1997. Monte Carlo evaluation of multivariate normal probabilities. *Journal of Econometrics*, 76:281-307.

Volden, C. 2006. States as policy laboratories: emulating success in the children's health insurance program. *American Journal of Political Science*, 50:294-312.

Walker, J. 1969. The diffusion of innovations among the American states. *American Political Science Review*, 63:880-99.

——1973. Problems in research on diffusion of policy innovations. *American Political Science Review*, 67:1186-91.

Ward, M., and Gleditsch, K. S. 2002. Location, location, location: an MCMC approach to modeling the spatial context of war and peace. *Political Analysis*, 10:244-60.

Whittle, P. 1954. On stationary processes in the plane. *Biometrika*, 41:434-49.

第二十六章　多层次模型

布拉德福德·S.琼斯（Bradford S.Jones）

1. 引言

政治学家常与层级数据或多层次数据打交道，政治方法学者用大量时间处理这些数据中的固有问题（参见 Achen and Shively 1995；Boyd and Iverson 1979；Bartels 1996；Jackson 1992；Sprague 1982；Western 1998）。本章笔者从多方面探讨"多层次模型"。这些模型从不同的研究视角而衍生，其历史可追溯到五十多年前。20 世纪 60 年代，经济学家从计量经济学角度，考虑使用经典随机系数模型。斯瓦米（Swamy 1970）开创性的研究成果使得此模型为人所熟知。从贝叶斯的研究视角来看，早在詹姆斯（James 1961）和斯坦（Stein 1961）的研究成果中就可以找到他们对多层次模型的初次尝试。在计量经济学领域，因变量回归系数研究的历史始于撒克逊豪斯（Saxonhouse 1976；1977）；在政治学领域，该历史始于博伊德和艾弗森（1979）。"多层次模型"（在教育研究领域）的出现可追溯到 20 世纪 80 年代（参见 Goldstein 1986），并因布莱克（Bryk 1992）和劳登布什（Raudenbush 1992）的研究成果为人所熟知。然而，尽管这些研究路径有术语和技巧不同，但是它们却有鲜明的共同点。

2. 多层次数据

多层次数据结构由多层测量的数据组成。例如，人们可以收集个人调查数据并将
这些数据编为索引 i。样本元素也可以分布在不同地域，这些地域可以为索引 j。单位 j 可以是地区、县、州或国家。以这种方式构建的数据是隐性"分级"的，在"较高级别"的单位（j）中明确嵌套"较低级"的单位（i）。这种数据结构的自然层次可以说明本章探

讨的模型有时被称为分层(非)线性模型。然而,多级数据结构不需要分层(Gelman and Hill 2007)。一些交叉分类设计或时空设计可能没有明显的层次结构,但这里所探讨的模型已经很好地应用于这类数据结构中。尽管在下面的讨论中,我们将假定数据是分层结构的,但我们没有必要拘泥于层次结构这一概念。

通常,研究人员对结果变量建模感兴趣。y_i可以作为较低级别和更高级别因素的函数。为修正术语,我们将分析单位称为"一级"单位或"二级"单位。一级测量的协变量用x_i表示,二级测量的协变量由z_j表示。本章重点是两级模型。尽管增加多个级别可能会提高多层次数据结构统计和解释的复杂性,但层次结构中的级别可增加到两个以上。

3. 合并

设想一下,分析师收集了利益结果变量数据以及协变量数据。并假设这些数据是跨国收集的。在这种情况下,国家将由"单位j"表示,被调查对象将由"单位i"表示。如果研究人员有兴趣建立起响应变量y_i和某个个体协变量x_i之间的关系,那么他可估算出一个普通的回归模型:

$$y_i = \beta_0 + \beta_1 x_i + \epsilon_i \tag{1}$$

如果研究人员预计要使用n种方案,显然他们要合并数据。如果是截面数据,如在审查单一管理调查情况下的数据,这种建模策略就相当于对来自国家j的每个调查结果进行堆叠。这种建模策略基本是正确的,这取决于与单元j相关的异质性(Bartels 1996)。乐观地说,如果忽略跨单位异质性,这种方法可以被采用。即研究人员假定每个单位j的分布都是均匀的。但是通常情况下,这个假设是错误的。基于式(1),单位异质性可能引起非球面干扰(nonspherical disturbances)。因为在单位j中的第i个观察数据会受到不同政治条件影响或仅因为随单位j变化的x_i的测量误差,异方差可能会出现。无论哪种情况,模型的异质性都是未知的,因此ϵ不再是一个常数σ^2,而是一个变量σ_i^2。这种模型可能会出现自相关,因为与单位k中的被调查【607】者相比,单元j中的被调查者i可能更相似,彼此之间联系更多。在多层建模文献中,这种相关结构有时被称为组内相关。

因此,以协变量为条件的干扰因素之间的零协方差的假设可能是不成立的。非球面干扰的假设是有条件的,因此我们可以通过更好的规范式(1)来解决这些问题。例如,引入用来"解释"单位异质性的协变量。没有协变量,对存在问题的式(1)的乐观估计通常会导致低效且不一致的标准误差。反之,这使得通常的假设检验无效。此外,由于组内相关性通常是正相关(Hox 2002;Kreft and De Leeuw 1998),标准误差通常会缩小,从而增加了 I 型误差的概率(Barcikowski 1981)。

当然,人们早已意识到数据聚类所引起的问题。对异方差误差引起的问题,人们已提出多种解决方案,以此来"修正"式(1)带来的协方差矩阵。怀特的异质一致标准误差(White 1980)是一种常见的解决方案。怀特丰富了休伯(1967)的研究结果,因此,怀特(1980)提出的方差估计量有时被称为"Huber-White"估计量或"Huber-White-Sandwich"估计量。多种模拟证据表明,怀特估计量有力地证明了异方差的存在;而且,该修正有很强的可用性,几乎被应用到所有统计软件包中。但是,怀特的解决方案忽略了聚类。要认清这一点,要注意怀特的异方差一致方差估计量:

$$\hat{V}_w = (X'X)^{-1} \Big[\sum_{i=1}^{N} (e_i X_i)'(e_i X_i) \Big] (X'X)^{-1} \tag{2}$$

根据式(2),每个观察值产生一个方差项,因此在解释单位 j 内的观测值分组时,怀特未做出调整。[1] 幸运的是,休伯和怀特的基础研究成果已经被运用到解释分组聚类和聚类间观察同时期相关性的问题。[2] 聚类数据的方差估计量的一般形式如下:

$$\hat{V}_c = (X'X)^{-1} \Big[\sum_{j=1}^{n_c} \Big\{ \Big(\sum_{i=1}^{n_j} e_i X_i \Big)' \Big(\sum_{i=1}^{n_j} e_i X_i \Big) \Big\} \Big] (X'X)^{-1} \tag{3}$$

【608】　其中 n_c 对应聚类的数量,n_j 对应单位 j 内 i 的数量。式(3)明确地解释了聚类,因残差和回归交叉的乘积首先在第 j 个聚类中计算,然后在聚类 n_j 中求和(深层研究请参见 Franzese 2005)。[3] 尽管聚类是独立的,但也无须假设聚类中的被调查者是独立的。讨论的要点在于多层次数据的简单合并经常导致非球面干扰。在充分理解的基础上得出的解决方案有助于解决问题。因此,如果在讨论合并问题时仅仅关注由此引发的非球面误差,那么前面探讨的纠正方法应该有助于解决问题。然而,这些纠正方法并不能促进利用多层次数据信息,即在利用多层次数据信息时,层次结构是一种滋扰。有一类数据不易通过式(1)中的合并策略(即使使用方差校正)建模。在通常情况下,研究人员会对这类数据的特征感兴趣,从而促使他们对多层次模型的研究。

———————

① 大多数软件包中,式(2)中出现了 $N/N-k$ 的乘数。这个乘数是有限样本校正(用于补充由于引入协变量 k 而缺失的自由度:Davidson and MacKinnon 1993;另见 Franzese 2005。书中作者对这些问题进行了非常明确的讨论)。

② 有趣的是,对于这些扩展并没有"基础"示例。克拉格(Cragg 1983)考虑了聚类观察的情况。基于克拉格的研究成果,福鲁特(Froot 1989)提出了两个用于聚类数据的方差估计量。根据休伯(Huber 1967)的原始估计量,罗杰斯(Rogers 1993)导出了方差估计量。最后,威廉姆斯(Williams 2000)给出了一个总体证明,聚类相关数据的方差估计量是客观的。

③ 对于聚类情况,式(3)中省略的乘数通常被认为是 $[N/(N-k)][J/(J-1)]$(Franzese 2005)。

4. 多层次模型

前一节中,我们没有明确探讨跨单位异质性。这种异质性的出现可能是由于 j 中未测量的因素引起的。式(1)中的模型没有明确地解释与 j 有关的任何可能的异质性,但通过扩展该模型,我们可以做到这一点。将 j 个虚拟变量引入式(1)中,就会得出"固定效应"模型,模型如下:

$$y_i = \beta_{j[i]} + \beta_1 x_i + \epsilon_i \tag{4}$$

每个单位都有 j 个截距。① 对所有的 j 而言,参数 β_1 都是相同的。因此显然式(4)中的异质性被视为一系列偏移。如果 x_i 与固定效应相关,那么式(4)中的 $\hat{\beta}_1$ 与式(1)中的 $\hat{\beta}_1$ 就不同。固定效应模型已得到广泛应用,但该模型明显仍存在缺点。第一,就 n 和 J 而言,要想发挥固定效应的作用,需要很大的自由度。第二,人们无法估计 j 单位内的常数协变量。第三, x_i 与 y 之间的关系可以由 j 层次测量因素来调节,但这种调节关系无法直接在式(4)中体现。

研究人员可以通过多种常规方法建立单位层级关系。例如,研究人员可以分别为每个单位 j 建立模型进行估计,并且对系数进行比较。研究人员也可以用图形法(参见 Bowers and Drake 2005);政治家经常要处理这类多层次数据。然而,由于这种多层次数 【609】据往往是不平衡的,所以与其他一些单位相比,部分单位 j 中的个人层面例子可能很少。因此,对于 j 模型的一些协变量的参数估计可能会出现很大的变异性。但这种变异性是由样本大小的差异导致的,而非其他关键因素。研究人员对一级和二级协变量影响因子建模感兴趣。当面对固定效应或明显非均质化时,他们可能会考虑在两个层次上测量因素,然后通过估算,得出式(5):

$$y_i = \beta_0 x_i \beta + \beta_2 z_j + \epsilon_i \tag{5}$$

该模型兼具一级(x_i)和二级(z_j)因子。然而,如果以这种方式建模,研究人员无法就二级因素对一级因素产生的任何调节效应做出回应。然而,这通常是核心问题。但是,将乘法项引入式(5),研究人员可以轻而易举地发现调节效应:

$$y_i = \beta_0 + \beta_1 x_i + \beta_2 z_j + \beta_3 x_i z_j + \epsilon_i \tag{6}$$

现在"微观"效应取决于"宏观"效应:

$$E(Y \mid x_i, z_j) = \beta_0 + \beta_2 z_1 + (\beta_1 x_i + \beta_3 z_1) x_1 + \epsilon_i \tag{7}$$

---

① 为了估计,研究人员需要控制常数项 β_0。这样做,研究人员可以估计 j 截距。式(4)和后续方程式中的符号遵循格尔曼和希尔(Gelman 和 Hill 2007)的符号规定。

（一级变量的调节效应也是可恢复的。尽管研究人员运用层次数据，但他们的兴趣通常集中在上述公式中给出的调节效应上）。博伊德和艾弗森（Boyd and Iverson 1979）将式（6）中的模型定义为一种清楚明确地建立上下联系的方式。这种联系是有层次的，因为微观层面的因素受到背景因素（如讨论组、邻域因素等）的限制。交互模型中的调节效应类似于可变系数模型的调节效应；x_i 的斜率完全由 z_i 调节。因此，特殊的调节斜率与 j 个二级单位同样常见（也与标准错误的数量相同：Friedrich 1982；Franzese and Kam 2007）。

然而，式（5）模型的问题在于没有考虑到一级单位之间的总体差异，这种差异也可能出现在二级单位之间。这让上面显示的"可变系数"结果出现问题：虽然微观因素随宏观因素变化，但式（5）模型假设这种变化是确定而非随机的。

4.1 随机系数模型

考虑多个变化层次可能促使我们得出随机系数模型。我从一个单因素方差分析入【610】手。见下模型：

$$y_i = \beta_{j[i]} + \epsilon_i \tag{8}$$

与标准回归模型不同，该模型的截距下标为 j，这意味着在 j 群组中 β_0 可变。在标准（没有下标的）模型中，j 单位效应被施加了"硬约束"（Gelman and Hill 2007），因为它们都是 β。该模型与式（4）中的"固定效应"模型之间的差异就在于对 $\beta_{j[i]}$ 的处理方式。在固定效应研究路径中，单位效应是由数据估计得出的未知常数（Faraway 2006）。要寻找一种替代固定效应研究路径的方式，我们需要将 $\beta_{j[i]}$ 视为随机系数（Faraway 2006；Gelman 2005）。从这一角度来看，回归系数被假定是遵循概率分布规律的，通常是正态分布的（Gelman and Hill 2007）：

$$\beta_j \sim N(\mu\beta, \sigma_\beta^2), \text{ for } j = 1, \cdots, J \tag{9}$$

格尔曼和希尔（Gelman and Hill 2007）认为 β_j 具有某种概率分布的特性，并且称之为 j 单位变异性的"软约束"，即平均效应是估计的，但研究人员假设其中有随机变异性。这种变异性归因于无法测量的二级因素。参照式（9）中的分布假设，式（8）的模型相当于单向随机效应方差分析（Bryk and Raudenbush 2002；Faraway 2006；Gelman and Hill 2007）。我们假设它是一个系统、随机的组件函数，如式（10）所示：

$$\beta_j = \gamma_{00} + u_{0j} \tag{10}$$

式（10）中，γ_{00} 代表样本的平均效应，在平均值中，u_{0j} 给出了 j 群组的残差（例如二级单位）。u_{0j} 解释了为什么 y 中会出现随机变化：如果该项是 0，我们可能会得出这样的结论,即未测量的二级因素在模型中不会引起其他变化。相比之下,如果该项不是 0,那就意味着未测量的二级因素确实引起了模型的其他变化。式(8)的回归模型,该项构成额外的干扰项。谈到多层次建模,式(8)给出了一级模型,式(10)给出了二级模型。当我们将式(10)代入式(8)时,就会得到下面的公式:

$$y_i = \gamma_{00} + u_{0j} + \epsilon_{ij} \tag{11}$$

尽管多层次模型可以表示为双方程系统,但该模型同样也可以归纳为单个简化方程。对该模型的解读很容易:γ_{00} 代表平均值;ϵ_{ij} 代表一级干扰项;u_{0j} 代表二级干扰项。由 u_{0j} 产生的附加误差项将该模型与标准回归模型区分开。由于该模型中存在两个残差变异的来源,所以会出现这两个方差的比,这个比例通常被称为类间校正, 【611】

$$\rho = \frac{\sigma_{u0}^2}{\sigma_{u0}^2 + \sigma_{\epsilon}^2} \tag{12}$$

对于两级模型,式(12)中的比率用来衡量二级单位中的总方差的比例。因此,模型的总方差是:

$$\mathrm{var}(y_{ij}) = \sigma_{u0}^2 + \sigma_{\epsilon}^2$$

对错误的分布假设,我们通常会假设:

$$\epsilon_{ij} \sim N(0, \sigma_{\epsilon}^2)$$
$$u_{0j} \sim N(0, \sigma_{u0}^2)$$

4.2　随机斜率和群组层次预测

通常,应用学者对响应变量和协变量之间的关系感兴趣。我们可以直接扩展基本随机方差分析模型。假设一个一级因素和一个二级因素。无条件模型如下:

$$y_i = \beta_{j[i]} + \beta_{1j[i]}x_{i1} + \epsilon_{ij} \tag{13}$$

式(13)中,$\beta_{1j[i]}$ 代表变量 x_{i1} 的斜率系数,是一级协变量。此外,我们假设常数项 $\beta_{j[i]}$ 作为一些二级因子的函数在单位中随机变化。通过重构无条件模型来解释这一问题,得到下面的公式:

$$\beta_{j[i]} = \gamma_{00} + \gamma_{01}z_j + u_{0j}$$
$$\beta_{1j[i]} = \gamma_{10} + u_{1j} \tag{14}$$

缩写形式如下:

$$y_i = (\gamma_{00} + \gamma_{01}z_j + u_{0j} + (\gamma_{10} + u_{1j})x_i + \epsilon_i$$

重新排列各项,可以得出下面的多层次模型:

$$y_i = \gamma_{00} + \gamma_{10}x_i + \gamma_{01}z_j + u_{1j}x_i + u_{0j} + \epsilon_i \tag{15}$$

在这一模型中，γ_{00} 表示截距估计；γ_{10} 表示 x_i 与 y_i 之间关系的斜率系数；γ_{01} 表示 z_j 与 y_i 之间关系的系数；u_{1j} 表示随机变化的斜率系数的扰动项 γ_{10}；u_{0j} 表示随机截距项的扰动项；ϵ_i 表示一级扰动项。

将该模型与普通的 OLS 模型进行对比颇有裨益。在该模型中，假设 $u_{..}$ 为零，该模型就会变成一级因子和二级因子混合的简单线性模型。在标准回归符号中，我们假定：
【612】

$$y_i = \beta_0 + \beta_1 x_i + \beta_2 z_j + \epsilon_i \tag{16}$$

很明显，式（14）中的模型比式（16）中的模型更为笼统。在多层次模型下，我们假设回归参数在二级单位之间变化。方差项（例如 $\sigma_{u..}^2$）提供了单位差异存在程度与标准回归之间的信息，这些方差项是不可估计的，我们假定他们为 0。

4.3 跨层互动

式（15）中的模型假设群组层次预示项 z_j 对响应变量有直接（无条件）影响；然而，在通常情况下，这些因素调节个体层次因素（例如 x_i 和 y_i 之间的关系。我们在式（6）的模型中考虑到这种可能性。要以这种方式扩展多层次模型，并再次对式（13）进行研究，

$$y_i = \beta_{j[i]} + \beta_{1j[i]} x_{i1} + \epsilon_{ij} \tag{13}$$

现在假设一些协变量和因变量之间的双变量关系由另一个协变量调节。那么，我们需要将式（13）中的斜率具体化为群组层次因子的函数：

$$\beta_{j[i]} = \gamma_{00} + \gamma_{01} z_j + u_{0j}$$
$$\beta_{1j[i]} = \gamma_{10} + \gamma_{11} z_j + u_{1j} \tag{17}$$

式（17）中的第二个等式给出了 $\beta_{j[i]}$ 作为协变量函数 z_j 的变化。我们明确地将回归斜率视为二级因子的条件。缩减形式的模型如下：

$$y_i = (\gamma_{00} + \gamma_{01} z_j + u_{0j}) + (\gamma_{10} + \gamma_{11} z_j + u_{1j}) x_i + \epsilon_i$$

重新排列各项，我们会得出下面的公式：

$$y_i = \gamma_{00} + \gamma_{10} x_i + \gamma_{01} z_j + \gamma_{11} z_j x_i + u_{1j} x_i + u_{0j} + \epsilon_i \tag{18}$$

γ_{00} 表示截距估计量；γ_{10} 表示 x_i 与 y_i 之间的关系的斜率系数；当 $z_j = 0$ 时，γ_{01} 表示 z_j 与 y_i 之间的关系的斜率系数；当 $x_i = 0$ 时，γ_{11} 表示 x_i 和 z_j 之间的相互作用；u_{1j} 表示随机变化的斜率系数的扰动项 γ_{10}；u_{0j} 表示随机截距项的扰动项；ϵ_i 表示一级扰动项。对于 x_i 与 z_j 之间的相互作用，由于两个协变量是以不同的水平来衡量的，所以这种相互作用有时被称为"跨层次"交互。需要注意的是，当跨层次交互中包含的协变量连续时，
【613】 将协变量置于中心位置是可取的。这将产生一个近似零点，我们可以更加顺利地解读

该参数(Raudenbush and Bryk 2002;Faraway 2006;Gelman and Hill 2007;Hox 2002)。为完成这一模型,我们通常做出如下假设(Goldstein 1995,第 17 页):

$$\epsilon_{ij} \sim N(0, \sigma_\epsilon^2)$$

$$u_{0j} \sim N(0, \sigma_{u0}^2)$$

$$u_{1j} \sim N(0, \sigma_{u1}^2) \ ,$$

此外, $\mathrm{cov}(u_{0j}, u_{1j}) = \sigma_{u01}$

5. 参数估计问题

就模型矩阵而言,研究人员提出了一个笼统的二级模型(跨层次的交互存在于该模型中)(详参 Hox 2002)

$$\begin{bmatrix} y_1 \\ y_2 \\ \vdots \\ y_n \end{bmatrix} = \begin{bmatrix} 1 & x_1 & z_j & z_j x_1 \\ 1 & x_2 & z_j & z_j x_2 \\ \vdots & \vdots & \vdots & \vdots \\ 1 & x_n & z_j & z_j x_n \end{bmatrix} \begin{bmatrix} \gamma_{00} \\ \gamma_{10} \\ \gamma_{00} \\ \gamma_{11} \end{bmatrix} + \begin{bmatrix} 1 & x_1 \\ 1 & x_2 \\ \cdots & \cdots \\ 1 & x_n \end{bmatrix} \begin{bmatrix} u_{0j} \\ u_{1j} \end{bmatrix} + \begin{bmatrix} \epsilon_1 \\ \epsilon_2 \\ \vdots \\ \epsilon_n \end{bmatrix}$$

更简洁的形式如下:

$$y = \mathrm{x}\gamma + \mathrm{W}u + \epsilon \tag{19}$$

通常, y 是响应变量的 $n \times 1$ 向量; x 是模型参数 γ 的 $n \times k$ 设计矩阵; γ 是模型参数的 $k \times 1$ 向量; W 是随机效应 $u..$ 的 $n \times r$ 设计矩阵; u 是随机二级扰动项的 $r \times 1$ 向量; ϵ 是一级干扰项的 $n \times 1$ 向量。式(19)与(6)有明显区别,即随机效应的存在使得估计复杂化,因为我们必须将随机参数和固定的参数都考虑进去。要估计该模型,我们需要考虑等式 $\mathrm{var}(y) = \mathrm{var}(\mathrm{z}\gamma) + \mathrm{var}(\epsilon) = \sigma^2(\mathrm{z}D\mathrm{z}') + \sigma^2(I)$,其中 D 表示方差分量矩阵(Faraway 2006,第 155 页)。在普通多层次模型中, y 的无条件分布可表示为(等式见 Faraway 2006,第 155 页):

$$y \sim N(\mathrm{x}\beta, \sigma^2(I + \mathrm{z}D\mathrm{z}'))$$

或

$$y \sim N(\mathrm{x}\beta, \sigma^2 V)$$

等式中, $V = \sigma^2(I + \mathrm{z}D\mathrm{z}')$ 。由于 V 几乎总是未知的,所以我们必须做出估计。一旦估计出 V 值,我们就可用广义最小二乘法找到模型参数 β_k 的估计值(或相似函数: 【614】 Goldstein 1995;Longford 1993;Faraway 2006)。

因此,方差分量的估计是一个重要问题。若 y 是连续的,大多数统计软件是以常规模式运行的,即使用最大似然估计(FMLE),或更常见的是使用用于处理正态模型的限制最大似然估计(RMLE)。限制最大似然估计和最大似然间的主要区别在于,前者考虑到自由耗损度,而后者没有。尽管随着二级单位量的增加,偏差减小(Raudenbush and Bryk 2002;Longford 1993),但通过运用最大似然估计我们得出了方差的偏差估计(Patterson and Thompson 1971;Longford 1993;Faraway 2006)。对于最大似然估计/限制最大似然,研究人员已给出多种算法。其一就是 EM 算法(Dempster, Rubin and Tsutakawa 1981;另见 Raudenbush and Bryk 2002; Longford 1993; Mason, Wong, and Entwistle 1983),以及最大似然估计的迭代广义最小二乘法(Goldstein 1986;1995);限制最大似然估计的限制迭代广义最小二乘法;费舍尔评分算法(由朗福德提出,该算法被应用于随机系数模型中,Longford 1987;1993)和牛顿—拉夫森迭代法。就这些替代方法的选择而言,人们还没有在"最佳"选择方式上达成一致。就最大似然估计而言,古德斯坦(Goldstein 1995)以及古德斯坦和拉斯巴什(Goldstein and Rasbash 1992)表明,费舍尔评分算法和 IGLS 的功能是对等的(对于正态模型而言;参见 Kreft and De Leeuw 1998)。

与经典估计方法相比,人们在进行多层次建模时,更倾向于采用贝叶斯法。事实上,关于贝叶斯等级模型的历史可以追溯到四十多年前(参见 Hartigan 1969;Hill 1965;Lindley and Smith 1972;Tiao and Zellner 1964)。政治科学中,研究人员已广泛研究贝叶斯法(参见 Jackman and Western 1994;Jackman 2000;Quinn, Martin, and Whitford 1999),尤其涉及分层数据时(参见 Gelman and Hill 2007;Gill 2002;Martin 2001)。贝叶斯研究方法中,未知参数 $\beta, \gamma, \sigma..$ 按先验规律分布。先验分布信息量可大可小。例如均匀的先验分布(在格尔曼 2006 年的著作中我们可以找到关于层次模型先验的更为详细的讨论)。根据贝叶斯定理,可能性与先验分布相乘可以得出模型参数的后验分布的估计值。在此前关于多层次模型的讨论中,一级参数由二级参数调节。为了解贝叶斯研究法,吉尔(Gill 2002,第 352 页)将此方法总结为:

$$\Pr(\beta, \gamma \mid D) \propto L(\beta \mid D) P(\beta \mid \gamma) P(\gamma) \tag{20}$$

吉尔(Gill, 2002)指出,式(20)中的表述可以进一步被运用到解释层次结构中的更多层次中。例如按照三级因素来处理 γ。然而,添加层次结构会使模型更复杂(贝叶斯研究方法和经典方法都是如此)。戈埃尔和德格鲁特的著作(Goel and DeGroot 1981;引用见 Gill 2002,第 352 页)表明后验参数的质量"在分层次模型的每个渐进水平都有所降低"(Gill 2002,第 352 页)。在计算方面,要导出模型参数的贝叶斯估计值,需要将【615】模型参数条件分布具体化,指定参数的起始值,迭代模型参数的值。根据后验叠代生成一系列模拟绘图。如果基于不同起始值的多个链条共同运行(例如多重模拟),当链条混合时,贝叶斯模型被认为是"聚合"的(Gelman and Hill 2007)。模拟链条、混合、评估聚合都对计算方面有很高的要求。要得出最终参数估计值,有必要运用吉布斯抽样器或更常见的马尔科夫链蒙特卡洛技术(MCMC,Gelman and Hill 2007;Gill 2002;Jackman 2000)。幸运的是,计算环境 BUGS(Spiegelhalter 等人 2002)可以计算马尔科夫链蒙特卡洛估计值;另见马丁和奎因的 MCMCpack 包——一个为 R 环境服务的软件包。

估计多层次模型的第三种方法与上述方法的区别在于,该方法采用明确的"两步"策略来解释数据层次。虽然撒克逊豪斯(Saxonhouse 1976;1977)已研究了这种两步法,但政治学家最近重新研究了这一策略(参见 Duch and Stevenson 2005;Huber, Kernell, and Leoni 2005;Jusko and Shively 2005;Kedar 2005;Lewis and Linzer 2005)。虽然估算的细节与笔者之前提出的有所不同,但两步策略的基本要点是相同的。第一步中,j 回归估计为一级协变量的函数:

$$y_{ij} = \beta_{0j} + \beta_{1j}x_i + \epsilon_{ij} \tag{21}$$

模型(21)中,我们可以从每个模型中提取回归参数,将其叠加并作为因变量处理,其中协变量是二级因子:

$$\hat{\beta}_j = \gamma_0 + \gamma_1 z_j + v_j + u_j \tag{22}$$

式(22)中的双重误差源于这样一个事实,即特定国家参数在第一阶段和第二阶段中的估计都具有不确定性(此演示采用加斯科和夏夫利(2005)的观点;刘易斯和林茨(2005)采用了不同的研究方式)。加斯科和夏夫利(Jusko and Shively 2005)指出,这个阶段是一致且有效的(对于正态模型而言)。阿切(Achen 2005)指出,两步法应该逐渐得到与上面讨论的替代方法同等的关注(另见 Saxonhouse 1977)。贝克(Beck 2005)则反对两步法,他指出我们应该认识到"一步法"(如最大似然估计/限制最大似然或贝叶斯研究方法)不会比两步法差。上一节中,笔者已讨论过这些问题。

6. 扩展

现在对于多层次模型的讨论集中在响应变量 y_i 连续的模型上。然而,这些模型的研究并不局限于连续的情况。实际上,大多数应用于分级数据的软件包含用于估计二进制或多分类响应模型的选项。在 R 环境中,贝茨和萨尔卡的 lme4 软件包采用了一般线性建模框架。因此,多层次数据可以被应用到各种各样的链接功能中。此外,多层次框架已经扩展到生存模型以及计数模型中(参见 Barber 等人 2002;Barber, Murphy and Verbitsky 2004;Grilli 2005)。这种响应变量通常用于政治分析,因此本书不做详细论述。但笔者将在二元响应变量的背景下讨论多层次模型。 【616】

设想一个含有二进制响应变量 y 的简单的二级模型和一个一级协变量 x_i。结构模型如下：

$$y_i = \beta_{j[i]} + \beta_{1j[i]} x_{i1}$$

如果斜率系数在 j 之间随机变化，截距会被视为二级因子的函数，则二级模型为：

$$\beta_{j[i]} = \gamma_{00} + \gamma_{01} z_j + u_{0j}$$

$$\beta_{1j[i]} = \gamma_{10} + u_{1j}$$

因此，完整的多层次模型为：

$$y_i = \gamma_{00} + \gamma_{10} x_i + \gamma_{01} z_j + u_{1j} x_i + u_{0j} \tag{23}$$

如果将 y 的逻辑分布函数具体化，我们可得出一个 Logit 模型（转换成对数）：

$$\log\left[\frac{\Pr(y_i)}{1 - \Pr(y_i)}\right] = \gamma_{00} + \gamma_{10} x_i + \gamma_{01} z_j + u_{1j} x_i + u_{0j} \tag{24}$$

公式中体现出由 u.. 带来的随机干扰项的复杂性。式（24）中的模型是 Logits 中的线性模型，因此参数符合对数表（例如对数比值比）。式（24）中的模型可以与先前讨论的正态模型相似的方式进行扩展，并且用于研究更高级别的层次。通常情况下，我们假定：

$$u_{0j} \sim N(0, \sigma_{u0}^2)$$

$$u_{1j} \sim N(0, \sigma_{u1}^2)$$

研究人员已经提供了各种多层次二进制响应模型的估计技术（Longford 1993, Rodriguez and Goldman 2001 很好地概述了这一点；另见 Browne and Draper 2006；Guo and Zhao 2000）。基本问题包括通过整合随机效应 u.. 来估计 y 的无条件分布。例如，使用简单的随机截距模型（和非分组预测因子）我们可以得出条件密度（详见 Guo and zhao 2000）：

$$f(y_i \mid x_i) = \int_{-\infty}^{\infty} f(y_i \mid x_i, u_j) g(u_j) d(u_j) \tag{25}$$

【617】 但是，我们感兴趣的是无条件密度 $f(y \mid x_i)$。因为存在多种随机效应，式（25）变成高维积分。研究人员已经提出了用于估计利益参数的三种方法。第一种，数值法（如高斯正交或自适应正交）。研究人员提出该方法是为了接近式（25）中的积分；第二种，伪似然法，目的是为了得出近似式（25）中的被积函数；第三种，贝叶斯法。正交方法近似于函数域内多个积分点的积分。随着近似点数增加，计算量也随之增加。GLLAMM 包就利用了正交法（注意：到 Stata 模块中的 xtlogit，使用的是高斯—埃尔米特正交，详见 Stata Corp 2005）。它可以在 Stata 中实现此研究（Rabe-Hesketh and Skrondal 2005；Rabe-Hesketh, Skrondal, and Pickles 2004）。海德科和吉本斯（Hedeker and Gibbons 1994）很好

地概述了适用于序数 Logit 模型的正交。

准似然法更常用于标准多层次软件程序中。这些方法均关注式(25)中被积函数。对于这种估计技术,研究人员会运用两种常用研究法,即惩罚伪似然估计(PQL)和边际伪似然估计(MQL)。两种方法的不同之处在于泰勒级数展开的方法(泰勒展开被应用于线性化二元响应模型)。本书中,我们无法详细讨论这两种近似方法;详见朗福德(Longford 1993)及布朗和德雷珀(Browne and Draper 2006)。但我们要探讨如何运用这两种方法。模拟数据表明,惩罚伪似然估计(PQL)和边际伪似然估计(MQL)中存在着二元响应模型。在该模型中可能存在很大差异(如果我们将泰勒展开的顺序列入考虑范围,区别会更大:参见 Browne and Draper 2006;Guo and Zhao 2000;Rodriguez and Goldman 2001)。虽然我们还未能达成一致,但我们可以给出一般性建议,那就是惩罚伪似然估计(PQL)优于边际伪似然估计(MQL)。聚类内相关性非常大时,这一点就更为明显(Rodriguez and Goldman 2001)。在众多软件包中,例如 R 语言中的 lme4 和 SAS 版的混合线性模型,使用者可以指定使用哪种技术。

贝叶斯法中,参数(固定参数和随机参数)按先验分布分配,此后乘以后验分布的可能性,然后使用吉布斯采样器对后验分布进行采样和更新。原则上,这里采用的方法与正态模型相似;但布朗和德雷珀(Browne and Draper 2006)指出:"[随机效应 Logit]模型中的吉布斯抽样并不明晰"。他们研究方差项用吉布斯抽样器;针对固定效应,他们用单变量更新随机游走 Metropolis 样本。本章不对吉布斯采样或 Metropolis 算法的细节进行讨论。针对这些引申的问题,我推荐大家参考格尔曼(Gelman 等人 2003)或吉尔(Gill 2002)。格尔曼和希尔(Gelman and Hill 2007)也对这些方法以及这些方法在 BUGS 中的运用做了详细介绍。

7. 一级系数

【618】

在本章中,我们主要关注多层次模型对固定效应和随机效应进行估计。通常,这些参数十分重要,但直接检验一级系数用处极大。上文提到的"两步"法,因每个单元 j 的分离模型中都要存在回归,所以"一级"系数直接从第一阶段估计中得出。尽管随着每个单位 j 内的一级观测数量的减少,这些估计值的可靠性(或精度)会下降,但如果给出了一级系数的无偏估计值,分离模型研究方法就具有优势。

然而,实际上在某些情况下,一级案例的数量可能非常小。例如,在区域单位内(邮政编码区域、国家、国会区等)进行聚类调查,研究人员通常会得到分层数据结构的结果。在分层数据结构中,存在许多 j,但只有少数 i 属于 j。要代替分离回归研究方法,我们可以考虑压缩估计量(James and Stein 1961;Efron and Morris 1975)。在多层次数据中,压缩估计量就是将一级系数作为群组平均值和宏观平均值的加权平均值。在简单的随机单向方差分析的案例中,这意味着如果组内平均值可信度很高,则相较于宏观平均值而言,在群组平均值中 $\beta_{j[i]}$ 的一级估计值的加权值更高。这些系数中包含随机斜率和截距。当单位内信息给出可靠的一级参数估计值时,这些系数在群组级数据方面的加权值会更高。当群组级数据中出现低可靠性估计值时,一级参数就需要从完整样本中"借"信息。因此,莫里斯(Morris 1983)将这类的估计量称为"妥协估计量"。用于在多层次模型中导出一级系数的压缩估计量通常是经验贝叶斯(EB)估计量(Carlin and Louis 1996;Efron and Morris 1975;Morris 1983)。

格尔曼和希尔(Gelman and Hill 2007,第476页)总结了压缩估算量的基本概念,他们认为:

$$\beta_{j[i]} = \omega_j \mu_\beta + (1 - \omega_j) \bar{y}_j \tag{26}$$

其中,

$$\omega_j = 1 - \frac{\sigma_\beta^2}{\sigma_\beta^2 + \sigma_y^2/n_j}$$

格尔曼和希尔(Gelman and Hill 2007)将此表达式称为"汇集因子",原因很明显。如果不存在汇集因子,$\beta_{j[i]}$ 的估计值与群组平均值相同;当完整的汇集因子存在时,我们无法区分群体层面系数与宏观平均数。类似地,参数的方差将受到下面等式中的汇集因子的影响(Gelman and Hill 2007,第477页,eq. 21.11)。

$$\mathrm{var}(\beta_j) = (1 - \omega_j)\sigma_y^2/n \ 。$$

【619】 这再次表明了与 j 级单位之间的分离相关的一级参数的不确定性。即"借用强度"与数据呈现出的汇集度直接相关。

8. 建议与结论

多层次建模涉及内容十分广泛,因而本章无法涵盖所有内容。但笔者要做一个总结并提出建议。与政治学家所运用的许多传统计量模型相比,人们能更好地理解估计属性(也许是因为在不利条件下估计属性也是稳定的),但是对于许多其他可用的估计选择来说,情况未必乐观。对分层非线性模型而言尤其如此。仅因选择不同的估计方法,研究人员会得出十分不同的估计值。布朗和德雷珀(2006)、郭和赵(2000)以及罗德里格斯和高盛(2001)运用多层次二元响应模型证明了这一点。由于软件包使得我们估计复杂的模型越来越容易,我们很可能会忽视"软件默认值",这可能会带来严重的后果。在这种情况下,"有瑕疵"意味着有可能得出完全不同的参数估计值,这具体取决于(a)默认选择与一些替代方案(对于惩罚伪似然估计(PQL)与边际伪似然估计(MQL)尤其如此);(b)实际使用哪个软件程序/计算环境。很明显,要将这些模式运用得"恰到好处",需要用户对所估计的内容和估计的方式有一个比"平常"更好的理解。

然而,如果运用得当(或大体得当),这些模型会产出关于模型参数(固定效应)、水平方差和微观参数的大量信息。但不幸的是,许多运用多层次模型的工作往往给人这样的印象,那就是这些额外的信息从未被估计过。如果对随机系数做出假设,那么二级方差的估计值应该与模型参数一起被呈现出来。但通常并非如此。原则上,这些术语传达关于模型参数周围的变异性的实质性信息。二级方差项的"无意义"性本身就很重要。对一级系数的进一步讨论和解释似乎也很重要。毕竟 j 的变异性是我们研究多层次模型的原因之一。格尔曼和希尔(Gelman and Hill 2007)对如何运用一级信息做出了详尽解释。

事实上,明确考虑微观层面的影响让人们对上述"两步"策略产生兴趣;然而,我们应当清楚,任何估计方法都应允许估计微观参数的存在。关于"两步法"与其替代方案(最大似然估计/限制最大似然,马尔科夫链蒙特卡洛技术/贝叶斯研究方法,正交),我认同贝克(2005)的结论,即两步法并没有太大的利用价值(初始模型诊断除外)。阿 **【620】**切(2005)支持两步法并引用了令人信服的案例。他指出政治学层次数据往往与教育研究者使用的在校学生数据不同。也就是说,至少在比较政治数据中,样本数量通常非常大且不同(参见 Bartels 1996),所以政治学背景下的对于"借用强度"(或压缩估计量)的关注度不如教育研究背景下的关注度。然而,"两步法"自动地假设每个一级系数具有非合并性(在式(26)$\omega = 0$),这似乎是一个强有力的假设。格尔曼(Gelman 2005)称之为"完整的多层次模型"。鉴于在 Stata、R 语言环境或 BUGS 中,最大似然/限制最大似然估计,马尔科夫链蒙特卡洛技术或贝叶斯研究方法变得更容易实施(容易成为相对项)的事实,我们还无法预测二阶战略的实用性。

总而言之,本章试图尽可能全面地描述多层次模型,其中涉及了许多问题但未做详细介绍。例如,将 GLM 框架扩展到层次非线性模型是一个非常重要的发展领域,但在二进制响应模型的讨论中我仅做了简要介绍。此外,尽管建模决策(Hofmann and Gavin 1998)和条件与无条件压缩估计量(Raudenbush and Bryk 2002)这些问题也很重要,但我没有详细探讨。然而,多层次模型为在分层数据结构中发掘信息提供了广阔前景。对于这些数据,有一系列的替代方案。有时像第三节中讨论的更简单的应用纠正措施就足以处理这些数据。在通常情况下,这些措施做不到这点,因此我们需要研究在第四节和第六节中给出的拓展公式。

参考文献

Achen, C. H. (2005). Two-step hierarchical estimation: beyond regression analysis. *Political Analysis*, 13 (4), 447-456.

——and Shively, W. P. (1995). *Cross-level inference*. University of Chicago Press.

Barcikowski, R. S. (1981). Statistical power with group mean as the unit of analysis. *Journal of Educational Statistics*, 6(3), 267-285.

Bartels, L. M. (1996). Pooling disparate observations. *American Journal of Political Science*, 40(3), 905-942.

Barber, J. S., Murphy, S. A., & Natalya, V. (2010). Adjusting for time - varying confounding in survival analysis. *Sociological Methodology*, 34(1), 163-192.

——S. A., Axinn, W. G., & Maples, J. J. (2000). Discrete time multilevel survival analysis. *Sociological Methodology*, 30(1), 201-35.

Beck, N. 2005. Multilevel analysis of comparative data: a comment. *Political Analysis*, 13, 457-8.

Bowers, J., & Drake, K. W. (2005). EDA for HLM: visualization when probabilistic inferencefails. *Political Analysis*, 13(4): 301-326.

Boyd, L. H., Jr., & Iversen, G. R. (1979). *Contextual Analysis: Concepts and Statistical Techniques*. Belmont, Calif.: Wadsworth.

Browne, W. J., & Draper, D. (2006). A comparison of Bayesian and likelihood-based methods for fitting multi-level models. *Bayesian Analysis*, 1(3): 473-514.

Bryk, Anthony S, & Raudenbush, Stephen W. (2011). *Hierarchical linear models: , applications and data analysis methods*. Publications of the American Statistical Association, 98(463), 767-768.

Carlin, B. P., & Louis, T. A. (1996). *Bayes and Empirical Bayes Methods for Data Analysis*. London: Chapman and Hall.

Cragg, J. G. (1983). More efficient estimation in the presence of heteroscedasticity of unknown form. *Econometrica*, 51(3), 751-763.

Davidson, R., & Mackinnon, J. G. (1993). *Estimation and Inference in Econometrics*, New York: Oxford University Press.

De Leeuw, J., & Kreft, I. (1986). Random coefficient models for multilevel analysis. *Journal of Educational Statistics*, 11(1), 57-85.

Dempster, A. P., Rubin, D. B., & Tsutakawa, R. K. (1981). Estimation in covariance components models. *Publications of the American Statistical Association*, 76(374), 341-353.

Duch, R. M., & Stevenson, R. (2005). Context and the economic vote: a multilevel analysis. *Political Analysis*, 13(4), 387-409.

Bradley Efron., Carl Morris. (1975). Data analysis using stein's estimator and its generalizations. *Journal* *of the American Statistical Association.*70(350),311-319.

Faraway,J.J.(2006).Extending the Linear Model with R:Generalized Linear,Mixed Effects and Nonparametric Regression Models.Boca Raton,Fla.:Chapman and Hall.

Robert J.Franzese.(2005).Empirical strategies for various manifestations of multilevel data.*Political Analysis*,13(4),430-446.

Franzese,R. J., & Kam, C. (2007). *Modeling and Interpreting Interactive Hypotheses in Regression Analysis.*Ann Arbor:University of Michigan Press.

Friedrich,R.J.(1982).In defense of multiplicative terms in multiple regression equations.*American Journal of Political Science*, 26(4),797-833.

Froot,K.A.(1989).Consistent covariance matrix estimation with cross-sectional dependence and heteroskedasticity in financial data.*Journal of Financial and Quantitative Analysis*,24(3),333-355.

Gelman,A.(2005).Analysis of variance:why it is more important than ever(with discussion).*Annals of Statistics*,33:1-53.

——2006. Prior distributions for variance parameters in hierarchical models.*Bayesian Analysis*,1(3): 515-534.

——and Hill,J.(2007).*Data Analysis Using Regression and Multi-level/Hierarchical Models.*Cambridge University Press.

——Carlin,J.B.,Stern,H.S.,& Rubin,D.B.(2003).*Bayesian Data Analysis*,2nd edn.London:CRC Press.

Gibbons,R.D.,& Hedeker,D.(1997).Random effects probit and logistic regression models for three-level data.*Biometrics*,53(4),1527-1537.

Gill,J.(2002).Bayesian Methods for the Social and Behavioral Science.London:CRC Press.

Goel,P.K.(1983).Information measures and Bayesian hierarchical models.*Journal of the American Statistical Association*,78(382),408-410.

——and Degroot,M.H.(1981).Information about hyperparamters in hierarchical models.*Journal of the American Statistical Association*,76(373),140-147.

Goldstein,H.(1986).Multilevel mixed linear model analysis using iterative generalized least squares. *Biometrika*,73(1),43-56.

Goldstein,H.(1991).Nonlinear multilevel models,with an application to discrete response data.*Biometrika*,78(1),45-51.

——1995. *Multilevel Statistical Models.*London and New York:Edward Arnold.

——and Rasbash,J.(1992).Efficient computational procedures for the estimation of parameters in multilevel models based on iterative generalised least squares.*Computational Statistics and Data Analysis*, 13(1),63-71.

Leonardo Grilli.(2005).The random-effects proportional hazards model with grouped survival data:a comparison between the grouped continuous and continuation ratio versions.*Journal of the Royal Statistical Society*:Series A(Statistics in Society),168(1),83-94.

Guo,G.,& Zhao,H.(2000).Multilevel modeling for binary data.*Annual Review of Sociology*,26(26), 441-462.

Hartigan,J.A.(1969). Linear bayesian methods. *Journal of the Royal Statistical Society*, 31 (3), 446-454.

Hedeker,D.,& Gibbons,R.D.(1994).A random-effects ordinal regression model for multilevel analysis. *Biometrics*,50(4),933-44.

Hill,B.M.(1965).Inference about variance components in the one-way model.*Journal of the American Statistical Association*,60(311),806-825.

Hofmann,D.A.,& Gavin,M.B.(1998).Centering decisions in hierarchical linear models:implications for research in organizations.*Journal of Management*,24(5),623-641.

Hox,J.J.(2002).Multi-level Analysis:Techniques and Applications.Mahwah,NJ:Erlbaum.

Huber,P.J.(1967).The behaviour of maximum likelihood estimates under non-standard conditions.*Proceedings of the Fifth Berkeley Symposium on Mathematical Statistics and Probability*,1:221-233.

Huber,J.D.,Kernell,G.,& Leoni,E.L.(2005).Errata:institutional context,cognitive resources and party attachments across democracies.*Political Analysis*,13(4),365-386.

Jackman,Simon.(2000). Estimation and inference via bayesian simulation:an introduction to markov chain monte carlo.*American Journal of Political Science*,44(2),375-404.

——and Bruce Western.(1994).Bayesian inference for comparative research.*American Political Science Review*,88(2),412-423.

Jackson,J.E.(1992).Estimation of models with variable coefficients.*Political Analysis*,3(1),27-49.

James,W.,& Stein,C.(1961).Estimation with quadratic loss.Proceedings of the Fourth Berkeley Symposium on Mathematical Statistics and Probability,1:311-19.

Jusko,K.L.,& Shively,W.P.(2005).Applying a two-step strategy to the analysis of cross-national public opinion data.*Political Analysis*,13(4),327-344.

Orit Kedar.(2005).How diffusion of power in parliaments affects voter choice.*Political Analysis*,13(4), 410-429.

Kreft,I.G.G.,& De Leeuw,J.(1998).*Introducing Multilevel Modeling*.London:Sage.

Lewis,J.B.,& Linzer, D.A.(2005).Estimating regression models in which the dependent variable is based on estimates.*Political Analysis*,13(4),345-364.

Lindley,D.V.,& Smith,A.F.M.(1972).Bayes estimates for the linear model.*Journal of the Royal Statistical Society*,34(1),1-41.

Longford,N.T.(1987).A fast scoring algorithm for maximum likelihood estimation in unbalanced mixed models with nested random effects.*Biomtrika*,74:817-827.

Martin,A.D.(2001).Congressional decision making and the separation of powers.*American Political Science Review*,95(2),361-378.

——and Quinn,K.M.(2007).Mcmcpack:markov chain monte carlo package.

Morris,C.(1983).Parametric empirical Bayes inference:theory and applications.*Journal of the American*

Statistical Association, 78:47-65.

Patterson, H. D., & Thompson, R. (1971). Recovery of inter-block information when blocksizes are unequal. *Biometrika*, 58:545-554.

Quinn, K. M., Martin, A. D., & Whitford, A. B. (1999). Voter choice in multi-party democracies: a test of competing theories and models. *American Journal of Political Science*, 43(4), 1231-1247.

Rabe-Hesketh, S., & Skrondal, A. (2005). *Multilevel and Longitudinal Modeling Using Stata*. College Station, Tex.: Stata Press.

——Skrondal, A., & Pickles, A. 2004. *GLLAMM Manual*. UC Berkeley Division of Biostatistics Working-Paper Series.

Raudenbush, S. W., & Bryk, A. S. (2002). *Hierarchical Linear Models: Applications and Data Analysis Methods*. Thousand Oaks, Calif.: Sage.

Rodriguez, G., & Goldman, N. (2001). Improved estimation procedures for multilevel models with binary response: a case-study. *Journal of the Royal Statistical Society*, 164(2), 339-355.

Rogers, W. (1993). Regression standard errors in clustered samples. *Stata Technical Bulletin*, 3(13).

Saxonhouse, G. R. (1976). Estimated parameters as dependent variables. *American Economic Review*, 66 (66), 178-183.

——1977. Regression from samples having different characteristics. *Review of Economics and Statistics*, 59:234-237.

Spiegelhalter, D., Thomas, A., Best, N., Gilks, W., & Lunn, S. (2002). BUGS: Bayesianinference using Gibbs sampling. MRC Biostatistics Unit, Cambridge.

Sprague, J. (1982). Is there a micro theory consistent with contextual analysis? In *Strategies of Political Inquiry*, ed. E. Ostrom. Beverly Hills, Calif.: Sage.

StataCorp(2005). *Stata Statistical Software: Release 9. 2.* College Station, Tex.: Stata Corp LP.

Swamy, P. A. V. B. (1970). Efficient inference in a random coefficient regression model. *Econometrica*, 38 (2), 311-323.

Tiao, G. C., & Zellner, A. (1964). Bayes's theorem and the use of prior knowledge in regression analysis. *Biometrika*, 51(1/2), 219-230.

Western, B. (1998). Causal heterogeneity in comparative research: a bayesian hierarchical modelling approach. *American Journal of Political Science*, 42(4), 1233-1259.

White, H. (1980). A heteroskedasticity-consistent covariance matrix estimator and a direct test for heteroskedasticity. *Econometrica*, 48(4), 817-838.

Williams, R. L. (2000). A note on robust variance estimation for cluster-correlated data. *Biometrics*, 56 (2), 645-646.

第八部分

描述和因果推断的定性方法

第二十七章　反事实和案例研究方法

杰克 S.利维（Jack S.Levy）

在亨利·詹姆斯（Henry James）所著《快乐一角》中，①主人公斯宾塞·布莱恩（Spencer Bryden）在追寻一个人的灵魂。如果他三十年前不想追寻国外更安逸的生活，他不会离开纽约市，那么他有可能会成为那个人。在狄更斯（Dickens）的《圣诞颂歌》中，埃比尼泽·斯克鲁奇（Ebenezer Scrooge）在遇到"圣诞之魂"后改变了自己的生活，并了解了如果他不改变此前的生活方式，他的未来将会怎样。罗伯特·弗罗斯特（Robert Frost）并不清楚在"没有选择的道路"上会遇到什么，但他知道：走少有人走的道路大不相同。

学者经常猜测历史可能发生什么。引用帕斯卡尔（Pascal）的名句："克娄巴特拉（Cleopatra）的鼻子要是短一些，整个世界就面目全非了"。人们经常说，如果斐迪南大公（Archduke Ferdinand）（Lebow 2007）没有被暗杀，那么第一次世界大战就不会发生；如果没有希特勒（Hitler；Mueller 1991），第二次世界大战就不会发生；如果没有戈尔巴乔夫（Gorbachev；English 2007），冷战将会被延迟。在更普遍的理论说法中，斯考切波（Skocpol 1979）认为没有农民暴动或国家崩溃，社会革命就不会发生。

反对派政客经常引用反事实辩称，若当局采取不同行动，国家就会更好。希拉里·克林顿（Hillary Clinton）捍卫了她 2002 年的投票权，授权总统在伊拉克使用武力的权力，并称"如果我们能预知未来的话，那么我们就不用投票了……我当然也不会投这样

---

① 《快乐一角》是美国 19 世纪著名小说家亨利·詹姆斯的著作，是一部典型的哥特小说。小说讲述主人公冒险闯入他成长的房屋，随之遭遇一系列灵异事件的故事。作者在讲述传统鬼故事时，紧抓人的心理活动，成功营造了恐怖惊悚的氛围。亨利·詹姆斯的其他著作还包括如《一位女士的画像》、《金碗》、《螺丝在拧紧》。——译者注

的票"。①

【628】 一些历史学家对反事实分析的分析效用持怀疑态度,并将其视为"餐后历史"(Ferguson 1999a,第15页)或"室内游戏"(Carr 1964,第97页),认为它不具有学术性。弗格森(Ferguson 1999,第6页)指出,有必要"从历史中排除那些没有合法地位的'条件'"。我们需要禁止的是"反历史和不合逻辑的'如果'"。费舍尔(Fischer 1971)在《历史学家的谬误》一书中介绍了"反事实问题",但他书中谈到"详见虚构问题"。费舍尔认为,福格尔对铁路影响美国经济发展的突破性反事实分析好比一步陷入了"方法论"的深渊,又重新绕进了"古代形而上学的迷团"之中(第18页)。奥克肖特(Oakeshott 1966,第128—129页)认为,如果历史学家考虑"可能会发生什么",并把"大事件"或"转折点"轻易视为"具有决定性的",那么"不仅会导致可怕的历史,还会完全违背历史……是科学对历史世界的可怕的入侵"。

其他历史学家和大多数社会学家认识到反事实是不可避免的。他们明白"研究历史即研究原因"(Carr 1964a,第87页),他们认识到任何因果论证都涉及对于没有发生但可能发生事情的假设。布埃诺·德·梅斯基塔(Bueno de Mesquita 1996,第229页)认为,在应用博弈理论中,"如果我们不了解没有发生但在其他情况下可能发生的事情,那么我们就不能明白现实中发生了什么"。历史学家弗格森(Ferguson 1999a,第87页)认为"要了解[历史]的真实模样,我们需要了解它为什么不是这样的,如果发生在现代,它将会是怎样的"。

问题是如何验证在假设或替代的情景中将会发生的反事实命题。在这样的世界中,无论是在特定情况下还是在更加普遍的理论关系中,假设原因都具有不同的价值。而原则上,原因论据适用于直接的实证检验,反事实论据不适用,因为反事实所依存的条件是不存在的,不能完全实现以便检验它带来的影响(Goodman 1983)。在没有直接的实证确认的情况下,我们该如何判断一些反事实是否更合理、更有效呢?我们这样判断的理论目的又是什么呢?为了回应奥克肖特,既然我们不能避免反事实,那么问题就在于我们应如何将科学引入历史世界,从而使我们更好地了解历史。

笔者将重点放在从方法上规范地使用反事实论证来增进人们对社会政治世界的因果认识。这与心理学家对这些认知科学问题的更具描述性的重点不同,他们关注人们究竟是如何使用反事实的,他们如何判断反事实论据的有效性,他们的认知和动机偏见如何影响这些判断,如何影响他们对最具说服力的反事实的选择(Roese and Olson 1995;Tetlock and Belkin 1996;Tetlock and Lebow 2001)?

----

① NBC,今日秀,2006年12月18日。

　　反事实与任何一种因果分析都是相关的,但我主要关注反事实在案例分析中的作用。这个问题尤为重要,因为定性比较研究学者比定量研究学者更有可能提出自动生成明确反事实的必要条件(Goertz and Starr 2003)。 【629】

　　在解释为什么反事实对于历史和社会科学很重要后,笔者将提出评估反事实对支持特例与常规因果论据效用的标准。整个过程我假设反事实为与其他方法结合使用的方法,以得出并验证关于社会和政治行为的解释。他们研究未发生事件的主要目的是更好地帮助我们了解已发生事件。

1. 反事实的重要性

　　笔者采纳了泰特罗克和贝尔金(Tetlock and Belkin 1996,第4页)的观点,将反事实定义为"主观条件,其中前提是已知或假设是错误的(为了讨论的目的)"。这是一个"相反事实"的条件,该条件代表"可能的"或"可替代的"世界,其中前提不可能发生。

　　所有因果论证都暗示着某种反事实。历史论证包括会引起、影响或者导致后续一系列的情况、过程和事件的特定的情况、过程和事件。历史论证表明如果先期条件不同,结果也不同。类似地,有一个理论论据:如果 x 是导致 y 的原因之一,那就意味着若 x 值不同,y 也就不同。[1] 解释性论据:英国和法国对希特勒采取绥靖政策,导致了第二次世界大战。该解释性论据表明如果英国和法国坚定抵制希特勒,第二次世界大战就不会发生,或者说第二次世界大战的时间会缩短,破坏性会减弱。理论主张:绥靖政策推动了进一步侵略。该理论主张表明一种反事实,即一种更加强硬的战略,将会降低进一步侵略的可能性。

　　虽然所有因果论据都意味着一种反事实,但是相较于其他反事实而言,一些反事实更为明确。在政治学和社会科学中普遍存在的必要条件(Goertz and Starr 2003)的历史解释和理论命题十分明确地反映了他们的反事实意义。必要条件的逻辑表述——"如果 x 发生变化,那么 y 也会随之发生变化"——直截了当地将反事实情境的结果具体化。"机会之窗"模型(Kingdon 1984)、"火药桶"模型(Goertz and Levy 2007)、引发必要 【630】
条件的因果关系以及基于路径依赖和关键节点的解释(Mahoney 2000),在政治学中都很常见。必要条件反事实是核心。

　　必要的条件也十分重要,因为它们是因果关系中两个主要概念之一的核心:如果 y

---

　　① 有一点是十分明确的,那就是如果有人说,如果 e 发生的条件概率大于 e 发生的无条件概率,则 c 是 e 的原因(前提是 c 会发生)。关于反事实分析的统计方法的讨论,请参见摩根和温西普的著作(Morgan and Winship 2007)。

不会在没有 x 的情况下发生,那么 x 是导致 y 出现的原因(Lewis 1973)。① 以下两点明显增强了探索反事实分析的有效方法的重要性:一、必要条件在因果解释中的核心作用(特别是案例研究方面的核心作用);二、检验涉及必要条件假设的主要方式是分析与之相关反事实的有效性。②

反事实在普通历史学研讨中起关键作用,历史学家讨论一个特定的结果是不可避免的还是偶然的。支持结果有争议的论点的最有效方法是表明轻微的变化可能会导致不同的结果。要证明结果在某种程度上是不可避免的,一个有效的途径是证明现有条件没有变化。现有条件既是可以想象到的也是能够导致不同结果的。

与其他理论方法相比,一些理论方法更为明确地体现了反事实的意义。一个很好的例子是博弈论。博弈论树形图明确地说明了如果参与者做出不同选择,其他参与者会如何应对以及一系列可能的结果。参与者的选择实际上取决于他们对其做出其他选择时会发生的事情的期望。"偏离平衡路径"行为是一种反事实预测。

关于特定历史事件或变量之间的理论关系的因果论据暗示出反事实,因此反事实的有效性依赖于原始因果主张的有效性。一个有说服力的证据是无论英国或法国是否采取绥靖政策,希特勒都会发动战争,也会证明绥靖政策可以轻松地引发第二次世界大战这个论点是错误的。③ 社会革命有时在没有农民反抗和国家危机的情况下也会发生。这一证据将会使斯考切波(Skocpol 1979)的社会革命理论失去意义。

因此,反事实陈述的经验验证是假设检验中的重要一步。几个案例研究的证据通
【631】常比单个案例研究中证明理论命题的证据更有说服力(定量研究学者认为统计学证据远远优于多案例研究),但是如果假说满足必要或充分条件,就能得出精准的预测,或者如果命题允许最有可能或最不可能的研究设计存在,那么单个案例研究也可以很好地服务于这一目的(George and Bennett 2005;Levy 2008)。

这一点涉及关于理论建设和研究设计更宽泛的原则。被人们广泛接受的忠告,从历史解释或理论命题中获得尽可能多的可观察的含义并通过证据检验他们。这些忠告

① 因果关系的另一个概念是"规律性"模式,其中包括不间断连接、时间优先和无损性。这个观点往往可以在休谟的著作中找到,但事实上,休谟强调了因果关系的两个概念(Goertz and Levy 2007)。

② 虽然所有的必要性条件都暗示着一个特定的反事实,但并非所有的反事实都蕴含着必要性条件的存在。"如果没有 x,那么 y 仍然会出现"这句话是反事实的,但不存在必要性条件。不同于必要条件的叙述,充分条件的语句并不意味着反事实表述:"如果 x,则 y"的陈述并不等同于"非 x"的后果。普遍接受的经验结论是,民主的二元结构足以实现和平,这并不意味着如果两个国家中至少有一个不是民主国家,会发生其他相反的情况。

③ 康元(Khong 1996)探讨了验证这种反事实的复杂性。利普斯曼和利维(Ripsman and Levy 2007)认为,英国和法国的领导人都不会预想到绥靖政策会避免战争。

适用于理论的反事实意义以及更直接的含义（King，Keohane and Verba 1994）。① 在其他条件都不变的情况下，一个理论的反事实意义越明确，该理论就越好。与一个仅仅将 x 产生的后果具体化的理论相比，一个将有无 x 所产生的后果都具体化的理论可以给我们提供更多经验世界知识。

前面的讨论强调反事实在检验个别案例和更普遍的理论命题解读方面的效用。一、取向上更具个性；二、更有通则性。个别案例的解读可以是归纳的或由理论引导。② 虽然理论指导的案例研究可能对其反事实进行更为直接的预测，但至少在研究初期，③ 归纳驱动的互动案例研究也可能最终暗示某些事情发生变化后导致的结果。弗格森（1999b）关于如果英国没有参与第一次世界大战会发生什么（可能布尔什维克革命、第二次世界大战、大屠杀都不会发生）的论断是基于归纳案例研究的。

在个性化案例研究中，反事实分析的作用往往是探索历史是否可以改变，以及替代的情景如何形成和发展。这种"假设"的情景包括相对短期的预测，例如1914年失败的暗杀后果以及长期的宏观历史预测，例如替代情景的合理性。通过替代情景，西方世界崛起成为世界霸主可能已被阻止（Tetlock，Lebow and Parker 2006）。

个体反事实也可以发挥规范作用。通过询问在这种情况下他们是否会采取不同行为，它可以对领导人个人的道德做出判断（Tetlock and Belkin 1996，第8页）。如果反事实分析提供有说服力的证据证明即使其他领导人掌权也会发生同样的战争，大概我们不能因一场损失严重的战争而指责一个领导人了。内维尔·张伯伦（Neville Chamberlain）因为安抚/迎合希特勒的政策而被大肆批评，但这一判断取决于一个反事实说法，【632】那就是其他英国领导人会采取不同做法，对英国而言，会带来更好的结果。但一些学者却质疑此观点。

探索理论的反事实意义也有助于理论的发展。这是一个不涉及实证研究的演绎分析。④ 泰特罗克和贝尔金（Tetlock and Belkin 1996）指出："我们的目标不是历史性理解……而是追求理论框架的逻辑含义。"为此，反事实条件本身不一定是合理的，在某种意义上我们可以想象出一条可能出现的道路。这种不合理的反事实通常被称为"奇迹反事实"（Fearon 1996）。

---

① 定性研究人员通过强调"同样多"来描述这一论点，并且他们认为与其他理论检验的观点相比，一些显而易见的观点更为重要。

② 学者往往会对独特/广义区别产生错误的认识。独特区别指具体的描述或解释，而广义区别是指对一般性理论命题的构建或检验（Levy 2001）。

③ 例如在分析叙事研究计划中（Bates 等人 1998），博弈论理论模型被用来指导个别案例的研究。

④ 在数学中，"间接证明"或"矛盾证明"假定定理是假的，追溯逻辑后果，揭示矛盾，并得出定理正确的结论。

如果关键因果变量要被赋予其他价值,那么任何完整的理论都会将后果具体化。尽管当下不可行,但如果美联储宣布提高利率,计量经济模型一定会计算出其后对美国经济产生的影响。计算机模拟被用来探索未知世界(包括拥有复杂社会的世界),这并非通过实证的方法实现(Gederman 1996)。尽管它们可能不可信,但是类似的模型可以应用于追踪特定初始条件的后果。为评估铁路对美国经济增长的贡献,福格尔(Fogel 1964)构建了美国经济的模型,并探索了在没有铁路的情况下,美国应如何发展。

反事实思想实验也可以用于其他目的,包括鼓励某人思考其观点或信念的含义的、直面令人不悦的论据的,并将其思想放在新观点上的教学目的;这可能有助于揭示道德判断的双重标准,因果信仰的矛盾以及认知或动机偏见的影响。这种反事实分析的模式将描述性和规范性相结合,因其研究人们如何使用反事实做出判断和决策的描述性,因果知识通常被服务于引导他们无偏见地思考因果关系和反事实的规范性目的(Tetlock and Belkin 1996,第12—16页;Weber 1996;Lebow 2000)。

2. 评估标准

我们现在把注意力转向在解释案例或检验理论命题时评估反事实论据的有效性的标准。【633】对于这些目的,何种反事实比更为合理? 我们应该认识到不同标准可能适用于不同的理论和描述目的。①

反事实命题与其他理论命题相似,因它们都有前提或初始条件,假设后果以及解释前者如何导致后者的"涵盖法"或因果机制。一个理论命题必须在逻辑上是一致的,是可证伪的。我们通常喜欢适用于更广泛经验领域的理论,对经验世界做出更多(更多样化的)预测,从实证证据中获得实质性证据,并与其他公认的理论相一致(Hempel 1996,第4章)。评估反事实论据的标准应以这些广泛接受的理论评估标准为基础。它们最好是围绕前提和后果的清晰度、前提的合理性以及给定前提的条件概率来组织的。②

2.1 清晰度

反事实论证必须包括明确的前提和后果。后果应比"结果会有所不同"更具体,"结果会不同"只能起到一定的帮助。除非我们明确说明如何不同,否则这一说法几乎

---

① 经验导向和演绎导向的反事实之间的主要区别在于,后者并不受前期需求的限制。
② 这与泰特罗克和贝尔金(Tetlock and Belkin 1996,第16—31页)以及雷柏(Lebow 2000,第577—585页)的概念有所不同。

无法证伪,因此帮助不大。对于科学有裨益的反事实,后果必须由分析家明确规定的,而不是留给读者想象的。

必要条件的反事实相当明确,因为它们假定了 ~x 的前提,而结果则是 ~y。在没有暗杀的情况下,这场战争就不会发生,这是一个强有力的声明。在许多方面更有歧视性,在许多方面更有用,具体说明是否没有战争就意味着几年的和平,或者由于持续的危机和未来战争的高风险而出现的和平在许多方面有歧视性、裨益性。就前者而言,如果发现未成功的暗杀企图,那么战争可能就不会发生。非必要的条件反事实也可以很清晰。"如果希特勒在政变中被推翻,第二次世界大战仍然会发生"这个陈述给出了明确的前提和后果。

虽然该陈述很清晰,但在结果的特异性和发生概率之间存在抵消作用。后果描述越详细,它就越可能是错误的。多个结果的概率是个体概率的乘积,单个结果的概率是导致每个步骤的个体概率的乘积(Lebow 2000,第 583 页)。这表明太多细节的反事实或较长因果链的结果可能是错误的。因此,在两种极端情况下,反事实是不可证伪的或是错误的,都是没有裨益的。① 最好的反事实有具体但不是特别具体的前提。 【634】

与之相关,有论证指出一个特定的反事实前因将导致高度确定性结果。此论证是可疑的。引用反事实证明历史可能会被改写是有问题的,只是为了预测由事前确定性产生的反事实是有问题的,因为这将支持基于确定论的论证的意外事件陈述。

2.2 前因的可信度

人们普遍认为,反事实争议对于探索历史是否可能不同有所裨益,但前提必须是合理的、现实的、具体的。人们必须能够设想出这种前提出现的条件。如果亚伯拉罕·林肯是总统,20 世纪 60 年代的美国将不同。这种言论毫无用处。

为了评估因果关系,反事实分析与实验、统计和比较方法承担着相同的任务,那就是收集证据证明结果变量的价值变化与因果关系变化的影响变量有关,而不是与其他变量的变化有关。正如实验研究在受控环境中一次操作一个变量一样,比较研究试图选择匹配的情况,其中与结果变量的共变被限制在单个因果变量中,反事实分析理想地假定一个替代的情景。在所有理论方面,这个替代的情景与现实世界都是一样的,但有一点不同,这样做的目的在于探讨这种差异的后果。

---

① 诚然,任何详细的反事实预测的实证确认都十分有说服力,因为事前概率非常低(Popper 1965)。

做比说要难,同样困扰比较研究人员的问题也限制了反事实分析。在一个相互关联的行为系统中,一个变量的变化通过系统不断引发后效并引发其他变量的变化。因此"我们从不可仅做一件事"(Hardin,引自 Jervis 1997,第 10 页)。在反事实思想实验中,如在匹配案例策略中,通常很难平等处理所有案例。因此,雷柏(Lebow 2000)质疑"手术"反事实的效用。

通过将古巴导弹危机置于苏联战略优势条件下来评估美国核优势对古巴导弹危机结果的影响的尝试,人们对历史进行了太多改写,以至于它是无用的。只有美国经济和技术能力更弱、美国社会不支持竞争性的军事力量建设的情况下,苏维埃的优势才可实现。这些条件的存在一定会以其他方式改变世界(例如柏林的地位),进而使任何努力声称是苏维埃优越性,而非其他变化,导致了这种结果的声明变得复杂。此外,具有战略优势的苏联也不会有首先在古巴布置进攻型导弹的动机。

【635】

如此例所示,反事实条件本身并不完整。它依赖于其他变化。古德曼(Goodman 1983)将它们称为连接原则。连接原则本身包含对这些其他变化后果的反事实。任何反事实分析都需要指定辅助反事实,或者说"启用反事实"(Lebow 2000),它们必须被引入以维持主要反事实。

一个好的反事实要求连接原则和启用反事实以合理的精确性(如主要的反事实)来规定的,它们彼此一致并与主要的反事实的前提相一致。[1] 古德曼(1983,第 15 页)将逻辑一致性的要求称为可共同支撑性。

1962 年苏维埃战略优势的反事实不能满足可共同支撑性标准。也就是说,如果尼克松在古巴导弹危机期间担任总统,他就会下令进行空袭而不是海上封锁。雷柏和斯坦(Lebow and Stein 1996)有力地说明了如果尼克松已是总统,与肯尼迪不同,尼克松可能会授权在猪湾行动中使用美军,卡斯特罗将被推翻,而苏联则不会在古巴布置进攻型导弹。

福格尔(1964)试图评估美国经济在没有铁路情况下的发展状况,他找到了在没有铁路情况下可能发生的其他变化,包括内燃机的引进和汽车的出现(比实际早了五十年)(以及其对铁和其他材料的需求)。埃尔斯特(Elster 1978,第 204—208 页)认为,假设汽车提前出现而铁路后出现是不可靠的,因为建造铁路的技术先于生产汽车技术出现。[2]

由于这些原因,大多数分析人士接受马克斯·韦伯(Max Weber 1949)的观点。即

---

[1] 泰特罗克和贝尔金(Tetlock and Belkin 1996,第 21 页)包括结果一致性,我在下一节中会讨论这个问题,并讨论给定先决条件的结果的条件概率。

[2] 另见 Tetlock and Belkin(1996,第 22 页)and Lebow(2000,第 582 页)。

为进行因果分析,最好的反事实情境应该与尽可能发生少量变化的现实世界一样。这是"历史的最小重写"规则(Tetlock and Belkin 1996),这条规则是根据变化的大小以及它们的数量来定义的。①

最小的重写反事实的例子是,如果乔治·W.布什(George W.Bush)没有赢得2000 【636】年的总统大选,美国就不会发动伊拉克战争。这个反事实涉及历史的最小重写,因为不需要改变太多——只是一小批佛罗里达州选民需要正确地阅读选票。所以反事实的前提是非常合理的。② 假设的结果(艾尔·戈尔(Al Gore)总统不入侵伊拉克)非常合理但却是不确定的。这个论点还需要包括启用反事实,如戈尔如何应对9·11事件。

雷柏(Lebow 2007)认为,如果暗杀费迪南德失败,那么第一次世界大战可能就不会发生。这是另一个非常合理的最小重写反事实。我们很容易设想前因,正如雷柏的解释。事实上,替代的情景的事前概率无疑高于现实世界,这是评估反事实的另一项可能标准。③ 雷柏的分析十分有用,它可以说明指定条件的价值,通过它们人们可以从现实世界进入反事实情境。还有一个很好的例子。米勒(1991)详细地评估了可能担任大臣职务的德国领导人的身份和政策偏好,以支持他自己的观点:如果没有希特勒,第二次世界大战不会发生。

当然,历史的最小化改写要达到何种程度才能使前提合理? 就这个问题,学者还未达成一致。这个问题没有一个统一的答案,因为在最大限度地提高反事实的合理性,即通过最小化维持它所需的附加条件的数量,与选择历史或理论意义上的反事实之间可能存在一个平衡。历史学家施罗德(Schroeder 2007,第149—150页)认为:"一个主要的反事实……将会发生很大的变化,一个反事实不足以帮助我们解释真正发生的事情,为什么会是这样,为什么不会出现其他情况。"④然而,与1914年暗杀和2000年美国选举有关的反事实证明即使是最小的重写反事实也可能产生后果。

针对我们如何区分貌似有理的和似乎不合情理的反事实这个问题,弗格森(1999a,第86页)给出了自己的回答:"我们应该仅仅将那些基于当代人的实际考虑的证据的替代物视为貌似有理的或者可能的。"弗格森进一步缩小可接受的反事实范围,通过将它们限定为"被当代人考虑的且已经写进论文里的假设场景"。

第二个标准是不必要的限制。虽然行为人的替代选择的文件记录可能会提供特

----

① 同样地,金和曾(2005)也使用统计模型来证明,虽然基于数据可以对真实世界中相对适度变化的反事实命题的有效性进行评估,但是"极端反事实"对与数据关联度小的模型内置的假设非常敏感。

② 相比之下,对布什没有赢得2004年总统大选的后果的反事实命题就是一个更有问题的先例。

③ 假设结果的有效性是另一个分析上的问题,我将在后面的章节讨论这个问题。

④ 参见 Weber(1996)and Lebow(2000)。

别有说服力的证据,说明为什么行为人没有做出其他选择,但我们不该忽视第一手
观察员口头访谈的证据。我们也不应该排除在压制性政治制度中探索其他历史,在
这种制度中,行为者害怕将其想法落实到纸上或他们身处于没有书面记录的非精英
人群中。

【637】

即使弗格森(1999a)的第一个标准的限制性可能过强,它将排除行为者因心理上
的偏见,政治制约或想象失败而未能考虑或未能认真考虑的替代选择。也排除其他在
职决策者可能已经考虑过的替代可能性(前提是假设人事变动合理)。例如,弗格森的
标准是否允许我们考虑美国不采取任何行动并以此应对苏联导弹的后果,这还不清楚。
因为他们很少或没有认真考虑这个选择。此外,有些选择只是出于政治原因才被列入
考虑范围,但它们并没有被认真地考虑过。就如詹尼斯(Janis 1982)对许多"魔鬼倡导
者"论证给出的建议一样。

施罗德(2007,第 151—152 页)认为,行为人自己考虑的反事实很重要,但要看
其限制性。他认为历史学家需要提出自己的反事实问题:"历史参与者在现有情况
下还能做出何种其他决定和行动? 他们在多大程度上认识到并思考这些问题? 什
么情况使这些选择或替代经历真的成为可能或只是似是且虚幻的? 这些选择的替
代结果可能有哪些?"这些正是我们要问的问题,即使这些问题可能有太多的限制。
他们没有足够重视外部事件所引起的反事实可能性,例如暗杀、战斗的胜利或失败、
选举的胜利或失败、致命的疾病、个人悲剧和其他高度可能发生的事件(Lebow 2000,
第 560 页)。①

博弈论为从大量可能的反事实中选择可接受的反事实提供了更有限制性的标准。
首先,广义的博弈论模型明确地说明了如果参与者在各种选择节点做出不同决定将会
发生什么。所有的选择"平衡路径"都是可能的反事实。但参与者没有因为某种原因
没有选择这条道路。然而,在博弈论中,存在多重均衡以及方式。所有参与者可以通过
多种方式展现出与博弈的限制完全一致的自己的利益。每条路都构成完全可接受的反
事实(Bueno de Mesquita 1996;Weingast 1996)。②

参与者选择在理论框架内考虑或可能考虑到的替代方案引起了反事实分析中的不
对称性。事件和非事件都会产生反事实,但是检验事件生成的反事实比非事件生成的

---

① 一小部分战斗的结果取决于事故、运气、不服从、意想不到的天气等突发事件,这种结果逆转
的长期政治后果是深刻的(Cowley 1999)。

② 替代子博弈的完美均衡的存在为良好的反事实提供了一个很好的标准,其中博弈规范提供了
合理适合参与者所面临的情况和他们考虑的选择。然而,我们需要记住的是,创建易损博弈所需的简
化,包括限制参与者可用选择数量,在某些情况下可能过于限制,包括涉及巨型社会复杂性的情况。

反事实更容易。我们可以探讨 1914 年暗杀案的反事实失败的后果,因有大量刺杀前的 【638】
记录表明,奥地利和德国领导人如何界定自己的决策问题和选择以及他们有可能采取
的行动。然而,如果没有暗杀,我们很难探索公爵被暗杀的反事实的可能性,因为也许
当时没有人认真考虑到这种可能性。没有人认真考虑过这种可能性发生后,他们会做
什么。而且我们必须引入更多的次要的反事实,这将有一些投机。同样,揭露暗杀肯尼
迪假想失败导致的反事实比揭示那些暗杀里根假想成功导致的反事实更容易(尽管并
非那么不容易)。这些前提中的每一个事件的事前概率以及反事实的合理性是完全不
同的。

　　如果"9·11"事件失败而且未造成严重影响,如果美国没有攻打伊拉克(这是相当
合理但不确定的),在没有"9·11"事件的情况下阿富汗对美国进行的重大恐怖袭击就
可能会致使 2003 年美国发动伊拉克战争的可能性的反事实分析相当困难。在 2001 年
(或此后不久)没有发生"9·11"(或类似事情)的世界中,我们的任何评估反事实的标
准都允许我们将"9·11"事件描述为貌似有理的前因和将美国攻打伊拉克描述为可能
的后果吗?①

2.3　结果的条件似然性

　　目前,我们已强调,一个有用的反事实的特征包括一个明确指明的前因和后果、一
个貌似有理的前因或条件,这些前因或条件涉及对历史的最小重写,且可以通过每个可
接受的条件来保持一致。接下来的一个问题是,前因以及支撑它的必要条件是否可能
导致假设的结果。其中最基本的要求(如任何理论命题的要求)为因果联系得以明确
规定,逻辑完整,并符合实证证据。因为社会科学研究的理论特征是理论和证据之间的
持续对话(Levy 2007),所以很难将理论与经验标准分开。但将它们分开列出有益于我
们目的的实现。

　　因此无可否认,理论和经验标准是分开的。在很多方面,良好的反事实的最重要的
要求是一个合理的前提,是一个很好的理论。福格尔(Fogel 1964,引用自 Tetlock and
Belkin 1996,第 26 页)指出:"反事实命题……仅仅来自假设演绎模型的推论。"假定的
因果机制,从具体的前因到特定的后果,与已确立和经验证实的理论一致性越高,反事 【639】
实的合理性就越大。在逻辑一致性、精确性以及完善理论的演绎支持和实证支持方面,

---

　　①　另一个有趣但是时间跨度大的反事实情境中的反事实的分析请参阅 Lebow(2006)。设想一
下,莫扎特活到 65 岁,20 世纪的世界大战都没有发生,雷柏研究莫扎特的早逝引发了一系列导致这些
事件发生的历史事件的可能性,并考虑到对这种反事实的批判以及辩护。

理论定义得越好,对各种反事实条件下将会发生什么的明确预测越多,反事实就越好。

为评估一个特定的反事实,我们更倾向于在前提下定义的具体条件下的有关理论的预测能力,而不是在广泛条件下的预测能力,而后者增强了我们对前者的信心。为此,一个完善的经验法则,即使在没有就怎样从理论上解释它达成一致意见的情况下,它也将为反事实提供有益的支持。诚然,我们在政治科学中的经验法则比较少,但一些命题比其他命题有更多的实证支持。

因此,与实证证据的一致性是好反事实命题的另一个标准。泰特罗克和贝尔金的著作(Tetlock and Belkin 1996,第27—30页)将"与良好的统计概括一致"作为其良好反事实的六个标准之一。我会从更广泛的角度解释证据。虽然统计(和实验)证据是非常可取的——假设有足够数量的可比较案例、具有可操作性和可衡量的变量在这些情况下、可访问数据等,但这种证据并不总可用。比较研究和使用率低的单一案例研究(如果基于有说服力的大多数或最不可能的设计)有时可以提供足够的证据基础来支持反事实命题,并且这些证据与统计学证据结合时通常可以提供基本上比统计证据更好的支持(George and Bennett 2005)。虽然"直接"支持具体的反事实命题很重要,但如果反事实产生了其他理论上的预测,我们就会增加对有效性的信心。反事实不仅对最终结果有影响,而且对前因和后果之间的干预路径也有影响。我们应预先规定这些干预的预测,并尽可能地进行测试。这是可投射性的标准(Tetlock and Belkin 1996,第30—31页)。

让我们回到上述讨论的观点:关于反事实是导致它的因果链长度的函数的可能性。这只是常识的概念,短期预测比长期预测更可信,他们适用于反事实命题以及具有事实前因的预测。即使发现短期规律,小的不确定性的组合也会导致长期巨大不规则和不可预测性。如果人们对初始条件敏感,例如混沌理论,即使确定性过程也可能产生十分不可预测的结果。

费隆(Fearon 1996)在讨论一个涉及元胞自动机的非常简单的过程时,以令人信服的方式展示了这一点,该过程遵循了行为规则,这些规则被很好地理解、精确地指定,但有随机性,具有从一个状态到另一个状态的定义概率。他展示了这样的过程是如何产生局部规律,但却不能产生全局不可预测性的。费隆(1996)的分析使他提出了一个接近度标准,以便我们可以评估似真性"只有在反事实涉及因果机制和规律被很好地理解并且被认为在空间和时间范围足够小以至于多个机制不相互作用,产生混乱的地方"(第66页)。

【640】

坚持接近标准的一个相关原因是,即使前提合理,理论上和经验上都有理由相信前人的存在会导致预测结果的可能性很高,所以很有可能随后的发展使历史在被假设前提引导之前回归原始的轨道。雷柏(Lebow 2000,第 584 页)将它们视为"二次反事实",但我更倾向于将它们称为"重定向反事实",因主要的反事实产生许多次要反事实,其中只有一些将历史重新引上原轨道。

1965 年越南对波来古美国军事基地进行袭击,这是导致越南战争中美国加大军事力量的重要原因。然而,在没有越南袭击的情况下,人们也有理由认为会发生另一件事,从而导致美国加大军事力量,无论是随机的还是故意煽动战略优势。就如邦迪所说,"波来古就像是一辆有轨电车。"停留足够长的时间,就会有人上车。① 这个说法常被用来支撑结构论证,反对在历史过程中偶然性的重要性。

另一个重定向反事实的例子出现在雷柏(Lebow 2007)自己的反事实论证中,即在没有暗杀公爵的情况下,第一次世界大战可能不会发生。雷柏认为,在没有暗杀的情况下,有利于俄罗斯的军事力量平衡的现有趋势将迫使毛奇(或担任德国总参谋长的继任者)放弃施莱芬计划,而采取更具防御性的策略,这将在任何可能出现的危机中消除对预防性或抢先式军事行动的激励。

这个反事实很清楚,而且前因构成最小重写。然而,与后果的因果关系并不合理,因为它们可能会产生自我驳斥的战略行为。雷柏对军事趋势的评估是正确的。德国的军事和政治领导人几乎肯定会接受他对 1917 年的世界的看法,正因为如此,他们永远不会允许这个世界的到来。德意志反对 1914 年的战争预防动机(Lebow 未明确承认)将会导致德国领导人启动或发起他们认为在俄罗斯发展壮大前所需的预防性战争(Fischer 1967)。这个批评当然产生了自己的反事实,这需要对雷柏的反事实进行评估。幸运的是,即使不能确定这一定能解决问题,但第一次世界大战的扩展文献提供了足够的证据来解决这场辩论。

3. 结语 【641】

所有因果陈述都会产生反事实。这些反事实是关于若某些变量取值不同将会发生什么以及所有非实验方法必须以某种方式处理这种情况的。本书中,我关注反事实在案件研究中的作用。我认为,根据科学上可接受的推理规则明确反事实,就如我们研究历史本来的样子一样,对假定历史的研究能帮助我们了解历史(观点引自 Ferguson 1999a)。

① 国家档案和记录管理局,林登·贝恩斯·约翰逊图书馆,Frederick W. Flott 的口头访谈,http://webstorage1.mcpa.virginia.edu/library/mc/poh/transcripts/flott_frederick_1984_0927.pdf。

　　反事实有不同的理论性和描述性目的。不同的理论目标和规范价值要求在各种研究目标之间进行不同权衡,因此没有一套适用于所有反事实的方法学标准。我们不考虑使用反事实思维实验来激发想象力。这种方法有用,但需要遵循不同规则。我认为评估反事实的标准是为了解释历史案例或用案例来评估更普通的理论命题。

　　分析人士应该明确指出反事实的前因、后果以及它们之间的因果联系。反事实应该尽可能少地改变现实世界,以便避免因果效应的发生("最小重写历史"规则)。分析人士也应规定维持原有的反事实和从前因到后果的次要反事实所需要的"支持条件"或"连接原则"。鉴于高度具体结果的概率远小于一系列结果的概率,结果应比"结果会有所不同"更具体,但不会太具体,以至于它变得难以置信了。

　　反事实分析,甚至比其他类型的分析更可能成为一个理论驱动的过程。我们不能直接追溯不可见的前因的后果,所以我们必须依靠理论知识。理论越强,分析人士就越有可能诉诸理论或经验法则来证明他或她的假设因果机制将前因与后果联系在一起,反事实就越好。产生额外可观察影响且本身可以对证据进行"测试"的反事实增强反事实的有效性。这就是"可投射性"标准。

　　逻辑一致性是另一个重要标准。对主要事实的支持条件必须相互一致,并与之前的支持条件一致。在理论上它们与结果的联系也必须合理。假设一个前因,只有在连接原则和次要反事实的支持下才能产生后果,并且连接原则和次要反事实与前因不一致。那么这样的假设就毫无意义。研究人员应特别注意可能将历史重新引回原有轨道("重定向反事实")的战略行为——行为人认识到前提的假设后果是准确但不可取的,并采取行动来消除这些结果。

【642】　　试图支持一个争论,即一个特定的结果随时可能发生。这势必可以通过一个小的变化导致不同的结果表明,这种尝试也是不一致的。一个人不能通过援引一个确定性的过程来支撑随机论证。在可能的基础上,根据现有的理论和实证证据,作者应该意识到前因导致后果。

　　我们必须认识到反事实分析与任何因果分析一样,初始条件的不确定性和随机行为的普遍性将我们最好的理论限制在相对短期的预测中。此后,太多事情以不可预测的方式相互作用。在结束时因果链越长,结果发生的可能性就越低,特别是鉴于社会理论中充分条件相对缺乏。这就意味着时间和空间"邻近"可以作为评估反事实的附加标准。

　　虽然这些标准的应用可能会使"餐后历史"不那么有趣,但它规定了反事实的使用原则,并提供了另一种方法论工具来评估非实验世界中的因果关系,其中许多混杂变量以不可预测的方式相互作用。

参考文献

Bates, R., Greif, A., Levi, M., Rosenthal, J.-L., & Weingast, B. (1998). *Analytic Narratives*. Princeton, NJ: Princeton University Press.

Bueno de Mesquita, B. 1996. Counterfactuals and international afffairs: some insights from game theory. Pp. 211-29 in *Counterfactual Thought Experiments in World Politics*, ed. P. E. Tetlock and A. Belkin. Princeton, NJ: Princeton University Press.

Tetlock, P.E., & Belkin, A. (1996). Counterfactual thought experiments in world politics: Logical, methodological, and psychological perspectives. Counterfactual thought experiments in world politics:. Princeton University Press.

Carr, E.H. (1964). *What is History?* Harmondsworth: Penguin.

Cederman, L.-E. 1996. Rerunning history: counterfactual simulation in world politics. Pp. 247-67 in *Counterfactual Thought Experiments in World Politics*, ed. P. E. Tetlock and A. Belkin. Princeton, NJ: Princeton University Press.

Cowley, R. (1999). *What If?* New York: G.P.Putnam's Sons.

Elster, J. (1978). *Logic and society*. New York: John Wiley and Sons.

English, Robert D. Perestroika without politics: how realism misunderstands the Cold War's end. In *Explaining War and Peace: Case Studies and Necessary Condition Counterfactuals*, edited by Gary Goertz and Jack S. Levy, 237-260.

Fearon, J.D. 1996. Causes and counterfactuals in social science: exploring an analogy between cellular automata and historical processes. Pp. 39-67 in *Counterfactual Thought Experiments in World Politics*, ed. P.E.Tetlock and A.Belkin. Princeton, NJ: Princeton University Press.

Ferguson, N. 1999a. Virtual history: toward a "chaotic" theory of the past. Pp. 1-90 in *Virtual History: Alternatives and Counterfactuals*, ed. N. Ferguson. New York: Basic Books.

——1999b. *The Pity of War: Explaining World War I*. New York: Basic Books.

Fischer, D. (1971) *Historians' Fallacies: Toward a Logic of Historical Thought*. London: Routledge and Kegan Paul.

Fischer, F. (1967). *Germany's Aims in the First World War*. New York: Norton.

Fogel, R. (1964). *Railroads and American Economic Growth: Essays in Econometric History*. Baltomore: Johns Hopkins University Press.

George, A., & Bennett A. (2005). *Case Studies and Theory Development in the Social Sciences*. Cambridge, Mass: MIT Press.

Goertz, G., & Levy, J.S. (2007). Explaining war and peace: case studies and necessary condition counterfactuals. Routledge.

——& Starr, H. (eds.) (2003). *Necessary Conditions: Theory, Methodology, and Applications*. Lanham,

Md.；Rowman and Littlefield.

Goodman, N.(1983).*Fact Fiction and Forecast*. 4th edn.Harvard University.

Hempel, C.G.(1966).*Philosophy of Natural Science*.Englewood Cliffs, NJ；Prentice Hall.

Janis, I.L.(1982)*Groupthink*(2nd rev.ed.).Houghton Mifflin.

Jervis, R.(1997).*System Effects*.NJ；Princeton University Press.

Khong, Y.F.(1996).Confronting Hitler and its consequences.Pp. 95-118 in *Counterfactual Thought Experiments in World Politics*, ed.P.E.Tetlock and A.Belkin.Princeton, NJ；Princeton University Press.

King, G., Keohane, R., & Verba, S.(1994).*Designing Social Inquiry*.Princeton, NJ；Princeton University Press.

——& Zeng Langche. (2006). The dangers of extreme counterfactuals. *Political Analysis*, 14(2), 131-159.

Kingdon, J.W.(1984).*Agenda, Alternatives, and Public Policy*.Boston；Little, Brown.

Lebow, R.N.(2000).What's so different about a counterfactual? *World Politics*, 52(4), 550-585.

——2006. If Mozart had died at your age；psychologic versus statistical interence.*Political Psychology*, 27(2), 157-172.

——& Stein, J.G.(1996).Back to the past；counterfactuals and the Cuban missile crisis.Pp. 119-48 in *Counterfactual Thought Experiments in World Politics*, ed.P.E.Tetlock and A.Belkin.Princeton, NJ；Princeton University Press.

Levy, J.S.(2007). Theory, Evidence, and Politics in the Evolution of International Relations Research Programs. Theory and Evidence in Comparative Politics and International Relations. Palgrave Macmillan US.

——2008. Case studies；types, designs, and logics of inference.*Conflict Management & Peace Science*, 25(1), 1-18.

Lewis, D.(1973).*Counterfactuals, Cambridge, Mass.*；Harvard University Press.

Mahoney, J.(2000).Path dependence in historical sociology.*Theory and Society*, 29(4), 507-548.

Morgan, S.L., & Winship, C.(2007).*Counterfactuals and Causal Inference；Methods and Principles for Social Research*(Analytical Methods for Social Research).

Mueller, J.(1991).Changing attitudes towards war；the impact of the first world war.*British Journal of Political Science*, 21(1), 1-28.

Oakeshott, M.J.(1966).*Experience and Its Modes*.Cambridge University Press.

Ripsman, N.M., and Levy, J.S.2007. The preventive war that never happened；Britain, France, and the rise of Germany in the 1930s.Security Studies, 16；32-67.

Popper, K.(1965).*The Logic of Scientific Discovery*.New York；Harper Torchbacks.

Roese, N.J., & Olson, J.M.(1995).*What Might Have Been；the Social Psychology of Counterfactual Thinking*.Lawrence Erlbaum Associates, 13(3), 365-366.

Schroeder, P.W.2007. Necessary conditions and World War I as an unavoidable war.Pp.147-93 in *Explaining War and Peace；Case Studies and Necessary Condition Counterfactuals*, ed.G.Goertz and J.S.

Levy.New York:Routledge.

Skocpol,T.(1979).*States and social revolutions.Ethics.*

Tetlock,P.E.,& Belkin,A.(1996).Counterfactual thought experiments in world politics:Logical,methodological,and psychological perspectives.*Counterfactual thought experiments in world politics*:.Princeton University Press.

——& Lebow,R.N.(2001).Poking counterfactual holes in covering laws:cognitive styles and historical reasoning.*American Political Science Review*, 95(4),829-843.

—— ——& Parker,G.(2006).*Unmaking the West*:"*What-If?*" *Scenarios that Rewrite World History.*University of Michigan Press.

Weber,M.(1949).*The Methodology of the Social Sciences.*Glencoe,Ill.:Free Press.

Weber,S.1996. Counterfactuals,past and future.Pp.268-88 in *Counterfactual Thought Experiments in World Politics*,ed.P.E.Tetlock and A.Belkin.Princeton,NJ:Princeton University Press.

Weingast,B.R.(1996).Off-the-path behavior:a game-theoretic approach to counterfactuals and its implications for political and historical analysis.*Counterfactual Thought Experiments in World Politics.*

第二十八章　案例研究中的案例选择：
定性与定量方法

约翰·格林(John Gerring)

案例研究分析聚焦于一个或若干案例上,研究人员希望这些案例能为其更广泛样本的研究提供帮助。鉴于此,研究人员面临着一个棘手的问题,即应该选择何种案例?

在大样本研究中,案例通常是随机选出的。然而,在案例研究中,样本的数量很少(根据定义可知),随机抽样会产生问题,因为任何给定的样本可能都不具代表性。此外,不能保证随机选择的几个案例会对关注的问题带来帮助。

选定样本案例可以再现其来源母体的相关因果特征(代表性)并且给出随理论关联维度变化的变量(因果关系)。为了筛选出这样的案例,小样本案例选择必须采用目标性选择程序(非随机)。本章将提及九种方法,分别为:典型案例、多样案例、极端案例、异常案例、有影响力案例、关键案例、通路案例、最大相似案例和最大差异案例。表28.1对每种类型进行了总结,其中包括广义上的含义、在母体中定位该案例的方式、案例用途以及该类型案例中的代表性案例。

虽然通常情况下每一种方法都会在一种或多种案例中试行(多样化案例、最大相似案例、最大差异案例至少需要在两种案例中试行),但是除此之外,所有的方法中都运用了额外的案例。但是前提条件是,在某些情况下,这些案例不会被深入分析,也就不会像其他案例一样出现在案例研究中(Gerring 2007,第2章)。小样本案例选择程序依赖于对母体中可能存在的案例的分析(随机选择)。案例在母体中的存在方式决定了研究人员从母体中选出案例用于密集型研究。这是术语——典型、多样、极端等的起源。因此,案例研究中的案例选择程序可以建立在此前的交叉案例分析的基础上,或者至少建立在对更宽泛的母体的假设之上。

在某些情况下,通过对更大的母体进行定量分析有助于我们进行案例选择。但是需要注意以下三点。首先,必须以几十个案例为基础进行推论,否则,统计分析会出现问题。第二,与关键变量相关的数据必须适用于母体或者母体中的重要样本。研究人员一定要理智地看待这些变量的准确性和概念有效性,不能盲目自信。第三,研究人员必须仔细研究统计研究中的所有标准假设(如识别、设定、稳健性),并在可能的情况下检验这些假设。我不会再赘述这些熟悉的问题,但就统计方法的反思性使用方面我想提醒研究人员。① 如果不能满足这些要求,研究者在选择案例时必须采用定性的方法。

基于哈利·埃克斯坦(Harry Eckstein)、阿伦德·利普哈特(Arend Lijphart)等人早期的研究,在本章中作者将重点放在阐明可能对案例研究中的案例选择过程起指导作用的一般性原则上。有时,这些原则可以被应用到定量框架中,有时这些原则只能被应用到定性框架中。无论是在大样本研究中或是在小样本研究中,在定量框架中或是定性框架中,案例选择的逻辑都非常相似。

在开始之前,有必要先介绍几个符号。本章中,"N"代表案例,而非观察结果。本章中我主要关注的是因果推论,而不是描述性或预言性推论。因此,所有假设都至少涉及一个自变量(X)和一个因变量(Y)。方便起见,我将具有特殊理论用途的 X_1 称为因果因素,将 X_2 称为控制变量或控制向量(如果 X_2 存在)。

如果研究者关注对一个令人费解的结果的解释,但是并未预先了解导致该结果的原因,那么这样的研究将被描述为以 Y 为中心的研究。如果研究者关注调查特定原因的影响,但是并未预先了解这些影响,那么这样的研究将被描述为以 X 为中心的研究。【648】如果研究者关注对特定因果关系的调查,那么这样的研究将被描述为以 X_1/Y 为中心的研究,因为它将特定的原因与特定的结果联系起来。② 以 X 或 Y 为中心的研究是探索性的,其目的是得出新的假设;而以 X_1/Y 为中心的研究是证实研究或否定研究,其目的是检验现有的假设。

表 28.1 案例选择的方法

1. 典型案例
· 定义:一些跨案例关系的典型案例(一个或多个)
· 跨案例选择方法:低残差案例(异常值)
· 运用:验证假设
· 代表性:根据定义可知典型案例具有代表性。
2. 多样案例
· 定义:涵盖 X_1、Y 或 X_1/Y 的所有数值的案例(两个或更多)

---

① 古吉拉特(2003);肯尼迪(2003)。有趣的是,在深入分析中,跨案例数据对案例选择很有帮助。跨案例数据的这个优势在早期对于案例研究方法的讨论中被提及(例如 Queen 1928,第 226 页)。

② 这扩展了米尔的理论(1843/1872,第 253 页),米尔认为科学探究有种情况:"探究导致一个特定影响的原因或探究一个特定原因的影响或性质。"

·*跨案例选择方法*:多样性的计算方法有以下几种:(a) X_1 或 Y 的分类值(例如犹太人、天主教徒、新教徒);(b) X_1 或 Y 的标准偏差;(c)值的组合(例如:基于交叉表,因子分析或判别式的分析)

·*运用*:进行假设或验证假设

·*代表性*:多样案例的代表性体现在它代表母体中的所有变量。(尽管他们可能不反映这些变量在母体中的分布)

3. 极端案例

·*定义*:展示 X_1 或 Y 的极值或异常值的案例(一个或多个)

·*跨案例选择方法*:与 X_1 或 Y 的均值相距很远的案例

·*运用*:进行假设生成

·*代表性*:只有与较大的案例样本相比才能体现出其代表性。

4. 异常案例

·*定义*:偏离某些跨案例关系的案例(一个或多个)

·*跨案例选择方法*:高残差案例(异常值)

·*运用*:进行假设生成(为 Y 提供新的解释)

·*代表性*:在案例研究之后,代表性可以通过交叉案例检验体现出来,其中包括一个基于案例研究的基础假设(一个新的变量)。如果案例中出现异常值,那么该案例代表着一种新的关系。

5. 有影响力案例

·*定义*:具有有影响的自变量的案例(一个或多个)

·*跨案例选择方法*:帽子矩阵或库克距离

·*运用*:验证假设(验证可能影响结果的案例)

·*代表性*:不具代表性。

6. 关键案例

·*定义*:最可能或最不可能得出给定结果的案例(一个或多个)

·*跨案例选择方法*:相对关键性的定性评估

·*运用*:验证假设(证实或否认)

·*代表性*:难于评估。

7. 通路案例

·*定义*:包含 X_1 到 Y 的不同因果路径的案例(一个或多个)

·*跨案例选择方法*:交叉表或残差分析(适用于连续变量)

·*运用*:验证假设(探索因果机制)

·*代表性*:可以通过检验所选案例的残差进行判断。

8. 最大相似案例

·*定义*:除 X_1 和/或 Y 以外的指定变量均相似的案例(两个或多个)

·*跨案例选择方法*:匹配

·*运用*:进行假设或验证假设

·*代表性*:可以通过检验所选案例的残差进行判断。

9. 最大差异案例

·*定义*:除 X_1 和/或 Y 以外的指定变量均不同的案例(两个或多个)

·*跨案例选择方法*:与大样本案例选择最相似的方法相反

·*运用*:进行假设或验证假设(排除确定性原因)

·*代表性*:可以通过检验选定案例的残差进行判断。

1. 典型案例

为了使对焦点案例的研究对更广泛现象有所帮助,该焦点案例必须能够代表一系列更广泛的案例。正是在这种情况下,人们在进行案例选择时可能会选择典型案例。与对一种现象的一般性理解不同,典型案例代表了一系列典型的价值观。通过建构典型案例可以成为有代表性的案例。

一些典型案例具有探索性作用。在这里,作者根据一组描述性特征选择了一个案例,然后对其因果关系进行研究。罗伯特(Robert)和海伦·林德(Helen Lynd 1929/1956)选择了一个"最能代表当代美国人的生活"的城市。具体来说,他们正在寻找一个城市:

(1)气候温和;(2)发展速度非常快。伴随着当代社会的发展变化,城市中会出现各种不同的痛苦。(3)具有现代化、高速机械化生产的工业文化;(4)一个工厂不能主导这座城市的整个制造业(即不是单一工业城镇);(5)有大量当地艺术活动平衡其工业活动……(6)没有任何突出的特点或严重的地方性问题,这使得城市不同于美国社区(Lynd and Lynd 1929/1956,引自 Yin 2004,第29—30页)。 【649】

林兹(Lynds)在考虑了许多可供选择的城市后决定印第安纳州的曼西比美国其他中型城市更具代表性,至少与美国其他中型城市一样具有代表性。因此曼西符合典型案例的要求。

这种方法被称为归纳法。值得注意的是,研究人员可根据特定维度中的均值,中位数或模式来解读典型性:案例中可以存在多个维度(如此前示例);并且每个维度的加权不同(一些维度可能比其他维度更重要)。如果选择标准是多维度的,并且大量潜在案例发挥作用,那么某个形式的因子分析可能有助于识别最典型的案例。

然而,典型案例方法更常被应用于涉及一些理论层面的现象的因果模型中。研究者已经确定了一个特定的结果(Y),一个研究人员希望研究特定的假设 X_1/Y。为了这样做,研究人员寻找一个典型的因果关系的例子。研究人员假定,根据所有参数的平均值选择的案例一定是与某种因果关系相关的典型案例。但是,研究人员也无法保证。

假设林兹主要对解释不同社会阶层成员之间的信任/不信任感有兴趣(这是米德尔敦的研究目标之一)。这一结果很可能受到许多因素的影响,其中只有一些被纳入六个选择标准。因此,要选择涉及因果假设的案例,研究人员首先要确定相关参数。其次,选择涉及因果假设的案例涉及选择一个与整体因果模型相关的具有"典型"价值的案例;这已经被很好地解释了。在特定维度(例如非常高或非常低)获得非典型分数的案例可能仍然是因果关系的典型例子。实际上,它们可能比那些价值接近平均值的案例更为典型。因此,对典型性的描述性理解与典型性的因果理解截然不同。由于后者更为常见,因此在讨论中,我将采用的是对典型性的描述性理解。

从定性的角度来看,因果关系的典型性包括选择符合一般因果关系的期望的案例。它按预期执行。在定量设置中,这个概念是通过大样本交叉案例模型中的案例剩余的大小来衡量的。典型案例在回归线上或回归线附近;他们的残差很小。在模型被正确指定的情况下,案例剩余的大小(即将实际值与拟合值分开的标准差的数量)有助于说明这种情况的代表性强度。"异常值"不太可能代表目标母体。

【650】　　当然,仅仅一个案例的残差很低并不一定意味着它是一个具有代表性的案例。事实上,案例代表性的问题是一个永远无法明确被解决的问题。当一个人提到"典型案例"时,实际上他或她是指,一个案例比其他案例可能更具代表性。如果在统计模型具体化的过程中出现错误,那么对这种典型的检验就会误导人们,并且它并不能保证完全随机的错误不会出现。一个案例可能直接位于回归线上,但从某些重要方面看它仍然是非典型的。例如,它可能是奇数组合的值;变量的相互作用可能与其他案例不同;或其他因果机制可能也在发挥作用。因此,重要的是对案例的统计分析进行补充,并从有关案例(案例研究本身)和我们对世界的演绎知识中提取证据。研究人员不应该仅凭其残余来判断案例。然而,所有事情都是一样的,一个残差低的案例与一个残差很高的案例都可能是异常案例,在这个程度上,本章中概述的案例选择方法可能为案例研究人员面临大量的潜在案例时提供有裨益的指导。

　　简而言之,由于典型的案例在某些因果关联维度上体现了典型价值,对研究人员来说在典型案例中一定存在利益差异。具体来说,一些现象的典型案例可能有助于探索因果机制和解决识别问题(例如 X_1 和 Y 之间的内生性。内生性是一个省略变量,它可以解释 X_1 和 Y 或 X_1 与其他因素的虚假因果关联)。根据案例研究的结果,作者可以证实现有的假说,可以否认现有的假说,或者以与案例研究的发现相一致的方式来重构这个假说。这些都是典型案例研究的用处。

2. 多样化案例

　　第二种案例选择策略的主要目标是在相关维度上实现最大差异。笔者将这种选择方法称为多样化案例选择方法。该方法需要选择一组案例(至少两个案例),这组案例旨在表示 X_1,Y 或者 X_1/Y 关系的全部值。①

【651】　　如果每个利益变量都是明确的(开/关,红/黑/蓝,犹太教/新教/天主教),那么研究人员很容易识别多样性。研究人员简单地从每个类别中选择一个案例。对于连续变量,选择性并不那么明显。然而,研究人员通常会选择极端值(高低),他们也可以选择

---

　　① 定性方法学研究者并未很重视这种方法;因此,没有一个公认的名字。它与 J.S.密尔的"协商和差异联合方法"(Mill 1843/1872)有一些相似之处,这就是后面要讨论的最相似和最不同分析的混合。巴顿(Patton 2002,第 234 页)应用了"最大变异(异质性)抽样"的概念。

平均值或中位数。研究人员也可能会在数值分布中寻找看似与案例范畴不同的断点。或者研究人员会根据理论预感判断哪个阈值重要，即哪种案例中的 Y 值可能不同。

另一种多样化案例考虑了多个变量（即向量）的值，而非单个变量的值。如果将这些变量进行分类，那么对于因果类型的识别取决于每个类别的交集。两个二分变量产生包含四个单元格的矩阵。三个三角变量产生八个单元格的矩阵。以此类推。如果所有变量都被认为与分析相关，那么选择不同的案例就需要从每个单元格内抽取一个案例。结果受到性别、种族（黑人/白人）和婚姻状况的影响。这里，多样化案例选择策略将在每个相交单元中选出一例，共选 8 例。如果一个或多个因素是连续的而不是分类的，那么事情变得稍微复杂一些。多个案例值不会整齐地分布在单元格中。相反，必须通过平均值来创建这些单元（高、中、低）。

可以看出，在考虑多个变量的情况下，多样化案例分析的逻辑依赖于类型理论的逻辑。该逻辑假定变量的不同组合对不同类型的结果产生影响（Elman 2005；George and Bennett 2005，第 235 页；Lazarsfeld and Barton 1951）。例如，乔治和司茂科未能成功通过"有限探测"、"受控压力"和"既成事实"来探索不同类型的威慑因素。因此，他们希望找到证明每种类型的因果机制的案例。①

所以，多样性可能指 X 或 Y，是特定因果因素（考虑或不考虑结果）的特定组合的一系列变化。在每种情况下，案例选择的目标是发现随利益维度变化的一系列变量。

由于多样性可能意味着很多事情，因此在大样本案例分析的背景下，多样化案例的应用必然取决于如何定义这个关键术语。如果它被理解为仅适用于单个变量（X_1 或 Y），那么研究任务就会变得很简单。一个可分类的变量要求从每个类别中选择至少一个案例，同理，如果是二分法就会选择至少两个案例；如果是三分法就会选择至少三个案例，以此类推。当出现连续变量时，研究人员需要选择至少一个"高"值和"低"值，也可以选自平均值或中间值。但是，根据对潜在因果关系的预测或根据数据中发现的自然阈值，其他选择也可能是合理的，这些选择可以归入不连续类别。在大样本中，通过描述性统计信息或通过目视检查数据，研究人员很容易就能发现单变量特征。

如果多样性指的是变量的特定组合，在分析相关交叉案例时，研究人员采用分层随【652】机抽样（概率设置）或定性比较分析（确定性设置）的方法（Ragin 2000）。如果研究人员怀疑因果关系不仅受因素组合的影响，还受其排序的影响，那么分析方法必须包含时

---

① 更准确地说，乔治（George）和斯莫克（Smoke 1974，第 534、522—536 页，第 18 章）；亦可参见科利尔（Collier）和马哈尼（Mahoney 1996，第 78 页）调查了因果途径，并通过对许多案例的调查发现了这三种因果类型。然而，重要的是，最终样本中至少包括每种"类型"的一个代表。

间要素(Abbott 2001;Abbott and Forrest 1986;Abbott and Tsay 2000)。因此,识别因果类型的方法取决于在大样本中采用的任何一种识别因果关系的方法。

值得注意的是,确定不同案例类型的目的是确定内部同质的案例组(在所有可能影响利益因果关系的方面都是这样)。因此,每组中案例的选择不应该都是有问题的,案例的选择可以通过随机抽样或目的选择来完成。但是,如果每个类别中的多样性都是可疑的,那么研究人员就应该采取措施来确保所选择的案例是每一类别中的典型案例。案例研究不应该集中在一个次要组的非典型案例上。

事实上,人们在考虑多样性的同时也会考虑典型性。因此,在全球化和社会福利制度研究中,杜安·斯万克(Duane Swank 2002)首先确定了福利国家的"普遍主义"(社会民主)、"社群主义保守主义者"和"自由主义者"三个特征群体。接下来,他在每个组内寻找最典型的案例。他认为,北欧国家比荷兰更能代表普遍主义模式,因为荷兰具有"以职业为基础的项目结构的一些特征,以及基督教民主主义政府的典型的保守派国家政治背景"(Swank 2002,第 11 页;另见 Esping-Andersen 1990)。因此,北欧国家被选为普遍主义案例类型中的代表性案例。杜安·斯万克在其分析的案例研究部分中也选择了代表其他福利国家类型(社群主义保守主义者和自由主义者)的其他案例。

显然,当样本包含的相关参数发生全面变化时,研究人员可能会增强样本的代表性(相对于某些母体)。这是一个明显的优势。当然,包含全面的变化可能会改变整个案例的实际分布。如果在一个母体中,"高"案例比"低"案例多并且研究者只选择一个高案例和一个低案例,那么所得到的两个样本就不是最具代表性的。即便如此,多样化案例方法对代表性案例的要求可能比对任何其他小样本案例(包括独立典型案例)要求更高。

多样化案例的选择具有引入变化关键变量的额外优势。根据定义,一系列不同的案例是一系列涵盖相关维度的高低值的案例。因此,这种选择案例的方法很受推崇。我不确定研究人员充分了解这些优点,是否能自觉地将这些优点发挥出来。然而,没有一个普遍接受的名字和明确的方法论辩护,案例研究人员难以直接自然地使用这种选择方法。研究人员应该创造一个新词。

【653】 3. 极端案例

研究人员在使用极端案例选择方式选择案例时会考虑自变量(X_1)或因变量(Y)的极值。因此,在研究家庭暴力时,研究人员可能会将注意力放在家暴的极端案例上(Browne 1987);在研究利他主义时,研究人员可能侧重于选择那些冒着生命危险帮助别人(例如抵制大屠杀的人)的少数人(Monroe 1996);对于种族政治的研究,研究人员可能侧重于选择多样性最强的社会(例如巴布亚新几内亚),以便更好地了解种族在民主环境中的作用(Reilly 2000—2001);对工业政策的研究,研究人员往往关注最成功的国家(即 NICS;Deyo 1987);等等。①

通常,极端案例指某些现象的原型或范例。这是因为概念通常根据极端情况创造出来的,即他们的理想类型。意大利法西斯主义定义了法西斯主义,部分原因在于它为这一现象提供了最极端的例子。然而,这种案例的方法论价值和其他类似案例的方法论价值源于它的极端性(随利益维度变化),而不是它的理论地位或其在一个主题的文献中的地位。

现在可以更精确地界定"极端"这个概念了。一个极值是一个远离给定分布的平均值的观察值。(如果有足够多的观察值)它可以通过案例的"Z 分位数"进行衡量("Z 分位数"指案例与该样本的平均值之间的标准差的数量)。极端案例中 Z 得分很高,因此研究人员可以对其进行深入分析。

对于连续变量而言,平均值的差可以是任一方向的(正或负)。对于二分变量而言(存在/不存在),极端性并不常见。如果在给定维度中大多数案例的平均值的差为正,那么平均值的差为负的案例就变成了极端案例。反之,如果大多数案例的平均值的差为负,那么平均值的差为正的案例就是极端案例。研究人员并非仅仅关注已经发生的案例,他们也关注未发生的案例。在这种情况下,价值的稀有性赋予案例价值,但这种价值并不是其正价值或负价值。② 因此,如果研究人员正在研究国家能力,国家失败的案例可能比国家延续的案例更多,因为前者更不寻常;同样,如果一个人对乱伦禁忌感兴趣,那么没有乱伦禁忌或乱伦禁忌鲜有发生的文化可能比存在乱伦禁忌或乱伦禁忌时常发生的文化更有用;法西斯主义比非法西斯主义更重要,等等。因此,这就很好地解释了为什么革命的案例研究往往侧重于"革命性"案例。相比于在匈牙利,斯考切波在法国了解得更多,因为与奥匈帝国相比,法国在民族国家中更不寻常。原因很简单: 【654】革命案例比非革命案例少;因此,我们探索作为因果关系的线索的变化是在这些情况下进行的,是违背非革命性案例的背景的。

请注意,在选择案例时使用的极端案例方法似乎有违社会科学。社会科学警告我们不要"在因变量的基础上进行选择"③。如果选择了大量案例,并且所有这些案例均位于变量频谱的一端(它们均为正或负);如果研究人员对该样本进行交叉案例分析就像它母

---

① 更多的例子见 Collier and Mahoney(1996);Geddes(1990);Tendler(1997)。

② 传统上,方法学家将概念化的案例看作具有"正"或"负"的价值(例如 Emigh 1997;Mahoney and Goertz 2004;Ragin 2000,第 60 页;2004,第 126 页)。

③ 格迪斯(Geddes 1990);金(King),基欧汉(Keohane)和韦巴(Verba 1994)。另见布雷迪(Brady)和科利尔(Collier 2004);科利尔和马哈尼(Collier and Mahoney 1996);罗戈斯基(Rogowski 1995)。

体的代表一样,那么根据因变量选择案例确实有问题。① 毫无疑问,这种分析的结果带有偏见。此外,由于每个案例的价值受到明确的约束,因此研究人员几乎不必解释变量。

然而,这是我们对极端案例方法的误用(称其为极端样本法更为合适)。极端案例方法实际上是回溯到分析背景下的较大案例样本,并展示了母体的全面变化以及母体更具代表性的一面。研究人员应该最大限度地增加利益维度上的差异,而不是将其最小化。如果研究人员很好地理解了这个案例的母体,那么无论是通过作者自己的交叉案例分析,或是通过他人的著作,还是通过常识,研究者都可以证明选择一个例子来证明案例内分析的极端价值是有价值的。如果不能证明其价值,研究者可能会被建议使用上面讨论的多样化方法。

让我们回到代表性这个问题上。不难看出,极端案例可能是典型的也可能是偏离的。因为研究者没有确定 X_1/Y 因果命题,所以根本无法判断。一旦确定了这样一个因果命题,我们可以问所讨论的案例是否类似于可能对 X_1/Y 关系的每个方面产生影响(即单位均匀)的一些案例。在跨案例统计模型中,一个案例是否靠近或远离回归线是可分析的。然而,这种分析意味着研究者不再追求极端的方法。极端案例方法仅仅用于探索中——以开放式方式探索导致 Y 的可能原因或 X 可能产生的影响。如果研究者知道哪些附加因素可能会影响利益结果,或者哪些因果因素与 Y 可能存在何种关系,那么他应该研究本章探讨的另一种方法。这也意味着,随着研究的发展,极端案例方法可能会转化为另一种不同的方法,也就是说,会出现一个更具体的假说。极端案例在研究开始时有用,但是可能在后面的分析阶段就不那么有用了。

【655】 4. 异常案例

在进行异常案例选择时,研究人员会参考对主题的一般性理解(特定理论或常识)。他们会选择那些具有很大价值的案例。因此与典型的情况相反。芭芭拉·格迪斯指出异常案例在医学科学中的重要性,在该领域研究人员习惯性地关注"病态"(根据标准理论和实践)。《新英格兰医学杂志》是该领域首屈一指的期刊之一,定期刊登马萨诸塞州总医院病例记录。这些文章的标题如下:"80 岁老人突发单侧失明"或"76岁老人发烧,呼吸困难,肺部浸润,胸腔积液、神志不清"②。医学领域中的另一个有趣

---

① 例外情况是研究人员打算反驳一个确定性论证(Dion 1998)。

② 格迪斯(Geddes 2003,第 131 页)。有关医学史的其他例子,请参阅 Lancet 中的"临床报告",加拿大医学协会杂志中的"案例研究"。妇产科杂志的各种案例常用于临床病例(详见 Jenicek 2001,第 7 页)。比较政治的子领域的例子见卡赞西吉尔(Kazancigil 1994)。

的例子是针对少数体内疑似有艾滋病病毒抗体的人的广泛的研究(Buchbinder and Vit-tinghoff 1999;Haynes,Pantaleo,and Fauci 1996)。他们为什么不会感染艾滋病病毒? 这些人有什么不同? 通过观察体内有艾滋病病毒抗体的人,我们会对艾滋病产生何种理解?

同样,在心理学和社会学中,案例研究可能包括个人异常或团体异常(社会意义层面)。在经济学方面,案例研究可能包括超出预期的国家或企业(例如博茨瓦纳和微软),也可能包括令人失望的国家或企业(例如 20 世纪的英国和近几十年的西尔斯)。鉴于对福利国家发展的一般期望,案例研究可能侧重社会福利发达的国家(如瑞典)或欠发达的国家(如美国)。异常案例与理论异常的调查密切相关。事实上,偏差意味着"异常"①。

值得注意的是,研究人员通过单一分布的平均值来判断(单个变量的值的分布)极端案例,而他们通过因果关系的一般模型来判断异常案例。通过异常案例方法选择的案例是那些参考一些(可能的)普遍关系的、被用来证明惊人价值的案例。它们是存在"偏差的",因为研究人员无法利用多变量模型充分解释这些案例。重要的一点是,偏差的估计只能通过一般(定量或定性)模型。这意味着,一旦总体模型被改变,案例的相对偏差就会改变。例如,当衡量标准是社会财富时,美国就是一个异常的福利国家。但是,正如刚刚所讨论的,当模型中包含某些额外的(政治和社会)因素的时候,美国福利国家的偏差可能不那么大,或者根本不会产生偏差。偏差与模型紧密相关。因此,当【656】讨论异常案例的概念时,我们应该思考以下问题:与何种模型(或一组背景因素)相关时案例 A 是异常案例?

从概念上讲,我们曾经说过,异常情况与典型情况在逻辑上是相反的。这促成了直接对比统计测量的产生。典型案例残差较小(在一些普通因果关系模型中),而异常案例的残差很大。这意味着异常案例可能不具代表性。但是这样似乎就违反了案例研究样本应该重现母体特征的假设。

然而,必须牢记的是,异常案例分析的主要目的是寻找新的但尚未确定的解释。(如果异常案例分析的目的是反驳现存的理论,我将称此研究为重要案例研究)研究者希望,在异常案例中发现的因果过程将说明适用于其他(在这些案例中或多或少存在偏离)案例的一些因果因素。这意味着最终异常案例的研究通常会成为普遍命题,它

---

① 关于异常在科学理论发展中的重要作用的讨论,请参见阿勒曼(Elman 2003),拉卡托斯(Lakatos 1978)。关于社会科学中偏离案例研究设计的例子,请参见阿门塔(Amenta 1991),科皮奇(Coppedge 2004),埃克斯坦(Eckstein 1975),伊麦(Emigh 1997),肯德尔(Kendall)和沃尔夫(Wolf 1949/1955)。

适用于母体中的其他案例。一旦将这个一般性命题引入整体模型中,我们就会期望所选择的案例不再是异常案例。事实上,异常案例有可能具有代表性,就如由调整后的模型中的小残差证明的一样(例外情况是将案例结果视为"意外",因此也就无法通过任何一个普遍模型来解释)。

异常案例研究的这个特征应该有助于解决有关其代表性的问题。即使不可能测量新的因果因素(因此将其引入大样本交叉案例模型),我们仍可以断言(根据对某种现象的常识)所选择的案例代表母体。

5. 有影响力案例

有时候,进行案例选择完全是因为需要验证普遍的因果关系模型背后的假设。本书中,分析人员试图给出一个理由,解释他们为什么不考虑一个有问题的案例或一系列有问题的案例。也就是说,他试图表明,为什么一旦对特殊案例有了充分的了解,明显偏离规范就不算是真正的偏离或这些偏离不会对理论核心构成挑战。毕竟,交叉案例分析可能会受到几类问题的影响,其中包括测量误差、规格误差、为推理而建立恰当边界导致的误差(论证范围)和随机误差(在研究中被视为随机的现象的波动,提供可用【657】的理论资源)。如果这些问题可以解释不适用的案例,那么利益理论就更加强大了。这种异常案例分析回答了这个问题:"案例 A(或类型 A 的案例)怎么样?如何能使这种看似不确定的案例适用于这种模式?"

由于其根本目的与通常的异常案例研究不同,我提出了一个新的术语——有影响力的案例。有影响力的案例对一种理论提出质疑,因此值得细细研究。这项调查可能揭示了这一理论的合理性(也许形式上会稍作变动)。这样看来,有影响力的案例是"证明规则的案例"。在其他例子中,有影响力的案例分析可能有助于否定或重新定义一个理论。关键的一点在于,案例的价值是通过交叉案例模型来判断的。

有影响力的案例分析的简化版涉及关键案例在一些关键方面的得分的确认。这本质上是一个测量问题。有时研究人员对于案例的解释很少,因为他们对这些案例的了解很少。对一种特定的情况的仔细研究有助于研究人员发现一个被错误解读的案例。如果是这样,那么,由案例引发的对某一普遍理论的初步的挑战就已经不存在了。

然而,经常运用有影响力的案例最终会导致对案例的实质性重新诠释——也许甚至是对普遍的模型的实质性进行重新诠释。这不仅仅是一个测量问题。如托马斯·埃尔特曼(Thomas Ertman)对西欧国家建设的研究(如赫拉尔·芒克(Gerardo Munck)总结)。

地方政府在国家建设初期阶段的类型与地缘政治竞争加剧的相互作用对国家政权和国家出现产生了很大的影响。埃尔特曼根据欧洲的历史经验来检验这个假说，他发现大多数国家符合他的预测。不过，丹麦是一个例外。在丹麦，持续的地缘政治竞争开始相对较晚，地方政府从一开始就积极参与到国家建设中，这本应该使丹麦成为立宪制国家。但是事实上，丹麦产生了官僚专制政体。埃尔特曼仔细探讨了官僚专制政体在丹麦的形成过程，他发现早期丹麦具有发展成为立宪制国家的特征。然而，德国骑士的影响力使得丹麦被推出了这条轨道。德国骑士进入了丹麦，带来了德国的地方政府机构。埃尔特曼追溯了这些德国政府机构推动丹麦发展官僚专制主义的因果过程，他认为丹麦之所以成为官僚专制国家是由他的解释框架之外的因素造成的（Munck 2004，第118页）。

通过对丹麦的深入的讨论，埃尔特曼的总体框架得到证实，即使在这种明显不成立的案例中，普遍理论规定的因果程序也能够显示出来。丹麦仍然是偏差案例，但是正是由于"特殊的历史情况"才导致了理论的外源性（Ertman 1997，第316页）。

显然，有影响力的案例分析与异常案例分析相似。两者都关注异常值。但是，正如我们看到的那样，他们关注不同种类的异常值。而且，这两项研究设计的动态目标截然【658】不同。有影响力的案例研究的初始目的是确定普遍模型，而异常案例研究的初始目的是提出修改现有普遍模型的新假设。如果同一个案例研究可以实现两个目标，即确定普遍模型与确认其核心假说，那么人们就会感到困惑。

因此，在他们对罗伯特·米歇尔斯（Roberto Michels）的"寡头统治铁律"的研究中，李普塞特（Lipset）、特罗（Trow）和科尔曼（Coleman）选择将重点放在一个似乎违反关键预设的组织上——国际印刷协会。正如其中一位作者所指出的那样，国际印刷协会"长期以来实行的都是两党制度，选举自由，但是掌权者频繁变更"，因此国际印刷协会是寡头制的机构（Lipset 1959，第70页）。因此，它引发了人们对米歇尔斯关于组织行为的质疑。作者解释到，因为该协会中的成员教育程度很高，所以会出现这个好奇的结果。米歇尔斯定律适用于大多数组织，但不适用于所有组织。米歇尔斯定律是有前提条件的。原始模型（实际上，李普塞特、特罗和科尔曼引入一个新的控制变量或边界条件）的重新定义涉及对新的假说的探索。因此，在这种情况下，使用有影响力的案例来证实现有理论与使用异常案例探索新理论是非常相似的。

在定量情况下，有影响力的案例是那些如果赋予因变量不同的值，会最大程度上改变估计值的案例。它们可能是也可能不是异常值（高残余案例）。衡量影响的两种量化方法通常被用于回归诊断（Belsey Kuh and Welsch 2004）。第一种方法，通常被称为案例杠杆，它源于所谓的帽子矩阵。仅仅根据每个案例的自变量得分，我们可以从帽子矩阵中看出，这种案例因变量（或测量误差）的变化将影响整体回归线。第二种方法是库克距离。库克距离用于衡量如果在分析中省去一个给定的案例,那么所有参数的估计会发生多大的变化。调节作用明显的案例或库克距离对从跨案例分析中得出的推论有很大贡献。在这个意义上,这些案例对坚持分析结论至关重要。在这种情况下,发现因变量或重要省略变量的重大测量误差可能会大大改变对总体关系的估计。因此,选择有影响力的案例进行深入研究可能是相当明智的。

值得注意的是,有影响力的案例选择策略只能用于研究人员有理由担心其结果是由一个或几个案例驱动的情况。这可能最适合中小型样本。如果样本的数量非常大(超过 1000),那么我们可以说——一小部分案例(不只是个别案件)就不太可能发挥"有影响力"的作用。当然,也可能存在一部分有影响力的案例,例如,特定大陆或文化地区的国家,或祖籍是爱尔兰的人。有影响力的观察值在时间序列截面数据集中经常【659】出现问题。在数据集中每个单位(例如,国家)都包含多个观察值(通过时间),因此可能对聚合结果有很强的影响。然而,一般规律是:样本量越大,个别案例越不重要,因此在选择案例时,研究者不太可能使用有影响力的案例。

6. 关键案例

在所有现存的案例选择方法中,人们最熟悉的也是最具争议的是关键案例方法。几十年前哈利·埃克斯坦(Harry Eckstein)将这种方法引入社会科学界。在一篇重要的文章中,埃克斯坦(1975,第 118 页)对关键案例做如下描述。"如果研究人员对理论的有效性有信心,那么该案例与这个理论相适应,或者反过来说,如果研究人员反对该理论,那么该案例就不能与该理论相适应。"当一个案例最有可能或最不可能完成理论预测时,在某种程度上它的重要性就较弱。研究人员认为一个"最可能"的案例,在所有维度上,除了理论利益的维度之外,都会得出一定的结果。但是实际上并没有。因此,它被用来否定一种理论。"最不可能"的案例是,除了理论利益的维度之外,在所有维度上都应该不会产生某种结果,但却产生了某种结果的案例。因此,它被用来证实一种理论。在所有形式中,为检验某一论证关键案例给出了一个最困难测试,因此在非实验的单一案例中的条件下,典型案例可能提供最有力的证据。

自从埃克斯坦的有影响力的文章发表以来,关键案例的方法已经在多个社会科学学科的研究中得到了广泛的认可,并被认为是案例研究的主要方法。[①] 然而,大多数方

---

① 对于案例方法的例子见 Bennett,Lepgold,and Unger(1994);Desch(2002);Goodin and Smitsman (2000);Kemp(1986);Reilly and Phillpot(2003)。对于一般性讨论,参见 George and Bennett(2005);Levy (2002);Stinchcombe(1968,第 24—28 页)。

法学家(例如 Sekhon 2004)并未广泛接受任一案例都可以发挥关键(或"重要")作用这个想法(此前的研究学者似乎也有相同的疑虑)。

我们从确定性(最不可能的)关键案例开始。本研究设计的隐含逻辑可概括如下：给定一系列事实，我们需要考虑给定理论真实性的概率。尽管事实很重要，但是这种研究的有效性也取决于所讨论的理论的形式特性。具体来说，一个理论在多大程度上可以得到证实取决于从理论中可以得出多少预测，以及每个单独预测的"风险"大小如何。波普尔(Popper 1963，第 36 页)提到："只有当这个理论是风险预测的结果时，它才能被证实，也就是说，如果我们不了解这个理论，那么我们应该预设一个与理论不相符【660】的事件，该事件会否定这个理论。每一个'好'的科学理论都是一条禁令；它阻止某些事情发生。一种理论禁止的东西越多，这种理论就越好。"(另见波普尔，1934/1968)因此，风险预测精确度和确定性都很高。因此风险预测不可能通过其他因果因素(利益理论之外的)或随机过程的产物来实现。如果一种理论被充分阐述而且它所涉及的范围足够广泛，那么该理论会产生许多这样的预测，不仅有关于核心成果的预测，还有关于具体的因果机制的预测(在波普尔词典中，风险的概念也可以被定义为可证伪的程度)。

这些要点也可以用贝叶斯的术语来表达。科林·豪森(Colin Howson)和彼得·乌尔巴赫(Peter Urbach)解释说："e [一组证据]能否证实 h [一个假设]取决于 $P(e \mid h)$ 超过 $P(e)$ 的程度，也就是说，在多大程度上 e 与假说和背景假设的关联度大于 e 与相对于背景假设关联度。""如果假说是真的而不是假的，那么理论的证实与证据的可能性有关"(Howson and Urlbach 1989，第 86 页)。因此，理论中的预测越奇怪(相较于我们的正常预期)，该理论的可证实度就越高。作为一个直观的例子，科林·豪森和彼得·乌尔巴赫(1989，第 86 页)提供以下内容：

如果一个预言家预测某天你会遇到一个陌生人，实际生活中你确实遇到了，你对他预测能力的信任度不会有太大程度的提高：你可能还是会认为他的预测只是猜测。但是，如果预言家告诉你那位陌生人的头发的数量，你之前的怀疑无疑将会被动摇。

虽然这些波普尔派/贝叶斯概念①与所有实证研究设计相关，但它们与案例研究设计相关的关系尤为密切，在这些情况下，单个案例(或有时是一小部分案例)需要承担起举证责任。因此，波普尔的"风险"理念被哈利·埃克斯坦等案例研究人员用来验证单一案例分析，这并不奇怪。(虽然显然埃克斯坦没有引用波普尔的知识谱系)，但是

①　梅奥(Mayo 1996，第 6 章)阐述了第三个立场。该立场既不属于波普派也不属于贝叶斯派。从这个角度来看，同样的想法被表述为"严峻考验"。

这里所提及的风险类似于通常被称为"最困难"的研究设计。在案例研究中,这种研究设计被理解为"最不可能(least-likely)"案例。还要注意的一点是,在一定程度上,"必须适用(must-fit)"的案例与最不可能的案例之间的区别在案例实际上符合理论的程度。案例或多或少都会在对理论的证实中发挥一定的关键作用。关键在于,在某些情况下,如果缺乏经验证据,研究人员可以通过理论风险来弥补。

关键案例研究设计的演绎度很高。在很大程度上关键案例设计取决于被调查理论的质量。因此,那些可以通过关键案例进行分析的理论在精确度,一致性和范围上有硬性规定。一个理论包含越多的因果关系定律,这个理论就越容易通过单一案例来证实或否定。事实上,在诸如物理学这样的自然科学领域,风险预测很常见,而物理学为影响埃克斯坦和其他人在战后几十年的演绎名词("覆盖律")模型服务(例如 Hempel 1942)。

【661】

一个经常被引用的例子是相对论的第一个重要的经验论证。1919 年 5 月 29 日的日食现象(Eckstein 1975;Popper 1963)使该论证成为单一事件预测。史蒂芬·凡·埃弗拉(Stephen Van Evera 1997,第 66—67 页)描述了这一预测对爱因斯坦理论验证的影响。

爱因斯坦(Einstein)的理论预测,重力使得光线向重力源方向发生一定程度的弯曲。因此,它预测,在日食期间,太阳附近的星星将会出现位移,实际上在太阳后面的星星看起来像在紧挨着太阳,而位于太阳下方的星星看起来可能离太阳更远。他预测了明显的位移量。没有其他理论作出这些预测。这一个单一案例研究测试的通过使得该理论被广泛接受,因为测试预测是独一无二的——对于预测结果没有合理的可与其相提并论的解释,因此这是一个强有力的测试。

这个测试的优势是单一案例中发现的一组事实完全适用于这一理论,但是与其他理论却不相适应。爱因斯坦解释了一系列异常发现,现存理论都不能解释这些发现。当然,我们必须假设没有测量误差或测量误差有限。人们必须假设利益现象通常是不变的;光在不同的时间和地点不会发生不同的弯曲(除了以可以通过相对论来理解的方式)。最后我们必须假设从其他方面看,理论本身也是有意义的(除特殊的情况外);这是一个合理的普遍理论。如果研究人员接受这些先验假设,那么 1919 年的"案例研究"强有力地证实了理论。在观察(非实验)环境下,很难想象一个更有力的证据来证明这个理论。

相比之下,在社会科学背景下,人们通常不会发现单一案例研究为理论提供了有力的证据。在我看来,这主要是因为大多数社会科学理论都很松散。乔治和班内特指出,虽然民主和平的论点与社会科学一样被认为是一项定律,但由于理论规定的因果关系,不能通过研究具体的因果机制来证实(或驳斥)这种理论,因为受理论支配的因果路径多种多样。在这种情况下,没有一个单一的案例可以提供强有力的证据来证实一个理论(George and Bennett 2005,第 209 页)。

然而,如果研究人员采用推测性更强的关键案例,即最不可能(最困难)的情况,那么可能性很大。事实上,我怀疑,绝大多数案例研究工作,主要针对单一案例(没有相应的交叉案例分析)进行实证分析的案例研究依赖于最不可能案例的逻辑。除了在一个或两个阶段中,这个逻辑一般是隐性的。"风险"预测的演绎逻辑是案例研究的核心。只要交叉案例的证据有限,并且不能设计任何操纵的方法,案例研究是否令人信服经常地取决于研究者对于论证证据的强度的评估,反过来,也取决于对理论与现有证据之间"合适"程度的估计。 【662】

蔡莉莉(Lily Tsai 2007)在对中国乡村治理的调查中,对部分村庄进行了深入的案例研究,因为它们与利益理论相关的可能性最小。蔡(Tsai)的假设是,社会更为团结的村庄(基于已有的宗教或家庭关系网)社会信任度更高和履行义务度更高,从而更好治理。因此,关键案例是那些社会高度团结,但在其他方面被认为是最不可能发展善政的村庄。例如,他们贫穷、孤立、缺乏上述的民主机构或问责机制。福建省的"李家村"就是这样的一个案例。事实上,在基础设施建设方面,这个贫困的村庄取得了瞩目的成果,如铺设有排水沟的道路(在农村很少见),这表明这里存在一些非常不寻常的因素。由于她的案例都是仔细选择的,目的是消除对立的解释,因此人们很难反驳蔡关于社会团结的特殊作用的结论。还有什么可以解释这个异常的结果? 这是最不可能的案例的优势,其中所有其他合理的因果因素已被最小化。①

杰克·利维(Jack Levy 2002,第 144 页)将它称为"Sinatra 推论",如果它在这里可以发挥作用,那么它可以在任何地方发挥作用(参见 Khong 1992,第 49 页;Sagan 1995,第 49 页;Shafer 1988,第 14—16 页)。因此,如果社会团结在"李家村"中发挥假设效应,那么在更有利的环境中(如经济上更加富裕的村庄)社会团结应该具有相同的效果。相同的隐含逻辑影响许多案例研究分析。这些案例分析的研究的意图是基于单个案例确认假设。

为了否定因果假说,人们采用了另一种关键案例。波普尔的一个核心观点是否定推理比证实同一推理更容易(事实上,波普尔认为任何推论都可以得到充分的证实,因此,他偏爱"证实"这一术语)。案例研究设计尤其如此。在案例研究设计中仅出现一

---

① 应该指出,蔡的结论并不仅仅取决于关键案例。事实上,她采用了一系列方法,包括案例研究和跨案例方法。

种或多种案例的证据。一个重要的前提条件是被研究的理论必须有一致的（即不变的、确定性的）形式，即使它的预测不是非常精确、未经过精心设计或是不宽泛的。

事实上，在社会科学学科（Goertzand Levy 提出；Goertzand Starr 2003）中有许多不变的命题。例如，以前有人认为，政治稳定只会发生在同种族人组成的国家中，或通过横向减少分歧以减轻现有的异质性的国家（Almond 1956；Bentley 1908/1967；Lipset 1960/1963；Truman 1951）。阿伦德·利普哈特（Arend Lijphart）对于荷兰这个社会分歧凸显的和平国家的研究通常被视为在一个深入的案例分析的基础上对该理论进行的驳斥。①

【663】

当然我们会质疑，假设的恒定理论是否真的是不变的？也许这是概率问题。也就是说，从概率上讲，尽管荷兰是一个例外，但是也许横向减少分歧理论依然是正确的。或者从决定论角度看，也许这个理论在一个不包括荷兰的案例的子集中仍然是正确的（在这种情况下，这种说法似乎不太可能，但在许多其他情况下，却似乎是合理的）。或者也许这个理论需要重构；从决定论角度看，该理论是正确的，但是该理论只适用于横向减少民族/种族分裂，而不适用于宗教分裂。人们可以理解"否定"理论的意义。关键在于，在所有情况下，关键案例中都有持续不断更新的理论先验。

到目前为止，我认为因果因素是二分的。各国加强或减少横向分歧，他们拥有和平的或冲突的制度。显然，这些参数往往是程度上的问题。在理论研读中，案例多少是重要的。因此，为利普哈特（Lijphart）的宗旨服务的最有用的案例，即最关键的案例是拥有最多被隔离社会团体和最和平、最民主的社会团体的记录的案例。在这些方面，荷兰是一个很好的选择。事实上，就对理论的否认程度而言，荷兰对于理论的否认程度可能大于印度或巴布亚新几内亚等社会和平但并不安定的国家。关键在于当变量是连续而不是二分的时候，根据其关键程度来衡量潜在的案例是可能的。

需要注意的是，无论关键案例法被用于证实理论还是否定理论，这种方法都不能在大样本中使用。这是因为一个明确的交叉案例模型会使关键案例研究成为冗余。一旦确定了这些参数的相关参数和所有案例的分数，就会出现一个证实或否定该理论的交叉案例模型。此后，这个案例研究就是不相关的，至少当其作为关键的证实或者否认一种理论的手段时，这个案例是不相关的。② 当然，当此案例作为探索因果机制的手段

---

① 参见埃克斯坦（Eckstein,1975）和利普哈特（Lijphart 1969）。有关否定决定论的关键案例参见艾伦（Allen 1965）；李普塞特（Lipset）、特罗（Trow）和科尔曼（Coleman 1956）；尼吉奥斯塔德（Njolstad 1990）；赖利（Reilly 2000-2001）；迪翁（Dion 1998）；罗戈斯基（Rogowski 1995）。

② 的确，研究人员可以通过案例分析对因果机制进行研究。因果机制是给定理论的组成部分。我们可以用一个单独的案例来证实或否定一个命题。然而，如果在案例研究中，研究人员坚持使用 X/Y 共变的模型，并且发现规定的因果机制存在错误，那么该研究强调的是对给定理论的重新定义，而不是对该理论进行证实或否定。进一步讨论见下一章。

时,它仍然是高度相关的。然而,由于这个目标通常与术语相关的目标是完全不同的,所以我用一个新术语来说明这个研究方法。

7. 通路案例

【664】

　　针对案例研究的调查最重要的功能之一就是阐明因果机制。但是哪种案例最有助于实现这个目的? 虽然所有的案例研究都可能揭示因果机制,但并不是所有的案例的透明度都是相同的。在因果假设是明确的并且已经是通过交叉案例分析确认了的情况下,研究人员应该专注于可以将其他潜在的混杂因素(X_2)与X_1以及Y之间的因果关系因素区分开来的案例。我将此称为通路案例,以表明其对因果机制的独特且深入的研究。与关键案例相比,只有在研究人员很好地研究交叉案例协变模式的情况下和在连接X_1和Y的机制尚不明确的情况下,这种方法才是切实可行的。因为通路案例需要建立在前期交叉案例分析之上,所以案例选择的问题必然存在。不存在独立通路案例。

　　通路案例的逻辑在因果完善的情况下是最清楚的,其中利益因果X_1(尽管也许不是必要条件)是解释Y值(0 或 1)的充分条件。引起Y的其他原因被具体化为向量X_2。我们无需对这些原因进行假设。

　　值得注意的是只要各种因素可以互相替代,那么每一个因素都被认为是充分条件(Braumoeller 2003)。因此,因果均衡的情况假定因果关系是充分的,对于每个因素或一系列联合因素来说都是这样的。民主化研究就是一个例子。此例指出了政权更迭的三个主要途径:领导层发起的改革,反对派的有限机会,或专制政权的崩溃(Colomer 1991)。受案例研究模式限制,我们一次只能分析一个案例,因此让我们将范围限制在由领导发起的改革中。一个因果通路案例将具有以下特征:(a)民主化,(b)由领导层发起改革,(c)对反对派完全开放,(d)此前的专制政权没有崩溃,(e)不存在其他可能影响民主化进程的其他因素。在这种情况下,领导层发起的改革可能使得对于民主化的因果机制的研究变得容易。需要注意的是,没有必要假设领导层发起的改革总是导致民主化;它可能是也可能不是确定性的原因。但有必要假设领导层发起的改革有时会导致自身的民主化(给定某些背景特征)。

　　现在我们关注一个通用的模型。出于启发式的目的,让我们假设该模型中的所有变量都是二分的(编码为 0 或 1),并且模型是完整的(包括引起Y的所有原因)。所有因果关系均为正值:X_1和Y;X_2和Y共变。据此我们可以列出一系列可能的组合。

　　回想一下,根据定义,通路案例总是关注X_1这个单一因果因素。(研究者的焦点可能会转移到其他因素上,但可能只能集中在一个因素上)。在这种情况下,不管Y有多少附加原因(这些原因用 X_2 表示,他们是控制向量),只存在 8 种相关的案例类型,如表 28.2 所示。识别这些案例类型是一件相对简单的事情,并且可以通过构建一个表格(以表 28.2 为依据)或在使用交叉表的大样本中的小样本中完成。

【665】

表 28.2　含有二分因果因素的案例

案例类型	X_1	X_2	Y
A	1	1	1
B	0	0	0
C	0	1	1
D	0	0	1
E	1	0	0
F	1	1	0
G	1	0	1
H	0	1	0

注: X_1 表示理论层面关注的变量。 X_2 表示对照向量(0 表示所有对照变量均为 0;1 表示所有对照变量均为 1)。 Y 表示关注结果。A—H 表示个案类型(每个个案类型的样本都是不确定的)。G,H 表示可能的通路案例。样本大小不确定。

　　假设:(a)所有的变量都可以用二元编码的方式表示;(b)在大多数案例中,所有自变量与 Y 成正相关;(c) X_1 (至少有时)是导致 Y 的充分条件。

　　值的组合总数取决于控制变量的数量,我们用单个向量 X_2 表示。如果该向量由单个变量组成,则值的组合只有 8 种类型。如果该向量由两个变量(X_{2a} , X_{2b})组成,则值的组合的总数可能从 8(2^3)增加到 16(2^4),以此类推。然而,除了 X_{2a} 和 X_{2b} 具有相同值(0 或 1)的组合以外,这些组合中没有一个与目前的目的相关。"混合"案例不是因果通路案例,这是我们应该明确的。

　　通路案例采用关键案例的逻辑,是一个利益因果因素 X_1 能够正确地预测 Y ,而引起 Y 的其他可能原因(表示为向量 X_2)做出错误预测的一种案例。如果 X_1 是 Y 的充分条件(至少在某些情况下是这样的),那么在研究因果机制时,这种案例的用处最大。在表 28.2 中,只有 G 和 H 属于通路案例。在所有其他案例中,很难看出从 X_1 到 Y 的机制。原因有两个。第一, X_1 和 Y 是不相关的(在我们的假说中,二者构成了一个异常案例)。第二,其他混杂因素(X_2)的入侵。在案例 A 中,例如, Y 的值为正, Y 值是 X_1 或

【666】

X_2 的乘积。对这种案例的深入研究可能并不会太透彻。

　　由于从跨案例研究中,研究人员已经知道一般因果关系是什么,她知道(在案例研

究调查之前)什么构成正确或不正确的预测。在关键案例方法中,这些期望是演绎的而不是实证的。这就是两种方法的不同之处。因此,因果通路案例主要用于阐明因果机制,而不用于证明普遍命题是无根据的(这点从跨案例证据已经或多或少地显现出来了)。当然,如果这个观点完全取决于一套具体的因果机制,而且案例研究显示这样的机制不存在,那么我们必须承认对因果机制的研究是无效的。然而,这在大多数社会科学环境中是不大可能的。通常情况下,研究人员会根据该发现的结果对 X_1 导致 Y 这一因果过程进行重新阐述,或者研究人员会发现被研究的案例是异常的(母体中的异常案例)。

有时,研究问题被认为是单向的:一个人对于为什么 0 变为 1(反之亦然)感兴趣,但不对为什么 1 变为 0 感兴趣。在前面的例子中,我们提出这样的问题:为什么民主国家失败,而不是为什么国家变得民主制或专制。因此,只能存在一种类型的因果通路案例(政权失败被标注为 0 或 1 取决于个人)。研究人员对双向因果关系感兴趣,即对从 0 到 1 以及从 1 到 0 都感兴趣。在表格中有两个可能的因果通路案例 G 和 H。但是实际上,这些案例中,有一个案例比其他案例更有用。因此,"通路案例"以单数形式来表述似乎是合理的。为了确定这两种案例类型中的哪一种对于密集分析更有用,研究人员应该看每种案例类型是否具有他们所需的特征,如:(a)一个罕见的(不寻常的) X_1 值或 Y 值(即极值),(b) X_1 中可观察到的时间变量,(c)更容易研究的 X_1/Y 关系(它具有更明显的特征;透明度更高),或(d)较低的残差(在正态模型中,有这种特征的案例被称为典型案例)。通常,对于 G 和 H,研究人员的选择很明显。

让我们考虑这样一种情况,即关注模型的所有(或大多数)变量是连续的,而不是二分的。案例选择的工作要复杂得多,因为因果关系并不"充分"(在通常意义上)。假设研究人员可以划分给定的原因,即消除敌对因素,但是这种假设已经不再合理了。然而,对通路案例的研究仍然可行。在这种情况下我们正在寻找满足两个标准的案例:(1)在普遍模型中它不是异常案例(或至少不是极端的异常案例),(2)考虑所有其他因素(X_2),其对结果的评分(Y)受到利益理论变量(X_1)的影响。在这种案例中, X_1 和 Y 之间的因果机制很明显。

要实现第二个目标,我们需要做一定的调整。为了确定哪些(非异常案例)案例受 **【667】** X_1 的影响最大,研究人员必须将缩减形式模型中($Y = \text{Constant} + X_2 + X_1 + \text{Res}_{\text{reduced}}$)的每种案例的残差大小与完整的模型中($Y = \text{Constant} + X_2 + X_1 + \text{Res}_{\text{reduced}}$)每种案例的残差大小进行比较。通路案例是显示了缩减形式模型的残差与完整模型(残差)之间的最大差异的一个案例或一组案例。

$$\text{Pathway} = |\text{Res}_{\text{reduced}} - \text{Res}_{\text{full}}|, \text{ if } |\text{Res}_{\text{reduced}}| > |\text{Res}_{\text{full}}|_{\circ} \tag{1}$$

在完整模型中的残差必须小于缩减模型中的残差;否则,增加利益的变量(X_1)将使案例远离回归线。我们想要找到一个案例,增加X_1会使该案例向回归线靠拢,即有助于"解释"这种案例。

举个例子,假设我们对于探索矿产资源对社会民主前景的影响感兴趣。通过研读关于这个主题的相关资料,我们会发现拥有自然资源(特别是石油)的国家不太可能实现民主化(或曾经经历过民主转型的国家更有可能恢复专制统治)(Barro 1999;Humphreys 2005;Ross 2001)。我们能找到有力的跨国证据。然而,通常情况下,因果机制仍然相当模糊。为了更好地理解这种现象,利用跨国回归模型的结果来识别一个政权类型(即其"某些一般指标"的民主评分)受其自然资源的影响很大的国家是有价值的。这种分析可以区分两个国家,即阿拉伯联合酋长国和科威特。这两个国家的 Δ 残余值和完整模型中的适度残差高(这表示这些案例不是异常案例)。探索石油资源对政权类型的影响的研究人员可能会很好地关注这两种案例,因为他们的民主模式不能很好地用如经济发展、宗教、欧洲影响力或种族分化这样的因素解释。这些国家石油资源似乎会对这些案例国家的民主化前景产生很强的影响。研究人员可以通过普遍理论和现有的跨案例证据对这些影响进行建模。

要重申的是,因果"消除"的逻辑在变量是二分的和可以假设因果关系是充分的(至少在某些情况下,X_1 是 Y 产生的充分条件)的情况下更有说服力。如果变量是连续的,那么通路案例的策略更值得怀疑,因为不能很好地将潜在的混淆因素(X_2)进行分类。即使如此,我们已经指出为什么在许多情况下选择通路案例时需要使用逻辑方法。

简要说明一下例外的情况。有时,模型中的所有变量都是二分的,不存在通路案例,即不存在 G 或 H(见表28.2)。这被称为"空白单元格"问题,或严重因果多重共线性问题。可观察数据的全域中并不总是存在允许我们独立验证给定的假设的案例。如果变量是连续的,那么类似的问题就是对利益结果影响最小的因果关系变量(X_1)。也就是说,在普遍模型中,它的作用是相当小的。在这种情况下,受 X_1 影响很大的案例——如果存在的话——可能是极端的异常案例,而且这些案例也未被恰当地视为为命题提供确凿证据的案例,现在看来原因很清楚。

【668】

最后,应该澄清的一点是,确定因果通路案例与研究其他案例并不冲突。例如,研究人员可能要比较两种潜在的通路案例(G 和 H)。然而,因果通路案例的逻辑不适用于多案例的研究。

8. 最大相似案例

最相似的方法使用至少两个案例。① 最大相似案例中所选择的一对案例在所有方面都相似,只有在利益变量方面不相似。如果研究是探索性的(即创造假说),研究人员将寻找与理论利益结果不一致,但与对于可能对该结果作出贡献的各种因素相似的案例,如表 28.3(A)所示。这是研究初期阶段案例选择的常见形式。通常,富有成效的分析从明显的异常情况开始:两种案例显然非常相似,但表现却会产生惊人的不同结果。对这些案例的深入研究有望找到在这些案例中不同的一个或多个因素。这些不同因素(X_1)被视为推定的原因。可以通过表 28.3(B)的第二个图来描述这阶段的研究。有时候,研究者从一个有力的假设开始,在这种情况下,她的研究设计是从一开始就得到确认(假设检验)。也就是说,如表 28.3(B)中的第二个(假设检验)图所示,她努力找出存在不同结果、在利益因素上得分不同的以及在所有其他可能的因果因素上得分相似的案例。

关键是,由于研究人员从探索分析模式转变到证实分析模式,最相似研究设计的目的和基础经常会发生变化。然而,无论从哪里开始,最后研究人员采取的方法都类似于假设检验研究设计。那么问题就已经解决了:表 28.3 中的(A)变为(B)。

表 28.3 两种案例的最相似分析

案例类型	X	X_2	Y
(A)进行假设(以 Y 为中心)			
A	?	0	1
B	?	0	0
(B)验证假设(X/Y 为中心)			
A	1	0	1
B	0	0	0

注: X 表示理论层面关注的变量; X_2 表示对照向量; Y 表示关注结果。

例如,里昂·爱泼斯坦(Leon Epstein)的党派凝聚力的经典研究,其研究对象是两个"最相似"的国家,即美国和加拿大。加拿大的党派纪律严明,下议院议员参与投票,

① 有时候,最相似的方法被称为"差异方法"(Mill 1843/1872)。参见 Cohen 和 Nagel(1934); Eggan(1954);Gerring(2001,第 9 章);Lijphart(1971;1975);Meckstroth(1975);Przeworski 和 Teune (1970);Skocpol 和 Somers(1980)。

【669】 而美国却相反,政党纪律松散,议员经常在国会投票时缺席。多年来,爱泼斯坦一直致力于解释这些不同的结果,他首先讨论了在这两种情况下可能保持不变的可能因素。美国和加拿大都沿袭了英国的政治文化,联邦制与松散的政党并存,地域性较强,中央力量薄弱。这些是"控制"变量。不同之处在于宪法特征:加拿大是议会制而美国是总统制。爱泼斯坦认为这是关键(区分性)原因,这是制度上的差异(关于最相似的方法的更多例子参见 Brenner 1976;Hamilton 1977;Lipset 1968;Miguel 2004;Moulder 1977;Posner 2004)。

在进行最大相似案例分析时,应该注意以下几点(包括可用于所有案例研究分析的一系列假设)。首先,每个因果因素都可以被理解为对结果具有独立和累加影响的因素;这些因素不具备"互动"影响。第二,案例必须是二分的(高/低,存在/缺失)。基础变量也应是二分的(例如联邦制/中央集权制)。然而,通常情况下,模型中关注的变量是连续的(例如党派凝聚力)。在这种情况下,研究人员必须对案例评分进行"二分",以简化案例分析(灵活性可以在对照矢量(X_2)在所有案例中都是"保持不变"的,这些矢量可以很灵活。如果偏离与预测的假设相违背,那么如果研究人员无法辨别这两个案例是可以接受的,例如,爱泼斯坦将美国和加拿大描述为地方权力基础强的国家,这点在加拿大体现得更为明显。然而,由于地区的权力基础会导致弱势党派,而非更强大的党派,这个不确定性的因素并不会影响爱泼斯坦的结论。事实上,它形成了一个最困难的研究情景,正如上面讨论的)。

一方面,案例管理的要求并不严格。具体来说,为了控制它们,通常不需要测量控
【670】 制变量(至少不需要进行精度高的测量)。如果假设两个国家有类似的文化遗产,那么研究人员就不用担心寻找变量来衡量遗产的问题。研究人员可以简单地断言,无论这些变量是什么,在这两种案例中他们是不变的。这与在随机实验中使用的方法类似,研究者通常不对可能影响利益因果关系的所有因素进行测量。相反,她假设这些未知因素在受试组和对照组中被随机中和或通过内部相同样品的选择被中和。

在最相似的条件下识别深度分析案例的最有用的统计工具可能是各种各样的匹配策略。例如,精确匹配、近似匹配或倾向度量匹配。[①] 该过程会产生一组匹配案例,这些案例可以任何研究者认为合适的方式进行比较,他们是"最相似"的案例。罗森鲍姆(Rosenbaum)和西尔伯(Silber 2001,第 223 页)总结:

在基于模型的调整中,[单个案例]消失并被模型系数取代。与此不同,在匹配中,

---

① 详细解释见 Ho(2004);Morgan and Harding(2005);罗 Rosenbaum(2004);Rosenbaum and Silber (2001)。对于匹配程序的探讨见 Abadie 等人(2001)。

表面上可比较的模式被直接比较。现代匹配方法涉及统计建模和组合算法,但最终结果是可比较的几对或一组人的集合。在匹配中,人们是正直的,所以他们可以被测试,他们的故事可以告诉每个人。

他们作出总结:匹配促进了细致描述,而不是阻碍细致描述。

原则上,在医学观察研究中成功的相同匹配技术也可能适用于研究民族国家、政党、城市,或任何社会科学中传统的成对案例。统计学家青睐匹配的研究方法和各种各样的回归模型。如果罗森鲍姆和西尔伯是正确的,那么适用这种大样本的分析方法可能完全是合理的,可以用于案例研究。

与其他案例选择方法一样,最相似的方法容易出现不具代表性的问题。如果以定性方式(没有系统的交叉选择策略)进行研究,那么被选的案例的潜在偏见就必须以投机的方式来解决。如果研究人员在大样本中采用匹配的案例选择方法,那么可以通过确保所选案例不是极端异常案例来解决潜在偏差的问题,就如通过其完整模型中的残差所判断的一样。大多数相似案例也应该是"典型"案例。围绕回归线的偏差可以接受的,因为偏差有助于在案例之间找到一个很好的契合。

9. 最大差异案例

最后一个案例选择方法与前一个方法相反。自变量的变化是有价值的,而结果的变化是要避免的。研究人员寻找的是最大差异案例而不是最大相似案例。具体来说,研究者试图确定只有一个自变量(X_1)和一个因变量(Y),所有其他可行因素($X2a-d$)呈现不同值的案例。[1]

表 28.4 两种案例的最大差异分析 【671】

案例类型	X_1	X_{2a}	X_{2b}	X_{2c}	X_{2d}	Y
A	1	1	0	1	0	1
B	1	0	1	0	1	1

注:X 表示理论层面关注的变量;X_{2a}、X_{2b}、X_{2c}、X_{2d}(X_{2a-d})表示对照向量;Y 表示关注结果。

---

[1] 最不同的方法有时也被米尔(J. S. Mill 1843/1872)称为"协定方法"。参见 DeFelice(1986);Gerring(2001,第 212—214 页);Lijphart(1971;1975);Meckstroth(1975);Przeworski 和 Teune(1970);Skocpol 和 Somers(1980)。关于这种方法的例子,参见 Collier 和 Collier(1991/2002);Converse 和 Dupeux(1962);Karl(1997);Moore(1966);Skocpol(1979);Yashar(2005,第 23 页)。然而,大多数研究将最相似的方法与最不同的方法结合起来。

　　这种两例比较的最简单形式如表 28.4 所示。尽管它们在关注因果变量和结果这两个重要方面很相似,但是案例 A 和 B 被认为是"最不同的案例"。

　　例如,我研读了 Marc Howard(2003)最近的著作,在这部著作中他探讨共产主义对民间社会的持久影响。① 跨国调查显示,共产主义制度与低社会资本之间存在很强的相关性,控制着各种可能的混杂因素。这是一个很强大的结果。霍华德想知道为什么这种关系如此强大,为什么它们在不再是社会主义或专制的国家中持续存在,甚至可能变得更强。为了回答这个问题,他关注两个最不同的案例,即俄罗斯和东德。在前苏联时代、苏联时代(从东德得到西德的大量补贴开始)以及后苏联时代(德国统一),这两个国家在除了共产主义经验之外的方面是完全不同的。然而,他们都接近旨在衡量当前时代公民参与度的各种跨国指数的底部。因此,霍华德(2003,第 6—9 页)的案例选【672】择程序符合最不同的研究设计的要求:除了关键因素(共产主义)和结果(公民参与)之外,所有(或大多数)维度上都存在差异。

　　这种方法给案例分析造成怎样的影响? 霍华德的案例研究结合了来自民众调查的证据,以及对俄罗斯和东德的小型分层样本的深入访谈。(这是一个很好的例证,证明了数量和质量的证据可以在几个案例的深入研究中有效结合)。此分析的结果证明了霍华德(2003,第 122 页)的三个因果途径,它们有助于解释民间社会在后共产主义政治中落后的地位:"共产主义组织的不信任,友谊的持续存在和后共产主义的失望。"简单地说,霍华德(2003,第 145 页)得出结论,"俄罗斯和东德的大多数公民对任何一种公共组织都有强烈不信任感,对于个人的关系网感到满意(伴随着社会整体关系恶化的感觉),对共产主义的发展感到失望"。

　　这种最不同的案例分析的优势在于在东德和俄罗斯的分析中得出的结果也应适用于其他后共产主义政治国家的分析(例如立陶宛、波兰、保加利亚、阿尔巴尼亚)。通过选择异质样本,霍华德解决了他有限样本中的代表性问题。然而,这个样本在母体推理中显然不具有代表性。这个母体应该覆盖全世界所有的国家。

　　缺乏关键的利益因果关系变量是更大的问题——共产主义及其推定因果途径。因此根据最不同的分析,我们很难根据这些因素的因果状况得出结论。霍华德确定的三个因果途径有可能也在从未经历共产主义统治的政治中运作。

　　在这种最不同的分析的基础上,似乎也不可能完全消除相反的假说。的确,这不是霍华德的意图。他只想表明,经济、文化和其他因素都可能对民间社会产生影响。

　　我认为,最不同的研究设计对共产主义制度为什么似乎在消失后的几年阻碍公民

---

　　① 在下面的讨论中,社会资本、民间社会和公民参与可以互换。

参与这个问题产生影响。幸运的是,霍华德在他的研究中还是用了其他的研究方法。实际上,作者还运用了两种小样本交叉案例方法,以及大量样本跨国统计分析。这些方法完成了大部分的分析工作。东德可能被视为因果通路案例(见前面的论述)。东德通常具有促进公民参与的所有特性(例如,不断发展的经济、多党竞争、公民自由、言论自由,与西欧文化和政治紧密联系),但在后期转型过程中东德的情况并没有得到改善(Howard 2003,第8页)。如霍华德所说,将缺乏变化归因于东德的共产主义过去是合理的,在这种案例中,东德应成为因果机制调查的对象。东德和西德之间的对比就是一个最相似的分析,因为除了在共产主义历史方面,两国政治是一样的。霍华德巧妙地利用了这个变量。【673】

我不想完全否定最不同的研究方法。诚然,有了对俄罗斯的集中分析,霍华德的研究结果更有说服力。然而,如果仅仅进行最不相同的案例分析,他的著作在经验主义方面是站不住脚的。

如果一个人不考虑通路案例(东德)和最相似的分析(东德/西德),那么几乎没有什么方法可以用来分析因果关系了(大规模的跨国分析除外)。事实上,大多数学者都将最不同的方法和其他方法结合在一起①,很少单独使用一种方法。②

通过对霍华德的研究进行讨论,笔者对最不同的案例分析方法进行简要总结(笔者没有涉及所有案例研究分析面临的问题,这些问题的讨论见格林,2007)。

让我们从方法论障碍开始,也是两个密尔分析方法面临的问题——在分析中对每个变量进行二分的必要性。回想一下,与最相似分析一样,案例之间的差异通常必须足够大,可以二分的方式(例如高/低,存在/不存在)来解释,相似度必须足够强以至于被理解为这两个案例在本质上是相同的(例如高/高,存在/存在)。否则,密尔分析的结果是不可解释的。如果所考虑的变量本质上是连续的(例如 GDP),那么"程度"的问题是一个致命的问题。这在霍华德的分析中是一个特别关注的问题。在霍华德的分析中,东德在公民参与方面的得分略高于俄罗斯;两国的得分都很低,但是俄罗斯的得分更低。霍华德假设这种分歧是最小的,足以被理解为程度的差异,而不是种类的差异。

----

① 例如 Collier 和 Collier(1991/2002);Karl(1997);Moore(1966);Skocpol(1979);Yashar(2005,第23页)。Karl(1997)的著作对最不同的系统分析(20)产生影响,是一个非常明确的例子。她的研究集中在石油大国中(拥有大量石油储量的国家),并进行了两种推论。第一个问题是石油在政治和经济发展中(通常)起阻碍作用。第二种推论涉及石油国家母体的变化,它显示一些国家(如挪威、印度尼西亚)设法避免石油资源给其他地方带来影响。在尝试解释石油对石油国家的约束作用时,卡尔通常依赖于石油国家与非石油国家之间的对比(例如第10章)。只有当试图解释石油国家的差异时,她将样本限制在石油国家中。在我看来,最不同的研究方法并未发挥太大作用。

② 密尔(Mill 1843/1872,第258—259页)间接地证明了这一点。在过去的几年中,方法学家已经回应了怀疑论(例如 Cohen 和 Nagel 1934,第251—256页;Gerring 2001;Skocpol 和 Somers 1980)。事实上,对最不同方法的明确辩护很少(参见 DeFelice 1986)。

在这些方面,最不同的分析和最相似的分析都不再是确定的。

在一个方面,最不同的分析优于最相似的分析。如果编码假设是正确的,那么最不同的研究设计可能对消除必要的原因非常有用。在所选择的案例不出现的因果因素(例如表 28.4 中的 X_{2a-d})对于 Y 的结果来说显然是不必要的。然而,最不同的方法并不是消除必要原因的最佳方法。请注意,此方法的独有特征是跨表的共享元素(表 28.4 中的 X_1)。此特点对消除必要的原因没有帮助。事实上,如果一个人专注于消除必要的原因,那么他大概会找出产生相同结果并在其他属性上具有最大差异的案例。在表 28.4 中,这将是满足条件 X_{2a-d} 而不是 X_1 的一组案例。因此,即使是最不同分析的假设力量也不是很强。

【674】

通常,案例分析的重点是确定(或澄清)因果关系,而不是消除可能的原因。在这种情况下,最不相同的方法是有用的,但只有当因果唯一性的假设成立时,这种方法才有用。"因果唯一性",是指一个原因只能带来一个给定结果:没有 X,Y 就不能发生。X 是 Y 的必要条件,在某些情况下(给定背景条件)X 是 Y 的充分条件。[①]

考虑以下假设的例子。假设 A 国出现了一种新的疾病,在该国数十个受影响的社区中,有数以百计的感染者。在位于世界另一端的 B 国,在单一社区中出现了几例新病例。在这种情况下,我们可以设想出两种密尔分析。第一个是研究国家 A 内的两个相似的社区,其中社区中有疾病的感染者,另一个社区中没有。这是最相似的案例比较风格,并且重点在于识别可能解释样本变化的两种情况之间的差异。第二种方法侧重于两国出现疾病的社区,并搜寻可能解释这些相似结果的任何相似之处。这是最不同的研究设计。

对于这个问题而言,这两种方法都是可行的。我们可以想象流行病学家同时使用这两种方法。然而,最不同的研究需要对工作中的潜在因素进行更强有力的假设。它认为这种疾病是由同一原因引起的。当面临自然现象时,这通常是一个合理的假设,虽然一定会有许多例外。例如,死亡有许多原因。因此,我们不会在世界各地寻找针对死亡率的最不同的案例。为了使最不同的研究设计在给定的结果中有效地确定工作中的因果因素,研究人员必须假设 X_1 是导致 Y 的唯一可能的因素(在不同案例中,X_1 保持不变)(见表 28.4)。这个假设在社会科学情况下几乎是站不住脚的。人类学家、经济学家、政治学家和社会学家感兴趣的大多数结果都有多重原因。赢得选举、建立福利国家、参战、推翻政府,建立一个强大的市民社会有很多方法。正是由于这个原因,最不同的分析很少在社会科学工作中得到应用,即使得到应用也不具说服力。

如果这似乎有点严重,那么有一种更宽泛的最不同的方法。可以说,这不是纯粹的

---

① 另一种说法是说 X 是 Y 的"非平凡的必要条件"。

"方法"，而仅仅是一种补充，一种将多样性纳入利益不寻常结果的子样本的方法。如【675】果不寻常的结果是变化，那么人们可能希望在自己的分析中包含各种各样的变化。如果这个不寻常的结果是后共产主义的公民社会，就像马克·霍华德所认为的那样，那么在一个案例研究的样本中就会包括一系列不同的后共产主义政体。从这个角度来看，（所谓的）最不同的方法最好被称为多样案例方法。

10. 初步结论

　　为了扩展一个案例，研究人员必须选择在母体中（在某些方面）具有代表性的案例。否则，如果它是完全特殊的（"独特的"），那么此案例没有外延意义。基于非代表性样本的研究不具（或很低）外部效度。可以肯定的是，没有任何现象是完全特殊的。很难界定一个独特的案例。人们依旧关心程度的问题。案例或多或少地代表了一些更广泛的现象，这一点上，这些案例有助于或阻碍深入分析。（如上所述，有影响的案例是一个例外。）

　　在所有案例研究分析的问题中，最难解决的或许就是样本偏差问题（Achen and Snidal 1989；Collier and Mahoney 1996；Geddes 1990；King, Keohane and Verba 1994；Rohlfing 2004；Sekhon 2004）。丽莎·马丁（Lisa Martin 1992，第5页）发现，国际关系学者过度强调几个众所周知的经济制裁案例，其中大多数案例都没有引起被制裁国家的任何变化，这种过度的强调"已经扭曲了分析师对经济制裁的动态和特征的看法"。芭芭拉·格迪斯（Barbara Geddes 1990）指出，许多工业政策分析专注于最成功的案例（主要是东亚国家研究委员会）导致有偏差的推论。安娜·布莱曼（Anna Breman）和卡罗琳·谢尔顿（Carolyn Shelton 2001）指出，研究结构调整问题的案例研究工作是有偏见的，因为研究者往往把重点放在隐患案例上，即那些结构调整与不健康和人类发展成果相关的案例。这些案件通常位于撒哈拉以南的非洲，绝不代表整个母体。因此，关于结构调整问题的学术研究在特定的意识形态方向（反对新自由主义）方面是被严重曲解的（参见 Gerring, Thacker, and Moreno 2005）

　　这些例子可能会倍增。的确，对于许多话题来说，研究得最多的案例被认为是不具代表性的。值得思考的是，我们对世界的认识是受一些"大"国（人口众多、富有、强大）的影响。许多经济学、政治学和社会学的准则是建立在学者对美国的经济学、政治学和社会学的熟悉程度上。① 案例研究工作特别容易出现研究者偏差的问题。即使调查者【676】

---

　　①　沃克（Wahlke 1979，第13页）写到："行为主义"政治学分析模式的缺陷——它很泛化，研究工作基本上局限于单一政治制度的案例研究中，其中大部分案例的研究对象是美国制度。

是无偏见的,她的样本中由于"随机"误差仍然可能出现偏见("随机"误差可能被理解为测量误差,数据生成过程中的错误,或作为母体的潜在因果特征)。

只有在两种情况下,案例研究者不必关心她所选案例的代表性。第一种是有影响力的案例研究设计,对跨案例模型的潜在影响对其案例选择有影响,因此不太可能会代表更大的样本。第二种情况是异常案例方法,其中所选择的案例被用来证实一个明显例外的更广泛的跨案例论证。然而,即使研究人员期望这里所选择的案例也可以代表更广泛的案例——特别是那些很难用现有模式解释的案例。

在所有其他情况下,案例必须以任何可能与有关命题相关的方式来代表利益母体。如果研究人员试图去否定一个确定性命题,对于代表性问题更恰当的理解是将其理解为一个分类问题:研究人员对被选择的案例的分类是否恰当? 如果分类恰当,那么它有助于对一个不确定的案例的研究。

如果研究者试图证实一个确定性的命题,或者就因果关系作出概率论证,那么代表性的问题就更为普遍:与母体中的其他情况相比,案例 A 是否单位同质性? 这不是一件容易衡量的事情。然而,在一个大样本的情况下,研究人员可以从这种案例(研究人员运用任何一种他们有把握的方式)的残差开始研究。当然,这个测试与现有模型一样有效。任何错误的解释或不正确的建模程序都可能造成结果产生偏差,并对每个案例的"典型性"给出错误的评估。此外,还有可能出现随机误差,这些误差无法在普遍框架中建模。鉴于案例研究分析要求对个案进行解释,因此明智的做法不仅仅是考虑代表性的残余检验。相比于跨案例模型的结果,演绎逻辑和对案例的深入了解往往是更可靠的工具。

在任一案例中,这个问题都不能解决。案例研究(已经提到的两个例外案例)依赖于一个假定的协议:案例应该代表母体。如果不是这样,或者有理由怀疑这个假设,那么案例研究的效用就会受到严重的质疑。

幸运的是,存在几个有力数据。案例研究证据与跨案例证据相结合,样本偏差问题得到缓解。事实上,在我看来,今天对在社会科学中发现的案例研究工作的怀疑是对案【677】例研究方法字面解释的结果。只要案例研究和跨案例研究可以在同一调查中进行(无论是在同一研究中,还是参考同一子领域的其他研究),代表性问题就不那么令人担忧了。这是跨层次的研究优点,它又名"三角测量术"。

11. 案例选择策略的歧义

在总结之前,我想指出案例研究中案例选择策略两个有歧义的地方:第一个涉及几种案例选择策略的混合,第二个是随着研究的进行案例的地位变化。

　　一些案例研究只采用一个案例选择策略。正如讨论的那样,案例选择策略包含典型案例、多样案例、极端案例、异常案例、有影响力的案例、关键案例、通路案例、最相似的案例,或者最不相同的案例研究方法。然而,在这些案例选择策略中,许多案例研究方法可以搭配使用。事实上,所有案例研究都要寻找具有代表性的案例,它们总是在寻找"典型"案例。因此,学者通常会宣称他们的案例是极端案例和典型案例;该案例中,X_1 或 Y 是极值,但在其他方面不具有特殊性。在案例中可以出现多种经验策略的情况下,那么研究人员没有理由不使用这些策略组合。而且,在同一案例可以一次实现多重作用的情况下(研究人员不需要付出更多的努力),对案例分析采取多管齐下的办法是值得的。

　　第二个值得强调的问题是研究人员调查过程中案例地位的变化,这个问题即使不会持续几十年也可能会持续数年。无论研究人员从哪里开始探索模式并进行假设检验(即她提出了一个特定的 X_1/Y 命题),这个问题都是很严重的。只要操作性假设或关键控制变量发生变化,这个问题就很严重(研究人员发现新的因果因素或其他结果成为分析的焦点)。事情会改变。乐于接受新的证据和新的见解,这是一位优秀研究人员的标志。方法论的讨论往往给人一种错误的印象,即假设是明确的,并且在研究过程中保持不变。没有什么比这更远离真相了。学术界的非正式转述中会出现很多意想不到的发现。这些转述可以在非正式环境下获得,在这种环境下,研究人员会放松警惕(尤其是处在自我陶醉的状态下)。就此而言,将发表的作品与论文和研究金申请表进行比较是很有趣的。我怀疑这两个研究阶段之间的相关性是否很强。

　　毕竟,研究就要有所发现,而不仅仅是证实或否认静态假设。也就是说,关于特定主题的研究也应该从假设生成转向假设检验。这标志着一个领域的进步和一个学者自己的工作。一般来说,以开放式(以 X 或 Y 为中心)分析开始的研究应以一个确定的 X_1/Y 假设结束。【678】

　　问题在于研究策略对探索来说并不理想,由于没有明确的因果假设,极端情况下的方法本质上是探索性的;研究者只关心单一维度(X 或 Y)的变化。其他方法可以应用于开放的模式(探索性)或假设检验(证实/否认)模式。困难在于,一旦研究人员得到了一个确定的假设,原来选择的研究设计可能不是那么完美了。

　　这是不幸的,但却是不可避免的。一个人不能构建完美的研究设计,直到他找到一个特定的假设或者他认为在经验世界中外找到的东西是合理的。观察性研究设计尤其如此,但它也适用于许多实验研究设计:通常,研究中存在一个"好"(信息量大)的发现,或是一个不太具有启发性的发现。总之,完善的案例研究的研究设计通常只是事后才能明确的。

有三种方法来解决这个问题。我们可以直截了当地解释,最初的研究是以探索的方式进行的,因此不是为了检验一个具体的假设。或者研究人员可以在提出新的(或修改过的)假设之后尝试重新设计研究。这可能需要额外的实地研究,或者可能需要整合可通过二手资源或通过专家咨询获得的额外案例或变量。最后一种方法是简单地抛弃或不重视研究中不再涉及(修正的)关键假设的部分。包含三个案例的研究可能成为包含两个案例的研究,等等。减少案例就要付出时间和努力的代价。

在这种情况下,现实的考虑可能会决定要研究人员采用这三种策略中的哪一种或者哪几种(它们不是相互排斥的)。要记住的一点是,修改一个跨案例研究设计是正常的,也许是可以预料的,但并不是所有的事情都是可预见的。

12. 是否还有其他的案例选择方法?

在本章的开始,我总结了案例选择的任务是实现两个目标:代表性(典型性)和变异性(因果影响)。显然,还有其他的目标。例如,研究人员希望找到彼此独立的案例。【679】如果被选择的案例相互影响(有时被称为高尔顿问题或扩散问题),那么研究人员必须在分析之前纠正这个问题。我忽略了这个问题,因为研究人员都清楚,而且在任何情况下都不存在可以纠偏简单的方法(关于这一点和其他影响选择案例的因素的进一步讨论见 Gerring 2001,第 178—181 页)。

我也忽略了可能影响案例选择的实用问题或者逻辑问题。显然,案例选择往往受研究人员熟悉的语言、对于该地区的个人主观印象、重要数据涉及档案资金的影响。在案例选择过程中,务实的考虑往往是正确的且决定性的。

最后的一点涉及主题文献中的特定案例的理论凸显。研究人员有时有义务研究在以前的研究中受到广泛关注的案例。这些案例有时被称为"典范"或"范例"(Flyvbjerg 2004,第 427 页)。

然而,实用/逻辑效用和理论凸显都不能作为案例选择的方法论因素。也就是说,案例的这些特征与研究结果的有效性无关。因此,在本章中不对这些问题进行详细探讨。

最后一点需要注意的是,虽然区分案例选择和案例分析的任务是研究传统,但是仔细观察这些过程人们会发现他们之间的界线很模糊,有时是重叠的。如果进行一系列的分析,研究人员就不能选择一个案例,反之亦然。因此,读者应该考虑通过采用本章所述的 9 种方法来进行案例选择,读者还应考虑由于案例的准实验性质而引入的因素。关于这个话题的讨论参见格林(2007,第 6 章)。

参考文献

Abadie,A.,Drukker,D.,Herr,J.L.,& Imbens,G.W.(2001).Implementing matching estimators for average treatment effects in Stata.*Stata Journal*,1:1-18.

Abbott,A.D.(2001).*Time Matters:On Theory and Method.*University of Chicago Press.

——& Angela Tsay.(2000).Sequence analysis and optimal matching methods in sociology:review and prospect.*Sociological Methods & Research*, 29(1),3-33.

——& Forrest,J.(1986).Optimal matching methods for historical sequences.*Journal of Interdisciplinary History*, 16(3),471-494.

Achen,C.H.,& Snidal,D.(1989).Rational deterrence theory and comparative case studies.*World Politics*, 41(2),143-169.

Allen,W.S.(1973).*The Nazi Seizure of Power.*Franklin Watts.

Almond,G.A.(1956).Comparative political systems.*Journal of Politics*,18(3),391-409.

Barro,R.J.(1999).Determinants of Democracy.*Journal of Political Economy*, 107:158-183.

Belsey,D.A.,Kuh,E.,& Welsch,R.E.(1980).*Regression Diagnostics:Identifying Influential Data and Sources of Collinearity.*John Wiley and Sons,New York.

Bennett,A.,Lepgold,J.,& Unger,D.(1994).Burden-sharing in the persian gulf war.*International Organization*, 48(1),39-75.

Bentley,A.(1967).*The Process of Government.*Cambridge,Mass.:Harvard University Press.

Brady,H.E.,& Collier,D.(2010).*Rethinking Social Inquiry:Diverse Tools,Shared Standards.*Rowman & Littlefield.

Braumoeller,B.F.(2003).Causal complexity and the study of politics. *Political Analysis*, 11(3), 209-233.

Breman,A.,& Shelton,C.(2001).Structural adjustment and health:a literature review of the debate,its role-players and presented empirical evidence.*Commission on Macroeconomics & Health Who.*

Browne,A.(1987).*When Battered Women Kill.*New York:Free Press.

Buchbinder,S.,& Vittinghoff,E.(1999).HIV-infected long-term nonprogressors:epidemiology,mechanisms of delayed progression,and clinical and research implications.*Microbes & Infection*, 1(13), 1113-1120.

Cohen,M.R.,& Nagel,E.(1934).An introduction to logic and scientific method.*Journal of Nervous & Mental Disease*, 80(4),495-496.

Collier,D.,& Mahoney,J.(1996).Insights and pitfalls:selection bias in qualitative research.*World Politics*,49(1),56-91.

Collier,R.B.,& Collier,D.(1991).Shaping the political arena:critical junctures,the labor movement, and regime dynamics in Latin America.Springer-Verlag.

Colomer, J.M. (1991). Transitions by agreement: modeling the spanish way. *American Political Science Review*, 85(4), 1283-1302.

Converse, P.E., & Dupeux, G. (1962). Politicization of the electorate in france and the united states. *Public Opinion Quarterly*, 16(1), 1-23.

Defelice, E.G. (1986). Causal inference and comparative methods. *Comparative Political Studies*, 19(3), 415-437.

Desch, M.C. (2002). Democracy and victory: why regime type hardly matters. *International Security*, 27 (27), 5-47.

Deyo, F. (1987). *The Political Economy of the New Asian Industrialism*, Ithaca, NY: Cornell University Press.

Dion, D. (1998). Evidence and inference in the comparative case study. *Comparative Politics*, 30(2).

Eggan, F. (1954). Social anthropology and the method of controlled comparison. *American Anthropologist*, 56(5), 743-763.

Elman, C. (2005). Explanatory typologies in qualitative studies of international politics. *International Organization*, 59(2), 293-326.

Emigh, R.J. (1997). The power of negative thinking: the use of negative case methodology in the development of sociological theory. *Theory & Society*, 26(5), 649-684.

Epstein, L.D. (1964). A comparative study of canadian parties. *American Political Science Review*, 58 (1), 46-59.

Ertman, T. (1997). *Birth of the Leviathan: Building States and Regimes in Medieval and Early Modern Europe.* Cambridge: Cambridge University Press.

Esping-Andersen, G. (1990). *The Three Worlds of Welfarecapitalism*, Princeton, NJ: Princeton University Press.

Geddes, B. (1990). How the cases you choose affect the answers you get: selection bias in comparative politics. *Political Analysis*, 2(1), 131-150.

——2003. *Paradigms and Sand Castles: Theory Building and Research Design in Comparative Politics. Loan/closed Stacks.*

George, A.L., & Bennett, A. (2005). *Case Studies and Theory Development*, Cambridge, MA: MIT Press.

Gerring, J. (2001). *Social Science Methodology: A Criterial Framework.* Cambridge University Press.

——2007. *Case Study Research. Principles and Practices.* Cambridge: Cambridge University Press.

——& Thacker, S. C. (2005). Do neoliberal policies deter political corruption? International Organization, 59(1), 233-254.

Goertz, G., & Starr, H., (eds.) (2003). *Necessary Conditions: Theory, Methodology and Applications.* New York: Rowman and Littlefield.

Goodin, R.E., & Smitsman, A. (2000). Placing welfare states: the Netherlands as a crucial test case. *Journal of Comparative Policy Analysis*, 2(1), 39-64.

Gujarati, D.N. (2003). *Basic Econometrics* (4th ed.). New York: McGraw-Hill.

Haynes,B.F.,Pantaleo,G.,& Fauci,A.S.(1996).Toward an understanding of the correlates of protective immunity to HIV infection.*Science*, 271(5247),324.

Hempel,C.G.(1942).The function of general laws in history.*Journal of Philosophy*, 39(2),35-48.

Ho,D.E.,Kosuke,I.,Gary,K.,& Stuart,E.A.(2007).Matching as nonparametric preprocessing for reducing model dependence in parametric causal inference.*Political Analysis*, 15(3),199-236.

Howard,M.M.(2003).The weakness of civil society in post-communist europe. *Slavic Review*, 63(3),621.

Howson,C.,& Urbach,P.(1996).Scientific reasoning:the bayesian approach.*Journal of the Royal Statistical Society*, 102(4),387-387.

Humphreys,M.(2005).Natural resources,conflict,and conflict resolution uncovering the mechanisms. *Journal of Conflict Resolution*, 49(4),508-537.

Jenicek,M.(2001).Clinical case reporting in evidence-based medicine.Arnold.

Karl,T.L.(1997).The paradox of plenty:oil booms and petro-states.American Political Science Association,77.

Kemp,K.(1986).Race,ethnicity,class and urban spatial conflict:chicago as a crucial test case.*Urban Studies*, 23(3),197-208.

Kennedy,C.H.(2005).*Single-case Designs for Educational Research*.Boston:Allyn and Bacon.

Kennedy,P.(2003).A guide to econometrics,5th edition.Cambridge,Mass.:MIT Press.

King,G.,Keohane,R.O.,& Verba,S.(1994).*Designing Social Inquiry:Scientific Inference in Qualitative Research*.Princeton University Press.

Lakatos,I.(1978).The methodology of scientific research programmes Philosophical Papers Volume I. Cambridge University Press.

Lazarsfeld,P.F.,& Barton,A.H.(1951).Qualitative measurement in the social sciences:classification, typologies,and indices.*In The Policy Sciences*, ed.D.Lerner and H.D.Lass? well. Stanford,Calif.: Stanford University Press.

Levy,J.S.(2002).Qualitative Methods in International Relations.In F.P.Harvey,& M.Brecher(Eds.),*Evaluating Methodology in International Studies*(pp.131-160).Ann Arbor:University of Michigan Press.

Lijphart,A.(1968).The Politics of Accommodation:Pluralism and Democracy in the Netherlands.Berkeley:University of California Press.

——1969.Consociational Democracy.*World Politics*, 21(2):207-25.

——1971.Comparative politics and the comparative method.*American Political Science Review*, 65(3), 682-693.

——1975.The comparable-cases strategy in comparative research,in:Comparative Political Studies,8(2),158-177.

Lipset,S.M.(1959).Some social requisites of democracy:economic development and politicaldevelopment.*American Political Science Review*,53:69-105.

Lynd,R.S.,Lynd,H.M.,& Wissler,C.(1956).Middletown:a study in american culture.*Annual Report of Study of Education*, 11,394-409.

——1960. Political Man:The Social Bases of Politics,Garden City,NY:Anchor.

——1968. Agrarian Socialism:The Cooperative Commonwealth Federation in Saskatchewan.A Study in Political Sociology.Garden City,NY:Doubleday.

——Trow,M.A.,& Coleman,J.S.(1956).Union Democracy:The Internal Politics of the International Typographical Union.New York:Free Press.

Lynd,R.S.,& Lynd,H.M.(1929).*Middletown;A Study in American Culture*.New York:Harcourt,Brace.

Mahoney,J.,& Goertz,G.(2004).The possibility principle:choosing negative cases in comparative research.*American Political Science Review*, 98(4),653-669.

Martin, L. L. (1992). Coercive cooperation:explaining multilateral economic sanctions. Princeton University Press.

Mayo,D.G.(1996).Error and the Growth of Experimental Knowledge.Physical medicine & rehabilitation:.Wolters Kluwer/Lippincott Williams & Wilkins Health.

Meckstroth,T.W.(1975).I."most different systems"and"most similar systems"a study in the logic of comparative inquiry.*Comparative Political Studies*, 8(2),133-177.

Miguel,E.(2004).Tribe or Nation:Nation Building and Public Goods in Kenya versus Tanzania,*World Politics*,56,327-362.

Monroe,K.R.(1996).*The Heart of Altruism:Perceptions of a Common Humanity*.Princeton,NJ:Princeton University Press.

Moore,B.,Jr.(1966).Social Origins of Dictatorship and Democracy:Lord and Peasant in the Making of the Modern World.Boston:Beacon Press.

Munck,G.L.(2004).Tools for Qualitative Research. Rethinking Social Inquiry:Diverse Tools,Shared Standards.

Njolstad,O.(1990). Learning from history? Case studies and the limits to theory-building.In O.Njolstad (Ed.),Arms races:*Technological and Political Dynamics*(pp. 220-246).Thousand Oaks,CA:Sage.

Patton,M.Q.(1990).*Qualitative Evaluation and Research Methods*.Newbury Park,Calif.:Sage.

Popper,K.R.(1959).*The Logic of Scientific Discovery*.New York:Harper and Row.

——1963. *Conjectures and Refutations*.London:Routledge and Kegan Paul.

Posner,D.(2004).The political salience of cultural difference:why Chewas and Tumbukas are allies in Zambia and adversaries in Malawi.*American Political Science Review*,98:529-546.

Przeworski,Adam,& Henry Teune.(1970).*The Logic of Comparative Social Inquiry*. New York:John Wiley & Sons.

Ragin,C.C.(2000)Fuzzy Set Social Science.London:University of Chicago Press.

——2004. Turning the tables. Pp.123 - 138 in *Rethinking Social Inquiry:Diverse Tools,Shared Standards*,ed.H.E.Brady and D.Collier.Lanham,Md.:Rowman and Littlefield.

Reilly,B.(2000).Democracy,ethnic fragmentation,and internal conflict:confused theories,faulty data, and the"crucial case"of papua new guinea.International Security,25(3),162-185.

——&Phillpot,R.(2003)."Making Democracy Work"in papua new guinea:social capital and provincial development in an ethnically fragmented society.*Asian Survey*,42(6),906-927.

Rogowski,R.(1995).The role of theory and anomaly in social-scientific inference.*American Political Science Review*,89(2),467-470.

Rosenbaum,P.R.,& Silber,J.H.(2001).Matching and thick description in an observational study of mortality after surgery.*Biostatistics*,2(2),217.

Ross,M.L.(2001).Does oil hinder democracy? *World Politics*,53(3),325-361.

Sekhon,J.S.(2004).Quality meets quantity:case studies,conditional probability,and counterfactuals. *Perspectives on Politics*,2(2),281-293.

Shafer, D. M. (1988). Deadly Paradigms: The Failure of U. S. Counterinsurgency Policy. Princeton University Press.

Skocpol,T.(1979).States and Social Revolutions:A Comparative Analysis of France,Russia,and China. Cambridge:Cambridge University Press.

——& Somers,M.(1980).The uses of comparative history in macrosocial inquiry.*Comparative Studies in Society & History*,22(2),174-197.

Stinchcombe,A.L.(1968).Constructing Social Theories.New York:Harcourt,Brace.Swank, D.(2002). Global Capital,Political Institutions,and Policy Change in Developed Welfare States.Cambridge University Press.

Tendler,J.(1997):*Good Governance in the Tropics*.Baltimore:John Hopkins University Press.

Truman,D.B.(1951)*The Governmental Process.* New York:Alfred A.Knopf.

Tsai,L.L.(2007).Accountability without Democracy:How Solidary Groups Provide Public Goods in Rural China.Cambridge:Cambridge University Press.

Van Evera,S.(1997).Guide to Methods for Students of Political Science.Cornell University Press.

Wahlke,J.C.(1979).Pre-behavioralism in political science.*American Political Science Review*,73:9-31.

Yashar,D.J.(2005).Contesting Citizenship in Latin America:The Rise of Indigenous Movementsand the Postliberal Challenge.Cambridge:Cambridge University Press.

Yin,R.K.(2004).The case study anthology.Sage Publications.

第二十九章　访谈与定性田野调查方法：
实用主义与实用性

布莱恩·C.拉斯本（Brian C.Rathbun）

　　在政治科学方法论中，广泛的访谈是一个强大的研究工具。但遗憾的是，它并未得到充分利用。当研究人员使用这种方法时，他们给出的解释往往都趋向于一成不变。通常情况下，研究人员仅与几个人交谈。很多实际的原因可以解释这种现象。其一是寻找受访者是一件很困难的事情，尤其是寻找精英级别的受访者；另一个原因是访谈的成本很高，因为研究人员要奔赴不同的地方进行访谈，有时甚至需要出国访谈。访谈通常需要在语言培训方面进行大量的个人投资，但是这似乎并不值得。而访谈往往是一个冒险的方法。即使研究人员找到了受访者，也克服了距离问题，但是受访者可能在受访过程中有所保留。然而，这些障碍并不能完全解释为什么更多的政治学家不把访谈记录作为主要的数据来源，甚至不把这些材料作为定量分析或档案记录的补充。

　　笔者认为访谈未被充分利用的原因有两个。首先，访谈往往有违背学科方法论的倾向。一些准则使许多人对访谈持怀疑态度。笔者将这些准则称为天真行为主义和天真理性主义。天真行为主义不承认通过访谈收集的数据。因为这些数据本质上是主观且不精确的，因此容易受到多重解释的影响。天真理性主义目的在于理解政治的框架，这种政治的结构优于政府机构，而且往往假定政治行为主体客观地看待世界，并以同样的方式回应同样的刺激。天真行为主义和天真理性主义都有一些数据优于其他数据（的想法）。最不可靠的一种说法就是认为通过访谈能够弄清很多事情。这种说法对政治学中很多重要研究问题至关重要。访谈获得批准后，通常会有一些存在问题的建议和假设，即访谈数据应该始终被视为观点而不是事实，问题应该是间接的、具体的而不是反思性的、直接的，应该彻底打破受访者的地域性。本章的第一部分介绍了访谈实用性案例。尽管访谈存在缺陷，但访谈往往是确定主观因素如何影响政治决策的最佳工具,是确定参与者动机的最佳工具,也是确定机构在重要事件中作用的最佳工具。行为主义和理性主义在我们的分析中正确地提醒我们严谨的重要性,但是我们可以采取措施来消除一些关于可靠性和有效性的担忧。我们不该夸大对访谈的怀疑论。

访谈常常被忽视的第二个原因是访谈的可行性是人为形成的。因此,本章的第二部分将集中讨论研究人员应该如何进行访谈,并且在这个问题上形成一致意见。本章将讨论研究人员如何使用访谈数据、如何设计调查问卷、在与受访者面对面交谈时应扮演何种角色、如何寻找受访者。尽管提倡访谈这种研究方法的学者提出了不同的访谈技巧,但是每种技巧都大同小异。只是在每种技巧中使用的术语不同。描述相同过程的类型不同。一旦访谈数据价值这个问题得到解决,提倡访谈的学者就会达成共识。

将这两种倾向形象化的最佳方式可能是通过对访谈的有限的关注。人们现在关注金、基欧汉与韦巴合著的《社会研究设计》(1994)一书。这本书可能是现在政治学科方法论中最常用的方法论文本。这本书中,只有一个脚注谈到了访谈的问题。天真行为主义被应用于小样本或密集的案例研究项目中,在这些项目中访谈产生很大的影响。基于此,这个脚注指向很多错误的方向。这一章将集中讨论被称为"半结构化"访谈的情况。"半结构化"访谈是针对"开放式"访谈或"封闭式"访谈而言的,"开放式"访谈在民族志中更常见。在调查中,研究人员会使用"封闭式"访谈(Mishler 1986)。尽管民族志和半结构化访谈都被用来深入挖掘受访者的经历,二者都强调背景,避免笼统,强调归纳而非推论,强调复杂性而非简约性,但是由于各种原因,真正的民族志在现代政治学中很罕见。政治学通常涉及对特定事件的解释。对参与者的观察是民族志最重要的特征。因为利益结果常常已经产生,因此通常情况下这种观察甚至是不可能的(尽管它可以成为新的研究问题和困惑的来源)。即使在研究过程中它们是以归纳的方式展开的,在解释的推动下,政治学通常涉及对假设的检验。这需要一个更有针对性的研究策略,在使用该策略时,研究人员试图在一定程度上揭示客观事实。研究人员采用民族志风格时,一开始他们是一块白板,带着各种各样的预设。民族志风格与一种相对主义的认识论相关,在这种认识论中没有确立真正的事实(Leech 2002,第 665 页)。对于民族志家来说,在半结构化访谈的文献中还有很多值得学习的地方。

【687】

1. 对政治学访谈价值的质疑

行为主义和最近出现的理性选择代表现代政治科学的方法论趋势。该趋势都把我们的注意力集中在基于自然科学原理的严谨分析的重要性上。其中最关键的是客观性和理论驱动研究的价值。早期的行为主义者强调跳出研究者的规范价值,解释研究对象。数据也应尽可能客观,以便不同的研究人员可以就同一数据的意义达成一致,就社会科学等价物的复制达成一致。政治事件的解释应该与规范理论分开。为了避免个人价值观对结果的影响,纯粹的研究比应用研究更受重视。量化并不是为了自己的目的进行,而是为了提高数据精确度而进行,为了便于研究人员进行客观评估。数字是一种更普遍的语言,在对数字进行解释时,不太容易出现解释上的差异(Easton 1962;Somit and Tanenhaus 1967)。

这自然会导致研究人员关注已观察到的行为的倾向,而不是不可观察事物的倾向。不可观察事物包含更容易受主观评估影响的心理过程。当然,即使没有可观察到的行为影响,行为主义也一定会对政治现象进行研究。行为主义者对经济学和心理学研究更深入(Merkl 1969)。但是行为主义依旧对政治行为者的主观认识于政治事件的影响进行检验。舆论研究的进展就是个例子。但只要可行,政治行为者的可能主观性就会变得更加易于管理,例如在调查中指定限定数量的回答类别,以便研究者进行客观的评估和比较,保证研究的清晰性。行为主义者更喜欢"有组织的"访谈:同样的问题,相同的顺序,有限的答案(Patton 1990,第277—290页),这当然也有助于捕捉政治现象的普遍性。如果一位调查研究人员希望获得一个全面的观点,那么深入访谈就太昂贵而且费时。研究人员可以使用更深入的方法,但是,在早期阶段,要确保妥善设计问题,以充分衡量主要变量。

【688】 研究也是由理论驱动。这个目标与传统的政治科学相对应。没有理论,政治学就是新闻学(只不过读者较少)。理论具有特殊性、概括性和简洁性。学者们应该尽量简洁地进行解释(Easton 1962;Somit and Tanenhaus 1967)。一般化的转向通常是关于结构的而非中介。人类选择越多,越能改变环境,理论就越不普遍,理论就越差(Almond and Genco 1977)。传统主义者回应到,政治太复杂,涉及的方面太多,不能用一般的理论来解释。其中背景非常重要。行为主义者说到,他们有时只见树木不见森林。理论而非经验主义的焦点意味着理论最好是从逻辑原理推导出来的,而不是在经验数据的基础上归纳出来的。

如果用这些传统标准来衡量访谈,那么它的确存在缺陷。但在现代政治科学中,访谈富有成效,且在所有领域都是如此。尽管行为主义非常适合于大样本调查研究,但其原理已经越来越多地应用于小样本案例研究。对访谈数据科学地位的担忧很少得到明确说明。他们出现在教师给研究生的建议中,或出现在对提交给学术期刊的同行评审中的访谈数据问题中。访谈的缺点在于自身复杂性的强调和有损客观性、简约性和普遍性的背景。访谈的目的通常是深入到二手资料来源、档案或调查触及不到的地方

（Berry 2002，第 682 页）。受访者从独特的视角看待特定现象或事件。当受访者改变他们周围的环境时，访谈最有效。但这样经常会破坏一般性的目标。问题标准化程度低，因而降低了其可比性。研究人员收集受访者的引用或陈述作为数据，但这些数据容易受到研究者的多重主观解释的影响，从而使数据的可靠性大大降低。因此，访谈中收集的信息具有可疑性，往往只被认为是受访者的观点而非事实。因为这些数据不能被客观地证实，所以也就不太可靠。在搜集行为主义关注的更广泛的论据时，这些数据毫无用处。访谈经常被当做一种当社会科学家没有完全形成的观点或理论时使用的方法，这导致了人们对归纳主义的批判（Mishler 1986，第 28 页）。

　　正式和理性的选择框架越来越受到政治学研究者的欢迎，但是访谈的实用性也受到更多的质疑。行为主义者并没有否认诸如动机、心理学、规范、文化、学习、道德等不可观察要素的重要性，所有这些要素都可能属于概念因素这个更广泛的范畴。行为主义者只是更喜欢可观察因素，因为他们更喜欢自然科学的客观分析。他们并不否认其他因素，但他们选择忽略这些因素（Almond and Genco 1977）。与之相反，理性主义者在建立一般的政治模型时，做出特定的本体论假设。虽然他们可能有不同的偏好，然而所【689】有处于相同情境中的人都会以相似的方式来看待外界刺激，如果他们有相同的偏好，他们的反应就会相同（Mercer 1996；Parsons 2006）。这里所谈客观性的重要性不同于行为主义中客观性的重要性。对于后者而言，客观性对研究者来说是必要的。但对理性主义者来说，除了研究者，客观性对政治行为人也是必需的。如果情境激励是解释的关键，中介是有限的，而且感知是没有问题的，那么访谈就没有作用了。理性主义者在分析的过程中"消除思想"（Mercer 2005）。为了实现广义理论的更广泛的方法这个目标，他们对本体论做出限制（Fearon and Wendt 2002；Almond and Genco 1977）。鉴于访谈经常被用来解读耳闻之间的事情，所以对他们来说，这样做目的并不简单。访谈可能有助于确定偏好，但是理性主义者通常会从更广泛的理论中推断出偏好。因为他们不可观测性，研究者采取关于建立动机的行为路线（Frieden 1999）。

　　他们对理性选择理论的影响更加微妙也更加重要。他们将大多数政治局势概念化为战略互动博弈，这越来越提醒政治学家关注受访者的战略重建。访谈数据本质上是有缺陷的，因为受访者省略信息的动机。这导致了人们对访谈的有效性产生质疑（Brenner 1985；Berry 2002）。在访谈过程中，受访者可能希望访谈人能够维护他们的声誉或保护其私人信息。心理学家发现了一些倾向，包括他们希望从有利的角度来看待自己的行为，或者证明自己的行为。如果结合这些倾向，还有其他的理由使得人们怀疑访谈数据。人们怀疑访谈数据不是因为其在行为主义中的认识论地位，而是因为受访者是不可信的。对于学习政治学的学生而言，这是一个特别令人头疼的问题。政治涉及权力,动态性很强。相比其他社会科学,政治科学对事件的解释更感兴趣,而且往往是对那些具有广泛社会影响的事件的解释更感兴趣。从这个意义上说,它与历史学更为相似。对于经常在公共领域工作的个人而言,这关系到如何进行解释的问题。那些曾经参政的人关心他们的名声,那些现在仍然从政的人关心公众对他们工作的看法。因此,政治学家必须特别关注事件的战略重建问题,以满足受访者的既得利益。

荒谬的是,访谈的支持者火上浇油。实证主义者和相对主义者之间达成了一个思想上的共识。许多关于该研究方法的著作强调,研究者不应判断事件正确与否。该方法的主要支持者讨论了研究者和受访者真正理解彼此的困难性。他们很难理解彼此,因为在访谈过程中,每个人都不自觉地带有假设和偏见(Mishler 1986;Rubin and Rubin 1995)。本质上从受访者那里收集的数据具有主观性。这无疑是正确的,但在极端情况下,无论多么困难和多么不完整,解释都不能成为社会科学的目标。与半结构化的访谈相比,在关于民族志的文献中,这种趋势更为明显。当研究问题是某一群体的政治态度或观点时,是可以没有证据性标准的。所有人都有权发表他们的意见。但更多的时候,政治学家对解释结果感兴趣,他们一定会对有冲突解释的准确性作出判断。具有讽刺意味的是,尽管相对主义者从不同的角度得出了这个结论,但是当他们强调访谈数据比事实更具有意义时,他们似乎就成了实证主义者。实证主义者对访谈数据持怀疑态度,因为研究者与相对论者认为客观解释很困难。他们之所以这样认为是因为解释中包含研究者的主观观点,并且解释不能反映受访者回答的真实含义。理性主义者认为他们所研究的政治行为者是完全客观的。相对主义者则相反,他们认为主观性太强会使得解释变得不可能。

【690】

2. 访谈的实用性案例

研究人员必须注意将事实与观点区分开,防止谈话中出现虚假言论,研究者不要让自己的理论或政治信念影响他们的解释,他们不能仅仅满足于印象。这些担忧都是有必要的。但是,走向极端的行为主义和理性主义可能会对有价值的信息产生有害影响。这些规则极大地限制了访谈的可能性。访谈存在缺陷,但是从现实的角度来看,访谈往往是获取特定信息的唯一手段。如上所述,弃用访谈通常意味着将一组自变量限制为可观察的结构性因素。这使得人们难以接受对政治的研究。访谈往往是确定中介或建立观念因素如文化、规范、道德、感知、学习和认知的重要性的最佳方法(Aberbach and Rockman 2002,第 673 页;Mishler 1986,第 279 页;Rubin and Rubin 1995,第 19 页)。当只有少数决策者对利益结果产生影响时,访谈往往是最有成效的方法。访谈创造政治权力的瓶颈,增加了报道中中介的重要性(也使得访谈成本更低,耗时更长)。简而言之,访谈往往是收集关于社会特征的最佳方法,这些特征使社会与自然界区分开来。在社会中,人类在认知、思考和学习的基础上有意识地改造环境(Almond and Genco 1977)。

访谈往往是建立动机和偏好所必需的。即使是那些侧重于情景激励的方法,访谈也是关键的因素。没有对欲望的理解,即使是最严格的理性主义论证,如果仅仅从可观察到的行为和假定的情境约束中推断偏好,也是不可证伪的。它陷入了与大众心理学相同的陷阱(Mercer 2005)。在衡量欲望和信念时,必须使他们独立于行动。在某些情况下,访谈是唯一的方法。就其所有问题而言,访谈通常比其他方法更"科学"。【691】

即使访谈很适合发现偏好和中介,但这并不是说它在建立结构性原因方面没有作用。访谈能够帮助确定一个政治行为者是否感受到了他或她所无法控制的力量的压力,以及这些力量是什么,尤其是当理论组合中存在多个自变量时。就像理性主义者一样,如果一个人对展示结构或情境因素在解释行为中的重要性感兴趣,那么访谈就有助于建立合适的模型。战略环境可以通过一个模型建立起来,该模型为特定的行动提供最好的解释,但只有在模型反映了决策者自己所处的实际环境时,它才具有经验价值。访谈是一个,但不是唯一的,识别这种情况的方法。

其他方法可能会使我们从新的角度看待这些因素,如档案或回忆录。但访谈是独一无二的,因为访谈者可以提出他或她想要找到答案的问题。回忆录和二手解释迫使研究人员根据别人想的内容回答他或她的关键问题。档案有时有助于我们理解关键人物的思维,但相较于访谈,在档案中动机和中介是以间接的方式建立起来的。相较于访谈,他们需要大量的推理和解释,以提出可靠性高的问题。访谈可能是定性研究中最直接和最有针对性的方法。

从行为主义和理性主义的传统出发,许多人都认同访谈这种方式,但是前提条件常常是不明智且过于狭隘的。笔者从基欧汉(Keohane)、金(King)与韦巴(Verba)的定性研究指南(现在是政治学研究生方法论课程教材)的脚注中抽取到一个段落:

> 尽可能做到具体……一般而言,我们绝不能要求受访者替我们工作。最好不要期待产生估计因果效应。我们必须衡量解释变量和因变量,并估计自身的因果效应。我们不能追求动机,我们要寻求的是事实。这条规则并不意味着我们不应该问人们为什么他们这样做。事实上,询问动机通常是产生假设的有效手段。自我报告的动机也可能是一组有用的可观察的影响。然而,答案必须被解释为受访者对研究者问题的回答,但不一定是正确的回答。如果这样的问题有用,我们应该设计一个研究使得每一个给定的答案都具有一个可观察到的含义(不受任何理由、修饰、谎言或选择性记忆的影

响)(1994,112n)。

这一选段提出了四个问题:访谈数据的真实程度,问题的具体程度,是否应该直接搜集数据,以及是否可以相信受访者可以给出准确的解释。

【692】 根据这些学者的观点,受访者的回答不能被视为"正确的答案",即数据的事实状态。受访者的回答应被视为观点。动机与事实是相反的,这表明研究者更加偏爱行为。我们应该寻求具体的行动,受访者做了什么,而不是他或她对情况的总体印象。但行为不能自动外显。同样的行动和结果经常有多种可能的原因和动机。研究往往是由渴望解释一个已经确定的和已知的行为结果驱使的。这意味着社会科学家们在衡量竞争自变量的影响时期待出现相同的影响。在这些情况下,行为本身并没有自动外显,必须要形成行为的意义。一个好的研究设计是不可替代的,但是在这些情况下,访谈往往是建立因果关系的唯一手段,特别是当研究现象比较近,而且没有可靠的动机判断的替代来源时。虽然基欧汉、金与韦巴(1994)提醒我们不要要求受访者估计因果关系或说明他们的动机,但这似乎是不明智的。访谈往往涉及与独特地位的个人进行交谈,以评估多重且同样合理的因果因素的重要性,这是任何研究问题都会遇到的因素。我们不需要立即接受这些估计并将它们当成事实,但是当出现共识的时候,我们就应非常重视了。然而,正如许多访谈的提倡者所说,假设每一个解释都是有效的为时过早。社会科学要求研究者权衡相互冲突的证据,并提供有证据支持的最佳解释。了解谁能够知道研究人员试图解释的结果的真实事实是平衡不同解释的关键因素,因为它有助于将观点与事实区分开。

当基欧汉等人提及具体性这一问题时,他们的意思是问题应该是有形的和间接的。其他人持同样的观点(Mishler 1986,第 315 页)。就前者而言,有关事实的基础问题较少受到多重解释的影响。对具体问题的回答,比如特定行为的时间序列,通常可以用来重建事件并在对立的论点之间进行调解。但是,要求受访者更加抽象地解释他的行为背后根本原因和动机的问题同样重要。在许多情况下,研究人员已经知道行为,因为它已经成为主导的主题选择的公众利益和记录。这就是消失的动机。实际上,对较不具体问题的答案往往比较容易获得,特别是在访谈与所涉事件或结果之间可能经过了相当长的时间时,情况尤为如此。通过当代的报纸,甚至档案我们可以了解某一天发生的事情。在这种情况下,访谈应该专注于让受访者反思的经历。也许他们现在才有时间反思。特别是在与精英打交道时,受访者完全可以像政治学家一样思考他们行为的更广泛意义,尽管他们是有意识地使用理论术语。一个显而易见的方法是要求对话伙伴以非正式的方式对每一个对立的观点进行陈述。很少有政治科学理论太复杂,以至于

【693】 不能向一个聪明的外行解释明白。研究人员可以提出这样的问题:"有人说 X,别人说

Y,你会怎么看?"（Mishler 1986,第 318 页）。通过这样的权衡,研究人员可能会鼓励受访者提供证据来解释他们为什么这样认为。这是两全其美的方法,因为受访者可以用真实的数据来解释他们行为的重要性。另一个有用的方法是以"你为什么不做 X"或"如果你在 Z 的情况下做了 Y 怎么办?"的形式提出反事实。这是一个用来确定哪种结构或中介更流行的非常有用的方法。受访者的回应可能是一条路径比另一条路径更有价值,或者一条路径受到一些限制。

要做到具体就意味着问题应该是间接的（McCracken 1988,第 21 页；Brenner 1985,第 151 页）。基欧汉等人（1994）提出不要问白人保守主义者他是否是种族主义者,而要问他是否介意他的女儿嫁给了黑人（1994,112n）。在所谓的"价值"问题的立场上,间接的问题是特别必要的,在这个问题上,只有一个公众可以接受的立场。任何政治家以更广泛的社会利益为代价寻求狭隘利益的结果可能是对战略重建担忧的关键。如果一个问题有多个公众可接受的立场,那么这个问题就不是一个问题。访谈怀疑者也担心,直接的问题易影响受访者,因此不合适。这是一个潜在的担忧。如果研究人员担心问题会对受访者造成影响,他们应该在研究中或在脚注中指出与引用相对应的问题。

然而与新闻学一样,访谈的价值往往体现在引用中,即使找不到出处,但部分受访者的名字还是被记录下来了（Mishler 1986,第 347 页）。也就是说,直接表述在影响力和可信度方面更有价值。而且,必须注意到的是,涉及政治学领域的访谈往往包含战略性的组成部分,访谈者有时必须引导受访者回答问题而不是回避问题,但同时又要避免直接给他们提供答案。访谈者首先应该间接地询问,以了解受访者的情况,但在后续的询问中,访谈者可以尝试更直接地询问自己想知道的事情。如果访谈者没有理解受访者的回答,那么访谈者完全可以说:"我听到你这么说……"以此要求受访者进行确认。这样访谈者就不必担心对受访者造成影响。问题不能是完全开放的、间接的。访谈者需要借助一些方法来帮助他们。在一些情况下,对于某个特定行为结果会有一个公开的观点,但是研究人员或其他人感觉受访者可能不接受这个观点。面对这种情况,研究人员可以使用预设问题,通过这些问题表明他们认为这种公开的观点是完全自然的且合理的（Leech 2002,第 666 页；Mishler 1986,第 304 页）。在这种情况下,访谈者甚至可能会注意到他们的行为是完全可以理解的。他们可能会使用委婉的表达方式（Leech 2002,第 666 页）。或者他们可能会提及其他受访者已经向他们暗示了。此后,他们应该关注受访者是默认还是设法纠正这个假设。如果没有具体的证据,前者就是显而易【694】见的;后者使访谈者能够质疑受访者的解释,并要求他们给出证据。

虽然对于受访者有意（或无意）给出不准确答案的担心存在,但这种担心常常被夸大（Rubin and Rubin 1995,第 225 页；Berry 2002,第 688 页）。当基欧汉等人指出"证明、修饰、谎言和选择性记忆"时,就表明受访者一定是不诚实的。我的访谈经验是,不诚实的受访者只是少数,即使最高级官员也是如此。我能够就最近国家安全政策中出现的一些问题收集数据。受访者也不了解这些政策。(Rathbun 2004)。大多数受访者宁可拒绝接受访问,也不愿花时间解决一个困难的问题。在回答问题时,比起有意说谎或试图将话题转移到其他方面,受访者更有可能遗漏信息。对于已经准备好的人来说,这点更加明显。研究人员不像记者那样,言语中含着威胁。学术界的读者比较有限,肯定不是街头普通的读报人。这使得联系的重要受访者变得困难,但一旦受访者同意接受访谈,他们可能会更加乐于提供信息。受访者可能会希望有机会更全面地解释他们的行为,而不必过度担心引用的问题(Rubin and Rubin 1995,第 105 页)。即使人们讨厌从事政治活动的人,但是他们相信自己的做法,为自己的成就感到自豪。当然,访谈者愿意承担被欺骗的风险,以获取新的独家数据。研究人员不应该假定受访者说的是事实,但也不应该假定他们在说谎。

还有其他一些方法可以避免战略重建带来的风险。有些来自新闻常识。最简单的是,尽可能找到同一日期的多个信息来源,无论是书面形式的还是访谈形式的(Berry 2002,第 680 页;Rubin and Rubin 1995,第 225—227 页;Brenner 1985,第 155 页)。如果这个访谈是与多个访谈一起进行的,那么这强化了一种信念,即我们所听到的仅仅是一种观点,或者它只是对模糊信息的特殊解释。这有助于减轻一些受访者夸大他们在这个过程中扮演的角色的担忧(Berry 2002,第 680 页)。通过质疑和提问,让他们知道你是这方面的专家。在访谈中你也需要使用一些行话,向他们展示你对访谈内容很在行,他们不能轻易操纵你的看法(Rubin and Rubin 1995,第 197 页)。即使你可能认为受访者的观点简洁明确,你也需要向受访者提出质疑,给出与他们观点相反的数据,因为这可能有助于提出关于如何利用多种因果关系的观点(Rubin and Rubin 1995,第 223 页)。对政治的研究大部分围绕着公共领域的冲突展开,这对于获得更为准确的解释有好处。通过给出政治领域数据,其他人可能会质疑受访者,这是一种标准的新闻方法(Rubin and Rubin 1995,第 68—70 页,第 217 页)。比起直接质疑,这使得受访者处于更加中立的位置。但是访谈者应当小心,不要让受访者觉得他们与媒体一样做着"陷阱"

【695】游戏。如果找不到这样的反对数据,研究人员可以明确地将自己称为"恶魔的倡导者"(Rubin and Rubin 1995,第 215 页)。访谈者可能会要求受访者对自己的例子进行批判并且解释为什么反对他们的人不接受他们的解释(Berry 2002,第 680 页)。

如果访谈者可以预见可能出现的偏差,那么他首先可以提出一些与主题无关的问题,这些问题是衡量普通意识形态的方法,也使得研究人员减少对证据的关注,我们称之为"规范"(Rubin and Rubin 1995,第 210 页)。访谈者应该了解受访者对官僚主义、政治或意识形态的看法,以便预测可能会出现的偏差。访谈者需要了解政党的路线是什么(Rubin and Rubin 1995,第221页)。这需要访谈者对公众档案有所了解。在即兴的问题中,需要探讨通俗的解释与所听到解释之间的差异,但是如果它们有所不同,也不要失望。相反,这通常意味着你正在揭示一些新的、令人兴奋的事情。当研究人员发现差异时,他可以得出关于受访者正在谈论的政治背景的新见解。研究人员可以继续进行研究,因为衡量结构和中介的重要性很重要。他们可以问一问为什么某些特定的论据有用,为什么这是必要的。如果记忆力差,访谈者可以提出一些基本的问题,以便评估信息来源的总体可信度(Rubin and Rubin 1995,第84页)。研究人员可能会故意犯错,如果记忆好的话应该纠正这些错误(Rubin and Rubin 1995,第219页)。最后,如果解释内部存在矛盾或不一致,一定要告知受访者,并关注受访者如何调整他们的解释。

3. 访谈实用性共识

虽然对冒险进行访谈是否值得这个问题上,研究人员存在分歧,但是愿意承担风险的人已经达成共识。本节将按照时间顺序,即从准备到解释再到形成书面表述,列举几种主要的观点。

对于每一位访谈者来说,最重要的经验教训就是不要在没有充分准备的情况下开始一次深入的访谈(Brenner 1985,第152页)。正如麦克拉肯写道,"每一次定性的访谈都可能是一个不成形的调查的受害者。不对这些数据进行控制的学者一定默默无闻"(1988,第22页)。访谈者应该在访谈开始之前穷尽所有的二手资源和公开资源(Berry 2002,第680页)。如果这个问题还不是很明显的话,这就给他或她提出一个难题。他或她需要找出什么是已知的,什么是未知,这样问题更有针对性、更有效率;访谈者要理解如何在不同情况下(民族国家、文化、时间等)进行讨论,如何在涉及政治冲突的情况下进行讨论;访谈者要对何种数据将成为他们的初始假设,何种数据将成为他们的对手的初始假设做出预计。在对那些没有重要文件记录的新领域进行研究时,政治学家可能会考虑进行一系列探索性访谈,以更好地理解重要的理论问题(McCracken 1988,第48页),但这些应该是只适用于低级别的受访者或那些了解现象却不直接参与的人,如记者。研究人员不应期望事情能够在短短一年的对话的基础上就落实到位。他们有可能做到,但这要靠运气。对文献的理解不仅有助于研究者最终在学术著作的开篇更广泛地阐述他的观点,而且还为他收集的访谈资料中出乎意料的数据提供了一个基准(McCracken 1988,31)。一个优秀的学者不仅要阅读本领域定性研究的研究成果,也要

【696】

涉猎定量研究成果,即使他不是统计专家。学者需要广泛阅读是因为这些研究成果是假说的来源。因为定量分析自身缺陷,如建立因果关系很困难,所以有很多领域还有待探索,这些研究成果也会指出这些有待探索的领域。

关键是要记住,文献综述或自己的假设之间必须留有一定的空白,以便研究人员以开放的态度对待其他的可能性。麦克拉肯这种留白的方法称为"制造距离"(1988,第23页)。这一点在访谈中尤为重要,因为当理论论据中出现黑洞的时候,这种方法就派上用场了。尽管定量分析可能会重新运行、二手资料被重读,但是访谈者往往只有一次机会来处理数据。如果你坚持一个特定的假设,但是它是错误的,会浪费一次机会,"好的文献综述使调查者成为专家"(McCracken 1988,第31页)。以前的理论,或者自己的理论,可能会对学者产生蒙蔽作用(Rubin and Rubin 1995,第64页)。这不仅是良好的社会科学,而且为推翻传统智慧提供了可能且有利于学者的事业发展。

在文献回顾之后,研究人员应该与那些对利益结果有了解的人建立联系。探索性访谈通常是这种联系的良好来源。一般来说,最好先从你感兴趣的组别的底层成员开始。工会、政府机构或是社会活动组织都可以。研究人员应该和任何见到他或她的人交谈。这使得社会学家可以磨炼和尝试构建不同的问题,发展和积累人脉(有时被称为"滚雪球"),收集基本信息,以便更好地为接触高级别受访者做好准备。高级别受访者的时间宝贵而且他们很严苛。访谈者应该尽量避免最初的接触冷场。许多人建议使用专业信函(Goldstein 2002,第671页;Aberbach and Rockman 2002,第674页;Peabody等人 1990,第453页)。① 信头写明专业和地位。在封闭社会中,在研究中心拥有当地的人脉往往是好事。在更开放的社会里,你就读的外国大学可能对你更有帮助,因为它可以使你脱颖而出。在信函中你需要解释为什么受访者可能对你的项目有特殊的帮助。通过解释,访谈者谈及背景,同时也使受访者产生一种融入感,使他们感觉很好(Rubin and Rubin 1995,第103页)。访谈者应该告诉他们,他们可以畅所欲言。如果可能的话,提及你的推荐人和你曾经访谈过的人,以便给受访者一个可信的感觉。你的推荐人最好与你现在联系的受访者属于同一个政治阵营;你访谈过的人未必一定要与你的潜在受访者属于同一政治阵营。这样做可能会引起他们的兴趣,他们能直接地了解你。同时访谈者也可以通过电话联系受访者本人或与其助理联系。如果可能的话,应尽量增加访谈时间的灵活性,这样联系人更加难以拒绝,即使重新安排也可以。如果可能的话,访谈者可以请受访者留下可以直接联系到他或她的电话号码或手机号(Goldstein 2002,第671页)。通过酒店房间的语音邮箱联系受访者很困难,因此在准备访

【697】

---

① 有人指出,在发展中社会,出于文化和技术上的原因,如有可能,应亲自提出访谈要求。

谈时,访谈者可以记下管理人员的姓名在准备进行访谈前记住这些名字,并在进出办公室时说出他们的名字并对他们表示感谢。

　　大多数访谈的倡导者建议对访谈进行录音(Aberbach and Rockman 2002,第 674 页)。访谈者可以告诉受访者,你想记录下这个访谈。因为日后提到他或她的名字会提高此次访谈的可信度,所以你希望能将此次访谈记录下来。如果受访者不同意,那么访谈者可以告诉他或她,你会引用他们的观点,但不会直接提到他或她的名字。虽然录音经常被认为会使受访者更加谨慎,但这种推断是建立在受访者的名字不会直接出现的假设上的。我认为这常常被夸大了。虽然情况各不相同,但还是利大于弊,而且风险可大可小,同时也与当地文化相关。"高级官员"没有"史密斯总理"那种私人印戳。因而在观看录制的访谈节目时,人们可以在对话进行时思考可能出现的后续问题,而不用担心不能完全精确记下访谈文本。(Brenner 1985,第 154 页;Berry 2002,第 682 页;Douglas 1985,第 83 页;McCracken 1988,第 41 页)。这样的录音可以让你逐字记录,可以用来弥补主观解释的问题(Brenner 1985,第 155 页;Mishler 1986,第 36 页;Rubin and Rubin 1995,第 85 页)。透明度有助于避免篡改数据。研究人员的研究问题或假设可能会随着不断积累信息而发生变化,因为你有记录的信息,这样的一份手稿就是非常宝贵了。可以发现之前忽视的问题,并将它们记录下来。访谈往往被用来确定不确定行为背后的动机和含义,具体的引语即使说服力并不强有时也可能是唯一的证据。只是陈述你的假设,并提供一个"访谈某先生"的脚注是不够的。但是,访谈者应允许受访者决定是否要记录下此次访谈,引用时是否提及他或她的名字。他们经常要确保你清【698】楚你自己的或他们的意思,因此他们会说"停止录音"或"打开背景音乐"(Goldstein 2002,第 671 页)。在访谈过程中做好笔记,这样就不必转录每一段录音。这样做可以节省宝贵的时间,能够更多地投入到发人深省的访谈中。

　　社会科学家应该尽可能地了解个人在利益现象中扮演的角色。在准备过程中,简单地介绍自己和自己的研究兴趣、研究领域,这有助于打破尴尬的局面(Leech 2002,第 666 页;Peabody 等人 1990,第 652 页)。然而,研究人员最好具体强调自己的假设,不论是完全成型的论据还是一种预感,因为受访者可能会以访谈者的名义收集信息,这样做是不恰当的。受访者还可能擅自否决你的假设(否决你)(McCracken 1988,第 27—28 页;Aberbach and Rockman 2002,第 673 页)。从这个意义上看,基欧汉等人的观点是正确的。他们认为受访者不应该替我们工作。使用专业用语或缩略语来证明自己的能力,并提示他们为了节省宝贵的时间,可以忽略不必要的背景(Rubin and Rubin 1995,第 77—79 页)。如果可能的话,在访谈过程中使用受访者的母语。所有这一切都是为了体现专业性,并使你的受访者认为他或她被尊重,你很重视他或她。虽然政客可能对这种待遇习以为常,但其他人(甚至是大人物)可能不是这样。社会学家必须在正式性和融洽性之间取得平衡。专业性和一定的距离确保访谈者控制整个提问过程,也确保受访者认真对待访谈者。但是,过于冷漠的行为可能会使受访者失去对访谈者的信任(McCracken 1988,第26—27页)。访谈者在提问时,应该是带有同情、尊重,不对受访者评头品足。这样做并不意味着不对受访者提出质疑(Brenner 1985,第157页)。然而,政治学访谈与新闻不同的地方在于它的对抗性要小一些。受访者可能有义务为公众利益坐下来接受一位记者的采访,而且在访谈过程中很难叫停。但是学者并非如此。一些学者认为,学者展现出来的他们对于主题的了解比他或她实际的了解要少。这样做受访者不会感到自卑,但这样做有可能让他们觉得自己是在浪费时间(McCracken 1988)。Leech建议访谈者要显现出自己的博学,但又不像受访者那样博学,这样可能更好(2002,第665页)。

　　研究人员应该设计一份针对受访者所发挥的独特角色调查问卷。这有助于将事实与观点区分,并且在收集其他渠道得到的信息时也会节省时间(Leech 2002,第666页)。访谈不应该是纯即兴的,因为研究人员可能会忘记重要的问题而且没有机会重新提问。但是访谈也不应过于死板以至于不能做任何变通。毕竟,访谈的目标不仅仅是为了证实某种假设。社会学家想要惊喜。因为许多未知的事情,所以他们往往是第一个进行访谈。调查问卷应该有一系列的主题,而且问题是反复推敲过的且能引发更好的回答。不要从具有挑战性的问题开始,因为这些问题会提高受访者的警觉性和对正在录音的录音机的敏感度(McCracken 1988,第38页;Mishler 1986,第294页;Douglas 1985,第138页;Rubin and Rubin 1995,第223页)。在访谈者和受访者关系融洽时,再问那些具有挑战性的问题(但不要等太久,不要等到访谈结束;Leech 2002,第666页)。但是开始的问题也不应该乏味。访谈者可能会首先尝试引出事实,然后在受访者放松的时候开始进行解释等更复杂的环节。如果事情早已经过去,访谈者需要进行铺垫以唤起受访者的记忆(Peabody等人1990,第452页;Rubin and Rubin 1995,第210页)。但是,如果时间有限的话,访谈者首先要把精力放在重要的问题上,此后再去研究其他不太重要的事情(Rubin and Rubin 1995,第200页)。在这些情况下,不要问那些可以从其他途径获得资源的问题,也不要问那些你已经知道答案的问题。这样的问题会破坏你的可信度(Peabody等人1990,第452页)。访谈者要了解非言语交际的价值。如果受访者的答案不完整,研究人员可以通过保持沉默并点头来示意受访者,希望他或她做进一步的解释。如果受访者拒绝回答或者遗漏了一个问题,你要记录下来,稍后从不同的角度再次提出这个问题。储备一些起"桥梁"作用的话语,这些话语可以帮助你以一种有礼貌的方式将话题引回你感兴趣的领域(Berry 2002,第681页)。

【699】

　　离开时，访谈者要询问受访者对自己的建议。那些直接参与其中的人更了解如何才能在研究课题的某些方面积累广博的知识，你可以参考他们的回答。在不知道下一个受访者是谁的情况下，访谈者不应该结束此次访谈。访谈者不应该把所有潜在的受访者都删掉。此外，务必要询问他或她是否还有时间多回答几个问题，亲自回答或是通过电子邮件或电话回答都可以。这是一个承诺，在后续的邮件往来中，访谈者可以越过秘书，直接与受访者沟通，询问更多的信息，特别是如果你在此前的交往中表现得十分热情的话（Rubin and Rubin 1995，第 138 页）。

　　连贯的访谈需要双方共同努力。研究者应该不断地查看自己的笔记，寻找相同和相异的观点，寻找新的主题和以前未被理论化或未被提及的因果因素。访谈进行一段时间后，就自然会变得不那么具有探索性或归纳性，相反会更具演绎性（Rubin and Rubin 1995，第 43 页；Brenner 1985，第 152 页；McCracken 1988，第 45 页）。学者们将开始制定更加确切的假设，他们试图证实或检验这些假设的极限。访谈的问题将变得更加犀利准确，在叙述的过程中几乎不需要探索话题。与所有的研究一样，访谈中也存在"回报递减点"，即在后面的访谈过程中收集的信息比之前收集的信息少，尽管访谈者应该意识到访谈可以终止（McCracken 1988，第 45 页）。这将引导社会学家在访谈结束后立刻整理笔记和观点。研究人员应该在访谈前尽可能全面地收集资料，访谈过程中不断重新评估数据。结束研究数据收集阶段后，研究人员可能会对最终的研究结果有一个初步构想。

4. 结语

【700】

　　访谈是收集数据的一个非常有价值的工具，研究人员应该将访谈运用到实际研究中，研究人员不仅要关注如何进行访谈，也要关注是否有必要进行访谈。访谈的成本高和实施有困难。但是如果一名政治学家认为直接与受访者进行交谈能更好地捕捉某种现象，那么他或她绝不会犹豫进行访谈。访谈者还必须考虑受访者的可靠性，但这个问题可以被解决。但是瑕不掩瑜，访谈有其独特的优势，即访谈中的问题直接针对受访者，并以归档或其他定性研究实现不了的方式推动受访者做出回应。虽然大多数人都认为访谈是一种需要练习的艺术，但他们并不怀疑访谈的实用性。然而，访谈不能替代对二手资料和书面一手资料的调查和研究。任何一种研究方法都需要系统的分析和精心的准备。

参考文献

Aberbach, J. D., & Rockman, B. A. (2002). Conducting and coding elite interviews. *Political Science & Politics*, 35(4), 673-676.

Almond, G. A., & Genco, S. J. (1977). Clouds, clocks, and the study of world politics. *World Politics*, 29 (4), 489-522.

Berry, J. (2002) Validity and Reliability Issues in Elite Interviewing. *Political Science & Politics*, 35(4), 679-682.

Brenner, M., Brown, J., & Canter, D. V. (1985). The research interview, uses and approaches. *Journal of Marketing Research*, 23(3), 308.

Douglas, J. D. (1985). Creative interviewing. Beverly Hills, CA: Sage.

Easton, D. (962). The current meaning of "behavioralism" in political science. Pp. 1-25 in TheLimits of Behavioralism in Political Science, ed. J. C. Charlesworth. Philadelphia: American Academy of Political and Social Science.

Fearon, J. (2002). Rationalism vs. Constructivism: A Skeptical View. Handbook of International Relations.

Frieden, J. A., Rogowski, R., Frieden, J. A., Rogowski, R., Frieden, J. A., & Rogowski, R., et al. (1999). Actors and preferences in international relations. *Strategic Choice & International Relations*.

Goldstein, K. (2002). Getting in the door: sampling and completing elite interviews. *Ps Political Science & Politics*, 35(4), 669-672.

King, G., Keohane, R. O., & Verba, S. (1994). *Designing Social Inquiry: Scientific Inference in Qualitative Research*. Princeton University Press.

Leech, B. L. (2002). Asking questions: techniques for semistructured interviews. *Ps Political Science & Politics*, 35(4), 665-668.

McCracken, G. (1988). The Long Interview. Qualitative Research Methods, 13. Newbury Park, Calif.: Sage.

Mercer, J. (2005). Rationality and psychology in international politics. *International Organization*, 59 (1), 77-106.

Merkl, P. H. (1969). "Behavioristic" tendencies in American political science. Pp. 141-152 in Behavioralism in Political Science, ed. H. Elau. New York: Atherton Press.

Mishler, E. G. (1986). Research interviewing: Context and Narrative. Cambridge, MA, and London: Harvard University Press.

Parsons, C. (1999). Burgess John P. and rosen gideon, clarendon press, Oxford University press, Oxford and New York 1997, xi + 259 pp. *Journal of Symbolic Logic*, 64(1), 391-394.

Patton, M. Q. (1990). Qualitative Evaluation and Research Methods. Newbury Park, Calif.: Sage.

Rathbun, B. (2004). Partisan Interventions: European Party Politics and Peace Enforcement in the Balkans.Ithaca,NY：Cornell University Press.

Rivera,S. W. , Kozyreva, P. M. , & Sarovskii, E. G. (2002). Interviewing political elites：Lessons from Russia.*Apsa Conference*(pp. 683-687).

Rubin,H.J. ,& Rubin,I.(1995).*Qualitative Interviewing*：*The Art of Hearing Data*.Sage Publications.

Somit,A. ,& Tanenhaus,J.(1968).*The Development of American Political Science*：*From Burgess to Behavioralism*.Boston：Allyn and Bacon.

第三十章　过程追踪:基于贝叶斯视角

安德鲁·本尼特(Andrew Bennett)

　　对历史个案的不同解释,我们如何做出评判呢? 我们又如何推断出用何种方式、在何种程度下做出的解释更有说服力呢? 我们能从对历史个案的解释以及得出这些解释所依据的理论的概括性解释力和范围条件中推断出什么呢? 贝叶斯逻辑与案例研究方法,尤其是过程追踪等案例内研究方法,提供了两种解决这些问题的方法。学者们早已承认贝叶斯分析法适用于评估对一个或多个案例的解释,乃至适用于评估对于个案中的证据推断和理论的普遍可行性的推断,案例内部分析着重于个案的历史解释。近来,运用定向方法进行研究的专家们开始有了新主张,他们认为这些方法有很多共通之处(McKeown 2003;Brady and Collier 2004;George and Bennett 2005)。研究人员对两者的关系未进行细致分析,也未分析贝叶斯推断阐释过程中追踪方法的优势和局限。本章节试图填补这一空缺。

　　本章首先对过程追踪进行概述,与贝叶斯逻辑相关的过程追踪的范围是本章的研究重点(获取更完整的过程追踪论述,参见 George and Bennett 2005)。本章之后简要总结了贝叶斯推断的逻辑,同时强调过程追踪逻辑的类比。本章举例以阐明这些观点,这些例子的出处是有关政治事件的历史解释,这些政治事件包括 1898 年的法绍达事件、第一次世界大战末期和冷战末期。本章节总结出,贝叶斯主义在促进人们理解案例研究方法时的
优势及局限:这些优势包括,即使只有来自一个或几个案例的有限证据,也能发展和检验解释;局限则包括,历史解释的暂时属性以及通过少数案例进行归纳具有挑战性。

1. 历史性诠释:三种解说性案例

　　社会科学领域内研究者们对于专题案例历史解释的辩论从未停止。以下为取材于

我所研究的国际关系领域中三个在历史和理论方面都很重要意义的例子,我将对每个例子进行回顾阐述。首先,肯尼斯·舒尔茨(Kenneth·Schultz)认为英法可以避免 1898 年在法绍达危机期间两国发生的战争,因为英国的民主进程让人们更加相信它对于强制性外交的需求,而法国的民主进程则让人们越发不相信其开战意愿。其他人将英法法绍达危机不会引起战争归因于两国军事实力的差距,或是两国民主价值观的差异(Schultz 2001)。在第二个例子中,海因·格曼斯(Hein Goemans)认为 1916 年德国领导人对于一战是否能获得军事胜利的态度越发悲观,但其反应则是对战争的更大野心。在他看来,冒险一搏是为了尝试寻求更大利益,也就是花钱摆脱国内竞争对手并允许现有精英继续掌权。其他学者则认为,国内考虑并不重要,德国没有扩大其战争野心,德国领导人在 1916 年也没有意识到他们获胜的几率渺茫,德国领导层的变动是由政策变动导致的(Goemans 2000)。因为用十分熟悉的案例来解释过程追踪更为简单,故以下我将对第三场辩论进行最为详细的阐述,在这场辩论中,我认为苏联领导人在 20 世纪 80 年代末做出的外交政策调整是观念变迁导致的。简而言之,在我看来,这些领导人不愿用武力强行阻止 1989 年的中欧革命,是因为他们已从干涉阿富汗及其他地区未遂的经历中得到了教训,即要想获得长期性的政治目的,如得到没有群众基础的政府的支持,武力不是有效措施(Bennett 2005)。其他一些人则着眼于不利于苏联的权力变更(Brooks and Wohlforth 2000-2001)或苏联内部当权政治联盟的变动(Snyder 1987-1988)。

此类相矛盾的历史诠释的定性研究,遵循着一种共有模式,在之前的章节中,我们用不同解释展开描述,之后,我们会考虑,如果证据已知,那么什么证据会强化或削弱我们对每种解释的信任度。换句话说,我们考虑每种理论对各种程序与结果的预测能力,【704】或者说从我们先前的理论期望的角度来看,是否能成功找到假设的程序以及结果发生的特殊证据能带给我们多大的惊喜。接下来,我们要找出预期的证据和可能有着不同出处的会出乎我们预料的证据,将这些证据来源可能体现出的潜在偏见纳入考量之中。在收集到能够获取的证据后,我们就更有理由相信那些存在疑问个案的各种不同诠释。依赖于此案例如何契合我们更加概括性的理论预期和一些早期的观察发现,案例中的证据也可能导致我们更加信任案例的其他解释所凭借的更为概括性的理论,或对于这些理论的范围的估计。对历史解释的这一概要当然过于简单,实际上,历史解释可能涉及理论推测和案例中及案例之间实证检验的很多重复阐述。然而,这一逻辑用示例说明了大部分过程追踪和贝叶斯推断的共同点。

2. 过程追踪

　　过程追踪要分析个案或特定案例发生时空中的证据,从而能对该案例下的不同解释追根溯源并加以检验。换句话说,过程追踪寻求的是对个案的一种历史解释,当案例作为一个例子出现,与更广泛现象相关的理论解释不一定就能由这种历史解释提供得来。或许研究人员会断定对案例最好的解释是独一无二或大致就是如此。有一研究发现可以证明此言论,这一发现就是,一位选民支持的候选人与他的立场、思想以及喜好都不一样,但仍支持她,仅因为这位候选人是他的嫂子。或者,调查人员可能通过过程追踪发现和检验一种理论假设,即那种有助于解释各种各样的案例,甚至那些在许多方面与之前研究过的都不相同案例的理论假设。比如,在某种程度上,达尔文进化论是通过研究加拉帕戈斯群岛上一些物种而得出,但却适用于所有生物。不理解一种理论涉及假设的因果机制,我们就不能判断该理论的普适性,而且这种理解通常通过研究个案得来。

【705】　　因此,过程追踪拥有归纳(即理论生成)与演绎(即理论检验)两个因素。在任何课题专门研究中,寻求两者平衡都有赖于与现象相关理论的以往发展状态,以及研究者对现象和案例的认知状态。如果对某一现象其他可能解释得到很好的建立,如果每种假设都细致入微到能够为各种过程提供经得起检验的预测,而且这些过程若本应在假设提供给案例的合理解释时发生,那么过程追踪就可以通过对不同解释的演绎理论检验来快速跃进(例子见 Schultz 2001)。但如果没有详尽的解释,或者这个案例"离经叛道",即它与已建立的相关理论不契合,那么过程追踪就必须以相对归纳的方式来进行,通过利用案例中的证据来阐述,也可能通过后来检验对案例的新解释(例见 Scott 1985)。由此可见,从案例中推导解释以及在相同案例中对解释进行检验时,可能会出现认识偏差,研究人员必须对其有所警惕,但有可能一种解释出自一个案例,而后对它的检验要对抗这一案例中与之相悖又不相关联的证据。此类证据可以在解释案例时对新理论进行证伪。

　　因为过程追踪的性质是寻求单一案例中,假设因果过程可观察言外之意的技能,潜心于过程追踪的研究人员常关注的是:更精妙的细节和相比于提出的理论解释更浅层次的分析。① 目的是证明案例内事件和过程的结果是否契合对案例不同解释所做出的

---

　　① 对过程追踪的分析可能会比假设的因果机制的分析水平更高。研究者还可以依据个别行为的假设机制检验经济理论,比如检查市场内的群体行为。

预测。这很像一个侦探通过观察线索、嫌疑人来查找出罪行，或者基于方式、动机、时机得出的详尽证据拼凑出有说服力的解释。这就像一个医生通过了解病人的病史和症状等详细信息，或通过诊断测试区分病人是患有病毒感染还是细菌感染，来判断出该病人所患的疾病（Gill，Sabin，and Schmid 2005）。所有想判断和解释个别案例和历史案例的尝试都着实要涉及过程追踪。这不仅适用于像法绍达危机，一战和冷战末期这样的人类社会大事件，也适用于自然科学领域的各历史性事件，如一种特殊岩石的形成起源（地质学）、恐龙的灭绝（进化生物学）或者宇宙的起源（宇宙学）。

　　一些评论家提示，因为过程追踪要经常关注案例的细枝末节，它可能会在一个案例中对过程进行细化再细化的研究，无休止的进程分析导致潜在的不断倒退（King，Keohane，and Verba 1994）。实际上，所有的过程追踪解释都是暂时性的，因为当进行精细分析或综合性分析后，这些解释可能不成立，但是研究人员对细节的研究深度和寻求解释的持续时间却有着实质性的限制。这些限制包括研究人员可获取的资源，他们对建立案例解释给予的重视，以及将强化某种解释的证据汇集起来的速度。而且随着我们 【706】研究课题的持续开展，案例的理论重要性可能会发生改变——法绍达危机就是一个鲜活的例子，在各民主国家停止作战的言论成为重要的理论预言且法绍达危机成为检验假设机制的相关案例之前，除了历史学家没有人能记着该事件。而且研究者可能会基于第一类错误（摒弃真实解释）和第二类错误（接纳错误解释）的不同理论构建和政策后果来终止或延长过程追踪。

　　此外，并非所有证据都与案例内相关联的解释有同等的证明力。一种相关假设所预测的某种解释越能让人信服，那么证据就越不可能来源于不同视角下的解释，当真正找到预测的证据时，我们就会对相关假设更加自信满满。从这个方面看，梵·埃弗拉已对四种检验与证据进行了区分，这四种证据综合了独特性与确实性（Van Evera 1997，第31—32 页）。独特的预测仅在一种理论考量下才能加以考虑，而确定预测是指如果解释为真，那么它就必须不容含糊地为真。环形检验（Hoop tests）涉及的证据是确定的但不是独特的，检验失败则宣告解释无效，但检验通过也并未使人们更加相信那些解释。因此，实际上环形检验通常用来排除其他替代性假设。梵·埃弗拉找到一个合适例子来诠释环形检验，"被控告者在谋杀那天头脑清醒吗？"

　　确凿证据检验（Smoking gun tests）是独一无二而非普遍适用的；检验通过后解释便令人大为信服，而未通过也未让解释大为失效。如梵·埃弗拉所提到的，进行谋杀后嫌疑人留下使自己处于极其危险境地的证据，但缺少这种证据不会让他免罪。因此，证据检验通常用来为相关假设做例证。

　　对既有独特性又有确定性的证据进行的双重决定性检验（doubly decisive tests），能够有力推断不同解释的真伪。梵·埃弗拉此处给出的例子是,监控捕捉下小偷的面部特征,那么矛头便指向这个小偷,而使其他人免受责罚。

最后,迹象检验(Straw in the wind tests)既不具有独特性又不具有确定性,不能为其他替代性解释的真或伪提供强有力的证据。因此,要决定过程追踪证据是否有足够说服力让人们不再质疑案例解释,不仅获取正确的解释很重要,研究人员发现的证据以及这些证据的可信度也同样重要。单个双重决定性检验也许足够,然而许多迹象检验仍不确定如何选择案例中两种无法调和的解释。证据数量不重要,重要的是证据整合起来驳斥各种解释的方式。

【707】 因此,过程追踪发挥效用的方式为:通过确认解释是正确的,能证明解释正确的证据,可排除的归纳法,并利用证据来质疑不适用于一个案例证据的替代性解释。这就是为什么在考虑案例的不同解释时要广撒网,要审慎公平地收集和评判所有潜在解释的过程追踪证据——这些证据是学者提出的,是已有理论所暗示的。好的过程追踪面临的其他标准禁令(standard injuctions)包括,需要收集不同来源和种类的证据、需要预测和解释对证据出处的潜在偏见(George and Bennett 2005;Bennett and Elman 2006)。这些迫切需要的因素在对社会与政治现象的过程追踪分析中尤其重要,因为事件参与者有充分的理由来隐瞒并通过其行为和动机误导人们,这符合其自身研究兴趣和观念。

海因·格曼斯对一战末期进行的研究可看作解释过程追踪此类方面的例证。根据梵·埃弗拉描述的方法,格曼斯用过程追踪证据来否定德国一战末期政策不同的解释,并用例子来演示自己的解释。第一种解释为德国本应表现团结,回应国际上的顾虑,格曼斯的证据为德国的战争野心,甚至伴随着其胜利预期的幻灭更加膨胀,这种解释没能通过环形证据的检验。第二种观点是德国在整个战争中都无法挽回地奉行强权政治,该论述的说服力也被证据削弱了,事实上德国的战争野心更大了。格曼斯不同意第三种论述,即德国独裁政府自己做了一个笨学生,看不到它在战争中正一步步失利的事实,因为有充足的信息显示,直到1916年末德国领导人才清楚理解到他们胜利的希望渺茫。第四种论述是德国军事领导人的变动改变了其政治目标,这一论述回避了一个问题,即为何德国在战争过程中替换原来的军事领导人(Goemans 2000,第74—75页、第93—105页)。

格曼斯而后着眼自己的解释,当有证据表明像德国这样的半独裁政府正在丢失一场战争的主动权时,他们不太可能以大捷而很可能以惨败为预期来冒险做出战略部署。格曼斯认为,组织内的精英这么做的原因是,对于他们来说,协商停止一场损失稍少的战争与彻底败北是没什么大不同。从这点来看,社会精英便忧心忡忡,害怕国内反对人士会将政府决定打一场烧钱的败仗而招致的大范围动荡当做一次机遇从而以武力夺取他们的权力。格曼斯以德国战争野心膨胀一事作为检验其主张的确切证据。还有很多其他证据,其中他提到,德国军事领导人埃里希·鲁登道夫(Erich Ludendorff)在一封私人信件中说,如果德国想要针对动荡局势进行协商,那么国家就需要国内政治变革来规避动乱。尤其对于普鲁士来说,普及公正的选举权比一场败仗更加糟糕(Goemans 2000,第 114 页)。

3. 过程追踪逻辑与贝叶斯推论

【708】

以上进行简要描述的过程追踪逻辑与贝叶斯推论逻辑极其相似,贝叶斯推论也可以用来评估历史个案的各种解释。相比较而言,推断的频率论数据形式需要足够大的样本,才得以开始并应对推断整体数据中个案的挑战,这一任务即为人们所知的"生态推断问题"。① 过程追踪逻辑与贝叶斯推论相近之处还体现在,他们都认为某些证据在相互竞争的解释中比其他证据更具有辨别力,并且他们在确定证据价值的标准和收集不同证据的重要性上达成一致。这两种方法的第三个相似之处是,都将一些假设的确定证据与无法契合这些证据的其他假设性解释的排除归纳法相结合。这些相似点让我们关注到两种方法的潜在优势:之前对如何最好地诠释案例的两种大相径庭的预期可能由于证据的不断积累而有所交汇,而且依赖于不同解释和证据的性质,有可能从单独一个案例中的一些证据做出强有力的推断。另一方面,对于贝叶斯推论局限性的言论也有助于阐明过程追踪的局限。这些局限包括,可能不足以确定各种解释的选择,不清楚如何泛化单个案例,即使是其最可能或最不可能有普适性的案例。

说清过程追踪逻辑与贝叶斯分析的几处不同也是十分重要的。贝叶斯分析没有完全捕捉到过程追踪的理论诱发,通过理论诱发研究人员可能在一条证据的基础上有全新的假设,然而对于该证据没有明晰的理论。另一点不同就是,投身过程追踪的研究人员通常自然而然地运用贝叶斯逻辑,却不尝试详细量化之前所得,如与假设和证据相关的特殊可能性,依据证据得来假设的新可能性。也没有案例研究方法与对数量适中和大量案例进行的贝叶斯数据分析相类似。而且对贝叶斯分析以及该分析在案例研究应用上的清晰理解都对案例研究人员大有裨益。

---

① 要获取关于解决问题和控制问题发展的正面观点,见 King(1997;1999);要获取反面观点,见 Cho(1998)and Freedman 等人(1998;1999)。

贝叶斯理论检验方法的核心在于不断增强对不同解释的信心。① 换句话说,贝叶
【709】斯理论非确定性地对待统计参数,将主观的可能性与假设为真的可能性联系起来,然后
依据新证据重新确定这些可能性。相反,频率论统计将可能性与在以重复样本中得到
相似结果的可能性联系起来。根据频率论统计,在5%的置信水平下证实一种假设并
不意味着该假设为真的几率就有95%;相反,它代表着整体的二十个随机样本中仅有
一个变量系数的估计值可能偶然出现问题,而这个系数与第一次测试样本系数为零的
差值是一样的(Western 1999,第9页)。

贝叶斯理论出自贝叶斯的一部著作,但他并未在其中如此说明该理论。在贝叶斯
理论中,假设 H 在证据 E 和背景知识 K 的支撑下为真,或在 E 与 K 为前提下假定可能
性为真,公式如下:

$$\Pr(H/E\ \&\ K) = \frac{\Pr(H/K)\Pr(E/H\ \&\ K)}{Pr(E/K)}$$

换句话说,依据新证据,假设为真的新可能性等于先前 H(或 $P_r(H/K)$)的可能性
乘以依照假设 H 与背景知识获取的证据的可能性再除以之前的可能性 E。因此,可替
代 H 解释的不同解释支撑下的证据越不可能,它就越能让我们相信若证据与 H 一致,
那么 H 为真。

这与上述讨论十分契合,即:一个案例的过程追踪证据可以使人们对该案例的不同
解释重新树立信心,并非所有证据都有同等证明价值。过程追踪证据所证明的解释越
出人意料,也就是说环形检验通过得越少,我们对余留下的假设就越有信心。证据越符
合相关解释,也就是说解释通过的确切证据检验越多,我们对相关理论解释案例就越有
信心。能够大幅提升对一些解释的自信,同时明显降低对其他解释自信的证据符合
梵·埃弗拉(Van Evera)的双重决定性检验(doubly decisive test)。

在此需再次强调,与侦探工作相类比很有用。例如,在2002年,狙击小组恐吓华
盛顿特区,结果被逮捕,因为逮捕前有人打通了情报热线,之后当地的一名牧师承认
自己就是狙击手。但鉴于该案件中有大量古怪的电话,这一案件为真的可能性就极
其低了,除非有证据能够证实致电者声称的最近这次射击事件与之前在阿拉巴马的
蒙特哥马利发生的射击事件有联系。证据反之又触发许多其他线索,但如果事实
上致电者并未牵扯到狙击手射击事件中,每个线索都很可能是假的。当所有这些

① 贝叶斯推断经常用下赌注这个隐喻来解释在个体保持一贯信仰的情况下,在有新信息后如何
改变以及为何改变信仰。结果就是没有重新下赌注(改变信仰)会让套汇人做出一系列百无一失的赌
注。科学家当然不会(通常情况)真的以利率为基础,用钱来下赌注,但他们会用在专业内的声誉,在假
设为真的可能性上花费的工作时间来下赌注。

不太实际的线索被证明是真的时，这些线索就会指向可能发现狙击者所在汽车的信息，使得警方得以抓捕后来被指控射击的两名嫌疑人（Bennett 2006，第341—342页）。【710】

运用足够多合适的证据，研究人员即使起初在不同解释真假与否上有很大分歧，但也会趋向于有相同期望（这种现象叫做"不计前嫌"）。① 在有充足证据时，贝叶斯与频次分析可能给出相似的答案，然而仅对少数案例或有限证据进行研究时，他们可能会背道而驰。当证据有限时，评判之前的假设的可能性就会存在问题，许多人认为这是贝叶斯分析面临的主要挑战（Earman 1992，第58—59页）。

虽然之前持不同观点的研究人员而后或许能有共识，但贝叶斯推断的逻辑仍有其效用，它有助于解释人们的共同直觉，即若要检验假设的真伪，不同证据间的差异是有用的。② 对过程的相同阶段所给出的证据不断重复，那么证据很快就变得可预测，不久便失去了证明价值，也无法给我们以意想不到的结果或让我们改变之前的解释。然而，对假设的过程中新阶段或不同阶段的独立解释，仍有可能给我们意想不到的结果，也可能让我们改变之前的观点。借用一句老话，如果一个东西长得像鸭子，走路像鸭子，声音像鸭子，诸如此类，它或许就是一只鸭子。然而如果我们继续仅仅关注形态，无论我们从多少角度进行观察，都不能从一个干扰选项中轻易判断出一只鸭子。这一例子出自云丰空（Yuen Foong Khong）的著作，他曾调查研究了美国领导人在越南战争中做出决定和捍卫这些决定时所用到的类比。通过评估这些领导人在私人会面和公共会晤上使用的类比，并发现两者间的紧密联系（奠边府除外，这里的领导人在公共场合不使用类比），云丰空能够否定的假设是，类比仅仅用于公共会面，是为了工具性交流才使用的，是为了维护出于其他原因在媒体前做出的选择（Khong 1992，第58—63页）。云丰空曾一度仅局限于研究公共演讲，无论他分析的此类演讲有多少，都远不够让人心悦诚服，因为公共演讲已经因演讲人的功用目的而与原意有所偏颇了。在过程追踪中，重要【711】

---

① 贝叶斯统计分析中有评估结果的精确度的方法，贝叶斯（Bayesian Markov Chain Monte Carlo）分析可以用各种不同的假设，因此假设就不会对结果产生特别大的影响（Western 1999，Jackman 2004，第484、488页）。尽管研究人员对一个案例的解释有所交集，对过程追踪进行的非正式贝叶斯分析技术中也没有对等物，这些研究人员在开始其研究活动之前都持有不同的观点，他们对解释的交集可作为例子来解释冰释前嫌。

② 有关贝叶斯主义有助于解释证据多重价值的论述见 Earman（1992，第78—79页），Hellman（1997，第202—209页），评论见 Kruse（1999，第171—174页）。即使成功了，贝叶斯对该问题的论述还存在着潜在的矛盾，就是大家所知的"旧证据"。贝叶斯理论表明已知证据有附加的证明价值，因为它已纳入之前对可能为真的假设的估计中了。这就意味着证据可能有证明价值，而之前这种价值却被忽视了。这可以看作贝叶斯主义的一个问题，或者是内在的统一，之前有一定程度的主观性，研究者必须警惕对旧证据确认的偏见，见 Earman（1992，第119—120、132页）。

的不是案例与证据的数量,而是证据的辨别力,证据的多样性以及考虑到的不同假设。

这与推论的频率论者(frequentist)逻辑有很大不同,它有助于解释那些具有一定自由度的对案例研究方法进行畅所欲言的评论文章为何被残忍误导。在频率论统计推论中,自由度等于观察的案例数量减去估计参数的数量,或研究对象的特征。在频率论研究中,该数量是至关重要的,自由度越高,检验就越能有力地决定所观察的变量是否本可以偶然产生,当自由度为负时,统计研究便不能轻易完成。这偶尔导致接受过频率论知识训练的研究人员担心,如果案例研究所涉及的参数比案例多,那么,这些案例研究本身是不确定的研究设计。实际上任何特定的案例研究设计在深层意义上可能都是不确定的——确实,如以下所述,贝叶斯逻辑表明,从某种层面上来说,所有研究设计都不是确定的——但任何特定案例研究设计的确定性都不是与所研究的案例或参数数量紧密相关的。

著名方法论学者唐纳德·坎贝尔(Donald Campbell)的这种直觉认知至少有令人称道之处,因为他开始纠正自己之前在描述案例研究方法时的做法,并且因被称缺少自由度而重新考量了他早期对案例研究方法所做的评判。坎贝尔声称,研究人员用来解释文化差异的理论也催生出这一文化其他数十个方面的预言和预期,除非这些预期大多数得到了确认,否则他不会运用这个理论的。在某种意义上来说,他用来自任何一种理论的多重含义的自由度来检验该理论(Campbell 1975)。但要注意,像贝叶斯逻辑建议的那样,坎贝尔仍然用相对接近频率论的术语来思考证据性质,关注的是预期数量(无论这些预期是否能够实现),而不是关注与其他不一致的假设相关的证据的证明价值和多样性。证据的证明价值不依赖于证据和案例的数量,而依赖于证据如何与其相对立的解释进行较量。只要一条适当的证据就可以建立起对一个案例的解释,而且该解释极可能为真,其他的解释很可能为假,然而,在相对立的解释中不加区分的证据即使有上千条也许根本没有证明价值。一条双重决定性证据要比看起来与之矛盾的决定性没那么强的证据更重要。

另一类比是说,不同于强调确认的或否认的证据的方法,过程追踪与贝叶斯推论的运行依靠的是,确认符合证据的假设,同时去除不适合的假设的归纳。依据不同的假设几乎不可能为真的证据可能让我们以后对一假设可能为真的可能性产生更高的预估,就像与假设相符合的证据一样,这在贝氏理论中是很明显的观念。这就是科南先生(Sir Arthur Conan Doyle)建议的根源,他的小说人物夏洛特进行案件调查的起始假设就【712】 是,当你清除掉所有不可能的解释,那么剩下的解释无论多么不可能,都一定是真相。也许仍有几个其他解释,这种情况下,研究人员进行反复检验,直到其中一个解释有足够数量的支撑(Doyle 1927, 1011, in "The Blanched Soldier" in *The Case-Book of Sherlock Holmes*;也可见 Earman 1992,第 163—165 页有关排除归纳法)。在分析英法 1898 年法绍达危机的过程中,舒尔茨(Kenneth Schultz)为已确认的证据以及排除归纳法给出了极佳的例子。法绍达危机爆发的原因是,因英法远征军在法绍达镇相遇,当时他们都想率先抵达并占领尼罗河上游的峡谷地带。舒尔茨列举了三种不同的解释,这三种解释由学者们提供,用以解释为何法国在选择放弃这块土地的情况下,这场危机并未触发战争就得到了解决。新现实主义者(Neorealists)认为,法国在战争面前打退堂鼓是因为,无论是在该土地上还是在世界其他国家的土地上,英国的作战力量都远超法国。舒尔茨摒弃了这个解释,因为它没能通过环形检验,即:它无法解释为何危机首先爆发,为何危机还持续了两个月之久,为何危机不断恶化而且几乎引发了战争,而当初英国军事实力碾压法国的事实又不言而喻(Schultz 2001,第 177 页)。第二个例子在舒尔茨看来也没有通过环形检验,这个例子是说,民主规范以及民主制度导致双边关系紧张。因为在基于民主规范与民主制度抑制力的传统民主和平理论影响下,英国民众与领导人几乎未曾想过调解这种紧张关系,而且在这场危机中他们的言论行为都充满了挑衅的意味(Schultz 2001,第 180—183 页)。

舒尔茨而后转向分析自己的解释,其解释是,民主制度强迫其领导人揭示有关其意图的私人信息,这就使得民主领导人在一些场合很难愚弄听众,而且这样做也使得运用武力的恐吓对其他人来说更可信。由此看来,当国内反对派和民众支持这些恐吓时,民主制度强化了强制恐吓的可信度,但当国内团体公开反对使用武力时,民主制度就破坏了其恐吓的可信度。舒尔茨用确凿证据来支持这一解释。英国民众致力于控制该地区一事的可信度由反对派的自由党领导人罗斯贝瑞(Rosebery)勋爵给予了完全肯定(Schultz 2001,第 188 页)。同时,法国外交部长德尔卡斯(Theophile Delcasse)起初向公众承诺了其不妥协的立场,但随后其立场动摇了,因为有证据明确显示他的漠不关心以及其他民主政治家对他彻头彻尾的反对(Schultz 2001,第 193 页)。在双方代价高昂的导火线揭露出英国有更强意愿与能力为争夺尼罗河上游而作战后,几天之内法军便开始撤退,危机从而在对英方有利的情况下结束。这些事件时机的良好把握,符合舒尔茨理论的逻辑,为其解释提供了有力证据。

关于贝叶斯推论的讨论也揭示了贝叶斯主义和过程追踪的局限。在这些讨论中,最重要的就是不完全决定性论题(有时指科学哲学家皮埃尔·督黑姆[Pierre Duhem]和威拉德·梵·奥曼·奎因[Willard Van Orman Quine]呼吁关注的奎因-督黑姆[Quine-Duhem]问题)。根据这个观点,对相互对抗的理论的选择总是不足以由证据来确定,因为我们无法完全搞清楚证据是否歪曲理论,或歪曲理论下与语境中变量、观察及衡量方法等相关的"辅助假设"(通常为理论一部分)。而对于无数的潜在解释是否值得认真思考也不是很清楚,按照定义概念,我们无法思考那些可能为真的但我们还未【713】

曾构思的替代性假设。在贝氏理论中,这些问题出现于 K 术语中,它显示了依据不同假设的背景知识的情况下证据的可能性(换句话说,在 H 不为真时观察 E 的几率)。有人有时会把这种术语叫做"网罗因素",因为它事实上囊括了还未曾提出的假设在内的所有假设,除了 H,就像一个摸彩袋一样。因为不能考虑到所有潜在的假设,贝叶斯便醉心于实用性建议,这些实用性建议与那些过程追踪拥护者提出的建议相类似,即我们应当广撒网,网罗各种解释,甚至要考虑那些根据相关假设做出的但有一些现实或理论支持的解释(Earman 1992,第 84—85 页;要获取评述见 Kruse 1999,第 165—171 页)。然而这充其量只能算是一个临时策略,因此贝叶斯没有将百分之百的几率联系至理论的可能性上。

另一种不完全决定性的问题是,在两种提供了相互矛盾的解释的现有假设中做出果断选择,是证据可能无法允许的。换句话说,如果没有确凿证据,以往解释的差异就无法消除,这些差异又将我们带回到那个问题,即解释本身就缺少一些明确的存在理由。正如以上所讨论的,在任何特定研究中,这一问题的严重性都依赖于在面对证据时相互对立的假设的性质,而不是案例或者变量的数量——确实,甚至在有很多案例、很少变量时,这种不完全决定性也可能是个问题。在有合适证据时,一些研究可能对某一特定解释有着高度自信,但并无法确认任何给定案例研究都这样如愿以偿。

贝叶斯主义和过程追踪面临的第三个挑战是泛化一个或几个案例。贝叶斯逻辑在某种程度上帮助解决该问题。比如说,长期以来,在贝叶斯主义角度下,案例研究的方法论学者都在争论,如果确切地解释了一个之前看起来最不可能解释清楚的棘手的检验案例,那么这个假设便得到了强有力的肯定。反过来说,如果没能解释一个最有可能的案例,那么我们对假设的信心就大打折扣。但我们仍不清楚,这些推论是否应仅适用于那些正被研究的案例,或与被研究过的案例极为相似的案例,抑或是更大范围的形形色色的案例。这种推论依赖于我们对假设的了解以及与假设相关的案例数量的了解,对假设的了解可能提供给我们案例研究范围的线索。这些信息必然来自之前的了解以及后续对更多案例的研究(或为贝叶斯或为频率论)。

以一个真实研究为例,我与同事在研究 1991 年海湾战争的责任分担(burden
【714】 sharing)中得出结论,即使在德国与日本这种最不可能的案例中,一个假设也已证明是真的。这个假设就是说,如果一些国家为了自身国家的安全要依赖于同盟领导人,他们会结成同盟。在德国和日本的案例中,甚至通过其他所有假设来证明其为真——联合行动/投机取巧的假设,国内政治假设(国内政治对立、对外政策形势欠佳),威胁对等假设——驳斥了另一个国家所做的大量贡献。这一发现说明,同盟依赖假设通常比同盟相关的文献所描述的得到更多重视,目前为止,与同盟相关的文献被联合行动假设主

导。在对联盟行为没有大量统计或定性研究时,我们不能准确地总结出条件,在该条件下,国家对联盟更加依赖会导致越来越多的成员做出责任分担的承诺(Bennett,lepgold,and Unger 1997)。

最后,在一些领域内,贝叶斯推断和过程追踪是不一样的。贝叶斯主义在对案例的相近过程追踪研究中做出的新假设找不到对等项。正如约翰·厄尔曼(John Earman)所指出的,"在数据基础上得出的假设要求即时的回应。当新证据表明有新理论诞生时,就可能出现信仰功能的非贝叶斯转变"(Earman 1992,第 100 页;也可见 Hellman 1997,第 215 页)。与定性方法论学者相比,贝叶斯分析关注较少的另一个问题是信息来源的潜在偏差问题。贝叶斯分析对有偏差的或不完全的信息来源下证据可能为真的说法大打折扣与这一说法是一致的。大多数关于贝叶斯推理的讨论并不集中于这个问题,也许是因为他们通常解决自然科学的例子,而在自然科学中,潜在的测量误差(而不是以目标为导向的行为体故意混淆证据)是最常见的有证据的问题。

4. 案例扩展:关于冷战结束的不同声音

政治学中有很多过程追踪与贝叶斯推断的好例子。在国际关系分支中,这些例子可以在很多著作中找到,要找到这些例子也不仅限于这些著作(它们包括 Drezner 1999, Eden 2006, Evangelista 2002, George and Smoke 1974, Homer-Dixon 2001, Khong 1992, Knopf 1998, Larson 1989, Moravcsik 1998, Sagan 1993, Shafer 1988, Snyder 1984、1993, Walt 1996, Weber 1991)。① 我关注的是关于冷战和平结束的史学辩论,尤其是 【715】 1989 年东欧剧变中苏军没有干涉的情况。我潜心研究这一辩论,学者们之前的理论解释与这场辩论仅有部分交集。我在此引入它并不是要说服读者在这场辩论中要站在我这一边,这需要对矛盾的观点和证据做更加细致的分析,相反,引入它是要解释从涉及类似讨论的过程追踪证据中所得出的贝叶斯推论。我引用这个例子的另一个原因是,重建涉及自身研究课题的过程追踪要比剖析其他研究者做过的过程追踪轻松许多。此处我将主要研究 1989 年不使用武力的三个最为众人所知的解释:现实性解释,强调变换的权力物质平衡;国内政治解释,强调苏联统治集团的属性变化;以及概念解释,突出强调了苏联领导人从近期使用武力的经验中吸取的教训。

布鲁克斯(Stephen Brooks)和沃尔夫斯(William Wohlforth;Brooks and Wohlforth

---

① 研究设计的简短描述可见于 Drezner,George and Smoke,Homer-Dixon,Khong,Knopf,Larson,Owen,Sagan,Shafer,Snyder, and Weber,见 George and Bennett(2005,第 118—119 页、第 194—197 页、第 302—325 页);有关 Evangelista,见 Bennett and Elman(2007)。

2000-2001；也可见 Wohlforth 1994-1995；Oye 1996）已经建立起对 1989 年苏联抑制的最全面的现实性、权力制衡的解释。布鲁克斯和沃尔福斯认为，20 世纪 80 年代苏联经济增长率的下滑、苏联在阿富汗的"帝国扩张"和高额国防开销的重担是苏联在 20 世纪 80 年代末期实行外交紧缩政策的主要原因。他们尤其还说到，苏联领导人在 1989 年没有使用武力是因为：这会带来大量直接经济和军用开销，会导致苏联受到来自西方经济制裁的危险，还会迫使苏联承担起东欧在西方所欠大量债务导致的经济负担。从这点来看，苏联领导人改变外交政策观点很大程度上是因为物质能力的改变。

斯奈德（Jack Snyder）是对苏联国内政治第二种假设最坚定的拥护者（Snyder 1987-1988）。斯奈德认为，苏联经济从大范围发展（重点发展基本工业产品）到集约式发展（涉及更精细，信息集约型产品与服务）的长期转换，使苏联统治集团从军用比重大的产业转向了轻工业和知识界。这使得苏联强化与西方的联系以获取技术和发展贸易，但如果苏联在 1989 年使用武力，那么就会使这一成果遭到破坏。斯奈德没有将这一论题直接运用到苏联在 1989 年未运用武力一事上，但在 1989 年后，他仍将经济物质利益视为苏联政策的驱动力（Snyder 1990）。

我已强调了第三种"学习性"解释，即苏联领导人从近期对阿富汗及其他地区的干涉未遂中吸取了教训，这使得他们怀疑军事干涉解决长期政治问题的效力（Bennett 1999；2003；2005；也可见 English 2000；2002；Checkel 1997；Stein 1994）。

【716】 一些学者们一致认为，这三种假设突出强调的变量对于解释为何 1989 年苏联没有诉诸武力助力不少，但学者们又有很大的分歧，包括在各自的因果侧重上，他们的交流方式上，每种假设很可能支撑的反事实性。比如，纵然经济下滑确实导致苏联政策变动，从而可能轻易引发侵略战争或造成新的混乱局面，但布鲁克斯和沃尔夫斯不同意"标准看法"，二人也不认为其他因素在解决这种不确定性上也发挥了重要作用（Brooks and Wohlforth 2002，第 94 页）。相比之下，我认为这种"标准看法"很有说服力，虽然相比于西方，苏联物质的减少迫使其改变外交政策，但外交政策变动的时机和方向都受到苏联经验的很大影响，即其之前在阿富汗及其他地区运用武力却未尝到甜头。

我们如何判断对于每种假设的不同说法呢？塔嫩瓦尔德（Nina Tannenwald）给出三种意义重大的过程追踪检验（Tannenwald 2005）：第一种，政治主张与苏联需要、行为体的个人物质利益、个人经历，以及他们手中的情报有联系吗？第二种，物质的变动发生在概念变动之前还是之后？第三种，物质或概念因素更好解释了最后胜出的政治主张吗？对每种观点的证据的简单回顾揭示了对物质和概念解释的确凿证据，以及物质解释中一个变量没能通过的环形检验；整体看来，似乎经济物质利益的证据是最没说服力的。

对于坦嫩瓦尔德的第一种检验,政策与物质和概念变量相符合,每种解释都有一些证据,大多迹象的变量在此处能加以简要总结。布鲁克斯和沃尔夫斯认为,引用苏联国防部长亚佐夫及其他官员的话来说,苏联的保守派和军事领导人很大程度上都没有质疑戈尔巴乔夫在外交政策上的让步,因为他们知道苏联陷入了严重的经济困境,需要西方的扶持(Brooks and Wohlforth 2000-2001)。因格里希(Robert English)关注到苏联保守派人士的其他言论,这些言论是戈尔巴乔夫外交政策的反对之声。他总结出,纵使我们相信老思想家对戈尔巴乔夫主张的默许,但没有戈尔巴乔夫他们就很难能做出相似主张(English 2002,第 78 页)。很难想到确凿证据与环形检验证据在这个事件中会如何呈现,因为任何个人的政治观点,甚至是像戈尔巴乔夫这样的历史名人的观点,都不能绝对有把握地表明,物质而非概念在苏联政策的制定和调整上更重要。

更加明确的是环形证据与斯奈德的经济利益组解释的较量:虽然苏联军事领导人有时反对削减国防开支,而且在 1990 年尝试发动反对戈尔巴乔夫政变的保守派代表了军事与重工业的斯大林联盟,但在 1989 年,这些行为体甚至在失去权力或几乎没有权力可用时也不认为应用武力来阻止华沙公约的失效(Bennett 2005,第 104 页)。在对阿富汗动用军事力量一事上,军事领导人早期就持怀疑态度,许多亲自经历了阿富汗 【717】一事的主要官员都没有参与 1994 年 7 月俄罗斯干涉车臣一事(Bennett 1999,第 339—340 页)。

坦嫩瓦尔德的第二个检验是关于物质与概念变化的时机的。布鲁克斯和沃尔夫斯认为,在时间框架内物质的减少会让苏联外交政策产生变化或者促使其变化,但没有明确说明这个时间框架,他们仅说明了物质诱因长期影响其行动(2002,第 97 页)。但这一论题的推理方法表明,苏联在 1973 年本可以为了利益而放弃东欧帝国,当时苏联的核武器足以保证其免受他国的攻击,高昂的能源价格则意味着苏联本可以利用其燃油和天然气在全球大赚一笔,这比它从东欧挣的利润要多。而且 1987 年后苏联经济大幅滑落,当时戈尔巴乔夫开始警告东欧政府,他不会用武力来拯救他们于众矢之的(Brown 1996,第 249 页)。概念解释时机与苏联外交政策变动的时机十分接近。尽管经济增长放缓,苏联领导人仍很支持对发展中国家动武,但他们对于运用武力的效力不再那么乐观,因为在阿富汗的军事干涉失利愈加明了(Bennett 1999)。且苏联领导人在公众演讲中言论的变化先于外交政策的变化,这表明,概念变化而不是由当时和后续观念变化导致的物质利益变化才是驱动因素(Bennett 1999,第 351—352 页)。

但最确切的过程追踪证据是第三种,它关注的是为什么在各种政治主张的较量中,一些主张得以提出。此处有力的证据就是物质与概念因素都很重要,但物质解释的一个变量似乎没有通过环形检验。苏联内部两大组织对 1989 年初的欧洲形势进行了报道,其中一个是苏联共和党的国际部(简称 ID),另一个是全球社会主义经济体系下的苏联协会(俄语简称 IEMSS),二者认为打击东欧给苏联经济带来了惨痛后果,其中包括西方对其进行的经济制裁。IEMSS 的报道中还提到,苏联对西方所欠的外债越来越多(Bennett 2005,第 96—97 页)。同时,这些报道还为学术解释提供了充足证据:IEMSS 报道警示说,打击波兰可能导致出现"中欧阿富汗"的形势(Afghanistan in the Middle of Europe),ID 的报道表明,独裁主义手段与直接施压明显已经过时,运用 1956 年(苏联干涉匈牙利)和 1968 年(干涉捷克斯洛伐克)的手段极不现实,两个事件都涉及原则上的问题,而且运用这样的手段还可能造成无法承担的后果(Bennett 2005,第 97 页)。

虽然物质与概念上的考量都很重要,但有理由相信,在主要领导人戈尔巴乔夫(Mikhail Gorbachev)看来,后者更为重要。在 1989 年 10 月 1 日的一场领导人会晤期

【718】 间,即柏林墙倒塌前十天,据说戈尔巴乔夫对东德领导人埃贡·克伦茨的话语内容大为吃惊,即东德欠西方的外债多达 26.5 亿美元,其中一半借款都发生在 1989 年(Zelikow and Rice 1995,第 87 页)。因此,虽然戈尔巴乔夫理所当然地关注苏联经济现状,但是因为地区外债的关系,忌惮使用武力的说法似乎没有通过环形检验。

最后,反事实分析显示出分析者的贝叶斯式预期,以及在此基础上更新预期的需要。斯奈德在 1988 年初就尽心尽力地概述了未来要发生的反事实事件,在他看来,这些反事实事件会让重视军事与重工业的斯大林联盟重焕生机。斯奈德认为,如果戈尔巴乔夫改革因经济状况没有好转而受到质疑,如果苏联面临国际背景下各国的虎视眈眈,纷纷开展战略防御计划(SDI),东欧坚持自立门户,以及苏联在阿富汗、安哥拉、埃塞俄比亚的武力镇压暴动不断失利,那么,反对改革的苏联领导人的崛起势必蔚然成风。结果表明,除了正在起作用的战略防御计划还在发展中之外,这些计划都在两年内超额完成预期任务,但除了 1990 年企图发动的军事政变的惨败之外,苏联的强硬派从来都没再有机会掌权。

考虑物质与概念论题的反事实意义仍是有价值的。布鲁克斯和沃尔夫斯论题的反事实是指,到 1989 年之前,如果戈尔巴乔夫改革得以使苏联经济产量急剧增加,苏联武力镇压东欧剧变也更可行。但布鲁克斯和沃尔夫斯没有偏激,没有去肯定或袒护这种说法。我自身论题的反事实意义以及我认为明显切实可行的是,苏联在 1980 年 1 月对波兰的军事施压,1979 年的阿富汗战争,以及 20 世纪 70 年代、80 年代的其他冲突中显示并动用了军事力量,如果苏联领导人在 1989 年认为这样做是成功的,那么他们就很有可能会震慑并用武力组织 1989 年的东欧剧变。(显然)人们对此信与不信,与我们对于论题的反事实意义联系起来。人们相信与否不会为这些论题的真实性提供证据,但他们确实强化了一个观点,那就是贝叶斯式逻辑通过证据让人们对真否有了新认识,

这对过程追踪逻辑也是恰当的描述。

5. 结语

　　贝叶斯逻辑阐明了过程追踪的长处与局限。两种方法的一个长处是，如果证据通过以上我们曾讨论过的方式对各种假设进行了区分，依据一条或几条合适证据，仅在一个或几个案例中就能得出有力推论。因此，即使仍有更基本的不确定性问题，自由度问题也不适用于过程追踪。两种方法也相一致，因为都是通过确认与摒弃归纳来进行的，他们都认为一些证据比其他种类证据更有证明价值，他们都强调收集更多研究现象的证据的重要性。 【719】

　　说及缺点，二者共有的问题就是没有绝对确认之前的理论解释。在合适证据的支撑下，之前的矛盾解释也能够有所交集，但若缺少这样的证据，他们就无法有任何汇合。贝叶斯逻辑也有效地提醒我们，根据过程追踪得出的解释一直都是暂时性的，这也造成了不确定性的问题。因为我们不能对所有可能解释的支持因素做出完整的计算，我们就不应该相信存在百分之百可能为真的解释。而且，即使一个证据让我们有绝对理由相信一种案例解释，贝叶斯逻辑也只是在我们从一个案例中得出结论时有所帮助。在最不可能的案例中成立的理论也许值得重视和研究，在最可能的案例中不成立的理论则不需要花费太多精力甚至需要摒弃，但除了这个一般结论之外，很难说贝叶斯逻辑是否或如何在没有对相关案例有了解的情况下，确认某种解释能用得上的案例的性质。

　　贝叶斯主义与过程追踪不是一模一样的。要想从一个案例的类似过程追踪研究中概括出一种全新的假设，在贝叶斯理论中找不到对等的。达尔文对生物进化的推论就是一个例子，它提醒我们，可能也有方法根据一个案例、了解与之前所研究案例相似的案例做出的假设，但结果表明，这与贝叶斯主义没有太大干系。但二者的所有差异，包括那些没有讨论到、没有发现的因素，以及二者在个体案例分析（从医疗诊断到对战争与和平的研究）中的相似之处，都揭露了二者的长短板。

参考文献

Bennett, A. 1999. *Condemned to Repetition? The Rise, Fall, and Reprise of Soviet-Russian Military Interventionism 1973-1996.* Cambridge, Mass.: MIT Press.

——2003. Trust bursting out all over: the Soviet side of German unification. Pp. 175-204 in *Cold War Endgame*, ed. W. Wohlforth. University Park: Pennsylvania State University Press.

——2005. The guns that didn't smoke: ideas and the Soviet non-use of force in 1989. *Journal of Cold War Studies*, 7: 81–109.

——2006. Stirring the frequentist pot with a dash of Bayes. *Political Analysis*, 14: 339–44.

——and Elman, C. 2006. Qualitative research: recent developments in case study methods. *Annual Review of Political Science*, 9: 455–76.

—— ——2007. Case study methods in the international relations subfield. *Comparative Political Studies*, 40: 170–95.

Bennett, A., Lepgold, J., and Unger, D. (eds.) 1997. *Friends in Need: Burden Sharing in the Persian Gulf War.* New York: St Martin's Press.

Brady, H., and Collier, D. 2004. *Rethinking Social Inquiry: Diverse Tools, Shared Standards.* Savage, Md.: Rowman and Littlefield.

Brooks, S., and Wohlforth, W. 2000–1. Power, globalization, and the end of the Cold War: reevaluating a landmark case for ideas. *International Security*, 25: 5–53.

—— ——2002. From old thinking to new thinking in qualitative research. *International Security*, 26: 93–111.

Brown, A. 1996. *The Gorbachev Factor.* Oxford: Oxford University Press.

Campbell, D. 1975. Degrees of freedom and the case study. *Comparative Political Studies*, 8: 178–85.

Checkel, J. 1997. *Ideas and International Political Change: Soviet/Russian Behavior and the End of the Cold War.* New Haven, Conn.: Yale University Press.

Cho, W. T. 1998. Iff the assumption fits…: a comment on the King ecological inference solution. *Political Analysis*, 7: 43–163.

Doyle, A. C. 1927. *The Casebook of Sherlock Holmes.* London: John Murray.

Drezner, D. 1999. *The Sanctions Paradox: Economic Statecraft and International Relations.* Cambridge: Cambridge University Press.

Earman, J. 1992. *Bayes or Bust? A Critical Examination of Bayesian Confirmation Theory.* Cambridge, Mass.: MIT Press.

Eden, L. 2006. *Whole World on Fire: Organizations, Knowledge, and Nuclear Weapons Devastation.* Ithaca, NY: Cornell University Press.

English, R. 2000. *Russia and the Idea of the West: Gorbachev, Intellectuals, and the End of the Cold War.* New York: Columbia University Press.

——2002. Power, ideas, and new evidence on the Cold War's end: a reply to Brooks and Wohlforth. *International Security*, 26: 70–92.

Evangelista, M. 2002. *Unarmed Forces: The Transnational Movement to End the Cold War.* Ithaca, NY: Cornell University Press.

Freedman, D. A., Klein, S. P., Ostland, M., and Roberts, M. R. 1998. Review of *A Solution to the Ecological Inference Problem* by G. King. *Journal of the American Statistical Association*, 93: 1518–22.

——Ostland, M., Roberts, M. R., and Klein, S. P. 1999. Response to King's comment. *Journal of the A-*

merican Statistical Association, 94:355-7.

George, A.L., and Bennett, A. 2005. *Case Studies and Theory Development in the Social Sciences*. Cambridge, Mass.: MIT Press.

——and Smoke, R. 1974. *Deterrence in American Foreign Policy: Theory and Practice.* New York: Columbia University Press.

Gill, C.J., Sabin, L., and Schmid, C.H. 2005. Clinicians as natural Bayesians. *British Medical Journal*, 330:1080-3.

Goemans, H. 2000. *War and Punishment: The Causes of War Termination and the First World War.* Princeton, NJ: Princeton University Press.

Hellman, G. 1997. Bayes and beyond. *Philosophy of Science*, 64:191-221.

Homer-Dixon, T. 2001. *Environment, Scarcity, and Violence.* Princeton, NJ: Princeton University Press.

Jackman, S. 2004. Bayesian analysis for political research. *Annual Reviews of Political Science*, 7: 483-505.

Khong, Y.F. 1992. *Analogies at War: Korea, Munich, Dien Bien Phu and the Vietnam Decisions of 1965.* Princeton, NJ: Princeton University Press.

King, G. 1997. *A Solution to the Ecological Inference Problem: Reconstructing Individual Behavior from Aggregate Data.* Princeton, NJ: Princeton University Press.

——1999. The future of ecological inference research: a comment on Friedman et al. *Journal of the American Statistical Association*, 94:352-5.

——Keohane, R., and Verba, S. 1994. *Designing Social Inquiry.* Princeton, NJ: Princeton University Press.

Knopf, J. 1998. *Domestic Society and International Cooperation: The Impact of Protest on U.S. Arms Control Policy.* Cambridge: Cambridge University Press.

Kruse, M. 1999. Beyond Bayesianism: comments on Hellman's "Bayes and beyond." *Philosophy of Science*, 66:165-74.

Larson, D.W. 1989. *Origins of Containment.* Princeton, NJ: Princeton University Press.

McKeown, T. 2003. Case studies and the statistical world view. *International Organization*, 53:161-90.

Moravcsik, A. 1998. *The Choice for Europe: Social Purpose and State Power from Messing to Maastricht.* Ithaca, NY: Cornell University Press.

Oye, K. 1996. Explaining the end of the Cold War: morphological and behavior adaptations to the nuclear peace? Pp. 57-83 in *International Relations Theory and the End of the Cold War*, ed. R.N. Lebow and T. Risse-Kappen. New York: Columbia University Press.

Sagan, S. 1993. *The Limits of Safety: Organizations, Accidents, and Nuclear Weapons.* Princeton, NJ: Princeton University Press.

Schultz, K.A. 2001. *Democracy and Coercive Diplomacy.* Cambridge: Cambridge University Press.

Scott, J.C. 1985. *Weapons of the Weak.* New Haven, Conn.: Yale University Press.

Shafer, D.M. 1988. *Deadly Paradigms: The Failure of U.S. Counterinsurgency Policy.* Princeton, NJ: Princeton University Press.

Snyder, J. 1984. *The Ideology of the Offensive: Military Decision Making and the Disasters of 1914.* Ithaca, NY: Cornell University Press.

——1987-8. The Gorbachev revolution: a waning of Soviet expansionism? *International Security*, 12: 93-131.

——1990. Averting anarchy in the new Europe. *International Security*, 14: 5-41.

——1993. *Myths of Empire: Domestic Politics and International Ambition.* Ithaca, NY: Cornell University Press.

Stein, J. G. 1994. Political learning by doing: Gorbachev as uncommitted thinker and motivated learner. *International Organization*, 48: 155-83.

Tannenwald, N. 2005. Ideas and explanation: advancing the theoretical agenda. *Journal of Cold War Studies*, 7: 13-42.

Van Evera, S. 1997. *Guide to Methods for Students of Political Science.* Ithaca, NY: Cornell University Press.

Walt, S. 1996. *Revolution and War.* Ithaca, NY: Cornell University Press.

Weber, S. 1991. *Cooperation and Discord in U.S.-Soviet Arms Control.* Princeton, NJ: Princeton University Press.

Western, B. 1999. Bayesian analysis for *sociologists: an introduction. Sociological Methods and Research*, 28: 7-34.

Wohlforth, W. 1994-5. Realism and the end of the Cold War. *International Security*, 19: 91-129.

Zelikow, P., with Rice, C. 1995. *Germany Unified and Europe Transformed: A Study in Statecraft.* Cambridge, Mass.: Harvard University Press.

第三十一章　案例为导向的结构化分析：
定性比较分析（QCA）、
模糊集及操作技巧①

贝努亚·瑞郝克思（Benoît Rihoux）

1. 简介

　　定性比较分析（QCA②）方法，如模糊集合等相关技术（Ragin 2000；及本章节）是为了分析小样本和中级样本的数据集，研究人员在比较政治学及相关学科研究中经常用到。这些技术的产生是为了解决运用集论方法和跨案例证据时揭示复杂因果关系。主要目的就是模拟基本分析程序，从事比较研究的人员解释案例时会经常用到这些程序。QCA 与传统的案例导向方法不同之处是，用 QCA 能延展这些基本分析程序去检验更多的案例。用定性比较分析来研究案例的数量没有程序限制。

　　本章将对定性比较分析进行概念性介绍，同时论述一些关键的技术问题。首先，列举出从事比较研究的学者普遍使用的两种分析程序，并将这两种分析程序与相关性分析作比较——相关性是主流量化社会科学的主要分析工具。其次，依据学科、案例种类、典型事件、其他方法的整合以及软件发展，对定性比较分析的尖端运用进行简要描

----

　　①　在比利时国家科技基金支持下（Fonds National de la Recherche Scientifique FNRS Belgium），我与拉金（Charles Ragin）对本章许多观点都已做过详尽的表述，也曾与编写此课题教材的工作人员进行过促膝长谈（Rihoux and Ragin 2008）。本章大多数观点与有关技术的描述和讨论都在两本教材中有进一步详述（Rihoux and Ragin 2008；Schneider and Wagemann 2007；forthcoming）。可通过 http://www.com-pass.org 链接获取网络课程。

　　②　此后，定性比较分析（QCA）指新集合定性比较分析（csQCA）、多元价值定性比较分析（mvQCA）、模糊集定性对比分析（fsQCA，变量连接模糊集与定性比较分析程序）。在比较方法下，都与模糊集合放在一起。

述。接下来的内容是定性比较分析的不同用法和同类型运用中的"最佳实践"。之后要叙述的内容是近来的主要发展成果,一方面指二分的清晰集定性比较分析(csQCA)以外的多价值定性比较分析(mvQCA)、模糊集、模糊集定性对比分析(fsQCA)的发展,另一方面指技术的进步、技术运用的优化。最后的内容是总结性思考,包括之前给予厚望的发展成果、即将出现的新发展成就、仍未攻克的难题、应用领域的扩展、对其他方法的运用衍生出新方法。

2. 比较研究的独特性

【724】比较政治学及相关领域的研究人员常试图找出不同案例的共通之处,他们的重点研究对象是那些精挑细选的少数案例。这种研究的分析策略有两种。第一种是检验享有给定结果的案例(比如第三波统一的民主国家)并试图确定它们的共享条件①(例如,他们的总统制相同的可能性)。第二种是检验共享特定条件的案例,或更普遍的,特定的条件组合,并评估这些案例是否呈现出相同的结果(例如,出现政党分裂、行政管理不力、经济发展水平低等现象的国家都会遭遇民主崩溃的问题吗?)。这两种策略在本质上都是以理论为基础的。第一个是检验是否一个特殊结果的例子构成一个或多个因果条件的子集。第二个是检验是否一个特殊因果条件或一组因果条件构成同一结果例子的子集。

两种策略都建立起特定联系。举例来说,如果发现其中的联系,那么所有的(或几乎所有②)统一的第三波民主化国家都建立起总统制,之后总统制浪潮与国家的巩固壮大就有了特定联系——假设这种联系与现有的理论以及大量已知信息相吻合。同样,如果发现所有(或几乎所有)第三波民主国家的经济发展水平较低、政党分裂、行政效率低,那么特定联系就在这种条件和民主崩溃之间建立起来。建立特定的联系并不等同于建立相关性。比如,假设总统制下的第三波民主国家的幸存率是百分之六十,但议会制下的第三波民主国家的幸存率是百分之三十五。显然,被当做变量的这两方面是相关的(总统制和议会制,幸存与消亡)。然而,证据却没有明确估计集论关系:确实有相关性的证据(即普遍联系),但在该例子中,总统制与民主国家的幸存之间没有特定联系。

拉金(2000)就曾解释过,第一个分析策略——确定有同样结果案例的条件适合评

---

① 条件这一术语是用一般的方式来指定一个案例的一个方面,这个案例一定程度上与研究人员对该案例所产生结果做出的解释或陈述相关联。注意它不是一个统计意义上"自变量"。

② 两种策略都不寄期望于并依赖于完全的集论关系(见本章)。

估必要条件。第二个是检验有相同因果条件的案例以观察他们的结果是否也一样——这适合评估充分条件,尤其是充分条件集。一直以来,建立起充分必要条件是比较研究学者的研究兴趣所在(参见 Goertz and Starr 2002)。然而,运用子集方法建立明显的联系并不一定需要使用概念或充分必要这种语言,或其他因果语言。比如,一名研究人员可能会发现那些民主制崩溃的国家之前都是殖民地,并且他并没有从该发现中提取出因果关系。展示出明确的联系对于社会学家来说很重要,不管他们是否有研究兴趣展现因果关系。实际上,社会科学中的定性分析主要关注点在于建立起特定联系。

相关性方法不适用于研究特定联系(Ragin 2000)。在变量型分析的最简单形式中,这种不适用很明显,这个 2×2 表格的内容展示的是各种有无结果与有无条件的原因的情况(表 31.1)。

表 31.1　有无结果与有无条件的各种情况　　　　　　　　　　【725】

	无条件	有条件
有结果	单元1:此时案例不利于研究人员的论证	单元2:此时案例有利于研究人员的论证
无结果	单元3:此时案例有利于研究人员的论证	单元4:此时案例不利于研究人员的论证

相关性(在一般意义下使用的)同时也同样关注原因的例子在多大程度上催生出结果的例子(单元 2 中的案例数量与案例 2 和案例 4 的总数相关),以及没有原因的例子多大程度与缺少结果相关(单元 3 中的案例数量与单元 1 和单元 3 的总数相关)。简而言之,这是一种综合数据,因在单元 2 和单元 3 中做出的大量案例对研究者来说回报丰厚,也因其在单元 1 和单元 4 中搁置了一些案例而予以惩戒。因此,这对于研究普遍(相关性)联系是十分有效的工具。

但对特殊联系感兴趣的研究学者仅研究整合起来的相关信息中的部分。例如,因果相关情况为结果的例子共有,那么对这些情况有研究兴趣的比较政治学者会关注单元 1 和单元 2。他们的目的是找出像单元 1 中那样少量搁置案例的情况。同样,一些案例与条件相似,对这些案例是否有对相同结果感兴趣的研究者会关注单元 2 和单元 4。他们旨在从单元 4 中找出尽可能少的因果条件下搁置的案例整体。显然从这些例子中能看出,当观察特别联系时,相关性就有两大弊端:(1)它仅注意相对差异(比如,总统制与议会制的相对幸存率);(2)它综合所有集合理论的评估。

因为双变量相关分析是大多数常见量化社会研究的基础,包括现今最为复杂的变量型分析(Ragin and Sonnett 2004),这些复杂的量化技术规避了明确联系的研究。相反,定性比较分析(QCA)重点关注的是特殊联系。它以形势逻辑(布尔代数和集合理

论语言)为基础,因此非常适用于找出主要集合理论联系。定性比较分析一个尤其有
【726】 用的特点就是,它能够分析复杂因果关系(多重推测得出的因果关系),这种情况下特
定结果可能来自几种不同的条件的结合——不同的因果道路。我们来思考一个定性结
果,如被(或未被)炒鱿鱼。那么这个人被炒的原因有很多:偷窃、迟到、诽谤他人等,或
者这些事他都做了。犯了任何一种错误都会导致被炒,上述是被炒鱿鱼的不同原因。
在这个例子中,过程的单一模式就是实际发生事情的整体误传。这些不同行为对"被
解雇"结果的相对影响并没有多大意义,人们因为不同的原因被解雇(或不同的原因
集),并不是因为他们在偷窃、迟到两个问题的叠加之下被解雇。

总结得出:运用定性比较分析,通过检验因果相关条件的不同集合的案例,就可能
找出决定性的方法,因此揭示因果复杂性。在这方面还应说明,定性比较分析并不考虑
主流定量分析方法的一些核心假设:它不假设线性,也不假设可加性,它假设的是等效
性(即不同道路可能带来相同结果),而不是单元同质性(假设的已知因素对所有案例
的结果有同样影响)(Rihoux and Ragin 2008;Schneider and Wagemann 即将出版的研究
成果)。

运用定性比较分析来分析因果复杂性的主要工具就是真值表。它有条理地列举出
【727】 与其他集合相关的条件和结果的集合。表 31.2 用四个叉状分支①和 16 个集合(即
组态 configuration)构成的一个简单的真值表。

表 31.2　四个条件(A,B,C,和 D)与一个结果(Y)真值表

A	B	C	D	Y[a]
no	no	no	no	no
no	no	no	yes	?
no	no	yes	no	?
no	no	yes	yes	?
no	yes	no	no	no
no	yes	no	yes	no
no	yes	yes	no	?
no	yes	yes	yes	no
yes	no	no	no	?
yes	no	no	yes	?
yes	no	yes	no	?

———————

① 此处描述的程序不依赖于使用叉状分支。真值表的建立可能基于叉状分支(新集合定性比较
分析),多个分支(多元价值定性比较分析),还有模糊集(集合成员在 0 到 1 区间)

续表

A	B	C	D	Y[a]
yes	no	yes	yes	?
yes	yes	no	no	yes
yes	yes	no	yes	yes
yes	yes	yes	no	?
yes	yes	yes	yes	?

注:带有? 的列缺少案例——结果无法确定

在更复杂的真值表中,排列(各情况的集合)数量可能很多,因为组态数是各种情况下数量的几何基础(因果组合数 $= 2^k$,此处 k 为因果条件的数量)。其他著作运用真值表阐明了因果复杂性(比如 Ragin 1987;Rihoux and Ragin 2008;Schneider and Wagemann 等)。重点是,真值表详述且形式化了比较研究的两个主要分析策略——检验有共同特别条件的案例来看它们是否有相同结果。因此真值表分析法的目的就是找出所有叠加条件与结果的特殊联系。

3. 研究现状[①]

目前,在世界范围内,运用几门语言作为参照的定性比较分析应用已有几百种[②]。从学科方向来看,超过三分之二的定性比较分析应用于政治学与社会学(尤其是比较政治学与政策分析;见 Rihoux and Grimm 2006)。在其他学科的应用也日益增多,如政治经济学、管理研究、刑事学。还有一些应用在历史、地理、心理、教育研究及其他学科中。

虽然定性比较分析主要用于小样本及中型样本研究,但不同研究在案例数量上相差很多。一些应用有很小的样本,有 3 个到六七个案例。在中型样本范围内,多数定性比较分析应用于 10 个到 50 个案例。但一些定性比较分析用于处理更多的案例,甚至是大样本设计(比如 Ishida,Yonetani,and Kosaka 2006)。

所研究的案例性质亦繁多。大多数应用中,案例(和结果)是宏观和中观层面的现象,如政策方面、集体行为体、国家和地区特征等。虽然所分析的案例数量与研究条件数量之间当然也有一些联系,但所分析研究条件数量相差很多(Rihoux and Ragin

---

① 更多详述见 Rihoux(2006);Yamasaki and Rihoux(2008)。
② 应用的整合列表可在 COMPASS 国际书目数据库获取:http://www.compass.org。

2008）。大多数应用考虑研究条件数量都在 3 个到 6 个之间——因此解释定性比较分析的模型都很少。

【728】 最后但同样重要的是，定性比较分析应用中一个特别有趣的研究就是，它与定性研究方法和定量研究方法等其他方法的明显结合。通常已有许多上游（upstream）定性工作涉及对案例的深度理解过程（Rihoux and Lobe 2008）。关于定性比较分析与其他形式方法——主要是量化方法的结合，一些研究者所做的尝试已经收获了丰硕成果，这些尝试旨在将定性比较分析与一些主流的量化技术进行比较，如判别分析（discriminant analysis）、要素分析、各种多元回归、逻辑回归、分对数回归①。

从软件的角度来看，已经开发了两个主要程序：FSQCA（用于 csQCA，fsQCA 和模糊集）、TOSMANA（用于 csQCA 和 mvQCA）。它们在于使用者有益的环境下提供了可替代的工具。近些年，还开发了其他一些工具。FSQCA 现在包含模糊集真值表分析的条理（见 Ragin 2008，及下文），紧密度和明确及模糊集分析的研究程度的计算，以及每种分析衍生出三种方法的可能性：更为复杂的、最简明的、折中的方法。TOSMANA 现在包含图表辅助（graphical aids），如视觉化工具制作出 Venn 图表，还有设置临界值的工具虚拟地捕获二叉分支和三叉分支的临界点。

4. 使用与最佳实践

定性比较分析技术至少可用于实现五个不同目的（De Meur and Rihoux 2002；Rihoux and Ragin 2008）。（1）可以直接单纯地以真值表的形式综合数据，将其作为发掘数据的工具。（2）研究人员可利用定性比较分析来检查数据的连贯性，主要通过找出逻辑冲突来实现此目的（换言之，相似的情况整合在不同案例中产生不同结果）。（3）还可以用来检验假设或现有理论。（4）另一个用法与上一个很相近，它是对研究人员作出的假设进行快速检验——就是没有检验一个先存理论或整个模型。这是另外一种运用定性比较分析技术挖掘数据的方法。（5）最后，它们可能会被用于研究新理论假设的过程中，遵循一种归纳性更强的方式。研究人员应该确定定性比较分析的哪种用法最适合他们的研究目的。定性比较分析的这五种用法中有一些仍然未被有效地探索。

【729】 在最近几年内，最佳时间得到更加系统化地应用。此处我们仅论述一些普适方针

---

① 列表见 Rihoux and Ragin（2008）。重要例子包括 Cronqvist and Berg-Schlosser（2006），Amenta and Poulsen（1996），and Dumont and bäck（2006）。

（更多技术指导方针见 Rihoux and Ragin 2008；Wagemann and Schneider 2007）。首先，建议使用软件的不同功能。这些功能中还有很多没被充分使用，比如"假设检验"功能（如 Peillon 1996），可通过多种方式对该功能进行开发。其次，应该谨慎使用技术及参考概念，避免模糊和不清楚的信息。对于定性比较分析的几种误解和错误批判来自对于技术术语的错用。最常见的例子就是对于"自变量"的参考而非"分析条件"的参考。

再次，研究者永远不应该忘记定性比较分析的基本整体逻辑（Nomiya 2004）。因此，研究者永远不应以单一方式考量情况的影响，尤其是在对真值表解决方法进行阐释时。还有，不应该毫无变通地机械地使用定性比较分析，而是要把它作为一种需要迭代进行的工具（Rihoux 2003）。在理论指导下，定性比较分析的常规分析（如运用软件）与案例之间总是会进行频繁的反复。底线就是：对定性比较分析的使用需要同时涉及案例（依赖于案例为基础的信息：Ragin and Becker 1992）与理论。当研究人员遇到麻烦时，这些难题要如何加以解决呢？这通常意味着，对于要进行的权衡（trade-offs）要一目了然，要做出实质性的选择，这些选择在真实研究中有时会有一些随意性特点。但至少读者知道已经做出的选择及其根据。而且，不应浅尝辄止、不假思索地运用定性比较分析，而是要仔细，有意识地使用它。毋庸赘言，所有形式工具的使用都应该这样，比如在社会学研究中用到的统计学工具。

之后，研究者应该谨慎解释真值表的解决方法（也叫最小公式）。尤其在根据因果关系解释最小公式时要持有谨慎的态度。从技术上来说，公式更审慎地表达了反应潜在因果关系的同步发生。之后就由研究人员来决定（取决于实质与理论知识）他们解释因果关系的深度。最后，在研究进程中，通常运用不同方法的研究都收获颇丰。在不同的经验研究阶段，不同方法通常要满足不同需要。因此，建议在一些阶段使用定性比较分析，而在其他阶段则运用其他方法（定性或定量方法）。这并不是说必须以一种适度的方式运用定性比较分析，因为它可用作一种主要的数据分析工具。

5. 多值定性比较分析、模糊集、模糊集定性比较分析及其他创新方法

除了起初使用并沿用至今的二分技术（csQCA），还有新发展研究的两种技术，可以让我们处理更多精细数据：一方面是多值定性比较分析，另一方面是模糊集。模糊集有两个变体：固定模糊集的定性对比分析——该程序将模糊集与真值表分析联系起来。【730】

多值定性比较分析同 TOSMANA 软件一道发展（Cronqvist 2005；Cronqvist and Berg-Schlosser 2008）。运用 csQCA 时遇到的问题是，强制使用二分情况，这存在信息丢失的风险，并可能出现大量的矛盾排列（即有相同情况值的排列，但产生不一样的结果值）。

这可能会衍生出一些例子,在这些例子中,原始数值不同的两个案例有相同布尔值,而极相近的值的两种案例有不同的布尔值。顾名思义,多值定性比较分析是 csQCA 的延伸。它保留了 csQCA 的主要观念,给出了数据集,使得有相同结果值的案例都用最精简的公式来呈现。在 csQCA 中,最精简的公式包含一种或几种主要的隐含数,每个隐含数都涉及一些案例,结果不同的案例不能用最精简公式的所有隐含数加以解释说明。主要差异就是 mvQCA 还能够囊括多重价值的情况。事实上,多值定性比较分析是 csQCA 的归纳,因为实际上二分变量是多元价值变量的一个特别的子类别——就是一种多元价值变量仅可能有两种值。在实践意义上来说,研究人员在一些情况下可以采用两种以上的值(通常是三分,但也可以用四种或以上类别),因此就丰富了多样性。多值定性比较分析已经成功应用于不同的数据集(如 Cronqvist and Berg-Schlosser 2006)。

真值表方法是 csQCA 和多值定性比较分析的基础,其明显局限是,它所服务的情况是简单的存在或缺少这种二分(布尔逻辑,csQCA 的变体)或多叉分支(多值定性比较分析)。但许多社会科学家感兴趣的情况都根据水平和程度有变动。比如说,众所周知,一些国家是民主国家,而一些不是,但还有很多介于二者之间的国家。这些国家并不完全属于民主国家的行列,但也不被排除在外。幸运的是,有良好的数学体系来处理集合内不完全隶属问题,即模糊集理论。拉金在他的社会科学著作中详细讲述过该理论。模糊集尤其有说服力,因为他们允许研究者在 0(非隶属)到 1(完全隶属)数值区间内来校准集合内的非完全隶属,而没有丢弃核心集论原理,如子集的联系。如拉金(2000)所展示的,子集联系对分析因果复杂性最为重要。在许多方面,模糊集都同时既是定性的又是定量的,因为他们在校准集合成员的隶属程度问题时包含了这两种差异。因此,模糊集有很多传统等距量表变量的优势,但同时还允许进行传统变量导向分析范围之外的集论运算。

通过允许成员在 0 到 1 区间内赋值,模糊集扩展了清晰集。举例来说,有一个国家【731】(比如美国),在发达国家集合中其赋值为 1,但在民主国家集合中它的赋值为 0.9。模糊集的基本理念就是允许成员赋值进行缩放,因此接纳了不完全隶属或模糊隶属。因此模糊集赋值就解决了不同案例对集合的隶属程度问题(包括两种定性状态:完全隶属与非隶属),如下所示,模糊隶属赋值 1 代表了一个集合内的完全隶属;趋近于 1 的赋值(如 0.8 或 0.9)就表示其虽不是集合内的完全隶属但是也很相近;赋值大于 0 小于 0.5 表明对象其实已不太类似于集合内的其他成员,更像是脱离于该集合,但还不能说它不属于该集合;最后少到 0 赋值,那么它就表示不属于集合内的成员了。

因此,模糊集综合了定性与定量的评估:1 与 0 就是定性分配(qualitative

assignment)(分别是完全在集合内和完全在集合外);0 到 1 区间值代表非完全隶属。赋值 0.5 也是定性锚值(qualitatively anchored),因为它表示的是在对一个案例进行集合内外的评估时最不明确(模糊)的一个界点。给出模糊集成员赋值并不就是将各案例与其他案例进行比较。相反,模糊集精准地指出定性状态,同时对集合内外成员隶属程度进行评估。从此意义上来说,我们可以把模糊集看作一种连续变量,有意地对其进行校准从而显示出一个固定集合内成员相对于该集合性质的相符程度。此类校准只能通过运用大量理论知识做支撑才可能实现,这对于明确三种定性断点至关重要:完全隶属(1),非隶属(0),还有交叉点,关于一个案例是否在集合内,交叉点(0.5)是最为模糊的值(Ragin 2008;本书;Schneider and Wagemann 等人)。这样的校准不应该是毫无变通的——当明确定性锚值时,研究者应为每个断点给出基本原理。事实上,定性锚值能够区分相关与不相关变量,尤其是在使用量化和区间层次(interval-level)的数据时。比如,至少在模糊集角度说,对于明确的发达国家集合,人均国民生产总值中的变化与发达国家这个集合内的成员不相关。如果一个国家不容置疑就是发达国家,那么就将其标记为完全隶属,赋值为 1。同样,欠发达国家中人均国民生产总值的变化也与发达国家集合内成员隶属程度不相关,因为这些国家全都不属于发达国家这个集合内的成员。因此,在运用模糊集的研究中,仅体现案例分布相对位置的衡量是不够的(如,像人均国民生产总值这样的传统财富指数)。最后要说明的是,在模糊集分析中结果与条件都用模糊集来呈现。

然而模糊集的局限在于它们不太适用于传统的真值表分析。使用模糊集时,不存在根据案例所展示的各种情况的整合来对案例进行简单分类的方法,因为每个案例的成员赋值的排列都是独一无二的。拉金(2000)通过对规避真值表分析的模糊集成员排序的分析进行演算法的研究,从而不受局限。虽然演算法通过使用控制(或包含)的原则忠实于模糊集分析,但它丧失了依据真值表分析证据时的分析优势。例如,真值表在研究多样性局限以及不同简化假设的结果时很有用。这些简化的假设出自对逻辑剩余不同子集的使用,得以减少复杂性(见 Ragin 1987;Ragin and Sonnett 2004;Rihoux and De Meur 2008)。一开始就不用真值表,那么分析起来就会很困难。【732】

因此,拉金(2008)建立起连接模糊集与真值表的桥梁,使我们可以用模糊集数据来构建布尔真值表——这一程序叫做"模糊集定性对比分析"(fsQCA)。很有必要告知大家,这种新技术充分利用了对构建模糊集至关重要的集合成员分级,并且这种技术不是在模糊隶属赋值的二分基础上预测得来的。相反,原始的等距量表(interval-scale)数据转换成了模糊隶属赋值(0 到 1 区间范围内),因此避免了二分或三分这些数据(即将案例归纳到最初类别中)。实际上模糊集定性对比分析为模糊集分析提供了新途径。

这种新的分析策略在一些方面优于拉金（2000）最初研究的模糊集策略。但两种方法都各有利弊，模糊集定性对比分析的特征是使用真值表作为分析工具。这个程序的优势还在于它更加明显。所以研究人员可以更直接地控制数据的分析过程。这种控制对于案例导向的研究至关重要。从技术上来说，一旦清晰真值表生成（通过总结众多模糊集评估的结果产生清晰真值表），那么就要用布尔代数来对其进行分析。

除了多值定性比较分析、模糊集和模糊集定性对比分析，还有很多有必要提及的新方法。首要的新方法集合处理的是暂时性的问题，它确实不在定性比较分析程序内——事实上，从案例导向视角来看，这或许是目前定性比较分析的主要局限。一些学者在应用整体定性比较分析技术时想要囊括时间维度，即在解释最小公式时明确一系列的考量，在情况的运作中有变通地进行考量，或根据时间逻辑将案例分开（如 Rihoux 2001；Clément 2005）。一些初期尝试还将暂时性融入分析（软件）程序本身。达克斯、哈格、格拉斯奎兹（2005）运用事件结构分析（ESA）率先建立起事件结构，在定性比较分析连贯的最小化程序的小模型中，一些事件结构已经是可操作的了。最后他们还详述了一个完全模型，该模型使得他们能够在一系列事件，至少是一些案例中找出一些至关重要的诱发因素。卡伦和帕诺夫斯基（2005）也做出了尝试，他们把暂时性直接纳入定性比较分析。他们认为可以用假设的例子来对定性比较分析进行扩展（暂时的定性比较分析[TQCA]，以此来获取因果序列）。首先，他们考虑序列，把它当做案例的特别属性，因此使可能的序列的数量大幅增加。其次，他们提出理论约束条件以限制可能序列的数量。再次，他们给出布尔系数最小值的特别形式，这就衍生出更多的小公式，这些小公式也包括序列和轨线。在其他方面，库鲁克（2006）就曾首先尝试将定性比较分析程序与"选择型匹配"程序联系起来。

【733】

有人也提及施耐德和瓦格曼提出的"两步"程序（2006；即将出版的），这一程序对相差较大和相近的情况加以区分。在丰富与细化基本定性比较分析程序的同时，还特别研究了一系列起补充作用的检验：检验充分必然情况，也评测最小公式不同成分的相容性与差异性（Ragin 2006；Schneider and Wagemann 等人）。另一个相近发展成果就是程序的系统化（叫做 MSDO 或 MDSO），它可以用来精简体量较大的潜在情况，也阐明汇集案例的方式，之后才会进行固定的定性比较分析（Berg-Schlosser and De Meur 1997；2008）。在定性比较分析程序中，也成功应用了几处精练，比如对逻辑剩余（未被观察的案例）更多样的运用，解决所谓相互矛盾的简化假设问题的特殊方式（当运用逻辑剩余时可能会出现潜在的矛盾），等等。优点就是这些提炼全都进一步强化了分析的透明度和稳定性，而且他们还都被付诸好的行径上。

6. 结语:前景和开放

定性比较分析的关注者与其技术在进步;关于定性比较分析利弊的辩论也不断发展。本章节没有对其进行细致探讨(详细信息请参见 De Meur,Rihoux,and Yamasaki 2008;Ragin and Rihoux 2004①)。主要论题包括二分法、未观测的案例(逻辑剩余)运用、案例敏感性、模型设定、因果关系和暂时性。底线就是,很多批评是错误或者言过其实的,尤其那些从主流定量(如统计)视角做出的评论,因为它们没能抓住定性比较分析的排列和案例导向基础的特征,也没有抓住定性比较分析的技术特征。当然,所有技术都有局限。但恰巧就是这些局限性促进定性比较分析新工具与新方法的发展。

在中短期内,我们对新方法还是满怀期待的,目前已经有了一些新方法。在接下来的几年内,会有更多的创新型软件涌现。也在诸如 R 语言软件等其他一些平台上作出努力(Dusa 2007)。此处是一些期刊,很有可能在某一时期内通过 FSQCA、TOSMANA 【734】及其他平台为软件带来新发展:在电脑程序中更明显地加入了时间维度;一些让用户满意平台的优化;与其他软件的互联(如输入和输出数据);显示配置与最小公式的新方法等。

另一条前景不错的方式在于有小样本和中型样本的研究设计,其中的案例都是个例(微观层次的案例)。特别是在那些参与性更强的案例设计中,也就是说,研究人员有规律地接触研究对象(个别案例)时,可能会认为,相比较于中观和宏观层次案例的理解,他们会对每个个案理解得更加透彻。事实上,他们确实能直接接触每个案例,这也证明了当案例是中观和宏观层次时,研究就会更加不易(Lobe and Rihoux 2008)。

定性比较分析和相关技术都是比较新的工具。依据不同的学科、案例数量、研究设计和用法,它们有很多的可能性。就像拉金(1987)最初说的,不要选择案例导向分析和变量导向分析的折中项,要全盘考虑,定性比较分析与案例研究方法联系更紧密,尤其是清晰、二分的方法(Rihoux and Lobe 2008)。与运用案例导向方法一样,运用定性比较分析的研究者可在下述目标中实现平衡:达到相当的理论层次,使解释有说服力,使案例数量可控(George and Bennett 2005)。相比于"有重点的结构化比较",定性比较分析的特点是:它能让我们考虑大量的案例,但前提是我们愿意接纳布尔逻辑或集合方法所必需的某个水平的简化与综合。而且在这一过程中,我们不需要牺牲太多的解释,有可能做出的归纳会一直依照情况而定,在此意义上来说,那么他们就仅应用一些特别

---

① 也可见于定性方法报(ASPA)的 2.2 期(2004)和国际发展比较研究的 40.1 期(2005)。

的方式或详细记述的案例群,这些案例在特殊情境下运行(George and Bennett 2005)。

定性比较分析与相关技术自然不能分开来看。它们与其他方法是和谐共生的,尤其是比较历史分析(Mahoney and Rueschemeyer 2003;Mahoney and Terrie;本书)和以理论为引导的案例导向分析(George and Bennett 2005;本书;Gerring 2006;本书)。今后几年内,定性比较分析和相关技术会取得较大进展,到那时它们会与其他定性或定量技术更加系统地融合。同时,我们也期待在软件方面能有进一步的重大进展(见上文)。此外,这些技术现在正通过各机构的培训项目和专业课程得到更广泛的传播。在传播技术所做的努力中,首先要读的一本英语教材(Rihoux and Ragin 2008)会让学生更方便学到这些技术。当然无论是csQCA、多值定性比较分析、模糊集合还是模糊集定性对比分析,哪一个都无法解决实证研究人员面临的所有问题,没有哪项单一技术可以实现这一【735】目的。但是,运用这些技术有重大的分析价值,而且在政治学、广义上的社会科学及其各种研究设计领域有潜在优势。

参考文献

Amenta,E.,and Poulsen,J.D. 1996. Social politics in context:the institutional politics theory and social spending at the end of the New Deal.*Social Forces*,75:33-60.

Berg-Schosser,D.,and De Meur, G. 1997. Reduction of complexity for a small-n analysis:astepwise multi-methodological approach.*Comparative Social Research*,16:133-62.

——2008. Comparative research design:case and variable selection. In *Configurational Com-parative Methods*,ed.B.Rihoux and C.Ragin.Thousand Oaks,Calif.:Sage.

Caren,N.,and Panofsky,A. 2005. TQCA:a technique for adding temporality to qualitative comparative a-nalysis.*Sociological Methods and Research*,34:147-72.

Clément,C. 2005. The nuts and bolts of state collapse:common causes and different patterns? COM-PASSS Working Paper 2005-32.

Cronqvist,L. 2005. Introduction to multi-value qualitative comparative analysis(MVQCA).COMPASSS Didactics Paper No. 4.

——and Berg-Schlosser,D. 2006. Determining the conditions of HIV/AIDS prevalence in sub-Saharan Africa:employing new tools of macro-qualitative analysis.Pp. 145-66 in *Innovative Comparative Methods for Policy Analysis*,ed.B.Rihoux and H.Grimm.New York:Springer.

—— ——2008. Multi-value QCA(mvQCA).In *Configurational Comparative Methods*,ed.B.Rihoux and C.Ragin.Thousand Oaks,Calif.:Sage.

De Meur,G.,and Rihoux,B. 2002. L'Analyse quali-quantitative comparée(AQQC-QCA):approche,techniques et applications en sciences humaines.Louvain-la-Neuve:Academia-Bruylant.

——Rihoux, B., and Yamasaki, S. 2008. Addressing the critiques of QCA. In *Configurational Comparative Methods*, ed. B. Rihoux and C. Ragin. Thousand Oaks, Calif.: Sage.

Duckles, B. M., Hager, M. A., and Galaskiewicz, J. 2005. How nonprofits close: using narratives to study organizational processes. Pp. 169–203 in *Advances in Qualitative Organizational Research*, ed. K. D. Elsbach. Greenwich, Conn.: Information Age.

Dumont, P., and Bäck, H. 2006. Why so few and why so late? Green parties and the question of governmental participation. *European Journal of Political Research*, 45: s35–68.

Dusa, A. 2007. User manual for the QCA(GUI) package in R. *Journal of Business Research*, 60: 576–86.

George, A. L., and Bennett, A. 2005. *Case Studies and Theory Development in the Social Sciences*, Cambridge, Mass.: MIT Press.

Gerring, J. 2006. *Case Study Research: Principles and Practice*. Cambridge: Cambridge University Press.

Goertz, G., and Starr, H. 2002. *Necessary Conditions: Theory, Methodology, and Applications*. New York: Rowman and Littlefield.

Ishida, A., Yonetani, M., and Kosaka, K. 2006. Determinants of linguistic human rights movements: an analysis of multiple causation of LHRs movements using a Boolean approach. *Social Forces*, 84: 1937–55.

Krook, M. L. 2006. Temporality and causal configurations: combining sequence analysis and fuzzy set/qualitative comparative analysis. Presented at the annual APSA meeting, Philadelphia.

Lobe, B., and Rihoux, B. 2008. The added value of micro-level QCA: getting more out of rich case knowledge. Unpublished manuscript.

Mahoney, J., and Rueschemeyer, D. 2003. *Comparative Historical Research*. Cambridge: Cambridge University Press.

Nomiya, D. 2004. Atteindre la connaissance configurationnelle: remarques sur l'utilisation précautionneuse de l'AQQC. *Revue Internationale de Politique Comparée*, 11: 131–3.

Peillon, M. 1996. A qualitative comparative analysis of welfare legitimacy. *Journal of European Social Policy*, 6: 175–90.

Ragin, C. C. 1987. *The Comparative Method: Moving beyond Qualitative and Quantitative Strategies*. Berkeley: University of California Press.

——2000. *Fuzzy-Set Social Science*. Chicago: University of Chicago Press.

——2006. Set relations in social research: evaluating their consistency and coverage. *Political Analysis*, 14: 291–310.

——2008. Qualitative Comparative Analysis using fuzzy sets (fsQCA). In *Configurational Comparative Methods*, ed. B. Rihoux and C. Ragin. Thousand Oaks, Calif.: Sage.

——and Becker, H. 1992. *What is a Case? Exploring the Foundations of Social Inquiry*. Cambridge: Cambridge University Press.

——and Rihoux, B. 2004. Replies to commentators: reassurances and rebuttals. *Qualitative Methods: Newsletter of the American Political Science Association Organized Section on Qualitative Methods*, 2:

21-4.

——and Sonnett, J. 2004. Between complexity and parsimony: limited diversity, counterfactual cases, and comparative analysis. COMPASSS Working Paper 2004-23.

Rihoux, B. 2001. *Les Partis politiques: organisations en changement. Le test des écologistes.* Paris: L' Harmattan.

——2003. Bridging the gap between the qualitative and quantitative worlds? A retrospective and prospective view on qualitative comparative analysis. *Field Methods*, 15: 351-65.

——2006. Qualitative comparative analysis (QCA) and related systematic comparative methods: recent advances and remaining challenges for social science research. *International Sociology*, 21: 679-706.

——and Grimm, H. (eds.) 2006. *Innovative Comparative Methods for Policy Analysis: Beyond the Quantitative-Qualitative Divide.* New York: Springer/Kluwer.

——and Lobe, B. 2008. The case for QCA: adding leverage for thick cross-case comparison. In *Handbook of Case Study Methods*, ed. C.C.Ragin and D.Byrne. Thousand Oaks, Calif.: Sage.

——and Ragin, C. (eds.) 2008. *Configurational Comparative Methods: Qualitative Comparative Analysis (QCA) and Related Techniques.* Applied Social Research Methods. Thousand Oaks, Calif.: Sage.

Schneider, C. Q., and Wagemann, C. 2006. Reducing complexity in qualitative comparative analysis (QCA): remote and proximate factors and the consolidation of democracy. *European Journal of Political Research*, 45: 751-86.

—— ——forthcoming. *Qualitative Comparative Analysis (QCA) and Fuzzy Sets: A User's Guide.* German-language version (2007), *Qualitative Comparative Analysis (QCA) und Fuzzy Sets.* Opladen: Verlag Barbara Budrich.

Wagemann, C., and Schneider, C.Q. 2007. Standards of good practice in qualitative comparative analysis (QCA) and fuzzy-sets. COMPASSS Working Paper 2007-51.

Yamasaki, S., and Rihoux, B. 2008. A commented review of applications. In *Configurational Comparative Methods*, ed. B.Rihoux and C.Ragin. Thousand Oaks, Calif.: Sage.

第三十二章 当代政治学的比较历史分析

詹姆斯·马哈尼（James Mahoney），P.拉金·泰利（P.Larkin Terrie）

虽然比较历史分析发端于现代社会学的建立，但它在当代政治学的地位可以见于20世纪60和70年代出版的一些广受赞誉的书籍中（比如 Moore 1996，Bendix 1974，Lipset and Rokkan 1968，Tilly 1975，Skocpol 1979）。

在过去的二十年中，通过主要新书的出版，以往的研究积蓄了发展动力。该学术范畴包含大量比较政治学关键领域的著作：社会供给、福利国家发展（如 Esping-Anderson 1990；Hicks 1999；Huber 和 Stephens 2001；Pierson 1994；Skocpol 1992；Steinmo 1993）；州的构成和重建（Bensel 1990；Ekiert 1996；Ertman 1997；Tilly 1990；Waldner 1999）；经济发展与市场调整（Bunce 1999；Evans 1995；Haggard 1990；Karl 1997；Kohli 2004；Sikkink 1991）；种族、民族和国家身份（Lustick 1993；Marx 1998；Yashar 2005）；革命变化（如 Gol-【738】dstone 1991；Goodwin 2001；Wickham-Crowley 1992）；民主与独裁政权（Collier 1999；Collier 和 Collier 1991；Downing 1992；Linz 和 Stepan 1996；Luebbert 1991；Mahoney 2001；Rueschemeyer，Stephens，以及 Stephens 1992）。

伴随书籍的出版，比较历史研究方法得到了有力确认。但除这些书籍之外，以往研究的主要因素也能在比较政治学学术期刊上发表的文章中发现——这也是本章要实际展现的事实。

虽然比较历史分析宣称，其在现代社会科学丰富的研究方法中占有一席之地（Skocpol 2003，第424页），但研究者对该研究方法的方法论方面仍持怀疑态度。或许最明显的是，那些用大量案例对假设进行统计检验的学者早对该传统感到担忧。他们认为，从统计方法论角度来看，这种探索方式破坏了良好的研究设计与步骤的方方面面（如 Coppedge 2008；King，Keohane，以及 Verba 1994；Geddes 1990；2003；Goldthorpe 1997；Lieberson 1991；1994；1998）。基于这些评论，他们怀疑该领域大量的具有影响力的研究成果是否真的有效。

本章我们的观点是：现在的担忧是研究者们从根本上误解了比较历史分析的目标与方法。反之，这种误解与无法理解比较历史和统计分析的基本差异有关。我们发现，这两种研究传统的研究目标不同，使用不同方法达到这些目标，而由此合理地进行不同的研究设计。研究方向的基本差异一旦被认知，就可以很明显地看出从统计样板中得出的建议和批评是不恰当的（也可参见 Brady and Collier 2004；Mahoney and Goertz 2006）。

明确比较历史分析与统计分析的差异有助于让学者间的对话取得更丰硕的成果。虽然这两个研究传统存在研究目标和方法论工具的差异，但一种研究传统的研究者可以从另一种研究方法与研究工作中获益。这至少有两个原因可以对其做出解释。首先，对一种研究传统的洞悉可以激发出对另一研究传统有用的新观点。比如，深入了解了比较历史方法的组合因果关系与等效性，就会创造出新的统计方法（Braumoeller 2003；2004）。这对于最近关于充分必要原因的著作也同样适用（Clark，Gilligan，and Golder 2006）。同样，比较频率论与贝叶斯统计已经激发了关于比较历史研究中的过程追踪的新见解（Bennett 2006）。统计技巧与形式定性比较分析以一种创造性的方式组合起来（Ragin 2000）。

其次，当代政治学的多重方法研究的传播使得对更多研究方法的了解更加重要。显然，那些进行多重方法研究的学者应该对所有相关的方法论传统有着很好的学习背景。同时，这些方法论学者本身就能够为那些整合统计方法与案例研究方法（如比较历史方法）的学者提供有用建议，这一点越来越重要。显而易见，没人寄希望于让一名方法论学者成为通晓所有领域的专家，但是方法论学者应该了解何时他们的专业会有局限，那么这时就需要听取其他研究方向的方法论专家的意见。

【739】

1. 比较历史分析

许多知名书籍都与比较历史研究紧密相关。但会有人出于理性对当代政治学，包括期刊的研究方法共性产生好奇。没有极好的例子，重要文献会存在吗？如果有，我们如何找到这样的文献？我们解决这些问题的方式是：衡量与该传统相关的特点，根据经验来评估已经发表的比较政治学研究著作中的这些传统。

与所有研究方向一样，有很多定义比较历史分析的方式。根据马哈尼与迈耶（2003），这种方法用来研究重要问题——重中之重和有广泛意义的结果——是特别案例的难题。在解决这些难题时，研究人员主要关心的是因果分析、调查事件进程、利用系统和语境化的比较。对该领域的理解与科利尔（1998）和斯考切波（1979；第 36—37 页；1984，第 1 页）的观点相近。

本章将从可被经验测量的特征出发来定义比较历史分析。抱着这个目的,此处我们着重强调三个核心特点和两个次要特点,这些特点对于该领域的大多数著作都很有用。三个核心特点就是解释目标、因果概念和理论检验方法。对于这三个维度中的每一种来说,比较历史分析都与统计分析截然不同(见表 32.1 和表 32.2)。研究比较历史的著作采用先果后因的方法进行解释,这是因果关系的充分必要概念,并采用过程追踪检验理论。相反,统计分析,这是因果关系的平均效应使用的是先因后果的方法来解释;概念,还使用回归技术检验理论。除了这三个主要维度,其他两个维度通常与比较历史研究联系起来:比较集合理论逻辑(comparative set-theoretic logic)的运用,时间序列或路径依赖的分析①。在附录 A 中,我们论述了每种特点的定义和对特点的衡量。

表 32.1 与比较历史分析相关的属性 【740】

属性	定义
先果后因方法[a]	研究目标是在专题案例中提供特别结果的解释
因果关系的充分必要概念[a]	研究对象是个别构成因果的因素或作为相关结果的充分必要条件
过程追踪方法[a]	探究特定案例的机制,通过这些机制,假定出潜在的因果要素对结果有所影响
比较集合理论方法	研究运用集论的方法检验理论(如密尔的求同法与求异法,布尔代数)
模型化的时间过程	解释强调的是自变量的序列和变化的路径依赖进程

[a] 比较历史分析的核心属性。

表 32.2 与统计分析相关的属性

属性	定义
先因后果方法	研究目标是通过大量案例估计一个或多个自变量对一个因变量的影响
因果关系的平均效应概念	研究对象是自变量,把自变量作为参数,参数的平均效应可以通过所有案例进行预估
回归方法	回归法用来检验理论

定义了这些特点之后,我们就可以实证地探究是否能够在比较政治学的分支领域找到比较历史分析的传统。我们从近期各主要比较政治学期刊上的文章中收集数据,这些期刊有《比较政治学研究》《比较政治学》和《世界政治》。我们在这些杂志上选出

---

① 根据他们是否采用理性选择框架,我们还对研究进行编码。

大约100篇文章做样本。① 为了使这些近期的比较政治学文章有代表性,我们首先将每种杂志在2005年刊发的文章做了编码。如果对更早期的文章进行编码是获取大量样本所必需的,那么就要这样做。为了检验结果的稳健性,我们还分析了约40篇比较政治学的文章,这些文章摘录于重点学科期刊,像《美国政治学期刊》《美国政治学评论》以及《政治学期刊》。②

【741】

表32.3　比较历史分析相关属性的文献比例

CHA 属性	文章百分比(%)
先果后因	55.1
因果关系的充分/必要概念	57.9
过程追踪方法	58.9
比较集合理论方法	43.9
模式化的时间过程	21.5

注:比较政治学期刊研究样本比例($N=107$)。

数据显示:与比较历史传统相关的所有五种属性都出现在了比较政治学的文献中,尤其是在其相关子领域期刊上发表的文章中。表32.3说明了每种属性出现在相关子领域期刊上的频率。该领域的三个核心特点是——用先因后果的方法做解释、因果关系的充分必要概念、过程追踪方法——每种属性在文章中出现的频率都过半。次要的两个特点是——比较集合理论逻辑和时间序列或路径依赖的关注——也出现在多数文章中。而且,这些属性不是随机出现在文章中的。他们有明显的聚合倾向,就如表32.4显示的因子分析结果那样。比较历史领域的三个主要特征非常有可能聚合(这是统计研究的主要特征。时间过程/路径依赖和比较集合理论变量也趋向于和这三个核心属性聚合,虽然他们显示出的因素负荷值(factor loading)较低。

考虑到每个单独的属性出现的高频率以及它们倾向聚合的强度,在比较政治学文献中多部著作被叫做比较历史分析就相对平常了。表32.5展示了一些相关期刊发表的文章,根据四种可能的定义可把他们当做比较历史分析(具有与统计研究相关的三个核心属性的任何一个著作均不包含在内)。该样本中不足一半的文章同时具有这三

---

① 最后的样本包含107篇文章:30篇出自《比较政治学》,38篇出自《比较政治学研究》,39篇出自《世界政治》等期刊。样本中没有叙述的、理论的和方法论的文章。

② 该样本包含42篇期刊文章:13篇出自 *AJPS*,15篇出自 *APSR*,14篇出自 *JOP*。初始样本中没有这些期刊,因为发表的实验研究著作几乎全部都是数据性研究,他们也没有比较政治学的方法论多样性的分支期刊有代表性(Mahoney 2007)。然而,即便是将这些额外的文章包括在内,最终的结果也并无两样。因此,表32.4中显示的因子分析结果用来整合相关和广泛学科范围期刊的文章。

种核心属性。当定义更严谨时，占比下降，但仍有不少的文章符合比较历史分析的定义。

简而言之，比较历史分析就是比较政治学分支的主要研究传统，此处的比较政治学是仅基于当下使用的重视。既然如此重视，那么对于研究历史的方法论运用的正确性要我们清醒地予以评估就似乎相当重要了。

表 32. 4　不同方法论属性的因子分析　　　　　　　　　　　　　　【742】

	因子 1
先果后因方法	0. 9473
因果关系的充分必要概念	0. 9428
过程追踪方法	0. 8854
比较集合理论方法	0. 7169
模式化的时间过程	0. 4644
先因后果方法	−0. 8654
因果关系的平均效应概念	−0. 9321
回归方法	−0. 9149
理性选择理论	−0. 4490

注:结果出自文章全样本的因子分析($N = 149$),这些文章都摘录于比较政治学和学科杂志。有报告是选取的第一个案例,它解释了这 9 个变量中全部差异的 97.48%(特征值=5.96)。

2. 对方法论实践的关注

所有社会科学的观察研究都面临重要难题，还可能出现错误。但一些分析者认为，比较历史研究面临着尤其严峻的问题，这些问题可以通过统计研究得以规避（参见 Coppedge 2008）。暗含或明确的含义是:在条件允许的情况下,社会科学家都应进行统计研究（也可见于 Lijphart 1971）。在这一部分，相反，我们认为，比较历史分析与统计【743】分析追求的研究目标是不同的,虽然两者都会遇到方法论方面的问题,但在政治学领域他们都在生成知识上发挥了至关重要的作用。

表 32. 5　比较历史文章比例

CHA 的定义	文章(%)
先果后因 * 必要/充分 * 过程追踪	49. 5
先果后因 * 必要/充分 * 过程追踪 * 比较集合理论方法	36. 4
先果后因 * 必要/充分 * 过程追踪 * 时间过程	18. 7

CHA 的定义	文章(%)
先果后因＊必要/充分＊过程追踪＊比较集合理论方法＊时间过程	14.0

注:样本的研究百分比来自于比较政治学期刊(*N* = 107)。＊代表并列的逻辑(logical AND)。

2.1　选择偏差

有几位方法论学者已经有了忧患意识,他们担忧现在一些定性研究人员基于因变量的价值来挑选案例(Achen and Snidal 1989;Geddes 1991;2003;King, Keohane, and Verba 1994)。这些特意选择的案例尤其适用于比较历史分析,因为它们显示出某种结果,这些研究显然投入实践当中。当然,从一方面来看,考虑到该领域的研究目标恰恰就是解释特定结果,该领域因变量的选择几乎不出意料。如果有人想要解释某些结果,他似乎会自然而然地选择产生那些结果的案例。但从另一方面来看,基于对自变量的认知来选择案例会导致统计研究结果存在偏差。那么从这个立场上来说,该实践似乎就破坏了那些好研究的基本准则。

当运用到比较历史分析时,想要评价这种顾虑,我们就需要认识到,因为挑选因变量而存在偏差的统计文献假设:研究人员希望从一个样本到更多样本中归纳出平均因果效应。然而,在比较历史研究中,研究人员寻求在特定案例中找出已有因果关系;从一个样本到更多样本中做出归纳充其量是次要目的。目前为止,在比较历史研究者考虑挑选案例范围的要素时,不管挑选的案例是否符合他们对于因变量的价值观,都不会出现选择偏差的普遍性问题(更多论述见 Collier and Mahoney 1996;Collier, Mahoney, and Seawright 2004)。[①]

2.2　范围与归纳

这些观察会催生出关于归纳比较历史分析的疑问。显然,比较历史研究者不能单纯编造他们所挑选的案例的定义;不能任意限制一种理论在一系列特定案例的运用。因此,有人会问采取对范围的限制性理解的方法论基础是什么。这个问题至关重要,因为在比较历史分析中,把有限的归纳用在少量案例上——不是像传统意义上理解的选择偏差问题——通常都是统计方法论学者所担忧的案例选择问题的真正来源。尤其

【744】

① 通常在统计文献中,会理解选择性偏差的问题。在分析学家试图把他们的理论推广到初步案件调查中时,比较历史研究过程就会出现这样的问题。

是,考虑到统计研究中所运用范围的广泛定义,比较历史研究者的发现可能来自不具代表性的案例样本,该样本被任意地视为整体。让我们来解释一下范围与归纳的问题。

社会科学家普遍限制他们研究成果的范围,来规避有关因果异质性的问题,这就会导致在估计因果效应时出现不稳定因素。事实上,最主要是由于因果的异质性,所有传统的社会科学家都鲜少研究可应用在所有时间和地点的理论。除了因果异质性的问题,要想有稳定的概念与衡量就需要限制范围,在这个小范围内,分析家会排除一些不具有概念与衡量有效性的案例。

在比较历史研究中,分析家会针对一个小范围工作,因为当评估更多案例时,他们认为因果与概念的异质性是他们所持理论的标准(Mahoney and Rueschemeyer 2003)。但这种观念合理吗? 这里我们就需要认识到:因果异质性不是许多案例的固有本体性特征,而是特定理论与许多案例间关系的特点(Seawright and Collier 2004, 276; Goertz and Mahoney 2007)。一些给定案例可能成分混杂,它是运用某一种理论,于其他理论则不适用。概念异质性也是如此:面对着某些概念的案例成分混杂,而对于其他概念则情况不同。从中得出的重要信息就是:随着案例数量的增加,一些理论(或概念)比其他类型的理论更易造成异质性。

有理由相信:在比较历史分析中,评估的一些理论很可能在案例数量有一定增长时,产生因果异质性。想要理解原因,我们需要对比比较历史分析和统计分析中缺失变量的问题。反过来,这一论题会让我们对比这两大传统的研究目标。

在比较历史分析的传统中,排除一个理论中一个或多个重要的解释变量几乎被当作一个主要问题了(Ragin 2004,第135—138页)。此情况属实,因为比较历史分析的目标就是要尽可能充分完全地解释特定案例中的特定结果。应该收集和评估所有与案例相关的证据。如果理论缺失重要变量,或者没有找出其中变量的关系,就会给研究者的论点沉重一击。事实上,以往研究者没能考虑到一种或多种关键变量,这为比较历史的分析家批评已有研究并建立新的解释性理论提供了基础。因此,缺失变量通常都成为这一领域因果异质性的潜在来源。类似的论题可能会造成衡量的错误,如果可能的话,这就需要在每个专题案例中彻底解决掉这些错误(Ragin 2004)。否则,充分解释专题案例中结果的目标就要有所妥协。确实,在比较历史分析中,对一些变量的看法发生变化的话就会出现理论错误。因此,在这种研究模式下,需要尽可能地避免被分析案例的测量误差,否则就会有概念异质性问题。 **【745】**

有好的方法论理由与避免因果和概念异质性相关,这些理由解释的是:比较历史研究者为什么把分析范围限制在一定的案例之中。考虑到分析家追求的这种解释理论,即关于特殊结果的构成因果效应的理论,他们必须仔细确定案例数量来尽量避免所有异质性问题。一旦案例数量确定,案例数即使只增加一点都有可能排除与新案例相关的关键因果因素,还可能会让理论中的已有变量出现测量误差问题。当有新的案例时就需要理论模型做出重要调整,最佳解决方式也许就是运用限制归纳的有限范围了。

相反,统计分析的研究目标通常是估计一个或多个自变量的平均效应。考虑到这个目标,只有条件独立性等主要假设成立,缺失变量不再是非要解决的问题。仅对一小部分案例有重要性的自变量可能会被认为是"不系统的",还涉及回归模式的误差项。确实,只要条件独立性假设成立,甚至那些与相关结果系统相关的缺失自变量也不会导致对平均效应的估计有偏差。同样,统计分析中的测量误差也不会造成像在比较历史分析中那样的问题。在大量的案例中,经常有测量误差的问题出现,也无法杜绝这些错误的出现。但若希望像统计分析家那样弄清楚平均效应,只要测量误差不是系统性的,或者至少它在系统事件中是模式化的,那么这种错误就不是罪不可恕的。在有测量误差的情况下,要做到公正衡量平均效应是有可能的。

在有缺失变量和测量误差的情况下,统计分析还能保持因果同质性,这就使得统计分析对范围和归纳的了解比比较历史研究方法更广泛。例如,部分由特质带来结果的新案例不会必然在统计分析过程中造成特殊的异质问题。只要条件独立性等假设有效而且测量误差被模式化,那么在统计分析中包含新案例的范围被扩大通常都不是问题。因此,毫不称奇,统计研究人员在扩大研究论述范围到新的案例时不太担心异质性问题。

在这点上就出现了一个重要问题:引入新的案例时,如果比较历史解释经不起考验,但统计解释强于历史解释,那是不是说统计解释更优化呢? 这样总结是错误的,原因有两个。第一个就是:统计分析采用大范围的归纳依赖于关键假设,尤其是条件独立性的假设。在当代政治学中,许多实证研究人员乐此不疲地做些没有细化的假设。但方法论学家和统计学家大多都表明:社会科学领域的大多观察研究中,假设都是不切实际的信用逾越(leap of faith;Lieberson 1985,Freedman 1991)。因为条件独立性假设不成立,所以统计研究就要经受未被认知的和无模式的因果异质性的困境。换句话说,对统计分析所采用的范围的广泛理解往往是不适当的。

第二个,也是对于我们研究目标更重要的一点就是,一定要记得比较历史研究者和统计分析研究者的研究目标不同。如果希望像比较历史研究者那样在特定案例中解释特定结果,就需要制定理论,这种理论下不能轻易去扩大归纳范围。或者否定比较历史研究的研究目标,也就是禁止研究那些试图解释特定案例中的特定结果,鼓励学者只提出有关大量案例的平均效应问题。从以下我们的讨论内容来看,不允许提比较历史的问题对于社会科学知识的代价再大不过了。简而言之,如果想获取不一样的知识积累,

【746】

想让学者提很多问题的话,就必须心甘情愿地接受在比较历史分析中的有限范围。

2.3　用小样本评估因果关系

即使比较历史研究的有限范围的效果不错,一些分析家仍然担心无法通过这个范围内的少量案例对假设进行科学检验。从统计学立场来看,案例数量少就会为假设的检验抛出自由度的问题,还会产生无法克服的障碍。如果研究人员选择的案例数量少之又少,那么他们怎样寄希望于在各种解释中加以选择呢?

要回答这个问题,再次需要鉴别出统计分析和比较历史分析的差异。在那些以估计平均因果效应为目标的统计研究中,研究者需要研究足够多的案例以控制相关变量并取得特定的置信水平。但比较历史研究的目标不是归纳大量案例的普遍效应。相反,它的目标是:决定给定变量是否在特别案例中对结果产生因果效应。这一目的为前提的条件下,研究人员需对因果关系和解释有不同的理解,在我们现在看来,就不需要大量的案例来获取有效的因果评估。

关于潜在的因果因素,比较历史研究人员会提出以下问题:它对特定案例中特定的相关结果有影响吗(单独的还是与其他变量一起)? 有时,进行粗略的检验会帮助研究【747】者剔除可能在大量案例中有相关性的某些因果因素。比如,当解释在经济落后的印度和哥斯达黎加这样的国家中民主意识的觉醒时,发展这个变量很明显没有用处(至少以常规视角来看),即使它与大量案例中的民主问题是正相关的。然而,在其他例子中,不能马上摒弃可行的因果因素。许多潜在因果因素与特定利益结果具有相关性。那么研究人员如何选择与相关结果相符合的不同解释呢?

比较历史领域的研究者运用过程追踪的方法——排列"案例内"数据——判断各种解释的有效性,这些解释突出强调不能通过比较匹配技术而去除的因素。虽然此处无法长篇大论地对过程追踪机制进行论述(参见 George and Bennett 2005),但还是对其进行简单介绍。最重要的就是,过程追踪有助于评估假设的因果因素是否对特定结果产生因果效应。通过对潜在的因果因素进行假设催生出结果来发现机制。如果找干预机制,那么就要质疑讨论中的因素的因果效率。相反,如果找到了合适的干预机制,研究者就有理由相信讨论中的因素确实产生一些效应。除此之外,过程追踪还让我们能够通过考虑"子假设"来对假设进行评估,这些"子假设"不一定就指那些干预机制,但如果主要相关假设是有效的,那么假设就应该为真(Mahoney and Villegas 2007)。

需要强调的是,这种假设评估模式不需要有大量的案例作支撑。相反,就像侦探解决一起案件一样,运用过程追踪的比较历史研究者从个案中提取出重要事实(参见 Goldstone 1997；McKeown 1999)。不是所有证据都能算入在内。一些证据是表明某一理论正确性的确切证据；其他的证据则是表明某一理论不正确性的托词(Collier，Brady，and Seawright 2004)。对于这些研究者而言，已知理论距离被证伪也许只差一次关键的观察。然而，找到确凿证据完成证伪的可能性并不高。

另一个相关考量主要关注的是比较历史解释中用到的因果关系概念。研究者采用的各种小样本比较方法——密尔的求同法与求异法、解释类型学、定性比较方法——都需要理解建立在充分必要条件基础上的因果关系(Ragin 1987；2000；Mahoney 2000；
【748】 Goertz and Starr 2003；Elman 2005；George and Bennett 2005)。① 相反，主流的统计方法需要多种形式的对称因果关系，对称因果关系与充分必要因果关系不一致。

要评估充分必要条件的假设(充分条件的集合)，通常不需要大量案例。排除(但不是确定)与充分必要因果关系相关的解释，一个或两个案例就足够了。要有中等数量的案例来获取对于解释有效性的统计置信度，该解释仅凭跨案例匹配技术来引用充分必要的因果关系。② 在一些比较历史研究中，对中等数量的案例进行分析。但在小样本研究中(比如 N=3)，跨案例分析通常与过程追踪结合使用。因为充分必要因果关系需要的样本相对较小，过程追踪在这类研究中的负担就不是过于沉重。当然，小样本比较承担一部分工作，过程追踪完成剩余部分工作。

3. 差异的意蕴

我们的讨论唤起了对比较历史分析与统计分析间主要差异的关注。一方面来说，了解差异才能够知晓这两种方法在政治学领域的贡献；另一方面，这些差异会引发思考，大家会对这两种研究传统有意义结合的程度心生困惑。以总结的方式，我们解决了这些衍生的含义问题。

比较历史研究与统计研究产生的知识种类差异是显而易见的。比较历史研究让我们知道了特定结果出现在个别案例中的原因——这是一个重要的意识，在这种意识下，这些研究都是"历史性"的，但也有一些其他情况(参见 Mahoney and Rueschemeyer

---

① 通常情况下，研究者将个别条件作为更大的条件集合的一部分，该集合中的条件整体对相关结果来说是充分的(Mackie 1980)。事实上，该领域内条件的各集合可能都是充分的，这样一来产生同样结果的因果途径就有很多条(见 Ragin 1987)。

② 例如，运用贝叶斯假设，Dion(1998)表明，只要 5 个案例就足够产生对于必要原因的 95%的置信水平。Ragin(2000)用一个简单的二项概率测试显示了，如果要研究普遍充分或必需的原因，7 个连贯案例就够达到重要性水平了。Braumoeller and Goertz(2000)提供了许多已经通过重要性检测的案例导向研究的例子。

2003；Pierson 2004；Skocpol 1984）。历史性知识反过来与政策和实践原因有关。通过告知我们特定案例中结果产生的原因，这些知识从而可以让我们假设这些案例之后发展的效应。在此将其与企图寻找患者病史的医生相比是有用的。心脏病专家如果很好地理解了病人早期心脏病病发原因的话，就可以为病人提供更好的建议。同样，政策制定者如果很好地理解相关案例的以往研究的相关结果，那么他就可以更好地进行干预并提出更好的建议。确实，如果一个人理解给定案例中的特殊因果关系模式，那么他似乎就很确定地会去探索因果关系机制是否适用于其他案例。一些人很清楚这些观点，但对许多人来说，学科内的潮流是要去假定比较历史研究本身最具有历史性的关系。【749】

统计研究的优势与所得回报是不一致的。比较历史分析的优势在于可运用有细化证据的复杂理论，而统计研究的优势在于它可以对大量案例中特殊变量的平均效应（或变量的特定交互关系）进行检验，所用方式就是模仿对照实验的一些方面。从大量案例中得出的研究发现可能与对特殊案例的思考相关，也可能不相关，例如，在总体中促进给定结果的因果变量，可能在其他特定案例中产生相反的效果。但统计结果肯定与归纳有关。事实上，如果想要给出政策上的忠告或建议以期在大量案例的基础上做出变动，那么运用统计方法得到的研究发现似乎就十分适当了。

该论述不是为了表明统计研究与对特定案例的思考不相关。也不是为了表明比较历史研究不可能得出普遍的结论。相反，论述的重点是为了表明比较历史研究与统计研究的目标不同、产生的信息不同，因此都在不同（但同样有效的）目的途径上企图实现有用性。

在每种研究传统都做出各自贡献的前提下，综合两种方法从而获取优势就不足为奇了，或许这样就可以综合两者的最佳效果。尽管当今政治学家常常重视多重方法研究，但我们希望在此提出忠告，要注意对比较历史分析和统计分析的综合。我们认为，这种综合有时比研究者所认为的要难，而且有一些仅仅运用比较历史方法或单纯运用统计方法的研究，对于这样的研究来说多重方法研究不总是一种优化的方法。

大多数分析者进行多重方法研究时，仍使用先因后果或先果后因的方法。在此意义上，人们认为多重方法研究主要是比较历史方向的或主要是统计学方向的。在主要是比较历史方向的多重方法研究中，主要目标仍然是解释特定案例中的特定结果。对于这一目标来说，统计分析是有用处的。相比较而言，在主要是统计方向的多重方法研究中，主要目标是估计大量案例的平均因果效应。有一个或多个案例研究用来实现这一较大的目标。当然偶尔会有一些研究同时追求这两种目标，因此确实在两种方向都有所涉及。但在我们的样本中，这种多重方法研究仅出现在 8.7% 的期刊文章中。

在主要为比较历史方向的多重方法研究中要如何运用统计分析呢？在最基本的方

【750】 式中,为案例研究构想解释性假设时,比较历史分析者必须考虑从之前统计研究中归纳的知识。比较历史分析者都会回应与分析结果相关的以往普适理论,这就牵扯到要确定与现有统计知识有关的论据。除此之外,比较历史研究者也运用统计研究结果(包括他们自己所得的研究结果)——和过程追踪方法进行研究。就像侦探通过普遍因果原理获取知识从而将嫌疑人与犯罪行为间建立起联系一样,当要建立起连接原因和结果的机制时,比较历史研究者可能用到现有的或新发现的统计研究结果。例如,人们可以做出这样的假设:在18世纪的法国,谷物价格的小幅增长会减少农村地区收入,进而导致农民发生暴乱(即:在整个反叛局势下,降低谷物价格的影响是通过低水平的个人收入实现的)。要对这种观点进行拓展,比较历史研究者会希望进行回归分析来评估法国谷物价格对工资的影响——以确认二者实际上是统计学意义上其他因素的联系网(参见 Goldstone 1991,第188—189页)。这样一来,在给定的比较历史研究设计视角下,研究者从一个单一案例中获得大量观察结果。当小样本研究设计中的宏观假设给出进行低层次分析的机制时,比较历史研究者很有可能转而进行统计分析。从统计学角度确认假设所服务的更大目标是:证实与小样本有关的特点。

统计研究者会汲取比较历史分析研究结果以发展他们的假设;比较历史研究可以激发在统计模型中进行检验的因果相关因素的新观点。统计研究者在对特殊案例进行强化分析后进行评估时,也可能会进行案例研究来确定研究结果是否有意义。通过这样的分析,统计研究者就可以进行以下评估了:统计模型是否充分,是否还需要精练和再次检测,是否还存在深层次的问题,或是否可以得到解决。在案例分析过程中,研究者虽然可能会试图充分解释特定案例,但首要目标通常是估计整体内相关自变量的平均效应。比如,在利伯曼(2005)的嵌套分析法中,一些案例被挑选,这不是因为它们结果的兴趣一致性(are inherently interesting),而是因为它们在回归线上的位置让它们能够参与到对统计模型有效性的进一步评估中。嵌套分析的目标是生成有效的原因效应知识;比较历史证据大多从属于更大范围的统计设计。

提到一种方法通常从属于其他多重方法研究中的方法,并不意味着我们要对其进行批判。相反,强调这一点是想要让大家清楚:多重方法研究并不是定性与定量权重相同的——而是主要由一方的目标和方向驱动的。当大家承认这一点时就会清楚:二级
【751】 方法的运用确实有效地补充了主要探究方法时,多重方法研究才具有优势。仅提供表面案例研究作为支撑证据的统计研究无法解释那些案例中的特定结果。如果进行案例研究时没有注意到正面方法论实践,这些案例研究也不会为统计模型的评估提供扎实的基础。同样,在过程追踪中运用回归分析的比较历史研究不一定强于没有用到统计检验的比较历史研究。统计检验所增添的价值依赖于成功的过程追踪所需的是证据种

类。如果没有很好地进行回归分析,在过程追踪中运用回归分析就不会有所成果。

这一论述传递出的信息是:不包括统计成分(反之也一样)的比较历史研究本身没有错误。确实对于一些研究项目来说,运用其他方法论的附加二级分析是不必要的或不合适的。因此,伴随着政治学不断发展并进行多重方法研究,我们相信,该学科内出现的绝佳研究会避免这一倾向,并仍在比较历史分析领域保有中心地位。

附录 A:编码程序注释

所有 9 种属性在给定文章中都用二分法测量为存在或不存在。原则上我们允许一些研究拥有几种属性。以下是 9 种属性的简短操作定义。

(1)*先果后因方法*:存在于主要目标是解释特殊案例中一个或多个特定结果时。

(2)*先因后果方法*:存在于主要目标是估计特殊自变量对大量因变量而不是特殊案例中因变量变化的解释程度。

(3)*因果关系的充分必要概念*:存在于单个原因因素或一系列因果因素对于利益结果来说是充分或必要的时候。

(4)*因果关系的平均效应概念*:存在于在数量整体内假设个别案例产生平均对称效应时。

(5)*过程追踪方法*:存在于运用特定数据检验机制时,通过这些机制,假设一个潜在的原因因素会促进利益结果的产生。

(6)*回归方法*:存在于用回归技术来检验假设时。

(7)*比较集合理论方法*:存在于在对两个或多个案例的原因和结果变量进行比较,由此来评估潜在原因变量是否可以合理地删除时。

(8)*时间序列或路径依赖*:存在于在假设自变量的时间把握和排序会影响结果时,【752】或者假设路径依赖程序存在时。

(9)*理性选择框架*:存在于理论的推导来源于正式或非正式形式下对合理的,以目标为导向的行为者时。

参考文献

Achen, C. H., and Snidal, D. 1989. Rational deterrence theory and comparative case studies. *World Politics*, 41:143–69.

Bendix, R. 1974. *Work and Authority in Industry:Ideologies of Management in the Course of Industrializa-*

tion. Berkeley: University of California Press.

Bennett, A. 2006. Stirring the frequentist pot with a dash of Bayes. *Political Analysis*, 14:339–44.

Bensel, R.F. 1990. *Yankee Leviathan: The Origins of Central State Authority in America, 1859–1877.* New York: Cambridge University Press.

Brady, H.E., and Collier, D. (eds.) 2004. *Rethinking Social Inquiry: Diverse Tools, Shared Standards.* Lanham, Md.: Rowman and Littlefield.

Braumoeller, B.F. 2003. Causal complexity and the study of *politics. Political Analysis*, 11:209–33.

——2004. Hypothesis testing and multiplicative *interaction terms. International Organization*, 58: 807–20.

——and Goertz, G. 2000. The methodology of necessary conditions. *American Journal of Political Science*, 44:844–58.

Bunce, V. 1999. *Subversive Institutions: The Design and the Destruction of Socialism and the State.* Cambridge: Cambridge University Press.

Clark, W.R., Gilligan, M.J., and Golder, M. 2006. A simple multivariate test for asymmetric hypotheses. *Political Analysis*, 14:311–31.

Collier, D. 1998. Comparative-historical analysis: where do we stand? *APSA-CP: Newsletter of the Organized Section in Comparative Politics*, 9:1–2, 4–5.

——Brady, H.E., and Seawright, J. 2004. Sources of leverage in causal inference: toward an alternative view of methodology. Pp. 229–66 in Brady and Collier 2004.

——and Mahoney, J. 1996. Insights and pitfalls: selection bias in qualitative research. *World Politics*, 49: 56–91.

—— ——and Seawright, J. 2004. Claiming too much: warnings about selection bias. Pp. 85 – 102 in Brady and Collier 2004.

Collier, R.B. 1999. *Paths toward Democracy.* New York: Cambridge University Press.

——and Collier, D. 1991. *Shaping the Political Arena: Critical Junctures, the Labor Movement, and Regime Dynamics in Latin America.* Princeton, NJ: Princeton University Press.

Coppedge, M. 2007. *Approaching Democracy: Research Methods in Comparative Politics.* New York: Cambridge University Press.

Dion, D. 1998. Evidence and inference in comparative case study. *Comparative Politics*, 30:127–46.

Downing, B.M. 1992. *The Military Revolution and Political Change: Origins of Democracy and Autocracy in Early Modern Europe.* Princeton, NJ: Princeton University Press.

Ekiert, G. 1996. *The State against Society: Political Crises and their Aftermath in East Central Europe.* Princeton, NJ: Princeton University Press.

Elman, C. 2005. Explanatory typologies in qualitative studies of international politics. *International Organization*, 59:293–326.

Ertman, T. 1997. *Birth of the Leviathan: Building States and Regimes in Medieval and Early Modern Europe.* Cambridge: Cambridge University Press.

Esping-Anderson, G. 1990. *The Three Worlds of Welfare Capitalism.* Princeton, NJ: Princeton University Press.

Evans, P. 1995. *Embedded Autonomy: States and Industrial Transformation.* Princeton, NJ: Princeton University Press.

Freedman, D. A. 1991. Statistical models and shoe leather. In *Sociological Methodology*, ed. P. Marsden. San Francisco: Jossey-Bass.

Geddes, B. 1990. How the cases you choose affect the answers you get: selection bias in comparative politics. Pp. 131–50 in *Political Analysis*, vol. ii, ed. J. A. Stimson. Ann Arbor: University of Michigan Press.

——1991. Paradigms and sand castles in comparative politics of developing areas. Pp. 45–75 in *Comparative Politics, Policy, and International Relations*, ed. W. Crotty. Evanston, Ill.: Northwestern University Press.

——2003. *Paradigms and Sand Castles: Theory Building in Comparative Politics.* Ann Arbor: University of Michigan Press.

George, A. L., and Bennett, A. 2005. *Case Studies and Theory Development in the Social Sciences.* Cambridge, Mass.: MIT Press.

Goertz, G., and Mahoney, J. 2007. Scope in case study research. Manuscript.

——and Starr, H. (eds.) 2003. *Necessary Conditions: Theory, Methodology, and Applications.* Lanham, Md.: Rowman and Littlefield.

Goldstone, J. A. 1991. *Revolution and Rebellion in the Early Modern World.* Berkeley: University of California Press.

——1997. Methodological issues in comparative macrosociology. *Comparative Social Research*, 16: 107–20.

Goldthorpe, J. H. 1997. Current issues in comparative macrosociology: a debate on methodological issues. *Comparative Social Research*, 16: 1–26.

Goodwin, J. 2001. *No Other Way Out: States and Revolutionary Movements, 1945–1991.* Cambridge: Cambridge University Press.

Haggard, S. 1990. *Pathways from the Periphery: The Politics of Growth in the Newly Industrializing Countries.* Princeton, NJ: Princeton University Press.

Hicks, A. 1999. *Social Democracy and Welfare Capitalism: A Century of Income Security Politics.* Ithaca, NY: Cornell University Press.

Huber, E., and Stephens, J. D. 2001. *Development and Crisis of the Welfare State: Parties and Policies in Global Markets.* Chicago: University of Chicago Press.

Karl, T. L. 1997. *The Paradox of Plenty: Oil Booms and Petro-States.* Berkeley: University of California Press.

King, G., Keohane, R. O. and Verba, S. 1994. *Designing Social Inquiry: Scientific Inference in Qualitative Research.* Princeton, NJ: Princeton University Press.

Kohli, A. 2004. *State-directed Development: Political Power and Industrialization in the Global Periphery.*

New York: Cambridge University Press.

Lieberman, E.S. 2005. Nested analysis as a mixed method strategy for comparative research. *American Political Science Review*, 99: 435-52.

Lieberson, S. 1985. *Making it Count: The Improvement of Social Research and Theory*. Berkeley: University of California Press.

——1991. Small N's and big conclusions: an examination of the reasoning in comparative studies based on a small number of cases. *Social Forces*, 70: 307-20.

Lieberson, S. 1994. More on the uneasy case for using Mill-type methods in small-N compar-ative studies. *Social Forces*, 72: 1225-37.

——1998. Causal analysis and comparative research: what can we learn from studies based on a small number of cases. Pp. 129-45 in *Rational Choice Theory and Large-Scale Data Analysis*, ed. H.-P. Blossfeld and G. Prein. Boulder, Colo.: Westview.

Linz, J.J., and Stepan, A. 1996. *Problems of Democratic Transition and Consolidation: Southern Europe, South America, and Post-Communist Europe*. Baltimore: Johns Hopkins University Press.

Lipjhart, A. 1971. Comparative politics and the comparative method. *American Political Science Review*, 65: 682-93.

Lipset, S. M., and Rokkan, S. (eds.) 1968. *Party Systems and Voter Alignments: Cross-national Perspectives*. New York: Free Press.

Luebbert, G.M. 1991. *Liberalism, Fascism, or Social Democracy: Social Classes and the Political Origins of Regimes in Interwar Europe*. New York: Oxford University Press.

Lustick, I. 1993. *Unsettled States, Disputed Lands: Britain and Ireland, France and Algeria, Israel and the West Bank-Gaza*. Ithaca, NY: Cornell University Press.

McKeown, T.J. 1999. Case studies and the statistical worldview. *International Organization*, 53: 161-90.

Mackie, J.L. 1980. *The Cement of the Universe: A Study of Causation*. Oxford: Oxford University Press.

Mahoney, J. 2000. Strategies of causal inference in small-*N* analysis. *Sociological Methods and Research*, 28: 387-424.

——2001. *The Legacies of Liberalism: Path Dependence and Political Regimes in Central America*. Baltimore: Johns Hopkins University Press.

——2007. Debating the state of comparative politics: views from qualitative research. *Comparative Political Studies*, 40: 32-8.

——and Goertz, G. 2006. A tale of two cultures: contrasting qualitative and quantitative research. *Political Analysis*, 14: 227-49.

——and Rueschemeyer, D. 2003. Comparative historical analysis: achievements and agendas. Pp. 3-38 in *Comparative Historical Analysis in the Social Sciences*, ed. J. Mahoney and D. Rueschemeyer. New York: Cambridge University Press.

——and Villegas, C. 2007. Historical enquiry and comparative politics. Pp. 73-89 in *The Oxford Handbook of Comparative Politics*, ed. C Boix and S.C. Stokes. Oxford: Oxford University Press.

Marx, A. W. 1998. *Making Race and Nation: A Comparison of South Africa, the United States, and Brazil.* Cambridge: Cambridge University Press.

Moore, B., Jr. 1966. *Social Origins of Dictatorship and Democracy: Lord and Peasant in the Making of the Modern World.* Boston: Beacon Press.

Pierson, P. 1994. *Dismantling the Welfare State? Reagan, Thatcher, and the Politics of Retrenchment.* Cambridge: Cambridge University Press.

——2004. *Politics in Time: History, Institutions, and Social Analysis.* Princeton, NJ: Princeton University Press.

Ragin, C. C. 1987. *The Comparative Method: Moving beyond Qualitative and Quantitative Strategies.* Berkeley: University of California Press.

——2000. *Fuzzy-Set Social Science.* Chicago: University of Chicago Press.

——2004. Turning the tables: how case-oriented research challenges variable-oriented research. Pp. 123-38 in Brady and Collier 2004.

Rueschemeyer, D., Stephens, E. H., and Stephens, J. D. 1992. *Capitalist Development and Democracy.* Chicago: University of Chicago Press.

Seawright, J., and Collier, D. 2004. Glossary. Pp. 273-313 in Brady and Collier 2004.

Sikkink, K. 1991. *Ideas and Institutions: Developmentalism in Brazil and Argentina.* Ithaca, NY: Cornell University Press.

Skocpol, T. 1979. *States and Social Revolutions: A Comparative Analysis of France, Russia, and China.* Cambridge: Cambridge University Press.

——1984. Sociology's historical imagination. Pp. 1-21 in *Vision and Method in Historical Sociology*, ed. T. Skocpol. Cambridge: Cambridge University Press.

——1992. *Protecting Soldiers and Mothers: The Political Origins of Social Policy in the United States.* Cambridge, Mass.: Belknap Press of Harvard University Press.

——2003. Doubly engaged social science: the promise of comparative historical analysis. Pp. 407-28 in *Comparative-historical Analysis in the Social Sciences*, ed. J. Mahoney and D. Rueschemeyer. New York: Cambridge University Press.

Steinmo, S. 1993. *Taxation and Democracy: Swedish, British and American Approaches to Financing the Modern State.* New Haven, Conn.: Yale University Press.

Tilly, C. (ed.) 1975. *The Formation of National States in Western Europe.* Princeton, NJ: Princeton University Press.

——1990. *Coercion, Capital, and European States, AD 990-1990.* Cambridge, Mass.: Basil Blackwell.

Waldner, D. 1999. *State-building and Late Development.* Ithaca, NY: Cornell University Press.

Wickham-Crowley, T. 1992. *Guerrillas and Revolution in Latin America: A Comparative Study of Insurgents and Regimes since 1956.* Princeton, NJ: Princeton University Press.

Yashar, D. J. 2005. *Contesting Citizenship in Latin America: The Rise of Indigenous Movements and the Postliberal Challenge.* New York: Cambridge University Press.

第三十三章　定性和定量研究方法的融合①

詹姆斯·D.费伦（James D.Fearon），大卫·D.莱廷（David D.Laitin）

　　根据定义,基于单一案例研究来确定该案例是否具有普遍性或存在何种规律性不是个好方法。② 为了确定一些有趣的变量之间的机制关系是否具有普遍性,最好的办法通常是首先确认与假设或研究有关案例的最大可行样本,然后基于相关变量对案例进行编码,继而评定是否或何种类型的模式或关联会在数据中呈现。

　　然而,基于观察性数据(数据不是由假定的因果因素的随机分配产生的)得到的变量之间模式或关系并不能允许我们推断出因果机制。在政治学和其他社会科学中,大样本统计工作的标准方法是把相关性呈现(通常是以回归分析结果形式)并结合如下论述,包括(a)读者为什么应该相信自变量的变化可以导致因变量的变化,(b)读者为什么相信在数据中观察到的相关性不是因为自变量恰巧和一些其他变量不同,也就是因果机制,后者通常通过"控制"回归模型的其他变量来实现,并且证明其没有遗漏和因变量相关的其他重要因素。③

　　(a)和(b)这两个论点相当于研究者所论述的在回归分析结果中观察到的相关性。

---

① 本文两位作者要感谢马德里胡安研究所的社会科学高级研究中心(及其主任 José María Maravall)、伯克利暑期讲座 EITM(及其主持人大卫·科利尔(David Collier)、盖瑞·考克斯(Gary Cox)和亨利·布雷迪(Henry Brady))为本章早期版本的评议。还要感谢大卫·弗里德曼(David Freedman)的关键性评论,费伦(Fearon)感谢加拿大高级研究院的支持。

② 当然,一个单一的"有差异的"案例可以证明两个事件有确定关系的假设不成立,但是利益变量之间的确定关系在社会科学中最为罕见。埃克斯坦(Eckstein 1975)认为,案例研究在某些情况下对于理论发展是最有效的方法,但是他的状况需要有确定的(也就是非概率性的)预测的理论来支撑。

③ 有了回归分析,为了保证因果推论,可能会有附加的设想也是合理的。例如,正确的函数形式和额外的关于错误编译的假设。

这两个论点,尤其是(a),通常被称作"理论"。① 这些故事可以评定其是否进行有效演绎,也就是这些结论是否从前提出发,以及这些论点是否一致。例如,为什么自变量问题和代表其他变量的论点相矛盾,或者关于某个自变量的论点内部不一致、混乱或者仔细检查下并不从前提出发。然而,即使一个正确的分析,讲述了关于所观察到的有效相关性且内部一致的故事,但是对于特定的自变量,可能会有多个可能一致的说法。而且通常读者可能并不知道应该对研究者的解释给予多大的重视,研究者的故事是否捕捉到了案例中"真正发生的事情"来生成观察到的机制? 或者还有其他因素导致结果的发生?

在这种情况下,案例研究可作为评定解释经验规律性论点是否合理的极其有用的方法。我们可以选择具体的案例,并对其进行研究,这比对结果和解释性利益相关变量的价值进行编码所需的研究更深入。当"案例"是不同国家或地区、某个国家的年份、立法机构提出的法案等的一系列事件时,案例研究将需要阐述导致结果的原因,包括对提出的因果因素发挥何种作用进行评估。在这些阐述中,人们通常使用影响人们做出选择结果的有关信念、意图、顾虑等附加数据,来检验在多案例研究中所获得的"更高层次"的一般规律是否在具体事例中有所体现。人们也可以问,在大样本 【758】分析中是否删除了重要因素,而事实上这些因素可能会推动结果生成。最后,我们可以使用叙述中可能出现的细间隔度分析法来考察大样本分析中使用的度量方法的有效性和准确性。

对于这些原因,所谓的"多方法"研究近些年来在政治科学中已经越来越流行,尤其是在比较政治学(Laitin 1998;Mares 2003;Iversen 1999;Boix 1998)和国际关系领域(Huth 1998;Martin 1994;Schultz 2001;Goemans 2000;Stone 2002;Walters 2001;Fortna 2004;Mansfield and Snyder 2006;Collier and Sambanis 2005;Doyle and Sambanis 2006)。② 多方法研究做得很好,把两个优势结合到一起,一是确定经验规律性和机制的大样本设计的优势,二是揭示引起利益相关政治结果的因果机制的案例研究的优势。

在本调查方法中,如何为更深层次的调查选择案例是一个十分重要的问题,但却总

---

① 瓦格纳(Wagner 2007)发现,定量社会科学的代言人有时似乎会错把一个回归方程本身当作一个理论。

② 根据我们的知识调查,美国政治领域的研究人员通常不对特定的调查对象进行深入的、非结构化的采访或民族志的采访,来评估他们基于解释回归系数的理论。在国会研究中,由理查德·芬诺(Richard Fenno)等学者撰写的民族志鼓励定量工作,但很少把方法和做出更好的因果推断目标结合起来。

是被忽略。大多数这方面的工作都采用了隐含标准，即选择支持（或可论证支持）研究者对回归结果的解释的案例。这一标准不会产生毫无价值的结果，因为知道至少有一些案例可以证明研究者提出的因果机制是有根据的。但是研究者的"任意选取"（cherry picking），甚至未意识到随意选取时，就会削弱读者对于研究者在案例研究设计中所讲述因果故事是有的放矢的信心。

在本文中，我们认为，案例选择接近随机选择是多重研究方法的重要补充，对评估规律性和阐释因果机制的大样本统计方法更是如此。我们讨论了在案例研究中随机选择（或在层级内随机选择）的优点，也讨论了其他可能标准的问题，这包括在似乎与研究者的理论相符的"回归分析曲线上"选择案例，也包括在与研究者理论不符的"回归分析曲线之外"选择案例，既包括"很难的"或"关键的"据称是理论要通过的"艰难测试"的案例，也包括选择对利益相关的解释性因素有特殊价值的案例。

我们将随机叙事方法应用于我们正在研究内战起因的项目中。① 在费伦（Fearon）和莱廷（Laitin 2003）的著作中，我们报告了各种因素跨国统计分析的主要结果，这些因素能区分 1945 年至 1999 年期间爆发内战的国家。根据这些调查结果、理论论点和对不同案例的前期非系统的解读，我们提出如下研究，一旦某一因素成为经济发展水平的控制因素，为什么某些因素（如低人均收入和高国家人口）与内战风险紧密相关，而其他因素（如种族多样性、独裁和广泛不满）与之无关。为了评估这个说法，我们随机选择了 25 个国家，按照地区和该国是否至少发生过一次内战来划分，然后利用二次文献来描述这些国家的内战经历（或没有内战）。【759】

在本章中，我们首先总结了内战爆发的统计分析结果。然后，在第二部分，我们将更仔细地查看不同的标准，以选择要陈述的内容。在第三部分，我们将讨论一种对统计工作起补充作用的叙事结构的方法。在第四部分，我们将根据我们的叙述性发现说明最初操作的统计模型的不完整性。在第五部分，我们将突出一个叙事作为其潜在产出的例子。在结语中，我们将强调随机叙事方法带来的惊喜和优势。

1. 统计结果

我们和其他一些研究人员在跨国统计的基础上进行的研究，往往很少或根本没有发现对内战爆发的两种坚定的理论的支持。首先，我们的数据表明，从大多数广泛的社会不满程度来看——例如，缺乏民主、缺乏宗教或语言权利或经济不平等——了解一个

① 随即叙事的两个例子可见 Fearon 和 Laitin（2005）。

国家的不满程度并不能有效区分易受战乱影响和不受战乱影响的国家。① 第二,我们的数据表明,一旦控制了经济发展水平变量,文化鸿沟(族裔异质性的程度或文化距离的程度)也不能帮助将那些容易受内战影响的国家与那些不易受内战影响的国家区分开来。

相反,我们提出了一个论点,指出了有利于叛乱的条件,这是一种军事冲突所用的手段,其特点是,由来自农村根据地的轻武装的小股人组成,进行游击战。这种观点将一系列与内战爆发相关的变量联系在一起。我们对所有这些问题的解释是,叛乱的爆发可能是随机的,"选定"存在有利条件的国家增长,或可能受到国家软弱迹象的积极推动,而国家却鲜有镇压叛乱的能力。下面,我们列出了统计模型中重要且稳健的关键变量。

·人均收入——我们认为,人均收入低是主要原因,这标志着国家缺乏财政、官僚、【760】军事和警察能力。

·多山地形——我们认为,国家的多山地形是潜在叛乱分子躲避政府军队的战术优势。

·人口——大规模人口需要更多的主事人和代理人来管理,这使得该政权更难以在村一级对安全威胁进行有效的监测、管辖和应对。

·石油——石油增加人均收入和政府收入,因此对压制叛乱起作用,但却控制着收入水平。我们预计,石油开采方的政府机构较弱,原因在于石油收入使得没有必要建立强势的税务机构,而这些机构需要追踪个别公民纳税。石油收入还可以提高占领州或地区的"奖励"价值。

·不稳定性——我们认为政权类型的不断更迭(在民主的政体中,一年之内发生两次或两次以上的更迭)是中央国家机构软弱或变弱的表现。

·新国家——独立之后,殖民部队在土著机构扎根之前撤出,国家尤其脆弱,这为挑战者提供了机会。他们可能担心,在政府稳固之后,这个新国家的领导人无法承诺今后不再开发他们的地区或群体。或者,他们可能会发现,政府不能承诺未来提供国家利益,就像他们现在试图以武力夺取政权的短期预期价值一样。这些承诺不可信,叛乱分子可以利用这个机会,寻求分裂或夺取国家政权。

·独裁——将独裁与一些民主特征(如立法机构或部分竞争性的国家选举)相结

———————————

① 这并不是说,如果一个国家的公民不满程度提高,不会引起叛乱。也许一些国家会尽可能多地侵害少数群体的权利,但是一些群体会容忍更多的虐待行为(可能是由于他们的脆弱)。因此,即使各国的不满程度不同,但不满程度的增加可能导致叛乱,而不会对内战产生影响。

合的政权,就意味着存在政治冲突,这些冲突会削弱其应对国内威胁的能力。

因此,多变量分析有助于我们找出哪些因素与爆发内战的可能性增大相关。我们选择变量的动机是阅读有关内战的文献,阅读具体的案例,并运用博弈论工具从理论上思考文献和案例(例子请见 Fearon 1998；Laitin 1995；Fearon and Laitin 1999；Fearon 2004；2008)。我们继续努力建立与内战有关的正式互动模型,以澄清和深化我们提出的非正式论点(如 Fearon and Laitin 2007)。

然而,这两种方法都缺乏一个明确的实证答案,即我们的统计和理论论点中的变量在提高一个国家受内战影响的程度上是否真正地"起作用"。这是案例叙事起关键作用的地方。

【761】 2. 选择性叙事

但是选择哪种叙述来讲述呢? 在统计工作中,对于案例的选择和分析有很多方法论标准,在形式上,特别是在博弈论分析中,良好的模型以及适当的分析应该是怎样的,对此都有较为完善的规则和标准。然而,在结合统计和案例研究证据的研究设计中,对于如何选择叙事阐述的案例,在知识上并无共识。① 我们考虑了在实践中已经使用的或可能是可取的若干标准。

2.1 研究者理论的"好案例"

在实践中,研究人员最常用的方法就是选择"好的案例"来清晰说明研究人员提出的因果机制,这是为了解释统计分析中发现的更广泛的经验规律。就提供证据而言,这不是一个毫无价值的程序。它告诉我们,至少有些案例,证明了研究者所假设的因果机制是合理的。但是显然,选择偏差是个问题。"好的案例"已经被挑出来,所以不清楚它们在说明所提出的因果机制在解释观察到的模型方面的重要性上是否传达了很多信息。更糟糕的是,如果研究者正是基于这些案例,为其最初的统计模型提出因果机制,又会引发什么结果呢?

在选择"好的案例"的情况中,研究者向读者表明,被选作叙事性阐述的案例中,实

---

① 鉴于对某一案件的选择,也不存在是什么使叙事在方法上具有很强的说服力的这种共识。尽管如此,大多数人还是同意,事实错误和倾向性的解释会导致错误的叙事或案例研究。亚历克斯·乔治(Alex George)是个开拓者,他制定了从叙事性阐述中得出因果推论的标准。关于他最新的(可惜,他最后的)阐述,见 George and Bennett(2005)。

际上有一个或多个是其理论的"疑难案例"。然后,有人认为,人们接受的理论预测,也就是作者提出的因果机制,尤其不可能在这些"疑难案例"中找到。然而,历史叙述总是表明:作者提出的因果机制在起作用,或者它胜过现有理论所强调的其他因素("出乎意料")。① 在这里,选择偏差又是一个主要问题。如果读者先前的信念认为现存理论很重要,知道作者青睐的因果机制至少在一个案例里是十分重要的,这就有一定的证据价值(实际上很出乎意料)。但是,读者也可以确信,研究人员不会提出一个已经形成的"疑难案例"叙事,除非它能够以一种似乎支持研究人员所偏好的因果机制的主张的方式呈现。因此,读者可能会认为"疑难案例"的说法既是一种辩护的方法策略,也【762】是一种修辞学的说法,这都是情有可原的。

当研究者给偏好理论选取"简单案例"时,也有可能选择"好的案例"。例如,舒尔茨(Schultz 2001)选择叙事几个涉及英国的国际危机,部分原因是英国威斯敏斯特体系最接近他的危机获取理论模型代表国内政治的方式,舒尔茨由此提出了他关于对抗预示着国际争端的假说。这可以更容易地评估模型中的因果机制在案例中是否起作用。然而,这存在一个缺点,舒尔茨的机制是否比当初引导他建立其模型的案例样本更普遍,对此我们掌握的信息较少。

2.2　便利样本

在实践中,另一种常见的做法是选择叙事性阐述的案例,这些案例对于分析家来说,由于语言技能或数据的可用性,相对容易进行研究,这里有时被称为便利样本。在某些情况下,这个步骤是合理的。研究人员必须在选择不具代表性的案件的风险性、叙述的准确性(例如,有关变量衡量的有效性和可靠性)与可以深入研究的案件数量之间作出权衡。然而,对于这种方法来说,代表性通常是一个严重的问题,因为对于分析者来说,易于研究的案例在重要变量上通常不具有系统的代表性。例如,在跨国研究中,通常更容易找到进行良好的政治叙事所必需的详细信息,这些叙事包括富裕国家,也包括恰巧因战略或其他原因而吸引了大量经合组织注意力和投资的穷国。

2.3　在因变量或自变量的变动中选择

原则上,人们可以根据因变量的值、重要自变量的值或两者的某种联合变化来选择

---

① 虽然它们可能存在,但我们不知道有任何出版的论文或书籍,在其中作者声称,对于偏好理论来说,X 是一个很难的案例,然后发现这个案例并不支持这个理论。

叙事的案例。例如,如果要解释的是民主、战争、快速经济增长或冲突后和平等现象的产生或消失,研究人员可能会仔细研究有这种现象的相关案例,而对没有这种现象的案例则研究很少。然而,我们再次遇到了代表性的问题。如果从更大的集合中选择几个案例,为什么是这个而不是另一个? 如果对于该选择没有给出解释,为什么读者不能对选择"好的案例"持怀疑态度? 如果给出的解释是随机抽样,我们还需要担心代表性吗? 我们也许可以从这些案例中了解到一些理论上的说法以及它们之间的对比,但是我们是否将数量最大化了呢? 对一些自变量有变化的小样本案例也有同样的问题。

【763】

这里的另一种可能性是选择那些能同时显示利益因变量和自变量的特定组合的案例。例如,在曼斯菲尔德和斯奈德(2005)的大样本分析中,他们发现,政治权利集中的民主化国家更有可能发生州际战争。他们用了一个观点来解释这个问题——受到威胁的独裁精英利用民族主义和冲突来转移注意力的动机是什么。在叙事性的阐述中,他们选择的案例是发动战争的民主化国家,他们认为这对其理论来说是"最简单的"(第169页),这大概是因为在这些国家,战争和民主化一同存在。他们认为,在这些案例中,如果他们不能为自己偏好的机制运作给出合理的理由,将会严重损害到他们的理论主张。

曼斯菲尔德和斯奈德观察了这十个国家,它们都是在发动一场或多场战争时被称为民主化国家,这些战争保护了这些国家,他们无需担心是否可能有意或无意地受这一系列战争的影响。直觉上,这似乎是合理的;如果一个人的机制通过这样或那样的步骤将 X 与现象 Y 联系起来,人们就可以从经验上更深入地了解,从发生 X 和 Y 的案例中推测,该机制是否重要,而不是从 X 或 Y 不存在的案例中得出的。如果我们的经验问题是,"民主化有几次是根据我们提出的事件的特定次序而导致战争?"那么,显然,这是我们需要讨论的唯一案例。因此,这里就有充分的理由来选择那些不仅在"回归线"上,而且显示 Y 和 X 上的值的特定组合的案例。

如果一个因果机制意指一个自变量的多个值的特定事件序列,那么同样的推理会导致这样的说法——进行抽样的案例"在回归线上"。例如,我们认为,人均收入能代表一个国家有效镇压叛乱的多方面能力,这是相对于叛乱组织的生存能力来说的。因此,我们可以预期,在富裕国家,新生的叛乱团体会很容易被警察发现并摧毁(或者他们停留在规模较小、效率不高的恐怖主义团体的水平上),而在贫穷国家,我们会发现,由于这些国家无能(例如不分青红皂白的平叛运动),而且叛乱团体伪装不在本国领土的某些地区,这样叛乱团体就可能存活并不断壮大。人们可以通过选择陷入内战的穷国和没有内战的富国的叙事,来评估该机制对收入和内战之间的经验关系给出了多少解释。

当然，以这种方式选择 Y 和 X 仍然面临着一个难题，那就是在这些案例中，哪些案例在回归线上。如果不能像曼斯菲尔德和斯奈德那样给所有的案例写叙事，那么我们就仍然面临精挑细选或出现选择偏差的问题。

而且，不在回归线上的不同案例，可能对于讨论的机制也有很重要的信息，这也有 **【764】** 其原因。首先，回顾一下，在非原型设置中，因果推断的根本威胁是，Y 恰好与提出的原因 X 相关联有很多其他的原因。偏离回归线的案例更有可能显示出这些其他因果机制的作用。了解它们是什么以及它们是如何工作的，将增强研究者判断所观察到的与X 的关系是否是遗漏变量偏差的结果的能力。此外，在特定案例中，查明这一现象的其他原因可引出关于一般机制和解释的新假设，以供日后几轮研究评估。

第二，对于偏离回归线的案例进行叙事，研究者可以更好地理解，为什么有时提出的因果机制不能如理论预期的那样发挥作用。例如，民主化并不总是（或事实上，不那么经常）导致州际战争——为什么不呢？ 在这些案例中，独裁精英是不是没有受到足够的威胁？ 是不是他们受到威胁，但判断出没有合适的机会发动转移注意力的战争？ 哪些附加变量决定了每一个步骤？ 如果我们也考虑了这些因素，那么原有的关系会保持下去吗？ 在斯奈德和曼斯菲尔德的研究中，要回答这些问题，就需要对那些有政治力量集中，但却没有产生州际战争的民主化案例进行叙事。

第三，案例可能会在回归线上消失，不仅是因为不可测因素的影响，还由于 Y 或 X 的测量误差。尤其是在跨国数据方面，大样本统计分析必须使用原始指标，这些指标可以在合理时间内编码成大量案例。然后可以使用案例叙事来粗略估计大样本指标的有效性和可靠性，还可以估计测量误差有多少次掩盖了实例，在这些实例中，提出的因果机制实际上有可能和预测的一样，也有可能没有像预测的那样，但是在统计分析中却错误地得到信任。

2.4　随机选择

由于考虑因素，还有对选择偏差的普遍关注，这使得我们随机选择（相对）少量的案例进行叙事分析，这在"多方法"研究中常常是一个可取的策略。

通过随机选择，调查者需要为随机数生成器选择出来的案例撰写叙事。调查人员从按随机数列排序的列表的第一个案例开始，在每个案例中，使用叙事来询问是什么连接了或未能连接统计上重要的自变量和因变量上的编码值。最重要的是，研究人员在案例选择中不会有（已知或未知）系统偏差造成的风险。此外，对于回归线上或偏离回归线的案例,研究人员既可以询问所提出的因果机制是否适用于回归线上的案例,也可以询问在偏离回归线的案例中,它们为什么不适用或是否不适用。如果有以前未检测到的缺失变量会改进最初的统计分析,它们更有可能在强加给调查者的案例中找到,而不是在其自己选择的案例中,并且调查者有一个无偏见但很小的样本。最后,研究者既有机会评估测量误差对统计模型预测出来的案例的影响,也可以评估测量误差对那些非预测出来的案例的影响。

当然,随机选择也有缺点,但大部分都是在权衡可能产生的叙事的质量和总数时导致的。研究者也许能够为她已经熟悉的或者她有语言或其他技能应对的案例写出更多、质量更好的叙事。另一方面,这本身可能与选择这些案例相悖,因为它们更有可能已经被有意识或无意识地用于生成正在检验的理论论点。因此,随机案例作为无样本检验有其优点。此外,对不熟悉或不清楚的事件进行案例研究,可以重新阅读一个国家的标准文献,并通过特别注重跨国分析确认的重要自变量,从而了解从结果中可以取得多少进步。

除了纯粹的随机选择,给特定变量分层可以更加高效。例如,如果一个人感兴趣的是,评估某一变量的理论解释在截面研究中是否合理,那么,抽取特定变量有一定值范围的样本案例就是有意义的。或者,像我们下面要讨论的那样,在跨国研究中,对某些变量进行分层是有意义的,是为了避免随机选择产生大量(例如)东欧案例,但几乎没有拉丁美洲案例。然而,如果没有对每一个数据点进行案例研究,对于刚刚提出的同样原因,就要对层内的随机选择或自变量的值进行保证。

为了构建我们的叙述性数据集的样本,我们按区域分列,并根据该国在研究期间(1945—1999)是否经历过内战,随机抽样了几个国家。按区域划分的理由是确保在与共同的历史经验、文化、宗教和经济发展水平相关的一个因素中实现均衡分配。① 我们区分"战争"和"非战争"国家是为了不同的原因。我们最初预计,通过研究一个曾经爆发过战争的国家而不是一个从未爆发过战争的国家有时会学到更多,因为"战争国家"有和平和战争(变化)的时期,而"没有战争的国家"只有和平。在"无战争"的案例中,一定也有信息,而且我们认为完全排除它们是错误的。但是,我们希望能够对经历过从和平向战争过渡的国家进行大量抽样,因为这在一个国家内提供了因变量上的变化,而实际上,在这一变量中,许多针对具体国家的因素都受到控制。

虽然这一期望在某种程度上得到了证实,但我们在下文中注意到,在研究期间从未

---

① 如果我们没有按区域划分等级,就存在合理的可能性,即至少有一个区域的代表名额不足,另一个区域的代表名额偏高。由于传统上描述的"区域"国家的政治和经济有许多共同的和明显的特点,我们希望有更好的机会区分我们的自变量与不可测的、地区特有的因素的影响。

发生过内战的国家,理论上的信息量较大,经验上也比较有趣,这让我们十分惊讶。①

3. 叙事结构

从随机选择的案例中,我们创建了一个图表,预测了民事开始发生的概率,这些民事是所有选定的国家按年份排列的。预测概率是使用以下(logit)模型生成的,使用了费伦和莱廷(2003)讨论的数据得出的估计的系数:

偶尔爆发战争的几率 t = b0 + b1*之前发生的战争 + b2*人均收入_t−1

+b3*(人口_t−1)

+b4*(山地比重)+b5*断点

+b6*原油 + b7*新国家

+b8*前三年的不稳定 +b9*无统治政府_t−1。

换言之,我们根据这一分析列入了统计上和实质上都很重要的变量。② 在生成给定国家的预测概率时,我们在没有该国数据的情况下估计模型。因此,有关国家的经验没有被用来形成对该国的预测。③ 在产生预测概率的过程中,我们将"先前的战争"(如果前一年正在进行内战,则为1)设定为零,因为我们不想利用实际的战争经验来帮助预测以后的战争经历。如果那个国家在某一年正在发生内战,我们就在 x 轴上打勾。

图33.1说明了阿尔及利亚的情况。图33.1是该地区与世界的平均值相比较的关键变量的数据。在整个独立历史上,阿尔及利亚的预测概率(0.040)高于世界平均国家值(0.017)和区域平均水平值(0.016)。我们可以看到,在我们的模型预测的高度易发性的几年中,有两次内战的爆发。与许多其他案例一致,第一次内战发生在阿尔及利亚成为一个新国家时,第二次内战发生在一个独裁和不稳定的时期。此外,在1996—1999年没有发生战争时,估计发生内战的概率急剧上升,却只有一个表面上的"假阳性";这是可以原谅的,因为它发生在战争期间,因此把"先前的战争"包括在变量预测模型中会大大降低这种统计上的"尖峰"。【767】【768】

---

① 对于数据集里的日本和美国等国家,我们希望得到原始叛乱(例如,日本曾国人针对成田机场的抗议、鲁比岭的雅利安族民兵),以便从模型上解释它们如何和为什么被成功地边缘化。

② 不一致的领域——在统计上没有充分的理由——被添加到该国的模型中。它的影响较小。

③ 我们放弃了对该国的所有观察,根据该国自1945年以来独立了多少年,这一数字可能高达55。这一程序预测到的概率变化很小,这使我们相信,我们的结果不会针对任何一个国家。由于早期的数据分析是基于该国情况,且引发了具体的模型规范,所以毋庸置疑,该国的经验具有非常间接的影响。实际上,如果部分原因是该模式反映了 X 国的经验,我们只是不想说,"哇,该模型对 X 国有利"。

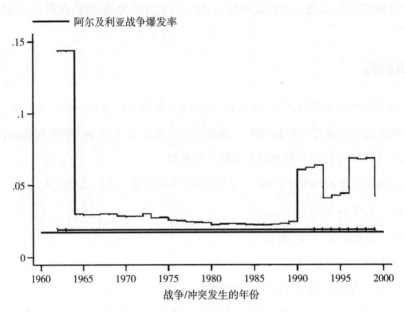

图 33.1　阿尔及利亚内战爆发的概率图

表 33.1　阿尔及利亚的关键变量,与区域和世界的平均值相比

变量	阿尔及利亚平均值	区域平均值	世界平均值
爆发可能性(预测)	.040	.016	.017
人均 GDP(美元)	2340	5430	3651
人口(百万)	19.411	11.482	31.787
山地面积(占国土总面积的百分比)	15.7	18.6	18.1
石油(大量出口占总出口的虚拟百分比)	1	.49	.13
不稳定性(虚拟)	.24	.13	.15
无支配体制(虚拟)	.18	.23	.23

4. 统计模型的不完整性

如何解读这个图表以及如何提出叙事证据? 第一个潜在的问题是,模型的预测概率通常非常小。事实上,(对所有国家)90% 的预测概率在 0.0004 到 0.05 之间,对此,有两个可能的——或者说必然的原因。首先,以爆发的年份来衡量,内战的开始是极其罕见的。在这些国家的七千年历史里,只发生 127 次内战。因此,在没有任何其他因素

的条件下,在这一时期,随机选择的国家爆发内战的概率只有 0.017。从可以解码的国家和年份的大样本因素中,预测某个国家某年爆发内战的概率有点像大海捞针。

其次,要确定适合广大国家的因素几乎不可能,并且预测在哪一年爆发内战方面做得很好也是不太可能的。随机叙述坚定了我们先前的信念——大量本质上随机的历史偶然事件涉及确定一个国家是否以及什么时候会爆发内战。运气不好、领导人的特殊选择、复杂和事先不可预测的政治和社会互动,都可能成为某一场内战为何在某一时间甚至在某一特定国家爆发的原因。试图了解某些案例的特殊性和特质,是一个历史学家的项目,也是一个令人钦佩的项目。我们的社会科学项目,虽然可能难以置信,但在试图确定一些跨国家和年份的因素和机制时,它们以持续和可评估的方式增加了内战爆发的风险。这是一项艰巨的任务,我们认为,即使在最好的案例中,也不可能达到接近完美的、事先预测的程度(可以说,只有在参与者本身能够做得更好的情况下,我们才能做到这一点,因为他们总是能够获得更相关的、针对具体案例的信息。但是,许多例子表明,一个国家的人民,甚至政治家,都很少能够有信心地提前一整年预测内战的爆发)。

我们统计模型中的一些关键的解释性变量在各国国内不会发生太大变化。这些变量包括山地面积、人均收入、人口,在某种程度上还包括石油生产。这意味着,虽然它们【769】可能在解释各国爆发内战的倾向变化上有很大贡献,但它们在解释战争将在哪一年开始受到严重阻碍。每年都有(或能够)显著变化的四个变量——先前的战争、新国家、不稳定和独裁政治——都是相当粗劣的措施。它们在广泛的国家和年份进行编码相对容易,但它们并不以任何复杂的方式决定该国发生的政治情况或事件。虽然它们在统计学上和实质上都是内战爆发的预测因素,但从经验上来讲,一定会引发内战,没有一种具有诊断意义。因此,即使其中几个时间不同的变量"开启",预计第二年爆发内战的可能性也只会增大至 0.2 或 0.3。

因此,如果要用模型预测的概率来赌某一年份的内战,那么即使是那些预计最有可能爆发内战的国家,也较有可能保持和平。在数据集里,1949 年和 1950 年的印度尼西亚爆发内战的概率最高,为 0.51。其次是 1947 年和 1948 年的巴基斯坦,其内战爆发概率为 0.35。对于整个数据集中除这两个案例外的任何一个国家/年份,投注者都应打赌当年发生的内战不会发生。

那么,如何解释图 33.1 中所显示的对某一国家的预测概率的逐年变化呢? 表格中相对较大的上升或下降(例如,1961—1962 年、1989—1990 年或 1996—1997 年)与一个或多个极不确定的解释性因素的变化相对应。对于所有这样的案例,我们都可以提问: (1)如果这种变化与内战的爆发同时发生或稍微提前,我们是否会看到一个从自变量到结果的因果关系？（2）如果没有爆发内战,我们能否看到冲突的迹象或其他表明冲突加剧的迹象,有可能成为内战（似乎与自变量的变化有因果关系）？如果是这样,为什么暴力事件没有升级为内战？还有（3）如果没有内战爆发,也没有暴力冲突升级的迹象,为什么呢？对于所有这些案例,我们可以问,也应该问,我们是否对因变量或自变量进行了错误编码（测量）,过多或过少地信任了模型和理论。同样,在我们看到内战爆发但预测概率却没有改变的年份中,是什么引发了内战？是否有新的解释性因素可以进行跨案例编码？模型中是否存在变量的编码错误？如果该模型预测的冲突概率平均较高（相对于该区域或世界的平均值）,我们能否看到任何证据,表明收入或人口等缓慢变动的变量与结果联系在一起？

从统计学的角度来看,解释某一国家的预测内战爆发概率图的方法之一是,将统计模型当做某一国家某一年潜在的、未予注意的内战倾向的模型。logit 转换将估计的倾向指数划分为 $[0,1]$ 这个区间,作为预测概率。利用叙事分析,我们可以尝试超越评估模型的适用性,方法是看 0/1 的结果预测,就像二进制结果的标准定量方法一样。相

【770】反,在某种程度上,我们也许能够通过比较内战预测倾向的变化和叙事证据判断出的实际变化倾向来评估模型的适用性。

尽管案例分析中的钝变量很难解释,但我们对某些国家的叙述为统计模型提供了有益的补充和比较。在总结它们为什么有用之前,我们将从阿尔及利亚的叙事中得出这一方法的具体例证。

5. 从叙事中学习

在阿尔及利亚两次内战的案例中,比较政治学领域中只致力于统计方法的研究者,可能会发现模型和真实世界之间的契合之处,然后任其自生自灭。阿尔及利亚贫穷,有石油,人口众多,有山区,很可能爆发内战。1962—1963 年和 1991—1992 年这两个时期的情况尤其如此,当时的政治因素（1962 年成为新的国家；1990 年政治不稳定和走向民主的运动开始）使内战的预期可能性大大高于世界平均水平。事实上,内战的爆发恰恰发生在我们的模型表明阿尔及利亚比较容易有这种暴力出现的时期。

为什么要仔细检查那些本不需要解释的案例呢？然而,在我们的方法中,阿尔及利亚是通过随机选择而出现的,因此我们不能让它自生自灭。研究它是有价值的。①

阿尔及利亚在成为新国家时,爆发的内战涉及一个承诺问题,当我们提出为什么新

---

① 阿尔及利亚的完整叙事,http://www.stanford.edu/group/ethnic。

国家这个变量和内战有关的理论时也涉及这个问题。在法国统治下繁荣昌盛的柏柏尔人担心其地位会输给阿拉伯人,而阿拉伯人将成为新阿尔及利亚国家的多数群体。此外,在争取独立的斗争中首当其冲的地方游击队担心,一旦正规军从摩洛哥和突尼斯进入阿尔及利亚,就会被边缘化。如果这些地区性民兵在 1962 年的夏季没有为权力而战,那么他们害怕边缘化是因为他们不相信新的领导层会给他们尽可能多的通过战斗能得到的东西。事实上,其中一些部队和至少一个来自柏柏尔地区的部队参加了 1962 年的叛乱。

该叙事还明确指出,这种"弱国"承诺问题也源于一个以前没有考虑过的因素——法国权力移交的无效性。当独立运动被分成几个方面时,法国面临的情况是:没有任何明显占支配地位的权力,也没有任何对宪法机制的一般保证来为他们作出决定或保证未来和平机会掌权。一个新的国家没有可信承诺,没有以前的大都市支持的领导层,那么独立中权力交接就产生了吸引叛乱分子的真空状态。法国无力向总理本·贝拉做出【771】承诺,而不仅仅是本·贝拉没有能力对 1962 年独立后暴力的少数民族的未来安全做出承诺。

1992 年爆发的内战,正如我们与独裁和政治不稳定有关的理论预期的一样,是由 1990 年的独裁机制引发的,在政治开放中出现。开放意味着统治精英阶层内部的分裂以及面对公众的不满和压力的普遍乏力。FIS(伊斯兰救世阵线)的神职人员鼓起勇气,利用经济危机挑战以原教旨主义理想为名义的机制。承诺问题在解释为什么会有暴力而不是谈判或民主的解决办法方面又显得至关重要。军事政权担心输给伊斯兰教徒的第一次全国大选将是近期举行的最后一次选举,这与我们将无政府主义和政治不稳定(通过改变政体来表示)与内战联系起来的理论解释是一致的。

然而,仔细研究随后发生的内战,我们对人均收入影响的解释就有了疑问。我们认为,平均而言,一个国家的贫穷代表着一个软弱的中央政府行政和强制性机构,不能收集有关本国人民的信息,也不能从战略上利用信息来根除叛乱分子。在阿尔及利亚的案例中,我们发现一支非常强大的军队,这支部队从长期独立战争与法国交战的经验中学到了很多东西。这支军队很受照顾,拥有资源,也有意愿发展成先进的反叛乱部队。因此,阿尔及利亚的人均收入(相对于地区或世界平均水平)在这个案例中对于国家强制力来说不是一个很好的衡量标准,而且,在强制力相对较强的国家也会发生内战。

然而,叙事表明,有另一个完全不同的机制将低人均收入与内战联系起来。地区专家已经指出,较早关闭向阿尔及利亚青年的迁移通道是战争爆发的原因之一。事实上,在法国关闭移民大门后不久,叛乱就爆发了。年轻的阿尔及利亚人没有进一步采取玛丽娜·勒庞和她在法国的国民阵线的反移民计划,他们原本会从法国寄回汇款,可是他们现在已经失业,而且正在被招募到 FIS。因此,阿尔及利亚国内生产总值水平低价值疲软的经济并非通过第一种机制(弱兵),而是通过第二种机制(可用的新兵)将战争爆发的高可能性转化为实际的战争爆发(这与科利耶和霍夫勒(Hoeffler)2004 年对收入作用的解释相一致)。

因为 FIS 是宗教动员起来的组织,所以这个叙事会引发我们的疑问,即使宗教在我们的统计分析中不起作用,1992 年内战的爆发是否可以用某些宗教因素来解释? 毫无疑问,伊斯兰教的象征对人民产生了强大的情感影响。20 世纪 70 年代末,穆斯林活动分子参与了对原教旨主义原则的孤立和相对小规模的维护:骚扰那些他们认为穿着不当的妇女、捣毁卖酒的场所、将官方的伊玛目赶出清真寺。

伊斯兰主义者在 1982 年升级了他们的行动,他们呼吁废除《国家宪章》,并呼吁组建一个伊斯兰政府。在校园暴力事件日益增多的情况下,伊斯兰主义者杀害了一名学生。警察逮捕了 400 名伊斯兰教徒后,大约 10 万名示威者蜂拥到一所大学的清真寺做礼拜。伊斯兰主义者也成功地动员了大量的支持者,要求政府废除殖民时期给予妇女的权利。当然,伊斯兰政党在 1991 年 12 月令人印象深刻的第一轮选举中取得胜利时(Metz 1993),军事当局感到十分震惊和敬畏。

【772】 然而,尚不清楚伊斯兰原教旨主义者为什么要对抗民族解放阵线。1870 年《克雷米尔法令》中法国拒绝穆斯林公民身份,由此产生的阿尔及利亚民族主义,在感情上始终是"伊斯兰"的。民族解放阵线从未被认为是世俗的,甚至反伊斯兰的,这如同军队中的许多人自认为的那样。一些民族解放阵线的领导人是伊斯兰教徒,但民族解放阵线并不代表阿尔及利亚深度的文化分裂。事实上,在阿尔及利亚人中有一个很流行的双关语:"民族解放阵线是你的孩子"(Quandt 1998,1996-1997)。伊斯兰解放阵线手里的王牌不是它的宗教信仰或它对伊斯兰教的唯一认同。

此外,在对民族解放阵线的仔细研究中,尚未发现伊斯兰教是阿尔及利亚叛乱的根源。首先,神职人员是跟随城市无产阶级进入战争,而不是领导他们。有证据表明,事实上,神职人员在 20 世纪 80 年代末曾试图平息由失业青年煽动的街头骚乱(Pelletiere 1992,第 6 页)。可以肯定的是,GIA(主要的叛乱民兵)依靠原教旨主义的意识形态,以便通过由中东国家支付的"伊斯兰租金"来为战争提供资金(Martinez 2000,第 198—206、240 页)。但这是一种筹资战略,而不是伊斯兰信仰的象征。

该叙事表明,在推动叛乱上起关键作用的不是伊斯兰原教旨主义,而是国家对宗教的战略。独立后,阿尔及利亚政府为巩固国家和政治控制,主张国家对宗教活动进行控制。伊斯兰教在新宪法中成为国家的宗教,并公开展示其领导人的宗教。颁布的法律不得违背伊斯兰信条,也不得以任何方式损害伊斯兰信仰和原则。到 20 世纪 80 年代中期,国家垄断了清真寺的建造,宗教事务部控制了大约 5000 座公共清真寺。伊玛目接受国家的培训、由国家任命和支付报酬,宗教事务部也允许他们星期五进行讲道或说教。该部还管理宗教财产,给学校提供宗教教育和培训,并设立了伊斯兰学习特别研究所。

国家对宗教的控制意味着什么? 我们对整个样本的统计分析发现,宗教歧视并不能区分一国是否经历了内战。但是,该叙事暗示了一种不同的机制。授权和资助宗教组织及其领导人的行为必然导致宗教抗议政治化。宗教企业家试图为当地的清真寺吸引新的听众,但事实上,他们是在挑战国家权威。

阿尔及利亚当局对伊斯兰教进行补贴和宣传,却将自己暴露在难以抵抗的象征性攻击形式之中。民族解放阵线发现,与完全置身于宗教事务之外相比,试图压制宗教实验反而更易受到攻击。【773】

总之,是国家试图联合宗教反对派,让反对派有机会通过变节的清真寺阐明明确的反政权信息,而不是民族解放阵线的某种深刻的宗教信息,表达了人民的宗教情感。国家对宗教的赞助产生了适得其反的结果。因此,阿尔及利亚的案例,可以说是国家赞助宗教(而不是歧视宗教)提高了内战的可能性。

6. 本章结语

尽管有一些反对定性方法的言辞,但案例研究并不是为了发现或证实经验规律而设计的。然而,它们在确定和评估导致政治中的经验规则的因果机制方面,可能作用很大——实际上是必不可少的。我们认为,在研究中,统计方法和案例研究方法结合起来,随机选择案例用于叙事发展是一个原则性且具有建设性的标准,前者用于确定规律性,而后者用于评估(或发展新的)解释。

用阿尔及利亚的例子,叙事分析建议返回到用几个新的想法的大样本分析。首先,"新国家"作为变量,可能与大都会致力于过渡领导的能力有效相关。人们的期望是,一个发展强盛的大都会会更好地保护向其下放权力的领导人,从而(至少在一段时间内)威慑潜在的叛乱分子。法国在第二次世界大战中占领地区不多、越南殖民战争失败、第四共和国垮台以及阿尔及利亚的长期独立战争,使得法国没有能力在阿尔及尔向新的领导层过渡。

这种视角是从一个"在回归线上"的案例的叙事中显现出来的,显出了一个不太明显的新国家对内战的脆弱性模式。许多国家在战后初期获得独立,当时大都会遭到破坏(如印度尼西亚、越南、南亚和巴勒斯坦托管地),很快陷入内战。那些在苏联都市解体后成为新国家的国家（如阿塞拜疆、格鲁吉亚和摩尔多瓦）也很容易发生内战。然而，那些在 20 世纪 60 年代和 70 年代在非洲获得独立的国家（比利时和葡萄牙除外，它们无法在其殖民地向新的领导阶层过渡）更不可能立刻遭遇叛乱。在其中几个案例【774】中，在殖民统治真正结束几年后，"承诺问题"战争开始。促进独立的大都会力量越衰弱，"新国家"的状态就越危险。

第二，阿尔及利亚的叙事表明，我们可以制定一个编码规则，展现青年男子到生产力水平更高的经济体中工作的程度。对此，我们预计，若某国的青年易于通过移民的方式，到其他国家摆脱失业状况，那么该国招募叛乱者就会更为艰难（随后的叙事报告了海地的移民机会和内战与牙买加的内战之间的关系；同时，开放的移民机会可能有助于葡萄牙和多米尼加共和国避免在革命条件下列入内战爆发清单）。

第三，阿尔及利亚的叙事为思考叛乱的宗教根源提供了新的思路。与其在不同宗教的人之间建立仇恨模型，或者在国家对少数民族宗教的歧视方面建立仇恨模型，还不如建立支配性宗教权威与国家之间的关系模型。国家越是试图管制占统治地位的宗教组织，它就越有可能在宗教组织内部建立针对国家的招募基地。我们对大样本数据集进行了初步的数据收集，这为叙事启发的推测提供了支撑。

在随机叙事活动中，也可以学到一些更普遍的教训。通过叙事，可以明确个体变量之间的相互作用，它们本身可能并不重要，但放到一起就可能造成内战的易发性。然后，它就有可能更明确地说明一个变量有一些理论化效果的条件。要指出未来编码的微观因素很容易，例如国家和叛乱分子的战术决策，这些因素在大样本数据收集工作中通常被忽略。

同样，随机叙事方法允许我们估计在大量案例中难以进行可靠编码的变量的测量误差。在我们通过随机选择检验的叙事集合中，我们在内战爆发的编码中，并未发现无意义的错误，也就是因变量。仅举一例，与邻国缅甸和老挝的多山叛乱相比，地区专家一直认为泰国北部是一个和平区域。因此，一些内战清单忽略了泰国北部的问题也有可能是一场内战。然而，通过对随机叙事的研究，我们发现，北方的叛乱活动明显地越过了我们的计划确定的内战死亡门槛。

通常，我们估计，我们最初对因变量的编码中有多达 5% 是错误的。统计上，如果这些错误是随机的，那么在 logit 分析中，偏差影响估计将倾向于零。当然，错误可能不是随机的——在级别相对较低的内战中，它们更有可能发生在任何死亡阈值附近——因此，将叙事分析与统计分析结合起来有其直接优势，即度量更准确、效果预计更精确。

总之，随机叙事是对内战爆发的大样本分析的补充或延伸，虽然有些烦琐，却很实【775】用，且这一点已经得到证实。随机叙事提出了一种自然的方法，即定性工作并不是定量分析的竞争者或替代品,而是定量分析的补充,可融入研究项目中。

参考文献

Bates,R.,et al.1998.*Analytic Narratives.*Princeton,NJ:Princeton University Press.

Boix,C.1998.*Political Parties,Growth and Equality.*Cambridge:Cambridge University Press.

Collier,P.,and Hoeffler,A.2004.Greed and grievance in civil war.*Oxford Economic Papers*,56:563-95.

——and Sambanis,N.2005.*Understanding Civil War.*2 vols.Washington,DC:World Bank.

Doyle,M.,and Sambanis,N.2006.*Making War and Building Peace.*Princeton,NJ:Princeton University Press.

Eckstein,H.1975. Case study and theory in political science. Pp.94 - 137 in *Handbook of Political Science*,ed.F.Greenstein and N.Polsby.Reading,Mass.:Addison-Wesley.

Elster,J.1998.A plea for mechanisms.*In Social Mechanisms:An Analytical Approach to Social Theory*,ed. P.Hedstrom and R.Swedberg.Cambridge:Cambridge University Press.

Fearon,J.D.1998.Commitment problems and the spread of ethnic conflict.In *The International Spread of Ethnic Conflict:Fear,Diffusion,and Escalation*,ed.D.Lake and D.Rothchild.Princeton,NJ:Princeton University Press.

——2004.Why do some civil wars last so much longer than others? *Journal of Peace Research*,41: 275-301.

——2008.Economic development,insurgency,and civil war.In *Institutions and Economic Performance*, ed.E.Helpman.Cambridge,Mass.:Harvard University Press.

——and Laitin,D.D.1999.Weak states,rough terrain,and large-scale ethnic violence since 1945.Presented at the Annual Meetings of the American Political Science Association,Atlanta,September 2-5.

—— ——2003.Ethnicity,insurgency and civil war.American *Political Science Review*,97:75-90.

—— ——2005. Civil war narratives. Estudio/Working Paper 2005/218,Centro de Estudios Avanzados en Ciencias Sociales,Instituto Juan March de Estudios e Investigaciones,June.

—— ——2007.Civil war terminations.Presented at the 103rd Annual Meeting of the American Political Science Association,Chicago,Aug.30-Sept.2.

Fortna,V.P.2004.*Peace Time:Cease-fire Agreements and the Durability of Peace.*Princeton,NJ:Princeton University Press.

George,A.,and Bennett,A.2005.*Case Studies and Theory Development in the Social Sciences.*Cambridge, Mass.:MIT Press.

Gerring,J.2006.Case *Study Research:Principles and Practices.*Cambridge:Cambridge University Press.

Goemans,H.2000.*War and Punishment.*Princeton,NJ:Princeton University Press.

Goldthorpe,J.2000.*On Sociology.*Oxford:Oxford University Press.

Huth,P.1998.*Standing your Ground:Territorial Disputes and International Conflict.*Ann Arbor:University of Michigan Press.

Iversen, T. 1999. *Contested Economic Institutions*. Cambridge: Cambridge University Press.

Laitin, D. 1995. National revivals and violence. *Archives européennes de sociologie*, 36: 3–43.

——1998. *Identity in Formation*. Ithaca, NY: Cornell University Press.

Mansfield, E., and Snyder, J. 2005. *Electing to Fight: Why Emerging Democracies Go to War*. Cambridge, Mass.: MIT Press.

Mares, I. 2003. *The Politics of Social Risk*. Cambridge: Cambridge University Press.

Martin, L. 1994. *Coercive Cooperation*. Princeton, NJ: Princeton University Press.

Martinez, L. 2000. The Algerian Civil War 1990–1998, trans. J. Derrick. London: Hurst.

Metz, H. (ed.) 1993. *Algeria: A Country Study*. Federal Research Division, Library of Congress, < http://memory.loc.gov/cgi-bin/query2/r? frd/cstdy:@field(DOCID+dz0000>), section on Chadli Bendjedid and Afterward.

Pelletiere, S.C. 1992. *Mass Action and Islamic Fundamentalism: The Revolt of the Brooms*.

Carlisle Barracks, Pa.: US Army War College.

Quandt, W.B. 1998. *Between Ballots and Bullets*. Washington, DC: Brookings.

Schultz, K. 2001. *Democracy and Coercive Diplomacy*. Cambridge: Cambridge University Press.

Stone, R. 2002. *Lending Credibility*. Princeton, NJ: Princeton University Press.

Van Evera, S. 1997. *Guide to Methods for Students of Political Science*. Ithaca, NY: Cornell University Press.

Wagner, R.H. 2007. *War and the State*. Ann Arbor: University of Michigan Press.

Walters, B. 2001. *Committing to Peace*. Princeton, NJ: Princeton University Press.

第九部分

组织、制度与方法论运动

第三十四章　定性与多元研究方法：学术组织、出版物及方法论整合反思

大卫·科利尔（David Collier），柯林·阿勒曼（Colin Elman）

    定性方法在政治学研究中经历了重大的转型。① 该领域自20世纪70年代出版了系列经典作品后，经过20年相对稳定的发展历程。② 最近，定性方法"老树发新枝"，出现了大量新的研究以及著作。③ 关注定性研究方法的学者流派众多，而且，定性研究作为一种方法论的集合，折中主义成为其现实选择，它包括概念分析和民族志学方法，以及系统的中小样本对比。随着综合研究设计中越来越多地使用多元互补方法——以嵌套性（nesting）或对替代性定性定量方法的迭代使用为基础——折中主义趋势将有望加强。最后，在实质重叠（substantial overlap）中，折中主义将更为凸显——并对探索定性研究的主流与解释及建构方法之间的关系具有强烈兴趣。鉴于分析工具的多样性，我们将此领域称为"定性与多元方法的研究"（qualitative and multi-method research）。④

    定性研究活力重现既是原因，又是结果，为将其在政治学中的发展制度化，新的组织也应运而生。本章首先概述定性和多元方法研究所使用的方法论路径。随后讨论这

----

① 关于此次研究路径转型的概述，参见 Munck（1998）；Collier（1998）；Bennett 和 Elman（2006）；以及《比较政治研究》（2007）。

② 例如 Przeworski 和 Teune（1970）；Sartori（1970）；Lijphart（1971；1975）；Vallier（1971）；Campbell（1975）；Smelser（1976）；George（1979）。

③ 从20世纪90年代起相关研究的案例包括：Fearon（1991）；Collier（1993）；King，Keohane，and Verba（1994）；《政治学研究方法论》（1995）；美国政治学评论（1995）；Lustick（1996）；Tetlock，and Belkin（1996）；Van Evera（1997）；以及 Wendt（1999）。始于2000年的研究选集包括：Ragin（2000）；Finnemore 和 Sikkink（2001）；Elman 和 Elman（2001；2003）；Gerring（2001；2007）；Goertz 和 Starr（2002）；Wedeen（2002）；Geddes（2003）；Mahoney 和 Rueschemeyer（2003）；Pierson（2004）；Brady 和 Collier（2004）；George 和 Bennett（2005）；Goertz（2006）；Yanow 和 Schwartz-Shea（2006）；和 Guzzini 和 Leandner（2006）。

④ 定量研究方法当然也是异质的，在这个意义上也可以表征为多元方法。本章重点强调的是，将"定性"和"多元方法"并列是为强调传统定性研究方法在逻辑上并非孤立，而是与其他方法有密切的关系。

些新组织的贡献,特别是美国政治学会(American Political Science Association)下属的定性与多元研究方法分会(Organized Qualitative and Multi-Method Research),以及每年一次的定性和多元方法研修班(Institute for Qualitative and Multi-Method Research)。接着本章还会回顾出版模式,结论部分将简要概述整合研究相较于单一路径的优点。

1. 多元方法的三个意义

无论从定性研究的本质,还是从它与其他研究传统的联系上来看,该方法都是兼收并蓄的。所以我们需要从三个不同的角度来解释多元研究方法的核心:传统定性研究强调的技术手段日益多样化;定性和定量研究工具之间交融性的增多;以及解释和建构路径之间的关系。

【781】 为了将这三种视角与更广泛的方法论替代方案相结合,我们首先简要讨论对于定性与定量的不同理解。有时我们可以毫不含糊地使用这种简单的二分法来区分研究的对比类型:例如,使用结构方程建模的大样本研究来替代深入的案例研究,因为其中会涉及案例内的过程追踪,参与者观察或其他形式的民族志调查。

然而,按照四个标准来分解定性——定量差异也是有效的:(1)测量水平;(2)大小样本对比;(3)使用统计学和数学工具;(4)分析是否建立在对一个或几个案例的海量知识(dense knowledge)的基础上,该方法被称为厚重分析(thick analysis)①,这与浅薄分析(thin analysis)中定量方法使用的大样本研究是相反的。②

在很大程度上,这些标准指出了可能被理解为定性与定量方法之间的主要重叠特征。(1)在传统上,定性与定量研究在名义上的测量规模有明显的差别,但是鉴于 Logit 分析、Probit 分析和虚拟变量在回归研究中的广泛使用,这一测量水平的变量在定量研究中已变得相当标准。(2)虽然样本的规模通常作为区分的正面标准,但有些被认为是定性的比较史学分析专著事实上也引入了相当数量的案例分析,③传统的先进工业国家政治经济学定量研究只有少量的案例。④ (3)尽管统计和数学工具长期以来被认为是定量研究的主要特点,但定性方法同样大量使用这些研究方法,例如定性比较分析中(QCA),这又一次模糊了两者的区别。(4)厚重分析因此成为定性研究的主要区别

---

① 这里的厚重分析既与科皮奇(Coppedge 1999)的厚概念、格尔茨(Geertz 1973)的厚重描述相关,又有差异。

② 这些区别来自科利尔、布雷迪以及西赖特(Seawright 2004,第244—247页)的观点。

③ 例如,鲁施迈耶、史蒂文斯(Stevens 1992);科利尔(1999)。

④ 例如,这些研究来自兰格(Lange)和加勒特(Garrett 1985)的论文。

性特征。研究者以案例为基础搜集了丰富的和海量的信息。该特征成为我们接下来针对多元方法的三个对比理解进行讨论的出发点。

1.1　多元方法：作为传统定性方法的多路径研究

随着定性方法的复苏，现有的定性技术与案例研究的厚知识结合后有了新的发展。【782】这些研究路径及其实践者日渐成长为一个新的学术团体，尽管该阵营内有些学者仍在坚持己见，且对其他方法充满疑虑。这些相互关联的替代方法包括可控比较和结构化、焦点比较；案例研究方法；在案例内分析中注重模式匹配和过程追踪；强调对时间维度的定性和历史分析，类似对路径依赖的研究一样；使用反事实分析；以及一系列数据收集技术，包括许多其他半结构化和非结构化访谈、参与者观察、档案收集工作和对二手资料的系统分析。相关的定性研究工具已经越来越多样化，评估和联系这些工具的选择十分复杂，这都为多元方法理念应用于定性工作的标准领域提供了充分的条件。

1.2　多元方法：定性、定量以及统计工具的联结

学者采用上述各种工具来推理必要的原因，使用概率论来指导小样本分析中的案例选择也在进行中。嵌套设计的概念，定性和定量方法的迭代使用以及定性不规则在重定定量研究方向中所起的作用都可用来展示三者的交互使用。

1.3　多元方法：与解释主义和构建主义相比，被视为常见的定性研究方法

对多元方法的第三种理解涉及解释主义和建构主义的关系。为了简化复杂的分析传统，我们将解释主义看作与行为者有关的政治分析；这种观点采取的是本位（以行为者为中心）而非客位（以观察者为中心）的观点。建构主义在国际关系领域中有着特殊的重要性，它关注行为者是怎样构成（或者建构）了政治世界。两种方法相互联系，鉴于此，若想对政治的社会建构进行充分分析，则需要这些解释工具。①

_____

①　对解释方法不熟悉或是持怀疑态度的学者们可以通过以下社会学研究的重要专著来加深理解：例如，韦伯（Weber）的新教伦理概念（Stryker 2002），格尔茨（Geertz 1973）通过斗鸡文化解释巴厘岛的社会结构，或是乔伊特（Jowitt 1978）就苏维埃共产主义"非个人化的克里斯玛权威"的概念。这些概念的形式皆是从行为者的立场出发理解政治和社会行为的意义，围绕许多被视为理想类型的标准，或是社会行为进行理想的再造。这种再造可能会依赖于各种评价证据的标准和推论，而不是建立在传统的社会科学基础之上。如果这种概念不能被引入政治学，那将会是本学科的巨大损失。

【783】　　　一些政治学家认为这些路径与典型的研究实践相一致。① 另有人认为,可以对政治的研究对象(例如本体论)采取特殊的理解方式,而无需建构新方法或跳出传统的社会学领域。② 还有人认为如果过于严格地理解解释主义与建构主义,则会引发认识论和本体论领域内的特殊问题,以至于抹杀这两种路径的贡献,尤其是将建构主义和解释主义置于传统定性方法的框架内来理解。③ 两种路径之争造就了多元方法的第三个理解角度。

　　　总之,人们可以把多元方法的思想理解为三种含义:定性方法的异质性、定性与定量研究过程的相互联系,以及与解释和建构方法的关系。尽管这些方法具有不同的特征,但最终他们都会通过与定性研究相关的大量案例显示出来。

2. 组织平台

　　　因应政治学界方法论多元化运动的背景,一些支持定性和多元方法研究的新组织应运而生,当然,这与美国政治学会(American Political Science Association)的主席和理事会的努力是分不开的。从 20 世纪 90 年代后期开始,《美国政治学评论》成功发表了一系列涵盖主题更广泛、研究方法更多元的文章。同时期,美国政治学会还发行了一个新杂志——《政治视角》(Perspectives on Politics),该杂志针对广泛的主题发表综合评论文章,再次强调对多样化的研究视角的肯定。

【784】　　　该观点由美国政治学会研究生教育特别行动组(APSA Task Force on Graduate Education)于 2002 年提出,并由克里斯托弗·阿切(Christopher Achen)和罗杰斯·史密斯(Rogers Smith)共同担任主席。特别行动组于 2004 年 3 月发表了一个报告,主要包括以下观点:

　　　如果我们要获得多样化的数据,形成广泛的描述和解释性概念,并参与严格的推理测试,那么我们就必须使用多元方法来研究复杂的政治主题。④

　　　与此相关,前美国政治学会主席罗伯特·基欧汉(Robert O.Keohane 2003),在一篇原本为特别行动组而作的文章中提出,严谨、科学的态度并不是定量研究领域所独有

---

　　　① 关于这个观点的经典论述,请见阿贝(Abel 1977)的文章。

　　　② 国际关系方面的文献参见雷乌斯-斯密特(Reus-Smit 2002),还有许多是卡赞斯坦(Katzenstein)的作品(1996)。

　　　③ 请见耶诺(Yanow)和施瓦兹-谢伊(Schwartz-Shea 2006)的研究。关于这些问题的争论发表于美国政治学会定性方法通讯 1(2)(2003):http://www.asu.edu/clas/polisci/cqrm/Newsletter/Newsletter1.2.pdf。

　　　④ 参见 http://www.apsanet.org/imgtest/Final Report Formatted for Distribution.pdf。这一点在开始时就强调过。

的。他表示:

在我看来,我们的学科是分立的,有人把"严谨"又科学的研究看作定量分析,有人却倾向于从更宽泛的角度来定义……在科学这一点上,后一个阵营从未将定量手段视为唯一,但凡使用正规方法和公开程序进行的不确定性推理皆可认为属于科学的研究。① (2003,第9页)

相应地,基欧汉通过更加关注定性方法区别了学科的"技术专门化的极化"与有"语境知识"特征的极点。其中"技术专门化的极化"以博弈论与计量经济学等方法为基础,而"语境知识"更强调定性方法。随后他还就如何在学科体系中巩固第二个方法的举措进行了探讨。

除了这些有重要影响力的和其他自上而下的制度发展外,尽管受到来自基层的支持,但学科方法的多元化也因研究内容的日益狭窄和过度的专业化而饱受压力。②

2.1　美国政治学会的小组——定性与多元方法研究

随着学科的发展,一个新的定性/多元方法小组③出现,并从1997年开始发展出一系列新举措。同年,美国政治学会的官方组织之一——存在已久的概念与术语分析委员会开始复兴。委员会开始大量资助小组讨论。2000年的时候,为反映其更广泛的学科视野,委员会改名为概念与方法委员会。同年,其开始提供一个关于领域方法的美国 【785】政治学会短期课程,并取得巨大成功,2008年的课程由第三批教员领导。

2003年,因活动领域的扩展,美国政治学会委员会进行重组,成为美国政治学会的一个官方研究分部门。新组建的部门获得了广泛的支持,仅签名请愿成立该部门的美国政治学会会员就有1000人,包括28位美国政治学会前主席和7名前主编。在成立的一年内,该部门的成员超过750个;自2008年2月起,其成员人数在美国政治学会所有分部门中排名第二,紧随其后的是以定量研究著称的政治方法论小组。

新小组在美国政治学会年会上崭露头角。在成立之初的2003年,该部门仅有6个讨论小组,到2008年,小组数量已增加到22个。他们每年仍然继续资助短期课程——以2007年为例,课程包括研究设计和田野调查方法、为期一天的解释方法、定性比较分

---

① 在此,他引用金、基欧汉和韦巴(Verba 1994,第7—9页)的观点。

② 确切来说,用来表达不同意见的最重要且最为人所知的是改造讨论电子邮件小组(Perestroika discussion listserv;参见Monroe 2005)。

③ 在2007年1月使用这个名字之前,它叫美国政治学会定性研究方法小组。从那段时间来看,它并不是指代一个名称或是其他,文章下面的内容与2007年指代相同的名称。在接下来讨论的定性和多元方法研习营中采用了同样的用法。

析和关于定性定量方法交叉的方法论创新课程。除了讨论小组与短期课程外,他们还开设了一个创意方法咖啡馆,与会者在此可以与专家就各种主题进行磋商:参与者观察、话语分析、对话面试、民族志、女性主义方法,从日记和记忆中搜集数据、反思性(reflexivity)和处境(positionality)以及定性—解释方法的教学。组织这些活动的成员为方法论的创新开创了新局面,也让年会的参与者在此获得了有关方法论研究的意见与帮助。

2005 年,该部门是第一批参加新一届美国政治学会年会的工作组之一。工作组的参与者承诺在特定的调查领域参加一定数量的小组讨论、提供相关的短期课程,并为工作组成员安排各种讨论会,以便年会的参与者能不断提升个人的科研能力。对于达到一定标准的参会者,美国政治学会将向其颁发证书。工作组已证明是在该部门关切的方法领域进行培训和相互交流的一个重要论坛。

年度大奖和简报也是该部门开展的重要活动。他们设置了三个奖项分别用于表彰在推动和应用定性及多元方法方面有所建树的专著、论文、文集章节和美国政治学会的会议论文。该部门还策划出版了一辑半年刊的简报,用于汇集方法论领域广受争议甚广的论题。约翰·格林(John Gerring)作为首任编辑,在他任期结束时表示,他希望为读者呈现"政治学方法论当中最有趣、最有创造力,因此也是最具争议性的议题"(Gerring 2006,第 1 页)。简报编辑部还经常举办座谈会,讨论的内容既有基本的认识论问题和关于特殊方法论的技术问题,又涉及更广泛的学科发展趋势(Table 34.1)。

【786】　　　　　　　表 34.1　美国政治学会部门简报发起的研讨会内容节选

> ·**将民族志与理性选择方法论予以结合**。两种方法潜在的兼容性、优势、限制以及研究每种机制时所学到的措施。
> ·**概念分析**。关于概念分析传统的文章:对于概念内容的探索和分类、解释时概念的作用。
> ·**内容和话语分析**。比较作为研究方法的内容与话语分析、讨论二者与其他方法的兼容性。
> ·**实地调查研究策略**。实地调查研究的优势与挑战;开展及评估数据收集工作的策略。
> ·**实地调查研究:丰富、厚重、参与**。各种实地调查模式之间的挑战与权衡。
> ·**民族志与参与观察**。
> ·**乔治与本尼特的案例研究与社会学理论发展**。讨论本卷的贡献与缺陷的文章。
> ·**解释主义**。作为一种定性研究方法,政治学中的解释主义是指它与定量调查方法之间的关系。
> ·**多元方法的研究实践**。关注政治学每个子学科的文章,指明了多元方法研究的实践与挑战。
> ·**必要条件**。评估必要条件假说的挑战,以及对必要条件假说概率检验的前提。
> ·**改造运动**(The Perestroika movement)。当今美国政治学届的一场改造运动,呼吁方法论多元主义。
> ·**定性比较分析**(QCA)。定性比较分析作为一种研究方法,将其与回归分析进行比较。
> ·**讲授定性研究方法**。训练学生使用定性研究方法的路径:约束与权衡。
> ·**定量与定性研究的区别**。关于定性研究方法的替代性理解、与定量方法的比较,在美国的定量与定性方法之争。
> ·**夏皮罗**(Shapiro)**从人文科学的现实中分离的观点**。对夏皮罗呼吁政治学研究应遵从问题导向以及在社会科学中进行批判性重新评价进行的讨论。

　　总体而言,该小组取得的成功超越了任何人的想象,其为各种方法论的研究提供了交流的空间,对研究法进行了培训,并为教授定性和多元方法提供了充足的后备力量。

2.2　定性与多元方法研习营

　　该研习营①主要在定性或多元方法研究方面提供集中的指导。同样也为参与者②提供机会,展示和接收到关于研究设计的大量反馈——其中大部分(尽管不是全部)涉及博士论文的研究。

【787】

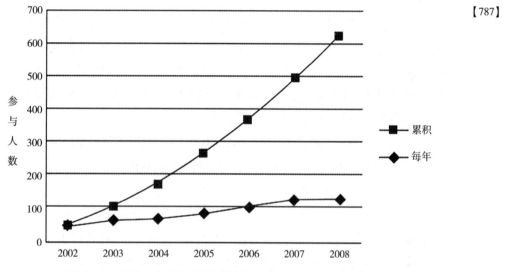

图 34.1　定性与多元方法研习营参与者情况(2002—2008 年)

　　每年的会议期限为两周,周末休息。参与者约有二十几名来自全美的大学教员,每年在该研习营的教学都会为各种有关方法论的融合提供可能。

2.2.1　研习营概况

　　设立研习营的最初想法在于,尽管政治学研究中定性方法得到了广泛的使用,但在美国讲授此类专业研究生课程的地方却少之又少。本尼特(Bennett),巴斯(Barth)和卢瑟福(Rutherford)③观察到这种情况的不匹配,并在前沿政治学杂志上发表文章呼吁人们关注定性研究的基础性作用,与此形成鲜明对比的是定性研究方法在政治学研究生

---

①　这个研习营由全国定性研究方法联合会共同组织。

②　这里不用"学生",而使用"参与者",部分是因为相当数量参与研习营的人是初级甚至高级教员。

③　本文在研习营成立期间广泛传阅,随后由 Bennett,Barth and Rutherford(2003)出版。

课程体系中仅占有限的比例。而且在学校的课程中,许多只是学科概况的一个组成部分,而不是针对定性研究方法进行持续的介绍。

　　该研习营对于这种不匹配情况采取了积极主动的解决态度。最初在 2002 年有 45 个参与者,到 2008 年参与者的数量已增加到 129 个(图 34.1)。相应地,参与人数累计上升,同期数量也增长到 630 人。

　　研习营的课程涵盖范围广泛的定性或多元方法工具:案例研究、实地访谈以及民族志,叙事和解释性的研究,以及将定性和定量方法综合使用的嵌套研究设计,等等。研习营研究定性方法的用途、技术、优势和局限性,也重视定性方法与替代性路径的互补性。

【788】　　2008 年研习营的专题包括:研究设计与实地考察工作;关于因果推论标准与解释逻辑的争论;类型学与测量;概念分析;过程追踪;实验与自然实验;历史编纂与档案研究;存储与获取定性数据;多元方法研究;定性研究方法与统计理论之间的关系;定性比较分析与模糊集分析(fs/QCA);概念性文化;时间性、复杂性、关键节点;与定性研究相关的科学主题哲学,以及了解各种方法学工具。

　　除了所有与会者参加的讲座之外,研习营还举行分组会议,讨论小组参加者感兴趣的话题;还有大师班,由广受好评的专著作者介绍他们如何设计及实施研究。范例研究中的案例均来自国际关系、比较政治与美国政治。

　　研习营参与者需要提前准备书面的研究设计,因而研究设计也是课程中最有价值的一部分。大多数情况下,小组成员聚在一起展示、讨论、(建构)批评研究设计,并会从至少一位教师那里收到反馈。这些小组讨论有助于参与者深入了解讲座和分组会议中介绍的方法论意蕴,学习怎样将设想应用于研究实践。

　　除了直接向参与者提供定性或多元方法技术培训并帮助他们独立操作之外,研习营在其他方面也影响甚广。例如,研习营成员深入的互动为他们建立了参与者网络,用来分享方法和研究兴趣,并且可以在研习营结束之后仍保持密切联系。除此之外,许多参与者继续教授定性与多元方法研究工具,即使是那些没有直接参与教学的人也加入了学者组织,间接地促进了定性与多元方法研究工具的传播。

　　研习营的主要资金来源类似密歇根大学校际政治和社会研究联盟(Inter-university Consortium for Political and Social Research,ICPSR)的会员付费模式。然而,在 ICPSR 的例子中,大学是会员,而研习营则依靠说服政治学系来支付会费。人们期望,政治学系和大学的研究中心都愿意自己负担会费以满足长久累积的对定性研究方法的培训需求。他们可以根据自己的会员等级,提名 1—3 位自己的学生或教师参加研习营。这部分会费包括所有参与费用,包括住宿和膳食。

这一模式取得了很大的成功。第一年，20 个政治学系和研究中心成为会员，截止到 2008 年 1 月，机构成员数量已增至 60 个。参与者也通过公开竞争予以录取，他们当中有的是来自会员学校，但并非指定成员，有的则是来自非会员机构。奖学金来源也更多元化，每年足以支付 9 位到 10 位参与者的费用。当然还有其他方法满足学校培训的需求，研习营每年都会在各自的领域收到大约 10 个要求加入会员的请求。 【789】

除了会员捐赠，支持研习营运作的还包括国家科学基金会（National Science Foundation）的四项拨款，还有来自亚利桑那州立大学（Arizona State University）的资金。自 2008 年夏季起，研习营搬到了麦克斯韦学院（Maxwell School），它是雪城大学（Syracuse University）社会科学的研究院，麦克斯韦学院，特别是它的莫伊尼汗全球事务学院，为研习营进一步拓展研究活动提供了长期支持。

2.2.2 支持前沿的方法论研究

研习营从一开始就设立了一个论坛，由来自全国的方法论研究者，包括研究所的教师，以及在方法技能方面学有专长的学生或参与者聚在一起讨论自己的论文和发表的文章。深入的交流促成了很多合作的论文及专著，研习营也认为这是促进方法论创新的一种卓有成效的方式。

通过建立定性和多元方法分析小组，这种交流的模式已经制度化。研究小组每年都会集合学者——尤其是年轻学者——对各自的研究进行深入的讨论。会议通常是在例行的研习营周末举行，这样在时间安排上体现了极大的便利性，可以方便将更多研习营的参加者集合起来。小组的目标是创建一个论坛，以进一步提高这一方法论分支的新成果的质量和分析价值。美国国家科学基金会的支持对此至关重要。

2.3 其他关于定性与多元方法工作的组织

推动定性研究方法的还包括其他重要的组织。作为国际政治协会（International Political Science Association）概念方法分委员会（IPSA Committee on Concepts and Methods），目前设在墨西哥的经济学研究教育中心（CIDE）也积极致力于促进政治学的概念与方法论的讨论。该委员会在 1976 年受到国际政治协会第一届研究委员会的承认（原重概念和话语分析委员会），同时它也隶属于国际社会学协会（International Sociological Association）。

其他相关组织有 COMPASSS 研究组（COMPASSS Research Group, Comparative Methods for the Advancement of Systematic Cross-Case Analysis and Small-n Studies，推动系统跨案例分析和小样本研究的比较方法）。其目的是汇集"对系统比较案例路径中的

【790】 理论、方法论及实践进展有共同兴趣的学者和实践者,系统性比较案例研究方法强调使用结构逻辑,多重因果关系的存在以及认真开展人群调查的重要性"①。COMPASSS 总部位于四所比利时大学——天主教鲁汶大学、布鲁塞尔自由大学、鲁汶大学和安特卫普大学——并且与亚利桑那大学也有积极的合作。COMPASSS 研究策略的一个重要特征是查尔斯·拉金(Charles Ragin 1987;2000)的定性比较分析,并以模糊集分析(fs/QCA)的形式进一步发展。

在欧洲,埃塞克斯大学暑期班社会科学数据分析与收集也是方法培训的一个重要场所。例如与密歇根大学的 ICPSR 相比,埃塞克斯暑期班更加强调多种定性研究方法的使用。②

3. 出版物

与政治学的定量方法相比,定性或多元方法领域的出版特征是不同的。正如迈克尔·刘易斯-贝克(Michael Lewis-Beck)和查尔斯·H.富兰克林(Charles H.Franklin)在牛津手册中强调的那样,方法论学者发现在标准杂志中发表前沿的文章是很困难的,尽管这些文章代表了他们最重要和最具创新性的研究。

相比之下,这个问题一般不会出现在定性或多元方法作品中。当然,由于杂志的审核过程不同,这种情况也并非绝对。在 20 世纪 90 年代,一个杂志主编可能会将一篇定性概念分析的文章发给两位评论者——评论人中一位是政治理论家,一个是定量方法论者。这两位评论者很有可能会发现这篇文章偏离他们意识当中对概念或方法论作品的标准关切。

然而,近年来,主流期刊发表了很多涉及定性和多元方法路径的文章,包括:《美国政治学评论》、《美国政治学期刊》、《世界政治》(World Politics)、《国际组织》(International Organization)、《理论政治学期刊》(Journal of Theoretical Politics)、《比较政治研究》(Comparative Politics Studies)、《比较政治学手册》(Comparative Politics)、《比较国际发展研究》(Studies in Comparative International Development)、《理论与社会》(Theory and Society)和《政治研究季刊》(Political Research Quarterly),以及《年度政治学评论》。

鉴于这些杂志的接受程度,学者们感觉没有必要再创立自己的杂志了。尽管他们
【791】 觉得美国政治学会(APSA)的简报广泛地涵盖了方法论方面有争议的主题,仍不失为

---

① 参见 http://www.compasss.org/Who are we.htm。
② 欧洲政治学研究方法与技术联盟暑期学校(European Consortium for Political Research's Summer School in Methods and Techniques)也讲授定性方法。

对标准期刊上发表作品的重要补充。

在图书出版物方面，重要的学术出版社也乐于接受定性和多元方法的著作，包括普林斯顿、剑桥、芝加哥、麻省理工学院、康奈尔大学、哥伦比亚大学、罗曼和利特尔菲尔德（Rowman and Littlefield）、M.E.夏普、劳特利奇（Routledge）和帕尔格雷夫（Palgrave）出版社。

说到关于定性或多元方法的传统出版物就一定不会遗漏圣智出版公司（Sage Publications）在发行有价值的书籍、专著与期刊方面所做出的贡献。圣智最新的一期杂志——《混合研究方法期刊》（*Journal of Mixed Methods Research*）就是一个例子。除了为政治学家的方法论专著提供出版渠道——如萨托利（Sartori 1984）与耶诺（Yanow 2000）——圣智在这些领域的出版物也是教授定性与多元方法路径的主要参考资料来源。

4. 结语：走向融合的研究方法？

定性或多元方法与定量方法之间最有效的关系是什么？方法论议程的融合是否会是未来可能的发展方向，方法论的这两个分支又是否会按照原先设想的既平行而又独立的轨道前行呢？简单地说，是的。

在方法融合方面，最重要的是人们应该强调即时共享成果：以帮助政治学家加强方法论的基础，在研究中更严谨。很显然，我们强调的目的不是将方法论作为政治学前行的负累，这样只会适得其反。相反，方法论是为解决实质问题提供工具，使政治学成为一个有价值的事业。

近年来，在发展这些工具方面学者们已取得了长足的进步。《手册》中大量的定量路径证实了技术的先进性，该领域的学者对学科发展是有贡献的。在定性与多元方法方面，十几个章节的论述也反映出新旧研究技术的整合亦将带来更多有价值且协调一致的方法论工具。定量与定性研究这两个分支也会为解决重要的实质性问题提供新的手段。

学术组织之间的精诚合作进一步促进了方法论的融合。美国政治学会两个对应的小组之间关系密切、相互支持。从他们对美国政治学会讨论小组的联合赞助、2006年夏季《政治学分析》（*Political Analysis*）对定性和定量研究方法关系的特别讨论，以及定 【792】性与多元方法研究协会的成员中经常会有掌握高级统计技能的学者这几点上都可看出二者融合的趋势。

除了这些成就之外，我们认为，一体化的目标是在各种不同形式的方法论之间保持对话,并为积极的研究制定一致的标准。学者应该为有价值的工作寻求共同的规范——同时意识到方法论的不同领域有不同的论据与推论标准,因此构成严谨性的不同标准。方法的有效演进取决于为理解和辩论这些标准和差异所做出的共同努力。

虽然整合很重要,但出于某些目的,多轨研究依然是合适的。查尔斯·富兰克林(本卷)指出:组建美国政治学会政治方法论小组的目标之一是为定量方法论者成立一个组织,以便他们可以"用[他们的]领域术语与同伴交谈"。这个目标是通过支持制度设置来实现的,数学基础就是他们的共同语言,在这个框架内,在合理的程度上为将来方法的创新创建共同的议程。

创置定性或多元方法组织也是现实的反映:为掌握相同技巧和目标的研究者提供一个有意义的对话论坛。尽管小组中也有一些习惯使用统计与数学工作的人,对其他人而言,"他们的领域术语"是不同的。大部分的学者对方法论的严谨性有共同的、强烈的自我意识,只是种类不同而已。可以肯定的是,这属于一个解释路径的案例,同时,对于探索替代性逻辑—推理有强烈兴趣的定性方法研究者也是一个案例。因此,对于使用定性与多元方法的学者来说,与定量方法论者一样,保持他们各自的方法论关切是很有价值的。

在平行组织的框架内,遵循两种传统的学者将会继续追寻他们共同的目标:在方法论领域保持前瞻性的对话,为解决现实政治问题提供有价值的学科分析工具。

参考文献

Abel,T. 1977. The operation called *Verstehen*.In *Understanding and Social Inquiry*,ed.F.Dallmayr and T. A.McCarthy,Notre Dame Ind.:University of Notre Dame Press.

American Political Science Review 1995. Symposium on *Designing Social Inquiry*,89:454–81.

Bennett,A.,Barth,A.,and Rutherford,K. 2003. Do we preach what we practice? Asurvey of methods in journals and graduate curricula.*PS*:*Political Science and Politics*,36:373–8.

——and Elman,C. 2006. Qualitative research:recent developments in case study methods.*Annual Review of Political Science*,9:455–76.

Brady,H.E.,and Collier,D.(eds.)2004. *Rethinking Social Inquiry*:*Diverse Tools*,*Shared Standards*.Lanham,Md.:Rowman and Littlefield.

Campbell,D. 1975. Degrees of freedom and the case study.*Comparative Political Studies*,8:178–93.

Collier,D. 1993. The comparative method.Pp. 105–19 in *Political Science*:*State of the Discipline II*,ed.A. Finifter.Washington,DC:American Political Science Association.

——1998. Comparative method in the 1990s;and comparative-historical analysis:where dowe stand? Letters from the president. *APSA-CP*,*Newsletter of the APSA Organized Section for Comparative*

Politics, 9(1): 1-5; and (2): 1-5.

——Brady, H.E., and Seawright, J. 2004. Sources of leverage in causal inference: toward an alternative view of methodology. Pp. 229-66 in Brady and Collier 2004.

Collier, R. B. 1999. *Paths toward Democracy: Working Class and Elites in Western Europe and South America.* New York: Cambridge University Press.

Comparative Political Studies 2007. Symposiumon Qualitative Methods, 40: 111-214.

Coppedge, M. 1999. Thickening thin concepts and theories: combining large n and small in comparative politics. *Comparative Politics*, 31: 465-76.

Elman, C., and Elman, M.F. (eds.) 2001. *Bridges and Boundaries: Historians, Political Scientists and the Study of International Relations.* Cambridge, Mass.: MIT Press.

—— ——(eds.) 2003. *Progress in International Relations Theory: Appraising the Field.* Cambridge, Mass.: MIT Press.

Fearon, J.D. 1991. Counterfactuals and hypothesis testing in political science. *World Politics*, 43: 169-95.

Finnemore, M., and Sikkink, K. 2001. Taking stock: the constructivist research program in international relations and comparative politics. *Annual Review of Political Science*, 4: 391-416.

Geddes, B. 2003. *Paradigms and Sandcastles: Theory Building and Research Design in Comparative Politics.* Ann Arbor: University of Michigan Press.

Geertz, C. 1973. *The Interpretation of Cultures: Selected Essays.* New York: Basic Books.

George, A.L. 1979. Case studies and theory development: the method of structured, focused comparison. Pp. 43-68 in *Diplomacy: New Approaches in History, Theory and Policy*, ed. P. G. Lauren. New York: Free Press.

——and Bennett, A. 2005. *Case Studies and Theory Development in the Social Sciences.* Cambridge, Mass.: MIT Press.

Gerring, J. 2001. *Social Science Methodology: A Criterial Framework.* Cambridge: Cambridge University Press.

——2006. Letter from the editor. *Qualitative Methods: Newsletter of the American Political Science Association Organized Section on Qualitative Methods*, 4(1): 1-2.

——2007. *Case Study Research: Principles and Practices.* New York: Cambridge University Press.

Goertz, G. 2006. *Social Science Concepts: A User's Guide.* Princeton, NJ: Princeton University Press.

——and Starr, H. (eds.) 2002. *Necessary Conditions: Theory, Methodology, and Applications.* Lanham, Md.: Rowman and Littlefield.

Guzzini, S., and Leandner, A. 2006. *Constructivism and International Relations: Alexander Wendt and his Critics.* New York: Routledge.

Jowitt, K. 1978. *The Leninist Response to National Dependency.* Berkeley: Institute of International Studies, University of California.

Katzenstein, P.J. (ed.) 1996. *The Culture of National Security: Norms and Identity in World Politics.* New York: Columbia University Press.

Keohane, R. 2003. Disciplinary schizophrenia: implications for graduate education in political science. *Qualitative Methods: Newsletter of the American Political Science Association Organized Section on Qualitative Methods*, 1(1): 9-12.

King, G., Keohane, R.O., and Verba, S. 1994. *Designing Social Inquiry: Scientific Inference in Qualitative Research*. Princeton, NJ: Princeton University Press.

Lange, P., and Garrett, G. 1985. The politics of growth: strategic interaction and economic performance in advanced industrial democracies, 1974-1980. *Journal of Politics*, 47: 792-827.

Lijphart, A. 1971. Comparative politics and the comparative method. *American Political Science Review*, 65: 682-93.

——1975. The comparable-cases strategy in comparative research. *Comparative Political Studies*, 8: 158-77.

Lustick, I. 1996. History, historiography, and political science: multiple historical records and the problem of selection bias. *American Political Science Review*, 90: 605-18.

Mahoney, J., and Rueschemeyer, D. (eds.) 2003. *Comparative-historical Analysis in the Social Sciences*. Cambridge, Mass.: Cambridge University Press.

Monroe, K. 2005. *Perestroika! The Raucous Rebellion in Political Science*. New Haven, Conn.: Yale University Press.

Munck, G. L. 1998. Cannons of research design in qualitative analysis. *Studies in Comparative International Development*, 33: 18-45.

Pierson, P. 2004. *Politics in Time: History, Institutions, and Social Analysis*. Princeton, NJ: Princeton University Press.

Political Methodologist 1995. Symposium on *Designing Social Inquiry*, 6: 11-19.

Przeworski, A., and Teune, H. 1970. *The Logic of Comparative Social Inquiry*. New York: Wiley.

Ragin, C.C. 1987. *The Comparative Method: Moving beyond Qualitative and Quantitative Strategies*. Berkeley: University of California Press.

——2000. *Fuzzy Set Social Science*. Chicago: University of Chicago Press.

Reus-Smit, C. 2002. Imagining society: constructivism and the English school. *British Journal of Politics and International Relations*, 4: 487-509.

Rueschemeyer, D., Stevens, E. H., and Stevens, J. D. 1992. *Capitalist Development and Democracy*. Chicago: University of Chicago Press.

Sartori, G. 1970. Concept misformation in comparative politics. *American Political Science Review*, 64: 1033-53.

——1984. *Social Science Concepts: A Systematic Analysis*. Beverly Hills, Calif.: Sage.

Smelser, N.J. 1976. *Comparative Methods in the Social Sciences*. Englewood Cliffs, NJ: Prentice Hall.

Stryker, R. 2002. Interpretive methods: macromethods. In *International Encyclopedia of the Social and Behavioral Sciences*, ed. N.J. Smelser and P.B. Bates. Amsterdam: Elsevier.

Tetlock P. E., and Belkin, A. (eds.) 1996. *Counterfactual Thought Experiments in World Politics*.

Princeton, NJ：Princeton University Press.

Vallier, I. (ed.) 1971. *Comparative Methods in Sociology.*Berkeley：University of California Press.

Van Evera, S. 1997. *Guide to Methods for Students of Political Science.* Ithaca, NY：Cornell University Press.

Wedeen, L. 2002. Conceptualizing culture：possibilities for political science. *American Political Science Review*, 96：713–28.

Wendt, A. 1999. *Social Theory of International Politics.*New York：Cambridge University Press.

Yanow, D. 2000. *Conducting Interpretive Policy Analysis.*Thousand Oaks, Calif.：Sage.

——and Schwartz-Shea, P. (eds.) 2006. *Interpretation and Method：Empirical Research Methods and the Interpretive Turn.* Armonk, NY：M.E.Sharpe.

第三十五章　定量研究方法论

查尔斯·H.富兰克林（Charles H.Franklin）

1. 简介

作为一项研究领域,政治学研究方法论的发展与支持其发展的组织机构的强化密切相关。本章主要围绕与定量研究政治学方法论相关的两个组织机构进行论述,即校际政治和社会研究联盟(ICPSR),该组织与美国政治学学会(APSA)的政治学研究各分部功能一致。① 本章主要强调组织机构在推动政治学领域内定量研究方法论发展上发挥的作用。对于方法论知识化发展的真知灼见可见于 Achen(1981);King(1990);以及 Bartels 和 Brady(1993)。本书许多章节都对当代方法论的知识性问题有深刻见解。我所描述的机构都是在迫于压力与需要的情况下发展起来的,我简练提及但给予了足够重视,而我更关心的是这些组织与他们在政治学方法论发展上所发挥的作用。

　　由于历史与文化的原因(正面反面皆有),定量研究方法论的组织发展与定性研究方法论的组织发展相差很多,我的关注点尤其着重于 20 世纪 90 年代之前的发展。本章柯林·阿勒曼(Colin Elman)对这些发展做了评论,同时,还评论了这些发展不太为人所知的另一面。近来,学者们已经在综合不同研究方法论上成果丰硕,意义深远(King,Keohane,and Verba 1994;Brady and Collier 2004),即使在本章节内无法见到这种整合。

　　学术机构得以发展存活下来是因为他们能满足知识及专业需求。20 世纪 60 年代定量方法暑期班的发展满足了新兴定量领域的需要,该领域在统计技巧的培训基础上

① 政治学研究方法论组织与该研究分部的办公室相同。为了给暑期方法论坛的召开提供支持,它以一种分散团体形式存在,还保有大量的论文档案、信件,以及网站。为了方便内容表达,此处我们将组织与研究分部视为同一事物。从过往来看,该组织作为暑期方法论坛存在先于研究分部的创立。

一直很匮乏。然而,正如我们所见到的,因为当代学生仍需要接受校园机构以外的统计学训练,这些组织才得以存活并蓬勃发展起来。政治学研究方法论组织及其同类型机构——政治学研究方法论研究分部的发展归功于不同的知识压力——对子领域合理性的需求,以及方法论学者可以用该领域学术语言与同仁进行交流的背景的需求。

20世纪60年代,政治学领域内定量分析之潮流兴起,这一现象的出现归功于一次行为主义革命,该变革需要政治学研究的新类型证据。进行这种研究的技巧,以及进行全国范围的调查研究的经费让获得培训资格以及共享数据资源有很大压力。大学联盟政治学研究团体(ICPR、后被命名为大学联盟政治与社会研究团体)的发展满足了这些需要。ICPR可定期见于政治学家数据库,这些数据之前都需要有特定的资格才可以获取,条件通常是要在安娜堡学习一个学期。统计学培训是ICPR的一部分,为新一代研究生以及将统计学作为第二语言学习的博士提供了统计学教科书。20世纪60年代以来,知识与专业压力吸纳进定量技能,这种压力促成了ICPR暑期班的创立与发展。欧洲同样类型的机构发展也支撑和保持着进行科学数据分析与收集的Essex暑期学校的发展——该组织创立于1967年,比第一个密歇根大学安娜堡暑期班早四年。

政治学研究方法论团体(SPM)与ASPA研究各分部的压力不尽相同,都来源于已建立起来的政治学家组织,他们认为其工作没有受到认可与重视,没有得到专业组织与当时会议的支持。如果ICPR、安娜堡和Essex三个暑期班主要目标是吸纳新技术的话,SPM的培训目标就是发展政治学研究方法论,以投身解决政治学数据问题,而不是去借鉴其他学科的解决方法(那些仅反映无关痛痒的政治学家关注点的学科)。SPM也 【798】扩展了政治学研究方法论的界限,途径是提供可以仅根据方法论贡献对研究进行评价的环境,在该环境下建立政治学领域内方法论的完全合理性。

我对这些发展的评论专注于知识及组织效用方面,会特意回避过多关注在组织创立者的努力上。合理的发展历史应承认并鼓励帮助创立、发展与为组织注入动力的个人。然而此处我的中心思想不是个人贡献而是工作上更广义的动力。

2. 定量研究方法暑期班的发展

在美国和欧洲,政治学领域的行为主义革命让学术分析技巧的需求量大大提升。这样一个使用定量研究方法不多的学科(但仍有一些例外:Rice 1928,例如,且最令人难忘的是Gosnell 1927),猛然发现创作出最优秀作品的作者都喜欢运用打孔卡和计数器(Hollerith cards,counter sorters)甚至是IBM计算机。如密歇根大学的安格斯·坎贝尔(Angus Campbell)及其年轻的同事菲利普·康弗斯(Philip Converse),瓦伦·米勒

（Warren Miller）和唐纳德·斯托克斯（Donald Stokes）针对选举进行研究的著作《美国选民》（Campbell 等人，1960），这部作品对美国选举研究进程力度的改变是其他作品无法企及的。

必须要强调的是，《美国选民》这本书并不是主要在其新的分析方法论上进行创新。核心分析方法——交叉表及百分比自然不是新事物，调查设计也要比拉扎斯菲尔德（Lazarsfeld）、伯利森（Berelson）以及高德特（Gaudet）1940 年在俄亥俄州的伊利县选举时进行的多波次面板数据研究要简单得多。但心理学理论与确定的经验检验让《美国选民》这部作品不同于以往的类似作品。这本书对心理学理论进行了反复探索，从党派偏见，党派与竞选者的公众印象，到不同压力的影响，再到心理学对团体的重要作用，而不仅仅是团体中的社会学成员身份为选举的研究创造了新的路径。每种理论主张都面临着对数据的不断检验，都要对支持其主张的证据进行深究。这不是对调查分析的首次探究，更不是政治学领域的第一部定量研究作品。但 20 世纪 50 年代的行为主义革命有助于《美国选民》这本书中分析方法的诠释，已确认的理论证据则反过来推动了这一行为主义革命。

在本书之前，还有很多不错的定量研究作品。1940 年和 1944 年在哥伦比亚大学进行的研究活动为日后国家范围内的调查活动提供了基础，但在早期调查中核心方法论和分析技巧就已经完全展现出来了。类似的还有 1948 年密歇根调查研究中心进行的选举研究，最后成书——《人民选举总统》（Campbell and Kahn 1952），以及 1952 年总统选举衍生的一部作品——《选民意志》（Campbell, Gurin, and Miller 1954），还会有更多的作品踊跃。但这两项研究都没有在更广阔的专业领域实现选举研究的变革。同样，V.O.基（V.O.Key）早年进行的实验研究可见于它的作品——《南方政治》（Key 1949），这些研究推动了行为主义革命，就像达尔在其作品《谁统治》（Dahl 1961）一书中所做的纽黑文政治研究一样，都推动了这次变革。应该把美国选民艺术与以往促进政治学研究新方法，选择行为发展的经典著作归结到一起，同时不夸大其重要性。

但在定量研究培训项目发展过程中，密歇根大学及密歇根选举研究确实功不可没。该地位是基于两种重要力量的汇合：对极具价值数据的垄断，具有放弃垄断的创新意愿。

《美国选民》出版前，密歇根政治行为研究项目就已经积累了对《美国选举》进行的全国范围内现有调查数据的学术收集。当时，学术分析还无法获得像盖洛普这样的公司给出的民意调查结果。这在政治学领域是很有价值的商品。在一定时期内，对坎贝尔（Campbell）及同事来说，密歇根选举研究可以轻易获得专有权。但这至少对学术精英来说不是关键。在 1959 年到 1960 年进行学术研究的一年间，就可以有绝对的资格获取 1948 年到 1958 年间收集到的数据，他还可以有工作空间，获得密歇根安娜堡研究

【799】

机构的辅助研究支持,由此有助于其进行自身的数据分析(即使在美国选民仍处于最后的手稿准备期间)①。之后问世的《公众意愿》以及《美国民主》都做出了重要贡献,但或许更有意义的是它们展示了在能够获取到数据的情况下二级分析的作用。

　　同时,政治学专业研究生培训的标准很显然没有帮助到新兴学者,从而让他们能探索到行为主义革命中的主要数据。V.O.基 1954 年的《政治学统计研究入门》在序言部分,解释并阐释了政治学统计研究构建的最基础因素。除了需要对统计学领域进行介绍外,政治学家还需要掌握数据处理的技能,之前主要是类似读卡计数器方法。这些技术需要同时生成一个二维行列表,这要比如今给学生介绍交叉表指令更复杂。《美国选民》一书中再次以图例说明的那样,20 世纪 50 年代末,人们开始逐渐体现了对新技能的需要。在 1959 年,不同于计数器,这些技术需要用到 IBM 计算机,来生成线性回归,在该书图 4.2 中的线性回归着重分析了决定选择决策的六个模型,坎贝尔等人 【800】(1960)在 73 页的脚注 6 中做了阐释。这些需要的技能远远早于政治学领域能普遍获取到的技能。

　　20 世纪 50 年代对培训机会的渴求是有目共睹的。社会学研究委员会(SRC)为其在安娜堡于 1954 年和 1958 年的培训项目提供了资金支持,为学生介绍了调查方法论和分析技巧。同样,耶鲁大学也发展了一个类似培训项目,让学术研究能力强的研究生在 SRC 进行深造。但这样的机会仍然有限,许多学术领域的精英还得不到这样的机会。

　　同时,想要获取 SRC 数据的需求增多,这就给政治行为研究项目施加了很大的压力,因为他们要满足再造多副牌并发出这些牌,并寻找有资格获取数据的人。

　　到 1962 年,许多社会学家都希望能分析那些对数据进行垄断的众多刊物,并找到为选举研究得以进行的资金支持,在这些累计刊物与资金的需要的推动下,校际政治和社会研究联盟(ICPR)成立了。1989 年对之后被称为 ICPSR 的一份报道系统总结了创立该组织的动机:

　　正如所有的成功合作一样,这一新成立的团体内有两大利益流,瓦伦·米勒(Warren E.Miller)以及他的政治行为项目的同事企图在 ICPR 中寻找到一种策略来直接获取资金(初始会员费用设置为每年 2500 美元),更重要的是,他们为了给予入会资格,允许研究团体采取流动的形式入会。社会学院的反对者最初大部分都是政治学家,他们把这个团体视为让其学生获取价格高昂、无法在本地获取到数据的手段,认为这也是发展分析与方法论必要技能(要实现在一个较其他课程进步更迅速的社会学发展所必要的技能)的手段。团体计划的第二个方面指对初级教员、研究生的暑期培训,还有

－－－－－－－－－－

　　①　见基著作的序言(1961),pp.viii-ix,记述了他的资格获得以及大家的认可。

对现有教师员工的大量纠正性研究方法的建议(Blalock 1989)。

　　这就捕捉到了早期 ICPR 的创立者方面,以及学院想要放弃将创新思维视作私人数据垄断的意愿。米勒(Miller)及其同事发现通过将私人资源公开,他们就会为日后企业发展获取更多支持。政治学家可以获得数据,但他们永远不能凭借一己之力来收集到所需数据。只有很少一部分大学能够获得 ICPR 的初始会员资格,这些大学可以付费,并投入这些有价值的研究上。得到许可会员资格的只有 18 所大学。

　　早期 ICPR 的第二个核心内容就是暑期培训项目,这个项目的设计初衷就是让学生更普遍地了解到调查与政治学数据的设计和分析。此处 ICPR 暑期班与团体的数据传播职责同时产生。但定量研究培训的发展已经超越了基(Key)在其 1954 年的著作中设立的标准,对于政治学学院还无法获得的培训需求仍然很多。若这样的训练在本地无法获得(实际上政治学家不愿意为统计学学院班级进行招生,这些人中很少有精通调查分析的),之后在密歇根安娜堡的 6 月和 7 月提供培训。

【801】

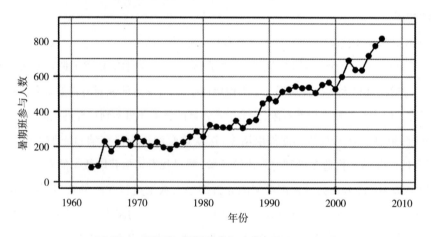

图 35.1　ICPSR 暑期班参与人数,1963—2006 年

　　第一个暑期班是 1963 年开始进行工作的,其中有 82 名学生参加,1964 年有 91 名学生参加。但这一数字在 1965 年增加到 229 人,在 20 世纪 70 年代中期,200 人甚至更多就成为一项标准了。早些年设立了研究设计和定量分析的特色课程,但课程的种类迅速增多。到 20 世纪 70 年代早期,暑期课程就很多了,从通过回归性进行的统计学介绍,到按时间序列与因子分析的专题。到 20 世纪 70 年代中期,还有因果模型、解释数据分析、多维度测量这样的课程。仅十年间,政治学家能获得的统计技巧范围就扩大很多了。

　　暑期课程的增多反映了研究文献中统计方法应用的巨大发展。从 1960 年的简单描述性统计方法、交叉表和鲜有的回归,到 1975 年专业领域发现并大量借用一些方法,比如像心理学领域的因子分析,统计学中的时间序列,经济学中的回归与联立方程模型。更多该时期引进的技术可见金的研究(King 1990)。专业领域内运用的技术种类的增长似乎还促进了暑期班课程及参与人数的增长。表 35.1 用 10 个事实说明了 1963 年到 2007 年间参与人数的增长。这一增长原因部分归功于 ICPSR 课程的良好推广,但也反映出近些年的需求态势仍很强劲。

【802】

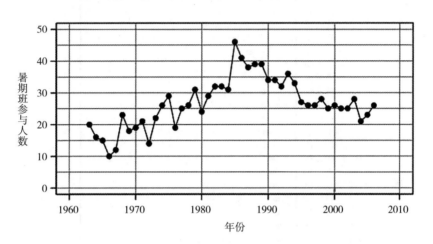

图 35.2　ICPSR 暑期班教师和博士生参与人数,1963—2006 年

如果设立暑期班的动力是为了满足政治学家(缺少新型有用专业技能的政治学家)的迫切需要,我们就会期望在招生数减少的同时,研究生培训项目还在当地课程设置中添加进来以研究那个课程。当然在 1960 年很少有培训项目中设立统计学课程,现在大多数培训项目中也是如此。现在的培训项目几乎都至少包括对统计学的介绍,大量的回归,大多数也都有高级课程。

但表 35.1 没有证据表明暑期班课程的需求量随着时间的流逝逐渐减少。这就意味着无论学科内定量研究方法论发展到何种程度都无法满足激增的定量研究培训需求。当然暑期班中学科及领域的不断交汇对政治学培训项目的猜疑直接做出了推断。同样,研究生项目中招收人数的增长也可能多于暑期班的招收人数,所以少数政治学及其他社会科学领域研究生要参加暑期班。然而,虽然在当地所有社会科学领域中课程选择增多,社会科学仍将越来越多的学子送去参加暑期班。

同样,在暑期班中,参与者也出现一些变动。早期的暑期班向外公示其要为年轻和年长的员工进行培训来帮助他们达到满足该领域新需求的目的。但如果研究生培训在过去的 40 年里为定量研究培训提供越来越多机会的话,我们希望越来越少的员工现在想要接受"补救式"培训。

表 35.2 显示了 1963 年到 2006 年(也是现在可获取的数据的最后一年)暑期班中拥有博士学院的员工占比。在 20 世纪 80 年代中期员工参与度增强,这也表明在那一　【803】

时期,许多员工确实发现对研究生的培训还无法满足专业领域的需要。自 1985 年以来员工参与率下降,但自 1995 年以来仍保持在接近 25% 的概率上。① 如果研究生培训提供了所有员工所需的定量研究技能,那么我们预计约 44 年后该数值会下降。

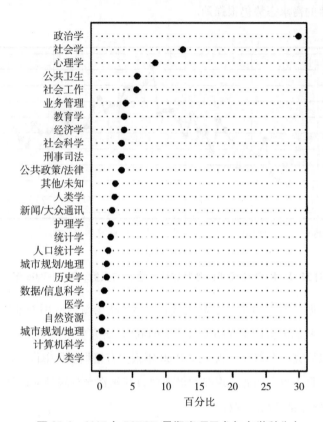

图 35.3　2007 年 ICPSR 暑期班项目参与者学科分布

　　暑期班的学科融合在过去几年中发生了巨大变化,从最初仅局限于政治学,到如今的内容庞杂的各个学科。表 35.3 显示政治学仍是占比最大的学科,但是在所有参与者中仅占不到 30%。②

【804】　2.1　所提供课程的灵活性

　　暑期班早期致力于主要用调查法进行的研究设计,还有定量分析课。随着参与者

──────────

　　①　这一潮流的一些变化无疑是由于资助的班级合并情况的变动,比如刑事司法班,目标人群是教师员工或博士。基本事实还是有 1/4 的参与者都是博士。
　　②　这当然意味着在参加暑期班基础上政治学如何变化的简单推断面临着生态推断的谬论。

数量的增加以及技术种类的扩大,其主要内容就迅速发生了改变。到 20 世纪 70 年代早期,课程就不仅包括对统计学的介绍,还有统计回归和因子分析。20 世纪 70 年代还增添了针对社会学家的数学课程(着重讲解矩阵代数和微积分)。

随着培训项目机构的扩展(急速膨胀),超越了初级调查分析者的最初需求,培训项目结构也开始明确。该培训项目划分成我们所说的"轨道"。轨道 I 课程包括介绍数学、统计学,以及统计回归的课程(没有矩阵代数的班级)。附加课还介绍统计计算(起初一些人必须运用密歇根终端系统、主流操作系统,统计计算是为了满足他们的需要,第一次运用 MIDAS 统计培训项目,之后扩展了受欢迎的统计培训项目范围,增加了如SAS、SPSS,以及后来的 Stata)。

轨道 II 课程包括线性模型(与矩阵代数),还有各种课程如主要讲解时间序列、因子分析、多维测量、联立方程系统、潜在变量模型,等等。

社会学统计方法广泛发展推动了更多课程的设立。在 20 世纪 70 年代,随着《解释数据分析》一书的出版,解释数据分析这门课程也应运而生,这门课程从 1974 年到1983 年一直在开设。基于 Box-Jenkins 模型,时间序列这门课在 1976 年开始开设。

现在仍在开设早期暑期班致力的调查设计课程。20 世纪 80 年代和 90 年代的课程有数据的逻辑分析:测量与设计(1982—1992)、样本设计含义(1984—1988)、总体设计(1987—1989)。

从 20 世纪 80 年代和 90 年代开始添加了一些课程(后来撤销了),这些课程主要教学将定量研究技巧应用到大量特殊研究主题上。这些课程设立的部分原因是,研究课题有了新方向,为了能获得对这些课程的支持。比如亚裔美国人研究方法(1980—1985年),经验研究和性别议题(1982—1983 年),拉丁裔研究议题(1987—1994 年),定量研究的项目评估(1991—1992 年),定量分析与非洲研究(1996—2001 年),研究拉丁美洲的定量方法(1993—1997 年),民族与种族的定量研究(自 2006 年始)。

虽然统计学课程大大增多了,但新政治学方法论社团的批判改变了一些课程设置。到 20 世纪 80 年代末,课程固定在了各阶段线性模型的模式上。还有多元及时间序列课程。大约在 1986 年政治学家开始推动新课程的发展设立,即那些主要关于有限和离散因变量,及在 20 世纪 80 年代快速发展的课题的课程。几年内,暑期班就增加了最大似然方法课程(1990),层次模型、分类回归、潜在增长模型和非线性系统课程。20 世纪90 年代课程的焕新在保留了入门课程的同时,大大增加了课程设置的种类。

在 2000 年左右,"轨道 III"课程得到明确发展。这些课程目的是让暑期班参与者能针对近期方法论发展给出更具挑战性的课题。新课程包括贝叶斯方法、当代回归方法、高级最大似然估计,同时还有已经设立的课程,如最大似然法、分类分析、研究模型、博弈论。新"轨道"课程的一个特点是致力于那些运用 S 语言和 R 语言统计程序的计算机的应用。还针对 S 语言的课程有为期两周的课程讲授。

纵观发展历程,暑期班一直保留大量核心课程,还有很多附加课程。自 20 世纪 70 年代初,还有一些课程一直存在,如统计学、统计回归、计算的入门课程。在暑期班开设以来,有很多高级和专业课程,如时间序列、多元分析、结构方程模型。有很多附加课程开设超过十年,如最大似然估计、博弈论、高级最大似然法、分层线性模型、分类模型、非线性系统。之后一段时间内还会有新课程继续保留,如贝叶斯方法、当代统计回归。

虽然课程设置很稳定,仍然有课程在开设,一些课程不再开设了,因为有一些没有很多人上,还有一些出于研究兴趣的变化,缺少资金支持。其中一个例子就是对大量课题进行定量分析的工作室。但统计学课程也有增有减:高级方差分析、事件史分析、项目响应理论、数学统计(在 20 世纪 90 年代中期加入的高级概率与推断课程的努力不尽如人意)、混合模型、合并时间序列分析、空间分析、地理信息系统、向量自回归。

2.2　为什么我们还需要继续开设暑期班?

据传 ICPSR 暑期班早期创立者认为该团体几年内就会面临衰竭。[①] 最开始都认为接受定量方法培训的政治学家会回到其原本工作的大学,继续教学任务,并参加非强制性的暑期班。无论这种最初的假设是真是假,过去的四十年都证明了大家需要暑期班提供的指导,希望它能一直存在。

【806】

不管真假,确实有流言质疑为何暑期班一直存在,不仅在密歇根安娜堡(Ann Arbor)培训点、埃塞克斯培训班(Essex),还有在牛津新开设的短期班,ECPR 出资成立的培训班。

或许最令人困惑的是还存在于 ICPSR 暑期班中的入门课程核心内容。到目前为止,几乎所有的研究生班都至少开设统计学入门课,似乎是为了让大家不需再在暑假上这样的课程。比如在 2007 年,大约有 85—120 名暑期班学员上了统计学和统计回归的入门课。这些学生可能是其他学科专业的,所以没有很多政治学家,但很明显的是至少2007 年的所有在暑期班上课的人员都上了基础入门课,这就表明暑期班中这些课程仍然很重要。

对暑期课程持续需求不减的可能性原因有很多。有些学生更愿意在一学年内上很

---

　　① Henry Heitowit 评论到,"现在可以这样说:对于 ICPSR 发展壮大 80 年的回顾",2007 年 ICPSR 官方代表会议的小组展示会,Ann Arbor,2007 年 8 月 18—20 日。

多课,愿意在暑期专注在方法论培训上。对于这些学生来说,接受当地的统计学培训没有太大的诱惑力。另一种可能性是,这些学生程度不同地缺少一定的数学背景,因此从暑期课程中学习获益,既可以为当地课程做准备,也可以作为复习功课(他们可能已经学习了,但在他们自己的科研机构内没有掌握到)的一种方式。

最后一点有绝对的说服力能证明参加暑期班的人需要接受数学培训。有超过 200名学生(1/4 的学生)参加了基础数学课、矩阵代数和微积分课。不管是改进的课程还是新设置的课程,这些需求都说明社会学研究生的数学培训普遍很薄弱。很少有政治学的本科生班(还有很多经济学以外的社会学本科生班)需要数学培训,并将其作为获得学位的要求或是加入研究生班的必需条件。同样,当许多本科生班开设"研究方法"课程(包括一些数据分析的课)时,就很少有人对统计学的系统严谨的课程有需求了。结果就是本科生学位的需要和研究生培训技能需要之间出现分化。

但仅有一小部分本科生继续进入研究生院继续学习,那么,就很少有院系追踪记录研究生入学前接受学院建议课程(为表现最好的本科生提供最优质的数学和统计学基础课程)的情况。结果就是大量社会学研究生需要接受"补救性"的数学和统计学培训,这就意味着研究生要学习本科生期间学习的知识内容。大量政治学班中数学培训营越来越多,对上暑期班的需求反映出培训的缺失。

如果暑期项目中四分之一的学生需要上入门课,大约四分之三要准备更高级的知识材料。这包括大量运用矩阵代数上线性回归课程的同学。学生通常在自己所在的研 【807】究机构了解到统计回归,但通常都是不包括矩阵代数要求的更普遍形式的统计回归。因为线性模型是进行高级工作的基础,那么这就可以看做暑期班提供的通行证,其原本的研究机构无法提供的内容使得人们对这里有很大的需求量。

而且超过一半参加暑期班的人上的课都着重于线性回归外的统计学课题。这些需求的存在是由于现有的和正在出现的各种各样的统计学方法与模型。社会学中的统计模型种类庞杂。对于那些重点没放在方法论的学生来说(甚至对于那些方法研究专家来说),对于高级课题相关课程的需要都是巨大的。

2007 年的 ICPSR 暑期班提供了 27 门矩阵线性回归层次外的课程。显然没有研究生有时间在正常的学术学期内上 27 门专题课程,甚至在更长的研究生涯中也不能实现。但这些课程仍存在着,就是因为他们提供了解决大量专题的技巧。同样,没有社会学学院关注在方法论上,并由此提供大量常规课程设置中的专题课程设立。通过将全球的学生集合到一起,ICPSR,Essex 以及其他暑期班的机制可以提供专业领域课题的简单可行的操作知识。

对于准备充分的学生来说,暑期班提供了高级课题的相对迅速的知识。在 1 周到

4 周内,学生们就会获得平时需要上 30—40 小时课才能获得的知识,约等于一整个学期(甚至超过一个学期)获得的知识量。这种课程优劣势并存。因为在一个学期内,如果知识每天都连续发出,而不是拖延到一周发一次,那么主体就会很鲜明,日常会议使强化知识更有效用。日常课堂的劣势就在于几乎没有时间阅读和反思,没有时间去回顾之前落下的要点。

对于学生来说暑期班的一个弱点,但也是一个很能够吸引到他们的方面就是相比较于一个学术学期来说在这里的升级需求不那么强烈。在给定时间内,训练没有那么多,考试也少。还有就是在上暑期课程期间,学生们没有时间准备学期论文。但课程质量很高,学生们运用方法的机会比在学术学期内更有限。

最后,大家想要上暑期班的欲求还要部分归功于暑期指导的社会性。学生与教师来到这里有其各自的目的——学习和教授定量研究方法论(还有定量方法班型。见 Elman 所写章节,本卷)。加入这个班型需要学生做出承诺和一些牺牲,与所有加入这【808】个班的人一样。参加暑期班的人们之间产生了深厚情谊,这就使大家收获更多,也促进了共同对知识材料的学习。

2.3 满足学生需要,满足专业需要

进行定量方法论培训的暑期项目随着时间的推移不断发展,还远没有进入衰退期。他们为越来越多的学子提供种类更多的课程,从初级到高级、从标准方法论到先进方法论。

暑期班中的某"补救"指导等级可能继续保留。这一定程度反映了研究生班,研究生的多样性,其中一些研究生可能继续找机会学习(或重新学习)基础知识。需求并不对比较差的班级和基础比较薄弱的学生存在限制。只要社会学研究生班不需要进行数学和统计学培训了,那么补救指导成为研究生培训的一部分就势在必行了。有人可能质疑人们对于这些课程的需要,但尽管在 6 年前发生了一场新行为主义革命,政治学领域(及其他社会学领域)的本科生培训性质还没有反映出研究生教育的变动。这意味着许多研究生要想学习基础技能要有一笔资金,暑期指导仍是一个很有诱惑力的选择。

同时,暑期班还做出了很大的改进,它能为学员提供种类繁多的高级课程,还有顶级研究课题。ICPSR 暑期班、Essex 暑期学校,还有其他类似机构提供的课程鲜少能在学院的课程表中找到,正是因为对必要技能(对指导者和学生)的限制,技能仅能通过各机构的合并才能成功安排培训。

随着定量研究方法的不断发展,还有一些对于这些新方法进行指导的需求。时间

灵活的暑期班就很适合提供这些课程,因为他们没有长期教师员工,所以可以相对灵活地添加(或撤掉)课程和指导教师。

3. 政治学方法论团体和政治学方法论 ASPA 研究分部

方法论作为政治学的一个子领域,在行为主义革命之后发展缓慢。但 20 世纪 60 年代和 70 年代越来越多的政治学家在其大量作品中不断开始运用精细模型,一些人把他们叫做方法论学家。同样,当学院需要能教授定量研究方法的教师员工时,很少主要 【809】根据方法论研究贡献来评判其在职情况,而是需要正规的大量学术贡献同时和方法论的教学来评判。

《美国政治科学杂志》早前就有过有关方法论工作室的研究成果,但很少有其他可以单独发表方法论文章的机会。AJPS 期刊主要对技术提供公共指导,而不是主要针对新统计方法的最初发展。这反映了方法论领域的局限,专业领域对特殊技术进行迅速介绍的兴趣。

从 1974 年到 1985 年的 11 期的发行,《政治学方法论》为方法研究提供了重要的期刊载体。但期刊发行量有限,重点放在现有方法的应用,较少精力放在新技术的发展,它是第一个致力于刊载政治学定量研究方法的期刊。

20 世纪 80 年代,政治学方法论作为一个研究领域发生了一些变革。由于 1977 年教科书的刺激作用,哈努谢克和杰克森(Hanushek and Jackson)合著的《社会学统计方法》——第一部以政治学家为目标读者的严肃的计量经济学教材,之后政治学家开始把他们的主要学术身份定义为方法论学家,而不仅是教授和研究政治学的学者。

1981 年,阿切(Achen)的《面向数据的理论》问世(Finifter 1981)。本章着重阐述政治学方法论作为一个研究领域存在的局限,并重点关注该学科尚未应对的两大挑战——测量误差、聚合问题。阿切的论述引起了该领域方法论学家的共鸣,也为 1983 年其所作的有关生态推论的文章奠定了基础。政治学方法论如何解决政治学领域内由其以外的统计学家无法解决的基础推断问题,1983 年的文章就是一个例子。它也解释了政治学领域需要一群投身于方法论问题基本研究的学者的原因。阿切的文章发表后引发了一些讨论,在一个建筑(Palmer House)的台阶上,一群方法论学家在 1984 年夏天决定举办一个主题围绕方法论问题的小会议。这就是"暑期方法论坛"的雏形,更重要的意义就是 ASPA 内政治学方法论的有自我意识的激进子领域的发展。

阿切在 1983 年的文章中对该领域发展进程的表述清晰,发展反映了更广泛意义上的问题,当时方法论研究小组已局限了发展。如果阿切给出专心投入到新方法论发展的知识原理上,方法论学家间对于方法论著作的发表载体就会有更多需求。如果一些小组专门将精力放在方法论文章上,专业会议就会很少,结果就是方法论文章与其他大量类型文章竞争,或者必须以形式不同的专题文章来发表,如此在会议项目中找到一席之地。结果就是,通常都对方法论评论进行限制,纯粹的方法论文章很少有人关注。

[810]　　同时,出版机构还很有限。AJSP 期刊普遍来说一年印刷的方法论文章不超过 4 篇,其他主流期刊没有给方法论作品专门的空间。觊觎政治学方法论的市场目光不够长远,其中一个体现就是没有社会科学引文索引(SSCI)来源刊物。甚至在 20 世纪 80 年代期刊面临着停刊的危机时,在 1985 年暂停出版方法论文章。

　　对新次级领域来说,第二大压力就是即将兴起的第二代方法论学家。虽然一些新方法论子领域的领导者在 20 世纪 60 年代已经接受过研究生教育,许多人自 20 世纪 70 年代,还有一些在 20 世纪 80 年代还获取了博士学位。一般来说,没有学生将计数分类作为一个主修科目。而且,它们已经从古德伯格(Goldberger)或约翰斯顿(Johnston)编写的计量经济学教材中学到了统计方法。还有很多研究生本科期间不是政治学专业的,而是专业学习物理或经济学、心理学的。这一背景就可以让我们比政治学本科生更好地为统计研究做准备。新定量政治学研究领域有一些新成长起来的学生,无论是本科生还是研究生都对技术培训有所需求。

　　方法论子领域的发展也反映行为主义革命后我们时代面临的竞争压力。标准统计学技术按理应用到政治学数据中。但对标准技术的需求太多,还不能完全满足需要。调查研究中无处不在的二分因变量说明线性回归不是能获取到的最佳技术,但人们仍广泛使用线性回归。对测量误差作用的新敏感性,以及它对实质性结论所产生的重要影响,意味着应用工作需要更关注晦涩难懂的方法论问题。政治学行为的联立方程模型带来了身份与决定专业的问题。所有这些领域都为方法论提供了机会来对现有研究进行批判,或改进推断方法。所以方法论的市场定位既是子领域,又通过改进的方法来改善内容。

　　学术市场内都是有组织的团体,这是针对政治学方法论来说的。三种相关发展成为 1984 年及后来的新政治方法子领域机构设立的基础。

　　首先,一个非常规团体在 1984 年创办了一个小型会议,这就是第一个"暑期方法论坛"。这个会议只有不到 20 人参加,它为方法论研究提供了一个论坛,而当时的方法论研究在已有的国内及区域专业协会中都是少之又少。这是一次专门研究方法论的会议,共同进行激烈的讨论,新的会议提供了发言的机会,也提供了之前所缺乏的尖锐批评。因为有乐于倾听的观众和一针见血的评论得以改进艰苦细致的工作,暑期方法论坛有机会让大家认识并激发产生新方法论研究的动机。暑期方法论坛组织者组成了社会学方法论团体。

暑期方法论坛还很快设置了意向培训任务。以第四次暑期会议为始点,研究生开 【811】
始加入会议,并为其参与给予支持。有意识地尝试招纳新一代方法论学家,并让这些人
在研究工作生涯早期就让其参与进来(在他们的方法论研究生涯一般可以对未来接收
的培训有一个预期),将这个新方法论组织改造为一个旨在培养下一代方法论学家的
团体。

近年来,与会人数从最初暑期会议的不足 20 人,已经增长到 150 多人。教师员工
和研究生为研究生们适应子领域、集聚同龄人智慧提供了论坛。

第二个机构发展就是建立起致力于政治学方法论的新期刊。大家都认为该专业的
主要期刊不太能够为完全性质的方法论作品提供充足的空间,而且不管什么情况,仅针
对方法论的期刊都不可能设置一个更高的标准,也不可能提供一个必要的期刊销售点。
新期刊《政治学分析》,是在 1989 年由斯廷森(James Stimson)校订的,以年刊的形式问
世的。每年期刊的性质都反映着起初对于高质量文章存在限制,以及担忧出版商没有
兴趣。

斯廷森对于《政治学分析》第一部分的介绍为期刊和子领域的一个任务:《政治学
分析》渴望成为政治科学方法论发展的出版记录(Stimson 1989,x)。随后的 7 部年刊,
一般说来每刊出版了 8 篇文章,200 余页。1999 年,《政治学分析》成为季刊,文章的体
量也大大增加。自 2000 年起,期刊通常每年都要发布 25 篇以上的文章,400 多页。这
一发展意味着政治方法论学家已为其作品找到了销路,由此它也被公认为是该领域最
重要的期刊。

第三个机构发展就是美国政治学学会的政治学方法论研究分部的设立。1983 年
ASPA 引入的研究分部,政治学方法论在 1985 年成为第 10 个研究分部。其能对 ASPA
年度会议提出要求,还可以最后以研究分部会员省份打包订阅《政治学分析》。作为一
个新领域,政治学方法论发展迅猛,成为以会员为基础的第二大研究分部。ASPA 内组
织职能保证了小组空间,控制了小组内容,会继续在研究分部下继续发挥其效用。这在
很大程度上让大家不再那么抱怨方法论作品没有可展现自身的会议载体了(除了
APSA 外,尤其是暑期会议)。研究分部可以给该领域的出众作品奖项鼓励,这也是受
到专业认可的重要体现。

这些组织方面的发展已经推动政治学方法论 20 多年的发展了。到时,该领域的发
展将会得到壮大,由实践者、大量的文章、暑期方法论坛的与会者来进行评判。自 1984 【812】
年来,该领域已在更重要的知识前沿创造了大量高端成果,包括生态推断的新模型、唱
票的测量、样本选择模型、贝叶斯推断法、因果推断等。

政治学方法论社团让大家对研究生培训的期望值越发高涨,至少是对那些将自身视为方法论学家的人而言是这样的。但缺少基本技能在 ICPSR 暑期班仍是一个问题,那些想要在方法论领域达到专业顶峰的研究生要比 20 年前的研究生能接受到更好的培训。在欢迎他们加入的第一次暑期会议时,研究生们总结说,"我们必须要学习更多数学知识"。这种经验一直延伸到参加暑期会议的每一个人身上,这也促进大家提高了对政治方法论的认识。

在专业领域内,现在为止还没有一个被普遍欢迎和接受的方法论的话,政治学方法论的地位现在还很稳固。通过其在 APSA 研究分部的机构职责,政治学方法论都名副其实地在会议安排、职员选举、奖项颁发上有着可以进行参与的一席之地。这些对于一个专业的存在和认可来说都是重要因素,而它们在 1983 年都还不存在。近来,方法论在比较政治、国际关系、政治学理论和美国政治相关的研究领域有了院系声誉排名。这反映出领域内对方法论作用的肯定,还反映出在因果定量研究方法培训与研究存在不足的情况下,研究生院发展有多么困难。

虽然有这些进步,政治学方法论在本科生层次的定量研究强化培训还很少。只有少数几个学生在学习一个多学期的微积分,或一个多学期统计学入门课程后进入研究生院。大多数的研究生班都要用第一年的时间来做专题方法论培训,而这是在本科期间就能够以课堂的形式进行学习的。只有极少的同学受过数学强化培训,他们要花在数学补救培训(通常是以特别的自学的方式)上的时间很多,推延或限制了接受统计学培训学生数增长的比例。所以说,政治学仍无法与经济学相抗衡,在经济学领域,对于数学和统计学的教育早在本科生阶段就已进行了。

这些对于本科期间培训存在的局限会继续阻碍政治学方法论的发展。成绩优异的学生要更努力才能在研究生院赶上学习进度。在这方面,政治学方法论可能还没有对其学科产生影响,它还需要继续完善方法论研究。不是所有政治学专业的本科生都要上高等数学和高级统计学课程。对于那些想要接受研究生教育的人来说,他们需要弄清楚,他们要做出的选择会在很大程度上受到更成熟的本科教育的影响。

【813】参考文献

Achen, C.H. 1981. Toward theories of data. In *Political Science: The State of the Discipline*, ed.
A.W.Finifter. Washington, DC: American Political Science Association.
——1983. If party ID influences the vote, Goodman's ecological regression is biased (but factor analysis
is consistent).Presented at the Annual Meeting of the American Political Science Association, Chicago.

Austin, E. W. 2001. From Hollerith to the Web: a half-century of electronic social science data archives. Presented at the Sawyer Seminar on Archives, Documentation and the Institutions of Social Memory, University of Michigan, February 14.

Bartels, L. M., and Brady, H. E. 1993. The state of quantitative political methodology. In *Political Science: The State of the Discipline II*, ed. A. W. Finifter. Washington, DC: American Political Science Association.

Blalock, H. M. 1989. Report of the ICPSR Review Committee. ICPSR, June.

Brady, H. E., and Collier, D. (eds.) 2004. *Rethinking Social Inquiry: Diverse Tools, Shared Standards*. Lanham, Md.: Rowman and Littlefield.

Campbell, A., and Kahn, R. L. 1952. *The People Elect a President*. Ann Arbor, Mich.: Institute for Social Research.

——Gurin, G., and Miller, W. E. 1954. *The Voter Decides*. Evanston, Ill.: Row, Peterson.

——Converse, P. E., Miller, W. E., and Stokes, D. E. 1960. *The American Voter*. New York: John Wiley.

Dahl, R. A. 1961. *Who Governs*? New Haven, Conn.: Yale University Press.

Finifter, A. W. (ed.) 1981. *Political Science: The State of the Discipline*. Washington, DC: American Political Science Association.

Gosnell, H. F. 1927. *Getting out the Vote: An Experiment in the Stimulation of Voting*. Chicago: University of Chicago Press.

Hanushek, E. A., and Jackson, J. E. 1977. *Statistical Methods for Social Scientists*. New York: Academic Press.

Key, V. O. 1949. *Southern Politics*. New York: Alfred A. Knopf.

——1954. *A Primer of Statistics for Political Scientists*. New York: Thomas Y. Crowell.

——1961. *Public Opinion and American Democracy*. New York: Alfred A. Knopf.

King, G. 1990. On political methodology. *Political Analysis*, 2: 1–30.

——Keohane, R. O., and Verba, S. 1994. *Designing Social Inquiry: Scientific Inference in Qualitative Research*. Princeton, NJ: Princeton University Press.

Lazarsfeld, P., Berelson, B., and Gaudet, H. 1944. *The People's Choice*. New York: Columbia University Press.

Rice, S. A. 1928. *Quantitative Methods in Politics*. New York: A. A. Knopf.

第三十六章　定量研究方法 40 年来的出版成果

迈克尔·S.刘易斯-贝克(Michael S.Lewis-Beck)

很长一段时间以来,定量研究在已出版的政治学相关研究成果中地位举足轻重。大卫·戈武(David Gow 1985)在回顾学科早年(1890—1922 年)历史时发现,量化和统计学成果饱受嘉奖,哥伦比亚学院创始人约翰·W.伯吉斯(John W.Burgess)和里奇满·梅奥-史密斯(Richmond Mayo-Smith)二人更进一步验证上述观点。在芝加哥大学,哈罗德·P.戈斯内尔(Harold P.Gosnell)于 20 世纪二三十年代完成影响广泛的投票行为研究,其是基于相关性、部分相关性和因子分析的研究成果(Gosnell 1990)。一篇对《美国政治学评论(APSR)》刊发文章的内容分析中,索米和塔嫩豪斯(Somit and Tannenhaus 1964,第 192 页)指出,1946—1948 年,定量研究类文章占该刊物所有文章的份额为 11.6%。因此,定量政治学实践有着古老的根源。尽管如此,四十年前(1965 年)仍可以被看作政治学科学实证研究的转折点。

鉴于《美国选民》(Campbell 等人,1960)的大力推进,行为主义革命全面启动。数据分析已经完全从手工计算转为计算机驱动的统计软件计算,如 OSIRIS。培训中心逐渐涌现出来,特别是(1962 年发起的)大学间政治研究联合会(Inter-university Consortium for Political Research)。20 世纪 60 年代的政治动荡影响了众多师生的心灵。

人们需求的是"相关"研究,而"相关性"的一种形式便是对重要政治问题作出准确定量回答。1960—1966 年,《美国政治学评论》中足足 38% 的文章是对定量研究的讨论(Keech and Prothro 1968)。1963—1965 年,这一数值上升到 40.4%(Somit and Tannenhaus 1964,第 192 页)。金(King 1991,第 4 页)研究称,20 世纪 60 年代后期,《美国政治学评论》定量研究文章年度份额从低于 25% 跃升至 50% 以上。有趣的是,从他提供的图表来看,这一跃升恰恰始于 1965 年(King 1991,图 1)。

定量政治研究相关出版量的快速攀升,随之而来对于更多更好地研究工具的需求出现,尤其是统计工具。如果别无其他条件,用这些工具解决问题更为可靠。越来越多的文章中不仅使用数据,而是超越数据本身,开始提及如何分析数据。自 1965 年起这四十年来出版了多篇提供"方法"的论文,而本章关注的重点就在于这些年来论文出版模式的演变。总的来说,出版模式的演变趋势是由通俗读物到专业读物的转变。我们从一些领先的一般期刊说起,比如《美国政治学评论》和《美国政治学杂志(AJPS)》。接着说说更为专业的期刊的发展历程,比如《政治方法论》(POM)、《政治分析》(POA)、《政治学方法研究者》(TPM)、《SAGE 社会科学定量分析 QASS》系列。这些出版期刊的时间线(开始—停止)如图 36.1 所示。① 我们可以看到,随着时间的推移,学术方法论文可刊出版的渠道变得更加专业化。结论部分表明,这种专业化为未来提供了更多可能。

1. 综合性期刊:《美国政治学评论》和《美国政治学杂志》

詹姆斯·哈特(James Hutter 1972, 第 314—315 页)在一份报告中研究了大约 1968—1970 年间,7 本主流政治学期刊中定量研究的文章(N = 576)(《美国政治学评论》《政治学期刊》《中西部政治学期刊》《西方政治季刊》《世界政治》《冲突解决学报》《政体》)。总的来说,这些刊发的文章中有 59%包含了定量数据,但这份报告并未得到重视。其中《美国政治学评论》和《中西部政治学期刊》(现《美国政治学杂志》)这两份期刊含量最高峰时分别为 63%和 82%。因此,从这两个期刊开始分析颇为合适(期刊 【816】"三巨头"之三是《政治学期刊》,定量研究论文占比位居第四位。有关《政治学期刊》方法论文发表的历史请见脚注②)。

直到 20 世纪 70 年代中期,《美国政治学评论》是政治科学家可以发表方法论文章 【817】的唯一平台。根据笔者的统计,从 1965 年到 1977 年,《美国政治学评论》每年有一到三

① 这项研究主要针对政治学或跨学科研究者所发表的定量方法论文。偶尔会有政治学的定量方法论者在社会学期刊发表文章。自 1969 年起发行的年刊《社会学方法论》中也出现过政治学领域的名字——希布斯(Hibbs)和罗斯塔尔(Rosenthal)。在《社会学方法与研究》现刊中,可能会看到比如金或吉尔这些政治学家的署名。但这一情况向来不多见。例如,在调查的初期(1965—1970 年),《美国社会学评论》杂志上的定量方法非常丰富;然而,没有一篇是由政治科学家撰写的。在心理学、计量经济学或统计学杂志上出版的更是难得一见。

② 《政治学期刊》接收了大量定量视角的论文,但本身并没有发表任何定量方法的论文。1965—1990 年,出版了 7 篇相关文章。在那之后直到 2002 年,才有了一篇基于模型研究论文出现,由博克斯-史蒂芬斯迈埃尔和佐恩(Box-Steffensmeier and Zorn 2002)所作。后来 2005 年吉尔和沃克(Gill and Walker 2005)发表了有关贝叶斯分析的论文。这两篇最近发表的文章表明,定量方法论者在《政治学期刊》也是可以成功发表的,这预示着政策转变的可能。

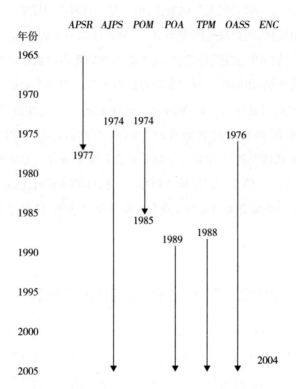

图 36.1　政治学定量研究出版时间表,1965—2005 年

注:*APSR = American Political Science Review*,《美国政治学评论》;*AJPS = American Journal of Political Science*,
《美国政治学杂志》;*POM = Political Methodology*,《政治学方法论》;*POA = Political Analysis*,《政治学分
析》;*TPM = Political Methodologist*,《政治学方法研究者》;*QASS = Sage Quantitative Analysis in the Social Sci-
ences green monograph series*,《〈社会科学〉丛书中 *SAGE* 定量分析》;*ENCY = Sage Encyclopedia of Social Sci-
ence Research Methods*,*and Encyclopedia of Social Measurement*,《社会科学研究方法的 *SAGE* 百科全书及社会
测量百科全书》。

篇方法论文,其中一篇出现的情况最多。以 1965 年为例,只有一篇关于伪相关的论文
(Beyle 1965)和另一篇关于因子分析及相关技术的论文(MacRae 1965)。在那个时期
这类论文具有可应用性,方法是在亟待解决问题的背景下展开说明,因而相对典型。贝
尔(1965)试图找出有争议选举和投票率之间的联系,麦克雷(1965)力求确定立法表决
中的问题结构。有时方法问题显然起着实质性作用,例如关于因果建模的各种论文
(Blalock 1967;1970;Forbes and Tufte 1968)、生态推断论相关论文(Shiveley 1969),或是
关于统计关系模型的论文(Weisberg 1974)。但所有这些都是通过说明实质研究问题
"传授"方法技术。

　　1978 年《美国政治学评论》停止发表此类方法论阐述性文章,但也有个别例外。这
一政策一直延续到 1999 年才废止,此后一年才正式恢复。方法论阐述性文章逐渐退出
舞台主要原因在于其他相关方法刊物的出现,其中较为突出的就是《美国政治学杂志》

从 1974 年起所刊发的方法论"系列研究专题"。唐纳德·斯托克斯(Donald Stokes 1974a,第 189 页)在其开篇文章中写到"系列研究专题"的形成背景,他指出研究人员倾向于使用"正式、确切的说法"以及"在数据分析时更频繁地使用统计和数学程序"。因此,关于"应如何使用问题所涉方法论"的相关信息需要有论坛来提供。他找了三种类型的文章:一种是统计或数学技术的论述,一种是关于数据采集的"多种方法",一种是一些新概念的文献综述。斯托克斯(1974b)将第一种类型文章中复合路径进行详述写入论文中,开启了"系列研究专题"形式的使用,这迎合了当时大部分多学科对因果建模的关注。

自那时以来,"系列研究专题"已成为《美国政治学杂志》的固定专栏,除了一些年份有空白(1989 年 11 月至 1990 年 8 月,2002 年 4—10 月)。每个问题通常包含一个,有时有两个相关论文。在 20 世纪 70 年代,发表了许多经典著述,如拉比诺维茨(Rabinowitz 1975)的非度量多维标度,再如奥德里奇和柯娜德(Aldrich and Cnudde 1975)的回归与概率分析。到了 20 世纪 80 年代和 90 年代,随后几年,"系列研究专题"这一栏收到了许多详细说明定量技术方面的文章,例如乘法模型、混合时间序列、面板分析、回归诊断、事件计数模型、工具变量、问卷设计、自举法(bootstrapping)、广义相加模型。2000 年至今,发表了如下一些重要文章:贝叶斯模拟方面(Jackman 2000)、灵活的最小二乘法(Wood 2000)、多层结构(Steenbergen and Jones 2002)、生态推论(Tam Cho and Gaines 2004)、计数数据的多项式模型(Mebane and Sekhon 2004)。近期发表文章表明,阐释新方法技术的复杂论文方面,"系列研究专题"仍继续是一个重要的板块。

2. 专业期刊:《政治学方法论》与《政治分析》 【818】

在 20 世纪 70 年代中期,《美国政治学评论》就已经停止刊发方法论文了。《美国政治学杂志》及其提出的系列研究专题可以重拾部分分流,但定量方法研究需要更多的期刊版面,如此一来版面需求便无法满足。幸运的是,大约在同一时间,1974 年冬天,第一本专门研究方法的政治学期刊诞生了:《政治学方法论》。主编为杰拉尔德·多尔夫曼(Gerald Dorfman,爱荷华州立大学),是他最初在自家车库中整理出这本以明艳的紫色作为封面的期刊。尽管期刊开端并不豪华,但是期刊编辑——乔治·马尔库斯(George Marcus)、约翰·沙利文(John Sullivan)却都极为知名,其他编委会成员如下:休伯特·布莱洛克(Hubert Blalock)、唐纳德·坎贝尔(Donald Campbell)、大卫·伊斯顿(David Easton)、理查德·霍夫博特(Richard Hofferbert)、约翰·杰克森(John Jackson)、马丁·兰道(Martin Landau)、唐纳德·马修斯(Donald Matthews)、李斯特·米尔布拉思

（Lester Milbrath）、威廉·赖克（William Riker）、W.菲利普斯·夏夫利（W.Phillips Shively）以及爱德华·塔夫特（Edward Tufte）。

首期发行时,期刊有142页,包括6篇论文(第1卷,第1期,1974)。这些论文话题给这一新生的期刊增添了风味:深入分析(Brown)、情景模式(Przeworski)、参与式观察(Ross and Ross)、生态相关性谬误(Hanushek,Jackson,and Kain)、总量指标问题(Cowart)及教学方法(Hitlin)。这些文章符合不久后《美国政治学杂志》对其给出的点评:"政治研究方式向来是《政治学方法论》的关注点。"(第2卷,第4期,1975,第1页)

1979年编委会做了轻微调整,加入了第一名女编辑狄恩娜·齐恩尼斯(Dinna Zinnes)。1980年停刊,1981年恢复发行。《政治学方法论》不久引入一种新形式并成为一种特色——发行专门讨论一个主题的特刊。如特别主题为"建模"的特刊(第9卷,第1期,1983)。这一"巨变"发生于1984年,克里斯托弗·阿切时任主编一职。杰拉尔德·多尔夫曼仍为主编,期刊也仍保持原有的意向声明。然而,克里斯托弗任命了一个新的编委会,由新一代的方法论者组成:拉里·巴特尔斯(Larry Bartels)、纳撒尼尔·贝克(Nathaniel Beck)、亨利·布雷迪(Henry Brady)、斯坦利·费尔德曼(Stanley Feldman)、约翰·弗里曼(John Freeman)、梅尔文·希尼克(Mel Hinich)、罗伯特·杰克曼(Robert Jackman)、约翰·杰克森(John Jackson)、史蒂文·罗森斯通(Steven Rosenstone)、霍华德·罗斯塔尔(Howard Rosenthal)、W.菲利普斯·夏夫利(W.Phillips Shively)、詹姆斯·斯廷森(James Stimson)和狄恩娜·齐恩尼斯(Dinna Zinnes)。阿切在《政治学方法论》担任主编的时间并不长,因为更新的、不同形式的政治学方法杂志正在筹划之中。

正如阿切在最后一次"编者按"中所指出(第11卷,Nos. 1—2,1985),政治学研究场域在过去几年里经历了"飞速发展"。特别是那年政治学研究方法学会在安娜堡举行的第一次夏季会议。此次会议的成功召开确立了政治学方法论是美国政治学学会的一个正式分支,并发起一个新的年刊杂志——《政治分析》。《政治分析》由詹姆斯·斯廷森(James Stimson)任主编,密歇根大学出版,首卷出版于1989年(日期存在混淆。拿1990年第2卷作例,其版权日期实为1991年)。

【819】《政治分析》接替《政治学方法论》成为唯一致力于出版政治学方法论文章的期刊。该刊物第二卷的话题较为典型:政治学方法论(King)、预测国家间冲突(Schrodt)、二阶最小二乘法中的测量误差(Green)、截面调查的因果关系(Mebane)、候选温度计等级的因子与理想点分析(Brady)、比较政治学中的选择偏差(Geddes)。该卷也包含了一些极具争议的部分,比如针对R^2所展开的热切讨论、交流意见(Achen;King;Lewis-Beck 和 Skalaban)。卷3的主编为斯廷森,随后是约翰·弗里曼(John Freeman)(卷4—6)、沃尔

特·梅班(卷7)。这一阶段最大的难题在于《政治分析》作为年刊,空间有限且应变速度较慢。因此该刊于2000年冬季刊起转变为季刊,纳撒尼尔·贝克(Nathaniel Beck)任主编,维斯特维尔为该刊物的出版商。

纳撒尼尔·贝克在该季刊第一期的引言(第8卷,第1期)中指出"《政治分析》季刊与《政治方法论》及《政治分析》年刊的目标一致:推动广泛意义上的政治方法论领域发展"(Beck 1999,iv)。他对最初几期文章的推荐语也呼应了这一广泛含义,季刊内容如下(Beck 1999,iv):阿尔瓦雷斯和格拉斯哥(Alavarez和Glasgow)的非递归选择模型两态估计、布雷姆(Brehm)的样本截断替代修正、克劳斯(Krause)对理性期望的强检验、米勒(Miller)的美国公众舆论动态约束、普尔(Poole)的选择数据非参数展开、西格尔曼与曾(Sigelman和Zeng)的Tobit模型和Heckit模型、西格尔曼的发表偏差以及斯滕贝根(Steenbergen)尺度分析中的项目相似性。

截至第10卷,季刊改变出版商换为牛津大学出版社接管。出版社的变更引发了有关单一主题特刊的开创:空间模型(第10卷,第3期,2002)、实验方法(第10卷,第4期,2002)、理论模型的经验意涵,即EITM(第11卷,第4期,2003)。在新主编罗伯特·埃里克森(Robert Erikson)带领下,特刊政策依旧视作重点,特刊内容包括贝叶斯方法(第12卷,第4期,2004)及大型聚类的多阶建模(第13卷,第4期,2005)。埃里克森(Erikson 2004,第1页)对自己任编辑的设想"预示着对《政治分析》的任务没有改变……也就是要探讨统计的技术问题——可能为发展适合政治学研究的新技术,也可能借鉴其他学科的统计研究成果"。刚才提到过的那些特刊话题正是这些目标的体现,也为未来的接班人树立了良好的榜样。

3.专业通讯:《政治学方法研究者》

纵观政治学方法论的相关出版物,《政治学方法研究者》(TPM)是众刊物中的"新人",它始于1988年,时任主编的是加里·金。《政治学方法研究者》为方法论思想和问题提供了一个活跃而及时的论坛。其编者引言中,加里鼓励"广泛意义上任何与政治学方法论相关的贡献。可以是简短的研究报告、数据请求、对发表文章的方法论评论或是与众不同的方法论问题"(King 1989b,第1页)。该刊目录表举例如下:书评、制图学讨论、夏季研究方法会议公告、问题集提供、某些电脑软件处理、课程摘要及AI参考书目。【820】

还有些关于方法文献讨论的其他部分也收录于《政治学方法研究者》之中。例如,R^2讨论最初是在《政治分析》开始,后外溢到《政治学方法研究者》分成几期进行讨论

（第 3 卷，第 2 期，1990；第 4 卷，第 1 期，1991）。《政治学方法研究者》偶尔还会提供数据解释，比如唐纳德·格林（Donald Green 1991）的最大似然估计就是个很好的例子。时不时还会点评统计文本（对研究文本的一般评论，见第 5 卷、第 1 期（1992）；对计量经济学文本特别评论，见第 7 卷、第 2 期（1996）；对本科生文本评论，见第 10 卷、第 1 期（2001））。

专刊时而发生编委会领导阶层大幅变化及出版周期稍不稳定的情况。迈克尔·阿尔瓦雷斯和纳撒尼尔·贝克（Michael Alavarez and Nathaniel Beck）1994 年成为主编（第 5 卷，第 2 期），《政治学方法研究者》时隔两年才再次出现。然而，1994 年秋季刊（第 6 卷，第 1 期）足足 43 页且包含了许多大有帮助的软件评论。1996 年春季刊（第 7 卷，第 2 期），乔纳森·纳格勒（Jonathan Nagler）接过主编之位。在他的带领下，《政治学方法研究者》出现了少见的相关定性话题的论文，由卡茨尼尔森（Katznelson 1997）在历史方法基础上所写。

休刊两年《政治学方法研究者》与编辑苏珊娜·德·波芙（Suzanne De Boef，政治学方法论领域首位女性编辑）重新出发。她主编的首刊中有很多计算建模文章。关于评论策略方面，她带着《政治学方法研究者》走上了规范化的轨道，德·波芙表示《政治学方法研究者》"每两年会送到你的邮箱一次，内含文章包括教学、研究、部分文章新闻、当下方法论讨论相关的话题"（DeBoef 2001，第 1 页）。比如随后的期刊中包括了对理论模型经验含义的讨论（第 11 卷，第 1 期，2002）以及有关贝叶斯估计的文章（第 11 卷，第 2 期，2003）。

2004 年春天，编委会变为三人执掌——亚当·柏林斯基（Adam Berinsky）、迈克尔·赫伦（Michael Herron）和杰弗里·刘易斯（Jeffrey Lewis）。其目标沿用先前主编所提目标，但也大有转变，值得将全文引用于此："我们会率先发表一些新颖论文，这些有望成为重要研究的论文。随着杂志版面的溢价，被编辑视作'技术细节'的文章，越来越多地被降级为所谓的网络附录，或者只能在研究论文中找到。我们旨在为热点方法论进展提供更宽广的讨论平台，而不是让他们像在普通期刊里那样被直接编辑掉"（Berinsky，Herron，and Lewis 2005，第 1 页）。第一篇文章是由詹姆斯·斯奈德（James Snyder）提供，关注选举总收益标度。这一新目标是《政治学方法研究者》重新出发的标志。毋庸置疑，这一目标鼓励人们把高新技术研究成果投递到专刊而非期刊上，因为期刊出头之日遥遥无期。这一大胆的政策究竟会有多大效果带来多大影响，还不能太早下定论。

4. 教学平台:SAGE 社会科学定量应用研究系列和百科全书 【821】

圣智(Sage)出版的社会科学定量应用研究系列(QASS),又被称为"新手专著",一直以来是政治学方法研究者的主要发表渠道。[①] 这些论文多为跨学科论文,旨在为定量方法从简到繁地提供明晰知识的解释。萨拉·米勒·麦丘恩(Sara Miller McCune)同其丈夫乔治·米勒(George Miller)成立圣智出版社后不久,"新手专著"于 1976 年出版。"圣智"(Sage)出版社名字来源于萨拉(Sara)和乔治(George)二人名字首字母的结合。每年发表四到五篇论文,每篇篇幅大概 80 页,截至 2005 年出版的相应标题总数为 146 个。通常指定标题选择为方法类的一套补充阅读资料,这一系列研究成果无论在课堂上还是在市场上都相当成功,最终销量超过 200 万册。

政治科学家是主要功臣。直到最近,各期主编都是政治学专家组成的:埃里克·尤斯兰纳(Eric Uslaner,1976—1978 年)、约翰·沙利文(John Sullivan,1979—1982 年)、理查德·涅米(John Sullivan and Richard Niemi,1982—1988 年)及迈克尔·刘易斯-贝克(Michael Lewis-Beck,1988—2003)。现任主编廖福挺(Tim Futing Liao)是一位社会学家。主编从政治学专家换成社会学家,部分原因是意识到了社会学家对 QASS 所做的贡献。QASS 系列包括的三个主要社会科学学科——政治学、心理学、社会学,这三个学科几乎组成了 QASS 系列的全部内容。早期的政治科学家特别活跃。第一篇标题为"方差分析"(第 1 期,1976)的论文有一位政治学领域的合著人赫尔穆特·诺尔波特(Helmut Norpoth)。在最初的五十本专著(达 1985 篇)中,几乎有一半是政治学方向的学者。如今他们的名字在行业里仍然很有名,按时间顺序排列如下:诺尔波特(Norpoth)、内格尔(Nagel)、亚瑟(Asher)、罗斯塔尔(Rosenthal)、奥斯特罗姆(Ostrom)、沙利文(Sullivan)、费尔德曼(Feldman)、哈特维希(Hartwig)、卡迈恩(Carmines)、马库斯(Markus)、麦克道尔(McDowall)、刘易斯-贝克(Lewis-Beck)、麦基弗(McIver)、洛奇(Lodge)、哈克菲尔德(Huckfeld)、柯菲德(Kohfeld)、库克林斯基(Kuklinski)、阿切(Achen)、贝瑞(Berry)、施罗特(Schrodt)、札加列(Zagare)、雅各布(Jacob)、奥德里奇(Aldrich)。

这些先驱学者大都写出了实用而基础性的优秀论文。按时间顺序排列清单如下:方差分析、运筹学、因果建模、有序数据分析、时间序列、多指标、探索性数据、可靠性和

[①] 专刊封皮一直是石灰绿色。公司成立初期选择这个颜色作封面最初只是因为石灰绿色比别的油漆便宜。其后虽然也想过换别的颜色,但是颜色商讨一再推迟,直到发现石灰绿色成为 QASS 系列专刊的"品牌标志"便不准备更换封面颜色。让人没想到的是,这种石灰绿色的价钱日后也水涨船高。

效度、面板分析、中断时间序列、应用回归分析、单向度量法、震级标度、动态建模、网络分析、回归解释、非递归因果模型、微型计算机、博弈论、数据来源、logit 和 probit 模型、多元回归。很多工具提供智能又易操作的处理方法，为广大研究者所使用，从而大大促进了定量研究的进步。

【822】

1990 年，主编刘易斯-贝克在《政治学方法研究者》发表了一篇"呼吁"（第 3 卷，第 1 期，第 12—13 页）。征集以下两个话题的文章："基本技术"或"众所周知的先进技术"，且在一些学科上取得成功。政治学家们当时不断为这一系列专刊做出贡献。在对过去 50 个研究方法主题分析中（Nos. 97-146）中，有 15 名政治学家算在论文作者行列内，时间顺序排列如下：刘易斯-贝克（Lewis-Beck）、芬克尔（Finkel）、布朗（Brown）、哈格尔（Hagle）、泰伯（Taber）、提姆伯恩（Timpone）、穆尼（Mooney）、雅各比（Jacoby）、芬克（Fink）、盖茨（Gates）、休姆斯（Humes）、约翰逊（Johnson）、吉尔（Gill）、贝斯特（Best）、克鲁格（Krueger）。他们的论文涉及多种主题：基本数据分析、面板数据因果分析、混沌与突变理论、基础数学、计算建模、蒙特卡洛模拟、统计制图法、博弈论、社会选择、广义线性模型、网络数据采集。

当前政治学存在感依旧很强，但在 QASS 系列中却比早年稍低一些。这一学科指导系列 1985 年后才首次出现，之前一直与这一新手专著失之交臂，原因似乎很简单：竞争性出版期刊《政治分析》（1989）和《政治学方法研究者》（1988）登上了舞台（还应提及一个名叫《社会研究分析方法》的全新系列，详见脚注①）。

除了专著，政治方法论主要发表在学者编辑的多卷本中。较早的包括布莱洛克（Blalock 1985）、贝瑞与刘易斯-贝克（Berry and Lewis-Beck 1986）、尤劳（Eulau 1989）、帕尔弗里（Palfrey 1991）。这类新平台称之为指南手册（比如您手中拿着的这本）或百科全书。百科全书方面刚出现两个：《社会测量百科全书》（Kempf-Leonard 2004）和《SAGE 社会科学研究方法百科全书》（Lewis-Beck，Bryman，and Liao 2004）。重点在于第二本，这一百科全书先是刊于《政治学方法研究者》（第 11 卷，第 2 期，2003，第 12 页），后为许多政治学家提供了专业发表的机会。SAGE 百科全书共三卷，包含近千份研究方法、研究概念的教育论文。该百科全书编委会的组成既国际化又跨学科，两位杰出的美国政治学家名列其中：R.迈克尔·阿尔瓦雷斯（R.Michael Alvarez）和纳撒尼尔·贝克（Nathaniel Beck）。总共有 60 多名政治学家参与创作，少则贡献一篇文章，多则

---

① 《社会研究分析方法》系列是由 R.迈克尔·阿尔瓦雷斯（R.Michael Alvarez）、纳撒尼尔·贝克（Nathaniel L.Beck）及劳伦斯·L.吴（Lawrence L.Wu）主编，剑桥大学出版社出版。2004 年起发表了四个主题的文章，均由政治学家所写：生态推论（King, Rosen, and Tanner）、必要数学运算（Gill）、事件史（Box-Steffensmeier and Jones）和空间模型（Poole）。每篇都超过 200 页，达到书的篇幅。

数篇。

引文列表过长无法全部提及，但可提及几个例子：贝克的时间序列分析、勃姆克的选择性偏差、博克斯－史蒂芬斯迈埃尔的事件史分析法、克拉克的格兰杰因果关系、克林顿的球形假设、德波芙的误差校正模型、吉尔的贝叶斯推论、格拉斯哥的多项式 Logit 模型、格林的场域实验、赫伦的泊松回归、杰克曼的广义可加模型、凯达尔的正态分布、卡 【823】 茨的渐近性质、纳格勒的技术规范、安德鑫（Ondercin）的效率、波林斯（Pollins）的同方差、香农（Shannon）的遗漏变量、特劳戈特（Traugott）的舆论调查、惠腾（Whitten）伴随效应、伍德和帕克的最佳线性无偏估计量、佐恩的广义估计方程。以上列举从职业生涯阶段不同的学者中进行多样性抽样，用此方法说明了当前政治学方法论的活力及其范围。

5. 教科书：计量经济学的问题之源？

课本为政治学方法研究者提供了另一个发表平台。现在政治学的本科课程一般都是导论课，学科中某些学者充分利用了这一市场。综合研究方法教材的编写就是一个典型例子，该教材由约翰逊、乔斯林、雷诺兹编写（Johnson, Joslyn, and Reynolds 2001），还有就是科贝特（Corbett 2001）所编的那本畅销的数据手册。但在研究生阶段，政治学方法研究者可借鉴的教材却很稀缺。有一本较为经典的统计教材，由哈努谢克和杰克森编写（Hanushuk and Jackson 1977）。更近的还有金（King 1989a）有关最大似然法的著述。

然而大多数定量方法方面的政治学研究生课程都是以计量经济学相关著述为主要内容。[①] 约翰斯顿（1972）、旺纳科特（Wonnacott 1970）以及平代克和鲁宾菲尔德（Pindyck and Rubinfeld, 1991）所编的教材都一度十分流行，但渐渐从大众视野中消失。克曼塔（Kmenta 1997）的著述仍旧可靠。按难易程度降序排列如下，格林（Greene 2000）、古吉拉特（Guajarati 1995）和肯尼迪（Kennedy 2003）的教材仍在广泛使用。从伍德里奇（Wooldridge 2001）出版的相对较新的计量经济学教材其使用程度看来正逐渐上升。经过克劳斯（Krause 2001，第 35 页）认真审查后，他表示对于教材的选取取决于是希望教出"经验实证研究人员"或是"政治学方法研究者"。前者需要成为熟练实践者，后者则需要直接推进定量技术的发展。相关技术进步开始出现在文献中，特别是在最

---

① 政治学研究生定量方法的培养一直大量借鉴其他社会科学的工作。在研究期间（1965—2005 年）可以观察到这种借鉴从社会学和心理学逐渐迁移到经济学。本人自己的定量培养（20 世纪 60 年代末至 70 年代初）就可以引为证例。本人在（密歇根大学）研究院的第一堂统计课中，给学生使用了社会学家布莱洛克（Blalock 1960）所著的经典教材。第二堂课用了心理学家海斯（Hays 1963）的经典教材。后续课堂中我们以用计量经济学相关教材为主，主要用约翰森（1972）和克曼塔（Kmenta 1971）编的教材。

近的《政治分析》中。预计当前这一代政治方法论领军人物将会编写出能代替计量经济学方面教材的著述，以用于政治学课堂之上。

【824】 6. 结语

过去的40年里，政治学定量研究方面的发表经历了相当大的变化。在20世纪60年代，版面可用空间匮乏，刊登发表本质上限制于主流学科期刊《美国政治学评论》。20世纪70年代，新的期刊平台出现——《美国政治学杂志》"系列研究专题"、《政治学方法论》和QASS专题论文系列。到了20世纪80年代后期，《政治分析》和《政治学方法研究者》加入其中。21世纪初，各种手册指南和百科全书也为一些雄心勃勃的政治学方法研究者提供了空间。

到了2000年代中期，如今的优势在于政治学家若想发表定量研究论文至少有5个渠道：《美国政治学杂志》"系列研究专题"、《政治分析》、《政治学方法研究者》、QASS系列或编辑手册（例：新的指南手册）。这一系列选择虽说不是很多，但是也远比20世纪60年代中期只有一个选择的情况要强许多。政治学方法研究者论文发表选择，部分先是取决于期刊本身是关于什么方面的。简而言之就是说，这一期刊是"传教士"（实际操作）还是"神学家"（理论）？

"传教士"主要从统计学或计量经济学角度解释方法论工具。他们指导研究人员如何巧妙地应用相关技术。本质上，他们汲取学科主流智慧并将"福音"科普给他人。这是一个古老而光荣的传统。相反，"神学家"致力于从政治学本身中创造方法论工具。虽然他们深深地重视其他领域的定量研究，但他们相信政治学研究能提供一些独特的方法论问答。他们是专家，而不是科普专家。那么他们的主要受众就是那些志同道合能理解他们原创贡献的人。这些贡献一旦被接受，最终可能就会独辟蹊径成为研究实操人员的"工具箱"。政治学中神学传统相对较少但更新潮。

当然两种传统无论如何都不是"错误的"，各有其用。同时不得不说，神学方法在一定程度上是成功的，因为它基于学科而筑其立场。神学法是我们远离定量寄生状态、远离方法论创新在心理学、社会学和经济学方面的依赖。然而传教士与神学家的区别的确在论文上交方向有所不同，换句话说就是你的论文更可能被哪一方接受。① 传教

---

① 此处并非暗示定量方法论者必须将其局限于某一种期刊或期刊分支之中。大量政治学方法研究者的论文出现在所有、绝大多数或多个本章所提的期刊之中。这只是我的个人经验总结，并非典型现象（例见Lewis-Beck 1977；1978；1980；1986；2001；2004；Lewis-Beck and Skalaban 1990）。因此，即便是一个彻头彻尾的传教士或神学家也有全面涉及的可能。

士方向的更倾向于交给"研究专题"或是 QASS 系列。神学家方向的倾向于交给《政治分析》或《政治学方法研究者》。所幸的是,不管学者是否明确自己论文方向更倾向于哪个,以目前政治方法论的出版态势,为学者投稿的渠道颇多。【825】

参考文献

Aldrich, J., and Cnudde, C. F. 1975. Probing the bounds of conventional wisdom: a comparison of regression, probit, and discriminant analysis. *American Journal of Political Science*, 19: 571-608.

Beck, N. 1999. Editor's foreword. *Political Analysis*, 8: iii-v.

Berinsky, A., Herron, M., and Lewis, J. 2005. Editors' note. *Political Methodologist*, 13: 1.

Berry, W. D., and Lewis-Beck, M. S. (eds.) 1986. *New Tools for Social Scientists: Advances and Applications in Research Methods*. Beverly Hills, Calif.: Sage.

Beyle, T. L. 1965. Contested elections and voter turnout in a local community: a problem in spurious correlation. *American Political Science Review*, 59: 111-16.

Blalock, H. M. 1960. *Social Statistics*. New York: McGraw-Hill.

—— 1967. Causal inferences, closed populations, and measures of association. *American Political Science Review*, 61: 130-6.

—— 1970. A causal approach to nonrandom measurement error. *American Political Science Review*, 64: 1099-111.

—— 1985. *Causal Models in the Social Sciences*. New York: Aldine.

Box-Steffensmeier, J., and Zorn, C. 2002. Duration models for repeated events. *Journal of Politics*, 64: 1069-94.

Campbell, A., Converse, P., Miller, W., and Stokes, D. 1960. *The American Voter*. New York: Wiley.

Cho, W. K. T., and Gaines, B. J. 2004. The limits of ecological inference: the case of split ticket voting. *American Journal of Political Science*, 48: 152-71.

Corbett, M. 2001. *Research Methods in Political Science*, 4th edn. Belmont, Calif.: Wadsworth.

DeBoef, S. 2001. Editor's note. *Political Methodologist*, 10: 1.

Erikson, R. 2004. Editor's note. *Political Analysis*, 12: 1-2.

Eulau, H. (ed.) 1989. *Social Science at the Cross-roads*. New York: Agathon.

Forbes, H. D., and Tufte, E. R. 1968. A note of caution in causal modelling. *American Political Science Review*, 62: 1258-64.

Gill, J., and Walker, L. D. 2005. Elicited priors for Bayesian model specifications in political science research. *Journal of Politics*, 67: 841-72.

Gosnell, H. P. 1990. The marriage of math and young political science: some early uses of quantitative methods. *Political Methodologist*, 3: 2-4.

Gow, D. J. 1985. Quantification and statistics in the early years of American political science, 1880-

1922. Political Methodology,11:1-18.

Green,D. 1991. Maximum likelihood estimatation for the masses.*Political Methodologist*,4:5-11.

Greene,W.H. 2000. *Econometric Analysis*,4th edn.New York:Macmillian.

Guajarati,D.N. 1995. *Basic Econometrics*,3rd edn.New York:McGraw-Hill.

Hanushuk,E.,and Jackson,J. 1977. *Statistical Methods for Social Scientists*.New York:Academic Press.

Hays,W.L. 1963. *Statistics*.New York:Holt,Rinehart and Winston.

Hutter,J.L. 1972. Quantification in political science:an examination of seven journals.*Midwest Journal of Political Science*,16:313-23.

Jackman,S. 2000. Estimation and inference via Bayesian simulation:an introduction to Markov chain Monte Carlo.*American Journal of Political Science*,44:375-404.

Johnson,J.B.,Joslyn,R.A.,and Reynolds,H.T. 2001. *Political Science Research Methods*,4th edn.Washington,DC:CQ Press.

Johnston,J. 1972. *Econometric Methods*.New York:McGraw-Hill.

Katznelson,I. 1997. Reflections on history,method,and political science. *Political Methodologist*, 8:11-13.

Keech,W.,and Prothro,J.W. 1968. American government.*Journal of Politics*,30:417-42.

Kempf-Leonard,K.(ed.)2004. *Encyclopedia of Social Measurement*.San Diego:Academic Press.

Kennedy,P. 2003. *A Guide to Econometrics*,5th edn.Cambridge,Mass.:MIT Press.

King,G. 1989a.*Unifying Political Methodology:The Likelihood Theory of Statistical Inference*.New York:Cambridge University Press.

—— 1989b.Editor's note.*Political Methodologist*,2:1.

—— 1991. On political methodology.*Political Analysis*,2:1-31.

Kmenta,J. 1971. *Elements of Econometrics*.New York:Macmillian.

—— 1997. *Elements of Econometrics*,2nd edn.Ann Arbor:University of Michigan.

Krause,G.A. 2001. Review of Wooldridge's *Introductory Econometrics*.*Political Methodologist*,10:35-6.

Lewis-Beck,M.S. 1977. The relative importance of socioeconomic and political variables for public policy.*American Political Science Review*,71:559-66.

—— 1978. Stepwise regression:a caution.*Political Methodology*,5:213-40.

—— 1980. *Applied Regression:An Introduction*.Sage University Papers Series on Quantitative Appliations in the Social Sciences,07-22. Thousand Oaks,Calif.:Sage.

—— 1986. Interrupted time series.Pp. 209-40 in *New Tools for Social Scientists:Advances and Applications in Research Methods*,ed.M.S.Lewis-Beck and W.D.Berry.Beverly Hills,Calif.:Sage.

—— 2001. Teaching undergraduate methods:overcoming"stat"anxiety.*Political Methodologist*,10:7-8.

—— 2004. Regression.Pp. 935-8 in Lewis-Beck,Bryman,and Liao 2004.

—— and Skalaban,A. 1990. The R-squared:some straight talk.*Political Analysis*,2:153-71.

—— Bryman,A.,and Liao,T.F.(eds.)2004. *The Sage Encyclopedia of Social Science Research Methods*.Thousand Oaks,Calif.:Sage.

MacRae, D. 1965. A method of identifying issues and factions from legislative votes. *American Political Science Review*, 59: 909–26.

Mebane, W.R., and Sekhon, J.S. 2004. Robust estimation and outlier detection for overdispersed multinomial models of count data. *American Journal of Political Science*, 48: 392–411.

Palfrey, T.R. (ed.) 1991. *Laboratory Research in Political Economy*. Ann Arbor: University of Michigan Press.

Pindyck, R.S., and Rubinfeld, D.L. 1991. *Econometric Models and Econometric Forecasting*, 3rd edn. New York: McGraw-Hill.

Rabinowitz, G.B. 1975. An introduction to nonmetric multidimensional scaling. *American Journal of Political Science*, 19: 343–90.

Shively, W.P. 1969. Ecological inference: the use of aggregate data to study individuals. *American Political Science Review*, 63: 1183–96.

Somit, A., and Tanenhaus, J. 1964. *The Development of American Political Science*. Boston: Allyn and Bacon.

Steenberger, M.R., and Jones, B. 2002. Modeling multilevel data structures. *American Journal of Political Science*, 46: 218–37.

Stokes, D.D. 1974a. The Workshop. *American Journal of Political Science*, 18: 189–90.

—— 1974b. Compound paths: an expository note. *American Journal of Political Science*, 18: 191–214.

Weisberg, H.F. 1974. Models of statistical relationship. *American Political Science Review*, 68: 1638–55.

Wonnacott, T.H., and Wonnacott, R.J. 1970. *Econometrics*. New York: Wiley.

Wood, B.D. 2000. Weak theories and parameter instability: using flexible least squares to take time varying relationships seriously. *American Journal of Political Science*, 44: 603–18.

Wooldridge, J. 2001. *Introductory Econometrics: A Modern Approach*. Oxford: Oxford Univeristy Press.

第三十七章　理论模型的实证意涵：起源与解释

约翰·H.奥德里奇（John H. Aldrich），詹姆斯·E.艾尔特（James E. Alt），
亚瑟·卢皮亚（Arthur Lupia）

　　许多学者都在寻求一种连贯的方法，用以评估所获得的信息，进而将其转化为切实有效的知识。"理论模型的实证意涵"（Empirical Implications of Theoretical Models，EITM）指的就是这样一种路径。2001 年 7 月，EITM 因美国国家科学基金会资助的政治学工作坊而首次进入公众视野。① 创立者希望借此改善本科和研究生的教学培训质量，以缓解理论派与经验主义者之间愈演愈烈的"门户之争"。从那时起，EITM 一词开始多次见诸暑期研习营（summer institutes）和各类奖学金项目（scholarship programs）。在本章的内容里，EITM 是指政治学的一种独特研究方法。本文解释了该研究路径的起源，并对美国国家科学基金会（NSF）推广"理论模型的实证意涵"的行动进行诠释。

　　自 20 世纪 60 年代末，大批政治学家开始使用更严谨的推理方法，以提高研究的精确性和可靠性。理论研究者发展出一套新型的、复杂的形式数学模型；经验主义者则通过创立动态的评价指标和一系列实验设计，推动了政治学研究长足的进步。更严谨的理论学家通过精确度描述出一组因素中的条件逻辑关系；经验主义者通过相应的精确度能够描述变量之间的关系，引发新的研究议题，还推翻了先前政治学中有关因果关系的焦点推断。

　　博弈论、统计、计算、实验形式的演进为政治学者关于因果关系的推理过程增强了透明度和可复制性。如此一来，这些努力使政治学面貌一新，并增加了其在许多重要领域的可信度，如国家科学基金项目。

---

　　① 我们应更为客观地评价时任美国国家科学基金会主任詹姆斯·格拉纳托（James Granato）在召集该研习营时起到的主导作用。

但同时，这也导致了相应的问题，即，理论的日益复杂和方法的日渐区隔。许多受过形式建模训练的研究生却对经验推断机制束手无策。相类似的是，提供最新统计或实验方法训练的研究生课程却极少涉及形式建模。形式理论者和严谨的经验主义者之间缺少关于研究方法和实质性问题的共同知识。如此一来，也就关上了彼此交流的大门。

当然，也有例外存在。多年来，学者们对于理论和经验主义融合的潜在推论价值也曾有过零星的讨论。但这少有的机会依然未得到充分的利用。

美国国家科学基金会给理论模型的实证意涵研习营的参与者提出了挑战：如何寻找缩小前沿形式理论和创新经验方法论之间分歧的路径。参与者被要求找出提高理论研究价值和相关性的方法，通过对理论进行加工使新模型的主要方面更能适应经验评估。他们还被要求使用经验推断方法找出对焦点模型属性分类更有效、信息度更强的方法。

人们在研习营期间及之后产生的理念引发了美国国家科学基金会积极的回应。从那时起，他们的政治学分会在理论模型的实证意涵活动研究预算方面花费巨大而且比重仍在持续增长。这些活动中最著名的是其长达一个月的暑期研习营，分别于伯克利大学、杜克大学、哈佛大学、密歇根大学、加州大学洛杉矶分校，以及华盛顿大学等学府举办，服务了数百位年轻学者。

这些相关活动所产生的结果是，理论模型的实证意涵培训班在世界更多的大学落地开花。这些项目不但给学生讲授高水平的理论和经验研究方法，还鼓励学生开展研 【830】究设计，将两种方法加以整合以便为重要的科学议题提供更为准确和动态的答案。更重要的是让学者（尤其是初级研究者）意识到这种方法能够提高研究的可信度。新型的、有活力的学者网络正在形成，理论模型的实证意涵路径能够为研究提供重要的价值。

然而，理论模型的实证意涵培训项目并非毫无争议的。一些人认为它毫无必要，因为理论和实证之间的差距本来就是正常的，是不可逾越的。另一些人担心理论模型的实证意涵培训会误导学生认为：形式理论可以通过实证方法加以评价。以下是一个极其普通的例子，《美国政治学期刊》制定了一个政策：只有形式理论模型而没有实证研究支持的文章是不会被审阅的。期刊认为这与理论模型的实证意涵培训的目标是一致的。①《美国政治学期刊》的这项政策招致了广泛的抨击，并遭到理论模型的实证意涵运动领导者的强烈反对，但《美国政治学期刊》又迅速予以回击。然而，这个小插曲也

---

① 正如期刊编辑指出，为了将评论人的多次努力实例化，他们制定这项政策作为回应。

说明近几年对该领域的研究仍然存在着很大的不确定性,理论模型的实证意涵究竟是指什么? 它对未来政治学研究生教育和学者科研会产生哪些意义? 大家都想得到一种符合逻辑并能经受严格检验的解释,这一点是毫无争议的。但适用"何种逻辑"和"何样检验"仍是不确定的。

接下来,我们会尝试简要解释理论模型的实证意涵路径出现的原因及其价值,并解释它目前是被如何理解的。关于最后一点,我们认为理论模型的实证意涵可以从多个维度来解释。我们仅就其中一小部分重点强调,并在此过程中,提供我们认为最具建设性的方法。[①]

1. 政治学发展:20 世纪 60 年代至 20 世纪 90 年代

政治学与其他学科有许多共通之处。例如,许多政治学家的研究动机不仅是为理【831】解相关现象,还期待能为人类有效应对各种重要的挑战提供视角。他们希望自己的结论和观点能够为人所知并起到一定影响。因此,政治学家认为,在其他条件不变的情况下,证据确凿、逻辑清晰的观点显然更具可信度和说服力。

政治学与其他学科的区别在于它关注的是政治。换句话说,政治学家是由研究内容而并非研究方法而聚合。政治学系教职员的研究领域复杂又多元,其中不乏拥有经济学、新闻学、哲学、心理学或社会学等背景的人。因此,在何为最佳方法的问题上,政治学者很难达成共识。

基于这个原因,政治学家开始对自己常用的方法进行反思(见 Thomas 2005 年时对近 5 年研究的评论)——这只是不得已的选择,因为他们无法指望各派学者能够齐聚一堂,对考察某个特定问题提出公认的最佳研究方法。这不像微观经济学或社会心理学中都存在主导性的推论范式,若要在政治学众多的子领域,包括美国政治中找到一致的最佳研究路径可不是件容易的事。方法论多样性的情况根深蒂固。因此,要想证明其使用路径的必要性和充分性,学者们必须就此提出强有力的观点加以佐证。

政治学的这一属性有许多重要意义。众所周知的是,学者通常对其专业领域之外的方法知之甚少。例如,有人惯用形式模型法,有人熟悉高级统计法,有人受过实验设计和统计推论的专门训练,还有人可以熟练使用计算模型法(其中每一种政治学的研

---

① 虽然人们可以挑战我们——本章的作者,以权威自居讨论 EITM 培训的功能和意义(其他人可能不同意我们的重点和观点),我们的观点的确是从经验中所来。作者中的两位(阿尔特和奥德里奇——以及亨利·布雷迪,罗伯特·弗兰泽兹)设立了第一个 EITM 暑期研习营。奥德里奇和鲁皮亚也是研习营中独有的两位可以胜任多门本领域课程的教职员。

究方法都在 20 世纪的后 30 年中经历了无数的变种),方法论的知识鸿沟而非研究者自身也遵循了同样的模式。既然受过逻辑和推论训练的学者擅长形式建模、实验或统计学,那么,这些理应成为政治学的研究方法,然而学术团体间的区隔在现实中带来诸多不便,理论和经验学者交流不畅导致了许多无相关演绎和错误的经验推论:

缺乏理论基础的实证观察最多称得上描述。它能够告诉人们发生了什么,但却无法解释为何呈现出人们认识的这种模式。未经实证检验的理论分析充其量是在逻辑和数学方面更具价值,在理解真实世界方面却事无补。第一种方法叫作"数据疏浚",第二种被称作"不相关世界的理想模型"。我试图理解我所认为的具有重大意义的问题。这种理解不可能仅靠观察或操纵抽象模型实现。真正的理解只能通过将二者结合来实现(Aldrich 1980)。

虽然许多学者认同这一观点,但实际能否做到就另当别论了。在早期的政治学形式建模时,正是技能知识(know-how)的不足导致了它与政治学方法论之间的隔离状态。【832】

早期形式建模的许多经典文章认识到了理论联系实际的重要性,但却缺少进行严谨实验的辅助研究工具。下面我们将介绍关于第一代"理性选择"理论的两个案例。

投票和竞选决策是早期决策理论研究的内容(例子分别是 Riker and Ordeshook 1968;McK-elvey and Ordeshook 1972;and Black 1972;Rohde 1979)。使用决策理论意味着这些决策是在不考虑战略互动的情况下形成的。之后,它们才能够在博弈论的理论背景下建模(例子分别是 Palfrey and Rosenthal 1985,and Banks and Kiewiet 1989)。早期建模者并未作出这样的选择,因为他们认为这里不存在重要的战略互动(他们既不认同第一种方法也不认同第二种方法)。然而,他们假设这种决策理论模型至少基于以下两点原因:第一,存在解决这些问题的技术;第二,该技术足以让作者们将其作为政治学的重要理论知识。①

尽管在早期应用中,决策论被博弈论所取代,是因为这样的模型更"原始",从而可以完整精确地保存信息。这种假设通常还会伴随一个经常被忽视的结果——个体行为是自我决定的。② 回首过去,我们可以提出这样的疑问:为何理性选择论者会以如此简单并且从经验上来看是错误的方式对人类行为进行建模。但是如果我们观察一下学者们的背景——他们的逻辑建基于逻辑、数学、哲学和微观经济理论——对于早期建模者来说,这已然是最佳选择了。在整个 20 世纪 60 年代和 70 年代的大部分时间里,除决

---

① 的确,在早期文章中,投票和候选人的计算经过了系统而广泛的测试。

② 虽然这次政治学家使用许多方法得出这一假设,早期的建模者已经了解需要创建逻辑清晰、可复制的模型。

策论或博弈论之外,再找不到更真实反映人们感受和认知的技术了。直到诺贝尔奖得主约翰·哈萨尼(John Harsanyi)和莱因哈特·塞尔滕(Reinhardt Selten)的研究问世才产生了广为认可的处理不完全信息、不对称信息和人们感受与认知相关问题的逻辑结构模型。

尽管现在的理论水平已经高于哈萨尼/塞尔滕或更早的时期,但是人们仍然无法将他们的机制或见解与统计估计结合起来。的确,包括威廉·赖克(William Riker)、理查德·麦凯维(Richard McKelvey)、彼得·奥德舒克(Peter Ordeshook)等在内的早期理论者将实验作为检测模型的特定方面的方法(例如 Riker 1967;McKelvey and Ordeshook 1980;1982)。但是这些例子并不常见而且不涉及复杂统计。① 试图使用有逻辑的统计模型进行严格评估的研究则更为少见。对选择模型的复杂评估同样处于起步阶段。

【833】 从 20 世纪 70 年代早期到中期,丹尼尔·麦克法登(McFadden 1977)首先提出对离散选择的估计模型(他因此获得诺贝尔奖)。他和后人的研究为验证决策理论的假设提供了严格的整合统计推论方法。然而这些早期的统计模型并不能检验源自博弈论的策略行为假设。统计选择模型的发展任重而道远(Aldrich and Alt 2003)。因此,至少在 20 世纪 70 年代,博弈论和统计学方法论未能缩小二者差距的说法值得商榷。

在 20 世纪 80 年代和 90 年代,理论与方法皆有所发展。政治学家不但引进了其他研究领域的先进推论成果,他们自己也在不断创造有独特价值的、适应特殊政治环境的工具和方法。为了此项事业的繁荣,大批政治学系的教职员和研究生加强了方法论的训练。虽然这股技术进步和培训的趋势为政治学带来了许多积极的变化,但它们同时也加大了形式论者和严谨的实证主义者之间的差距。因此,正是源于对这种解释的广泛认可促成了美国国家科学基金会决定于 20 世纪 90 年代做出推动"理论模型的实证意涵"路径的决定(参见例子 Brady 2004;Smith 2004;Granato and Scioli 2004)。

到 20 世纪 90 年代中期,可以看出一些研究机构有力地运用了领先的形式建模理论和实证研究的优点。以形式模型为导向的实验类别众多(参见例子 Druckman 等人 2006 年回顾),尽管实验数量与模型总量相比仍然较小。利用高级博弈论和统计方法推论的能力也取得了显著的成就,例如麦凯维和帕尔弗里(Palfrey)的量子反应均衡概念以及西格诺里诺(Signorino 1999)将均衡的概念直接嵌入恰当的估值衍生时使用的经验估计战略。然而分散的例子无法呈现该方法的全貌。正如奥德里奇和阿尔特(2003)所强调的那样,政治学论文不像经济学那样能够将理论与实际相结合。但这还

---

① 我们这样说不仅意味着技术本身的复杂程度,也意味着对反映概念关系的模型进行深入推论的复杂性。

带来更严重的潜在问题，理论派和实证主义者对其他领域的研究执行"三不"政策——不读、不引、不用。

大多数情况下：形式理论派和严格的实证主义者的学术理念永远无法交汇。理论派通常来自并聚集于几所著名的学府。始于 20 世纪 60 年代威廉·赖克（William 【834】Riker）在罗切斯特大学创立的研究生项目，之后扩大到能够同时容纳政治学家和掌握高超研究技术的经济理论学家的系所（例如卡内基梅隆、加州理工学院和斯坦福大学商学院的跨学科项目），随后更是蓬勃发展。学者之间形成了充满活力的学术共同体，并在《公共选择》（Public Choice）、《政治理论期刊》（Journal of Political Theory）、《法律、经济学与组织期刊》（Journal of Law, Economics and Organization）（以及类似经济学期刊）上发表文章，但这些论文并未对新模型的关键属性进行足够的经验评估。

几乎是同一时间，来自罗切斯特大学和其他大学的理论学者开始推动这一浪潮。20 世纪 60 年代，政治学家对定量数据的兴趣激增；而 20 世纪 70 年代，计量经济学的培训不断扩展。随后成立了政治学方法论学会和讨论方法发展的暑期学会，以及《政治分析》（最初叫《政治学方法论》）的问世，使政治学系早期典型的研究生课程迅速转向严谨的推理、开发和使用更适合、强大和灵活的工具，以及使用先进的计算机密集估计方法。后来，在实验设计方面受过训练的政治学家也纷纷效仿，设计并开展了越来越多的与学科主要问题相关的实验。加州理工学院、明尼苏达大学、耶鲁大学和纽约州立大学石溪分校等在研究生培养中也加大了实验设计课程的比例。

但是，理论派和经验主义者选择了坚守阵地而非走向联合。到 20 世纪 90 年代，形式理论派和政治统计学派虽成绩斐然但依然自成一格。形式建模和严格的实证工作成功挑战了一直以来认同的因果关系准则，这导致了对这些领域的训练需求的增加。但是很多部门选择专注于一种推理方法（统计学培训比形式建模培训更为常见，这两者都比实验设计更常见）。尽管这些研究部门造就了许多有价值的学术进步，他们也导致了专业化的加剧，造成了学科间的孤立。掌握高超推理技能的学者仅限于小圈子内交流，排斥其他群体。

这是一个极端专业化的例子，但我们相信这并不少见。奥斯丁-史密斯（Austen-Smith）对比例代表制下税收的收入分配和政治选择进行建模，与简单多数制进行比较。这个模式的含义是，与两党制相比，三方公共关系制度中的立法议价导致均衡税率更高、税后收入分配更平等、总收入较低，以及失业率更高的情况（Austen-Smith 2000，第1236 页）。

这些发现对于福利国家的规模和结果，以及内—外政治与许多非形式政治学猜想一致（或不一致）（例如 Rueda 2005）。模型特征，如党派代表劳动力市场中的特殊群体

【835】 或劳动力市场选择对税率的回应与关于再分配的实证分析结果具有相关性。有人认为奥斯汀-史密斯的模型可以给实证研究提供信息并推动这类研究。这个说法是清晰而有逻辑的。至少,他所确定的条件关系表明了各种建模变化,并评价了实证研究文献中因果论据的稳健性(robustness)。根据谷歌学术的搜索,我们发现模型本身也无法解释为何从他自己的工作论文到艾弗森和索斯凯斯(Iversen and Soskice 2006),共有 5 位政治学家引用了这篇文章,却没人对其猜想做过实证评估。① 唯一合理的解释就是,在严格的理论派和实证主义者之间似乎相差一代人。

在形式理论和统计学背景下,自 20 世纪 60 年代以来,逻辑严谨的增长为政治科学提供了便利。学科在理论开发与检验方面取得了巨大进展。但随之而来也出现一些问题,例如一旦理论和实证之间建立起沟通的桥梁,能获得多少额外知识? 这样一来,年轻学者获得更系统的训练来使用理论和经验方法互为补充而非相互替代;我们如何将严谨、连贯的假设与反映理论的完整性和一致性的严格推论以及将政治过程数据化时产生的问题和信息有效地整合在一起? 这些问题的答案就是理论模型的实证意涵所面临的挑战。

2. 对理论模型实证意涵分析路径的阐释

除了提倡整合可信的理论和严格的实证评估之外,理论模型的实证意涵路径还有什么其他价值? 狭义的构建强调科学的主要任务是检验理论与现实之间的因果含义。但许多人提出了更宽泛的研究计划。我们会在这一节提出关于理论模型的实证意涵的 5 个观点,其中一些被认为是自觉地划定了该路径的界限,尽管克里斯托弗·阿切(Christopher Achen)和理查德·麦凯维(Richard McKelvey)提出的观点早于国家科学基金会研习营几年或几十年,但依然具有重要的指导意义。在这个过程中,我们还通过对各种方法提出评论意见,使它们得到不断地改进。

首先,我们将介绍 2005 年在伯克利举行的理论模型的实证意涵暑期研习营的情况。这次讨论由詹姆斯·费隆(James Fearon)、亨利·布雷迪(Henry Brady)和加里·考克斯(Gary Cox)主持,并提出关于理论模型的实证意涵的三个观点,这是些常见的观点并超越了狭义的建构。

【836】 观点一,观察现实和对因果规律提出理论解释与检验因果关系本身同样重要。观

---

① 通过比较——或者本着相同的精神——在 7 篇政治学论文中,至少 2 篇做实证研究,借用杰克森和摩泽尔(Jackson and Moselle 2002)的观点,这种情况就好比设计比例代表制的初衷是为形成一种既"困难"又协调的机制。

点二，发展和检验概念与测量方法以及验证因果理论对科学来讲同等重要。观点三，在创建和检验因果关系时，分工是必要的，但是这种分化有可能导致过度专业化，从而会阻断理论与经验研究之间富有成效的互动机会。

观点一并非仅从狭义角度出发，强调对理论的发展与检验，而认为这几方面（观察现实、反思感性知识和理念、提出解释和理论）同样重要。如果泛泛而谈时，我们很难反对这个观点。但如果同时完成这项目标（理论第一还是观察第一）就会出现问题。原因是如果缺乏概念关系理论的范畴分类，就不可能科学解释观察的意义（或任何有意义的尝试）（即至少是理论上逻辑清晰可复制的论断）。换句话说，没有理论根基就很难证实因果关系论断的可信性。

观点二的前提是基于这样的思想：发展理论思想的概念和量度和检验与发展解释同样重要。研究设计是用来验证理论解释的。为达到这一目的，研究人员必须把重点放在对这些概念的多重操作与应对现实世界的各种复杂性上。关于这一点，应该进一步扩大教学研究的进程，包括考察因果关系的有效性和概念与测量的有效性。

最后，观点三，任何一个项目对于实践和理论研究的相对重视都取决于有价值的研究论文的"产出功能"和研究人员的技能。下面将对三个研究产出功能进行说明。"任意一个[衍生或测试]就够了。"这是纯粹的最大化，因为知识的积累就是简单的、叠加的。第二，"像最弱的链条一样"。这种情况就像一个双变量的交互者，也许像里昂惕夫（Leontief）提出的产出功能一样。但是，当问题产生时，我们怎么知道这个问题是由于运用了不相关的理论模型还是胡乱使用数据而造成的？第三，知识是"在互动补充中的线性产出"。这种观点认为，尽管单独的经验或理论研究也能产生巨大价值，但整合实证和理论研究依然是促进科学的最佳方式，因为这样会产生"1+1>2"的效果。科学是一个社会过程，每个人也掌握不同的技能，专业化可以造就丰富的成果。当然，专业化的危险是没有人愿意将理论和方法结合起来，因为很少的学者知道如何操作，或者如何评价别人的方法。20世纪90年代后期的许多观察者认为政治学受到了过度专业【837】化的局限。理论模型的实证意涵会议也是基于这个理由而召开的。

2.1　阿切（Achen）的研究路径

这些观点充分反映出理论模型的实证意涵存在的意义，它在政治学中也不是新颖和独特的。然而特别的是，他们回应了数十年前严谨的经验主义者提出的观点。例如，巴特尔斯和布雷迪（Bartels and Brady 1993，第148页）认为，"在政治学方法论的领域，仍有许多缺少形式理论的数据分析和没有数据分析的形式理论"。

阿切(2002b)通过以下方式设置了问题,并提出将二者结合的方法。他以对当代统计工作的批判为起点:

政治学方法论中新的估计变量层出不穷,因为它可以为我们探究数据的特殊性质提供可行的方式。[M]可以使用的手段也多种多样,选择恰当的技术需要咨询相关领域的高级技术研究人员(第436—437页)。

他得出的结论是:

对于所有的付出,我们尚未对大部分新的统计程序给出合法的理论微观基础,我们在定量研究中也遇到困难——发现可靠的经验概括(第424页)。

新旧定量分析之间存在重要的差别:

旧范式……是从不合理的假设中作出的统计学推论。新范式坚持形式理论。旧范式将特殊问题转化为散乱分布的干扰项,并尝试对[结果]进行建模;新范式坚持以形式模型加上白噪声误差作为起点。旧范式认为,如果我们尝试两个或三个熟悉的估计变量,每个都有一些任意的线性解释变量列表,如果一个……适合,那就坚持现代范式。只是因为一个更适合,这并不会使他们……连贯一致……相反,只有当形式理论支持它时才应该采用一个新的估计变量……(第440—441页)

他的结论是:这才是微观基础的意义所在。但阿切认为合适研究领域(appropriate domain)仍然存在问题。

……

通常情况下,因果模式是截然不同的。在这些情况下,将样本分成若干子集,并对每个不同的因果模式进行单独地统计分析至关重要。令人高兴的是,这些因果相同的样本不需要那么多的控制变量(第447页)。

因此,不仅定量分析需要模拟(衡量工具)来表达形式和经验概念,研究者还建议对由理论推导出来的子样本分为两类以上进行观察,并对每个类别适当控制。额外的【838】控制可以对子样本进行分类。人们可以采取形式理论模型,为条件性(或是阿切的交互模型)增加细节;也可以对你所不了解的事物建立统计模型和增加细节。每种方式都能为模型设置完备的结构来简化理论,同时也会产生新的期望值,这样可以累积足够设定为处理模型辨识和内生变量寻找合适的工具,或者至少应该有重要的案例说明这个方法的价值所在。

为了进一步阐释理论模型的实证意涵派生出的相关经验研究路径,斯奈德(Snyder)和廷(Ting)(2003)从业已发展成熟的经验规范入手。他们创建了一个新的流派,首先对科学知识进行积累直到可以建立"最小"程度的理论模型,即为分析者进行演绎提供足够的既定事实,然后再推导出(至少)一个新的实证意涵并验证证据。同样,在比较理论建构的实践中,阿切(2002a)使用贝叶斯模型证明对政党认同的社会心理学研究中可以得出许多类似的实证意涵。

2.2　麦凯维(McKelvey)的研究路径

正如我们在文中(Aldrich,Alt,and Lupia 2007a)提到的,理查德·麦凯维(Richard McKelvey)对理论模型的实证意涵路径的贡献是无人比肩的。他在形式建模方面是一位享有盛誉的学者,并且为许多经验主义学者所熟知,特别是他和扎沃那(Zavoina 1975)以及奥德里奇(Aldrich 1976)的研究,推动了严谨的统计技术的不断进步。[①]然而,更重要的是,他在建构理论模型的同时还提出了经验评估的方法。因为他从未出版过鸿篇巨制,也没有大张旗鼓地对此做过宣传,所以我们只能尝试从他的论文中窥见,好在有一本新书(Aldrich,Alt,and Lupia 2007b)将系统地介绍他的研究。

麦凯维对理论模型的实证意涵研究路径与上述方法有所不同,我们可以从桑切斯-昆卡(Sánchez-Cuenca 2006)对形式理论的批评入手,他在提到这种方法的系列属性时,使很多非形式理论者感到不安:

理性选择理论被引入政治学后[带来了]……更加严格、明确的推理,并为学科提供了统一的语言。然而,理性选择产生了远离现实的,或者虽说不是假的但至少是不可信的理论。出现这个问题与偏好的解释作用有关。在经济学的分析中,市场引发偏好:企业家将利润最大化,使得消费者即使有个人的偏好也只能根据价格体系进行选择。【839】但在市场上,确定行为者的偏好是更加困难的。

这一批评与麦凯维对"理论模型的实证意涵"研习营(EITM 2002)的建议相呼应。他认为,因为政治学上没有与经济学中均衡论等同的理论,所以在进行政治分析、比较静态分析或存货经济(stock-in-trade)方法分析时就会缺少中心核。他说,通常在政治均衡不足的情况下,最好在理论中加入具体细节。

桑切斯-昆卡还指出,消费者具有决定性作用(即消费者获得了她所选择的事物),但选民是非决定性的,因为她的投票是许多选票之一,几乎不能影响投票结果。这样一来她的决定中就会包含许多非功利性因素,像金钱这样单一的要素无法诱导选民偏好。在政客的眼里,偏好是可以被诱导的,这一点就像是生产者的偏好一样。然而不同种类的诱因基础导致政客偏好的类型有所不同(例如他们是否需要寻求捕获政治租金,赢

---

① 有一个关于之前描述的学术孤立主义中有趣的现象,我们对麦凯维的介绍令很多形式建模学者颇为惊讶,然而现实是他在文章中使用的多项 Probit(multinomial probit)回归研究路径与他引用最多的观点相去甚远。

得选票,或使政治家感觉公共政策良好),因此造成不同的均衡。这会让人联想到麦凯维以制度为基础建模的观点:制度政治学研究中典型的非合作博弈理论模型与纳什均衡或升级版纳什均衡能够达到平衡,但许多方面也存在不同,每个模型只适用于具体情况,因此无法推广。

麦凯维认为,这种情况将为"应用理论"创造机会。经验建模者可能无法在任何给定的数据集上套用放之四海而皆准的模型。他们可能需要创设新的理论,为那些在经验和理论领域能使用"两种语言"的研究者创造机会,为理论和数据生成过程的融合开辟沃土,从而实现高水平的测试。

3. 结语

形式模型一旦产生,就离不开经验评估。目前美国国家科学基金会资助的"理论模型的实证意涵"研讨致力于因果关系推理的质量的提升。从广义上讲,它强调解决确定的问题有赖于界定清晰的前提和逻辑一致的理论,只有这样才能明确前提之间的关系并作出评价。"理论"并不局限于博弈论,形式模型还包括微分方程动态模型、简单决策理论、更复杂的行为决策模型和计算模型。方法也不只是从统计模型和对照实验中得到的推论,经验工具包除包括统计推断和实验之外,还应包括基于分析的案例研究和计算模型。

【840】

我们基本认同上文所述观点。然而,我们也认为理论不能独立于经验调查而存在。研究者必须作出许多选择,提出问题、考虑参数等。一般来说,只专注于手头的资料研究,而不进行经验观察的理论者在建模时容易出错。但同时,评估需要微观基础,此时就会感觉到理论存在的问题,问题越大感觉越强烈。这样看来,理论的推导和检验相分离是错误的,这里还存在一个迭代和整合的过程。这一观点的额外好处就是单一的理论家或方法论研究者对学科的贡献被降低。事实上,能够将理论家和方法论者联系起来的经验主义学者更受欢迎。

"理论模型的实证意涵"希望将演绎与归纳、假设生成和假设检验有机结合。为达到这个目的,我们需要设计培训的项目,使学者充分了解理论和方法的各个方面,促成他们的合作。每个人都必须能够(至少)在某一领域独当一面。对部分进行整合类似于创建跨学科的团队——每个研究团队都拥有各自的专业语言和技术,除此之外各团队之间必须协商出一种共同语言。幸运的是,我们学科背景相同,这使交流变得更易。但只有通力合作,我们才能将研究不断推进。

作为合作的开端,我们找到一个最近由德·马尔奇(de Marchi 2005)提出的问题列

表作为本章的结尾。他认为要评估研究的经验意义,需要实施有效的战略,因此他提出如下问题:

1. 模型的假设/参数是什么? 假设从问题本身考虑,或者它们是否与模型的主要逻辑无关,而是任意选择的,也许仅仅是为了使推理成为可能? 为定性或定量的经验研究选择的参数值是否是任意的? 还是仅为方便起见? 有多少参数是开放的,还可通过数据分析的方式再"增加"?

2. 我们如何保证模型的主要结果不会受到参数的细微干扰? 也就是说,是否有对于所选择的参数的邻域产生相同结果的等价模型? 或者是指模型的"脆弱性",如果是,在什么程度(即基于哪些参数干扰的基础上)?这些脆性参数对于手头的理论问题研究起到哪些作用? 【841】

3. 模型的结果会否直接影响因变量,或者模型的作者会否将模型从模拟转化为经验的对象? 虽然"玩具"模型在转化感性直觉方面有自身的定位,但它们很难证伪,更难形成累积效应。德马尔奇将"玩具"模型定义为一类没有任何独特的经验参照的简单模型。例如,重复囚徒困境(IPD)是研究人类合作的简单博弈。但现实中,所有或大部分的人类合作都不是这种只有两人参加的 IPD,因此该模型无法类比真实的人类行为,也就难以做出预测。

4. 模型的结果是否可以通过样本外测试的验证? 是否有替代性的大样本统计路径直接检验模型? 模型的参数空间是否大到足以涵盖所有可用数据——这算是一种"维度灾难"吗? 通过导出特定域的编码,可以减轻这种消极影响吗? 或者对相关性的特定领域的限制是否只是为让模型看起来比现实更加完整?

对于许多受过形式建模或统计学训练的人来说,这样的问题会让人感到不适。但是,政治学早已开始在理论和经验主义的方向上双轨运行。所以问题看似尖锐,实则无法回避。这些玄妙的方法论问题与特定的理论或经验主义的一般性结论密切相关。从学科的角度而言,方法论的发展可以为焦点政治现象提供更多逻辑一致、且在经验上可靠的解释路径,这也有利于我们以更为积极和直接的方式将政治学的可信度和影响力推至新的高度。"理论模型的实证意涵"也将秉持这一理念,培养更多的学者应对各种新型的挑战。

参考文献

Achen,C.H.(2002a).Parental socialization and rational party identification.*Political Behavior*, 24(2), 151-170.

Aldrich,J.H.(1980).*Before the convention.*University of Chicago Pr.

Aldrich,J.,& Alt,J.(2003).Introduction to the special issue.*Political Analysis*,11(4),309-315.

Aldrich,J.H.,& Mckelvey,R.D.(1977).A method of scaling with applications to the 1968 and 1972 presidential elections.*American Political Science Review*,71(1),111-130.

Austen-Smith,D.(1998).Redistributing income under proportional representation.*Discussion Papers*,108(6),1235-1269.

Banks,J.,& Kiewiet,D.R.(1989).Explaining patterns of candidate competition in congressional elections.*Social Science Electronic Publishing*,33(4),997-997.

Bartels,L.,and Brady,H.1993.The state of quantitative political methodology.Pp.121-59 in *Political Science:The State of the Discipline II*,ed.A.W.Finifter.Washington,DC:American Political Science Association.

Black,G.S.(1972).A theory of political ambition:career choices and the role of structural incentives.*American Political Science Review*,66(1),144-159.

Brady,H.2004.Introduction to the symposium:two paths to a science of politics.*Perspectives on Politics*,2:295-300.

De Marchi,S.2005.*Computational and Mathematical Modeling in the Social Sciences.*New York:Cambridge University Press.

Druckman,J.N.,Green,D.P.,Kuklinski,J.H.,and Lupia,A.2006.The growth and development of experimental research in the *American Political Science Review.American Political Science Review*,100:627-36.

Empirical Implication of Theoretical Models Report 2002.Political Science Program,National Science Foundation,Directorate of Social,Behavioral,and Economic Sciences.Arlington.

Granato,J.,and Scioli,F.2004.Puzzles,proverbs,and omega matrices:the scientific and social significance of empirical implications of theoretical models(EITM).*Perspectives on Politics*,2:313-23.

Iversen,T.,and Soskice,D.2006.Electoral institutions and the politics of coalitions:why some democracies redistribute more than others.*American Political Science Review*,100:165-82.

Jackson,M.,and Moselle,B.2002.Coalition and party formation in a legislative voting game.*Journal of Economic Theory*,103:49-87.

McFadden,D.1974.Conditional logit analysis of qualitative choice behavior.Pp.105-42 in *Frontiers in Econometrics*,ed.P.Zarembka.New York:Academic Press.

McKelvey,R.D.,and Ordeshook,P.C.1972.A general theory of the calculus of voting.In *Mathematical Applications in Political Science*,vol.vi,ed.J.Herndon and J.Bernd.Charlottesville:University of Virginia Press.

——1980.Vote trading:an experimental study.*Public Choice*,35:151-84.

————1982.An experimental test of cooperative solution theory for normal form games.In *Political Equilibrium*,ed.P.C.Ordeshook and K.A.Shepsle.Boston:Kluwer-Nijhoff.

——and Palfrey,T.R.1992.An experimental study of the centipede game.*Econometrica*,60:803-36.

——　——1995. Quantal response equilibria for normal form games.*Games and Economic Behavior*,10：6-38.

——and Zavoina,W. 1975. A statistical model for the analysis of ordinal level dependent variables.*Journal of Mathematical Sociology*,4：103-20.

Palfrey,T. R., and Rosenthal, H. 1985. Voter participation and strategic uncertainty.*American Political Science Review*,79：62-78.

Riker,W.H. 1967. Bargaining in a three-person game.*American Political Science Review*,61：642-56.

——and Ordeshook,P.C. 1968. A theory of the calculus of voting.American Political Science Review,62：25-42.

Rohde,D.W. 1979. Risk-bearing and progressive ambition：the case of the United States Houseof Representatives.*American Journal of Political Science*,23：1-26.

Rueda,D. 2005. Insider-outsider politics in industrialized democracies：the challenge to social democratic parties.*American Political Science Review*,99：61-74.

Sánchez-Cuenca,I.2006. The problem of preferences in the study of politics.Presentation to the IBEI Roundtable "The Study of Politics：From Theory to Empirics and Back," Barcelona,June 22.

Signorino,C.S. 1999. Strategic interaction and the statistical analysis of international conflict.*American Political Science Review*,93：279-97.

Smith,R. 2004. Identities,interests,and the future of political science.*Perspectives on Politics*,2：301-12.

Snyder,J.,and Ting,M. 2003. Roll calls,party labels,and elections.*Political Analysis*,11：419-44.

Thomas,G. 2005. The qualitative foundations of political science methodology.*Perspectives on Politics*,3：855-66.

field)

爱德华·E.利默（Edward E.Leamer）

爱德华·G.卡迈恩（Edward G.Carmines）

爱德华·G.萨洛夫斯基（Eduard G.Sarovskii）

爱德华·H.卡尔（Edward H.Carr）

爱德华·H.卡普兰（Edward H.Kaplan）

爱德华·H.马登（Edward H.Madden）

爱德华·H.辛普森（Edward H.Simpson）

爱德华·I.乔治（Edward I.George）

爱德华·J.施耐德（Edward J.Schneider）

爱德华·奥古特斯·弗里曼（Edward Augustus Freeman）

爱德华·迈耶（Eduard Meyer）

爱德华·米格尔（Edward Miguel）

爱德华·塔夫特（Edward Tufte）

爱德华·詹纳（Edward Jenner）

爱德华多·L.利奥尼（Eduardo L.Leoni）

爱丽丝·慧（Iris Hui）

爱丽丝·中村（Alice Nakamura）

安·F.S.米切尔（Ann F.S.Mitchell）

安德烈·萨丕尔（André Sapir）

安德烈斯·S.布兰斯玛（Andries S.Brandsma）

安德鲁·B.惠特福德（Andrew B.Whitford）

安德鲁·C.哈维（Andrew C.Harvey）

安德鲁·C.雅诺什（Andrew C.Janos）

安德鲁·D.马丁（Andrew D.Martin）

安德鲁·J.恩特莱（Andrew J.Enterline）

安德鲁·T.古兹曼（Andrew T.Guzman）

安德鲁·艾伯特（Andrew Abbott）

安德鲁·大卫·克利夫（Andrew David Cliff）

安德鲁·格尔曼（Andrew Gelman）

安德鲁·莫劳夫奇克（Andrew Moravcsik）

安德鲁·欧文·本尼特（Andrew Owen Bennett）

安德鲁·皮克尔斯（Andrew Pickles）

安德鲁·斯卡拉班（Andrew Skalaban）

安德鲁·托马斯（Andrew Thomas）

安德斯·斯科隆多（Anders Skrondal）

安东尼·S.布莱克（Anthony S.Bryk）

安东尼·S.弗契（Anthony S.Fauci）

安东尼·W.马克思（Anthony W.Marx）

安东尼·唐斯（Anthony Downs）

安东尼奥·葛兰西（Antonio Gramsci）

安格斯·坎贝尔（Angus Campbell）

安吉拉·布朗（Angela Browne）

安吉拉·蔡（Angela Tsay）

安珂·霍芙勒（Anke Hoeffler）

安娜·利安德（Anna Leander）

安妮·C.凯斯（Anne C.Case）

安妮·拉森·施耐德（Anne larason Schneider）

安妮洛斯·史密茨曼（Anneloes Smitsman）

奥蒂斯·达德利·邓肯（Otis Dudley Duncan）

奥尔斯顿·豪斯霍尔德（Alston Householder）

奥古斯特·孔德（Auguste Comte）

奥拉夫·尼吉奥斯塔德（Olav Njolstad）

奥里特·凯达尔（Orit Kedar）

大卫·安德里克(David Andrich)

大卫·奥斯丁－史密斯(David Austen-
Smith)

大卫·巴克尔(David Backer)

大卫·拜恩(David Byrne)

大卫·查尔斯·金(David Charles King)

大卫·达摩法利(David Darmofal)

大卫·德雷珀(David Draper)

大卫·德斯勒(David Dessler)

大卫·哈克特·费舍尔(David Hackett
Fischer)

大卫·亨德里(David Hendry)

大卫·科利尔(David Collier)

大卫·科利特(David Collett)

大卫·拉泽(David Lazer)

大卫·莱布隆格(David Leblang)

大卫·雷德劳斯克(David Redlawsk)

大卫·鲁埃达(David Rueda)

大卫·鲁珀特(David Ruppert)

大卫·罗伯森(David Robertson)

大卫·曼德尔(David R.Mandel)

大卫·梅尔斯(David Myers)

大卫·诺克(David Knoke)

大卫·帕皮诺(David Papineau)

大卫·潘恩斯(David Pines)

大卫·匹尔(David Peel)

大卫·桑德斯(David Sanders)

大卫·斯皮格豪特(David Spiegelhalter)

大卫·斯特朗(David Strang)

大卫·索斯凯斯(David Soskice)

大卫·瓦尔德纳(David Waldner)

大卫·西尔斯(David Sears)

大卫·休·梅勒(David Hugh Mellor)

大卫·休谟(David Hume)

大卫·耶格(David Jaeger)

大卫·伊斯顿(David Easton)

大卫·约翰·戈武(David John Gow)

戴安娜·.C.穆茨(Diana C.Mutz)

戴尔·J.波里尔(Dale J.Poirier)

戴尔·乔根森(Dale Jorgenson)

戴欣媛(Xinyuan Dai)

黛博拉·G.梅奥(Deborah G.Mayo)

黛博拉·J.亚沙(Deborah J.Yashar)

黛博拉·魏尔奇·拉森(Deborah Welch
Larson)

丹·M.利维(Dan M.Levy)

丹·赖特(Dan Reiter)

丹·茅都尼克(Dan Miodownik)

丹妮丝·L.贝尔(Denise L.Baer)

丹尼·昂格尔(Danny Unger)

丹尼尔·A.弗里德曼(Daniel A.Freed-
man)

丹尼尔·E.豪(Daniel E.Ho)

丹尼尔·G.霍维茨(Daniel G.Horvitz)

丹尼尔·J.鲍尔(Daniel J.Bauer)

丹尼尔·J.多尔蒂(Daniel J.Doherty)

丹尼尔·M.巴特勒(Daniel M.Butler)

丹尼尔·M.豪斯曼(Daniel M.Hausman)

丹尼尔·N.波斯纳(Daniel N.Posner)

丹尼尔·P.麦克米伦(Daniel P.Mcmillen)

丹尼尔·W.德雷兹纳(Daniel W.Drezner)

丹尼尔·伯根(Daniel Bergan)

丹尼尔·布林克斯(Daniel Brinks)

丹尼尔·迪尔迈耶(Daniel Diermeier)

卡西米尔·冯克(Casimir Funk)

凯尔·比尔兹利(Kyle Beardsley)

凯伦·加斯科(Karen Long Jusko)

凯伦·雷默(Karen Remmer)

凯伦·墨斯伯格(Karen Mossberger)

凯瑟琳·M.沃尔夫(Katherine M.Wolf)

凯瑟琳·W.德雷克(Katherine W.Drake)

凯瑟琳·巴比尔蕾(Katherine Barbieri)

凯瑟琳·比尔(Katherine Biehl)

凯瑟琳·斯托弗(Katherine Stovel)

凯瑟琳·西伦(Kathleen Thelen)

凯瑟琳·辛金克(Kathryn Sikkink)

凯思琳·A.肯普(Kathleen A.Kemp)

凯思琳·麦格劳(Kathleen McGraw)

凯文·M.奎因(Kevin M.Quinn)

凯文·阿西诺(Kevin Arceneaux)

凯文·斯威尼(Kevin Sweeney)

坎蒂拉尔·V.马迪安(Kantilal V.Mardia)

康多莉扎·赖斯(Condoleezza Rice)

康纳·奥德怀尔(Conor O'Dwyer)

柯蒂斯·S.西格诺里诺(Curtis S.Signori-no)

柯蒂斯·拉里默(Curtis Larimer)

柯林·阿勒曼(Colin Elman)

柯林·豪森(Colin Howson)

科瓦东加·梅塞格尔(Covadonga Meseguer)

克莱德·H.库姆斯(Clyde H.Coombs)

克莱夫·D.佩恩(Clive D.Payne)

克莱夫·威廉·约翰·格兰杰(Clive William John Granger)

克莱蒙特(Clément,C)

克劳狄斯·瓦格曼(Claudius Wagemann)

克劳迪奥·乔菲-雷维利亚(Claudio Ci-offi-Revilla)

克劳斯·冯·拜梅(Klaus Von Beyme)

克雷格·H.肯尼迪(Craig H.Kennedy)

克雷格·W.托马斯(Craig W.Thomas)

克雷格·帕森斯(Craig Parsons)

克雷格·沃尔登(Craig Volden)

克里斯·A.德拉斯(Kriss A.Drass)

克里斯·温西普(Chris Winship)

克里斯蒂安·B.汉森(Christian B.Han-sen)

克里斯蒂安·P.罗伯特(Christian P.Rob-ert)

克里斯蒂安·艾克曼(Christiaan Eijk-man)

克里斯蒂安·雷乌斯-斯密特(Christian Reus-Smit)

克里斯蒂安·斯克雷德·格莱迪奇(Kristian Skrede Gleditsch)

克里斯蒂娜·J.施耐德(Christina J.Schneider)

克里斯多夫·尼尔(Christoph Knill)

克里斯汀·R.梦露(Kristen R.Monroe)

克里斯托弗·A.西姆斯(Christopher A.Sims)

克里斯托弗·H.阿切(Christopher H.Achen)

克里斯托弗·H.施密德(Christopher H.Schmid)

克里斯托弗·J.吉尔(Christopher J.Gill)

克里斯托弗·K.安塞尔(Christopher K.

Ansell）

克里斯托弗·Z.穆尼（Christopher Z.Mooney）

克里斯托弗·阿道夫（Christopher Adolph）

克里斯托弗·巴克（Christopher Buck）

克里斯托弗·鲍姆（Christopher Baum）

克里斯托弗·卡特（Christopher Carter）

克里斯托弗·默里（Christopher J L Murray）

克里斯托弗·沃尔什（Christopher Walsh）

克里斯托弗·佐恩（Christopher J.Zorn）

克里希纳·K.拉扎（Krishna K.Ladha）

克利福德·B.格尔茨（Clifford B.Geertz）

肯·宾默尔（Ken Binmore）

肯·考曼（Ken Kollman）

肯尼斯·A.博伦（Kenneth A.Bollen）

肯尼斯·A.福鲁特（Kenneth A.Froot）

肯尼斯·A.拉辛斯基（Kenneth A.Rasinski）

肯尼斯·A.舒尔茨（Kenneth A.Schultz）

肯尼斯·C.威廉姆斯（Kenneth C.Williams）

肯尼斯·J.阿罗（Kenneth J.Arrow）

肯尼斯·J.卡朋特（Kenneth J.Carpenter）

肯尼斯·W.贝尔斯（Kenneth W.Bayles）

肯尼斯·奥耶（Kenneth Oye）

肯尼斯·贝利（Kenneth D.Bailey）

肯尼斯·古德斯坦（Kenneth Goldstein）

肯尼斯·贾德（Kenneth Judd）

肯尼斯·雷珀（Kenneth Raper）

肯尼斯·麦丘（Kenneth Mccue）

肯尼斯·乔伊特（Kenneth Jowitt）

肯尼斯·舍韦（Kenneth Scheve）

肯尼斯·特雷恩（Kenneth Train）

肯尼特·R.卢瑟福（Kennet R.Rutherford）

库尔特·J.贝龙（Kurt J.Beron）

库尔特·格哈德·韦兰（Kurt Gerhard Weyland）

库赛伊·伊尔马兹（Kuzey Yilmaz）

拉尔夫·霍维茨（Ralph Horwitz）

拉古拉·巴斯卡（Ragula Bhaskar）

拉加本德拉·恰德巴塔依（Raghabendra Chattopadhyay）

拉杰夫·H.德赫贾（Rajeev H.Dehejia）

拉里·M.巴特尔斯（Larry M.Bartels）

拉里·黛蒙德（Larry Diamond）

拉斯·埃里克·塞德曼（Lars Erik Cederman）

拉斯·克龙奎斯特（Lasse Cronqvist）

拉维·巴纳尼（Ravi Bhavnani）

拉乌尔·纳罗尔（Raoul Naroll）

莱昂纳多·格里利（Leonardo Grilli）

莱斯利·G.戈弗雷（Leslie G.Godfrey）

莱斯利·基什（Leslie Kish）

莱因哈德·本迪克斯（Reinhard Bendix）

莱因哈特·塞尔滕（Reinhardt Selten）

赖纳·艾辛（Rainer Eising）

兰德尔·L.施韦勒（Randall L.Schweller）

兰德尔·W.斯通（Randall W.Stone）

兰迪·史蒂文森（Randy Stevenson）

兰多夫·西沃森（Randolph Siverson）

兰斯·J.里普斯（Lance J.Rips）

劳拉·J.麦考利（Laura J.Macaulay）

理查德·卡茨(Richard Katz)

理查德·罗斯(Richard Rose)

理查德·麦克利里(Richard Mccleary)

理查德·内德·雷柏(Richard Ned Lebow)

理查德·尼克松(Richard Nixon)

理查德·涅米(Richard Niemi)

理查德·帕尔默(Richard Palmer)

理查德·斯莫克(Richard Smoke)

理查德·斯奈德(Richard Snyder)

理查德·斯威德伯格(Richard Swedberg)

理查德·威特默(Richard Witmer)

理查德·约翰斯顿(Richard Johnston)

丽贝卡·吉恩·伊麦(Rebecca Jean Emigh)

丽贝卡·莫尔顿(Rebecca Morton)

丽莎·L.马丁(Lisa L.Martin)

丽莎·布来兹(Lisa Blaydes)

丽莎·韦登(Lisa Wedeen)

利·苔丝法特施恩(Leigh Tesfatsion)

利恩·霍迪克(Leen Hordijk)

廖福挺(Tim FutingLiao)

林德利·达登(Lindley Darden)

林恩·M.桑德斯(Lynn M.Sanders)

林静淑(Kyung So Im)

林泽民(Tse-Min Lin)

琳达·K.穆斯恩(Linda K.Muthén)

琳恩·伊登(Lynn Eden)

铃村兴太郎(Kotaro Suzumura)

卢克·安瑟琳(Luc Anselin)

卢克·蒂尔尼(Luke Tierney)

卢克·约翰·基尔(Luke John Keele)

卢特菲·A.扎德(Lotfi A.Zadeh)

鲁道夫·W.普莱森道菲尔(Rudolph W. Preisendorfer)

鲁道夫·卡尔纳普(Rudolf Carnap)

鲁思·萨尔维(Ruth Salway)

鲁斯·贝林斯·科利尔(Ruth Berins Collier)

陆颖(Ying Lu)

路德维希·维特根斯坦(Ludwig Wittgenstein)

路易斯·格特曼(Louis Guttman)

路易斯·里昂·瑟斯通(Louis Leon Thurstone)

路易斯·马丁内兹(Luis Martinez)

伦纳德·A.斯特凡斯基(Leonard A.Stefanski)

伦纳德·万柴肯(Leonard Wantchekon)

罗宾·斯特赖克(Robin Stryker)

罗宾·汤普森(Robin Thompson)

罗伯特·A.达尔(Robert A.Dahl)

罗伯特·A.卡根(Robert A.Kagan)

罗伯特·A.莫菲特(Robert A.Moffitt)

罗伯特·C.麦卡勒姆(Robert C.MacCallum)

罗伯特·D.吉本斯(Robert D.Gibbons)

罗伯特·D.帕特南(Robert D.Putnam)

罗伯特·E.戈定(Robert E.Goodin)

罗伯特·E.卡斯(Robert E.Kass)

罗伯特·E.斯卡利(Robert E.Scully)

罗伯特·F.本尼特(Robert F.Bennett)

罗伯特·F.恩格尔(Robert F.Engle)

罗伯特·H.杜尔(Robert H.Durr)

马修·O.杰克森(Matthew O.Jackson)

马修·S.莱文德斯基(Matthew S.Levendusky)

马修·鲍姆(Matthew Baum)

马修·伊万哲里斯塔(Matthew Evangelista)

玛格丽特·穆尼·马里尼(Margaret Mooney Marini)

玛格丽特·萨默斯(Margaret Somers)

玛格丽特·夏巴斯(Margaret Schabas)

玛格利特·利瓦伊(Margaret Levi)

玛吉·古德史密斯(Margie Goldsmith)

玛丽·道格拉斯(Mary Tew Douglas)

玛丽安·C.斯图尔特(Marianne C.Stewart)

玛丽亚·A.比利亚罗埃尔(Maria A.Villarroel)

玛丽亚·桑切斯(Maria Sanchez)

玛利亚·维多利亚·穆里洛(María Victoria Murillo)

玛莎·芬尼莫尔(Martha Finnemore)

玛西亚·古德温(Marcia Godwin)

迈克·韦斯特(Mike West)

迈克尔·C.德施(Michael C.Desch)

迈克尔·C.赫伦(Michael C.Herron)

迈克尔·D.科恩(Michael D.Cohen)

迈克尔·E.申(Michael E.Shin)

迈克尔·J.恩斯利(Michael J.Ensley)

迈克尔·J.吉利根(Michael J.Gilligan)

迈克尔·J.卢(Michael J.Loux)

迈克尔·L.罗斯(Michael L.Ross)

迈克尔·W.布朗(Michael W.Browne)

迈克尔·W.道尔(Michael W.Doyle)

迈克尔·巴罗尼(Michael Barone)

迈克尔·贝利(Michael Bailey)

迈克尔·布雷顿(Michael Bratton)

迈克尔·布伦纳(Michael Brenner)

迈克尔·德利·卡尔皮尼(Michael Delli Carpini)

迈克尔·丁(Michael Ting)

迈克尔·科皮奇(Michael Coppedge)

迈克尔·克里默(Michael Kremer)

迈克尔·克鲁斯(Michael Kruse)

迈克尔·奎因·巴顿(Michael Quinn Patton)

迈克尔·莱弗(Michael Laver)

迈克尔·刘易斯-贝克(Michael Lewis-Beck)

迈克尔·麦克福尔(Michael Mcfaul)

迈克尔·麦昆恩(Michael MacKuen)

迈克尔·曼(Michael Mann)

迈克尔·米格勒斯基(Michael Migalski)

迈克尔·米特勒姆(Michael Mintrom)

迈克尔·史密森(Michael Smithson)

迈克尔·汤姆兹(Michael Tomz)

迈克尔·汤普森(Michael Thompson)

迈克尔·特劳戈特(Michael Traugott)

迈克尔·图利(Michael Tooley)

迈克尔·托菲亚斯(Michael W.Tofias)

迈克尔·沃德(Michael Ward)

迈克尔·沃尔顿·梅西(Michael Walton Macy)

迈克尔·约瑟夫·奥克肖特(Michael Joseph Oakeshott)

威廉·H.格林(William H.Greene)

威廉·J.布朗(William J.Browne)

威廉·J.狄克逊(William J.Dixon)

威廉·L.海斯(William L.Hays)

威廉·W.古尔德(William W.Gould)

威廉·鲍莫尔(William Baumol)

威廉·伯恩哈德(William Bernhard)

威廉·法尔(William Farr)

威廉·弗雷谢特(Guillaume Fréchette)

威廉·高塞特(William Gossett)

威廉·高塞特(WilliamGossett)

译 后 记

　　虽然"政治学"这一学科的历史可追溯至古希腊时期,但不可否认的是,现代政治学是在 20 世纪产生自以美国为代表的西方发达国家。从 1880 年美国哥伦比亚大学政治研究院的成立,标志着政治学在大学里成为一门正式的学科,并拥有正式的研究机构;到 1903 年美国政治学会(American Political Science Association,APSA)的建立,以及 1906 年《美国政治学评论》(*American Political Science Review*)专业杂志的创刊,标志着政治学研究进一步独立于传统社会学和经济学研究。

　　方法是学科理论探索与实践的指导。自此之后的一百余年来,政治学研究方法经历了重大的发展与演变,特别是在 20 世纪中期以来社会科学研究科学化的背景之下,通过吸纳来自不同学科的研究方法,完善并充实了自身基本理论框架,推动了政治学学科研究走向专业化和科学化。但由于政治学科的复杂性,研究内容的丰富性与理论流派的庞杂性,使得难以对其研究方法采用基于单一维度或简化的名词加以描述。在当代政治学快速发展的背景下,研究方法更是变得多元且变革节奏频繁。然而,在任一学科中,研究方法变革必然面临着各种挑战和风险,政治学研究方法亦然如此。这也导致尽管自 20 世纪中期以来西方政治学的发展呈现出强劲的引领势头,但丝毫无法掩盖对其的各种质疑,其中既有来自非西方国家政治学者的诘难,也有西方国家学者的自身反思。

　　如在 20 世纪 70 年代行为主义(Behaviorism)研究方法兴起的初期,普林斯顿大学教授沃林(Sheldon Wolin)在《以政治理论为业》(*Political Theory as A Vocation*)中,便忧心忡忡地总结了彼时研究方法选择上的偏好对美国政治学的影响,即政治学研究的科学化取向,会造成"自满的政治态度、微不足道的研究内容、逐步衰落的教育"等负面效应。

　　在 20 世纪中后期研究方法行为主义取向的相关争论之后,出现了诸如后行为主义

(post-Behaviorism)等试图对不同研究方法使用者之间歧见进行折衷或调和的新兴概念，但这并未使争论的烈度降低，"有关政治学方法论的争论一直存在，并在未来不会减弱"也构成本学科的独特特征。特别是从21世纪以来，各种研究方法之间对学科内部话语权或影响力的竞争，导致了争论进一步升级。如在一封发送于2000年10月15日的，署名为苏联领导人戈尔巴乔夫常用的俄文"改革"（Perestroika）的致美国政治学会会员的信，又被称为"改革先生的来信"当中，批评了美国政治学研究方法领域的刻意定量化取向，及其所导致的学科研究范围与研究视野等方面的偏好。匿名信中指出："当前政治学研究存在过多强调方法新颖性的贡献，忽略对现实问题解决的考量，通过对经济学经验主义研究模仿而丧失政治学应该关注的本源。"不同学者对此信观点的评价，掀起了新一轮政治学研究方法争论的高潮，其争论之广、参与者之众、影响之深刻，为前所未有，因而也被冠于新世纪研究方法的"改革运动"。

21世纪社会科学研究的最大变化，是从"问题发现"层面转变到"问题解决"层面。为应对这种转变，以及弥补单一研究方法的不足，需重新审视传统的政治学研究方法分野。政治科学的工作不仅是对日常政治进行评论，或为处理政治事务提供理论，而且是聚焦政治有效运作的基本特征，为实现更有效的政治生态创造条件。当前，由于研究方法的偏狭所带来的政治学科发展挑战，使其无法为"问题解决"提供有效的设计方案。其实各方法的使用均有得失，不存在对方法的从"最坏"到"最好"的简单层级划分，但存在语言和研究工具的区分，他们"松散地被整合，内部却激烈地竞争着"，21世纪以来，相关研究方法也通过在不断争论中的互相借鉴和创新，而有了新的发展。

正确看待面对西方政治学研究方法的论争现状和学科危机，亟须我们对其研究方法进展有着全面的认知，《牛津政治学研究方法手册》为我们提供了一个了解、理解当前政治学研究方法发展历史和现状的平台。全书共分为9大部分，37章。从对社会科学研究方法的概述到西方学界方法论学习的组织、平台、刊物介绍；从定性研究中的案例选择到田野访谈的和定性比较方法分析技巧，从定量分析的模型列举和因果机制诠释到实验方法设计，从截面数据及面板数据分析到空间回归模型介绍……该书云集当前政治学国际学界优秀的学者群体，系统全面地介绍了政治学研究方法，为政治学学习者、研究者和方法论爱好者提供了系统深入的一站式学习支持。

我曾在2016年于中国社科出版社出版的《政治学研究方法：议题前沿与发展前瞻》一书中指出：

　　研究方法是任一学科发展前进的重要工具。正如中国古谚云"授之以鱼不如授之以渔"，长久以来，在社会科学研究中，由于对研究方法的忽略，形成研究者学术成果自说自话，难以在规范的框架中相互交流和讨论，而学科理论的入门学习者因为缺乏清晰的方法指引,难以明确学科知识范畴的边界,更缺乏对学科内核的真切认知。所以,这也就给人们带来对社会科学研究的一种普遍观感:社会科学没有(或存在较低)知识准入门槛。即,任何人都可以对社会科学研究的不同学科自信满满地指点江山。当然,有人认为这似乎并无不妥,低门槛至少增加了社会科学知识的普及率,使得社会科学并不似自然科学那般拒门外汉于千里之外。

但《牛津政治学研究方法手册》一书告诉我们,实现政治学的科学研究需要较高的知识准入门槛和方法论自觉。第一,应进一步探索不同研究方法对政治现实解释的适应性,关注不同研究方法使用的平衡和最新发展。而在追求理论深化和方法创新中,定性研究和多元研究方法将发挥重要作用。第二,方法论自觉不是方法论盲目崇拜或"方法论误导",而是更应反思当前社会科学研究对其他学科或理工科研究方法的简单复制倾向。方法论的演进,经历了从20世纪90年代以来对因果关系的探索,到近年来试验方法的兴起的发展历程。比如,虽然试验方法在物理学、生物学、医学、心理学和经济学等学科中有着光辉而悠久的历史,但对于该方法外部效用的担忧和实验受体结构特征的限制,使其常被认为是政治研究中"毫无必要的装饰品"。第三,面对不同研究方法成果,需怀着对"他者"理解和了解的心态看待,探索相互尊重的对话道路,任何不顾基本研究目标而对"研究方法选择"加以谴责的行为,对于学科发展和进步没有任何帮助。正如在今天,回顾赫希曼(Hirschman)在20世纪70年代政治学行为主义兴起时期对研究方法使用的评价,依然振聋发聩:"当代社会科学研究无论是盲目的数字游戏(mindless number-working)还是难以自制的盲目理论化(compulsive and mindless theorizing),都容易造成理解政治现象的障碍。"

《牛津政治学研究方法手册》紧密围绕当前方法论领域中的因果机制诠释热点,并给出不同方法的因果机制分析的理论和具体示例,因此,对本书的翻译过程也是学习过程。就个人最真实的体会而言,首先是进一步规范了英文写作语言和措辞。比如之前我曾尝试进行英文论文写作却总是面临被国际审稿人批评存在社会科学语言表达的学术化问题,通过此系统的翻译,不断学习国外一流学者的政治科学专业写作语言,受益匪浅。其次,系统学习政治学领域前沿研究方法。长期以来,国内政治学领域研究方法,无论是教材还是课程都与当前研究需求存在一定差距,借助此次翻译,既弄明白很多之前一知半解的研究方法,如自相关回归(VAR)分析、格兰杰检验、单位根检验、贝叶斯方法、反事实方法、空间相依模型等;还通过将这些政治学分析方法运用到个人的研究之中,获得若干国际权威SSCI期刊论文发表的机会。独乐乐不如众乐乐。希望这本书的出版面世,不仅可解决个人的研究困惑、助力研究探索,更希望其能推动更多中文学术界的政治学爱好者、研究者和学习者了解学科研究方法发展现状,获得学科进步的给养,培养研究兴趣和乐趣。

当然,虽然此手册为学习者提供了翔实前沿的研究方法指南,但在具体的应用上,还需要学习者进一步发挥自己的主观能动性。我们很难指望一本书、一门课就能为我们的研究方法能力带来突飞猛进的提升。更多的是需要我们在这类前沿方法指引下,进一步高效地有针对性地完成自我学习革命,特别是当前各类计量软件的发展突飞猛进背景下,如 stata、Python 和 R 语言中提供了大量的外部命令包,本书中所提及的所有方法模型都可以在数据分析软件中找到相应的成熟命令,这些为有心的学习者在其研究中的数据分析应用提供了极大便利。为了便于读者阅读查对,译者还在译文中标注了原文对应页码,以及术语索引和人名索引。

《牛津政治学研究方法手册》一书翻译出版,有着漫长的历程。从 2011 年首次在南加州大学书店目睹该书,到 2012 年在哈佛期间初次读完并萌生翻译的想法,再到 2014 年有赖于王浦劬教授的信任和支持,将此书的翻译工作委托于我,随后在东京大学工作期间,方为翻译此书提供了一个相对安静的学术环境,才得以系统地完成翻译。同时,有幸得到人民出版社领导和忽晓萌女士对政治学专业图书版权引进工作的重视,并通过专业高效编辑和校对工作最大限度地避免了本书的疏漏。

全书的翻译工作,臧雷振负责第 1 至 13 章、第 19 至 28 章、第 36 至 37 章的翻译,傅琼负责第 14 至 18 章、第 29 至 35 章翻译,最后由臧雷振审校全文。在此过程中,谷亚飞、刘鹤(第 2—5 章)、张小月(第 6—9 章)、付梅芳(第 10—13 章)、谢宇宁(第 14—19 章)、姜鹏智(第 20—23 章)、朱富乐(第 24—26 章)、李婵(第 29—31 章)等协助对初稿部分章节进行了细致的校译,此外,腾白莹、陈鹏、李舸鸣、刘存宇、李琬晴、张婉丽、何佳欢、冯萧、李思睿等对部分图表编辑和人名术语翻译提供了有效的帮助,特此一一致谢!

虽然全书多次校对,尽我们最大努力避免各种疏漏,但依然可能挂一漏万,翻译措辞偏颇之处恳请学界方家斧正。

臧雷振
于东京大学白金台

责任编辑:忽晓萌
封面设计:汪 莹
责任校对:张红霞

图书在版编目(CIP)数据

牛津政治学研究方法手册/(美)珍妮特·M.博克斯-史蒂芬斯迈埃尔,(美)亨利·
 E.布雷迪,(美)大卫·科利尔 编;臧雷振,傅琼 译;臧雷振 校. —北京:人民
 出版社,2021.1(2024.1 重印)
 ISBN 978-7-01-021311-8

Ⅰ.①牛… Ⅱ.①珍…②亨…③大…④臧…⑤傅… Ⅲ.①政治学-研究方法
 Ⅳ.①D0-3

中国版本图书馆 CIP 数据核字(2020)第 185637 号

书名原文:The Oxford Handbook of Political Methodology
北京市版权局著作合同登记号:01-2017-3925

牛津政治学研究方法手册
NIUJIN ZHENGZHIXUE YANJIU FANGFA SHOUCE

[美]珍妮特·M.博克斯-史蒂芬斯迈埃尔 [美]亨利·E.布雷迪 [美]大卫·科利尔 编

臧雷振 傅琼 译 臧雷振 校

人民出版社 出版发行
(100706 北京市东城区隆福寺街 99 号)

北京盛通印刷股份有限公司印刷 新华书店经销

2021 年 1 月第 1 版 2024 年 1 月北京第 3 次印刷
开本:787 毫米×1092 毫米 1/16 印张:54.5
字数:1042 千字

ISBN 978-7-01-021311-8 定价:299.00 元(上、下册)

邮购地址 100706 北京市东城区隆福寺街 99 号
人民东方图书销售中心 电话 (010)65250042 65289539